KB156335

A Dictionary of
Phrasal Verbs
in English

이 책을 제 아내인
서병옥 여사에게
바칩니다.

A to Z

영어 구동사 사전

이 기 동 지음

A Dictionary of
Phrasal Verbs
in English

한국문화사

이기동 (李基東)

- 서울대학교 사범대학 영어교육학과
- University of Hawaii 영어교수법 석사, 언어학 박사
- 건국대학교 영문과 교수
- 연세대학교 영문과 교수
- 현재 연세대학교 명예교수
- University of British Columbia 초빙교수
- University of California at San Diago 객원교수
- University of California at Berkeley 객원교수
- 저서로는 『영어전치사 연구』, 『영어동사의 문법』 外 다수
- 역서로는 『언어와 심리』, 『인지문법』, 『언어학개론』 外 다수

영어 구동사 사전
A Dictionary of Phrasal Verbs in English

1판 1쇄 발행 2020년 6월 10일
1판 2쇄 발행 2021년 8월 30일
1판 3쇄 발행 2023년 2월 10일

지 은 이 | 이기동
펴 낸 이 | 김진수
펴 낸 곳 | 한국문화사
등   록 | 제1994-9호
주   소 | 서울시 성동구 아차산로49, 404호(성수동1가, 서울숲코오롱디지털타워3차)
전   화 | 02-464-7708
팩   스 | 02-499-0846
이 메 일 | hkm7708@hanmail.net
홈페이지 | http://hph.co.kr

ISBN 978-89-6817-812-2 01740

- 이 책의 내용은 저작권법에 따라 보호받고 있습니다.
- 잘못된 책은 구매처에서 바꾸어 드립니다.
- 책값은 뒤표지에 있습니다.

- 이 저서는 2016년도 정부(교육부)의 재원으로 한국연구재단의 지원을 받아 수행된
  기초연구임(NRF-2016S1A6A4A01018454)

머 | 리 | 말

영어 구동사는 동사와 불변사로 이루어지는 단위이다. Take off가 한 예가 되겠다. 구동사가 영어에 차지하는 비중이 크다. 지난 2016년 미 대통령 후보자 Hillary Clinton와 Donald Trump 사이의 3차 토론이 90분 동안 계속 되었는데, 이 사이에 60개의 구동사가 쓰였다. 구동사가 1분마다 거의 1개씩 쓰였다. 이것은 구동사가 일상생활에 얼마나 많이 쓰이는 가를 잘 말해준다.

구동사가 영어에 중요함에도 불구하고 지금까지 영어학습자가 사용할 수 있는 사전이 없다. 시중에는 잘 쓰이는 구동사를 몇 개씩 모아 관용어 사전으로 나온 것은 있으나, 구동사의 체계적인 사전은 없다. 이 책은 이러한 필요를 충족시키고자 한다.

나아가서 이 사전은 학습자들이 편리하게 쓸 수 있도록 했다. 예로서, take off는 여러 가지 문형으로 쓰인다. 첫째, 동사 take는 타동사와 자동사로 쓰이고, off는 전치사와 부사로 쓰인다. 목적어를 O로 표시하면 take는 다음과 같은 구동사 문형이 있다.

    a. take O off O (take the book off the shelf)

    b. take O off (take his shirt off)

    c. take off O (plane take off the ground)

    d. take off (plane take off)

구동사는 동사와 불변사의 결합이지만 전통적으로 구동사의 뜻은 동사나 불변사의 뜻과 관계가 없는 것으로 취급되어왔다. TV에서 하는 영어 강의를 들어 보면, 이러한 현상을 실감할 수 있다. 구동사가 나오면 교사들은 이것을 하나의 덩어리로 외우라고 강조하는 것을 볼 수 있다. 한 예로서 'get on'은 get이나 on의 의미를 생각하지 않고 무조건 '타다'로 외우게 하고 있다. 그러나 조금만 자세히 살펴보면 get에도 on에도 의미가 있음을 알게 된다. 동사 get은 이동동사이고, on은 접촉을 나타낸다. 그래서 get on은 움직여서 접촉된다는 뜻이다. 탈 것을 탈 때, 몸이 탈 것에 닿지 않고 탈 수가 없다. 또 한 예로 다음에 쓰인 pull out을 생각해 보자. 어느 TV 강의에서 한 강사는 이것을 '~에서 손을 떼다'로 번역하며 가르치고 있었다.

The company pulled out of the duty free business.

그 회사는 면세 사업에서 손을 떼었다.

위에 쓰인 pull out을 '손을 떼다'로 풀이한 것은 pull out의 pull과 out에는 뜻이 없고, pull out은 덩어리로 외워야 한다는 전제가 깔려 있다. 그러나 pull과 out의 뜻을 찾아서 번역할 수 있다. pull은 이동동사이고, out은 이동체가 어떤 영역에서 나오는 관계를 나타낸다. 이렇게 보면 pull out은 '빠져 나오다'로 번역이 가능하다. '손을 떼다'와 크게 보면 같은 뜻이지만, 여기서 pull과 out의 뜻은 전혀 반영되지 않는다. pull out을 한 덩어리로 외우는 것보다 pull과 out의 뜻을 찾아서 그 두 뜻이 어떻게 합쳐지는가를 알면 좀 더 효과적으로 구동사를 배울 수 있을 것이다. 다음 예도 살펴보자.

    a. He hung on to victory.

       그는 승리할 때까지 참고 견디었다.

    b. Hang in there.

       어려움 속에서 참고 견디세요.

hang on을 한 덩어리로 보아 '견디다'라는 뜻으로 가르치는 것을 보았다. 그러나 hang과 on의 뜻을 찾아서 이들의 뜻이 어떻게 결합됐는가를 보여주면 hang on의 뜻을 더 정확하게 이해할 수 있지 않을까? hang은 '매달리다'의 뜻이고, on은 '계속'을 나타낸다. 그래서 hang on은 '계속해서 매달리다'의 뜻이다. 어디에 매달려 있다는 것은 쉬운 일이 아니다.

위 b문장에서도 hang은 '매달리다'의 뜻이고, in there는 어려운 상황을 가리킨다. 그래서 어려운 상황 속에서도 매달리고 있으라는 것은 참고 견디라는 뜻이다.

이 사전에서 구동사의 뜻은 동사의 뜻과 불변사의 뜻이 합성되어 나오는 것으로 본다. 그래서 이 사전에서는 단동사의 뜻은 물론, 불변사의 뜻도 제시된다. 동사의 뜻은 '단동사'에 동사의 일반적인 뜻이 제시된다. 그리고 좀 더 구체적인 뜻은 예문 속에 제시하여 일반적인 뜻이 어떻게 구체적으로 쓰이는 지 살펴 본다. 단동사가 명사나 형용사에서 온 것이면, 명사나 형용사의 뜻도 제시하여 동사의 뜻을 이해하는데 도움이 되게 했다. 불변사의 뜻은 예문과 번역을 제시한 다음 **[ ] (꺾쇠)** 안에 제시된다. 다음 예를 보자.

    He **carved out** a niche market.
    그는 틈새시장을 깎아서 만들어 내었다. 즉, 노력해서 시장을 개척했다.
    [out은 시장이 생겨나는 관계를 나타낸다.]

구동사가 영어에 차지하는 비중에 비해서 우리나라에서는 이에 관한 연구가 부족했다. 구동사는 숙어 또는 관용어로 취급됐다. 이것은 구동사를 이루는 동사와 불변사의 뜻과 관계없이 새로운 뜻이 생겨나는 것으로 생각되어 왔기 때문에 put off는 postpone으로 이해되어, put이나 off와 전혀 관계가 없는 것으로 취급되었다.

그러나, 지난 몇십 년간 내 자신의 연구에 비추어 보면 구동사의 뜻은 동사와 불변사의 뜻이 합쳐져서 생겨나는 것으로 밝혀졌다. Put on은 '입다'로 번역되지만 잘 분석해보면 이 구동사의 뜻은 '옷을 몸에 닿게(on) 놓다(put)'는 뜻이다. 반대로, take a shirt off는 '셔츠를 잡아서 (take) 몸에서 떨어지게(off) 하다'의 뜻이다.

불변사의 의미가 각 구동사에 제시되어 있으나, 단편적이어서 전체 그림을 파악하기 어려울 수 있다. 불변사에 대한 좀 더 체계적인 지식을 갖고 싶다면 다음 책들을 참고하길 바란다.

[영어 전치사 연구 (이기동, 1998)]: 이 책은 영어 전치사의 체계적인 연구로, 각 전치사의 공간적 의미를 도식으로 나타내고, 이 공간적 의미가 어떻게 비유적으로 확대되어 쓰이는지를 보여준다.

[영어 구(절)동사 연구 (이기동, 2014)]: 영어 구동사는 전치사와 밀접한 관계가 있다. 그래서 전치사 연구에서 구동사를 빼어놓을 수 없고, 반대로 구동사 연구에 전치사를 빼놓을 수 없다. 이 책에서 구동사는 동사의 의미와 전치사의 의미 사이에 밀접한 관계가 있음을 보여준다. 동사의 뜻을 알면 어떤 구동사가 쓰일 수 있는 지가 어느 정도 예측 가능하다는 것을 보여준다.

[영어 구동사 연구(이기동, 2019)]: 영어 전치사 연구에 구동사가 부분적으로 다루어졌으나, 이 책에서는 전치사의 연구가 중심에 자리잡고 있다. 그러나 영어 구동사 연구에는 전치사도 다루어지고 있긴 하지만, 주 초점은 구동사에 있다.

위에 제시된 세 권의 책을 통해 영어 전치사와 구동사가 집중적으로 다루어지고 있다. 이 사전을 이용하기 전에 위 세 권 가운데 어느 한 권이라도 읽어 보면 많은 도움이 될 것이라 믿는다.

구동사 사전은 영국이나 미국에서 여러 권이 나와 있다. 그러나 우리나라 학습자들이 쓰기에는 불편한 점이 많다. 여기 내어놓는 사전은 우리나라 학습자들이 쓰기 좋게 만들도록 노력하였다. 이렇게 하기 위해 다음과 같은 점에 주의를 기울였다.

첫째, 구동사를 이루는 동사와 불변사의 품사를 표시하였다. 동사는 자동사나 타동사로 쓰이고, 불변사는 전치사나 부사가 된다. 불변사의 뜻도 제시하여 동사와 불변사의 뜻을 파악할 수 있게 했다.

둘째, 구동사의 뜻풀이의 경우, 기존 사전에는 두 개의 다른 구동사가 같은 뜻을 갖는 것으로 풀이되는 경우가 있다. 한 예로, slow down과 slow up은 형태가 서로 다르지만, 같은 뜻을 갖는 것으로 풀이된다. 그러나 이 두 구동사는 의미가 다르다.

    a. The car slowed down.

      그 차는 속도를 줄였다.

    b. The car slowed up.

      그 차는 속도를 줄였다.

형태가 다르면 어디엔가 차이가 있다고 보는 것이 옳은 태도일 것이다. 속도가 줄어드는 경우 다음 그림으로 생각해보자. 속도가 빠른 쪽이 한 편에 있고, 속도가 느린 쪽이 다른 편에 있다.

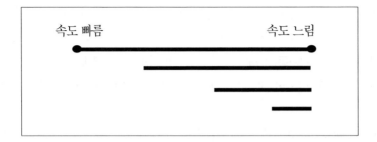

위 그림에서 속도가 줄어들면 실선은 짧아지고, 없어진 속도는 커진다. slow down은 검은 선을, 즉 속도가 줄어드는 것을, 생각해서 말한 표현이고, slow up은 없어진 속도, 즉 느림이 커짐을 나타내는 표현이다. 같은 상황이라도 우리는 서로 다른 각도에서 보면 서로 다른 표현이 나타난다는 것을 알 수 있다.

비슷한 예로, sober down과 sober up이 있다. 술이 깨는 현상도 다음과 같이 생각할 수 있다. 술에서 깨면, 취한 상태는 점점 줄어들고(sober down), 깬 상태는 점점 늘어난다(sober up).

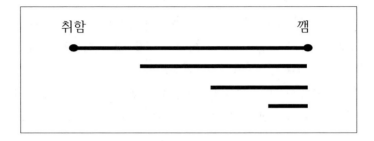

이 사전에서는 형태가 다른 구동사는 뜻이 다름을 전제로 하고, 그 뜻을 파악하여 전달하려고 노력했다.

이 사전에 쓰인 자료는 내가 직접 수집했다. 나는 거동이 불편하여서 집에 있는 시간이 많았기 때문에 하루 두 시간씩 라디오와 TV를 볼 수 있었다. 특히 월, 수, 금요일에는 병원에서 4시간씩 투석을 받으면서 이 시간에 자료를 많이 수집했다.

내가 자료를 수집하는 데 이용한 매체는 다음과 같다.

라디오: AFN, EBS, NPR, TBS EFM
TV:　　BBC, BBC KNOWLEDGE, CNN, DISCOVERY, EBS, FOX, NAT GEO WILD, NATIONAL GEOGRAPHY, ABC(호주)

구동사를 수집한 후, 다음과 같이 영어 구동사 말뭉치를 만들었다. 구동사를 노트에 수집하고, 수집된 구동사는 동사가 먼저 나오게 입력하여, 수집된 자료를 알파벳 순서로 정렬하였다. 한 예로, end up은 다음과 같이 정렬되었다.

end up

end up at the beach

end up at the hospital

end up becoming rich

end up being a best seller

end up cooked well

end up dead

end up in ten stitches

end up in a prison

end up on an island

end up on a snowy grass

end up to Korean music

end up with leftovers

end up with a new TV

수집된 구동사 자료는 약 5만 개 정도의 말뭉치가 되었다. 이 말뭉치에서 구동사 예문을 찾아 썼다.

타동사 목적어와 불변사 위치

구절동사 가운데 [타동사 부사] 구조는 다음과 같이 쓰일 수 있다.

1. 타동사 목적어 부사
2. 타동사 부사 목적어

위에서 볼 수 있는 바와 같이 타동사 바로 다음에 목적어가 올 수도 있고, 부사가 올 수도 있다. 이 두 가지 표현 가운데 우리는 (1)번, 즉 타동사 다음에 목적어가 오는 순서를 사전에 썼다.

구동사에서, 타동사의 목적어가 **대명사**가 아니면 목적어와 부사는 위의 두 가지 구조가 가능하다. 다음이 한 예가 되겠다.

a. He took **off** his shirt.
b. He took his shirt **off**.

부사 off는 (a)문장에서는 동사 take 바로 뒤에, (b)문장에서는 목적어 shirt 다음에 쓰였다. 이것은 다음과 같이 나타낼 수 있다.

a. take O off
b. take off O

이 사전에서는 위 두 가지를 다 제시하지 않고, (a)만을 대표로 제시했다.

위 두 어순은 임의적인 것이 아니라 정보가치에 의해서 결정된 것이다. 일반적으로, 문장의 끝에 오는 요소의 정보가 새 정보이다. (a)에서 불변사 off가, (b)에서 목적어 shirt가 새 정보이다. 새 정보는 문장의 끝에 나타나서 기억에 도움을 준다.

대부분의 구동사는 동사와 하나의 불변사로 이루어진다. 즉, 2-어(two-word) 구동사이다. 그러나 이 기본 구동사에 전치사가 쓰여서 3-어(three-word) 구동사도 흔히 쓰인다. 예로써, put up은 전치사 at이나 with와 같이 쓰여서 3-어 구동사가 된다. 이 사전에서 3-어 구동사는 2-어 구동사 아래에 제시하였다.

a. He put up **at** a motel.
   그는 어느 모텔에서 숙박했다.
b. I cannot put up **with** his rudeness.
   나는 그의 무례함을 참을 수가 없다.

감사의 글

이 책이 태어나는데 나는 여러 분의 도움을 받았다. 첫째, Ronald W. Langacker 교수가 그 중 한 분이다. 이 교수와는 오랜 인연을 맺고 있다. 1969년 미국 언어학회(LSA) 여름 학회가 일리노이 대학(UOI)에서 열렸다. 이 학기에 Langacker 교수가 그 당시 유행하던 통사론을 가르쳤다. 나는 이 강의를 재미있게 들었다. 그 후에도 교수님과의 인연은 계속되었다. 나는 어느 시점에 형식통사론에 회의를 느끼고 방황하던 때가 있었다. 이 때 Langacker 교수의 space 문법을 접하게 되었다. 이 문법은 내가 방황하던 시기에 큰 길잡이가 되어주었다. 이 공간문법은 다시 인지문법으로 발전되었고, 나도 이 문법을 토대로 모든 연구를 계속했다.

이번에 내어놓은 이 사전도 Langacker 교수의 인지문법을 토대로 만들어졌다. 인지문법은 언어 연구를 언어지식에 국한시키지 않고 (또 그렇게 할 수도 없다) 인간의 인지능력과 연관시켜 연구한다. 한 예로서 구동사의 의미 풀이에는 언어 지식뿐만 아니라 은유와 환유 현상이 고려되어야 하는데, 이 비유 언어는 언어 지식 외에 일반적인 세상 지식을 필요로 한다. 그간 사전을 만들면서 의문이 생기면 언제든지 교수님께 질문을 했고, 매번 교수님은 친절하게 또 상세하게 답장을 해 주셨다. 이에 감사를 드리는 바이다.

다음으로 나는 故 Dwight Bolinger 교수의 도움을 많이 받았다. 교수님의 강의를 내가 직접 들어보지는 못했지만 교수님이 쓰신 많은 저서 가운데 다음 두 권이 나의 학문의 길잡이가 되어 오고 있다: *Meaning and form*(XXXX)과 *The phrasal verbs in English*(1971). 교수님은 *Meaning and form*(XXXX)에서 형태가 다르면 의미도 다르다는 주장을 하셨다. 이것은 평범한 진리이다. 우리말에도 '어' 다르고 '아' 다르다는 말과 상응하는 주장이다. 그러나 형식 문법이 크게 유행할 때 이 진리는 완전히 무시되고 있었다. 한 예로, 능동문은 수동문이 될 수 있고, 능동문이든 수동문이든 뜻에는 차이가 없다는 주장이 세상을 지배하고 있을 때, Bolinger 교수는 능동문과 수동문의 뜻이 다르고, 능동문이 수동문이 될 때에도 뜻을 생각하지 않고는 만들 수 없음을 보여주었다. 다음 예를 살펴 보자.

(01) a. John slept in the bed.

　　　존이 그 침대에서 잤다.

　　b. *The bed was slept in by John.

(02) a. Queen Elizabeth slept in the bed.

　　　엘리자벳 여왕이 그 침대에서 잤다.

　　b. The bed was slept in by Queen Elizabeth.

문장 1a에서 주어는 John이고, 문장 2a에서 주어는 Queen Elizabet이다. 이 주어에 따라서 수동문이 가능하기도 하고, 그렇지 않기도 하다. John이 어느 침대에서든 자도 아무 영향이 없지만, 여왕이 어느 침대에서 자면 그 침대는 영향을 받을 수 있다. '영향이라는 것은 구조적인 것인 아니라, 의미적인 것이다. 이 사전 전체를 통해서 Bolinger 교수의 영향을 찾아볼 수 있을 것이다.

다음으로 Bolinger 교수의 The phrasal verbs in English(1971)는 나의 영어 구동사에 대한 관심에 불을 붙여주었다. 이 책이 나올 때까지만 해도 구동사는 분석이 가능하지 않다는 주장이 언어학계를 지배하고 있을 때이다. 교수께서는 특히 구동사에 쓰이는 불변사에 뜻이 있음을 주장했다. 그 당시만 해도, 불변사에는 뜻이 없다고 생각되던 시기였기 때문에 이러한 주장은 혁명적이었다. 한 예로, up을 들어보자. 이 불변사는 원래 아래에서 위로 움직이는 관계를 나타낸다. 그러나 이 의미가 확대되어 결과, 완성, 정도의 강화 등을 나타낸다고 했다 (Bolinger 1971, pp. 99-100).

1. 움직임의 뜻

The work piled up.

그 일이 쌓였다.

Let's trade up our old car for a higher priced one.

우리의 낡은 차를 좀 더 비싼 차로 바꿉시다.

2. 확대된 움직임의 의미

Ante up.

He grew up.

그는 성장했다.

3. 완료나 결과

The ice broke up.

그 얼음이 깨져서 작게 되었다.

Vermont freezes up during winter.

버몬트는 겨울 동안 꽁꽁 언다.

4.

She clammed up.

그녀는 입을 꾹 다물었다.

He choked up.

그는 목이 메었다.

5. 정도의 강화

He revved up his engine.

그는 그의 엔진의 회전속도를 높였다.

위에서 Bolinger 교수가 한 up의 분석을 간단하게 소개했다. 이 분석은 현재의 눈으로 보면 부족한 점이 많으나, up의 뜻을 움직임의 의미와 연관시켜서 관련성을 보여주려고 한 점은 연구에 새로운 길을 열어주었다. 이 사전에서도 Bolinger 교수의 정신이 곳곳에 배어 있음을 알 수가 있다.

다음으로 이진숙(UC at Santa Barbara) 교수에게도 감사를 드린다. 이진숙 교수에게도 많은 질문을 하였고, 이 교수 역시 친절하게 대답을 해주었다.

그 밖에도 안영란 교수, 이근철 선생, 나익주 교장 선생님도 많은 도움을 주셨다. 구체적으로 주위에 계시는 모국어 화자의 도움을 얻을 수 있게 해주셨다. 이밖에 다음 교수들이 도움을 주었다.

Chris Boyce and Teresa Boyce (K Christian University)

Eve Sweetser (UC at Berkeley)

Pearl Kim Pang (Yonsei University)

Sandra Thompson (UC at Santa Barbara)

또 마지막 교정 단계에서 최혜경 교수의 도움도 컸다. 마지막으로, 이 사전을 맡아 주신 한국문화사 김진수 사장께도 감사드리고, 방대한 편집을 맡아 주신 이은하, 김민섭 과장께도 감사를 드린다.

이 사전은 한국연구재단의 저술출판지원을 받고 이루어졌다(2016년 5월–2019년 4월; 과제 번호: NRF–2016S1A6A4A01018454). 재단에 깊은 감사를 드린다. 한국학술연구재단의 도움으로 나는 다음 대학원생들의 도움을 받을 수 있었다. 김승은, 송유진, 신하은, 이수영, 임수빈, 정회훈. 이 학생들의 귀한 도움에도 큰 감사를 드린다.

이 책을 집필하는 동안 많은 시, 꽃, 사진, 음악, 그리고 맛있는 커피로 나를 격려해준 친구 김수만에게 깊은 감사를, 그리고 평생 동생을 아껴주신 이인동 형님께도 감사를 드린다. 또, 헌신적인 사랑으로 나를 도와주셔서 이 책이 나올 수 있게 해준 나의 아내 서병옥 여사에게도 깊은 감사를 드린다. 아내는 사경을 헤매던 캄캄한 터널 속에서도 희망의 끈을 놓지 않고 나를 이끌어 주었다.

사전의 짜임

이 사전은 다음과 같이 짜여져 있다.

1. 구동사 순서

구동사는 단동사와 불변사의 결합으로 이루어진다. 이 사전에 실린 구동사는 그 구동사를 구성하는 단동사의 알파벳 순서에 따라 제시된다. 각 단동사의 항목에서는 단동사의 일반적인 의미를 먼저 제시하고, 그 다음 단동사가 자동사나 타동사로 쓰인 예문을 각각 제시하여 일반적인 뜻을 상세하게 한다. 단동사의 일반적인 의미와 구체적인 예를 통해 동사의 기본 의미와 구체적인 의미를 이해할 수 있게 한다. 경우에 따라서 단동사는 형용사나 명사로 쓰일 수 있으므로 가능하면 이 둘의 뜻도 제시하여 동사의 뜻을 이해하는 데 도움이 되게 했다. 그 다음에는 그 동사가 구동사로 쓰인 예를 제시한다.

2. 한 단동사 내에서의 구동사 순서

구동사는 크게 네 가지 문형으로 나누어진다. 동사에는 타동사와 자동사가 있고, 불변사에는 전치사와 부사가 있기 때문이다. 동사와 불변사의 결합에 따라 구동사는 다음과 같이 기본적으로 네 가지 문형의 구조를 가질 수 있다.

    a. 타동사 + 전치사
    b. 타동사 + 부사
    c. 자동사 + 전치사
    d. 자동사 + 부사

한 구동사가 두 개 이상의 문형을 가지는 경우 가능하면 위의 순서대로 제시하는데 구동사에 따라 타동사보다 자동사의 쓰임이 많은 경우에는 자동사의 경우를 먼저 제시한다. 불변사는 전치사적 용법과 부사적 용법으로 쓰인다. 그중 전치사적 용법이 먼저 제시되고, 그 다음에 부사적 용법이 제시된다. 다음 예를 보자.

(01) a. One tire fell off my bike.

　　바퀴 하나가 내 자전거에서 떨어져 나갔다.

　　b. A button fell off.

　　단추 하나가 떨어졌다.

불변사 off는 문장(a)에서는 전치사로, 문장(b)에서는 부사로 쓰였다. off가 부사인 문장(b)에서는 목적어가 쓰이지 않았는데, 이는 문맥이나 화맥 등에서 목적어가 추리될 수 있기 때문이다. 그래서 불변사의 전치사적 용법을 먼저 제시하고 부사적 용법을 다음에 제시한다.

본 사전에서는 '타동사'나 '자동사'라는 용어를 쓰지 않고 대신, 목적어(object)를 'O'로 표시하여 타동사는 '동사 O'로 나타내고, 자동사의 경우는 목적어가 없으므로 O가 뒤따르지 않는 것으로 구분한다. 전치사와 부사의 구분도 목적어를 갖는 전치사는 '불변사 O'로 나타내고 부사의 경우는 목적어를 갖지 않으므로 다음과 같이 불변사만을 나타낸다.

(02) a. 타동사 + 전치사 = 예: take O off O

　　b. 타동사 + 부사　 = 예: take O off

　　c. 자동사 + 전치사 = 예: take off O

　　d. 자동사 + 부사　 = 예: take off

4. 예문

각 구동사마다 그에 해당되는 예문이 제시된다. 구동사 가운데에는 다의적인 것이 많은데 다의어는 크게 두 가지로 나누어 볼 수 있다. 첫째, 문자적인 뜻과 비유적인 뜻이 있다. 비유적인 뜻은 문자적인 뜻에 바탕을 두고 있으므로 문자적인 뜻으로 쓰인 예문을 먼저 제시하고, 그 다음 비유적인 뜻으로 쓰인 예문을 제시한다. 예문은 우리말로 번역이 되고, 구동사는 동사와 불변사의 의미에서 나오므로 구동사에 쓰인 불변사의 의미도 제시된다. 다음 예문을 살펴 보자.

(03) a. He wound up the clock.

　　그는 그 시계 태엽을 감았다.

　　b. He is wound up. (passive)

　　그는 긴장되어 있다.

　　[시계의 태엽을 다 감으면, 태엽이 긴장되듯, 사람도 긴장이 될 수 있다]

위에서 문장(a)는 문자적 뜻이고, 문장(b)는 비유적인 뜻이다.

다음으로, 비유적 뜻도 여러 가지의 다른 뜻이 있을 수 있다. 이런 경우 비유적 뜻이 나타나는 경위나 불변사의 의미를 설명하여 비유적 의미의 확장을 이해할 수 있게 하였다. 다음 예를 살펴보자.

(04) a. The airplane cracked up in the air.

그 비행기는 공중에서 완전히 분리되었다.

['up'은 cracked의 정도가 완전히 깨어짐을 나타낸다.]

b. I left the headlights on. I must be cracking up.

나는 전조등을 켜놓고 있었다. 나는 미치고 있음에 틀림없다.

[사람 머리가 견과류에 비유되고, 이것이 깨어진다는 것은 미친다는 뜻이다.]

c. Everyone in the hall cracked up when the comedian appeared on the stage.

그 홀에 있던 모든 사람들은 그 코미디언이 그 무대에 등장하자 파안대소 했다.

['everyone'은 환유적으로 모든 사람들의 얼굴을 가리키고, 크게 웃으면 얼굴이 일그러지는 것을 무엇인가가 깨어지는 것으로 비유했다]

구동사 가운데, 둘째 요소가 부사인 경우에는 다른 전치사가 뒤에 쓰일 수 있다. 예로서, 다음과 같은 경우이다.

(05) a. 자동사 + 부사 + 전치사

b. 타동사 + 부사 + 전치사

소위 말하는 3어 구동사(three-word)가 만들어진다.

특히 장소 이동을 나타내는 다음 부사는 출발지와 도착지를 나타내는 전치사가 같이 쓰일 수 있어서, 필요하면 3-어 구동사로 쓰인다:

(06) Down: from A to B   위에서 아래로

     Up: up from A to B   아래서 위로

     In: in from A to B   밖에서 안으로

     Out: out from A to B   안에서 밖으로

     On: on from A to B   비접촉에서 접촉으로

     Off: off from A to B   접촉에서 비접촉으로

Down을 예로 들면 다음과 같다.

(07) He went down *from* Seoul *to* Busan.

전치사 from과 to 외에 on, with와 같은 전치사도 3-어 구동사를 만드는 데 쓰인다. 이 사전에서 이와 같은 3어(three-work) 구동사는 2어(two-work) 구동사 밑에 열거된다. 예로서, 구동사 catch up은 전치사 on, to, with와 같이 쓰일 수 있으므로 이들은 catch up 밑에 열거된다.

(08) Catch up

Catch up on O

Catch up to O

Catch up with O

5. 번역과 불변사 풀이

위의 예에서 볼 수 있는 바와 같이 구동사가 쓰인 모든 예문은 번역이 된다. 그 다음, 구동사의 의미가 비유적으로 확대되는 것을 이해할 수 있도록 필요한 경우에는 [ ] 안에 불변사에 대한 설명이 덧붙여진다.

6. 연어(collocation)

영어 구동사의 뜻을 확실하게 하기 위해서는 주어나 목적어의 정보가 필요하다. 이러한 정보를 제공하는 한 가지 방법으로 구동사에 쓰이는 주어와 목적어를 여러 개 제시하여 이들의 성질을 파악하는 데 도움을 주도록 했다. 예로서, 다음 문장에서 이탤릭체로 된 부분이 있다. 이 부분은 대체할 수 있는 예가 네모꼴 안에 제시되어 있다.

We wrapped up *the discussion*.
우리는 그 토의를 마무리 지었다.

interview	면담	investigation	조사
search	탐색	show	무대 / 극

위에서는 목적어의 예가 제시되어 있다. 다음에서는 주어가 몇 개 더 제시되어 있다.

Motherly instinct kicked in.

모성적 본능이 작용하기 시작했다.

medication 복용약	antibiotics 항생제

7. 수동문

예문 가운데 수동문이 쓰일 때에는 (passive) 표시를 하여 문장을 이해하는 데 도움을 주려고 했다. 능동문이 수동문이 되면 어순이 바뀌고, 동사의 꼴이 바뀌고 be 동사나 get 동사가 추가되므로 수동문을 파악하기가 어려울 수 있다.

(11) He was caught up in a legal battle. (passive)

그는 법적 투쟁에 꼼짝 못하게 되어 있다.

간추리면, 이 사전은 우리나라 학습자들이 이용하기 편리하게 만들었다. 타동사와 자동사를 구분하여 표시하고, 전치사와 부사의 표시를 따로 했다. 또, 구동사를 하나의 덩어리로 보지 않고 분석이 가능한 표현으로 보고 있다. 그래서 동사의 의미와 불변사의 의미를 제시하여 이 둘의 뜻이 합쳐져 구동사의 뜻이 나오는 것으로 제시했다.

Particle Index_불변사 뜻풀이

불변사 뜻풀이

구동사는 동사와 불변사로 이루어진다. 여기서는 불변사의 구조적 특성과 불변사의 뜻을 살펴본다.

$$\text{불변사} \begin{cases} \text{전치사} \\ \text{전치사적 부사} \\ \text{부사} \end{cases}$$

구동사의 두 번째 요소는 전치사뿐만 아니라 전치사에서 나온 부사, 그리고 일반 부사가 있다. 그래서 전치사라는 용어를 쓰면 부사가 포함되지 않고, 부사라는 용어를 쓰면 전치사가 포함이 되지 않는다. 이 두 용어를 포함하기 위해서 불변사(particle)이라는 용어가 쓰인다.

그러면 불변사에 속하는 세 요소의 특성을 살펴보자. 전치사는 목적어가 있어야 한다. 그러나 전치사에서 파생된 부사는 목적어가 쓰이지 않는다. 다음 두 문장을 비교하여 보자.

(1)　a. He jumped on the bus.

　　　　그는 뛰어서 그 버스에 올라탔다.

　　b. The bus arrived and he jumped on.

　　　　그 버스가 도착하자 그는 (그 버스에) 올라탔다.

위 a문장에서 on은 전치사로 쓰여서 목적어 the bus가 쓰였다. 그러나 b문장에서 on은 목적어 없이 쓰여서 부사이다. 이 경우 목적어가 쓰이지 않았으나, 그것이 무엇인지 추리될 수 있다. 앞에 bus가 언급되었으므로 on의 목적어는 bus임을 알 수 있다.

다음도 살펴보자.

(2)　a. He got off the bus.

　　　　그는 그 버스에서 내렸다.

　　b. The bus stopped and he got off.

　　　　그 버스는 멈췄고, 그는 (그 버스에서) 내렸다.

위 a문장에서 off는 전치사로서 목적어 bus가 쓰였다. 그러나 b문장에서 off는 부사로 쓰여서 목적어가 쓰이지 않았다. 이 경우에도 off의 목적어는 문맥에서 찾아낼 수 있다. 다음으로 원래 부사를 살펴보자. 부사는 전치사와는 달리 목적어를 가질 수 없다. 다음을 살펴보자.

(3) a. *He moved away the car.

b. He moved away from the car.

위 a문장은 away가 the car와 바로 쓰여서 비문이다. 그러나 b문장에서는 전치사 from이 쓰여서 정문이 된다. 위에서 불변사에 속하는 세 요소의 구조적 특성을 살펴보았다. 전통적으로 불변사는 의미가 없는 요소로 취급되어 왔다. 그러나 불변사에도 추상적이긴 하지만 뜻이 엄연히 있다. 다음과 같은 경우 동사 없이 불변사만으로 명령을 내릴 수 있다.

다음을 살펴보자.

(4) a. Down with the president.

대통령 내려가라, 즉 하야하라.

b. Away with you.

너 꺼져라.

c. Off to your bed.

자리를 떠나서 너의 침대로 가거라.

d. Onto chapter 3.

이어서 제3장으로 가자.

e. On, up, and over.

올라와서, 위로 와서, 넘어가거라.

불변사는 기분적으로 공간 관계를 나타낸다. 이 공간 관계가 비유적으로 확대되어 여러 가지의 뜻을 갖게 된다. 불변사 down을 예로 들어보자. 이 불변사는 이동체가 높은 곳에서 낮은 곳으로 움직이는 관계를 나타낸다. 이것을 도식화하면 다음과 같다.

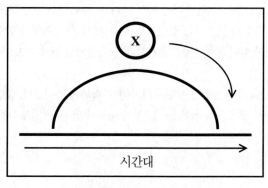

도식1 전치사 down

위 도식에서 X는 시간이 지나면서 점점 내려와 지면에 닿게 된다. 이 도식은 다음과 같은 공간 관계를 나타낸다.

(5)   a. He came down from the second floor.

       그는 이층에서 내려왔다.

    b. He pulled down the blind.

       그는 그 차양을 끌어내렸다.

위 도식은 수, 양, 정도 등이 줄어드는 관계도 나타낸다.

(6)   a. Prices went down.

       가격들이 내려갔다.

    b. The storm died down.

       그 태풍이 약해졌다.

이동체가 지면에 닿게 되면 이동이 멈춘다. 이 관계는 기계, 사람 등의 작동이 멈추는 관계를 나타낸다.

(7)   a. The washer broke down.

       그 세탁기가 고장이 나서 작동이 안 된다.

    b. The old dog was put down.

       그 나이 많은 개는 죽게 되었다.

위에서 잠깐 살펴본 바와 같이 불변사는 여러 가지의 뜻을 지니고 있다. 그러나 이러한 뜻은 공간 관계에 뿌리를 박고 있으므로 전혀 다른 뜻이 아니고, 서로 연관성이 있다.

이 장에서는 구동사와 자주 쓰이는 불변사의 뜻을 제시했다. 위에서 밝힌 바와 같이 불변사의 뜻을 나열만 하는 것이 아니라, 공간적 기본 관계가 확장되는 관계를 보여주어서 관련성을 찾게 한다.

다음에서는 구동사에 자주 쓰이는 불변사의 뜻을 간략하게 풀이했다. 불변사에 대한 좀 더 상세하고 체계적인 정보는 「영어 전치사 연구」나 「영어 구동사 연구」를 참조하길 바란다.

Particle Index
ABOUT

about은 전치사와 부사로 쓰인다.

1. 전치사 용법

전치사 about은 정적 관계와 동적 관계로 쓰인다.

1.1. 정적 관계

정적 관계에서 전치사 about은 여러 개의 X가 Y 주위에 흩어져 있는 관계를 그린다. 이것을 그림으로 나타내면 다음과 같다.

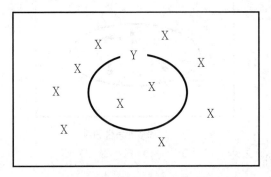

도식1 전치사 about: 여러 개의 X가 Y 주위에 있는 관계

다음에서 복수의 주어들이 Y의 이곳저곳에 있다.

(1) a. His toys are lying about the floor.

   그의 장난감들이 그 마루의 이곳저곳에 놓여 있다.

   b. Leaves are scattered about the garden.

   잎들이 그 정원 여기저기에 흩어져 있다.

다음에서 about은 시간이나 양을 나타낸다. X about Y에서 X는 Y의 여러 곳에 있을 수 있으므로 **대략**의 뜻이 된다.

(2) a. He got back about 4 o'clock.

   그는 4시경에 돌아왔다.

   b. The baby weighed about 3kg.

   그 아기는 무게가 3kg 정도 나간다.

about이 의사소통 동사와 쓰이면 X about Y에서 X는 Y의 이것저것에 대해 말하거나 얘기한다.

(3)   a. We talked about K-pop.

우리는 K-pop에 대해서 이것저것 이야기를 했다.

b. They chatted about the weather.

그들은 날씨에 대해 이것저것 잡담을 했다.

1.2. 동적 관계

위에서 살펴본 X about Y는 X가 Y의 주위에 흩어져 있는 관계이다. 그러나 다음에서 about은 X 가 Y의 이곳저곳을 다니는 동적인 관계를 나타낸다. 이것을 그림으로 나타내면 다음과 같다.

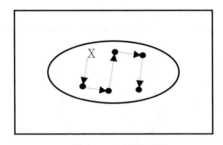

도식2   about 동적 관계

다음 예를 살펴보자.

(4)   a. The people upstairs are crashing about all night long.

위층에 사는 사람들이 밤새 쿵쿵거리며 이리저리 다녔다.

b. Stop the children running about in the restaurant.

그 아이들이 그 식당 안에서 이리저리 마구 뛰어다니는 것을 못하게 하세요.

c. He got angry and threw his books about the study.

그는 화가 나서 그의 책들을 그의 서재에 마구 이리저리 던졌다.

d. The child scattered his toys about the room.

그 아이는 그의 장난감들을 그의 방 이곳저곳에 흩뜨려 놓았다.

about은 다음 동사와 쓰이면 특별한 목적이 없이 주위를 서성거리는 관계를 나타낸다.

(5)   a. We hung about the shopping mall.

우리는 그 쇼핑몰 주위를 특별한 목적 없이 서성거렸다.

b. We wandered about the park.

우리는 특별한 목적 없이 그 공원 이곳저곳을 돌아다녔다.

주어진 일의 이곳 저곳을 다닌다는 것은 주어진 일을 시작하거나 하는 관계를 나타낸다.

(6) a. After the earthquake, people began to go about their businesses.

그 지진 이후, 사람들이 그들의 일을 하기 시작했다.

b. He set about tidying up his room.

그는 그의 방을 정돈하기 시작했다.

2. 부사 용법

X about Y에서 Y가 쓰이지 않으면 about은 부사이다. Y가 쓰이지 않는 것은 화자가 생각할 때 청자가 Y의 정체를 추리할 수 있다고 생각하기 때문이다.

(7) a. The robber bent an old man about.

그 강도가 어느 노인의 이곳저곳을 마구 때렸다.

b. The bully kicked the boy about.

그 불량배가 그 소년의 이곳저곳을 마구 찼다.

아무것도 없던 자리에서 Y 주위에 X가 있게 되는 것은 X가 생긴다는 뜻이다. 다음 도식의 시점1의 Y에는 아무것도 없으나, 시점2에서는 X가 여러 개가 있게 된다. 이것은 X가 생긴다는 뜻이다.

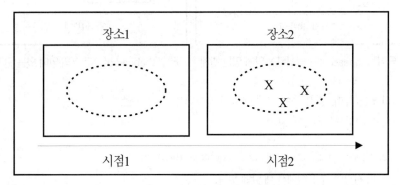

도식3 X가 어떤 장소에 생기는 관계

(8) a. Many changes came about.

많은 변화들이 생겼다.

b. The new government has brought about many reforms.

그 새 정부도 많은 개혁이 일어나게 했다.

| Particle Index AHEAD | ahead는 부사로만 쓰인다. |

1. 부사 용법

부사 용법은 정적 관계와 동적 관계로 나누어 볼 수 있다.

1.1. 정적 관계

여기서는 정적 관계부터 살펴보자.

1.1.1. ahead of

정적 관계에서 ahead는 X가 Y 앞에 있는 관계를 나타낸다. ahead는 부사이므로 Y를 직접 쓸 수 없고, Y는 of와 같이 쓰인다. 다음 두 도식을 살펴보자.

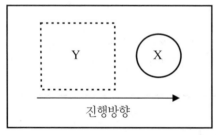 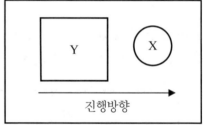

도식1a ahead: X가 암시된 Y 앞에 있는 관계   도식1b ahead of: X가 Y의 앞에 있는 관계

도식1a의 Y는 화맥, 문맥 등에 의해 예측이 가능하면 쓰이지 않는다.
먼저 ahead of의 예부터 살펴보자.

(1)   a. There were four people ahead of me at the bank.
      네 사람이 그 은행에서 내 앞에 있다.

     b. You have a long trip ahead of you.
      긴 여행이 네 앞에 있었다.

     c. A bus rode ahead of us.
      버스 한 대가 우리 앞에 가고 있다.

     d. There is danger ahead of the road.
      그 길 앞에는 위험이 있다.

ahead of는 시간 관계에도 쓰인다.

(2)   a. We are ahead of schedule.

      우리는 예정 시간에 앞서 있다.

   b. Let me know ahead of time you need a ride to the hospital.

      병원 가는 데 차편이 필요한지 미리 알려 주세요.

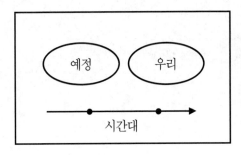

도식2a 예정보다 앞섬   도식2b 팔아야 할 시간에 앞섬

1.1.2. ahead

  X ahead of Y에서 Y의 정체를 청자가 파악할 수 있으면 화자가 생각하는 Y는 쓰이지 않는다. 아래에서 ahead of 대신 ahead가 쓰인 예를 살펴보자.

(3)   a. A bright future lies ahead.

      밝은 미래가 앞에 놓여 있다.

   b. The road ahead is bumpy.

      앞에 놓인 길은 울퉁불퉁하다.

   c. There is a car accident ahead, causing traffic jam.

      앞에 자동차 사고가 있어서 교통혼잡을 야기하고 있다.

2. 동적 관계

2.1. ahead of

  동적 관계에서 X ahead of Y는 X가 Y를 넘어가서 그 앞에 오는 관계를 나타낸다. 이 관계는 다음과 같이 도식화될 수 있다.

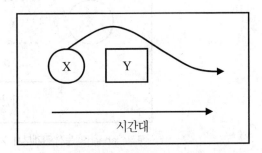

도식3 ahead의 동적 관계: X가 Y의 앞에 가는 관계

(4)   a. The car got ahead of us.

그 차가 우리 앞으로 갔다.

b. She stepped ahead of everyone else in the line.

그녀는 그 줄에 서 있는 모든 사람들 앞에 가 섰다.

c. He got ahead of me in the line.

그는 그 줄에서 내 앞에 왔다.

2.2. ahead

다음에서는 ahead of 대신, ahead만 쓰인 예이다.

(5)   a. He wants to get ahead in life.

그는 인생에서 다른 사람들보다 앞서가기를 원한다. 즉 성공하기 원한다.

b. She was looking straight ahead.

그녀는 똑바로 앞을 보고 있었다.

c. He tries to get ahead at work.

그는 직장에서 진급하려고 애쓴다.

d. You can fix the salad ahead.

먼저 샐러드를 만들어도 됩니다.

e. You can fill out the application ahead.

미리 그 지원서를 작성해도 됩니다.

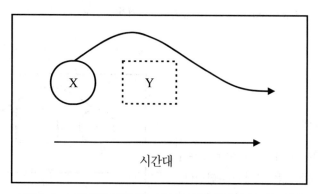

도식4 ahead의 동적 관계부사: X가 암시된 Y의 앞으로 가는 관계

동적 관계의 또 한가지는 X가 Y 앞에 오는 것이 아니라, X가 Y 앞으로 나아가는 관계이다. 이것을 도식화하면 다음과 같다.

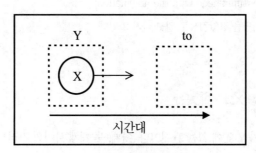

도식5 ahead의 동적 관계부사

위 도식에서 X의 출발지는 Y이다. 그리고 X는 이 출발지에서 앞으로 나아간다. 다음 예에서 a는 자동차를 쓰려는 의도를 갖고 있고, B는 그 의도에서 나아가려는 뜻이다.

(6) A: May I use your car?

    네 차를 써도 될까요?

    B: Go ahead.

    (의도에서) 다음 단계(사용 단계)로 나아가세요. 즉 쓰세요.

다음 예에서는 전치사 to로 ahead의 도착지가 명시될 수 있다.

(7) a. He jumped ahead to the bus terminal.

    그는 앞으로 뛰어가 그 버스 터미널에 갔다.

    b. He ran ahead to the railway station.

    그는 앞으로 뛰어가 그 기차역에 도착했다.

3. 동사 ahead with

다음에서와 같이 ahead는 with와 같이 쓰인다.

(8) a. He is going ahead with the plan.

    그는 그 안을 추진하고 있다.

    b. The president is moving ahead with reform.

그 대통령은 개혁을 추진하고 있다.

c. He is pressing ahead with the nomination.

그는 그 지명을 강압적으로 밀고 나가고 있다.

4. X ahead of Y에서 X와 Y의 거리

X ahead of Y는 X가 Y 앞에 있는 관계이다. 이때, 두 개체 사이의 거리도 표시될 수 있다.

(9) a. Korea is 5 goals ahead of Japan.

한국은 일본보다 5점 앞서 있다.

b. There are 10 people ahead of me at the dentist.

그 치과에서 10명의 사람들이 내 앞에 있다.

Particle Index
APART　　apart는 부사로만 쓰인다.

1. 부사 용법

부사 용법은 크게 동적 관계와 정적 관계로 나누어 볼 수 있다.

1.1. 동적 관계

동적 관계에서는 어느 개체가 온전한 상태에서 부분으로 갈라지는 관계를 나타낸다. 이 관계는 다음과 같이 도식화되어 있다.

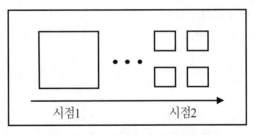

도식1 하나가 여러 개로 갈라지는 관계

위 도식에서 시점1은 어느 개체가 온전한 상태에 있거나 붙어있다. 이것이 변화를 겪어 시점2에서는 부분으로 나뉘어 있다. 다음에서 **apart**가 타동사와 쓰인 예를 살펴보자.

(1) a. The two boys are fighting and the young man pulls them apart.

　　그 두 소년이 맞붙어 싸우고 있었는데 그 젊은이가 그들을 떼어 놓았다.

b. The mechanic took the radiator apart to see what is wrong.

　　그 기계공이 그 방열기를 분해하여 무엇이 문제인지를 보았다.

c. He is torn apart between love and hate.

　　그의 마음은 사랑과 증오 사이에서 찢어지고 있다.

다음에서 **apart**는 자동사와 쓰였다.

(2) a. The vacuum cleaner comes apart and you can clean.

　　그 청소기는 분해가 될 수 있으므로, 그것을 청소할 수 있다.

b. The book is falling apart.

　　그 책이 해체되고 있다.

1.2. 정적 관계

정적 관계에서 apart는 개체들이 떨어져 있는 관계를 나타낸다. 다시 말하면, apart가 나타내는 동적 관계의 결과만이 부각된다.

다음 예를 살펴보자.

(3) a. Try to keep your work and private life apart.

당신의 일과 개인 생활을 떼어 놓도록 하세요.

b. Police kept the opposing groups of demonstrators apart.

경찰은 두 대립하는 시위자들을 떨어져 있게 했다.

c. The couple is living apart.

그 부부는 별거하고 있다.

2. 시간차

어떤 일이 시간차를 두고 일어날 때, 이 시간차도 apart로 표현된다.

(4) a. Their birthdays are 2 months apart.

그들의 생일은 두 달 서로 떨어져 있다.

b. They arrive 2 hours apart.

그들은 두 시간 차이로 도착했다.

c. The old couple died 2 weeks apart.

그 노부부는 2주 차로 죽었다.

3. apart from

apart는 두 개나 그 이상의 개체가 서로 떨어진 것을 뜻한다. 그런데 경우에 따라서는 한 개체가 다른 기준이 되는 개체에서 떨어진 것을 표현할 필요가 있다. 이때 이 기준은 from으로 표현된다.

(5) a. He stood apart from the crowd.

그는 그 군중들에서 떨어져 섰다.

b. He has never been apart from his wife.

그는 그의 아내로부터 떨어진 적이 없다.

Particle Index
AROUND

around은 전치사와 부사로 쓰인다.

먼저 전치사 용법부터 살펴보자. 전치사 용법은 동적인 관계와 정적인 관계로 나누어 볼 수 있다.

1. 전치사 용법

1.1. 동적 관계

동적 관계에서, X around Y의 X는 Y의 주위를 돈다. 도는 정도는 360°에서 그 이하일 수 있다. 다음 예를 살펴보자.

(1) a. He ran around the track.

그는 그 트랙을 뛰어서 돌았다.

b. He drove around the corner.

그는 그 모퉁이를 돌았다.

c. He jogged around the bay.

그는 그 만을 따라 조깅했다.

위 문장들에 쓰인 around는 다음과 같이 도식으로 나타낼 수 있다.

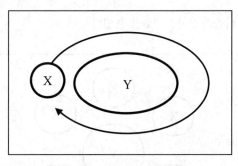

도식1a X가 Y 돌기

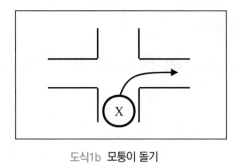

도식1b 모퉁이 돌기

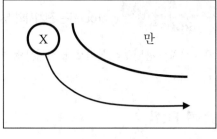

도식1c 만 주위 돌기

1.2. 정적 관계

정적 관계에서 X around Y는 여러 개의 X가 Y 주위에 있는 관계이다. 다음 예들도 살펴보자.

(2)　a. The boy scouts sat around the campfire.

　　　　그 보이스카우트 단원들이 그 모닥불 주위에 앉았다.

　　　b. His friends stood around the birthday cake.

　　　　그의 친구들이 그 생일 케이크 주위에 둘러섰다.

　　　c. Children crowded around the ice cream man.

　　　　아이들이 아이스크림 파는 남자 주위에 모여들었다.

　　　d. People gathered around the fruit stand.

　　　　사람들이 그 과일 판매대 주위에 모여들었다.

around의 정적 관계는 다음과 같이 도식화할 수 있다.

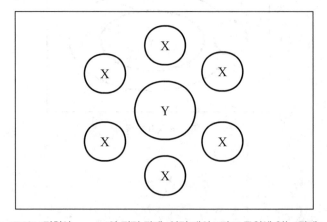

도식2 전치사 around의 정적 관계: 여러 개의 X가 Y 주위에 있는 관계

2. 부사 용법

X around Y에서 Y가 쓰이지 않으면 around는 부사이다.

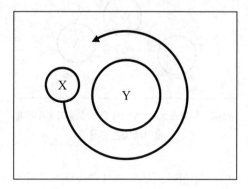
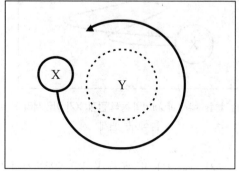

도식3a 전치사 around: X가 Y 주위로 도는 관계   도식3b 부사 around: X가 암시된 Y의 주위로 도는 관계

around의 부사 용법에서 Y는 점선으로 표시되어 있다. 이것은 Y가 없는 것이 아니라 문맥, 화맥 등에서 추리될 수 있다는 뜻이다. 부사 around도 동적과 정적인 관계로 나누어 볼 수 있다.

2.1. 동적 관계

부사 around가 동적 관계로 쓰일 때에는 이동체가 이리저리 마구 움직이는 관계를 나타낸다.

(3) a. He drove around in the country.

그는 자동차를 타고 그 나라의 이곳저곳을 다녔다.

b. A fly is flying around in the air.

그 파리 한 마리가 공중 이곳저곳을 날아다니고 있다.

c. The fish darts around in the aquarium.

그 물고기가 그 아쿠아리움 안 이곳저곳을 빠르게 움직이고 있다.

위에 쓰인 부사 around의 관계는 다음과 같이 도식화할 수 있다.

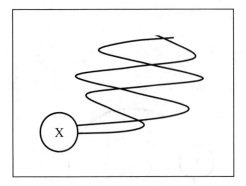 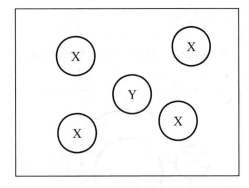

도식4a 부사 around의 동적 관계: X가 이리저리　　도식4b 부사 around의 정적 관계: X들이 Y 주위에
　　　　　움직이는 관계　　　　　　　　　　　　　　　　흩어져 있는 관계

부사 around가 이동동사가 아닌 행동동사와 쓰이면 목적 없이 아무렇게나4 행동하는 관계를 나타낸다. 위 도식a를 보면 이동체의 움직임에는 체계나 질서가 없다. 이러한 관계가 행동에 적용 되면, '아무렇게나'의 뜻이 더해진다.

(4)　　a. He is fooling around.

　　　　　그는 할 일을 하지 않는 시간을 보낸다.

　　　　b. He always jokes around.

　　　　　그는 언제나 농담을 한다.

　　　　c. Stop messing around and find a job.

　　　　　그만 빈둥거리고 일자리를 찾아라.

2.2. 정적 관계

정적인 관계에서 **X around (Y)**는 복수의 개체가 있는 장소 이곳 저곳에 있는 관계를 나타낸다.

(5)　　a. Kids sat around.

　　　　　아이들이 이곳저곳에 앉아있었다.

　　　　b. Fans stick around.

　　　　　팬들이 떠나지 않고 이곳저곳 주위에 있었다.

정적인 관계는 다음과 같이 행동에 적용되면 뚜렷한 목적 없이 지나는 관계를 나타낸다.

(6)　　a. He sat around all day long.

　　　　　그는 온종일 할 일 없이 지냈다.

    b. We wandered around.

      우리는 뚜렷한 목적 없이 시간을 보내며 돌아다녔다.

다음에서도 around는 '아무렇게나' 또는 '함부로'의 뜻이 더해진다.

(7) a. He tinkered with his laptop.

      그는 그의 랩탑을 조금씩 만지작거리고 있다.

    b. He tinkered around with his laptop.

      그는 전문지식도 없이 그 랩탑을 이리저리 만지작거렸다.

(8) a. He played with the idea.

      그는 그 생각을 굴려 보았다.

    b. He played around with the ideas.

      그는 여러 가지 생각들을 시험해 보았다.

부사 around는 다음에서와 같이 추상적인 방향의 전환을 나타낸다.

(9) a. He came around to my view.

      그는 내 견해로 돌아왔다.

    b. He came around to his sense.

      그는 의식이 되돌아왔다.

위 a문장에서 처음에 그는 나와 다른 견해를 가지고 있었으나, 나중에 내 견해 쪽으로 돌아오는 관계이다. 이것을 도식화하면 다음과 같다.

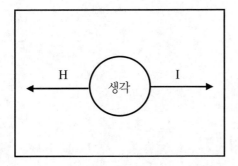 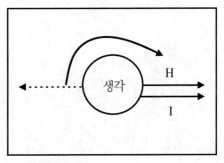

도식5 H의 생각이 I에게로 돌아오는 관계

3. around with

다음에서 around는 with와 같이 쓰여서 with의 목적어를 함부로 만지는 관계를 나타낸다.

(10) a. The chef played around with the recipes.

그 주방장은 그 여러 가지 요리법을 시험 삼아 이리저리 해보았다.

b. He tinkered around with the radio to make it work.

그는 그 라디오를 작동시키기 위해서 그것의 이곳저곳에 손을 댔다.

 aside는 부사로만 쓰인다.

**Particle Index
ASIDE**

1. 부사 용법

aside는 어떤 개체의 옆에 제쳐 놓여지는 관계를 나타낸다. aside는 부사이므로 X aside Y로 쓰일 수 없고, X aside from Y로 쓰인다. 이것을 도식화하면 다음과 같다.

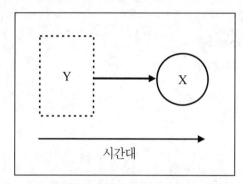

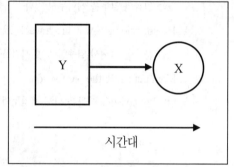

도식1a aside: X가 암시된 Y의 옆으로 가는 관계   도식1b aside from: X가 Y의 옆으로 가는 관계

1.1. 옆으로 제치기

다음에서 X는 옆으로 치워진다.

(1) a. The child pushed his salad aside.

그 아이가 그의 샐러드를 옆으로 밀었다.

b. He swept his hair aside.

그는 그의 머리를 옆으로 빗었다.

c. The chairman stepped aside for his son.

그 의장은 아들을 위해서 옆으로 물러섰다.

1.2. 제쳐버리기

옆에 둔다는 것은 무엇을 받아들이지 않고 제쳐버리는 관계를 나타낸다.

(2) a. He brushed aside her objection.

그는 그녀의 반대를 옆으로 쓸어버렸다. 즉 받아들이지 않았다.

   b. Let's put aside our differences.

     우리의 차이점들을 옆에 제쳐둡시다. 즉 생각하지 맙시다.

1.3. 제쳐두기

무엇을 옆에 둔다는 것은 나중에 쓰기 위해서 제쳐두는 관계를 나타낸다.

(3) a. He has been setting aside part of his salary.

       그는 월급의 일부를 제쳐두고 있다.

    b. He set aside a few hours a week for exercise.

       그는 운동을 위해서 일주일에 몇 시간을 제쳐둔다.

    c. Mom put aside the pie for son.

       엄마는 그 파이를 아들을 위해 제쳐두었다.

2. aside from

aside는 무엇의 옆이므로 이 기준은 전치사 from으로 표현된다. 그리고 aside from은 다음 두 가지의 뜻으로 쓰인다.

2.1. X aside from Y: Y를 제외하거나 고려하지 않으면 X는 유효하다.

(4) a. Aside from the rain, the picnic was fine.

       그 비를 떼어 놓고 생각하면, 즉 비만 아니었더라면, 그 야유회는 좋았다.

    b. Aside from his hot temper, he is a fine gentleman.

       그의 급한 성질만 빼놓으면, 그는 훌륭한 젊은이이다.

2.2. X aside from Y: X는 Y외에, 또는 Y에 더해서의 뜻이다.

(5) a. Aside from the money in the savings account, he has lots of cash.

       그는 그 예금계좌에 있는 돈 이외에, 많은 현금을 가지고 있다.

    b. Aside from Yoga, what exercise do you have?

       요가 외에 무슨 운동을 합니까?

Particle Index
AT   at은 전치사로만 쓰인다.

이 전치사는 정적 관계와 동적 관계를 갖는다. 먼저 정적 관계에는 X는 척도상의 한 눈금에 있거나 영역의 한 점을 지나간다. 이것을 도식화하면 다음과 같다. 도식 a에서 X는 척도상의 한 눈금에 있고, 도식 b에서 X는 영역내의 한 점에 있다.

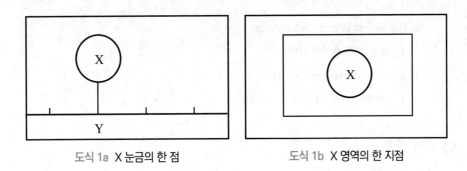

도식 1a X 눈금의 한 점   도식 1b X 영역의 한 지점

다음에서 전치사 at이 적용되는 경우를 살펴보자.

1. 전치사 용법: 정적 관계

1.1. 고도, 각도, 속도 등

다음에서 at은 점으로 인식되는 각도, 고도, 심도 등의 표현과 함께 쓰였다.

  (1) a. The plane blew up at 1,000 feet up in the air.

그 비행기는 고도 1,000피트 상공에서 폭파되었다.

b. At 20m underwater, water began to seep into the mask.

물 밑 20m에서, 물이 그 마스크에 새어 들어오기 시작했다.

c. The earthquake registered at magnitude 4.0.

그 지진은 진도 4.0을 기록했다.

d. The missile flew at Mach 7.

그 유도탄은 마하 7 속도로 날아갔다.

e. The mercury stands at 30° c.

수은이 섭씨 30도에 머물러 있다.

1.2. 수준, 단계

전치사 at은 수준, 단계 등을 나타내는 데에도 쓰인다.

(2)   a. His Korean is at level 3.

       그의 한국어는 3단계 수준에 있다.

     b. The river is at record level.

       그 강은 기록적 수준에 있다.

     c. The project is at its initial stage.

       그 사업은 시작 단계에 있다.

     d. At this stage, nothing is certain.

       이 단계에서는 아무것도 확신할 수 없다.

1.3. 가치, 가격

전치사 at은 가치나 가격 등을 나타내는 데에도 쓰인다.

(3)   a. Success comes at a cost.

       성공은 비싼 대가를 치르고 온다.

     b. Pears are sold at 5,000won per pear.

       배들은 개당 5,000원에 팔린다.

     c. He bought the apartment at a premium.

       그는 그 아파트를 비싼 값에 샀다.

     d. He buys things at low prices.

       그는 물건들을 싼 값에 산다.

1.4. 위치

지역이나 영역도 항로, 해로, 육로 상에서는 점으로 인식된다. 주소 등도 점으로 인식된다.

(4)   a. The plane arrived at Seoul yesterday.

       그 비행기는 어제 서울에 도착했다.

     b. The cruise ship docked at Incheon.

그 유람선은 인천에 정박했다.

c. We got off at Sinchon.

우리는 신촌에서 내렸다.

d. He lived at 40 Kapiolani Boulevard.

그는 카피올라니 가의 40번지에 살았다.

e. Sign up at *reservation.com*

reservation.com에서 서명을 등록하세요.

1.5. 시각

시각은 점으로 인식되어 전치사 **at**이 쓰인다.

(5) a. He got up at 5 in the morning.

그는 아침 5시에 일어났다.

b. We are almost at the end of August.

우리는 벌써 8월 끝에 있다.

c. He arrived at dawn/sunset

그는 새벽에 / 해 질 무렵에 도착했다.

1.5. 과정

과정은 시간 속에 일어나고 시작과 끝이 있다. 이 시작과 끝은 점으로 인식되고 과정 자체도 점으로 인식될 수 있다.

(6) a. Water came out reddish at the beginning.

물이 처음에는 불그스름하게 나왔다.

b. At the end of his speech, there was a big applause.

그의 연설이 끝날 때에 큰 박수 갈채가 있었다.

c. The old car was sold at a recent auction.

그 오래된 차가 최근 경매에서 팔렸다.

d. He was awarded at the ceremony.

그는 식에서 상을 받았다.

e. At the conclusion of the probe, he was indicted.

그 조사가 끝나자, 그는 기소되었다.

2. 전치사 용법: 동적 관계

전치사 at의 동적 관계에서 X는 이동하여 Y의 일부에 가닿는다. 다음 도식에서 X가 이동하여 Y의 일부에 닿는다.

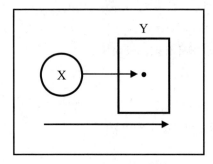

도식 2 at이 동적 관계

전치사 at의 동적 관계를 몇 가지로 나누어서 살펴볼 수 있다.

2.1. 시선, 조준

시선이나 조준을 나타내는 동사가 쓰이면, 시선은 시야 속의 한 부분에 가닿는다.

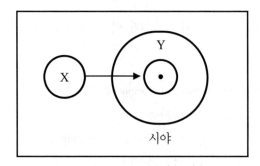

도식3 시야 속의 한 점

다음 예를 살펴보자.

   (7)   a. He looked at the picture on the wall.

          그는 그 벽에 걸린 그 그림을 보았다.

        b. He aimed his gun at the bird on the line.

그는 그 전선에 앉아 있는 그 새를 조준했다.

2.2. 접촉 동사

치거나 차기, 또 **잡기**와 같은 동사는 접촉과 관계가 있다. 이 동사들이 at과 쓰이면 이들 동작의 대상이 부분적으로 닿으므로 시도를 나타낸다.

(8)   a. He struck at the ball, but missed it.

그는 그 공을 쳤으나 놓쳤다.

b. The robber snatched at her bag, but missed.

그 강도가 그녀의 가방을 낚아채려고 했으나 실패했다.

2.3. 당기거나 밀기 동사

전치사 at이 당기거나 미는 동사와 쓰이면 당김이나 밀기의 영향이 개체의 전체가 아니라 부분에 미침을 나타낸다.

(9)   a. The child pushed at her mom's skirt.

그 아이가 엄마의 치마를 살짝 당겼다.

b. He pulled at the door.

그는 그 문을 조금 밀었다.

2.4. 움직임 동사와 의사소통 동사

at이 움직임 동사와 의사소통 동사와 쓰이면 공격의 뜻을 나타낸다.

(10) a. A man flew at a passer-by with a knife.

어떤 남자가 갑자기 칼을 가지고 지나가는 사람에게 덤벼들었다.

b. His parents got at her for not working hard.

그녀의 부모는 그녀가 열심히 일을 하지 않는다고 꾸짖었다.

c. The boss always talked at us rather than talking to us.

사장은 우리에게 대화하는 것이 아니라 공격적으로 말을 한다.

다음 두 문장을 비교하여 보자.

(11) a. He yelled at me.

그는 내게 야단을 치려고 고함을 질렀다.

b. He yelled to me.

그는 내게 무엇을 전달하려고 외쳤다.

3. 전치사 at과 형용사

전치사 at는 형용사와도 쓰인다. at과 쓰이는 형용사는 크게 두 가지로 나누어 볼 수 있다. 감정 형용사와 능력 형용사이다.

3.1. 감정 형용사

전치사 at이 감정 형용사와 쓰이면 at의 목적어는 감정의 직접적인 원인이 된다.

(12) a. He got mad at her.

그는 그녀 때문에 몹시 화가 났다.

b. He was upset at the result.

그는 그 결과에 속이 뒤집혔다.

3.2. 능력 형용사

at이 능력 형용사와 쓰이면 at의 목적어는 능력이 적용되는 곳을 명시한다.

13.   a. He is good at chess.

그는 체스를 잘한다.

b. He is bad at golf.

그는 골프를 잘 못한다.

Particle Index
AWAY   away는 부사로만 쓰인다.

1. 부사 용법

away는 동적 관계와 정적 관계를 나타낸다.

1.1. 동적 관계

동적 관계에서 away는 이동체(X)가 출발지에서 점차로 멀어져서 도착지에 이르는 관계를 나타낸다. 출발지와 도착지는 전치사 from과 to로 나타낸다. 이것을 도식화하면 다음과 같다.

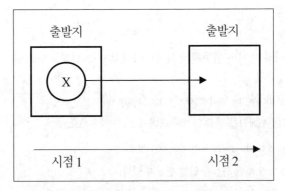

도식1 away: X가 출발지에서 점점 멀어져가는 관계

위 도식의 시점1에서 이동체 X는 출발점에 있다. 그러나 시점2에서는 다른 장소에 있다.
away를 동사와 함께 몇 가지로 나누어 살펴보자.

1.1.1. 이동동사

away가 이동동사와 쓰이면 이동체가 출발지를 떠나 있는 관계를 나타낸다.

(1) a. He went away from home at a young age.

   그는 어린 나이에 집을 떠나 갔다.

   b. He got away to Hawaii on vacation.

   그는 휴가 차 하와이에 가 있다.

   c. She flew away to Hong Kong.

그는 비행기를 타고 홍콩으로 갔다.

1.1.2. 분리동사

away가 분리를 나타내는 동사와 쓰이면 이동체가 어떤 일이나 모임 등에서 분리되는 과정을 그린다.

(2) a. The handle of the suitcase came away.

그 가방의 손잡이가 떨어져 나왔다.

b. Tibet is trying to break away from China.

티베트는 중국에서 떨어져 나오려고 노력하고 있다.

1.1.3. 버리기 동사

away가 다음 동사와 쓰이면 이동체를 사용하다가 버리는 관계를 나타낸다.

(3) a. Please throw away the food waste right now.

그 음식물쓰레기를 당장 던져서 버리세요. 즉 치우세요.

b. We need to do away with the old ritual.

우리는 그 오래된 의식을 없앨 필요가 있다.

1.1.4. 점차로 줄어 드는 동사

이동체가 어떤 곳에서 점점 멀어지는 관계는 무엇이 점점 줄어드는 관계를 나타낸다.

(4) a. The noise died away.

그 소음이 점차로 약해졌다.

b. She is wasting away through illness.

그녀는 병으로 점차 쇠약해지고 있다.

c. The steps are worn away.

그 계단들이 점차로 닳아 없어졌다.

1.1.5. 저장이나 숨기기 동사

away는 출발지에서 점점 멀어지는 관계를 나타내는데, 이때 출발지는 사용 영역이 될 수 있다. 사용 영역에서 치울 때는 저장이나 숨기는 관계가 될 수 있다.

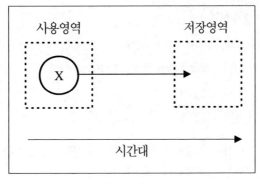

도식 2 **저장**

(5)   a. Please put away your toys.

      너희의 장난감들을 치워라.

   b. He tided away all the papers on the desk.

      그는 그 책상 위에 있는 모든 논문을 정돈하여 치웠다.

   c. She hid away all the letters.

      그녀는 그 모든 편지들을 사람들이 찾을 수 없게 치웠다.

1.1.6. 반복하기

이동체가 출발지를 떠나 점차로 멀어져 가는 관계에서 힘들거나 지루한 일을 반복하는 관계를 나타낸다.

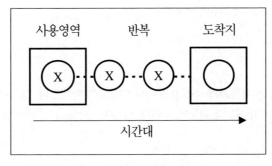

도식 3 **반복**

(6) a. He is solving away the problem.

그는 그 문제를 힘들게 계속해서 풀려고 하고 있다.

b. He is toiling away in the field.

그는 그 밭에서 열심히 일하고 있다.

c. Waves are chipping away at the cliff.

파도들이 그 절벽을 조금씩 계속 찍어내고 있다.

1.1.7. 세상, 사회에서 떠나기

away의 출발지는 이 세상이나 사회가 될 수 있다. 세상은 떠나는 것은 저승으로 가는 것이고, 사회를 떠나는 것은 감옥이나 정신병원에 가는 관계를 말한다.

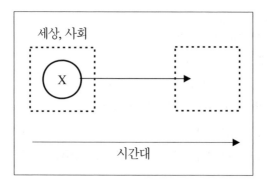

도식 4 세상, 사회 떠나기

(7) a. The former president passed away last night.

그 전직 대통령은 어젯밤 세상을 떠났다.

b. The murderer is put away to an asylum.

그 살인자는 정신병원에 보내졌다.

1.2. 정적 관계

처음 살펴본 away는 이동체가 출발점을 떠나 이동하는 관계였다. 그러나 다음 away는 이동체가 출발지를 떠나 떨어져 있는 관계를 나타낸다. 다음 두 도식을 비교하여 보자.

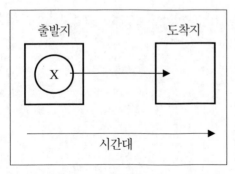 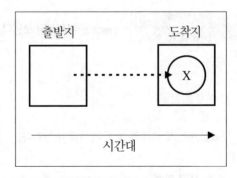

도식5a 동적 관계: X 출발지에서 멀어지는 관계   도식5b 정적 관계: X가 Y에서 멀어져 있는 관계

위 도식a는 과정을, 도식b는 이동체가 출발지를 벗어나 있는 결과를 나타낸다.

(8)   a. He is away from the office.

그는 그 사무실을 떠나 있다.

b. Please keep away from the fire.

그 불에서 계속해서 떨어져 계십시오.

c. He stayed away from greasy food.

그는 기름진 음식에서 떨어져 있다. 즉 멀리하고 있다.

Particle Index
BACK　　　back은 부사로만 쓰인다.

1. 부사 용법

back은 동적 관계와 정적 관계에서 쓰인다.

1.1. 동적 관계

1.1.1. 제자리로 돌아오기

부사 back은 이동체가 장소1을 떠나 장소2에 갔다가 장소1로 돌아오는 관계를 나타낸다. 이것을 도식화하면 다음과 같다.

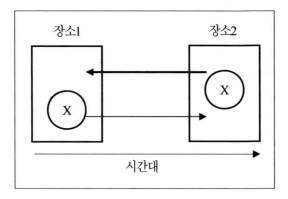

도식1　부사 back: X가 제자리로 돌아오는 관계

부사 back의 경우 장소2가 출발지, 그리고 장소1이 도착지가 된다.
다음 예를 살펴보자.

(1)　a. He flew back to Singapore.
　　　　그는 싱가포르로 비행기로 돌아갔다.
　　　b. He came back to Korea last year.
　　　　그는 작년에 한국에 돌아왔다.

장소 이동을 나타내는 back은 장소 이동 이외에도 다양하게 쓰인다.

1.1.2. 주고 받기, 받고 주기

back은 주고받거나, 받고 주는 관계를 나타낸다.

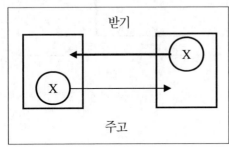

도식2a **주고받기**

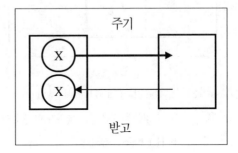

도식2b **받고 주기**

다음 예를 살펴보자.

(2)　a. He took back the shirt to the store.

　　그는 그 셔츠를 그 가게에 되가져갔다.

　　b. He tries to give back to this community.

　　그는 (그가 받은 것을) 그의 지역사회에 되돌려주려고 한다.

　　c. The Democrats won back the House.

　　민주당이 하원을 되찾았다.

　　d. I have not got back the money I lent her.

　　나는 그녀에게 빌려준 돈을 되받지 못했다.

1.1.3. 되돌리기

다음에서는 이동체가 되돌아가는 과정을 그린다. 이것은 식물이 자랐다가 죽거나, 죽었다가 다시 살아나는 과정을 그린다.

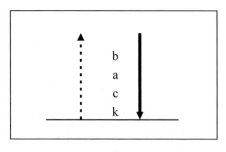 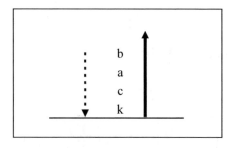

도식3a   도식3b

(3)   a. The plant died back in winter.

그 식물은 겨울에는 줄기가 다 죽는다.

b. Her hair grew back.

그녀는 (잘렸던) 머리를 다시 길렀다.

c. Please play back the song one more.

그 노래를 다시 한번 틀어주세요.

1.1.4. 앞으로 나아가는 힘에 반대 힘을 가하기

다음 **back**은 앞으로 나오려는 힘에 반대되는 힘을 가하는 관계를 나타낸다. 이것을 도식화하면 다음과 같다.

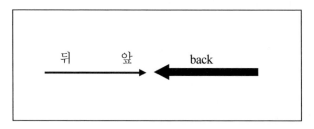

도식4 앞으로 나가는 힘에 반대 힘

(4)   a. She chocked back the tears.

그녀는 (쏟아지려는) 눈물을 못 나오게 억제했다.

b. He bit back his anger.

그는 (나오려는) 분노를 이를 물고 억제했다.

1.1.5. 물러서기

다음 back은 이동체가 어떤 곳이나 물건에서 뒤로 물러서는 관계를 나타낸다.

(5) a. He pulled back the army.

　　　그는 그 군대를 뒤로 철수시켰다.

　　 b. He stepped back from the cliff.

　　　그는 그 절벽에서 뒤로 물러섰다.

1.1.6. 과거로 가기

back은 시간상 현재에서 과거로 돌아가는 관계를 나타낸다.

(6) a. The castle dates back to Lee Dynasty.

　　　그 성은 조선 시대까지 거슬러 간다.

　　 b. Their relationship goes back a long way.

　　　그들의 관계는 오랜 기간 거슬러 올라간다.

다음에서 back은 일을 뒤로, 즉 미래로 미루는 관계를 나타낸다.

(7) a. The labor dispute set the construction back several months.

　　　그 노동쟁의가 그 건축을 몇 개월 뒤로 미루었다.

　　 b. He set the clock back 30 minutes.

　　　그는 그 시계를 30분 뒤로 했다.

1.2. 정적 관계

지금까지 살펴 본 back은 출발지에서 도착지로 돌아가는 과정을 그린다. 그러나 다음에서 back은 도착지에 돌아가 있는 결과를 그린다.

(8) a. We are back to school.

　　　우리는 학교로 다시 돌아와 있다.

　　 b. We stayed back from others.

　　　우리는 다음 사람들로부터 떨어져 있다.

2. back과 다른 불변사

부사 **back**은 다음과 같이 다른 부사와 쓰인다.

(9)   a. He came back in.

그는 되돌아 왔다.

b. *He came in back.

back은 불변사 in 앞에 쓰이지, 뒤에 쓰이지는 않는다.
다음에 추가적인 예가 제시되어 있다.

(10) a. She came back down/up.

그녀는 되 내려/올라 왔다.

b. *She came down/up back.

| Particle Index BY | by는 전치사와 부사로 쓰인다. 먼저 전치사 용법부터 살펴보자. |

1. 전치사 용법

by는 전치사로 쓰일 때 정적 관계와 동적 관계가 있다. 정적 관계부터 살펴보자.

1.1. 정적 관계

1.1.1. 영향권

정적 관계에서 X by Y에서 X는 Y의 영향권 안에 있다. 다음이 이 관계의 도식이다.

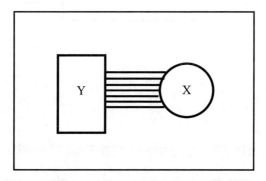

도식1　전치사 by의 정적 관계: X가 Y의 영향권에 있다

(1)　a. He sat by the heater.

그는 그 방열기 곁에 앉았다. 즉, 방열기의 영향을 받는 자리에 앉았다.

b. They live by the river.

그들은 그 강가, 즉 그 강의 영향을 받는 곳에 산다.

c. He sat by the sea.

그는 그 바닷가 근처, 바닷바람의 영향을 받는 곳에 앉았다.

1.1.2. 곱하기, 면적

by는 곱하기나 나누기에서 뒤에 오는 숫자를 도입한다.

(2)　a. 3 multiplied by 5 is 15. (Three multiplied by five is fifteen.)

       3 곱하기 5는 15이다.

      b. 15 divided by 3 is five. (Fifteen divided by three is five.)

       15 나누기 3은 5이다.

면적을 계산하는 데에도 곱하기에 **by**가 쓰인다.

  (3)   The room measures 40ft by 20ft.

       그 방은 40ft 곱하기 20ft이다.

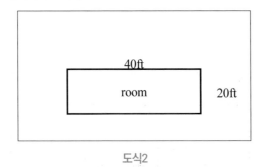

도식2

1.2. 동적 관계

동적 관계에서 **X**는 상태나 과정이고, 이들은 **Y**의 힘에 의해 일어난다.

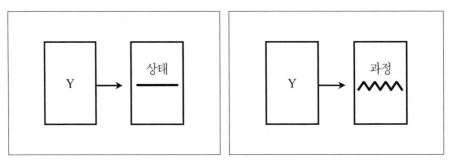

도식3a Y에 의해 상태가 생기는 관계   도식3b Y에 의해 과정이 일어나는 관계

1.2.1. 상태의 차이

다음 예에서 상태의 차이는 **by**에 의해서 생긴다.

  (4)   a. He is taller than his younger brother by 3cm.

       그는 그의 남동생보다 3cm 크다.

b. He was late by 10 minutes.

그는 10분 늦었다. 즉, 10분 때문에 늦었다.

c. Prices increased by 10%.

물가들이 10% 증가했다. (즉, 10% 때문에 증가했다.)

d. They won/lost the game by three goals.

그들은 세 점 차로 그 게임을 이겼다/졌다. (3점이 승부를 결정한다.)

e. The plan is OK by me.

그 계획은 내가 승인한다.

f. He swears by vitamin C.

그는 비타민 C의 효능을 믿고 말한다.

다음에서 본성이나 국적도 by에 의해 결정된다.

(5) a. He is kind by nature.

그는 본성에 의해 친절하다.

b. He is a Korean by birth.

그는 출생에 의해 한국인이다.

c. I know him by name.

나는 그를 이름으로 안다.

1.2. 과정

다음 X by Y에서 X는 과정이고, 이 과정은 Y의 힘에 의해 이루어진다.

(6) a. The kitten was carried by the neck.

그 고양이 새끼는 목덜미에 잡혀 운반되었다.

(운반의 힘이 목덜미에서 나온다.)

b. The novel was written by Thomas Hardy.

그 소설은 토마스 허디에 의해 쓰여졌다.

c. The rain forest is being destroyed by forest fires.

그 열대 우림은 산불들에 의해 파괴되고 있다.

d. The sugar is sold by the pound.

그 설탕은 파운드 단위로 팔린다.

(파운드 이하에서는 거래가 이루어지지 않는다.)

1.3. 교통수단

교통수단은 by land, by air, by sea 등으로 나타낼 수 있다.

(7) He traveled by land/by air/by sea.

그는 육로로/항공으로/바다로 여행했다.

위 문장에 land, air, 그리고 sea가 관사 없이 쓰였다. 그리고 전치사 by와 같이 쓰인 것은 land, air, 그리고 sea에 힘이 있는 것으로 본다.

교통수단을 나타내는 또 한 가지 방법은 전치사 on을 쓰는 것이다. on이 쓰이면 여객기과 같이 타면 몸이 접촉되는 관계에 초점이 주어진다.

(8) He traveled on land / on air / on water.

그는 땅/공기/물을 딛고 또는 타고 여행했다.

1.4. 이동 관계

다음 X by Y에서 X는 Y의 곁을 지나간다. 동사에 따라서 Y를 지나가는 길에 Y에 들르기도 한다.

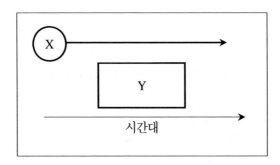

도식4 **전치사 by 이동 관계: X가 Y 곁을 지나가는 관계**

(9) a. Stop by the convenience store and pick up some sugar.

지나가는 길에 그 편의점에 들러서 설탕을 좀 사 오세요.

b. He dropped by me on his way home.

그는 집에 가는 길에 내게 들렀다.

c. A big truck swung by us.

큰 트럭 한 대가 우리 곁을 휙 지나갔다.

1.5. 시간 관계

전치사 by는 시간을 나타내는 데에도 쓰인다. X by 시간에서 X는 상태나 과정이고, 이들은 by 시간 이전에 끝난다. 다음 예를 살펴보자.

(10) a. The bridge will be ready by 2020.

그 다리는 2020년까지 준비가 되어 있을 것이다.

b. The beach will be open by next week.

그 해변은 다음 주에 개방될 것이다.

c. It will be dark by 7.

7시가 되면 어두울 것이다.

d. I've got to be at the meeting by 10 in the morning.

나는 아침 10시까지 그 회의에 참석해야 한다.

e. We reached the summit by night fall.

우리는 해 질 무렵에 정상에 도착했다.

2. 부사 용법

X by Y에서 Y가 표현되지 않으면 by는 부사이다. Y가 안 쓰이지만 문맥이나 화맥 등에서 이의 정체의 추리가 가능하다.

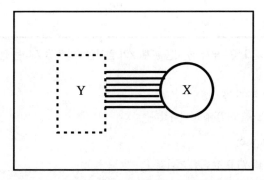

도식5 **부사 by의 정적 관계: X가 암시된 Y의 영향권에 있는 관계**

by의 부사 용법도 정적 관계와 동적 관계로 나누어볼 수 있다.

2.1. 정적 관계

다음에서 숨은 Y는 문맥에서 찾아낼 수 있다.

> (11) a. He lives in Sinchon and I live close by.
>
>   그는 신촌에 살고 나는 (신촌에서) 가까운 곳에 산다.
>
>   b. The school is in Kwanghwamun and she lives near by.
>
>   그 학교는 광화문에 있고 그녀는 (광화문에) 가까운 곳에 산다.
>
>   c. The crew are standing by.
>
>   그 승무원들은 (명령을 내리는 곳) 근처에 대기하고 있다.

2.2. 동적 관계

다음 X by Y에서 X는 Y를 지나가는 관계이다. 그러나 Y는 명시되어 있지 않다. 언급이 안 된 Y는 화자나 청자가 아는 개체이다.

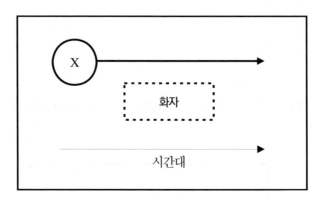

도식6 부사 by 이동 관계: X가 암시된 Y의 곁을 지나는 관계

> (12) a. A bus passed by.
>
>   어느 버스가 (우리) 곁을 지나갔다.
>
>   b. Years flew by.
>
>   여러 해가 (우리) 곁을 휙 지나갔다.

위 문장에서 by의 목적어는 화자나 화자와 청자가 아는 장소이다.

Particle Index
DOWN   down은 전치사와 부사로 쓰인다.

1. 전치사 용법

전치사 down은 동적 관계와 정적 관계를 나타낸다.

1.1. 동적 관계

전치사 down은 X down Y에서 X가 Y를 따라 내려오는 관계를 나타낸다. 이것을 도식화하면 다음과 같다.

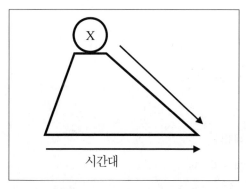 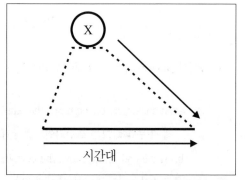

도식1a 전치사 down: X가 Y를 따라 내려오는 관계   도식1b 부사 down: X가 암시된 Y를 따라 내려오는 관계

다음은 전치사 down이 쓰인 예이다.

(1)   a. He walked down the stairs.

그는 그 계단을 걸어 내려갔다.

b. Children are sliding down the slide.

아이들이 그 미끄럼틀을 타고 내려오고 있다.

1.2. 정적 관계

(2)   a. They are down in Australia.

그들은 호주에 내려가 있다.

b. He lives down the street.

그들은 그 길 아래에 산다.

2. 부사 용법

X down Y에서 Y가 쓰이지 않으면 부사이다. 도식1b에서 Y는 점선으로 표시되어 있다. 이것은 Y가 없는 것이 아니라 우리가 상식으로 아는 기준이 Y임을 나타낸다. 부사 down도 동적 관계와 정적 관계로 쓰인다.

2.1. 동적 관계

다음에서 부사 down의 쓰임을 살펴보자.

2.1.1. 내리기

다음에서 down은 위에 있던 것이 내려오는 관계를 그린다.

   (3) a. At sunset, he pulled down the blind.

        해 질 무렵에, 그는 그 블라인드를 당겨 내렸다.

      b. At the end of the show, the curtain came down.

        그 쇼가 끝나자, 그 커튼이 내려왔다.

2.1.2. 허물기, 무너지기

부사 down은 서 있던 개체가 무너지거나 허물어지는 관계를 그린다.

   (4) a. They tore down the barbed-wire fence.

        그는 그 철조망 울타리를 뜯어 없앴다.

      b. The barrier was broken down.

        그 장벽은 부수어 무너뜨려졌다.

      c. The warehouse buried down in the fire.

        그 창고가 그 화재에 폭삭 내려 앉았다.

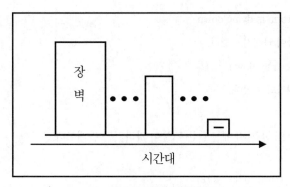

도식2 장벽 등이 무너지는 관계

위 도식에서 어느 시점에 서 있던 구조물이 다른 시점에서 없어진다.

2.1.3. 줄거나 줄이기

부사 down은 수, 양, 정도 등이 줄어드는 관계를 나타낸다. 이것을 도식화하면 다음과 같다.

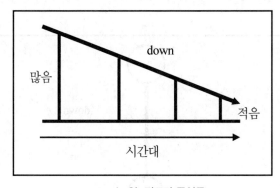

도식3 수, 양, 정도가 줄어듦

위 도식은 수, 양, 정도 등이 점점 줄어드는 관계이다.

다음 예를 살펴보자.

(5) a. We are trying bringing down the costs.

우리는 그 비용들을 줄이려고 노력하고 있다.

b. The candidates are narrowed down to 5.

그 지원자들은 5명으로 줄어졌다.

c. The storm is dying down.

그 폭풍이 약해지고 있다.

d. He is calmly down.

그는 진정되고 있다.

정도가 줄어드는 또 한 가지 예는 들뜬 기분이 가라앉는 관계이다.

(6) a. He got down to his work.

그는 마음을 가라앉히고 진지하게 일했다.

b. He buckled down his business.

그는 진지하게 그의 일을 했다.

2.1.4. 내리누르기

다음에서 **down**은 위로 오르는 힘을 내리누르는 관계를 그린다. 이것을 도식화하면 다음과 같다.

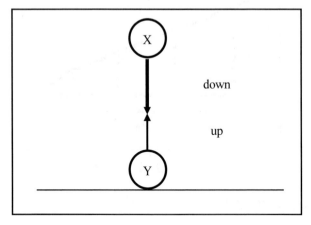

도식4 내리 누르기

(7) a. Police put down the riot.

경찰이 그 폭동을 진압했다.

b. The government is cracking down on drunken driving.

정부가 음주 운전을 단속하고 있다.

2.1.5. 경기에서 상대를 꺾기

부사 **down**은 경기, 논쟁 등에서 상대를 꺾는 관계를 나타낸다. 이것은 우리의 실제 경험에서 알 수 있는 관계이다. 두 사람이 싸울 때, 이기는 사람이 위, 지는 사람이 아래에 있다고 여긴다.

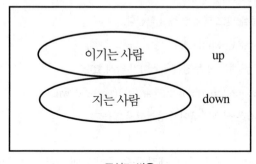

도식5 **싸움**

(8) a. Korea beat down China 5 to 1.

　　　한국이 5대 1로 중국을 꺾었다.

　　b. The bill was voted down in the Senate.

　　　그 법안은 상원에서 부결되었다.

2.1.6. 고장이나 고정

부사 **down**은 고장이나 고정을 나타낸다. 이 관계는 **down**의 공간 관계에서도 찾아볼 수 있다. 이동체가 위에서 아래로 내려와 땅에 닿게 되면 이동은 끝난다. 이 관계에서 고정이나 고장의 뜻이 나온다.

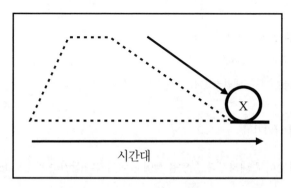

도식6 고장, 고정: X가 내려와 정지되어 있는 관계

위 도식에서 이동체 **X**가 땅에 닿게 되면 이동체는 움직이지 않는다. 다음 예를 살펴보자.

(9)   a. My computer broke down.

　　　내 컴퓨터가 고장이 나서 작동하지 않는다.

　　b. The market closed down.

　　　그 시장은 문을 닫고 영업을 하지 않는다.

　　c. He hammered down the lid.

　　　그는 망치질을 해서 그 뚜껑이 움직이지 않게 했다.

　　d. The luggage on the top of the car is strapped down.

　　　그 차 위의 짐은 끈으로 묶여져 움직이지 않는다.

고정의 또 한 가지 형태는 소리, 감정, 생각 등을 종이 위에 적어 고정시키는 것이다. 다음 예를 살펴보자.

(10) a. I will note down the things we have to do.

　　　　나는 해야 할 일들을 노트 형식으로 적어 놓았다.

　　b. He writes down his thoughts.

　　　　그는 그의 생각들을 적어 놓는다.

　　c. He speaks very fast and cannot get his words down.

　　　　그는 말을 빨리해서 나는 그의 말을 적어 놓을 수가 없다.

정지의 또 한 형태는 방심하거나 무기를 내려놓는 관계이다.

(11) a. He let down his guard.

　　　　그는 그의 경계를 떨어뜨렸다.

　　b. He put down his gun.

　　　　그는 자신의 총을 내려놓았다.

2.1.7. 들이키거나 삼키기

먹은 음식은 입에서 위로 내려간다. 무엇을 빨아 들이키거나 삼키는 관계도 down으로 표현된다.

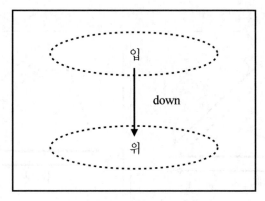

도식7 삼키기: 입에서 위로 가는 관계

(12) a. She gulped down her coffee and hurried off.

그녀는 그녀의 커피를 벌컥 들이키고, 급하게 자리를 떴다.

b. The dog wolfed down a chunk of meat.

그 개가 고기 한 덩어리를 씹지도 않고 꿀꺽 삼켰다.

2.1.8. 깎아내리기

down은 가격을 깎아내리는 데에도 쓰이지만 사람을 깎아내리거나 꾸짖는 관계에도 쓰인다.

(13) a. He arrived late and he was dressed down by the boss.

그는 지각을 해서 사장님께 혼이 났다.

b. Never run down your ex-wife.

전처를 결코 나쁘게 말하지 마세요.

c. The president tried to talk down to his rival.

그 대통령은 그의 경쟁자를 깎아내렸다.

2.2. 정적 관계

동적 관계에서 **down**은 이동체가 위에서 아래로 내려오고 있는 관계를 나타낸다.
정적 관계에서는 이동체가 내려가 있는 관계로 나타낸다.

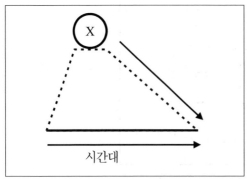 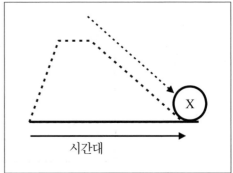

도식8a 과정: X가 암시된 Y를 따라 내려오는 관계   도식8b 결과: X가 암시된 Y를 내려와 있는 관계

(14) He is down in Pusan.

그는 부산에 내려가 있다.

Particle Index
FOR

for은 전치사로만 쓰인다.

1. 전치사 용법

전치사 for는 X for Y에서 X와 Y가 교환되는 관계를 나타낸다. 다음 도식에서 A는 X를, B는 Y를 갖는다. for는 X와 Y가 서로 바뀌는 관계를 나타낸다.

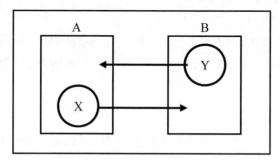

도식1 전치사 for: X와 Y가 교환되는 관계

위 도식에서 A의 X와 B의 Y가 교환된다.
다음에서 for과 교환을 나타내는 예를 살펴보자.

(1)   a. Tit for tat
         티격태격
      b. I sold the bike for $200.
         나는 그 자전거를 200불을 받고 팔았다.
      c. He bought my bike for $200.
         그는 내 자전거를 200불 주고 샀다.

위 문장 b와 c에서 자전거와 200불은 교환되는 관계이다.

2. 이유와 목적

전치사 for는 이유나 목적을 나타낸다. 이 두 의미는 X와 Y 사이의 선후관계에서 나온다.

2.1. 이유

X for Y에서 Y가 먼저 일어나면 for는 이유를 나타낸다. 다음 예를 살펴보자.

(2)   a. She wept for joy.

        그녀는 기뻐서 울었다.

     b. I am happy for your success.

        나는 너의 성공 때문에 행복하다.

     c. He is fined for speeding.

        그는 과속으로 벌금을 받았다.

위 a문장에서 기쁜 일이 먼저 있어서 그녀가 운 것이고, b문장에서는 네가 어떤 좋은 일을 했기 때문에 내가 행복함을 느낀다. c문장에서는 과속이 있어서 그 대가로 벌금을 문 것이다.

2.2. 목적

X for Y에서 X가 먼저 일어나고 Y가 아직 일어나지 않으면 for는 목적을 나타낸다.

(3)   a. I pray for her safe return.

        나는 그녀의 안전한 귀국을 기도하고 있다.

     b. They are hoping for a better future.

        그들은 좀 더 나은 미래를 희망하고 있다.

     c. The workers are pressing for higher wages.

        그 노동자들은 좀 더 높은 임금을 강력히 요구하고 있다.

이동동사도 다음과 같이 for와 쓰여서 목적지를 나타낸다.

(4)   a. He left for Tokyo.

        그는 동경을 가기 위해 떠났다.

     b. They departed for the airport.

        그들은 그 비행장을 가기 위해서 출발했다.

     c. We are heading for Busan and hope to be there by noon.

        우리는 부산을 가기 위해서 출발했는데, 정오에 도착하길 희망하고 있다.

2.3. 찬성, 받아들이기

도식1이 for의 전형적인 관계라면, for의 용법 가운데는 이 전형에서 벗어나는 것이 있다. 다음에서는 for의 전형관계에서 A와 Y만이 부각된다. 이는 A가 Y를 받아들이는 관계를 나타낸다.

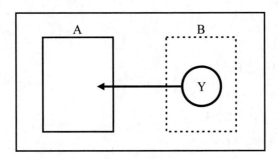

도식2 A가 Y를 받아들이기

다음 예를 살펴보자.

(5) a. We voted for the bill.

　　　우리는 그 법안에 찬성하는 표를 던졌다.

　　b. We argued for the construction of the dam.

　　　우리는 그 댐의 건설에 찬성하는 논거를 제시했다.

　　c. I felt for her when she lost all her family.

　　　나는 그녀가 온 가족을 잃었을 때 나는 그녀를 동정했다. 즉 그녀를 위해 느낌을 가졌다.

　　d. He fell for her at first sight.

　　　그는 첫눈에 그녀를 받아들였다. 즉 그녀에게 빠졌다.

2.4. 기간과 거리

교환 도식은 과정의 시간이나 거리를 표현하는 데에도 쓰인다. 다음 도식에서 B는 시간이나 거리이다.

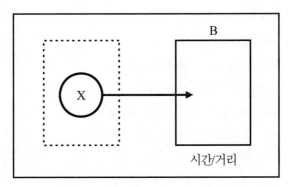

도식3 B 전치사 for의 목적어는 시간이나 거리를 담는 그릇

X for Y에서 X는 움직임이고, 이것을 시간과 거리인 Y에 넣어서 기간이나 거리를 표현한다. 다음 예문을 살펴보자.

(6) a. He drove.

그는 운전을 했다.

b. He drove for 5 hours.

그는 다섯 시간 운전했다.

c. He drove for 200km.

그는 200km를 운전했다.

drive 과정 자체에는 한계가 없다. 한계가 없는 과정에서 for는 한계를 정해준다.

다음은 for가 과정의 시간적 한계를 정해준다.

(7) a. Every day, she stands up for five hours.

매일 그녀는 다섯 시간 동안 서 있다.

b. Don't use your computer for long hours.

여러분의 컴퓨터를 장시간 동안 쓰지 마세요.

c. She worked as a nurse for 30 years.

그녀는 간호사로 30년간 일했다.

2.5. 평가기준

다음 X for Y에서 X는 평가이고, 이 평가는 Y의 견해에서 이루어진다.

(8) a. He is tall for his age.

그는 그의 나이에 비해 키가 크다.

b. The kind of behaviors is normal for her.

그 종류의 행동은 그녀에게는 정상이다.

c. Such an achievement is unusual for a young boy.

이러한 업적은 나이 어린 소년에게는 보통이 아니다.

다음 예도 살펴보자.

(9) a. For him to do the exercise is difficult.

그가 그 운동을 하는 것은 어렵다.

b. It is difficult for him to do the exercise.

그가 그 운동을 하기는 어렵다.

c. The exercise is difficult for him to do.

그 운동은 그가 하기가 어렵다.

위에 쓰인 **for**의 목적어는 **do the exercise**를 하는 사람, 즉 행위자이다.

Particle Index
FORWARD   forward는 부사로만 쓰인다.

이 부사는 fore과 ward가 합쳐져서 생긴 낱말이다. for(e)는 '앞'의 뜻이고, 이 표현은 forehead '이마', forerunner '선구자', foreleg '짐승의 앞발'과 같은 낱말에 쓰인다. ward는 방향을 나타내는 '쪽으로'의 뜻이다.

ward는 forward뿐만 아니라 다음과 같은 표현에도 쓰인다.

backward 뒤로   outward   밖으로

downward 아래로   southward 남쪽으로

eastward 동쪽으로   upward   위로

inward   안으로   westward 서쪽으로

northward 북쪽으로

부사 forward는 다음과 같이 도식화될 수 있다.

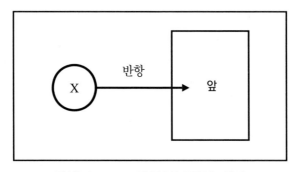

도식1 forward: X가 앞으로 움직이는 관계

위 도식에서 이동체 X는 앞으로 향한다.

1. 부사 용법

1.1. 이동동사

forward는 이동동사와 쓰여서 이동 방향이 앞쪽임을 나타낸다.

(1)　a. They are moving forward.

　　　그들은 앞쪽으로 나아가고 있다.

　　b. He came forward to receive the award.

　　　그는 그 상을 받기 위해 앞으로 나왔다.

　　c. The bus stopped suddenly, and he lurched forward.

　　　그 버스가 갑자기 서서 그가 앞으로 쓰러졌다.

1.2. 비이동동사

forward는 비이동동사와 쓰여서 자세의 방향을 나타낸다.

(2)　a. He bent forward to tie his shoes.

　　　그는 그의 구두끈을 매기 위해서 앞으로 구부렸다.

　　b. Lean forward, not backward.

　　　몸을 뒤로가 아니라 앞으로 구부려라.

1.3. forward와 동사

다음에서는 forward와 자주 쓰이는 동사를 살펴보자.

1.3.1. come forward

(3)　a. Many women came forward with sexual abuse.

　　　많은 여성이 성 학대 문제를 들고 자발적으로 나왔다.

　　b. He came forward with the proposal.

　　　그는 그 제안을 가지고 나왔다.

1.3.2. put forward

(4)　He put forward the plan to put down the riot.

　　그는 그 폭동을 진압할 계획을 내어놓았다.

　　(무엇을 앞으로 내어 놓으면 보이게 된다.)

1.3.3. look forward to

이 표현은 to를 목적어로 할 때 희망이나 기대를 가지고 바라보는 과정을 나타낸다.

(5)   a. I am looking forward to seeing you.

나는 당신을 만날 일을 고대합니다.

(to의 목적어로 동명사가 쓰인 것은 '만날 일'이 이미 전제되어 있거나 언급된 적이 있기 때문이다.)

b. I am looking forward to X-mas.

나는 크리스마스를 고대하고 있다.

Particle Index
IN

in은 전치사와 부사로 쓰인다.

1. 전치사 용법

in이 전치사로 쓰일 때, 그 쓰임은 크게 두 가지로 나누어진다: 동적인 관계와 정적인 관계. 동적인 관계는 이동체가 밖에서 안으로 들어가는 관계이고, 정적인 관계는 이동체가 어떤 영역 안에 있는 관계이다.

1.1. 동적 관계

다음 도식에서 이동체 X는 Y 안에 들어간다. 이때 Y는 문, 창문, 대문 같은 것을 가지거나, 어떤 영역이 될 수 있다.

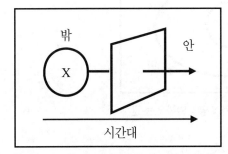 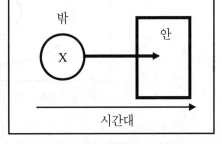

도식1a X가 문이나 창문을 통해 들어오는 관계   도식1b X가 영역 안으로 들어오는 관계

다음에서 in이 쓰인 예문을 살펴보자. 다음에서 이동체는 창문이나 대문을 통해 들어온다.

(1)   a. A butterfly flew in the window.

     나비 한 마리가 그 창문을 통해 들어왔다.

    b. A stray dog walked in the gate.

     떠돌이 개 한 마리가 그 대문을 통해 들어왔다.

다음에서 이동체 X는 어떤 영역에 들어간다.

(2)   a. The children piled in the bus.

     그 아이들이 무질서하게 그 버스에 들어갔다.

    b. We went in a coffee shop to wait out the rain.

우리는 그 비가 끝날 때까지 기다리기 위해 어느 커피숍에 들어갔다.

c. Please put some salt in the soup.

약간의 소금을 그 수프에 넣으세요.

1.2. 정적 관계

1.2.1. 영역

정적인 관계에서 X는 Y의 영역 안에 있다. 다시 말하면, Y는 X가 있는 곳의 범위로 한정해준다. 이것을 다음과 같이 도식화할 수 있다.

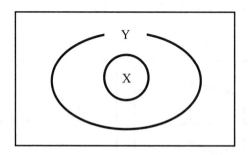

도식2 in의 정적 관계: X가 Y 영역 안에 있는 관계

위 도식에서 X는 Y의 영역 안에 있다. 이것은 X가 있는 곳이나 X를 찾을 수 있는 곳을 가리킨다. 다음 예를 살펴보자.

(3)　a. Can the cub survive in the wilderness?

　　　　그 (사자) 새끼가 야생에서 살아남을 수 있을까?

　　b. He is walking in the rain.

　　　　그는 비를 맞고 걷고 있다.

　　c. His skiing equipment is in the storage closet.

　　　　그의 스키 장비는 보관창고에 있다.

　　d. They are chatting in the break room.

　　　　그들은 그 휴게실에서 잡담하고 있다.

1.2.2. 조직체, 작품, 분야

조직체, 사람이 만든 작품, 분야 등도 영역으로 간주되어 전치사 in이 쓰인다.

(4)   a. The team is in the league.

그 팀은 그 리그 속에 있다.

b. She appeared in the movie.

그녀는 그 영화에 나타났다.

c. He succeeded in the music industry.

그는 음악 산업 분야에서 성공했다.

d. He specializes in economics.

그는 경제학을 전공한다.

1.2.3. 시간

두 시점 사이의 시간(時間)도 영역으로 간주된다. 이 시간 영역에 사건이 있거나 일어날 수 있다. 다음 예를 살펴보자.

(5)   a. Live in the moment.

현재의 순간에서 사십시오.

b. He got a penalty in the opening few minutes.

그는 개시 수분 안에 패널티를 받았다.

c. I have not seen her in 5 years.

나는 그녀를 5년 동안 보지 못했다.

시간은 두 시점 사이의 영역이다. 이것을 도식화하면 다음 도식a와 같다.

1.2.4. 과정

과정도 시간 속에 일어나며 시작과 끝이 있고, 두 시점 사이의 영역이 있다. 그래서 과정도 이렇게 볼 때 전치사 in과 같이 쓰인다.

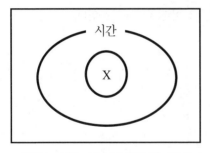 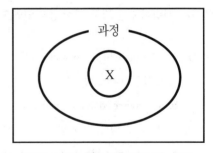

도식3a 시간: X가 시간 안에 있는 관계   도식3b 과정: X가 과정 안에 있는 관계

다음은 전치사 in이 과정과 같이 쓰인 예이다.

(6)   a. China is catching up in the space race.
        중국이 그 우주 경쟁에서 따라 오고 있다.

      b. The fruits are damaged in transit.
        그 과일들이 이동 중에 상했다.

      c. They are in conversation.
        그들은 대화 중에 있다.

2. 부사 용법

X in Y에서 Y가 표현되지 않으면 in은 부사이다. Y가 표현되지 않으나, 이것은 없는 것이 아니고 문맥이나 화맥 등을 통해서 추리될 수 있다.

2.1. 정적인 관계

다음에서 전치사 in과 부사 in이 도식으로 대조되어 있다. 아래 도식a에서 전치사는 Y가 명시되어 있고, 도식b에서 부사 in은 Y가 점선으로 표시되어 있다.

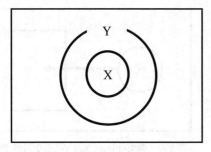 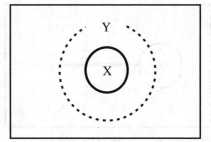

도식4a 전치사 in: X가 Y 안에 있는 관계   도식4b 부사 in: X가 암시된 Y 안에 있는 관계

다음에서 in이 부사로 쓰인 예이다.

   (7) a. I am going to eat in instead of going out.

        나는 나가는 대신 집에서 밥을 먹을 예정이다. (in의 목적어는 집이다.)

      b. He lay in until 11 o'clock.

        그는 11시까지 (잠자리에) 누워 있었다.

      c. She lived in on campus.

        그는 교정(기숙사)에 살았다.

      d. I decided to stay in and do my homework.

        나는 나가지 않고 (집 안에) 있으면서 숙제를 할 예정이다.

다음에서 in의 목적어는 '자리'이다.

   (8) a. He filled in for her.

        그는 그녀를 대신해서 자리를 메워주었다.

      b. The new announcer sat in for her.

        그 새 아나운서가 그녀를 대신 했다.

2.2. 동적인 관계

   동적 관계에서 in은 이동체가 어디를 들어가는 관계이다. 그러나 들어가는 장소가 명시되어 있지 않다. 즉 들어가는 장소는 문맥, 화맥, 세상 지식으로부터 추리될 수 있다. 이것을 도식화하면 다음과 같다. 부사 in의 경우 들어가는 곳이 명시되어 있지 않다. 들어가는 곳을 명시하기 위해서는 전치사 into가 쓰인다.

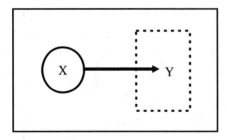
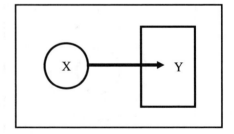

도식5a 부사 in: X가 암시된 Y로 들어가는
          관계

도식5b 전치사 into: X가 Y로 들어가는 관계

이동체가 들어가는 곳을 명시할 때에는 전치사 into가 쓰인다. 다음 두 문장을 비교하여 보자.
            Y   Y

(9)   a. He went in.

         그는 (어디에) 들어갔다.

      b. He went into his study.

         그는 그의 서재에 들어갔다.

2.2.1. 문맥, 화맥에서 Y 추리

다음 예에서는 이동체가 들어가는 곳이 명시되어 있지 않지만, 추리될 수 있다.

(10) a. While we were away from home, someone broke in.

         우리가 집을 비운 사이, 누군가가 (우리 집을) 부수고 들어갔다.

      b. Someone is at the door. Can I let him in?

         누군가가 그 문에 있습니다. 들어오게 할까요?

      c. What time do you clock in?

         몇 시에 출근하여 등록을 하고 (일터에) 들어옵니까?

      d. We check in our luggage at the airport.

         우리는 그 공항에서 짐 검사를 받고 짐을 들여보냈다.

      e. Plug in your radio and then switch it on.

         너의 라디오 전원에 끼워 넣고 그것을 켜세요.

      f. Key in all the data on the computer.

         그 모든 자료를 컴퓨터에 쳐넣으세요.

g. Stir in flour gradually.

　　밀가루를 서서히 저어 (국 등에) 집어넣으세요.

2.2.2. 주어가 in의 암시된 목적어

다음에서 이동체가 들어가는 곳은 주어이다.

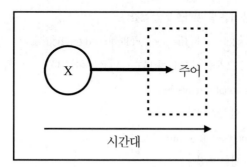

도식6 부사 in: X가 암시된 주어로 들어가는 관계

(11) a. He drank in the beauty of palace.

　　　그는 그 궁전의 아름다움을 들이마셨다(즐겼다).

　　b. The ship began to take in water.

　　　그 배에 물이 들어오기 시작했다.

　　c. Greece refused to take in refugees.

　　　그리스는 난민들을 받아들이는 것을 거부했다.

　　d. He raked in a fortune.

　　　그는 큰 돈을 긁어 들였다.

2.2.3. Y가 화자의 위치

다음에서 이동체가 들어 오는 곳은 화자가 살고 있는 곳이나 사회이다.

(12) a. Winter is beginning to set in.

　　　겨울이 (우리가 사는 곳에) 접어들기 시작했다.

　　b. Stricter laws will be brought in to protect the environment.

좀 엄격한 법들이 환경을 보호하기 위해서 (우리 사회에) 도입될 것이다.

2.2.4. 부수어 들어가기, 꺼져들기

다음에서 in은 문, 창문 같은 것을 부수어서 안으로 들어가는 관계를 그린다.

    (13) a. The car door was smashed in.

        그 차 문이 충격을 받고 안으로 들어갔다.

        b. Fire fighters kicked in the door and entered the house.

        소방대원들이 그 문을 안으로 차 넣고, 그 집에 들어갔다.

        c. The roof is about to cave in.

        그 지붕이 곧 안으로 꺼지겠다.

        d. The earth beneath the church gave in.

        그 교회 밑에 땅이 꺼졌다.

위에서 살펴본 부사 in은 다음과 같이 도식화할 수 있다.

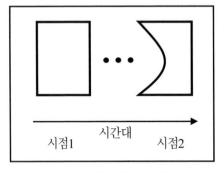 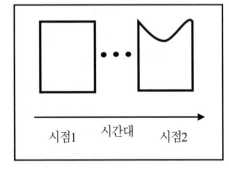

도식7a **주어진 개체 옆이 들어가는 관계**　　도식7b **주어진 물체 위가 들어가는 관계**

수

위 도식에서 시점1에는 온전하던 것이, 시점2에서는 표면이 들어가 있다. 위 표면이 꺼져 들어가는 이 도식은 양보나 굴복의 행동이 된다.

    (14) a. He gave in to their threats.

        그는 그들의 위협에 굴복했다.

        b. He caved in to her demand.

그는 그녀의 요구를 양보했다.

2.2.5. 채워 넣기

다음에서 부사 in은 빈 공간을 글이나 색채 등으로 채워 넣는 관계를 그린다. 다음 예를 살펴보자.

(15) a. The child drew a house and colored in.

　　　그 아이는 집을 하나 그리고 색칠해 넣었다.

　　b. Please fill in the blanks.

　　　빈 칸들을 채워 넣으세요.

　　c. He drew a circle and shaded in.

　　　그는 동그라미를 그리고 음영을 채워 넣었다.

위에서 살펴본 부사 in은 다음과 같이 도식화할 수 있다. 시점 1에서 동그라미는 색이 없으나, 시점 2에서는 색으로 채워져 있다.

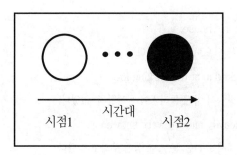

도식8 동그라미가 채워지는 관계

2.2.6. 과정에 들어가기

다음 부사 in의 이동체가 들어가는 곳은 과정이다.

(16) a. Please join in. We are singing.

　　　(노래에) 참가하세요. 우리는 노래를 부르고 있어요.

　　b. We were chatting and she broke in.

　　　우리가 이야기를 나누고 있는데, 그녀가 (대화에) 끼어들었다.

위에 쓰인 부사 in은 다음과 같이 도식화할 수 있다.

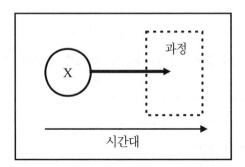

도식9　과정: X가 암시된 과정으로 들어가는 관계

위 도식에서 이동체 X는 암시된 과정으로 들어간다.

2.2.7. 둘러싸이기

다음 부사 in은 이동체가 완전히 둘러싸이는 관계를 나타낸다.

(17) a. He walled in his house.

　　　그는 그의 집을 담으로 둘러 쌓았다.

　　b. He was blocked in at the parking lot.

　　　그는 그 주차장에서 차에 둘러싸여 꼼짝할 수 없었다.

　　c. It snowed heavily and we were snowed in.

　　　눈이 많이 내려서 우리는 눈 속에 꼼짝 못하고 갇혔다.

위에서 살펴 본 부사 in은 다음과 같이 도식화할 수 있다.

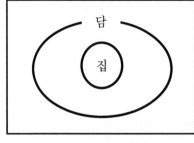

도식10a　담으로 둘러싸이기

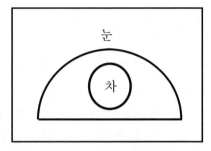

도식10b　눈으로 덮히기

Particle Index
INTO

into은 전치사로만 쓰인다.

1. 전치사 용법

전치사 INTO는 이동체가 어디에 들어가는 관계를 그린다. into는 부사 in과 대조가 된다. into 의 경우 이동체가 들어가는 곳이 명시되고, in의 경우, 이동체가 들어가는 곳이 암시된다. 이것을 다음과 같이 도식화할 수 있다.

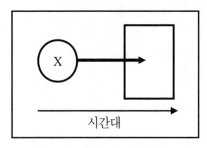

도식1a into; X가 Y에 들어간 관계

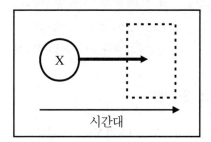

도식1b 부사 in: X가 암시된 Y로 들어가는 관계

위 도식a에는 X가 들어가는 곳이 명사가 되어 있고, 도식b에서는 x가 들어가는 곳이 암시되어 있다.

1.1. 들어가기

X into Y에서 X는 Y로 들어간다.

(1)   a. Fans poured into the stadium.

　　　팬들이 그 경기장에 몰려 들어갔다.

　　b. He invited us into his office.

　　　그는 우리를 그의 연구실로 초대해서 들어가게 했다.

1.2. 끼워넣거나 집어넣기

다음 X into Y에서 X는 Y에 끼워넣어지거나 들어간다.

(2)   a. Please plug the AC into a socket in the wall.

　　　그 냉방기의 플러그를 벽에 있는 어느 소켓에 끼워넣으세요.

b. She tucked her T-shirt into her pants.

그녀는 그의 티셔츠를 바지 속에 집어넣었다.

1.3. 섞어 넣기

다음 X into Y에서 X는 Y에 섞여 들어간다.

(3)   a. Mix the cream into the sauce.

그 크림을 소스에 섞어 넣으세요.

b. The sky merges into the sea.

하늘이 그 바다 속에 섞여 들어갔다.

1.4. 상태 변화

다음 X into Y에서 X가 Y로 바뀐다.

(4)   a. He was turned into a bear.

그는 곰이 되었다.

b. She grew into a fine young woman.

그녀는 자라서 훌륭한 여인이 되었다.

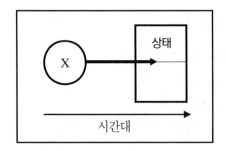

도식2 X가 상태로 들어가는 관계

1.5. 과정

다음 X into Y에서 X는 Y가 가리키는 과정으로 들어간다.

(5)   a. She talked me into going to the movie with her.

그녀는 나를 설득하여 그녀와 함께 그 영화 구경을 갔다.

　　b. We frightened the children into running away.

　　우리는 그 아이들에게 겁을 줘서 도망을 치게 했다.

위에 쓰인 into가 나타내는 관계는 다음과 같이 도식화할 수 있다.

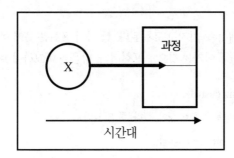

도식3　**X가 과정에 들어가는 관계**

1.6. 들이박기

다음 X into Y에서 X는 Y를 들이박는 관계를 나타낸다.

(6)　a. In the darkness, he bumped into the table.

　　　어둠 속에서, 그는 그 식탁을 들이박았다.

　　b. The car smashed into the wall.

　　　그 차가 그 벽을 들이박았다.

무엇을 들이박는 관계는 누구를 우연히 만난다는 의미로 확대된다.

(7)　a. I ran into an old friend from middle school.

　　　나는 중학교 동창을 우연히 만났다.

　　b. I bumped into my roommate from college.

　　　나는 대학 시절 같이 방을 쓴 친구를 우연히 만났다.

1.7. 들여다보기: 조사

다음 X into Y에서 X는 Y를 들여다본다.

(8)   a. The police are looking into the murder case.

경찰이 그 살인 사건을 들여다보고 있다.

b. The cause of the accident is probed into.

그 사건의 원인이 철저히 조사되고 있다.

1.8. 옷 갈아 입기

옷을 입는 것은 영어에서 두 가지로 표현된다. 한 가지 표현은 옷이 몸에 닿는 것이고, 또 한 가지는 사람 몸이 옷 안으로 들어가는 것으로 표현된다. 다음을 비교하여 보자.

(9)   a. He put on his casuals.

그는 그의 평상복을 몸에 닿게 했다. 즉 입었다.

b. He changed into his casuals.

그는 그의 평상복으로 갈아입었다.

1.9. 빠지기

다음 X into Y에서 X는 Y에 빠져 있는 관계를 나타낸다. 즉 X는 Y를 좋아한다.

(10) a. The teenagers are into BTS.

그 10대들은 BTS에 빠져 있다.

b. He got into Korean culture.

그는 한국 문화에 빠져들게 되었다. 즉 좋아하게 되었다.

2. into와 부사 in 비교

전치사 into는 이동체가 들어가는 곳이 명시되고, 부사 in이 쓰이면 이동체가 들어가는 곳이 명시되지 않는다. (도식1a, b 참조)

(11) a. He walked into my office.

그는 내 사무실에 걸어서 들어왔다.

b. He walked in.

그는 걸어서 (어디에) 들어왔다.

위 b문장에는 in이 쓰여서 걸어서 들어간 곳이 명시되어 있지 않으나, 화자가 생략할 때는 청자가 그 정체를 문맥, 화맥 등에서 파악할 수 있다고 생각할 때 쓰인다.

다음 두 예도 살펴보자.

(12) a. Children piled into the bus.

아이들이 우루루 그 버스에 들어갔다.

b. Children piled in.

아이들이 우루루 (어디에) 들어갔다.

b문장의 경우, **the bus**가 쓰이지 않았으나, 이것을 청자가 파악할 수 있다고 화자가 생각한다.

Particle Index
OF

of는 전치사로만 쓰인다.

1. 전치사 용법

X of Y에서 of는 X가 Y 없이는 존재할 수 없는 관계를 나타낸다.

1.1. 전체의 한 부분

다음 예를 살펴보자. 다음 X of Y에서 tip은 빙산 없이는 존재할 수 없다.

(1)   a. a tip of an iceberg   c. the back of the coin
          빙산의 일각   그 동전의 뒤

          b. the end of the street   d. the top of the mountain
          그 길의 끝   그 산의 정상

1.2. 물건과 재료

다음 X of Y에서 X는 Y로 구성되어 있어서 이들을 분리할 수 없다.

(2)   a. a sheet of paper   d. a flock of birds
          종이 한 장   새 들의 한 무리

          b. a drop of sweat   e. a herd of cattle
          땀 한 방울   소들의 한 떼

          c. a slice of bread   f. swarm of bees
          빵 한 조각   벌떼

1.3. 그릇과 내용

다음 X of Y에서 X는 그릇이고, Y는 이에 담긴 물질이다.

(3)   a. a bottle of vinegar   c. a box of chocolate
          식초 한 병   초콜릿 한 상자

          b. a jar of sweets   d. a cup of tea
          사탕 한 통   차 한잔

다음 X of Y에서 X는 사람이고, Y는 속성이다. 그래서 X of Y는 사람이 Y 속성을 가지고 있는 관계를 나타낸다.

(4) a. a man of intelligence
       지성이 있는 사람

     b. a man of great talent
       큰 재능을 가진 사람

     c. a man of wealth
       재산을 가진 사람

     d. a friend of my age
       내 나이의 전우

다음 X of Y에서도 X는 추상적인 그릇이고, Y는 그 속에 담기는 내용이다.

(5) a. the idea of living abroad
       해외에서 산다는 그 생각

     b. an example of her writing
       그녀가 쓴 글의 한 예

다음 X of Y에서 X는 무게, 길이, 양의 단위이고 Y는 이들을 이루는 물질이다.

(6) a. 10kg of rice
       쌀 10kg

     b. 10 meters of rope
       로프 10미터

     c. 20mm of precipitation
       20mm의 강수량

     d. 20 years of age
       나이 20세

1.4. 타동사와 명사화

타동사는 목적어를 갖는다. 타동사가 명사로 쓰이면 이 목적어는 어떻게 표현되는가? 타동사가 명사로 쓰이면, 이 목적어는 전신명사에서 of의 목적어로 표현된다.

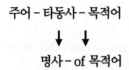

타동사는 꼴 바뀜이 없이 그대로 명사로 쓰이거나, 꼴이 바뀌고 명사가 되는 것도 있다.

command (동사)   discuss   (동사)
command (명사)   discussion (명사)

다음 두 표현을 비교하여 보자.

(7)	a. They discussed the subject.

　　그들은 그 주제를 논의했다.

　　b. Their discussion of the subject.

　　그 주제에 대한 그들의 논의

위 a문장에는 타동사 discuss가 쓰여서 목적어 the subject가 쓰였고, b문장에서는 discuss의 명사인 discussion이 쓰여서 타동사의 목적어는 전성명사에서 전치사 of의 목적어로 쓰였다. 다음 예를 더 살펴보자.

(8)	a. The prosecutor examined the evidence.

　　그 검찰이 그 증거를 조사했다.

　　b. The prosecutor's examination of the evidence

　　그 검찰의 증거 조사

(9)	a. He fears bungee jump.		(10)	a. He changed the plan.

　　그는 번지점프를 두려워한다.			그는 그 계획을 바꾸었다.

　　b. His fear of bungee jump.			b. His change of plan

　　그의 번지점프 두려움			그의 계획의 바꿈

다음 문장에서 hold와 care는 동사의 목적어이면서 동시에 전치사 of와 연결되어 있다.

(11) a. I was able to get hold of a copy of the novel.

　　　나는 그 소설 한 권을 손에 넣을 수 있었다.

　　b. Take a good care of yourself.

　　　몸 조심하세요.

구체적으로 get hold of의 hold는 두 가지의 기능을 갖는다. hold는 get의 목적어이면서 동시에 X를 목적어로 갖는다.

　　　get		hold		of		X

→ hold는 get의 목적어이면서 X는 hold의 목적어이다.

동사는 접미사 -er을 써서 명사가 될 수 있다.

(12) build 짓다   builder 짓는 이

    make 만들다   maker 만드는 이

    sing 노래하다   singer 노래하는 이

-er 형태 명사의 경우에도, 동사의 목적어는 전성 명사에서 of의 목적어로 표현된다.

(13) a. He built the castle.

      그는 그 성을 지었다.

    b. the builder of the castle

      그 성을 만든 이

(14) a. The company made the car.

      그 회사가 그 차를 만들었다.

    b. the maker of the car

      그 차를 만든 이

(15) a. He sings the song.

      그가 그 노래를 부른다.

    b. the singer of the song

      그 노래를 부른 이

1.5. 자동사의 명사화

자동사도 명사로 쓰일 수 있다. 자동사가 명사로 쓰이면 자동사의 주어는 전치사 of의 목적어로 표현된다.

       주어 – 동사
           ↓
      명사 of 목적어

다음 예를 살펴보자.

(16) a. Traffic flew slowly.

　　　차들이 천천히 들어갔다.

　　b. the slow flow of traffic

　　　차들의 느린 흐름

위 a문장에서 flow는 자동사로 쓰였고, b문장에서는 flow가 명사로 쓰였다. 자동사의 주어는 전성 명사에서 of의 목적어로 쓰인다.

몇 가지 예를 더 살펴보자.

(17) a. The sun rises early in summer.

　　　여름에는 해가 일찍 올라온다.

　　b. The early rising of the sun

　　　해의 이른 오름

(18) a. The Roman Empire fell.

　　　로마 제국이 몰락했다.

　　b. The fall of the Roman Empire.

　　　로마제국의 멸망

1.6. 방위의 기준

동서남북과 같은 방위는 기준점을 떼어 놓고 생각할 수 없다. 예를 들어서, 동쪽이라고 하면 무엇을 기준으로 동쪽인가가 정해져야 한다. 그래서, 방위와 기준은 뗄래야 뗄 수 없다. 그래서 방위의 기준은 전치사 of로 표현된다.

(19) a. east of Seoul　　　　　　　　　c. north of Korea

　　　서울의 동쪽　　　　　　　　　　　한국의 북쪽

　　b. west of Incheon　　　　　　　　d. south of Jeju Island

　　　인천의 서쪽　　　　　　　　　　　제주도의 남쪽

1.7. 시간의 하위 단위

날(日)이나, 달(月), 해(年) 등은 그보다 작은 단위로 이루어진다. 하루의 경우, 아침, 오후, 저녁

밤 등으로 이루어진다. 이와 같은 작은 단위는 하루를 떼어 놓고 생각할 수 없다. 그래서 이들을 표현하는 데에도 of가 쓰인다.

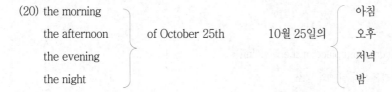

(20) the morning   아침
      the afternoon   of October 25th   10월 25일의   오후
      the evening   저녁
      the night   밤

달과 해도 작은 단위로 이루어지고 이들도 내재적인 관계에 있다.

(21) a. the 22nd of October

　　　10월 22일

　　b. the 3rd of November

　　　11월 3일

(22) the spring, summer, fall, and winter of 2019

　　　2019년의 봄, 여름, 가을, 그리고 겨울

1.8. 전체와 부분

전체의 부분을 나타내는 데에도 of가 쓰인다.

(23) a. 60% of the population is against the nomination.

　　　인구의 60%가 그 임명을 반대한다.

　　b. Most of the college graduates are unemployed.

　　　대학 졸업자들의 대부분이 취업이 안 되고 있다.

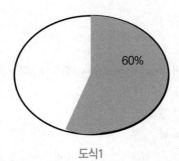

도식1

1.9. 행사의 시간과 장소

결혼식이나 졸업식과 같은 행사는 시간과 장소가 없이는 일어날 수 없다. 그래서 이들도 of와 같이 쓰인다.

(24) a. the date and place of the wedding

그 결혼식의 날짜와 장소

b. the date of the festival

그 축제의 날짜

c. the date and place of the rally

그 집회의 날짜와 장소

1.10. 친족관계

아버지와 자식과 같은 가족 관계도 내재적 관계이다. 자식은 부모와 떼어놓고 생각할 수 없다. 그래서 이들 관계는 of로 표현된다.

(25) a. the son of the president

그 대통령의 아들

b. the daughter of the doctor

그 의사의 딸

c. the father of the student

그 학생의 아버지

d. the mother of the poet

그 시인의 어머니

2. 전치사 of와 동사

다음에서는 전치사 of를 동사의 종류에 따라서 그 뜻을 살펴보자.

2.1. 인지 동사

인지 동사에는 다음이 있다: hear, learn, know. 전치사 of가 이들 동사와 쓰이면 무엇의 존재를 나타낸다. 다음 두 문장을 비교하여 보자.

(26) a. I heard him coming.

나는 그가 오는 것을 들었다. (그가 오는 소리를 직접 들었다.)

b. I heard of him.

　　나는 그가 있다는, 즉 존재한다는 말을 들었다.

다음도 비교하여 보자.

(27) a. I know him.

　　　나는 그를 (직접) 안다.

b. I know of him, but l've never met him.

　　　나는 그가 존재한다는 것을 알고 있으나, 그를 만나보지는 못했다.

2.2. 감각 동사

감각 동사 smell이나 taste는 다음과 같이 두 가지 형태로 쓰인다. 다음 a문장은 타동사로, b문장은 of가 쓰여서 자동사로 쓰였다.

(28) a. He smelled the cheese.

　　　그는 그 치즈 냄새를 맡았다.

b. The soup smells of cheese.

　　　그 수프는 치즈 냄새가 났다.

위 b문장에 쓰인 of는 냄새와 그 원인인 치즈가 뗄래야 뗄 수 없는 관계임을 나타낸다. 다음 문장에서 맛과 그 맛의 원천은 뗄래야 뗄 수 없다.

(29) a. He tasted the onion.

　　　그는 그 양파 냄새를 맡았다.

b. The kitchen tastes of onion.

　　　그 부엌에 양파 냄새가 난다.

2.3. 제거 동사

다음 문장에 쓰인 clear는 제거 동사이다. 이 동사의 쓰임을 살펴보자.

(30) a. She cleared the dishes.

그녀는 그 그릇들을 치웠다.

　　b. She cleared the table.

　　　1) 그녀는 그 식탁을 (다른 곳에) 치웠다.

　　　2) 그녀는 그 식탁 위에 있는 물건들을 치웠다.

위 b문장은 두 가지로 풀이된다. 첫 번째 뜻은 식탁 전체가 치워지는 것이고, 두 번째 뜻은 식탁이 환유적으로 쓰여서 식탁 위에 있는 그릇들을 가리킨다. 이 관계를 분명하게 하기 위해서 다음 구조가 쓰인다.

(31) We cleared the table of dishes.

　　　우리는 그 식탁의 그릇들을 치웠다.

위 문장에서 제거되는 것은 식탁이 아니라 그릇이다. 다음 예도 살펴보자.

(32) a. We cleared the street.

　　　우리는 그 거리를 치웠다.

　　b. We cleared the street of snow.

　　　우리는 길에서 눈을 치웠다.

길을 치운다는 것은 길을 없앤다는 것이 아니고, 길에 있는 무엇을 치운다는 것이다. 즉, clear의 목적어에는 치워지는 것이 전제된다. of snow는 길에서 치워지는 것을 명시해준다. 이 구조는 다음과 같이 도식화할 수 있다.

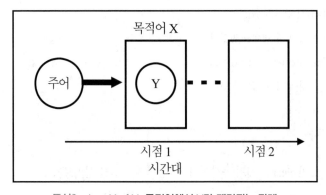

도식2　clear X of Y: 목적어에서 Y가 제거되는 관계

위 도식은 동사 clear X of Y의 도식이다. 시점1에서는 X에 Y가 있으나 clear의 결과로 시점2에서는 Y가 없어진다. X와 Y는 내재적 관계에 있다. 예문(32b)에서 X는 the street, Y는 snow이다.

전치사 of 외에 in과 on도 비슷하게 쓰인다.

주어가 목적어를 치면 접촉이 일어난다. 이때 목적어는 전체이고 전치사 in과 on의 목적어는 접촉이 일어나는 부분을 명시한다.

    (33) a. He hit me in the back.

        그는 내 등 부위를 쳤다.

        b. He hit me on the back.

        그는 내 등을 쳤다.

누가 어떤 사람을 손으로 치면, 이 손은 사람의 전체에 접촉되지 않고 일부에 접촉된다. 위 문장에서 동사의 목적어는 전체를, 전치사 in은 접촉 부위를 가리키고, 전치사 on은 접촉 지점을 가리킨다.

2.4. 정보 주기 동사

정보 주기 동사도 제거 동사와 마찬가지의 구조를 갖는다. 다음을 살펴보자.

    (34) a. I informed him of the news.

        나는 그에게 그 소식을 알렸다.

        b. I notified her of his departure.

        나는 그녀에게 그의 출발을 통보했다.

동사 inform은 누구에게 정보를 주는 과정이다. 이 주어진 정보를 부연하기 위해서 전치사 of가 쓰인다. notify도 '통보하다'의 뜻이며, 그녀에게 통보가 주어지는 과정이다.

2.5. 구성 동사

다음 X of Y에서 X는 Y로 이루어진다. 다시 말해서, Y는 X를 이루는 구성성분이다.

    (35) a. Water consists of oxygen and hydrogen.

        물은 산소와 수소로 이루어진다.

b. Water is made up of oxygen and hydrogen.

물은 산소와 수소로 구성되어 있다.

c. I cannot make sense of what he said.

나는 그가 말한 것의 뜻을 만들지 못하겠다. 즉, 이해하지 못하겠다.

다음에서 think나 dream의 내용이 전치사 of의 목적어로 표현되어 있다.

(36) a. I am thinking of going abroad.

나는 해외 나갈 생각을 하고 있다.

b. He is dreaming of becoming a singer.

그는 가수가 될 꿈을 꾸고 있다.

3. 형용사와 of

형용사도 전치사 of와 같이 쓰일 수 있다. 이 경우에도 전치사 of의 내재성이 포함된다. 아래에서는 형용사를 몇 가지로 나누어서 살펴본다.

3.1. 차거나 빈 상태

다음 쓰인 형용사는 그릇이 차거나 빈 상태를 나타낸다. 그릇이 차거나 빈 데는 그 속에 들어가는 것과 떼어놓을 수 없다.

(37) a. The street is full of tourists.

그 길은 관광객들로 차 있다.

b. The road is empty of cars.

그 도로는 차들이 없다.

3.2. 본성

전치사 of가 afraid나 fond와 같은 형용사와 쓰이면, 두려움이나 좋아함이 일시적인 것이 아니라 사람의 본성임을 나타낸다.

(38) a. He is afraid of cats.

그는 고양이들을 두려워한다.

b. She is fond of dogs.

그녀는 개들을 좋아한다.

3.3. 내재적 속성

다음 구조에서 wise나 stupid와 같은 형용사가 쓰인다.

(39) It is wise of him to quit smoking.

그가 담배를 끊은 것은 현명한 일이다.

위 문장에 쓰인 of는 him과 to quit smoking을 둘 다 수식하고 있다. 또 wise는 him의 일시적인 속성이 아니라 내재적 속성을 묘사한다.

다음에 추가적인 예가 제시되어 있다.

(40) a. It is foolish of him to start drinking.

그가 술을 마시기 시작한 것은 어리석은 일이다.

b. It is kind of him to help us out.

그가 우리를 도와서 어려움에서 벗어나게 한 것은 친절한 일이다.

어떤 형용사는 다음과 같은 두 구조에 쓰인다.

(41) a. It is nice of him to help the man across the road.

그가 그 노인을 도와 그 길을 건너게 한 것은 친절한 일이다.

b. It is nice for him to help the man across the road.

그가 그 노인을 도와서 그 길을 건너게 한 것은 친절한 일이다.

위 a문장은 nice가 him과 to help~ 양쪽을 수식한다. 즉 다음과 같이 나타낼 수 있다.

It was nice of [him] [to help~]

그러나 위 b문장에서는 of 대신 for이 쓰였다. 이때 nice는 [for him to help~] 전체를 수식한다.

다음 문장에 쓰인 형용사는 어느 사람의 내재적인 속성을 묘사하지 않기 때문에 of와 같이 쓰일 수 없다.

(42) a. It is important for (*of) us to stand behind the leader.

     우리가 그 지도자를 지지하는 것은 중요하다.

b. It is necessary for (*of) them to stand up for the cause.

     그들이 그 대의를 위해서 일어서는 것은 필요하다.

3.4. 의식

의식은 의식의 대상을 전제로 한다. 그래서 대상을 나타내기 위해서 전치사 of가 쓰인다.

(43) a. I am aware of his absence.

     나는 그가 없음을 의식하고 있다.

b. I was conscience of being operated on.

     나는 내가 수술을 받고 있음을 의식했다.

3.5. 기준

전치사 of가 short나 wide와 같은 형용사와 쓰이면 of는 기준을 나타낸다.

(44) a. He fell two inches short of the standard.

     그는 표준에서 2인치가 모자랐다.

b. The arrow fell wide of the mark.

     그 화살은 그 표적에서 멀리 떨어졌다.

다음에서도 of는 무엇을 벗어나거나 무엇에서 모자라는 상태의 기준을 나타낸다.

(45) a. The captain steered the ship clear of the rock.

     그 선장이 그 배가 그 바위에 닿지 않게 조정했다.

b. The ticket is free of charge.

그 표는 비용에서 자유롭다. 즉, 무료이다.

c. The democrats are three votes short of a majority.

민주당은 3표가 다수에서 모자란다.

d. He dropped out of college two credits short of graduation.

그는 2학점이 졸업에 부족한 상태로 대학을 그만두었다.

e. The throw was wide of 2nd base.

그 투구는 2루에서 멀리 벗어났다.

3.6. 부분

다음에서 전치사 of는 hard나 quick과 같이 쓰여서 이 형용사가 적용되는 범위를 나타낸다.

(46) a. He is hard of hearing.

그는 귀가 먹었다.

b. He is quick of foot.

그는 발이 재빠르다.

3.7. 파생형용사와 of

타동사는 -ful과 같은 접미사를 붙이거나 꼴바꿈을 하여 형용사가 된다. 타동사의 목적어는 전성 형용사에서 전치사 of의 목적어로 표현된다.

타동사	목적어
↓	
전성형용사	of	목적어

다음 예를 살펴보자.

consider	고려하다	mind	마음에 두다
considerate	고려하는, 배려하는	mindful	유념하는
forget	잊다	tolerate	관용하다
forgetful	잘 잊어버리는	tolerant	관대한

다음 예에서 타동사의 목적어는 파생 형용사에서 전치사 of와 쓰였다.

(46) a. You should be considerate of others.

여러분은 다른 사람들을 배려해야 합니다.

b. I am forgetful of dates.

나는 날짜들을 잘 잊어버린다.

c. Be mindful of what you say.

여러분은 말하는 것에 유의를 하세요.

d. Be watchful of what you eat.

여러분은 먹는 것에 주의하세요.

4. in 명사 of

(47) a. In case of fire, do not use the elevator.

화재의 경우, 승강기를 쓰지 마세요.

b. He is in charge of supply.

그는 공급을 책임지고 있다.

c. We are in favor of the proposal.

우리는 그 제안에 찬성한다.

d. You can use milk in place of cream in this recipe.

여러분은 이 요리에서 크림 대신 우유를 쓸 수 있습니다.

e. In spite of his old age, he leads an active life.

그의 나이에도 불구하고, 그는 활동적인 삶을 산다.

f. In the event of an accident, call the number 911.

사고가 있을 경우, 이 번호, 즉 911을 거세요.

g. In view of the weather, the game was held indoors.

날씨를 고려해서, 그 경기는 실내에서 열렸다.

h. He stayed in instead of going out.

그는 나가는 대신 집 안에서 머물렀다.

Particle Index
OFF off는 전치사와 부사로 쓰인다.

먼저 전치사 용법부터 살펴보자. off는 동적 관계와 정적 관계를 나타낸다.

1. 전치사 용법

1.1. 동적 관계

동적 관계에서 전치사 off는 X가 Y에서 떨어져 나오는 관계를 나타낸다. 이것을 도식화하면 다음과 같다. 다음 도식에서 시점 1에서는 X가 Y에 붙어 있다. 그러나 시점 2에서는 X가 Y에서 떨어져 있다.

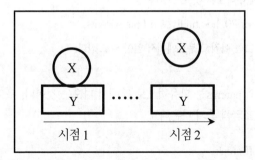

도식1 전치사 off: X가 Y에서 떨어지는 관계

1.1.1. 분리

위 도식 시점 1에서 X는 Y에 닿아 있다. 그런데 시점2에서 X는 Y에서 떨어져 있다. off는 이렇게 떨어져있는 관계를 나타낸다.

다음 예를 살펴보자.

(1) a. He stepped off the stage.

그는 그 무대에서 내려갔다.

b. He jumped off the jeep.

그는 그 지프에서 뛰어내렸다.

c. The handle came off the pan.

그 손잡이가 그 냄비에서 떨어져 나왔다.

d. We turned off the highway.

우리는 그 고속도로를 벗어났다.

e. The ball bounced off the wall.

그 공이 그 벽에서 튕겨 나왔다.

1.1.2. 출처

다음 X off Y에서 X는 Y에서 나오는 것으로 산다.
다음 예문을 살펴보자.

(2) a. He lives off the land.

그는 그 땅에서 나오는 것으로 산다.

b. At the age of 30, he still lives off his parents.

나이 30에, 그는 아직도 부모에게서 얻어 먹고 산다.

위 문장에 쓰인 land와 parents는 환유적으로 땅에서 나오는 것이나, 부모에게 받는 것을 가리
킨다. 다음에서 steak는 조금씩 뜯겨 나온다.

(3) a. He dined off steak.

그는 스테이크를 먹었다.

b. The birds fed off the grains.

그 새들은 그 곡물을 먹었다.

다음에서는 off만 아니라 on도 쓰인다.

(4) a. The car runs off/on electricity.

그 차는 전기로 움직인다.

전치사 off가 쓰이면 차가 움직이는 동작이 전기에서 나온다는 뜻이고, 전치사 on이 쓰이면 차
의 움직임이 전기에 의존한다는 뜻이다.

2. 부사 용법

X off Y에서 Y가 쓰이지 않으면 off는 부사이다. 이것을 도식화하면 다음과 같다.

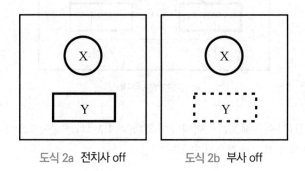

도식 2a 전치사 off   도식 2b 부사 off

도식 b의 Y는 점선으로 표시되어 있다. 이것은 Y가 없는 것이 아니라, 문맥이나 화맥 등에서 추리될 수 있음을 의미한다. 아래에서 부사 off가 실제 어떻게 적용되는지 살펴보자.

2.1. 자리 뜨기

부사 off는 이동체가 화자와 청자가 알고 있는 자리를 뜨는 관계를 나타낸다.

   (5)   a. He set off in the early morning.

          그는 아침 일찍 자리를 떠서 출발했다.

        b. The plane took off at 6am.

          그 비행기는 아침 6시에 떴다.

다음에서 이동체는 주어에서 떠난다. a문장에서 소포가 주어를 떠남을 off가 나타낸다.

   (6)   a. I mailed off the parcel yesterday.

          나는 그 소포를 어제 우편으로 보냈다.

        b. The children are sent off to a school in Seoul.

          그 아이들은 서울에 있는 학교에 보내졌다.

위에 쓰인 off는 다음과 같이 도식화할 수 있다.

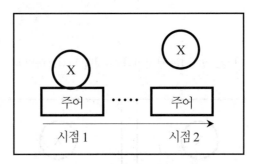

도식3 Y는 주어

위 도식에서 시점1의 이동체 X는 주어에 닿아 있다. 시점2에서는 떨어져 있다.
위 off의 의미는 다음 표현에 적용될 수 있다.

(7)   a. He is sleeping off his hangover.

      그는 잠을 자서 그의 숙취를 떨쳤다.

    b. He sweated off his fatigue.

      그는 땀을 흘려서 피로를 떨치고 있다.

    c. He shrugged off my objection.

      그는 나의 반대를 어깨를 으쓱하며 받아들이지 않았다.

다음에서도 이동체는 주어에서 나온다.

(8)   a. The skunk gives off a foul smell.

      스컹크는 지독한 냄새를 내뿜는다.

    b. His enthusiasm rubbed off on his children.

      그의 열의가 그에게서 그의 아이들에게 전달되었다.

    c. The company laid off hundreds of workers.

      그 회사는 수백 명의 노동자를 임시 해고 했다.

다음에서도 이동체(목적어)는 주어에서 떨어져 나간다.

(9)   a. He pulled off his sweater.

      그는 그의 스웨터를 당겨서 벗었다.

    b. He took off his shoes.

      그는 구두를 벗었다.

2.2. 공격 막아내기

다음에서 주어는 목적어를 자신에게서 떨어지게 하거나 접촉을 못 하게 한다.

(10) a. He is fighting off a cold.

그는 싸워서 감기가 접근하지 못하게 한다.

b. The ritual is supposed to ward off evil spirits.

그 의식은 악령들을 막아내는 것으로 생각된다.

c. The fire frightens off wild animals.

그 불은 겁을 주어서 야생동물들이 접근을 못하게 한다.

2.3. off의 목적어: 세상 지식

다음에서 off의 암시된 목적어는 세상 지식으로부터 추리된다. 로켓이나 우주선이 떠나는 곳은 발사대이다.

(11) a. The rocket blasted off.

그 로켓은 폭음을 내며 (발사대를) 떠났다.

b. The spacecraft lifted off.

그 우주선이 (발사대를) 떠나 올라갔다.

c. He took a week off.

그는 일주일을 쉬었다.

(off는 일에서 덜어지는 관계를 나타낸다.)

d. He used to skive off.

그는 (학교 수업에서) 빠지곤 했다.

2.4. 분리, 분절

off는 땅이나 공간 등을 분리하여 구획을 짓거나 구획을 지어서 들어가지 못하게 하는 관계도 나타낸다.

(12) a. The vegetable garden is fenced off to stop animals from eating the crops.

그 텃밭은 울타리를 쳐서 동물들이 작물들을 먹지 못하게 한다.

b. One end of the office is curtained off.

　　그 사무실의 한 쪽은 커튼으로 분리되어 있다.

c. The area has been sealed off to stop the spread of the epidemic.

　　그 지역은 그 전염병 확산을 막기 위해서 봉쇄되었다.

2.5. 하나 하나 차례로 읽거나 제거하기

다음에서 off는 명단에서 이름들이 하나 하나씩 읽히거나 제거되는 관계를 나타낸다.

(13) a. The boy rattled off the names of Korean rivers.

　　　그 소년은 한국의 강 이름들을 하나 하나씩 차례로 술술 읽어나갔다.

b. He ticked off the items completed.

　　　그는 완성된 품목들을 하나씩 체크 표시를 해 나갔다.

c. The teacher counted off the students as they got on the bus.

　　　그 선생님은 그 학생들이 그 버스에 오를 때 한 명 한 명 세었다.

2.6. 과정의 시작

이동체 X가 Y에 닿아 있을 때는 움직임이 없다. X가 Y를 떠나면 움직임이 시작된다. 이러한 관계에서 off는 과정의 시작을 나타낸다.

다음 예를 살펴보자.

(14) a. The day started off well.

　　　그 날은 좋게 시작되었다.

b. Let's kick off the show now.

　　　그 방송을 시작합니다.

c. The alarm went off at 6am.

　　　그 알람은 6시에 울렸다.

d. They set off the bomb in the building.

　　　그들은 그 폭탄을 그 건물에 터뜨렸다.

2.7. 중단, 차단, 완성

위에서 우리는 off가 과정이 시작되는 관계라는 것을 살펴보았다. 그러나 off는 이와는 반대의 관계에도 쓰인다. 즉, 진행 중인 과정을 차단하는 관계에도 쓰인다.

다음 예를 살펴보자.

(15) a. She switched off the air conditioner.

그녀는 그 냉방기를 껐다.

b. She turned off the gas valve.

그는 그 가스 밸브를 차단했다.

c. She turned off the tap.

그녀는 그 수도꼭지를 잠갔다.

d. I must ring off now.

나는 이제 전화를 끊어야겠습니다.

다음에서 off는 과정이 완전히 끝남을 나타낸다.

(16) a. The festival went off nicely.

그 축제는 잘 끝났다.

b. He finished off the show with a song.

그는 그 방송을 노래로 마쳤다.

c. He pulled off the difficult task.

그는 그 어려운 과업을 잘 끝냈다.

2.8. 떨어지기

부사 off는 정도가 강한 쪽에서 약한 쪽으로의 변화를 나타낸다.

(17) a. He cooled off in the shade.

그는 그늘에서 몸을 식혔다.

b. The pain eased off.

그 고통이 덜어졌다.

c. The demand of the item fell off.

그 품목의 요구가 떨어졌다.

위 문장에서 부사 off의 암시된 목적어는 cool, ease, fall과 반대되는 hot, severe, high 등이다. 이것을 도식화하면 다음과 같다.

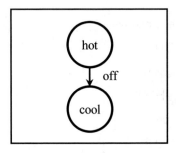

도식4 기준에서 떨어지기

2.9. 잠에 빠지기

깨어 있던 상태에서 잠이 드는 것도 잠에 떨어지는 것으로 본다.

(18) a. She dropped off at her desk.

그녀는 그녀의 책상에서 깜빡 졸았다.

b. He dropped off in class, and missed most of the lecture.

그는 수업 중에 졸아서 그 강의의 대부분을 놓쳤다.

c. He nodded off on the subway and missed her stop.

그는 지하철에서 앉아서 졸다가 그녀의 역을 놓쳤다.

2.10. 질 변하기

다음에서 off는 음식 등이 정상에서 벗어나는 관계를 그린다.

(19) a. The milk is off.

그 우유가 상했다.

b. The meat smells off.

그 고기가 상한 냄새가 난다.

  c. The soup tastes off.

그 국이 상한 맛이 난다.

2.11. 대치

다음에서 off는 양편에 맞서 대치하는 관계를 나타낸다.

(20) a. The two boxers faced off at each other before the game.

그 두 선수는 그 게임에 앞서 서로 얼굴을 마주하고 대치한다.

  b. Police and the demonstrators are squaring off.

경찰과 그 시위자들이 대치하고 있다.

  c. Police are standing off with the workers on strike.

경찰이 그 파업 노동자들과 대치하고 있다.

2.12. 발사

총기류는 발사하면 실탄이 총구에서 떨어져 나간다. off는 이러한 점을 부각시킨다.

(21) a. North Korea fired off missiles into the East Sea.

북한이 미사일들을 동해로 쏘았다.

  b. Children let off firework.

아이들이 폭죽을 터뜨렸다.

  c. He loosed off his pistol.

그는 그의 권총을 쏘았다.

  d. The soldiers loose off a few rounds of ammunition.

그 군인들이 실탄 몇 발을 쏘았다.

3. 과정과 결과

off는 접촉 상태에서 비접촉 상태가 되는 관계를 나타낸다. 그런데 경우에 따라서 비접촉 상태인 결과만을 나타낸다. 이것을 도식으로 비교하여 보자.

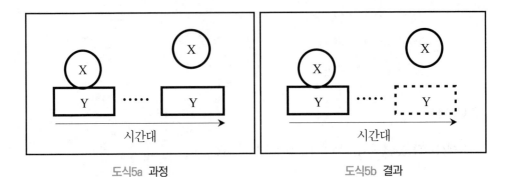

도식5a **과정**   도식5b **결과**

위 도식 a에서는 접촉 ➔ 비접촉 과정이 다 드러나 있다. 그러나 도식 b에서는 X가 Y에서 떨어져 있는 결과만 드러나 있다. 다음 예를 살펴보자.

(22) a. He is off work today.

       그는 오늘 쉰다.

    b. The ship sank 5 miles off the coast of Mokpo.

       그 배는 목포 해안에 5마일 떨어진 곳에서 가라앉았다.

    c. They are holding off the enemy.

       그는 그 적을 접근하지 못하게 하고 있다.

    d. Please keep off the grass.

       그 잔디에서 계속 떨어져 있으시오. 즉, 들어가지 마세요.

Particle Index
OFF OF

전치사 off는 선행사와 목적어가 있다. 한편, 부사 off는 선행사는 있으나 목적어가 없다. 이것은 다음과 같이 표시할 수 있다.

   (1) 전치사: X off Y

          부사: X off Ø

또 위 두 관계는 다음과 같이 도식화할 수 있다.

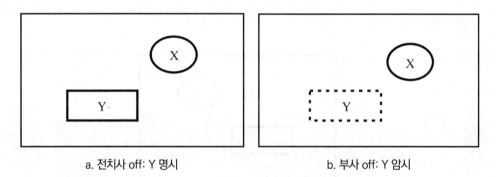

     a. 전치사 off: Y 명시   b. 부사 off: Y 암시

위 도식a는 전치사 off의 도식으로 Y가 명시되어 있다. 도식b는 부사 off의 도식으로 Y가 명시되지 않았다.

전치사 off는 목적어를 가질 수 있으나, 부사 off는 목적어를 가질 수 없다. 부사가 목적어를 갖기 위해서는 전치사 of가 쓰인다. 다음 문장을 살펴보자.

   (2) a. He lives off the river.

          그는 그 강에서 나오는 것을 먹고 산다.

        b. He lives off of the river.

          그는 그 강에서 나오는 것을 먹고 산다.

off는 위 a문장에서는 전치사로, b문장에서는 부사로 쓰였다. 그래서 b문장에는 전치사 of가 쓰였다. 전치사 of는 출처를 나타낸다.

부사 off가 쓰인 예를 살펴보자.

   (3) a. A button came off of his shirt.

단추 하나가 그의 셔츠에서 떨어져 나왔다.

b. He fell off of a truck.

그는 어느 트럭에서 떨어졌다.

c. The doctor took him off of medication.

그 의사는 그가 복용하는 약을 끊게 했다.

d. He sells fruits off of a truck.

그는 과일들을 트럭에서 판다.

e. He made lots of money off of stock.

그는 많은 돈을 주식에서 벌었다.

off와 of는 다음과 같이 결합된다.

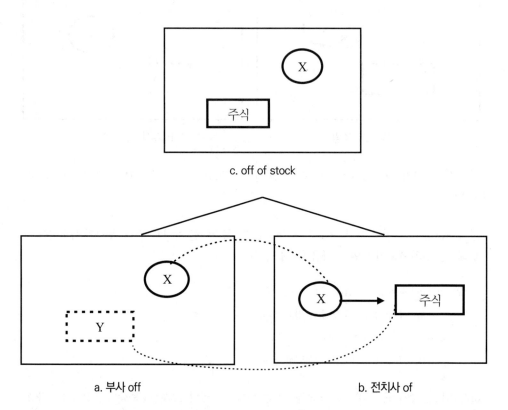

c. off of stock

a. 부사 off   b. 전치사 of

위 도식a는 부사 off의 도식이고, 도식b는 전치사 of의 도식이다. 부사 off의 명시되지 않은 Y는 전치사 of의 Y에 의해 명시된다. off의 X와 Y는 of의 X와 Y에 각각 대응된다. 대응선을 따라 of를 off에 포개면 도식 c가 생긴다.

Particle Index
ON on은 전치사와 부사로 쓰인다.

먼저 전치사 용법부터 살펴보자.

1. 전치사 용법

전치사 용법은 다시 정적인 관계와 동적인 관계로 나누어진다.

1.1. 정적인 관계

정적인 관계에서 X on Y는 X가 Y에 닿아 있는 관계이다. X는 Y의 어느 곳에나 닿아 있을 수 있다. 그러나 X가 Y의 위에 닿아 있는 관계가 대표적이다. 그래서 이것을 도식화하면 다음과 같다.

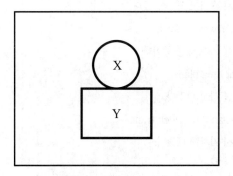

도식1　전치사 on – 접촉

위 도식에서 X는 Y에 닿아 있다.

아래에서는 on이 나타내는 접촉관계를 몇 가지로 나누어 살펴본다.

1.1.1. 땅

우리는 생활하면서 어디에 접촉하지 않고는 살아갈 수 없다. 대표적으로 우리는 땅을 딛지 않고는 살아갈 수 없다. 그래서, 우리가 닿는 땅과 이와 비슷한 것에 닿아 있는 관계를 on이 나타낸다.

(1)　a. Hundreds of people are lining up on the street.
　　　 수백 명의 사람들이 그 길에 줄을 서고 있다.

b. The child is lying on the ground.

그 아이가 그 땅 위에 누워 있다.

c. 20 candidates debated on the stage.

20명의 후보자가 그 무대에서 토론했다.

d. They played on a clay court.

그들은 클에이 코트에서 경기를 했다.

1.1.2. 길, 탈 것

우리가 길을 가면 발이 닿지 않고는 걸을 수가 없다. 우리가 탈 것을 타면 우리의 몸이 탈 것에 닿는다. 그래서 전치사 on이 쓰인다.

(2)   a. He drove down to Gwangju on a highway.

그는 고속도로를 타고 광주에 갔다.

b. She is on her way to work.

그녀는 일터에 가고 있는 중이다.

c. He went out on a plane.

그는 비행기를 타고 나갔다.

d. I put him on an 8 o' clock train.

나는 그를 8시 기차에 태웠다.

1.1.3. 휴가, 여행

누가 휴가나 여행을 가면 여행자와 휴가가 닿아 있는 것으로 개념화된다. 즉, 사람 따로 휴가 따로 갈 수는 없다.

(3)   a. He is away on vacation.

그는 나가서 휴가를 지내고 있다.

b. They are on holiday in France.

그들은 프랑스에서 휴일을 보내는 중이다.

c. He is on a tour around the island.

그는 그 섬 주위를 도는 관광을 하고 있다.

1.1.4. 접촉 부위

치다, 때리다, 물다 등의 동사는 다음과 같이 쓰인다.

(4) a. He hit the child on the back.

그는 그의 등을 쳤다.

b. He patted her on the shoulder.

그는 그녀의 어깨를 토닥였다.

c. The dog bit him on the leg.

그 개가 그의 다리를 물었다.

위 문장에서 동사의 목적어는 전체이고, 전치사 on의 목적어는 영향을 받은 부분이다.

1.1.5. 종이, 스크린

글, 그림, 영상 등이 종이에 적히거나 스크린에 나타나는 것도 글이나 영상이 종이나 스크린에 닿아 있는 것으로 본다. 그래서 전치사 on이 쓰인다.

(5) a. My name is not on the list.

내 이름이 그 명단에 없다.

b. They are wiping away the graffities on the wall.

그들이 그 벽에 적힌 낙서들을 씻어내고 있다.

c. He put the president's Twitter on the screen.

그는 그 대통령의 트위터 글을 그 스크린에 올렸다.

1.1.6. 매체

사람이 매체를 이용하거나 매체에 나타나는 것도 사람이 매체에 접촉되는 것으로 보인다. on이 쓰이는 것은 매체의 내용이 스크린이나 모니터에 나타나기 때문이다.

(6) a. Check us out on Facebook.

페이스북에서 우리를 팔로우하여 알아보세요.

b. I bought a gift online.

나는 온라인에서 선물 하나를 샀다.

c. He posted up the video on Instagram.

그는 그 비디오를 인스타그램에 게시했다.

d. The president apologized on Twitter.

그 대통령은 트위터에 사과했다.

e. The app is available on the website.

그 앱은 그 웹사이트에서 구할 수 있습니다.

f. He was on the radio show.

그는 그 라디오 방송에 출연했다.

1.1.7. 과정

X on Y에서 X는 사람이나 물건이고 Y가 과정이면, 사람이나 물건이 어떤 과정과 닿아 있음을 나타내고, 이것은 과정이 진행 중임을 나타낸다. 이것을 도식화하면 다음과 같다.

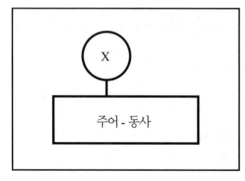

도식2a **X가 과정의 주어**   도식2b **X는 과정의 목적어**

(7) a. The animals are constantly on the move.

그 동물들은 계속해서 움직이고 있다.

b. The pack of wolves is on the attack.

그 늑대 떼가 공격 중이다.

c. The painter's pictures are on display in the gallery.

그 화가의 그림들이 그 화랑에서 전시 중이다.

위에서 X가 과정의 주어에 있고, 다음에서는 X가 과정의 목적어에 있다.

d. The department has 15 courses on offer this semester.

그 학과는 이번 학기에 15개의 과목을 제공하고 있다.

전치사 on은 두 과정을 다음과 같이 접속시킬 수 있다.

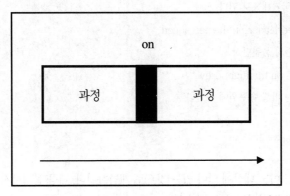

도식3 과정과 과정이 닿아 있는 관계

위 도식은 두 과정이 닿아있음을 나타내는데, 이것은 두 과정이 동시에 일어남을 나타낸다. 다음 예를 살펴보자.

(8) a. Let's start on a count of 3.

우리 1,2,3을 세서 시작하자. 즉, 3에서 시작하자.

b. She was dead on arrival.

그녀는 도착 즉시 죽었다.

c. The plane burst into flames upon landing.

그 비행기는 착륙과 동시에 화염에 쌓였다.

d. Stock prices nosedived upon the news.

주가들이 그 소식과 동시에 폭락했다.

1.1.8. 위원회, 팀

위원회나 팀을 구성하는 구성원은 위원회나 팀이 닿거나 붙어있는 것으로 개념화된다.

(9) a. The senate serves on Foreign Affairs Committee.

그 상원의원은 외무위원회에서 일한다.

b. He is a professor on the faculty of economics.

그는 경제학 교수진의 교수이다.

c. He sat on the jury.

    그는 그 배심원에서 일했다.

d. He plays on the national team.

    그는 국가대표로 뛴다.

e. a cheerleader on the pep squad

    응원단의 응원단장

f. She is on the flight crew.

    그녀는 비행 승무원에 속한다.

1.1.9. 마음, 주의

마음이나 주의도 어느 대상에 닿아 있는 것으로 개념화된다. 다음 문장에서 주어는 환유적으로 주어의 주의나 마음을 가리킨다.

(10) a. He is focusing on things at hand.

    그는 그 앞에 있는 일들에 주의를 집중한다.

b. He is concentrating on his study.

    그는 그 연구에 집중하고 있다.

c. He is reflecting on his past.

    그는 자신의 과거를 회상하고 있다.

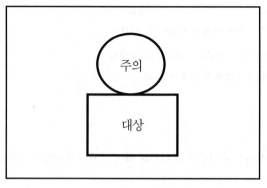

도식4 주의가 대상에 닿는 관계

1.1.10. 부속관계

부속과 전체를 보는 방법은 크게 두 가지로 나누어 볼 수 있다. 다음을 살펴보자. 다음 a문장에서 전치사 of는 손잡이와 라디오가 서로 분리될 수 없는 것으로 보고, 전치사 on은 손잡이가 라디오에 붙어있는 것으로 본다.

(11) a. the knob of the radio

그 라디오의 (떼려야 뗄 수 없는 일부) 손잡이

b. the knob on the radio

그 라디오에 붙어 있는 손잡이

위에서 볼 수 있는 바와 같이 어떤 관계는 특정한 각도에서만 볼 수 있는 것이 아니라 서로 다른 각도에서 볼 수 있음을 보여준다. 다음에서도 선행사는 on의 목적어에 붙어있는 것으로 본다.

(12) a. a timer on the cooker

그 밥솥의 시간측정기

b. a zipper on the jacket

그 재킷에 붙어있는 지퍼

c. a speed gauge on the dashboard

그 계기판의 속도 측정기

다음에서 X와 Y가 실제로는 분리될 수 없는 것이지만, X가 Y와 분리될 수 있고, 그래서 X가 Y에 닿거나 붙어 있는 것으로 본다.

(13) a. wrinkles on his face

그의 얼굴에 있는 주름살들

b. a happy smile on her face

그녀의 얼굴에 있는 행복한 미소

c. hair on his head

그의 머리에 있는 털

d. the skin on his leg

그의 다리에 있는 피부

1.1.11. 접촉에서 관련으로

X가 Y에 닿아 있는 접촉 관계는 X가 Y에 관련되어 있는 개념으로 확대된다.

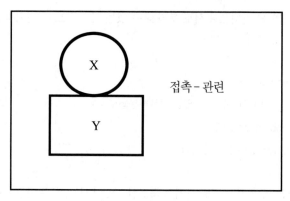

도식5 접촉에서 관계로

다음 표현에서 X는 Y에 관련되어 있다.

> (14) a. decision on interest rates
>
>　　　이자율에 관한 결정
>
>　　　b. hearing on the case
>
>　　　그 사건에 대한 청문회
>
>　　　c. expression on referendum
>
>　　　국민투표에 관한 표현
>
>　　　d. talks on denuclearization
>
>　　　비핵화에 대한 회담들
>
>　　　e. update on latest information
>
>　　　최신정보에 대한 업데이트

1.1.12. 타동사에서 자동사로

몇몇 타동사 구동사는 전치사 on과 같이 쓰여서 자동사로 쓰인다. 다음 예를 살펴보자.

> (15) a. The inspector checked him up.
>
>　　　그 검사관이 그의 신체를 샅샅이 검사했다.
>
>　　　b. The inspector checked up on him.
>
>　　　그 검사관은 그에 관한 정보를 철저하게 조사했다.

위 a문장에서 him은 타동사 check의 목적어이고, b문장에서 him은 전치사 on의 목적어이다. 타동사의 목적어인 him은 동사 check의 영향을 직접 받는다. 그러나 b문장에서는 그러지 못한다. check up이 되는 것은 '그' 자신이 아니라 그와 관련된 말이나 사실이다.

check him up	그의 몸을 직접 조사하다
check up on him	그에 관한 사실을 조사하다

구동사에서 on이 쓰인 예를 더 살펴보자.

(16) a. Police are cracking down on drunk driving.

경찰이 음주운전을 단속하고 있다.

b. He missed out on the football game.

그는 그 축구 경기를 볼 수 있는 기회를 놓쳤다.

c. We are cutting down on plastic waste.

우리는 플라스틱 쓰레기의 양을 줄이고 있다.

d. The doctor gave up on the patient.

그 의사가 그 환자에 대한 희망을 포기했다.

e. He is holding off on buying the car.

그는 그 차를 사는 것을 미루고 있다.

f. He picked up on his parents' anxieties.

그는 그의 부모님들의 걱정들을 눈치챘다(간접적으로 알게 되었다).

1.1.13. 의존과 영향

전치사 on은 접촉 관계를 나타내고, 접촉 관계는 다음과 같이 도식화할 수 있다. (도식 a)

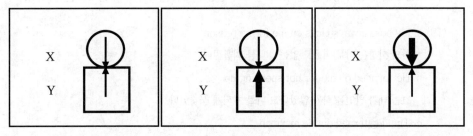

도식6a 접촉   도식6b X가 Y에 의존하는 관계   도식6c X가 Y에 영향을 주는 관계

위 도식 a가 성립하기 위해서는 X가 아래로 힘을 주고, Y가 이것을 떠받치는 관계이다. 경우에 따라서는 떠받치는 힘이 부각될 수 있다. 이때 on은 의존관계가 된다. 반대로, X의 누르는 힘이 Y보다 부각될 수 있다. 이때 on의 영향 관계가 나온다. 먼저 의존관계부터 살펴보자.

1.1.13.1. 의존관계

다음에서 X는 Y에 의존한다.

(17) a. I count on him to help.

나는 그가 우리를 도울 것을 기대한다.

b. The success of the picnic depends on the weather.

그 야유회의 성공은 날씨에 달려 있다.

c. The charity relies on volunteer workers.

그 자선단체는 자원봉사자들에게 기댄다.

위의 X는 Y에 의존한다. 다음에서 X는 Y에 영향을 준다.

1.1.13.2. 영향관계

다음에서 X는 Y에 영향을 준다.

(18) a. She hung up on me.

그녀는 내 전화를 끊었다. (그래서 기분이 좋지 않다.)

b. He walked out on his wife.

그는 아내를 두고 집을 나갔다.

c. He told my dad on me.

그는 나의 아버지께 나를 고자질했다.

위에서 X는 Y에 정신적 영향을 준다. 그러나 이 영향은 다음에서와 같이 물리적일 수 있다.

(19) a. My boss always picks on me for no reason.

나의 사장은 아무 이유도 없는데 나를 괴롭힌다.

b. He rounded on me for not speaking up.

그는 내가 발언을 하지 않았다고 나를 호되게 꾸짖었다.

c. The dog turned on the mailman.

그 개가 그 우편집배원을 공격했다.

1.1.14. 날(日)

X on Y에서 X는 사건, 행사 등이고, Y는 이들이 일어나는 날이다. 이 표현에 on이 쓰이는 것은 행사나 사건 등이 어느 날과 닿아있음을 나타내기 위해서이다. 다음에서 시간을 나타내는 on이 쓰이는 예를 먼저 살펴보겠다.

1.1.14.1. 요일

(20) a. He comes here on weekdays.

　　　그는 여기를 주중에 온다.

　b. He stays home on Saturday.

　　　그는 토요일에는 집에 있다.

1.1.14.2. 월일

(21) a. The festival starts on Oct 3rd and ends on Oct 20th.

　　　그 축제는 10월 3일에 시작해서 10월 20일에 끝난다.

　b. The ceremony takes place on August 15th.

　　　그 의식은 8월 15일에 거행된다.

1.1.14.3. 기념일

(22) a. On Arbor Day, we plant trees.

　　　식목일에 우리는 나무를 심는다.

　b. On Parent's Day, children give presents to their parents.

　　　부모의 날에 아이들은 선물들을 부모님께 드린다.

　c. On the 50th anniversary of their wedding, the couple went on a trip.

　　　결혼 50주년 기념일에 그 부부는 여행을 갔다.

1.1.14.4. 오전, 오후, 저녁

특정한 날의 아침, 오후, 저녁, 밤 등도 전치사 on과 같이 쓰인다.

(23) a. I am happy to see you on this Friday morning.

　　　오는 금요일 아침에 뵙게 되어서 행복합니다.

    b. The accident took place on the afternoon of September 20th.

      그 사고는 9월 20일 오후에 일어났다.

    c. Ten candidates were on the stage on night one.

      10명의 후보자들이 첫 날 밤에 무대에 섰다.

1.2. 동적 관계

지금까지 우리는 on의 정적 관계를 살펴 보았다. 즉, X가 Y에 닿아 있는 관계이다 (다음 도식 a 참조). 또 한편 전치사 on은 동적 관계도 나타낸다. 이동체(X)가 Y에서 떨어져 있던 관계에서 가 닿는 관계를 나타낸다. 다음 도식b의 시점1에서 X는 Y에서 떨어져 있다. 시간이 지나, 시점2에서 X는 Y에 닿게 된다.

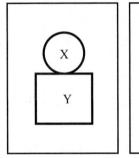 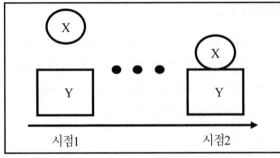

    도식7a 정적 관계   도식7b 동적 관계: X가 Y에 닿는 관계

도식b에서, 시점1은 X가 Y에서 떨어져 있다가 시간이 지나 시점2에서는 X가 Y에 가 닿는다.

1.2.1. 차 타기, 옷 입기

다음에서 on이 동적인 예가 된다.

    (24) a. He got on the bus at Jongro.

          그는 종로에서 그 버스를 탔다.

        b. He put on his shirt on the child.

          그는 그의 셔츠를 그 아이에게 입혔다.

        c. Every morning, she sprinkles water on the plants.

          매일 그녀는 물을 그 식물들에 뿌린다.

        d. He shed light on the fact.

그는 불을 그 사실에 비추었다. (사실이 밝혀졌다.)

위 a문장에서 사람이 차에서 떨어져 있다가 타고, b문장에서는 옷이 몸에 떨어져 있다가 몸에 붙게 된다. c문장에서 물은 담겨 있는 용기에서 식물로 간다. 위와 같이 전치사 on은 이러한 동적인 관계도 나타낸다.

1.2.2. 발견

빛은 움직이고, 움직여서 물체에 가 닿는다. 마찬가지로 사람 주어도 on의 목적어에 가서 닿는다.

(25) a. I chanced on a friend from middle school.

　　　나는 우연히 중학교 동창 한 명을 만났다.

　　b. I hit on a good solution for the problem.

　　　나는 그 문제에 대한 해결을 우연히 발견했다.

　　c. He stumbled on the secret.

　　　그는 그 비밀을 우연히 알게 되었다.

위 세 문장에 쓰인 on도 다음과 같이 도식화할 수 있다.

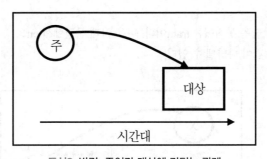

도식8 발견: 주어가 대상에 가닿는 관계

위 도식에서 마음이나 주어가 어느 대상에 가 닿는다.

2. 부사 용법

X on Y에서 Y가 안 쓰이면 on은 부사이다. 다음 도식 a는 전치사 on, 도식 b는 부사 on이다. 도

식 b에서 Y는 점선으로 표시되어 있다.

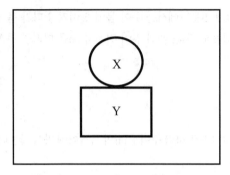
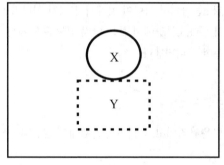

도식9a 전치사 on: X가 Y에 닿아 있는 관계   도식9b 부사 on: X가 암시된 Y에 닿아 있는 관계

2.1. Y 생략

Y가 생략되는 것은 화맥이나 문맥 또는 세상 지식으로부터 청자가 그 전제를 파악할 수 있다고 화자가 판단할 때 쓰이지 않는다. 다음 예를 살펴보자.

(26) The train has arrived. Let's hop on.

그 기차가 도착했다. 홀짝 뛰어 탑시다.

위 문장에서 on의 숨은 목적어는 train이다. 다음 아래 문장에서 on의 숨은 목적어는 모두 주어이다. 이것을 다음과 같이 나타낼 수 있다.

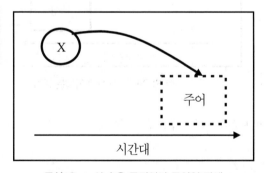

도식10 on의 숨은 목적어가 주어인 관계

(27) a. He put on a red shirt.

그는 빨간 셔츠를 (몸에) 걸쳤다. 즉, 입었다.

b. The ship took on water at the port.

그 배는 그 항구에서 물을 실었다.

c. He took on the challenge.

그는 그 도전에 맞붙었다.

a문장에서 셔츠는 주어에, b문장에서 물은 배에, 그리고 c문장에서 도전은 주어에 간다.

다음에서 주어나 목적어는 어디에 가서 붙는다.

(28) a. The animal can fasten on(to) rocks with its long claws.

그 동물은 그의 긴 발톱으로 바위에 딱 붙어 있을 수 있다.

b. He screwed the cap back on(to) the toothpaste.

그는 그 마개를 틀어서 그 치약 튜브에 다시 끼웠다.

c. The furniture on the ship is strapped on(to) the deck.

그 배 위의 가구는 끈으로 갑판에 고정되었다.

2.2. 이음, 계속

지금까지 살펴본 부사 on에는 숨은 목적어가 있었다. 다음에서 살펴 볼 부사 on은 숨은 목적어가 없고, 자체로 독립적인 뜻을 갖는다.

on은 전치사이든, 부사이든 접촉의 뜻을 갖는데, 이 접촉의 뜻은 우리말 **닿다/대다/붙다/붙이다/매다/신다/신기다/차다** 등에 해당된다. 접촉의 뜻의 또 한가지는 **잇다**이다. '잇다'는 다음과 같이 쓰인다.

(29) a. 두 끈을 이어라.

b. 이어서 두 번째 사건이 터졌다.

c. 지진이 연이어 일어났다.

d. 스캔들이 잇따라 터진다.

영어 부사 on도 다음에서와 같이 '잇다' 의 뜻을 갖는다.

(30) a. We drove on without stopping at the gas station.

우리는 그 주유소를 들르지 않고 계속 운전을 했다.

b. I tried to interrupt him, but he kept on talking.

나는 그를 중단시키려고 했으나, 그는 계속해서 말을 했다.

c. We spent a day in Busan and flew on to Tokyo.

우리는 부산에서 하루 쉬고 이어서 동경을 비행기로 갔다.

d. He paused then and went on as if nothing had happened.

그는 잠깐 멈춘 다음 아무 일도 없었던 것처럼 계속했다.

위 두 문장에 쓰인 on은 다음과 같이 도식화할 수 있다.

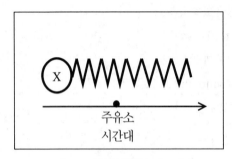
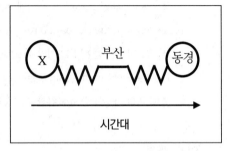

도식11a 쉬임 없이 계속되는 관계   도식11b 쉬었다 계속되는 관계

도식a에서는 이동체가 주유소에서 쉴 것으로 예상되었으나 쉬지 않고 이어가는 관계를, 도식b에서는 부산에 가서 쉬었다가 이어서 동경으로 가는 관계이다.

동사의 뜻에 따라 on은 어려움에도 불구하고 지루하게 또는 힘들게 어떤 일이 계속됨을 나타낸다.

(31) a. He is struggling on with his work.

그는 그 일을 힘들게 계속하고 있다.

b. The peace talks wore on.

그 평화회담들은 지루하게 이어져 갔다.

다음 표현에서도 on은 이어짐이나 계속의 뜻을 나타낸다.

(32) a. The dictator is hanging on to power.

그 독재자는 권력에 계속 매달리고 있다.

b. The old couple sticks on to the tradition.

그 노부부는 그 옛 전통에 계속 매달리고 있다.

2.3. 격려, 재촉

이음의 또 한 가지는 사람을 격려나 재촉하여 하던 일을 계속하게 하는 관계이다.

(33) a. We cheered the last runner on to finish the race.

우리는 그 마지막 주자를 격려하여 계속 뛰어 그 경기를 마치게 했다.

b. He whipped his horse on.

그는 그 말을 채찍질하여 계속 뛰게 했다.

2.4. 전개

이음의 또 한 가지는 사건이나 관계가 전개되는 관계이다.

(34) a. How is your report coming on?

너의 보고서가 어떻게 되어오고 있니?

b. She is getting on well at school.

그녀는 학교에서 잘 해오고 있다.

2.5. 작동

다음에서 on은 과정이나 상대가 작동되는 관계를 나타낸다.

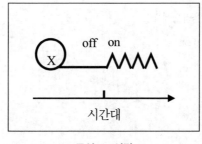

도식12 시작

위 도식에서 X는 움직임이 없는 상태에서 움직임의 상태로 들어간다.

(35) a. He turned on the air conditioner.

      그는 그 냉방기를 켰다.

    b. The polluted air brought his cough on.

      그 오염된 공기가 그의 기침을 시작되게 했다.

3. on과 다른 불변사

부사 on은 다른 불변사 앞에 쓰일 수 있다. 먼저 다음 두 문장을 비교하여 보자.

(36) a. Come in.

      들어오세요.

    b. Come on in.

      (들어오려다가 주저하고 있을 때) 계속해서 들어오세요.

위 a문장은 그냥 들어오라는 뜻이고, b문장은 상대가 주저하고 있을 때 주저 말고 들어오라는 뜻이다. 위 문장에서 볼 수 있는 바와 같이 on in은 in on으로 쓰일 수 없다.

(37) a. Come on in.

    b. *Come in on.

다음 예문도 살펴보자.

(38) a. Come on down/up.

      주저 말고 내려/올라오세요.

    b. *Come down/up on.

Particle Index
ONTO

전치사 onto는 on과 to로 이루어져 있다. 전치사 on은 정적 관계와 동적 관계가 있다. 정적 관계에서 on은 X on Y에서 X가 Y에 닿아 있는 관계를 나타내고, 동적 관계에서 on은 X가 이동을 해서 Y에 가 닿는 관계를 나타낸다. 이 두 관계를 도식으로 나타내면 다음과 같다.

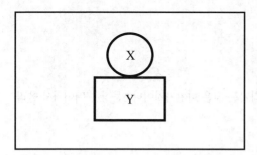 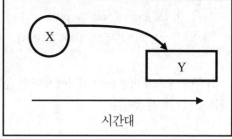

도식1a 정적 관계: X가 Y에 접촉되어 있는 관계　　도식1b 동적 관계: X가 Y에 가서 접촉되는 관계

위 도식a는 X가 Y에 닿아 있는 관계를, 도식b는 X가 Y에서 떨어져 있던 상태에서 시간이 지나면서 Y에 가 닿게 되는 동적 관계를 나타낸다.

onto는 on과 to가 합쳐진 전치사이다. 이 두 요소의 합성은 다음과 같이 이루어진다.

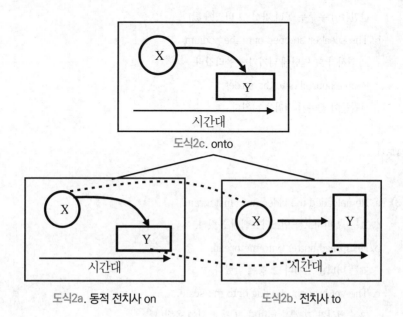

도식2c. onto

도식2a. 동적 전치사 on　　　　　　도식2b. 전치사 to

위 도식a는 전치사 on의 동적 관계를 나타낸다. 즉 이동체 X가 시간이 지나면서 Y에 닿게 되는 관계이다. 도식b는 전치사 to를 나타낸다. 즉 이동체 X가 Y를 향하는 관계를 나타낸다. on의 X와 Y가 to의 X와 Y와 각각 대응한다. 대응점을 따라 to의 도식을 a도식에 포개면 도식c가 나온다.

다음 두 문장을 비교하여 보자.

(1) a. He jumped on the train.
      그는 그 기차에 뛰어서 올라탔다.
     b. He jumped onto the train.
      그는 뛰어가서 그 기차에 올라탔다.

위 두 문장은 주어인 he가 기차에 뛰어서 올라가는 것은 마찬가지이나 b문장은 뛰어가서 올라타는 뜻이 더해진 것이다.

다음에서 onto의 쓰임을 자동사와 타동사로 나누어서 살펴보자.

자동사

(2) a. Refugees scrambled onto the bus.
      난민들이 우루루 몰려 가서 그 버스에 탔다.
     b. The speaker stepped onto the podium.
      그 연사가 그 연단에 다가가서 올라갔다.
     c. People poured onto the street.
      사람들이 쏟아져 거리에 나왔다.

타동사

(3) a. He uploaded the video onto Instagram.
      그는 그 비디오를 인스타그램에 올렸다.
     b. He spread butter onto the bread.
      그는 버터를 가져다 그 빵에 발랐다.
     c. The vet brought the dog onto the scale.
      그 수의사가 그 개를 데려다 그 저울 위에 올렸다.

**Particle Index
OUT**

out은 전치사와 부사로 쓰인다.

1. 전치사 용법

out이 전치사로 쓰이면 X out Y에서 X가 Y를 지나 안에서 밖으로 나가는 관계를 나타낸다. 이것을 도식화하면 다음과 같다.

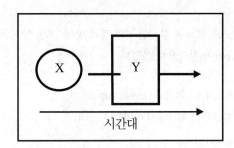

도식1 전치사 out: X가 Y를 안에서 밖으로
나가는 관계

다음에서 out은 전치사로 쓰였다.

(1) a. He came out Exit 3.

　　　　그는 3번 출구로 나왔다.

　　 b. The dog ran out the gate.

　　　　그 개가 그 대문을 거쳐 밖으로 나왔다.

　　 c. The pope looked out the window.

　　　　그 교황이 그 창문을 통해 밖을 내다보았다.

2. 부사 용법

X out Y에서 Y가 쓰이지 않으면 out은 부사로 쓰인다. out은 다른 불변사와 마찬가지로 정적 관계와 동적 관계로 나누어 볼 수 있다.

2.1. 정적 관계

정적 관계에서 X는 암시된 Y의 밖에 있는 관계를 나타낸다. 다음이 이 관계의 도식이다.

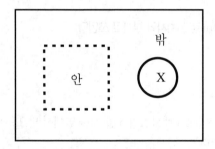

도식2 정적 관계: X가 암시된 Y 밖에 있는 관계

위 도식에서 X는 점선으로 표시한 암시된 Y의 영역 밖에 있다. 암시된 Y는 보통 세상 지식으로 추리된다. 다음 예에서는 out이 정적으로 쓰였다.

(2)   a. The kids camped out in the yard last night.

그 아이들이 지난밤 그 마당에서 야영했다. (out: 집 밖)

b. We are going to eat out.

우리는 밖에서 식사할 예정이다.

c. She stayed out late last night.

그녀는 어제저녁 늦게 밖에 있었다.

d. She stood out in the rain.

그녀는 밖에서 비를 맞고 서 있었다.

2.2. 동적 관계

동적 관계에서 out은 이동체가 어떤 영역 안에서 밖으로 나간 관계이다. 나가는 곳은 명시가 되어 있지 않다. 그래서 도식a에서 나가는 곳은 점선으로 표시되어 있다.

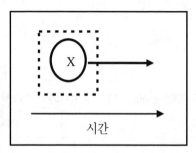 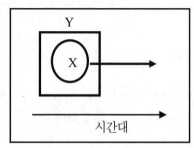

도식3a 부사 out: X가 암시된 출발지에서   도식3b 부사 out of: : X가 Y에서
나오는 관계   나오는 관계

위 도식에서 이동체는 암시된 어떤 장소 밖으로 나간다. 나가는 장소를 명시할 때에는 out of가 쓰인다. 다음을 비교하여 보자.

(3) a. She went out.

그녀는 나갔다.

b. She went out of the office.

그녀는 그 사무실 밖으로 나갔다.

위 a문장에서 부사 out이 쓰인 것은 화자가 생각할 때 나가는 곳을 명시하지 않아도 X가 어디에서 나가는지 화자가 알 수 있다고 판단한 경우다. 그렇지 않은 경우, 위 b문장과 같이 out of가 쓰인다.

다음 예에서 out은 어떤 장소에서 나가는 관계를 나타낸다.

(4) a. We set out early to reach the peak by noon.

우리는 12시까지 그 정상에 이르기 위해서 아침 일찍 나섰다.

b. He is going to move out next week.

그는 다음 주에 이사를 나갈 예정이다.

c. He took out his smartphone and checked the time.

그는 자기 스마트폰을 꺼내 시간을 알아보았다.

2.3. out의 중의성

out은 서로 반대의 관계를 나타내는 경우가 있다. 다음 예를 보자.

(5) a. The moon is out.

달이 (구름에 가려서) 안 보인다.

b. The moon is out.

달이 (구름이 지나가서) 보인다.

즉, out은 보이거나 보이지 않는 관계에도 쓰인다. 이것을 도식화하면 다음과 같다.

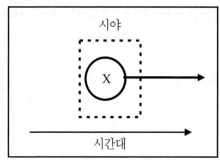
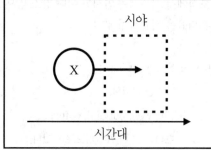

도식4a **X가 시야에서 나가는 관계**   도식4b **X가 시야에 들어오는 관계**

위 도식에서 X가 시야에 들어오면 보이고, 시야에서 나가면 X는 보이지 않는다. 이러한 중의 관계는 다음에서도 나타난다. 어떤 물체가 우리가 사는 곳에 들어오기도 하고 나가기도 한다. 들어오는 것은 생기는 것이고, 나가는 것은 없어지는 것이다.

(6) a. The company has rolled out a new version of smartphone.

　　　그 회사는 스마트폰의 새 버전을 만들어서 출시했다.

　　b. The writer churns out short stories.

　　　그 작가는 단편 소설을 마구 써낸다.

　　c. The village is wiped out by the flood.

　　　그 마을은 홍수로 없어졌다.

　　d. The missiles took out the military bases.

　　　그 유도탄들이 그 군사기지들을 없애버렸다.

2.4. 약속, 합의 등에서 빠져나오기

다음에서 X는 약속, 합의 등에서 빠져나온다.

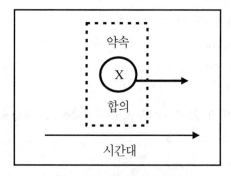

도식5 **약속, 합의에서 벗어나기**

(7)　a. The president pulled out (of the Iran Deal).

　　　 그 대통령은 (이란 합의에서) 빠져나왔다.

　　 b. He checked out at the last moment.

　　　 그는 마지막 순간에 (약속 등에서) 검사하여 빠져나왔다.

　　 c. After one year in college, he dropped out.

　　　 대학에서 일년을 지낸 후, 그는 (학교에서) 나왔다. 즉 퇴학했다.

2.5. 뽑거나 가려내기

다음에서 out은 원하는 것을 찾아내거나 가려내는 관계를 나타낸다.
다음 도식에서 여러 가지 X 가운데 하나가 나온다.

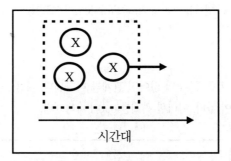

도식6 여러 개의 X 가운데 가려내기

(8)　a. Pick out one item you want.

　　　 네가 원하는 것을 하나 가려내어라.

　　 b. He is seeking out his natural mother.

　　　 그는 그의 생모를 찾고 있다.

2.6. 알아내기

다음에서 out은 무엇을 모르는 상태에서 알아내는 관계를 나타낸다.

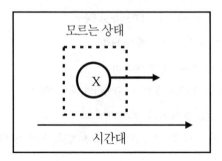

도식7 X를 모르는 상태에서 아는 상태가 되는 관계

(9) a. Check out the cafe.

그 카페를 조사하여 알아보세요.

b. I cannot make out this handwriting.

나는 이 글씨를 알아볼 수가 없다. 즉 무슨 뜻인지 모르겠다.

2.7. 다 없애기

다음에서 out은 식량, 기름 등이 다 없어진 관계를 나타낸다. 다음 도식에서 시점1에 무엇이 있으나, 시점2에서는 이것이 없다. 이러한 관계를 out이 나타낸다.

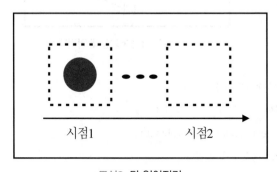

도식8 다 없어지기

(10) a. Coffee has run out.

커피가 떨어졌다.

b. The battery is out.

그 배터리의 전기가 다 나갔다.

c. The concert is sold out.

그 음악회의 표가 다 팔리고 없다. (위의 concert는 환유적으로 음악회의 표를 가리킨다.)

2.8. 소리나 빛이 사방으로 퍼지기

다음에서 X는 소리나 빛이 사방으로 크게 퍼지는 관계를 나타낸다. 이를 도식화하면 다음과 같다.

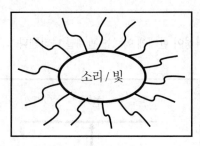

도식9 소리나 빛이 퍼지는 관계

다음 예를 살펴보자.

(11) a. She cried out for help.

그녀는 도와달라고 크게 외쳤다.

b. The bulb gives out light.

그 전구는 빛을 사방으로 내보냈다.

c. She spoke out against racism.

그는 인종차별주의에 반대해서 두려움 없이 크게 말했다.

2.9. 여러 사람에게 나누어주기

다음에서 out은 무엇을 여러 사람에게 나누어주는 관계를 나타낸다.

(12) She handed out free samples of the sausage.

그는 그 소시지의 공짜 샘플들을 여러 사람에게 나누어주었다.

2.10. 돈을 많이 쓰기

다음에서 out은 돈을 많이 내어놓는 관계를 나타낸다. 다음 예를 살펴보자.

(13) a. He laid out $1,000 for the laptop.

그는 그 랩탑을 사려고 거금 1,000불을 내어놓았다.

b. He splurged out a lot of money on his car.

　　그는 거금을 그 차에 썼다.

2.11. 한계에 이르기

다음에서 out은 상태나 과정이 한계에 이르는 관계를 나타낸다.

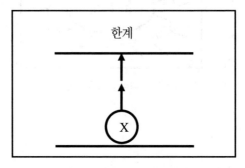

도식10　X가 한계에 이르는 관계

(14) a. He maxed out his credit card.

　　　그는 그의 신용카드를 한계까지 썼다.

　　b. The mercury will peak out at 36° c today.

　　　수은주가 오늘 섭씨 36도의 한계점에 이를 것이다.

　　c. He was tired out.

　　　그는 몹시 지쳤다.

　　d. He filled out the application form.

　　　그는 그 지원서의 빈칸들을 모두 채웠다.

　　e. She fills out her dress.

　　　그녀는 그녀의 드레스가 몸에 꽉 찬다.

다음에서 out은 결말이 날 때까지 싸우거나 잡는 관계를 나타낸다.

(15) a. They battled it out.

　　　그들은 결말이 날 때까지 싸웠다.

　　b. He stuck it out.

　　　그는 그것을 끝까지 참아 내었다.

2.12. 과정을 견디어내기

다음에서 out은 어떤 과정을 견디어내는 관계를 그린다.

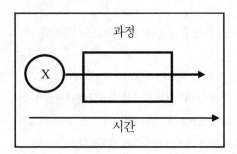

도식11 X가 과정을 견디어내는 관계

(16) a. He sat out her lecture.

그는 그녀의 강의가 끝날 때까지 앉아 있었다.

b. The villagers rode out the storm.

그 마을 사람들은 그 폭풍이 지날 때까지 피난을 가지 않고 견디어내고 있다.

c. The bear dens out the winter.

그 곰은 굴에서 겨울을 난다.

2.13. 펼치기

다음에서 out은 여러 가지 개체를 펼쳐놓는 관계를 나타낸다.

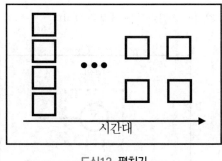

도식12 펼치기

(17) a. He laid out his tools on the table.

그는 그의 도구들을 그 탁자 위에 펼쳐놓았다.

b. He set out the dinner table.

그는 그 정찬 식탁을 차렸다.

(위에서 table은 환유적으로 식탁 차려지는 그릇이나 음식을 가리킨다.)

무엇을 펼쳐 놓는 관계는 무엇을 상술하는 관계에도 적용된다.

(18) a. The president laid out his vision for the future.

그 대통령은 미래에 대한 그의 비전을 상세하게 제시했다.

b. He spelled out his plan for the project.

그는 그 사업에 대한 계획을 상세하게 제시했다.

2.14. 마구 휘두르기

다음에서 out은 마구 난폭하게 휘두르는 관계를 나타낸다.

(19) a. The lion lashed out at the trainer.

그 사자가 그 조련사에게 사납게 덤볐다.

b. He hit out at the stranger for no reason.

그는 아무 이유 없이 그 낯선 이를 난폭하게 쳤다.

c. He kicked out the passerby.

그는 그 지나가는 이를 마구 찼다.

2.15. 경기 등에서 탈락하기

다음 out은 선수나 팀이 경기에서 탈락하는 과정을 그린다.

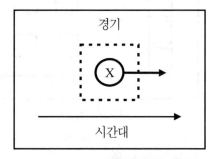

도식13 X가 경기 등에서 나오는 관계

(20) a. Korea beat out China 3 to 0.

한국은 3대 0으로 중국을 탈락시켰다.

　　 b. He was knocked out in the first round.

그는 1회전에서 탈락되었다.

2.16. 안으로 들어오는 것을 막기

다음에서 out은 안으로 들어오는 빛이나 소리 등을 막는 관계를 나타낸다. 다음이 이 관계의 도식이다.

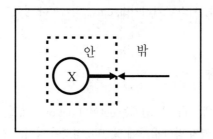

도식14 들어오는 힘을 밖으로 막아내는 관계

다음 예를 살펴보자.

(21) 　a. The blind blocks out the hot sun.

그 차단은 뜨거운 햇빛을 막아서 못 들어오게 한다.

　　 b. She shut out the world.

그녀는 바깥세계를 막아서 못 들어오게 했다.

2.17. 의식 나가기

다음에서 out은 의식이 몸에서 나가는 관계를 그린다. 이것을 도식화하면 다음과 같다.

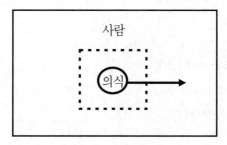

도식15 의식이 나가는 관계

다음 예를 살펴보자.

(22) a. He was so drunk that he passed out on his way home.

그는 술에 너무 취해서 집에 오는 길에 깜빡 의식이 나갔다.

b. The challenger was knocked out in the first round.

그 도전자는 제 1라운드에서 맞고 의식을 잃었다.

c. He often zones/spaces out in class.

그는 가끔 수업 중에 정신을 놓는다. 즉 멍 때린다.

위에서 zone이나 space는 머리를 가리키며, out은 의식이나 정신이 여기에서 나가는 관계를 가리킨다.

3.1. out(부사)과 out of

이동체(X)가 어떤 영역에서 나가는 관계는 out이나 out of가 쓰일 수 있다. 그러나 두 표현에는 차이가 있고, 그 차이는 영역의 명시 유무에 달린다. 영역이 명시가 안 되면 out이 쓰이고, 명시가 되면 out of가 쓰인다. 다음 도식들이 이 차이를 보여주고 있다.

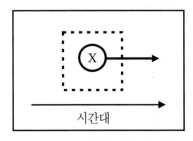 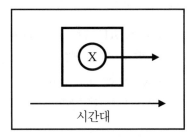

도식16a 부사 out: X가 암시된 Y에서 나가는 관계   도식16b out of: X가 Y에서 나가는 관계

위 도식a에서 출발지 영역이 명시가 안 되고, 도식b에서는 출발지가 명시되어 있다. 다음 예를 살펴보자.

(23) a. He ran out.

그는 (어디에서) 뛰어나갔다.

b. He ran out of the house.

그는 그 집에서 뛰어나갔다.

(24) a. He walked out.

그는 걸어서 (어디에서) 나갔다.

b. He walked out of the hospital.

그는 걸어서 그 병원을 나갔다.

위 a문장에서 출발지는 명시가 안 되었지만, 화자가 판단할 때 이것을 명시하지 않아도 청자가 이것을 문맥, 화맥 등을 통해서 추리할 수 있다고 판단할 때 쓰이지 않는다.

3.2. out(전치사)과 out of

다음과 같은 뜻의 차이도 찾아볼 수 있다.

(25) a. He walked out the door.

그는 그 문을 통해 걸어 나갔다.

b. He walked out of the room.

그는 걸어서 그 방에서 나갔다.

위 예문이 보여주듯 out이 전치사로 쓰일 때 그 목적어는 문, 창문 같은 것이 되고, out of의 목적어는 방과 같은 영역이 된다.

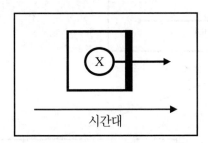 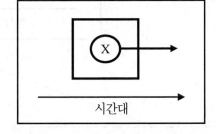

도식17a 전치사 out: X가 문 등을 나가는 관계   도식17b out of: X가 방 등에서 나가는 관계

Particle Index
OUT OF

out of는 부사 out과 전치사 of로 이루어진다. 부사 out은 이동체가 어떤 영역에서 나오는 관계만 그린다. 다시 말하면, 출발지가 명시되지 않는다. 이 출발지는 전치사 of로 명시된다.

다음에서 전치사 of는 출처를 나타낸다.

> (1) a. He came of a good family.
>
>   그는 좋은 집안 출신이다.
>
>   b. May I ask a favor of you?
>
>   내가 호의를 당신에게 구해도 좋은가요?
>
>   c. We expect much of him.
>
>   우리는 많은 것을 그에게서 기대한다.

부사 out과 전치사 of는 다음과 같이 결합된다.

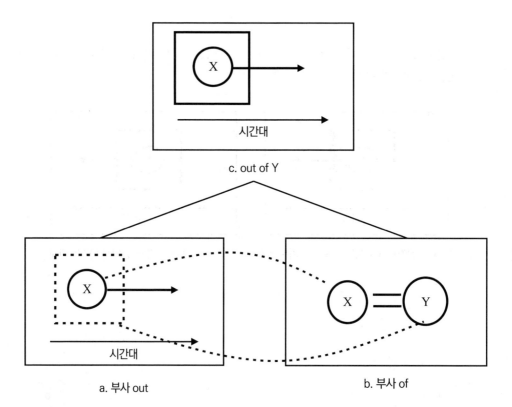

c. out of Y

a. 부사 out   b. 부사 of

다음에서는 out of가 구체적으로 어떻게 쓰이는지 살펴보자.

1.1. Y가 공간

다음에서는 Y가 공간인 경우를 살펴보자.

(2) a. He ran out of the burning building.

그는 그 불타는 건물에서 뛰어나왔다.

b. He pressed juice out of the lemons.

그는 주스를 그 레몬들에서 짰다.

1.2. 출처

out of에서 of는 출처를 나타낸다.

(3) a. He drank milk out of a glass.

그는 우유를 잔에서 마셨다.

b. He had to drink out of the river.

그는 물을 그 강에서 마셔야 했다.

1.3. 상태

다음 X out of Y에서 X는 Y 상태에서 벗어난다.

(4) a. The typewriter has gotten out of use.

그 타이프라이터는 사용 영역에서 벗어났다. 즉 쓰이지 않는다.

b. The washer got out of order.

그 세탁기가 질서에서 벗어났다. 즉 고장났다.

1.4. 동기

다음 X out of Y에서 X는 과정이고, Y는 이 과정의 동기가 된다.

(5) a. We looked at the animal out of curiosity.

우리는 그 동물을 호기심에서 보았다.

b. He is working extra hours out of necessity.

그는 필요에 의해서 초과 근무를 하고 있다.

1.5. 과정

X out of Y에서 X는 과정 Y에서 벗어난다.

(6)   a. Dad forced me out of going to an art school.

        아버지는 강제로 나를 미술학교에 못 가게 했다.

      b. He talked me out of smoking.

        그는 나를 설득하여 담배를 못 피우게 했다.

1.6. 재료

다음 X out of Y에서 X는 Y 재료로 만들어진다.

(7)   a. The bread is made out of flour, salt and water.

        그 빵은 밀가루, 소금, 물로 만들어진다.

      b. He cared the eagle out of stone.

        그는 그 독수리를 돌로 깎아 만들었다.

2. out of 중의성

out of는 다음에서 볼 수 있는 바와 같이 크게 두 가지로 풀이될 수 있다.

2.1. run out

run out은 중의적이다. 다음 문장을 살펴보자.

(8)   He ran out.

      i. 그는 (어디에서) 뛰어나왔다.

      ii. 그는 (무엇이) 다 떨어졌다.

위 문장은 다음과 같이 구체적이 될 수 있다.

(9)   a. He ran out of the room.

        그는 그 방에서 뛰어나갔다.

b. He ran out of coffee.

그는 커피가 다 떨어졌다.

위 a문장에서 run out은 주어가 어디에서 나오는 과정을 그린다. of the room은 그가 나온 곳을
명시한다. b문장은 a문장과 같이 풀이하면, 그가 커피에서 뛰어나오는 과정을 그린다. 이런 경우
는 드물다. 그리고 이것은 b문장이 뜻하는 것이 아닐 것이다. 그러면 of coffee를 어떻게 풀이할까?
이것은 of the room과 같이 풀이하면 '그가 커피에서 뛰어나온다'라는 뜻이 된다. 그러나 이와는
다른 풀이가 필요하다.

run out의 of 두 풀이를 도식으로 살펴보자. a문장은 다음 도식a와 같이 나타낼 수 있고, b문장
은 도식b와 같이 나타낼 수 있다.

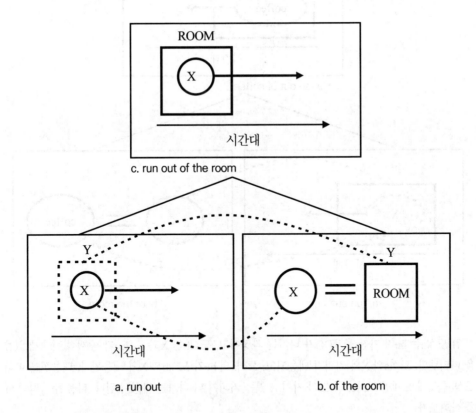

c. run out of the room

a. run out

b. of the room

도식a는 이동체가 '어디에서' 나오는 과정을, 도식b는 of the room의 관계를 나타낸다. 두 도식
에서 관계를 X는 X끼리, Y는 Y끼리 대응한다. 점선이 이 대응 관계를 나타낸다. 이 대응선을 따
라 도식b를 a에 포개면 도식c가 나온다.

다음 문장을 살펴보자.

(10) He ran out of coffee.

     그는 커피가 다 떨어졌다.

위에서 **he ran out**은 그가 뛰어나가는 것이 아니라 그가 가진 것이 다 나가는 과정이다. 이 과정은 다음과 같이 도식화할 수 있다.

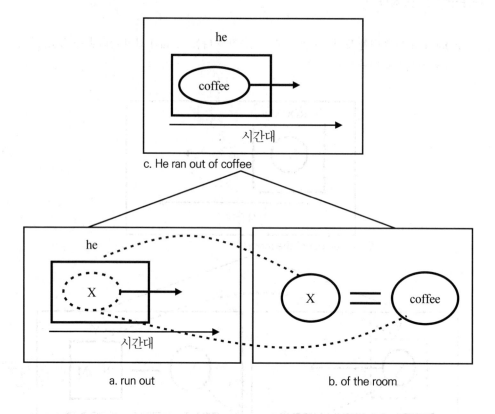

c. He ran out of coffee

a. run out   b. of the room

위 도식a는 he가 가진 물체(X)가 나가는 과정이고, 도식b는 X와 coffee가 내재적 관계에 있음을 나타낸다. 도식a의 X와 커피가 대응되고, 도식a의 he가 도식b의 X와 대응된다. 대응선을 따라 도식b를 a에 포개면 도식c, 즉 그가 가지고 있는 커피가 다 나가는 과정이 된다. 다음 추가적인 예를 살펴보자.

(11) a. The design blew out of steam.

     그 디자인은 그 힘이 다 나갔다.

b. He broke out of sweat.

그는 땀이 터져 나왔다.

c. The printer is running out of toner.

그 프린트는 토너가 다 되어가고 있다.

다음과 같이 다 떨어진 결과는 be동사로 나타낸다.

(12) a. The stapler is out of staples.

그 스테이플러는 스테이플이 다 떨어졌다.

b. The printer is out of cartridge.

그 프린터는 카트리지가 다 나갔다.

c. He is out of his mind.

그는 마음이 나갔다. 즉 정신이 없다.

Particle Index
OVER

over는 전치사와 부사로 쓰인다.

전치사 용법부터 살펴보자.

1. 전치사 용법

전치사로써 over는 정적 관계와 동적 관계를 갖는다. 정적 관계의 over는 X over Y에서 X가 Y 위에 있고, X가 Y보다 크다. 이 관계는 1a로 나타내었다.

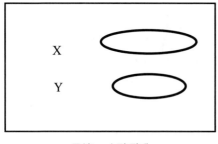

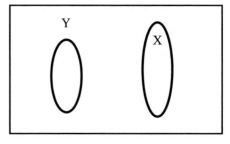

도식1a **수직 관계**　　　　　　　　　　　도식1b **수평 관계**

도식1a는 원형 관계이며, 도식1b는 원형에서 벗어난 관계이다. 도식1a를 90° 돌리면 도식 1b가 된다. 먼저 도식1a가 어떤 관계 적용되는지 살펴보자.

1.1. 정적 관계

정적 관계를 몇 가지로 나누어 살펴보자.

1.1.1. 덮기

다음에서 X는 Y를 덮는다.

   (1) a. He spread butter over the bread.

          그는 버터를 그 빵 전체에 펴 발랐다.

       b. His toys are scattered all over the floor.

          그의 장난감들이 그 마루 전체에 흩어져 있다.

    c. The lake is iced over overnight.

     그 호수가 밤새 전체가 얼었다.

1.1.2. 위에 서기

다음에서 X는 Y보다 수직적으로 위에 있고, 더 크다. (도식1b 참조)

(2)   a. The teacher stood over the student and watched him do his homework.

     그 선생님은 그 학생 위에 서서 그가 숙제 하는 것을 주시했다.

    b. My son already towers over me.

     내 아들이 벌써 나보다 키가 크다.

1.1.3. 통제, 지배, 승리

X가 Y 위에 있고 Y보다 더 큰 관계는 X가 Y를 지배하는 관계에도 적용된다.

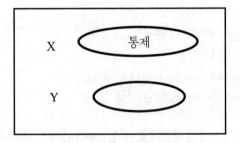

도식2 X가 Y를 통제하는 관계

(3)   a. The dictator ruled over the country for 17 years.

     그 독재자는 그 나라를 17년간 통치했다.

    b. The challenger was victorious over the champion.

     그 도전자가 그 선수권 보유자를 이겼다.

    c. Japan won over Taiwan.

     일본이 대만을 이겼다.

1.1.4. 내려다 전체 보기

X가 Y 위에 있는 관계는 X가 Y를 내려다 전체를 보는 관계에도 적용된다.

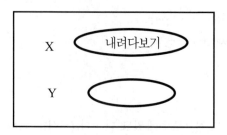

도식3 X가 Y를 내려다보는 관계

(4) a. He looked over the green field below.

　　　그는 아래에 있는 그 초록 들판을 내려다보았다.

　　　b. Watch over the child while I am away.

　　　내가 자리에 없는 동안 그 아이를 잘 보아라 또는 감시를 해라.

1.1.5. 감정이나 싸움의 원인

X over Y에서 X는 감정이고, 이 감정은 Y를 두고 생긴다.

(5) a. He is satisfied over the results.

　　　　그는 그 결과들에 만족을 했다.

　　　b. She is mourning over the loss of his father.

　　　　그녀는 아버지의 죽음을 애도하고 있다.

다음 도식4a에서 X는 누군가의 감정이고, 이 감정은 Y를 놓고 나타난다. 도식4b에서 X는 싸움이고, 이 싸움은 Y를 두고 일어난다.

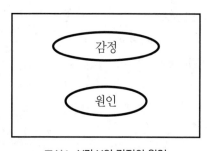
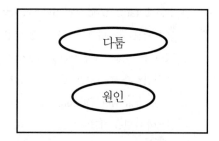

　　도식4a Y가 X의 감정의 원인　　　　　　도식4b Y가 X의 다툼의 원인

1.1.6. 다툼의 원인

(6) a. The couple got into argument over making a joint account.

그 부부는 부부 공동계좌를 만드는 일을 두고 다투었다.

b. He was fined five million dollars for privacy breaches.

그는 개인정보 누출로 5백만불의 벌금을 물었다.

1.1.7. 선택

선택의 경우, X over Y에서 X가 먼저 선택되고, 그 다음에 Y가 온다.

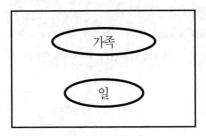

도식5 가족이 일의 위에 있는 관계

(7)　a. He chose science over fiction.

그는 픽션보다 과학을 선택했다.

b. He put family over work.

그는 가족을 일 위에 둔다. 즉 가족을 더 중요시한다.

1.1.8. 수, 양, 정도

수, 양, 정도의 경우 X over Y에서 X가 Y보다 더 많거나 더 크다. 도식은 다음과 같이 선으로
표시할 수 있다.

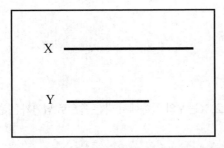

도식6 X가 Y보다 수, 양, 정도에서 더 큰 관계

위 도식에서 X는 Y보다 더 길다. 이것은 수, 양, 정도가 더 큼을 의미한다.

(8) a. The baby weighed in at over 3kg.

그 아기는 태어날 때 3kg가 넘었다.

b. He drove over 100km today.

그는 오늘 100km 이상을 운전했다.

c. The meeting lasted over 3 hours.

그 회의는 세 시간 동안 계속되었다.

d. He stayed over his welcome.

그는 환영 기간을 넘어서까지 머물렀다.

1.1.9. 시간에 걸려 있기

다음에서 X는 과정이나 상태이고, 이들은 Y에 걸려서 일어난다.

(9) a. Things change over time.

모든 일은 시간이 지나는 동안 변한다.

b. The window frosted over the night.

그 창문이 그날 밤에 서리가 꼈다.

c. They came over the weekend.

그들은 그 주말이 지나는 동안 건너왔다.

d. They chatted over a cup of coffee.

그들은 커피 한 잔을 놓고 담소를 나누었다.

(위에서 a cup of coffee는 환유적으로 커피 한 잔을 마시는 시간을 가리킬 수 있다.)

1.2. 동적 관계

1.2.1. 지나가기

X over Y는 동적 관계로, X는 Y의 한쪽에서 다른 쪽으로 넘어가는 관계를 나타낸다.

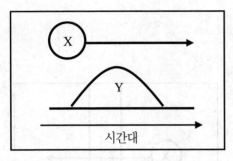
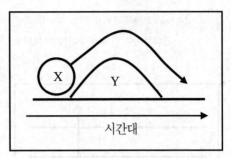

도식7a X가 Y를 지나가는 관계   도식7b X가 Y를 넘어가는 관계

다음 예문을 살펴보자.

(10) a. The plane flew over the hill.

그 비행기가 날아서 그 산을 지나갔다.

b. He climbed over the hill.

그는 기어서 그 산을 넘어갔다.

c. Bullets passed over our heads.

실탄들이 우리 머리 위를 지나갔다.

강이나 바다를 건너가는 것도 over로 나타낼 수 있다.

(11) a. He swam over the river.

그는 헤엄쳐서 그 강을 넘어갔다.

b. He crossed over the Atlantic.

그는 대서양을 가로질러 건너갔다.

1.2.2. 선을 넘어가기

X over Y에서 이동체는 선으로 생각되는 Y를 넘어간다.

(12) a. He walked over the demarcation line.

그는 그 분계선을 넘어갔다.

b. The driver drove over the border.

그 운전수는 그 국경을 가로질러 건너가려 했다.

c. Can you move over to the passenger seat?

   조수석으로 넘어가 주시겠습니까?

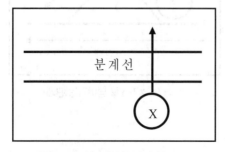

도식8a X가 분계선을 넘어가는 관계

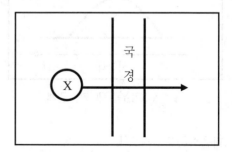

도식8b X가 국경을 넘어가는 관계

1.2.3. 뛰어넘기

X over Y에서 X는 도랑 같은 것을 넘는 관계에도 적용된다.

  (13) a. He jumped over the ditch.

      그는 그 도랑을 뛰어넘었다.

    b. He skipped over breakfast.

      그는 아침을 건너뛰었다. 즉 먹지 않았다.

    c. He tripped over the basket.

      그는 그 바스켓에 걸려 넘어졌다.

위에 쓰인 over의 관계는 다음과 같이 도식화될 수 있다.

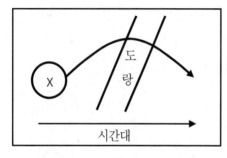

도식9a X가 도랑을 뛰어 넘는 관계

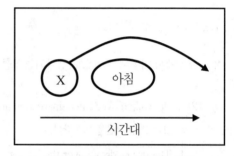

도식9b X가 아침을 건너뛰는 관계

2. 부사 용법

X over Y에서 Y가 쓰이지 않으면 부사이다. 다음 두 도식은 정적 및 동적 부사 over의 도식이다. 두 경우 Y가 점선으로 표시되어 있다.

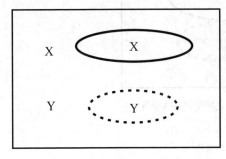 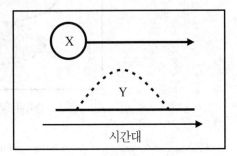

도식10a 정적 over의 부사: X가 암시된 Y 위에   도식10b 동적 over의 부사: X가 암시된 Y를
있는 관계   지나는 관계

2.1. 정적 관계

다음에서 X over Y의 Y는 표현되지 않았다.

(14) There are 5 computers and we need 3, so two remains over.

5대의 컴퓨터가 있는데, 우리는 3대의 컴퓨터가 필요하다. 그러므로 2개가 남는다.

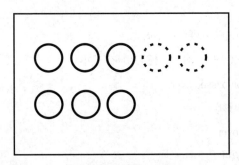

도식11 두 개가 남는 관계

2.1.1. 살핌, 생각

다음에서 over는 살핌이나 생각과 관련되는 동사와 쓰여서 살핌이나 생각이 주제 전체에 세밀

하게 영향을 미침을 나타낸다.

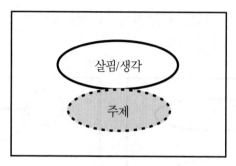

도식12 생각이 주제 전체에 미치는 관계

(15) a. Check your report over before submitting it.

그 보고서를 제출하기 전에 그것을 전반적으로 검토하세요.

b. Think the matter over before presenting it.

발표하기 전에 그 문제를 전반적으로 생각하세요.

2.2. 동적 관계

2.2.1. 넘어서 지나가기

X over Y에서 **X**는 화자와 청자가 아는 지역을 지나간다.

(16) a. The storm will soon blow over.

그 폭풍은 곧 (우리가 사는 지역을) 지나갈 것이다.

b. The typhoon passed over.

그 태풍이 지나갔다.

c. Summer is over.

여름이 지나갔다.

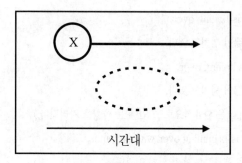

도식13 X가 암시된 Y를 지나가는 관계

2.2.2. 넘어지기

다음에서 over는 넘어지는 관계를 나타낸다.

> (17) a. The bookcase fell over.
>
>   그 책장이 넘어졌다.
>
> b. He was run over by a taxi.
>
>   그는 택시에 들이받아 넘어졌다.
>
> c. I knocked over the vase.
>
>   나는 그 화분을 쳐서 넘어뜨렸다.

위 over가 나타내는 넘어지는 관계는 다음과 같이 도식화할 수 있다.

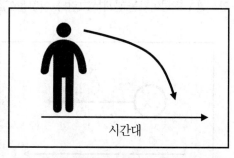

도식14 X가 포물선을 그리며 over 넘어지는 관계

2.2.3. 넘치기

다음에서 over는 액체 등이 그릇에서 넘치는 관계를 그린다. 다음 예를 살펴보자.

(18) a. The soup is boiling over.

그 수프가 끓어 넘치고 있다.

b. The pot is boiling over.

그 냄비가 끓어 넘치고 있다.

(여기에서 pot은 환유적으로 그 안에 든 음식을 가리킨다.)

c. Her heart is brimming over with happiness.

그의 마음은 행복으로 흘러 넘치고 있다.

위에 쓰인 over는 다음과 같이 도식화할 수 있다.

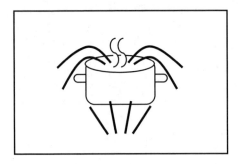 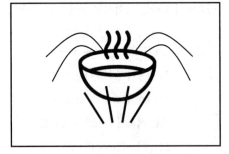

도식15a 국이 넘치는 관계   도식15b 냄비가 끓어 넘치는 관계

2.2.4. 건너거나 넘어가기

다음에서 over는 X가 암시된 Y를 넘어가는 관계를 그린다. 이것을 도식화하면 다음과 같다.

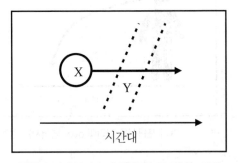

도식16 건너 가기: X가 암시된 Y를 건너는 관계

다음 예를 살펴보자.

(19) a. I asked him over for a chat.

　　　나는 담소를 나누기 위해 그를 (집에서) 건너오도록 요청했다.

　　b. He came over to have a cup of coffee.

　　　그는 커피 한잔을 마시기 위해 건너/넘어 왔다.

　　c. Can you drop over this evening?

　　　오늘 저녁 (집에) 잠깐 건너올 수 있겠니?

2.2.5. 생각의 전달

　생각의 전달은 생각이 한 사람에서 다른 사람으로 넘어가는 것으로 개념화된다. 이것은 다음과 같이 도식화될 수 있다.

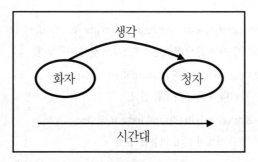

도식17　화자가 생각을 청자에게 전달하는 관계

(20) a. He is good at putting his idea over to us.

　　　그는 그의 생각을 우리에게 전달하는 데 능하다.

　　b. He got his message over successfully.

　　　그는 그의 전언을 성공적으로 (상대에게) 넘어가게 했다. 즉 전달했다.

2.2.6. 인수나 인계

over는 권력이나 재산 등을 넘겨주거나 받는 관계에도 쓰인다.

(21) a. The runner took over the baton.

　　　그 주자는 그 바통을 인계 받았다.

　　b. She signed over her house to her son.

　　　그녀는 그 집을 아들에게 서명을 해서 인계했다.

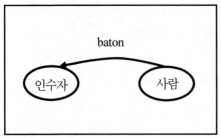

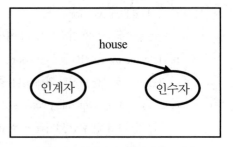

도식18a 인수자가 배턴을 넘겨받는 관계   도식18b 인계자가 집을 넘기는 관계

2.2.7. 잠깐 머물기

다음에서 over는 어디에 가는 도중이나 어디 가서 잠깐 머무는 관계를 나타낸다.

(22) a. He laid/stopped over at Los Angeles on his way to Boston.

그는 보스턴에 가는 길에 로스앤젤레스에서 잠시 머물렀다.

b. The boy slept over at his grandmother's house.

그 소년은 할머니 집에서 하룻밤 잤다.

c. He stayed over with his friend for a few days.

그는 그의 친구 집에서 미칠 머물렀다.

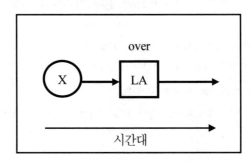

도식19 L.A.에서 머무는 관계

2.2.8. 넘기기

다음에서 X는 무엇이 다음으로 넘어가는 관계를 나타낸다.

(23) a. We decided to hold the agenda over until next meeting.

우리는 다음 회의까지 그 안건을 넘기기로 했다.

b. This food is left over from last night.

이 음식은 어제 저녁에 남아서 넘어온 것이다.

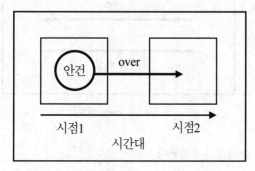

도식20 안건을 다음 시간대로 넘기는 관계

위 도식에서 시점1에 있는 X가 시점2로 넘어간다.

2.2.9. 입장 바꾸기

다음에서 over는 입장을 바꾸는 관계를 나타낸다.

(24) a. Many democrats changed over to the Republican part.

많은 민주당원들이 공화당으로 넘어갔다.

b. We succeed to win them over to my side.

우리는 그들을 설득하여 우리 쪽으로 오게 하는 데 성공했다.

2.2.10. 선택 바꾸기

다음에서 over는 선택을 바꾸는 관계를 나타낸다.

(25) a. We changed over to gas.

우리는 가스로 바꾸었다.

b. I switched over to channel 6.

나는 채널 6번으로 바꾸었다.

2.2.11. 반복하기

다음에서 over는 과정을 반복하는 관계를 나타낸다. 이 관계는 다음과 같이 도식화할 수 있다.

도식21 over 반복

위 도식에서 over는 첫 과정이 반복된다.

(26) a. She read the letter over and over again.

그녀는 그 편지를 읽고 또 읽었다.

b. He checked the item over and over.

그는 그 품목을 조사하고 또 조사했다.

Particle Index
ROUND

영어 전치사는 몇 가지 유형으로 나누어 볼 수 있다. 그중 가장 눈에 띄는 것은 a-형과 be-형 전치사다. a형 전치사는 다음에서와같이 모두 a-로 시작된다:

about, above, across, around

be-형은 다음에서와 같이 be로 시작된다.

below, before, behind, beyond

a-형 계열의 a-는 원래 on의 발음이 약화된 것이고, be-는 원래 by의 발음이 약화된 것이다. around는 on-round에서 on의 발음이 약화되어 around가 되었다. 현재에 와서는 a-가 쓰이지 않는 round가 around와 같이 쓰인다.

전치사에 따라서는 on과 a-가 동사에 쓰이는 것이 있다:

aboard the ship 그 배를 타고
on board the ship 그 배를 타고

around는 이 책 앞부분에서 살펴보았다. 여기서는 round를 간단하게 살펴보자. round는 전치사와 부사로 쓰인다. 먼저 전치사 용법부터 살펴보자.

1. 전치사 용법

1.1. 돌기

X round Y에서 X는 Y의 주위를 도는 관계를 나타낸다. 도는 정도는 360°에서 그 이하 등 어느 각도나 될 수 있다. 단, 굽이(curve)만 이루어지면 된다.

(1)　a. The earth moves round the sun.
　　　지구는 태양의 주위를 돈다.

b. The car went round the corner.

그 차가 그 모퉁이를 돌아갔다.

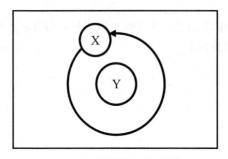 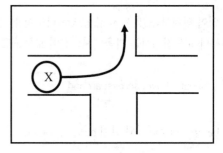

도식1a X가 Y의 주위를 도는 관계   도식1b X가 모퉁이를 도는 관계

c. He threw his arms round me.

그는 그의 두 팔로 나를 감쌌다.

d. The belt does not go round my waist.

그 벨트는 내 허리를 두르지 못한다.

e. His life revolves round researching.

그의 삶은 연구를 중심으로 돌아간다.

1.2. 돌아가기: 회피

다음에서 round는 장애물이나 어려움을 피해 돌아가는 관계를 나타낸다.

(2)   a. He goes round the regulations.

그는 그 규정들을 돌아갔다. 즉 피했다.

b. He skirted round the scandal.

그는 그 스캔들을 회피했다.

2. 부사 용법

2.1. 돌아가기

X round Y에서 Y가 명시되지 않으면 round는 부사이다. 다음은 부사 round의 예문이다.

(3) The road is closed off and we have to go round.

그 길이 차단되어 있어서 우리는 (그 길을) 돌아서 가야 된다.

2.2. 자기 축으로 돌기

다음에서 round는 이동체가 자신의 축을 중심으로 도는 관계이다.

(4) a. He wheeled round to see me.

그는 나를 보기 위해 휙 돌아섰다.

b. The car spun round on the icy road.

그 차는 그 빙판길에서 핑 돌았다.

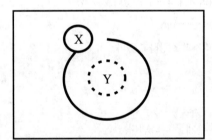 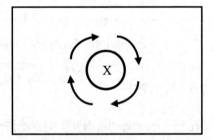

도식2 부사 round: X가 암시된 Y의 주위를 도는 관계　　도식3 X가 자체 축을 중심으로 도는 관계

2.3. 마구 돌아다니기

다음에서 ROUND는 이동체가 이리저리 움직이는 관계를 나타낸다.

(5) a. The kids ran round in the restaurant.

그 꼬마들이 그 식당 안에서 마구 뛰어다녔다.

b. He moved round in the room to say hello to the guests.

그는 그 손님들에게 인사를 하기 위해서 그 방의 이곳저곳을 다녔다.

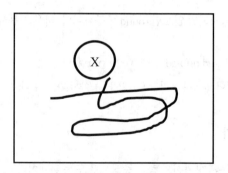

도식4 X가 마구 돌아다니는 관계

2.4. 전화, 쇼핑

다음에서 round는 여러 곳에 전화하거나 쇼핑을 하는 관계를 나타낸다.

(6) a. He is asking round for his missing dog.

그는 그의 잃어버린 개를 찾기 위해 이리저리 물어보고 있다.

b. She is shopping round for a gift for her mom.

그녀는 엄마에게 줄 선물을 위해서 이리저리 쇼핑하고 있다.

2.5. 나누어주기

다음에서 round는 여러 사람에게 나누어주는 관계를 나타낸다.

(7) a. There are enough chairs to go round.

모든 사람에게 돌아갈 의자들이 있다.

b. Please pass round the books.

그 책들을 여러 사람에게 돌리시오.

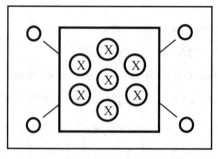

도식5 나누어주기

2.6. 생각 돌리기

round는 어느 사람의 생각을 돌리는 관계에도 쓰인다.

(8) a. He came round to my view.

그는 내 생각으로 돌아왔다.

b. We brought her round to our view

우리는 그녀를 우리의 생각으로 돌아오게 했다.

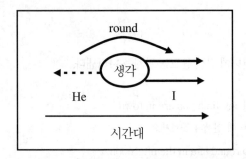

도식6 He의 생각이 나에게로 돌아오는 관계

처음에 그의 생각과 내 생각이 달랐으나, 그가 생각을 바꾸어 내 생각 쪽으로 돌아오는 관계가 round이다.

2.7. 의식 회복

다음에서 round는 사람이 의식을 잃었다가 돌아오는 관계를 나타낸다.

(9) a. He came round (to his senses) two hours later.

그는 두 시간 후에 의식을 되찾았다.

b. Nothing could bring her round.

아무 것도 그녀의 정신을 다시 찾게 할 수 없었다.

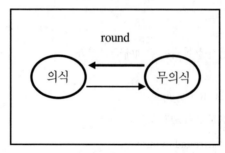

도식7 의식에서 무의식으로 갔다가 다시
의식으로 돌아오는 관계

2.8. 잠깐 들려보기

다음에서 round는 어디에 잠깐 들르는 관계를 나타낸다.

(10) a. Call round any time you are in town.

읍내에 있을 때 언제나 들르세요.

b. I will drop round late in the afternoon.

오후 늦게 잠깐 들르겠습니다.

2.9. 비움직임 동사

다음 예에 쓰인 동사는 비이동동사이다. 이러한 동사가 round와 쓰이면 뚜렷한 목적이 없이 있
는 관계를 나타낸다.

(11) a. He sat round all day long.

그는 온종일 앉아서 빈둥거렸다.

b. We stood round in the hall.

우리는 그 홀에서 특별한 이유 없이 서성거렸다.

경우에 따라서 round는 자리를 뜨지 않고 주위에 서성거리는 관계도 나타낸다.

(12) a. We stuck around for the next show.

우리는 다음 쇼를 보기 위해서 자리를 뜨지 않고 기다렸다.

b. He hung around to hear the news.

그는 그 소식을 듣기 위해서 주위를 서성거렸다.

**Particle Index
THROUGH**
through는 전치사와 부사로 쓰인다.

1. 전치사 용법

전치사 through는 X through Y에서 X가 입체적인 것으로 생각되는 Y를 지나가는 관계를 그린다. 다음이 전치사 through의 도식이다.

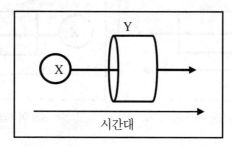

도식1 전치사 through: X가 Y를 통과하는 관계

1.1. 구체적 Y

위 도식에서 Y는 길 수도 있고, 짧을 수도 있고, 투명한 것일 수도 있고, 불투명한 것일 수도 있고, 액체일 수도 있고, 고체일 수도 있다. 다음 예를 살펴보자.

(1)　a. The train went through the tunnel.

　　　그 기차가 그 터널을 지나갔다.

　　b. He came in through the back door.

　　　그는 그 뒷문을 통해 들어왔다.

　　c. He looked in through the window.

　　　그는 그 창문을 통해 들여다보았다.

　　d. The car broke through the fence.

　　　그 차는 그 울타리를 부수고 지나갔다.

1.2. Y가 과정이나 과정과 관련된 개체

X through Y에서 Y가 과정이면 X는 Y 과정의 시작에서 끝까지 하는 과정을 그린다.

(2)　a. We went through the physical examination.

우리는 그 신체검사를 받았다.

b. I sat through this lecture.

나는 그의 강의를 끝까지 앉아서 들었다.

c. He looked through the report.

그는 그 보고서를 처음부터 끝까지 살펴보았다.

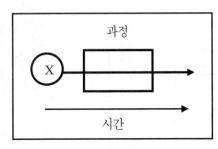

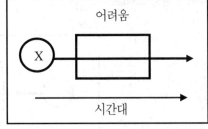

도식2a X가 과정을 통과하는 관계　　　　도식2b X가 어려움을 통과하는 관계

1.3. 어려움 통과

다음에서 through는 어려움을 통과하는 관계를 나타낸다.

(3)　a. My parents lived through the Korean War.

나의 부모님들은 한국 전쟁을 겪으며 살았다.

b. He got through the comprehensive examination.

그는 그 종합시험을 치렀다.

1.4. 투시

다음에서 through는 투시하는 관계를 나타낸다.

(4)　a. He fooled lots of people but I saw through him at one.

그는 많은 사람을 속였으나, 나는 곧 그의 속을 들여다보았다.

b. The sun shone through the cloud.

태양이 그 구름을 뚫고 비추었다.

2. 부사 용법

X through Y에서 Y가 쓰이지 않으면 through 부사이다. Y가 쓰이지 않는다고 없는 것이 아니라 문맥, 화맥, 세상 지식에서 추리가 될 수 있다. 다음은 전치사 through와 부사 through의 도식이다.

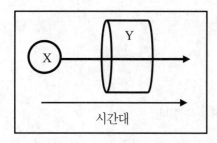 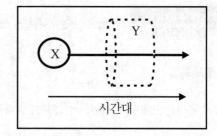

도식3a 전치사 through: X가 Y를 통과하는 관계 도식3b 부사 through: X가 암시된 Y를 통과하는 관계

위 도식a에서 Y는 실선, 도식b에서 Y는 점선으로 표시되어 있다.

2.1. through 목적어 생략

다음 예에서 through는 부사로 쓰였다. 암시된 목적어를 찾아 보자.

(5) a. He has many difficulties with his driving test and he will not sail through.

그는 운전시험에 많은 문제가 있어서 (그것을) 쉽게 통과하지 못할 것이다.

b. He fell through.

그는 (얼음 속에) 빠져들어 갔다.

c. The chairman pushed the bill through.

그 의장이 그 법안을 (의회로) 통과시켰다.

d. His good qualities shone through.

그의 좋은 점들이 밖으로 새어 나왔다. 즉 보였다.

암시된 목적어는 a문장에서는 문맥에서 추리될 수 있는 driving test이고, b문장에서 through의 목적어는 화면이나 비디오에서 어떤 사람이 얼음 속으로 빠져들어 가는 것을 본다면 목적어는 the ice임을, 그리고 c문장은 법안이 의회를 통과하는 것을 알며, 목적어는 의회이다. 마지막으로 d문장에서 좋은 점들이 사람의 속에 있는 것을 본다면 through의 목적어는 사람의 몸임을 알 수 있다.

2.2. 생각 전달

생각은 한 사람에게서 다른 사람에게로 전달되는 것으로 본다.

(6) I cannot get the seriousness of the problem through to the public.

나는 그 문제의 심각성을 대중에게 전달할 수가 없다.

위 예문에서 through는 문제의 심각성이 화자(I)에게서 대중에게 전달된다는 뜻을 갖는다.

Particle Index
TOGETHER

together는 부사로만 쓰인다.

1. 부사 용법

부사 용법은 크게 동적 관계와 정적 관계로 나누어 볼 수 있다.

1.1. 동적 관계

동적 관계에서 together는 흩어져 있던 여러 개체가 한 자리로 모이는 관계를 나타낸다. 이들이 모여서 하나의 개체나 모임이 형성된다. 다음 도식의 시점1에서 흩어져 있던 개체들이 시점2에서는 한 자리에 모인다.

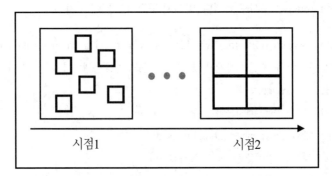

도식1 together 동적 관계: 흩어져 있는 것을 한곳에 모으는 관계

다음에서 together가 쓰인 예문을 타동사와 자동사로 나누어 살펴보자.

타동사

(1)   a. He glued the broken pieces of the vase together.

      그는 아교를 써서 그 화병의 부서진 조각들을 짜 맞추었다.

    b. He took apart the radio and put them together.

      그는 그 라디오를 분해한 다음 다시 짜 맞추었다. 즉 조립했다.

    c. He grasped her hands together.

      그는 그녀의 두 손을 꽉 잡았다.

    d. He mixed rice and the beans together.

      그녀는 그 쌀과 콩들을 한 곳에 섞어 넣었다.

e. He gathered her things together and left.

    그녀는 자신의 물건들을 한데 모아서 떠났다.

f. Add these numbers together.

    이 숫자들을 함께 합치세요.

자동사

(2)   a. The family get together at Chuseok.

    그 가족은 추석에 모인다.

b. In a time of crisis, the nation came together as one.

    위기의 시간에 국민들은 하나로 뭉쳤다.

위에서 살펴본 예에서 타동사의 목적어와 자동사의 주어는 together의 **합쳐지는 개체**들이다. 그러나 다음 예에서 볼 수 있는 바와 같이 합쳐져서 **생기는 개체**도 목적어와 주어로 쓰일 수 있다.

(3)   a. She put together dinner in no time.

    그녀는 눈 깜빡할 사이에 저녁을 만들었다.

b. He put together an exhibition.

    그녀는 전시회를 조직했다.

c. He pulled together a plan of action.

    그는 행동 방침을 만들었다.

위 두 종류의 목적어를 도식화하면 다음과 같다.

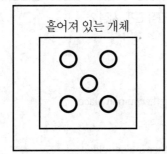
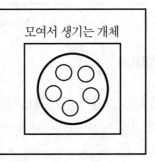

도식2   합쳐지는 개체 부각

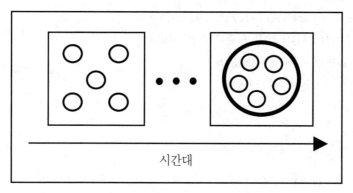

도식3 합쳐진 개체 부각

1.2. 정적 관계

1.2.1. 한 자리에 있기

정적 관계에서 together는 여러 개체가 **합쳐져** 있는 관계를 나타낸다. 즉 동적 관계의 마지막 부분만 부각된다.

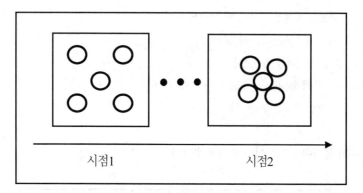

도식4 together 정적 관계: 시점 2

다음 예를 살펴보자.

  (4)   a. He keeps all the important things together in one place.

          그는 모든 중요한 물건들을 한 자리에 함께 둔다.

       b. Files of prepositions are stored together in one folder.

          전치사에 관한 파일들은 하나의 폴더에 함께 저장되어 있다.

1.2.2. 같이 일하기

다음에서 together는 사람들이 같이 일을 하거나 행동을 한다.

(5)　a. They worked together for a long time.

　　　그들은 오랫동안 함께 일했다.

　　b. They walked together to the office.

　　　그들은 그 사무실까지 함께 걸어갔다.

1.2.3. 동시

together는 두 개나 그 이상의 일이 동시에 일어남을 가리킨다.

(6)　a. My mother and his mother were together at school.

　　　나의 엄마와 그의 엄마는 같이 동시대에 학교를 다녔다.

　　b. I mailed the two letters together.

　　　나는 두 편지들을 동시에 보냈다.

　　c. "Oh, my God," they said together.

　　　"오 마이 갓" 하고 그들은 동시에 말했다.

1.2.4. 동거

사람과 사람이 같이 있을 때 쓰이는 together는 동거하는 관계에도 쓰인다.

(7)　a. Kennedy and Jane have lived together for 8 years.

　　　케네디와 제인은 8년 동안 결혼해서 같이 살아오고 있다.

　　b. Many young people live together before getting married.

　　　많은 젊은이가 결혼 전에 동거한다.

Particle Index
UNDER

under는 전치사와 부사로 쓰인다.

먼저 전치사 용법부터 살펴보자.

전치사 용법

전치사로서 under는 정적 관계와 동적 관계로 쓰인다.

1.1. 정적 관계

정적 관계에서 under는 X under Y에서 X가 Y 아래에 있고 Y보다 적은 관계를 나타낸다. 다음이 under의 도식이다.

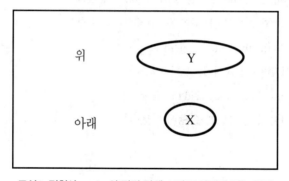

도식1 전치사 under의 정적 관계: X가 Y 아래에 있는 관계

1.1.1. 공간 관계

다음 예를 살펴보자.

(1)   a. The old man hid his wallet under the rug.

         그 노인은 그의 지갑을 그 양탄자 밑에 숨겼다.

     b. The ice gave away under the weight of the skaters.

         그 얼음은 그 스케이트 선수들의 무게에 짓눌려 꺼졌다.

1.1.2. 수, 양, 정도

X under Y에서 도식1의 관계는 X는 Y보다 수, 양, 정도 면에서 적은 관계에 적용된다.

(2)   a. Children under 15 years of age cannot watch the film.

  15세 이하의 어린이들은 그 영화를 볼 수 없다.

  b. She weighed under 50kg, when she came to this hospital.

  그녀가 이 병원에 왔을 때, 몸무게가 50kg 이하였다.

1.1.3. 지배와 피지배

도식1의 관계에서 X는 Y의 밑에 있고, Y보다 적은 관계는 X가 Y의 지배나 통제를 받는 관계에도 적용된다.

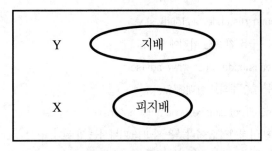

도식2 지배관계: X가 Y의 지배를 받는 관계

(3)   a. The United States under Donald Trump was deplorable.

  도널드 트럼프 통제 아래 미국은 형편이 없었다.

  b. The company prospered under the chairman.

  그 회사는 그 회장의 지배 아래 번창했다.

  c. He studied under professor Bender

  그는 벤더 교수님 밑에서 연구했다.

1.1.4. 상태나 상황

도식1의 Y는 상황이나 상태이고, X는 이러한 상태나 상황 아래에 있다.

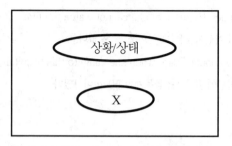

도식3 상태나 상황: X가 상태나 상황 아래에 있는 관계

다음 예를 살펴보자.

(4) a. The country is under a cloudy sky.

   그 나라는 구름 낀 하늘 아래에 있다.

  b. The area is under heat wave advisory.

   그 나라는 폭염주의보 아래에 있다.

  c. Under no circumstances you must not leave your post.

   어떤 상황 아래에서도 여러분은 자리를 떠나서는 안 된다.

1.1.5. 과정

다음 X under Y에서 X는 과정 Y 아래에 있다. 이것은 X가 Y의 과정을 받고 있는 관계를 나타 낸다.

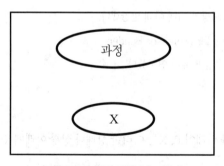

도식4 X가 과정 중에 있는 관계

(5) a. The school building is still under construction.

   그 학교 건물은 아직도 건축 중에 있다.

  b. The bill is under debate in the parliament.

   그 법안은 그 의회에서 논의 중에 있다.

1.2. 동적 관계

under의 동적 관계에서 X under Y는 X가 Y 아래로 지나간다. 이 관계는 다음과 같이 도식화될 수 있다.

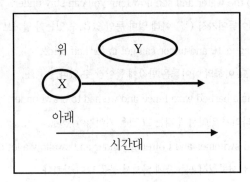

도식5 X가 Y 밑을 지나가는 관계

다음 예문을 살펴보자.

(6) a. The boat sailed under the bridge.

그 배가 그 다리 밑을 지나갔다.

b. The cat crawled under the sofa.

그 고양이가 기어서 그 소파 밑으로 들어갔다.

2. 부사적 용법

X under Y에서 Y가 안 쓰이면 under는 부사이다.

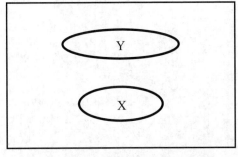
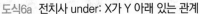
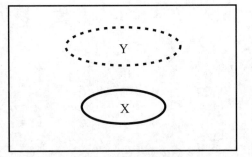

도식6a 전치사 under: X가 Y 아래 있는 관계   도식6b 부사 under: X가 암시된 Y 아래 있는 관계

2.1. 정적 관계

다음 예에서 under는 Y가 없이 쓰였다. 그러나 Y의 전제는 문맥 등에서 파악될 수 있다.

(7)　a. Jump into the water and see how long you can stay under.

　　　그 물에 뛰어들어가서 (물) 아래 얼마 동안 있을 수 있는지 알아보아라.

　　b. Children aged 10 and under can get in for half price.

　　　열 살이나 그 이하의 아이들은 반값에 들어갈 수 있다.

　　c. There was a barbed wire fence and we had to crawl under.

　　　철조망 울타리가 있어서 우리는 그 밑을 기어가야 했다.

　　d. I am a bad swimmer and I often go under and swallow a lot of water.

　　　나는 수영에 서툴러서 (물속)에 빠져서 물을 많이 삼킨다.

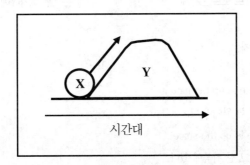

| Particle Index UP | up은 전치사와 부사로 쓰인다. |

먼저 전치사 용법부터 살펴보자.

1. 전치사 용법

up은 X up Y에서 이동체 X가 Y의 낮은 곳에서 위로 올라가는 관계이다. 이것을 도식화하면 다음과 같다.

도식1 전치사 up: X가 Y 위를 오르는 관계

다음 예문을 살펴보자.

(1)　a. The monkey climbed up the tree.

　　　그 원숭이가 그 나무를 기어 올라갔다.

　　b. He walked up the stairs.

　　　그는 그 계단들을 밟고 걸어 올라갔다.

올라가는 개체는 수직일 수도, 경사일 수도, 그리고 거의 평면에 가까울 수도 있다. 다음이 한 예이다.

(2)　a. He drove up and down the coast.

　　　그는 그 해안을 따라 위로 갔다 내려 갔다 했다.

　　b. He went up to Seoul

　　　그는 서울에 올라갔다.

위에서 살펴본 up은 이동체가 낮은 곳에서 높은 데로 움직이는 관계를 나타낸다. 그런데, 전치사 up은 다음에서와 같이 이동체가 올라가 있는 결과만을 나타낼 수 있다.

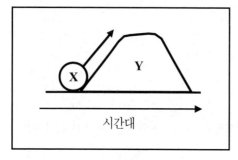
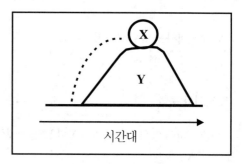

도식2a X가 Y로 오르는 관계   도식2b X가 Y에 올라가 있는 관계

다음 예문을 살펴보자.

    (3)   a. The temple is up the mountain.

            그 절은 그 산 위에 있다.

        b. His house is up the street.

            그의 집은 그 길 위쪽에 있다.

2. 부사 용법

X up Y에서 Y가 쓰이지 않으면 up은 부사이다. 다음 두 도식을 비교하여 보자. 도식3a는 전치사고, 도식3b는 부사이다.

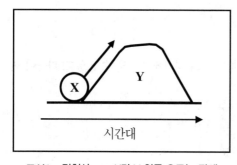
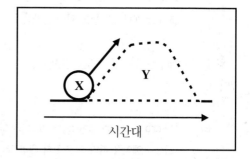

도식3a 전치사 up: X가 Y 위를 오르는 관계   도식3b 부사 up: X가 암시된 Y 위로 오르는 관계

위 도식a에서 Y는 실선으로, 도식b에서는 점선으로 표시되어 있다. 점선 Y는 기울기가 있는 물

건일 수도 있다. 혹은 우리가 늘 경험하는 수직이 Y가 될 수 있다. 이 수직을 기준으로 밑에 위로 올라가는 관계이다. 다음에서는 up을 기본 공간적 의미와 비유적 의미로 나누어 살펴보자.

2.1. 앉거나 서기

누워 있다 앉으면, 그리고 앉아 있다가 서면 사람의 몸이 위로 올라간다.

(4) a. He sat up on his bed.
  그는 그의 침대에서 (누웠다) 앉았다.

  b. She stood up when dad came in.
  그녀는 아버지가 들어오자 일어섰다.

해가 떠오르고, 수위 등이 높아지는 것도 up으로 나타낸다.

(5) a. The sun came up at 7 this morning.
  해가 오늘 7시에 올라왔다.

  b. The river went up.
  그 강의 수위가 올라갔다.

2.2. 집어 올리기

바닥에 있는 것을 집어 들어 올리는 것도 up으로 표현된다.

(6) a. He dropped his watch and I picked it up.
  그가 그의 시계를 떨어뜨리고, 그것을 집어 들었다.

  b. He lifted up the box onto the truck.
  그는 그 상자를 집어 들고 그 트럭에 실었다.

2.3. 토하기

신체 구조 상 입은 위에, 위는 아래에 있다. 그래서 먹은 음식이 위로 내려가는 것은 down으로, 위로 내려갔던 것이 입으로 올라오는 것은 up으로 표현된다.

(7) a. He threw up his breakfast.
  그는 아침에 먹은 것을 올렸다. 즉 토했다.

  b. The dog vomited up the chocolate he ate.

그 개는 그가 먹은 초콜릿을 토해 올렸다.

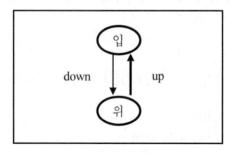

도식4 위에서 입으로 오르는 관계

2.4. 가까워지기

이동체가 수직으로 올라가는 관계는 90° 정도 바뀌어도 up으로 인식된다.

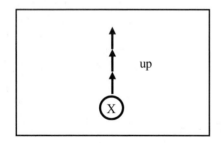

도식5a 수직이동: X가 위로 오르는 관계   도식5b 수평이동: X가 기준점에 가까워지는 관계

위 도식 a에서 X는 수직으로 이동한다. 도식b에서는 이동체 X가 수평으로 이동하며 어느 기준점에 가까워진다. 다음 예를 살펴보자.

   (8)   a. A stranger ran up to me.

         i) 어느 낯선 사람이 내게 뛰어 올라왔다.

         ii) 어느 낯선 사람이 내게 달려 다가왔다.

위 문장은 중의적일 수 있다. 내가 높은 위치에 있을 수도, 그렇지 않을 수도 있다. 다음 예를 더 살펴보자.

   (9)   a. The boys closed up for the parade to pass through.

         그 소년들은 그 퍼레이드가 지나갈 수 있게 간격을 좁혔다.

  b. The exam is coming up.

   그 시험이 다가오고 있다.

  c. She crept up on me from behind.

   그녀는 내 뒤에서 살금살금 다가와서 나를 놀라게 했다.

다음 표현에도 up은 거리가 가까워진다는 뜻이 있다.

(10) a. I met up with him at a cafe.

   나는 카페에서 그와 만났다.

   (up에 만나러 가는 뜻이 포함되어 있다.)

  b. The pants do not join up with the shirt.

   그 바지는 그 셔츠에 가서 닿지 않는다.

2.5. 한 데 모이기

이동체가 어느 기준에 가까워지는 관계는 여러 개체가 한 곳에 모이는 관계에도 쓰인다.

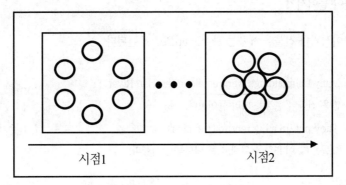

시점1   시점2

도식6 흩어져 있던 것이 모이는 관계

위 도식의 시점1에서 개체들이 흩어져 있다. 시점2에서는 개체들이 모여있다.
다음 예를 살펴보자.

(11) a. He rounded up the sheep.

   그는 그 양들을 한곳에 모았다.

  b. He raked up the leaves.

   그는 그 잎들을 긁어서 모았다.

흩어져 있던 것을 한데 모아서 꾸러미나 소포 등을 만드는 것도 up으로 표현된다.

(12) a. He bundled up the flowers.

그는 그 꽃들을 모아서 다발을 만들었다.

b. He pacelled up the gifts.

그는 그 선물들을 모아서 소포를 만들었다.

2.6. 벌어진 양쪽이 닫힘

다음에서와 같이 up은 벌어진 양쪽이 닿는 관계를 나타낸다.

(13) a. The wound healed up.

그 상처가 (벌어진 곳의) 양쪽이 붙어서 아물었다.

b. Please shut up.

입을 다무세요.

2.7. 건물이 들어서기

건물이 들어서거나 건물을 세우는 관계도 up으로 표현된다.

(14) a. Many tall buildings went up along the Han River.

많은 건물이 한강을 따라 들어섰다.

b. They put up a big tent for the picnic.

그들은 그 야유회를 위해서 큰 텐트를 설치했다.

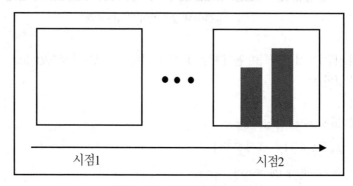

도식7 없던 것이 들어서는 관계

위 도식의 시점1에서는 아무것도 없으나 시점2에서는 건물이 들어선다. 위 도식은 없던 것이 생기는 형판이 된다. 다음 예도 살펴보자.

(15) a. Coffee shops are springing up all over the city.

커피숍들이 그 시 전체에 생겨나고 있다.

b. They set up committee to deal with the problem.

그들은 그 문제를 처리하기 위해서 위원회를 세웠다.

c. Mom shipped up lunch for my friends.

엄마는 내 친구들을 위해서 점심을 뚝딱 만드셨다.

d. He wrote up an article for the paper.

그는 그 신문을 위해 기사를 써서 만들었다.

2.8. 일이 일어남

물건이 생기는 것뿐만 아니라 일이 일어나는 것도 up으로 표현된다.

(16) a. Something serious came up.

심각한 일이 일어났다.

b. Something cropped up and I was not able to make it to the festival.

무슨 일이 갑자기 일어나자 나는 그 축제에 참석할 수가 없었다.

선이 형성되거나 동업과 같은 관계 등이 생기는 것도 up으로 표현된다.

(17) a. People lined up along the street.

사람들이 그 길을 따라 줄을 섰다.

b. Japan partnered up with Africa.

일본은 아프리카와 동업 관계를 이루었다.

2.9. 늘어나기

up은 수, 양, 정도 등이 늘어나는 관계에도 쓰인다. 이 관계는 다음과 같이 도식화될 수 있다.

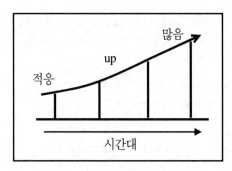

도식8 수, 양, 정도 등이 늘어나는 관계

(18) a. Prices went up in recent months.

물가들이 최근 몇 달 안에 올라갔다

b. The children are growing up fast.

그 아이들이 빨리 자라고 있다.

c. Please turn up the volume.

그 음량을 높이세요.

d. At the intersection, she sped up her car.

그 교차로에서, 그녀가 차의 속도를 높였다.

e. It is noisy in here. Please speak up.

여기 안은 시끄럽다. 좀 더 크게 말하세요.

2.10. '좋음은 위, 나쁨은 아래'

언어의 보편적 현상으로 좋음은 위에 있고, 나쁨은 밑에 있는 것으로 개념화된다. 다음에서 up도 좋아진 관계를 나타낸다. 다음 예에서 볼 수 있는 일이 좋게 되거나, 결과가 좋아지는 관계도 up으로 나타낸다.

(19) a. Things are starting to look up.

모든 일이 좋아져 보이기 시작하고 있다.

b. For the job interview, smarten up your appearance.

그 일자리 면접을 위해서 너의 용모를 단정하게 하여라.

c. I tried to cheer him up when he was down.

그가 기분이 안 좋을 때 나는 그를 북돋아 주려고 노력했다.

d. Keep up your good work.

너의 좋은 성적을 좋게 유지하여라.

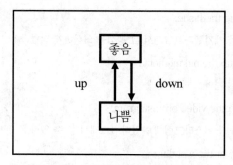

도식9 좋음은 위, 나쁨은 아래로의 은유가 된다

2.11. 깨어 있기

부사 up은 깨어 있는 상태를 나타낸다.

(20) a. He is still up.

그는 아직도 자지 않고 깨어 있다.

b. He stayed up until midnight.

그는 한밤중까지 깨어 있다.

c. I woke him up at 6am.

나는 그를 6시에 깨웠다.

2.12. 의식

다음에서 up은 무엇이 의식 속에 들어오거나 있는 관계를 나타낸다. 기억은 머릿속에 저장되어 있고, 이것이 떠올라야(up) 의식하게 된다. 무엇이 의식 속에 들어오는 통로는 청각이나 시각 등일 수 있다.

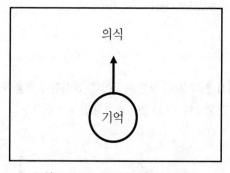

도식10 기억이 의식으로 오르는 관계

(21) a. He brought up the issue.

　　　그가 그 쟁점을 제기했다. (그래서 그 쟁점을 의식하게 되었다.)

　　b. He dredged up the old memory.

　　　그는 그 오래된 기억을 퍼 올렸다.

　　c. He posted up the video on Instagram.

　　　그는 그 비디오를 인스타그램에 올렸다. (그래서 볼 수 있다.)

　　d. He turned up at the wedding.

　　　그는 그 결혼식에 예상 외로 나타났다.

2.13. 떠받치기

부사 up은 밑으로 내려오는 힘에 떠받치는 관계를 나타낸다.

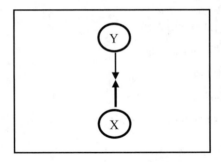

도식11 X가 Y를 떠받치는 관계

(22) a. He propped up the pear tree with a wood.

　　　그는 그 배나무를 판자로 떠받쳤다.

　　b. The president refuses to shore up Assad.

　　　그 대통령은 아싸드를 지지하는 것을 거부했다.

2.14. 채우기

다음은 우리가 주위에서 흔히 볼 수 있는 현상이다. 유리잔에 물을 부으면, 물의 높이는 점점 올라가다가 가장자리에 가면 멈춘다. 이 멈춤이 과정의 한계가 된다.

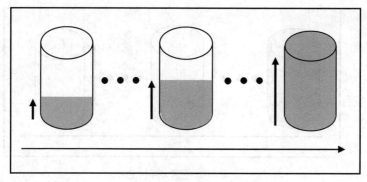

도식12 잔을 채우는 관계

위 도식에서 시간이 지나면서 물의 높이가 올라가고 마지막 시점에서는 수면이 더 이상 올라가지 않는다.

다음 예를 살펴보자.

(23) a. He filled up his glass.

그는 그의 잔을 채웠다.

b. She topped up the drink.

그녀는 음료수를 가장자리까지 채웠다.

2.15. 비우기

채우기의 반대로 비우기에도 up이 쓰인다. 잔을 비우기 시작하면 한계점에 이른다.

(24) a. The child drank up his milk.

그 아이는 그 우유를 다 마셨다.

b. He used up his fortune.

그는 그의 재산을 다 써버렸다.

c. The lake dried up.

그 호수가 완전히 말랐다.

위 문장에 쓰인 up은 다음과 같이 도식화될 수 있다.

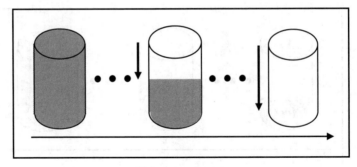

도식13 잔을 비우는 관계

위 도식에서 잔이 시점1에서는 차있고 시간이 지나면서 비워지고, 시점3에서는 완전히 빈다.

2.16. 정지

도식 채우기와 비우기에서 물은 한계점에 다다르면 흐름이 정지된다. 이러한 관계에서 **up**은 정지를 나타낸다.

> (25) a. We were held up in traffic on the highway.
>
>   우리는 그 고속도로의 차들 속에서 꼼짝할 수가 없었다.
>
>   b. We were caught up in the rain.
>
>   우리는 그 비가 와서 꼼짝할 수가 없었다.
>
>   c. He is locked up in prison.
>
>   그는 감옥에 갇혀 꼼짝 못한다.
>
>   d. The rain will let up soon.
>
>   그 비가 곧 그칠 것이다.

2.17. 여러 단계를 거치고 끝나기

동사 end, finish, 그리고 wind는 과정의 끝을 나타내는데 **up**과 쓰이면 여러 단계를 거쳐서 생각하지 않은 결과에 이르는 관계를 나타낸다.

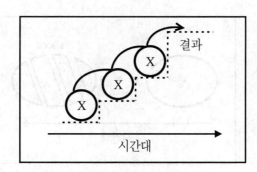

도식14 단계적으로 오르는 관계

다음 두 문장을 비교하여 보자.

(26) a. We ended in a bar.

　　　우리는 어느 술집에서 마쳤다.

　　b. We ended up in a bar.

　　　우리는 여러 곳을 다니다가 결국 어느 술집에서 끝났다.

(27) a. We finished up in Busan.

　　　우리는 여러 곳을 다니다 생각지 않게 부산에서 여행을 마쳤다.

　　b. He wound up with a 10-year sentence.

　　　그는 결국 10년 선고를 받게 되었다.

2.18. 자르기, 부수기 등

자르거나 부수는 동사와 쓰이면 **up**은 자르거나 부수어진 결과, 즉 여러 조각이 되는 관계를 나타낸다.

(28) a. He sliced up the bread.

　　　그는 그 빵을 잘라 썰었다.

　　b. She chopped up the onions.

　　　그는 그 양파들을 잘게 잘랐다.

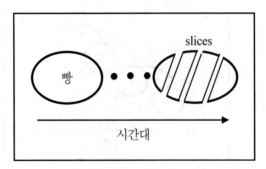

도식15 빵이 작은 조각이 되는 관계

사람들이 헤어지거나 흩어져 있는 상태도 up으로 표현된다.

(29) a. She broke up with the man.

　　　그녀는 그 남자와 헤어졌다.

　　b. Police failed to break up the demonstration.

　　　경찰이 그 시위를 해산시키는 데 실패했다.

　　c. When does your school break up?

　　　언제 너의 학교는 방학이니?

위 b문장에서 up은 시위에 모인 사람들이 흩어지고, c문장에서는 학교에 모여 있던 학생들이 흩어지는 관계를 나타낸다.

2.19. 섞기

섞기 동사와 up이 쓰이면, up은 헝클어진 상태를 나타낸다.

(30) a. The baby messed up her mom's hair.

　　　그 아기가 그녀의 엄마의 머리를 헝클어 놓았다.

　　b. Someone jumbled up all my papers on the desk.

　　　누가 그 책상 위에 있는 내 서류들을 헝클어서 뒤죽박죽 만들어놓았다.

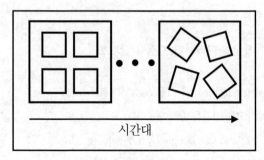

도식16 뒤죽박죽

2.20. 막기

부사 up이 무엇을 막는 동사와 쓰이면, 막힌 관계를 나타낸다.

(31) a. He plugged up the hole.

그가 그 구멍을 막았다.

b. The drain is clogged up.

그 배수구가 막혔다.

2.21. 높은 힘에 주기

다음에서 up은 무엇을 더 높은 위치나 더 큰 힘을 가진 사람에게 마지 못해 주는 관계를 나타낸다.

(32) a. The young man gave up his seat to an old man on this subway.

그는 지하철에서 그의 자리를 어느 노인에게 양보했다.

b. He offers up prayers to God every evening.

그는 매일 저녁 하느님께 기도들을 올린다.

c. I paid up the rent.

나는 그 집세를 내야 했다.

d. He ponied up $300 for the night at the motel.

그는 그 모텔에서 하룻밤을 자는데 300불을 내놓아야 했다.

2.22. 많음

다음에서 up은 양이 많음을 나타낸다. 다음을 살펴보자.

(33) a. The old refrigerator burns up loads of electricity.

그 낡은 냉장고는 전기를 많이 태운다.

b. Much of the land was bought by a developer.

그 땅의 대부분은 어느 개발업자에 의해 사들여졌다.

c. Big cars eat up money.

큰 차들은 돈을 많이 잡아먹는다.

d. Before going th Canada, I am going to read up on the history of the country.

캐나다에 가기 전에, 나는 그 나라의 역사에 대해 많이 읽으려고 한다.

e. She stored up snacks for the party.

그녀는 그 파티를 가기 위해 간식들을 대량으로 사놓았다.

**Particle Index
WITH**

with는 전치사로만 쓰인다.

1. 전치사 용법

전치사 with는 어떤 장소나 어떤 상황 속에 동등하게 참여하는 참여자를 도입한다. 이 관계는 다음과 같이 도식화되어 있다.

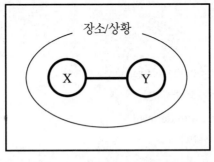

도식1

위 도식에서 X와 Y는 장소나 상황 속에서 함께 있거나 어떤 관계에 있다.
다음에서 장소를 먼저 살펴보고 그 밖에 with가 쓰이는 상황을 살펴본다.

1.1. 장소

다음에서 X와 Y는 같은 장소에서 함께 있다.

(1)　a. He is with Tom now.

　　　　그는 지금 톰과 같이 있다.

　　　b. She sat with May in the class.

　　　　그녀는 그 반에서 메이와 같이 앉았다.

　　　c. He stood with her in the rain.

　　　　그는 그 비를 맞으며 그녀와 함께 서 있었다.

1.2. 경쟁, 경기, 싸움

경쟁, 경기, 싸움 등은 한 사람이 할 수 없으며, 상대가 있어야 한다. 전치사 with는 이러한 상태를 도입한다.

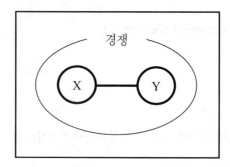

도식2　X와 Y는 경쟁하는 관계

다음 예를 살펴보자.

(2)　a. He competed with the fast runner.

그는 그 빠른 선수와 경쟁했다.

b. England fought with Germany

영국은 독일과 싸웠다.

c. We argued with them.

우리는 그들과 말다툼을 했다.

1.3. 충돌

한 개체만으로 충돌이 일어날 수 없다. 충돌에는 두 개체가 포함된다.

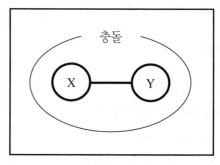

도식3　X와 Y는 충돌하는 관계

(3)　a. An oil tanker collided with a fishing boat.

어느 유조선이 어선과 충돌했다.

b. Police clashed with the demonstrators.

경찰이 그 시위자들과 격돌했다.

1.4. 비교, 대조

비교나 대조를 하는 데에도 두 개체가 필요하다. 이 두 개체 가운데 한 개체가 with로 도입된다.

(4) a. He compared his notes with mine.

그는 그의 노트를 나의 것과 비교했다.

b. His style contrasts with her style.

그의 스타일은 그녀의 스타일과 대조된다.

1.5. 만남과 헤어짐

만남과 헤어짐도 한 사람만으로 이루어지지 않는다. 만남과 헤어짐에도 상대가 있어야 한다.

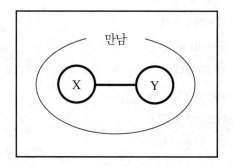

도식4 X와 Y가 만나는 관계

다음 예를 살펴보라.

(5) a. The prime minister met with the Chinese counterpart.

그 수상이 중국 수상과 만났다.

b. He visited with his friends.

그는 그의 친구들을 만나서 얘기를 나누었다.

c. He parted with his dog.

그는 그의 개와 헤어졌다.

d. He broke up with his girlfriend.

그는 그의 여자친구와 헤어졌다.

1.6. 소유

다음은 사람과 물건이, 또는 물건과 물건이 함께 있는 관계이다. 이 경우 사람인 X가 Y를 소유하는 관계이다.

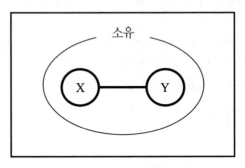

도식6 **X가 Y를 소유하는 관계**

(6) a. Look at the man with a beard.

     수염을 가진 저 사람을 보세요.

  b. He has an umbrella with him.

     그는 우산을 가지고 있다.

  c. He wanted a room with a view.

     그는 전망을 가진 방을 원했다.

1.7. 장소와 개체

다음에서 X는 장소이고 Y는 X 속에 있는 여러 사람이나 개체들이다. 이것은 소유개념의 한 가지다.

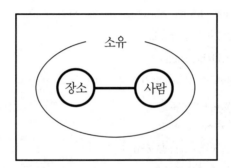

도식5 **장소에 사람이 있는 관계**

다음 예를 살펴보라.

(7) a. The island is bustling with tourists.

     그 섬은 관광객들로 부산하다.

     b. The kitchen is crawling with cockroaches.

     그 부엌은 바퀴벌레들로 들끓고 있다.

1.8. 같이 움직이기

다음에서 X with Y는 X가 Y와 함께 움직이는 관계를 나타낸다. 이 관계는 X와 Y가 조화를 이루는 관계에도 적용된다.

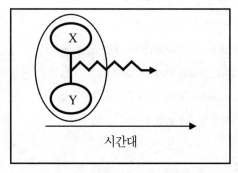

도식7 X와 Y가 같이 움직이는 관계

(8) a. He flows with the tide.

     그는 조류와 같이 흐른다. 즉 서류(?)를 거스르지 않고 따른다.

     b. This necktie goes well with the shirt.

     이 넥타이는 그 셔츠에 잘 어울린다.

     c. With the rising temperature, the sea level rises.

     올라가는 기온과 함께, 해수면도 오른다.

     d. With age, the pages became yellow.

     시간이 지남과 동시에 그 페이지들이 노랗게 되었다.

1.9. 원인

X가 Y를 가지고 있는데 X가 몸이 좋지 않으면 Y는 그 원인이 된다.

(9)　a. He came down with a bad cold.

그는 심한 감기로 몸져누웠다.

　　b. He is in bed with fever.

그는 몸에 열이 나서 누워 있다.

1.10. 수반

X와 Y가 같이 움직이는 관계는 X가 과정일 때 Y가 그 과정에 수반되는 관계로 쓰인다.

(10) a. She answered with a smile on her face.

그녀는 얼굴에 미소를 띠고 대답했다.

　　b. The car came to a stop with a screeching sound.

그 차는 끼익하는 소리와 함께 멈춰섰다.

　　c. He did the marathon with a great difficulty.

그는 그 마라톤을 힘들게 뛰었다.

1.11. 도구, 반려동물

우리가 일할 때 쓰는 도구나 반려동물도 동반자로 생각되어 with와 같이 쓰인다.

(11) a. He beat down the nail with a hammer.

그는 망치로 그 못을 내리박았다.

　　b. He hit the ball with a bat.

그는 그 방망이로 그 공을 쳤다.

　　c. He walks with his dog.

그는 그의 개와 산책을 시켰다.

　　d. The child plays with his dog.

그 아이는 그의 개와 같이 논다.

다음 예에서 with의 목적어는 사람이나 문제이다.

(12) a. The decision does not sit well with the chairman.

그 결정은 그 의장이 잘 받아들이지 않는다.

b. The responsibility lies with the policeman.

그 책임은 그 경찰관에게 있다.

with의 목적어는 사람이나 개체에 있을 수 있다.

(13) a. He wrestled with the last year's champion.

그는 작년 선수권자와 씨름을 했다.

b. He wrestled with the problem.

그는 그 문제와 씨름을 했다.

(14) a. He is dealing with a difficult customer.

그는 까다로운 고객을 다루고 있다.

b. He dealt with the issue.

그는 그 문제를 다루었다.

2. with와 형용사

전치사 with는 형용사와도 같이 쓰일 수 있다. 형용사도 몇 가지 유형으로 나누어 볼 수 있다.

2.1. 감정 형용사

with가 감정 형용사와 쓰이면 감정에 관계되는 사람을 도입한다.

(15) a. He is angry with me.

그는 나와 화가 나있다.

b. He is annoyed with her.

그는 그녀와 짜증이 나있다.

2.2. 태도 형용사

솔직함, 정직함과 같은 태도를 나타내는 형용사도 상대가 있어야 한다. 이러한 상태 with가 도입한다.

    (16) a. He is frank with me.

        그는 나와 솔직한 관계에 있다.

      b. He is straight with her.

        그는 그녀와 숨김없이 지내는 사이다.

2.3. 관계 형용사

다음에 쓰인 형용사는 두 개체 사이의 관계를 나타낸다.

    (17) a. What's wrong with you?

        무엇이 너와의 사이에 잘못이 되었니?

      b. Everything is fine with me.

        모든 일이 나와의 사이에 잘되고 있다.

3. with가 쓰인 전치사구

with가 쓰이는 전치사구에는 다음 두 종류가 있다.

3.1. in 명사 with

위 구조에 쓰이는 명사는 **일치, 제휴, 관계, 협조, 조화** 등을 가리키는 명사이다. 이들 명사는 모두 하나 이상의 개체가 필요하다. 그래서 전치사 with가 쓰인다. 다음 예를 살펴보자.

    (18) a. Everything is carried out according with the building regulations.

        모든 일이 그 건축규제들과 일치되게 이루어졌다.

      b. The raid is conducted in collaboration with the Kurdish forces.

        그 기습은 커디시 군대와의 제휴 속에서 시행되었다.

      c. The man is arrested in connection with the smuggling.

그 남자는 그 밀수와 연관되어 체포되었다.

    d. We were able to finish the project in cooperation with the local people.

그 우리는 그 사업을 지역민들의 협조 속에 끝낼 수 있었다.

    e. The building stands in harmony with the surrounding.

그 건물은 그 주위와 조화를 이루고 있다.

    f. The railroad runs in line with the river.

그 철도는 그 강과 나란히 간다.

3.2. with 명사 to

위의 구조에 쓰이는 명사는 관련, 고려, 측면을 가리키는 명사가 쓰인다.

(19) a. With reference to our fate, no one knows what is in store for us.

우리는 운명과 관련해서, 아무도 우리에게 무엇이 준비되어 있는지 모른다.

    b. With regard to your proposal, we will give you our decision by the end of the week.

당신의 제안에 관해서 우리는 여러분께 우리의 결정을 주말까지 드리겠습니다.

    c. Consult your lawyer with respect to your rights in this matter.

이 문제에 있어서 당신의 권리에 대해서 당신의 변호사와 상의하십시오.

영어 구동사 사전

A Dictionary of
Phrasal Verbs
in English

Contents

A a

ACCOUNT

1. 단동사
이 동사는 어떤 일이 일어난 이유가 되거나 이유를 설명하는 과정을 그린다.
명사: 설명, 해석; 계좌, 장부; 단골, 고객; 이용 계정

타동사

The event was **accounted** a success. (passive)
그 행사는 성공한 것으로 간주되었다.

2. 구동사
2.1 account for O

Gene factors **account for** the high incidence of alcoholics among men.
유전인자가 남자들에게 알코올중독 환자 수가 많음을 설명해 준다.

Every penny of the tax payers' money was **accounted for**. (passive)
그 세금 납세자들의 일원까지도 밝혀졌다.

I was asked to **account for** my bad behavior.
나는 나의 나쁜 행동을 설명하라는 요청을 받았다.

The acting president is doing a good job. This **accounts for** his high popularity.
대통령 권한대행이 일을 잘 하고 있다. 이것이 그의 높은 인기에 대한 이유가 된다.

ACCUSE

1. 단동사
이 동사는 혐의를 제기하거나 고발하는 과정을 그린다.

2. 구동사
2.1 accuse O of O

He **accused** her **of** accepting the bribe.
그는 그녀가 그 뇌물을 받은 혐의를 제기했다.

He **accused** her **of** stealing the money.
그는 그녀가 그 돈을 훔쳤다는 혐의를 제기했다.

ACT

1. 단동사
이 동사는 사람이 행동하거나 개체가 작동하는 과정을 그린다.

타동사

He **acted** Hamlet.
그는 햄릿 역을 맡았다.

He **acted** the fool.
그는 바보 역을 했다.

자동사

He **acted** worried.
그는 걱정이 있는 것처럼 행동했다.

We must **act** now.
우리는 지금 행동을 해야 한다.

2. 구동사
2.1 act as O

Would you mind **acting as** a waiter?
당신은 웨이터 역할을 해주실 수 있습니까?

2.2 act for O

The buyer of the shipping company is **acting for** a Korean client.
그 선박 회사의 구매자는 한국인 고객을 대신하고 있다.
[for는 구매자가 고객을 대신해서 일한다는 말이다.]

The lawyer **acts for** the victims of the harmful chemical.
그 변호사는 유해화학물의 그 피해자를 대신하고 있다.

2.3 act on O

I think he is **acting on** his girlfriend's advice.
나는 그가 그의 여자친구의 충고에 따라서 행동하고 있다고 생각한다.

Acid **acts on** metal.
산은 금속에 작용한다.

He **acted on** *impulse*.
그는 충동적으로 행동했다.

| instinct | 본능 | the emotion | 감정 |
| the cue | 신호 | the advice | 조언 |

2.4 act O out

He **acted out** his fantasy.
그는 그의 환상을 몸으로 표현했다.
[out은 마음속의 생각을 밖으로 나타내는 관계를 나타낸다.]

He **acted out** his frustration by hitting the sandbag.
그는 샌드백을 침으로써 그의 좌절감을 표현했다.

The teacher gets the students to **act out** a historic

event.
그 선생님은 그 학생들에게 역사적 사건을 연극으로 표현하게 했다.

2.5 act out
The kid **acted out** because he was unhappy.
그 아이는 기분이 좋지 않아서 자신도 모르게 버릇없는 행동을 했다.

2.6 act up
This *car* is **acting up** again!
그 차가 또 말썽을 피운다!

printer	프린터	washer	세탁기
computer	컴퓨터	TV	텔레비전

The child is **acting up** on his teacher in class.
그 아이는 수업 중에 그의 선생님에게 버릇없이 굴고 있다.
My right arm is **acting up** again and I had to stop playing.
내 오른팔이 아프기 시작해서 나는 경기를 중단해야했다.
[my arm은 환유적으로 팔의 고통을 가리키고, up은 고통의 정도가 많아지거나 너무 심해서 팔을 움직일 수 없는 상태를 가리킨다.]

ADD

1. 단동사
이 동사는 주어가 목적어를 다른 개체에 더하는 과정이다.
타동사
Add 3 and 5.
3과 5를 더하시오.
The school **added** some books to the library.
그 학교는 몇 권의 책을 도서관에 더했다.
John **added** that he would be late for school.
존은 학교에 지각을 할 것이라고 말을 덧붙였다.

2. 구동사
2.1 add O in
Add **in** the sugar and milk, and stir gently.
설탕과 우유를 더 넣어서 살살 저어라.
If I add **in** the shipping cost, I hardly made any profit.
만약 내가 운송비를 (계산에) 넣으면 나는 거의 이익을 내지 못했다.
He **added in** a margin of error.
그는 오차범위를 계산해 넣었다.

2.2 add O on
The referee **added on** two minutes of injury time at the end of the game.
그 심판은 경기가 끝날 무렵 2분의 부상시간을 더했다.
[on은 경기 시간에 2분이 더해지는 관계를 나타낸다.]
The new owner **added on** an extension at the side of the house.
그 새 주인은 그 집 측면에 증축을 했다.

add O onto O
An additional service charge of 15% will be **added onto** your bill.
15%의 추가 봉사료가 당신의 청구서에 더해질 것입니다.
[계산서가 $100이면 여기에 $15이 더해진다는 뜻이다.]
You **added** one thousand dollars **on to** the total.
너는 $1000를 그 총액에 추가했다.

2.3 add to O
The news will **add to** their fear about possible war.
그 소식은 가능한 전쟁에 대한 그들의 두려움을 크게 할 것이다.
She looks much younger — her short skirt **adds to** the impression.
그 여자는 훨씬 젊어 보인다. 그녀의 짧은 치마가 그 인상을 가중시킨다.
The new sink will **add to** the cost of fixing the kitchen.
그 새 개수대는 부엌을 고치는 비용을 증가시킬 것이다.

add O to O
Add the grated cheese **to** the sauce.
그 치즈 가루를 그 소스에 더하세요.

2.4 add O together
If you **add** these two numbers **together**, what do you get?
당신이 두 숫자를 함께 더하면 무슨 숫자를 얻게 됩니까?

2.5 add O up
The cashier found it difficult to **add up** the prices without a calculator.
그 돈 받는 이는 계산기 없이 그 가격들을 합산하기가 어렵다는 것을 알았다.
[up은 여러 개를 합쳐서 하나의 큰 수로 만드는 관계를 나타낸다.]
When I **add** everything **up**, there is only one conclusion: He is the murderer.
내가 모든 사실을 종합해보면 오직 한 가지 결론이 있

다: 그가 그 범인이다.

add up

If you eat sweets every day, calories will soon **add up**.
당신이 사탕을 매일 먹으면, 열량이 곧 크게 많아(up)질 것이다.

The number of the earthquake victims is starting to **add up**.
그 지진 희생자들의 수가 크게 늘어나기 시작했다.

The bills **add up** bit by bit
그 청구서들은 조금씩 불어나고 있다.

His explanations do not **add up**.
그의 설명들은 합산이 되지 않는다. 즉, 앞뒤가 맞지 않는다.

the stories 그 이야기들 the facts 그 사실들

add up to O

The book has 10 chapters and each chapter has 20 pages. These **add up to** 200pages.
그 책은 10장이 있고, 각 장은 20페이지이다. 이들을 다 합치면(up) 200페이지를 이룬다.

These differences **add up to** one conclusion: Government can't be run like a company.
이러한 차이점들은 한 가지 결론에 이른다. 정부는 회사와 같이 운영될 수 없다.

Small things **add up to** greater changes.
조그만 일들이 큰 변화에 이른다.

ADMIT

1. 단동사
이 동사는 받아들이거나 받아들이게 하는 과정을 그린다.
타동사

The window **admits** enough light and wind.
그 창문은 충분한 빛과 바람을 받아들인다.

The church **admits** 200 people.
그 교회는 200명을 수용한다.

The thief **admitted** his crime / guilt / mistake.
그 도적은 자신의 범죄 / 죄 / 실수를 인정했다.

I **admit** that it was difficult.
나는 그것이 어려웠음을 인정한다.

2. 구동사
2.1 admit of O

The fact **admits of** no other explanation.
그 사실은 다른 풀이를 허락하지 않는다.

The present law **admits of** no exception.
그 현재 법은 예외를 허용하지 않는다.

2.2 admit to O

He did not **admit to** drinking the whisky.
그는 그가 그 위스키를 마신 것을 시인하지 않았다.

admit O to O

The ticket **admits** you **to** the theater.
그 티켓은 너를 그 극장에 들어가게 해준다.

We **admitted** him **to** a hopital.
우리는 그를 입원시켰다.

ADVANCE

1. 단동사
이 동사는 앞으로 나아가는 과정을 그린다.

2. 구동사
2.1 advance on O

The army **advanced on** the enemy.
그 군대는 적을 향해 진격했다.
[on은 적이 영향을 받는 관계를 나타낸다. 참조: gain on, close on]

AGE

1. 단동사
이 동사는 나이가 드는 과정을 그린다.
명사: 나이, 연령, 수명, 시기
자동사

The population is **aging**.
그 나라 인구가 고령화되고 있다.

The cheese is left to **age** for at least a year.
그 치즈는 최소한 일 년 동안은 숙성하도록 둔다.
타동사

The shock has **aged** her.
그 충격으로 그녀가 늙어 버렸다.

2. 구동사
2.1 age out

Orphans **age out** at 16.
고아들은 16세가 되면 나이가 들어서 고아원에서 나와야한다.

age out of O

Unfortunately, he has **aged out of** the scholarship program.

불행하게도, 그는 나이가 많아서 그 장학혜택을 받지 못하게 되었다.

The children have **aged out of** the foster care.
그 아이들은 나이가 들어서 양육혜택을 받지 못하게 되었다.

AGREE

1. 단동사
이 동사는 무엇에 대해서 의견들이 일치되는 과정을 그린다.

> 자동사

When he said that, I had to **agree**.
그가 그 말을 했을 때 나는 동의해야 했다.
She **agreed** to let me go early.
그녀는 내가 일찍 가는 것을 승낙했다.
The figures do not **agree**.
그 수치들이 일치하지 않는다.

> 타동사

We couldn't **agree** what to do.
우리는 무엇을 해야 할 지 합의를 보지 못했다.

2. 구동사
2.1 agree about O
He **agreed about** the date with her.
그는 그 날짜에 대해서 그녀와 동의했다.

2.2 agree on O
We all **agreed on** Donald for the candidate.
우리 모두는 도널드를 후보자로 하는데 의견 일치가 되었다.
[on은 우리들의 생각들이 Donald에 닿아 있다는 뜻이다.]
We all **agreed on** the plan.
우리 모두는 그 계획에 합의했다.

2.3 agree to O
He **agreed to** *my request.*
그는 내 요청에 동의해 주었다.
[to는 그가 내 요청에 응하는 관계를 나타낸다.]

| marriage | 결혼 | impeachment | 탄핵 |

2.4 agree with O
I **agree with** you about the candidate.
나는 그 후보자에 대해서 너와 생각이 일치한다.
Onions do not **agree with** me.
양파는 내게 잘 맞지 않는다.

| alcohol | 알코올 | coffee | 커피 |
| cheese | 치즈 | milk | 우유 |

Your suit **agrees with** the shoes.
너의 정장은 그 신발과 어울린다.
The subject should **agree with** the verb in number.
주어는 동사의 수와 일치되어야 한다.
Your calculation **agrees with** mine.
너의 계산이 내 계산과 일치한다.

AIM

1. 단동사
이 동사는 무엇에 목표를 두는 과정을 그린다.
명사: 목적, 목표, 겨냥, 조준

2. 구동사
2.1 aim at O
I was **aiming at** the tree but hit the car by mistake.
나는 그 나무를 겨눴는데 실수로 그 차를 맞혔다.
He is **aiming at** getting this done by tomorrow.
그는 이 일을 내일까지 마칠 것을 목표로 하고 있다.

aim O at O
He **aimed** the hose **at** me.
그는 그 호스를 내게 겨냥했다.
The book is **aimed at** very young children. (passive)
그 책은 아주 어린 아이들을 대상으로 한 것이다.

2.2 aim for O
He is **aiming for** success.
그는 성공을 목표로 하고 있다.
[for는 성공을 얻고자 하는 목적을 나타낸다.]
We should **aim for** a bigger share of the market.
우리는 그 시장의 더 큰 점유율을 목표로 해야 한다.

AIR

1. 단동사
이 동사는 바람을 쐬는 과정을 그린다.
명사: 공기

2. 구동사
2.1 air out
The pillows are **airing out** on the balcony.
그 베개들은 그 발코니에서 햇볕 아래 신선한 바람을 받고 있다.

air O out

Will you air out the cushions?

그 쿠션들을 신선한 바람을 받게 해주시겠습니까?

He aired out the stale room.

그는 그 퀴퀴한 방을 바람을 쐬어 신선하게 만들었다.

ALLOW

1. 단동사

이 동사는 허락, 용인, 인정하는 과정을 그린다.

타동사

He is not allowed to stay out late. (passive)

그는 밤 늦게 밖에 있는 것이 허락되지 않는다.

A ramp allows easy access for wheelchairs.

그 경사로는 휠체어들 접근을 용이하게 한다.

The judge allowed my claim.

그 판사가 내 주장을 인정했다.

2. 구동사

2.1 allow for O

When we make a budget, we must allow for rising cost.

우리는 예산을 짤 때 상승하는 비용을 고려해야 한다.

[for은 예산이 물가 상승에 들어오는 관계를 나타낸다.]

When mapping out the schedule, we must allow for the possibility of delay.

그 계획표를 상세하게 짤 때 우리는 지연의 가능성을 참작해 넣어야 한다.

2.2 allow O in

They don't allow dogs in there.

그들은 개들이 그 곳에 들어가는 것을 허락하지 않는다.

2.3 allow O up

The doctor didn't allow him up.

그 의사는 그가 일어나는 것을 허락하지 않았다.

AMOUNT

1. 단동사

이 동사는 수 등의 어떤 액수에 이르는 과정을 그린다.

명사: 시간, 돈, 물질 등의 양

2. 구동사

2.1 amount to O

In the beginning, he gave me some help, but it did not amount to much.

첫 부분에 그는 내게 도움을 주었지만, 그것은 크게 영향을 미치지 못했다.

His answer amounts to denial.

그의 대답은 부정이나 마찬가지이다.

The court's decision amounts to guilty verdict.

그 법정의 결정은 유죄 평결이나 마찬가지이다.

ANCHOR

1. 단동사

이 동사는 닻을 내려 정박하는 과정을 그린다.

명사: 닻

2. 구동사

2.1 anchor at O

The ferry anchored at the harbor.

그 유람선이 그 항구에 정박했다.

2.2 anchor down

We anchored down at the Rocky Point.

우리는 록키포인트에 닻을 내렸다.

ANGLE 1

1. 단동사

이 동사는 사물을 어떤 각도로 비스듬히 놓는 과정을 그린다.

명사: 각도, 기울기, 관점

타동사

He angled his chair so that he could sit and watch her.

그는 앉아서 그녀를 지켜볼 수 있도록 그의 의자를 비스듬히 놓았다.

The program is angled towards younger viewers. (passive)

그 프로그램은 젊은 시청자들에게 눈높이를 맞추고 있다.

2. 구동사

2.1 angle off to O

The road angles 40 degrees off to the right.

그 길은 오른쪽으로 40도 벗어난다.

ANGLE 2

1. 단동사

이 동사는 낚시로 물고기를 낚는 과정을 그린다.

자동사

While he was angling, his son was swimming in the stream.

그가 낚시를 하는 동안, 그의 아들은 그 개울에서 헤엄을 쳤다.

2. 구동사

2.1 angle for O

What are you **angling for**? trout?

너는 무엇을 낚고 있니? 숭어?

He is **angling for** invitation to the party.

그는 그 모임에 가는 초대를 낚으러 가고 있다. 즉, 초대에 대한 말을 하거나 요청해서 간접적으로 초청 받으려고 한다.

[참조: fish for]

ANSWER

1. 단동사

이 동사는 대답을 하는 과정을 그린다.

명사: 대답

타동사

Please **answer** my question.

내 질문에 대답을 해주세요.

Please **answer** me quickly.

내 질문에 빨리 대답하세요.

[me는 환유적으로 나의 질문을 가리킨다.]

2. 구동사

2.1 answer back

The child **answered back** and was punished.

그 아이는 말대꾸를 하고서 벌을 받았다.

2.2 answer for O

The general had to **answer for** his crime in a court of law.

그 장군은 법정에서 그의 범죄에 대한 설명을 해야 했다..

2.3 answer to O

Politicians have to **answer to** voters at the general election.

정치가들은 그 총선에서 유권자들에게 설명을 해야 한다.

APPROVE

1. 단동사

이 동사는 제안이나 계획 등을 공식적으로 승인하는 과정을 그린다.

타동사

The parliament **approved** the bill.

그 의회가 그 법안을 승인했다.

2. 구동사

2.1 approve of O

My trainer does not **approve of** my drinking.

나의 훈련사는 내가 술 마시는 것을 허용하지 않는다.

Her parents finally **approved of** her marriage to the man.

그녀의 부모님은 마침내 그녀가 그 남자와 결혼하는 것을 좋다고 생각했다.

ARCH

1. 단동사

이 동사는 호와 같이 드리거나 드리워지는 과정을 그린다.

명사: 호

2. 구동사

2.1. arch over

The tall trees **arched over** in the strong wind.

그 키 큰 나무들이 그 강풍에 호를 그리며 휘어졌다.

arch over O

A lovely bower of flowers **arched over** the bride.

그 사랑스러운 꽃다발이 그 신부에게 드리웠다.

Two rows of cherry trees **arched over** the road.

체리나무들의 두 줄이 그 길 위에 호를 그리며 드리워졌다.

arch O over O

The willow **arched** its long branches **over** the villa.

그 버드나무가 그 긴 가지들을 그 빌라 위에 드리웠다.

ARGUE

1. 단동사

이 동사는 말로 다투는 과정을 그린다.

자동사

My kids are always **arguing**.

우리 애들은 늘 다툰다.

타동사

I don't want to **argue** the point with you.

나는 그 문제를 너와 논의하고 싶지 않다.

2. 구동사

2.1 argue about O

We **argued about** the turn.

우리는 그 차례에 대해서 다투었다.

[about은 목적어에 대해서 이것저것 논쟁함을 의미한다.]

2.2. argue against O

He **argued against** *the bill* in the Congress.
그는 의회에서 그 법안에 반대하는 논거를 제시했다.
[against는 반대함을 의미한다.]

racism 인종주의	war 전쟁

2.3 argue back
Please don't **argue back** all the time.
매번 내 말을 되받아치지 마세요.
[참조: talk back, answer back]

2.4 argue O down
Sally **argued down** John in the debate.
샐리는 그 토론에서 존을 꺾었다.
[down은 John이 지는 관계를 나타낸다.]
The Democrats **argued down** the bill.
민주당원들은 논쟁해서 그 법안을 저지시켰다.

2.5 argue for O
We are determined to **argue for** the proposal.
우리는 그 제안에 찬성하는 토론을 할 결심이 되어있다.

2.6 argue O into O
He **argued** me **into** going.
그는 나를 설득해서 가게 했다.
[과정은 그릇으로 개념화되므로, 전치사 into가 쓰였다.]

2.7 argue O out
You can't always **argue** your way **out** of this.
너는 매번 논쟁을 해서 그곳에서 빠져나올 수 없다.
We are going to have to **argue** this **out** some other time.
우리는 다른 때에 이 문제를 끝까지 토론해서 끝냅시다.
[out은 토론을 끝까지 해서 결말을 내는 관계를 나타낸다. 참조: fight it out, battle it out]
They **argued out** the details of the contract.
그는 논쟁을 해서 그 계약의 세부사항을 섬세하게 만들어 내었다.
[out은 세부사항을 상세하게 만드는 관계를 나타낸다. 참조: lay out, spell out, hammer out]

2.8 argue over O
They sometimes **argue over** *something very trivial.*
그들은 이따금 아주 사소한 문제를 두고 다툰다.

an issue 쟁점	a regulation 규정

2.9 argue with O
I **argued with** him
나는 그와 말다툼을 했다.

[with의 목적어는 논쟁을 같이 하는 사람이다.]
It's not a good idea to **argue with** the facts.
그 사실을 가지고 논쟁 하는 것은 좋은 생각이 아니다.
[with의 목적어는 논쟁의 대상이다.]

ASK

1. 단동사
이 동사는 정보를 구하거나, 호의를 구하는 과정을 그린다.
타동사
He **asked** me how much it cost.
그는 그것의 값이 얼마나 들었느냐고 나에게 물었다.
He **asked** where I was going.
그는 내가 어디에 가고 있느냐고 물었다.
We **asked** him to come to party.
우리는 그들을 파티에 오도록 요청했다.

2. 구동사
2.1 ask after O
He is **asking after** you.
그는 당신의 안부를 묻고 계십니다.
[you는 시간 속에서 변화하는 사람이다. he는 당신의 변화 상태를 묻는다.]
I **asked after** her health.
나는 그녀의 건강 상태에 대해서 물어 보았다.
[건강도 시간 속에 변화한다.]
We **ask after** each other in chat rooms.
우리는 채팅방에서 서로 안부를 묻는다.

2.2 ask O along
He was kind enough to **ask** me **along**.
그는 친절하게도 나도 같이 가자고 요청했다.
[along은 주어인 그가 가는 길에 따라가는 관계를 나타낸다.]
Why don't you **ask** some of them **along**?
그들 가운데 몇 명을 따라오라고 하시지요?

2.3 ask around
I'll **ask around** if anyone has a Korean–English dictionary.
나는 누군가 한영사전을 가지고 있는지 여기저기에 물어보겠습니다.
A: Does anyone want to buy my computer?
B: I don't know, but I'll **ask around**.
A: 누군가 내 컴퓨터를 사고 싶어 하니?
B: 모르겠어요. 그러나 내가 여기저기 알아볼게요.

2.4 ask for O
He called the waitress and **asked for** a glass of water.

그는 그 여종업원을 불러서 물 한 잔을 요청했다.
[ask는 a glass of water을 얻기 위해서다.]
He asked for a laptop for his graduation present.
그는 그의 졸업선물로 노트북을 요청했다.
He called the hospital and asked for Doctor Kim.
그는 그 병원에 전화를 해서 김 박사를 바꿔달라고 했다.
He is asking for trouble.
그는 고통을 요청하고 있다. 즉, 자초하고 있다.

ask O for O
I asked him for his phone number.
나는 그에게 그의 전화번호를 요청했다.
They are asking too much for the house.
그들은 너무 많은 돈을 그 집에 대해 요구하고 있다.

2.5 ask O in
A: Changsoo is waiting outside.
B: Ask him in.
A: 창수가 밖에서 기다리고 있어요.
B: 그를 들어오게 하세요.

2.6 ask O into O
Mr. Trump asked me into his office.
Trump씨는 나를 그의 사무실로 들어오게 요청했다.

2.7 ask O out
At first I was too shy to ask her out on a date.
처음에 나는 수줍음이 너무 많아서 그녀를 데이트하기
위해 나와 달라고 할 수가 없었다.
Yesterday he asked me out for dinner.
어제 그는 저녁을 먹기 위해 나에게 나와 달라고 요청했다.

ask O out of O
The teacher is asking too much out of us.
그 선생님은 우리에게 너무 많은 걸 요구하신다.

2.8 ask O over
Honey, let us ask the Korean student over for dinner
tomorrow.
여보, 내일 저녁을 먹기 위해 그 한국 학생이 건너오게
요청합시다.
I've asked some friends over for a cup of tea.
나는 차 한 잔을 마시기 위해서 몇몇 친구들을 건너오게
했다.

2.9 ask O round
I'll ask Sylvia round for a cup of tea.
나는 실비아에게 차 한 잔 마시기 위해서 들르라고 하겠다.

2.10 ask O to O
Did you ask John to the party?
당신은 존을 그 파티에 오게 요청했습니까?

AUCTION

1. 단동사
이 동사는 물건을 경매에 부쳐 파는 과정을 그린다.
명사: 경매

2. 구동사
2.1 auction O off
He auctioned off his car to a highest bidder.
그는 그의 차를 경매를 통해 최고 입찰자에게 팔아버렸다.
[off는 그의 차가 그와 떨어지는 관계를 나타낸다.]
His house was auctioned off to pay his debts.
(passive)
그는 그의 빚을 갚기 위해 그의 집을 경매로 팔았다.
The old furniture was auctioned off. (passive)
그 낡은 가구는 경매에서 팔렸다.
[off는 가구가 주인에게서 떨어지는 관계를 나타낸다. 참조: sell
off]
In Lybia, some migrants were auctioned off as slaves.
(passive)
리비아에서 몇몇 이주자들은 노예로 경매에서 팔려나
갔다.

AVERAGE

1. 단동사
이 동사는 평균이 되거나 평균을 내는 과정을 그린다.
타동사
Economic growth is expected to average 2% next
year.
내년에는 경제 성장이 평균 2%로 예상된다.
Earnings are averaged over the whole period.
(passive)
소득들은 전 기간에 걸쳐 평균이 된다.

2. 구동사
2.1 average O out
Let's average out the students' scores.
그 학생들의 성적들을 평균을 내어 봅시다.
[out은 평균이 되는 관계를 나타낸다.]
We have taken the rainfall figure every year since
1950 and averaged them out.
우리는 1950년 이후 매년 강수량을 기록해서 그들의
평균을 내었다.

average out

The time the children spend on the game **averaged out** to 2 hours a day.

그 아이들이 그 게임에 쓰는 시간은 평균 하루 2시간이 되었다.

Some prices are high, but some are low, and they **average out**.

어떤 값은 비싸고, 어떤 값은 싸서, 그들은 평균이 된다.

B b

BABY

1. 단동사
이 동사는 아기같이 행동하거나 아기 취급을 하는 과정을 그린다.
명사: 아기

2. 구동사
2.1 baby up
He is old but **babies up**.
그는 나이가 많지만 아기같이 행동한다.

BACK

1. 단동사
이 동사는 뒤로 가거나 뒤에서 밀어주는 과정을 그린다.

[자동사]

The train **backed** to the platform.
그 기차가 승강장으로 뒤로 후진해서 왔다.

[타동사]

We all **backed** the plan.
우리는 모두 그 계획을 지지했다.
The rug is **backed** with the rubber. (passive)
그 양탄자는 뒤가 고무로 덧대어져 있다.

2. 구동사
2.1 back away
The robber **backed away** from the teller, watching the teller the whole time.
그 강도는 그 은행원을 주시하면서 그에게서 뒷걸음치며 물러났다.
[away는 강도가 은행원에게서 멀어지는 관계를 나타낸다.]
Democrats are accusing the president of **backing away** from his *promise* to increase welfare benefit.
민주당원들은 대통령이 복지계획을 늘리겠다는 그의 약속에서 물러나고 있다고 그를 비난하고 있다.

claim	주장	support	지원
proposal	제안	plan	계획

We assumed that we had a deal, but the owner of the car is **backing away**.
우리는 거래가 성립되었다고 가정했으나, 그 차 주인은 물러서고 있다.

[away는 주인이 뒷걸음쳐 거래에서 물러서고 있다는 뜻이고, 이것은 거래를 하지 않겠다는 뜻이다.]

2.2 back down
The railway union refused to **back down** and called for a general strike.
그 철도노조는 뒷걸음을 쳐서 내려오기를 거부하고 총파업을 요구했다.
[down은 어떤 주장을 양보한다는 뜻이다.]
One day, North Korea will **back down** and destroy its nuclear weapons.
언젠가 북한은 주장을 굽히고, 핵무기를 파괴할 것이다.
The government will have to **back down** on some of its economic policies if it wants to win the next election.
정부는 차기 선거에서 이기려면 경제정책의 몇 개를 양보해야 할 것이다.

back down from O
He is **backing down from** his *campaign pledges*.
그는 그의 선거 공약에서 물러서고 있다.

claim	주장	promise	약속

President Mugabe **backed down from** his presidency.
무가베 대통령은 대통령직에서 뒷걸음쳐 내려왔다. 즉, 하야했다.

back down on O
She **backed down on** her demands.
그녀는 그녀의 요구사항을 완화했다.

2.3 back into O
Back your car **into** the garage.
너의 차를 뒤로 차고에 들어가게 하세요.

2.4 back off
The bear **backed off**.
그 곰이 뒷걸음쳐 떨어져 나갔다.
You should **back off** for a while and let your son make his own decisions.
너는 네 자식에게게서 물러서서 떨어져서 그가 자신의 결정을 하도록 내버려 두어야 한다.
[off는 '너'가 '아들'에게서 떨어져 있는 뜻이고, 이것은 간섭이나

B

영향을 주지 않는다는 뜻이다.]

Hey, **back off**! It's none of your business.
이 봐, 뒷걸음쳐서 떨어져 나가요. 이것은 당신과 관계 없는 일이오.
[off는 내게 붙어서 귀찮게 하거나 비난을 하는 상대에게서 떨어지는 관계이다.]

back off on O

The president **backed off on** his determination to build a wall along the border.
그 대통령은 국경을 따라 장벽을 세우겠다는 그 결심해서 물러섰다.

back off O

The president is accused of **backing off** his plan to implement economic democracy.
그 대통령은 경제 민주화를 실행하겠다는 그의 계획에서 뒷걸음쳐서 떨어져 나오고 있다는 비난을 받고 있다.
He **backed off** his twitter.
그는 트위터에서 물러섰다.

2.5 back onto O

The hotel **backs onto** the beach.
그 호텔은 뒤쪽이 그 해변을 향하고 있다.
His villa **backs onto** a meadow.
그의 빌라는 그 뒤가 목장과 면하고 있다.

2.6 back out

The director was bewildered when the actress **backed out** at the last moment.
그 감독은 그 여배우가 마지막 순간에 연극에서 빠져나가자 매우 당황했다.

back out of O

He has made a promise, and he can't **back out of** it now.
그는 약속을 한 상태이다. 그래서 그는 그 약속에서 뒷걸음을 쳐서 빠져나갈 수 없다.
He **backed out of** the *deal*.
그는 그 거래에서 뒷걸음쳐 물러났다.

race 경주	negotiation 협상

2.7 back O up

It was fortunate that the CCTV **backed** him **up**.
그 CCTV가 그의 주장을 뒷받침해준 것은 다행이다.
[him은 환유적으로 그의 주장이나 결백이고, up은 이들의 무너지지 않는 상태를 나타낸다.]

He was at the scene and he will **back** me **up**.
그가 그 현장에 서있었고, 그래서 그가 나를 뒷받침해줄 것이다.
The military forces **backed up** the police in putting down riots.
군대가 폭동을 진압하기 위해서 경찰의 뒤를 도와주었다.
Make sure that you **back up** your old data on the external hard driver.
너의 컴퓨터에 든 자료를 외부 하드 드라이브에 복사하여 저장하는 것을 확실하게 해라.
The driver **backed** his taxi **up** to the front door.
그 운전수는 그의 택시를 그 현관문으로 다가가게 했다.
[up은 택시가 현관문까지 다가가는 관계를 나타낸다. 즉, up은 가까워짐과 커짐을 나타낸다.]

back O up with O

He **backed** his word **up with** action.
그는 그의 말을 행동으로 뒷받침했다.
He **backed up** his answer **with** lots of details.
그는 그의 대답을 많은 세부사항으로 뒷받침했다.

back up

Well, you **back up** a little bit, so that I can pass through.
내가 빠져나갈 수 있도록 (당신의 차를) 뒤로 옮겨주세요.
It is 6 o'clock, and *the traffic* start **backing up** already.
지금 6시이고, 차들이 벌써 밀리고 있다.
[up은 차들이 꼬리를 물고 늘어나는 상태를 나타낸다.]

cars 자동차들	refugees 피난민들

The toilet **backed up**.
그 변기가 막혔다.

BAG

1. 단동사
이 동사는 가방이나 자루에 무엇을 넣는 과정을 그린다.
명사: 가방

2. 구동사
2.1 bag O up
Bag up the garbage and take it out.
그 쓰레기를 자루에 넣고 그것을 가지고 나가세요.
He **bagged up** all the clothes and sent them to charity.
그는 그 옷들을 자루에 넣고 그들을 자선단체에 보냈다.

BAIL

1. 단동사
이 동사는 바가지 등으로 배에서 물을 퍼내는 과정을 그린다.
명사: 배에 고인 물을 퍼내는 도구

2. 구동사
2.1 bail O out
He is bailing the boat out.
그는 그 배의 물을 파래박으로 퍼내고 있다.
[the boat는 환유적으로 배 안에 있는 물을 가리키고, out은 물이 배에서 밖으로 나오는 관계를 그린다.]
I refused to bail him out.
나는 그를 보석금을 내어서 구해주기를 거절했다.
He has been running debts, and nobody comes forward to bail him out.
그는 많은 빚을 쌓아가고 있으나, 아무도 그를 구해주기 위해 나서지 않는다.
The European Union has decided not to bail out Greece.
유럽연합은 그리스를 구제하지 않기로 결정했다.
The president decided to bail out the auto company.
그 대통령은 그 자동차 회사를 구제하기로 결정했다.

bail out
The pilot bailed out at the height of 1,000 feet.
조종사는 1,000 피트 높이에서 낙하산을 타고 비행기에서 탈출했다.
As the water is seeping in, he bailed out.
물이 새어들고 있어서, 그는 배에서 빠져나왔다.
Bail out before he gets into trouble.
그가 곤란에 처하기 전에, 빠져나와라.

bail out on O
The actor bailed out on the play after he had a dispute with the director.
그 배우는 그 감독과 다툰 후에 그 연극에서 빠져나왔다.

2.2 bail O up
I am sorry for being late. Your father bailed me up at the gate.
늦어서 미안하다. 너의 아버지가 대문에서 나를 겁주어 세워서 말을 걸어왔다.
[up은 정지 상태를 나타낸다.]
The prisoner bailed up the guard, took his gun and fled.
그 죄수가 그 경비를 잡고, 그의 총을 탈취하여 도망갔다.

BAKE

1. 단동사
이 동사는 열을 가해 굳거나 굳히는 과정을 그린다.
자동사
The bricks are left in the kiln to bake.
그 벽돌들이 구워지도록 그 가마 속에 넣어 둔다.
We sat baking in the sun.
우리는 햇볕 아래 살을 검게 하고 있었다.
타동사
I am baking a birthday cake for Alex.
난 알렉스를 위한 생일 케이크를 굽고 있어.

2. 구동사
2.1 bake away
Tourists are baking away in the sun on the beach.
관광객들이 해변에서 햇빛을 받으며 몸을 계속해서 그을리고 있다.

2.2 bake O on
Paint is baked on. (passive)
페인트는 열로 굳혀서 표면에 밀착시켜진다.

2.3 bake up
Frozen dough bakes up easily.
얼린 반죽은 쉽게 구워진다.

bake O up
We baked up some tasty treats.
우리는 맛있는 과자를 구웠다.

BALANCE

1. 단동사
이 동사는 균형이 잡히거나, 균형을 잡는 과정을 나타낸다.
명사: 균형, 평형, 저울, 잔고, 잔액
타동사
She balanced the cup on her knee.
그녀는 그 컵을 무릎 위에서 균형을 잡아서 떨어지지 않게 했다.
This year's profits will balance our previous losses.
올해 수익으로 이전의 손실을 상쇄하게 될 것이다.

2. 구동사
2.1 balance out
I do more of cleaning the room, and she does more of dishing washes, so it sorts of balances out.
나는 집 청소를 더 많이 하고, 그녀는 설거지를 더 많이 한다. 그래서 일하는 양은 같아진다.

[out은 균형이 되는 관계를 나타낸다.]

She felt weak in her knees but soon balanced out.

그녀는 무릎이 휘청거렸지만 곧 균형이 잡혔다.

balance O out

We'd better ask a few more to the party to balance the numbers out.

우리는 숫자를 맞추기 위해 몇 사람을 더 파티에 초청하는 것이 좋겠다.

Serve black coffee to balance out the sweet dessert.

단 디저트를 약화시키기 위해서 블랙커피를 쓰세요.

2.2 balance O up

He managed to balance up the loss.

그는 그 손실을 메울 수 있었다.

[up은 손실이 채워지는 관계를 나타낸다.]

balance up

He balanced up on his legs.

그는 두 발을 딛고 균형을 잡고 섰다.

BALK

1. 단동사

이 동사는 장애물이나 겁이 나서 두려움으로 멈칫하는 과정을 그린다.

자동사

Donald was interested, but balked when he heard the price.

도널드는 관심이 있었으나, 그 값을 듣자 멈칫했다.

2. 구동사

2.1 balk at O

The horse balked at the last hurdle.

그 말은 그 마지막 장애물에서 멈칫했다.

He balked at the idea of eating dog food.

그는 개 사료를 먹는다는 생각에 멈칫했다.

BALL

1. 단동사

이 동사는 무엇을 공과 같이 둥근 모양이 되게 하거나 되는 과정을 그린다.

명사: 공

2. 구동사

2.1 ball into O

Her hands balled into fists.

그녀의 손은 동그랗게 주먹이 쥐어졌다.

2.2 ball O up

The child balled up the clay.

그 아이가 그 진흙을 공 모양으로 만들었다.

ball up

The cat balled up.

그 고양이는 몸을 웅크려서 공 모양이 되게 하였다.

[참조: curl up]

BALLOON

1. 단동사

이 동사는 갑자기 부피가 늘어나는 과정을 그린다.

명사: 풍선

자동사

The garbage patch in the ocean is ballooning at an alarming rate.

바다 속 그 쓰레기 지대가 놀라운 속도로 커지고 있다.

2. 구동사

2.1 balloon O out

The doctor ballooned out the artery to examine it.

그 의사는 동맥을 조사하기 위해서 그것을 부풀려 커지게 했다.

[out은 혈관이 부풀어 커지는 관계를 나타낸다.]

BAN

1. 단동사

이 동사는 무엇을 금지하는 과정을 그린다.

명사: 금지, 금지령

타동사

Chemical weapons are banned internationally. (passive)

화학 무기들은 국제적으로 금지되고 있다.

2. 구동사

2.1 ban O from O

The father banned his son from drinking.

그 아버지는 아들이 음주를 못하게 금지했다.

The guard banned us from the palace.

그 경비는 우리를 그 궁전에 들어가지 못하게 했다.

The president banned the muslims from coming to America.

그 대통령은 무슬림 교도들이 미국에 오는 것을 금지했다.

Russia was **banned from** Rio Olympics. (passive)
러시아는 리오 올림픽 출전이 금지되었다.

2.2 ban O off
Cars are **banned off** the street. (passive)
차들이 그 길에서 통행이 금지되었다.

BAND

1. 단동사
이 동사는 어떤 목적을 달성하기 위해서 사람을 단합하는
과정을 그린다.
명사: 함께 어울려 다니는 무리, 음악 밴드

2. 구동사
2.1 band together
Villagers **banded together** to help the flood victims.
마을 사람들은 그 수해 피해자들을 돕기 위해 단합했다.
[together는 흩어져 있는 것이 한 곳에 모이는 관계를 나타낸다.]
All the parties **banded together** under the slogan of
unity.
모든 정당들은 통일이라는 그 슬로건 아래 뭉쳤다.

band O together
He **banded** people **together** to defeat the enemy.
그는 그 적을 물리치기 위해서 사람들을 규합했다.

BANDAGE

1. 단동사
이 동사는 붕대를 감는 과정을 그린다.
명사: 붕대

타동사

The nurse **bandaged** the patient's leg.
그 간호사는 그 환자의 다리에 붕대를 감아 주었다.

2. 구동사
2.1 bandage O up
The nurse **bandaged** the kid **up** and sent him home.
그 간호사는 그 아이에게 붕대를 감아주고 그를 집으로
보냈다.
My knee was **bandaged up**. (passive)
내 다리는 붕대가 감겨졌다.

BANG

1. 단동사
이 동사는 쾅 소리를 내며 부딪히는 과정을 그린다.

명사: 쾅하는 소리

타동사

He **banged** the door.
그는 그 문을 쾅 닫았다.

자동사

The drums **banged**.
그 북들이 쿵쿵 소리 냈다.

2. 구동사
2.1 bang about
She is **banging about** in the kitchen.
그녀는 그 부엌에서 물건 부딪치는 소리를 내면서 다니
고 있다.
Kids are **banging about** upstairs.
아이들이 이층에서 쿵쾅 거리며 다니고 있다.

2.2 bang against O
The shutters **banged against** the house.
그 덧문들이 그 집을 쾅쾅 쳤다.

2.3 bang away at O
Tom was downstairs **banging away at** the piano.
톰은 아래층에서 피아노를 계속해서 쿵쾅거리고 있다.
He is **banging away at** his homework.
그는 그의 숙제를 조금씩 계속하고 있다.
[away는 반복을 나타내고, at은 숙제를 열중하고 있는 관계를 나타
낸다.]
Police are **banging away at** the suspect.
경찰이 그 용의자에게 계속해서 질문을 하고 있다.

2.4 bang O down
He **banged** the glass **down** on the table.
그는 그의 잔을 그 책상에 쾅 내리쳤다.
Don't **bang** the lid **down**.
그 뚜껑을 쾅 하고 내려놓지 마라.

2.5 bang into O
It was dark in the hall, and I was **banging into** things.
그 방은 어두워서 나는 물건을 쾅쾅 들이받고 있었다.
[into는 내가 물건을 들이받는 관계를 나타낸다. 참조: bump into,
run into, walk into]
I happened to **bang into** the woman.
나는 그 여자에 쾅 부딪히게 되었다.
[참조: bump into, run into]

2.6 bang on O
The child is **banging on** the keys of the piano.
그 아이가 그 피아노 건반들을 쾅쾅 치고 있다.

[on은 피아노의 일부가 영향을 받는 관계를 나타낸다.]

bang on

He is always **banging on** about how much he missed life in Hawaii.

그는 언제나 하와이의 생활을 얼마나 그리워하는지에 대해 계속해서 말하고 있다.

[on은 과정의 계속을 나타낸다. 참조: go on about]

bang O on O

He **banged** his fist **on** the table.

그는 그의 주먹을 그 탁자에 펑 쳤다.

2.7 bang O out

He **banged out** an old song on the piano.

그는 옛 노래를 그 피아노에 쿵쿵 쳐 내었다.

[out은 노래를 소리로 나타내는 관계를 나타낸다.]

Reporters are **banging out** stories about the earthquake in Nepal.

기자들이 네팔의 지진과 관련된 얘기를 컴퓨터에 써내고 있다.

[out은 이야기가 만들어져 나오는 관계를 나타낸다. 참조: churn out, roll out]

2.8 bang O up

I **banged up** my father's car.

나는 아버지의 차를 (어딘가에 들이박아서) 많이 망가뜨렸다.

[up은 망가뜨린 정도가 큼을 나타낸다.]

| laptop 노트북 컴퓨터 smartphone 스마트폰 |

He got **banged up** at the bar. (passive)

그는 그 술집에서 많이 두들겨 맞았다.

[참조: beat up]

He was **banged up** for five years for a murder that he had not committed. (passive)

그는 그가 저지르지도 않은 살인죄로 5년간 감옥에 있었다.

[up은 갇힌 상태에서 움직이지 못한 상태를 나타낸다. 참조: lock up]

BANK 1

1. 단동사

이 동사는 시간이나 돈을 저축하거나, 은행과 거래를 하거나, 혹은 은행에 돈을 넣는 과정을 그린다.

타동사

She is believed to have **banked** $10 million in two years.

2년 동안에 그녀 통장으로 천만 달러가 들어간 것으로 사람들이 믿고 있다.

2. 구동사

2.1 bank with O

The family had **banked with** Bank of America for generations.

그 가족은 대를 이어 Bank of America와 거래를 해 왔었다.

BANK 2

1. 단동사

이 동사는 해초나 눈이 쌓이거나 쌓는 과정을 그린다.

명사: 둑, 강둑

타동사

They **banked** the earth into a mound.

그들은 그 흙을 작은 언덕처럼 쌓아 올렸다.

2. 구동사

2.1 bank on O

The government **banks on** spending boom to boost up the sagging economy.

그 정부는 침체하는 경기를 활성화시키기 위해서 소비 경기를 기대한다.

[참조: count on, rely on, depend on]

He thinks the weather will be good, but he would not **bank on** it.

그는 날씨가 좋을 것이라고 생각하지만, 그것을 기대하지는 않을 것이다.

2.2 bank up

Huge piles of snow **banked up** along the street.

많은 양의 눈이 길가를 따라 둑처럼 쌓였다.

bank O up

Seaweeds are **banked up** on the beach. (passive)

해초들이 해변 위에 둑처럼 쌓여있다.

BAR

1. 단동사

이 동사는 문이나 창문에 빗장을 쳐서 사람이 출입하지 못하게 하는 과정을 그린다.

명사: 빗장, 막대기, 장애물, 술집

타동사

All the doors and windows are **barred**. (passive)
모든 문과 창문들에는 (사람이 못 들어가게) 빗장이 쳐져 있었다.

Two police officers were **barring** her exit.
경찰관 두 명이 그녀가 나가려는 길을 막고 있었다.

2. 구동사
2.1 **bar** O from O
The police **barred** us from entering the square.
경찰이 우리가 그 광장에 들어가는 것을 막았다.
The usher **barred** me from the cinema.
그 안내인은 나를 그 영화관에 못 들어가게 했다.

2.2 **bar** O up
They **barred** the gate **up** so that nobody could get in.
그들은 그 문을 빗장을 걸어 막아서 아무도 들어오지 못하게 했다.

BARGAIN ¹

1. 단동사
이 동사는 무엇이 일어나리라 예상하고 계획하는 과정을 그린다.

2. 구동사
2.1 **bargain** for O
I didn't **bargain** for this result.
나는 이 결과를 예상하지 않았다.
It was a wonderful trip, but it cost a lot more than I had **bargained** for.
멋진 여행이었지만 내가 예상했던 것보다 더 많은 비용이 들었다.

2.2 **bargain** on O
I **bargain** on his quick return.
나는 그의 빠른 귀국을 기대한다.
I didn't **bargain** on being stuck in traffic for an hour.
나는 한 시간 동안 교통정체에 막혀 있을 것이라고 예상하지 않았다.

BARGAIN ²

1. 단동사
이 동사는 흥정하는 과정을 그린다.
명사: 싸게 사는 물건, 합의, 흥정
자동사
He said he wasn't prepared to **bargain**.
그는 흥정을 할 준비가 안 되어 있다고 말했다.

2. 구동사
2.1 **bargain** over O
I **bargained** over money with Jim.
나는 돈 때문에 짐과 흥정을 했다.

BARGE

1. 단동사
이 동사는 부딪히면서 거칠게 움직이는 과정을 그린다.
명사: 바지선(강이나 바다에서 사람이나 짐을 싣고 다니는 납작한 배)
자동사
He **barged** past me to get to the bar.
그가 그 카운터로 가느라 나를 거칠게 밀치고 지나갔다.

2. 구동사
2.1 **barge** in
He **barged** in without knocking.
그는 노크도 하지 않고 무례하게 들어왔다.

barge in on O
He **barged** in on us without knocking.
그는 노크도 하지 않고 우리에게 무례하게 끼어들었다.
They **barged** in on our meeting.
그들은 우리 모임에 무리하게 끼어들었다.

2.2 **barge** into O
He **barged** into her and nearly knock her over.
그는 그녀를 거칠게 들이박아서 그녀가 거의 넘어질 뻔했다.
[참조: bump into, run into, bang into]

BARK

1. 단동사
이 동사는 개와 같이 짖는 과정을 그린다.
자동사
The dog **barked** all night and annoyed us.
그 개가 밤새 짖어서 우리를 짜증나게 했다.

2. 구동사
2.1 **bark** at O
The dog **barked** at the delivery man.
그 개는 그 배달부에게 짖어댔다.
My dog does not **bark** at strangers.
내 개는 낯선 사람들에게도 짖지 않는다.

bark O at O

He **barked** questions **at** her.
그가 그녀에게 큰소리로 질문을 했다.

2.2 bark O out

The captain **barked out** an order to the player.
그 주장은 그 선수에게 큰 소리로 명령했다.
[out은 소리가 사방으로 퍼지는 관계를 나타낸다.]

2.3 bark up O

He **barked up** the wrong tree.
그는 잘못된 나무에다 짖었다. 즉, 엉뚱한 사람을 비난했다.

BARREL

1. 단동사
이동사는 통제할 수 없을 정도의 빠른 속도로 움직이는 과정을 그린다.
명사: (술을 저장하여 숙성시키는) 통, 한통의 양

2. 구동사
2.1 barrel down O
He came **barreling down** the hill and smashed into a phone booth.
그가 언덕을 질주해 내려오더니 그대로 공중 전화박스를 들이받았다.

2.2 barrel into O
The train derailed and **barreled into** the station.
그 기차는 탈선을 해서, 통제할 수 없을 정도로 빠르게 그 역을 들이받았다.

BARRICADE

1. 단동사
이 동사는 장애물을 설치하는 과정을 그린다.
명사: 장애물
타동사

The police **barricaded** the streets leading to the university.
경찰은 대학으로 가는 길들을 차단했다.

2. 구동사
2.1 barricade O in/inside
The terrorists **barricaded** themselves **inside** the building.
그 테러범들은 그 건물 안에 장애물을 설치하여 자신들을 방어했다.

Terrified villagers have **barricaded** themselves **in** their houses.
겁에 질린 마을 사람들은 자기 집에 방어벽을 치고 그 안에 있다.

BASE

1. 단동사
이 동사는 무엇을 어떤 바탕에 두는 과정을 그린다.

2. 구동사
2.1. base O on O
The film is **based on** the novel Farewell to arm. (passive)
그 영화는 소설 '무기여 잘 있거라'에 바탕을 두고 있다.
The report is **based on** inaccurate information. (passive)
그 보고서는 부정확한 정보에 바탕을 두고 있다.
A healthy relationship is **based on** mutual respect for each other. (passive)
건강한 관계는 상호 존중에 바탕이 주어진다.

BASH

1. 단동사
이 동사는 사람이나 물건을 손상이 갈 정도로 세게 치는 과정을 그린다.
명사: 강타

2. 구동사
2.1 bash O about
You can take my car as long as you don't **bash** it **about**.
너는 내 차를 가져갈 수 있다, 이것을 여러 군데 상처를 내지 않는 한.
[about은 차의 여러 곳을 가리킨다.]
My son **bashed** his new car **about**.
나의 아들은 그의 새 차를 이곳저곳 생채기를 냈다.
He'd been **bashed about** at school. (passive)
그는 학교에서 여러 군데 심하게 맞았다.
[참조: beat about]

bash about
With a frustration, he **bashed about** with a stick.
좌절감에 그는 막대를 가지고 휘둘렀다.

2.2 bash away at O
He spent the weekend **bashing away at** his report.
그는 그의 보고서 작성을 위해 열심히 일하면서 그 주말을 보냈다.
[away는 같은 동작의 반복을, at은 시도를 나타낸다. 참조: bang away at]

2.3 bash O in

My car's windshield was **bashed in**, and the glass is all over the seats. (passive)
내 차의 앞 유리창이 안으로 깨져서 유리 조각이 좌석들 전체에 흩어져 있다.
[in은 깨진 유리가 차 안으로 들어간 관계를 나타낸다. 참조: beat in, smash in]

The thief **bashed in** the window and entered the house.
그 도둑은 그 창문을 부수고 (안으로 들어가게 하여), 그 집으로 들어갔다.

If you do that again, I will **bash** your head **in**.
너가 그것을 다시하면, 나는 네 머리를 쳐서 함몰시킬 것이다.
[in은 머리의 한 부분이 속으로 들어가는, 즉 함몰되는 관계를 그린다. 참조: cave in]

2.4 bash O on

I am still **bashing on** my book, and I am going to finish it by the evening.
나는 그 책을 계속해서 어렵게 읽어가고 있고, 오는 저녁까지 끝낼 예정이다.
[on은 과정의 계속 상태를 그린다.]

bash on

In order to finish it by tomorrow, we have to **bash on**.
내일까지 그것을 끝내기 위해서는, 계속해서 열심히 해야 한다.

bash on with O

I'd better **bash on with** this report.
이 보고서를 재미는 없지만 계속하는 것이 좋겠다.
[on은 계속을 나타낸다. 참조: continue on with]

2.5 bash O out

The novelist **bashed out** three novels a year.
그 소설가는 한 해 세 권의 책을 조잡하게 써 냈다.
[out은 소설이 생겨나는 관계를 나타낸다.]

2.6 bash O up

Some of the apples were **bashed up**. so they let us have them very cheaply. (passive)
그 사과 몇 개가 치어서 멍이 들어 있어서, 그들은 우리가 그것을 매우 싸게 가져가게 했다.

[up은 치인 상태의 정도가 심한 관계를 나타낸다.]
The bully **bashed up** the small kid.
그 불량배가 그 작은 아이를 강타했다.
[up은 아이가 많이 맞은 상태를 나타낸다. 참조: beat up]
He said he'd **bash** me **up** if I said anything about the accident.
내가 그 사고에 대해서 어떤 말이라도 하면 그는 나를 심하게 때리겠다고 말했다.

1. 단동사
이 동사는 (햇볕에) 쪼이는 과정을 나타낸다.

2. 구동사
2.1 bask in O
He is **basking in** *the sun*.
그는 햇볕을 쬐고 있다.

fame	명성	victory	승리
praise	칭찬		

He is **basking in** the warmth of spring.
그는 봄철의 따스함을 듬뿍 받고 있다.
The singer **basked in** the admiration of his fans.
그 가수는 팬들의 감탄을 듬뿍 즐겼다.

BAT

1. 단동사
이 동사는 방망이로 공을 치는 과정을 그린다.
명사: 방망이

자동사
When Bob **batted**, he struck out.
밥이 공을 쳤을 때, 그는 스트라이크 아웃 당했다.

타동사
Tom **batted** the flies away from him.
톰은 파리를 쳐서 멀어지게 했다.

2. 구동사
2.1 bat O around
We **batted around** different proposals, but we didn't come to a decision.
우리는 여러 가지의 제안의 장단점에 대해 토의했으나, 결론에 이르지 못했다.
[이 표현은 '생각은 공이다'의 은유가 적용된 예이다. 공을 이 사람 저 사람에게 던지듯 생각을 이 사람 저 사람에게 던져서 장단점을 찾아내는 것이다. 참조: throw around, toss around]

bat around

He just **bat around** most of the time.
그는 대부분의 시간을 할 일 없이 보낸다.

bat around O

The kids will get in trouble **batting around** town all the time.
그 아이들은 읍내를 돌아다니며 문제를 일으킬 것이다.

2.2 bat O out

He **batted out** a few lines to use in a speech.
그는 그의 연설에 쓸 몇 줄을 급하게 써내었다.
[out은 머릿속에 있는 것이 밖으로 표현되는 관계를 나타낸다.]

BATTEN

1. 단동사
이 동사는 막대기로 문 등을 고정시키는 과정을 그린다.
명사: 널빤지. 물건을 고정시키는 데에 쓰이는 길고 가는 나무판자.

2. 구동사
2.1 batten O down

We **battened down** all the windows and doors before the typhoon.
우리는 그 태풍이 오기 전에 모든 창문들과 문들을 널빤지로 고정시켰다.
[down은 창문과 문이 고정된 상태를 나타낸다.]

Batten the hatch **down** before sailing.
항해하기 전에 갑판의 문을 널빤지로 고정시켜라.

BATTER

1. 단동사
이 동사는 피해를 줄 정도로 세게 반복적으로 치는 과정을 그린다.
명사: 여러 번 두드리기

타동사

Somebody had **battered** her to death.
누군가가 그녀를 때려 죽였다.

2. 구동사
2.1 batter against O

The waves **battered against** the cliff.
그 파도들이 반복적으로 그 절벽을 쳤다.

2.2 batter O down

The firemen **battered down** the door and entered the room.
그 소방관들은 그 문을 때려 부수고 그 방으로 들어갔다.
[down은 서 있던 것이 무너지는 상태를 나타낸다.]

2.3 batter O up

Who **battered up** my new car?
누가 내 새 차를 망가뜨렸나?
[참조: bash up]

BATTLE

1. 단동사
이 동사는 무엇을 성취하기 위해 힘들게 싸우는 과정을 그린다.
명사: 전투, 다툼, 투쟁

타동사

The firemen are **battling** major fires
그 소방관들은 그 큰 불을 잡으려고 애쓰고 있다.

2. 구동사
2.1 battle against O

After the accident, his parents began **battling against** drunk driving.
그 사고 후에 그의 부모는 음주운전에 대한 투쟁을 시작했다.

2.2 battle for O

The lawyer **battled for** her client's freedom.
그 변호사는 그녀의 의뢰인의 자유를 얻기 위해 투쟁했다.

2.3 battle on with O

He is **battling on with** the unjust system.
그는 그 불공정한 제도와 계속해서 투쟁하고 있다.
[on은 투쟁이 계속됨을 나타낸다.]

2.4 battle O out

He **battled** it **out** for the presidency.
그는 대통령직을 위해 끝까지 싸웠다.
[out은 결판이 날 때까지 싸우는 관계를 나타낸다. 참조: fight it out, duke it out]

BE

1. 단동사
동사 be는 무엇이 시간과 공간에 존재함을 그린다. 이때 무엇은 실체이거나 상태, 관계가 될 수 있다.

2. 구동사

2.1 be about O

At 9 o'clock, all the office workers **are about** their business.
아홉시에 그 사무실 직원은 그들의 일을 하고 있었다.
He **is** somewhere **about** here.
그는 이 근처 어디엔가 있다.
Business **is** all **about** making connections.
사업이라는 것은 관계를 맺는 것이 매우 중요하다.

be about

Watch out! There **is** a lot of ice **about** on the road.
조심해! 그 길 이곳저곳 많은 얼음이 있다.

be all about O

He **is** all **about** camping.
그는 캠핑에 모든 마음을 쏟고 있다.
She **is** all **about** home cooking.
그녀는 집에서 요리하는 것에 온 마음을 쏟고 있다. 즉,
집에서 요리하는 것을 좋아한다.

2.2 be above O

The plane **is** directly **above** us.
그 비행기가 우리 바로 위에 있다.
The problem **is** above him.
그 문제는 그의 머리 위에 있다. 즉, 그가 감당할 수 있
지 않다.
[him은 환유적으로 그의 능력을 가리킨다.]

I think you **are above** bribery.
나는 당신이 뇌물 받는 것 위에 있다고 생각한다. 즉,
뇌물을 받지 않는다고 생각한다.
[좋음은 위, 나쁨은 아래의 은유가 적용된 표현이다.]

2.3 be abreast of O

He **is abreast of** development in linguistics.
그는 언어학적 발전과 병행해 있다.

2.4 be across O

His house **is across** the street.
그의 집은 그 길 건너에 있다.
The change **is across** the board.
그 변화는 전역에 걸쳐있다.

be across

The building **is across** from us.
그 건물은 우리 쪽에서 볼 때 건너 쪽에 있다.

2.5 be after O

The new appointment **is after** the coffee break.
그 새 약속이 커피 브레이크 다음에 있다.
The police **is** still **after** the man who exploded the building.
경찰은 그 건물을 폭파한 사람을 아직 뒤쫓고 있다.
He **is after** a small car.
그는 소형차를 찾아다니고 있다.

2.6 be against O

He **is** dead **against** the bill.
그는 그 법안에 절대적으로 반대다.
I am **against** everything you stand for.
나는 당신이 옹호하는 모든 것에 반대 입장이다.

2.7 be ahead

He **is** way **ahead** in Korean.
그는 한국어에 있어서 훨씬 앞서고 있다.
She **is ahead** of us in English.
그녀는 영어에서 우리를 앞서있다.

2.8 be along

I'll **be along** in half an hour.
나는 반시간 후에 따라가겠다.

2.9 be around O

She may **be** somewhere **around** the house.
그녀는 그 집 주위 어딘가에 있을지도 모른다.
I don't like people like that to **be around** him.
나는 그 주위에 그와 같은 사람들이 있는 것이 싫다.
Christmas **is around** the corner.
크리스마스가 목전에 와 있다.

be around

The smartphone has **been around** for about 7 years.
그 스마트폰은 7년 동안 우리 곁에 있었다. 즉, 존재
했다.
I'll **be around** sometime tomorrow.
나는 내일쯤 돌아와 있을 것이다.

2.10 be at O

He **is at** me again.
그는 다시 나를 공격하고 있다.
The mice **are at** the cheese.
그 쥐들이 치즈를 조금씩 먹고 있다.
He **is at** his best when is relaxed.
그는 긴장을 풀고 있을 때 능력이 최고조에 있다.
He **is** hard **at** work now.

그는 지금 열심히 일을 하고 있다.
Prices **are at** issue.
가격이 쟁점이 되고 있다.

2.11 be away
Teresa **is away** in China.
테레사는 중국에 가있다. 즉, 여기에 없다.
The books **are away** in the store house.
그 책들은 그 저장소에 치워져있다.
He **was away** at the start of the race.
그는 경기 초반에 (다른 사람을) 앞서 있었다.

be away from O
He **is away from** the desk.
그는 책상을 떠나있다.

2.12 be back
He **is back** in time for dinner.
그는 저녁시간에 맞게 돌아와 있다.
The spaceman **is back** on the ground.
그 우주인이 다시 지구상에 와 있다.
The movie **is back** from the 1950's.
그 영화는 1950년부터 다시 돌아와 있다.

2.13 be before O
Jane **was before** Helen in the line for the tickets.
제인은 표 사는 그 줄에서 헬렌의 앞에 있었다.
He **is before** her with the novel.
그는 그 소설을 읽는데, 그녀보다 앞서 있다.

2.14 be behind O
What **is behind** his sudden departure?
무엇이 그의 갑작스런 출발 뒤에 있느냐? 즉, 출발의 숨
은 원인이 무엇이냐?
Who **is behind** the attack?
누가 그 공격의 뒤에 있느냐? 즉, 공격의 배후자가 누구
인가?
John **was behind** himself with scare.
존은 두려움에 제정신이 아니었다.
[환유적으로 John은 마음, himself는 몸을 가리킨다. 즉 몸과 마음
이 떨어진 상태이다.]

be behind
Our team **was behind** on points at the end of the game.
우리 팀은 그 게임의 마지막에 점수에 있어서 뒤처져
있었다.
We **are** two months **behind** with our rent.
우리는 집세가 두 달 밀려있다. 뒤처져있다.

2.15 be below O
The sun **is below** the horizon.
해는 지평선 아래에 있다.
Her weight **is below** the average.
그녀의 몸무게는 표준이하이다.
Thomas **is below** Simpson in the law firm.
토마스는 그 법률회사에서 심슨 밑에 있다.

2.16 be beneath O
The cat **is beneath** the table.
그 고양이는 그 식탁 밑에 있다.
His complaint **is beneath** attention.
그의 불평은 주의의 밑에 있다, 주의할 가치가 없다.
Working on a farm **is not beneath** your dignity.
농장에서 일하는 것은 너의 위신 밑에 있는 것은 아
니다.
That **is beneath** you!
그것은 너 체면 밑에 있다! 즉, 체면상 할 수 없다!
[you는 환유적으로 체면이나 위신을 가리킨다.]

2.17 be beside O
Your question **is beside** the main point.
너의 질문은 그 요점에서 벗어나 있다.
She **was beside** herself with anger.
그녀는 화로 인해 제정신이 아니었다.

2.18 be between O
This **is between** you and me.
이것은 너와 나 사이의 문제이다.
The question **is between** chocolate cake and cherry
pie.
문제는 초콜릿 케이크나 체리파이 둘 중 하나를 선택하
는 것이다.

2.19 be beyond O
Her rude remark **is beyond** a joke.
그녀의 조잡한 말은 농담을 넘어서 있다.
The wounded dog **is beyond** hope.
그 다친 개는 희망 너머에 있다. 회생 가능성이 없다.

2.20 be down
The sun **is down**.
해가 져있다.
Our team **was down** 3 goals at half game.
우리는 중반에 3점을 지고 있었다.
[down은 수가 적은 상태를 나타낸다.]
The liquor store **is** ten bottles of soju **down**.
그 가게는 소주 10병이 모자란다.

My printer **is down**.
나의 인쇄기가 고장이 났다.
[down은 고장상태를 가리킨다.]
Is her name **down** in your list?
그녀의 이름이 너의 명단에 적혀있니?
[down은 종이에 적혀있는 상태를 가리킨다.]
Is his name **down** as Charles?
그의 이름이 찰스로 적혀있니?
She **is down** probably because of the weather.
그녀는 아마도 기후 때문에 기분이 저조하다. 우울하다.

2.21 be down on O
He **is down on** his knees.
그는 무릎을 대고 앉아 있다.
Critics **are down on** the young poet.
비평가들이 그 젊은 시인에게 공격을 하고 있다.
[down은 위에서 아래로, on은 영향을 받는 사람을 도입한다.]

2.22 be down for
I am **down for** coffee.
나는 커피를 결정했다. 즉, 나는 커피를 좋아한다.

2.23 be down to O
He **is down to** his last penny.
그는 그의 마지막 한 푼으로 돈이 줄어들었다.

2.24 be down with O
He **is down with** a severe cold.
그는 독감감기로 앓고 있다.
[down은 건강이 좋지 않은 상태를 가리킨다.]

2.25 be for O
We **are** all **for** helping the homeless.
우리는 모두 노숙자를 돕는데 찬성한다.
We **are** all **for** your candidacy.
우리는 모두 너의 후보직을 찬성한다.

2.26 be from O
Where **are** you **from**?
너는 어디에서 왔니? 즉, 고향이 어디냐?

2.27 be in
Is George **in**?
조지가 들어와 있나?
The strawberry **is in** before the storm.
딸기가 폭풍 전에 (거두어져) 들어와 있다.
Do you have any flour? No, it **is** not **in** yet.
밀가루가 있나요? 아니요 그것은 아직 (가게에) 들어오

지 않았어요.
The liberals **are in** now.
자유당이 집권하고 있다.
[in은 in power를 뜻한다.]
The tide **is in**.
조류가 들어와 있다.

be in O
Susan **is in** love with Harry.
수전은 해리와 사랑에 빠져있다.
The democrats **are in** power.
민주당이 집권하고 있다.
The army **is in** control of the situation.
그 군대가 상황을 통제하고 있다.
The advisory **is in** effect.
주의보가 아직 유효하다.
The *economic sanction* **is** still **in** place.
그 경제제재가 아직도 존재한다.

| agreement | 합의 | ban | 금지령 |
| problem | 문제 | restriction | 제한 |

A clear sky **is in** store.
맑은 하늘이 예고되어 있다.
Light clothes **are in** order.
가벼운 옷이 알맞다.
Peace **is in** the air.
평화의 기운이 감돌고 있다.

2.28 be in for O
I am **in for** a hundred-meter race.
나는 100미터 경기에 참가하고 있다.
[in은 활동영역에 들어와 있는 관계를 나타내고, for는 주어진 경기에 참가하는 목적을 나타낸다.]
We **are** already **in for** a shock.
우리는 이미 충격을 받은 상태에 들어와 있다.
We **are in for** a long rainy season.
우리는 긴 우기에 들어와 있다.
I am **in for** a pleasant surprise.
나는 즐거운 놀라움을 겪고 있다.

2.29 be in on O
He **is** all **in on** the race.
그는 그 경기에 집중하고 있다.

2.30 be into O
The car **was** well **into** the tunnel when it broke down.
그 차가 고장이 났을 때 그 터널에 들어온 지 한참이 되

었다.

He **was** well **into** the morning when he woke up.

그가 일어났을 때 그는 아침에 한참 들어와 있었다. 즉,
늦은 아침이었다.

He **is** always **into** other people's business.

그는 항상 남의 일에 끼어든다.

I **am into** Korean food.

나는 한식에 빠져있다.

I **am into** coffee.

나는 커피에 빠져있다.

I **am into** cooking Korean food.

나는 한식을 요리하는 데 빠져있다.

2.31 be off O

One button **is off** my shirt.

단추 하나가 내 셔츠에서 떨어져 있다.

The dog **is off** his food.

그 개가 그의 먹이에서 떨어져 있다. 즉, 식욕을 잃었다.

The old man **is off** his smoking.

그 노인은 담배를 끊고 있다.

The matter **is off** my hands.

그 일은 내 손을 떠나있다.

You **are off** the mark.

너는 표적에서 빗나가 있다. 즉, 추측이 맞지 않다.

be off

The fan **is off**.

그 선풍기가 꺼져있다.

The milk **is off**. don't drink it.

그 우유가 정상에서 벗어나있다. 즉, 상해있다. 마시지
마라.

His estimation **was off** a little.

그의 추정치가 실제에서 약간 벗어났다. 즉, 틀렸다.

It is getting dark and I must **be off**.

어두워지고 있어서, 나는 자리를 떠야겠습니다.

[off는 내가 자리를 뜨는 관계를 나타낸다.]

The meeting **is off**.

그 회의가 끝났다.

[off는 진행상태가 끝나거나 취소되는 관계를 나타낸다.]

The water supply **is off**.

물 공급이 끊겼다.

He **is off** every Thursday.

그는 매주 목요일에 쉰다.

2.32 be off on O

He **is off on** his pet subject.

그는 그의 애완견 주제에 대해서 얘기하고 있다.

[off는 정지상태를 떠나 활동 중인 상태를 나타낸다.]

He **is off on** Sally.

그는 샐리에게 화를 벌컥내고 있다.

[참조: set off, tick off]

He **is off on** his guess.

그는 그 계산이 틀렸다.

2.33 be off to O

He **is off to** Hongkong.

그는 여기를 떠나 홍콩에 가 있다.

2.34 be on O

He **is on** his feet.

그는 발을 딛고 서있다. 즉, 그는 발에 의지해 있다. 건
강하다.

The lunch **is on** me.

그 점심은 나의 부담이다.

It **is on** us to take care of him.

그를 돌보는 것은 우리 책임이다.

My money **is on** the brown horse.

내 돈은 그 갈색 말에 걸려있다.

He **is on** a tour.

그는 여행 중이다.

The item **is on** sale.

그 품목이 세일 중이다.

He **is on** the way home.

그는 집으로 가는 중이다.

He **is on** the subway now.

그는 지하철을 타고 있다.

He **is on** *twitter*.

그는 지금 트위터를 쓰고 있다.

facebook 페이스북	instagram 인스타그램

The demand **is on** the rise.

그 수요는 증가하고 있다.

He **is on** the committee.

그는 그 위원회에 속해 있다.

She **is on** air with Serena.

그녀는 새리나와 함께 방송 중이다.

He **is on** the court of appeal.

그는 항소심 판사이다.

be on

Don't leave the stove while it **is on** unattended.

스토브가 켜져 있는 동안, (지켜보는 사람 없이) 내버려
두지 마세요.

The lights **are on**.

그 전등불이 들어와 있다.

There is a new film on at the cinema center.
그 새 영화가 그 영화관에서 상영중이다.
The strike is still on.
그 파업은 아직도 계속 중이다.
The case is on in the court room.
그 사건은 법정에서 진행 중이다.

2.35 be well on in/into O
It is well on into the night.
시간이 많이 가서 밤이 접어들어 있다.
[on은 시간이 계속 나아가는 것을, into는 밤으로 들어가는 관계를 나타낸다.]
He is well on into 80's.
그는 벌써 80대로 접어들어 있다.

2.36 be onto O
The Internal Revenue Service is onto him.
미 국세청이 그에 대한 정보를 알고 있다.
They believe that they are onto a new discovery.
그들은 그들이 새로운 발견에 접촉해있다고 믿는다. 즉, 새로운 것을 발견했다고 믿는다.

2.37 be out
The sun is out.
해가 나왔다.
The chrysanthemums will be out in a few days.
국화꽃이 며칠 안에 피어나올 것이다.
The spring issue of the magazine will be out soon.
그 잡지의 봄 호가 곧 나올 것이다.
The secret is out.
그 비밀이 새어 나와 있다.
The street lights are all out now.
그 가로등들이 모두 나왔다 / 나갔다.
[out은 현재가 밤이라면 가로등이 나왔다, 즉 켜졌다는 의미이고, 현재가 새벽이라면 가로등이 나갔다, 즉 꺼졌다는 것을 의미한다.]
The year is out.
그 해가 지나갔다.
The doctor is well out in his diagnosis.
그 의사는 진단에서 크게 벗어났다. 즉, 진단이 틀렸다.
The shoes are out now.
그 신발들은 다 나갔다.
The tide is out now.
조류가 나갔다.
The results of the exam were out.
그 시험의 결과가 나왔다.
A: Can we go out on Sunday?
B: No, that's out.
A: 우리 일요일에 나갈까요?

B: 아니요, 그것은 불가능해요.
The family are out at a picnic.
그 가족은 나가서 소풍을 하고 있다.
They are out and about.
그들은 나가서 돌아다닌다.
He is out and about.
그는 나가서 이리저리 다니고 있다. 혹은 나가서 정상적인 활동을 하고 있다.
The election is two months out.
그 선거는 2달 밖에 있다. 즉, 2달 후에 있다.
They are all out on climate change.
그들은 기후 변화에 전력을 다 하고 있다.

2.38 be out and
The doctor says she will be out and about soon.
그 의사는 그녀가 곧 퇴원해서 돌아다닐 수 있을 것이라고 말했다.

2.39 be out of O
The bird is out of the cage.
그 새가 그 새장에서 나가있다.
The stain is not out of your shirt.
그 얼룩이 너의 셔츠에서 빠지지 않았다.
The enemy is out of range.
그 적은 사정거리 밖에 있다.
The machine is out of action.
그 기계는 고장이 나서 움직이지 않는다.
The machine is out of order.
그 기계는 질서에서 벗어나있다. 즉, 고장이 나있다.
Strawberries are out of season.
딸기는 제철이 지나갔다.
Another trip abroad this year is out of the question.
올해 또 해외여행을 가는 것은 불가능하다.
His success is out of question.
그가 성공하는 것은 의심의 영역 밖에 있다. 즉, 확실하다.
Milk is out of stock.
우유가 재고에서 벗어났다. 즉, 다 떨어졌다.

2.40 be over O
The rumor is all over the town.
그 소문은 동네 전체에 퍼져있다.
The dog was all over me when I entered the room.
내가 그 방에 들어섰을 때 그 개가 좋아서 나를 덮쳤다.
How long will you be over your lunch?
얼마동안 너는 점심을 먹고 있을 건가요?
His display of affection is over the top.
그의 애정표현은 꼭대기를 넘어섰다. 즉, 지나치다.

B

be over

Summer **is over** now.
여름이 지나갔다.

Will you **be over** for lunch?
점심을 먹으러 집에 건너올 수 있나?

The game **is over**.
그 경기는 끝이 났다.

be over with O

I am happy that I **am over with** the girl.
나는 그 소녀와의 관계가 끝나서 기분이 좋다.

2.41 be past O

You **are past** the point of no return.
너는 돌아올 수 없는 지점을 지났다.

It's **past** six o'clock.
시간이 6시가 지났다.

He **is past** his best.
그는 그의 전성기를 지났다.

2.42 be under O

The president **is under** *attack*.
그 대통령은 공격을 받고 있다.

suspicion 의심	sedation 진정 상태

2.43 be up

The sun **is up**.
해가 올라와 있다.

My blood **is up**.
내 피가 끓어 올라와 있다.

The game **is up**.
그 경기가 끝났다.
[up은 경기가 진행된 시간이 끝에 이름을 나타낸다.]

He **was up** until late last night.
그는 어젯밤 늦게까지 깨어 있었다.

The storm warning **is** still **up**.
그 폭풍경보가 아직도 서있다. 즉, 유효하다.

2.44 be up against O

We **are up against** a strong wind.
우리는 강한 바람과 맞서고 있다.

We **are up against** difficulties.
우리는 여러 가지 어려움에 맞서고 있다.
[up은 꺾이지 않고 버티는 상태를 나타낸다.]

I **am up against** some serious problems.
나는 심각한 문제에 봉착해있다.

2.45 be up and

He **is up and** about.
그는 일어나서 돌아다닌다.

The air-conditioner **is up and** running.
그 냉방기는 작동을 시작하여 작동되고 있다.

The factories **are up and** smoking.
그 공장들은 작동상태에서 연기를 내뿜고 있다.

2.46 be up for O

The house **is up for** sale.
그 집은 팔려고 내어놓았다.
[up은 사람들의 의식 영역에 들어와 있는 상태를 나타낸다.]

The prize **is up for** grabs.
그 상은 누구나 잡을 수 있게 나와 있다.

The dog **is up for** adoption.
그 개는 입양되기 위해서 나와 있다.

I **am up for** some coffee.
나는 커피를 몹시 마시고 싶다.
[참조: be down for]

2.47 be up in O

He is well **up in** the matter.
그는 그 문제에 대해서 수준이 높다.
[he는 환유적으로 그의 지식을 나타낸다.]

2.48 be up next

The news **is up next**.
뉴스는 다음에 시작됩니다. 즉, 뉴스가 화면에 나타납니다.

2.49 be up to O

What is he **up to**?
그는 무엇을 하려고 하고 있나?
[up은 활동상에 있음을 나타낸다.]

We **are up to** going out at night.
우리는 저녁에 밖에 나가려고 하고 있다.

I'm not quite **up to** the job.
나는 그 일을 감당할 수준에 있지 않다.

2.50 be up with O

Are you **up with** your colleagues at work?
너는 직장에서 동료들과 같은 수준에 있느냐?

2.51 be upon O

Winter **is upon** us.
겨울이 우리에게 닥쳐와 있다.

2.52 be through

I am tired of her breaking promises. We **are through**.

나는 그녀가 약속을 어기는 것에 싫증이 났다. 우리의 관계는 끝났다.
[we는 환유적으로 관계를 나타내고, through는 관계가 끝난 상태를 나타낸다.]

be through with O
I am through with pretending to be rich.
나는 부자인 척하는 일을 끝냈다.

2.53 be with O
I was in advertizing for a while, but now I am with publishing.
나는 잠깐 광고업에 종사했으나, 지금은 출판업을 하고 있다.
He is with BBC now.
그는 이제 BBC에서 일한다.
If you decide to help him, I am with you.
네가 그를 돕겠다면 나는 너와 같은 생각이다.

BEAM

1. 단동사
이 동사는 전파를 보내는 과정을 그린다.
명사: 빛줄기

2. 구동사
2.1 beam O around O
The pictures of the royal wedding were beamed around the world.
그 왕실 결혼식 사진들이 전 세계에 전송되었다.

2.2 beam O back
The spacecraft beamed back images of Mars.
그 우주선은 화성의 영상들을 지구로 전송해 보냈다.

2.3 beam down on O
The morning sun beamed down on the field.
그 아침 햇살이 그 밭에 내리쬐었다.

beam O down
The spacecraft beamed down images of the moon.
그 우주선이 달의 영상들을 지구로 쏘아 내렸다.

2.4 beam in
The sun beamed in through the window.
햇빛이 그 창문을 통해 들어왔다.

2.5 beam O into O

VOA (Voice Of America) is beamed into North Korea.
미국의 소리 방송은 북한에 전송된다.

BEAR

1. 단동사
이 동사는 몸에 지니는 과정을 나타낸다.
타동사
The guests came bearing gifts.
그 손님들은 선물들을 지니고 왔다.
The letter bore his signature.
그 편지는 그의 사인을 가지고 있다.
She bears a resemblance to her mother.
그는 그녀의 어머니와 유사성을 지니고 있다.
She has born a child.
그녀는 아이를 낳은 적이 있다.
Our persimmon tree bears no fruit.
우리 감나무는 감이 열리지 않는다.
I can't bear this heat.
나는 이 무더위를 견딜 수 없다.
I can't bear a grudge.
나는 원한을 품을 수가 없다.
The wall bears the weights of the roof.
그 벽은 그 지붕의 무게를 지닌다, 즉 지탱한다.
[다음 bear는 무엇을 지니고 움직이는 과정을 그린다.]
The current bore the boat towards the falls.
그 물살은 그 배를 폭포 쪽으로 (지니고) 운반한다.

2. 구동사
2.1 bear down
The young woman gritted her teeth, and bore down groaning.
그 젊은 여인은 이를 갈고 (아이를 낳기 위해서) 신음을 하면서 힘을 아래로 주었다.
The men all bore down, but the boat didn't budge.
그 모든 사람들이 온 힘을 다해 내리 눌렀으나 그 배는 꼼짝도 하지 않았다.
He bore down with all his weight.
그는 모든 무게를 갖고 내리 눌렀다.
[참조: press down]
It is your problem. So just bear down and do what you have to do.
이건 너의 문제이니 참고 너의 할 일을 해야만 한다.
Bear down and be really tough.
참고 견디고 강인해야 한다.

bear down on O
The responsibility bore down on him.

그 책임이 그를 내리누르고 있다.

[on은 그가 힘으로 영향을 받고 있는 것을 나타낸다. 참조: weigh down on]

The weights of the responsibility **bore down on** her.

그 책임의 무게가 그녀를 내리 누르고 있다.

Now that the games are over, I can really **bear down on** my studies.

그 게임들이 끝났으므로, 나는 내 공부에 집중할 수 있다.

[down은 마음을 가라앉힌 상태를 나타낸다. 참조: get down to, buckle down to]

The storm is **bearing down on** Hawaii.

그 태풍이 하와이로 빠르고 무섭게 다가가고 있다.

When he looked up, he was **bearing down on** me.

내가 위를 쳐다보았을 때, 그가 위협적으로 내게 다가오고 있었다.

[down은 힘이 아래로 위협적으로 다가오는 상태를 나타낸다.]

bear O down

A heavy weight fell on his shoulders and **bore** him down.

어느 큰 무게가 그의 어깨에 떨어져서 그를 내리 눌렀다.

The government forces **bore down** the rebels.

정부군이 그 반군들을 제압했다.

[참조: put down]

2.2 bear O of O

He was **born of** a rich family. (passive)

그는 돈 많은 가정에서 태어났다.

2.3 bear off O

Bear off the main road to the left.

그 큰 길에서 벗어나 좌회전 하시오.

[off는 큰 길에서 벗어나는 관계를 나타낸다. 참조: turn off, pull off]

bear off

Don't **bear off** too sharply.

너무 급회전해서 큰 길에서 벗어나지 마시오.

2.4 bear on O

Ten years later, police found new evidence that **bore on** the case.

10년 후 경찰은 그 사건에 관계가 되는 새 증거를 찾았다.

[on은 증거와 사건이 관련됨을 나타낸다.]

His discovery **bears on** an evolution.

그의 발견은 진화와 관계가 있다.

2.5 bear O out

Recent research **bears out** that women are tougher than men.

최근 연구는 여자가 남자보다 더 강인하다는 생각을 입증해준다.

[out은 어떤 생각이 사실로 밝혀지는 상태를 나타낸다.]

I told the police what exactly had happened, and my friend **bore** me **out**.

나는 일어난 일을 경찰에 정확히 말해주었고, 내 친구가 내 말을 증명해 주었다.

[me는 환유적으로 내가 한 말을 가리킨다.]

2.6 bear up

He is **bearing up** under the strain.

그는 그 압박 아래에서도 잘 견디고 있다.

[up은 무너지지 않고 견디는 상태를 나타낸다. 참조: hold up, stand up]

It has been very difficult for our family this year, but we are all **bearing up** quite well.

모든 일이 금년 우리 가족에게는 어려웠으나 우리 모두는 잘 버티고 있다.

2.7 bear with O

Bear with me a moment while I make a phone call.

내가 전화를 한 통화 하는 동안 참아 주세요.

I hope you would **bear with** me if I tell you a little bit about my past.

내가 내 과거에 대해서 몇 마디 말을 해도 참아 주시겠습니까?

BEAT

1. 단동사

이 동사는 반복적으로 두들기는 과정을 나타낸다. 그 결과로 목적어는 여러 가지의 영향을 받는다.

타동사

The bird is **beating** its wings.

그 새는 날개를 퍼덕이고 있다.

He is **beating** the drum.

그는 그 북을 치고 있다.

She **beat** the eggs.

그녀는 그 달걀을 휘저었다.

He **beat** the boy.

그는 그 소년을 두들겨 팼다.

We **beat** a path through the tall grass.

우리는 키 큰 풀을 두들겨서 길을 만들었다.

자동사

His heart is **beating**.

그의 심장이 두근거리고 있다.
Rain is **beating**.
비가 세차게 내리치고 있다.
The drum is **beating**.
그 북이 둥둥 울리고 있다.

2. 구동사
2.1 beat against O
He is **beating against** the punch bag.
그는 그 펀치백을 계속 두들기고 있다.
Rain drops are **beating against** the *window*.
빗방울이 그 창을 두들기고 있다.

roof 지붕		wall 벽

2.2 beat O back
He **beat back** the wild pigs.
그는 두드려서 그 멧돼지들이 되돌아가게 했다.
[back은 온 길을 되돌아가는 관계를 나타낸다.]

2.3 beat down
All of a sudden, the sky darkened, and the rain **beat down**.
갑자기 하늘이 어두워지고, 비가 내리쳤다.

beat down on O
The sun was **beating down on** the tin roof.
태양이 양철 지붕 위에 내리 쪼이고 있었다.
[the sun은 환유적으로 햇빛을 가리킨다.]
Waves are **beating down on** the rock.
파도들이 그 바위에 내리치고 있다.

beat O down
The owner wanted $1,000 for the used car, but I **beat** him **down** to $500.
그 소유주는 그 중고차에 1,000달러를 원했으나 나는 그가 부르는 값을 500달러로 쳐 내렸다.
[down은 양이나 수의 감소를 나타낸다. him은 환유적으로 그가 부르는 값을 나타낸다.]
The firemen **beat down** the door.
그 소방대원들이 문을 쳐서 넘어지게 했다.
Kelly cut off a branch of a tree, and began to **beat down** the flames.
켈리는 나뭇가지를 하나 잘라서 그 불들을 쳐서 끄기 시작했다.
[down은 불이 켜진 상태에서 불이 꺼진 상태로의 변화를 나타낸다.]
The new employee feels **beaten down** by the critical attitude of his boss. (passive)

그 새 고용인은 사장의 비판적인 태도로 (두들겨 맞은 듯) 지쳐있다고 느낀다.
[down은 기운이나 힘이 약해진 상태를 나타낸다.]

2.4 beat O off
The young man was able to **beat off** a wild pig with a baseball bat.
그 젊은이는 야구 방망이를 가지고 산돼지 한 마리를 쳐서 쫓을 수 있었다.
[off는 산돼지가 젊은이에게서 떨어지는 관계를 나타낸다.]
The HD Company tries to **beat off** its rivals with a new design.
HD사는 새 디자인으로 경쟁사를 떨쳐내려고 한다.

2.5 beat O out
He is **beating out** dust from the rug.
그는 먼지를 그 양탄자에서 털어내고 있다.
[out은 먼지가 양탄자에서 빠져나오는 관계를 그린다.]
The children **beat out** a rhythm on the drums.
그 아이들은 리듬을 그 북들으로 쳐내었다.
[out은 리듬을 밖으로 표현하는 관계를 그린다.]
He used his sweater to **beat out** the fire.
그는 그 불을 끄기 위해서 스웨터를 두들겼다.
[out은 불이 없어지는 관계를 나타낸다.]
Pure silver can be **beaten out** to make a thin sheet. (passive)
순은은 두들겨 펼쳐서 얇은 판으로 만들어질 수 있다.
[out은 은이 펼쳐지는 관계를 나타낸다.]
The Dodgers **beat out** the Rangers.
다저스가 레인저스를 쳐서 경기에서 빠지게 했다.
[out은 어느 팀이 경기에서 빠지는 관계를 나타낸다.]

beat O out of O
The police told him to tell where she was, and if not, they would **beat** it **out of** him.
경찰은 그 남자에게 그 여자가 어디 있는지 말하라고 했다. 말하지 않으면, 그를 두들겨 패서 그 정보를 빼낼 것이다.

2.6 beat O up
The two robbers dragged him out of his car and **beat** him **up**.
그 두 강도는 그를 차에서 끌어내어, 그를 심하게 두들겨 팼다.
[up은 많이 두들겨 팬 과정을 나타낸다.]
The boy was **beaten up** by a group of thugs behind the school. (passive)
그 소년은 그 학교 뒤에서 한 패의 깡패들에게 흠뻑 두들겨 맞았다.

beat up on O

Don't **beat up on** a small child like him.
그처럼 작은 아이를 마구 때리지 마세요.
[on은 작은 아이가 영향을 받는 관계를 부각시킨다.]
Some politicians tend to **beat up on** immigrants.
어떤 정치가들은 이민자들을 비난하는 경향이 있다.
President Trump is **beating up on** the European alliance.
트럼프 대통령은 유럽 동맹국들을 비난하고 있다.
Stop **beating up on** yourself. It is not your fault.
너의 잘못이 아니니까, 자책하지 마라.

BEAVER

1. 단동사
이 동사는 비버같이 열심히 일하는 과정을 그린다.
명사: 비버(동물)

2. 구동사
2.1 beaver away at O
The mechanic is **beavering away at** the sport car.
그 기사는 열심히 계속해서 그 스포츠카를 손질하고 있다.
[away는 같은 일을 반복하는 관계를 그린다.]
My sister is **beavering away at** her homework all night.
내 누이는 밤새 그녀의 숙제를 열심히 계속해서 하고 있다.

BED

1. 단동사
이 동사는 평소에 자지 않은 곳에서 자는 과정을 그린다.
명사: 침대, 바닥
타동사
Make sure that you **bed** the roots firmly in the soil.
뿌리를 흙 속에 단단히 심도록 하세요.

2. 구동사
2.1 bed down
Young people at the concert **bedded down** on the lawn.
그 음악회에 온 젊은이들은 잔디 위에 자리 잡고 누웠다.
The bear **bedded down** on the snow.
그 곰이 눈 위에 자리 잡고 누웠다.
It will take a while for the new health system to **bed down**.
그 새 의료제도가 자리 잡기에는 시간이 걸릴 것이다.

BEEF

1. 단동사
이 동사는 강화하는 과정을 그린다.
명사: 소고기

2. 구동사
2.1 beef O up
She could **beef up** her image with a new hair style.
그녀는 새 머리 모양을 해서 자신의 이미지를 더 좋게 할 수 있다.
[up은 좋은 상태가 되는 관계를 나타낸다.]
The company wants to employ young graduates to **beef up** the work force.
그 회사는 노동력을 보강하기 위해서 젊은 졸업생들을 채용하기를 원한다.
The *security* at the airport has been **beefed up** since the bombing. (passive)
그 공항은 그 폭발사고 발생 후에 보안이 강화되었다.
[up은 힘, 정도가 강해지는 관계를 나타낸다.]

| patrol | 순찰 | police force | 경찰력 |

North Korea is **beefing up** its diplomacy with China.
북한은 중국과의 외교를 보강하고 있다.

BEG

1. 단동사
이 동사는 간절히 무엇을 간청하거나 애걸하는 과정을 그린다.
타동사
She **begged** permission to leave.
그녀는 떠나게 해 달라는 허가를 간청했다.
자동사
London is full of homeless people **begging** in the streets.
런던에는 길거리에서 구걸하는 노숙자들이 넘친다.

2. 구동사
2.1 beg for O
The child **begged for** another helping of ice cream.
그 아이는 아이스크림을 한 번 더 달라고 애걸했다.
In Easter address, the pope **begged for** peace for the entire world.
부활절 연설에서, 교황은 전 세계를 위한 평화를 간청했다.

2.2 beg O from O

The beggar **begged** some money **from** a passerby.
그 거지는 돈을 어느 행인으로부터 구걸했다.

2.3 beg of O
Please help us. I **beg of** you.
저희를 도와주세요. 당신에게 간청합니다.
[of는 출처를 나타낸다.]

beg O of O
He **begged** a few dollars **of** me.
그는 몇 달러를 나에게서 구걸했다.

2.4 beg O off
He **begged** the trip to the museum **off**.
그는 애걸해서 그 박물관 견학을 취소했다.
[off는 그가 견학에서 떨어지는 관계를 나타낸다. 참조: call off]

beg off on O
He **begged off on** our date.
그는 실례를 하고 우리 데이트를 취소했다.

BEGIN

1. 단동사
이 동사는 시작하는 과정을 그린다.
자동사
When does the conference **begin**?
언제 그 회의가 시작됩니까?
타동사
He **began** work on the project.
그는 그 기획 사업의 일을 시작했다.

2. 구동사
2.1 begin on O
100 years ago, the company **began on** production of
chocolate *Kisses*.
100년 전 그 회사는 초콜릿 키세스를 생산하기 시작했다.
[Kisses는 물방울 모양의 초콜릿을 가리키고, on은 오래 계속될
과정의 첫 부분을 가리킨다. 참조: start on]

2.2 begin with O
Let's **begin with** Tom.
톰부터 시작합시다.
[이 표현은 여러 참가자 가운데 Tom이 제일 먼저 선택됨을 의미하
는 문장이다.]

begin with
To **begin with**, I don't like sausage.

먼저, 나는 소시지를 싫어한다.
[To begin with은 뒤에 오는 문장이 열거될 사항들 중에 가장 먼저
임을 뜻한다.]

To **begin with**, France won the 2018 World Cup.
먼저, 프랑스가 2018년 월드컵을 쟁취했다.

BELCH

1. 단동사
이 동사는 트림을 하거나, 많은 양의 연기 등을 내뿜는 과
정을 그린다.

2. 구동사
2.1 belch O out
Factories are **belching out** poison into the air.
공장들이 독을 대기 속으로 뿜어내고 있다.

BELIEVE

1. 단동사
이 동사는 믿는 과정을 그린다.
타동사
He **believes** my story / testimony.
그는 내 이야기 / 증언을 믿는다.
He **believes** that she is right.
그는 그녀가 옳다고 믿는다.
I **believe** him.
나는 그의 말이 옳다고 믿는다.
[him은 환유적으로 그의 말이나 생각을 가리킨다.]

2. 구동사
2.1 believe in O
The children **believe in** *ghosts*.
그 아이들은 귀신들이 있다고 믿는다.

witches	마녀	spooks	유령
devils	악마	Santa Clause	산타 클로스

I **believe in** my doctor.
나는 내 의사의 능력을 믿는다.
He **believes in** herbal medicine.
그는 한약의 효능을 믿는다.

BELLOW

1. 단동사
이 동사는 깊고 큰 소리로 성이 나서 말하는 과정을 그린다.
명사: 황소가 내는 깊고 큰 소리, 풀무

타동사

He **bellowed** his directions from the balcony.
그는 그 발코니에서 그의 지시사항들을 크게 외쳤다.

2. 구동사

2.1 bellow O out

Don't just say it. **Bellow** it **out**.
그것을 말로 하지 말고, 크게 말하세요.
[out은 소리가 사방으로 크게 퍼지는 관계를 나타낸다.]

BELT ¹

1. 단동사
이 동사는 벨트로 고정시키는 과정을 나타낸다.
명사: 벨트, 허리띠

타동사

The dress was **belted** at the waist. (passive)
그 원피스는 허리에 벨트를 매게 되어 있었다.

2. 구동사

2.1 belt O down

Please **belt down** the car seat and put the baby in.
그 자동차 의자를 끈으로 고정시키고, 아기를 그 안에
넣으세요.
[down은 의자가 고정되는 관계를 나타낸다.]

belt down

Please **belt down**. Always safety first!
벨트를 매서 고정하세요. 언제나 안전이 제일입니다.

2.2 belt O up

The nurses had to **belt** the patient **up**.
그 간호사들이 그 환자를 끈으로 묶어서 움직이지 못하
게 해야 했다.
[up은 환자가 움직이지 못하는 관계를 나타낸다.]

BELT ²

1. 단동사
이 동사는 빠른 속도로 움직이는 과정을 나타낸다.

2. 구동사

2.1 belt O down

He **belted down** a couple of vodkas.
그는 몇 잔의 보드카를 꿀꺽 들이켰다.
[down은 술이 목을 타고 내려가서 위에 닿는 관계를 나타낸다.
참조: wolf down, gulp down]

2.2 belt up

A truck came **belting up** behind us.
트럭 한 대가 우리 뒤에서 쏜살같이 달려 왔다.
[up은 트럭이 우리에게 다가오는 관계를 나타낸다. 참조: wolf
down]

BELT ³

1. 단동사
이 동사는 공 등을 세게 치는 과정을 그린다.

2. 구동사

2.1 belt O out of O

He **belted** the ball right **out of** the park.
그가 공을 강타해서 그 경기장 바로 밖으로 벗어났다.

BELT ⁴

1. 단동사
이 동사는 크게 노래를 부르거나 악기를 연주하는 과정을
그린다.

2. 구동사

2.1 belt O out

He **belted out** his favorite song.
그는 그가 좋아하는 노래를 크게 소리 내어 불렀다.
[out은 소리가 크게 퍼지는 관계를 나타낸다.]

BEND

1. 단동사
이 동사는 무엇을 구부리거나 구부러지는 과정을 나타낸다.

타동사

He can **bend** the iron bar.
그는 그 쇠막대기를 구부릴 수 있다.

자동사

The iron bar **bends** easily.
그 쇠막대기가 잘 구부러진다.

The tree **bent** under the weight of the snow.
그 나무가 그 눈 무게에 휘어졌다.

The road **bends** to the left.
그 길은 오른쪽으로 굽어진다.

2. 구동사

2.1 bend down

Grandpa **bent down** and kissed the granddaughter's
cheek.
할아버지는 허리를 내리 굽혀서 손녀의 뺨에 키스를

했다.
[down은 머리가 낮아지는 관계를 나타낸다.]
He **bent down** and picked up the box.
그는 허리를 굽혀서 그 상자를 집어 들었다.

2.2 bend O on O
The victim's father is **bent on** revenge.
그 희생자의 아버지는 복수에 열중하고 있다.
[father은 환유적으로 아버지의 마음을 가리키고, on은 이 마음이 복수에 닿아있는 관계를 나타낸다.]
The North Korean regime was **bent on** causing as much trouble as possible in South Korea. (passive)
북한 정권은 남한에 할 수 있는 만큼 문제를 일으키는 데 정신을 쏟고 있었다.

2.3 bend over O
He **bent over** his bowl eating noodle.
그는 국수를 먹으면서 그릇 위에 머리를 굽혔다.
[over는 머리가 그릇 위에 있는 관계를 나타낸다.]

bend over
The women **bent over** and picked up fallen apples.
그 부인들은 허리를 굽히고 떨어진 사과를 주웠다.
[over는 허리가 호를 그리며 굽어지는 관계를 나타낸다.]
The jeans are so tight that I can't **bend over**.
그 청바지는 너무 조여서 내가 허리를 굽힐 수 없다.

bend O over O
The boys were studying at the table with their heads **bent over** their homework. (passive)
그 소년들은 그 탁자에 그들의 머리를 숙제 위에 구부리고 공부를 하고 있다.

BENEFIT

1. 단동사
이 동사는 혜택을 주거나 받는 과정을 그린다.
명사: 혜택

2. 구동사
2.1. benefit from O
Who can **benefit from** the recent changes?
누가 그 최근 변화들로부터 혜택을 받을 수 있습니까?

BET

1. 단동사
이 동사는 경마 경기 등에 돈을 거는 과정을 그린다.

명사: 내기, 내기 돈, 짐작, 추측
<u>자동사</u>
You have to be over 16 to **bet**.
돈을 걸려면 여러분은 16세가 넘어야 한다.
<u>타동사</u>
I **bet** we're too late.
우리가 너무 늦은 게 틀림없어.

2. 구동사
2.1 bet on O
He **bet on** the black horse.
그는 그 검은 말에 돈을 걸었다.

bet O on O
He **betted** 10 dollars **on** the horse.
그는 10달러를 그 말에 걸었다.

2.2 bet with O
I will not **bet with** you.
나는 너와 내기를 하지 않을 것이다.

BICKER

1. 단동사
이 동사는 중요하지 않은 일을 두고 다투는 관계를 나타낸다.
<u>자동사</u>
The parents were annoyed when their children began to **bicker**.
부모님은 아이들이 중요하지 않은 일에 다투는 것에 언짢아했다.

2. 구동사
2.1 bicker about O
The children are always **bickering about** something or other.
그 아이들은 늘 이런저런 일을 두고 다툰다.
Why is she **bickering about** nothing?
왜 그녀는 아무것도 아닌 일에 대해서 다투고 있느냐?

2.2 bicker over O
The couple **bickered over** a little thing.
그 부부는 사소한 일을 두고 다퉜다.

BID ¹

1. 단동사
이 동사는 경매에서 입찰하는 과정을 그린다.

명사: 가격 제시, 호가, 응찰, 노력

자동사

The team is **bidding** to retain its place in the league.
그 팀은 그 리그에서 자기 위치를 고수하려고 애쓰고
있다.

2. 구동사
2.1 bid against O
We wanted to buy the chairs but another couple were
bidding against us.
우리는 그 의자들을 사고 싶었는데 또 다른 부부가 우리
에게 맞서 가격을 제시했다.

2.2 bid O down
He **bid down** the price and bought all of it.
그는 그 값을 입찰해서 내리고 그것을 모두 샀다.

2.3 bid O for O
He **bid** $1000 **for** the painting.
그는 1000불을 그 그림을 사기 위해 입찰했다.

2.4 bid on O
The construction company **bid on** the contract.
그 건설 회사는 그 계약에 응찰했다.

2.5 bid O up
Who **bid** the price **up** on the picture?
누가 그 사진의 입찰가를 올렸는가?

BID²

1. 단동사
이 동사는 아침 및 저녁 인사를 하는 과정을 그린다.

2. 구동사
2.1 bid O to O
It is time to **bid** "good bye" **to** you.
너에게 작별인사를 할 시간이다.

BILLOW

1. 단동사
이 동사는 연기, 구름 등이 피어오르는 과정을 나타낸다.

2. 구동사
2.1 billow into O
Thick smoke **billowed into** the air.
짙은 연기가 공중으로 올라갔다.

2.2 billow up
Smoke **billowed up**.
연기가 솟아올랐다.

BIND

1. 단동사
이 동사는 끈 등으로 무언가를 묶는 과정을 그린다.

타동사

The thief was **bound** with the rope. (passive)
그 도둑은 그 밧줄로 묶여있었다.

2. 구동사
2.1 bind O to O
We are **bound to** the contract. (passive)
우리는 그 계약에 묶여있다.
We are all **bound to** the secrecy. (passive)
우리들 모두는 그 비밀에 묶여있다. 즉, 지켜야 한다.

2.2 bind together
In order to defend against the enemy, the country
bound together.
그 적에 대항하기 위해서 온 국민이 뭉쳤다. 즉, 단합했다.

2.3 bind O up
She **bound up** his wounds with bandages.
그녀는 그의 상처들을 붕대들로 꽁꽁 감았다.
She is **bound up** in herself and remained unaware of
the noise. (passive)
그녀는 자신 속에 완전히 갇혀 있어서 소음을 의식하지
못했다.

be bound up with O
Language is **bound up with** culture. (passive)
언어는 문화와 밀접하게 연결되어 있다.
His problem is **bound up with** his bad habit.
그의 문제는 그의 나쁜 습관과 밀접한 관계가 있다.

BINGE

1. 단동사
이 동사는 짧은 시간 안에 많은 음식을 먹는 과정을 그린다.
명사: 폭음, 폭식

2. 구동사
2.1 binge on O
He **binges on** chocolates.
그는 초콜릿을 많이 먹는다.

He binges on TV shows.
그는 TV 쇼를 많이 본다.

BITCH

1. 단동사
이 동사는 어떤 사람에 대해서 불쾌한 말을 하는 과정을 그린다.
명사: 암캐, 불쾌한 말

2. 구동사
2.1 bitch about O
We were all bitching about the boss when she walked in.
우리는 모두 사장에 대해서 나쁜 말을 하고 있는데, 그녀가 들어왔다.

2.2 bitch O out
He bitched them out.
그는 화가 나서 그들을 비난했다.

BITE

1. 단동사
이 동사는 이로 깨무는 과정을 그린다.
타동사
The dog bit the mail carrier.
그 개가 그 우편배달부를 물었다.
The cold wind bit my face.
그 찬바람이 내 얼굴을 따갑게 했다.
자동사
The fish won't bite.
그 물고기가 물지 않는다. 즉, 입질을 하지 않는다.

2. 구동사
2.1 bite at O
The dog bit at the boy's finger.
그 개가 그 소년의 손가락을 물려고 했다.
[at은 물려는 시도를 나타낸다.]

2.2 bite O back
He got angry but bit back his angry response.
그는 화가 났지만, 그의 (튀어 나오려는) 성난 반응을 이를 깨물어서 막았다.
[back은 화 등이 나오는 것을 못 나오게 하는 관계를 나타낸다.]

bite back at O
If you criticize him, he will bite back at you.

네가 그를 비판하면 그는 도로 너에게 덤빌 것이다.

2.3 bite O down
The crocodile bit the prey down.
그 악어가 그 먹이를 물고 내려갔다.
The bear bit down the trainer's arm.
그 곰이 조련사의 팔을 꽉 깨물었다.
[down은 팔이 물려서 움직이지 못하는 관계를 나타낸다.]

2.4 bite O off
Don't bite off such a large piece.
그렇게 큰 조각을 물어서 뜯어내지 마세요.
[off는 덩어리가 전체에서 떨어져 나오는 관계를 나타낸다.]
He bit off more than he can chew.
그는 그가 씹을 수 있는 양보다 더 많이 (고기 등을) 물어서 뜯어냈다. 즉, 그가 감당할 수 있는 것보다 더 많은 일을 하려고 했다.

2.5 bite on O
Bite on the cotton balls.
그 솜뭉치를 물고 있어라.
Don't bite on your nails.
너의 손톱들을 물어뜯지 마라.

2.6 bite into O
The rope around his ankle bit into the flesh.
그의 발목에 감겨있는 그 로프가 그 살을 파고 들어갔다.
The cold began to bite into my bones.
그 추위가 내 뼛속으로 파고들기 시작했다.
His job is very demanding and bites into his free time.
그의 일은 몹시 바빠서 그의 여가를 파고든다, 즉 여가가 줄어든다.

BLAB

1. 단동사
이 동사는 알려주지 말아야 할 사람에게 비밀을 알리는 과정을 그린다.
자동사
Someone must have blabbed to the police.
누군가가 경찰에 정보를 준 게 틀림없다.

2. 구동사
2.1 blab O around
It is true, but don't blab it around.
그것은 사실이나, 그것을 퍼뜨리며 돌아다니지 마세요.

2.2 blab O out

Don't **blab** it out.
그것을 겁 없이 말하지 마세요.
[out은 비밀 등을 퍼뜨리는 관계를 나타낸다.]

BLACK

1. 단동사
이 동사는 검게 하는 과정을 그린다.

2. 구동사
2.1 black O out
The kid **blacked out** the *house* he had drawn.
그 아이는 자신이 그린 그 집을 깜깜하게 칠해서 보이지 않게 만들었다.
[out은 집이 보이던 것이 안 보이는 상태를 나타낸다.]

face	얼굴	tree	나무

During the coalition bombing, the whole city was **blacked out**. (passive)
그 다국적군의 폭격이 있는 동안, 그 도시 전체는 정전이 되었다.
[out은 불이 나가서 깜깜해진 관계를 나타낸다.]
The military government **blacked out** news of what was happening down there.
그 군사 정권은 그 아래에서 일어나고 있는 일들에 대한 보도를 통제했다.
[out은 소식이 안 보이거나 안 들리게 하는 관계를 나타낸다.]

black out
After drinking too much, he **blacked out**.
술을 너무 많이 마신 후에, 그는 잠시 의식을 잃었다.
[out은 의식이 나가는 관계를 나타낸다.. 참조: pass out, knock out]

2.2 black O over
The windows are **blacked over**. (passive)
모든 창문들이 전체가 가려져서 어둡게 되었다.

BLAME

1. 단동사
이 동사는 누구를 탓하거나 누구에게 책임을 넘기는 과정을 그린다.
명사: 책임, 탓

2. 구동사
2.1 blame O for O

Don't **blame** Kelly **for** the mistake.
그 실수 때문에 켈리를 탓하지 마세요.
She doesn't **blame** anyone **for** her father's death.
그녀는 아버지의 죽음에 대해 아무도 탓하지 않는다.
We **blame** China **for** the fine dust pollution.
우리는 미세먼지 오염에 대해 중국을 탓한다.

blame for O
He is to **blame for** the accident.
그는 그 사고에 대한 책임이 있다.

2.2 blame O on O
Don't **blame** the failure **on** Sara.
그 실수를 새라에게 전가하지 마세요.

BLANK

1. 단동사
이 동사는 갑자기 무언가를 기억할 수 없는 과정을 나타낸다.
명사: 빈칸, 여백, 명함
타동사
I saw her on the bus this morning, but she totally **blanked** me.
오늘 오전에 그 버스에서 그녀를 봤으나, 그녀는 나를 완전히 싹 무시했다.
자동사
I knew the answer, but I totally **blanked** during the test.
나는 그 답을 알고 있었는데, 그 시험 중에는 전혀 아무 것도 기억이 안 났다.

2. 구동사
2.1 blank out
He **blanked out** during the exam.
그는 그 시험을 치르는 동안 까맣게 잊어버렸다.
[out은 하고자 하는 정보가 생각나지 않는 관계를 나타낸다.]

blank O out
All the phone numbers in the list have been **blanked out**. (passive)
그 명단에 있는 모든 전화번호들이 지워져 있다.
[out은 보이던 전화번호가 안 보이게 되는 관계를 나타낸다. 참조: black out]

blank out on O
My friends **blank out on** my name every time we meet.
내 친구들은 만날 때마다 내 이름을 생각하지 못한다.

BLANKET

1. 단동사
이 동사는 눈이나 연기 등으로 어떤 장소를 뒤덮는 과정을 그린다.
명사: 담요

타동사

Snow soon **blanketed** the frozen ground.
눈은 곧 얼어붙은 대지를 뒤덮었다.
The city is **blanketed** by a high density fine dust. (passive)
그 도시는 고밀도의 미세먼지로 덮여있다.

2. 구동사
2.1 blanket O in O
The village was **blanketed in** thick smoke. (passive)
그 마을은 짙은 연기에 덮여 있었다.

2.2 blanket O with O
The coastal provinces were **blanketed with** snow. (passive)
그 해안 지역은 눈으로 덮여 있었다.
The west coast was **blanketed with** mist in the morning. (passive)
서해안은 아침에 안개로 덮여 있었다.

BLARE

1. 단동사
이 동사는 크고 불쾌한 소리를 내는 과정을 그린다.

자동사

Music **blared** out from the open window.
그 열린 창문으로부터 음악 소리가 쾅쾅 울려 나왔다.

2. 구동사
2.1 blare away
The radio was **blaring away** all day long.
그 라디오는 온종일 큰 소리를 내고 있다.
[away는 소리가 계속해서 나는 관계를 나타낸다.]
The rock band was **blaring away**.
그 락 밴드가 큰 소리로 계속 연주를 하고 있다.

2.2 blare O out
The radio was **blaring out** rock music.
그 라디오는 록 음악이 귀에 거슬리게 쾅쾅거리며 내보내오고 있었다.
Loud speakers along the border used to **blare out** propaganda.

국경을 따라 설치된 확성기들이 선전을 시끄럽게 내보내곤 했었다.

BLAST

1. 단동사
이 동사는 폭파장치를 써서 바위 등을 폭파시키는 과정을 그린다.
명사: 폭발, (혹 밀려드는 한 줄기의) 강한 바람이나 공기, (악기, 호각, 경적 등의) 빵[빽] 하는 소리, (특히 신문에서) 비난, 신나는 경험

타동사

They **blasted** a huge crater in the runway.
그들은 폭발시켜 활주로에 거대한 분화구가 생기게 했다.
They had to **blast** a tunnel through the mountain.
그들은 그 산을 가로질러 폭발시켜 터널을 만들어야 했다.
He **blasted** the ball past the goalkeeper.
그는 그 공을 후려 차서 골키퍼를 지나갔다.
The movie was **blasted** by all the critics. (passive)
그 영화는 모든 평론가들로부터 혹평을 받았다.
Police **blasted** the demonstrators with water cannons.
경찰이 그 시위자들에게 물대포를 쏘았다.
Their whole crop had been **blasted** by a late frost. (passive)
그들의 작물 전체가 늦서리를 만나 죽어 버렸다.

2. 구동사
2.1 blast away
Machine guns were **blasting away** until the enemy were subdued.
기관총은 적들이 잠잠해질 때까지 계속해서 쏘아댔다.
[away는 총이 계속 발사되는 관계를 나타낸다.]

blast away at O
The sniper was **blasting away at** the people at the party with his shot gun.
그 저격수는 파티에 참석하고 있는 사람들에게 산탄총으로 쏘아대었다.
The politician **blasted away at** the government for failing to control the disease.
그 정치가는 그 질병을 통제하는데 실패한 것에 대하여 정부에 대해서 맹공격을 퍼부었다.

blast O away
The escapee **blasted away** a group of guards.
그 탈옥수는 한 무리의 경비원들을 쏘아서 죽였다.
[참조: put away]
The snowblower can **blast** snow 50m **away**.

그 눈 치우는 기계는 눈을 바람으로 50m까지 날릴 수 있다.

2.2 blast off

The spacecraft **blasted off** successfully on schedule.
그 우주선은 예정대로 성공적으로 폭음을 일으키며 발사대를 떠났다.
[off는 우주선이 발사대에서 떨어지는 관계를 나타낸다.]

The space shuttle **blasted off** from the launch pad.
그 우주 왕복선은 발사대에서 폭음을 일으키면서 떠났다.

2.3 blast O out

The band was **blasting out** songs from their latest album.
그 밴드는 그들의 최근 앨범에 수록된 노래들을 큰 소리로 쾅쾅 연주하고 있었다.
[out은 소리가 사방으로 크게 퍼지는 관계를 나타낸다.]

The radio **blasted out** rock music at full volume.
그 라디오는 최대 음향으로 쾅쾅거리며 록 음악을 내보냈다.

blast out

Music suddenly **blasted out** from the speakers.
음악 소리가 갑자기 그 스피커에서 쾅쾅 울려 나왔다.

BLAZE

1. 단동사
이 동사는 불이 활활 타오르는 과정을 그린다.
명사: 활활 타는 불; 대형 화재; 불길; 휘황찬란한 빛, 광휘; 걷잡을 수 없는 감정

자동사

A huge fire was **blazing** in the fireplace.
그 거대한 불길이 벽난로 안에서 활활 타오르고 있었다.
Within minutes, the whole building was **blazing**.
몇 분도 안 되어 그 건물 전체가 활활 타 올랐다.
In the distance, machine guns were **blazing**.
멀리서, 기관총들이 불을 뿜어 대고 있었다.

2. 구동사
2.1 blaze away
The open fire was **blazing away** and we began to cook food.
그 모닥불이 활활 타오르고 있어서 우리는 요리를 하기 시작했다.
[away는 불길이 계속 타는 관계를 나타낸다.]
The house was **blazing away** and no one could save it.

그 집이 활활 타들어가고 있어서 아무도 어쩔 수 없었다.
[away는 집이 계속 타들어가는 관계를 나타낸다.]
The hunters were **blazing away** before they know what they are shooting at.
그 사냥꾼들은 그들이 무엇을 쏘는 지도 모르고 계속 총을 쏴대었다.
[away는 총을 반복적으로 쏘는 관계를 나타낸다.]

blaze away at O
He picked up a rifle and **blazed away at** the demonstrators.
그는 총을 집어 들고 그 시위자들에게 계속 사격했다.

2.2 blaze down
The sun **blazed down** from a clear blue sky.
태양이 맑고 푸른 하늘에서 눈부시게 내려쬐고 있었다.
[참조: beat down]

2.3 blaze with O
The garden **blazed with** colour.
그 정원은 형형색색으로 눈이 부셨다.
Her eyes were **blazing with** fury.
그녀의 두 눈은 분노로 이글거렸다.

BLEACH

1. 단동사
이 동사는 바래거나 표백하는 과정을 그린다.
타동사
She **bleached** her hair blonde.
그녀는 머리를 금발로 탈색했다.
The bones were **bleached** in the sun. (passive)
그 뼈들은 햇빛 속에 하얗게 바래졌다.

2. 구동사
2.1 bleach O out
He is going to **bleach out** his jeans.
그는 그의 청바지를 표백해서 색을 빼려고 한다.
[out은 색이 빠지는 관계를 나타낸다.]
Please **bleach out** this stain.
이 얼룩을 표백해서 빼세요.

BLEED

1. 단동사
이 동사는 피를 흘리는 과정을 그린다.
blood(명사): 피
자동사

His nose is **bleeding**.
그의 코에 피가 흐르고 있다.

2. 구동사
2.1 bleed out
He **bleeded out**.
그는 많은 피를 흘렸다.
[out은 피가 많이 나오는 관계를 나타낸다.]

2.2 bleed over into O
The investigation **bled over into** the president's finances.
그 조사는 범위가 넓어져서 대통령의 재정문제까지 파고 들었다.
[참조: spill over into]

BLEND

1. 단동사
이 동사는 부드러운 물질이나 액체를 섞어서 다른 물질이 되게 하는 과정을 그린다.

> 타동사

Their music **blends** traditional and modern styles.
그들의 음악은 전통적인 스타일과 현대적인 스타일을 조합하고 있다.

> 자동사

Oil and water do not **blend**.
물과 기름은 섞이지 않는다.

2. 구동사
2.1 blend in with O
The uniform was green and brown, so that it could **blend in with** the surrounding.
그 제복은 초록색과 갈색으로, 주변과 함께 섞여 들어갔다.
Speaking Korean will help you **blend in with** Koreans.
한국어를 잘 말하는 것은 당신이 한국인들과 섞여들 수 있도록 도와준다.
The animal **blended in with** the *dry grass*.
그 동물은 그 마른 풀과 함께 섞여 들어갔다.

forest 숲	tree bark 나무껍질

2.2. blend into O
The oil won't **blend into** the water very well.
그 기름은 그 물에 잘 섞여 들지 않는다.
The tanks are painted green, so that they can **blend into** the surrounding greens.

그 탱크들은 주변 녹지대와 섞일 수 있도록 초록색으로 페인트칠되어 있다.

blend O into O
We should **blend** the strawberry jam **into** the peanut butter slowly.
우리는 그 딸기잼을 그 땅콩버터에 천천히 섞어 넣어야 한다.

2.3 blend O together
Blend together the eggs, sugar and flour.
달걀, 설탕, 밀가루를 함께 섞어라.

2.4. blend O up
She **blended** all the ingredients **up**.
그녀는 그 모든 재료들을 함께 섞었다.

2.5 blend O with O
Blend the flour **with** the milk to make a smooth paste.
그 밀가루와 그 우유를 덩어리가 지지 않게 골고루 잘 섞어서 걸쭉한 반죽을 만들어라.
He **blended** imagination **with** reality.
그는 상상을 현실과 섞었다.

BLESS

1. 단동사
이 동사는 축복하는 과정을 그린다.

2. 구동사
2.1. bless O with O
God **blessed** us **with** a beautiful land.
하느님은 우리에게 아름다운 땅으로 축복해주셨다.
He is **blessed with** good health. (passive)
그는 건강으로 축복 받고 있다.

BLIMP

1. 단동사
이 동사는 비행선과 같이 몸이 통통해지는 과정을 그린다.
명사: 소형 비행선, 나이 많은 보수주의자

2. 구동사
2.1 blimp out
Recently, he has been on a fat diet, and he has **blimped out**.
최근에 그는 지방이 포함된 식사를 해오고 있어서, 그는 통통해졌다.

[out은 몸이 사방으로 불어나는 관계를 나타낸다.]

BLINK

1. 단동사
이 동사는 눈을 깜빡거리는 과정을 그린다.

자동사

I **blinked** in the hot sun.
나는 뜨거운 햇볕 속에 눈을 깜빡거렸다.
The yellow light **blinked** all day long.
그 노랑 불이 온종일 깜빡거렸다.

2. 구동사
2.1 blink at O
He **blinked at** the harsh sunlight.
그는 강한 햇빛 때문에 눈을 껌뻑였다.
She **blinked at** what he did.
그녀는 그가 한 짓을 눈 감아 주었다.
[참조: connive at]

2.2 blink O away
He **blinked away** tears.
그는 눈을 깜빡여서 눈물을 없어지게 했다.
[away는 눈물이 눈에서 없어지는 관계를 나타낸다.]

blink away
The yellow light is **blinking away**.
그 노란 등이 계속해서 깜빡거리고 있다.
[away는 같은 동작이 연속적으로 반복됨을 나타낸다.]

2.3 blink O back
I tried to **blink back** my tears during the movie.
나는 그 영화를 보는 동안 눈을 깜빡거리면서 내 눈물을 참았다.
[back은 나오려는 눈물을 나오지 않게 하는 관계를 나타낸다.]

2.4 blink O out
At the interview, the prisoner of war **blinked** "torture" out.
그 면담에서 그 전쟁포로는 눈을 껌뻑거려서 "torture (고문)"라는 말을 표현해 내었다.
[out은 마음속에 있는 것을 밖으로 표현해내는 관계를 나타낸다.]

BLISS

1. 단동사
이 동사는 행복해지는 과정을 그린다.
명사: 더 없는 행복, 지복

2. 구동사
2.1 bliss out
He **blissed out** at the rock concert because he liked the rock music.
그는 록 음악을 좋아했기 때문에 그 록 음악회에서 기분이 한껏 행복했다.
[out은 행복의 느낌이 극도에 이름을 나타낸다. 참조: freak out]
After working out at the gym, he **blissed out**.
그 체육관에서 운동을 하고 난 후, 그는 더없는 행복을 맛보았다.

BLISTER

1. 단동사
이 동사는 물집이 생기는 과정을 그린다.
명사: 물집

2. 구동사
2.1. blister up
The tennis player's feet **blistered up**.
그 정구 선수의 발에 물집이 생겼다.

BLITZ

1. 단동사
이 동사는 기습적인 공습을 하는 과정을 그린다.
명사: 대대적인 공세, 기습 공격

2. 구동사
2.1 blitz O out
The shock **blitzed** him **out** for a minute.
그 충격이 그를 잠깐 동안 의식을 잃게 했다.
[out은 의식이 나가는 관계를 그린다. 참조: black out, knock out, pass out]

BLOCK

1. 단동사
이 동사는 통행을 막는 과정을 그린다.
명사: 나무, 돌, 플라스틱의 입방체, 아이들의 플라스틱 장난감, 바퀴가 미끄러지지 않게 바퀴 뒤에 두는 물체

자동사

The fallen tree **blocks** the path.
그 넘어진 나무가 그 도로를 막는다.
The player **blocked** the opponent.
그 선수는 그의 상대를 막았다.

2. 구동사

2.1 block O down

Police **blocked down** the area around Parliament.
경찰이 (안전을 위해) 의회 주위의 지역을 막아서 통행을 금지했다.
[down은 움직임이 없는 관계를 나타낸다. 참조: lock down]

2.2 block O in

Don't park here. You will **block** me **in**.
거기에 주차하지 마세요. (주차하면) 내가 갇히게 됩니다.
[참조: box in]

The child had drawn a hill and dad **blocked in** a green color.
그 아이가 산을 그렸고, 아빠가 그 산을 초록색으로 칠해 넣었다.
[in은 초록색이 산에 들어가는 관계를 나타낸다. 참조: ink in, color in]

2.3 block O off

The pipe had been **blocked off** for repairs. (passive)
그 파이프는 수리를 하기 위해서 막아서 차단했다.
[off는 물의 흐름이 차단된 관계를 그린다. 참조: close off]

Police **blocked off** the Sejong Street because of the demonstration.
경찰은 시위 때문에 세종로를 막아서 들어가지 못하게 했다.
[off는 세종로가 출입이 안 되는 상태를 나타낸다.]

The central square is **blocked off** for the farmer's market. (passive)
그 중앙광장은 농산품 직거래장을 위해서 (차량이) 막혀졌다.
[참조: close off]

block O off to O

The *bridge* is **blocked off to** vehicles. (passive)
그 다리가 차량이 들어가지 못하게 봉쇄되었다.

| tunnel | 터널 | road | 길 |
| channel | 수로 | traffic | 교통 |

2.4 block O out

The sunglasses are claimed to **block** harmful rays **out**.
그 선글라스는 유해 광선을 막아서 못 들어오게 하는 것으로 주장되고 있다.
[out은 눈에 들어오는 광선을 못 들어오게 하는 상태를 나타낸다. 참조: shut out]

The screen is used to **block out** *bugs*.
그 방충망은 벌레가 들어오는 것을 막기 위해 사용된다.

| dust | 먼지 | pollutant | 오염물질 |

The dark curtains **block out** all daylight.
그 어두운 커튼은 모든 햇볕을 막아서 못 들어오게 한다.

The huge skyscrapers **block out** the view.
그 거대한 고층건물들은 전망을 방해한다.

Professional boxers often **block out** the pain in order to finish boxing.
직업 권투선수들은 시합을 마치기 위해 고통을 (그들에게 들어오는 것도) 막는다. 즉, 생각하지 않는다.
[참조: shut out]

block O out of O

She had been beaten by her husband, but she tried to **block** it **out of** her mind.
그녀는 남편에게 맞았으나, 그것을 머릿속에 못 들어오게 노력한다. 즉, 그 생각을 하지 않으려 한다.
[참조: shut out]

2.5 block O up

The drain is **blocked up** and I have to call a plumber in. (passive)
그 배수구가 완전히 막혀서 나는 배관공을 불러 들여야 한다.
[up은 막힘이 완전한 상태를 나타낸다.]

Crowds of demonstrators are **blocking up** the Sejong Street.
데모 군중들이 세종로를 완전히 메우고 있다.

Please **block up** the *gap*.
그 틈새를 완전히 막으세요.

| hole | 구멍 | crevice | 틈새 |

He often gets **blocked up**.
그는 가끔 변비에 걸린다.
[he는 환유적으로 그의 속을 가리키고, up은 속이 막히는 관계를 나타낸다.]

BLOG

1. 단동사

매체 blog는 명사로도 동사로도 쓰인다.
More than 50,000 people visited her **blog** daily.
매일 5만 명 이상이 그녀의 블로그를 방문했다.

2. 구동사

2.1 blog about O

He **blogged** **about** his trip to Jeju Island.
그는 제주도 여행을 블로그에서 얘기했다.

BLOSSOM

1. 단동사
이 동사는 꽃이 피거나 피우는 과정을 그린다.

2. 구동사
2.1 blossom forth
Almost at the same time, cherry trees **blossomed** forth.
거의 동시에 모든 벚나무가 싹을 내어놓기 시작했다.

2.2 blossom into O
The bush **blossomed** **into** red roses.
그 덤불은 빨간 장미꽃이 되었다.
The girl **blossomed** **into** a beautiful young lady.
그 소녀는 아름다운 여인으로 꽃피었다.

2.3 blossom out
The pear tree **blossomed** **out** for the last time.
그 배나무가 마지막에 활짝 피었다.
[out은 꽃이 활짝 피는 관계를 나타낸다.]
He **blossomed** **out** in his study, and his grades showed it.
그는 그 공부에 있어서 꽃이 활짝 피어서 그의 성적도 좋아졌다.

BLOT

1. 단동사
이 동사는 물기 등을 천이나 스펀지로 빨아들이는 과정을 그린다.
명사: 잉크 등의 얼룩; 오점, 오명
타동사
Blot the ink before you put the letter in the envelope.
그 편지를 그 편지봉투에 넣기 전에 그 잉크를 말려라.

2. 구동사
2.1 blot O out
He held her hands over his face and tried to **blot** **out** the sun.
그는 그녀의 손을 그의 얼굴 위로 올려서 해를 완전히 가리려고 했다.
[out은 해가 보이지 않게 되는 관계를 나타낸다.]
The moon **blotted** **out** most of the sun.
달이 태양의 대부분을 가려서 안 보이게 했다.

Thick yellow dust **blotted** **out** the sky.
짙은 노란 먼지가 하늘을 완전히 가려 보이지 않게 했다.
He happened to **blot** **out** my name on the list.
그는 그 명단에 있는 내 이름을 우연히 지워버렸다.
[out은 이름이 안 보이는 관계를 나타낸다.]
I **blotted** **out** those bad thoughts.
나는 그 나쁜 생각들을 지워버렸다.
The artist tried to **blot** **out** the pain with a pain killer.
그 예술가는 진통제로 그 고통을 완전히 없애려고 하였다.

2.2 blot O up
He **blotted** **up** the spilled milk with a paper towel.
그는 종이 수건으로 쏟아진 우유를 흡수했다.
[up은 우유가 다 빨려든 상태를 나타낸다. 참조: sponge up]

BLOW

1. 단동사
이 동사는 바람이 불거나, 바람의 힘으로 무엇을 움직이는 과정을 그린다.
자동사
The door **blew** open.
그 문이 바람에 열렸다.
타동사
Blow your nose.
너의 코를 풀어라.
He **blew** the trumpet.
그는 그 트럼펫을 불었다.
He **blew** bubbles.
그는 거품을 불었다.

2. 구동사
2.1 blow around
Leaves are **blowing** **around**.
잎들이 이리저리 날리고 있다.

2.2 blow O away
The wind was so strong that the *tent* was **blown** **away**. (passive)
바람이 너무 세서 텐트가 날아갔다.

roof 지붕	balloon 풍선

The child is **blowing** **away** the seed of dandelion.
그 아이가 민들레 씨앗을 불어 날리고 있다.
He **blew** **away** all the bullets.
그는 그의 모든 실탄을 다 쏘았다.
[away는 많은 실탄을 계속해서 써서 점점 줄어드는 관계를 나

타낸다.]

Grace **blew** **away** the audience with her outstanding performance.

그레이스는 훌륭한 공연으로 그 청중들의 마음을 황홀하게 했다.

[the audience는 환유적으로 마음을 가리키고 away는 마음이 몸에서 떨어지는 관계를 나타낸다. 즉, 마음이 홀린 상태를 나타낸다.]

When I first heard the CD, I was **blown away**. (passive)

내가 그 CD를 처음 들었을 때, 황홀해졌다.

Fred **blew** **away** his competitor in the last election.

프레드는 지난 선거에서 그의 경쟁자를 날려버렸다.

The Dodgers **blew** **away** the Rainbows in an extended game.

Dodgers 팀은 연장전에서 Rainbows 팀을 수월하게 이겼다.

The ISIS is threatening to **blow** the troops **away**.

그 ISIS들은 그 대규모 병력을 폭파시켜 날려버리겠다고 위협하고 있다.

[away는 사람들이 세상을 떠나는 관계를 나타낸다. 참조: pass away]

Don't move, or he will **blow** you **away**.

움직이지 마! 그렇지 않으면 그가 너를 쏘아 죽일 거야.

The gunman pulled out a 45-magnum and **blew** them all **away**.

그 무장 강도는 45구경 단총을 꺼내 실탄을 발사해서 그들을 모두 죽였다.

[away는 45구경 단총의 실탄이 차례로 다 없어지는 관계를 나타낸다.]

blow away

It was so windy that the hat **blew away**.

바람이 몹시 세서 그 모자가 (머리에서) 날아갔다.

2.3 blow O down

High winds **blew** **down** *trees* and cut power in the coast city.

강풍들이 그 해안 도시의 나무를 넘어뜨리고 전기가 나가게 했다.

[down은 서 있던 것이 무너지는 상태를 out은 전기가 나간 상태를 그린다.]

the hut 오두막집	the barn 곳간

blow down

The big trees **blew down** in the strong wind.

그 큰 나무들이 그 강풍에 넘어졌다.

2.4 blow O in

The terrorists **blew** **in** the gate.

그 테러 분자들은 그 문을 폭파하여 문이 안으로 들어가게 했다.

Strong wind **blew** all the windows **in**.

강한 바람이 그 모든 창문들을 깨져서 안으로 들어가게 했다.

blow in

A *breeze* is **blowing in** from the ocean.

산들바람이 그 바다에서 불어 들어오고 있다.

[in은 화자와 청자가 아는 지역에 들어오는 관계를 나타낸다.]

wind	바람	cloud	구름
storm	폭풍	fog	안개

Charles **blew in** an hour ago.

찰스가 한 시간 전에 휙 들어왔다.

2.5 blow off

The door **blew off** in the blast.

그 문이 그 폭발 중에 떨어져 나갔다.

[off는 문이 집에서 떨어져 나가는 관계를 나타낸다.]

Who has **blown off**? It's stinky in here.

누가 방귀를 터뜨렸느냐? 여기 냄새가 지독하다.

[off는 방귀 냄새가 몸에서 터져 나오는 관계를 나타낸다. 참조: give off]

blow O off O

He is **blowing** dust **off** his car.

그는 바람으로 먼지를 그 차에서 떼어 내고 있다.

The storm **blew** the ship **off** course.

그 폭풍이 그 배를 항로에서 벗어나게 했다.

blow O off

The storm **blew off** the roof of the house.

그 돌풍이 그 집의 지붕을 날려 버렸다.

[off는 지붕이 집에서 떨어지는 관계를 나타낸다.]

The bullets **blew off** two of his fingers.

그 실탄들은 그의 손가락 두 개를 떨어져 나가게 했다. 즉, 날려버렸다.

The front of the bus was **blown off** in the explosion. (passive)

그 버스의 앞부분이 폭발해서 떨어져 날아가 버렸다.

He **blew off** her silly remarks.

그는 그녀의 어리석은 말을 날려버렸다. 즉, 받아들이지 않았다.

[off는 그녀가 한 말이 그에게서 떨어지는 관계를 나타낸다. 참조: shake off, laugh off]

He **blew off** his date on Saturday night.
그는 토요일 저녁 데이트를 취소했다.
[참조: call off]

He **blew off** his steam by jogging.
그는 조깅을 함으로써 그 화를 푼다.
[화는 용기에 담긴 끓는 물로 은유가 된다. 그래서 여기서 나온 steam은 화로 표현된다.]

blow O off from O

The wind **blew** some tiles **off from** the roof.
그 바람이 몇 개의 기왓장을 그 지붕에서 날아가게 했다.

2.6 blow on O

He **blew on** his tea.
그는 차를 후후 불어서 식혔다.
[on은 입김이 차 전체가 아닌 일부에 영향을 줌을 나타낸다.]

A breeze is **blowing on** the face.
미풍이 그 얼굴을 스치고 있다.

Blow on your hands to warm them.
손을 따뜻하게 하기 위해 너의 손에 입김을 불어라.

2.7 blow O out O

The fan **blew** the paper **out** the window.
그 선풍기는 그 종이를 그 창문 밖으로 날렸다.

blow O out

The hair dryer **blows out** hot or cold air.
헤어드라이어는 더운 바람이나 찬바람을 내뿜는다.
[out은 바람이 헤어드라이어에서 나오는 관계를 나타낸다.]

The baby **blew out** his cheeks.
그 아기가 바람을 넣어 그의 뺨이 볼록해지게 했다.
[out은 뺨이 볼록해지는 관계를 나타낸다.]

He **blew out** his shoulder while playing tennis.
테니스를 치는 동안 그의 어깨가 탈골되었다.
[out은 어깨가 제 위치에서 벗어나는 관계를 나타낸다.]

The child **blew out** the candle in her birthday cake.
그 아이는 그 생일 케이크에 꽂혀있는 그 촛불을 바람을 불어서 껐다.
[out은 불이 꺼지는 관계를 나타낸다. candle은 환유적으로 촛불을 가리킨다.]

The sudden gust **blew out** the pilot light on the stove.
그 갑작스러운 돌풍이 스토브의 점화용 불씨를 꺼버렸다.

The windows of the house were **blown out** by the force of the explosion. (passive)
그 집의 창문 모두가 그 폭발의 힘에 의해 튕겨나갔다.
[out은 창문이 창틀에서 떨어져 나오는 관계를 나타낸다.]

The typhoon **blew** itself **out** yesterday.
그 태풍이 어제 소멸되었다.

[out은 태풍이 없어지는 관계를 나타낸다.]

Our team **blew out** the Japanese team 28–20.
우리 팀이 일본 팀을 28대 20으로 쉽게 이겼다.
[out은 어느 팀이 경기에서 탈락되는 관계를 나타낸다. 참조: beat out]

He **blew** me **out** again and I told him I had enough.
그는 또다시 나에게 나와 사귀고 싶지 않다고 했고, 나는 그에게 내가 지쳤다고 말했다.

blow out

One of the tires of his bike **blew out**.
그의 자전거 타이어 중 하나가 바람이 꺼졌다.
[out은 타이어에서 바람이 나가는 관계를 나타낸다.]

One of the engine of the plane **blew out**.
그 비행기의 엔진 하나가 폭파되어 떨어져 나갔다.

2.8 blow O over

The fence has been **blown over** in a storm. (passive)
그 울타리가 폭풍 속에 넘어져 있다.

A bus was **blown over** while going on a highway.
한 버스가 고속도로를 지나는 도중에 뒤집혔다.
[over는 버스가 뒤집히는 관계를 나타낸다. 참조: slip over]

blow over O

The missiles **blew over** Japan.
그 유도탄들이 일본 위를 지나갔다.

blow over

Big trees **blew over** in the hurricane.
큰 나무들이 그 허리케인 속에 휘어졌다.
[over는 나무들이 호를 그리며 휘어진 관계를 나타낸다. 참조: fall over]

The weatherman predicted that the snow storm will soon **blow over**.
그 기상캐스터는 눈보라가 곧 지나갈 것이라고 예측했다.
[over는 지나가서 없어지는 관계를 나타낸다.]

She is depressed now, but I hope it will **blow over**.
그녀는 지금은 풀이 죽어 있지만, 나는 그것이 곧 지나가서 없어질 것이라고 희망한다.

2.9 blow O up

He is **blowing up** a balloon.
그는 풍선에 바람을 넣어 부풀리고 있다.
[up은 부피가 늘어나는 관계를 나타낸다.]

These tires are flat. We need **blowing** them **up**.
이 타이어들은 바람이 빠져 있다. 우리는 그 타이어들에 공기를 주입해야 한다.
[타이어에 공기가 들어가면 부피가 늘어난다.]

The terrorists **blew up** a *plane* over Rangoon.
그 테러 분자들은 랑군 상공에서 비행기 한 대를 폭파했다.
[무엇이 폭파되면 파편이 상공으로 (up) 올라간다.]

| house | 집 | tower | 타워 |
| car | 차 | building | 빌딩 |

The photo is very good. Why don't you **blow** it **up** and hang it in the livingroom?
그 사진은 매우 좋아요. 왜 이것을 확대해서 거실에 거시지 않나요?

Why do you **blow** this **up** into such a big deal?
왜 너는 이것을 크게 부풀려서 이렇게 큰 문제가 되게 하니?

The plan was **blown up**. (passive)
그 계획은 깨어져버렸다.

blow up

My tires need **blowing up**.
내 타이어는 공기를 넣어 부풀리게 할 필요가 있다.
[up은 부피가 커지는 관계를 나타낸다.]

The ICBM **blew up** in the mid-air.
그 대륙 간 탄도체는 공중에서 폭파했다.

Why did he **blow up** like that?
왜 그는 그렇게 화가 폭발했느냐?
[화는 불로 개념화된다.]

It looks that there is a storm **blowing up**.
폭풍이 일고 있는 것처럼 보인다.
[up은 없던 것이 생기는 변화를 나타낸다.]

A diplomatic crisis **blew up** between the two countries.
그 두 나라 사이에 외교적 위기가 생겼다.

blow up at O

My mom **blew up at** my dad for picking me up from school late.
엄마는 아빠가 학교에서 나를 늦게 데리고 와서 (아빠에게) 몹시 화를 냈다.
[화는 강한 바람으로 은유가 된다.]

BLUFF

1. 단동사
이 동사는 위험에 처했을 때, 여기서 벗어나기 위해서 허세를 부리거나 엄포를 놓는 과정을 그린다.
명사: 허세, 엄포, 절벽
자동사
I don't think he'll shoot – I think he's just **bluffing**.

그가 총을 쏘지는 않을 거야. 그냥 허세를 부린다고 생각해.

2. 구동사
2.1 bluff O into O
He **bluffed** me **into** giving up without a fight.
그는 나에게 협박을 해서 내가 싸워 보지도 못하고 굴복하게 했다.

2.2 bluff O out
He **bluffed** his way **out** of the trouble.
그는 허세를 부려서 그 문제에서 벗어났다.
He **bluffed** me **out** of the share of the dessert.
그는 협박을 해서 나에게서 내 후식 몫을 앗아갔다.

BLUNDER

1. 단동사
이동사는 제대로 볼 수 없어서 불안정하게 걷는 과정을 그린다. 또는 부주의하여 큰 실수를 하는 과정을 그린다.
명사: (어리석은) 실수
자동사
The government **blundered** in its handling of the affair.
그 정부가 그 문제 처리에서 어리석게 실수를 했다.

2. 구동사
2.1 blunder about
He **blundered about** in the dark feeling for the door knob.
그는 어둠 속에서 문 손잡이를 더듬어 찾으면서 어색하게 이리저리 움직였다.

2.1 blunder into O
We may **blunder into** a nuclear war.
우리는 실수로 핵전쟁에 들어갈 수 있다.

BLUR

1. 단동사
이 동사는 흐려지거나 흐리게 하는 과정을 그린다.
명사: 흐릿한 형체, 희미한 것
자동사
The writing **blurred** and danced before his eyes.
그 글씨가 흐릿해지더니 그의 눈앞에서 춤을 추는 것 같았다.
The differences between art and life seem to have **blurred**.
예술과 삶의 차이들이 모호해진 것 같다.

2. 구동사
2.1 blur O out
The suspect's face was blurred out. (passive)
그 용의자의 얼굴은 흐릿하게 처리해서 보이지 않았다.

2.2 blur up
His vision blurred up.
그의 시야가 흐릿해졌다.

blur O up
He blurred up the boundary between right and wrong.
그는 옳음과 그름의 경계선을 흐리게 했다.

BLURT

1. 단동사
이 동사는 흥분하거나 긴장해서 생각 없이 말을 내뱉는 과정을 그린다.
자동사

"She's pregnant." Jack blurted.
"그녀가 임신을 했어." 잭이 불쑥 말했다.

2. 구동사
2.1 blurt O out
He blurted out, "I am in love with you."
그가 "나는 너를 사랑해"라고 불쑥 말했다.
[out은 말이 입에서 튀어나오는 관계를 나타낸다.]
He blurted out an answer.
그가 대답을 내뱉었다.

BLUSH

1. 단동사
이 동사는 부끄러워서 얼굴이 빨개지는 과정을 그린다.
자동사

I blush to admit it, but I quite like her music.
인정하기 부끄럽지만 저는 그녀의 음악을 상당히 좋아합니다.

2. 구동사
2.1 blush at O
She blushed furiously at the memory of the conversation.
그녀는 그 대화를 상기하자 화가 나서 얼굴이 심하게 붉어졌다.

2.2 blush with O
She blushed with shame.
She blushed with shame.

그녀는 수치심으로 얼굴이 붉어졌다.

BOARD 1

1. 단동사
이 동사는 널빤지를 창문 등에 갖다 대는 과정을 그린다.
명사: 널빤지, 도마, 바둑판

2. 구동사
2.1 board O up
We boarded up the windows before the typhoon.
우리는 그 태풍이 오기 전에 그 창문들을 판자로 막았다.
All the shops along the street are boarded up, waiting for demolition. (passive)
그 거리에 있는 모든 상점들이 철거를 기다리며 판자로 폐쇄되어 있었다.

board up
As a monster hurricane is approaching, people are boarding up and getting out.
괴물 같은 허리케인이 다가옴에 따라, 사람들은 집을 판자 등으로 막고 동네를 떠나고 있다.

BOARD 2

1. 단동사
이 동사는 돈을 주고 남의 집에 있거나 있게 하는 과정을 그린다. 즉, 하숙하는 과정을 그린다.

2. 구동사
2.1 board O out
We boarded out the dog while we were on vacation.
우리는 휴가를 가 있는 동안 강아지에게 숙소를 마련해 주었다.
[out은 개가 하숙집에서 나가는 관계를 나타낸다.]

BOB

1. 단동사
이 동사는 병이나 깡통 등이 물에서 까딱거리거나 어떤 특정방향으로 빠르게 움직이는 과정을 그린다.
타동사

She bobbed her head nervously.
그녀가 불안하게 고개를 까닥거렸다.

2. 구동사
2.1 bob up
I threw a plastic bottle into the lake. A few minutes

later it **bobbed up**.
나는 플라스틱 병 하나를 그 호수에 던졌다. 몇 분 후에
그것이 불쑥 떠올랐다.
[참조: pop up]
He dived into the water and **bobbed up** a few seconds
later.
그는 물속에 잠수했다가 몇 초 후에 불쑥 떠올랐다.
Suddenly a head **bobbed up** from behind the fence.
갑자기 머리 하나가 그 울타리 뒤에서 불쑥 나타났다.
Karen **bobbed up** from under the table.
캐런은 그 식탁 아래에서 불쑥 올라왔다.
Food prices **bobbed up** after the flood.
그 홍수 후에 음식 값이 불쑥 올랐다.
[out은 개가 하숙집에서 나가는 관계를 나타낸다.]

BOG

1. 단동사
이 동사는 차량 등이 진흙 등에 빠져 움직이지 못하는 과정
을 그린다.
명사: 늪지

2. 구동사
2.1 bog down
My jeep **bogged down** in the mud.
내 지프가 그 진흙에 빠져 내려가서 움직이지 못한다.
[down은 차가 움직이지 못하는 관계를 그린다.]

bog O down
We got **bogged down** over trifle details. (passive)
우린 사소한 세부 사항들 때문에 교착상태에 빠졌다.
Ice on the road has been **bogging down** traffic on the
highway.
그 길에 덮인 얼음이 그 고속도로의 통행을 지연시키고
있다.

2.2 bog off
Please **bog off** and leave me alone.
제발 자리에서 꺼지고 나를 혼자 있게 해 다오.
[off는 주어진 장소를 떠나는 관계를 나타낸다.]

BOIL

1. 단동사
이 동사는 끓거나 끓이는 과정을 그린다.
자동사
Water **boils** at 100°C.
물은 섭씨 100도에서 끓는다.

타동사
She is **boiling** water for tea.
그녀는 차를 만들기 위해 물을 끓이고 있다.
She is **boiling** potatoes.
그녀는 감자들을 삶고 있다.

2. 구동사
2.1 boil away
The water in the kettle all **boiled away**.
그 주전자에 있는 물이 끓어서 모두 졸아들었다.
[away는 물이 점차로 줄어드는 관계를 나타낸다.]

2.2 boil down
After 50 minutes on a high heat, the stew **boiled down**.
고온에 50분이 지나자, 스튜는 졸아들었다.
[down은 양의 감소를 나타낸다.]

boil down to O
The whole housing shortage problem **boils down to**
one thing: land.
그 주택 부족 문제 전체는 한 가지로 압축된다. 즉, 땅
문제다.

boil O down
He **boiled down** his paper.
그는 그의 논문을 줄였다. 즉, 요점만 제시했다.
[down은 논문의 양을 줄이는 과정과 상태를 나타낸다.]
Boil down the sauce until it becomes thick.
그 소스를 진하게 될 때까지 끓이세요.
[down은 소스가 물이 줄어서 걸쭉하게 되는 관계를 나타낸다.]
Boil the meat **down** until it is soft.
그 고기를 물렁해질 때까지 삶으세요.

boil O down to O
My boss asked me to **boil** my four-page summary
down to a two-page one.
내 상사는 나의 네 페이지 요약본을 두 페이지로 줄이라
고 요청했다.
All of the problems can be **boiled down to** lack of
preparation. (passive)
그 모든 문제들은 준비 부족으로 귀착될 수 있다.

2.3 boil over
The milk **boiled over**.
그 우유가 끓어서 넘쳤다.
[over는 우유가 그릇의 가장자리로 넘치는 관계를 나타낸다.]
At last her anger **boiled over**, and she lashed out at
him.

드디어 그녀가 화가 북받쳐서 그를 심하게 비판했다.
[over는 마음속에 있던 화가 몸 안에서 밖으로 나가는 관계를 나타 낸다. 즉, 화는 끓는 물로 개념화된다.]

boil over into O

Dispute in the peninsula may **boil over into** a war.
그 반도의 분쟁이 넘쳐흘러서 (통제할 수 없게 되어서) 전쟁으로 확대 될 것이다.

2.4 boil O up

Add two spoonfuls of coffee to the water and **boil** it all **up**.
커피 두 스푼을 그 물에 타고, 그것을 끓어 올리세요.
[up은 물이 끓어오르는 상태를 나타낸다.]

She **boiled** some potatoes **up** for lunch.
그녀는 점심을 먹기 위해 감자를 몇 개 삶았다.
[up은 감자가 먹을 수 있는 상태가 되었음을 나타낸다.]

boil up

Suddenly, anger **boiled up** in her.
갑자기 분노가 그녀의 마음속에서 끓어올랐다.
[화는 끓는 액체로 개념화된다.]

Conflicts have been **boiling up** all over the Middle East.
분쟁들이 중동 전역에 걸쳐 생겨나고 있다.
[up은 분쟁이 새로 생기는 관계를 나타낸다.]

BOLSTER

1. 단동사
이 동사는 북돋우거나 강화하는 과정을 그린다.
명사: (베개 밑에 까는 긴) 베개 받침

타동사

He **bolstered** our confidence and courage.
그는 우리의 자신감과 용기를 북돋았다.

2. 구동사

2.1 bolster O up

He **bolstered up** the shelf with a nail.
그는 못으로 그 선반을 지지하여 강화하였다.

He **bolstered** her **up** when she was down.
그는 그녀가 기분이 저하되어 있을 때, 그녀의 사기를 북돋았다.
[her는 환유적으로 그녀의 기분을 가리킨다.]

He **bolstered** me **up** by saying I am wonderful.
그는 내가 멋있다고 말해줌으로써 나를 북돋아 주었다.
[up은 기분이 좋게되는 관계를 나타낸다.]

A lot of evidence **bolstered up** his claim.

많은 증거가 그의 주장을 뒷받침해 준다.
[up은 내려오는 힘에 맞서는 관계를 나타낸다. 참조: bear up, prop up]

BOLT 1

1. 단동사
이 동사는 볼트로 무엇을 고정시키는 과정을 그린다.
명사: 볼트, 빗장

타동사

Don't forget to **bolt** the door.
그 문을 빗장 지르는 거 잊지 마세요.

2. 구동사

2.1 bolt O down

I need to **bolt down** the washer.
나는 그 세탁기를 볼트로 고정시켜야 한다.
[down은 세탁기가 고정되는 관계를 나타낸다.]

2.2 bolt O to O

The vice is **bolted to** the workbench. (passive)
그 바이스는 그 작업대에 볼트로 접합되어 고정되어 있다.

BOLT 2

1. 단동사
이 동사는 겁이 나서 번개처럼 빨리 움직이는 과정을 그린다.
명사: 번쩍하는 번개

타동사

Don't **bolt** your food!
음식을 급히 먹지 마!

2. 구동사

2.1 bolt away from O

An ox **bolted away from** the herd.
한 마리의 황소가 무리에서 빨리 달아났다.

2.2 bolt out of O

He **bolted out of** the room.
그는 그 방을 재빨리 빠져 나왔다.

BOLT 3

1. 단동사
이 동사는 빨리 음식을 먹는 과정을 그린다.
타동사

Don't **bolt** your food!

음식을 급히 먹지 마!

2. 구동사

2.1 bolt O down

Charlie **bolted down** his breakfast and ran out of the house.

찰리는 아침을 빨리 먹고 집 밖으로 나갔다.

[down은 음식이 입에서 위로 내려가는 관계를 나타낸다. 참조: gulp down, wolf down, chow down]

BOMB

1. 단동사

이 동사는 폭탄을 어느 지역에 터뜨리거나, 폭탄을 어느 지역에 투하하는 과정을 그린다.

명사: 폭탄, 많은 돈, 대실패

자동사

Terrorists **bombed** several army barracks.

테러범들이 몇 군데의 군대 막사에 폭탄 공격을 가했다.

타동사

His latest musical **bombed** and lost thousands of dollars.

그의 최근 뮤지컬이 크게 실패해서 수천 달러를 까먹었다.

The exam was impossible! I definitely **bombed** it!

시험이 너무 어려웠어! 난 그냥 완전히 망쳤다.

2. 구동사

2.1 bomb O out

Some cities in Syria were **bombed out**. (passive)

시리아의 몇몇 도시들은 폭격을 당해 없어졌다.

[out은 마을 등이 없어지는 관계를 나타낸다.]

village	마을	neighborhood	이웃

Some people were **bombed out** and fled to a safe place. (passive)

몇몇 사람들은 폭격을 받고 도망쳐 나와 안전한 곳으로 도망을 갔다.

The former Labor Union building is **bombed out**.

전 노동당 당사는 폭격을 받아 (뼈대만 남은 상태로) 다 없어졌다.

BONE

1. 단동사

이 동사는 시험 등을 위해 열심히 공부하거나 복습하는 과정을 그린다.

2. 구동사

2.1 bone up

The candidate has been **boning up** for the debate.

그 후보는 그 토론을 위해 열심히 준비하고 있다.

I am weak in my math, and I am going to **bone up** on it.

나는 수학이 약해서, 수학을 열심히 공부할 것이다.

[up은 정도를 높이는 관계를 나타낸다.]

BOOK

1. 단동사

이 동사는 호텔, 식당 등에 예약을 하는 과정을 그린다.

자동사

Book early to avoid disappointment.

실망하시지 않도록 일찍 예약하세요.

타동사

I'd like to **book** a table for two for 8 o'clock tonight.

오늘 밤 8시에 두 사람이 앉을 테이블을 예약하고 싶어요.

I've **booked** you on the 10 o'clock flight.

나는 당신을 10시 비행기에 예약해 놓았어요.

We've **booked** a band for the wedding reception.

우리는 그 결혼식 피로연에 그 밴드를 예약해 놓았다.

He was **booked** for possession of cocaine. (passive)

그는 코카인 소지 혐의로 경찰에 잡혀 이름, 주소 등이 적혔다.

2. 구동사

2.1 book in

We **booked in** at a Hayatt Hotel and went out for dinner.

우리는 하얏트 호텔에 체크인하고 저녁을 먹기 위해 나갔다.

[참조: check in]

2.2 book into O

He **booked into** Hilton Hotel this afternoon.

그는 오늘 오후에 힐튼 호텔에 체크인했다.

[참조: check into]

book O into O

My assistant **booked** me **into** Grand Hotel.

나의 조수가 나를 그랜드 호텔에 투숙시켰다.

2.3 book under O

I **booked under** James Yoon.

나는 제임스 윤 이름으로 예약을 했습니다.

2.4 book O up

All the flights to Jeju Island are **booked up**. (passive)
제주도로 가는 모든 비행편이 다 예약되어 있다.
[up은 예약이 다 찬 관계를 나타낸다.]

book up

In summer, hotels **book up** early.
여름에는 호텔들이 일찌감치 예약이 찬다.

BOND

1. 단동사
이 동사는 접착제 등으로 단단히 결합되는 과정을 그린다.
명사: 유대, 추상적인 끈, 접착제

2. 구동사
2.1 bond together
The atoms **bond together** to form a molecule.
그 원자들은 결합해서 하나의 분자를 형성한다.

2.2 bond with O
He **bonds with** his coworkers at work.
그는 직장에서 동료들과 끈끈한 관계를 맺는다.
The adopted child **bonded with** his foster mother.
그 입양된 아이는 그의 양부모와 끈끈한 유대를 형성
했다.

BOOM

1. 단동사
이 동사는 크고 우렁찬 소리를 내는 과정을 그린다.
자동사
Outside, thunder **boomed** and crashed.
밖에서 천둥이 우르릉 쾅하고 큰 소리가 들렸다.
By the 1980s, the computer industry was **booming**.
1980년대가 되자 컴퓨터 사업이 호황을 누렸다.
타동사
"Get out of my sight!" he **boomed**.
"내 눈 앞에서 사라져!" 그가 우렁찬 목소리로 말했다.
[out은 소리가 사방으로 크게 퍼지는 관계를 나타낸다.]

2. 구동사
2.1 boom out
Rap music was **booming out** of a loud speaker.
랩 음악이 큰 스피커를 통해 크게 울려 나오고 있었다.

boom O out
The announcer **boomed out** the names of the players.

아나운서가 선수들의 이름을 크게 불렀다.

BOOST

1. 단동사
이 동사는 의자, 생산, 판매 등을 높이는 과정을 그린다.
명사: 밀어올림, 상승, 격려
타동사
The waiter **boosted** the seat for the baby.
그 웨이터는 그 아기를 위해서 그 의자를 높여주었다.
The movie helped **boost** her screen career.
그 영화는 그녀의 영화경력을 높여주었다.
His kind words **boosted** my mind.
그의 친절한 말이 나의 마음을 북돋아주었다.

2. 구동사
2.1 boost O up
The father **boosted** the child **up** so that he could get
a better view.
아버지는 아이를 들어 올려서 그가 좀 더 잘 볼 수 있게
했다.
The new president tried to **boost up** the economy.
그 새 대통령은 나라 경제를 부양시키려고 노력했다.

boost up
His *stamina* **boosted up**.
그의 지구력이 상승되었다.

| energy | 힘 | confidence | 자신감 |

BOOT 1

1. 단동사
이 동사는 발로 세게 차는 과정을 나타낸다.
명사: 장화
타동사
He **booted** the ball clear of the goal.
그가 공을 골대에 닿지 않게 세게 찼다.

2. 구동사
2.1 boot O out
He was behind with his rent and was **booted out** of
the apartment. (passive)
그는 집세가 밀렸고, 아파트에서 쫓겨났다.
[참조: kick out]
The player was **booted out** of the game. (passive)
그 선수는 그 경기에서 쫓겨났다.

BOOT²

1. 단동사
이 동사는 컴퓨터를 작동시키는 과정을 그린다.

2. 구동사
2.1 boot up
My computer takes a while to **boot up**.
내 컴퓨터는 부팅하는 데 시간이 꽤 걸린다.
[up은 컴퓨터가 작동상태에 들어가는 관계를 나타낸다.]

boot O up
He is **booting up** his desktop computer.
그는 그의 데스크톱을 작동시키고 있다.

BORDER

1. 단동사
이 동사는 경계를 이루는 과정을 그린다.
명사: 국경; 가장자리
타동사
The countries **border** the Baltic.
그 국가들은 발트해를 접한다.
The large garden is **bordered** by a stream. (passive)
그 큰 정원은 강에 접해 있다.

2. 구동사
2.1 border on O
My house **borders on** the lake shore.
내 집은 그 호숫가와 경계를 이룬다.
His behavior **borders on** insanity.
그의 행동은 미친 짓에 가깝다.

BORE¹

1. 단동사
이 동사는 구멍을 뚫는 과정을 그린다.
명사: 구멍

2. 구동사
2.1 bore into O
His blue eyes seemed to **bore into** her.
그의 푸른 눈이 그녀를 뚫을 듯이 쏘아보는 듯 했다.
When her cold eyes **bored into** him, he felt shiver
running through his spine.
그녀의 차가운 눈이 그를 뚫을 듯이 쏘아보았을 때, 그는
자신의 등골이 오싹해지고 있음을 느꼈다.

2.2 bore through O
The drill could not **bore through** the timbered teak
board.
그 드릴은 목재로 된 그 티크판을 뚫고 지나갈 수가 없었다.
The drill is strong enough to **bore through** solid rock.
이 드릴은 단단한 바위를 뚫을 수도 있을 정도로 강력
하다.

BORE²

1. 단동사
이 동사는 지루하게 하거나 따분하게 하는 과정을 그린다.
명사: 지겨운 사람, 지루한 일

2. 구동사
2.1 bore O out of O
He was **bored out of** his mind. (passive)
그는 지루해서 미칠 지경이었다.

2.2 bore O of O
I'm **bored of** my job.
나는 내 일에 싫증이 났다.

2.3 bore O with O
Has he been **boring** you **with** his stories about his trip?
그가 자기 여행 얘기들로 당신을 지루하게 하고 있습니까?
I'm **bored with** his tedious stories. (passive)
나는 그의 지루한 이야기들에 싫증이 났다.

BOSS

1. 단동사
이 동사는 사람을 함부로 다루는 과정을 그린다.
명사: 직장의 상관, 상사

2. 구동사
2.1 boss O around/about
The manager **bosses** his staff **around**.
그 매니저는 그의 직원을 쥐고 흔든다.
[around는 이리저리 함부로 다루는 관계를 나타낸다. 참조: push
around, shove around]
The man **bosses** his wife **around** like a maid.
그 남자는 자신의 부인을 하녀처럼 쥐고 흔든다.

BOTCH

1. 단동사
이 동사는 주의를 기울이지 않거나 기술이 모자라서 실수

하는 과정을 그린다.

명사: 불량하게 만들어진 작품

2. 구동사

2.1 botch O up

The builders **botched up** our shed.

건축업자들이 우리 헛간을 완전히 망쳐놓았다.

He completely **botched up** the interview.

그는 그 인터뷰를 완전히 망쳤다.

BOTTLE

1. 단동사

이 동사는 술을 만들어서 병에 담거나 잼 등을 유리그릇에 담는 과정을 그린다.

명사: 병, 술

타동사

The wines are **bottled** after three years. (passive)

그 포도주는 3년 후에 병에 담겨진다.

2. 구동사

2.1 bottle out

He said he would put a fight, but at the last moment, he **bottled out**.

그는 싸움을 걸겠다고 하더니, 마지막 순간에 물러섰다.

[out은 싸움, 약속 등에서 빠져 나가는 관계를 나타낸다. 참조: chicken out, fink out

2.2 bottle O up

Grandmother made a blueberry jam, **bottled** it **up**, and gave it to us.

할머니께서 블루베리 잼을 만들어서 병에 넣은 다음, 그 것을 우리에게 주셨다.

He has been **bottling up** the *feelings* inside him for years.

그는 그 감정을 몇 해 동안 가슴 속에 담아 두고 있다.

anger 화	frustration 좌절감

The bill has been **bottled up** in the Senate since last year.

그 법안은 작년 이후로 상원에 묶여 있다.

BOTTOM

1. 단동사

이 동사는 주가 등이 바닥을 치는 과정을 그린다.

명사: 맨 아래 (부분), 바닥, 구석진 곳, 안쪽

2. 구동사

2.1 bottom out

The fall in the value of *won* **bottomed out**.

원화의 가치 하락이 바닥을 쳤다.

The prices on the stock market finally **bottomed out**.

그 주식시장의 주식가가 마침내 바닥을 쳤다.

When the market **bottoms out**, I'll buy some stock.

그 시장이 바닥을 치면 나는 주식을 좀 살 것이다.

The economy **bottomed out**.

그 나라 경제가 바닥을 쳤다.

By 2060, the pension fund will **bottom out**.

2060년에는 연금기금이 바닥을 칠 것이다.

BOUNCE

1. 단동사

이 동사는 튕기는 과정을 나타낸다.

2. 구동사

2.1 bounce O against O

He **bounced** a ball **against** the wall.

그는 그 공을 그 벽에 쳐서 튕겨 나오게 했다.

2.2 bounce O around

They **bounced around** a few ideas and finally came up with a solution.

그들은 몇 개의 생각을 이 사람 저 사람에게 퉁겨보다 결국 해결책을 얻게 되었다.

[생각은 공으로 은유가 된다. 참조: kick around, throw around, toss around]

bounce around

Some children are **bouncing around** in the yard.

몇몇 아이들이 그 뜰에서 이리저리 뛰어 다니고 있다.

He **bounced around** a few years, living in friends' house.

그는 이 친구 저 친구 집에 살면서 몇 년간 일정한 직업 없이 돌아다녔다.

His popularity **bounced around** from 30 to 50.

그의 인기가 30에서 50으로 되돌아왔다.

2.3 bounce back

The e-mail **bounced back**.

그 이메일이 되돌아왔다.

bounce back from O

They are sure to **bounce back from** last month's defeat.

그들은 지난 달의 패배에서 틀림없이 회복될 것이다.
The country is **bouncing back from** recession.
그 나라는 불경기에서 되돌아오고 있다.

bounce back to O
The temperature is **bouncing back to** two-digit.
기온이 두 자리 숫자로 다시 뛰어오르고 있다.

bounce O back
The cliff **bounced back** the sound.
그 절벽이 그 소리를 튕겼다.

2.4 bounce O into O
The chairman of the Liberal Party said that he would not be **bounced into** an early election. (passive)
그 자유당의 총재는 그가 조기선거에 튕겨져 들어가지 않을 것이라고 말했다.

2.5 bounce O off O
He is **bouncing** the ball **off** the wall.
그는 그 공을 그 벽에 쳐서 되돌아오게 하고 있다.
The two linguists were constantly **bouncing** ideas **off** each other.
그 두 언어학자는 생각들을 서로에게 튕겨서 반응을 얻고 있다.
[off는 생각이 어느 사람에게 가서 다시 튕겨져 떨어져 나오는 관계를 나타낸다.]
Let's **bounce** this idea **off** the committee.
이 생각을 그 위원회에 던져서 어떤 반응이 돌아오는지 알아보자.

bounce off O
The sound **bounces off** the object ahead.
그 소리는 앞에 있는 물체에서 튕겨져 나왔다.

2.6 bounce out of O
He **bounced out of** bed when the alarm went off.
그는 괘종이 울리자 잠자리에서 벌떡 튕겨져 나왔다.

2.7 bounce up
He **bounced up** and down on the sofa.
그는 그 소파 위에서 껑충껑충 뛰어 올랐다 내렸다 했다.

BOW

1. 단동사
이 동사는 허리를 굽혀 절을 하는 과정을 그린다.

명사: 절, 고개 숙여 하는 인사
자동사
The pines **bowed** in the wind.
그 소나무들이 바람에 휘어졌다.
타동사
She **bowed** her head in shame.
그녀는 수치심에 고개를 떨구었다.
They stood in silence with their heads **bowed**. (passive)
그들은 고개를 숙인 채 말없이 서 있었다.

2. 구동사
2.1 bow down
The people all **bowed down** before the Emperor.
그 사람들이 모두 그 황제 앞에 엎드려 절을 했다.
He **bowed down** before the statue of St. Mary.
그는 성마리아 상 앞에 엎드려 절을 했다.

bow down to O
He **bowed down to** *the boss' will*.
그는 그 사장의 뜻에 굴복했다.

power 권력	terrorism 테러행위

The government **bowed down to** environmentalists.
그 정부는 환경주의자들에게 굴복했다.

bow O down
He **bowed down** his head.
그는 그의 머리를 숙였다.

2.2 bow out
He **bowed out** of the *race*.
그는 그 경기에서 정중하게 물러났다.

game 경기	campaign 선거전

2.3 bow to O
He **bowed** low **to** the assembled crowd.
그가 모인 그 군중들에게 깊이 허리 숙여 절을 했다.
The chairman **bowed to** the pressure from the people.
그 의장은 국민으로부터의 압력에 굴복했다.

BOWL

1. 단동사
이 동사는 볼링 경기에서 공이 빠르고 순조롭게 움직이거나 움직이게 하는 과정을 그린다.

2. 구동사

2.1 bowl along O

Soon we were **bowling along** the country roads.
곧 우리는 그 시골길들을 달리고 있었다.

2.2 bowl O over

Some boys running fast **bowled** an old man **over**.
빠르게 곁을 지나가던 소년들이 노인을 쳐서 넘어지게 했다.
[over는 몸이 호를 그리며 넘어지는 관계를 그린다. 참조: fall over, bend over, run over]

She was **bowled over** by the young man's charm. (passive)
그녀는 그 젊은이의 매력에 놀라서 넘어졌다.

2.3 bowl O out

He **bowled** the batsman **out**.
그는 그 타자수를 물러나게 했다.

BOX

1. 단동사

이 동사는 무엇을 상자에 넣는 과정을 그린다.
명사: 상자; 움막[초소], 극장, 법정 등의 칸막이 된 특별석; 네모, 칸

타동사

The salesperson **boxed** the gift that I had purchased.
그 점원은 내가 산 선물을 상자에 넣었다.

2. 구동사

2.1 box O in

My car was **boxed in** by a fire truck. (passive)
내 차가 소방차에 의해 둘러싸여 움직일 수 없었다.
The teacher's strictness **boxed** his students **in** and prevent them from being creative.
그 선생님의 엄격함이 학생들에게 제약을 가해서 학생들이 창의적이지 못하게 했다.

2.2 box O off

I **boxed off** one section of the room and put in a shower.
나는 그 방 한 쪽을 벽돌을 쌓아 분리시켜 방을 만들고 샤워장을 설치했다.
[off는 샤워장이 전체에서 분리되는 관계를 나타낸다.]

2.3 box O up

He **boxed up** the books and sent them home.
그는 책들을 상자에 넣어서 집으로 보냈다.

BRACE

1. 단동사

이 동사는 좋지 않은 일에 대비하거나 대비시키는 과정을 그린다.
명사: 버팀대, 치아 교정기

타동사

The roof was **braced** by lengths of timber.
그 지붕은 긴 목재 기둥들로 떠받쳐져 있었다.

2. 구동사

2.1 brace O against O

They **braced** themselves **against** the wind.
그들은 그 바람에 맞서 (쓰러지지 않으려고) 몸을 버텼다.

2.2 brace O for O

A storm is coming up, and we had to **brace** ourselves up **for** it.
폭풍이 다가오고 있으므로 우리는 그것에 대비를 해야 했다.

They are **bracing** themselves **for** a long legal battle.
그들은 장기적인 법정 투쟁에 대비하고 있다.

BRAG

1. 단동사

이 동사는 자랑하거나 허풍을 떠는 과정을 나타낸다.

2. 구동사

2.1 brag about O

He is **bragging about** his new *car*.
그는 그의 새 차를 자랑한다.

laptop 노트북	motorcycle 오토바이

BRANCH

1. 단동사

이 동사는 가지가 벌어져 나가는 과정을 그린다.
명사: 나뭇가지; 지사, 분점; 분야; 강·도로·철도 등의 지류

자동사

The road **branches** two miles west.
그 길은 서쪽으로 2마일 뻗어 있다.

2. 구동사

2.1 branch off O

We **branched off** the highway and went along the country road.

우리는 고속도로에서 벗어나서 시골길을 따라 달렸다.
[off는 차가 큰 길에서 벗어나는 과정을 그린다. 참조: turn off]

branch off

This road here **branches off** to the east.
여기 이 길은 (어떤 길을 벗어나서) 동쪽으로 간다.
The discussion **branched off** into a debate about drugs.
그 토의는 약물에 대한 토론으로 빠졌다.
[off는 주제에서 벗어나 다른 주제로 넘어가는 관계를 나타낸다.]

2.2 branch out

The trees are beginning to **branch out**.
그 나무들은 이제 가지를 뻗고 있다.
[out은 가지가 뻗어나는 관계를 그린다.]
I like to sit on a limb that **branches out** from the pear tree.
나는 배나무에서 뻗어 나오는 그 큰 가지에 앉는 것을 좋아한다.
The shoes manufacturer **branched out** into *women's wear*.
그 신발 제조업자는 사업을 확장하여 여성의류에 진출했다.
[out은 사업 영역이 확장되는 관계를 나타낸다.]

| cosmetics | 화장품 | fast food | 패스트푸드 |

At first, I began to study English but later I **branched out** and began to learn French.
나는 처음에는 영어만 공부하였으나 나중에는 범위를 넓혀 불어도 공부하기 시작했다.
It is easy to **branch out** from computer to jobs in banking or accountancy.
컴퓨터 일에서 벗어나서 은행이나 회계 일에 나아가기는 쉽다.
They decided to **branch out** on their own, and start a new business.
그들은 독립해 나가서 새 사업을 시작하기로 했다.

branch out to O

The American company wants to **branch out to** Asia through Korea.
그 미국 회사는 한국을 통해 아시아에 진출하기를 원한다.

BRAVE

1. 단동사
이 동사는 위험하거나 어렵거나 좋지 않은 일을 용감히 대면하는 과정을 그린다.

형용사: 용감한
타동사
Over a thousand people **braved** the elements to attend the march.
천 명이 넘는 사람들이 궂은 날씨를 무릅쓰고 그 행진에 참여하러 나왔다.

2. 구동사
2.1 brave O out
We **brave out** the crisis.
우리는 그 위기를 용감히 견디어 냈다.
[out은 끝까지 이겨내는 관계를 나타낸다. 참조: fight it out, duke it out, ride out, weather out]
They are in a difficult situation, but they decided to **brave it out**.
그들은 어려운 상황에 처해있으나, 용감히 끝까지 견디어 내기로 했다.

BREAK

1. 단동사
이 동사는 부수거나 부수어지는 과정을 나타낸다.
타동사
She **broke** the eggs into the soup.
그녀는 그 달걀들을 깨어서 그 국에 넣었다.
The soldiers **broke** ranks.
그 군인들이 대열을 헝클어뜨렸다.
They **broke** ground for a new school building.
그들은 새 학교 건물을 짓기 위해 터를 닦았다.
The government **broke** the strike.
정부가 그 파업을 중단시켰다.
He **broke** the record.
그는 그 기록을 깨었다.
They **broke** the agreement.
그들은 그 합의를 깨었다.
The net **broke** his fall.
그 그물이 그의 낙하를 중간에서 중단시켰다.
The failure **broke** me.
그 실패가 나를 망하게 했다.
Who is going to **break** the news?
누가 그 소식을 터뜨릴 것인가?
자동사
The radio **broke**.
그 라디오가 고장 났다.
The news **broke** today.
그 뉴스가 오늘 터져 나왔다.
Dawn is **breaking**.
동이 트고 있다.

His voice broke.
그의 목소리가 갈라졌다.

2. 구동사

2.1 break apart

The *boat* is breaking apart.
그 배가 해체되고 있다.

book	책	family	가족
cabinet	찬장	system	제도

2.2 break away

The child tried to break away, but I held him tight.
그 아이는 빠져나가려고 노력했으나 내가 그를 꼭 잡았다.
[away는 어디에서 멀어지는 관계를 그린다.]
The majority of liberals broke away to form a new party.
자유당원 과반수가 (어떤 당에서) 새 당을 만들기 위해 떨치고 나왔다.

break away from O

He find it hard to break away from the TV series.
그는 그 텔레비전 연속극에서 떨어져 나오는 것이 어렵다는 것을 알았다.
He broke away from the group of students, and came over to greet the woman.
그는 그 학생들의 모임에서 떨어져 나와 그 여자를 맞이하기 위해서 건너 왔다.
He must break away from his bad habit.
그는 그의 나쁜 습관을 떨치고 나와야 한다.
Ukraine broke away from Russia.
우크라이나는 러시아에서 떨어져 나왔다.

2.3 break O down

Thieves broke down the *door*, and entered the building.
도둑들이 그 문을 부수어 무너뜨리고 그 건물에 들어갔다.
[down은 문이 넘어지는 관계를 나타낸다.]

statue	동상	fence	울타리
house	집	wall	벽

The current tele-communications are breaking down the barrier of time and distance.
현재의 텔레통신은 시간과 거리의 장벽을 무너뜨리고 있다.
[down은 장벽이 무너지는 관계를 그린다.]
He broke down the process by steps.
그는 그 과정을 단계적으로 분석했다.

The waste is broken down by bacteria. (passive)
그 폐기물을 박테리아에 의해서 분해된다.

break O down into O

I was ordered to break down all the information into three categories.
나는 그 모든 정보를 3개의 범주로 나누라는 명령을 받았다.
[down은 큰 덩어리를 작은 부분으로 나누는 관계를 그린다.]
Bacteria break down food wastes into methane gas.
박테리아들은 음식찌꺼기를 분해하여 메탄가스로 만든다.
He broke down the process into steps.
그는 그 과정을 단계별로 나누었다.
Please break down the word into syllables.
그 낱말을 음절단위로 나누세요.

break down

My *car* broke down halfway up the hill.
내 차는 그 언덕을 반쯤 올라가다가 고장이 나서 움직이지 않았다.
[down은 고장이 나서 움직이지 않는 상태를 나타낸다.]

washer	세탁기	TV	텔레비전
fridge	냉장고	air conditioner	에어컨

Their marriage broke down in one year.
그들의 결혼은 1년 만에 깨어졌다.
[부부와 같은 관계도 고장이 날 수 있다.]
At the news, he broke down and cried.
그 소식을 듣고, 그는 털썩 주저앉아 울었다.
When my father died, my mother broke down completely.
내 아버지가 돌아가시자 어머니는 완전히 정신적으로 병이 났다.
He broke down in tears.
그는 (정신적으로 버티다가) 버팀이 무너져서 울었다.
The summit talk between the two leaders broke down without an agreement.
그 두 지도자 사이의 정상회담은 합의 없이 깨졌다.

2.4 break for O

It began pouring, and he broke for a shelter.
비가 억수로 내리기 시작하여 그는 피난처를 찾아 뛰었다.
[참조: leave for, make for, head for, run for]

2.5 break O in

Ron broke in a one-year old horse himself.

론은 한 살 난 말을 길들였다.

[in은 사용할 수 없는 상태에서 사용할 수 있는 상태로의 변화를 그린다.]

He is **breaking in** slowly the new shoes.

그는 천천히 그 새 신발을 길들이고 있다.

New trainees are **broken in** gently not to frighten them away. (passive)

신병들은 놀라서 도망가게 하지 않기 위해서, 부드럽게 길들여진다.

break in

Somebody **broke in** and stole my computer.

누가 (내 집에) 침입해서 내 컴퓨터를 훔쳐갔다.

break in on O

Rosa **broke in** on our conversation.

로사가 우리의 대화에 끼어들었다.

2.6 break into O

Someone **broke into** my *house* and stole my TV set.

어떤 사람이 (문을 깨고) 내 집 안에 들어와서 내 TV를 훔쳤다.

office	사무실	store	가게

He **broke into** our conversation.

그는 우리의 대화에 끼어들었다.

He hates to **break into** his 100 dollar note.

그는 100불짜리 지폐를 깨기 싫어한다.

When she heard the news, she **broke into** a smile / tears.

그녀는 그 소식을 듣자, 갑자기 미소를 짓기 / 울기 시작했다.

What do you think of **breaking into** another cake?

케이크 하나를 더 시작하는 것을 어떻게 생각합니까?

For their daughter's wedding, the parents had to **break into** their savings.

그들 딸의 결혼을 위해서, 그 부모님들은 그들의 예금을 깨고 들어가야 했다. 즉 예금을 털었다.

2.7 break O of O

I don't think I can **break** her of the habit.

나는 그녀에게서 그 습관을 깨뜨려 없앨 수가 없다.

[of는 그녀가 나쁜 습관에서 떨어지는 관계를 나타낸다. 참조: cure of, strip of, deprive of]

2.8 break O off

He **broke off** a piece of chocolate and gave it to me.

그는 초콜릿 한 조각을 떼어내어 내게 주었다.

[off는 초콜릿 한 조각이 전체에서 떨어져 나오는 관계를 나타낸다.]

Tom and Jane **broke off** their engagement.

톰과 제인은 그들의 약혼을 깨어 버렸다.

[약혼은 두 사람 사이의 관계이고 off는 이 관계가 끊어짐을 나타낸다.]

The president **broke off** his holiday in Hawaii and returned to Washington to handle the crisis.

그 대통령은 그 위기를 처리하기 위해서 하와이에서 보내던 휴가를 중단하고 워싱턴으로 돌아왔다.

[off는 휴가가 중단되는 관계를 나타낸다.]

U.S. authorities **broke off** the *talk* with the terrorist.

미국 당국은 그 테러분자와의 회담을 중단했다.

negotiation	타협	relationship	관계

break off

The handle of the pot **broke off**.

그 냄비의 손잡이가 부러져서 떨어져 나갔다.

The lowest branch of the pine tree **broke off**.

그 소나무의 가장 아래에 있는 가지 하나가 (나무에서) 부러져서 떨어졌다.

The large iceberg **broke off** from the antarctica.

큰 빙산 하나가 남극에서 떨어져 나왔다.

She **broke off**, and smiled suddenly.

그녀는 말을 급하게 끊고, 갑자기 웃었다.

2.9 break onto O

The young politician **broke onto** the international stage.

그 젊은 정치가는 갑작스레 국제 무대에 서게 되었다.

2.10 break out O

He **broke out** the front door.

그는 그 앞 정문을 부수고 나갔다.

break out

In 1950, a war **broke out** in Korea.

1950년에 한국에서 전쟁이 터졌다.

[out은 전쟁이 생겨나는 관계를 그린다.]

In the district, *a fire* **broke out** last night.

그 구역에서 어제 불이 났다.

violence	폭력	thunder	천둥
fight	싸움	storm	폭풍

Two inmates were killed when fighting **broke out**.

싸움이 터졌을 때, 두 명의 죄수가 살해되었다.

When the concert ended, a huge applause **broke out**.
그 음악회가 끝나자 큰 박수가 터져 나왔다.

When she heard the news, a smile **broke out** on her face.
그녀가 그 소식을 들었을 때, 그녀의 얼굴에 미소가 번져 나왔다.

Red spots **broke out** on his legs.
붉은 반점이 그의 다리에 불거져 나왔다.

My arms **broke out** in *a rash*.
내 팔에 두드러기가 터져 나왔다.

sweats	땀	goose bumps	소름

break out of O

Three robbers **broke out of** jail.
세 명의 강도는 감옥에서 탈출했다.

The young try to **break out of** the tradition.
그 젊은이들은 그 전통에서 탈피하려고 한다.

He **broke out of** sweat.
그는 갑자기 땀을 흘리기 시작했다.

break out into O

They **broke out into** a feast fight.
그들은 갑자기 주먹싸움을 하기 시작했다.

2.11 break through O

He **broke through** the *door*.
그는 그 문을 깨고 지나갔다.

window	창문	ice	얼음

The demonstrators **broke through** the police barricade.
그 시위대는 그 경찰 바리케이드를 부수고 통과했다.

break through

The sun **broke through** and the whole field was covered in light.
태양이 (구름을) 뚫고 나와, 그 들판이 햇볕에 덮였다.

2.12 break up

The iceberg at the north pole will begin **breaking up**.
북극의 빙하는 잘게 부수어지기 시작할 것이다.
[up은 작아지는 관계를 나타낸다.]

Because of financial problems, the modern families **break up**.
재정문제들로 현대 가정이 해체된다.

After living together for 5 years, they decided to **break up**.
5년간 동거한 후에 그들은 헤어지기로 하였다.

Their marriage **broke up**.
그들의 결혼은 깨져서 중단되었다.

When do you **break up** for the summer vacation?
여름방학을 위해서 언제 해산합니까?
[up은 방학에 학생들이 흩어지는 관계를 나타낸다.]

It was around 5 in the morning when the meeting **broke up**.
그 회의가 깨진 것은 아침 5시경 이었다.

break up with O

He **broke up with** his *girlfriend*.
그는 여자 친구와 헤어졌다.

wife	부인	band	밴드
tradition	전통	team	팀

break O up

We stopped off in San Francisco to **break up** the journey.
우리는 그 여행의 단조로움을 깨기 위해서 샌프란시스코에서 여행을 중단했다.

The *fighting* had to be **broken up** by a security guard. (passive)
그 싸움은 경비원에 의해서 중단되어야 했다.

scuffle	실랑이	protest	항의
crowd	군중		

Ron **broke** me **up** with the story about the chimpanzee.
론은 그 침팬지에 대한 얘기로 나를 크게 웃겼다.
[참조: crack up]

Police decided to **break up** the sit-in.
경찰은 그 연좌농성을 해산시키기로 결정했다.

break O up into O

He **broke up** the glass **into** pieces.
그가 그 잔을 깨뜨려서 조각 조각이 났다.

2.13 break with O

Some of the Democrats **broke with** the party and formed a new party.
민주당원의 몇 명은 그 당과 관계를 끊고 새 당을 만들었다.
[up은 당원과 당이 깨어진 관계를 나타낸다.]

Fred **broke with** his family some ago after his father died.
프레드는 아버지가 돌아가신 후 얼마 전에 가족과 관계를 끊었다.

She **broke** **with** her boyfriend.
그녀는 남자친구와 헤어졌다.

Young people tend to **break** **with** tradition.
젊은이들은 전통을 벗어나려는 경향이 있다.

BREATHE

1. 단동사
이 동사는 숨을 쉬는 과정을 그린다.

자동사

He **breathed** deeply before speaking again.
그는 다시 말을 하기 전에 심호흡을 했다.

The air was so cold we could hardly **breathe**.
공기가 너무 차서 우리는 거의 숨을 쉴 수가 없었다.

"I'm over here." she **breathed**.
"나 여기 있어." 그녀가 속삭이듯 말했다.

타동사

He came up close, **breathing** garlic all over me.
그가 가까이 다가와서는 마늘냄새를 나한테 온통 푹푹 뿜어 댔다.

Her performance **breathed** wit and charm.
그녀의 공연은 위트와 매력이 가득했다.

2. 구동사
2.1 breathe O in
He is **breathing** **in** fresh morning air.
그는 신선한 아침 공기를 들이 마시고 있다.

breathe in
Breathe in 7 seconds and breathe out.
7초간 숨을 들이 마시고 들어 내세요.

2.2 breathe into O
The driver **breathed** **into** the breathalyzer.
그 운전자는 음주측정기에 (숨을) 내쉬었다.

2.3 breathe on O
The coffee is hot. **Breathe on** it.
그 커피가 뜨거우니 바람을 불어 식히세요.
[참조: blow on]

2.4 breathe O out
Plants **breathe** **out** carbon dioxide at night.
식물들은 밤에 이산화탄소를 내뿜는다.

breathe out
Hold your breath for ten seconds, and then **breathe** **out** slowly.

10초 동안 숨을 멈췄다가, 천천히 숨을 내쉬어라.

BREEZE

1. 단동사
이 동사는 경쾌하게 걷는 과정을 그린다.
명사: 산들바람, 미풍, 식은 죽 먹기

2. 구동사
2.1 breeze in
I was working in my office when he **breezed** **in** with a big smile on his face.
내가 사무실에서 일을 하고 있을 때 그가 얼굴에 큰 웃음을 띄고 경쾌하게 들어왔다.

2.2 breeze into O
She **breezed** **into** my office.
그녀는 경쾌하게 내 사무실에 들어왔다.

2.3 breeze through O
He **breezed** **through** his comprehensive exams.
그는 그의 종합시험들을 쉽게 통과했다.

He **breezed** **through** the house chores listening to music.
그는 음악을 들으면서 집안일들을 쉽게 해치운다.

BREW

1. 단동사
이 동사는 술을 발효하거나 커피를 끓이는 과정을 나타낸다.

타동사

They **brew** beer.
그들은 맥주를 발효한다.

He **brewed** coffee.
그는 커피를 끓였다.

2. 구동사
2.1 brew O up
I'll **brew** **up** a nice cup of coffee for you.
내가 너를 위해 맛있는 커피 한 잔을 끓여서 만들겠다.
[up은 커피를 만들어서 생겨나는 결과를 그린다.]

I don't know what you are **brewing** **up**, but I don't want any part of it.
나는 네가 무슨 일을 꾸미고 있는지 모르겠다. 그러나 그 일에 전혀 가담하고 싶지 않다.
[참조: cook up]

brew up

I'll **brew up**, if you like coffee.
네가 커피를 원하면, 내가 끓여서 만들겠다.
A nasty conflict is **brewing up** between the two countries.
좋지 않은 알력이 그 두 나라 사이에 생기고 있다.
[up은 없던 것이 일어나는 관계를 그린다.]
A civil war is **brewing up** in Syria.
내전이 시리아에서 일어나고 있다.

BRICK

1. 단동사
이 동사는 벽돌을 쌓는 과정을 그린다.
명사: 벽돌, 든든한 친구

2. 구동사
2.1 brick O up
The entrance is **bricked up** and nobody can enter the house. (passive)
그 입구는 벽돌을 쌓아올려 막아져서 아무도 들어갈 수 없었다.
[up은 벽돌이 쌓여서 입구를 막는 관계를 나타낸다. 참조: wall up]

2.2 brick O off
Some of the rooms are **bricked off**. (passive)
그 방의 몇 개는 벽돌을 쌓아서 칸이 지어져 있다.
[참조: wall off]

BRIEF

1. 단동사
이 동사는 무엇을 간단하게 보고하는 과정을 그린다.
형용사: 짧은, 간단한
타동사
I expect to be kept fully **briefed** at all times. (passive)
나는 계속해서 모든 것을 보고 받기를 기대한다.

2. 구동사
2.1 brief O about O
The secretary **briefed** the president **about** the debate.
그 비서는 대통령에게 그 토론에 대해 요점만 간단하게 알려 주었다.
The general **briefed** the troops **about** their mission.
그 장군은 그 병사들에게 그들의 임무에 대해서 간략하게 말했다.

2.2 brief O on O

I had to **brief** the chairman **on** the investigation.
나는 그 의장에게 그 조사에 대해서 간단하게 요점만 알려 드리게 되어 있었다.
Our manager **briefed** us **on** company sales for the year.
우리 지배인은 우리에게 금년 판매에 대해서 간략하게 말했다.
The staffs **briefed** the president **on** what had happened.
그 참모들은 대통령에게 일어난 일에 대해서 간략하게 말했다.
The envoy **briefed** the president **on** his meeting with the American president.
그 외교 특사는 대통령에게 미 대통령과의 만남에 대해서 간단히 보고했다.

BRIGHTEN

1. 단동사
이 동사는 환해지거나 환하게 하는 과정을 그린다.
형용사(bright): 밝은, 환한
자동사
In the distance, the sky was beginning to **brighten**.
먼 곳에서는 하늘이 밝아 오기 시작하고 있었다.

2. 구동사
2.1 brighten O up
The sun flowers on the table will **brighten up** your living room.
그 식탁 위의 그 해바라기들은 당신의 거실을 환하게 해 줄 것이다.
[up은 방이 환해지거나, 더 환해지는 관계를 나타낸다.]
A good news from my son **brightened up** my day.
아들에게서 온 좋은 소식이 나의 하루를 밝게 해 주었다.

brighten up

The forecast says that the weather will **brighten up** in the afternoon.
일기예보는 날씨가 오후에 밝게 개일 것이라고 예보한다.
[참조: clear up]
He **brightened up** when he heard he was to receive the award.
그는 자신이 그 상을 받게 되어있음을 들었을 때, 기분이 좋아졌다.
He **brightened up** at their words of encouragement.
그가 그들이 하는 격려의 말에 생기를 찾았다.

BRIM

1. 단동사
이 동사는 그릇 등의 가장자리까지 가득 차는 과정을 그린다.
명사: (컵의) 위 끝부분; (모자의) 챙

2. 구동사
2.1 brim over
The bucket is **brimming over** with flour.
그 버켓은 밀가루로 넘치고 있다.
[over는 밀가루가 버켓의 가장자리를 넘치는 관계를 나타낸다.]
He is **brimming over** with joy.
그는 행복으로 가득 차 넘치고 있다.

2.2 brim with O
The bowl is **brimming with** grapes.
그 사발은 포도들로 가득 담겨 있다.
The glass is **brimming with** milk.
그 유리잔은 우유로 가득 차있다.
Her eyes **brimmed with** tears.
그녀의 두 눈에 눈물이 그렁그렁했다.
The team was **brimming with** confidence before the game.
그 경기 전에 그 팀은 자신감에 넘쳐 있었다.

BRING

1. 단동사
이동사는 무엇을 화자가 있는 곳으로 옮기는 과정을 그린다.
타동사
장소 이동
Please **bring** your umbrella with you.
당신의 우산을 같이 가지고 오세요.
Soldiers **brought** ten prisoners.
군인들은 열 명의 포로들을 데리고 왔다.
The pill **brought** me some relief.
그 알약은 내게 약간의 안도감을 가져다주었다.
Spring **brought** warm weather and flowers.
봄은 따뜻한 날씨와 꽃들을 가지고 왔다.

상태 이동
He **brought** the car to a stop.
그는 차를 정지시켰다.
They **brought** the strike to an end.
그들은 파업을 중단시켰다.
She **brought** the water to a boil.
그녀는 그 물을 끓는점에 이르게 했다.
I can't **bring** myself to ask him.
나는 내 자신을 움직여서 그에게 요청할 수준에 가져갈

수 없다.
War **brings** death and hunger.
전쟁은 죽음과 배고픔을 가져온다.

2. 구동사
2.1 bring O about
The *revolution* has **brought about** a number of social and economic *changes*.
그 혁명은 많은 사회적 그리고 경제적 변화를 우리 주위에 가져왔다. 즉, 초래했다.
[about은 변화가 우리 주위에 있는 관계를 나타낸다.]

reform 개혁	benefits 혜택, 이익

Many improvements have been **brought about** in language education. (passive)
많은 개선들이 언어 교육에 가져와졌다. 즉, 생겼다.

2.2 bring O along
I am going to the museum. Why don't you **bring** your *wife* **along**?
나는 그 미술관에 가려고 한다. 네 아내도 데리고 오지 그래?
[along은 미술관까지 가는 길을 따라가는 뜻이다.]

kids 아이들	guide book 안내서

2.3 bring O around
I asked the driver to **bring** the car **around** to you.
나는 그 운전사에게 그 차를 네 쪽으로 돌려서 가져오라고 했다.
[around는 방향을 돌리는 관계를 나타낸다.]
I have a Japanese visitor staying with me, and I am going to **bring** him **around** this afternoon.
나는 일본 손님이 집에 머물러 있는데, 오늘 오후 그를 데리고 여기저기 다닐 예정이다.
[around는 어느 장소의 여기저기를 가리킨다. 참조: show around, guide around]
I managed to **bring** my parents **around** to my view.
나는 나의 양친의 생각을 내 생각 쪽으로 겨우 돌렸다.
I **bring around** the petition for you to sign.
나는 여러분이 서명할 수 있도록 이 청원서를 돌린다.
[around는 이 사람 저 사람에게 전하는 뜻이다.]
The waiter **brought around** glasses of water.
그 웨이터는 물 잔들을 여러 사람을 둘러오면서 가져왔다.
Helen had fainted but I managed to **bring** her **around**.
헬렌은 기절을 했다. 그러나 내가 힘들게 그녀를 (기절 상태에서) 의식 상태로 돌려놓았다.

2.4 bring O back

The city is **bringing back** the street car.
그 시는 그 전차를 다시 운영하려고 한다.
[back은 철거된 전차를 다시 설치하는 관계를 나타낸다.]

The photo always **brings back** the memories of Hawaii.
그 사진들은 늘 하와이의 추억들을 다시 생각나게 한다.
[back은 추억-망각-추억의 관계를 나타낸다.]

If you don't like the shoes, you can always **bring** them **back**.
당신이 그 신발을 좋아하지 않으면, 언제든지 (상점으로) 되가져 올 수 있습니다.
[back은 신발이 상점-집-상점으로 움직이는 관계를 나타낸다.]

The president died, and no one or nothing can **bring** him **back**.
그 대통령은 죽었다. 그래서 아무도, 아무것도 그를 되살릴 수 없다.
[back은 대통령이 삶-죽음-삶의 변화를 겪는 과정을 그린다.]

The president promised to **bring back** jobs.
그 대통령은 일자리들을 되찾아 오겠다고 약속했다.

The spaceman **brought back** some stones from the moon.
그 우주비행사는 달에서 몇 개의 돌을 가지고 왔다.

2.5 bring O back to

I was dozing and a sudden noise **brought** me **back to**.
나는 졸고 있었는데, 갑작스러운 소음이 나를 깨웠다.
[back은 나의 의식-무의식-의식의 과정을 그린다. to는 to my senses의 뜻이다.]

2.6 bring O down

The pilot managed to **bring down** the helicopter.
그 조종사가 그 헬리콥터를 힘들게 착륙시켰다.
[down은 '공중에서 땅'으로의 뜻이다.]

Mario **brought down** Tonio at the edge of the penalty area.
마리오는 토니오를 페널티 존 가장자리에서 쓰러뜨렸다.
[down은 서있는 상태에서 누운 상태로의 변화를 나타낸다.]

The competition between the companies has **brought down** prices.
그 회사 사이의 경쟁이 물가를 내렸다.
[down은 양이나 수의 감소를 나타낸다.]

I **brought down** a *deer* with an arrow.
나는 화살을 쏴서 사슴 한 마리를 쓰러뜨렸다.
[down은 움직이는 것이 정지 상태에 들어가는 관계를 나타낸다.]

rabbit 토끼	bore 멧돼지

The collusion with Russia **brought down** the president.
러시아와의 공모가 그 대통령을 자리에서 물러나게 했다.

bring O down on O

Her bad behavior **brought down** shame **on** her family.
그녀의 나쁜 행동이 그녀의 가족에게 수치심을 주었다.
[on은 그 목적어가 피해를 받는 관계를 나타낸다.]

2.7 bring O forth

The warm weather **brought forth** cherry blossoms.
그 따뜻한 날씨가 벚꽃들이 나오게 했다.
[forth는 속에서 밖으로 나오는 관계를 나타낸다.]

2.8 bring O forward

We **brought forward** a place of the meeting.
우리는 그 회의의 장소 하나를 제시했다.
[forward는 '앞으로'의 뜻이고 앞에 있는 것은 보인다. 참조: put forward, set forward]

The local government **brought forward** a proposal to raise money for the bridge.
그 지방정부는 그 다리를 지을 돈을 모으는 안을 제시했다.

The meeting is **brought forward** to Wednesday.
그 회의는 수요일로 앞당겨졌다.

2.9 bring O in

Bring the newspaper **in** before closing the door.
그 문을 닫기 전에 신문을 가지고 들어 와라.
[in은 화자와 청자가 이미 알고 있는 장소가 된다.]

His new novel **brought in** a huge amount of money.
그의 신작소설은 엄청난 돈을 벌어들였다.
[in은 돈이 그 소설의 저자에게 들어오는 것을 나타낸다.]

The company has **brought in** a new method of production.
그 회사는 새 생산 방법을 도입했다.

The NIS was **brought in** on the case. (passive)
국정원이 그 사건에 끌어들여 졌다.
[NIS: National Intelligence Service]

Let's **bring in** a specialist for the discussion.
그 토의를 위해서 전문가 한 분을 모셔 들여옵시다.

2.10 bring O in to O

The education department tries to **bring in** more sports activities **to** education.
교육부는 교육에 더 많은 스포츠 활동들을 도입하려고 한다.

2.11 bring O off

Our team **brought off** the victory.

우리 팀이 (어려운) 승리를 따냈다.

[off는 승리를 따오는 관계를 나타낸다. 참조: carry off, pull off]

Timothy is a smart negotiator and **brought off** a few deals.

티머시는 똑똑한 협상가이어서, 몇 개의 계약을 어렵게 따냈다.

[참조: pull off]

2.12 bring O on

The loud noise **brought** my headache **on**.

그 시끄러운 소음이 내 두통이 시작되게 했다.

[on은 두통이 시작되는 관계를 나타낸다.]

The good weather **brought** rice plants **on**.

그 좋은 날씨가 벼를 잘 자라게 했다.

[on은 벼가 더 자라게 되는 관계를 나타낸다.]

Teachers should **bring on** the slow students.

교사들은 그 성적이 좋지 않은 학생들을 계속 성장시키도록 해야 한다.

[on은 학생들의 능력을 계속해서 기르는 관계를 나타낸다.]

Bring it on.

그것을 내게 가져 와라. 내가 감당할 수 있을 것으로 믿는다.

The board of directors **brought** him **on** as a manager.

그 이사회는 그를 지배인으로 채용했다.

The noise from the bulldozer **brought** earache **on**.

그 불도저에서 오는 소음이 귀앓이를 일으켰다.

The warm weather **brought** cherry blossoms **on**.

그 따뜻한 날씨가 벚꽃이 (나무에) 나타나게 했다. 즉, 벚꽃이 피었다.

The cold weather **brought** his cold **on**.

찬 날씨가 그의 감기가 시작되게 했다.

bring O on O

She refused to talk to the boss, and **brought** suspicion **on** her.

그녀는 사장에게 말하기를 거절해서 의심을 자신에게 가져오게 했다. 즉 의심을 자초했다.

She is in a difficult situation but she **brought** it **on** herself.

그녀는 어려운 처지에 처해있는데 그것은 그녀가 자기 자신에게 일어나게 한 것이다(자초했다).

2.13 bring O out

He **brought out** his phone.

그는 그의 전화기를 꺼냈다.

[out은 '안에서 밖으로'의 뜻이다. 참조: pull out]

Driving a car in a heavy traffic **brings out** the worst in him.

교통체증 속에 차를 운전하는 것은 그의 속에 있는 최악의 것이 밖으로 나오게 한다.

The chef is good at **bringing out** the flavor of vegetables.

그 요리사는 채소들의 그 맛을 내는 데 매우 능하다.

bring out

Songs are **bringing out** from the bell tower.

노래들이 그 종탑에서 울려 퍼져 나오고 있다.

[out은 소리가 사방으로 퍼지는 관계를 나타낸다. 참조: ring out]

2.14 bring O through O

His wife **brought** him **through** difficult times.

그의 아내가 그를 어려운 시기들을 지나게 도와주었다.

[through는 어려운 시기의 처음부터 끝까지 지나는 관계를 나타낸다.]

bring O through

His courage and determination **brought** him **through**.

그의 용기와 결심이 그를 어려움을 겪고 지나가게 했다.

2.15 bring O to

A loud sound of the siren **brought** him **to**.

그 사이렌의 큰 소리가 그를 (의식 상태에) 돌아오게 했다.

[to는 to one's senses의 의미이다.]

2.16 bring O together

What **brought** you two **together**?

무엇이 너희 둘을 만나게 했느냐?

The research center aims to **bring together** experts on North Korea.

그 연구소는 북한 전문가들을 한 자리에 모으는 것을 목적으로 한다.

The exhibition **brought together** some of the painter's paintings.

그 전시회는 그 화가의 그림 가운데 몇 개를 한 자리에 모았다.

He tries to **bring together** science and buddhism.

그는 과학과 불교를 결합시키려고 한다.

2.17 bring O up

He **brought** his hand **up** to block out the sun.

그는 햇빛을 가리기 위해서 그 손을 들어 올렸다.

He **brought** the car **up** on the rack.

그는 그 차를 거치대에 올렸다.

She was **brought up** by her grandmother. (passive)

그녀는 할머니에 의해 양육되었다.
[up은 유아시절부터 성년까지 이르는 변화를 그린다.]

He was sick, and **brought up** his breakfast.
그는 몸이 아파서, 아침에 먹은 것을 올렸다. 즉, 토했다.
[up은 먹은 것이 위로 올라오는 관계를 그린다. 참조: throw up,
heave up, wretch up, vomit up]

Fred **brought up** the *subject of communism* for debate.
프레드가 공산주의 주제를 토의를 하기 위해 제기했다.
[up은 주제가 참여자의 의식영역에 들어오는 관계를 그린다.]

topic	화제	issue	쟁점
agenda	의제	proposal	제안

The man was **brought up** before the judge, accused
of stealing a smartphone. (passive)
그 사람은 스마트폰을 훔친 혐의를 받고 재판관 앞에
불려 나왔다.
[before는 판사가 권위가 높은 사람임을 나타낸다.]

Two leaders **brought up** a war of words.
두 지도자는 말 전쟁을 일으켰다.

The smell **brought up** memories of my childhood.
그 냄새는 내 유년시절의 기억을 불러일으켰다.
[up은 기억이 의식의 저변에서 위로 떠오르는 관계를 나타낸다.]

2.18 bring O up to O

We'll **bring** you **up to** date.
우리가 여러분을 최신 정보에 이르게 하겠습니다.

He asks his breakfast to be **brought up to** his room.
(passive)
그는 그의 아침식사가 자기 방에 올라오게끔 부탁했다.

BRISTLE

1. 단동사
이 동사는 동물 등이 화가 나거나 두려워서 털을 곤두세우
는 과정을 그린다.
명사: 짧고 뻣뻣한 털

자동사

The dog **bristled** when it saw a fox.
그 개는 여우 한 마리를 보았을 때 (겁이 나서) 털을
곤두세웠다.

2. 구동사
2.1 bristle at O

He **bristled** at the *news*.
그는 그 소식을 듣고 버럭 화를 내었다.
[at의 목적어는 화의 원인이 된다.]

message	전언	suggestion	암시

2.2 bristle with O

The Russian general **bristled with** medals.
그 러시아 장군은 훈장으로 번쩍번쩍 하다. 즉, 가득 차
있다.

His lies made her **bristle with** rage.
그의 거짓말에 그녀가 화가 나서 발끈했다.

BROADEN

1. 단동사
이 동사는 넓어지거나 넓어지게 하는 과정을 그린다.
형용사: 넓은, 일반[전반/개괄]적인, 광대한

자동사

Her smile **broadened**.
그녀의 (얼굴 위로) 미소가 퍼졌다.

타동사

The party needs to **broaden** its appeal to voters.
그 당은 유권자들에 대한 호소의 폭을 넓혀야 한다.

Few would disagree that travel **broadens** the mind.
여행이 마음을 넓혀 준다는 것에 동의하지 않을 사람은
거의 없을 것이다.

2. 구동사
2.1 broaden out

The river **broadens out** here.
그 강은 이 지점에서 폭이 넓어진다.
[out은 폭이 넓어진 관계를 나타낸다.]

The dirt track **broadens out** and becomes a road at
this point.
그 흙 길은 이 지점에서 넓어져서 자동차 길이 된다.

broaden O out

Broaden out the river in your painting, so that it can
look wider.
그림에서 그 강이 더 넓게 보이도록 그 강의 폭을 넓게
하세요.

We **broadened out** discussion to include the abortion
issues.
우리는 그 토의를 확장하여 유산 문제를 포함시켰다.
[out은 확장되는 관계를 나타낸다.]

The special council has **broadened out** investigation
to include the president.
그 특검은 조사 범위를 넓혀서 그 대통령도 포함시켰다.

BROOD

1. 단동사
이 동사는 닭이 알을 품거나, 어떤 문제에 대해서 초조하게

걱정하는 과정을 그린다.

자동사

After the argument, she sat **brooding** in her room.
그 말다툼을 하고 난 후, 그녀는 자신의 방에서 혼자서
걱정하며 앉아 있었다.

타동사

The sparrow **brooded** her eggs.
그 참새가 알들을 품고 있다.

2. 구동사

2.1 brood about O

You need not **brood about** Charles. He can take care
of himself.
너는 찰스에 대해서 초조하게 생각할 필요가 없다. 그는
제 일을 알아서 할 수 있다.

2.2 brood over O

I don't want to **brood over** the problem.
나는 그 문제에 대해서 오랫동안 혼자서 초조하게 생각
하지 않으려고 한다.

BROWSE

1. 단동사

이 동사는 소나 염소들이 높이 자란 풀들을 뜯는 과정이나,
특별한 목적 없이 물건들을 둘러보거나 훑어보는 과정을
그린다.

자동사

You are welcome to come in and **browse**.
들어오셔서 마음껏 둘러보세요.

타동사

I found this recipe while I was **browsing** the Internet.
나는 이 조리법을 인터넷을 훑어볼 때 찾았다.

2. 구동사

2.1 browse around O

In the morning, we **browsed around** the museum.
아침에 우리는 박물관 이곳저곳을 둘러보았다.

2.2 browse among O

Some deer are **browsing among** the carrots.
몇 마리의 사슴이 그 홍당무들 속에서 먹이를 찾고 있다.
I **browsed among** the books on the shelf until I found
what I wanted.
나는 내가 원하는 것을 찾을 때까지 그 선반에 있는 책
들을 살펴보았다.

2.3 browse on O

Rabbits **browsed on** the tender shoots in the garden.
토끼들이 그 텃밭에 있는 연한 순들을 찾아 다녔다.

2.4 browse over O

Please **browse over** this report and tell me what it is
about.
이 보고서를 전체적으로 훑어보고 그것이 무엇에 관한
것인지 알려 주세요.

2.5 browse through O

We **browsed through** the mall.
우리는 그 상점가를 죽 훑어보았다.
I **browsed through** a magazine.
나는 잡지 한 권을 죽 훑어보았다.
I **browsed through** the TV channels.
나는 TV 채널들을 쭉 훑어보았다.

BRUISE

1. 단동사

이 동사는 멍이 들거나 멍이 들게 하는 과정을 그린다.
명사: 멍, 타박상

자동사

Pears **bruise** easily.
배들은 쉽게 멍이 든다.

타동사

She slipped and **bruised** her face.
그녀는 미끄러져서 얼굴이 멍들었다.

2. 구동사

2.1 bruise up

The fruits all **bruised up**.
그 과일들은 모두 멍이 들어버렸다.

BRUSH

1. 단동사

이 동사는 솔을 사용하여 손질을 하는 과정을 그린다.
명사: 붓, 솔, 붓질, 솔질

2. 구동사

2.1 brush O aside

The chairman **brushed aside** the comment.
그 의장은 그 논평을 귀담아 듣지 않고 옆에 제쳐 두었다.
The president **brushed aside** any objection to his
proposal.
그 대통령은 그의 제안에 대한 어떠한 반대도 듣지 않고
옆으로 제쳐버렸다.

2.2 brush O away

She **brushed** a stray hair **away** from her face.

그녀는 흐트러져 나온 머리카락 하나를 그녀의 얼굴로
부터 쓸어 제쳤다.

She quickly **brushed** the *idea* **away**.

그녀는 곧 그 생각을 쓸어 버렸다.

claim 주장	proposal 제안

2.3 brush by O

She **brushed by** me in the alley, but we did not speak.

그녀가 그 골목에서 나를 스치고 지나갔으나, 우리는 말
을 하지 않았다.

2.4 brush O down

He stood up, **brushed** himself **down**, and get back on
his horse.

그는 일어나서 옷의 먼지를 완전히 털어 내리고, 다시
말에 올랐다.

[himself는 환유적으로 '그의 옷에 붙은 먼지'를 가리킨다. down
은 먼지가 철저하게 떨어져 내리는 관계를 나타낸다.]

He **brushed** the horse **down**.

그는 말을 솔질해서 먼지를 털어내었다.

2.5 brush O off

Brush the chair **off** before you sit on it.

그 의자에 앉기 전에, 그 의자의 (먼지를) 쓸어내시오.

[chair는 환유적으로 '의자에 붙은 먼지'를 가리킨다.]

He **brushed** **off** the allegation, saying that it was
nonsense.

그는 그 주장을 헛소리라고 말하면서 쓸듯이 떨쳐버렸다.

I tried to explain why I was late, but he **brushed** me
off.

나는 왜 내가 늦었는지를 설명하려고 했으나, 그는 나를
떨쳐버렸다.

[me는 환유적으로 나의 주장이나 생각을 가리킨다.]

We were able to **brush** the *dirt* **off** the shoes.

우리는 그 먼지를 그 구두에서 쓸어낼 수 있었다.

dust 먼지	sand 모래

2.6 brush over O

He **brushed** **over** the part I was most interested in.

그는 내가 관심 있는 분야를 슬쩍 지나쳐버렸다.

[over는 한쪽에서 다른 쪽으로 넘어가는 관계를 나타낸다.]

2.7 brush O out

She **brushed out** her hair and washed her face.

그녀는 솔질을 하여 머리에 엉킨 것을 풀어 곧게 하고,

세수를 하였다.

[out은 매듭 등이 풀리고 머리가 곧게 되는 관계를 나타낸다.]

2.8 brush O up

I have to **brush up** my Korean before going to Seoul.

나는 서울에 가기 전에 내 한국어를 복습해서 좋게 손질
해야 한다.

[up은 손질을 하여 실력을 높이는 상태를 나타낸다. 참조: polish
up]

brush up on O

He is **brushing up on** his Korean before his trip to
Korea.

그는 한국을 여행하기 전에 그의 (한참 쓰지 않은) 한국
어를 공부하여 예전의 상태로 돌리고 있다.

Before the final, he is **brushing up on** his technique.

그 결승전에 앞서, 그는 그의 기술을 개선하려고 하고
있다.

BUBBLE

1. 단동사

**이 동사는 거품이 일거나, 보글보글 끓는 소리가 나는 과정
을 그린다.**

명사: 거품, 비눗방울, 물방울

자동사

The water in the pan was beginning to **bubble**.

그 냄비 속의 물이 보글보글 끓기 시작했다.

A stream came **bubbling** between the stones.

시냇물이 그 돌멩이들 사이로 졸졸 흘러 내려왔다.

2. 구동사

2.1 bubble away

The soup is **bubbling away** on the stove.

그 수프가 스토브에서 계속해서 보글보글 소리를 내고
있다.

[away는 끓음이 계속됨을 나타낸다.]

2.2 bubble over

The pot **bubbled over** onto the stove.

그 냄비가 끓어 넘쳐서 스토브 위로 흘렀다.

[over는 거품이 냄비의 가장자리를 넘치는 관계를 나타낸다.]

She is **bubbling over**. She is very happy.

그녀는 기분이 넘쳐흐르고 있다. 그녀는 매우 행복하다.

2.3 bubble up

The spring water is **bubbling up** from underground.

그 샘물이 지하에서 보글보글 올라오고 있다.

The water **bubbled up** through cracks in the basement floor.
그 물이 그 지하실 바닥의 갈라진 틈을 통해 올라오고 있다.
Lava is **bubbling up** from the volcano.
용암이 그 화산에서 끓어오르고 있다.
Dissatisfaction is **bubbling up**.
불만이 끓어오르고 있다.
The scandal is **bubbling up**.
그 추문이 생겨나고 있다.

BUCK

1. 단동사
이 동사는 말이 뒷발을 공중으로 쳐들거나, 네 발을 다 들어 뛰어오르는 과정을 그린다.

자동사

The horse **bucked** when the saddle was put on.
그 말은 안장이 채워지자 날뛰었다.
The boat **bucked** and heaved beneath them.
그 보트가 그들 발아래서 걷잡을 수 없이 흔들리고 출렁댔다.

타동사

One or two companies have managed to **buck** the trend of the recession.
한두 회사가 그 경기 후퇴 기조를 간신히 돌파했다.
He admired her willingness to **buck** the system.
그는 그 체제에 기꺼이 맞서려는 그녀의 태도에 감탄했다.

2. 구동사
2.1 buck O off
The horse **bucked** the rider **off**.
그 말은 말에 탄 사람을 뛰어서 떨어뜨렸다.
[off는 말에 탄 사람이 말에서 떨어지는 관계를 나타낸다.]

2.2 buck O up
The comedian volunteered to **buck up** the troops in Vietnam.
그 코미디언은 베트남에 있는 병사들의 사기를 고양시키기로 자원을 했다.
[up은 병사들의 사기를 높이는 관계를 나타낸다. 참조: cheer up]

BUCKET

1. 단동사
이 동사는 비가 양동이로 퍼붓듯 쏟아지는 과정을 그린다.
명사: 양동이, 많은 양

2. 구동사

2.1 bucket down
It has been **bucketing down** all day long.
온 종일 비가 양동이로 퍼붓고 있다.
[참조: pour down, rain down]

BUCKLE [1]

1. 단동사
이 동사는 안전벨트 등의 잠금장치를 잠그는 과정을 그린다.
명사: 버클, 잠금장치

타동사

She **buckled** her belt.
그녀가 벨트의 버클을 잠갔다.

2. 구동사
2.1 buckle down
Students are **buckling down** before the national exam.
학생들은 그 국가고시 전에 진지하게 공부하고 있다.
[down은 진지한 마음의 상태를 나타낸다. 참조: get down to]

2.2 buckle O in
Buckle the children **in**.
그 아이들을 안전띠를 채워서 안전하게 하세요.
[in은 아이들이 안전띠 속에 들어오는 관계를 나타낸다.]

2.3 buckle up
Don't forget to **buckle up** before driving off.
차를 타고 출발하기 전에 안전띠 매는 것을 잊지 마세요.
[up은 안전띠의 두 끝이 맞닿게 되는 관계를 나타낸다.]

BUCKLE [2]

1. 단동사
이 동사는 압력이나 열에 의해서 휘어지는 과정을 그린다.

2. 구동사
2.1 buckle down
The tower **buckled down**.
그 탑이 휘어 무너져 내렸다.

2.2 buckle under O
The steel frames began to **buckle under** the strain.
그 철골이 그 압력을 못 이기고 찌그러지기 시작했다.
He **buckled under** pressure.
그는 압력 하에 꺾이었다.

BUD

1. 단동사
이 동사는 싹을 내는 과정을 그린다.
명사: 싹, 꽃봉오리

2. 구동사
2.1 bud out
This tree **buds out** early in spring.
이 나무는 이른 봄에 싹을 내어 놓는다.

BUDDY

1. 단동사
이 동사는 누군가와 친구가 되는 과정을 그린다.
명사: 친구

2. 구동사
2.1 buddy up
He always tries to **buddy up** despite my rude treatment.
그는 내가 거칠게 대해도 내게 접근하려고 노력한다.

buddy up to O
He always **buddies up to** the boss.
그는 언제나 사장에게 가깝게 다가가려고 한다, 즉 아첨하려고 한다.
[참조: cozy up to, kiss up to]

buddy up with O
John **buddied up with** Tom to finish the work.
존은 그 일을 마치기 위해서 톰과 짝을 이루었다.

BUDGE

1. 단동사
이 동사는 한 장소에서 다른 장소로 조금씩 움직이는 과정을 그린다.
[자동사]
She pushed at the door but it wouldn't **budge**.
그녀가 그 문을 밀어 보았지만 문은 꼼짝도 하지 않았다.
The dog refused to **budge**.
그 개는 꼼짝도 안 하려 했다.
He won't **budge** an inch on the issue.
그는 그 사안에 대해 그의 생각을 한 치도 안 바꿀 것이다.

2. 구동사
2.1 budge O on O

He was not to be **budged on** the issue. (passive)
그는 그 사안에 대한 그의 의견이 조금도 바뀌지 않았다.

2.2 budge over
Please **budge over**.
조금만 저쪽으로 움직여 주세요.
[참조: move over]

2.3 budge up
Budge up, boys. I want to pass through.
소년들아, 간격을 좁히세요. 내가 지나가고 싶다.
[up은 사람과 사람 사이의 간격이 좁아지는 관계를 나타낸다. 참조: close up]

BUFF

1. 단동사
이 동사는 마른 걸레로 닦아서 표면을 반짝이게 하는 과정을 그린다.
[타동사]
He has recently found a way to **buff** that sheen.
그는 최근에 그 고물차를 광택 내는 법을 알아냈다.
The manicurist **buffed** my nails.
그 손톱미용사가 내 손톱을 광나게 했다.
The maid **buffed** the silverware.
그 하인이 그 은그릇을 부드러운 천으로 닦았다.

2. 구동사
2.1 buff O down
I **buffed down** the newly waxed desk with cloth.
나는 새로 왁스를 칠한 그 책상을 헝겊으로 문질러 고르게 했다.
[down은 울퉁불퉁한 것이 평평하게 되는 관계를 나타낸다.]

2.2 buff O up
We rubbed on one coat of wax and **buffed** the floor **up** to a shine.
우리는 바닥에 왁스 한 겹을 입히고 그것을 반짝이게 했다.
[up은 좋은 상태가 되는 관계를 나타낸다. 참조: brush up, polish up]
Before going out, he **buffed up** his shoes.
그는 외출하기 전에, 그의 신발을 잘 닦았다.

BUFFER

1. 단동사
이 동사는 무엇을 보호하는 과정을 그린다.

명사: 완충제

2. 구동사
2.1. buffer O out
The new earphone helps us **buffer out** the noise.
그 새 이어폰은 소음을 미리 막아 못 들어오게 하는 데
도움을 준다.
[out은 소리가 들어오지 못하는 관계를 나타낸다.]

BUG¹

1. 단동사
이 동사는 누구를 괴롭히는 과정을 그린다.
명사: 벌레, 작은 곤충

2. 구동사
2.1 bug off
If that's Tom, tell him to **bug off**.
그 분이 톰이면, 그에게 꺼지라고 말하세요.
[off는 Tom이 어느 장소에서 떠나는 관계를 나타낸다.]
Bug off! Leave me alone!
나를 괴롭히지 말고, 나를 그대로 혼자 있게 해주세요!

BUG²

1. 단동사
이 동사는 몹시 놀라거나 두려움을 느끼는 과정을 그린다.

2. 구동사
2.1 bug out
Ron's eyes **bugged out** in an amazement when he heard the story.
론이 그 이야기를 들었을 때 그의 눈은 놀라움 속에 휘
둥그레졌다.
[out은 눈이 커지는 관계를 나타낸다.]
He's really **bugging out** after the accident.
그는 그 사고 후 재빨리 그 위험한 자리를 뜨고 있다.
[out은 어떤 장소를 빨리 벗어나는 관계를 나타낸다.]

bug O out
The news really **bugged** her **out**.
그 뉴스가 그녀를 정말 놀라게 했다.
[out은 놀람의 정도가 몹시 심함을 나타낸다. 참조: freak out]

BUILD

1. 단동사
이 동사는 짓거나 만드는 과정을 나타낸다.

타동사

In the early days, people **built** houses with stones and clay.
옛날에 사람들은 집을 돌과 흙으로 지었다.
The company **builds** ships.
그 회사는 배를 만든다.

2. 구동사
2.1 build O around
The plot is **built around** the themes of love and revenge.
그 구성은 사랑과 복수의 주제를 중심으로 구성되어 있다.
The prosecutor's case was **built around** the man's witness.
그 검찰의 공소는 그 남자의 증언을 중심으로 만들어졌다.

2.2 build down
At around 8 o'clock, the traffic began to **build down**.
8시 즈음 교통량이 줄어들기 시작했다.
[down은 양의 감소를 나타낸다.]

2.3 build O in
The kitchen cupboard is **built in**, and so are the stove and refrigerator. (passive)
그 부엌 찬장은 붙박이로 되어 있고, 냉장고도 그렇다.
[in은 찬장이 어디에 설치되어 있는지 화자와 청자가 알고 있음을 나타낸다.]
All the best lectures have a certain amount of humor **built in**.
모든 최선의 강의는 일정한 양의 유머가 강의 속에 짜
넣어져 있다.
[in은 유머가 강의 속에 들어가는 관계를 나타낸다.]

2.4 build O into O
All the banks have cash machines **built into** the wall.
모든 은행은 벽에 붙박이 된 현금 출납기가 있다.

2.5 build O on O
All her life, she has wanted to be a pianist, and her hopes for the future were **built on** it. (passive)
평생 그녀는 피아니스트가 되기를 원했다. 그래서 그녀
의 미래의 희망은 그 바람 위에 구축되었다.
[on은 희망이 바람에 바탕을 두고 있는 관계를 나타낸다.]

build on O
We have had a good year, and we are trying to **build on** the success.
우리는 올 한 해 사업이 잘 되었는데, 그 성공의 토대

위에 사업을 확장하려고 하고 있다.

progress 진행	gains 이득

The teacher helped his students to **build on** present understanding to move forward.
그 선생님은 자신의 학생들이 현재의 이해의 바탕 위에 지식을 더 쌓아서 앞으로 나아가게 했다.

build on
We bought the small house and **built on**.
우리는 그 작은 집을 사서 그 집에 증축을 했다.

2.6 build O onto O
A new bedroom is **built onto** the back of the house.
새 침실이 그 집 뒤에 증축되었다.
[onto는 침실이 집에 더해지는 관계를 나타낸다.]

2.7 build out
I am going to **build out** onto the vacant space.
나는 그 공터까지 확장할 예정이다.
[out은 확장 관계를 나타낸다.]
Extra rooms are **built out** from the main building.
여분의 방들이 본 건물로부터 확장되어 만들어졌다.

2.8 build O up
We have to **build up** the armed forces.
우리는 국군을 증강해야 한다.
[up은 수나 양의 증가를 나타낸다.]
Over the years, the museum has **built up** the world's finest collection of porcelain.
수년에 걸쳐서 그 박물관은 세계적으로 뛰어난 자기를 수집해왔다.
While he was governor of the state, he **built up** the state's electronic industry.
그가 주지사로 있는 동안 그는 주의 전자 산업을 키웠다.
The university has **built up** a good reputation over the past few years.
그 대학은 지난 몇 년 동안 명성을 쌓아왔다.
When I was young, my mom tried to **build** me **up**, saying that I was too thin.
내가 어렸을 때 나의 어머니는 내가 너무 말랐다고 말하면서 나를 살찌우려고 노력했다.
[up은 몸이나 힘의 증가를 나타낸다.]
Now I can slowly **build up** the picture of the car on the highway.
이제 나는 그 고속도로상의 그 차의 그림을 천천히 완성할 수 있다.

[up은 그림이 생겨나는 관계를 나타낸다.]
Don't **build** your hopes **up**. You may not be able to get the job.
희망들을 쌓아가지 말아라. 너는 그 일자리를 얻지 못할지도 모른다.

build up
Icicles are **building up** on the surface.
고드름이 그 표면에 점점 쌓여서 올라가고 있다.
By 6 o'clock, the traffic going out of the center have already **built up**.
6시가 되자 그 중심지에서 나가는 차들이 이미 밀리고 있다.
[up은 차량의 증가와 그 증가한 모습을 나타낸다. 참조: pile up]
Toxic chemicals have been **building up** in the soil near the camp.
유해 화학물들이 그 병영 근처의 토양에 누적되고 있다.
[up은 양, 수, 정도의 증가를 나타낸다.]
Icicles are **building up** on the surface.
고드름이 그 표면에 점점 쌓여서 올라가고 있다.
When I came back 7 years later, my hometown has unrecognizably **built up**.
내가 7년 후에 돌아왔을 때, 내 고향은 알아볼 수 없을 만큼 빽빽하게 건물, 도로 등이 들어와 있었다.
[up은 어느 지역에 건물이 들어서서 공간이 거의 없는 상태를 나타낸다.]
Excitement is building up.
흥분이 쌓여가고 있다.

Frustration 좌절	Tension 긴장

build up to O
Fine dust is **building up to** a dangerous level.
미세 먼지가 위험 수준까지 증가하고 있다.
He is **building up to** writing a novel.
그는 소설을 쓰기 위해서 준비해가고 있다.
He is **building up to** general elections.
그는 총선을 향해 준비해가고 있다.

BULGE

1. 단동사
이 동사는 속이 꽉 차서 불거져 나오는 과정을 그린다.
명사: 툭 튀어[불거져] 나온 것, 불룩한 것, (불거져 나온 몸의) 지방, 급증
자동사
His eyes bulged.
그는 눈이 툭 튀어 나왔다.

2. 구동사

2.1 bulge out
The squirrel's cheek **bulged out**.
그 다람쥐의 볼이 불거져 나왔다.
The cat is pregnant, and her tummy **bulges out**.
그 고양이는 임신을 해서 배가 불거져 나온다.
One side of the box **bulges out**.
그 상자의 한 쪽이 불거져 나온다.

2.2 bulge with O
Her pockets were **bulging with** presents.
그녀의 호주머니는 선물들로 불룩했다.

BULK

1. 단동사
이 동사는 무엇을 더해서 더 크거나, 더 두껍게 보이게 하는 과정을 그린다.
명사: 대부분; 큰 규모나 양; 육중한 것

2. 구동사

2.1 bulk O out
He **bulked out** his term paper with a few trifle paragraphs.
그는 그의 학기 보고서를 중요하지 않은 단락들을 넣어서 부피를 늘렸다.
[out은 부피가 커지는 관계를 나타낸다.]

2.2 bulk O up
His book of poetry was **bulked up** with pictures.
(passive)
그의 시집은 사진을 넣어서 부피가 커졌다.
[up은 양이나 수의 증가를 나타낸다.]
The farmer **bulked up** the cows with water.
그 농부는 그 소들을 물을 먹여 체중을 늘렸다.
The company intends to **bulk up** the management team.
그 회사는 경영팀을 보강하려고 한다.
The bear **bulks up** his fat store before hibernation.
그 곰은 동면하기 전에 그 지방 저장량을 늘린다.

bulk up
Bears **bulk up** before hibernation.
곰들은 동면에 들어가기 전에 체중을 불린다.
Weight-lifting made him **bulk up**.
역도가 그의 근육을 늘려서 덩치를 키웠다.

BULLDOZE

1. 단동사
이 동사는 불도저로 건물을 무너뜨리거나, 강하게 사람을 밀어붙이는 과정을 그린다.
타동사
The trees are being **bulldozed** to make way for a new superstore.
새 대형 상점을 지을 자리를 만드느라 그 나무들이 불도저로 밀리고 있다.
He **bulldozed** his way to victory.
그는 강력히 밀고 나가 승리를 거두었다.

2. 구동사

2.1 bulldoze along O
The trucks were **bulldozing along** the highway.
그 트럭들이 고속도로를 따라 빠르게 그리고 세차게 굴러가고 있다.

2.2 bulldoze into O
The oil tank **bulldozed into** a concrete wall.
그 기름차가 시멘트벽을 세차게 들이박았다.

bulldoze O into O
They **bulldozed** him **into** selling.
그들이 그에게 팔도록 강요했다.

2.3 bulldoze through O
He **bulldozed through** the room.
그는 세차게 그 방을 지나갔다.

BULLY

1. 단동사
이 동사는 약자를 위협하는 과정을 그린다.
명사: 약자를 괴롭히는 사람
타동사
My son is being **bullied** at school. (passive)
내 아들이 학교에서 괴롭힘을 당하고 있어요.

2. 구동사

2.1 bully O around
He is **bullying around** kids.
그는 꼬마 녀석들을 함부로 다루고 있다.
[참조: boss around, push around, shove around]

2.2 bully O into O
The coach **bullied** the players **into** practicing late.

그 코치는 그 선수들을 위협하여 늦게까지 연습을 하게
하였다.

BUM¹

1. 단동사
이 동사는 담배나 돈을 빌리는 과정을 그린다.

타동사

He **bummed** money from her.
그는 돈을 그녀에게서 꾸었다.

2. 구동사
2.1 bum O off O
He **bums** cigarettes **off** strangers.
그는 담배를 낯선 사람들에게 얻는다.

BUM²

1. 단동사
이 동사는 계획 없이 큰 돈을 들이지 않고 떠돌아다니는 과
정을 그린다.

2. 구동사
2.1 bum around O
He **bummed around** North America.
그는 북미 여러 곳을 목적 없이 돌아다녔다.
[around는 북미의 이곳저곳을 가리킨다.]

2.2 bum out
Are you going to **bum out** again tonight?
너는 오늘 저녁에도 마약에 취할 작정이야?

bum O out
I am really **bummed out** at the result.
나는 그 결과에 대해서 크게 실망했다.
[out은 실망의 정도가 큼을 나타낸다. 참조: freak out, gross out]

BUMP

1. 단동사
이 동사는 무엇에 들이박거나 덜컹거리며 움직이는 과정
을 그린다.
명사: 쿵, 탁 (단단한 것에 부딪치는 소리)

타동사

The bus **bumped** the car ahead of it.
그 버스가 앞에 가는 그 차를 쿵 받았다.

자동사

The car **bumped** over the railroad tracks.

그 차가 그 철도 길을 덜컹거리며 지났다.

2. 구동사
2.1 bump against O
The car **bumped against** the post.
그 차가 그 기둥을 쿵 하고 들이받았다.

2.2 bump along O
The bus **bumped along** the dirt road.
그 버스가 그 비포장도로를 덜컹거리며 갔다.

2.3 bump into O
I **bumped into** *Martin* when I was jogging.
나는 조깅을 할 때 우연히 마틴을 만났다.
[into는 Martin이 나의 의식 밖에 있다가 들어왔음을 나타낸다.
참조: run into]

a teacher 선생님	a musician 음악가

The car **bumped into** the wall.
그 차가 그 벽을 들이받았다.

2.4 bump O off
He was **bumped off**. (passive)
그는 살해당했다.

bump O off O
I got **bumped off** the plane. (passive)
나는 그 예약된 비행기에서 밀려났다.

2.5 bump O up
Leather seats **bumped up** the prices of the car.
가죽 의자가 그 차 값을 올렸다.
[up은 액수의 증가를 나타낸다.]
My landlord **bumped** the rent **up** by $100.
내 집 주인은 집세를 100달러나 올렸다.
He was **bumped up** to supervisor. (passive)
그는 감독관으로 승진되었다.
[up은 아래에서 위로 올라가는 관계이다.]
Minimum pay per hour is **bumped up**. (passive)
시간 당 최저임금이 올려졌다.
The government is thinking of **bumping up** retirement
age.
그 정부는 은퇴 연령을 높일 생각을 하고 있다.

bump up against O
The car **bumped up against** the curb.
그 차가 그 연석에 다가가서 부딪혔다.

[up은 차가 연석에 다가가는 관계를 나타낸다.]
Women wanting to reach the top usually **bump up** against a 'glass ceiling'.
높은 자리에 오르려고 하는 여자들은 보통 유리 천장에 가 맞부딪히게 된다.

BUNCH

1. 단동사
이 동사는 여러 개체를 한데 모아서 다발, 송이, 떼 모양을 만드는 과정을 그린다.
명사: 다발, 송이, 떼

2. 구동사
2.1 bunch together
The children **bunched together** in small groups.
그 아이들은 소그룹으로 무리를 지었다.

2.2 bunch up
The teacher told the kids **bunch up** behind him.
그 교사는 아이들에게 그의 뒤에 모이라고 했다.
[up은 여러 개체가 가까이 모여서 간격이 좁아지고 전체의 크기가 커짐을 나타낸다.]
Tourists **bunched up** at the front of the bus.
관광객들이 그 버스 앞에 떼 지어서 모였다.

bunch O up
He **bunched up** the flowers.
그는 그 꽃들을 모아 꽃다발을 만들었다.
[up은 다발이 생겨난 상태를 나타낸다.]
The sheep were all **bunched up** in a corner of the field. (passive)
그 양들은 그 목장의 한쪽에 모두 떼 지어 모였다.
The dress was too big for her, and she **bunched** it **up** with a belt around her waist.
그 드레스는 그녀에게 너무 커서 그녀는 그것을 허리에 띠를 둘러서 접었다.
[up은 펼쳐진 부분을 한 부분에 모으는 상태를 나타낸다.]
Her wide skirt was **bunched up** around the waist. (passive)
그녀의 넓은 스커트가 허리 부분에 주름이 잡혔다.

BUNDLE¹

1. 단동사
이 동사는 여러 개체를 모아 뭉치거나 꾸러미를 만드는 과정을 그린다.
명사: 꾸러미, 묶음

He **bundled** the magazines.
그는 그 잡지들을 묶어서 뭉치를 만들었다.

2. 구동사
2.1 bundle O in
Mom tried to **bundle** the baby **in**.
엄마는 아기를 옷을 두껍게 입히려고 했다.
[in은 아이의 옷이 쌓이는 관계를 나타낸다.]
June pulled back the sheets and **bundled** the baby **in**.
준이 시트를 도로 당겨서 그 시트로 아기를 꼭꼭 감쌌다.

2.2 bundle O off
She **bundled off** the kids to bed, and sat down to watch TV.
그녀는 아이들을 몰아 잠자리에 들게 하고 앉아서 TV를 보았다.
[off는 아이들이 어떤 자리에서 떠나는 관계를 나타낸다.]
The couple **bundled off** their son to his grandma.
그 부부는 그들의 아들을 할머님께 재빨리 보내 버렸다.
When I was young, I was always **bundled off** to stay with my grandma. (passive)
내가 어렸을 때, 나는 언제나 할머님과 같이 있게 할머님께 보내졌다.

2.3 bundle O up
He **bundled up** the newspapers before throwing them away.
그는 그 신문지를 버리기 전에 그들을 뭉치로 만들었다.
[up은 흩어내렸던 신문지가 한 자리에 모여서 거리가 가까워지고 전체가 모이는 상태를 나타낸다.]
In winter, my mother **bundled** me **up** in the warmest clothes she could find.
겨울에 나의 어머니는 그녀가 찾을 수 있는 가장 따뜻한 옷으로 나를 꽁꽁 감쌌다.
[up은 감쌀 수 있는 한도까지 감싼 결과를 나타낸다.]
In front of the church was a baby **bundled up** in a blanket. (passive)
그 교회 앞에 담요에 꽁꽁 감싸져 있는 한 아이가 있었다.

BUNDLE²

1. 단동사
이 동사는 옷을 따뜻하게 입는 과정을 그린다.

2. 구동사
2.1 bundle up
Bundle up and head out. It's cold outside.

옷을 두껍게 껴입고 나가거라. 바같은 춥다.
Bundle up in thin layers.
얇은 옷으로 겹겹이 껴 입어라.

BUNGLE

1. 단동사
이 동사는 실수해서 어떤 일을 엉망으로 만드는 과정을 그린다.
명사: 엉망, 실수

타동사

They bungled the job.
그들은 그 일을 엉망으로 만들었다.

2. 구동사
2.1 bungle O up
He bungled up his *exam*.
그는 그의 시험을 망쳤다.
[참조: botch up]

| interview | 면접 | blind date | 소개팅 |

Who bungled this job up?
누가 이 일을 망쳐놓았나?

BUNK

1. 단동사
이 동사는 마루, 의자, 나무집과 같은 어떤 특정한 장소에서 자기 위해서 눕는 과정을 그린다.
명사: 침대, 잠자리; 여물통

2. 구동사
2.1 bunk down
They bunked down in an old cottage.
그들은 어느 오래된 시골집에 불편하게 누워 잤다.
[down은 눕는 관계를 나타낸다. 참조: lie down, bed down]
Where are you going to bunk down tonight?
어디서 오늘 밤 누워 잘 예정입니까?

2.2 bunk off
Let's bunk off this afternoon and go fishing.
오늘(허가 받지 않고 학교 등을 떠나) 오후 낚시를 갑시다.
[off는 화자와 청자가 아는 장소를 떠나는 관계를 나타낸다. 참조: goof off]

2.3 bunk up (together)

My brother and I bunked up together.
나와 내 동생이 한 침대에서 같이 잤다.

bunk up with O
Last night, I bunked up with Tom.
어젯밤 나는 톰과 한 침대를 썼다.
I bunked up with Swedish students at the camp.
나는 여행지에서 스웨덴 학생들과 방을 함께 썼다.

BUOY

1. 단동사
이 동사는 무엇을 떠 있게 하는 과정을 그린다.
명사: (항로나 이음을 표시하는) 부표

타동사

A life jacket buoyed the child who fell from the boat.
구명조끼가 그 배에서 떨어지는 아이를 떠 있게 했다.
Buoyed by their win yesterday, the team feel confident of further success.
어제의 우승으로 기분이 들뜬 그 팀은 또 다른 성공을 자신하고 있다.

2. 구동사
2.1 buoy O up
They decided to buoy up the ship sunken a long time ago.
그들은 오래 전에 침몰된 그 배를 부양시키기로 결정했다.
[up은 배가 바다 밑에서 위로 올라오는 관계를 나타낸다.]
The salt water buoyed him up.
그 소금물이 그를 떠오르게 했다.
[[p은 떠 올라가 있는 관계를 나타낸다.]
Rice prices are buoyed up by the news. (passive)
쌀값이 그 소식에 올라가게 되었다.

BURGEON

1. 단동사
이 동사는 나무, 꽃 등이 빠르게 성장하거나 전개되는 과정을 그린다.

2. 구동사
2.1 burgeon out
Magnolia flowers burgeoned out overnight.
목련꽃들이 밤사이에 활짝 피었다.
[out은 봉오리가 활짝 피는 관계를 나타낸다.]
When trees have burgeoned out, spring is here.
나무가 훌쩍 성장하면 봄이 왔다는 뜻이다.

BURN

1. 단동사
이 동사는 타거나 태우는 과정을 그린다.

타동사

The hot stove **burned** my skin.
그 뜨거운 난로는 피부를 따갑게 했다.
Pepper **burns** my throat.
후추는 내 목을 따갑게 한다.
The spark **burned** a hole.
그 불똥이 구멍을 냈다.

자동사

They **burn** gas.
그들은 가스를 태운다.
The candle **burned** long.
그 초는 오래 탔다.
My skin **burns** too easily in the hot sun.
내 피부는 강한 햇빛 아래 쉽게 탄다.

2. 구동사
2.1 burn away
The *candle* **burned away**.
그 초가 점점 타서 없어졌다.
[away는 초가 점점 타서 없어지는 관계를 나타낸다.]

| oil | 기름 | roof | 지붕 |
| fuel | 연료 | forest | 산림 |

burn O away
The doctor **burned** the wart **away** with a laser beam.
그 의사는 그 사마귀를 레이저 광선으로 태워 없앴다.
[away는 사마귀가 없어지는 관계를 나타낸다.]

2.2 burn down O
Wild fires are **burning down** the hill.
들불들이 언덕을 따라 타내려오고 있다.

burn down
The cottage **burned down**.
그 오두막집은 다 타버렸다.
The campfire **burned down** slowly.
그 캠프파이어가 천천히 약해졌다.
[down은 정도가 약해지는 관계를 나타낸다.]

burn O down
The fire **burned** the *house* **down**.
그 화재가 그 집을 바닥까지 태워버렸다.
[down은 집이 타서 없어지는 관계를 나타낸다.]

| hut | 오두막 | mansion | 맨션 |
| school | 학교 | hospital | 병원 |

2.3 burn O off
Regular exercises help us to **burn off** the extra fat.
규칙적인 운동이 우리가 과지방을 태워서 떨어져 나가게 도와준다.
[off는 지방이 몸에서 떨어져 나가는 관계를 나타낸다.]
The boys are **burning off** the energy by playing balls and running around.
그 소년들은 공놀이를 하거나 뛰어다니면서 열량을 태워 없애고 있다.
[off는 열량이 몸에서 떨어져 나가는 관계를 나타낸다.]

burn off
The fog **burned off** by noon.
그 안개는 정오가 되자 모두 열을 받고 없어졌다.

2.4 burn O out
The fever **burned** itself **out**.
그 열은 자신을 태워 죽였다. 그 열은 저절로 타서 없어졌다.
[out은 열이나 불이 꺼지는 관계를 나타낸다.]
The young manager works 15 hours a day, and he will **burn** himself **out**.
그 젊은 지배인은 하루에 15시간 일한다. 그래서 그는 자신의 에너지를 다 태우고 병이 날 것이다.
[himself는 그 사람의 energy를 가리킨다. out은 energy가 다 빠지는 관계를 나타낸다.]
He is **burned out** on the research.
그는 그 연구에 모든 힘이 소진되었다.
He got **burned out** from built up fatique.
그는 누적된 피로에서 심신의 에너지가 다 빠졌다.
The stolen *car* was found **burned out** near the park. (passive)
그 도난당한 차는 그 공원 근처에서 내부가 탄 채 발견되었다.

| bus | 버스 | taxi | 택시 |

The chemical factory was **burned out** in a big fire. (passive)
그 화학 공장은 큰 불에 내부가 다 타 버렸다.
Rohingyans were **burned out**. (passive)
로힌전 사람들은 마을이 불타서 쫓겨났다.
[out은 마을 등에서 나오는 관계를 그린다.]

burn out

While he was asleep in his chair, the fire **burned out**.
그가 그의 의자에서 졸고 있는 동안 그 불은 다 타서
꺼졌다.
[out은 불이 꺼지는 관계를 나타낸다.]

The *brakes* of my car **burned out**.
내 차의 제동기가 타서 못 쓰게 되었다.
[out은 브레이크가 못쓰게 되는 관계를 나타낸다.]

piston	피스톤	clutch	클러치
exhaust pipe	배기관	engine	엔진

Learn to relax, or you will **burn out**.
긴장을 푸는 방법을 배워라. 그렇지 않으면 너의 에너지
가 모두 타 없어질 것이다.
[you는 환유적으로 에너지를 가리킨다.]

The plane **burned out** in the crash.
그 비행기는 추락해서 속속들이 타 버렸다.

2.5 burn through O
The wild fire **burned through** a 1,000 square meters.
그 들불은 평방 1000미터 지역을 타고 지나갔다. 즉,
다 태웠다.

2.6 burn O up
Women tend to **burn up** calories less efficiently than
men.
여자들은 남자들보다 열량을 덜 효율적으로 태우는 경
향이 있다.
[up은 과정의 한계, 즉 열량이 다 타는 상태를 나타낸다.]

I think I have to change my car because it **burns up**
too much gas.
내 차가 기름을 너무 많이 태워서 나는 내 차를 바꿀까
생각한다.
[up은 많은 정도를 나타낸다.]

The classmates laughed at my foot, and it **burned** me
up.
급우들은 내 발을 비웃었고 그것이 나를 분노로 불타게
했다.
['me'는 나의 화를 나타내고, '화'는 '불'로 은유화 되었다.]

burn up
The 10-year-old Russian satellite **burned up** in the
atmosphere.
그 10년 된 러시아 위성이 지구 대기권에서 완전히 탔
다. 즉, 소멸했다.

It is a cold day, but the child is **burning up**.
추운 날씨지만 그 아이는 열이 펄펄 끓고 있다.

2.7 burn with O
His face **burned with** shame.
그의 얼굴은 수치심으로 불탔다. 즉, 붉어졌다.

She is **burning with** curiosity.
그녀는 호기심으로 불타고 있다.

My head is **burning with** fever.
내 머리는 열이 나서 뜨겁다.

He is **burning with** anger.
그는 분노로 열이 올라있다.

BURROW

1. 단동사
이 동사는 파고 들어가는 과정을 그린다.
명사: (토끼 등의) 굴

2. 구동사
2.1. burrow down beneath O
He **burrowed down beneath** the blankets.
그는 그 담요들 속으로 파고들었다.

burrow down into O
The small animal **burrowed down into** sand.
그 작은 동물이 모래 속을 파고 내려갔다.

2.2. burrow O into O
The child **burrowed** his head **into** my shoulder.
그 아이는 그의 머리를 내 어깨에 파고들었다.

burrow into O
He **burrowed into** his pocket for a key.
그는 열쇠를 찾기 위해 그의 호주머니에 손을 집어넣
었다.

BURST

1. 단동사
이 동사는 무엇이 갑자기 세차게 터지거나 터뜨리는 과정
을 그린다.

2. 구동사
2.1 burst forth
Leaves **burst forth** in the early spring.
잎들이 이른 봄에 터져 나온다.

2.2 burst in
The owner was just closing his convenience store
when two robbers **burst in**.

그 주인이 그의 편의점을 막 닫고 있는데, 그 때 두 강도
가 갑자기 쳐들어왔다.
[in은 강도가 편의점 안으로 들어오는 관계를 나타낸다.]

burst in on O

What do you do if a boy or a man burst in on you when
you are in a toilet?
네가 화장실에 있는데 남자아이나 어른이 확 네게 들어
오면 어떻게 하니?
[in은 누가 어떤 목표에 좁혀가는 관계를 나타내고, on은 접촉을
나타낸다.]

A group of environmentalists burst in on the meeting
and shouted the speaker down.
한 무리의 환경주의자들이 그 회의에 쳐들어와서 그 연
사의 연설을 중단시켰다.

2.3 burst into O

Two masked men burst into the house and tied up the
old couple.
두 명의 복면 쓴 사람이 그 집에 갑자기 쳐들어와서 그
늙은 부부를 꽁꽁 묶었다.
He burst into the room waving a bunch of money at
him.
그는 돈 한 다발을 흔들어 그에게 보이면서 그 방에 갑
자기 쳐들어왔다.
The spacecraft burst into outer space.
그 우주선은 폭음을 내며 대기권 바깥 공간으로 들어갔다.
The father shouted at the kid, and he burst into tears.
그 아버지가 그 아이에게 고함을 질러 야단을 치자, 그
아이는 갑자기 울기 시작했다.
[into의 목적어는 상태나 과정이다.]
The comedian was so funny, and we all burst into
laughter.
그 희극배우는 매우 우스워서 우리는 모두 갑자기 웃기
시작했다.
She burst into a song.
그녀는 갑자기 노래를 부르기 시작했다.

2.4 burst onto O

The prime minister burst onto the international stage
at an early age.
그 수상은 젊은 나이에 국제무대에 갑자기 올라왔다.

2.5 burst out

When she saw a snake crawling across the street, she
burst out crying.
그녀가 뱀이 그 길을 가로질러가는 것을 보았을 때 갑자
기 큰 소리를 내고 울기 시작했다.

'It was all your fault!', he burst out angrily.
'모든 게 너의 잘못이야!' 그가 폭발했다.
[he는 환유적으로 분노, 격정적인 감정, 흥분 등이다. out은 소리
가 크게 나오는 관계를 나타낸다.]

burst out O

He burst out the window.
그는 그 창문 밖으로 확 뛰쳐나갔다.

burst out of O

The whale burst out of the water.
고래 한 마리가 물에서 확 뛰쳐나왔다.

2.6 burst through O

He burst through the gate, pursued by the police.
그는 경찰의 추격을 받고 그 대문을 세차게 지나갔다.
[참조: come upon, stumble upon]

2.7 burst up(on) O

The great idea burst upon me.
그 좋은 생각이 갑자기 나에게 떠올랐다.
[참조: come upon, stumble upon]

2.8 burst with O

When we arrived at the department store, it was
bursting with people.
우리가 그 백화점에 도착했을 때, 그곳은 사람들로 가득
차 터질 것 같았다.
He is a rare scientist bursting with new ideas.
그는 새로운 생각으로 가득 찬 보기 드문 과학자이다.
John really burst with happiness.
존은 정말 행복에 가득 차 터질 것 같았다.
The student is bursting with confidence.
그 학생은 자신감에 가득차서 터질 것 같다.

BURY

1. 단동사

이 동사는 묻는 과정을 나타낸다.

타동사

The Egyptians buried the Pharaohs in pyramids.
이집트 사람들은 파라오를 피라미드에 묻었다.
The pirates buried their treasure on an island.
그 해적들은 그 보물을 어느 섬에 묻었다.
She buried her face in her hands.
그녀는 그녀의 손에 얼굴을 묻었다.

2. 구동사

2.1 bury O away

I found my old fountain pen **buried away** at the back of the desk drawer. (passive)
나는 내 책상 서랍 뒤에 파묻혀 있던 내 낡은 만년필을 찾았다.
[away는 찾기가 쉽지 않은 곳에 있는 상태를 나타낸다.]

2.2 bury O in O

An old memory, **buried in** somewhere in my mind suddenly came to my mind. (passive)
내 마음 속 어디엔가 파묻혀 있던 옛 기억이 갑자기 내게 떠올랐다.

Everyday he **buries** himself **in** the dusty archives.
매일 그는 자신을 먼지 덮힌 그 문서 보관실에 파묻는다. 즉, 그 속에서 지낸다.

After his wife left, he **buried** himself **in** his work.
그의 아내가 떠난 후, 그는 자신을 일에 파묻었다. 즉, 일만하고 지낸다.

Preparing for the bar exam, he **buried** himself **in** a remote temple miles away from anywhere.
변호사 시험을 준비하면서 그는 모든 곳에서 멀리 떨어져 있는 어느 절에 자신을 파묻었다.

At breakfast, grandpa **buried** himself **in** the morning paper.
아침 식사 때, 할아버지는 자신을 아침신문에 묻었다. 즉, 신문읽기에 몰두했다.

BUST

1. 단동사
이 동사는 쳐서 깨트리는 과정을 그린다.
타동사

He **busted** the window with a rock.
그는 그 창문을 돌멩이로 깨트렸다.
He got **busted** in the mouth. (passive)
그는 맞아서 입이 터졌다.
Police **busted** the gang member.
경찰이 그 갱단을 체포했다.
The colonel **busted** the captain to lieutenant.
그 대령은 그 대위를 중위로 강등했다.

2. 구동사
2.1 bust out
Even when he was young, he wanted to **bust out**.
어릴 때에도 그는 도망치고 싶었다.

bust out of O
Unbelievable, but he **busted out of** the prison.

믿어지지 않겠지만, 그는 그 교도소에서 탈출했다.
In Las Vegas, he **busted out of** the game, and he didn't have any more to take a taxi home.
라스베이거스에서, 그는 노름에서 돈을 몽땅 잃고, 집에 택시 타고 갈 돈도 없었다.

bust O out
Special forces were brought in to **bust out** the prisoner.
특수부대가 그 죄수를 탈출시키기 위해서 불려 들어갔다.
Fred **busted** Charlie **out of** the prison.
프레드는 찰리를 그 감옥에서 탈출시켰다.

2.2 bust up
I do not see Jane any more. We **busted up** last week.
나는 제인을 더 이상 만나지 않는다. 우리는 지난주에 깨어졌다.
[참조: break up]
I **busted up** when she cracked a joke.
나는 그녀가 농담을 했을 때, 파안대소 했다.
['I'는 환유적으로 내 얼굴을 가리킨다. 참조: crack up]

bust O up
Fred **busted up** his arm in a skiing accident.
프레드는 그 스키사고에서 그의 팔을 크게 다쳤다.
The judge **busted up** the big telephone company.
그 판사는 그 큰 전화 회사를 분화시켰다.
[up은 큰 것이 작은 것이 된 상태를 나타낸다. 참조: break up]
Angry protestors **busted up** the meeting.
성난 시위자들이 그 회의를 무산시켰다.
He used to **bust up** our conversations.
그는 우리의 대화를 망쳐놓곤 했다.

BUSTLE

1. 단동사
이 동사는 부산하게 바삐 움직이는 과정을 그린다.
타동사

The nurse **bustled** us out of the room.
그 간호사가 우리를 그 병실에서 서둘러 내쫓았다.

2. 구동사
2.1 bustle about O
She **bustled about** the kitchen.
그녀는 그 부엌에서 부산하게 움직였다.
She **bustled about** cooking dinner.
그녀는 저녁 짓는 일에 부산하게 움직였다.

2.2 bustle around

The people **bustled around**, trying to get things done.

그 사람들은 모든 일을 끝내기 위해서 이리저리 부산하게 움직였다.

2.3 bustle off

I am sorry to **bustle off** so soon.

이렇게 급하게 자리를 뜨게 되어 미안합니다.

[off는 어떤 자리를 뜨는 관계를 나타낸다.]

bustle O off

The cop **bustled** the robber **off** to the prosecutor.

그 경찰은 그 강도를 검찰에 급하게 보내버렸다.

2.4 bustle with O

The streets are **bustling with** *tourists*.

그 거리는 관광객으로 부산하다.

cars	차들	vendors	노점상들

During the holidays, the airport **bustled with** travellers.

그 휴가동안 그 비행장은 여행객들로 북적댔다.

BUSY

1. 단동사

이동사는 무엇을 하는 데 바쁘게 시간을 보내는 과정을 그린다.

형용사: 바쁜, 분주한

2. 구동사

2.1. busy O with O

He **busied** himself **with** answering his emails.

그는 그의 이메일들에 답하는 데 분주하게 보냈다.

BUTT

1. 단동사

이 동사는 머리나 뿔로 들이받는 과정을 그린다.

명사: 개머리판, 굵은 끝, 궁둥이

2. 구동사

2.1 butt in

Stop **butting in**. It's nothing to do with you.

끼어들지 마라. 너와 관련된 것이 아니다.

butt in on O

She always annoys me the way she **butts in on** our conversation.

그녀가 우리 대화에 끼어들어 방해하는 것이 나를 짜증나게 한다.

[in은 대화 속으로, on은 대화가 방해받는 관계를 나타낸다.]

butt into O

He **butts into** other people's lives.

그는 다른 사람들의 생활에 쓸데없이 끼어든다.

2.2 butt out

It is the matter between John and me. So why don't you **butt out**?

이건 존과 나의 문제다. 좀 빠져줄래?

2.3 butt up against O

The goat **butted up against** the shepherd.

그 염소가 다가와서 그 목동을 밀쳤다.

[up은 염소가 목동에 다가오는 관계를, against는 들이받는 관계를 나타낸다.]

BUTTER

1. 단동사

이 동사는 빵 등에 버터를 칠하는 과정을 그린다.

명사: 버터

타동사

She **buttered** four thick slices of bread.

그녀는 두툼한 빵 네 조각에 버터를 발랐다.

2. 구동사

2.1 butter O up

He tried to **butter up** the boss.

그는 사장에게 잘 보이려고 한다. (아첨한다)

butter up to O

My co-worker is **buttering up to** the boss.

내 동료는 사장에게 아첨을 하고 있다.

[참조: kiss up to]

BUTTON

1. 단동사

이 동사는 단추를 채우는 과정을 그린다.

명사: 단추, 버튼

타동사

She hurriedly **buttoned** her blouse.

그녀는 서둘러 블라우스 단추를 잠갔다.

자동사

The dress **buttons** at the back.
그 드레스는 뒤에서 단추를 잠그게 되어 있다.

2. 구동사

2.1 button O down

I helped the child to **button down** his collar.
나는 그 아이가 카라를 단추로 채워서 고정시키는 것을
도와주었다.
[down은 카라가 고정되는 관계를 나타낸다.]

Before finishing our discussion, let's **button down** the
truth.
그 토의를 끝내기 전에, 그 진실을 확실히 합시다.
[down은 사실 등이 움직일 수 없게 되는 관계를 나타낸다.]

2.2 button O up

Button up your coat.
네 저고리의 단추를 채우세요.
[up은 단추를 채워서 옷깃이 맞닿는 관계를 나타낸다. [참조:
zipper up]]

button up

Please **button up**.
제발 입 좀 닫으세요.
[참조: clam up, shut up]

BUY

1. 단동사

이 동사는 무엇을 사는 과정을 그린다.

타동사

He **bought** the used car for $100.
그는 그 중고차를 100불 주고 샀다.
I **bought** the car from her.
나는 그 차를 그녀에게서 샀다.
I can't **buy** his explanation.
나는 그의 설명을 받아들일 수 없다.

2. 구동사

2.1 buy O back

I decided to **buy back** my house.
나는 내 집을 다시 사들이기로 결심했다.

2.2 buy O in

He **bought in** lots of rice for the winter.
그는 겨울을 대비하여 많은 쌀을 사들였다.

2.3 buy into O

He is **buying into** the business.
그는 그 사업의 주식을 사 들여서 그 사업을 통제하려고
하고 있다.
I don't want to **buy into** the idea that wealth brings
happiness.
나는 부가 행복을 가져온다는 그 생각을 받아들이고 싶
지 않다.
We **bought into** the leader as a person.
우리는 그 주도자를 인간적으로 믿게 되었다.

2.4 buy O off

Strikers were **bought off** with higher increases in
salary. (passive)
파업자들은 월급의 더 높은 인상 조건에 파업을 중단했다.
[off는 파업의 중단을 의미한다. 참조: strike on]

The criminal tried to **buy off** the *cop*.
그 범인은 돈으로 그 경찰을 떨어지게 시도했다.

detective	형사	plainclothesman	사복경찰

2.5 buy O out

She **bought out** her partner for one million dollars.
그녀는 백만 달러를 주고, 그녀의 동업자를 동업에서 떨
어져 나가게 하고 회사를 차지했다.
[out은 동업자가 동업에서 빠져나가는 관계를 그린다.]

I **bought** my partner **out** and I am the sole owner.
나는 동업자에게 돈을 지불하여 동업에서 나가게 해서
내가 유일한 소유주가 되었다.
Lyndon and Clinton have a joint mortgage but Lyndon
bought Clinton **out**.
린던과 클린튼은 공동 담보대출을 받고 있는데 린던이
클린튼에게 돈을 주고 그 공동 담보대출에서 나가게 하
여 이를 차지했다.
The football club **bought out** the coach.
그 축구구단은 돈을 주고 그 코치를 계약기간 만료 전에
나가게 했다.

2.6 buy O up

The developer **bought up** most of the farmland.
그 개발업자는 그 농지의 대부분을 사 모았다.
The millionaire **bought up** all the resort hotels.
그 백만장자는 그 휴양지 호텔을 모두 샀다.
He **bought up** rice when they were cheap.
그는 쌀값이 쌀 때 쌀을 많이 사들였다.
People are **buying up** all the supplies in case the storm
hits.
사람들은 폭풍이 닥칠 것을 염려하여 필수품을 많이 사
들였다.

BUZZ

1. 단동사
이 동사는 벌 등이 윙윙거리며 움직이는 과정을 그린다.
명사: 윙윙거림, 웅성거림; 신나는 기분, 들뜬 기분, 신바람; 수군거림, 소문

자동사

Bees **buzzed** lazily among the flowers.
벌들이 그 꽃들 사이로 한가로이 윙윙거렸다.

2. 구동사
2.1 buzz above O
A helicopter is **buzzing above** the school.
헬리콥터 한 대가 그 학교 위에서 붕붕대고 있다.

2.2 buzz about O
People are **buzzing about** impeachment online.
사람들은 인터넷에서 탄핵에 대해서 웅성거리고 있다.

2.3 buzz around
A moss is **buzzing around** in my room.
나방 한 마리가 내 방에 윙윙거리며 돌아다니고 있다.
Mom is **buzzing around** in the kitchen.
엄마가 그 부엌에서 부산하게 움직이고 있다.
The reporters are **buzzing around**, asking around.
그 기자들은 여러 사람들에게 질문을 하면서 부산하게 움직이고 있다.
The thought **buzzed around** inside my head.
그 생각이 내 머리 안에 어지럽게 윙윙거리고 있다.

2.4 buzz O down
I asked Robin to **buzz** me **down** to zero.
나는 로빈에게 내 머리를 바짝 깎으라고 요청했다.
[buzz는 전기 이발기가 내는 의성어이고, 이것이 환유적으로 이발하는 과정을 그린다.]

2.5 buzz for O
The doctor **buzzed for** the next patient to come in.
그 의사가 다음 환자에게 들어오라고 버저를 눌렀다.

2.6 buzz O in
Could you **buzz** me **in**?
초인종을 눌러서 나를 들어가게 해 주시겠습니까?

2.7 buzz off
Hey, Bob, you **buzz off**. I am trying to study.
얘, 밥, 너 꺼져. 나는 공부하려고 노력하고 있어.
[off는 화자와 청자가 아는 장소를 떠나는 관계를 나타낸다. buzz는 벌들이 내는 소리를 가리킨다.]

2.8 buzz with O
The place was **buzzing with** journalists.
그 장소는 기자들로 부산스러웠다.
The room **buzzed with** excitement.
그 방은 흥분으로 가득 차 있다.
The capital is **buzzing with** rumors that there might be demonstrations.
그 수도는 시위들이 있을 것이라는 소문에 웅성거리고 있다.

C c

CAGE

1. 단동사
이 동사는 상자에 넣는 과정을 그린다.
명사: 창살로 만든 새장이나 짐승의 우리

2. 구동사
2.1 cage O in
The lion is **caged** **in** and sift out. (passive)
그 사자는 상자 속에 넣어서 내보내졌다.

2.2 cage O up
The dog is so fierce and we have **caged** him **up**.
그 개는 너무 사나워서 우리는 그 개를 상자 안에 가두었다.
[up은 개가 움직이지 못하는 관계를 나타낸다.]

CAKE

1. 단동사
이 동사는 어떠한 표면을 두껍게 칠하는 과정을 그린다.

2. 구동사
2.1 cake O in O
Her face is **caked** **in** make-up. (passive)
그녀의 얼굴은 화장품으로 덕지덕지 칠해져 있다.

2.2 cake O with O
She **caked** her body **with** mud.
그녀는 자신의 몸을 진흙으로 두껍게 발랐다.
His boots are **caked** **with** mud. (passive)
그의 구두들은 진흙으로 두껍게 덮혀서 말라있다.

CALL

1. 단동사
이 동사는 소리를 지르거나 소리를 질러서 무엇을 시키는 과정을 그린다.

타동사
He **called** the roll.
그는 그 출석부를 불렀다.
He **called** a taxi for me.
그는 나를 위해 택시를 불러주었다.
He **called** a meeting.

그는 회의를 소집했다.
We **called** the baby Lea.
우리는 그 아기를 레아라고 불렀다.
I **call** that a shame.
나는 그것이 수치라고 생각한다.
He **called** me at 6:00.
그는 6시에 나에게 전화를 했다.

2. 구동사
2.1 call after O
John, she **called** **after** him.
그녀는 (떠나가는) 존의 뒤에서 불렀다.

call O after O
He is **called** **after** his grandfather, Kenedy. (passive)
그는 할아버지의 이름 케네디를 따서 불리어진다.
[참조: name after]

2.2 call around/round
He **called** **around** for an old typewriter and found one in an antique shop.
그는 옛 타자기 하나를 구하기 위해 여기 저기 전화를 해서 어느 골동품 가게에서 하나를 찾았다.
Her son **called** **around** to see if anyone has tools.
그녀의 아들은 누군가 그 도구를 가지고 있는지 알아보기 위해서 이리저리 전화를 했다.

2.3 call O away
The mechanic is not in the office. He has been **called** **away**.
그 기계공은 수리소에 있지 않다. 그는 불려나가 있다.
[away는 수리공이 수리소를 떠나 있는 관계를 나타낸다.]
The fire crew were **called** **away** to a fire.
그 소방대원들은 어느 화재 현장에 불려나가 있다.

2.4 call back
Can you **call** **back** later? He is away from the office.
전화를 다시 걸어주시겠습니까? 그는 그 사무실에 없습니다.
[back은 you가 어떤 사람에게 전화를 하니, 상대가 없어서 나중에 다시 그 사람에게 전화를 하는 관계이다.]
I'll **call** **back** after work.
일이 끝난 다음 다시 전화를 드리겠습니다.

2.5 call by

He **called by**, and said he is leaving for Canada.
그는 어디로 가는 길에 (내 집에) 와서 그가 캐나다로 떠날 준비를 하고 있다고 말했다.
I **called by** to give you a message.
나는 너의 집에 메시지를 전달하기 위해서 방문했다.

call O by O

He **called** me **by** my name.
그는 내 이름으로 나를 불렀다.

2.6 call down

I **called down** from the balcony to the people below.
나는 그 발코니에서 발코니 아래에 있는 그 사람들에게 소리를 내리 질렀다.

call O down

Around 6 o'clock, I was **called down** for dinner. (passive)
6시경에 나는 저녁 식사를 위해 아래로 불러 내려갔다.
The prophet **called down** punishment on the wicked.
그 예언자는 벌을 사악한 자들에게 불러 내렸다.
The boss **called** him **down** for being late.
그 사장은 그가 지각을 한 것에 대해 꾸짖었다.

2.7 call for O

As it was getting dark, my mother was **calling for** me.
어두워지자 나의 어머니는 나를 찾아 부르고 있었다.
The mom lion is **calling for** her cubs.
그 어미사자는 새끼들을 찾기 위해 부르고 있다.
I will **call for** you at 6 p.m.
나는 오후 6시에 너를 부르러 가겠다. 즉, 차에 태우러 가겠다.
The peace talks **called for** an end to the fighting.
그 평화 회담들은 그 전투의 종식을 요구했다.
[for는 평화를 불러들이는 관계이다.]
The fired workers are **calling for** an explanation.
그 해고된 노동자들은 설명을 요구하고 있다.
The job **calls for** special knowledge in biology.
그 일은 생물학의 전문 지식을 불러들인다. 즉, 요구한다.
The weather forecast **called for** no rain.
그 기상예보는 비를 예측하지 않았다.

2.8 call O forth

The judge **called forth** the defendant and asked him questions.
그 판사는 그 피고인을 앞으로 불러내어 질문들을 했다.
The tragic ending **called forth** tears in my eyes.

그 비극적인 결말은 내 눈에 눈물을 자아내었다. 즉, 눈물이 나오게 했다.

2.9 call in

May I **call in** around 6 this evening?
오늘 저녁 6시 경에 (너의 집에) 들러도 될까?
You are welcome to **call in** for a cup of coffee.
네가 커피 한 잔 마시기 위해 (내 집에) 들르는 것을 환영해.
He **called in** and said that he couldn't go to work.
그는 (회사에) 전화를 해서 일을 나갈 수 없다고 말했다.
Hundreds of people **called in** to ask for more information.
수백 명의 사람들이 더 많은 정보를 구하기 위해서 (담당자에게) 전화를 했다.
He **called in** sick.
그는 전화로 아파서 못 간다고 말하였다.

call O in

Troops were **called in** to control the riot. (passive)
폭동을 진압하기 위해 대규모 병력이 불러들여졌다.
The bank **called in** his loan.
그 은행은 그의 대출을 불러들였다. 즉, 회수했다.
Let's **call in** Korean food.
한국 음식을 배달시킵시다. (전화로 주문해 들입시다.)
[참조: order in]
The besieged army **called in** heavy artillery.
그 포위된 군대는 중포를 불러들였다.

2.10 call O into O

He **called** his idea **into** question.
그는 그의 생각을 의심했다.

2.11 call O off

She suddenly **called off** her wedding.
그녀는 갑자기 (예정되어 있던) 결혼을 취소했다.
A fierce dog was rushing at me, but the owner **called** it **off** in time.
사나운 개 한 마리가 나에게 달려들고 있었는데, 그 개 주인이 제 때에 그 개를 불러 그것이 내게 덤벼들지 못하게 떼어놓았다.
[off는 개가 내게서 떨어지거나 덤비지 않는 관계를 그린다.]
The police **called off** the *search for the missing child*.
경찰은 그 실종 아이의 수색을 중단했다.
[off는 수색이 중단되는 관계를 나타낸다.]

meeting	회의	hunt	사냥
rescue operation	구조작업	game	경기

The working lunch between the two leaders was **called off**.

그 두 지도자 사이에 일하면서 먹는 점심이 취소되었다.

The president wants to **call off** the sanction on Russia.

그 대통령은 러시아에 대한 제재를 취소하고 싶어한다.

2.12 call on O

He stopped in Busan to **call on** a friend of his.

그는 친구 한 명을 잠깐 방문하기 위해 부산에서 여행을 중지했다.

John looked down at his book but the teacher **called on** him.

존은 머리를 숙여서 그의 책을 보고 있었지만 선생님께서 그를 지명했다.

The UN is **calling on** the Syrian government to stop bombing.

유엔은 시리안 정부가 폭격을 중단하도록 정식으로 요청하고 있다.

[전치사 on이 쓰이면 요구가 간접적이면서 공식적이 된다.]

We were able to **call on** our knowledge to help them.

우리는 그들을 도와주기 위해 우리의 지식을 이용할 수 있었다.

[참조: draw upon]

call O on O

I **called** him **on** his bad behavior.

나는 그를 그의 나쁜 행동에 대해 나무랐다.

2.13 call O out

I **called out** his name, but there was no reply.

나는 그의 이름을 크게 불렀으나, 아무런 대답이 없었다.

[out은 소리가 밖으로 크게 나가는 상태를 그린다.]

The teacher **called out**, "Be quiet!"

그 선생님은 "조용히 해!"하고 크게 소리를 쳤다.

The government **called out** the national guard to put down the wild demonstration.

그 정부는 그 거친 시위를 진압하기 위해서 국방 경비대를 불러내었다.

The union **called out** its members on strike.

그 노동조합은 그의 조합원들을 (일터에서) 불러내어 파업을 하게 했다.

Mr. Trump **called out** China on trade issues.

트럼프는 중국을 무역 문제에 대해서 맹비난했다.

The president **called out** hate groups.

그 대통령은 증오집단을 맹비난했다.

call out

He **called out** at the top of his voice.

그는 목소리를 한껏 높여 외쳤다.

call out for O

She **called out for** help.

그녀는 도와달라고 크게 소리를 질렀다.

The people are **calling out for** democracy.

그 국민들은 민주주의를 달라고 외치고 있다.

Let's **call out for** Chinese food tonight.

오늘 저녁 중국 음식을 시켜먹읍시다.

[out은 음식이 식당에서 우리에게 오는 관계를 나타낸다. 참조: order out]

Critics are **calling out** the company **for** releasing the bad software.

비평가들은 그 회사가 좋지 않은 소프트웨어를 출고시킨 데 대해 비판을 했다.

The US President **called out** Russia **for** bombing Syria.

미 대통령은 시리아를 폭격한 데 대해서 러시아를 맹비난했다.

2.14 call O over

Shall I **call** him **over**?

내가 그를 불러서 건너오게 할까요?

I **called over** a technician to fix the tank.

나는 그 탱크를 고치기 위해서 기사를 불러서 건너오게 했다.

2.15 call O up

From the tower, I **called up** my friends below.

그 타워에서 나는 아래에 있는 친구들을 불러 올렸다.

[up은 친구들이 올라오는 관계를 나타낸다.]

I **called** him **up** after work.

나는 일이 끝난 후 그를 전화로 불렀다.

[up은 him의 말소리나 영상이 떠오르는 관계를 나타낸다.]

If you have any problem with your TV, **call up** a technician at the service center.

만약 여러분의 TV에 문제가 생기면 서비스 센터의 기술자를 전화로 불러내세요.

With the internet, you can **call up** information about car prices.

인터넷을 통해서 여러분은 자동차 가격에 대한 정보를 스크린에 불러낼 수 있습니다.

[up은 자동차 가격의 정보가 스크린에 뜨는 관계를 나타낸다.]

This data can be **called up** at the press of a button. (passive)

이 데이터는 단추만 한번 누르면 곧 화면에 불러들일 수 있습니다.

[up은 자료가 화면에 나타나는 관계를 나타낸다.]

I was **called up** for military service when I was 20.

(passive)

나는 20살에 군대에 징집되었다.

[up은 나보다 큰 힘에 의해 불려지는 상태를 나타낸다.]

Cha, Du-ri was **called up** to play for Korea.

차두리는 한국을 위해 뛰도록 차출되었다.

The song **called up** my childhood memory.

그 노래는 내 유년시절의 기억을 불러 일으켰다.

[up은 유년시절의 기억이 의식에 떠오르는 관계를 나타낸다.]

At the meeting, the treasurer **called up** the budget proposal for discussion.

그 재무관은 토의를 위해 회의에서 그 예산안을 제시했다.

[참조: bring up]

I **called up** my courage and asked the boss for a raise.

나는 내 모든 용기를 모아서 사장님께 승진을 요구했다.

[up은 용기가 생겨나는 관계를 나타낸다.]

call up

Standing on the street, I **called up** to the people on the balcony.

나는 그 길에 서서 그 발코니에 있는 사람들을 향해 위로 소리를 쳤다.

2.16 call upon O

I **call upon** you to tell the truth.

나는 네가 사실을 말하기를 요청한다.

Charity organizations are **called upon** to help the poor. (passive)

자선 단체들은 가난한 사람들을 돕도록 요청 받는다.

The resolution **calls (up)on** every nation to cut pollution.

그 결의문은 각개 나라가 오염을 줄이도록 공식적으로 요구한다.

CALM

1. 단동사

이 동사는 진정이 되거나 진정시키는 과정을 그린다.

타동사

He soon **calmed** the dog.

그는 곧 그 개를 진정시켰다.

2. 구동사

2.1 calm down

Calm down and say what's the problem.

진정하고 무엇이 문제인지 말하세요.

[down은 안전하거나 진정된 상태를 나타낸다.]

It is always like this during the sales — things will **calm down** afterward.

세일기간에는 상황이 언제나 이러하다. 세일이 지나면 일들이 가라앉을 것이다.

The fishermen are waiting until the *weather* **calms down**.

그 어부들은 날씨가 진정될 때까지 기다리고 있다.

| wind | 바람 | storm | 폭풍 |

calm O down

The mother is **calming down** the baby with a lullaby.

그 엄마는 그 아기를 자장가로 진정시키고 있다.

CAMP

1. 단동사

이 동사는 밖에서 텐트를 치고 지내는 과정을 그린다.

명사: 야영지, 캠프, 수용소, 막사, 진영

자동사

I **camped** overnight in a field.

나는 들판에서 밤새 야영을 했다.

They go **camping** in Vancouver every year.

그들은 매년 밴쿠버에서 캠핑을 한다.

2. 구동사

2.1 camp out

Refugees **camped out** in front of the railway station.

피난민들이 그 기차역 앞에서 텐트를 치고 지냈다.

[out은 집밖을 가리킨다.]

Last night, the children **camped out** in the garden.

엊저녁에 그 아이들이 그 정원에서 야영했다.

2.2 camp under O

Don't **camp under** the side of the cliff.

벼랑 가장 자리에서 캠프를 하지 마십시오.

CANCEL

1. 단동사

이 동사는 예약 등을 취소하는 과정을 그린다.

자동사

No charges will be made if you **cancel** within 10 days.

열흘 이내에 취소하면 수수료가 청구되지 않는다.

타동사

All flights have been **cancelled** because of bad weather. (passive)

모든 비행기 편이 날씨가 나빠 취소되었다.

Is it too late to **cancel** my order?

제가 주문을 취소하기에 너무 늦었나요?

2. 구동사

2.1 cancel O out

Increases in prices **cancel out** increases in wages.
가격 인상이 월급 인상을 없어지게 한다.
[out은 임금 인상이 없어지는 관계를 나타낸다.]
Today's decline in the stock's price **canceled out** yesterday's gain.
오늘 주가 하락은 어제의 이익을 상쇄했다.

CAP

1. 단동사

이 동사는 어떤 일을 완료하는 과정을 그린다.
명사: 모자, 뚜껑
타동사

The mountain is **capped** with snow. (passive)
그 산의 봉우리가 눈에 덮여있다.

2. 구동사

2.1 cap O off

The work has to be **capped off** by tomorrow. (passive)
그 일은 내일까지 끝내야 한다.
We **capped off** the evening with cheesecakes.
우리는 그 저녁을 치즈 케이크로 끝냈다.
He **capped** the 20-minute session **off** with 5 minutes of jump rope.
우리는 그 20분 수업을 5분간의 줄넘기로 끝냈다.
They **capped off** their two-day tour with a visit to the museum.
그들은 이틀간의 여행을 박물관 방문으로 끝냈다.
We got some ice cream to **cap off** our date.
우리는 우리의 데이트를 끝내기 위해서 아이스크림을 사 먹었다.
[off는 데이트가 끝나는 관계를 나타낸다.]

CAPITALIZE

1. 단동사

이 동사는 상황, 상태 등을 최대한 이용하는 과정을 그린다.

2. 구동사

2.1 capitalize on O

Tongyoung **capitalizes on** its natural beauty to attract tourists.
통영은 관광객들을 끌어들이기 위해서 자연미를 최대한 이용한다.
The dictator **capitalizes on** fear of the people.
그 독재자는 국민의 두려움을 최대한 이용한다.

CARE

1. 단동사

이 동사는 관심을 갖는 과정을 나타낸다.
자동사

Do you **care** if I leave now?
내가 지금 떠나도 괜찮으시겠습니까?

2. 구동사

2.1 care about O

I **care about** my family.
나는 내 가족을 중요하게 여긴다.
I **care about** what is happening in New York.
나는 뉴욕에서 일어나는 일에 관심을 갖고 있다.
We all have to **care about** *climate change*.
우리는 모두 기후변화에 관심을 가져야 한다.

environment 환경	education 교육

He **cares about** *earning a lot*.
그는 돈을 많이 버는 데 관심을 갖고 있다.

watching the game	경기를 보다
winning the election	선거를 이기다

2.2 care for O

I really love you, Susan. I've never **cared for** anyone else.
수잔 나는 너를 정말 사랑해. 너 이외의 어떤 사람도 좋아해 본 적이 없어.
[for는 상대를 받아들이는 관계이다.]
Do you **care for** a cup of coffee?
커피 한 잔 하실 생각이 있으십니까?
[for는 you의 마음속에 커피 한 잔을 받아들이겠느냐는 뜻이다.]
I don't really **care for** strawberry ice cream.
나는 딸기 아이스크림을 별로 좋아하지 않는다.
I've never **cared** much **for** his sense of humor.
나는 그의 유머감각을 별로 좋아하지 않는다.
His wife **cares for** *her husband* all through his illness.
그의 아내는 그녀의 남편을 그의 긴 투병 기간 동안 돌보았다.

parents 부모	the wounded 부상자

My sister **cared for** my dog while I was away.
내 누이동생이 내가 없는 동안 내 개를 돌보았다.

CARRY

1. 단동사

이 동사는 주어가 목적어를 이기거나 지는 과정을 그린다.

타동사

The pipe **carries** hot water.
그 파이프는 더운 물을 운반한다.

Air **carries** sound.
공기가 소리를 이동시킨다.

The beams **carry** the weight of the roof.
그 대들보들이 그 지붕의 무게를 지탱한다.

The man **carries** his head with dignity.
그는 자신의 머리를 위엄 있게 들고 있었다.

The store **carries** toys.
그 가게는 장난감들을 재고로 가지고 있다.

The paper **carries** comic strips.
그 신문은 만화들을 연재한다.

자동사

His voice **carries** well.
그의 목소리는 잘 전달된다.

2. 구동사

2.1 carry O along with O

The crowd was so thick that he was **carried along with** it. (passive)
그 군중들이 너무 밀집해 있어서 그는 그 군중과 함께 휩쓸려 갔다.

The flood **carried** us **along with** the debris.
그 홍수가 그 쓰레기와 함께 우리를 휩쓸고 갔다.
[along은 우리들이 강과 같은 것을 따라 이동하는 관계를 나타낸다.]

The excitement of the musical **carried** everyone **along with** the actors.
그 뮤지컬의 열기가 모든 사람들을 배우들과 함께 끌고 갔다.
[everyone은 환유적으로 그들의 마음을 가리킨다.]

2.2 carry O around/about

She **carries** her laptop **around**.
그녀는 그녀의 노트북 컴퓨터를 이리 저리 들고 다닌다.

You can **carry around** the *MP3* in your pocket.
너는 그 MP3를 호주머니에 넣어 들고 다닐 수 있다.

tumbler	텀블러	cash	현금
camera	카메라	water	물

He **carries** some money **around** on him.
그는 약간의 돈을 언제나 몸에 지니고 돌아다닌다.

2.3 carry O away

The strong current **carried** the boat **away**.
그 강한 물결이 그 배를 (어떤 장소에서) 끌고 가버렸다.

The refugees were **carried away**.
그 피난민들이 (어떤 장소에서) 어디론가 끌려갔다.
[away는 피난민이 어떤 장소에서 끌려가는 관계를 나타낸다.]

She got **carried away** and started singing loudly. (passive)
그녀는 마음이 휩쓸려서 노래를 크게 부르기 시작했다.
[위의 she는 환유적으로 마음을 가리키고, 마음이 휩쓸리는 것을 그린다.]

2.4 carry O back

Did you bring this suitcase here? If so, **carry** it **back** to where it came from.
네가 이 여행가방을 여기로 가져왔니? 그렇다면, 그것을 가져왔던 곳으로 도로 가져가거라.

The smell of kimchi **carried** him **back** to his childhood in Korea.
그 김치 냄새가 그를 한국에서 보낸 유년기로 데리고 되돌아갔다.

2.5 carry O down O

How can we **carry** the piano **down** the stairs?
우리가 어떻게 그 피아노를 계단 아래로 옮길 수 있을까요?

2.6 carry O forward

We are looking for a college graduate who can **carry** the project **forward**.
우리는 그 기획사업을 추진시킬 수 있는 한 대학 졸업자를 찾고 있다.

$1,000 was **carried forward** to next month's account.
1,000달러가 다음 달 회계로 이월되었다.

2.7 carry O off

The strong wind **carried off** the tents.
그 강한 바람이 그 텐트를 (어떤 곳에서부터) 끌고 갔다.

Some thieves broke into the museum and **carried off** a painting by Picasso.
몇 명의 도둑이 박물관에 침입해서 피카소가 그린 그림 한편을 훔쳐갔다.
[off는 그림이 박물관에서 떨어지는 과정을 그린다.]

Little Joe was **carried off** by pneumonia at the age of six. (passive)
조가 6살 때 폐렴이 그를 (세상에서) 데리고 갔다. 즉, 세상을 떠났다.

The winner **carried off** a check for $500.

그 승자는 (걸려 있던) 500달러의 상금을 따갔다.

The diplomat **carried off** her mission.

그 외교관은 그의 임무를 잘 완수했다.

[off는 임무가 끝나는 관계를 나타낸다.]

She **carried off** the *lie*.

그녀는 거짓말을 잘 해내었다.

| performance | 연주 | event | 행사 |

2.8 carry O on

He is hoping that his son will **carry on** the *family business*.

그는 그의 아들이 가업을 이어가기를 희망한다.

[on은 아버지의 경영에 아들이 이어서 경영하는 관계를 나타낸다.]

| family name | 가족이름 | tradition | 전통 |
| family work | 가업 | mission | 임무 |

The authorities discovered Smith was **carrying on** liquor business without license.

당국은 스미스가 면허 없이 주류업을 계속해 온 것을 발견했다.

[on은 과정이 계속되는 관계를 나타낸다.]

carry on

Don't stop. **Carry on.**

중단하지 말고 계속해라.

We can't get anything done if you guys don't stop **carrying on.**

너희들이 분별없이 구는 행동을 멈추지 않으면 아무 일도 이룰 수가 없다.

The bar was full of drunken people **carrying on.**

그 바는 술에 취해 쓸데없는 말을 계속 지껄이는 취객들로 가득 차있다.

[참조: go on]

carry on O

I waved at him, but he didn't notice and **carried on** *singing*.

나는 그에게 손짓을 했으나, 그는 눈치 채지 못하고 노래를 계속 불렀다.

| laughing | 웃기 | talking | 말하기 |

He **carried on** dealing with the stress.

그는 계속해서 스트레스를 다루어 나갔다.

[on은 스트레스가 반복됨을 나타낸다.]

carry on about O

I wish everyone stop **carrying on about** the matter.

나는 모든 사람들이 그 문제에 대해 계속 말하기를 중단하기 바란다.

[참조: go on about]

carry on with O

Now, we have to stop here, and we can **carry on with** this tomorrow.

자 우리 여기서 중단시키자. 이것을 내일 이어서 계속하자.

[참조: continue on with, go on with]

The divorce was very traumatic, but he was determined to **carry on with** his life.

그 이혼은 매우 괴로웠지만, 그는 자신의 삶을 계속 해서 살아가기로 결심했다.

Despite protests from our families, we **carried on with** our plans to marry.

우리 가족들의 항의에도 불구하고 우리는 결혼 계획을 계속했다.

2.9 carry O out

They **carried out** *an attack* last week.

그들은 지난 주 공격을 실행했다.

[out은 공격계획을 실행하는 관계를 나타낸다.]

| crackdown | 단속 | reprisal | 보복 |
| policy | 정책 | research | 연구 |

He never **carried out** the threat to take us to court.

그는 우리를 법원에 데리고 가겠다는 위협을 실행하지 않았다.

[out은 위협을 실행에 옮기는 관계를 나타낸다.]

He claimed that he had **carried out** orders.

그는 명령들을 실행했다고 주장했다.

The host **carried out** the party beautifully.

그 주인은 그 파티를 아름답게 잘 해내었다.

carry O out of O

The firefighter **carried** the dog **out of** the burning building.

그 소방대원이 그 개를 불타는 그 집에서 데리고 나왔다.

2.10 carry O over

After I finished eating, I **carried** my plate **over** to the sink.

밥을 먹고 나서 나는 내 접시를 개수대로 가져갔다.

The game was **carried over** until the next week. (passive)

그 경기는 다음 주까지 넘겨졌다. 즉, 연기되었다.
A seven day's holiday can be **carried over** from one year to the next year. (passive)
7일 간의 휴일은 한 해에서 다른 해로 넘겨질 수 있다.

carry over into O
His childhood habit **carried over into** his youth.
그의 유년기 습관은 청년시절까지 넘어갔다.

carry O over into O
You should **carry over** what you have learned in school **into** your everyday life.
너는 학교에서 배운 것을 일상생활에 가져다 적용을 해야 한다.

2.11 carry O through O
The support from his father **carried** him **through** those difficult times.
아버지로부터의 그 도움이 그를 어려운 시기들을 지나게 했다.

carry O through
The promised *reforms* were never **carried through** because of tight budget. (passive)
그 약속된 개혁은 빠듯한 예산 때문에 실행되지 않았다.

measures	조치들	ideas	생각

Her determination **carried** her **through**.
그녀의 결심이 그녀로 하여금 (어떤 과정을) 지나게 했다.

2.12 carry O up O
He **carried** the luggage **up** the stairs.
그는 그 짐을 그 계단 위로 들고 갔다.

CART

1. 단동사
이 동사는 무엇을 수레에 싣고 옮기는 과정을 그린다.
명사: 수레, (바퀴가 달려서 물건을 운반하는데 쓰는) 마차

타동사

We had to **cart** our luggage up six flights of stairs.
우리는 짐을 카트에 싣고 층계참을 여섯 개를 올라가야 했다.

2. 구동사
2.1 cart O away
He **carted away** the trash.

그는 쓰레기들을 카트에 싣고 가버렸다.
The rubbish is then **carted away** for recycling. (passive)
그런 뒤 쓰레기들은 재활용을 위해 실려 간다.

2.2 cart O off
The speaker collapsed on the stage, and he was **carted off** on a stretch. (passive)
그 연사는 무대 위에서 쓰러져서 들것에 실려 운반되어 나갔다.
[off는 무대에서 떠나는 관계를 나타낸다.]
The police **carted** the man **off**.
경찰이 그 남자를 데리고 자리를 떠났다.
The demonstrators were **carted off** to the local police station. (passive)
그 시위대들은 그 지역 경찰서로 연행 되어갔다.

CARVE

1. 단동사
이 동사는 칼 등을 써서 조각하여 어떠한 형상을 만드는 과정을 그린다.

타동사

She **carved** a wooden tray.
그녀는 나무 쟁반 하나를 깎아서 만들었다.

2. 구동사
2.1 carve O into O
She **carved** the beef **into** slices and spread them on a plate.
그녀는 그 소고기를 얇게 썰어서 접시에 펼쳤다.
He **carved** his name **into** the rock.
그는 그의 이름을 그 바위에 새겨 넣었다.

2.2 carve O out
She **carved out** the insides of the pumpkin.
그녀는 그 호박 안을 도려내었다.
The valley was **carved out** by the glaciers. (passive)
그 계곡은 그 빙하들에 의해서 깎여 만들어졌다.
The *cave* was **carved out** by the water and wind. (passive)
그 동굴이 물과 바람으로 깎여 만들어졌다.

canyon	협곡	hole	구멍
tunnel	터널		

He **carved out** a career for himself as a dog trainer.
그는 개 조련사로서의 경력을 혼자 힘으로 만들어 내었다.

[out은 경력이 생기는 관계를 나타낸다.]

The venture company **carved out** a niche in the computer industry.
그 벤처회사는 컴퓨터 업계에 틈새를 만들어 내었다.
He **carved out** *a unique experience.*
그는 독특한 경험을 만들어냈다.

victory 승리	existence 생존

Try to **carve out** sometime for yourself.
자신을 위한 시간을 도려내도록 하세요. 즉, 자신을 위한 시간을 갖도록 하세요.

carve O **out of** O

He **carved** a puppet **out of** wood.
그는 꼭두각시 인형을 나무를 조각해서 만들었다.

2.3 carve O **up**

She **carved up** the meat.
그녀는 그 고기를 잘게 도려내었다.
[up은 고기가 도려진 관계를 나타낸다.]

After the war, the country was **carved up** by Poland and Russia. (passive)
그 전쟁 후, 그 나라는 폴란드와 러시아에 의해 분할되었다.
[참조: divide up]

CASE

1. 단동사
이 동사는 동물 등을 좁은 공간에 가두는 과정을 그린다.
명사: 상자, 용기, 통

2. 구동사
2.1 case O **in**

Please **case in** the dogs. They are dangerous.
그 개들은 우리에 가두세요. 그들은 위험해요.
[in은 개가 개집에 들어있는 관계를 나타낸다.]

case O **in** O

The hunters **cased** the lion **in** a tiny space.
그 사냥꾼들은 그 사자를 그 좁은 공간에 가두었다.

2.2 case O **up**

They **cased up** the tiger in a small container.
그들은 그 호랑이를 작은 상자에 꼼짝 못하게 가두었다.
[up은 사자가 움직이지 못하는 관계를 나타낸다.]

CASH

1. 단동사
이 동사는 수표 등을 현금화하는 과정을 그린다.
명사: 현금, 현찰

2. 구동사
2.1 cash O **in**

She **cashed in** her savings bonds to buy a new computer.
그녀는 새 컴퓨터를 사기 위해 저축채권을 현금화 했다.
He **cashed in** the remaining traveler's cheque when he returned home.
그는 집에 돌아와서 남은 그 여행자 수표를 현금화 했다.

cash **in on** O

Some publishers are trying to **cash in on** the president's tragic death.
몇몇 출판업자들은 그 대통령의 비극적인 죽음을 이용해서 돈을 벌려고 한다.
[in은 돈이 주어에 들어가는 관계를 나타낸다.]

He wants to **cash in on** the idea.
그는 그 생각을 이용해서 돈을 벌어들이려고 한다.
North Korea may have **cashed in on** bitcoin.
북한은 비트코인으로 많은 돈을 벌었을 지도 모른다.

2.2 cash **out**

Farmers want to **cash out** by selling their valuable land.
농부들은 그 귀한 땅을 다 팔아서 현금을 가지려고 한다.
When the last customer leaves the store, the owner locks the doors and **cashes out**.
그 주인은 마지막 손님이 나가자 문을 잠그고, 수입금을 합산해서 액수가 맞는지 확인했다.

2.3 cash **up**

A man in mask broke in just as he was **cashing up**.
복면을 쓴 사람이 그가 돈을 합산하고 있을 때 침입해 들어왔다.
[참조: add up]

They **cash up** at five o'clock in the evening.
그들은 다섯 시에 가게에 들어온 돈을 합산한다.

CAST

1. 단동사
이 동사는 그물 같은 것을 던지는 과정을 그린다.
명사: 주물

타동사

She cast a welcoming smile in his direction.
그녀가 그가 있는 쪽을 보며 반가운 미소를 던졌다.
The setting sun cast an orange glow over the mountains.
지는 해가 그 산등성이 위로 주황빛 노을을 덮었다.
The play is being cast in both the US and Britain.
그 연극은 미국과 영국 양쪽에서 캐스팅 중이다.
He cast himself as the innocent victim of a hate campaign.
그는 스스로를 증오 운동의 희생자라고 묘사했다.

자동사

The statue is cast in bronze.
그 동상은 청동으로 주조되었다.

2. 구동사

2.1 cast around
The company is casting around for a chairman.
그 회사는 새 의장을 찾기 위해 이리저리 찾고 있다.
[참조: ask around]

2.2 cast O aside
When he became rich, he cast aside his old friends.
그가 부자가 되자 그는 옛 친구들을 모두 버렸다.
[aside는 옆으로 치우는 관계를 나타낸다.]

2.3 cast O away
He was cast away on a small island. (passive)
그는 어느 작은 섬에 버려졌다.

2.4 cast O back
He cast back his mind to his childhood days.
그는 그의 마음을 유년시절로 돌아가게 했다.

2.5 cast O down
He cast down his eyes and remained silent.
그는 눈을 아래로 떨어뜨리고, 가만히 있었다.
All across the city, all the buildings were cast down by the earthquake. (passive)
그 시 전체 걸쳐서, 모든 건물들이 지진에 의해 넘어졌다.
[down은 서 있던 것이 넘어지는 관계를 나타낸다. 참조: bring down, tear down]

2.6 cast O off
He cast off his bad habit.
그는 나쁜 습관을 던져 버렸다.
[off는 습관이 그에게서 떨어지는 관계를 나타낸다.]

2.7 cast O on O
The moon cast its light on the snowy countryside.
달이 달빛을 눈 덮인 시골에 드리웠다.
These facts cast doubt on the minister's story.
이 사실들은 의혹을 그 장관의 이야기에 던진다.

2.8 cast O out
He was cast out by the tribe when he was found to have been infected by a strange disease. (passive)
그는 이상한 병에 걸려 있음이 밝혀지자 그 부족에 의해 쫓겨났다.

2.9 cast O over O
The memo cast doubt over his objectivity.
그 메모는 그의 객관성에 의심을 던졌다.

2.10 cast O up O
The child's body was cast up the beach. (passive)
그 아이의 사체가 바다에 씻겨 올라왔다.
[참조: wash up on]

CATCH

1. 단동사
이 동사는 따라 가서 잡거나, 공 같이 날아오는 것을 잡는 과정을 그린다.

타동사

The catcher is good at catching a curve ball.
그 포수는 커브 볼을 잡는데 능하다.
He caught a thief.
그는 도둑을 잡았다.
I caught him reading a comic book.
나는 그가 만화책을 읽고 있는 것을 잡았다.
The dry grass caught fire.
그 마른 풀을 잡았다. 즉, 풀에 불이 붙었다.
The book caught my fancy.
그 책은 나의 마음을 사로잡았다.

자동사

This wood catches easily.
이 나무는 불이 잘 붙는다.

2. 구동사

2.1 catch at O
As I was crawling under the barbed wire, a barb caught at my clothes.
내가 그 철조망 밑을 기어가고 있을 때, 철조망 바늘이 내 옷의 부분을 잡았다.
[at은 옷의 전체가 아니라 옷의 일부분을 잡는 관계를 나타낸다.]

As he fell, he **caught at** a branch.
그가 떨어질 때, 가지 하나를 잡으려고 했다.
[at은 시도를 나타낸다.]

2.2 catch O off O

He **caught** me **off** guard.
그는 나를 방심하고 있는데 나를 잡았다. 즉, 나를 놀라
게 했다.
[참조: take off]

2.3 catch on

The *Korean pop song* is slowly **catching on** in
America.
그 한국 팝송은 미국에서 천천히 관심을 받는다. 즉, 인
기를 얻고 있다.
[catch는 어디에 가는 과정을 그리고, on은 무엇에 달라붙는 관계
를 나타낸다. 여기에서는 사람에게 달라붙는 관계를 나타낸다.]

| idea | 생각 | style | 스타일 |
| game | 게임 | fashion | 패션 |

The Korean martial art is **catching on** globally.
한국 무술이 세계적으로 유행하고 있다.
When he joined the company, he knew nothing about
computer design, but he was smart – he **caught on**
fast.
그가 그 회사에 들어갔을 때, 그는 컴퓨터 디자인에 대
해서 아는 것이 없었다. 그러나 그는 똑똑했다 – 그는
곧 그것을 이해했다.
[on은 onto the design의 뜻이다.]

catch on O

The building **caught on** fire.
그 건물이 불이 붙었다.

catch onto O

We were slow to **catch onto** the swindler's tricks.
우리는 사기꾼의 계략을 파악하는데 시간이 걸렸다.

catch on with O

K-pop is **catch on with** young people all over the
world.
케이팝은 전 세계 젊은이들에게 인기를 얻고 있다.

catch O on O

He **caught** the scene **on** *camera*.
그는 그 장면을 카메라에 포착했다.

| tape | 테이프 | video | 비디오 |

2.4 catch O out

He was lying, but the prosecuting officer **caught** him
out.
그는 거짓말을 했으나 검사관은 그를 잡아냈다.
[him은 환유적으로 그의 거짓말을 가리키고, out은 감추어진 상태
에서 드러난 상태로의 변화를 그린다.]

My boss kept asking me technical questions, and tried
to **catch** me **out**.
나의 상관이 나에게 기술적인 질문을 계속 해서 나의
실력을 알아내려고 했다.
[위에서 me는 환유적으로 나의 실력이나 전문성을 가리킨다.]

Quite many people were **caught out** by the collapse
in the stock market. (passive)
많은 사람들이 주식시장의 붕괴로 인해 곤란에 처했다.

2.5 catch up

She is still in the front, but others are **catching up**.
그녀는 아직 선두에 있으나, 다른 이들이 따라가서 근접
해오고 있다.
[up은 다른 사람들이 그녀에게 다가오는 관계를 나타낸다.]

At first he couldn't speak a word of English, but he
soon **caught up**.
처음에 그는 영어 한마디도 못했으나 곧 (말을 잘하는
수준에) 접근했다.

We **caught up** on the phone.
우리는 전화로 밀린 이야기를 했다.

We met up and **caught up** over coffee.
우리는 만나서 커피를 마시면서 지나간 밀린 이야기를
나누었다.

catch O up

Go ahead, I will **catch** you **up** later.
먼저 가세요. 나는 나중에 당신을 따라 잡겠습니다.

Some civilians were **caught up** between the regime
and rebels.
몇몇 시민들은 정권과 반군들 사이에 꼼짝없이 갇혀있
었다.

catch up in O

On my way home, I was **caught up in** the traffic.
(passive)
집에 오는 길에 나는 교통체증에 꼼짝 못했다.
[참조: be stand in]

He was **caught up in** a heavy traffic. (passive)
그는 심한 교통체증에 꼼짝 못했다.

North Korea is **caught up in** its past. (passive)
북한은 과거에 꼼짝 못한 채 갇혀있다.

Thousands of people were **caught up in** the fighting

in Syria. (passive)
수천 명의 사람들이 시리아에서 그 전투에 꼼짝 없이 (의도와는 상관없이) 갇혔다.

I don't want to be **caught up in** the endless arguments. (passive)
나는 끝없는 논쟁들에 갇히기 싫다.

catch up on O

Last Sunday, I tried to **catch up on** *sleep*.
지난 일요일 나는 밀린 잠을 보충했다.

exercise 운동	homework 숙제

I turned on the news channel to **catch up on** the Syrian situation.
나는 시리아의 상황을 (놓친 부분을) 보충하기 위해서 뉴스 방송을 틀었다.

I need a few days to **catch up on** report writing.
나는 밀린 보고서를 보충하기 위해 며칠이 필요하다.

I want to **catch up on** the shows I missed.
나는 내가 놓친 쇼들을 보충하고 싶다.

catch up with O

I've got to go now. I'll **catch up with** you later.
나 지금 가야 돼. 나중에 너를 따라 잡겠다.

The other countries are **catching up with** us in space exploration.
다른 나라들이 우주탐험 면에서 우리를 따라잡고 있다.

Every Saturday, he goes to the town hall to **catch up with** all the gossip.
매주 토요일, 그는 모든 소문들에 뒤처지지 않기 위해서 마을 회관에 간다.

His back problem is **catching up with** him.
그의 허리 문제가 그에게 다가오고 있다.

Her dark secret from the past is beginning to **catch up with** her.
그녀의 과거의 어두운 비밀이 그녀에게 드러나기 시작하고 있다.

He has been avoiding paying taxes, but the tax office finally **caught up with** him.
그는 세금 내기를 피해오고 있었으나, 그 세무서가 그를 추적해서 잡았다.

The computer show is a good opportunity to **catch up with** the latest software samples.
그 컴퓨터 전시회는 최신 소프트웨어 견본들을 따라잡는 좋은 기회이다.

I decided to **catch up with** my dissertation this weekend.
나는 이번 주말에 나의 밀린 논문을 따라 잡는, 즉 만회하겠다는 결심을 했다.

CATER

1. 단동사
이 동사는 행사에 음식을 제공하는 과정을 그린다.
타동사

Who will be **catering** the wedding?
누가 그 결혼식에 음식은 준비합니까?

2. 구동사
2.1 **cater to** O

The couple **catered to** birthday parties.
그 부부는 생일 파티에 음식을 만들어 제공한다.

The restaurant **caters to** different kinds of customers.
그 식당은 다양한 종류의 고객들에게 식사를 제공한다.

He does not **cater to** you in such a matter.
그는 이러한 문제에 있어서 당신에게 신경을 쓰지 않는다.

We do not **cater to** individual request.
우리는 개개인의 요청에 대해서 신경을 쓰지 않는다.

CAVE

1. 단동사
이 동사는 지붕이나 벽이 안으로 꺼지는 관계를 그린다.
명사: (자연적으로 생긴) 동굴

2. 구동사
2.1 **cave in**

The *roof* **caved in**.
그 지붕이 내려앉았다.
[in은 지붕의 일부가 안으로 들어오는 관계를 나타낸다.]

floor 마루	earth 땅

cave O **in**

The blast **caved** the roof **in**.
그 폭발이 지붕이 꺼지게 했다.

cave in to O

The boss **caved in to** the *demand*.
그 사장은 그 요구에 굴복했다.
[참조: give in to]

terrorists 테러분자들	temptation 유혹

CEMENT

1. 단동사
이 동사는 두 개체나 사람 사이의 관계를 굳건히 하는 과정을 그린다.
명사: 시멘트, 결속시키는 것

타동사

The president's visit was intended to cement the alliance between the two countries.
대통령의 방문은 그 두 나라 사이의 동맹을 강화하려고 의도되었다.

He repeated words to cement them in his mind.
그는 그 단어들을 머릿속에 굳히기 위해서 여러 번 반복했다.

2. 구동사
2.1 cement O onto O

Please, cement the handle onto the vase.
그 손잡이를 그 화분에 (아교 등을 써서) 갖다 붙이세요.

2.2 cement O together

He cemented the doll together.
그는 그 인형을 발라서 다시 결합했다.

CENTER

1. 단동사
이 동사는 무엇을 중심으로 하는 과정을 그린다.
명사: 중심, 중앙, 초점; 본대; 중도파

2. 구동사
2.1 center around O

The village life centered around the town hall.
그 마을의 삶은 그 마을 회관을 중심으로 이루어졌다.

The conversation centered around the denu-clearization.
그 대화는 비핵화를 중심으로 이루어졌다.

center O around O

The two candidates centered their debate around immigration.
그 두 후보자는 그들의 토의를 주로 이민문제 중심으로 했다.

2.2 center on O

The debate centered on the issue of immigration.
그 토의는 이민 문제에 집중되었다.

center O on O

We centered the painting on the wall.
우리는 그 그림을 그 벽의 중앙에 놓았다.

We centered our analysis on the best pieces of evidence.
우리는 우리의 분석을 가장 좋은 증거에 집중시켰다.

CHAIN

1. 단동사
이 동사는 쇠사슬로 묶는 과정을 그린다.
명사: 사슬, 쇠줄, 목걸이; 일련, 띠; 상점, 호텔 등의 체인; 속박, 구속

타동사

She chained her bicycle to the gate.
그녀는 자신의 자전거를 그 정문에 묶어 놓았다.

2. 구동사
2.1 chain O off

The accident area was chained off. (passive)
그 사고 지역은 체인으로 분리되었다.
[off는 한 부분이 전체에서 차단 / 분리되는 관계를 나타낸다.]

2.2 chain O to O

He chained the horse to the post.
그는 그 말을 그 말뚝에 묶었다.

2.3 chain O up

The dog was fierce and he was chained up. (passive)
그 개는 몹시 사나워서, 쇠사슬로 묶여져서 꼼짝 못하게 되어 있었다.

The children were chained up for punishment. (passive)
그 아이들은 벌로 쇠사슬에 묶여 있었다.

CHALK

1. 단동사
이 동사는 분필로 무엇을 쓰고 표시하는 과정을 그린다.
명사: 분필; 백악, 백색 연토질 석회암

타동사

She chalked (up) the day's menu on the board.
그녀는 그 날의 메뉴를 그 칠판에 적었다.

2. 구동사
2.1 chalk O up

The team chalked up three points in the first game.
그 팀은 첫 경기에서 3점을 기록했다.

[up은 분필로 표시된 관계를 나타낸다. 참조: notch up]

2.2 chalk O to O

Our association did not work out, but I chalked it to experience.
우리의 연합은 실패했다. 나는 그것을 경험 부족의 탓으로 돌린다.

I could not understand his strange behavior, but chalked it to his restlessness.
나는 그의 이상한 행동을 이해할 수 없으나 그것을 그의 안절부절함에 돌린다.

CHANCE

1. 단동사
이 동사는 우연히 일이 일어나는 과정을 그린다.
명사: 우연, 운; 가능성, 기회; 위험(성)

타동사

She chanced her luck driving without a licence.
그녀는 운에 맡기고 면허증도 없이 운전을 했다.

자동사

They chanced to be staying at the same hotel.
그들은 우연히 같은 호텔에 머물게 되었다.

2. 구동사

2.1 chance upon O

He chanced upon a rare book.
그는 희귀한 책을 우연히 발견했다.

[참조: come upon, hit upon, stumble upon]

CHANGE 1

1. 단동사
이 동사는 변하거나 변화시키는 과정을 그린다.
명사: 변화, 기분전환, 변경; 갈아타기

자동사

Her life changed completely when she won the lottery.
그녀의 삶은 그 복권에 당첨된 뒤로 완전히 달라졌다.

Wait for the traffic lights to change.
그 신호등이 바뀔 때까지 기다려.

Leaves change color in autumn.
나뭇잎들은 가을에는 색깔이 바뀐다.

타동사

Fame hasn't really changed him.
명성 때문에 사실 그가 변한 것은 없다.

I want to change my doctor.
나는 내 의사[주치의]를 바꾸고 싶다.

Can we change seats?
우리 자리를 바꿀까요?

Where can I change my traveller's cheques?
여행자 수표들을 어디에서 환전할 수 있어요?

I stopped in Moscow only to change planes.
나는 비행기를 갈아타려고 모스크바에 들렀을 뿐이었다.

2. 구동사

2.1 change O around

He changed the *glasses* around.
그는 그 잔들을 바꾸어 놓았다.

words 낱말들	sentences 문장들

2.2 change back

He changed back from his most recent change.
그는 최근 변화에서 다시 제자리로 바꾸었다.

[back은 최근 변화에서 이전 상태로 다시 가는 관계를 나타낸다.]

change O back

Please change back TV channel.
그 TV 채널을 제자리로 다시 바꾸세요.

2.3 change into O

He changed into a pajama and went to bed.
그는 잠옷으로 갈아입고 잠자리에 들었다.

In Korean mythology, the bear changed into a woman.
한국 신화에서, 곰은 여자로 바뀌었다.

change O into O

Could you change this dollar bill into quarters?
이 1불짜리 지폐를 25전 동전으로 바꾸어 주시겠습니까?

2.4 change off

Ron and Tom changed off, so neither of them need to work all the time.
론과 톰은 차례대로 교대를 해서, 늘 일할 필요가 없다.

[off는 off work의 뜻이다.]

Let's change off regularly.
우리 규칙적으로 교대를 합시다.

2.5 change O out

She changed out the wet pants.
그녀는 그 젖은 바지를 갈아입었다.

2.6 change over

We changed over from electricity to gas.

우리는 전기에서 가스로 바꾸었다.
[참조: switch over, turn over]

2.7 change O to O

Can I **change** coffee **to** orange juice?
내가 주문한 커피를 오렌지 주스로 바꿀 수 있나요?

With the photoshop, we can **change** photos **to** black and white.
포토샵을 이용해서 우리는 사진들을 흑백으로 바꿀 수 있다.

2.8 change O up

The president **changed up** his staff.
그 대통령은 그의 참모들을 완전히 바꾸었다.
[up은 좋게 되는 관계를 나타낸다.]

We had to **change up** our plan.
우리는 우리의 계획을 바꿔서 좋게 만들어야만 했다.

He **changed up** the atmosphere.
그는 그 분위기를 확 바꾸었다.

The restaurant **changed up** the menu.
그 식당은 그 메뉴를 바꾸었다.

2.9 change O with O

I decided to **change** the seat **with** Bill.
나는 그 자리를 빌과 바꾸기로 결심했다.

CHANGE 2

1. 단동사

이 동사는 낡았거나 고장난 것을 바꾸는 과정을 그린다.

[타동사]

Please **change** light bulbs for me.
그 전구들을 바꾸어 주십시오.

2. 구동사

2.1 change O out

I am going to **change out** the filters of the water purifier.
나는 오늘 그 정수기의 낡은 필터를 꺼내고 새 것으로 바꿀 예정이다.
[out은 오래된 필터를 꺼내는 관계를 나타낸다.]

CHANNEL

1. 단동사

이 동사는 수로를 통해 물을 보내는 과정을 그린다.
명사: 수로, 물길; 경로, 수단; 텔레비전, 라디오의 채널

[타동사]

A sensor **channels** the light signal along an optical fiber.
그 센서가 광섬유를 따라 광신호를 보낸다.

2. 구동사

2.1 channel O into O

The farmer **channelled** the water **into** his rice field.
그 농부는 그 물을 수로를 통해 논에 들어가게 했다.

The local government **channelled** a lot of money **into** building a stadium.
그 지방정부는 많은 돈을 스타디움을 짓는 데 들어가게 했다.

The company **channelled** much of the work force **into** the project.
그 회사는 인력의 대부분을 그 사업에 들여보냈다.

He **channels** his aggression **into** sport.
그는 자신의 공격성을 스포츠에 대고 푼다.

2.2 channel O off

The playground is flooded and we have to **channel off** the water.
그 운동장이 홍수 물로 덮여 있어서 수로를 통해 그 물이 빠지게 해야 한다.
[off는 물이 운동장에서 떨어지는 관계를 나타낸다.]

2.3 channel O through O

Money for the project will be **channelled through** local government. (passive)
그 사업을 위한 자금은 지방 정부를 통해 지급될 것이다.

CHARGE 1

1. 단동사

이 동사는 채우는 과정을 그린다.

[타동사]

He **charged** the battery.
그는 그 배터리를 (전기로) 채웠다.

[자동사]

We don't **charge** for wrapping.
우리는 포장에 돈을 부과하지 않습니다.

The store will **charge** for your purchase with card.
그 상점은 당신의 물건 값을 카드로 청구한다.

2. 구동사

2.1 charge O for O

The mechanic **charged** an enormous amount of money **for** the repair.
그 기계공은 엄청난 돈을 수리비로 청구했다.

2.2 charge O up

My smartphone is out of battery. I have to **charge** it up.

내 스마트 폰이 배터리가 다 되었다. 나는 그것을 충전해야 한다.

[up은 한껏 채워지는 상태를 그린다.]

Carrie **charged up** her visa credit card on her trip to Thailand.

캐리는 그녀의 태국 여행 경비로 그녀의 비자신용카드를 많이 채웠다. 즉, 많이 썼다.

2.3. charge O to O

Please **charge** the bill **to** my room.

(호텔에서) 그 비용을 내 방으로 청구하세요.

2.4 charge O with O

Police arrested Snowdon and **charged** him **with** *treason*.

경찰이 스노돈을 체포해서, 그를 반역죄로 고발했다.

[스노돈을 반역죄로 채운다는 뜻이다.]

| crime | 범죄 | first-rate murder | 일급 살인 |

He **charged** his gun **with** ammunition.

그는 그의 총을 화약으로 채웠다.

The committee is **charged with** investigating the cause of the Ferry disaster. (passive)

그 위원회에게는 그 여객선 재앙의 원인을 조사하는 임무가 맡겨졌다.

The nurse is **charged with** the care of the child. (passive)

그 간호사에게 그 아이의 돌봄이 맡겨졌다.

The prisoner is **charged with** murder. (passive)

그 죄수는 살인죄가 주어졌다.

CHARGE 2

1. 단동사
이 동사는 공격하기 위해서 힘차게 달려가는 과정을 그린다.

타동사

Our troops **charged** the enemy.

우리 부대가 그 적을 공격했다.

2. 구동사

2.1 charge at O

The kids **charged at** the present.

그 아이들은 그 선물에 달려들었다.

The cat **charged at** the open door in hopes of escaping.

그 고양이는 도망가고자 하는 희망으로 그 열려진 문을 향해 세차게 달려 들었다.

2.2 charge O back

We **charged back** the *lion*.

우리는 그 사자를 도로 공격했다.

| cheetah | 치타 | tiger | 호랑이 |
| wolverine | 울버린 | alligator | 악어 |

2.3 charge up O

The salmon are **charging up** the stream.

연어들이 그 강 위쪽으로 세차게 헤엄쳐 가고 있다.

CHASE

1. 단동사
이 동사는 뒤쫓는 과정을 그린다.

타동사

The child is **chasing** a dove.

그 아이는 비둘기 한 마리를 쫓고 있다.

The police **chased** the thief.

경찰이 그 도둑을 쫓았다.

2. 구동사

2.1 chase after O

Johnson is a playboy, and he never stops **chasing after** women.

존슨은 바람둥이여서 여자들을 쫓아다니는 걸 멈추지 않는다.

[after는 Johnson이 여자들을 뒤로 찾아다닌다는 뜻이다. 참조: go after, run after]

Mom likes to **chase after** bargains in the sale.

엄마는 세일하는 물건들을 쫓아다니기를 좋아한다.

2.2 chase O around

I have been **chasing around** all morning, trying to look for a gift for my mother's birthday.

나는 엄마의 생일 선물을 찾기 위해서 아침나절 내내 이리저리 찾아 헤맸다.

2.3 chase O away

The convenience store keeper **chased** a robber **away** with a fake pistol.

그 편의점 주인은 가짜 권총으로 강도를 쫓아버렸다.

[away는 강도가 상점에서 멀어져 간 결과를 나타낸다.]

A dog was ready to attack a small child. But luckily

a neighbor **chased** it **away**.

개 한 마리가 어린 아이를 곧 덮치려고 하고 있었다. 그러나 다행히도 한 이웃 사람이 그 개를 쫓아버렸다.

2.4 chase O down

The football player **chased down** the ball.

그 축구 선수가 그 공을 쫓아가서 잡았다.

[down은 공이 멈추는 관계를 나타낸다.]

The dog **chased down** a hare.

그 개는 산토끼 한 마리를 쫓아가서 잡았다.

[down은 토끼가 잡히는 관계를 나타낸다.]

The lion **chased down** a *hippo*.

그 사자는 하마 한 마리를 쫓아가서 잡았다.

deer 사슴	impala 아프리카산 영양

Police finally **chased down** the *criminal*.

경찰이 마침내 그 범인을 추적하여 잡았다.

[참조: track down]

suspect 용의자	imposter 사기꾼

chase O down O

The hunters **chased** the deer **down** the cliff.

그 사냥꾼들이 그 사슴을 추적해서 (사슴이) 그 벼랑 아래로 떨어졌다.

2.5 chase O off

The farmer **chased off** wild pigs with his search light.

그 농부는 멧돼지를 그 탐색 조명으로 쫓아 버렸다.

[off는 멧돼지가 농장에서 떠나게 하는 관계를 나타낸다.]

A Korean naval ship was attacked by two Somalia boats, but succeeded in **chasing** them **off**.

한국 해군함이 두 척의 소말리아 배의 공격을 받았으나 해군은 그들을 쫓아버리는 데 성공했다.

2.6 chase O up

Can you **chase up** the document for me?

그 서류를 나를 위해 추적해서 찾아 주시겠습니까?

[up은 서류가 눈에 띄거나 의식 속에 들어오는 결과를 나타낸다.]

The tax office employed a team of one hundred people to **chase up** unpaid taxes.

그 세무서는 밀린 세금을 재촉하여 받기 위해서 100명으로 구성된 팀을 고용했다.

[up은 추적이 끝까지 가는 관계를 나타낸다.]

Police had to **chase** the criminal **up** to get the information about drug smuggling.

경찰은 그 마약 밀수에 관한 정보를 얻어내기 위해서 그 범인을 끝까지 추적해야했다.

chase O up O

The neighbors **chased** the bower **up** the hill.

그 동네사람들이 그 멧돼지를 그 언덕 위로 쫓았다.

CHAT

1. 단동사

이 동사는 별로 중요하지 않는 일에 친한 사람들끼리 이야기를 나누는 과정을 그린다.

명사: 담소, 수다; 격식을 차리지 않은 이야기, 대화

자동사

My kids spend hours **chatting** on the phone to their friends.

우리 집 애들은 전화로 몇 시간씩 친구들과 수다를 떤다.

2. 구동사

2.1 chat about O

We **chatted about** the weather.

우리는 날씨에 대해 이것저것 노닥거렸다.

2.2 chat away

They **chatted away** on the phone.

그들은 전화로 계속 수다를 떨었다.

2.3 chat up with O

He **chats up with** anyone he meets with.

그는 만나는 사람과 얘기를 한다.

[up은 대화가 시작되는 관계를 나타낸다. 참조: strike up]

CHEAT

1. 단동사

이 동사는 시험이나 경기 등에서 부정한 방법으로 이득을 얻으려는 과정을 그린다.

명사: 속임수를 쓰는 사람, 속임수, 편법

타동사

She is accused of attempting to **cheat** the taxman.

그녀는 그 세무서를 속이려 했다는 혐의를 받고 있다.

He **cheated** his way into the job.

그는 부정한 방법으로 그 직장에 들어갔다.

2. 구동사

2.1 cheat on O

He **cheated on** his math test.

그는 수학시험에서 부정행위를 했다.

He **cheated on** his wife.

그는 그의 아내를 속였다. 즉, 부정행위를 했다.

The auto company **cheated on** carbon emission test.

그 자동차 회사는 탄소 배출시험을 속였다.

2.2 cheat O out of O
The company tried to **cheat out** the employee **of** his pension.
그 회사는 그 고용인을 속여서 그의 연금을 앗아가려고 했다.

CHECK

1. 단동사
이동사는 흐름을 막거나 무엇이 맞는지 안 맞는지 등을 조사하는 과정을 그린다.

타동사

The guard **checked** the escape of the prisoner.
그 수위가 그 죄수의 탈출을 막았다.
He **checked** his anger.
그는 그의 분노를 억제했다.
He **checked** the records for the information.
그는 그 정보를 구하기 위해 그 기록들을 조사했다.
He **checked** the correct answers.
그는 정답들에 체크 표시를 했다.
He **checked** his coat during the concert.
그는 그 콘서트가 계속되는 동안 그의 코트를 맡겼다.

2. 구동사
2.1 check back on O
I will **check back on** you later.
나중에 너의 상태를 다시 들여다보마.

2.2 check down O
He is **checking down** the list.
그는 그 명단을 쭉 조사해 훑어 내려가고 있다.
[참조: run down]

2.3 check O in
I have to **check in** my books by Tuesday.
나는 화요일까지 내 책을 (검사 받고) 반납해야 한다.
How many bags do you want to **check in**?
몇 개의 가방을 (카운터에서 수속을 밟고) 들여보내기를 원하십니까?
I am sorry, but I can't **check** you **in** here.
미안하지만 여기서 당신을 (수속을 해서) 들여보낼 수 없습니다.

check in at O
The president **checked in at** Walker Hill Hotel.
그 대통령은 워커힐 호텔에 (수속을 밟고) 들어갔다.

You will need to **check in at** the airport at least two hours in advance.
여러분은 적어도 두 시간 전에 그 공항에서 (수속을 밟고) 들어가야 할 것입니다.

check in for O
Where do I **check in for** my flight to Vancouver?
밴쿠버로 가는 내 비행기의 체크인 장소는 어디입니까?

check in on O
He **checked in on** his friend.
그는 친구가 괜찮은지 들여다보고 살펴봤다.
He regularly **checks in on** the market.
그는 정기적으로 그 시장을 들여다본다.

check in with O
I have to **check in with** my *boss* every two hours.
나는 매 두 시간마다 사장님께 전화를 해서 내가 어디 있는지 그리고 무엇을 하고 있는지를 알려야 한다.
[in은 사장이 있는 곳으로 전화를 거는 관계를 나타낸다.]

manager 관리자	supervisor 감독관

2.3 check into O
At about 2 am, we **checked into** the Plaza Hotel.
새벽 2시 경에, 우리는 프라자 호텔에 (수속을 밟고) 들어갔다.
He **checked into** Severance Hospital for a kidney trouble.
그는 신장병으로 세브란스 병원에 (수속을 밟고) 들어갔다.
The police are **checking into** the cause of the crash.
그 경찰은 그 충돌 사고의 원인을 조사하고 있다.
[참조: delve into, go into]

2.4 check O off
He **checked off** the completed job.
그는 끝낸 일을 체크 표시를 해서 (다른 것에서) 떼어놓았다.
[off는 체크를 해서 하나씩 분리하는 관계를 나타낸다.]
The secretary **checked off** the names of the guests she had already called.
그 비서는 그녀가 이미 전화한 손님들의 이름을 체크 표시를 해서 나머지 이름과 구분했다.
Look over the list, and **check off** the things you want to buy.
그 명단을 훑어보고 네가 사고 싶은 물건을 체크 표시를 하여 다른 것과 구분해라.

They succeeded to **check off** the intruders.
그들은 그 침입자들을 저지해서 막아내는 데 성공했다.
[off는 침입자들이 접근하지 못하는 관계를 나타낸다.]

2.5 check on O

The manager often comes to the shop to **check on** employees.
그 지배인은 고용인들이 (일을 제대로 하나 안하나) 살펴보기 위해서 자주 가게에 들른다.
The son **checks on** his parents almost everyday.
그 아들은 거의 매일 부모님께 들러서 그들의 건강을 살핀다.
The vet **checks on** the horse every hour.
그 수의사는 매 시간마다 그 말의 상태를 살핀다.
I stopped by the sports store to **check on** the prices of a tennis racket.
나는 테니스 라켓 값을 조사해 보기 위해서 그 스포츠 용품 가게에 들렀다.

2.6 check O out

You need to **check out** all the facts before you decide on a car.
너는 자동차를 결정하기 위해서 모든 사실을 (그 진위를) 조사해 보아야 한다.
[out은 차의 성능 등을 알아내는 관계를 나타낸다.]
Police **checked out** his story.
경찰은 그의 이야기를 조사해서 그 진위를 알아냈다.
She **checked out** several *hospitals* and decided the one nearest to her house.
그녀는 몇몇 병원을 잘 조사해 보고 그녀의 집에 가장 가까운 곳을 정했다.

| schools | 학교 | movie theatres | 영화관 |
| coffee shops | 카페 | department stores | 백화점 |

The library allows you to **check out** 5 books at a time.
그 도서관은 한 번에 다섯 권의 책을 절차를 밟고 빌려 가게 한다.
[out은 책이 도서관에서 나오는 관계를 나타낸다.]

check out

When do you want to **check out**?
언제 (수속을 밟고) 호텔에서 나가기를 원하십니까?
My grandpa **checked out** one day last month without any particular cause.
나의 할아버지는 지난 달 어느 날 아무런 특별한 원인 없이 돌아가셨다.
[out은 이 세상 밖으로의 뜻이다. 참조: pass out]

His story didn't **check out**.
그의 이야기는 사실로 판명되지 않았다.
The president's claims in his state of union do not **check out**.
그의 시정연설에서 한 대통령의 주장들은 사실로 판명되지 않는다.

check out on O

He **checked out on** us.
그는 (약속 등에서) 빠져나가 우리를 어렵게 만들었다.
[참조: fink out on]

2.7 check O over

Mechanics **checked over** the engine before the car started off.
기계공들은 그 차가 출발하기 전에 그 차의 엔진을 전체적으로 검사했다.
Would you mind **checking over** my term paper before I hand this in?
내가 나의 학기말 보고서를 제출하기 전에 이것을 전체적으로 훑어 봐주시겠습니까?

check over O

I don't feel well, and I will ask my doctor to **check over** me.
나는 몸이 좋지 않아서 내 주치의로 하여금 내 몸 전체를 검사하도록 요청할 것이다.

2.8 check O through

I've **checked through** my desk drawer, but there's no sign of my fountain pen.
나는 내 책상 서랍을 샅샅이 뒤적거렸으나 내 만년필의 흔적이 없었다.
[through은 내 책상의 한쪽에서 끝까지 조사하는 관계를 나타낸다.]
I've **checked through** my application before handing it in.
나는 내 원서를 제출하기 전에 전체를 훑어보았다.

2.9 check up

I am not sure whether you need a visa for Russia. You'd better **check up**.
나는 러시아를 가는 데 비자가 필요한지 확실히 모르겠다. 확실히 알아보아라.
[up은 check 과정의 한계점, 즉 '철저히' 라는 뜻이다.]

check up on O

Immigration officials **checked up on** a Korean Chinese

woman and discovered that she had used a stolen passport.
이민국 직원들이 조선족 중국 여인의 사실을 엄격하게 조사한 결과 그녀가 훔친 여권을 쓰고 있음을 발견했다.

My boss said that he would be back to **check up on** me.
나의 상관은 나를 감시하기 위해서 다시 오겠다고 말했다.

If I tell my mother I'm staying at a friend's house, she will **check up** on me.
내가 엄마에게 오늘 친구 집에서 지낸다고 하면 엄마는 나의 말을 확인할 것이다.

2.10 check with O

I will **check with** my boss to see if the time is good for the meeting.
그 시간이 그 회의에 알맞은지 알아보기 위해 사장님과 상의해보겠습니다.

The suspect's fingerprints **checked with** those from the crime scene.
그 용의자의 지문이 사건 현장에 있는 것과 일치했다.
[참조: match with]

CHEER

1. 단동사
이 동사는 소리 내어 응원하는 과정을 그린다.
명사: 환호, 응원의 함성, 응원가

자동사

We all **cheered** as the team came onto the field.
그 팀이 그 경기장으로 나오자 우리 모두 환호성을 질렀다.

타동사

She was **cheered** by the news from home. (passive)
그녀는 집에서 온 소식에 힘을 얻었다.

2. 구동사
2.1 cheer O on

The crowd **cheered on** the last runner.
그 군중들은 그 마지막 주자를 응원하며 계속 뛰어가게 했다.
[on은 과정이 계속됨을 나타낸다. 참조: prod on, whip on, spur on, urge on]

We **cheered on** the underdog.
우리는 약자를 응원해서 계속 뛰게 했다.

2.2 cheer O up

He is feeling down, but nothing seems to **cheer** him up.

그가 기분이 좋지 않은데 아무것도 그의 기분을 좋게 할 수 없는 것 같다.
[him은 환유적으로 그의 기분을, up은 그의 기분을 좋게 하는 관계를 나타낸다. 참조: brighten up]

Nothing could **cheer up** the baby.
아무것도 그 애기를 기분 좋게 해줄 수가 없었다.
[up은 기분이 좋아지는 관계를 나타낸다.]

A picture of sunflowers **cheer up** the living room.
해바라기들의 그림이 그 거실을 환하게 한다.

cheer up
She seems to have **cheered up.**
그녀는 기분이 좋아진 것 같다.

CHEW

1. 단동사
이 동사는 음식을 씹는 과정을 나타낸다.
타동사

She **chews** the meat well.
그녀는 그 고기를 잘 씹는다.

He **chews** gums while he is playing.
그는 경기를 하면서 껌을 씹는다.

2. 구동사
2.1 chew at O

The little animal **chewed at** the belt until it was ruined.
그 작은 동물은 그 벨트를 조금씩 씹어서 결국 끊어졌다.
[at은 씹는 과정이 벨트에 부분적으로 영향을 미치는 관계를 나타낸다.]

2.2 chew O away

Some animal **chewed away** the top of my shoe!
어떤 동물이 내 신발의 윗 부분을 조금씩 씹어서 없어지게 했다.
[away는 신발의 윗부분이 없어지는 관계를 나타낸다.]

2.3 chew O down

Beavers **chewed down** the tree.
비버들이 그 나무를 씹어서 넘어뜨렸다.

2.4 chew O off

The puppy **chewed** the heel **off.**
그 강아지는 (구두의) 뒤축을 씹어서 떨어지게 했다.

Ants **chewed off** the head of a wasp.
개미들이 그 말벌의 머리를 씹어서 떨어지게 했다.

2.5 chew on O

My puppy chewed on the bone.

내 강아지가 그 뼈를 계속 씹었다.

The conversation was over, but I chewed on my friend's remarks.

그 대화는 끝났으나 나는 내 친구의 말을 조심스럽게 생각했다.

[말은 음식이라는 은유가 적용된 예이다.]

I will chew on it, and make up my mind by Saturday.

나는 그것을 곰곰이 생각해보고, 토요일까지 결심을 하겠다.

[참조: sleep on]

2.6 chew O out

My mom chewed me out for the low grades.

엄마는 나의 낮은 점수 때문에 큰 소리로 꾸짖었다.

[참조: call out]

2.7 chew O over

I will chew your proposal over and give my answer.

나는 너의 제안을 한동안 곰곰이 생각해보고, 내 대답을 주겠다.

[생각이 음식으로 개념화 되어있다. 참조: ponder over]

Commentators have been chewing over the president's speech last Monday.

논평가들이 지난 월요일 대통령의 연설을 주의 깊게 생각해보고 있다.

2.8 chew O up

The boy chewed up meat and then swallowed it.

그 소년은 그 고기를 씹어서 잘게 만든 다음, 그것을 삼켰다.

[up은 고기가 잘 씹히는 관계를 나타낸다.]

When I came back home, I found my dog had chewed up my socks.

내가 집에 돌아왔을 때, 나는 내 개가 내 양말을 씹어서 완전히 망가뜨렸음을 알게 되었다.

The printer is chewing up the paper again.

그 프린터가 종이를 다시 꼭 물어서 그것을 구기고 있다.

Be careful. The machine can chew your fingers up.

조심하세요. 그 기계는 여러분의 손가락을 파이게 해서 부서지게 할 수 있습니다.

Your bad habit will chew up your life.

너의 좋지 못한 버릇이 너의 삶을 엉망으로 만들 것이다.

Humans chewed up the animals' habitats.

사람들이 그 동물의 서식처를 망가뜨려 놓았다.

CHICKEN

1. 단동사

이 동사는 두려워서 마지막 순간에 약속 등에서 빠져나오는 과정을 그린다.

명사: 닭, 닭고기; 겁쟁이

2. 구동사

2.1 chicken out

At the last moment, he chickened out.

마지막 순간에, 그가 (약속 등에서) 빠져나갔다.

CHILL

1. 단동사

이 동사는 음식이나 음료 등을 차게 하는 과정을 그린다.

타동사

Chill the melon in a bucket of ice.

그 수박을 얼음 통에 넣어 식히세요.

2. 구동사

2.1 chill out

Sit down, have a drink and chill out, boy.

앉아서 한 잔 마시고, 몸을 식혀라.

[참조: mellow out, veg out]

Our family spent a whole month chilling out in the country.

우리 가족은 시골에서 한 달을 느긋이 보냈다.

Hilary is chilling out after the campaign.

힐러리는 그 선거전을 치르고 느긋하게 쉬고 있다.

chill O out

Chill out the cookies in the freezer.

쿠키들을 그 냉동고에 넣어 식히세요.

Chill out the lobster to 10°C.

그 바닷가재를 섭씨 10도로 식히세요.

CHIME

1. 단동사

이 동사는 종이나 시계가 시간을 알리는 과정을 그린다.

자동사

I heard the clock chime.

나는 시계가 시간을 알리는 소리를 들었다.

2. 구동사

2.1 chime in

He praised the president, and all his friends chimed

in.

그가 그 대통령을 칭찬하자, 그의 모든 친구들이 맞장구
쳤다.

[in은 대화 속에 말소리로 참여하는 관계를 나타낸다.]

Please chime in if you have a comments or suggestions.

논평이나 제안이 있으면 참여해 들어오세요.

chime in on O

He chimed in on the debate.

그는 그 논의에 끼어들었다.

chime in with O

He chimed in with the suggestion.

그는 그 제안을 갖고 맞장구를 쳤다.

CHIP

1. 단동사

이 동사는 접시와 같은 그릇이 조금씩 흠집이 나거나, 흠집
을 내는 과정을 그린다.

명사: 그릇이나 연장의 이가 빠진 흔적; 조각, 부스러기

타동사

Who chipped the glass?

누가 그 유리잔을 흠집을 내었는가?

자동사

The china chips easily.

그 자기 그릇은 흠이 잘 난다.

2. 구동사

2.1 chip away at O

Waves are chipping away at the cliff.

파도가 그 절벽을 계속해서 조금씩 침식하고 있다.

[away는 같은 동작의 계속을, at은 절벽의 일부가 영향을 받는 관
계를 나타낸다.]

His constant negative comments are chipping away
at my self-confidence.

그의 끊임없는 부정적 논평이 나의 자존심을 계속해서
침식하고 있다.

Rude remarks are chipping away at the president's
authority.

거친 말들이 대통령의 권위를 조금씩 계속 침식하고 있다.

Inflation is chipping away at my savings.

통화 팽창이 나의 저축을 조금씩 깎아 먹고 있다.

2.2 chip in

We all chipped in so that we could get a special present
for our teacher.

우리는 선생님께 드릴 특별 선물을 구하기 위해서 (모

금함에 돈을) 조금씩 넣었다.

No one chipped in so I have to pick up the tab.

아무도 돈을 내지 않아서 내가 그 돈을 치루어야 했다.

When I was talking to Tom, Jane chipped in.

내가 톰에게 말을 하고 있을 때, 제인이 (대화에) 끼어
들었다.

chip O in

I chipped in a few dollars on a gift for Laura.

나는 로라를 위한 선물을 사는 데 몇 달러를 냈다.

2.3 chip O off

Most of the paint chipped off the roof.

그 페인트의 대부분이 지붕에서 조각조각 떨어져 나왔다.

chip off

The varnish on the table chipped off.

그 탁자 위의 니스가 조금씩 떨어져 나갔다.

[off는 니스가 탁자에서 떨어지는 관계를 나타낸다.]

chip O off

He chipped off the fins of the fish.

그는 그 생선의 지느러미를 조금씩 잘라내었다.

CHISEL

1. 단동사

이 동사는 끌로 깎아서 모양을 만드는 과정을 그린다.

명사: (나무, 돌, 금속 등을) 깎는데 쓰는 도구; 끌

2. 구동사

2.1 chisel in on O

I want to chisel in on your deal.

나는 너의 거래에 끼어들고 싶다.

2.2 chisel O out of

He tried to chisel me out of my money.

그는 나를 속여서 내 돈을 앗아가려고 시도했다.

CHOKE

1. 단동사

이 동사는 목이 메어서 숨을 못 쉬거나 못 쉬게 하는 과정
을 그린다.

2. 구동사

2.1 choke O back

He choked back his *tears*.

그는 눈물을 삼켜서 나오지 않게 했다.
[back은 나오는 눈물을 나가지 못하는 관계를 나타낸다.]

sob 흐느낌	anger 화

2.2 choke O down
He **choked down** an anger.
그는 분노를 삼켜서 억눌렀다.
[down은 오르는 분노를 내리 누르는 관계를 나타낸다.]
He managed to **choke down** the raw fish.
그는 간신히 그 날 생선을 삼켜 내렸다.
[down은 생선을 삼켜 내리는 관계를 그린다.]

2.3 choke O off
The mistake **choked off** his oxygen supply.
그 실수가 그의 산소공급을 차단했다.
[off는 산소 주입이 차단되는 관계를 나타낸다.]
High interest rates **choked off** an improvement in the construction industry.
높은 이자율이 그 건설산업의 개선을 차단했다.
[참조: cut off]
His words were **chocked off** by the sudden screams. (passive)
그의 말은 갑작스런 비명들에 끊겼다.
They **chocked off** *supplies*.
그들은 공급품을 차단했다.

finances 돈	aid 원조

2.4 choke on O
He **choked on** *his lunch*.
그는 점심이 목에 걸렸다.

meat 고기	sweet potato 고구마

2.5 choke O up
The ditch is **choked up** with rubbish.
그 도랑은 쓰레기로 완전히 막혀있다.
[참조: clog up]
Heavy traffic **choked up** the highway between Seoul and Suwon.
많은 차들이 서울과 수원 사이의 고속도로를 완전히 막았다.
[참조: back up]

choke up
He can't talk about his mother without **choking up**.
그는 목이 메지 않고 어머니에 대해 얘기를 할 수 없다.

CHOOSE

1. 단동사
이 동사는 여러 선택사항 가운데 가장 좋은 것을 고르는 과정을 그린다.
타동사
He always **chooses** his words carefully.
그는 언제나 그의 말을 신중하게 잘 고른다.

2. 구동사
2.1 choose between O
He had to **choose between** work and family.
그는 일과 가족 사이에 선택을 해야 했다.

2.2 choose from O
Ron **chose from** the items in the catalog.
론은 그 카탈로그에 있는 품목에서 선택을 했다.

2.3 choose O over O
He **chose** hope **over** fear.
그는 두려움이 아닌 희망을 선택했다.

2.4 choose O up
The children **chose up** sides and began the game.
아이들이 두 편을 짜서 경기를 시작했다.
We **chose up** different teams and played a new game.
우리는 몇 개의 팀을 골라서 만들고 경기를 시작했다.
[up은 팀이 생기는 관계를 나타낸다.]

CHOP

1. 단동사
이 동사는 도끼나 칼을 써서 짧고 빠른 동작으로 무엇을 자르는 과정을 그린다.
명사: 토막
타동사
He is **chopping** a tree.
그는 나무 하나를 자르고 있다.
She is **chopping** onions.
그녀는 양파를 자르고 있다.

2. 구동사
2.1 chop at O
He **chopped at** the big tree with a little ax.
그는 작은 도끼로 그 큰 나무를 조금씩 찍고 있다.
[at은 찍는 동작이 나무에 부분적으로 미치는 관계를 나타낸다.]

2.2 chop O down

He **chopped down** a big tree in front of his house.
그는 그의 집 앞에 있는 나무를 찍어서 넘어뜨렸다.
[down은 서있던 것이 넘어진 상태를 나타낸다.]

2.3 chop O off
He **chopped off** the ends of the carrots before peeling them.
그는 껍질을 벗기기 전에 그 홍당무들의 끝을 잘라내었다.
[off는 홍당무 끝이 전체에서 잘려 나오는 상태를 나타낸다.]
The robber threatened to **chop** my finger **off** if I didn't give him all my money.
그 강도는 내가 내 돈을 다 내어놓지 않으면 내 손가락을 잘라 내겠다고 위협했다.

chop O off O
He **chopped** a branch **off** the tree.
그는 나뭇가지 하나를 그 나무에서 잘라 내었다.
[off는 가지가 나무에서 떨어져 나오는 관계를 나타낸다.]

2.4 chop O up
My uncle is **chopping up** wood for the fire.
나의 삼촌은 그 나무를 불에 넣기 위해서 잘게 토막내고 있다.
Please **chop up** the garlic.
그 마늘을 잘게 자르세요.
Chop up the onions and add them to the sauce.
그 양파를 잘게 썰어서 그 소스에 더하시오.

chop O up into O
Chop up the turnips **into** bits.
그 무들을 조각으로 잘게 썰어라.

CHOW

1. 단동사
이 동사는 음식을 게걸스럽게 먹는 과정을 그린다.
명사: (식사 혹은 간식용) 음식

2. 구동사
2.1 chow O down
I dropped my hamburger and the dog **chowed** it **down**.
나는 햄버거를 떨어뜨렸는데 그 개가 그것을 게걸스럽게 먹어치웠다.
[down은 음식이 식도를 타고 내려가는 관계를 나타낸다.]

chow down on O
We **chowed down on** the wild strawberries.
우리는 산딸기를 한껏 먹었다.

He **chowed down on** Korean food.
그는 한국 음식을 한껏 맛있게 먹었다.

CHUCK

1. 단동사
이 동사는 무엇을 아무렇게나 던지는 과정을 그린다.
타동사
Chuck me that comic book.
내게 그 만화책을 던져줘.
You haven't **chucked** your job, have you?
당신 직장 그만두지 않았지? 맞지?
Has he **chucked** her?
그가 그녀를 차버렸니?
자동사
That's no good — just **chuck** it.
그거 안 좋아. 그냥 버려.

2. 구동사
2.1 chuck O away
Chuck away the old books.
그 헌 책들을 치워버리세요.
[참조: throw away]

2.2 chuck down
For days, it has been **chucking down**.
며칠 동안 비가 심하게 내리고 있다.
[down은 비가 위에서 아래로 내리는 관계를 나타낸다. 참조: bucket down, pour down, rain down]

2.3 chuck O in O
He **chucked** the paper **in** a drawer.
그는 그 서류를 그냥 서랍 속에 던져 넣었다.

chuck O in
He **chucked in** a surprising comment at the meeting.
그는 그 모임에서 놀라운 논평을 (대화 중에) 끼워 넣었다.
[참조: throw in]
I don't understand why he **chucked in** the well-paid job.
그가 돈을 많이 받는 그 일자리를 왜 접었는지 알 수가 없다.
[참조: fold in]

2.4 chuck O out
She **chucked out** old dishes.
그녀는 오래된 접시들을 내버렸다.
[참조: throw out, toss out]

chuck O out of O

He was **chucked out of** school for taking drugs. (passive)

그는 마약을 먹어서 학교에서 쫓겨났다.

[참조: kick out of]

2.5 chuck up

He **chucked up** in his job to travel across the country.

그는 그 나라를 횡단하기 위해서 직장을 그만뒀다.

[up은 정지 상태를 나타낸다. 참조: give up]

The cat **chucked up** all over the kitchen floor.

그 고양이가 부엌 마루 전체에 토했다.

[up은 먹은 것이 위로 올라오는 관계를 나타낸다. 참조: throw up, vomit up, heave up]

chuck O up

He **chucked up** her computer class halfway through the course.

그는 그 강의 반쯤에서 컴퓨터 수업을 포기해 버렸다.

[참조: give up]

He **chucked up** his dinner.

그는 저녁 먹은 것을 토해 올렸다.

CHUCKLE

1. 단동사

이 동사는 낄낄거리거나 싱글거리며 웃는 과정을 그린다.

2. 구동사

2.1 chuckle away about O

We **chuckled away about** him.

우리는 그에 대해서 계속해서 낄낄거렸다.

[away는 같은 행동이 반복되는 관계를 나타낸다.]

2.2 chuckle over O

We **chuckled over** his funny joke.

우리는 그의 우스운 농담을 놓고 낄낄거렸다.

CHUM

1. 단동사

이 동사는 친구가 되는 과정을 그린다.

명사: 좋은 친구

2. 구동사

2.1 chum around

Susan **chums around** with Kelly.

수전은 켈리와 어울려 지낸다.

2.2 chum up with O

Bill **chummed up with** Susie.

빌은 수지와 친구가 되었다.

[up은 둘이 가까워져서 친구가 되는 관계를 나타낸다. 참조: pair up, buddy up]

CHURN

1. 단동사

이 동사는 교유기를 빠르게 휘젓는 과정을 그린다.

명사: (버터를 만드는) 교유기

타동사

He **churned** the milk into a cream.

그는 그 우유를 휘저어서 크림을 만들었다.

2. 구동사

2.1 churn O out

The machine **churns out** *hundreds of paper cups* a day.

그 기계는 하루에 수백 개의 종이컵을 자동적으로 찍어낸다.

[out은 컵이 생기는 관계를 나타낸다.]

| one hundred bottles of cider | 사이다 100병 |
| tons of cheese | 많은 양의 치즈 |

The restaurant **churns out** meals to meet lunch time demand.

그 식당은 점심시간 수요를 충당하기 위해서 많은 식사를 만들어낸다.

2.2 churn O up

Heavy tanks **churned up** *the mud* on the road.

무거운 탱크들이 그 길 위에 진흙을 휘저어 올라오게 하며 갔다.

[up은 진흙이 휘저어져서 올라오는 관계를 나타낸다.]

| dust 먼지 | debris 잔해물 |

His new book **churned up** interest in genetics.

그의 새 책은 유전학의 관심을 자아냈다.

[up은 흥미 등이 생기는 관계를 나타낸다. 참조: stir up]

CIRCLE

1. 단동사

이 동사는 동그라미를 그리거나, 공중에서 선회하는 과정을 그린다.

명사: 동그라미, 원; 둥글게 모여있는 것들[사람들]

타동사

The plane **circled** the airport to burn up excess fuel.
그 비행기는 과다한 연료를 태워 없애기 위해 공항을 빙빙 돌았다.

Spelling mistakes are **circled** in red ink.
철자 오류에는 붉은 잉크로 동그라미가 그려져 있다.

2. 구동사

2.1 circle around

The helicopter **circled around** over us.
그 헬리콥터가 우리 위를 선회했다.

Bees **circle around** in figure 8.
벌들은 8자 모양을 하고 빙빙 돈다.

circle O around O

Circle your finger **around** the cue.
너의 손가락을 그 당구대에 감아라.

2.2 circle back to O

The debate **circled back to** the strarting point.
그 토론은 원점으로 되돌아갔다.

2.3 circle O in

The enemy **circled** us **in**.
그 적들이 우리를 완전히 둘러쌌다. 즉, 우리가 포위망에 들어가 있다.
[참조: box in, hem in]

The sharks **circle in** the sardine.
그 상어들이 그 정어리를 선회해서 한 곳으로 모이게 했다.

Circle in the part you want to darken.
네가 검게 칠할 부분을 동그라미로 표시하세요.

2.4 circle over O

The plane **circled over** the field, and flew off.
그 비행기가 그 밭 위를 선회하다 그 곳을 떠나 날아갔다.

CLAM

1. 단동사
이 동사는 긴장하거나 수줍어서 갑자기 입을 닫는 과정을 그린다.
명사: (백합과에 속하는) 조개

2. 구동사

2.1 clam up

Everyone **clammed up**, and I could get no information.
모든 사람이 갑자기 입을 꼭 다물어서, 나는 어떤 정보도 구할 수 없었다.

[up은 조개의 두 입이 닫히는 관계를 나타낸다. 참조: shut up, zip up, button up]

CLAMP

1. 단동사
이 동사는 족쇄를 써서 두 부분이나 물건을 결합시키는 과정을 그린다.
명사: 재료나 부품을 고정하거나 결합하는 데 쓰이는 도구; 죔쇠

타동사

He **clamped** two pieces of wood being glued.
그는 아교로 붙여져 있는 두 조각의 나뭇조각을 족쇄에 채워두었다.

The lion **clamped** the deer's neck with his jaws.
그 사자는 그의 턱으로 그 사슴의 목을 조였다.

2. 구동사

2.1 clamp O down

Clamp down the *pipes* before drilling a hole in them.
구멍을 내기 전에 파이프를 족쇄로 채워서 고정시키세요.
[down은 파이프가 고정되는 관계를 나타낸다.

boards 판자		plywoods 합판

clamp down on O

The new government is **clamping down on** illegal strikes.
그 새 정부는 불법파업에 족쇄를 채우고 있다. 즉, 규제를 강화하고 있다.
[down은 족쇄를 채워서 움직이거나 활동을 못하는 상태를 나타낸다.]

The police are **clamping down on** drunk drivers over the new year holidays.
경찰은 새해 연휴동안 음주 운전자를 단속하고 있다.

The tax office **clamped down on** tax evaders.
세무서는 탈세자에 족쇄를 가했다.

clamp down on O with O

The government tried to **clamp down on** the tax fraud with new laws.
그 정부는 세금 사기를 새 법으로 족쇄를 채웠다.

clamp O down

I glued the surface of the block, and **clamped** it **down**.
나는 블럭 한 면을 아교칠해서 그것을 족쇄로 꼼짝 못하게 했다.

He **clamped down** the jaws.

그는 위 아래턱을 꽉 깨물었다.

2.2 clamp O together

He clamped together two boards.
그는 두 개의 널빤지를 족쇄로 함께 채웠다.

CLAP

1. 단동사
이 동사는 손뼉을 치는 과정을 그린다.
명사: 박수; (갑자기 크게) 쿵하는 소리

자동사

The audience cheered and clapped.
청중들이 환호하며 박수를 쳤다.

타동사

She clapped her hands in delight.
그녀가 좋아서 손뼉을 쳤다.
"Oh dear!" she cried, clapping a hand over her mouth.
"어머나 세상에!" 그녀가 소리를 지르면서 그녀의 손을
입에 가져다 댔다.

2. 구동사
2.1 clap O out

The teacher clapped out the rhythm.
선생님은 손뼉을 쳐서 그 리듬을 만들어 내었다.
[out은 마음속에 있는 것을 밖으로 표현하는 관계를 나타낸다. 참
조: beat out, tap out]

CLASH

1. 단동사
이 동사는 두 쇠붙이가 부딪히면서 소리를 내는 과정을 그
린다.
명사: 충돌, 언쟁, 격돌, 쨍하는 소리

자동사

The two teams clash in tomorrow's final.
그 두 팀은 내일 있을 결승전에서 맞붙는다.
The leaders and members clashed on the issue.
그 지도자들과 구성원들이 그 쟁점을 두고 격돌했다.
There are two good movies on TV tonight, but they
clash.
오늘밤 tv에서 좋은 영화를 두 편 하는데 시간이 겹친다.
The long blades clashed together.
그 긴 칼날들이 서로 부딪쳐 쨍하는 소리를 냈다.

2. 구동사
2.1 clash against O

The government forces clashed against the rebels.

정부군이 그 반군과 크게 부딪쳤다.
The color of the shoes clash against the red of the
skirt.
그 구두색은 그 스커트의 빨간색과 충돌한다.

2.2 clash into O

The two skaters clashed into each other and fell down.
그 두 스케이트 선수가 서로 부딪혀서 넘어졌다.

2.3 clash over O

The two countries clashed over trade.
그 두 나라는 무역 문제로 충돌했다.

2.4 clash with O

The customer clashed with the salesman over the
price.
그 고객은 그 가격 때문에 판매원과 충돌했다.
The drapes clash with the yellow wallpaper.
그 휘장은 그 벽의 노란색과 잘 맞지 않는다.

CLAW

1. 단동사
이 동사는 발톱이나 갈퀴를 써서 할퀴는 과정을 그린다.
명사: 발톱, 집게발, 갈고리 모양의 도구

타동사

His hands clawed the air.
그가 허공에 대고 두 손을 허우적거렸다.
She clawed Stephen across the face.
그녀가 스테판의 얼굴 전체를 할퀴었다.

2. 구동사
2.1 claw at O

She raised her hands and clawed at his face.
그녀는 손을 들어서 손톱으로 그의 얼굴을 할퀴었다.
[at은 갈퀴의 영향이 부분적임을 나타낸다.]
Jealousy clawed at her.
질투심이 그녀의 마음을 할퀴고 있다.

2.2 claw O back

The cosmetic company clawed back its share of
market.
그 화장품 회사가 시장 점유율을 간신히 되찾아갔다.

2.3 claw O off O

The man clawed his clothes off himself.
그는 스스로 자신의 옷을 확 잡아 당겨 벗었다.
[off는 옷이 몸에서 떨어지는 관계를 나타낸다.]

2.4 claw one's way

He clawed his way to the top.
그는 그 꼭대기까지 힘들게 나아갔다.

1. 단동사
이 동사는 더러운 것을 씻거나 문질러서 깨끗하게 하는 과정을 그린다.

타동사

He cleaned the bathroom.
그는 그 욕실을 깨끗이 했다.

2. 구동사

2.1 clean O down

You have to clean down the wall before painting it.
여러분은 페인트칠하기 전 그 벽을 철저하게 깨끗하게 해야 한다.
[down은 벽을 철저하게 깨끗이 하는 관계를 나타낸다.]

All the machines have to be cleaned down everyday.
(passive)
모든 기계는 매일 철저하게 청소되어야 한다.

2.2 clean O off O

How can I clean red wine off the carpet?
내가 어떻게 포도주 얼룩을 그 카페트에서 씻어 떨어지게 할 수 있을까요?
[off는 포도주의 얼룩이 카페트에서 떨어져 나오는 관계를 나타낸다.]

We have to clean the debris off the street.
우리는 그 잔해물질을 그 길에서 치워야 한다.
We cleaned the snow off the car.
우리는 그 눈을 그 차에서 치웠다.

clean O off

How can I clean the make-up off?
내가 어떻게 화장을 (얼굴에서) 씻어서 떨어지게 할 수 있을까요?
The dog is infected with ticks. Clean him off.
그 개는 진드기들로 들끓고 있다. 그에게서 그들을 깨끗하게 떼어내어라.
[him은 환유적으로 개에 붙어있는 진드기이다.]

He cleaned off old toys and sent them to charity.
그는 낡은 장난감들을 깨끗하게 씻어서 자선 단체로 보냈다.
[toys는 환유적으로 장난감에 묻은 때를 나타낸다.]

2.3 clean O out

I spent all morning to clean out the *refrigerator*.

나는 냉장고를 청소하고 쓸데없는 것을 버리면서 아침 나절을 보냈다.
[냉장고는 환유적으로 냉장고 안에 있는 물건을 가리키고, out은 냉장고 속에 있던 것이 밖으로 나오는 관계를 그린다.]

cupboard	찬장	attic	다락방
apartment	아파트	closet	옷장

Before summer comes, you should check the gutters, and clean out all fallen leaves.
여름이 오기 전에 그 홈통들을 점검하고, 그것을 청소하여 그 속에 있는 모든 낙엽을 치워내야 한다.
The nurse cleaned out the *dirt*.
그 간호사가 소독을 하고 그 먼지를 닦아 내었다.

junk	허섭스레기	mess	흩어져 있는 물건

The bear cage should be cleaned out once a week.
(passive)
그 곰 우리는 일주일에 한 번 청소되고 오물을 버려야 한다.
The thieves cleaned out the store.
그 도둑들은 그 가게에 있던 것을 청소를 하듯 휩쓸어 갔다.
The divorce was very expensive – his wife cleaned him out.
그 이혼은 대가가 컸다 – 그의 아내가 그가 가진 것을 다 앗아갔다.
[him은 환유적으로 그가 가진 것을 가리키고, out은 그 사람이 가진 것이 밖으로 나가는 과정을 그린다.]

2.4 clean O up

Clean up this mess right now.
당장 이 어지럽혀진 것을 깨끗하게 정리하여라.
You should clean yourself up before dinner.
너는 저녁 먹기 전에 자신을 깨끗하게 하라. 즉, 몸을 잘 씻어라.
There's a mud all over the mat. Please clean it up.
그 매트 전체에 진흙이 묻어 있다. 매트를 (진흙 하나 남김없이) 깨끗하게 하라.
The new president promised to clean up *all corruptions*.
그 새 대통령은 모든 부패를 척결하겠다고 약속했다.
[up은 부패가 없어지는 관계를 나타낸다.]

air	공기	water	물

clean up

We spent Sunday morning cleaning up after last

night's party.
우리는 지난 밤 파티 후에 (어질러진 것을) 정리하는
데 일요일 아침을 보냈다.

They really **cleaned up** at the card game.
그들은 카드 게임에서 많은 돈을 쓸어갔다.

CLEAR

1. 단동사
이 동사는 표면 및 장소에 어질러진 것을 치워서 깨끗하거
나 단정하게 하는 과정을 그린다.

타동사

He **cleared** snow from the roof.
그는 눈을 그 지붕에서 치웠다.

They say this cream **clears** skin.
그들은 이 크림이 피부를 깨끗이 해 준다고 말한다.

I want you to **clear** the essential points of the
suggestion.
나는 네가 그 제안의 요점을 명확히 해주길 원한다.

As I was hungry, I **cleared** my plate in a twinkling.
나는 배가 고파서 내 접시의 음식을 순식간에 깨끗이
먹어치웠다.

He **cleared** his throat before he made a speech.
그는 연설을 하기 전에 그의 목청을 가다듬었다.

The ship barely **cleared** the bridge.
그 배는 겨우 그 다리를 (부딪치지 않고) 지났다.

The horse barely **cleared** the fence.
그 말은 그 울타리를 겨우 뛰어 넘었다.

2. 구동사
2.1 clear O away
We **cleared away** the *breakfast things*.
우리는 아침 식사에 사용한 그릇 등을 치웠다.
[away는 아침 식사에 쓰던 물건들을 식탁 등에서 치우는 관계를
나타낸다.]

dishes	그릇	mines	지뢰
books	책	dirty pond	더러운 연못

The police **cleared away** protestors from the square.
경찰이 그 항의자들을 그 광장으로부터 쫓아 냈다.

clear away
The demonstrators **cleared away** from the building.
그 시위자들은 그 건물에서 나왔다.

2.2 clear O of O
He **cleared** the table of dishes.
그는 그 식탁에서 접시를 치웠다.

The government **cleared** the border of ISIS.
정부는 그 국경에서 ISIS를 소탕했다.

He **cleared** the suspect of a crime.
그는 그 용의자에게서 범죄를 벗겨주었다.

2.3 clear off
Clear off and don't come back.
(이 자리를) 떠나라. 그리고 돌아오지 말아라.
[off는 화자와 청자가 아는 장소를 떠나는 관계를 나타낸다.]

Fred **cleared off** without saying when he would come
back.
프레드는 언제 돌아올지 말하지 않고 자리를 떠났다.

The sedation **cleared off**.
그 진정제의 효력이 끝났다.
[off는 진정제가 어떤 사람에게서 떠나는 관계를 나타낸다.]

The fine dust will not **clear off** until next week.
그 미세먼지는 다음주까지 걷히지 않을 것이다.
[off는 미세먼지가 하늘에서 없어지는 관계를 나타낸다.]

clear off to O
I couldn't stand the Korean winter, and **cleared off** to
Hawaii.
나는 한국 겨울을 견디지 못해 이곳을 떠나 하와이로
갔다.

clear O off
She **cleared off** *her desk*.
그녀는 책상을 잘 치웠다.
[desk는 환유적으로 책상 위에 흩어져있는 물건들을 가리킨다.]

area	지역	yard	뜰

We **cleared** the fallen leaves **off**.
우리는 그 낙엽들을 (주어진 장소에서) 치웠다.

2.4 clear O out
Yesterday I **cleared out** the *attic*.
어제 나는 다락방의 물건을 끌어내었다. 즉 치웠다.
[the attic은 환유적으로 다락방에 있는 물건을 가리키고, out은
그것들이 밖에 내어짐을 뜻한다.]

room	방	office	사무실
locker	사물함	garage	차고

It took me hours to **clear out** the refrigerator.
내가 그 냉장고의 물건을 끌어내어 치우는 데 몇 시간이
걸렸다.
[the refrigerator는 환유적으로 냉장고 안에 든 물건을 가리킨다.]

The lockers should be **cleared out** by Friday. (passive)

그 락커들은 금요일까지 비워줘야 합니다.

Trees **cleared out** CO2.

나무들은 탄소를 제거한다.

clear out

When the police arrived, the thieves had already **cleared out**.

경찰이 도착했을 때, 그 도둑들은 이미 빠져나가고 없었다.

Pick up your things and **clear out** of here.

너의 물건들을 집어 들고 이곳을 깨끗이 빠져나가라.

2.5 clear O up

It took us hours to **clear up** the *mess*.

우리가 그 어질러진 것을 다 치우는 데 몇 시간이 걸렸다.

[up은 어질러진 것이 모두 치워지는 상태이다.]

air	공기	area	지역
water	물	corruption	부패

They failed to **clear up** the difficulties.

그들은 그 어려운 문제들을 완전히 제거하는 데 실패했다.

The talks were unable to **clear up** the misunderstandings.

그 회담은 그 오해들을 깨끗이 제거할 수 없었다.

clear up

Let us **clear up**, and go out.

(무엇을) 다 치우고 밖에 나가자.

The weather **cleared up** and we went to the beach.

날씨가 (구름, 안개 등이) 완전히 개어서 우리는 바닷가로 갔다.

If you take the medicine, the infection will **clear up** soon.

네가 그 약을 먹으면 그 감염이 곧 깨끗해질 것이다.

I am tired of **clearing up** after other people all the time.

나는 늘 다른 사람 뒤를 따라다니면서 치우는 일에 싫증나있다.

2.6 clear O with O

Did you **clear** the project **with** the government?

당신은 그 기획 사업에 대한 정부 허가를 받았습니까?

CLEAVE

1. 단동사

이 동사는 사실인 것 같지 않는 대상에 붙어있거나 고수하는 과정을 그린다.

2. 구동사

2.1 cleave to O

She promised to **cleave** only **to** him for the rest of her life.

그녀는 삶의 마지막까지 그에게만 충성하겠다고 약속했다.

CLICK

1. 단동사

이 동사는 딸깍소리가 나거나 그러한 소리를 내는 과정을 그린다.

타동사

Click the OK button to start.

시작하려면 OK 버튼을 딸깍 누르면 된다.

자동사

Suddenly it **clicked** – we'd been talking about different people.

갑자기 딱 분명해졌다. 우리는 그때까지 서로 다른 사람에 대해 이야기를 하고 있었다.

We meet at a party and **clicked** immediately.

우리는 한 파티에서 만났는데 즉시 마음이 통했다.

The team don't seem to have **clicked** yet.

그 팀은 아직 손발이 잘 안 맞는 것 같다.

For ages I could not do math, then one day it **clicked**.

아주 오랫동안 나는 산수를 잘 할 수 없었는데, 어느 날 갑자기 이해하게 되었다.

2. 구동사

2.1 click on O

After keying in the data, **click on** "Save."

그 자료를 입력한 다음 "저장"을 클릭하세요.

Click on the printer icon with your mouse.

마우스를 써서 그 인쇄 아이콘을 클릭하세요.

2.2 click through O

He **clicked through** the buttons.

그는 그 단추들을 차례로 클릭해나갔다.

2.3 click with O

His explanation **clicked with** me.

그의 설명은 내가 곧 이해할 수 있었다.

The product **clicked with** customers.

그 생산품은 즉각 고객들의 호응을 받았다.

CLIMB

1. 단동사
이 동사는 손발을 써서 나무나 건물 등을 올라가거나 내려
가는 과정을 그린다.

2. 구동사
2.1 climb down O

He climbed down the mountain.
그는 그 산에서 기어내려 왔다.

2.2 climb on O

He climbed on the truck.
그는 그 트럭을 기어올라 탔다.

2.3 climb onto O

He climbed onto the side of the truck.
그는 그 트럭의 옆을 기어올라갔다.

2.4 He climb out of O

He climbed out of the wreckage.
그는 그 잔해에서 기어 나왔다.

2.5 climb up O

The children are climbing up the hill.
그 아이들이 그 낮은 산을 기어 올라가고 있다.

The spiderman climbed up the side of the building.
그 스파이더맨이 그 건물의 벽을 기어 올라갔다.

CLING

1. 단동사
이 동사는 꼭 붙잡거나 매달리는 과정을 그린다.

자동사

They clung together, shivering with cold.
그들은 추위에 떨며 서로 꼭 끌어안고 있었다.

2. 구동사
2.1 cling onto O

He is clinging onto the boat.
그는 그 보트에 계속해서 힘겹게 매달리고 있다.
[on은 매달림이 계속되는 관계를 나타낸다.]

He is clinging onto the hope of diplomatic solution.
그는 외교적 해결의 희망에 계속해서 매달리고 있다.

The village is clinging onto the tradition.
그 마을 사람들은 그 전통에 계속해서 매달리고 있다.

2.2 cling to O

Don't cling to the past.
과거에 매달리지 마세요.

The Democrats are trying very hard to cling to power.
민주당은 권력을 놓지 않고 매달려 있으려고 열심히 노
력하고 있다.

The boy is clinging to life after the operation.
그 아이는 그 수술 후에 생명에 매달리고 있다.

CLIP 1

1. 단동사
이 동사는 가위 등을 써서 무언가를 자르고 다듬는 과정을
그린다.

타동사

He clipped a hedge.
그는 생울타리를 깎았다.

He clipped a coupon out of the paper.
그는 신문에서 쿠폰을 오려 냈다.

2. 구동사
2.1 clip O from O

Please clip the picture from the newspaper.
그 사진을 그 신문에서 잘라내세요.

Clip the straggly hair from her hair.
그 제멋대로 자란 머리카락을 그녀의 머리에서 잘라내
세요.

2.2 clip O off

He clipped off the excesses.
그는 그 잉여물을 잘라내었다.

2.3 clip O on O

Clip the picture on the YouTube.
그 유튜브에 있는 그림을 잘라내어라.

2.4 clip O out

He clipped out the cartoon.
그는 그 만화를 오려내었다.
[out은 그림이 전체에서 도려내어지는 관계를 나타낸다.]

CLIP 2

1. 단동사
이 동사는 집게 등을 써서 한 물건을 다른 물건에 가져다
붙이는 과정을 그린다.
명사: 클립, 종이 집게

2. 구동사

2.1 clip O on

I clipped a label on.
나는 클립으로 라벨을 어디에 붙였다.

2.2 clip O onto O

I clipped the name tag onto the girl.
나는 그 이름표를 가져다 그 소녀에게 클립으로 붙였다.

CLOCK

1. 단동사
이 동사는 기록 장치에 기록을 하는 과정을 나타낸다.
명사: 시계

[타동사]

He clocked 10.09 seconds in the 100 meters final.
그는 100미터 결승 경기에서 10.09초를 기록했다.

The police clocked her going over 100 miles an hour.
그 경찰은 그녀가 자동차로 시속 100마일 이상을 달리고 있는 것을 추정했다.

I clocked her in the driving mirror.
나는 백미러로 그녀를 주시했다.

2. 구동사
2.1 clock in

The worker clocked in at 9'o clock.
그 노동자는 9시에 출퇴근 기록기에 등록을 하고 들어갔다.

She ran the marathon and clocked in at 45 minutes.
그녀는 마라톤을 하였고 45분에 완주하였다.

2.2 clock out

The factory workers clocked out at 6:00.
그 공장 노동자들은 6시에 출퇴근 기록기에 등록을 하고 나갔다.

2.3 clock O up

The Korean soccer team clocked up their successive victories.
한국 축구팀은 연속적인 승리를 기록했다.
[up은 기록이 생기는 관계를 나타낸다. 참조: notch up]

2.4 clock off

I am clocking off at 5:00 today.
나는 오늘 다섯 시에 일을 마치고 나갈 예정이다.
[off는 일에서 떨어지는 관계를 그린다.]

CLOG

1. 단동사
이 동사는 길, 파이프 등이 서서히 막히거나 막는 과정을 그린다.

2. 구동사
2.1 clog up

The copier is clogging up.
그 복사기가 막히고 있다.

clog O up

The *drainage* is clogged up. (passive)
그 배수구가 완전히 막혔다.
[up은 완전히 막힌 상태를 나타낸다.]

kitchen	부엌	toilet	화장실
sink	개수대	hole	구멍
pipe	관		

Food waste clogged up the drain.
음식물 찌꺼기가 그 배수구를 꽉 막히게 했다.

The *road* in the area is clogged up now. (passive)
그 지역의 길은 완전히 막혔다.

highway	고속도로	waterway	수로

A flood of applications for the licenses clogged up the system.
그 면허 신청서의 폭주가 그 컴퓨터를 움직이지 못하게 했다.

This cold has clogged my nose up.
이 감기가 내 코를 완전히 막았다.

I'm clogged up. (passive)
나는 코가 완전히 막혔다.
[I는 환유적으로 나의 코를 가리킨다.]

CLOSE

1. 단동사
이 동사는 문 등이 닫히거나 닫는 과정을 그린다.

[타동사]

He closed the door.
그는 그 문을 닫았다.

He closed the hole.
그는 그 구멍을 막았다.

[자동사]

The shop closes on Sunday.
그 가게는 일요일에 닫는다.

2. 구동사

2.1 close O down

The city **closed down** the *park*.
그 시는 그 공원을 (한동안) 폐쇄했다.
[down은 공원이 사용되지 않는 관계를 나타낸다.]

shop	가게	lab	실험실
museum	박물관	square	광장

The *bridge* is **closed down**. (passive)
그 다리가 닫혀서 통행이 금지되었다.

road	찻길	highway	고속도로
lane	차선	border	국경선

The American cereal company **closed down** operation in Venezuela.
그 미국 시리얼 회사는 베네수엘라에서의 영업을 폐쇄했다.

close down

Most of the coffee shops **closed down** for the winter.
그 커피숍 대부분은 겨울동안 영업을 중단했다.
[down은 커피숍의 운영이 중단되는 관계를 나타낸다.]

2.2 close in

The wet season is **closing in**.
우기가 접어들고 있다.
[in은 우기가 화자가 있는 곳으로 들어오는 관계를 나타낸다.]
The government forces are **closing in**.
그 정부군이 (어떤 지점에) 범위를 좁혀 들어가고 있다.
[in은 어떤 지점을 중심으로 범위를 좁히는 관계를 나타낸다.]
Autumn is here, and the days are **closing in**.
가을이 와서, 낮 길이가 짧아지고 있다.
[in은 길이가 줄어드는 관계를 나타낸다. 참조: draw in]

close in on O

The police are **closing in on** the *suspect*.
경찰이 수색 범위를 좁혀가면서 그 용의자에 접근하고 있다.

thief	도둑	criminal	범죄자

The government forces are **closing in on** the stronghold.
정부군이 그 요새를 접근해서 들어가고 있다.

close O in

Cold air is **closed in** and the frigid weather continues.

(passive)
찬 공기가 갇혀있어서 몹시 추운 날씨가 계속되고 있다.

2.3 close O off

They **closed off** the *road* because of snow.
그들은 눈 때문에 그 길을 차단했다.
[off는 어느 길에 사람이나 차량이 접근하지 못함을 나타낸다.]

street	거리	bridge	다리
bike lane	자전거도로	airport	공항

The police **closed off** areas around the city hall.
경찰은 그 시청 주위를 차단했다. 즉 시청에 접근하지 못하게 했다.
Supermarkets **closed off** corner stores.
슈퍼마켓들이 구멍가게들을 문 닫게 했다. 즉 장사를 못하게 했다.
He **closed off** the interview.
그는 그 면담을 마쳤다.

close O off to O

The bridge is **closed off to** *pedestrians*. (passive)
그 다리는 도보자들에게 폐쇄되어있다.

trucks	트럭	trailers	트레일러

He **closed** himself **off to** the world.
그는 자신을 세계로부터 차단했다.

2.4 close on O

My horse is **closing on** his horse.
내 말이 그의 말에 간격을 좁히고 있다.
[close는 두 개체 사이의 거리가 좁아지는 과정을 나타내고, on의 목적어는 위협을 받는다. 참조: gain on]
He was **closing on** me.
그는 나에게 거리를 좁혀오고 있다. (그래서 나는 불안을 느낀다.)
[참조: move on]

2.5 close O out

The curtain **closes out** the *sunlight*.
그 커튼은 햇빛을 차단해서 들어오지 못하게 한다.
[out은 햇빛이 들어오지 못하는 관계를 나타낸다. 참조: shut out, block out]

noise	소음	heat	열

He **closed out** his bank account.
그는 그의 예금계좌를 닫고 없앴다.

[out은 계좌가 없어지는 관계를 나타낸다.]

The store is **closing out** shoes.

그 가게는 폐업하면서 신발을 헐값으로 팔고(out) 있다.

[out은 재고품이 다 나가는 관계를 나타낸다.]

He **closed out** the match with a powerful serve.

그는 강력한 서브로 그 경기를 끝냈다.

[out은 경기가 끝나는 관계를 나타낸다.]

The player **closed out** the match by kicking a powerful ball.

그 선수는 강한 공을 차서 그 경기를 끝마쳤다.

This **closed out** the *program*.

이것이 그 프로그램을 끝내게 했다.

show	쇼	year	해
fight	싸움	itinerary	여정

I hate the way they **close** me **out**.

나는 그들이 나를 따돌리는 방식을 싫어한다.

[out은 내가 모임 등에 들어가지 못하는 관계를 나타낸다.]

close O out from O

Some countries were **closed out from** competition. (passive)

몇 개의 나라들은 경쟁에서 제거되었다.

[out은 경쟁, 경기 등에서 탈락하는 관계를 나타낸다.]

close out

Business has been very slow and they may have to **close out**.

사업이 불경기여서 아마도 모든 물건을 팔아치우고 폐업을 해야 할 것이다.

[out은 어떤 가게가 가지고 있던 물건을 처분하는 관계를 나타낸다.]

The president **closed out** in that press conference with a short joke.

대통령은 그 기자회견에서 짧은 농담으로 회의의 끝을 맺었다.

Many restaurants are **closing out**.

많은 식당들이 문을 닫고 없어지고 있다.

2.6 close O up

He **closed up** the bakery at 8 p.m.

그는 그 제과점을 저녁 8시에 닫는다.

I want to **close** my home **up** and go on a trip.

나는 내 집을 완전히 닫고 여행을 가고 싶다.

[up은 집 전체가 닫히는 관계를 나타낸다.]

The doctor **closed up** the cut in the arm.

그 의사는 그 팔에 있는 상처를 봉합했다.

[up은 벌어져있는 상처가 서로 닿게 되는 관계를 나타낸다.]

close up

The flower's petals **close up** at night.

그 꽃잎은 밤에 완전히 닫힌다.

[up은 꽃잎들이 완전히 닫히는 관계를 나타낸다.]

He got sting by a bee and his eye swelled up and finally **closed up**.

그가 벌에 쏘여서 그의 눈이 부풀어 오르고 마침내 눈이 완전히 감겼다.

[up은 눈이 완전히 감겨지는 관계를 나타낸다.]

The cut in the finger took a long time to **close up**.

손의 베임이 아무는데 시간이 걸렸다.

[up은 벌어진 부분이 아무는 관계를 나타낸다. 참조: heal up]

The soldiers **closed up** so that the truck could pass.

그 군인들은 그 트럭이 지나도록 간격을 좁혔다.

[up은 군인들 사이의 거리가 좁아지는 관계를 나타낸다.]

On the bridge, cars **closed up** behind each other.

그 다리 위에서 차들이 꼬리를 물고 가까이 다가서 있었다.

[up은 차와 차 사이의 간격이 좁아지는 관계를 나타낸다.]

We **closed up** early for the night.

우리는 오늘 밤 일찍 모든 문을 닫았다. 상점을 닫았다.

He **closed up** when I mentioned his ex-wife.

그는 내가 그의 전처를 언급하자 말문을 닫았다.

[up은 두 입술이 닫히는 관계를 나타낸다. 참조: shut up, clam up, button up, zip up]

CLOTHE

1. 단동사

이 동사는 옷을 입히는 과정을 그린다.

타동사

The children are fully **clothed** and fell asleep.

아이들이 옷을 다 입고 잠에 들었다.

Climbing plants **clothed** the courtyard walls.

덩굴 식물들이 그 안마당의 담들을 뒤덮었다.

2. 구동사

2.1 clothe O in O

She **clothes** her children **in** the finest garments.

그녀는 아이들을 제일 좋은 옷들로 입힌다.

CLOUD

1. 단동사

이 동사는 구름이 덮이거나 구름이 덮이듯 무엇이 흐려지는 과정을 그린다.

명사: 구름; 자욱한 것

타동사

Doubts were beginning to **cloud** my mind.
의혹들이 나의 정신을 흐려 놓기 시작하고 있었다.
Suspicion **clouded** his face.
그의 얼굴에 의혹의 빛이 서렸다.
His last years were **clouded** by financial worries.
(passive)
그의 말년은 금전적 걱정으로 어두워졌다.

2. 구동사

2.1 cloud over

The sky began to **cloud over**, and we started to go back.
하늘 전체가 구름으로 덮이기 시작하자, 우리는 돌아갈 준비를 했다.
[over는 하늘 전체에 구름이 덮이는 관계를 나타낸다.]
When I mentioned his name, she **clouded over**.
내가 그의 이름을 언급하자, 그녀의 얼굴 전체가 근심이 덮였다.
His eyes **clouded over** with the painful loss.
그의 눈은 고통스러운 상실로 흐려졌다.

2.2 cloud up

By noon, the sky **clouded up**.
정오가 되자 하늘에 구름이 잔뜩 끼었다.

cloud O up
His explanation **clouded** me **up**.
그의 설명은 나를 혼란스럽게 했다.
[me는 환유적으로 나의 마음을 가리킨다.]

CLUE

1. 단동사

이 동사는 어떤 일에 대한 실마리를 주는 과정을 그린다.
명사: 범행의 단서, 문제 해결의 증거, 실마리

2. 구동사

2.1 clue O in on O

He **clued** me **in on** what had happened while I was away.
그는 내가 자리를 비운 동안 일어난 일에 대해서 단서를 주어 그 일을 점차 알게 했다.

2.2 clue O up

He **clued** me **up** about what's going on.
그는 진행되고 있는 일에 대해서 상세하게 많이 알려주

었다.
[up은 정보의 양이 많음을 나타낸다.]
John is **clued up** about the 'bit coin'. (passive)
존은 비트코인에 대해서 꽤 많이 알고 있다.

CLUMP

1. 단동사

이 동사는 여러 개체가 모여서 하나의 덩어리가 되는 과정을 그린다.
명사: 나무 등의 무리, 덤불, 무더기

2. 구동사

2.1 clump together

These cells tend to **clump together** in the blood.
이 세포들은 피 속에서 뭉치는 경향이 있다.
Some proteins in the brain **clump together** and cause problem.
뇌 속에 있는 단백질이 서로 엉켜서 문제를 일으킨다.

CLUSTER

1. 단동사

이 동사는 사람이나 물건이 어느 장소에서 무리를 이루는 과정을 그린다.
명사: 무리, 포도송이

2. 구동사

2.1 cluster around O

After the class, students **clustered around** the professor to ask questions.
그 수업이 끝난 후, 학생들이 질문들을 하기 위해 그 교수님 주위에 모여 들었다.
We all **clustered around** the campfire to keep up.
우리는 온기를 유지하게 위해서 모닥불 주위에 모여 들었다.
The doctors **clustered** anxiously **around** his bed.
그 의사들이 걱정스러운 듯 그의 병상 주위에 모였다.

CLUTCH

1. 단동사

이 동사는 두려움이나 고통 등으로 무엇을 꽉 잡는 과정을 그린다.
명사: 움켜쥐기, (세력의) 손아귀, 무리, 집단

타동사

He **clutched** the flowers in his hand.
그는 그 꽃들을 그의 손에 꽉 쥐었다.

He gasped and **clutched** his stomach.
그가 숨을 헐떡이며 그의 배를 와락 움켜잡았다.

2. 구동사
2.1 clutch at O
I **clutched at** the railing as I fell.
나는 떨어지면서 그 난간을 움켜쥐려고 시도했다.
[at은 시도를 나타낸다.]
At midnight, he had a stomachache and **clutched at**
it.
한밤중에 그는 배가 아파서, 배를 움켜쥐었다.
[at은 배의 일부가 잡힌 관계를 나타낸다.]

2.2 clutch O to O
Mom **clutched** the baby **to** her.
엄마는 애기를 껴안았다.

2.3 clutch up
He was frightened and **clutched up** momentarily.
그는 겁에 질려서 잠깐 몸을 움직일 수가 없었다.
[참조: seize up, freeze up]

CLUTTER

1. 단동사
이 동사는 공간을 많은 물건으로 채워서 어지르거나 복잡
하게 만드는 과정을 그린다.
명사: 잡동사니, 어수선함
　타동사
Papers and junk **cluttered** the office.
서류들과 쓰레기가 그 사무실을 어지럽혔다.

2. 구동사
2.1 clutter O up
Books and paper **clutter up** his desk.
책들과 종이들이 그의 책상을 어지럽게 하고 있다.
He **cluttered up** his computer with many files.
그는 그의 컴퓨터를 너무 많은 파일로 어지럽게 했다.

2.2 clutter O with O
He **cluttered** the page **with** too many diagrams.
그는 그 페이지를 너무 많은 도표로 복잡하게 했다.

COAST

1. 단동사
이 동사는 동력이나 기계의 도움 없이 쉽게 움직이는 과정
을 그린다.

명사: 해안
　자동사
She took her feet off the pedals and **coasted** downhill.
그녀는 자전거 페달에서 발을 떼고 언덕 아래로 쉽게
내려갔다.
You are just **coasting** – it's time to work hard now.
당신은 그냥 설렁설렁 지내고 있다. 이제 좀 열심히 해
야 할 때입니다.

2. 구동사
2.1 coast along
The liberal party **coasted along** to a third consecutive
victory.
자유당은 쉽게 연속 3번째 승리에 이르렀다.

2.2 coast down O
The plane **coasted down** the runway.
그 비행기가 부드럽게 그 활주로를 달려 내려갔다.

2.3 coast to O
He **coasted to** victory in the election.
그는 그 선거에서 쉽게 승리를 했다.

COAX

1. 단동사
이 동사는 친절하고 참을성 있게 구슬리거나 달래는 과정
을 그린다.
　자동사
"Nearly there," she **coaxed**.
"거의 다 왔어." 그녀가 달랬다.

2. 구동사
2.1 coax O into O
He **coaxed** the dog **into** his kennel with fresh meat.
그는 그 개를 날고기를 가지고 그의 집에 들어가게 달
랬다.
The teacher **coaxed** the child **into** his classroom.
그 선생님이 그 아이를 달래서 그 교실에 들어가게 했다.

2.2 coax O out of O
He would not tell the truth, but I **coaxed** it **out of** him.
그는 그 진실을 말하지 않으려고 했다. 그러나 나는 그
를 설득하여 진실을 얻어냈다. 즉, 말을 하게 했다.
He **coaxed** the puppy **out of** the box.
그는 그 강아지를 달래서 그 상자에서 나오게 했다.
He **coaxed** fire **out of** dry grass and twigs.
그는 마른 풀과 잔가지들에서 간신히 불을 피웠다.

COBBLE

1. 단동사
이 동사는 신발을 수선하거나 만드는 과정을 그린다.

2. 구동사
2.1 cobble O together
The child cobbled together a model car.
그 아이가 모형 자동차를 아무렇게나 짜 맞추었다.
The three countries cobbled together an agreement.
세 나라는 필요하지만 완전하지 못한 협정을 짜 맞추었다.
The Republicans cobbled together a tax reform bill.
공화당이 세제개혁법을 졸속하게 짜 맞추었다.

COIL

1. 단동사
이 동사는 선이나 줄 등을 고리모양으로 감는 과정을 그린다.
명사: 고리; 전선
타동사
Her hair was coiled on top of her head. (passive)
그녀는 머리를 정수리에 틀어 올려붙이고 있었다.
The vines coiled the tree trunk.
그 포도 덩굴이 그 나무 기둥을 감았다.
Please coil the cords neatly.
그 전기선을 깔끔하게 감아주세요.
자동사
The snake coiled in the grass.
그 뱀이 풀 속에서 똬리를 틀었다.

2. 구동사
2.1 coil O into O
He coiled the rope into a ball.
그는 그 밧줄을 감아 공 모양이 되게 했다.

2.2 coil O up
He coiled up the rope and carried it away.
그는 그 밧줄을 감아서 가지고 갔다.
Her long hair was coiled up on top of her head. (passive)
그녀의 긴 머리가 그녀의 머리 위에 감겨 있었다.

COLLAPSE

1. 단동사
이 동사는 어떤 구조물이 구조가 약해졌거나 충격을 받아서 무너지는 과정을 그린다.
명사: 붕괴, 쓰러짐, 실패
자동사
He collapsed in the street and died two hours later.
그는 그 길에서 쓰러져 두 시간 뒤에 사망했다.
All opposition to the plan has collapsed.
그 계획에 대한 모든 반대가 무너졌다. 즉, 소용이 없었다.
Share prices collapsed after news of poor trading figures.
무역 수치들이 좋지 못하다는 소식이 있은 후 주가들이 폭락했다.

2. 구동사
2.1 collapse down
In the storm, the roof collapsed down to the second floor.
그 폭풍 속에 그 지붕이 이층 마루로 무너져 내렸다.

collapse down onto O
In the hurricane, the tree collapsed down onto the roof of the house.
그 허리케인 속에서 그 나무는 무너져 내려 그 지붕을 덮쳤다.

2.2 collapse into O
The poor man collapsed into a deep despair.
그 가난한 이는 깊은 절망에 빠졌다.

2.3 collapse under O
The roof collapsed under the weight of snow.
지붕이 눈의 무게를 못 이기고 내려앉았다.

COLLECT

1. 단동사
이 동사는 같은 종류의 물건이 한 자리에 모이거나 모으는 과정을 그린다.
타동사
I collected some branches for the fire.
나는 그 불을 피우기 위해서 가지를 모았다.
He has been collecting stamps for ten years.
그는 십년 동안 우표를 모아오고 있다.
자동사
A rain collected in the pool.
빗물이 그 웅덩이에 고였다.

2. 구동사

2.1 collect around O
A crowd **collected around** the scene of the accident.
많은 사람들이 그 사고 장소 주위에 몰려들었다.

2.2 collect for O
We are **collecting for** Save the Children.
우리는 Save the Children 기부를 위해 모금을 하고
있다.

2.3 collect O up
He **collected up** all the books lying on the floor.
그는 그 마루에 이곳저곳 흩어져 있는 책들을 한 곳에
모았다.
[up은 책이 모여서 높이가 커지는 관계를 나타낸다.]

COLOR

1. 단동사
이 동사는 색깔을 칠하는 과정을 그린다.
명사: 색깔; 핏기, 혈색; 인료, 염료

자동사

The children love to draw and **color**.
그 아이들은 그림을 그리고 색칠하는 것을 좋아한다.

타동사

This incident **colored** her whole life.
이 사건은 그녀의 평생에 영향을 미쳤다.

2. 구동사

2.1 color O in
The child **colored in** the triangles he had drawn.
그 아이는 자신이 그린 삼각형들을 색칠해 넣었다.
The child **colored in** the walls with a brown crayon.
그 아이는 그 벽들을 갈색 크레용으로 칠해 넣었다.

2.2 color up
When I looked at the baby, she **colored up**.
내가 그 애기를 바라보자, 그녀는 얼굴을 붉혔다.
[up은 색깔이 나타나는 관계를 나타낸다. 참조: blush up]

COMB

1. 단동사
이 동사는 빗으로 머리 등을 빗는 과정을 그린다.
명사: 빗, 빗질

타동사

Don't forget to **comb** your hair!
너 잊지 말고 머리 빗어!
The police **combed** the area for clues.

경찰이 단서를 찾아 그 지역을 빗질하듯 뒤졌다.

2. 구동사

2.1 comb O out
She sat in front of a mirror and **combed out** her long
hair.
그녀는 거울 앞에 앉아서 긴 머리를 빗어냈다.
[out은 엉킨 머리를 곧게 하는 관계를 나타낸다.]
She brushed her hair and **combed out** the tangles.
그녀는 머리를 빗질하고 엉킨 것을 풀어내었다.
[out은 엉킴이 없어지는 관계를 나타낸다.]
The tribesman is **combing out** the lice.
그 부족사람은 빗질을 해서 이를 잡아내고 있다.

2.2 comb through O
He is **combing through** real estate ads.
그는 부동산 광고들을 면밀히 조사하고 있다.
Police are **combing through** the apartment of the
suspect.
경찰이 그 용의자의 아파트를 샅샅이 뒤지고 있다.

COME

1. 단동사
이 동사는 이동체가 어떤 장소를 떠나 화자가 있는 위치에
이동하는 과정을 그린다. 이동을 나타내는 come은 시간
의 흐름이나 상태 변화도 나타낼 수 있다.

1.1 공간 속의 이동
He will **come** soon.
그가 곧 올 것이다.

1.2 순서
Tuesday **comes** after Monday.
화요일은 월요일 다음에 온다.

1.3 상태의 변화: come은 한 상태에서 다른 상태로
바뀌는 과정을 나타낸다. 보통 비정상에서 정상으로
바뀌는 데 많이 쓰인다.
His dream **came** true.
그의 꿈이 실현되었다.
The tie **came** loose.
그 매듭이 풀렸다.

2. 구동사

2.1 come about
The *discovery* **came about** when she was working
a different project.

그 발견은 그녀가 다른 일에 종사하고 있을 때 생겨났다.
[about은 발견이 우리 주위에 오는 관계를 나타낸다.]

| modernization | 현대화 | subway system | 지하철 |
| technology | 기술 | meeting | 회의 |

I don't know when the mistake **came about**.
나는 그 실수가 언제 생겼는지 알 수가 없다.
Not much **came about** from the discussion.
그 토의에서 별 것이 생기지 않았다.
When did *the problem* **come about**?
그 문제는 언제 생겼는가?

| the subway system | 지하철 | modernization | 근대화 |
| technology | 기술 | health care | 건강제도 |

2.2 come across O
He **came across** the border.
그는 그 국경을 건너왔다.
I **came across** an old friend of *mine* at school.
나는 학창시절의 옛 친구를 만났다.
[across는 두 선이 가로지르다는 뜻이고, 가로지르면 만난다.]
I **came across** a photograph of my mother.
나는 엄마의 사진 한 장을 우연히 보게 되었다.
I **came across** an interesting thought.
나는 흥미로운 생각을 떠올렸다.

come across
His idea **came across** with great force in his article.
그의 생각은 그의 논문에서 큰 힘으로 내게 전해졌다.

come across as O
The main character **came across** to me **as** a *stupid*
person.
그 주인공은 내게 어리석은 사람으로 다가왔다. 즉, 내
가 그렇게 이해하게 되었다.
[across는 주인공의 인상 등이 나에게 건너오는 관계를 나타
낸다.]

| shy | 수줍어하는 | weird | 이상한 |

He **came across as** a bit strict.
그는 엄격하게 보였다.
[he는 환유적으로 그의 인성을 가리킨다. 참조: come off as,
come over as]

2.3 come along
I am going to the market. Why don't you **come along**?
나는 시장에 가는 중이야. 따라 올래?

[along은 내가 가면 선을 이루고 이 선을 따라 가거나 오는 관계
이다.]
How are you **coming along**?
잘 지내니?
[you는 환유적으로 생활을 가리키고 along은 생활이 진행되는 관
계이다.]
How is your *term paper* **coming along**?
너의 학기 보고서가 어떻게 진행되고 있느냐?

| project | 기획사업 | thesis | 학위논문 |

The economy is **coming along**.
나라 경제가 원하는 대로 잘 되어오고 있다.
The smart phone **came along** about 20 years ago.
스마트 폰은 약 20년 전에 나타났다.
Their child **came along** when they are just married.
그들의 아기가 그들이 막 결혼했을 때 생겼다.

come along with O
John is **coming along** well with Jane.
존은 제인과 잘 지내고 있다.
[along은 John과 Jane 사이의 관계가 시간 선을 따라 진행되는
뜻이다.]

2.4 come around
He **came around** last week.
그가 지난주에 돌아왔다.
[around는 어디에 갔다 돌아오는 관계이다.]
Christmas is **coming around**.
크리스마스가 돌아오고 있다.

| spring | 봄 | Thanksgiving | 추수감사절 |

One of the singers **came around** with a collection box.
그 가수들 가운데 한 명이 모금함을 들고 사람들 사이로
비집고 왔다.
A memo **came around** about the picnic.
그 야유회에 관한 메모가 빙빙 돌아왔다.

come around from O
He **came around from** the coma.
그는 그 혼수상태에서 되돌아 왔다.

2.5 come away
The handle **came away** in my hand.
그 손잡이가 내 손에 따라왔다. 즉, 떨어졌다.
He went to the meeting and **come away** impressed.
그는 그 회의에 참석해서 감명을 받고 왔다.
[away는 그가 회의장을 나오는 관계를 나타낸다.]

come away with O

He came away with *the impression.*

그는 그 인상을 갖고 왔다.

admiration 존경	awe 경외감

2.6 come back

I will come back, and pick you up.

내가 돌아와서 차에 태우고 가마.

Broad neckties are coming back.

넓은 넥타이가 돌아오고 있다

[유행-비유행-유행]

His phone number will come back.

그의 전화번호가 돌아 올 것이다.

[기억-망각-기억]

My Korean 내 한국어 실력	The memory 기억

I would like to come back to what he was saying.

나는 그가 말하던 부분에 돌아가고 싶다.

[얘기-중단-얘기]

come back from O

He came back from his injury.

그는 그의 부상에서 돌아왔다. 즉, 회복되었다.

come back to O

English came back to me.

영어가 내게 돌아왔다.

He came back to normal life.

그는 정상 상태로 돌아왔다.

It is good to come back to my old home.

옛 집에 돌아오니 기분이 좋다.

2.7 come before O

To me, health comes before wealth.

나에게는 건강이 부보다 앞선다. 즉 건강이 재산보다 중요하다.

The case is coming before the court.

그 사건은 법정에 회부될 것이다.

2.8 come by O

I will come by the store and buy some milk.

나는 그 가게에 들러서 우유를 살 것이다.

[by는 내가 가게의 영향권 안에 든다는 뜻이다.]

How did he come by the black on the eye?

어떻게 그가 눈에 멍을 갖게 되었나?

A *good definition of the word' by'* is not easy to come by.

낱말 'by'의 좋은 정의를 구하기가 쉽지 않다.

friend 친구	talented person 재능 있는 사람

In this region, clear water is hard to come by.

이 지역에서 깨끗한 물을 구하기는 어렵다.

come by

You should come by next time you are in town.

네가 다음에 읍내에 오면 (내 집에) 들르세요.

2.9 come down O

He came down the stairs.

그는 그 계단 아래로 내려왔다.

come down

In the storm, a lot of pear trees came down.

많은 배나무들이 그 폭풍 속에 넘어졌다.

[down은 서있던 상태에서 넘어지는 상태를 나타낸다.]

The wall came down yesterday.

그 벽이 어제 무너졌다.

The folk tale came down from Lee Dynasty.

그 민화는 이씨 왕조시대부터 내려온다.

[down은 과거에서 현재로의 이동을 나타낸다.]

The suspension bridge came down in the flood.

그 현수교가 홍수에 내려앉았다.

House prices came down.

집값들이 내려왔다.

[down은 양이나 수의 감소를 나타낸다.]

After the wonderful trip, it took me a while to come down.

그 재미있었던 여행을 한 다음, 내가 차분해지기까지 시간이 걸렸다.

[down은 들뜬 기분이 차분한 상태로 가라앉는 변화를 그린다.]

The opposition party came down against the reform.

야당은 그 개혁안에 반대 입장을 취했다.

[down은 생각이나 토론을 한 다음 어떤 결론에 이르는 관계를 나타낸다.]

What's coming down tonight?

오늘 밤에 무슨 일이 일어날까?

[참조: go down]

The video shows how the seizure came down.

그 비디오는 그 나포가 어떻게 일어났는지 보여준다.

The verdict will come down this afternoon.

그 판결이 오늘 오후에 내려올 것이다.

come down on O

The plane came down on the East Sea.

그 비행기가 동해에 착륙했다.
[down은 공중에서 바다 표면으로의 이동을 나타낸다.]

Missiles are **coming down** on the village.
미사일들이 그 마을에 떨어져 내리고 있다.

The police are **coming down** on the offenders.
경찰이 그 위반자들을 엄하게 다루고 있다.
[down은 힘이 위에서 아래로 가해지는 상태를 나타낸다. 참조: crack down on]

The landlord is **coming down** heavily on the renters for payment.
그 집 주인이 집세를 받기 위해 그 세입자에게 심하게 압력을 가하고 있다.

come down to O

He **came down to** Florida with his family.
그는 그의 가족과 함께 플로리다로 내려왔다.

It will **come down to** ability in the end.
결국 문제는 (범위가 좁혀져서) 능력이 중요한 문제가 될 것이다. 즉, 능력이 가장 중요하다.
[down은 넓은 범위에서 좁은 범위로 이동을 나타낸다.]

The situation **comes down to** whether we can finish on time.
그 상황은 우리가 시간 내에 일을 끝마칠 수 있는가에 달려있다.

The final choice of the house **comes down to** cost.
그 집의 최종 결정은 비용에 달려 있다 (비용이 제일 중요하다).

come down with O

I am **coming down with** a cold.
나는 감기로 몸이 나빠지고 있다.
[down은 좋은 상태에서 나쁜 상태로의 변화를 그린다.]
[참조: break down]

| toothache | 치통 | pneumonia | 폐렴 |
| backpain | 요통 | the flu | 독감 |

2.10 come forth

A few overseas jobs **came forth**.
몇 개의 해외 일자리가 나왔다.
[forth는 안에서 밖으로 이동을 나타낸다.]

He **came forth** with a new idea.
그가 새 아이디어를 가지고 나왔다.

The proposal **came forth** from the department.
그 제안이 그 부서에서 나왔다.

2.11 come forward

He **came forward** to receive the prize.

그는 그 상을 받기 위해서 앞으로 나왔다.

Several volunteers **came forward** to help the candidate.
몇 명의 지원자가 그 후보자를 돕기 위해 나섰다.
[forward는 앞으로 나오면 사람들에게 보여진다.]

The *witness* **came forward**.
그 증인이 나타났다.

| suspect | 용의자 | candidate | 후보자 |
| victim | 피해자 | volunteer | 자원봉사자 |

He **came forward** and *told his stories*.
그는 기꺼이 나와서 자신의 이야기를 했다.

| help us (우리를) 돕다 | give the information 정보를 주다 |

come forward with O

After the fire, several families **came forward with** *some money for the victims*.
그 화재 후에, 몇몇 가족들이 그 희생자들을 위하여 돈을 제공했다.

| plan | 계획 | suggestion | 시사 |
| proposal | 계획 | offer | 제안 |

Some women **came forward with** allegations of sexual abuse.
몇몇 여성들이 성희롱을 당했다는 주장을 가지고 공개적으로 나섰다.

2.12 come from O

Where did you **come from**?
당신은 어디에서 왔습니까? 고향이 어디 입니까?
[A from B, B가 A의 출발지, 기원이 된다.]

The wine **comes from** a vineyard in France.
그 포도주는 프랑스 어느 포도원에서 온다. 즉, 그 포도주는 프랑스 포도원이 원산지이다.

The word 'increase' **comes from** a Latin word.
'increase'라는 낱말은 라틴 낱말에서 온다, 기원이 라틴어이다.

2.13 come in O

He **came in** the back door.
그는 그 뒷문으로 들어왔다.

The shoes **come in** all *sizes*.
그 신발은 모든 크기로 들어온다.

| colors | 색깔 | shapes | 모양 |

come in

What time did you **come in** last night?
어젯밤 몇 시에 (집에) 들어왔니?
[in은 화자와 청자가 아는 장소로 들어오는 관계를 나타낸다.]

The repairman will **come in** and fix the TV.
그 수리사가 (집에) 들어와서 그 TV를 고칠 것이다.

The election time is **coming in**.
그 선거철이 (우리 사회에) 다가오고 있다.

The melons usually **come in** May.
멜론은 5월에 제철이 든다.
[in은 into season의 뜻이다.]

The second runner **came in** seconds later.
그 두 번째 주자가 몇 초 늦게 (결승선에) 들어왔다.

May I **come in** and tell you about the test result?
(대화에) 끼어들어 그 시험결과를 말해 드릴까요?

The tide is **coming in** after noon.
조류가 정오 이후에 밀려들어오고 있다.

cloud	구름	rain	비
fog	안개	storm	폭우

The key will **come in** handy if you are locked out.
그 열쇠는 문이 당신이 문이 잠겨 못 들어갈 때 유용하게 쓰일 것이다.

come in for O

The engineers **came in for** high praise with their creative design.
그 기사들은 그들의 독창적인 디자인으로 칭찬을 받게 되었다.

come in to O

He **comes in to** work on weekends.
그는 주말에 일 하러 주로 온다.

come in with O

Do you want to **come in with** us to buy a birthday present for Ron?
너는 론의 생일 선물을 사는데 합세하겠니?
[참조: join in with]

He **came in with** an interesting idea.
그는 흥미로운 생각을 가지고 들어왔다.

2.14 come into O

He **came into** my house.
그는 내 집에 들어왔다.

The new law **comes into** force next month.
그 새 법은 다음 달에 효력 속에 들어온다. 즉, 시행된다.

As of today, the new regulation **comes into** effect.
오늘부로 그 새로운 규정은 시행된다.

He **came into** a lot of money.
그는 많은 돈 속으로 들어왔다. 즉, 돈을 많이 벌었다.
[in은 화자와 청자가 아는 장소로 들어오는 관계를 나타낸다.]

come into play

At this point, the *machine* **comes into play**.
이 시점에서 그 기계가 중요하게 된다.

weapon	무기	specialist	전문가
strateg	전략	picture	그림

2.15 come off O

Three of the buttons have **come off** my coat.
그 단추 세 개가 내 저고리에서 떨어져 나왔다.

We **came off** the *bus*.
우리는 버스에서 내려왔다.

train	기차	subway	지하철
plane	비행기	boat	배

The doctor told me to **come off** drug.
그 의사가 내게 마약을 끊으라고 했다.
[off는 나와 마약이 떨어지는 관계를 나타낸다.]

She has just **come off** the leg surgery.
그녀는 방금 그 다리 수술이 끝났다.
[off는 그녀와 수술이 떨어진 관계를 그린다.]

A: Ask him to cook the meal.
B: **Come off** it. He cannot even boil eggs.
A: 그에게 식사 준비하라고 부탁하시오.
B: 그 생각을 버리세요. 그는 달걀도 삶을 줄 모릅니다.
[it은 생각이고, off는 생각에서 떨어지는 관계를 나타낸다.]

The president **came off** a cozy meeting with Abe.
그 대통령은 아베와 편안한 회담을 마쳤다.

come off

The *planned volleyball match* didn't **come off**.
그 계획된 배구시합이 성사되지 않았다.
[off는 계획이 실천되는 관계를 나타낸다.]

trip	여행	debate	토론
meeting	회의	race	경주

He **came off** well in the interview.
그는 그 면접에서 성공적으로 끝났다.
[off는 활동 상태가 끝나는 관계를 나타낸다.]

The workers **came off** badly in the pay negotiation.
그 노동자들이 그 월급 협상에서 불리하게 끝났다.

The *dinner* **came off** very well.
그 정찬은 매우 잘 끝났다.

picnic	소풍	meeting	회의
debate	토론	concert	콘서트

come off as O

He **came off as** a little rude.
그는 약간 무례하게 보였다.
[He는 환유적으로 그의 인상이고, off는 그 인상이 그에게서 떨어져 나오는 관계를 나타낸다.]

His remarks **came off as** *unfriendly*.
그의 말은 비우호적으로 들렸다.

stupid	어리석게	bossy	권위적으로

He **came off as** a *hero*.
그는 영웅같은 인상을 주었다.

idiot	멍청이	smartaleck	잘난체하는 사람

come off of

A strong smell **comes off of** the perfume.
강한 냄새가 그 향수에서 나온다.
[위에서 of는 from의 뜻이다.]

2.16 **come on** O

She **came on** the phone.
그녀가 전화를 받았다.
[on은 그녀와 전화기가 접촉된 상태를 나타낸다. 참조: get on the phone]

He **came online**.
그는 인터넷에 접속했다.

He **came on** *the bus*.
그는 그 버스를 타고 왔다.

subway	지하철	foot	도보
horseback	안장	pony	망아지

He **came on** *the scene*.
그가 그 장면에 나타났다.

show	공연	TV	텔레비전
stage	무대	podium	연단

come on

When the singer **came on**, there was a big applause.
그 가수가 (무대 위에) 오르자, 큰 박수갈채가 있었다.

Come on, you can do it.
주저 말고 계속 해라. 너는 할 수 있다.

[on은 주저하고 있을 때 재촉하는 말이다.]

How is your new book **coming on**?
당신의 새 책은 어떻게 되어가고 있습니까?
[on은 과정의 계속을 나타낸다. 참조: come along]

His Taekwondo is **coming on** in leaps.
그의 태권도 실력은 비약적으로 좋아지고 있다.

The winter is **coming on**.
겨울이 시작되고 있다.
[on은 겨울이 시작됨을 나타낸다.]

I've got a backache **coming on**.
요통이 (나에게) 오고 있다.
[on은 아픔 등이 시작되는 상태를 나타낸다.]

The pain in the neck **comes on** in the morning.
목의 그 고통은 아침이 되면 시작된다.

The baseball game **comes on** after the news.
그 야구경기는 그 뉴스시간 다음에 시작된다.

program	프로그램	soap opera	드라마

The livingroom lights **come on** at 6 automatically.
그 거실 전등들은 6시에 자동적으로 켜진다.

The rain **came on** during the night.
그 비가 밤새 왔다.

come on as O

He **comes on as** foolish but she can't be fooled.
그는 바보같이 느껴지지만 그녀는 속지 않는다.
[he는 환유적으로 그의 인성을 가리키고, on은 그 인성이 우리에게 다가옴을 나타낸다. 참조: come across, come off, come over]

He **comes on as** a hot-tempered person.
그는 성질이 급한 사람처럼 느껴진다.

2.17 **come out**

Can you **come out** tonight?
오늘 저녁 (집에서) 밖에 나올 수 있습니까?

The sun **came out** in the afternoon.
해가 오후에 (구름 속에서) 나왔다.

The coffee stain won't **come out**.
그 커피 얼룩이 (천 등에서) 빠지지 않는다.

color	색깔	dirt	먼지
bloodstain	혈흔	grease	기름때

His new book **came out** last month.
그의 새 책이 지난달에 나왔다.

album	앨범	video	영상
film	영화	novel	소설

The photo didn't **come out** because it was too dark.
그 사진은 날이 너무 어두워서 잘 나오지 않았다.

The lotion made my face **come out**.
그 로션이 내 얼굴에 뾰루지 같은 것이 나오게 했다.
[my face는 환유적으로 피부에 생기는 뾰루지를 나타낸다. 참조: break out]

Jane **came out** in spots.
제인의 몸에 군데군데 땀띠 같은 것이 돋아났다.

His bad temper **came out**.
그의 나쁜 성질이 튀어나왔다.

The truth **came out** through the investigation.
그 진실이 그 조사를 통해 드러났다.
[out은 안보이거나 모르던 상태에서 보이거나 알게 된 상태로의 변화를 나타낸다.]

It **came out** that he was not so smart.
그가 그렇게 똑똑하지 않음이 드러났다.

Some problem will **come out** as the project proceeds.
어떤 문제는 그 사업이 진행되면서 드러날 것이다.

She **came out** when she was 19.
그녀는 19살에 동성연애자임을 밝혔다.

He **came out** *looking better*.
그는 결과적으로 더 좋게 보였다.
[out은 결과를 나타낸다.]

| on top | 일등의 | popular | 인기가 있는 |
| strong | 강한 | victorious | 승리한 |

The governor **came out** *in favor of tax cut*.
그 주지사는 감세를 찬성하는 소신을 표명했다.

| in support of | 지지하는 |
| in support for | 찬성하는 |

come out against O
The opposition party **came out against** abortion.
야당은 낙태에 반대하고 나섰다.

come out of O
The train **came out of** the tunnel.
그 기차가 터널에서 나왔다.

He has already **come out of** *hospital*.
그는 벌써 퇴원했다.

| the anesthesia | 마취상태 | the coma | 혼수상태 |
| the crisis | 위기 | sedation | 진정상태 |

Nothing **came out of** the talk between the two foreign ministers.
그 두 외무장관 사이의 회담에서 아무것도 나오지 않

았다.
The Korean economy has **come out of** recession.
한국 경제가 경기침체에서 빠져나왔다.

come out onto O
The actor **came out onto** the stage.
그 배우가 무대 위로 나왔다.

come out to O
The bill for the dinner **comes out to** $10 per person.
그 저녁 식사비가 한 사람 당 $10씩 된다.

come out with O
He **came out with** a useful idea.
그는 유용한 아이디어를 생각해서 가지고 나와 대중이 이용할 수 있게 했다.
[out은 생각이 여러 사람에게 유용하게 되는 관계를 나타낸다.]

The company **came out with** *a new version of the software*.
그 회사가 그 소프트웨어의 새 버전을 만들어 내놓았다.

a new version of the phone	그 전화기의 새 버전
a self-driving car	자율운행 차
a new proposal	새 제안

She **came out with** a strange idea.
그녀는 갑자기 이상한 생각을 털어놓았다.
[out은 생각이 입 밖으로 나오는 관계를 나타낸다.]

come out and V(동사)
He **came out and** *disagreed*.
그는 공개적으로 나와서 반대했다.
[out은 생각 등을 공공연히 말하는 관계를 나타낸다.]

expressed his opinion	그의 생각을 표현했다
gave all the information	모든 정보를 주었다
told his own story	그의 이야기를 들려주었다

2.18 **come over** O
You look worried. *What* has **come over** you?
너는 걱정스럽게 보인다. 무엇이 너에게 덮쳐왔나?

| sadness | 슬픔 | happiness | 행복 |

come over
He **came over** to meet me.
그는 나를 맞이하기 위해서 (무엇을) 건너왔다.
[over는 화자와 청자가 알고 있는 무엇을 건너거나 넣는 관계를 나타낸다.]

Would you like to **come over** for a cup of coffee?
커피 한 잔 마시러 건너오시겠습니까?

He **came over** from China.
그는 중국에서 넘어왔다.

He **came over** from Democrats.
그는 민주당에서 넘어왔다.

His message **came over** clear.
그의 메시지는 분명하게 (우리에게) 전달되었다.

The rock music **came over** such an intensity.
그 록음악은 이처럼 강하게 (우리에게) 전달되었다.

He **came over** as a real artist.
그는 실질적인 예술가로 우리에게 전달되었다.

[he는 환유적으로 그의 인상을 가리키고, over는 이 인상이 넘어오는 관계이다.]

2.19 come through O

He **came through** the DMZ.
그는 그 비무장지대를 통과해 왔다.

He **came through** the plane crash.
그는 그 비행기 사고를 겪고 났다. 즉 살아 남았다.

He **came through** the final exam successfully.
그는 그 기말 시험을 성공적으로 치렀다.

come through

My visa has not **come through** yet.
내 비자가 절차가 끝나지 않았다. 즉 나오지 않았다.

[through는 비자를 받는데 거치는 절차 등을 암시한다.]

Have your test results **come through** yet?
너의 시험성적이 (채점을 거쳐) 나왔느냐?

His happiness **comes through** in his poems.
그의 행복감이 그가 쓴 시에서 (안에서 밖으로) 새어 나온다. 즉, 배어나온다.

The radio signal **came through** clearly.
그 라디오 신호가 분명하게 우리에게 전달되었다.

message	메시지	news	소식

He **came through** when I needed him.
그는 내가 그를 필요로 할 때 나타났다.

2.20 come to O

Many people are **coming to** Seoul looking for a new life.
많은 사람들이 새 삶을 찾기 위해서 서울에 오고 있다.

An interesting idea just **came to** me.
흥미로운 생각이 내게 막 떠올랐다.

The bill for dinner **came to** $30.
그 저녁 식사비가 $30에 이르렀다.

When it **comes to** achieving happiness, health is the most important factor.
행복을 성취하는 문제에 대해서 말하자면, 건강이 가장 중요한 요인이다.

When it **comes to** computers, he is an expert.
컴퓨터에 대해서 이야기한다면, 그는 전문가이다.

come to

The fainting victim **came to**.
기절한 사람이 의식을 찾았다.

[to는 to his senses의 뜻이다.]

2.21 come together as O

They have **come together as** *one*.
그들은 하나로 뭉쳤다.

team	팀	party	정당

come together

Finally, a deal **came together**.
마침내 협상이 만들어졌다.

security experts **came together** in warsaw.
보안전문가들이 왈쇼에 모였다.

2.22 come up

The sun just **came up**.
해가 방금 올라왔다.

The weather is warm, and shoots are **coming up**.
날씨가 따뜻해져 싹들이 돋아 오르고 있다.

Seals **come up** for air in every twenty minutes.
물개들은 이십분 마다 숨쉬기 위해서 수면으로 올라온다.

When the movie was over, the light **came up**.
그 영화가 끝나자 그 불이 밝아졌다.

[up은 불빛의 증가를 나타낸다.]

The suspect **came up** on the monitor of computer.
그 용의자가 그 컴퓨터 모니터에 나타났다.

[up은 무엇이 시각이나 의식 영역에 떠오른 상태를 나타낸다.]

The issue of abortion **came up** during the discussion.
그 낙태 문제가 그 논의 중에 언급되었다.

A serious problem with my computer **came up**.
나의 컴퓨터에 심각한 문제가 일어났다.

[up은 문제가 생겨난 상태를 그린다.]

The case **comes up** in the court next Friday.
그 소송이 그 법정에서 다음 금요일에 올라온다. 즉, 다루어진다.

election	선거	contest	시합
trial	심판	festival	축제

The general **came up** very quickly from the lower rank.
그 장군은 그 낮은 계급에서 매우 빠르게 올라왔다. 즉, 진급했다.
He **came up** empty-handed.
그는 빈손으로 조사 등을 마쳤다.

come up against O
He **came up against** wall.
그는 그 벽에 다가서서 맞섰다.
[up은 주어가 벽에 다가가는 관계를 나타낸다.]
She **came up against** prejudice when starting out as a journalist.
그녀는 기자 생활을 처음 시작할 때 편견에 맞섰다.
When he reached the final, he **came up against** Fraser.
그가 그 결승전에 이르렀을 때 그는 프레이저와 맞섰다.

come up for O
He will **come up for** reelection.
그는 재선을 위해 후보로 나설 것이다.

come up to O
They **came up to** Seoul to see the Namsan Tower.
그들은 남산타워를 보기위해 서울로 올라왔다.
He **came up to** me.
그가 내게 다가왔다.
[up은 그가 나에게 가까워지면서 크게 보이는 관계를 나타낸다.]
The report does not **come up to** your standard.
그 보고서는 너의 표준에 올라와 이르지 못한다.

come up with O
He **came up with** a new idea.
그가 새로운 생각을 가지고 나타났다.
The parents are trying to **come up with** a name for the new baby.
그 부모들은 새로 태어난 아기를 위해 새 이름을 생각해 내려고 하고 있다.
She is trying to **come up with** a *conclusion*.
그녀는 결론을 생각해 내고 있다.

a creative way 창조적인 방법	a golden rule 황금 규칙
a new trend 새로운 경향	an answer 대답

We had to **come up with** $5,000.
우리는 5,000불을 마련해야 했다.

2.22 come upon O
On my way home, I **came upon** Susan, returning home.

집에 가는 길에, 나는 집으로 가는 수전을 우연히 만났다.
[upon은 나와 Susan이 만나는 (on) 관계를 나타낸다.]
A heavy punishment was going to **come upon** us.
무거운 벌이 우리에게 떨어질 예정이다.

2.23 come with O
The book **comes with** free CD.
그 책은 무료 CD와 함께 온다. 즉, 딸려 온다.
The furniture **comes with** a five-year guarantee.
그 가구는 5년 보증이 딸려온다.

COMPLAIN

1. 단동사
이 동사는 불평이나 불만을 말하는 과정을 그린다.

자동사

She never **complains**, but she is obviously exhausted.
그녀는 생전 불평을 하지 않는다. 하지만 분명히 몹시 지쳤다.

타동사

He **complained** bitterly that he had been unfairly treated.
그는 부당한 대우를 받았었다고 심하게 항의를 했다.

2. 구동사
2.1 complain about O
The neighbors are **complaining about** the noise from the construction site.
그 동네사람들은 그 공사장에서 오는 소음에 대해 불평을 하고 있다.

2.2 complain of O
He is **complaining of** a severe headache.
그는 심한 두통을 호소하고 있다.
[of는 두통이 있음을 나타낸다.]

COMMIT

1. 단동사
이 동사는 어디에 맡기는 과정을 그린다.

2. 구동사
2.1. commit O to O
You must **commit** this fact **to** your memory.
여러분은 이 사실을 여러분의 기억에 저장해야 합니다.
A large amount of money is **committed to** the educational project. (passive)
많은 돈이 그 교육 기획 사업에 약속되었다.

The contract **commits** him **to** playing for the team for the next two years.
그 계약은 그를 앞으로 2년 동안 그 팀을 위해서 뛰도록 한다.

At present, I cannot **commit** myself **to** any proposal.
현재로서 나는 어떤 제안에도 자신을 맡길 수 없다. 즉, 약속할 수 없다.

COMPETE

1. 단동사
이 동사는 경기 등에서 경쟁하는 과정을 그린다.

2. 구동사
2.1 compete against O
He is to **compete against** the champion.
그는 그 선수권자에 맞서 경쟁하게 되어있다.

2.2 compete for O
We are **competing for** the prize.
우리는 그 상을 타기 위해서 경쟁하고 있다.

2.3 compete in O
He is **competing in** 3 events.
그는 세 가지 종목에서 경쟁하고 있다.

2.4 compete with O
I am to **compete with** an American runner.
나는 어느 미국 주자와 경쟁하게 되어있다.

He is **competing with** the noise from outside.
그는 밖에서 들어오는 그 소음과 경쟁하고 있다.

CON

1. 단동사
이 동사는 속여서 돈을 받거나 어떤 일을 하게 하는 과정을 그린다.
명사: 속임수, 사기

2. 구동사
2.1 con O into O
He **conned** her **into** believing that he was rich.
그는 그녀를 속여서 그가 부자라고 믿게 했다.

2.2 con O out of O
He **conned** her **out of** her money.
그는 그녀를 속여서 그녀의 돈을 빼앗았다.

CONCEIVE

1. 단동사
이 동사는 아이를 배는 과정을 그린다.
타동사

She **conceived** her child during the war.
그녀는 그 전쟁 중에 그녀의 아이를 임신했다.

He **conceived** a plan for making a fortune.
그는 큰 돈을 벌 계획을 품었다.

2. 구동사
2.1 conceive of O
She cannot **conceive of** life without him.
그녀는 그가 없는 삶을 생각할 수 없다.

CONCERN

1. 단동사
이 동사는 어떤 사람을 걱정하게 하는 과정을 그린다.
명사: 우려, 걱정; 중요한 것, 관심사
타동사

Don't interfere in what doesn't **concern** you.
너에게 상관없는 일에 간섭하지 마세요.

The story **concerns** the prince's efforts to rescue Pamina.
그 이야기는 파미나를 구출하려는 그 왕자의 노력에 관한 것이다.

What **concerns** me is our lack of preparation for the change.
내가 우려하는 것은 그 변화에 대한 우리의 준비 부족이다.

2. 구동사
2.1 concern O about O
He is **concerned about** *his community.* (passive)
그는 자신의 지역사회에 대해서 염려하고 있다.

| the future of the country 나라의 미래 | child 아이 |
| political impact 정치적 충격 | appearance 외모 |

2.2 concern O with O
He didn't **concern** himself **with** the details.
그는 그 세부적인 사항들에는 흥미를 갖지 않았다.

CONE

1. 단동사
이 동사는 원뿔, 콘을 사용하여 차선 등을 분리하는 과정을 그린다.
명사: 원뿔, 콘; 도로 표지에 쓰이는 원뿔형 통

2. 구동사
2.1 cone O off
The left lane is **coned off** because of an accident. (passive)
왼쪽 차선이 사고로 원뿔로 분리되어 있다.
[off는 차선이 다른 차선에서 분리되는 관계를 나타낸다.]
The streets around the city hall is **coned off** by police. (passive)
그 시청 주위의 길들이 경찰에 의해 원뿔로 분리되어 있다.

CONFESS

1. 단동사
이 동사는 자백하는 과정을 그린다.
타동사
The suspect never **confessed** his crime.
그 용의자는 자신의 범죄를 자백하지 않았다.
He **confessed** that he was wrong.
그는 *그가* 잘못됐음을 자백했다.

2. 구동사
2.1 confess to O
He **confessed to** a passion for gambling.
그는 노름에 대한 열정이 있음을 자백했다.
The rebel **confessed to** plating the bomb on the truck.
그 반군이 그 폭탄을 그 트럭에 심었음을 자백했다.

CONJURE

1. 단동사
이 동사는 마술을 써서 무언가가 나타나거나 사라지게 하는 과정을 그린다.
자동사
Her grandfather taught her to **conjure**.
그녀의 할아버지가 그녀에게 마술을 가르쳤다.
타동사
He could **conjure** coins from behind people's ears.
그는 사람들의 귀 뒤에서 동전들을 만들어 내는 마술을 부릴 줄 알았다.

2. 구동사
2.1 conjure O up
The word "Hawaii" **conjures up** images of sunshine and white clouds floating across the sky.

"하와이"라는 말은 햇빛과 하늘을 가로질러 흘러가는 흰 구름들의 영상들을 떠오르게 한다.
[up은 영상 등이 마음속에 떠오르는 관계를 나타낸다.]
When we came back from home, mother used to **conjure up** delicious snacks.
우리가 학교에서 집에 돌아오면, 엄마는 맛있는 간식들을 뚝딱 만들어 주시곤 했다.
[up은 간식이 만들어지는 관계를 나타낸다. 참조: fix up, whip up]
We have to **conjure up** $100.
우리는 마술을 써서라도 100달러를 만들어내야 한다.

CONK

1. 단동사
이 동사는 기계가 멈추거나, 사람이 죽거나 기절하는 과정을 나타낸다.

2. 구동사
2.1 conk off
As soon as I got home, I **conked off**.
집에 오자마자, 나는 잠이 들었다.
[off는 의식 상태에서 잠든 상태로의 변화를 나타낸다. 참조: doze off, nod off, drop off]

2.2 conk out
My old computer finally **conked out**.
내 낡은 컴퓨터가 마침내 죽어 버렸다.
[out은 살아있거나 움직이는 것이 죽거나 움직이지 않는 상태를 나타낸다.]
On my way, my car **conked out** in the middle of the road.
집에 오는 길에 내 차가 길 한복판에서 엔진이 꺼졌다.
[out은 움직이던 것이 움직이지 않게 되는 관계를 나타낸다.]
He **conked out** after being hit by the ball.
그는 그 공에 맞아서 의식을 잃게 되었다.
[out은 의식이 나가는 관계를 나타낸다. 참조: pass out]
I **conked out** after studying all night.
나는 밤새 공부를 한 다음에 정신없이 자버렸다.

CONNECT

1. 단동사
이 동사는 두 개체나 사람을 잇는 과정을 그린다.
타동사
The towns are **connected** by train and bus services. (passive)
그 소도시들은 기차와 버스 운행 편으로 연결된다.

They are connected by marriage.
그들은 혼인으로 이어져 있다.

2. 구동사

2.1 connect O to O

He connected the tool to the wall plug.
그는 그 기구를 그 벽 플러그에 연결했다.
This highway connects Seoul to Busan.
이 고속도로는 서울을 부산에 연결한다.

connect to O

Click 'Continue' to connect to the Internet.
인터넷에 접속하려면 Continue (계속)를 클릭하시오.
He can connect to animals.
그는 동물들의 마음을 이해할 수 있다.
[참조: relate to]
He can connect to what others feel.
그는 다른 사람들의 감정을 이해할 수 있다.

2.2 connect O up

We move in now and the gas range is not connected up. (passive)
이제 막 이사를 들어가서 가스 스토브가 가스 배관에 아직 연결되지 않았다.
[up은 스토브 선을 배관에 가져다 대는 관계를 나타낸다.]
I am trying to connect up the speaker to the audio set.
나는 그 스피커를 그 오디오 장치에 가져다 연결하려고 하고 있다.

connect O up to O

The doctor connected me up to a cardiograph.
그 의사는 나를 그 심전도에 연결했다.
[up은 선이 기계로 이어지는 관계를 나타낸다.]
Please connect the wire up to the terminal.
그 전선을 그 단말기에 가져다 연결하세요.
The house is finished and it is time to connect it up to the utility.
그 집이 완성되었으니, 그 집을 수도, 전기, 가스 등에 연결할 때가 되었다.

connect up with O

I want to connect up with Ron over the problem.
나는 그 문제에 대해서 론과 상의하고 싶다.
[up은 'I'가 론에게 접근하는 관계를 나타낸다.]
I want to connect up with the lawyer to discuss the matter.
나는 그 문제를 논의하기 위해서 그 변호사와 연락을 하고 싶다.

2.3 connect with O

I am happy to connect with you.
나는 당신과 연락을 하게 되어 행복합니다.
The bat connected with the ball and drove it into the left field.
그 방망이가 그 공과 연결되어 레프트 필드로 쳤다.
This wire connects with the red wire.
이 전선은 그 붉은 전선과 연결된다.
The train connects with the ferry at Busan.
그 기차는 그 연락선과 부산에서 연결된다.
He connected with *the community*.
그는 그 지역사회와 동질감을 느낀다.

| ordinary people | 일반인들 | world | 세상 |
| viewers | 청취자들 | | |

connect O with O

He tried to connect elegance with excellence.
그는 우아함을 우수함과 결합시키려고 했다.
I am really connected with her. (passive)
나는 그녀와 좋은 관계를 맺고 있다.

CONNIVE

1. 단동사

이 동사는 잘못 등을 묵인하는 과정을 그린다.

2. 구동사

2.1 connive at O

The customs officials are accused of conniving at smuggling.
그 세관 관리들은 밀수를 눈감아 준 혐의를 받고 있다.
He connived at the person's wrong doing.
그는 그 사람의 잘못을 묵인했다.
The policeman refused to connive at the traffic violation.
그 경찰관은 그 교통 위반을 눈감아 주려고 하지 않았다.

CONSIST

1. 단동사

이 동사는 구성되는 과정을 그린다.

2. 구동사

2.1 consist of O

The team consists of biologists, chemists, and physicists.
그 팀은 생물학자들, 화학자들과 물리학자들로 구성되

어 있다.
The United States **consists of** fifty one states.
미국은 51개의 주들로 구성되어있다.

CONTINUE

1. 단동사
이 동사는 과정이 계속되거나 계속 시키는 과정을 그린다.
타동사
He **continued** his education in Australia.
그는 교육을 호주에서 계속했다.
We **continued** seeing each other after I came back.
우리는 내가 돌아온 후에 다시 만나기 시작했다.
We **continued** talking after the meal.
우리는 그 식사를 한 다음 다시 이야기를 하기 시작했다.
The singer **continued** singing after the audience had left.
그 가수는 청중이 떠난 후에도 계속해서 노래를 불렀다.
자동사
The rain **continued** all day long.
그 비가 온 종일 계속되었다.
The speaker looked at his note, and then **continued**.
그 연사는 그의 노트를 본 다음 계속했다.

2. 구동사
2.1 continue down O
He **continued down** the road.
그는 계속해서 그 길을 따라 내려갔다.

2.2 continue into O
The debate **continued into** the night.
그 토의는 밤까지 이어졌다.

2.3 continue on O
He **continued on** the *path*.
그는 그 소로를 계속해서 걸었다.

trail 오솔길	street 거리

He **continued on** *talking*.
그는 다시 이어서 이야기를 계속했다.
[on은 쉼이 있은 다음 다시 이어지는 관계를 나타낸다.]

asking questions 질문하기	sleeping 잠자기

continue on
Even when she is in a serious situation, she **continued on**.
심각한 상황에 처해 있음에도 그녀는 (중지하지 않고)

계속했다.
[on은 과정이 계속 되는 관계를 나타낸다.]
Let's **continue on** from yesterday's lesson.
어제 배운 것에 이어서 계속 합시다.
Let's **continue on** after the song.
그 노래를 듣고 다시 이어서 계속 합시다.

continue onto O
We **continued onto** Gwangju.
우리는 쉬었다가 이어서 광주로 갔다.

continue on with O
They **continued on with** the *investigation* until today.
그들은 그 조사를 (잠깐 쉰 다음) 오늘까지 이어서 계속 했다.

program 프로그램	same topic 동일한 주제

continue O on
He **continued on** the show after a break.
그는 휴식을 한 다음 이어서 그 쇼를 계속했다.

CONTRACT 1

1. 단동사
이 동사는 계약을 맺는 과정을 그린다.
명사: 계약, 계약서
타동사
The player is **contracted** to play until August. (passive)
그 선수는 8월까지 뛰는 것으로 계약이 되어 있다.
Several computer engineers have been **contracted** to the finance department. (passive)
몇 명의 컴퓨터 엔지니어들이 그 금융부에 계약이 되어 있다.

2. 구동사
2.1 contract O in
The university **contracts in** cleaning service.
그 대학은 청소업자를 계약해서 들여 온다.

2.2 contract O out
The hospital **contracts out** cleaning service.
그 병원은 청소 업무를 계약을 해서 바깥 업체에 맡긴다.

CONTRACT 2

1. 단동사

이 동사는 물건이 줄어드는 과정을 그린다.

자동사

Glass **contracts** as it cools.
유리는 식으면 수축한다.
The heart muscles **contract** to expel the blood.
심근은 혈액을 내보내기 위해 수축한다.

2. 구동사
2.1 contract in
When cooled, rubber **contracts in**.
식으면 고무는 줄어든다.
[in은 고무가 줄어드는 관계를 그린다.]

CONVINCE

1. 단동사
이 동사는 확신시키는 과정을 그린다.

타동사

I can understand your argument, but you cannot
convince me.
나는 너의 논거를 이해할 수 있지만, 너는 나를 설득시
킬 수 없다.

2. 구동사
2.1 convince O of O
He **convinced** me **of** the truth of the story.
그는 나에게 그 이야기의 진실성을 확신시켜주었다.
At last, I was able to **convince** him **of** my innocence.
마침내, 나는 그에게 나의 무죄를 확신시킬 수 있었다.

COOK

1. 단동사
이 동사는 요리하는 과정을 그린다.
명사: 요리를 하는 사람; 요리사

타동사

What's the best way to **cook** trout?
송어를 요리하는 가장 좋은 방법이 뭔가요?

자동사

Where did you learn to **cook**?
당신은 어디서 요리를 배웠어요?
While the pasta is **cooking**, prepare the sauce.
그 파스타가 준비되고 [삶아지고] 있는 동안에 소스를
만들어라.
Everyone is being very secretive – there's something
cooking.
모두가 말을 하지 않고 있다. 무슨 일이 일어나는 거야.

2. 구동사
2.1 cook out
Let's **cook out** for the holiday.
그 공휴일에 우리 밖에 나가서 음식을 만들어 먹자.

cook O out of O
The chef **cooked** the flavor **out of** the vegetables.
요리사는 그 맛을 채소에서 빠져나가게 요리했다.

2.2 cook O up
She **cooked up** a dinner of rice and soybean soup.
그녀는 밥과 된장국 저녁을 지었다.
[up은 저녁이 만들어진 상태를 나타낸다.]
She **cooked up** some strange story about the man.
그녀는 그 남자에 대한 이상한 이야기를 만들어 내었다.

cook O up
Mom **cooked up** the large pizza.
엄마는 큰 피자를 요리해서 만들었다.
[up은 피자가 만들어지는 관계를 나타낸다.]
He is good at **cooking up** good and bad ideas.
그는 좋거나 나쁜 생각들을 만드는 데에 능하다.

COOL

1. 단동사
이 동사는 차가워지거나 차게하는 과정을 그린다.
형용사: 시원한, 서늘한

자동사

Let the soup **cool** before icing it.
얼리기 전에 그 죽을 식히세요.

타동사

She blew on the soup to **cool** it.
그녀는 그 국을 식히기 위해 그것에 바람을 불었다.

2. 구동사
2.1 cool down
I am waiting for the coffee to **cool down**.
나는 그 커피가 식기를 기다리고 있다.
[down은 온도의 감소를 나타낸다. 식어서 원래 온도보다 낮아진
상태를 그린다.]
In order to **cool down**, she took a shower.
체온을 식히기 위해서, 그녀는 샤워를 했다.
Leave him to **cool down** and then talk to him.
그가 화가 가라앉게 내버려 두었다가 그에게 말을 해라.
[him은 환유적으로 그의 화를 가리킨다. 화나 분노 등도 열의 개념
이 된다.]

cool O down

Please **cool down** the tea before drinking.
마시기 전에 그 차를 식히세요.
He put his feet in a bucket of cold water to **cool** them
down.
그는 자신의 발을 식히기 위해 발을 차가운 물이 담긴
양동이에 넣었다.

2.2 cool off

We went for a swim to **cool off**.
우리는 몸을 기분 좋을 정도로 식히기 위해 수영을 했다.
[off는 몸의 열기가 떨어져 있는 상태를 나타낸다.]
It took a while for the heated radiator to **cool off**.
그 방열기가 식는데 한참이 걸렸다.
Cooperation among the partners **cooled off**.
그 동업자 사이의 협력이 식었다.

cool O off

The air conditioner **cooled off** the room.
그 에어컨이 그 방을 견디기 쉽게 식혔다.
Higher tax should **cool off** the stock market.
높은 세금이 그 증권시장을 식힐 것이다.

COOP

1. 단동사

이 동사는 좁은 곳에 가두어두는 과정을 그린다.
명사: 닭장, (짐승) 우리

2. 구동사

2.1 coop O up

I think I need a holiday on the beach after being **cooped**
up inside all winter. (passive)
나는 겨우내 집안에 갇혀 있어서 바닷가에 가서 보내는
휴가가 필요하다.
[up은 어떤 장소에 갇혀서 꼼짝 못하는 상태를 가리킨다.]
The prisoner was **cooped up** in a tiny cell for 10 years.
(passive)
그 죄수는 10년 동안 좁은 감방에 갇혀 있었다.

COP

1. 단동사

이 동사는 해야 할 일을 하지 않고 빠져나가는 과정을 그
린다.

2. 구동사

2.1 cop out

It's your turn to sing — you cannot **cop out** now.
네가 노래할 차례야. 이제 와서 빠져나갈 수 없어.

cop out of O

You must not **cop out of** this difficult situation.
너는 이 난국에서 빠져나가서는 안 된다.
[out은 책임, 약속 등에서 빠져나가는 관계를 나타낸다.]

COPE

1. 단동사

이 동사는 어려움이나 상황을 성공적으로 대처하는 과정
을 그린다.
　자동사

I got to the stage where I was not **coping** anymore.
나는 더 이상 대처할 수 없는 단계에 이르게 되었다.

2. 구동사

2.1 cope with O

I cannot **cope with** *Bob* anymore.
나는 밥을 더 이상 참고 감당할 수 없다.

challenge(s)	도전	pressure	억압
criticism(s)	비판	problem(s)	문제

He is **coping with** the challenges.
그는 그 도전들을 성공적으로 대처하고 있다.
We have to **cope with** the shortage of water.
우리는 그 물 부족에 잘 대처해야 한다.

COPY

1. 단동사

이 동사는 베끼는 과정을 그린다.
명사: 복사본, (책, 신문 등의) 원고
　타동사

They **copied** the designs from those on Greek vases.
그들은 그 디자인을 그리스 화병들을 보고 베꼈다.
She **copies** everything her sister does.
그녀는 언니가 하는 모든 것을 따라한다.
Their tactics have been **copied** by other terrorist
organizations. (passive)
그들의 전술은 다른 테러 조직들에 의해 모방되었다.

2. 구동사

2.1 copy O down

The children **copied down** what the teacher wrote on
the blackboard.

그 아이들은 그 선생님이 칠판에 적은 것을 베껴 썼다.
[down은 소리, 생각 등을 종이 위에 써 놓는 관계를 그린다. 참조:
write down, note down, jot down, scribble down]

Here is my phone number. Please copy it down.
여기 내 전화번호가 있습니다. 적어 놓으세요.

2.2 copy O into O

She copied the phone number into her address book.
그녀는 그 전화번호를 자기 주소록에 옮겨 적었다.

2.3 copy onto O

Everything in the computer's memory can be copied
onto disks. (passive)
컴퓨터 메모리에 있는 것은 무엇이든 디스크에 복사될
수 있다.

2.4 copy O out

I liked the salad, and I copied out the recipe for it.
나는 그 샐러드를 좋아해서, 그 요리법을 꼭 그대로 베꼈다.
He liked the poem and he copied it out.
그는 그 시를 좋아해서 그 시 전체를 그대로 베꼈다.
I copied out several poems.
나는 시 몇 편을 옮겨 적었다.

CORDON

1. 단동사
이 동사는 어떤 지역을 경찰, 군인, 차량 등이 보호하는 과
정을 그린다.
명사: 경찰, 군인 등이 설치한 진입이나 진출 저지선, 비상
경계선

2. 구동사
2.1 cordon O off

There is going to be a demonstration in front of the
Japanese embassy, and police cordoned it off.
일본 대사관 앞에서 시위가 있을 예정이어서 경찰이 그
것을 저지선을 설치해서 차단했다.
The area is cordoned off. (passive)
그 지역은 저지선으로 차단되어 있다.

pond	연못	subway	지하철
station	정거장	bridge	다리

CORK

1. 단동사
이 동사는 코르크를 써서 병을 막는 과정을 그린다.

명사: 코르크, 코르크 마개

2. 구동사
2.1 cork O up

I think we need to cork up the bottle.
나는 우리가 그 병을 코르크로 막아야 할 필요가 있다고
생각한다.
Please cork it up and listen.
제발 입을 닫고, 들어 보세요.
[참조: clam up, shut up, button up, zip up]

COST

1. 단동사
이 동사는 비용을 산출하거나 비용이 드는 과정을 그린다.
명사: 값, 비용; 노력[희생/손실]; 소송 비용

타동사

I didn't get the car because it cost too much.
나는 그 차가 돈이 너무 많이 들어서 못 샀다.
Tickets cost ten dollars each.
표들은 한 장에 10달러이다.
The project needs to be costed in detail. (passive)
그 프로젝트는 자세히 비용 산출을 할 필요가 있다.
That one mistake almost cost him his life.
그 한 실수가 거의 그의 목숨을 앗아갈 뻔 했다.
A late penalty cost United the game.
후반부의 페널티가 유나이티드 팀이 그 경기를 패하게
했다.
The accident cost me a visit to the doctor.
그 사고로 나는 병원에 가야 했다.
Financial worries cost her many sleepless nights.
재정적인 걱정들이 그녀를 수많은 불면의 밤을 겪게 했다.

2. 구동사
2.1 cost O at O

Their accountants have costed the project at $8.1
million.
그들의 회계 담당자들이 그 프로젝트 비용을 810만 달
러로 산출했다.
[참조: estimate at]

2.2 cost O out

They costed out the project.
그들은 그 기획사업 비용을 산출해냈다.
[참조: figure out]

2.3 cost up

We are going to renovate our house, and a builder cost

it up.
우리는 우리 집을 보수하려고 하는데 그 건축업자가 와서 수리비를 산출했다.

COTTON

1. 단동사
이 동사는 무엇을 좋아하거나 이해하는 과정을 그린다.

2. 구동사
2.1 cotton on

I dropped six hints, but he was not able to **cotton on**.
내가 여섯 개의 힌트를 던졌으나, 그는 (그것을) 이해하지 못했다.

cotton onto O

It took a while to **cotton onto** what I was hinting at.
내가 암시하는 것을 그가 알아차리는데 시간이 좀 걸렸다.
[참조: catch onto]

2.2 cotton to O

At first, I didn't **cotton to** her, but she turned out to be very nice.
처음에 난 그녀를 좋아하지 않았지만, 그녀는 참으로 착한 사람이었다.

COUGH

1. 단동사
이 동사는 기침을 하는 과정을 그린다.
명사: 기침
자동사

I couldn't stop **coughing**.
나는 기침을 멈출 수가 없었다.
타동사

Sometimes she **coughed** blood.
가끔 그녀가 기침에 피를 토하기도 했다

2. 구동사
2.1 cough O out

He is **coughing out** phlegm.
그는 기침을 하며 가래를 내뱉고 있다.

2.2 cough O up

He had been suffering from a cold for a long time, and he **coughed up** blood.
그는 감기를 오래 앓아서 기침할 때 피를 토해 올렸다.

He had to **cough up** the money.
그는 그 돈을 토해내야만 했다.

COUNT

1. 단동사
이 동사는 계산을 하는 과정을 그린다.
타동사

I **counted** the people at the meeting.
나는 그 회의에 참여한 사람들의 수를 헤아렸다.

There are five people **counting** you.
너를 계산에 넣으면 다섯 사람이 있다.

I **count** myself lucky.
나는 자신이 운이 좋다고 생각한다.
자동사

Please **count** to 20.
20까지 수를 세어라.

Every bit of help **counts**.
조만간의 도움들이라도 모두 계산에 든다. 즉, 중요하다.

2. 구동사
2.1 count against O

Always dress for work. Your poor appearance will **count against** you.
일할 때 언제나 차려입어라. 초라한 용모는 너에게 불리하게 계산될 것이다.

Her upward manner **counted against** her.
그녀의 건방진 태도가 그녀에게 불리하게 작용했다.

2.2 count O among O

He **counts** himself **among** the singer's close friends.
그는 자신을 그 가수의 친한 친구 중에 속한다고 생각한다.

He has written a short paper on the Korean language, and he **counts** it **among** his chief accomplishments.
그는 한국어에 대한 짧은 논문을 써서, 이것을 그의 주요 업적의 하나로 생각한다.

2.3 count O down

The NASA is **counting down** the final 10 seconds.
미국 항공 우주국은 마지막 10초를 세어 내려가고 있다.
[down은 몇 개의 숫자를 높은 자리에서 낮은 자리로 세는 것을 가리킨다. 10, 9, 8, 7, 6, 5, 4, 3, 2, 1]

She is **counting down** the weeks until she will be home with her husband.
그녀는 남편과 같이 있게 될 때까지의 주를 세어 내려가고 있다.

count down to O

He is **counting down to** New Year.
그는 새해까지 세어 내려가고 있다. 즉, 손꼽아 기다리고 있다.

I am **counting down** the days **to** my graduation.
나는 내 졸업식까지의 날짜들을 세어 내려가고 있다.

2.4 count for O

The traditional moral values **count for** nothing nowadays.
전통적인 도덕 가치들은 오늘날 가치 없는 것으로 생각된다.

The law **counts for** nothing among the criminals.
그 법은 범죄자들 사이에는 아무것도 아닌 것으로 계산된다. 즉, 간주된다

What I said here **counted for** nothing.
내가 여기서 말한 것은 아무것도 아닌 것으로 받아들여졌다.

2.5 count O in

If you are going to the concert tomorrow, please **count** me **in**.
네가 내일 그 콘서트를 가려고 하면, 나를 (그 계획에) 끼워 넣어주세요.

2.6 count O off

The teacher is **counting off** the children as they entered the hall.
그 선생님은 아이들이 그 강당에 들어갈 때 그들 한 명 한 명을 헤아리면서 명단에서 제거(off) 했다.
[참조: take off, cross off, check off, tick off]

He tried to **count off** the names of major rivers in Korea on his finger.
그는 한국의 큰 강들의 이름을 손가락을 하나씩 접어가면서 외우려고 했다.
[off는 부른 이름을 체크하는 관계를 나타낸다. 참조: tick off]

The teacher will **count off** three points if you skip a class.
그 선생님은 너가 수업을 한 번 빼먹으면 3점을 감점한다고 한다. 즉, 총액에서 3점을 뺀다고 한다.

count off

The boy scouts **counted off** while marching on.
그 보이스카우트 대원들은 행진을 계속 하면서, 차례대로 (자신의 번호를) 세었다.
[off는 행진하는 사람들이 한 사람씩 차례로 자기 번호를 대는 관계를 나타낸다. 참조: number off]

2.7 count on O

You can **count on** sunny climate in Korea in autumns.
여러분은 가을에 한국에서 맑은 날을 기대할 수 있다.
[on은 계산을 맑은 날을 두고 할 수 있다는 뜻이다.]

A: 'Soon I may have a grandson.'
B: 'Don't **count on** it, Dad.'
A: '나 곧 손자를 가지겠구나.'
B: '아버지, 그것을 기대하지 마세요.'

You can always **count on** me if you have any problem.
네가 문제가 있으면 언제나 나를 믿을 수 있다.

2.8 count O out

A: 'We are going to the movie tonight.'
B: 'Count me **out**.'
A: '우리 오늘 저녁 영화 보러 간다.'
B: '나는 (동행 / 계획 등에서) 빼주세요.'

The teller **counted out** $200 in $50 bills.
그 은행직원은 200달러를 50달러짜리 지폐로 세면서 펼쳐 놓았다.

Don't **count** the Dodgers **out**. This is going to be a tough game.
다저스를 (예상에서) 빼어놓지 말아라. 이것은 어려운 경기가 될 것입니다.

Don't **count out** the old players – they're the ones with experience.
나이 많은 선수들을 빼놓지 말아라 – 그들은 경험을 가진 선수들이다.

The boxer fell to the mat, and the referee **counted** him **out** to end the fight.
그 권투선수가 바닥에 떨어졌고, 그 심판은 그 경기를 끝내기 위해서 그를 (3초 세어서) 경기에서 제외시켰다.

2.9 count toward O

The work you have done over the past two years **counts toward** your master's degree.
여러분이 지난 2년에 걸쳐 해놓은 연구는 여러분이 석사학위를 받는 점수에 보태어 집니다.

2.10 count O up

He **counted up** all the points he made so far.
그는 지금까지 딴 점수를 합산했다.
[up은 적은 수들을 모아서 큰 숫자로 만드는 관계를 나타낸다.]

You need to **count up** all the guests you invited to your wedding.
너는 너의 결혼식에 초청한 모든 하객들의 수를 합산할 필요가 있다.

COUPLE

1. 단동사
이 동사는 두 사람을 짝짓거나 차량 등을 연결하는 과정을 그린다.
명사: 두 사람, 두 개; 몇 명[개]의, 두어 명의 남녀, 부부

2. 구동사
2.1 couple O to O
Couple the green ring to the red one.
그 녹색 고리를 빨간 고리에 연결하세요.

2.2 couple O onto O
Couple the black one onto the white one.
그 검은 것을 그 흰 것에 가져다 연결하세요.

2.3 couple O together
Let's couple these cars together.
이 차들을 함께 연결합시다.

2.4 couple up
The teacher coupled up Tom and Jerry.
그 선생님은 톰과 제리를 짝지었다.
[참조: pair up, buddy up]

couple up O with O
The teacher coupled up Tom with Jerry.
그 선생님은 톰을 제리와 짝지었다.

2.5 couple O with O
He coupled Mary with Jane.
그는 메리와 제인을 짝을 지었다.
Lack of rain coupled with cold temperatures led the crops to fail.
이 낮은 기온과 겹친 강수량 부족이 작물을 실패하게 했다.

couple with O
The railroad car couples with the cabin.
그 열차는 그 승무원차와 연결된다.

COVER

1. 단동사
이 동사는 덮는 과정을 그린다.
타동사

He covered his car with a blanket.
그는 그의 차를 담요로 덮었다.
The book covers the Korean war.

그 책은 한국전쟁을 다룬다.
Is this case covered by the insurance? (passive)
이 사안은 그 보험의 범위 안에 듭니까?
The reporter covered the plane crash.
그 기자는 그 비행기 추락을 취재했다.
He covered me while I ran to the shelter.
그는 내가 그 대피소로 뛰어가는 동안 나를 보호해주었다.
We covered 50 miles today.
우리는 오늘 50마일을 걸었다 / 운전했다.

2. 구동사
2.1 cover O in O
The soldier was covered in blood. (passive)
그 군인은 피로 덮여있었다.
His boots are covered in mud. (passive)
그 구두는 진흙으로 덮여있다.
The wall is covered in graffiti. (passive)
그 벽은 낙서로 덮여있다.

2.2 cover O over
They put the coffin in the hole and covered it over with dirt.
그들은 관을 구덩이에 넣고, 그것을 흙으로 덮었다.
[over는 흙이 관 전체를 덮는 관계를 그린다.]
The plane is covered over and cannot be seen from above. (passive)
그 비행기는 위가 완전히 덮여서 위에서 보이지 않는다.
[over는 비행기보다 덮는 것이 더 큼을 나타낸다.]

2.3 cover O up
When the sun is very strong, it is best to cover ourselves up instead of using sunscreens.
햇빛이 강할 때는 선크림들을 쓰는 것보다 우리 몸을 완전히 감싸는 것이 최선이다.
[up은 무엇이 완전히 덮이는 관계를 나타낸다.]
The employee stole 5 million dollars, and tried to cover it up by fixing the account.
그 고용인은 5만 달러를 회사에서 훔치고 장부를 조작해서 그것을 은폐하려고 했다.
The spy stole the confidential information, but failed to cover *it* up.
그 스파이는 극비정보를 훔쳤으나, 그것을 은폐하는데 실패했다.

error	실수	truth	진실
crime	범죄	accident	사고

cover up

My grandmother **covers up** before going outside to protect herself from the sun.
나의 할머니는 외출하기 전, 햇볕으로부터 보호하기 위해서 (자신을) 완전히 감싼다.
Joan lied to **cover up** for her husband.
조안은 그녀의 남편을 은폐시키기 위해 거짓말을 했다.

COWER

1. 단동사
이 동사는 두려워서 몸을 굽히고 뒤로 물러서는 과정을 그린다.

2. 구동사
2.1 cower down
He **cowered down** from the terror.
그는 공포심에 몸을 수그렸다.

COZY

1. 단동사
이 동사는 사람들이 서로 가까이 다가가는 과정을 그린다.
형용사: 아늑한, 친밀한

2. 구동사
2.1 cozy up
In the cold, the children **cozied up**.
추위 속에 아이들이 체온을 유지하기 위해서 서로 가깝게 다가갔다.
[up은 아이들이 서로 가까워지는 관계를 나타낸다.]
They **cozied up** with a comfy blanket.
그들은 포근한 담요 한 장을 가지고 서로 가까이 앉아있었다.

cozy up to O
The cubs **cozied up to** their mom.
그 새끼들이 포근하게 어미에게 다가가 안겼다.
[up은 새끼들이 어미에게 다가가는 관계를 나타낸다. 참조: snuggle up to]
The salesman **cozied up to** the customer.
그 판매원은 그 고객에게 친밀하게 다가갔다.

CRACK

1. 단동사
이 동사는 충격을 받고 금이 가거나 금이 가게 하는 과정을 그린다.

타동사
He is **cracking** the walnut.
그는 그 호두를 깨고 있다.
He **cracked** the jar.
그는 그 항아리를 금이 가게 했다.
A thief **cracked** the safe.
어느 도둑이 그 금고를 깨부수었다.

자동사
The ice **cracked** and he fell in.
그 얼음이 깨어져서 그가 (물속에) 빠졌다.
His voice **cracked**.
그의 목소리가 갈라졌다.

2. 구동사
2.1 crack down on O
Police began **cracking down on** *smuggling*.
경찰이 밀수의 단속을 강화하여 그것을 없애려(down)하고 있다.
[down은 밀수가 종단되는 관계를 나타낸다.]

| poaching | 밀렵 | illegal parking | 불법주차 |
| drunk driving | 음주운전 | violence | 폭력 |

2.2 crack into O
Someone **cracked into** my phone.
누군가가 내 전화를 도청했다.
[참조: tap into, bug into, hack into]

2.3 crack on
We have to finish this work by 5, so we'd better **crack on**.
우리는 이 일을 5시 까지 끝내야 한다. 그러니 계속해서 열심히 하는 게 좋겠다.
[on은 일을 계속하는 관계를 나타낸다. 참조: plough on]
I determined to **crack on** with harvesting before it gets cold.
나는 날이 추워지기 전에 계속해서 추수를 하기로 결정했다.

2.4 crack up
The airplane **cracked up** in the air.
그 비행기는 공중에서 완전히 분리되었다.
[up은 비행기가 완전히 부수어진 상태를 나타낸다. 참조: blow up]
I left the headlights on. I must be **cracking up**.
나는 전조등을 켜두었다. 내가 미치고 있나봐.
[사람 머리가 견과에 비유되고, 이것이 깨어진다는 것은 미친다는 뜻이다.]
He had been working without taking any break, and

he just **cracked up** under the strain.
그는 휴식 없이 계속해서 일을 하다 무리하여 정신이
나갔다.

Everyone in the hall **cracked up** when the comedian
appeared on the stage.
홀에 있던 모든 사람들은 그 코미디언이 무대에 등장하
자 파안대소 했다.
[everyone은 환유적으로 모든 사람들의 얼굴을 가리키고, 크게
웃으면 얼굴이 일그러진다.]

crack O up
She is wearing a very funny hat — she really **cracks**
me **up**.
그녀는 정말 이상한 모자를 쓰고 있다 — 그녀는 나를
크게 웃긴다. 즉, 파안대소하게 했다.

The film was not all it was **cracked up** to be —— it was
boring. (passive)
그 영화는 알려진 만큼 좋지 않았다. 너무 지루했다.
[참조: talk up]

CRAM

1. 단동사
이 동사는 무엇을 좁은 공간에 쑤셔 넣는 과정을 그린다.
타동사
Supporters **crammed** the streets.
지지꾼들이 거리를 잔뜩 메웠다.
자동사
He has been **cramming** for his exams all week.
그는 시험들을 위해 일주일 내내 벼락치기를 하고 있다.

2. 구동사
2.1 cram in
When the train door opened, people **crammed in**.
그 열차 문이 열리자 사람들이 (열차) 안으로 밀려들어
갔다.

We are to stay for two days in Seoul, and we are going
to **cram in** as much sightseeing as possible.
우리는 서울에서 이틀 있을 예정인데, 우리는 그 기간
안에 가능한 많은 구경을 집어넣을 예정이다.
[in은 into two days를 뜻한다. 참조: squeeze in]

cram O in
The tram arrived and the pushman **crammed** us **in**.
열차가 도착하자, 그 푸시맨이 우리를 (그 속으로) 밀쳐
넣었다.

2.2 cram O into O

He **crammed** the clothes **into** a small suitcase.
그는 그의 옷을 작은 여행 가방에 쑤셔 넣었다.
He **crammed** a lot of popcorn **into** his mouth.
그는 많은 팝콘을 그의 입에 쑤셔 넣었다.
The teacher tried to **cram** knowledge **into** our heads.
그 선생님께서는 지식을 우리 머릿속에 집어넣으려고
하셨다.
He tried to **cram** one week's work **into** one hour.
그는 일주일의 일을 한 시간에 안에 집어넣으려고 하
였다.

2.3 cram onto O
During the rush hour, people have to **cram onto** the
subway.
그 출근시간에 사람들은 지하철에 비집고 들어가 타야
한다.

2.4 cram up on O
Cars **crammed up on** the highway.
차들이 그 고속도로에 꽉 찼다.
[참조: back up, pile up]

He's **cramming up on** Korean history for the final.
그는 그 학기말 시험을 위해 한국사 지식을 짧은 시간
안에 머릿속에 집어넣고 있다. 즉, 벼락치기 공부를 하
고 있다.

2.5 cram O with O
He **crammed** us **with** ice cream and cake.
그는 우리에게 아이스크림과 케이크를 잔뜩 먹였다.
[참조: stuff with]

CRAMP

1. 단동사
이 동사는 경련이 일어나는 과정을 그린다.
명사: 경련, 쥐

2. 구동사
2.1 cramp up
His muscles **cramped up**.
그의 근육들이 경련을 일으켜서 움직이지 못했다.
He **cramped up** in his sleep.
그는 자다가 경련을 일으켰다.

CRANK

1. 단동사
이 동사는 크랭크를 돌려서 무엇을 움직이거나 만드는 과

정을 그린다.

명사: (기계의) 크랭크; 괴짜; 화[짜증]를 잘 내는 사람

타동사

He has a limited time to **crank** the reforms into action.
그가 개혁 조치들을 가동시킬 수 있는 시간이 한정되어
있다.

2. 구동사

2.1 crank O down

He **cranked down** the heating and put on a cardigan.
그는 난방을 끄고 카디건을 입었다.
[down은 난방이 작동이 안되는 관계를 나타낸다.]

The auto-company **cranked down** the production of
the old model.
그 자동차회사는 그 구형 모형의 생산을 중단했다.

2.2 crank O out

The writer **cranks out** short stories at the rate of 5
a year.
그 작가는 단편소설을 일 년에 다섯 권씩 빠르게 대량으
로 써낸다.
[out은 단편소설이 만들어지는 관계를 나타낸다.]

The factory **cranked out** hundreds of *cars* a month.
그 공장은 수백 대의 자동차를 빠르게 대량으로 달마다
생산한다.

refrigerators 냉장고	TV sets 텔레비전 세트

The engine can **crank out** 100 horse-power.
그 엔진은 100마력을 만들어 낼 수 있다.

2.3 crank O up

He **cranked up** the volume of the stereo.
그는 스테레오의 소리를 높였다.
[up은 소리가 커지는 관계를 나타낸다.]

The mechanic **cranked up** the old T Model.
그 기사는 크랭크를 돌려서 옛날 T자형 자동차에 시동
을 걸었다.
[참조: fire up, start up]

CRASH

1. 단동사

이 동사는 두 개체가 크게 소리를 내며 부딪히는 과정을 그
린다.

타동사

He **crashed** the cymbals together.
그는 그 심벌즈들을 쨍쨍 소리 나게 쳤다.

The red chairs **crashed** the yellow table.
그 빨간 의자는 그 노란색 식탁과 충돌했다. 즉, 어울리
지 않았다.

자동사

The ideas for a new hospital **crashed**.
새 병원에 대한 그 생각들이 충돌했다.

The 747 jet plane **crashed**.
그 747 제트 여객기가 추락했다.

2. 구동사

2.1. crash around

The guy in the apartment upstairs was **crashing
around** about 11 o'clock last night.
위 층 아파트에 사는 그 녀석이 어제 밤 11시경 소리를
내면서 이리저리 돌아다니고 있었다.

Some kind of animals were **crashing around** in the
bushes in front of us.
어떤 종류의 동물들이 우리 앞의 덤불 속에서 시끄러운
소리를 내며 이리저리 다니고 있었다.

2.2. crash down

When his wife died, his whole world came **crashing
down**.
그의 아내가 죽었을 때 그의 모든 세계가 와장창 무너져
내렸다.

One by one, the international marriages came
crashing down.
하나하나 국제결혼들이 와장창 무너져 내렸다.

If the stock market collapsed, it would bring his whole
life **crashing down**.
만약 그 증권시장이 무너지면 그것은 그의 모든 삶을
와장창 무너져 내리게 할 것이다.

His hopes of winning the title came **crashing down** last
night when he lost the game.
그가 그 선수권을 장악하겠다는 희망은 어제 그가 경기
에 졌을 때 와장창 무너져 내렸다.

crash down on O

Upon arriving, he **crashed down on** the sofa.
도착하자마자, 그는 소파에 쿵 소리 내며 쓰러져 누웠다.

His whole life **crashed down on** him.
그의 모든 삶이 그에게 와장창 무너져 내렸다.

crash down onto O

A huge tree **crashed down onto** a bus.
거대한 나무 한 그루가 지지직하는 소리를 내며 어느
버스에 떨어져 내렸다.

Some train cars **crashed down onto** the highway.

몇 량의 기차의 객차들이 그 고속도로에 세차게 떨어져 내렸다.

2.3. crash into O
The taxi crashed into the *wall*.
그 택시가 그 벽을 쾅하고 들이받았다.

market 시장	crowd 군중

crash O into O
He crashed the plane into the Andes.
그는 그 비행기를 안데스산맥에 추락시켰다.

2.4. crash on O
The plane crashed on landing.
그 비행기는 착륙 시 추락했다.

2.5. crash out
He was so exhausted last night when he got home that he crashed out on the couch.
그가 어제 집에 돌아왔을 때 그는 너무 지쳐서 소파에 쓰러져 누워 잠이 들고 말았다.
[out은 의식 상태에서 무의식상태로의 변화를 나타낸다. 참조: pass out]

crash out of O
Germany crashed out of the 2018 World Cup after the embarrassing defeat by South Korea.
독일은 한국에 참패를 당한 후에 월드컵에서 탈락했다.

2.6. crash through O
He was trying to crash through the door but I stopped him.
그는 그 문을 박차고 들어오려고 했으나 내가 막았다.
The cows are crashing through the fence.
그 소들이 그 울타리를 부수고 지나가고 있었다.

2.7. crash to O
The stack of dishes crashed to the floor.
그 접시 무더기가 소리를 내며 그 마룻바닥에 떨어졌다.

2.8. crash O together
Don't crash those pans together. It's too noisy.
그 냄비들을 함께 부딪쳐 소리 나게 하지 마세요. 너무 시끄러워요.
Two taxis crashed together, making a loud noise.
두 택시가 큰 소리를 내면서 함께 부딪쳤다.

CRATE

1. 단동사
이 동사는 병 등을 나무 상자에 넣는 과정을 그린다.
명사: (병 등을 담기 위해 칸을 나눈) 나무나 플라스틱 상자; (큰 물건을 운반할 때 쓰이는) 상자

2. 구동사
2.1 crate O up
The bottles were crated up and shipped out.
그 병들은 나무 상자에 넣어져서 발송되었다. (passive)
The elephant was crated up and flown to Zambia. (passive)
그 코끼리는 나무 상자에 넣어져서 잠비아로 비행편에 보내졌다.

CRAWL

1. 단동사
이 동사는 손과 무릎을 땅에 대고 기는 과정을 그린다.
자동사
Her baby is just starting to crawl.
그녀의 아기는 이제 막 기기 시작하고 있다.

2. 구동사
2.1. crawl back to O
He crawled back to his former wife.
그는 전처에게 기어서 되돌아갔다.

2.2. crawl into O
A snake crawled into the hole.
뱀 한 마리가 그 구멍으로 기어들어갔다.

2.3. crawl out of O
A lot of worms crawled out of the hole on the floor.
그 바닥에 있는 구멍에서 많은 벌레들이 기어 나왔다.

2.4. crawl through O
The expedition crawled through a narrow tunnel.
그 원정대는 좁은 터널을 기어 통과했다.

2.5. crawl under O
The soldiers crawled under the barbed wire.
그 군인들은 그 철조망 밑을 기어 지나갔다.

2.6. crawl up O
He is carwling up the system.
그는 그 제도를 따라 올라가고 있다.

2.7. crawl with O

The place is crawling with ants.
그 장소는 개미가 바글바글 하다.
In the summer, the village is crawling with tourists.
여름에 그 마을은 관광객들이 와글와글 한다.

CREAM

1. 단동사
이 동사는 우유에서 크림을 걷어내는 과정을 그린다.
명사: (특정 무리에서) 최고의 인물들; (우유로 만든) 크림; (화장용이나 세정용) 크림; 크림색, 미색
타동사
Cream the butter and sugar together.
버터와 설탕을 함께 섞어 크림처럼 만들어라.

2. 구동사
2.1 cream O off
The more academic high school graduates are creamed off by the science institute. (passive)
좀 더 학구적인 고등학교 졸업생들은 그 과학 연구소에 거두어져 간다.
[off는 학구적인 학생들이 나머지 학생들에게서 분리되는 관계를 나타낸다.]

CREASE

1. 단동사
이 동사는 주름이 지거나 지어지는 과정을 그린다.
명사: 주름
타동사
Pack your suit carefully so that you don't crease it.
네 양복이 안 구겨지게 조심해서 싸세요.
A frown creased her forehead.
얼굴을 한 번 찌푸리자 그녀 이마에 주름이 생겼다.

2. 구동사
2.1 crease up
When the clown appeared on the stage, all the children creased up.
그 광대가 무대 위에 나타나자 그 아이들이 크게 웃었다.
[웃음을 지으면 얼굴이 일그러진다. 참조: crack up]

2.2 crease into O
Her face creased into a smile.
그녀가 얼굴에 주름을 지으며 웃었다.

CREDIT

1. 단동사
이 동사는 어떤 사람이 특정한 자질을 갖거나 좋은 일을 했다고 믿는 과정을 그린다.
명사: 칭찬; 인정; 학점; 신용거래; 융자(금)
타동사
The cheetah is generally credited as the world's fastest animal. (passive)
치타는 보통 세상에서 가장 빠른 동물로 여겨진다.

2. 구동사
2.1 credit O for O
I credit Ken for the cooperation.
나는 켄에게 그 협조에 대한 칭찬을 했다.

2.2 credit O to O
Much of their success is credited to the expert. (passive)
그들 성공의 대부분은 그 전문가 덕택으로 돌려진다.

2.3 credit O with O
Your account has been credited with $50,000. (passive)
당신 계좌에 오만 달러가 입금되었습니다.
The company is credited with inventing the industrial robot. (passive)
그 회사가 그 산업용 로봇을 발명한 공이 있는 것으로 여겨진다.
I credited you with a little more sense.
난 당신이 좀 더 양식 있는 사람이라고 믿었어.
We have to credit Ronald with saving many lives.
우리는 로날드가 많은 생명을 구했다고 생각해야만 한다.

CREEP

1. 단동사
이 동사는 살금살금 눈에 띄지 않게 움직이는 과정을 그린다.

2. 구동사
2.1 creep into O
Same errors crept into the term paper.
몇 개의 오류가 학기말 보고서에 나도 모르게 들어갔다.

creep in
He usually speaks in a Seoul accent, but sometimes the Busan accent creeps in.
그는 대개 서울말을 쓰지만, 가끔 부산 사투리 억양이

끼어든다.

[in은 부산 사투리가 서울말에 들어오는 관계를 나타낸다.]

A few mistakes **crept in** during editing.

몇 개의 실수가 편집 중에 끼어들었다.

I thought I had made my mind but the doubt **crept in**.

나는 결심을 했다고 생각하는데 그 의심이 (내마음에) 살금살금 들어왔다.

creep in on O

The lion **crept in on** the prey.

그 사자는 먹잇감에 살금살금 거리를 좁혀 들어가서 덮쳤다.

[in은 사자가 먹이에 접근하는 관계를, on은 접촉 관계를 나타낸다.]

2.2 creep O **out**

The sight of the snake **crept** me **out**.

그 뱀의 모습이 나를 몹시 겁먹게 했다.

[out은 겁먹음이 극도에 이름을 나타낸다. 참조: gloss out]

2.3 creep over O

The shadows **crept over** the picnic and made everyone realize what time it was.

그림자가 살금살금 그 소풍장소에 덮쳐 와서 모든 사람들이 몇 시인가를 알게끔 하였다.

A beetle **crept over** the cabbage leaf.

딱정벌레 한 마리가 그 양배추 잎 위를 기어 다녔다.

A vague feeling of sadness **crept over** me.

막연한 슬픈 감정이 나에게 조금씩 덮쳐왔다.

[over는 어떤 감정이 나의 온몸에 오는 관계를 나타낸다.]

creep over

Some doubt about their relation started to **creep over**.

그들의 관계에 대한 어떤 의혹이 살금살금 마음속에 기어들어 덮쳐오기 시작했다.

2.4 creep up on O

He followed down the road, and **crept up on** her.

그는 그 길을 따라 몰래 그녀의 뒤에 다가갔다.

[up은 그가 그녀에게 다가가는 관계를 나타낸다.]

We seldom realize that we are getting old – it just **creeps up on** us.

우리는 우리가 늙어가고 있음을 거의 의식하지 못한다 – 그것은 우리가 모르게 우리에게 살금살금 다가온다.

creep up

Obesity is **creeping up** in Korea.

비만이 한국에서 살금살금 증가하고 있다.

CRINGE

1. 단동사

이 동사는 두렵거나 아파서 뒤로 움찔 물러서는 과정을 그린다.

자동사

A child **cringed** in terror.

아이는 두려움에 몸을 움츠렸다.

I **cringe** when I think of the poems I wrote then.

나는 그 당시 내가 썼던 시들을 생각하면 민망하다.

2. 구동사

2.1 cringe at O

He **cringed at** the thought of jumping down the cliff.

그는 그 절벽 아래로 뛰어내리는 생각에 움찔했다.

[at은 움찔함의 원인을 나타낸다.]

2.2 cringe back

The cat **cringed back** from the fire.

그 고양이는 그 불로부터 움찔하면서 물러섰다.

He **cringed back** in fear.

그는 두려움에 뒤로 움찔하며 물러섰다.

CRISP

1. 단동사

이 동사는 눅눅한 것을 바삭하게 하는 과정을 그린다.

형용사: 바삭바삭한, 아삭아삭한

2. 구동사

2.1 crisp O **up**

Crisp up the cereal.

그 시리얼을 바삭하게 하시오.

CROP

1. 단동사

이 동사는 무엇이 갑자기 예고 없이 일어나거나 나타나는 과정을 그린다.

명사: 농작물, 수확량, 무리, 집단, 동시에 일어나는 많은 일들, 채찍

자동사

The potatoes **cropped** well this year.

올해는 감자 소출이 좋다.

타동사

The river valley is intensively **cropped**. (passive)

그 강 계곡은 집약적으로 경작이 되고 있다.

2. 구동사

2.1 crop up

Has *anything special* **cropped up** while I was away on vacation?

내가 휴가에 떠나있는 동안 무슨 특별한 일이 일어났나요?

[up은 무엇이 생겨나는 관계를 나타낸다.]

a problem 문제	a crisis 위기

Your name kept **cropping up** in our conversation.

너의 이름이 우리 대화에 계속해서 언급되었다.

CROSS

1. 단동사

이 동사는 가로지르는 과정을 그린다.

명사: X표, +기호, 십자, 혼합, 잡종

[자동사]

The roads **cross** just outside the town.

그 도로들은 그 읍내 바로 외곽에서 교차한다.

The straps **cross** over at the back and are tied at the waist.

그 끈들은 등 뒤에서 교차되어 허리에서 묶게 되어 있다.

We **crossed** from Dover to Calais.

우리는 도버에서 칼레로 건너갔다.

[타동사]

She sat with her legs **crossed**. (passive)

그녀는 다리를 꼬고 앉아 있었다.

She's really nice until you **cross** her.

그녀는 당신이 자기 뜻을 거스르기 전에는 정말 좋아.

2. 구동사

2.1 cross into O

The refugees **crossed into** Turkey.

그 피난민들이 국경을 넘어 터키로 들어갔다.

cross O into O

They **crossed** the border **into** Hungary.

그들은 그 국경을 넘어 헝가리로 들어갔다.

2.2 cross O off

Please **cross off** the boxes you have checked.

당신이 이미 조사한 상자들은 명단에서 하나씩 V표를 해서 제거하세요.

[off는 무엇이 명단에서 하나씩 지워지는 관계를 그린다. 참조: tick off, check off]

Jane said she could not come over so I **crossed off**

her name.

제인은 올 수 없다고 해서 그녀의 이름을 체크해서 지웠다.

2.3 cross O out

He **crossed out** my *name* on purpose.

그는 의도적으로 내 이름을 지워 버렸다.

[out은 이름이 안 보이거나 없어지는 관계를 그린다.]

phone number 전화번호	address 주소

2.4 cross over O

Syrian refugees are **crossing over** the border.

시리아 피난민들이 그 국경을 넘어가고 있다.

Many protestors **crossed over** the border fence into Israel.

많은 항의자들이 국경 울타리를 넘어서 이스라엘로 들어갔다.

cross over to O

In this presidential campaign, many democrats are **crossing over to** the Republicans.

이번 대통령 선거에서 많은 민주당원들이 공화당으로 건너가고 있다.

[참조: roll over to, switch over to]

CROUCH

1. 단동사

이 동사는 쭈그리고 앉는 과정을 그린다.

명사: 쭈그리고 앉기

[자동사]

Donald **crouched** behind a hedge.

도널드는 생울타리 뒤로 몸을 웅크렸다.

2. 구동사

2.1 crouch down

He **crouched down** beside her.

그는 그녀 옆에 쭈그리고 앉았다.

The boy **crouched down** to tie his shoe laces.

그 소년은 그의 구두끈을 매기 위해서 쭈그리고 앉았다.

CROWD

1. 단동사

이 동사는 사람들이 어떤 장소에 많이 모이거나 무리를 지어 움직이는 과정을 그린다.

명사: 사람들, 군중, 무리

[타동사]

Thousands of people crowded the narrow streets.
수천 명의 사람들이 그 좁은 거리들을 가득 메웠다.
Memories crowded his mind.
추억들이 그의 마음속에 밀려왔다.

2. 구동사
2.1 crowd around
People crowded around the Queen to see closely.
사람들이 그 여왕을 자세히 보기 위해 (여왕의) 주위에 모여들었다.

2.2 crowd into O
A huge number of fans crowded into the stadium to watch the game.
많은 팬들이 그 경기를 보기 위해 그 경기장으로 몰려 들어갔다.

2.3 crowd in
The door of the store opened, and everyone crowded in.
그 상점의 문이 열리자, 모든 사람들이 (그 안으로) 몰려 들어갔다.

crowd in on O
Many thoughts are crowding in on me.
많은 생각들이 내게 몰려들고 있다.

2.4 crowd onto O
The seals crowded onto the rock.
물개들이 그 바위 위로 몰려들었다.

2.5 crowd out
Big stores like Costco, Emart are crowding out small business.
코스트코나 이마트 같은 큰 상점들이 작은 사업체들을 몰아내고 있다.

2.6 crowd together
Lots of fish crowded together in the pool.
많은 물고기들이 그 물 웅덩이에 함께 모여 있었다.

2.7 crowd O with O
The street is crowded with people. (passive)
그 거리에는 많은 사람들이 있다.

CROWN

1. 단동사

이 동사는 왕관을 씌우는 과정을 나타낸다.
명사: 왕관, 왕위, 왕권, 맨 위, 꼭대기
타동사
Queen Elizabeth was crowned in 1953.
엘리자베스 여왕은 1953년에 즉위했다.

2. 구동사
2.1 crown O with O
They crowned the prince with a royal crown.
그들은 그 왕자에게 왕관을 씌웠다.
She crowned the cake with icing.
그녀는 그 케이크에 아이싱을 씌웠다.

CRUISE

1. 단동사
이 동사는 즐거움을 위해서 천천히 순항하는 과정을 그린다.

2. 구동사
2.1. cruise around O
The tourists cruised around the city in a limousine.
그 관광객들은 리무진을 타고 그 도시의 이곳저곳을 편안하게 둘러 보았다.

2.2. cruise to O
The candidate cruised to victory.
그 후보자는 쉽게 승리했다.

CRUMBLE

1. 단동사
이 동사는 바스러지거나 바스러뜨리는 과정을 나타낸다.
자동사
Rice flour makes the cake less likely to crumble.
쌀가루가 그 케이크를 덜 바스러지게 한다.

2. 구동사
2.1 crumble away
The cliff is gradually crumbling away.
그 절벽은 서서히 허물어지고 있다.
[away는 절벽이 조금씩 없어지는 관계를 그린다.]
All his hopes began to crumble away.
그의 모든 희망들이 점차로 무너져서 사라지기 시작했다.

2.2 crumble down
The *hermit kingdom* crumbled down over a period of 600 years.

그 은둔국은 600년에 걸쳐서 몰락했다.
[down은 서 있던 것이 무너지는 관계를 나타낸다.]

building	건물	system	장치
bridge	다리	wall	장벽

CRUMPLE

1. 단동사
이 동사는 무엇을 구기거나 구겨지는 과정을 그린다.
자동사

The material **crumples** very easily.
이 소재는 너무 잘 구겨진다.

2. 구동사
2.1 crumple O up

He **crumpled up** the card and threw it into a waste basket.
그는 그 카드를 완전히 구겨서 쓰레기통에 던져 버렸다.
[참조: squeeze up]

crumple up

A knife cut into his back and he **crumpled up**.
칼이 그의 등에 꽂히자, 그는 배를 움켜쥐고 웅크렸다.
[up은 머리가 다리 쪽으로 수그러지는 관계를 나타낸다. 참조: double up, fold up]

He **crumpled up** in agony.
그가 극도로 괴로워하며 쓰러졌다.

CRUNCH

1. 단동사
이 동사는 무엇이 바스라지거나 으깨어지는 소리를 내는 과정을 그린다.
타동사

She **crunched** her apple noisily.
그녀는 사과를 시끄럽게 사각사각 씹어 먹었다.
자동사

The snow **crunched** under our feet.
눈이 우리 발아래서 뽀드득거렸다.

2. 구동사
2.1 crunch O down
She **crunched down** the flower vase, breaking it.
그녀가 그 화병을 내리 눌러서 그것을 와장창 깨뜨렸다.

2.2 crunch O up
The machine **crunches up** the rocks into small pieces.

그 기계는 돌들을 으깨서 잘게 만든다.

CRUSH

1. 단동사
이 동사는 무엇을 작게 혹은 가루로 만들기 위해서 세게 누르는 과정을 그린다.
타동사

He **crushed** the flowers.
그는 그 꽃들을 으스러뜨렸다.

The government **crushed** the revolt.
그 정부는 그 항거를 분쇄했다.
자동사

His hat **crushed** when he sat on it.
그의 모자는 그가 그것을 깔고 앉자 구겨졌다.

The cotton scarf **crushes** easily.
그 면 스카프는 쉽게 구겨진다.

2. 구동사
2.1 crush O down
Crush the leaves **down** so that you can put more into the bag.
그 잎들을 내리 눌러서 그 주머니에 더 많이 넣을 수 있도록 하여라.

The dictator is **crushing down** the people.
그 독재자는 국민들을 억누르고 있다.

2.2 crush O into O
He **crushed** the grain **into** powder.
그는 그 곡물을 찧어서 가루로 만들었다.

Crush the horn **into** medicine.
그 뿔을 빻아서 약으로 만들어라.

2.3 crush onto O
Huge waves are **crushing onto** the beach.
거대한 파도들이 그 해안에 닿아 부서지고 있다.

2.4 crush O out
He **crushed out** the cigarette.
그는 그 담배를 비벼서 껐다.
[out은 불이 꺼지는 관계를 나타낸다. 참조: put out]

2.5 crush up
I can fit everyone of you if you don't mind **crushing up**.
만일 여러분이 꽉 붙어 앉는 것을 싫어하지 않으면 여러분 모두를 내 차에 태울 수 있다.
[up은 사람과 사람 사이의 거리가 좁아지는 관계를 나타낸다.]

crush up against O

The bus was so full that I was **crushed up against** complete strangers. (passive)

그 버스는 만원이어서 나는 완전히 낯선 사람에 밀려 꽉 붙게 되었다.

crush O up

She **crushed up** the *onions*.

그녀는 그 양파들을 으깨었다.

ginger 생강	garlic 마늘

CRY [1]

1. 단동사

이 동사는 외치는 과정을 나타낸다.

자동사

"Stop!" she **cried**.

"정지!"라고 그녀가 크게 소리쳤다.

2. 구동사

2.1 cry O down

The opposition **cried** us **down** at every opportunity.

그 반대 세력은 기회가 있을 때마다 우리를 깎아 내린다.

[down은 얕잡아 보는 관계를 나타낸다. 참조: talk down]

2.2 cry off

Jane and I arranged to go to Thailand but she **cried** it **off** at the last moment.

제인과 나는 태국에 가기로 합의 했다. 그런데 제인이 그 약속을 마지막 순간에 취소했다.

[off는 약속 등이 끊어지는 관계를 나타낸다. 참조: call off]

Helen **cried off** the trip to Japan, saying she was sick in bed.

헬렌은 그녀가 아파서 누워 있다고 말하면서 그 일본 여행을 취소했다.

cry O off

He **cried** his head **off**.

그는 머리가 뜯어져나갈 정도로 울었다.

2.3 cry out

He **cried out** in pain.

그는 아파서 크게 소리를 질렀다.

[out은 소리가 사방으로 크게 터지는 관계를 나타낸다.]

cry out against O

People all over the world are **crying out against** bombing by the Syrian government.

전 세계의 사람들이 시리아 정부의 폭격을 크게 반대하고 있다.

cry out for O

It is time people in North Korea **cried out for** liberty and democracy.

북한에 사는 사람들이 자유와 민주주의를 크게 요구할 때이다.

Small businesses are **crying out for** tax cuts.

소규모 사업체들이 세금감면을 외치고 있다.

The president is **crying out for** impeachment.

그 대통령은 탄핵해 달라고 외치고 있다.

cry O out

I saw Jim in the distance and I **cried out** his name.

나는 짐이 멀리 있는 것을 보고, 그의 이름을 크게 외쳤다.

CRY [2]

1. 단동사

이 동사는 슬픔이나 고통에서 눈물을 흘리는 과정을 그린다.

타동사

She **cried** at her wedding.

그녀는 그녀의 결혼식에서 울었다.

2. 구동사

2.1 cry O away

She **cried** her sadness **away**.

그녀는 울면서 그녀의 슬픔을 떨쳐버렸다.

[away는 슬픔이 없어지는 관계를 나타낸다.]

2.2 cry O out

She **cried** her hearts **out**.

그녀는 심장이 빠질 정도로 많이 울었다.

2.3 cry over O

Don't **cry over** trivial things like that.

그러한 사소한 일을 두고 울지 마세요.

CUDDLE

1. 단동사

이 동사는 사랑을 표현하기 위해서 두 팔로 무엇을 꼭 껴안는 과정을 그린다.

명사: 껴안기, 포옹

자동사

A couple of teenagers were kissing and **cuddling** on the doorstep.
십대 한 쌍이 현관 계단에서 껴안고 키스를 하고 있었다.

The little boy **cuddled** the teddy bear close.
그 어린 남자 아이는 그 곰 인형을 꼭 껴안았다.

2. 구동사

2.1 cuddle up

We **cuddled up** on the sofa, and watched a soccer game.
우리는 소파 위에 서로 가까이 앉아서 축구 경기를 보았다.
[up은 두 사람 사이의 거리가 좁아진 관계를 나타낸다.]

cuddle up to O

The baby **cuddled up to** his mother.
그 아기가 엄마에게 다가가서 찰싹 달라붙었다.

The cubs **cuddled up to** their mom.
그 새끼 사자들이 엄마에게 다가가 달라붙었다.

CUE

1. 단동사
이 동사는 무대 등에서 신호를 하여 무엇이 들어오거나 말을 하게 하는 과정을 그린다.
명사: 신호

2. 구동사

2.1 cue O in

The conductor **cued in** each section of the choir one by one.
그 지휘자는 합창단의 부분을 하나씩 신호하여 (연주에) 들어오게 했다.

Cue in the lighting at the right time.
제 때에 불이 들어오게 신호를 해주세요.

Cue me **in** when you want me to talk to them.
그들에게 얘기하기를 원할 때에, 신호를 주어서 (대화 중에) 내가 들어가게 해다오.

cue O in to O

He **cued** me **in to** what happened in the first five minutes of the movie.
그는 나에게 그 영화 첫 5분에 대해서 알려주었다.

2.2 cue O up

I wanted to show scenes from the film during my presentation, so I **cued** them **up** ahead of time.
나는 나의 발표에서 그 영화 중 몇 장면을 보여주고 싶었다. 그래서 미리 그 영화 장면이 들어오게 신호를 했다.

[up은 장면들이 시각영역에 들어오는 관계를 나타낸다.]

The DJ **cued up** a piece from Beethoven.
DJ는 베토벤 작품 하나를 틀 준비를 하였다.
[DJ: disk jockey]

He **cued up** the *audio*.
그는 오디오 소리를 높였다.

video 비디오	speaker 스피커

CURE

1. 단동사
이 동사는 낫게 하거나 치유하는 과정을 그린다.
타동사

Will you be able to **cure** him, Doctor?
의사 선생님, 그를 낫게 할 수 있겠습니까?

TB is a serious illness, but it can be **cured**. (passive)
결핵은 심각한 질병이지만 치유될 수 있다.

I finally managed to **cure** the rattling noise in my car.
나는 마침내 내 차에서 나던 그 털털거리던 소리를 해결했다.

2. 구동사

2.1 cure O of O

The doctor **cured** her **of** cancer.
그 의사는 그녀의 암을 고쳐 주었다.

He **cured** the printer **of** jamming.
그는 그 프린터가 종이가 걸리는 것을 고쳐 주었다.

CURL

1. 단동사
이 동사는 곱슬곱슬 해지거나 곱슬거리게 만드는 과정을 그린다.
명사: 곱슬곱슬한 머리카락, 동그랗게 말리는 것
자동사

His hair **curls** naturally.
그의 머리는 원래 곱슬이다.

The smoke **curled** steadily upwards.
그 연기는 계속 돌돌 감기며 위로 피어올랐다.

2. 구동사

2.1 curl around O

Vines **curled around** the tree.
넝쿨들이 그 나무를 감고 있다.

2.2 curl up

The old photo begins to **curl up** at the edge.

그 옛 사진의 가장자리가 오그라들기 시작한다.
The cat curled up like a ball.
그 고양이가 웅크려서 공 모양이 되었다.
He curled up and read.
그는 몸을 다리를 모아 가슴에 가까이 대어 웅크리고 앉아서 책을 읽었다.
He curled up with a book.
그는 책 한 권을 가지고 웅크렸다.

curl up into O
The snake curled up into a coil.
그 뱀은 몸을 웅크려서 사리가 되었다.

CURSE

1. 단동사
이 동사는 저주하거나 욕하는 과정을 그린다.
명사: 욕, 악담, 저주, 폐해

자동사

He hit his head as he stood up and cursed loudly.
그가 일어나면서 머리를 찧자 큰 소리로 욕을 했다.

타동사

She cursed her bad luck.
그녀는 자신의 불운을 저주했다.
The legend has it that the whole village had been cursed by a witch. (passive)
그 전설에 의하면 그 마을 전체가 한 마녀의 저주를 받았던 것으로 되어 있다.

2. 구동사
2.1 curse at O
He cursed at the jammed printer and pounded his fist on it.
그는 그 종이가 낀 프린터를 욕하면서 그것을 마구 두들겼다.

2.2 curse O out
He used to curse out his wife.
그는 그의 아내를 큰 소리로 저주하곤 했다.
[out은 저주소리가 크게 나는 관계를 그린다. 참조: cry out, shout out]

CURTAIN

1. 단동사
이 동사는 커튼을 치는 과정을 나타낸다.

2. 구동사
2.1 curtain O off

The section of the room is curtained off.
그 방의 그 구역이 커튼으로 분리되어 있다.
[off는 한 부분이 다른 부분에서 분리되는 관계를 나타낸다.]

CURVE

1. 단동사
이 동사는 길 등의 굽이를 도는 과정을 그린다.
명사: 굽이

2. 구동사
2.1. curve to O
The road curves to the right.
그 길은 오른쪽으로 돈다.

CUT

1. 단동사
이 동사는 칼과 같은 날카로운 도구를 써서 자르거나 잘리는 과정을 나타낸다.

타동사

He cut the cake in half.
그는 그 케이크를 반으로 잘랐다.
He cut his chin while shaving.
그는 면도를 하다 턱을 베었다.
He cut my hair.
그는 내 머리를 잘랐다.
A sensor cut the scene from the film.
어떤 검열관이 그 장면을 그 영화에서 잘랐다.
She cut the engine.
그녀는 그 엔진의 (움직임을) 잘랐다 / 껐다.
She cut two classes today.
그녀는 오늘 두 개의 수업을 빼먹었다.

자동사

This wood cuts easily.
이 나무는 잘 잘린다.

2. 구동사
2.1 cut across O
He cut across the meadow.
그는 그 목장을 가로질러 갔다.
The path cuts across the grass.
그 소로는 그 풀밭을 가로질러 간다.
[path는 움직임이 없지만, 이 길을 확인하기 위해서는 이 길을 따라 시선이 움직인다.]

2.2 cut at O
He tried to cut at the dog, but failed.

그는 날카로운 물건을 개에게 던져 해치려 했으나, 실패했다.
[at은 공격이나 시도의 뜻을 갖는다.]

2.3 cut O away

Please cut away the branches.
그 가지들을 하나하나씩 잘라내 버리세요.
[away는 가지가 나무에서 떨어져 나오는 관계를 나타낸다.]
The doctor cut away the wart on her hand.
그 의사는 그녀의 손에 있는 사마귀를 잘라 없앴다.
[away는 사마귀가 손에서 없어지는 관계를 그린다.]

2.4 cut O back

He is cutting back the roses.
그는 (자란 장미를) 도로 짧게 자르고 있다.
[back은 자란 부분을 잘라서 원래의 길이가 되게 하는 관계를 나타낸다.]
The firm cut back its research money.
그 회사는 그의 연구비를 삭감했다.
[back은 현재의 액수에서 뒤로 자른다는 뜻, 즉 삭감한다는 뜻이다.]

cut back

The company cut back, and many lost their jobs.
그 회사는 규모를 줄여서 많은 사람들이 일자리를 잃었다.
You drink too much – you should cut back.
너는 술을 너무 많이 마신다 – 너는 음주를 줄여야 한다.

cut back on O

He is trying to cut back on *salt* in his diet.
그는 그의 식단에 소금을 줄이려고 노력하고 있다.
[back은 늘어난 양을 전 상태로 되돌리는 관계를 나타낸다.]

coffee	커피	spending	지출
sugar	설탕	smoking	흡연
alcohol	술	corruption	부패

2.5 cut O down

The farmer cut down the cherry trees.
그 농부가 그 벚나무들을 잘라서 넘어뜨렸다.
[down은 서 있던 것이 넘어지는 상태를 나타낸다.]
The manager cut me down at work.
그 지배인은 직장에서 나의 시간을 줄였다.
[me는 환유적으로 나의 일하는 시간을 가리킨다.]
He was cut down by a gangster. (passive)
그는 갱에 의해 찔려서 죽었다.
[down은 생명체가 생명을 잃는 상태를 나타낸다. 참조: put down]

cut down on O

He has been trying to cut down on *his sugar intake*.
그는 당분 섭취량을 줄이려고 해오고 있다.
[down은 양의 감소를 나타낸다.]

calories	열량	drinking	음주
cost	비용	coffee	커피

2.6 cut in O

He cut in the line when he joined his friends.
그가 친구들과 합세했을 때, 그는 그 줄에 끼어 들었다. 즉, 새치기를 하였다.

cut in on O

She cut in on our conversation.
그녀가 우리 대화에 끼어들었다.
[in은 그녀가 대화에 끼어드는 것을, on은 그녀가 우리의 대화에 닿는 관계를 나타낸다.]

cut O in

I'll cut you in if you help us.
네가 우리를 도와주면 너를 (우리의 계획에) 끼워주겠다.
[참조: count in]

cut in

A taxi suddenly cut in in front of me.
택시 한 대가 내 앞에 끼어들었다.
[in은 내가 가는 길 안으로의 뜻이다.]

2.7 cut O into O

She cut the meat into one-inch cubes for the stew.
그녀는 그 고기를 스튜에 쓰기 위해 1인치의 입방체로 잘랐다.

cut into O

My new shoes cut into my feet.
내 새 신발이 내 발을 파고든다.
He cut right into the top.
그는 곧 상위권에 진입했다.

2.8 cut O off

Russia cut off communication.
러시아가 통신을 끊었다.
[의사소통은 선으로 개념화되고, off는 이 선이 끊어지는 관계를 나타낸다.]
The *old pipeline* was cut off. (passive)
그 기름 송유관이 끊어졌다.
[off는 송유관의 흐름이 끊기는 관계를 나타낸다.]

supply route	공급선	channel	수로
road	길	lifeline	생명선

The island is **cut off** by the hurricane. (passive)
그 섬은 허리케인으로 외부세계와 차단되어 있다.
In the flood, the *village* was **cut off**. (passive)
그 홍수 속에, 그 마을의 (진입로가) 차단되었다.
The road is **cut off**. (passive)
그 길은 차단되어 있다.
A young lady **cut** me **off** at the intersection.
젊은 여인이 그 교차로에서 나의 길을 막았다.
[me는 환유적으로 내가 차를 타고 가는 길을 가리킨다.]
I am behind with my gas bill, and they **cut** me **off**.
내가 가스 요금이 연체되자, 회사는 나의 가스를 끊었다.
[me는 환유적으로 나의 가스 공급을 가리키고, off는 가스 공급이
끊어지는 관계를 나타낸다.]
The repairman **cut** the valve **off**.
그 수리공이 그 밸브를 차단했다.
[밸브는 환유적으로 그 속에 흐르는 액체나 기체를 가리킨다.]
His father **cut** him **off** without a penny.
그의 아버지는 한 푼도 안 주고 그의 용돈 지급을 끊었다.
The teacher **cut** me **off** in the middle of a paragraph.
그 선생님은 한 단락의 중간에 (내가 읽는 것을) 중단시
켰다.
[off는 읽는 과정이 끊기는 관계를 나타낸다.]

area	지역	town	동네

cut off from O
We are a bit **cut off from** *other people*. (passive)
우리는 다른 사람들로부터 좀 차단되어 있다.

supplies	공급	outside world	바깥세상
main road	큰 길	river	강

cut O off of O
He **cut** the bottom **off of** a bottle.
그는 병 밑바닥을 잘라내었다.
[위에 쓰인 of는 from의 뜻이다.]

2.9 cut O on O
I **cut** my finger **on** the knife.
나는 내 손을 그 칼에 베었다.

2.10 cut O out
He **cut out** the *picture*.
그는 그림을 하나 오려내었다.

pattern	본	flower	꽃
triangle	삼각형	circle	원

China does not want to be **cut out** in the process.
중국은 그 과정에서 배제되기를 원하지 않는다.
He **cut out** the bad words.
그는 그 나쁜 말을 (어떤 글에서) 잘라내었다.
My doctor told me to **cut out** *fat*.
내 의사는 지방을 (내 식단에서) 빼라고 했다.

sugar	당	tobacco	담배
alcohol	알코올	caffeine	카페인

The tall tree in the yard **cuts out** the sunlight.
그 키 큰 나무가 햇빛을 차단한다.
[out은 들어오는 햇빛이 들어오지 못하는 관계를 나타낸다. 참조:
block out, shut out]
We can sell directly to customers, and **cut out**
middle-man.
우리는 고객들에게 직접 팔아서 중간 상인을 잘라낼 수
있다, 즉 배제할 수 있다.
Cut it **out**, man.
지금 하고 있는 짓을 잘라내. 즉, 그만해.
The machine **cuts out** parts for cars.
그 기계는 자동차 부품을 만들어 낸다.
You are **cut out** for *a painter*. (passive)
너는 화가가 되게 만들어졌다.
[out은 만들어지는 관계를 나타낸다.]

teacher	교사	diplomat	외교관
singer	가수	scientist	과학자

cut out of O
He **cut** a picture **out of** the magazine.
그는 그림 하나를 그 잡지에서 잘라내었다.
[out은 그림이 잡지에서 나오는 관계를 나타낸다.]

cut out
My motor keeps **cutting out**.
내 엔진이 계속해서 꺼진다.
[out은 움직이는 상태에서 움직이지 않는 상태로의 변화를 나
타낸다. 참조: conk out]
A bus in front **cut out**.
내 앞 버스의 엔진이 꺼졌다.
[a bus는 환유적으로 엔진을 가리킨다.]

2.11 cut through O
He **cut through** the steak with a knife.
그는 칼을 가지고 그 스테이크를 잘라 들어갔다.
The ship **cut through** the sea.
그 배가 그 바다를 빠르게 가로질렀다.
The tunnel **cuts through** the mountain.

그 터널은 그 산을 뚫고 지나간다.
The Han river **cuts through** Seoul.
한강은 서울을 가로지른다.

cut through
I hope there will be some means to **cut through**.
나는 (어떤 역경을) 헤쳐 나가는 방법이 있기를 바란다.
[참조: get through, pull through]

2.12 cut O up
He **cut up** the old desk for firewood.
그는 땔감을 위해 그 오래된 책상을 잘게 잘랐다.
[up은 책상이 어떤 목적에 맞게 잘리는 관계를 나타낸다.]

He was badly **cut up** in the fight. (passive)
그는 그 싸움에서 심하게 상처가 났다.
He usually **cuts up** the people he works with.

그는 보통 같이 일하는 사람들을 몹시 속상하게 한다.
[people은 환유적으로 마음을 가리킨다.]
He **cut** me **up**, and I had to brake suddenly.
그가 나를 속상하게 해서 나는 갑자기 제동을 걸었다.

cut up
The kids **cut up** as soon as the teacher went out.
그 아이들은 선생님이 나가자 떠들기 시작했다.
[up은 들뜬 상태를 나타낸다. 참조: act up, play up]

D d

DAB

1. 단동사
이 동사는 가볍게 여러 번 톡톡 치는 과정을 나타낸다.
명사: 소량, 꼭꼭 누르기

> 타동사

She dabbed her eyes and blew her nose.
그녀는 눈을 몇 번 눌러 (눈물을) 닦고 코를 풀었다.
She dabbed a little perfume behind her ears.
그녀는 그녀의 귀 뒤에 향수를 톡톡 발랐다.

2. 구동사
2.1 dab at O
She is dabbing at her face with powder.
그녀는 분가루를 얼굴에 톡톡 치고 있다.
[at은 동작이 얼굴에 부분적으로 영향을 미침을 나타낸다.]
Dab at the dark stain on the table cloth.
그 식탁보 위에 있는 그 검은 얼룩을 톡톡 쳐서 닦아라.

2.2 dab O onto O
She dabbed some cream onto her face.
그녀는 약간의 크림을 얼굴에 가져다 톡톡 쳐 발랐다.

DABBLE

1. 단동사
이 동사는 어떤 일을 크게 관심 갖지 않고 하는 과정을 그린다.

2. 구동사
2.1 dabble at O
She dabbled at painting.
그녀는 그림그리기에 손을 대 보았다.

2.2 dabble in O
He dabbled in local politics for a while.
그는 잠깐 동안 지역 정치에 손을 대보았다.
He dabbled in drugs.
그는 마약들에 손을 대보았다.
He dabbled in various subjects before deciding on his major.
그는 그의 전공을 결정하기 전에 여러 가지 분야에 손을 대보았다.

DAM

1. 단동사
이 동사는 댐을 만들어서 물의 흐름을 막는 과정을 그린다.
명사: 저수지, 둑

2. 구동사
2.1 dam O up
The river is dammed up and a reservoir was built.
(passive)
그 강물이 막아져서 저수지가 만들어졌다.
[up은 강물의 흐름이 중단되는 관계를 나타낸다.]

DAMP

1. 단동사
이 동사는 소량의 물을 부어 무엇을 적시거나 평평하게 하는 과정을 그린다.
형용사: 불쾌함을 줄 정도로 축축한, 눅눅한

> 타동사

She damped a towel and wrapped it round his leg.
그녀는 수건을 물에 축여 그의 다리에 감았다.

2. 구동사
2.1 damp O down
Damp down the clothes before you iron them.
그 옷을 다리기 전에 먼저 물로 눅눅하게 하세요.
[down은 젖은 옷이 눅눅하게 되는 과정을 그린다.]
He damped down the fire with a wet towel.
그는 젖은 수건으로 그 불을 천천히 타게 했다.
[down은 화력을 낮추는 관계를 나타낸다.]
He damped down his resentment.
그는 그의 분개심을 누그러뜨렸다.

2.2 damp off
All the new plants damped off.
모든 새 식물들이 물기가 너무 많아서 죽어버렸다.
[off는 식물들이 죽어서 하나하나 다 없어지는 관계를 그린다. 참조: die off]

DAMPEN

1. 단동사
이 동사는 촉촉해지거나 촉촉하게 하는 과정을 그린다.

타동사

Sweat **dampened** her face and neck.
땀이 그녀의 얼굴과 목을 적셨다.
None of the setbacks could **dampen** his enthusiasm
for the project.
그 좌절들의 어떤 것도 그 기획사업에 대한 그의 열의를
누그러뜨리지는 못했다.

2. 구동사
2.1 dampen O down
Please **dampen** your trousers **down** before you iron
them.
너는 그 바지를 다리기 전에, 그것을 축축하게 하세요.
[down은 옷이 축축해지거나 더 촉촉해지는 과정을 나타낸다.]

2.2 dampen off
All the potted flowers **dampened off**.
화분의 모든 꽃들이 물이 너무 많아 죽었다.
[off는 생명이 끊어지는 관계를 나타낸다.]

DANCE

1. 단동사
이 동사는 춤을 추는 과정을 그린다.

2. 구동사
2.1. dance around O
We **danced around** the campfire like Indians.
우리는 인디언들과 같이 그 모닥불 주위를 돌며 춤을 추
었다.
Don't **dance around** the issue.
그 쟁점 주위를 춤을 추며 돌지 마세요. 즉, 본론으로
들어가세요.
[참조: beat around the bush]

DANGLE

1. 단동사
이 동사는 매달리거나 매다는 과정을 그린다.

2. 구동사
2.1 dangle from O
A leather purse is **dangling from** his belt
가죽 지갑 하나가 그의 허리띠에 매달리고 있다.

dangle O from O
She **dangled** few small bells **from** the bottom of her
skirt.

그녀는 몇 개의 종들을 그녀의 치마 끝에 매달았다.

DARKEN

1. 단동사
이 동사는 어두워지거나 어둡게 하는 과정을 그린다.
dark(형용사): 어두운, 캄캄한

2. 구동사
2.1 darken out
He **darkened out**, and he remembers nothing.
그는 까맣게 의식을 잃어서 아무것도 기억하지 못한다.
[out은 의식이 나가는 관계를 그린다. 참조: pass out, black out]

darken O out
The names of the victims have been **darkened out** in
the report. (passive)
그 희생자들의 이름들이 그 보고서에는 까맣게 지워져
있었다.
[out은 보이던 것이 안 보이게 되는 관계를 그린다. 참조: black out]

DART

1. 단동사
이 동사는 특정 방향으로 갑자기 빠르게 휙 지나가는 과정
을 그린다.

2. 구동사
2.1 dart about
The little fish is **darting about** in the aquarium.
그 작은 물고기가 그 어항 안에서 빠르게 이리저리 움직
이고 있다.

2.2 dart across
An animal **darted across** the road.
한 마리의 동물이 그 길을 빠르게 건너갔다.
A supersonic missile is **darting across** the sky.
초음속 유도탄 하나가 빠르게 하늘을 가로질러 가고 있다.

2.3 dart O at O
He **darted** a quick look **at** her and looked away.
그는 그녀를 한 번 빠르게 슬쩍 보고 눈길을 돌렸다.

2.4 dart out into O
Watch out for the children. Sometimes they **dart out**
into the street.
그 아이들을 잘 살펴보아라. 때때로 그들은 그 길로 확
뛰쳐나간다.

dart out of O

A mouse **darted out of** a hole.

쥐 한 마리가 구멍에서 재빨리 나왔다.

DASH

1. 단동사

이 동사는 재빨리 나가거나 들어오는 과정을 그린다.

명사: 돌진, 질주; 황급히 함

자동사

I must **dash**, I'm late.

나 급히 서둘러야겠어. 늦었어.

2. 구동사

2.1 dash O against O

The boat was **dashed** repeatedly **against** the rocks. (passive)

그 배는 반복적으로 그 암초들에 부딪혔다.

2.2 dash off

The boy **dashed off** before I could catch him.

그는 내가 잡기 전에 (어떤 장소를) 급하게 떠났다.

[off는 화자나 청자가 있던 장소에서 떠나는 관계를 나타낸다.]

dash off O

He **dashed off** the bus.

그는 급하게 버스에서 내렸다.

dash off into O

Henry **dashed off into** his office.

헨리는 그의 사무실로 급하게 뛰어 들어갔다.

dash O off

He **dashed off** orders and posted them on the bulletin board.

그는 명령문들을 급하게 써서 게시판에 붙였다.

[off는 명령 등을 급히 써내는 관계를 나타낸다.]

2.3 dash out

Excuse me. I have to **dash out**.

미안하지만 제가 빨리 나가야 합니다.

DATE

1. 단동사

이 동사는 고궁, 유적 등의 날짜를 거슬러 찾아가는 과정을 그린다.

명사: 날짜, 시기

타동사

The letter is **dated** May 16. (passive)

그 편지는 5월 16일 소인이 찍혀있다.

The tree can be **dated** by counting the rings on the trunk. (passive)

나무는 둥치의 나이테를 세어서 햇수가 파악될 수 있다.

2. 구동사

2.1 date back

The newly discovered human remains are assumed to **date back** nearly five hundred years.

그 새로 발견된 인간 유골은 약 500여 년을 거슬러 올라간다.

date back to O

The old palace **dates back to** Lee Dynasty.

그 고궁은 (그 역사가) 조선 왕조 시대까지 거슬러 올라간다.

[back은 현재에서 과거로 가는 관계를 나타낸다.]

The palace **dates back to** the 15th century.

그 궁전은 15세기까지 거슬러 올라간다.

DAWN

1. 단동사

이 동사는 새벽이 트는 과정을 그린다.

명사: 새벽, (어떤 일의 시작을 알리는) 여명

자동사

The following morning **dawned** bright and warm.

그 다음날 아침이 환하고 따뜻하게 밝아왔다.

Slowly the awful truth **dawned**.

서서히 그 끔찍한 진실이 분명해졌다.

['앎은 밝음'이라는 은유가 적용된 표현이다.]

2. 구동사

2.1 dawn on O

It **dawned on** me that he cheated.

그가 속였다는 생각이 내게 처음으로 떠올랐다.

[dawn은 새벽이고, 새벽은 밝고, 밝음은 앎이라는 은유가 적용된 표현이다.]

The difficulty of the task ahead **dawned on** us.

앞으로 할 일의 어려움을 우리가 처음으로 느끼게 되었다.

DEAL

1. 단동사

이 동사는 카드게임에서 패를 돌리는 과정을 그린다.

2. 구동사
2.1 deal in O
My friend used to **deal in** antiques.
내 친구는 과거에 골동품을 사고팔았다.
[in은 사고파는 거래가 일어나는 영역을 나타낸다.]
He was arrested for **dealing in** drugs.
그는 마약을 사고팔다 체포되었다.

deal O in
Shall I **deal** you **in**?
내가 너에게 패를 돌려 (놀이나 노름에) 들어오게 할까?
If you are going out for a walk, please **deal** me **in**.
네가 산보가려고 나가면, 나도 끼워 넣어줘.
[참조: count in]

2.2 deal O out
Deal me **out** – I have to go to the bathroom.
나를 (카드게임에서) 빼주세요. 화장실에 가야합니다.
[참조: count out]
Who is going to **deal out** the cards?
누가 패를 돌릴 것인가요?
[out은 패가 여러 사람에게 주어지는 관계를 나타낸다.]
A severe punishment was **dealt out** to everyone who was involved in the fighting. (passive)
엄한 벌이 그 싸움에 연루된 모든 사람에게 주어졌다.
[out은 벌이 여러 사람에게 주어지는 관계를 나타낸다.]

2.3 deal with O
Please **deal with** the *complaints* first.
먼저 그 불평들을 처리하세요.

| problem | 문제 | global warming | 지구온난화 |
| energy crisis | 에너지 위기 | challenge | 도전 |

The emergency department dose not have the resources to **deal with** major disasters.
그 응급 처치부는 큰 재난을 처리하는 재원을 갖추지 못하고 있다.
The novelist usually **deals with** the Korean war.
그 소설가는 늘 한국전쟁을 다룬다.
We have been **dealing with** the company for over 20 years.
우리는 그 회사와 20년 넘게 거래해오고 있다.
The diabetes doctor **deals with** more than 80 patients a day.
그 당뇨병 의사는 하루에 80명 이상의 환자를 취급한다.
Go back to your room. I will **deal with** you later.
너의 방에 돌아가 있어라. 나중에 너를 상대해 주겠다.

DECIDE

1. 단동사
이 동사는 고심 끝에 어떤 선택이나 결정을 하는 과정을 그린다.
자동사
It is up to you to **decide**.
결정은 네게 달려있다.
타동사
I can't **decide** what to wear.
나는 무엇을 입을 것인지 결정할 수가 없어.
A mixture of skill and good luck **decided** the outcome of the game.
기술과 행운이 어우러져서 그 경기 결과를 결정지었다.
The case will be **decided** by a jury. (passive)
그 사건은 배심원들에 의해 평결이 내릴 것이다.

2. 구동사
2.1 decide against O
He **decided against** taking on the job.
그는 그 일을 떠맡는 것을 반대하는 결정을 했다.

2.2 decide between O and O
I had to **decide between** love **and** loyalty.
나는 사랑과 충성심 사이에서 선택을 해야만 했다.

2.3 decide on O
There are a variety of restaurants, but I **decided on** a Korean restaurant.
여러 가지의 식당이 있었으나, 생각 끝에 나는 한국 식당을 선택했다.
We **decided on** Ulsan for a vacation site.
우리는 고심 끝에 휴가지로 울산을 선택했다.
Have you **decided on** the date for your wedding?
너는 너의 결혼 날짜를 결정했느냐?

DECK

1. 단동사
이 동사는 기념일을 위해 꽃이나 국기 등으로 장식하는 과정을 그린다.
타동사
The street was **decked** with flags for the Independence day.
그 거리는 독립기념일을 위해 국기로 장식되었다.

2. 구동사
2.1 deck O out

All the ships in the port were **decked out** with colorful flags. (passive)

그 항구에 있는 모든 배들은 화려한 국기로 장식되어 있었다.

During the Lunar New Year holidays, villagers were **decked out** in their finest clothes. (passive)

설 연휴 동안, 마을 사람들은 가장 좋은 옷을 입고 치장하고 있었다.

The room was **decked out** to look like the inside of a train. (passive)

그 방은 기차 안과 같이 보이기 위해서 잘 장식되었다.

She **decked out** the baked potatoes with sour cream and bacon bits.

그녀는 구운 감자를 샤워크림과 베이컨 조각으로 잘 장식했다.

DELIBERATE

1. 단동사

이 동사는 심사나 숙고하는 과정을 그린다.

자동사

The jury **deliberated** for a week before reaching the verdict.

그 배심원들은 그 평결에 이르기 전에 일주일을 숙고했다.

2. 구동사

2.1. deliberate on O

The congress is **deliberating on** the details of extra budget.

그 의회는 그 추가 예산의 세부사항들을 심의하고 있다.

DELIVER

1. 단동사

이 동사는 전하거나 배달하는 과정을 그린다.

타동사

Our mail is **delivered** every day at noon. (passive)

우리 우편물은 매일 정오에 배달된다.

He **delivered** his report in class.

그는 수업 중에 그의 보고서를 발표했다.

Mary **delivered** a healthy set of twins.

메리는 건강한 쌍둥이를 낳았다.

2. 구동사

2.1 deliver on O

He **delivered on** his *promise* to get things done by tomorrow.

그는 내일까지 그 일을 마치겠다는 약속을 지켰다.

| agreement | 합의 | jobs | 일 |
| threat | 협박 | agenda | 해야 할 의무 |

DELVE

1. 단동사

이 동사는 무엇을 찾으려고 가방 등에 손을 깊이 넣는 과정을 그린다.

자동사

She **delved** in her handbag for a pen.

그녀는 펜을 찾기 위해 그녀의 가방 안을 뒤졌다.

2. 구동사

2.1 delve into O

He **delved** deeply **into** the *matter*.

그는 깊이 그 문제를 파고들었다.

[참조: go into, probe into]

| history | 역사 | poem | 시 |
| issue | 쟁점 | | |

Let's **delve into** details.

세부사항들을 파고들어 갑시다.

DEN

1. 단동사

이 동사는 굴 속에서 지내는 과정을 그린다.

명사: 사자, 여우와 같은 야생동물의 굴

2. 구동사

2.1 den O out

Polar bears **den out** the winter.

북극곰들은 굴속에서 겨울을 지낸다.

[out은 겨울이 지나는 관계를 그린다.]

DENT

1. 단동사

이 동사는 충격으로 표면이 움푹 들어가는 과정을 그린다.

명사: 움푹 들어간 곳

타동사

The back of the car was badly **dented** in the collision. (passive)

그 승용차 뒷부분이 그 충돌로 심하게 찌그러졌다.

It seemed that nothing could **dent** his confidence.

그 무엇도 그의 자신감을 꺾지는 못할 것 같았다.

2. 구동사
2.1 dent O up

My son **dented up** my new bike.
내 아들이 나의 새 자전거를 찌그러뜨렸다.
[up은 자전거가 망가진 상태를 나타낸다.]

DEPEND

1. 단동사
이 동사는 의존하거나 의지하는 관계를 나타낸다.

2. 구동사
2.1 depend on O

Seoul **depends on** the Han River.
서울은 한강에 의존한다.
Korea **depends on** exports.
한국은 수출에 의존한다.

depend on O for O

The cubs **depend on** their mom **for** everything.
그 새끼들은 모든 것을 어미에게 의존한다.
He **depends on** himself **for** survival.
그는 살아남기 위해서 스스로에게 의존한다.

DETER

1. 단동사
이 동사는 사람을 설득하여 어떤 일을 못하게 하는 과정을 그린다.

타동사

I told him I wasn't interested, but he wasn't **deterred**.
(passive)
내가 그에게 관심 없다고 했지만 그는 단념하지 않았다.

2. 구동사
2.1 deter O from O

Nothing could **deter** him **from** venturing out.
아무것도 그로 하여금 위험을 무릅쓰고 나가는 것을 설득하여 말릴 수 없었다.

DIAL

1. 단동사
이 동사는 전화기의 번호나 문자판을 돌리거나 찍는 과정을 그린다.
명사: 시계 · 계기 등의 문자판, 눈금판, 구형 전화기의 다이얼

타동사

Deposit a coin and **dial** the number.
동전을 넣고 그 번호를 돌리세요.

2. 구동사
2.1 dial back to O

The porcelain **dialed back to** Lee dynasty.
그 자기는 이조시대까지 거슬러 올라간다.
[참조: date back to, trace back to]

dial O back

The president needs to **dial back** the tension.
그 대통령은 그 긴장을 낮출 필요가 있다.
I've decided to **dial back** my exercise because my arms began to hurt.
나는 내 팔이 아프기 시작해서 운동량을 줄이기로 했다.
[back은 늘어난 운동량을 줄이는 관계를 그린다.]

2.2 dial O down

The company is **dialing down** production.
그 회사는 생산을 줄이고 있다.

dial down on O

The politician **dialed down on** his rhetoric.
그 정치가는 정치적 발언의 수위를 낮추었다.

2.3 dial into O

I tried to **dial into** the download file, but the line was busy.
나는 그 다운로드 파일에 들어가려고 했지만, 그 서버가 붐볐다.

2.4 dial out

Can I **dial out**? Or is it for internal use only?
내가 밖으로 전화할 수 있나요, 아니면 이것은 내선 전용인가요?

2.5 dial O up

I **dialed up** my dentist and made an appointment.
난 치과의사에게 전화를 해서 예약을 잡았다.
[참조: call up, phone up]
The dictator **dialed up** anti-US rhetoric.
그 독재자는 반미적인 언사 강도를 높였다.
The president **dialed up** the pressure on Russia.
그 대통령은 소련에 대한 그 압력을 증가시켰다.

DICE

1. 단동사

이 동사는 무 등을 깍두기 모양으로 써는 과정을 그린다.
명사: 주사위

2. 구동사
2.1 dice O into O
The logs were **diced into** chips. (passive)
그 통나무들은 토막들로 잘렸다.

2.2 dice O up
The chef **diced up** the turnip.
그 요리사가 그 무를 깍두기 모양으로 썰었다.

DIE

1. 단동사
이 동사는 생명체가 죽는 과정을 그린다.

> 자동사

He **died** young.
그는 젊어서 죽었다.

> 타동사

He **died** a natural death.
그는 자연사했다.

2. 구동사
2.1 die away
I listened until the sound of his footsteps **died away**.
나는 그의 발자국 소리들이 점점 멀어져서 끝날 때까지 들었다.
[away는 소리가 점점 멀어져가는 관계를 나타낸다.]

2.2 die back
The flower **dies back** in the winter.
그 꽃은 겨울에 줄기 부분이 다시 죽는다.
[back은 살아 있던 줄기가 죽는 관계를 나타낸다.]
The grass **dies back** in winter.
그 풀은 겨울에 뿌리만 남고 죽는다.

2.3 die down
When the applause **died down**, the singer began to sing.
그 박수소리가 가라앉자, 그 가수는 노래하기 시작했다.
[down은 소리가 줄어든 상태를 나타낸다.]
The fuss **died down** and things returned to normal.
그 소란은 가라앉고, 모든 것이 정상으로 돌아왔다.
The *fire* **died down** and finally went out.
그 불이 약해져서 마침내 꺼졌다.

noise	소음	anger	화
wind	바람	movement	운동

2.4 die for O
I am **dying for** coffee.
나는 커피가 마시고 싶어 죽겠다.

2.5 die from O
He **died from** bacterial infection.
그는 박테리아 감염으로 죽었다.

2.6 die in O
The old man **died in** his sleep.
그 노인은 잠을 자는 도중에 죽었다.

2.7 die of O
The dog **died of** a strange disease.
그 개는 이상한 병으로 죽었다.
[of의 목적어는 죽음의 직접적인 원인을 나타낸다.]
Many North Koreans **died of** hunger.
많은 북한사람들이 굶주려서 죽었다.

2.8 die off
The ground and climate here are not suitable for growing grapes, and after a few years they all **died off**.
여기 땅과 기후는 포도들을 재배하기에 적합하지 않아서, 몇 년 후 포도나무들은 모두 죽었다.
[off는 포도나무가 오랜 기간에 걸쳐 하나하나 모두 없어지는 관계를 나타낸다.]
Sparrows **died off** in this area.
참새들이 이 지역에서 하나하나 다 죽어버렸다.

bees	벌	penguins	펭귄
deers	사슴		

2.9 die on O
My grandmother **died on** me.
할머니께서 돌아가셔서 나는 몹시 슬펐다.
[on은 할머니가 돌아가셔서 내가 영향을 받는 관계를 나타낸다.]
He **died on** the job.
그는 일을 하다 죽었다.
[on은 죽음과 일이 동시에 일어남을 그린다.]

2.10 die out
With a few flicker, the candles **died out**.
몇 번 껌뻑거리다가 그 촛불이 완전히 꺼져버렸다.
Dinosaurs **died out** a long time ago.
공룡들은 아주 옛날에 죽어서 멸종했다.
[out은 공룡이 없어진 상태를 나타낸다.]

The *old tradition* died out over the years.
그 옛 전통은 그 몇 년이 지나면서 사라졌다.

civilization 문명	custom 관습

The tradition of *Pumashi*, which means exchange of labor, died out long time ago.
노동의 교환을 의미하는 품앗이의 전통은 오래 전에 사라졌다.

DIG

1. 단동사
이 동사는 땅을 파는 과정을 나타낸다.

자동사

Children are digging in the sand.
아이들이 그 모래밭에서 무엇을 파고 있다.

타동사

The villagers dug a well.
그 마을 사람들이 우물 하나를 팠다.

He dug potatoes from the garden.
그는 감자들을 그 텃밭에서 캤다.

2. 구동사
2.1 dig at O
Don't dig at me. My side is getting sore.
나를 쿡쿡 찌르지 마라. 내 옆구리가 쓰려오고 있다.
[at은 찌름이 부분적임을 나타낸다. 참조: poke at]

2.2 dig around in O
He dug around in his pocket for the ticket.
그는 그 표를 찾기 위해서 그의 호주머니를 이리저리 뒤졌다.

dig around for O
He was digging around for a pen.
그는 펜을 찾기 위해서 이리저리 뒤지고 있다.

2.3 dig down
We are not to the buried cable yet. We will have to dig down more.
우리는 아직 그 매장된 케이블에 가지 않았다. 우리는 더 파내려가야 할 것이다.

dig down into O
He is digging down into the issue.
그는 그 쟁점을 파내려가고 있다.

2.4 dig in O
Joe dug in his shirt pocket and produced his passport.
조는 그 셔츠 호주머니에 손을 넣고 그의 여권을 꺼냈다.

dig in
Dig in, everyone, before the food gets cold.
여러분, 식사가 식기 전에 드세요.

Troops dug in along the beach.
병력들이 그 해안을 따라 참호를 파고 들어갔다.
[참조: dig into]

I gathered all the data and dug in.
나는 모든 자료를 준비하고 집중적으로 작업을 했다.

dig O in
I am going to dig manure in before I plant cabbage.
나는 양배추를 심기 전에 땅을 파고 거름을 넣을 생각이다.
[in은 땅 속을 가리킨다.]

She grabbed my hand and dug in her long nails.
그녀는 내 손을 잡고 그녀의 긴 손톱을 내 손에 찔러 넣었다.

When I tried to argue about the price, she dug her heels in.
내가 그 값을 흥정하려고 할 때, 그녀는 그녀의 뒷굽을 땅에 넣었다. 즉, 움직이지 않았다.

dig in about O
He dug in about his original idea.
그는 자신의 최초 생각에 참호를 파고 들어갔다. 즉, 생각을 바꾸지 않았다.

dig in and
He dug in and began to write a book.
그는 참호를 파고들어 앉아서, 즉 결의를 하고서 소설을 쓰기 시작했다.

The Democrats dug in and demanded the full report.
민주당은 결의를 하고, 완전한 보고서를 요구했다.

dig in for O
He dug in for a fight.
그는 싸우기 위해서 결심을 단단히 했다.

2.5 dig O into O
She dug her thumbs into my throat and I couldn't breathe.
그녀는 그녀의 엄지를 내 목에 눌러서 나는 숨을 쉴 수가 없었다.

Don't dig your fork into the cake yet.
아직 그 케이크에 네 포크를 찔러 넣지 마라.

dig into O

I dug into my *bag* and pulled out a pen.
나는 내 가방에 손을 집어넣어 펜 하나를 꺼냈다.

pocket	호주머니	desk	책상
wallet	지갑	backpack	백팩

We began to dig into a pile of fried chicken.
우리는 튀긴 닭 무더기를 파먹어 들어가기 시작했다.
He sat down and dug hungrily into a bowl of rice.
그는 앉아서 배가 고픈 듯 밥 한 그릇을 파먹기 시작했다.
The detective is digging into the private life of the politician.
그 탐정은 그 정치가의 사생활을 파고들어 갔다.
He dug into the *research*.
그는 그 조사에 파고들어갔다.

question	의문	report	보고서

2.6 dig O out

They dug out the pine trees and transplanted them along the street.
그들은 그 소나무들을 파내어서 그들을 그 길을 따라 심었다.
He is digging out his car out of the snow.
그는 그의 차를 그 눈에서 파내고 있다.
The workers dug out a moat around the castle.
그 노동자들은 성 주위에 해자를 파서 만들었다.
[out은 해자가 생겨나는 관계를 나타낸다.]
I am determined to dig out the information about him.
나는 그에 대한 정보를 뒤져서 찾아내고야 말았다.
[out은 안 보이던 것이 보이는 관계를 나타낸다. 참조: find out]
I am trying to dig out some facts about the Micronesian island.
나는 그 미크로네시아 섬에 대한 몇 가지 사실을 뒤져서 찾아내려고 노력하고 있다.

dig O out of O

The rescuers is digging the victims out of the earthquake rubble.
그 구조원들은 그 지진 잔해에서 그 희생자들을 파내고 있다.
He was the right person who can dig our company out of trouble.
그는 우리 회사를 어려움에서 건져내는 데 적격이다.
People urged the president to dig the country out of the economic crisis.
국민들은 대통령에게 나라를 경제 위기에서 건져내어 달라고 촉구했다.

2.6 dig O over

Grandpa dug over the flower bed and broke the dirt.
할아버지는 그 화단의 흙을 파서 뒤엎어서 그 흙을 잘게 부수었다.
[flower bed는 환유적으로 화단의 흙을 가리킨다, over는 위, 아래가 바뀌는 상태를 그린다.]

2.7 dig through O

The miners are digging through a wall of clay.
그 광부들이 진흙 벽을 파 들어가고 있다.
He is digging through the snow.
그는 그 눈을 파 들어가고 있다.

2.8 dig O up

They are digging up the sunken ship.
그들은 그 가라앉은 배를 파 올리고 있다.
Can you believe it? The city is digging up the road.
믿을 수 있니? 시가 그 도로를 파헤치고 있다.
[up은 길의 표면이 일어나는 관계를 나타낸다.]
Military police are digging up the floor of the house in search of a fugitive.
헌병은 탈영병을 찾아 그 집의 마루를 걷어 올렸다.
Some old porcelains have been dug up in the construction site. (passive)
몇 개의 옛날 자기가 그 공사장에서 (흙을 파는데) 드러났다.
[up은 자기가 눈에 띄게 드러난 상태를 그린다.]
I am sure I have the watch somewhere at home. I'll dig it up.
나는 그 시계가 집 어딘가에 있다고 확신한다. 집을 뒤져서 그것을 찾아보겠다.
[up은 시계가 시야에 들어오는 관계를 나타낸다.]

DIM

1. 단동사
이 동사는 점점 희미해지는 과정을 그린다.
형용사: 어둑한, 흐릿한, 침침한

자동사

The lights in the theater dimmed as the curtain rose.
그 막이 올라가면서 극장 안의 불빛이 어두워졌다.
Her passion for singing never dimmed over the years.
노래에 대한 그녀의 열정은 세월이 흘러도 결코 약해지지 않았다.

2. 구동사
2.1 dim down

The lights in the house dimmed down for few minutes.

그 집안의 그 전깃불들이 잠깐 동안 희미해졌다.
[down은 빛의 강도가 약해지는 관계를 나타낸다.]

우리는 새우로 비싼 식사를 했다.
[on은 식사가 새우와 관련되어 있음을 나타낸다.]

2.2 dim out
The lights dimmed out during hurricanes.
그 전깃불들이 태풍들이 부는 동안 점점 약해지더니 완전히 꺼져버렸다.

2.4 dine out
Last night, we dined out at a Chinese restaurant.
어제 저녁, 우리는 어느 중국 식당에서 외식을 했다.
[참조: eat out]

2.3 dim O up
As the curtain rises, the lights are dimmed up.
(passive)
커튼이 올라가자 점차적으로 조금씩 그 불빛들이 조금씩 밝아진다.

DING

1. 단동사
이 동사는 흠집을 내거나 다치게 하는 과정을 그린다.

2. 구동사
2.1. ding up
He took out his father's car and dinged it up.
그는 그의 아버지의 차를 끌고 나가서 그 차의 표면을 상하게 했다.
He fell over and dinged up his face.
그는 넘어져서 그의 얼굴을 다쳤다.

DIN

1. 단동사
이 동사는 무엇을 반복해서 가르치는 과정을 그린다.

2. 구동사
2.1 din O into O
Respect for elders is dinned into Korean children.
(passive)
어른에 대한 존경은 한국 아이들에게 주입된다.

DIP 1

1. 단동사
이 동사는 쿠키 등을 우유에 살짝 담그는 과정을 그린다.
명사: 잠깐 하는 수영[멱]; 하락, 감소; 움푹 패인 부분; 소스

DINE

1. 단동사
이 동사는 정찬을 먹는 과정을 그린다.

자동사

We dined with my parents at a restaurant in town.
우리는 시내 어느 식당에서 나의 부모님을 모시고 식사를 했다.

2. 구동사
2.1 dip O into O
He dipped his hand into his pocket and pulled out his phone.
그는 그의 손을 그의 주머니에 넣고 그의 핸드폰을 꺼냈다.

2. 구동사
2.1 dine in
We decided to dine in.
우리는 집에서 저녁을 먹기로 결정했다.
[참조: eat in]

dip into O
She dipped into the dishwater.
그녀는 개숫물에 손을 넣었다.
[she는 환유적으로 그녀의 손을 가리킨다.]
We had to dip into our savings.
우리는 예금을 축내야 했다.
[참조: cut into]
From time to time, I dip into the book.
가끔 나는 그 책을 잠깐씩 들여다본다.
The child dipped into the food hungrily.
그 아이는 게걸스럽게 그 음식을 퍼먹기 시작했다.
[참조: dig into]

2.2 dine off O
We dined off steak.
우리는 스테이크를 먹었다.
[off는 스테이크가 조금씩 떨어져서 입으로 들어가는 관계를 나타낸다.]

2.3 dine on O
We dined on shrimp.

DIP 2

1. 단동사
이 동사는 아래로 내려가는 과정을 그린다.

자동사

The sun is **dipping** down below the horizon.
태양이 그 수평선 아래로 내려가고 있다.

2. 구동사
2.1 dip down to O

The temperature is **dipping down to** −10°C.
기온이 영하 10도로 내려가고 있다.

DIRECT

1. 단동사
이 동사는 호스나 총 등을 어떤 사람에게 향하게 하는 과정을 그린다.

형용사: 직접적인, 정확한

타동사

A new manager has been appointed to **direct** the project.
그 프로젝트를 총괄할 새 팀장이 임명되었다.
A police officer was **directing** the traffic.
경찰관 한 명이 교통정리를 하고 있었다.
The judge **directed** that the mother be given custody of the children.
그 판사가 그 아이들 엄마에게 양육권을 주라는 명령을 내렸다.

2. 구동사
2.1 direct O at O

He **directed** the gun **at** the terrorist.
그는 그 총을 그 테러분자들에게 조준했다.
He **directed** the hose **at** the plants.
그는 그 호스를 그 식물들에게 향했다.

2.2 direct O to O

May I **direct** your attention **to** the chart?
여러분의 주의를 이 차트에 향하게 해도 될까요?
There are three main issues that we need to **direct** our attention **to**.
우리가 관심을 기울여야 할 주된 사안이 세 가지가 있다.
He **directed** the question **to** me.
그는 그 질문을 나에게 돌렸다.

DISH 1

1. 단동사
이 동사는 접시로 음식을 나누어주는 과정을 그린다.
명사: 접시, 설거지 감, 그릇들, 요리

2. 구동사
2.1 dish O out

Please **dish out** the pizza to everyone.
그 피자를 접시에 담아 모든 사람에게 나누어 주세요.
[out은 피자가 여러 사람에게 가는 관계를 나타낸다.]
He really knows how to **dish out** punishment, doesn't he?
그는 벌을 어떻게 부과할 지 안다. 그렇지 않아?
Medals were **dished out** at the winter Olympic games. (passive)
메달들이 그 동계 올림픽 경기에서 많이 주어졌다.

2.2 dish O up

He **dished** some cookies **up** for everyone.
그는 쿠키를 접시에 담아 모든 사람에게 제공했다.
[up은 음식을 먹을 수 있는 상태로 제공하는 관계를 나타낸다.]
The comedian **dishes up** the same old jokes all the time.
그 코미디언은 매번 똑같은 낡은 농담을 만들어낸다.
[up은 농담이 만들어지는 관계를 나타낸다.]

DISH 2

1. 단동사
이 동사는 남의 사생활이나 충격적인 일들에 대해 이야기하는 과정을 그린다.

2. 구동사
2.1 dish on O

Stop **dishing on** him. He never hurt you.
그를 흉보지 마라. 그는 한 번도 너를 마음 상하게 하지 않았다.
[on은 나쁜 영향을 받는 사람을 도입한다.]
They spent hours **dishing on** Ken.
그들은 켄을 흉보면서 몇 시간을 보냈다.

2.2 dish O out

She enjoys **dishing** it **out**, but she can't take it.
그녀는 남을 비판하기를 즐기지만, 다른 사람의 비판은 정말 못 견딘다.

DISPOSE

1. 단동사
이 동사는 물건들을 제자리에 두는 과정을 그린다.

타동사

He disposed the chairs in a circle.
그는 그 의자들을 원형으로 배치했다.

2. 구동사
2.1 dispose of O

We disposed of garbage in a garbage bag.
우리는 그 쓰레기를 쓰레기봉투에 넣어 처리했다.
Let's please dispose of the bad apples.
이 썩은 사과들을 처분합시다.

DIVE

1. 단동사
이 동사는 머리와 팔이 먼저 물속으로 들어가게 뛰어드는 과정을 그린다.
명사: 잠수; 급강하

자동사

The whale dived as the harpoon struck it.
그 고래는 그 작살을 맞자 물속으로 더 깊이 들어갔다.
The seagulls soared then dived.
그 갈매기들이 위로 솟구쳐 날아오르더니 다시 급강하를 했다.
The share price dived.
그 주가가 폭락했다.

2. 구동사
2.1 dive in

Mother brought some snack on a tray and the children dived in.
엄마가 간식을 쟁반에 담아 가지고 오자, 아이들이 마구 먹기 시작했다.
[참조: dig in]
Think carefully about proposal before diving in.
뛰어 들기 전에, 그 제안을 신중하게 생각하세요.
[참조: jump in]
Dive in and boldly introduce yourself.
대화에 끼어들어 용감하게 자신을 소개하세요.

2.2 dive into O
He dived into a *lake*.
그는 호수에 뛰어 들었다.

river 강		ocean 바다	

It began to rain, and we dived into a nearest shop.
비가 오기 시작해서, 우리는 가장 가까이에 있는 어느 상점에 뛰어 들어갔다.
He dived into his backpack and pulled out a camera.
그는 그의 백팩에 손을 집어넣고, 카메라를 꺼냈다.
The college students dived into the presidential campaign with enthusiasm.
그 대학생들은 열성을 갖고 그 대통령 선전유세에 뛰어 들었다.
He dived into Korean *culture*.
그는 열성적으로 한국문화를 파고들기 시작했다.
[참조: delve into, go into]

songs 노래		legacy 유산	

DIVIDE

1. 단동사
이 동사는 땅이나 물체를 두 개 이상으로 가르는 과정을 그린다.

자동사

The cells began to divide rapidly.
그 세포들은 빠르게 분열하기 시작했다.
Where the path divides, keep right.
그 길이 나뉘는 곳에서 계속 오른쪽으로 가시오.

타동사

The issue has divided the government.
그 쟁점이 그 정부를 분열시켜 놓았다.

2. 구동사
2.1 divide O by O

Divide 200 by 4.
200을 4로 나누시오.

2.2 divide O into O

Divide 8 into 400.
400을 8로 나누시오. (400을 여러개의 8이 되도록 하세요.)

2.3 divide O off

The barbed wire divides off the farm.
그 철조망이 그 농장을 나머지로부터 분리시킨다.
[off는 농장을 다른 부분에서 갈라놓는 관계를 나타낸다.]

2.4 divide O up

Mother divided up the cookie among the children.
어머니는 그 쿠키를 갈라서 그 아이들에게 나눠주었다.
When taking an exam, you should divide up your time

equally on each question.
시험을 칠 때, 당신은 당신의 시간을 각 문제에 균일하게 분배해야 한다.

DO

1. 단동사
이 동사는 일을 수행하거나 행동하는 과정을 그린다.

타동사

We will do what we can to help.
우리는 돕기 위해 우리가 할 수 있는 일을 할 것이다.
I do yoga once a week.
나는 일주일에 한 번 요가를 한다.
I like listening to the radio when I'm doing the ironing.
나는 다림질을 할 때 라디오 듣기를 좋아한다.
Who is doing the food for the wedding reception?
그 결혼식 피로연 음식은 누가 (준비) 하나요?
I am doing physics, biology, and chemistry.
나는 지금 물리, 생물, 화학 공부를 하고 있다.
I can't do this sum.
난 이 계산을 못 하겠어.
Can you do a Busan accent?
부산 말투를 흉내낼 수 있나요?
I've done talking - let's get started.
제 얘기는 끝났어요. 자 시작하죠.
We did the round trip in two hours.
우리는 두 시간 만에 그 왕복 여행을 끝냈다.
My car does 40 miles to the gallon.
내 차는 갤런 당 40마일을 간다[달린다].
She did a year at college, but then dropped out.
그녀는 일 년 동안 대학을 다녔지만 중퇴했다.
The gang did a warehouse and a supermarket.
그 갱단은 창고 한 곳과 슈퍼마켓 한 군데를 털었다.

자동사

How is the business doing?
그 사업은 어떻게 되고 있습니까?

2. 구동사
2.1 do away with O
He decided to do away with himself.
그는 자신을 없애겠다고 결심했다.
[away는 없어지는 관계를 나타낸다.]
His wife did away with her husband.
그의 아내는 남편을 살해했다.
The government is trying to do away with the regulation.
정부는 그 규정을 없애려고 시도하고 있다.

2.2 do O down
Don't do down people simply because they make a mistake.
하나를 했다고 사람을 깎아 내리지 마세요.
[down은 사람들을 깎아내리는 관계를 나타낸다. 참조: dress down, talk down]

2.3 do for O
Will this knife do for you?
이 칼이 당신이 생각하는 일에 맞을까요?
In the Stone Age, sharp stones did for tools.
석기시대에 날카로운 돌들이 도구들로 쓰였다.

2.4 do O in
All this work will do me in.
이 모든 일이 나를 녹초가 되게 할 것이다.
It is found that her friend did her in.
그녀의 친구가 그녀를 속였음이 발견되었다.

2.5 do O out
The bathroom is done out nicely with new tiles. (passive)
그 욕실은 새 타일로 잘 꾸며졌다.
[out은 욕실이 잘 꾸며진 관계를 나타낸다. 참조: deck out, fit out]

2.6 do O out of O
He did me out of my money.
그는 나를 속여 내어 돈을 앗아갔다.
[참조: cheat out of]
He did well out of the small wage.
그는 적은 임금에서 이익을 얻었다.

2.7 do O over
Do this report over. It is not well organized.
이 보고서를 다시 하세요. 이것은 잘 짜여지지 않았습니다.
[over는 어떤 일을 처음부터 다시 하는 관계를 나타낸다.]
You should do the kitchen over.
너는 그 부엌을 다시 해야 하겠다.
The painting needs doing over.
그 페인트칠은 다시 해야 할 필요가 있다.

2.8 do O up
Will you do the buttons up in the back?
뒤쪽에 있는 단추를 채워주시겠습니까?
[up은 옷깃의 양쪽이 맞닿는 관계를 나타낸다. 참조: button up, zipper up]

Do **up** your jacket.
너 저고리 단추를 채워라.
I had to **do** the roof **up** before the storm.
나는 폭풍이 오기 전에 지붕을 고쳐야 한다.
[참조: fix up]

do up
The dress **does up** at the back.
그 드레스는 뒤에서 잠긴다.

2.9 do O with O
I am **done with** the work. (passive)
나는 그 일을 마쳤다.
They will be **done with** the project by next week.
(passive)
그들은 그 일을 다음주에 마칠 것이다.

2.10 do without O
I cannot **do without** the *computer*.
나는 컴퓨터 없이 살 수가 없다.

| smartphone | 스마트폰 | family | 가족 |
| car | 차 | water | 물 |

DOCK

1. 단동사
이 동사는 배가 항구에 닿는 과정을 그린다.
명사: 부두, 선창

타동사

Next year, a technology module will be **docked** on the space station. (passive)
내년에 기술선이 우주 정거장에 도킹될 것이다.

2. 구동사
2.1 dock at O
The cruiser **docked at** the port of Busan.
그 유람선은 부산항에 정박했다.
The yacht **docked at** the marina.
그 요트는 그 정박소에 정박했다.
The ferry is expected to **dock at** 6.
그 연락선은 6시에 부두에 도착할 예정이다.
The space shuttle succeeded in **docking at** the international space station.
그 우주왕복선은 국제우주정거장에 정박하는데 성공했다.

DOCTOR

1. 단동사
이 동사는 간단히 치료를 하거나 서류 등을 좋게 조직하는 과정을 그린다.
명사: 의사

타동사

He was accused of **doctoring** the figures.
그는 그 수치를 조작했다는 혐의를 받았다.

2. 구동사
2.1 doctor O up
He **doctored** himself **up** and went to see a doctor.
그는 간단히 자신을 치료하고 의사를 보러 갔다.

DODGE

1. 단동사
이 동사는 재빨리 움직여서 피하는 과정을 그린다.

2. 구동사
2.1 dodge behind O
The boy **dodged behind** a tree.
그 소년은 빨리 나무 뒤로 피했다.
The rabbit **dodged behind** a tree.
그 토끼는 나무 뒤로 재빨리 숨었다.

DOLE

1. 단동사
이 동사는 돈이나 음식을 나누어 주는 과정을 그린다.
명사: 실업수당

2. 구동사
2.1 dole O out
The Ministry of Education **doles out** 200 million won for student grant for each year.
교육부는 매년 학생 장학금으로 2천만 원을 나누어 준다.
[out은 장학금이 여러 사람에게 나누어지는 관계를 나타낸다.]
The family **doled out** rice cake on his birthday.
그 가족은 그의 생일에 떡을 나누어 주었다.
Drinks were **doled out** to the participants. (passive)
음료수가 참석자들에게 나누어 졌다.

DOLL

1. 단동사
이 동사는 예쁜 옷을 차려입고 화장을 예쁘게 하는 과정을 그린다.

명사: 인형

2. 구동사

2.1 doll O up

She **dolled** herself **up** before going out.

그녀는 나가기 전에 잘 차려 입었다.

[참조: dress up]

He **dolled up** the boring lecture with jokes.

그는 그 지루한 강의를 농담들로 재미있게 하였다.

She got **dolled up** in the latest gear. (passive)

그녀는 가장 최신 복장으로 차려 입었다.

DOPE

1. 단동사

이 동사는 음식이나 음료수에 약을 타서 먹이는 과정을 그린다.

명사: 마약, 약물, 멍청이, 얼간이, 정보

타동사

The wine was **doped**. (passive)

그 포도주에 약물이 들어 있었다.

2. 구동사

2.1 dope O up

He was **doped up** and he did not know where he was. (passive)

그는 약에 취해서 그가 어디 있는지 몰랐다.

DOSE

1. 단동사

이 동사는 누군가에게 약을 복용시키는 과정을 그린다.

명사: 약의 복용량, 투여량, 약간

2. 구동사

2.1 dose O with O

Mother **dosed** me **with** a few aspirins.

엄마는 내게 몇 개의 아스피린을 복용시켰다.

The doctor **dosed** my dog **with** a mild tranquilizer.

그 의사는 내 개에게 약간의 진정제를 투여했다.

DOT

1. 단동사

이 동사는 점을 찍거나 넓은 지역에 무엇을 뿌리는 과정을 그린다.

명사: 점

타동사

Why do you never **dot** your i's?

왜 너는 I자 위에 점을 생전 안 찍니?

Small villages **dot** the countryside.

작은 마을들이 그 시골 지역에 산재해 있다.

Dot the cream all over your face.

그 크림을 얼굴 전체에 조금씩 찍어 발라라.

2. 구동사

2.1 dot around O

Toys **dotted around** the child's room.

장난감들이 그 아이의 방에 흩어져 있었다.

Lots of small islands **dot around** the sea.

많은 섬들이 그 바다 이곳저곳에 박혀 있다.

2.2 dot O with O

The girl **dotted** her face **with** red marks.

그 소녀는 자신의 얼굴을 붉은 반점들을 찍었다.

DOTE

1. 단동사

이 동사는 할머니, 할아버지가 손자 등을 애지중지하는 과정을 그린다.

2. 구동사

2.1 dote upon O

Grandma **doted upon** me.

할머니는 나를 매우 애지중지했다.

The parents **dote upon** the late child.

그 부모는 그 늦둥이 아이를 애지중지한다.

The girl **dotes upon** strawberry ice cream.

그 소녀는 딸기 아이스크림을 매우 좋아한다.

DOUBLE

1. 단동사

이 동사는 두 배로 하거나 두 가지로 쓰는 과정을 나타낸다.

형용사: 두 배의, 갑절의 / 두 개로 된 / 두 가지가 혼합된, 이중의

타동사

The government **doubled** the tax on the tobacco.

현 정부는 그 담배세를 두 배로 했다.

2. 구동사

2.1 double as O

The living room **doubles as** a bed room.

그 거실은 침실로도 쓰인다. 즉 두 가지 기능을 한다.
[as는 자격이나 기능을 나타낸다.]

He sings at a small bar, where he **doubles as** a waiter.
그는 조그만 술집에서 노래를 부르는데, 그곳에서 웨이터 일도 한다.

This stick **doubles as** a missile.
이 막대기는 유도탄으로도 쓰인다.

This tour card **doubles as** a transport card.
이 관광카드는 교통카드로도 쓰인다.

2.2 double back

He was running out of gas, and had to **double back** home.
그는 기름이 떨어지고 있어서, 집으로 돌아와야 했다.
[back은 종이를 접으면 한 쪽 끝이 뒤로 오는 것 같은 관계를 나타낸다.]

Because of engine problems, the airliner **doubled back** to Incheon International Airport.
엔진 고장으로, 그 여객기가 인천국제공항으로 회항했다.

2.3 double down

The dealer dealt me a good hand, so I **doubled down**.
그 딜러가 내게 좋은 패를 주어서, 판돈을 두 배로 했다.

Double down and do it.
결심을 하고 그것을 해라.

double down on O

He **doubled down on** his *claim*.
그는 그의 요구를 증가시켰다.

sanction	제약	criticism	비판
security	보안	immigration policy	이민 정책

2.4 double for O

During his career, he **doubled for** big stars like Gary Cooper and John Wayne.
그의 경력 중에, 그는 게리 쿠퍼와 존 웨인과 같은 유명한 배우들을 대신했다.
[for는 유명한 배우들의 자리에 들어가는 관계를 그린다.]

2.5 double over

This chair **doubles over** so you can store it in a small space.
이 의자는 반으로 접혀서 그것을 좁은 공간에 저장할 수 있다.

He **doubled over** in pain and rushed to the hospital.
그는 아파서 몸을 구부렸고 서둘러서 병원에 갔다.
[over는 선 자리에서 호를 그리며 앞으로 구부리는 관계를 그린다.]

I **doubled over** with laughter and I was not able to stop myself.
나는 우스워서 배를 쥐고 몸을 구부렸다. 나는 나를 억제할 수가 없었다.

The map was **doubled over** and I couldn't see it. (passive)
그 지도는 반으로 접혀져 있어서 나는 그것을 볼 수가 없었다.

double O over

Double over your money.
너의 돈을 반으로 접으세요.

2.6 double up

He **doubled up**, holding his stomach.
그는 그의 배를 쥐고 몸을 구부렸다.
[up은 머리가 발에 닿는 관계를 그린다.]

By the end of the run, he **doubled up**, gasping for air.
그 경주의 끝에 가서 그는 몸을 구부리고 숨을 헐떡였다.

I don't have enough books for the class, so some of you have to **double up**.
나는 학급 학생 전체에 돌아갈 충분한 책이 없기 때문에, 너희 가운데 일부는 둘씩 짝을 지어야 한다.
[up은 둘이 한 짝이 되는 관계를 그린다. 참조: pair up]

I didn't take my medicine this morning. So I will **double up** for lunch.
나는 아침에 내 약을 먹지 않았다. 그래서 점심에는 두 배로 먹어야겠다.
[up은 두 배가 되는 관계를 그린다.]

Can this couch **double up** as a bed?
이 긴 소파는 침대로도 쓰이는 이중기능을 합니까?

double up on O

To increase calories, **double up on** carbohydrate.
칼로리를 증가시키기 위해서 탄수화물 섭취량을 두 배로 하세요.

DOUSE

1. 단동사
이 동사는 물이나 다른 액체를 끼얹는 과정을 그린다.
타동사

The car was **doused** in gasoline and set alight. (passive)
그 차는 석유가 끼얹어졌고 불이 붙여졌다.

2. 구동사
2.1 douse O with O
They **doused** each other **with** buckets of cold water.
그들은 서로에게 찬물 통을 끼얹었었다.

1. 단동사
이 동사는 깜빡 잠이 들거나 조는 과정을 그린다.
명사: 보통 낮에 잠깐 잠, 낮잠

자동사

The students **dozed** during the film.
그 학생들은 그 영화를 보는 동안 졸았다.

2. 구동사
2.1 doze off
Please repeat that last point. I **dozed off** a few seconds.
그 마지막 부분을 반복해 주시겠습니까. 나는 잠깐 졸았습니다.
[off는 의식 상태에서 떨어지는 관계를 나타낸다.]
He **dozed off** on the subway.
그는 지하철에서 껌뻑껌뻑 졸았다.
Don't **doze off** while driving.
운전하는 동안 졸지 마세요.

1. 단동사
이 동사는 사람들을 어떤 일에 끌어들이는 과정을 그린다.
명사: 틈새 바람, 통풍

2. 구동사
2.1 draft O into O
She **drafted** some of the boys **into** helping her move the furniture.
그녀는 그 소년들 몇 명을 그녀가 그 가구를 옮기는 데 돕도록 끌어들였다.

1. 단동사
이 동사는 계획, 편지, 보고서 등의 초안을 만드는 과정을 그린다.
명사: 초고, 초안

2. 구동사
2.1 draft O up
They **drafted up** the proposal.
그들은 그 제안의 초안을 만들었다.
[up은 초안이 생겨난 관계를 나타낸다.]

1. 단동사
이 동사는 천천히, 그리고 무겁게 지면에 닿은 채 끄는 과정을 나타낸다.

타동사

He **dragged** his sled up the hill.
그는 그의 썰매를 그 언덕 위로 끌고 올라갔다.
Police **dragged** the river for a missing man.
경찰은 어느 실종자를 찾기 위해서 그 강바닥을 (그물로) 끌었다.

자동사

Time **dragged** as we waited for recess.
시간이 우리가 휴식시간을 기다리는 동안 천천히 흘렀다.
Her skirt was so long that it **dragged** in the mud.
그녀의 스커트는 너무 길어서 그 진흙 바닥에 끌렸다.

2. 구동사
2.1 drag O away
When the child is watching his favorite animations, nothing can **drag** him **away**.
그 아이가 그가 좋아하는 애니메이션을 보고 있을 때, 아무것도 그를 그것에서 끌어낼 수 없다.
[away는 아이가 만화 영화에서 떨어지는 관계를 나타낸다.]
Dad loves watching sports programs, and no one can **drag** him **away**.
아버지는 스포츠 방송들을 보기를 좋아한다. 아무도 그를 그것에서 끌어낼 수 없다.

2.2 drag O down
A crocodile **dragged down** a horse into the river.
악어 한 마리가 말 한 마리를 끌고 강 속으로 내려갔다.
All the stress at work is really **dragging** him **down**.
일터에서의 모든 긴장이 그의 기분을 끌어 내리고 있다.
[him은 환유적으로 그의 기분을 가리키고, down은 좋은 상태에서 나쁜 상태로의 변화를 나타낸다.]
I've been ill for months, and it really **drags** me **down**.
나는 몇 달 동안 앓고 있는데, 이것이 내 기분을 정말 끌어내리고 있다.
Declining prices for steel have **dragged** the company's earnings **down**.
하락하는 철강가격이 그 회사의 수익을 끌어내리고 있다.
[down은 양이나 수의 감소를 나타낸다.]
A recession in China could **drag down** the rest of Asia.
중국의 경제 침체는 아시아 나머지 국가들의 경제도 끌

어내릴 수 있다.

Some of the bad kids at school **dragged** my son **down** with them.

학교의 나쁜 아이들 몇몇이 나의 아들을 그들과 함께 끌어내렸다.

[down은 좋지 않은 상태를 그린다.]

2.3 drag O in on O

Don't **drag** me **in on** this argument.

나를 이 논쟁에 끌어들이지 마세요.

drag O into O

Many people fear that China may be **dragged into** a war with Japan. (passive)

많은 사람들이 중국이 일본과의 전쟁에 끌려들어 갈지도 모른다고 걱정하고 있다.

Joe and Tom are arguing and I keep getting **dragged into** their argument. (passive)

조와 톰이 말다툼을 하고 있고, 나는 그들의 말싸움에 계속해서 끌려들어가고 있다.

Don't **drag** my past **into** this. It has nothing to do with this issue.

내 과거를 여기에 끌어들이지 마시오. 그것은 이 쟁점과 아무런 관계가 없습니다.

2.4 drag O off

The demonstrators were **dragged off** to the nearest police station. (passive)

그 시위자들은 (시위 장소에서) 끌려서 가장 가까운 경찰서로 끌려갔다.

[off는 시위자들이 시위 장소에서 떠나는 관계이다.]

2.5 drag on

The two tycoons' court battle **dragged on**.

그 두 재벌의 법정투쟁이 지루하게 계속되었다.

[on은 과정의 진행이 계속됨을 나타낸다. 한 과정이 중단 없이 진행되거나, 진행에 중단이 있은 다음 진행되는 것도 on으로 표현된다.]

Both sides refused to compromise, and the *negotiations* **dragged on**.

양 측은 타협하기를 거절해서 그 협상들이 질질 끌려 이어졌다.

investigation 조사	debate 토론

As *the cold winter weather* **dragged on**, we were growing depressed.

추운 겨울 날씨가 지루하게 계속 되어서 우리는 점점

기분이 우울하게 되고 있다.

drought 가뭄	monsoon 장마

2.6 drag O out

They both want a quick divorce. Neither want to **drag** it **out** any longer.

그들 둘은 빠른 이혼을 원한다. 어느 쪽도 이 문제를 더 이상 끌어가는 것을 원하지 않는다.

[out은 기간의 연장을 나타낸다. 참조: spin out, spread out]

The speaker **dragged out** his speech with the tedious episodes.

그 연사는 지루한 이야기들로 그의 강연을 질질 끌었다.

drag O out of O

Police finally **dragged** a confession **out of** the thief.

경찰이 마침내 자백을 그 절도범에게서 끌어내었다.

He does not want to tell me what happened on Monday — I had to **drag** it **out of** him.

그는 월요일에 일어난 일을 내게 말하기를 원하지 않았다. 나는 그것을 그에게서 끌어내어야 했다.

drag out

If the present economic recession **drags out**, many businesses will be forced to close.

만약 현재의 그 경기 침체가 더 이상 길어진다면, 많은 업체들이 문을 닫게 될 것이다.

The talk is **dragging out** to no end.

그 회담은 끝없이 길어지고 있다.

2.7 drag O up

The boys were **dragged up** to the principal. (passive)

그 소년들은 교장 선생님에게 끌려갔다.

[up은 소년들이 교장 선생님께 가까이 가는 관계를 나타낸다.]

The newspaper **dragged up** a story about an affair the president had had with one of his secretaries.

그 신문은 대통령이 그의 비서 중 한명과 전에 가졌던 관계에 관한 이야기를 끌어 올렸다.

[up은 기억의 밑바닥에 있는 것을 의식 상태로 끌어올리는 관계를 나타낸다. 참조: dredge up]

Some teachers complain that Thompson's children are **dragged up** rather than brought up. (passive)

몇몇 교사들은 톰슨가의 아이들이 양육되는 것이 아니라 질질 끌려져 키워진다고 불평하고 있다.

DRAIN

1. 단동사

이 동사는 물이 빠지거나 물을 빼는 과정을 나타낸다.

자동사

The bath water **drained** slowly.
그 욕조 물이 천천히 빠졌다.

Water won't **drain** from a flat roof.
물은 평평한 지붕에서 빠지지 않는다.

타동사

He **drained** his glass.
그는 그의 잔을 비웠다.

Hard work **drained** his energy.
힘든 일이 그의 힘을 다 뺐다.

He **drains** the pool at the end of the summer.
그는 여름이 끝나면 그 수영장 물을 뺀다.

2. 구동사

2.1. drain away

In the drought, the swamp is **draining away**.
가뭄 속에, 그 늪의 물이 점점 빠지고 있다.
[away는 물이 점점 줄어드는 관계를 그린다.]

drain O away

Drain away the water from the basement.
그 물을 그 지하실에서 빼내세요.

2.2 drain down O

All his money **drained down** the sink.
그의 모든 돈이 그 싱크대 아래로 빠져나갔다.
[참조: go down the drain]

2.3 drain O from O

She **drained** water **from** the potatoes.
그녀는 물을 그 감자들에서 뺐다.

2.4 drain into O

The river **drains into** the bay.
그 강은 그 만으로 빠져 들어간다.

2.5 drain O of O

He **drained** the glass **of** the remaining beer.
그는 그 잔에서 나머지 맥주를 다 따라 내었다.
[of는 남은 맥주가 잔에서 비워지는 관계를 나타낸다.]

This work **drained** me **of** all my energy.
이 일이 나에게서 모든 힘을 빠지게 했다.

2.6 drain O off O

Drain the broth **off** the chicken.
그 닭 국물을 그 닭에서 다 빠지게 하세요.
[off는 국물이 닭에서 떨어져 나오는 관계를 나타낸다.]

drain O off

After cooking the pork, **drain off** the excess fat from the pan.
그 돼지고기를 요리한 다음, 남은 기름을 그 팬에서 따라 버리세요.
[off는 기름이 팬에서 떨어지는 관계를 나타낸다.]

The nurse **drained off** the fluid from the wound.
그 간호사는 그 액체를 그 상처에서 뽑아내었다.

2.7 drain out

All the milk **drained out** onto the bottom of the refrigerator.
그 모든 우유가 빠져나와 그 냉장고 밑으로 흘러 들어갔다.

drain O out of O

She **drained** the last drop **out of** the bottle.
그녀는 마지막 한 방울을 그 병에서 빠지게 했다.

DRAPE

1. 단동사
이 동사는 솔이나 휘장으로 덮는 과정을 그린다.
명사: 휘장

2. 구동사

2.1 drape O around O

She **draped** her shawl **around** her shoulder.
그녀는 그녀의 솔을 그녀의 어깨 주위에 둘렀다.

2.2 drape O in O

The woman **draped** herself **in** silk, but she still looked ugly.
그녀는 자신을 비단으로 휘감았으나, 여전히 못나 보였다.
[silk는 환유적으로 비단옷을 가리킨다.]

2.3 drape over O

The coverlet **draped over** his knees, but he was still cold.
그 작은 담요가 그의 무릎을 덮고 있으나, 그는 아직도 추웠다.

drape O over O

The old man **draped** himself **over** the armchair, dropping off to sleep.
그 노인은 그 안락의자 위에 걸쳐 눕고 깜빡 잠이 들었다.

2.4 drape O with O

She **draped** herself **with** beautiful silk.
그녀는 자신을 아름다운 비단옷으로 휘감았다.

DRAW ¹

1. 단동사

이 동사는 부드럽고 일정하게 끄는 과정을 그린다.

타동사

He **drew** the rope tight.
그는 그 줄을 팽팽하게 당겼다.

He **drew** the curtain.
그는 그 커튼을 당겨서 닫았다.

She **drew** a bow across the violin strings.
그녀는 활로 바이올린 현 위를 그었다.

He **drew** a winning number in the lottery.
그는 복권에서 당첨 번호를 뽑았다.

He **drew** a reasonable conclusion.
그는 합당한 결론을 끌어내었다.

The concert **drew** a large audience.
그 콘서트는 많은 청중을 끌었다.

His question **drew** no answer.
그의 질문은 아무 대답을 끌어내지 못했다.

He **drew** a deep breath.
그는 깊은 숨을 마셨다.

Bank savings **draw** interest.
은행 예금은 이자를 끌어온다.

자동사

The chimney **draws** well.
그 굴뚝은 잘 빨아들인다.

2. 구동사

2.1 draw away

Don't **draw away** from me. I won't hurt you.
내게서 빠져나가지 마. 나는 너를 해치지 않을 거야.

draw O away

Draw your attention **away** from the thought.
당신의 주의를 그 생각에서 떨어지게 하십시오.

2.2 draw back

He **drew back** when he saw a wounded dog.
그는 다친 개 한 마리를 보았을 때 뒤로 물러섰다.
[back은 뒤로 물러서는 관계를 나타낸다.]

People **drew back** to let the parade go past.
사람들은 그 행렬이 지나갈 수 있도록 뒤로 물러섰다.

draw back from O

Poland **drew back from** Russia to independence.
폴란드는 소련에서 물러나서 독립했다.

The politician **drew back from** seeking candidacy this year.
그 정치인은 금년 후보에서 물러섰다. 즉, 나서지 않기로 했다.

2.3 draw O down

He **drew** the drape **down** to cut off the sunlight.
그는 햇빛을 차단하기 위해 휘장을 끌어내렸다.

The increased costs **drew** our budget **down**.
그 증가된 비용들이 우리의 예산을 줄어들게 했다.
[down은 수, 양, 정도가 줄어드는 관계를 나타낸다.]

draw down

Cold air is **drawing down** from the Himalayas.
찬 공기가 히말라야 산맥에서 내려오고 있다.

2.4 draw O in

He **drew in** a deep breath.
그는 깊은 숨을 들이마셨다.
[in은 밖에서 몸속으로 들어가는 관계를 그린다.]

The carcass **drew in** lots of wolves.
그 사체는 많은 늑대들을 끌어들였다.

The film **drew in** large audiences.
그 영화는 많은 관중들을 끌어들였다.

Marcel Proust **drew in** his personal experience to create stories.
마르셀 프루스트는 이야기들을 창작하기 위해서 자신의 경험을 끌어들여 썼다.

draw in

In March the night began to **draw in**.
3월에 밤이 짧아졌다.
[in은 어떤 길이가 안으로 들어온다는 뜻이다. 즉, 짧아진다는 뜻이다.]

2.5 draw into O

The express bus **drew into** the terminal.
그 고속버스는 그 터미널로 들어왔다.

draw O into O

The US government is hesitating to get **drawn into** a ground war in Syria. (passive)
미국 정부는 시리아에서 지상전에 끌려드는 것을 주저하고 있다.

Without knowing myself, I was **drawn into** the argument. (passive)

나도 모르게 나는 그 논쟁에 끌려들어가게 되었다.

2.6 draw O off O

The farmers **draw** water **off** the Tigris river.
그 농부들은 물을 티그리스 강에서 끌어온다.
[off는 물이 강에서 분리되는 관계를 그린다.]
The stewardess **drew** some beer **off** the cask.
그 여승무원은 약간의 맥주를 그 나무통에서 뽑아내었다.

draw O off

The doctor **drew off** some fluid from the lung.
그 의사는 약간의 액체를 그 폐에서 뽑아내었다.

2.7 draw on

The night **drew on**, but there was still no word from John.
그 밤이 계속되어 거의 끝날 때가 되어도 존에게서 아무런 소식이 없었다.
[on은 과정이나 상태가 계속 이어지는 관계를 나타낸다.]

draw on O

The actor **draws on** his own life experience.
그 배우는 자신의 생활 경험을 이용한다.
To buy the car, he **drew on** his savings.
그 차를 사기 위해서 그는 저금에서 돈을 꺼냈다.
He **drew on** his pipe.
그는 그의 파이프의 담배 연기를 빨았다.
[전치사 on이 없으면 파이프 전체를 끌어들인다는 뜻이 된다. on이 있으므로 파이프에 닿아있는 것, 즉 담배 연기를 끌어들인다는 뜻이 된다.]

2.8 draw O out

He was good at **drawing out** sympathy from us.
그는 우리에게서 동정심을 끌어내기를 잘했다.
You can **draw** him **out** if you start talking about linguistics.
네가 언어학을 이야기하기 시작하면 그를 (토의에) 끌어낼 수 있을 것이다.
[out은 자신의 세계에서 바깥 세계로의 이동을 나타낸다.]
He **drew out** a guideline.
그는 지침서를 만들어 내었다.
[out은 가이드라인이 생기는 관계를 나타낸다.]
We decided to **draw out** the *weekend*.
우리는 주말을 연장하기로 결심했다.
[out은 길이가 연장되는 관계를 나타낸다.]

| vacation 휴가 | investigation 조사 |

draw out

When I arrived at the terminal, the bus was **drawing out**.
내가 그 버스 종점에 도착했을 때, 그 버스가 역을 빠져 나가고 있었다.
All of a sudden a truck **drew out** in front of us.
갑자기 트럭 한 대가 우리 앞에 불쑥 나왔다.
The winter nights are **drawing out**.
겨울밤이 길어지고 있다.
[out은 길이가 길어지는 관계이다.]

2.9 draw up

When the trunks were wet, they **drew up**.
그 짧은 남성용 운동바지가 물에 젖자, 그것은 수축했다.
[up은 바지의 섬유가 촘촘하게 모이는 관계를 나타낸다.]
A car **drew up** and the driver asked for directions.
차 한 대가 다가와서 그 차의 운전수가 길을 물었다.
[up은 어떤 기준점에 다가오는 관계를 나타낸다.]
The bus **drew up** at the curb.
그 버스가 그 연석에서 멈춰 섰다.
[up은 움직이던 것이 정지되는 관계를 나타낸다.]

draw O up

Maria **drew** herself **up** on her full height.
마리아는 자신을 완전한 키만큼 곧 똑바로 세웠다.
[up은 몸을 똑바로 세우는 관계를 나타낸다.]
Tony **drew up** a chair, and joined us in the card game.
토니는 의자 하나를 가깝게 끌고 와서 우리가 하는 게임에 참가했다.
[up은 의자가 어떤 주어진 지점에 가까워지는 관계를 나타낸다.]
Paul **drew up** his knees to let the old woman pass by.
Paul은 나이 든 여자 분이 지나가도록 그의 무릎들을 (가슴에) 당겼다.
The troops were **drawn up** in ranks. (passive)
그 부대원들은 횡대로 줄을 섰다.
[up은 어떤 형태가 생겨나는 것을 가리킨다. 참조: line up]

2.10 draw (up)on O

I had to **draw upon** my savings to pay for the refrigerator.
나는 그 냉장고 값을 치르기 위해서 내 예금의 일부를 빼내어야 했다.

DRAW²

1. 단동사
이 동사는 연필이나 펜으로 그림을 그리는 과정을 그린다.
타동사

Can I **draw** your portrait?
내가 당신의 초상화를 그려도 괜찮겠습니까?
He **drew** a house with a pencil and paper.
그는 연필과 종이를 써서 집을 그렸다.

자동사

He **draws** well.
그는 (연필이나 펜으로 그림을) 잘 그린다.

2. 구동사

2.1. draw O on O

The kids are **drawing** clowns **on** the walls.
그 아이들은 광대들을 그 벽에 그리고 있다.

2.2. draw O up

He **drew up** a *check list*.
그는 검사 목록을 작성했다.
[up은 목록이 만들어지는 관계를 나타낸다.]

payment plan	지불 계획	checklist	검사 목록
chart	도표	document	문서

The chef **draws up** the menu in advance.
그 주방장은 메뉴를 미리 짠다.
Please **draw up** the schedule for tomorrow.
내일 스케줄을 짜세요.
The lawyer **drew up** a *contract*.
그 변호사는 계약서를 작성했다.
[draw는 펜, 연필 등으로 무엇을 그리거나 쓰는 과정을 나타내고, up은 계약서가 생기는 관계를 그린다.]

DREAM

1. 단동사

이 동사는 꿈을 꾸는 과정을 그린다.

자동사

Normal people **dream** every night.
정상적인 사람은 매일 꿈을 꾼다.
She is always **dreaming** in class.
그녀는 수업 중에 언제나 몽상을 한다.

타동사

I **dreamed** that I was flying down a valley.
나는 내가 계곡을 따라 날아가는 꿈을 꾸었다.
He **dreamed** a terrible dream.
그는 무시무시한 꿈을 꾸었다.

2. 구동사

2.1 dream O away

Helen stayed in her room, and **dreamed away** the

hours until her son came home from school.
헬렌은 아들이 학교에서 집에 올 때까지의 그 시간들을 즐거운 생각을 하며 보냈다.
[away는 시간이 줄어서 없어지는 관계를 나타낸다.]
He **dreamed away** the whole day.
그는 하루 종일 헛된 꿈을 꾸면서 보냈다.

2.2 dream of O

She is not **dreaming of** asking her mother for money.
그녀는 그의 어머니에게 돈을 요청할 꿈도 꾸지 않고 있다.
[of의 목적어는 꿈의 내용이다.]
I did not mean to hurt you — I would not **dream of** it.
나는 너를 해칠 생각이 없었다. 그것을 꿈도 꾸지 않는다.
I would not **dream of** walking in the park on my own at night.
나는 밤에 혼자서 그 공원을 산책할 꿈도 못 꿀 것이다.

2.3 dream on

She can **dream on** — I'd never go out with her.
그녀는 계속 꿈을 꿀 수 있다 — 나는 그녀와 데이트를 절대로 하지 않겠다.
[on은 꿈을 계속 꾸라는 말이고 여기서는 불가능한 일을 계속해보라는 뜻이다. 우리말의 '꿈 깨'에 해당한다.]
So you think you can win the award. **Dream on**, Bill.
그래서 네가 그 상을 탈 수 있으리라 생각하는구나. 계속 꿈 꿔, 빌. (즉, 꿈 깨!)

2.4 dream O up

Who's **dreamed up** the idea that the chairman would step down?
누가 그 회장이 물러나리라는 이상한 생각을 만들어 내었느냐?
[up은 꿈을 꿔서 생각이 만들어진 상태를 나타낸다.]
The story is **dreamed up** by leftist lunatics. (passive)
그 이야기는 좌파 미치광이들에 의해 만들어진 것이다.
[참조: make up]
Please **dream up** a solution for this problem.
이 문제에 대한 해결책을 생각해 내세요.

DREDGE

1. 단동사

이 동사는 강, 운하 바닥 등을 준설하는 과정을 그린다.
명사: 준설기

타동사

They are **dredging** the harbor so that larger ships can use it.

그들은 더 큰 배가 이용할 수 있도록 그 항구를 준설하고 있다.

The waste was **dredged** from the seabed. (passive)
그 쓰레기는 바다 바닥에서 건져 올려졌다(준설됐다).

2. 구동사

2.1 dredge O up
They **dredge up** sand and rocks from the river bed.
그들은 모래와 돌을 강바닥에서 준설기로 파 올렸다.
He **dredged up** some sad memories.
그는 슬픈 기억들을 길어 올렸다.
[up은 밑에 깔려 있는 기억을 끌어올리는 관계를 나타낸다.]

DRENCH

1. 단동사
이 동사는 흠뻑 젖거나 적시는 과정을 그린다.
타동사

We were caught in the storm and got **drenched** to the skin.
우리는 그 폭풍우를 만나 속옷까지 흠뻑 다 젖었다.

2. 구동사
2.1 drench O in O
A sudden shower **drenched** us **in** warm rain.
갑작스런 소나기가 우리를 따뜻한 빗물에 푹 젖게 했다.

DRESS

1. 단동사
이 동사는 옷을 입거나 입히는 과정을 그린다.
타동사

The girl **dressed** the doll prettily.
그 소녀는 그 인형에 옷을 예쁘게 입혔다.
The nurse **dressed** the wound.
그 간호사는 그 상처에 붕대를 감았다.
자동사

She **dresses** smart.
그녀는 맵시 있게 옷을 입는다.

2. 구동사
2.1 dress down
We are allowed to **dress down** on Friday and come to work in Aloha shirt.
우리는 금요일엔 평상복을 입을 수 있어서 알로하 셔츠를 입고 일터에 올 수 있다.
[down은 격식적인 것에 비해 비격식적인 차림도 나타낸다.]
Women are **dressing down** more and more nowadays.

여자들은 오늘날 점점 더 차려입지 않는 경향이 있다.

dress O down
My mother **dressed** me **down** for being rude.
어머니는 내가 버릇없이 굴어서 나를 꾸짖었다.
The boss **dressed down** the workers late for work.
사장은 지각한 노동자들을 꾸짖었다.
[down은 깎아 내리는 관계를 나타낸다. 참조: talk down]

2.2 dress in O
The participants in the festival were **dressed in** traditional costume.
그 축제 참가자들은 전통의상을 입고 있었다.

2.3 dress up
Do you have to **dress up** for work?
여러분은 일을 할 때 잘 차려입어야 합니까?
[up은 공식적 또는 형식적 차림의 상태를 나타낸다.]
My mother **dresses up** and goes to church every Sunday.
나의 어머니는 매 일요일 잘 차려입고, 교회에 가신다.
The little girl likes to **dress up** in her mom's clothes.
그 꼬마 소녀는 엄마의 옷을 입는 것을 좋아한다.
[up은 차려 입어서 원래의 모습이 드러나지 않는 정도를 나타낸다.]
She **dressed up** like a princess.
그녀는 공주처럼 차려입었다.
The children **dressed up** for Halloween.
아이들은 할로윈을 위해서 잘 차려 입었다.

dress up as O
She **dressed up as** a queen.
그녀는 여왕으로 차려입었다.
In the drama, he **dressed up as** a ghost.
그 연극에서 그는 귀신으로 차려 입었다.

dress O up
Some men at the party were **dressed up** in traditional Korean clothes.
그 파티에 온 몇몇 남자들은 전통한복으로 치장했다.
The politicians tried to **dress up** their policies and made them essential.
그 정치인들은 그들의 정책을 치장해서, 꼭 필요한 것처럼 만들었다.

dress O up as O
His photographs are just pornographs **dressed up as** art. (passive)

그의 사진들은 예술로 치장된 음화들이다.

DRIFT

1. 단동사
이 동사는 물이나 공기 속에 천천히 움직이는 과정을 그린다.
명사: 표류, 해류

자동사

The leaves **drifted** to the ground.
그 잎들이 바람에 땅으로 떨어졌다.

He **drifted** from job to job.
그는 이 일자리에서 저 일자리로 떠다녔다.

2. 구동사

2.1 drift against O
The snow **drifted against** the door.
그 눈이 바람에 날아가 그 문을 쳤다.

2.2 drift along with O
The boat **drifted along with** the current.
그 보트는 그 물살과 함께 떠내려갔다.

2.3 drift apart
The couple **drifted apart**.
그 부부는 서로 따로 흩어져 흘러갔다. 즉, 헤어졌다.
[사람은 물에 비유된다. 참조: drop, flood, pour, trickle]

drift apart from O
The boats **drifted apart from** one another.
그 보트들은 서로 떨어져 흘러갔다.

He **drifted apart from** his friends.
그는 그의 친구들로부터 멀어져갔다.

2.4 drift away
The boat **drifted away** from the shore.
그 보트는 그 해안에서 떨어져 흘러갔다.

Donald used to be one of my best friends at school,
but we **drifted away** over the past few years.
도널드는 학창시절 가장 친한 친구 중 하나였지만, 지난
몇 년 동안 우리는 서서히 멀어졌다.
[away는 둘 사이가 멀어지는 과정과 결과를 나타낸다.]

2.5 drift back to O
The canoe **drifted back to** shore.
그 카누는 해안으로 다시 흘러들었다.

Finally he **drifted back to** her and they made up.
마침내 그는 그녀에게 되돌아가서, 그들은 화해했다.

2.6 drift down O
The raft **drifted down** the stream.
그 뗏목은 그 물줄기를 따라 떠내려갔다.

2.7 drift into O
People **drifted into** the stadium.
사람들이 경기장으로 흘러들어갔다.
['사람들은 물이다'의 은유가 적용된 표현이다.]

2.8 drift off
The boat **drifted off** and was gone.
그 배가 (매어 있던 곳에서) 떠나서 사라졌다.

drift off (in)to O
I was just **drifting off into** a sleep when I heard a crash
outside.
내가 막 잠에 빠져 들려는데 나는 밖에서 무엇이 충돌하
는 소리를 들었다.
[off는 깨어 있는 상태에서 잠이 드는 상태로의 변화를 그린다. 참
조: drop off / nod off, doze off]

2.9 drift on
The boat **drifted on** down the river.
그 배는 계속해서 강 아래를 떠내려갔다.

2.10 drift out
The boat **drifted out** and almost got away.
그 보트는 어떤 장소를 벗어나서 거의 사라졌다.

After the game, the crowd **drifted out** one by one.
그 경기가 끝나자, 그 군중들은 한 사람씩 빠져나갔다.
[이 표현은 '사람은 물이다'의 은유가 적용된 표현이다. 참조:
flood out, pour out, stream out]

2.11 drift with O
The canoe **drifted with** the current.
그 배는 조류와 함께 떠내려갔다.

DRILL

1. 단동사
이 동사는 드릴로 구멍을 뚫거나, 반복적으로 연습시키는
과정을 그린다.
명사: 드릴, 송곳; 반복 연습; 훈련; 절차

타동사

He **drilled** a series of holes in the frame.
그는 그 틀에다 일련의 구멍을 나란히 뚫었다.

The children were **drilled** to leave the classroom
quickly when the fire bell rang. (passive)

아이들은 화재 경보가 울리면 신속히 교실을 나가도록 반복해서 훈련을 받았다.

2. 구동사
2.1 drill down O
We are drilling down 20 meters to find water.
우리는 물을 찾기 위해서 20미터를 파고 내려갔다.

drill down on O
He is drilling down on the issue.
그는 그 문제를 깊이 파고 들어가 살피고 있다.

drill down to O
We drilled down to bedrock.
우리는 암반까지 구멍을 뚫고 내려갔다.

2.2 drill into O
He is drilling into the sand.
그는 그 모래 속을 파고들어가고 있다.

drill O into O
My parents drilled the importance of hard work into us.
부모님은 근면의 중요성을 우리에게 주입시켰다.

DRINK

1. 단동사
이 동사는 물 등을 마시는 과정을 그린다.
타동사
We have to drink a lot of water everyday.
우리는 매일 많은 물을 마셔야 한다.
자동사
Don't drink and drive.
술을 마시고 운전하지 마세요.

2. 구동사
2.1 drink O down
Jeff drank the beer down in a minute.
제프는 그 맥주를 1분 만에 쉬지 않고 꿀꺽 마셨다.
[down은 맥주가 입에서 위로 내려가는 관계를 나타낸다. 참조: gulp down]
Being very thirsty, he drank down two glasses of water in less than one minute.
그는 목이 매우 말라서 두 잔의 물을 1분 이내로 쉬지 않고 꿀꺽 마셨다.

2.2 drink O from O
The picknickers are drinking water from a hand-held bottles.
피크닉하는 사람들은 손에 든 병으로부터 물을 마시고 있다.

2.3 drink O in
While traveling in Korea, Helen drank *everything* in.
한국을 여행하는 동안 헬렌은 모든 것(본 것, 들은 것, 맛본 것, 읽은 것 등)을 흡수했다. 즉, 모든 것을 즐겼다.
[in은 모든 것을 마음속에 받아들이는 관계를 나타낸다. 참조: take in]

scene 정경	sight 구경거리

The novelist drank in the praise his critics gave his latest novel.
그 소설가는 그의 최신 소설에 그의 비평가들이 준 칭찬을 모두 빨아 들였다.

2.4 drink out
Let's drink out tonight.
오늘밤 나가서 술을 마시자.
[참조: eat out]

2.5 drink out of
He drank water out of the *tumbler*.
그는 물을 텀블러에서 마셨다.

glass	유리잔	pond	연못
river	강	cup	컵

2.6 drink to O
Let's drink to the health and happiness of John and Mary.
존과 메리의 건강과 행복을 위하여 건배를 합시다.
A: 'If things do not improve, I am going to quit my job.'
B: 'I'll drink to that!'
A: '만약 사정이 개선되지 않으면, 나는 내 일자리를 내어놓을 것이다.'
B: '나도 동의 한다' (너의 생각에 축배를 들겠다)

drink O up
In the bar, we drank up all the beer there.
그 술집에서 우리는 그 곳에 있는 모든 맥주를 마셨다.
[up은 맥주를 다 마시고 맥주가 없어진 상태이다.]
Drink up your milk before going out.
나가기 전에 네 우유를 다 마셔라.

drink up
Drink up. We have to go now.
다 마셔라. 우리 이제 가야 한다.

DRIP

1. 단동사

이 동사는 물방울이 뚝뚝 떨어지는 과정을 그린다.
명사: 액체가 뚝뚝 떨어짐; 작은 액체 방울; 얼간이

자동사

The tap was **dripping**.
그 수도꼭지에서 물이 뚝뚝 떨어지고 있었다.

타동사

His voice **dripped** sarcasm.
그의 목소리에는 빈정거림이 뚝뚝 떨어진다.

2. 구동사

2.1 drip into O

The water **dripped into** the bucket we placed under the leak.
물이 새는 곳 아래에 놓아둔 그 양동이에 물이 뚝뚝 떨어져 들어왔다.

2.2 drip off

The grease is **dripping off**.
그 기름이 뚝뚝 떨어져내리고 있다.

2.3 drip with O

She was **dripping with** seawater when she came back onto the deck.
그녀가 다시 그 갑판 위로 올라왔을 때, 바닷물이 뚝뚝 흐르고 있었다.

The leaves are **dripping with** heavy morning dew.
그 잎들은 무거운 아침 이슬이 뚝뚝 흐르고 있었다.

His face was **dripping with** blood after being stabbed.
그의 얼굴은 찔린 다음 피가 뚝뚝 떨어졌다.

He is **dripping with** self-confidence.
그는 자신감이 뚝뚝 떨어진다.

DRIVE

1. 단동사

이 동사는 자동차나 말 등을 모는 과정을 그린다.

타동사

He **drove** a BMW.
그는 BMW를 몬다.

He **drove** the cattle.
그는 소떼를 몰았다.

My friend **drove** me to the station.
내 친구가 나를 역에 태워다 주었다.

He **drove** the nail.
그는 그 못을 밀어붙였다. 즉, 박았다.

The boss **drives** employees day and night.
그 상사는 고용인들을 밤낮으로 몰아붙인다.

자동사

The truck **drove** down the hill.
그 트럭은 그 언덕 아래로 갔다.

This car **drives** well.
이 차는 운전이 잘된다. 즉, 잘 나간다.

2. 구동사

2.1 drive around O

He **drove around** the city.
그는 그 도시를 이리저리 운전해 다녔다.

2.2 drive at O

What are you **driving at**?
무엇을 말하려고 하고 있습니까? 즉, 무엇을 향해 말을 하고 있느냐?
[at은 시도를 나타낸다. 참조: get at]

Helen realized what I was **driving at** – that the man had escaped.
헬렌은 내가 말하고자 하는 것을 알게 되었다 – 즉, 그 사람이 도망갔다는 것을.

2.3 drive away

They got in the car and **drove away**.
그들은 그 차에 타서 운전해 가 버렸다.

drive O away

Reports about killing in the park **drove away** the neighbors.
그 공원에 있었던 살인에 대한 보도가 그 이웃사람들을 그 공원에 가지 않게 하고 있다.

His heavy drinking and gambling **drove** his wife **away**.
그의 심한 음주와 노름이 그의 아내를 몰아내어버렸다.
[away는 아내가 남편을 떠나는 관계를 나타낸다.]

He kissed her and the kiss **drove away** all her pain.
그가 그녀에게 키스했고, 그 키스가 그녀의 고통을 모두 몰아내어 버렸다.

2.4 drive back

You drive us there and I'll **drive back**.
당신이 우리를 그 곳으로 운전해 데려가 주면, 내가 운전해서 되돌아오겠다.

drive O back

Being homeless was no fun, and soon Wally was **driven back** to his parents.
노숙자 생활이 전혀 재밌지 않아서, 월리는 곧 그의 부모에게로 돌아가지 않을 수 없었다.

2.5 drive down O
They are **driving down** the coast.
그들은 그 해안을 따라 운전해 내려가고 있다.

drive down
We are going to **drive down** to Busan for the weekend.
우리는 그 주말에 부산으로 운전해 내려갈 예정이다.

drive O down
We have to **drive** Andrew **down** to school in the fall.
우리는 가을에 앤드류를 학교로 운전해서 데리고 가야 한다.
Cheap imported grains **drove down** the price of grains.
값싼 수입 농산물이 곡물 가격을 내렸다.
[down은 양, 수, 정도의 감소를 나타낸다.]

2.6 drive in
We saw a rest area, and we **drove in**.
우리는 휴게소를 보고 그 곳으로 운전해 들어갔다.
[in은 휴게소로 들어가는 관계를 나타낸다.]

2.7 drive into O
She **drove into** a garage.
그녀는 차를 차고로 운전해 들어갔다.

drive O into O
He **drove** the stake **into** the ground.
그는 그 말뚝을 땅에 박아 넣었다.
He **drove** the screw **into** the hole.
그는 그 나사를 그 구멍에 밀어 넣었다.

2.8 drive off
After the collision, the other car just **drove off**.
그 추돌 사건 후에 상대차가 차를 몰고 (그 자리를) 떠나버렸다.
[off는 차가 사고 지점을 떠나는 관계를 나타낸다.]
He stormed into the car and **drove off**.
그는 그 차에 휙 들어가서 차를 몰고 (그 자리를) 떠났다.

drive off to O
He **drove off to** another mall to find the item he wanted.
그는 그가 원하던 상품을 찾기 위해서 다른 쇼핑몰로 자동차를 몰고 갔다.

drive off O
He **drove off** his career path.
그는 경력의 길에서 빠져나왔다.

drive O off O
The lion **drove** the hyenas **off** the kill.
그 사자가 그 하이에나들을 사냥해서 죽인 동물로부터 쫓아냈다.

drive O off
I am trying to **drive** the *flies* **off**.
나는 파리들을 내게서 떨어지게 하려고 노력하고 있다.
[off는 파리들이 붙어있던 곳에서 떨어져 있는 관계를 나타낸다.]

mosquito 모기	evil 악령

We managed to **drive off** the attackers.
우리는 그 공격자들을 몰아서 (우리에게서) 떨어져 있게 했다.
We **drove** the cows **off**.
우리는 그 소들을 내몰았다.

2.9 drive on
We rested for an hour at Daejeon, and we **drove on** to Daegu.
우리는 대전에서 한 시간 쉰 다음에, 이어서 대구로 운전해 갔다.
The traffic jam is breaking up, so can we **drive on**.
그 교통체증이 풀리고 있어서, 우리는 이어서 운전해 갈 수 있다.

2.10 drive onto O
We **drove onto** the highway.
우리는 운전해서 그 고속도로에 들어섰다.
[onto는 고속도로에 가서 타는 관계를 나타낸다.]

drive O onto(on to) O
Accidentally, he **drove** his car **onto** the pavement.
그는 잘못하여 그의 차를 몰아서 그 인도 위에 올라갔다.
She said her parents **drove** her **on to** her great success.
그녀는 그녀의 부모님이 그녀를 그녀의 성공에 이르게 부추겼다고 말했다.

2.11 drive over O
He **drove over** the border.
그는 운전해서 그 국경을 넘어갔다.

2.12 drive out

We **drove out** to a little place in the country for a picnic.
우리는 소풍을 하기 위해 교외의 작은 곳으로 운전해 나갔다.

drive O out

High rent increases **drove** many residents **out** into the countryside.
높은 집세가 많은 거주자들을 시골로 내몰았다.
The shaman is trying to **drive out** the evils.
그 무당이 그 악령들을 몰아내려고 하고 있다.

2.13 drive through O

We **drove through** *a little town* on the way here.
우리는 이 곳으로 오는 길에 작은 마을을 운전해 통과했다.

checkpoint 검문소	woods 숲

2.14 drive up O

He is **driving up** the road.
그는 운전해서 그 길을 따라 올라가고 있다.

drive up

The family **drove up** north to Vancouver last week.
그 가족은 지난주에 밴쿠버로 차를 몰고 북쪽으로 올라 갔다.

drive O up

High cost of fuel is **driving** the price of bus tickets **up**.
높은 연료비가 버스표 값을 몰아 올리고 있다.
Rich city people are buying houses in the countryside, and that **drives up** house prices.
돈 많은 도시 사람들이 시골에 집을 사고 있어서, 이것이 집값을 올린다.

DRIZZLE

1. 단동사
이 동사는 약한 비가 내리는 과정을 그린다.
명사: 보슬비, 이슬비, 가랑비

2. 구동사
2.1 drizzle down
Light rain is **drizzling down**.
약한 비가 부슬부슬 내리고 있다.

DRONE

1. 단동사

이 동사는 낮게 웅웅거리는 소리가 나는 과정을 그린다.
명사: 낮게 웅웅거리는 소리, 저음; 수벌; 무인 항공기

자동사

A plane was **droning** in the distance.
비행기 한 대가 멀리서 웅웅거리고 있었다.

2. 구동사
2.1 drone on
His speech **droned on** hours and hours.
그의 연설이 지루하게 몇 시간 계속 되었다.
[on은 지루한 연설이 계속됨을 나타낸다.]

drone on about O

He was **droning on about** his work.
그는 자신의 일에 대한 얘기를 지루하게 계속하고 있 었다.
[참조: go on about]

DROOL

1. 단동사
이 동사는 무엇을 보고 군침을 흘리는 과정을 그린다.
자동사

The dog was **drooling** at the mouth.
그 개는 입에서 침을 질질 흘리고 있었다.

2. 구동사
2.1 drool over O
The dog **drooled** all **over** my hand.
그 개가 내 손바닥 전체에 침을 흘렸다.
He **drooled over** the cell phone in the show room.
그는 그 전시실에 있는 그 스마트폰에 군침을 흘렸다.

DROP

1. 단동사
이 동사는 물건이 떨어지거나 떨어뜨리는 과정을 그린다.
타동사

The waiter **dropped** the tray.
그 웨이터가 그 식판을 떨어뜨렸다.
They **dropped** their voices.
그들은 그들의 목소리를 떨어뜨렸다.

자동사

Ripe fruits **dropped** from the trees.
익은 과일들이 그 나무들에서 떨어졌다.
The temperature **dropped**.
기온이 떨어졌다.

2. 구동사

2.1 drop around

Drop around for a cup of coffee.
커피 한 잔 하러 잠깐 들러라.
[사람은 물로 은유화된다. 참조: call around]

2.2 drop away

All his friends dropped away.
모든 친구들이 떨어져 나갔다.
All of a sudden, all my sorrow dropped away.
갑자기, 나의 슬픔이 떨어져 나갔다.
[away는 슬픔이 내게서 멀어지는 관계를 나타낸다.]
I took up meditation and soon my worries dropped
away.
나는 명상을 시작했는데, 나의 모든 걱정들이 떨어져
나갔다.
The ground dropped away to a river below.
그 지면은 점차적으로 꺼져서 그 강 쪽으로 뻗어 나갔다.
To our right, a deep valley dropped away.
우리의 오른쪽으로, 깊은 계곡이 푹 꺼져서 뻗어 내렸다.
The temperature is dropping away.
기온이 점차로 떨어지고 있다.

2.3 drop back

He was in the lead, but now had dropped back to 3rd
place.
그는 선두에 있었으나 지금은 3등으로 처졌다.
[back은 선두에서 뒤로 떨어지는 관계를 나타낸다.]
I dropped back and walked beside Mary.
나는 뒤로 처져서 메리 곁에서 걸었다.

2.4 drop behind

He walked too fast for her, and she got annoyed when
she dropped behind.
그는 그녀가 같이 걷기에 너무 빨랐고, 그녀는 뒤에 처
질 때 짜증이 났다.

2.5 drop by O

We dropped by a drugstore on our way home.
우리는 집에 오는 길에 약국에 잠깐 들렀다.
Please drop by our website.
우리 웹사이트에 들려주세요.

drop by

If you happen to be in my neighborhood, just drop by
for a cup of tea.
네가 우리 동네에 오게 되면 잠깐 들러서 차나 한 잔
하자.

[drop은 예고 없이 잠깐 방문하는 것이고, by는 화자에게 지나가는
길에 잠깐 들르는 것이다. 참조: pass by, swing by]
Bye, Bill. Thanks for dropping by.
잘 가, 빌. 방문해 주어서 고맙네.

2.6 drop down

Raindrops are dropping down.
빗방울이 떨어져 내리고 있다.
Leaves are dropping down on the lawn.
잎들이 그 잔디밭에 떨어지고 있다.
Paul dropped down not to be seen.
폴은 안 보이게 하기 위해 자세를 낮추었다.
The temperature dropped down.
기온이 떨어졌다.

drop down on O

He dropped down on his hands and knees.
그는 손과 무릎을 대고 엎드렸다.

drop down into O

He dropped down into the icy water.
그는 그 차가운 물에 떨어져 들어갔다.

drop O down

He went to the well and dropped down the bucket.
그는 우물로 가서 그 양동이를 떨구어 내렸다.

2.7 drop in

I'm very glad you dropped in.
네가 잠깐 들러주어서 나는 기쁘다.
[in은 화자의 집에 들리는 관계를 그린다.]
For more information, call this number, or drop in at
the main office.
좀 더 많은 정보가 필요하면, 이 번호로 전화를 하시거
나 본사에 들리세요.

drop in on O

I will drop in on you on my way home.
나는 집에 가는 길에 너의 집에 들러서(in) 너를 만나겠
다(on).

drop O in O

I dropped the parcel in the office when I'm in town.
내가 읍내에 있으면, 그 꾸러미를 사무실에 넣겠다. 즉,
배달하겠다.

2.8 drop into O

He would drop into my office for a chat when he was

D

in town.

그는 읍내에 올 때면 나의 사무실에 들러서 환담을 했다.

The cliff **dropped into** a valley.

그 절벽은 계곡으로 빠져 들어갔다.

2.9 drop O off

I'll **drop** you **off** at the station.

나는 당신을 그 역에 내려 (떨구어) 주겠습니다.

[off는 사람이 차에서 떨어지는 관계를 나타낸다.]

My wife **drops** our son **off** at school.

내 아내는 우리 아들을 학교에 내려준다.

I **dropped off** my luggage at the hotel and then went out.

나는 내 짐을 호텔에 내려놓고 밖으로 나갔다.

drop off

The leaves **dropped off** in winter.

잎들이 겨울에 (나무에서) 떨어졌다.

The new film attracted huge audiences, but the *numbers* **dropped off** rapidly.

그 새 영화는 많은 관객들을 끌어들였으나, 그 수가 빠르게 떨어졌다.

[off는 관객의 수가 원래보다 떨어짐을 나타낸다.]

demand 수요	popularity 인기

Sales **dropped off** and the company was forced to close down.

매출이 급격히 (전보다) 떨어져서 그 회사는 문을 닫게 되었다.

I must have **dropped off**. When I opened my eyes, the train had passed Gangnam station.

나는 깜빡 졸았음에 틀림없다. 내가 눈을 떴을 때, 그 전차가 강남역을 벌써 지나버렸다.

[off는 깨어 있는 상태에서 잠이 드는 상태로의 변화를 나타낸다. 참조: drift off, nod off, doze off]

He was very tired and he **dropped off** to sleep as soon as he lay down.

그는 매우 피곤했다. 그는 눕자마자 잠에 떨어졌다.

drop off to O

He **dropped off** to sleep on the subway.

그는 지하철에서 깜빡 잠이 들었다.

[off는 의식상태에서 수면상태로 떨어지는 관계를 나타낸다. 참조: doze off, nod off]

2.10 drop O on O

An atomic bomb was **dropped on** Hiroshima in 1945.

(passive)

원자폭탄 하나가 1945년 히로시마에 떨어졌다.

2.11 drop O onto O

Assard **dropped** barrel bombs **onto** the area.

아싸드는 통폭탄을 그 지역에 떨구었다.

2.12 drop out

I promised to go shopping with my friends, but I had to **drop out** because I could not get a baby sitter.

나는 내 친구와 함께 쇼핑을 가기로 약속을 했으나 아이 돌보미를 구할 수 없어서 떨어져 나와야 했다.

[out은 약속에서 빠져나오는 관계를 나타낸다.]

A few years ago, his daughter **dropped out** and began to live a hippie commune.

몇 년 전 그의 딸은 (정상사회를 떠나) 히피 공동체로 살기 시작했다.

drop out of O

He **dropped out of** Yale University, and started out as a journalist.

그는 예일대학교를 중퇴하고, 기자로서 사회생활을 시작했다.

I had to **drop out of** the marathon race because of my sprained ankles.

나는 발목이 삐어서 그 마라톤 경기에서 빠져야 했다.

The words 'thee' and 'thou' have **dropped out of** English.

'Thee'와 'thou'는 영어에서 떨어져 나와 없어졌다. 즉, 쓰이지 않는다.

2.13 drop over

Drop over this evening.

오늘 오후에 잠깐 건너와라.

[over는 한 장소에서 다른 장소로 넘어오는 관계를 나타낸다. 참조: come over]

drop O over

If you need to borrow my laptop, I'll **drop** it **over** this afternoon.

네가 내 노트북 컴퓨터를 빌릴 필요가 있다면, 내가 오늘 오후에 (가서) 건네다 주마.

[참조: bring over]

I've got a present for you. I'll try to **drop** it **over**.

나는 너에게 줄 선물을 가지고 있다. 내가 그것을 건네다 주려고 해 보겠다.

2.14 drop round
I think I will **drop round** to see Bill after work.
나는 일을 마치고 빌을 보러 잠깐 들러볼까 한다.

DROWN

1. 단동사
이 동사는 물에 빠지거나 빠뜨리는 과정을 그린다.
> 자동사

He fell over board and **drowned**.
그는 뱃전에서 떨어져 물에 빠졌다.
> 타동사

Flood water **drowned** many farm animals.
홍수물이 많은 가축들을 물에 빠져 죽게 했다.

2. 구동사
2.1 drown in O
He was **drowning in** the cold water.
그는 그 찬물에 빠지고 있었다.
I'm **drowning in** work at the moment.
나는 그 순간 일 속에 빠져있다.
Small businesses are **drowning in** data, but they cannot get the information they really need.
소기업체들은 데이터 속에 빠져있지만, 그들이 정말 원하는 정보를 구할 수 없다.

2.2 drown O out
The flood **drowned** the villagers **out**.
그 홍수가 마을을 물에 잠기게 해서 그 마을 사람들을 그 곳에서 나오게 했다.
He started to speak, but his voice was **drowned out** by the noise from outside. (passive)
그가 연설을 시작했으나, 밖에서 오는 소음에 그의 목소리가 들리지 않게 되었다.
[out은 들리던 소리가 안 들리게 되는 관계를 나타낸다.]
The couple upstairs are fighting again, and I turned up my radio to **drown out** the noise.
그 위층 부부가 다시 싸우기 시작해서 나는 그 소음을 안 들리게 하기 위해서 라디오 소리를 높였다.

2.3 drown O with O
He likes to **drown** his pancakes **with** syrup.
그는 그의 팬케이크를 시럽으로 완전히 덮기를 좋아한다.

DRUM

1. 단동사
이 동사는 북을 치거나 북을 치듯 무엇을 반복적으로 두들

기는 과정을 그린다.
명사: 북, 드럼

2. 구동사
2.1 drum O into O
The teacher **drummed** the multiplication tables **into** the students' heads.
그 선생님은 곱셈표를 그 학생들의 머리에 주입시켰다.
From Day one, respect for elders is **drummed into** the youngsters. (passive)
첫날부터 노인에 대한 존경이 청년들에게 반복해서 주입된다.
[참조: drill into]
They had it **drummed into** us not to complain. (passive)
그들은 불평을 하지 않는 것을 우리에게 반복적으로 주입하였다.

drum into O
He **drummed into** our ears on the importance of being honest.
그는 정직하게 행동하는 것의 중요성에 대해 우리에게 계속 주입시켰다.

2.2 drum on O
He is **drumming on** the table.
그는 그 식탁을 가락에 맞추어 톡톡 치고 있다.
[on은 식탁의 일부가 영향을 받는 관계를 나타낸다.]

2.3 drum O out
His misbehavior **drummed** him **out** of school.
그의 부정행위가 그를 학교에서 쫓겨나게 했다.
He was **drummed out** of his job after a quarrel with his boss. (passive)
그는 사장과 말다툼을 한 다음, 그의 일자리에서 밀려났다.

2.4 drum O up
He kicked off a campaign to **drum up** support for the cause.
그는 그 대의를 위한 지지를 불러일으키기 위해 조직적 운동을 시작했다.
[up은 지지를 일으키는 관계를 나타낸다.]
The company is trying hard to **drum up** business.
그 회사는 사업을 증진시키기 위한 방법을 찾고 있다.
[up은 사업이 더 좋아지는 관계를 나타낸다.]
The witness **drummed up** an alibi during the trial.
그 목격자는 그 재판 중에 알리바이를 만들어 내었다.

[up은 알리바이가 생기는 관계를 나타낸다. 참조: cook up, make up]

DRY

1. 단동사
이 동사는 무엇이 마르거나 말리는 과정을 그린다.
형용사: 마른, 건조한

2. 구동사
2.1 dry O off
Dry your feet **off** before coming in.
들어오기 전에 너의 발을 말리세요.
[feet는 환유적으로 발에 묻은 물을 가리키고, off는 물이 발에서 떨어지는 관계를 나타낸다.]
Please **dry** the baby **off** and put on her clothes.
그 아기의 몸의 물을 말리고, 옷을 입히세요.
I **dried** myself **off**.
나는 내 몸에 묻은 물을 말렸다.

2.2 dry out
The *clothes* **dried out** in the hot sun.
그 옷은 뜨거운 햇볕 속에 속속들이 말랐다.
[clothes는 환유적으로 옷에 들어있는 물기를 가리키고, out은 물기가 빠져나오는 관계를 나타낸다.]

| cheese | 치즈 | swamp | 늪 |
| tree | 나무 | mucous | 점막 |

Often in winter, my lips **dry out** and chap.
겨울에 내 입술은 종종 마르고 튼다.
In the drought, the puddle **dried out**.
그 가뭄 속에, 그 웅덩이가 말라버렸다.
He **dried out** in three days.
그는 3일 만에 술기가 없어졌다.
[he는 환유적으로 속에 있는 술기운을 가리키고, out은 이것이 빠져나오는 관계를 나타낸다.]

dry O out
Dry **out** your *jeans* in the dryer.
너의 청바지를 그 건조기에 말려라.

| sweater | 스웨터 | jacket | 재킷 |
| dress | 원피스 | shorts | 반바지 |

Put him in hospital and **dry** him **out**.
그를 입원시키고 술기운을 빼게 하여라.

2.3 dry O up

Dry the spill **up** with a dryer.
그 흘린 물을 건조기로 완전히 말려라.
[up은 물기가 완전히 없어진 상태를 나타낸다.]
Use this to **dry up** the rash.
그 땀띠를 말리기 위해 이것을 사용해라.
This medicine will **dry up** the rash in two days.
이 약은 그 습진을 2일 만에 완전히 없앨 것이다.

dry up
During the drought, the *reservoir* **dried up**.
그 가뭄이 계속되는 동안, 그 저수지가 완전히 말랐다.

| river | 강 | pond | 연못 |
| lake | 호수 | rice field | 논 |

Finally the water on the road **dried up**.
마침내 그 길 위의 물이 완전히 말랐다.
As soon as the field **dries up**, we will plant.
그 밭의 물이 마르면 우리는 파종을 하겠다.
The money for the grant **dried up** because of funding problems.
그 기금을 위한 돈이 재정 문제로 고갈 되었다.
Dry **up**, I am sick and tired of listening to you.
입 닥쳐, 나는 너의 말을 듣는 데 완전히 싫증이 났다.
I wish you would **dry up**.
입 좀 다물었으면 좋겠다.

DUB

1. 단동사
이 동사는 어떤 사람의 특징을 드러내기 위해서 재밌는 이름을 붙이거나 영화나 TV 프로그램의 언어를 다른 언어로 취입하는 과정을 그린다.
타동사
Mrs. Thatcher was **dubbed** 'The Iron Lady'. (passive)
대처 부인은 '철의 여인'이라고 이름이 붙여졌다.
The parents **dubbed** their new-born baby James, after his grandfather.
그 부모는 갓 태어난 아이를 할아버지의 이름을 따서 제임스라 불렀다.
You should not **dub** the tape. It's illegal.
그 테이프를 복사해서는 안 된다. 복사는 불법이다.

2. 구동사
2.1 dub O into O
The Korean stories are **dubbed into** English.
한국의 이야기들은 영어로 취입되었다.

2.2 dub O in O

The Korean TV show is **dubbed in** Vietnamese. (passive)

그 한국 TV쇼는 베트남어로 취입되었다.

dub O in

The director decided to **dub in** the sound of applause after the show is filmed.

감독은 그 쇼가 찍힌 다음, 그 박수소리를 삽입하기로 결정했다.

2.3 dub O out

Rude remarks and violent scenes of the film were **dubbed out**. (passive)

그 영화의 저속한 말과 폭력 장면들은 지워졌다.

[out은 저속한 말과 폭력 장면이 없어지는 관계를 나타낸다. 참조: blot out, wipe out]

2.4 dub O over

The English language commercial is **dubbed over** by Korean. (passive)

그 영어 상업광고는 한국어로 덮어 씌워졌다.

DUCK

1. 단동사

이 동사는 보이거나 맞지 않기 위해서 몸을 빠르게 숙이는 과정을 그린다.

명사: 오리

자동사

He had to **duck** as he came through the door.

그는 그 문으로 들어오면서 몸을 휙 숙여야 했다.

타동사

The kids were **ducking** each other in the pool.

아이들은 그 수영장에서 서로를 물속에 밀어 넣으며 장난을 치고 있었다.

He **ducked** the first few blows then started to fight back.

그가 처음에 주먹을 몇 차례 피하더니 반격을 가하기 시작했다.

The government is **ducking** the issue.

정부가 그 쟁점을 피하고 있다.

2. 구동사

2.1 duck out

I am **ducking out**, because I think someone else can do better.

나는 나 아닌 다른 사람이 더 잘 할 수 있다고 믿기 때문

에 빠져나간다.

[out은 약속, 의무 등에서 빠져나가는 관계를 나타낸다.]

If you do not discipline your children, you are **ducking out** of your responsibility.

만약 여러분이 자식들을 훈육하지 않으면 부모의 책임을 회피하는 것입니다.

DUKE

1. 단동사

이 동사는 주먹으로 싸우는 과정을 그린다.

명사: 주먹(dukes); 공작, 통치자

2. 구동사

2.1 duke O out

A drunken man and a steward **duked** it **out** on a plane.

어느 술이 취한 사람과 승무원이 비행기에서 주먹싸움을 벌였다.

[out은 싸움이 끝까지 진행되는 관계를 나타낸다. 참조: battle out, fight out]

DUMB

1. 단동사

이 동사는 질을 떨어뜨리는 과정을 그린다.

형용사: 벙어리의, 말을 못[안] 하는, 멍청한

2. 구동사

2.1 dumb O down

English teaching in Korea is **dumbed down** by not teaching grammar. (passive)

한국에서 영어 교육은 문법을 가르치지 않음으로써 질이 저하되었다.

[down은 질이 낮아지는 관계를 나타낸다.]

The new producer **dumbed down** the show.

새 감독은 그 쇼를 저질로 만들었다.

DUMP

1. 단동사

이 동사는 아무렇게나 무엇을 던져 놓는 과정을 그린다.

명사: 쓰레기 폐기장

타동사

The dead body was just **dumped** by the roadside. (passive)

그 사체는 그냥 도로변에 버려졌다.

2. 구동사

2.1 dump O into O

We must stop **dumping** plastic garbage **into** the ocean.
우리는 플라스틱 쓰레기를 바다에 쳐 넣는 것을 중단해
야 한다.

The police **dumped** the immigrants **into** Mexico.
그 경찰은 이민자들을 멕시코에 던져 넣었다.

2.2 dump on O

He **dumped on** her about the matter.
그는 그 문제에 대해서 그녀에게 불평을 쏟아냈다.

I don't want to **dump on** you, but the work has to be
done as soon as possible.
나는 너를 비난하고 싶지는 않지만, 그 일은 가능한 한
빨리 끝나야 한다.

Every time she is depressed, she comes and **dumps
on** me.
그녀가 우울할 때마다, 그녀는 내게 와서 고민을 털어놓
는다.

Please don't **dump on** my family.
제발, 내 가족을 비판하지 마세요.

dump O on O

She **dumped** her chores **on** her little brother.
그녀는 자기의 허드렛일을 남동생에게 떠넘겼다.

She **dumps** her trouble **on** me.
그녀는 고민을 내게 털어놓는다.

She **dumps** all her grief **on** her mother.
그녀는 그녀의 모든 슬픔을 어머니에게 쏟아 놓는다.

He's got no right to keep **dumping** his problems **on**
me.
그가 계속 자기 문제를 나한테 떠넘길 권리는 없어.

2.3 dump O onto O

He **dumped** paste **onto** the plate.
그는 반죽을 그 접시에다 쏟아 내었다.

1. 단동사

이 동사는 과자나 쿠키 등을 커피나 우유 등에 적시는 과정
을 그린다.

타동사

She sat reading a magazine, **dunking** cookies in her
coffee.
그녀는 앉아서 잡지를 읽으며 쿠키를 그녀의 커피에 적
셔 먹고 있었다.

Don't **dunk** your biscuit in your coffee.
너의 비스킷을 너의 커피에 적시지 마라.

2. 구동사
2.1 dunk O into O

The friends **dunked** me **into** the pool as a way of
celebrating my birthday.
그들은 내 생일을 축하하는 한 방법으로 나를 그 수영장
속에 집어넣었다.

1. 단동사

이 동사는 속이는 과정을 그린다.

타동사

On April Fools' Day, I **duped** my friend.
만우절에 나는 내 친구를 속였다.

2. 구동사
2.1 dupe O into O

I **duped** my father **into** buying me another ice-cream.
난 아버지를 속여서 아이스크림 하나를 더 사게 했다.

1. 단동사

이 동사는 먼지를 털거나 뿌리는 과정을 그린다.
명사: 흙 먼지, 티끌, 가루

자동사

I broke the vase while I was **dusting**.
내가 먼지를 털다가 그 꽃병을 깼다.

타동사

She **dusted** some ash from her sleeve.
그녀가 그녀의 소매에 묻은 재를 털었다.

Dust the cake with sugar.
그 케이크에 설탕을 뿌려라.

2. 구동사
2.1 dust O down

He got up off the ground and **dusted down** his pants.
그는 그 바닥에서 일어나서 그의 바지를 털어내렸다.
[down은 철저하게 털어내리는 관계를 나타낸다.]

2.2 dust O off

He **dusted off** the desk.
그는 그 책상의 먼지를 털었다.
[desk는 환유적으로 책상 위에 있는 먼지를 가리킨다. off는 먼지
가 책상에서 떨어지는 관계를 나타낸다.]

He **dusted off** his skill.
그는 자신의 기술의 먼지를 털어냈다. 즉, 그 기술을 새롭
게 했다.

He **dusted off** the old engine and sold it.
그는 그 오래된 엔진을 손질해서 먼지를 털어내고 팔았다.

dust off

When you come home, **dust off** and wash your hands.
집에 돌아오면, 먼지를 털어내고 손을 씻으세요.

2.3 dust O out

Dust the **cupboard out** and put the china back in.
그 찬장의 먼지를 털어내고 그 도자기를 다시 넣어라.
[cupboard는 환유적으로 찬장 안의 먼지를 가리킨다.]

He **dusted out** the vacuum cleaner.
그는 그 청소기의 먼지를 털어내었다.

2.4 dust O up

I will **dust** him **up**.
나는 그를 먼지를 털 듯 두들겨 팼다.

DWELL

1. 단동사
이 동사는 어떤 장소에 거주하는 과정을 그린다.
자동사

For ten years, she **dwelled** among the nomads of North America.
그녀는 10년 동안 북미의 유목민 사이에서 살았다.

The tribes **dwelled** in the mountains.
그 부족은 그 산악지대에서 살았다.

2. 구동사
2.1 dwell (up)on O

Stop **dwelling (up)on** your *failure* - try to be more positive.
너의 실패를 곱씹지 말고 긍정적으로 되려고 노력하라.

past 과거	disappointment 실망

He became blind, but he didn't **dwell (up)on** disability.
그는 눈이 멀게 되었지만, 그 불구에 대해서 골똘하게 생각하지 않았다.

Don't **dwell (up)on** the subject.
그 주제를 곱씹지 마세요.

DWINDLE

1. 단동사
이 동사는 점점 줄어드는 과정을 그린다.
자동사

Membership of the club has **dwindled** from 70 to 20.
이 클럽의 회원이 70명에서 20명으로 줄었다.

2. 구동사
2.1 dwindle away

The man has been missing for a year, and the hope of his safe return is **dwindling away**.
그가 일 년 동안 실종되어 오고 있어서, 그의 안전 귀환에 대한 희망이 점점 사그라지고 있다.
[away는 희망의 양이 점점 줄어드는 관계를 나타낸다.]

dwindle away to O

He has been out of work, and his savings begin to **dwindle away to** nothing.
그가 실직돼 오고 있기 때문에 그의 저금이 점점 줄어들어서 다 없어졌다.

E e

EARTH

1. 단동사
이 동사는 흙을 나무주위에 쌓는 과정을 그린다.
명사: 흙, 지구, 땅, 지면

2. 구동사
2.1 earth up
We **earthed up** around the young tree.
우리는 그 어린 나무 주변에 흙을 쌓아 올렸다.

EASE 1

1. 단동사
이 동사는 좋지 않은 것이 점차로 좋아지는 과정을 그린다.
명사: 쉬움, 용이함, 편의성

타동사

His kind words **eased** me in my sorrow.
그의 친절한 말이 슬픔에 잠긴 나의 마음을 달래주었다.
The pills **eased** my pain.
그 알약이 나의 고통을 완화해 주었다.
This medicine will **ease** your pain.
이 약이 너의 고통을 덜어줄 것이다.

2. 구동사
2.1 ease back on O
The school has **eased back on** punishments for being late.
그 학교는 지각에 대한 처벌들을 약하게 하였다.

2.2 ease off
At last, the storm **eased off**.
마침내, 그 폭풍의 위력이 약해졌다.
[off는 폭풍의 정도가 심한 정도에서 떨어지는 상태를 나타낸다. up이 쓰이면 강도가 약해진 상태에서 더 약해진 상태로의 변화를 나타낸다.]
The wind began to **ease off**.
그 바람의 정도가 약해지기 시작했다.
He has been working long hours, so I told him to **ease off**.
그는 오랜 시간 열심히 일해오고 있다. 그래서 나는 그에게 덜 열심히 하라고 했다.
[off는 열심히 하는 상태에서 약한 상태 쪽으로 더 약해지는 관계를 나타낸다.]

We **eased off** in the third game, and our opponent was able to catch up.
우리는 삼차전에서 힘을 덜 써서 상대가 따라올 수 있었다.

ease off on O
Ease off on Ted. He is behaving well.
테드를 그만 괴롭혀라. 그는 행동을 잘 하고 있다.

2.3 ease up
The *cold weather* **eased up**.
그 차가운 날씨가 약해졌다.
[up은 약해짐이 더 많아지는 관계를 나타낸다.]

rain 비	snow 눈

At first, the teacher was very hard on me, but later he **eased up**.
처음에 그 선생님은 나에게 매우 엄격했으나 후에 그는 덜 엄격해졌다.
Her workload **eased up** and she felt much better.
그녀가 맡은 일이 가벼워져서, 그녀는 기분이 훨씬 나아졌다.

ease up on O
The police are under pressure to **ease up on** the investigation of the attorney general.
경찰은 전 검찰총장의 조사를 덜 철저히 하라는 정치적 압력을 받고 있다.

EASE 2

1. 단동사
이 동사는 무엇을 천천히 조심스럽게 움직이는 과정을 그린다.

2. 구동사
2.1 ease O along
Please **ease** the piano **along** little by little.
그 피아노를 조금씩 조심스럽게 움직여 나가세요.

2.2 ease away
The cruise **eased away** from the pier.
그 여객선이 그 부둣가에서 천천히 멀어져갔다.

2.3 ease O back

The pilot **eased back** the control stick and the plane began to rise.

그 조종사가 그 조종간을 뒤로 천천히 움직이자 비행기가 오르기 시작했다.

2.4 ease O down

The rescuers **eased down** the victim from the mountain top.

그 구조원들이 그 부상자를 그 산꼭대기에서 조심스럽게 데리고 내려왔다.

2.5 ease forward

He **eased** slowly **forward**.

그는 천천히 앞으로 나아갔다.

2.6 ease off from O

The snake **eased off from** the mongoose.

그 뱀은 그 몽구스로부터 천천히 떠났다.

2.7 ease out of

He was **eased out of** his post, because he was found to be involved in a scandal.

그는 그 스캔들에 연루되었음이 발견되자, 그의 자리에서 밀려났다.

ease O out of O

He **eased** the bee sting **out of** his skin.

그는 그 벌침을 후벼서 조심스럽게 빼내었다.

2.8 ease O through

They **eased** the piano **through** the door.

그들은 그 피아노를 조금씩 움직여서 그 문을 지나게 했다.

EAT

1. 단동사
이 동사는 음식 등을 먹는 과정을 그린다.

타동사

We **ate** rice and soup for lunch.

우리는 점심에 밥과 국을 먹었다.

자동사

Who is going to **eat** with me?

누가 나와 함께 밥을 먹겠습니까?

2. 구동사
2.1 eat O away

New factories and apartment buildings are **eating away** our farmland.

새 공장과 아파트 건물들이 우리 농지를 조금씩 줄어들게 하고 있다.

[away는 주어진 땅이 조금씩 줄어드는 관계를 나타낸다.]

Acids **eat away** the metal.

산들은 그 금속을 조금씩 부식시킨다.

Greed will **eat away** your life.

탐욕이 여러분의 삶을 조금씩 갉아먹을 것입니다.

eat away at O

Mice are **eating away at** the cheese.

쥐들이 그 치즈를 조금씩 갉아먹고 있다.

[at은 먹는 행동이 치즈의 전체가 아니라 일부에 미침을 나타낸다.]

The disease **eats away at** the brain.

그 질병이 뇌를 조금씩 파먹어가고 있다.

Polluted air in the atmosphere is **eating away at** the statues.

대기 속의 오염된 공기가 그 조각들을 잠식하고 있다.

What he said at the meeting is **eating away at** her.

그가 그 회의에서 한 말이 그녀의 마음을 조금 갉아먹고 있다.

Recession is **eating away at** people's savings.

경기침체가 국민들의 저축을 갉아먹고 있다.

2.2 eat from O

He is **eating from** a bowl.

그는 사발에서 음식을 먹고 있다.

2.3 eat in

He is too tired to go out, and he'd like to **eat in**.

그는 너무 지쳐서 나갈 수가 없다. 그래서 그는 집에서 식사를 하고 싶어 한다.

A: 'One pizza and two cokes, please.'

B: 'To **eat in** or to take out?'

A: '피자 하나와 콜라 두 잔 주세요.'

B: '(가게) 안에서 먹을 건가요, 가지고 나갈 건가요?'

2.4 eat into O

The acid **ate into** the rocks.

그 산이 그 바위들을 침식해 들어가고 있다.

Out of job, he had to **eat into** his savings.

실직해서 그는 그의 저금을 파먹어 들어가야 했다.

Our seasickness **ate into** our cruise.

우리 뱃멀미가 우리 크루즈 여행 시간을 파먹어 들어갔다. 즉, 많이 앗아갔다.

E

2.5 eat O off

The shark **ate off** the leg of the swimmer.
그 상어가 그 수영하는 사람의 다리를 물어서 잘라 먹었다.
[off는 다리가 잘려 나가는 관계를 그린다.]

eat off O

We **ate off** the table.
우리는 그 식탁에 차려놓은 음식을 먹었다.
[table은 환유적으로 식탁에 차려진 음식이다.]

2.6 eat out

Last night we **ate out** for dinner.
어제 저녁 우리는 저녁을 밖에 나가서 먹었다.

Today is grandma's birthday, and we **ate out** at a Chinese restaurant.
오늘 할머님의 생신이어서 우리는 중국 음식점에서 외식을 했다.

2.7 eat O up

The child **ate up** the watermelon.
그 아이가 그 수박 하나를 다 먹었다.
[up은 수박을 다 먹는 관계를 나타낸다.]

We have to **eat up** the leftovers.
우리는 그 남은 음식을 다 먹어야 한다.

The new car **ate up** my savings.
그 새 차가 내 예금을 많이 먹어버렸다.

Last week, my computer broke down and the repair **ate up** my allowance.
지난 주, 내 컴퓨터가 고장이 나서, 그 수리비가 내 용돈을 거의 다 쓰게 했다.

The assignment **ate up** all his free time.
그 숙제가 그의 자유시간을 다 잡아 먹었다.

The new computer game is **eating up** the kids.
그 새 컴퓨터 게임은 그 아이들의 마음을 삼키고 있다. 즉, 아이들의 정신이 게임에 빠져있다.
[kid는 환유적으로 아이들의 마음을 가리킨다.]

The jealousy **ate** her **up**.
질투심이 그녀를 삼켜버렸다. 즉, 그녀는 질투심에 사로잡혀 있다.

He lay **eaten up** by jealousy. (passive)
그는 질투심에 속이 타서 누워있다.

I said I was very rich and she **ate** it right **up**.
나는 내가 매우 부유하다고 말했고 그녀는 그것을 덥썩 삼켜버렸다.

EBB

1. 단동사

이 동사는 조류가 해변에서 흘러가는 과정을 그린다.
명사: 썰물, 간조

자동사

The pain was **ebbing**.
그 통증이 서서히 사라졌다.

I felt that my strength **ebbing**.
나는 내 힘이 약해지는 것을 느꼈다.

2. 구동사

2.1 ebb away

The water washed on the beach began to **ebb away**.
그 해변에 몰려온 물들이 점점 빠져나가기 시작했다.

Confronted with all the problems, his confidence is **ebbing away**.
그 모든 문제들에 직면하자 그의 자신감이 점점 빠져나가고 있다.
[away는 자신감이 점점 줄어드는 관계를 나타낸다.]

The patient's life is **ebbing away** by the minute.
그 환자의 생명이 매 분마다 꺼져가고 있다.

As night fell, our enthusiasm began to **ebb away**.
밤이 되자 우리의 열의가 식기 시작했다.

ECHO

1. 단동사

이 동사는 소리가 메아리치는 과정을 그린다.
명사: 소리의 울림, 메아리, 반향; 반복

자동사

Her footsteps **echoed** in the empty room.
그녀의 발자국 소리가 그 텅 빈 방 안에서 울렸다.

"He's gone!" Bob **echoed**.
"그가 가 버렸다고!" 밥이 메아리처럼 따라 했다.

타동사

This is a view **echoed** by many on the right of the party.
이것은 그 당의 우익들에게서 많은 공명을 얻은 견해이다.

2. 구동사

2.1 echo back

The idea **echoes back** to the end of the 18th century.
그 생각은 18세기 말까지 메아리쳐 되돌아 간다.

2.2 echo off O

His voice **echoed off** the cliff.
그의 목소리가 그 절벽에서 반사되어 나왔다.

2.3 echo through O

His voice **echoed through** the corridor.
그의 목소리가 그 복도를 메아리쳐 지나갔다.

2.4 echo with O

The old cathedral **echoes with** the organ sound.
그 오래된 교회는 오르간 소리가 울려 퍼지고 있다.

My thought **echoes with** the sound of spring.
내 생각은 봄의 소리로 울리고 있다.

EDGE

1. 단동사

이 동사는 조금씩 점차로 움직이거나 움직이게 하는 과정을 그린다.
명사: 끝, 가장자리, 모서리

2. 구동사

2.1 edge O out

He was **edged out** by the new coach. (passive)
그는 새 코치에 의해 조금씩 밀려났다.
[out은 그가 회사, 팀 등에서 밀려나는 관계를 나타낸다.]
The runner **edged** her opponent **out** at the last moment.
그 주자는 마지막 순간에 상대를 간신히 밀어 내었다.
Big companies are **edging out** small companies.
큰 회사들이 작은 회사들을 조금씩 밀어내고 있다.
He **edged out** a victory.
그는 간신히 승리를 이끌어 내었다.
[out은 승리가 만들어지는 관계를 나타낸다.]

edge O out of O

He **edged** his car **out of** his garage.
그는 그의 차를 그 차고에서 조금씩 빼 냈다.
European cars are **edging** domestic cars **out of** the market.
유럽산 차가 국산차를 그 시장에서 조금씩 밀어내고 있다.

2.2 edge up

The baby **edged up** to me.
그 아이가 나에게 조금씩 다가왔다.
[up은 아기가 나에게 다가오는 관계를 나타낸다.]

EDIT

1. 단동사

이 동사는 글을 편집하는 과정을 그린다.
타동사

I know that this draft text will need to be **edited**. (passive)
나는 이 초벌 원고가 편집되어야 함을 알고 있다.
He's **editing** a book of essays.
그는 산문집 한 권을 편집하고 있다.
You can download the file and **edit** it on your word processor.
당신은 그 파일을 다운로드 받아 자신의 워드 프로세서에서 편집할 수 있다.

2. 구동사

2.1 edit O out

The editor **edited out** a few unimportant paragraphs.
그 편집자가 몇 개의 중요하지 않은 단락을 편집하면서 빼 버렸다.
[out은 단락이 전체에서 제거되는 관계를 나타낸다.]
Some offensive words are **edited out**. (passive)
몇 개의 모욕적인 낱말들이 제거되었다.

EGG

1. 단동사

이 동사는 좋지 않은 일을 부추겨서 하게 하는 과정을 그린다.

2. 구동사

2.1 egg O on

Kelly did not want to fight, but his friend **egged** him **on**.
켈리는 싸우고 싶지 않았으나, 그의 친구들이 그를 부추겨 계속해서 싸우게 했다.
[on은 나를 충동하여 어떤 일을 계속 하게 하는 관계를 나타낸다.
참조: spur on, urge on, whip on]
He did not want to drink, but his friends **egged** him **on**.
그는 술을 마시고 싶지 않았으나, 그의 친구들이 부추겨서 마시게 했다.
He **egged** me **on** to do more.
내 친구가 나를 부추겨서 더 많은 일을 하게 했다.

EKE

1. 단동사

이 동사는 작은 것을 늘려서 근근이 살아가거나, 무엇을 힘들게 성취하는 과정을 그린다.

2. 구동사

2.1 eke O out

After retirement, the old man is **eking out** his *pension*.

은퇴 후에, 그 노인은 그의 연금을 늘려 쓰고 있다.
[out은 작은 양을 늘리는 관계를 나타낸다.]

small income 적은 수입	savings 적금

The Korean soccer team **eked out** a victory over the Chinese team.
한국 축구팀은 중국 팀에 어려운 승리를 만들어 내었다.
[out은 승리가 이루어지는 관계를 나타낸다.]

Most people in North Korea are **eking out** a miserable life.
북한의 대부분 사람들은 비참한 생활을 계속해 나가고 있다.

He has **eked out** the niche market.
그는 틈새시장을 어렵게 만들어 내었다.
[참조: carve out]

ELABORATE

1. 단동사
이 동사는 어떠한 주제에 대해서 새롭거나 상세한 정보를 주는 과정을 그린다.
형용사: 정교한, 공을 들인

2. 구동사
2.1 elaborate on O
I want to know more about curling. Could you **elaborate on** that?
나는 그 경기에 대해 더 알고 싶습니다. 그것을 더 상세하게 말해주시겠습니까?
[on은 세부사항을 더하는 관계를 나타낸다.]

The last chapter **elaborates on** the main theme.
그 마지막 장은 그 주제를 좀 더 부연한다.

ELBOW

1. 단동사
이 동사는 앞서 나가기 위해서 팔꿈치로 밀치는 과정을 그린다.
명사: 팔꿈치, (옷의) 팔꿈치 부분, (배관, 굴뚝 등의) 팔꿈치형[ㄴ자] 부분

2. 구동사
2.1 elbow O through O
He **elbowed** his way **through** the crowd.
그는 사람들을 밀치고 앞으로 나아갔다.

2.2 elbow O out

Joseph is being **elbowed out** by some people at work. (passive)
조셉은 직장에서 일하는 동료들에 의해 일자리에서 밀려나고 있다.

2.3 elbow O out of O
She **elbowed** me **out of** the way to get to the front of the line.
그녀가 그 앞쪽으로 가려고 나를 옆으로 밀쳤다.

EMAIL

1. 단동사
전자우편 email은 명사로도 동사로도 쓰인다.
타동사
He **emailed** us that he would accept our offer.
그는 우리의 제안을 받아들이겠다고 우리에게 전자우편으로 전했다.

2. 구동사
2.1 email O out
He **emailed out** the invitation.
그는 전자우편으로 그 초청장을 여러 사람에게 내보냈다.
[out은 초청장이 여러사람에게 가는 관계를 나타낸다.]

EMBARK

1. 단동사
이 동사는 배에 오르거나 배에 싣는 과정을 그린다.
자동사
We stood on the pier and watched as they **embarked**.
우리는 그 부두에 서서 그들이 승선하는 것을 지켜보았다.
타동사
They **embarked** the troops by night.
그들은 야간에 그 병력을 승선시켰다.

2. 구동사
2.1 embark on O
They **embarked on** a voyage to Cuba.
그들은 쿠바로 가는 항해를 시작했다.
In the 1960's, Korea **embarked on** the program of industrialization.
1960년대에 한국은 산업화 과정의 어려운 일을 시작했다.
They **embarked on** *a mission* to find the island.
그들은 그 섬을 찾는 어려운 임무에 착수했다.

a tour of Asia 아시아 여행	adventure 모험
trip 여행	

EMPTY

1. 단동사
이 동사는 속이 비거나 속을 비우는 과정을 그린다.
형용사: 속이 빈

타동사

She **emptied** the water out of the vase.
그녀는 물을 그 꽃병에서 비웠다.

Many factories **emptied** their waste into the river.
많은 공장들이 그 강물 속으로 폐수를 쏟아 냈다.

Police had instructions to **empty** the building because of a bomb threat.
폭파 위협 때문에 경찰은 그 건물에서 사람들을 모두 나가게 하라는 지시를 받았다.

자동사

The streets soon **emptied** when the rain started.
그 비가 오기 시작하자 곧 그 거리들이 텅 비었다.

2. 구동사

2.1 empty into O

The stream **empties into** the Han River.
그 개울물은 한강으로 흘러 들어간다.

The Rhine **empties into** the North Sea.
라인 강은 북해로 흘러든다.

2.2 empty O onto O

She **emptied** the contents of her bag **onto** the table.
그녀는 그녀의 가방 속에 든 것을 그 탁자 위에 꺼내 놓았다.

2.3 empty out

At 6 pm, the *building* **empties out**.
오후 6시에 그 건물에는 사람들이 다 나간다.
[the building은 환유적으로 건물 안에 있는 사람들을 가리킨다.]

office	사무실	store	가게
restaurant	레스토랑	bar	바

The tank **empties out** in five minutes.
그 물통은 5분 만에 비워진다.

Fans **emptied out** onto the streets after the concert.
그 콘서트가 끝나자 팬들이 그 거리들로 몰려 나왔다.

empty O out

I **emptied out** my pocket, and put everything on the table.
나는 내 호주머니에 있는 모든 것을 꺼내서 그것을 그 탁자 위에 놓았다.

She **emptied out** the cupboard.
그녀는 그 찬장에 있는 것을 전부 비워내었다.

I **emptied out** my pockets but could not find my keys.
나는 내 호주머니들을 다 비워 냈지만 [호주머니에 든 것을 다 꺼냈지만] 내 열쇠를 찾을 수가 없었다.
[pocket은 환유적으로 호주머니 속에 있는 물건을 가리킨다.]

END

1. 단동사
이 동사는 일이 끝나거나 일을 끝내는 과정을 그린다.

타동사

He **ended** his lecture at 12:00 sharp.
그는 그의 강의를 12시 정각에 마쳤다.

자동사

When did the meeting **end**?
그 회의는 언제 끝났습니까?

The road **ends** here.
이 도로는 여기서 끝난다.

How does the story **end**?
그 이야기는 어떻게 끝나니?

2. 구동사

2.1 end in O

Two out of five marriages **ends in** divorce.
다섯 결혼 가운데 둘은 이혼으로 끝난다.

The party **ended in** a champagne toast.
그 파티는 샴페인 건배로 끝이 났다.

2.2 end up

Nowadays many teenage girls **end up** as a single parent.
요즘 많은 10대 소녀들이 외부모가 된다.

The plane **ended up** at Incheon international airport because of a storm in Jeju.
그 비행기는 제주도에서의 폭풍우 때문에 결국 인천 국제공항에 도착하게 되었다.
[up은 여러 단계나 과정을 거치다 뜻하지 않게 인천 공항에 도착하는 관계를 나타낸다.]

She came for a couple of days and **ended up** staying two months.
그녀는 며칠 있으려고 왔다가 결국 두 달을 머물고 말았다.

I refused to do it, but I **ended up** doing it anyway.
나는 그것을 하기를 거절했지만, 나는 어쨌든 결국 그것을 하게 되었다.

I **ended up** buying a second-handed car.
나는 결국 중고차를 사게 되었다.

end up in O

We lost our way and **ended up in** a deserted place.
우리는 길을 잃어서 결국 황량한 장소에 가게 되었다.
[up은 마지막에 이르기까지 여러 단계를 거쳤음을 나타낸다.]

I made several wrong turns and **ended up in** Gwangju.
나는 방향을 몇 번 잘못 바꾸어서 (예상치도 않게) 광주
에 떨어졌다.

We took several wrong turns and **ended up in** a
strange place.
우리는 몇 번 방향을 잘못 잡아 결국 이상한 곳에 가게
되었다.

He **ended up in** hospital after drinking heavily.
그는 술을 심하게 마신 다음에 결국 입원하게 되었다.

end up on O

The fish **ended up on** the dinner plate.
그 생선은 결국 저녁상에 오르게 되었다.

He **ended up on** a wait list.
그는 결국 대기자 명단에 오르게 되었다.

end up with O

He **ended up with** *a new TV.*
그는 결국 새 TV를 갖게 되었다.

| debt | 빚더미 | two million dollars | 2백만 달러 |

end O up

He **ended up** his vacation by going to the beach.
그는 그 해변에 가는 것으로 그의 휴가를 끝냈다.
[up은 휴가가 완전히 끝나는 상태를 나타낸다. 참조: finish up,
wrap up]

ENGAGE

1. 단동사

이 동사는 어떤 일에 열중하거나 열중시키는 과정을 그
린다.

자동사

The cog wheels are not **engaging.**
그 톱니바퀴들이 맞물려(돌아가고) 있지 않다.

타동사

The movie **engages** both the mind and the eye.
그 영화는 마음과 눈을 모두 사로잡는다.

He is currently **engaged** as a consultant. (passive)
그는 현재 고문으로 고용되어 있다.

Engage the clutch before selecting a gear.
기어를 선택하기 전에 클러치를 넣어라.

2. 구동사

2.1 engage O in O

I tried to **engage** him **in** conversation but he refused.
나는 그를 대화에 참여시키려고 했으나, 그는 거절했다.

He is **engaged in** *a dialogue.* (passive)
그는 대화에 열중하고 있다.
[참조: engross in]

creative learning	창조적 학습
field work	현장 조사
sales diplomacy	판매 외교
sports	스포츠

2.2 engage with O

He is **engaging with** the foreign leaders.
그는 외국 지도자들과 접촉을 하고 있다.

The British fighter jets **engaged with** the Syrian
planes.
영국 전투기가 시리아 비행기들과 교전을 했다.

The hermit Kingdom is beginning to **engage with**
international communities.
그 은둔 국가는 국제사회들과 교류를 하기 시작했다.

ENLARGE

1. 단동사

이 동사는 넓히거나 크게 하는 과정을 그린다.

타동사

The city government is planning to **enlarge** the
recreation area.
시정부는 그 레크리에이션 구역을 넓힐 계획을 하고 있다.

Reading will **enlarge** your vocabulary.
독서는 여러분의 어휘력을 확대시켜 줄 것이다.

We are going to have this picture **enlarged.** (passive)
우리는 이 사진을 확대시킬 것이다.

2. 구동사

2.1 enlarge on O

He is **enlarging on** his term paper.
그는 그의 학기 보고서를 보충하고 있다.
[on은 주어진 보고서가 보충되는 관계를 나타낸다.]

Please **enlarge on** what you have just said.
방금 하신 말씀을 더 보충해 주세요.

ENTER

1. 단동사

이 동사는 어떤 장소에 들어가거나, 어떤 양식에 정보를 넣

는 과정을 그린다.

자동사

Knock before you **enter**.
들어오기 전에 노크하시오.

타동사

Someone **entered** the room behind me.
누군가가 내 뒤를 따라 그 방으로 들어왔다.
Several new firms have now **entered** the market.
이제 새로운 몇몇 회사들이 그 시장에 진입해 들어왔다.
1,000 children **entered** the competition.
1,000명의 아동이 그 대회에 참가했다.
Enter your name and occupation in the boxes.
그 빈 칸들에 여러분의 성명과 직업을 기입하시오.

2. 구동사

2.1 enter for O

Five students **entered for** the speech contest.
다섯 학생이 그 웅변대회에 참가했다.

2.2 enter in O

Twenty horses **entered in** the race.
말 스무 마리가 그 경주에 참여했다.

2.3 enter into O

We have already **entered into** April.
우리는 벌써 4월에 접어들었다.
The government **entered into** an agreement with Saudi Arabia.
정부는 사우디아라비아와 합의에 들어갔다.

2.4 enter on O

The Korean economy is **entering on** a slowdown.
한국 경제가 침체기에 들어가고 있다.
He **entered on** a career in business in 1970.
그는 1970년에 사업 경력이 들어갔다.

ERODE

1. 단동사

이 동사는 바위 등이 침식되거나 침식시키는 과정을 그린다.

타동사

The cliff face has been steadily **eroded** by the sea. (passive)
그 절벽의 전면은 바닷물에 의해 끊임없이 침식되어 왔다.
Her confidence has been slowly **eroded** by repeated failures. (passive)
그녀의 자신감은 거듭되는 실패들에 서서히 침식되어 왔다.

2. 구동사

2.1 erode O away

The top soil of the hill has been **eroded away**. (passive)
그 산의 표층토가 서서히 침식되어 나갔다.
[away는 표층토가 점점 없어지는 관계를 나타낸다.]

erode away
The rocks have **eroded away** over time.
그 암석들은 세월이 흐르면서 점점 풍화되어 깎였다.
Her confidence in the work has **eroded away**.
그 일에 대한 그녀의 자신감이 쓸려나가 버렸다.

ETCH

1. 단동사

이 동사는 유리, 금속 등에 무엇을 새기는 과정을 그린다.

2. 구동사

2.1 etch O into O

His initials are **etched into** his mug. (passive)
그의 이름의 첫 글자들이 그의 머그잔에 새겨졌다.
Sadness is **etched into** his face. (passive)
슬픔이 그의 얼굴에 새겨졌다.

2.2 etch O on O

The scene of the accident is **etched on** my mind. (passive)
그 사고의 장면이 내 마음에 새겨져 있다.

2.3 etch O onto O

Tattoos are **etched onto** her arms. (passive)
문신들이 그녀의 팔들에 새겨져 있다.

2.4 etch O with O

His face was **etched with** tiredness. (passive)
그의 얼굴은 피곤함으로 새겨져 있었다 즉, 역력했다.

EVEN

1. 단동사

이 동사는 양이나 수가 같아지거나 고르게 되는 과정을 나타낸다.
형용사: 평평한; 수평인; 고른; 동등한; 규칙적인; 짝수의; 균형이 잡힌; 공평한; 평범한

2. 구동사

2.1 even O out

The boss is very careful to **even out** the workload among his employees.
사장님은 고용인들 사이에 업무량을 골고루 나눠주기 위해서 애를 많이 쓴다.
[out은 일이 여러 사람들에게 나누어지는 관계를 나타낸다.]

even out
In the beginning, some people are lucky but **even out** in the end.
처음에 어떤 사람들은 운이 좋지만, 결국에 가서는 운과 불행이 같아진다.
[out은 같아지는 결과를 나타낸다.]
I'll pay for the meal, and you pay for the drink — that will **even out**.
내가 밥을 살테니 네가 음료를 사라. 그러면 부담이 같아진다.

2.2 even O up
I have to **even up** the legs of the table.
나는 그 탁자의 다리들을 똑같게 해서 움직이지 않게 해야 한다.
The home team was ahead for the first half of the game, but the score **evened up** after the second half started.
홈팀이 경기의 전반부에는 앞섰지만, 후반부가 시작하고서는 점수가 똑같아지게 되었다.
[up은 처진 점수가 앞선 점수에 다가가는 관계를 나타낸다.]

EXCEL

1. 단동사
이 동사는 능력이 특출한 과정을 그린다.

2. 구동사
2.1 excel at O
He **excels at** physics.
그는 물리학을 잘 한다.

2.2 excel in O
He **excels in** musical ability.
그는 음악 능력 면에서 뛰어나다.

EXPAND

1. 단동사
이 동사는 수나 양 등이 많아지거나 많게 하는 과정을 그린다.
자동사
Metals **expand** when they are heated.

금속들은 열을 받으면 팽창한다.
I repeated the question and waited for her to **expand**.
나는 같은 질문을 다시 하고 그녀가 더 상세한 말을 해주기를 기다렸다.
타동사
There are no plans to **expand** the local airport.
그 지역 공항을 확장할 계획들은 없다.

2. 구동사
2.1 expand into O
The small problem **expanded into** a big one.
그 작은 문제가 커져서 큰 문제가 되었다.

expand O into O
The chairman **expanded** his company **into** an international one.
그 회장은 그 회사를 국제적 회사로 확장시켰다.

2.2 expand on O
He **expanded on** the last paragraph of his report.
그는 그 보고서의 마지막 단락을 보완했다.
[on은 보고서 전체가 아니라 부분이 보완됨을 나타낸다.]

2.3 expand upon O
He **expanded upon** his report.
그는 그의 보고서를 좀 더 보완했다.
He **expanded upon** his remark.
그는 그의 말을 좀 더 상세하게 했다.

EXPECT

1. 단동사
이 동사는 어떤 일이 일어날 것이라 예기하는 과정을 그린다.
타동사
We are **expecting** a rise in food prices this month.
우리는 이번 달에 식료품 값이 오를 것으로 예상한다.
Don't **expect** sympathy from me.
나한테서 동정심을 기대하진 마.
Are you **expecting** visitors?
당신은 손님들을 기대하고 있나요?
We were **expecting** him yesterday.
우리는 어제 그를 기다렸다.

2. 구동사
2.1 expect O from O
Her parents **expected** high standards **from** her.
그녀의 부모님은 그녀에게서 높은 수준을 기대하셨다.

2.2 expect O of O

We **expect** much **of** the new young members.
우리는 많은 것을 새 젊은 구성원들에게 기대한다.
[of는 출처가 된다.]

EXPLAIN

1. 단동사
이 동사는 무엇을 쉽고 분명하게 이해시키는 과정을 그린다.

자동사

She tried to **explain** but he wouldn't listen.
그녀는 설명을 하려고 했지만 그는 들으려고 하지 않았다.

타동사

First I'll **explain** the rules of the game.
먼저, 그 경기 규칙들을 설명해 드리겠습니다.
Can you **explain** how the email system works?
당신은 이 이메일 체계가 어떻게 작동하는지를 설명해 주시겠습니까?
The government now has to **explain** its decision to the public.
이제 정부는 정부의 결정을 대중에게 해명해야 한다.

2. 구동사
2.1 explain away O
He tried to **explain away** the accident.

그는 그 사고원인에 대해 설명하면서, 그 사고가 자신의 책임이 아님을 알리고자 했다.
[away는 책임이 그에게서 떨어져 나가는 관계를 그린다.]

EYE

1. 단동사
이 동사는 관심 혹은 의심을 가지고 무엇을 바라보는 과정을 그린다.
명사: 눈, 시력, 시각
Jessica **eyed** me with curiosity.
제시카는 호기심으로 나를 보았다.
Amazon is **eyeing** ten cities with second head-quarters.
아마존은 제2본부를 위해서 열 개의 도시를 살펴보고 있다.

2. 구동사
2.1 eye O up
The child is **eyeing up** the chocolate cake.
그 아이가 그 초콜릿 케이크에 눈독을 들이고 보고 있다.
The guy in a leather jacket has been **eyeing** you **up** for hours.
그 가죽 재킷을 입고 있는 녀석이 너를 몇 시간 동안 계속 눈여겨보고 있다.
[up은 성적인 관심을 갖고 유심히 보는 관계를 나타낸다.]

F f

FACE

1. 단동사
이 동사는 무엇을 대하거나 어려움 등을 직면하는 과정을 그린다.
명사: 얼굴

타동사

My house **faces** the park.
우리 집은 그 공원을 대하고 있다.
He **faced** the danger.
그는 그 위험을 용감하게 직면했다.

2. 구동사
2.1 face about
The old man stood up, **faced about**, and walked slowly away.
그 노인은 일어나서 뒤돌아서서 천천히 걸어서 자리에서 멀어졌다.
[about은 여기서 around와 비슷한 뜻이다.]

2.2 face away
Please **face away** from me while I change clothes.
내가 옷을 갈아입는 동안 얼굴을 내게서 돌려주세요.
[away는 얼굴을 한 지점에서 다른 지점으로 돌리는 관계를 나타낸다. 참조: turn away]

2.3 face O down
The wolf **faced down** a piglet.
그 늑대가 돼지새끼를 노려 봐서 그것이 꼼짝 못하게 했다.
[down은 돼지가 꼼짝 못하게 되는 관계를 나타낸다.]
He **faced down** the *enemy*.
그는 그의 적을 내려다보며 꼼짝 못하게 했다.

opponent 적	rival 라이벌

Ted drew a card and **faced** it **down**.
테드는 카드 한 장을 뽑아서 앞면이 아래로 가게 했다.

2.4 face into O
Please **face into** the camera.
얼굴을 카메라 쪽으로 돌리세요.

face O into O

Face the sail **into** the wind.
그 돛을 바람 쪽으로 향하게 해라.

2.5 face off
The Twins and The Bears will **face off** today at Jamsil stadium.
트윈즈와 베어즈가 오늘 잠실구장에서 대결한다.
[참조: play off, square off]
According to the election law, the two top candidates will **face off** in the second election.
그 선거법에 따라서, 상위 두 후보자는 제2차 선거에서 대결할 것이다.
[참조: square off]
In Phanmunjeom, soldiers on both sides **face off** directly everyday.
판문점에서는 양쪽의 군인들이 매일 직접 대치한다.
The hokey teams **face off** at 2 o'clock.
그 하키 팀들은 2시에 경기를 시작한다.
[참조: kick off, start off]

face off against O
The incumbent **faced off against** the challenger.
그 재임자는 도전자와 맞섰다.

face off with O
The politician **faced off with** the angry constituent.
그 정치가는 성난 지역 주민과 맞섰다.

face O off against O
The organizer **faced** the champion **off against** the challenger.
그 조직자는 선수권자를 도전자와 맞서게 했다.

2.6 face onto O
The house **faced onto** the lake.
그 집은 호수를 향하고 있다.

2.7 face out
The paintings on the wall **face out**.
그 벽에 있는 그림들이 밖으로 향한다. 즉, 보인다.

face O out
Don't be afraid of them. **Face** them **out**.
그들을 두려워하지 마세요 끝이 날 때까지 그들을 정면

으로 대결하세요.

2.8 face O up

The designer **faced** the mirror **up** to reflect the sunlight.

그 디자이너는 햇빛을 반사시키기 위해서 거울을 위쪽을 향하게 했다.

face up to O

It is not easy to find another job. You'd better **face up to** it.

다른 일자리를 찾기가 쉽지 않을 것이다. 너는 그 불편한 사실을 얼굴을 들고 받아들이는 것이 좋겠다. 즉, 용감히 받아들이는 것이 좋겠다.

[up은 물러서지 않고 다가서는 상태를 나타낸다.]

It is very difficult to **face up to** the fact that you are no longer rich.

네가 더 이상 부자가 아니라는 사실은 받아들이기가 매우 어렵다.

She has never **faced up to** her responsibility.

그녀는 자신의 책임을 직시하고 받아들인 적이 없다.

2.9 face O with O

The company is **faced with** hugh debts. (passive)

그 회사는 엄청난 부채에 직면해 있다.

Police have found no clue to the crime, and they are **faced with** an impossible task.

경찰은 그 범죄의 실마리를 찾지 못하고 있어서 불가능한 임무에 직면해 있다.

FACTOR

1. 단동사

이 동사는 어떤 변수를 계산에 집어넣거나 제외하는 과정을 그린다.

명사: 요인, 인자

2. 구동사

2.1 factor O in

Even when I **factored in** the information, the result is no better.

그 정보를 (조사 등에) 포함시켰지만, 그 결과는 나아지지 않았다.

[참조: figure in]

In order to get an accurate result, you have to **factor in** speed and cost.

정확한 결과를 얻기 위해서 속도와 비용을 포함시켜야 합니다.

2.2 factor O into O

The age of the subject is **factored into** the research. (passive)

그 피실험자의 나이가 그 조사에 포함되었다.

2.3 factor O out

The delay was **factored out**, but the match took three hours.

그 지연이 (변수에서) 제외되었으나, 그 시합은 세 시간이 걸렸다.

FADE

1. 단동사

이 동사는 무엇이 점차로 사라지거나, 색이나 빛이 점점 희미해지는 과정을 그린다.

2. 구동사

2.1 fade away

The *light* **faded away**.

그 빛이 점차 사라졌다.

support	지지	popularity	인기

I listened to her footsteps **fading away** in the corridor.

나는 그녀의 발자국들의 소리가 복도에서 점점 약해져 가는 것을 들었다.

[away는 거리가 멀어지면서 소리가 약해지는 관계를 나타낸다.]

Hopes of their recovery are beginning to **fade away**.

그들의 회복에 대한 희망이 점점 사라지고 있다.

[away는 시간이 지나면서 희망이 줄어드는 관계를 나타낸다.]

My father never recovered after the operation and **faded away**.

나의 아버지는 그 수술 후에 결코 회복하지 못하고, 서서히 돌아가셨다.

[away는 이 세상에서 사라지는 관계를 나타낸다. 참조: pass away]

fade away into O

The obscure figure **faded away into** the darkness.

그 어슴푸레한 모습이 어둠 속으로 사라졌다.

2.2 fade back

After she took the medicine, the rash **faded back** to just her finger.

그 약을 먹은 다음, 그 발진이 점점 약해져서 손가락 끝에만 국한되었다.

[back은 퍼졌던 것이 줄어드는 관계를 나타낸다.]

2.3. fade down

The *storm* **faded down**, and the sun broke through.
그 폭풍우가 점점 약해지고, 태양이 구름 속을 빠져나
왔다.
[down은 폭풍의 정도가 줄어드는 관계를 나타낸다. 참조: die
down, calm down]

thunder 천둥	blizzard 눈보라

The roar of the train **faded down** as it passed and fled
into the night.
그 기차의 우렁찬 소리가 우리 곁을 지나가면서 어둠
속으로 들어가면 그 소리가 점차 낮아졌다.

fade O down

He **faded down** the music.
그가 그 음악 소리를 점점 줄였다.

2.4. fade in

A romantic scene **faded in**, as the lovers walk along
the river hand in hand.
낭만적인 장면이 화면에 들어와서, 그 연인들이 손을 잡
고 강둑을 따라 걸어갔다.
[in은 영상이 화면 속으로 들어오는 관계를 나타낸다.]

fade O in

The technician **faded** the picture **in**.
그 기술자가 그 그림을 조금씩 화면에 들어오게 했다.

2.5 fade into O

The car **faded into** the background.
그 자동차는 점차로 배경 속에 사라졌다.
The light of dusk **faded into** blackness.
황혼의 그 불빛이 어둠 속으로 점점 희미해져 갔다.

2.6 fade out

The demonstrations **faded out**.
그 시위들이 점점 (화면에서) 사라졌다.
[out은 시위 장면이 화면에서 나가는 관계를 나타낸다.]
The trail **faded out** at this point, and we could go
nowhere.
그 흔적이 이 지점에서 사라져서 우리는 어디로 갈 수
없었다.
[out은 흔적이 시야에서 사라지는 관계를 그린다.]
The documentary we were watching **faded out** and
was replaced by a special news.
우리가 보던 기록영화가 (화면에서) 점점 나가고, 특별
뉴스로 대체되었다.

fade O out

At the end, you should **fade** the music **out** completely.
마지막에는 당신은 그 음악을 점차로 줄여서 완전히 없
어지게 해야 합니다.

2.7 fade up

The sound of the drums **fades up** as the piece begins.
그 곡이 시작하자 북소리들이 점차 커졌다.

fade O up

The director began to **fade up** the music at the end.
그 감독이 마지막에 그 음악을 점차로 크게 했다.

FAINT

1. 단동사
이 동사는 기절하는 과정을 그린다.
자동사

Suddenly the woman in front of me **fainted**.
갑자기 내 앞에 있던 그 여자가 기절을 했다.

2. 구동사
2.1 faint away
Some fans at the stadium **fainted away** under the hot
sun.
그 경기장에 있는 몇 명 팬들은 그 뜨거운 햇볕 아래에
서 기절을 했다.
[away는 의식상태에서 점점 멀어지는 관계를 나타낸다.]

FAKE

1. 단동사
이 동사는 아프거나 관심 있는 척 속이는 과정을 그린다.
명사: 모조품, 사기꾼
타동사

She **faked** her mother's signature on the document.
그녀는 그 서류에 자기 어머니의 서명을 위조했다.
He **faked** a yawn.
그는 하품이 나는 척 했다.

2. 구동사
2.1 fake O off
Ken **faked off** his laptop to his friend.
켄은 그의 노트북 컴퓨터를 그 친구에게 속여 팔았다.
[off는 노트북 컴퓨터가 Ken에서 떠난 관계를 나타낸다. 참조:
palm off]
He **faked** the ball **off** to a guy next to him.
그는 그 옆에 있는 선수에게 그 공을 살짝 넘겼다.

2.2 fake O out

He **faked** me **out** by looking to the right but jumping to the left.
그는 오른쪽을 보면서 왼쪽으로 뜀으로써 나를 속였다.
The students **faked** the teacher **out**.
그 학생들이 그 선생님을 속였다.

fake O out of O

He **faked** Ken **out of** his baseball ticket.
그는 켄을 속여서 그의 야구 표를 빼앗았다.

FALL

1. 단동사
이 동사는 높은 곳에서 낮은 곳으로 떨어지는 과정을 그린다.

자동사

A lot of fruits **fell** in the storm.
많은 과일이 그 폭풍 속에 떨어졌다.
The boy **fell** from a tree.
그 아이가 어느 나무에서 떨어졌다.

수, 양, 정도의 감소
Prices **fell**.
물가가 떨어졌다.
Her voice **fell**.
그녀의 목소리가 약해졌다.
Thousands of young men **fell** during the war.
수천 명의 젊은이들이 그 전쟁동안 쓰러졌다. 즉 죽었다.

상태변화
He **fell** ill / asleep.
그는 병이 났다. / 잠이 들었다.
He **fell** into rage.
그는 크게 화를 내었다.

2. 구동사
2.1 fall apart

The table seems to be **falling apart**.
그 식탁은 부서져서 조각조각이 되는 것 같다.
[apart는 전체가 부분으로 갈라지는 관계를 나타낸다.]
The cake **fell apart** as soon as I picked it up.
그 케이크는 내가 집어 들자마자 산산조각이 났다.
The Democratic Party began **falling apart**.
민주당이 해체되기 시작했다.
After I lost my job, everything was going wrong — in the end I **fell apart**.
내가 실직한 이후, 어느 하나 제대로 되는 것이 없었다.

결국 나는 정신적으로나 정서적으로 제 기능을 할 수 없었다.
[apart는 정신 기능이 조각이 나서 제대로 기능하지 못함을 나타낸다.]
Unfortunately, her marriage to the prince **fell apart**.
불행하게도 그녀의 그 왕자와의 결혼은 깨졌다.
[결혼을 남녀가 묶여있는 것으로 본다면, apart는 이 묶음이 끊어지는 것을 나타낸다.]

2.2 fall away

As soon as I picked up the camellia flower, the petals **fell away**.
내가 그 동백꽃을 집어 들자마자, 그 꽃잎들이 떨어져 나갔다.
[away는 꽃잎이 동백꽃에서 떨어져 나가는 관계를 나타낸다.]
As soon as I heard from him, all my worries **fell away**.
내가 그의 소식을 듣자마자, 나의 모든 걱정은 떨어져 나갔다.
[참조: go away]
Support for the railroad workers' strike **fell away**.
그 철도노동자들의 파업에 대한 지지도는 줄어들기 시작했다.
[away는 지지도나 정도가 점점 줄어드는 관계를 나타낸다.]
The soprano's voice **fell away** slowly.
그 소프라노의 목소리가 점차로 줄어들었다.
As the evening wore on, the strong wind **fell away**.
저녁이 깊어져 가면서, 그 강풍은 줄어들었다.
The land **fell away** to the river.
그 땅은 그 강 쪽으로 급하게 뻗어나갔다.
[fall은 주관적 이동을 나타낸다. 즉, 어떤 형상을 확인하기 위해서 우리의 시선이 위에서 아래로 가는 관계를 나타낸다.]

fall away from O

During the rain, several large rock **fell away from** the cliff.
비가 오는 동안 몇 개의 큰 바위가 그 벼랑에서 떨어져 내렸다.
The paint is **falling away from** the sides of the house.
그 페인트가 그 집의 옆면들에서부터 떨어져 나가고 있다.
He **fell away from** linguistics and began to study engineering.
그는 언어학에서 떨어져 나와서 공학을 공부하기 시작했다.

2.3 fall back

Grandma was so surprised that she **fell back** against the door.

F

할머니는 너무 놀라서 뒤로 넘어져서 그 문에 부딪쳤다.
[back은 사람의 몸이 뒤로 젖혀지는 관계를 나타낸다.]
The general ordered his men to fall back.
그 장군은 그의 부하들에게 뒤로 물러서라고 명령했다.
Coffee sales fell back sharply after the news.
커피 판매량이 그 뉴스 이후에 (예전 수준으로) 급격하게 떨어졌다.
[back은 커피 판매량이 올라갔다가 다시 줄어드는 관계를 나타낸다.]

fall back from O
The crowd fell back from the tragic accident.
그 군중들은 그 비극적 사건에서 물러섰다.
[back은 사람들이 어떤 장면에서 뒤로 물러서는 관계를 나타낸다.]

fall back on O
If the present plan does not work, we will have to fall back on the original plan.
만약 현재의 계획이 제대로 작동하지 않으면, 원래의 계획으로 돌아가야 할 것입니다.
[back은 현재의 계획에서 물러서서 원래의 계획에 의존(on)하는 뜻이다.]
We had to fall back on the second choice.
우리는 돌아가서 두 번째 선택에 의존해야 했다.

fall back to O
The Chinese space lab fell back to earth.
그 중국 우주 실험선이 지구로 떨어져 되돌아왔다.

2.4 fall behind O
The child fell behind his mother, and he was crying.
그 애기는 엄마 뒤에 처져서 울고 있었다.
Economically, North Korea has fallen behind South Korea since the war.
경제적으로 북한은 그 전쟁 후에 한국에 뒤쳐져 있다.
During the last three years, salaries fell behind inflation.
지난 3년 동안 임금이 물가상승분에 뒤져있었다.
[임금인상이 물가상승분에 뒤쳐지는 관계를 나타낸다.]
Our production fell behind the schedule.
우리 생산이 그 계획에 뒤쳐져 있다.

fall behind
Children from low-income families tend to fall behind.
저소득층 자녀들은 학교수업에 뒤처지는 경향이 있다.

fall behind with O
He fell behind with his rent.
그는 집세가 연체되었다.
After he was let off, he fell behind with his mortgage payment.
그가 해고 된 후에, 그는 담보대출금이 연체되었다.
[behind의 표현되지 않은 목적어는 지불 날짜이다. 지불이 지불날짜의 뒤에 있다는 뜻이다.]

2.5 fall down O
I slipped on the ice and fell down the steps.
나는 그 얼음에서 미끄러져서 그 계단 아래로 떨어졌다.
He fell down the stairs.
그는 그 계단을 따라 떨어져 내렸다.
Tears fell down her cheeks.
눈물이 그녀의 뺨을 따라 흘려 내렸다.

fall down
He slipped on the ice and fell down.
그는 그 얼음 위에 미끄러져서 넘어졌다.
[down은 서 있던 사람이 넘어지는 관계를 나타낸다.]
During the storm, many trees fell down.
그 폭풍이 부는 동안, 많은 나무들이 넘어졌다.
Experts say that the health care system will fall down by the year of 2050.
전문가들은 2050년이 되면 건강보험 제도가 무너질 것이라고 말한다.
[down은 운영 상태에서 운영이 없는 상태로의 변화를 나타낸다. 참조: break down]

2.6 fall for O
The fish fell for the bait.
그 물고기는 그 미끼를 덥석 물었다. 급하게 물었으니 속임을 당한 것이다.
Politicians think that we will fall for their empty promises.
정치인들은 우리가 그들의 공허한 약속들을 생각도 않고 받아들일 것으로 생각한다.
The teacher fell for one of his students.
그 선생님은 그의 학생들 가운데 한 명을 갑자기 받아들이기 시작했다. 즉, 좋아하기 시작했다.

2.7 fall in
The warehouse is very old, and the roof fell in.
그 창고는 매우 오래되어서, 그 지붕이 (안으로) 꺼졌다.
[in은 지붕이 안으로 들어가는 관계를 나타낸다. 참조: give in, cave in]
The boy scouts fell in one behind the other.

그 보이스카우트 소년들은 한 명이 다른 스카우트의 뒤
에 서서 (행렬을) 지었다.
[in은 into line의 뜻이다.]

fall in with O

My son is studying in Japan, and I hope that he does
not **fall in with** a wrong kind of people.
내 아들은 일본에서 공부하고 있는데, 그가 좋지 않은
사람들과 사귀지 않기를 바란다.
The statement **falls in** exactly **with** my view.
그 성명은 내 견해와 정확히 들어맞는다.
I am very happy to **fall in with** what he offers.
나는 그가 제공한 것이 마음에 들어서 기쁘다.

2.8 fall into O

He **fell into** a *well*.
그는 우물에 빠졌다.

hole 구멍	crevice 틈

The old catholic church **fell into** *despair* over the years.
그 오래된 카톨릭 교회는 수년을 지나는 동안 절망에
빠졌다.
[상태는 그릇으로 개념화 된다. 그리고 나쁜것은 아래로 개념화
된다.]

desperation 절망	rage 격노

In the park, I **fell into** *conversation* with a Chinese
student.
그 공원에서 나는 중국인 학생과 대화를 시작했다.
[대화와 같은 과정도 그릇으로 개념화 된다.]

nap 낮잠	sleep 잠

The short stories you read **fall into** two major
categories.
여러분이 읽은 그 단편 소설들은 두 개의 큰 범주에 들
어간다.

2.9 fall off O

I **fell off** the ladder and bruised my knee.
나는 그 사다리에서 떨어져 내 무릎이 멍들었다.
One of the engines **fell off** the plane on a flight from
San Diego to Seoul.
엔진 가운데 하나가 샌디에고에서 서울로 오는 비행 중
에 그 비행기에서 떨어져 나갔다.

fall off

I picked up the kettle, and the handle **fell off**.
나는 그 주전자를 집어 들었는데, 손잡이가 (그 주전자
에서) 떨어졌다.
[off는 손잡이가 주전자에서 떨어지는 관계를 나타낸다. 참조:
come off]

BMW's Korea sales has **fallen off** since last year.
BMW의 한국 판매가 지난해부터 (예년보다) 떨어졌다.
[off는 판매가 작년 기준에서 떨어지는 관계를 나타낸다.]
The actor's performance **fell off** in the drama.
그 배우의 연기가 그 드라마에서 보통 수준보다 떨어졌다.

fall off to O

During the lecture, he **fell off to** sleep.
그 강의를 듣는 동안 그는 깜빡 졸았다.

fall off of O

Last night, a woman **fell off of** a cruise ship.
지난 밤, 한 여자가 유람선에서 떨어졌다.

2.10 fall on O

My coat **fell on** the mud and got dirty.
내 저고리가 그 진흙에 떨어져서 더럽게 되었다.
He **fell on** his knees.
그는 무릎을 꿇고 앉았다.
My birthday **falls on** Sunday this year.
내 생일은 올해 우연히 일요일에 해당된다.
The Lunar new year **fell on** Monday last year.
작년에 음력 새해는 우연히도 월요일에 떨어졌다. 즉,
월요일이었다.

2.11 fall to O

Berlin **fell to** the allies.
베를린은 연합군 쪽에 떨어졌다.

2.12 fall out

The baby's teeth **fell out**.
그 아기의 이들이 빠져 나왔다.
Unfortunately, the doctor's hair **fell out** when he was
40.
불행하게도, 그 의사는 40세에 머리털이 (두피에서) 빠
졌다.
The soldiers **fell out** when a helicopter appeared
above.
그 군인들은 헬리콥터 한 대가 위에 나타나자 사방으로
흩어졌다.
[out은 군인들이 사방으로 흩어지는 관계를 나타낸다.]
Things **fell out** the way they had to.
일들이 일어나야 하는 방향으로 전개되었다.

[out은 상황 등이 전개되는 관계를 나타낸다. 참조: play out, pan out]

It **fell out** that they had all once lived in Seoul.
그들이 한때 모두 서울에서 살았다는 것이 알려졌다.
[참조: turn out]

fall out from O

The results **fall out** directly **from** the experimental evidence.
그 결과들은 그 실험 증거에서 직접적으로 나온다.
[참조: come out]

fall out of O

The lion **fell out of** the tree.
그 사자는 그 나무에서 떨어졌다.
A letter **fell out of** the book.
편지 하나가 그 책에서 떨어져 나왔다.

fall out with O

After John **fell out with** Alice, they sold their house.
존이 앨리스와 헤어지게 되자, 그들은 집을 팔았다.
I **fell out with** my friend over money.
나는 돈 문제로 내 친구와 사이가 벌어졌다.
[out의 표현되지 않은 목적어는 of relationship이다. 즉 친구관계에서 벗어났다는 뜻이다.]

2.13 fall over O

He **fell over** an empty box.
그는 빈 상자 위로 넘어졌다.
[over는 그가 포물선을 그리며 넘어지는 관계를 나타낸다. 참조: trip over]
He is **falling over** himself to go out with her.
그는 그녀와 외출하기 위해서 자신 위에 넘어지고 있다. 즉 기를 쓰고 있다.

fall over

The pile of dishes **fell over**.
접시들을 쌓아놓은 그 더미가 넘어졌다.
He **fell over** as he was reaching for a freeze bee.
그는 프리즈 비를 잡으려다 넘어졌다.

2.14 fall through O

The bear **fell through** the ice.
그 곰이 그 얼음 속으로 빠졌다.
One of the skaters **fell through** the thin ice.
스케이트 타던 그 사람들 중 한 명이 그 얇은 얼음 속으로 빠졌다.

fall through

I planned to go up to university, but my plan **fell through**.
나는 대학에 진학할 계획을 세웠지만 내 계획은 실현되지 않았다.
[through는 계획이 어떤 사람의 통제를 지나가 버렸다는 뜻이다.]
I accepted an offer of $200 for my car, but the sale **fell through** at the last moment.
나는 내 차를 $200에 사겠다는 제안을 받아들였으나 판매는 마지막 순간에 불발되었다.

2.15 fall to O

Everyone **fell to** *work* when the boss came in.
모든 사람들은 상사가 들어오자 일에 열중하기 시작했다.
[참조: get to]

soccer 축구	jogging 조깅

Mowing the lawn **fell to** the youngest brother.
그 잔디를 깎는 일은 막내 동생에게 떨어졌다. 즉 그의 책임이 되었다.

2.16 fall under O

The elephants in Asia **fall under** the classification "endangered animals."
아시아 코끼리들은 "멸종위기 동물"의 분류 안에 들어간다.
The island **fell under** the Korean control.
그 섬은 한국의 통제 아래에 들어왔다.
As soon as I came to Seoul, I **fell under** its spell.
나는 서울에 도착하자마자, 서울의 매력에 들어왔다. 즉 빠졌다.

2.17 fall upon O

Some of the old boys **fell upon** the little boy.
나이 많은 소년들 몇 명이 그 꼬마에게 덤벼들었다.
[upon은 어린 아이가 피해를 받는 관계를 나타낸다. 참조: jump upon, set upon]
The small children **fell upon** their teacher when he entered the room.
그 꼬마 아이들은 선생님이 교실에 들어설 때 와락 덮쳤다.
[참조: jump on]
After her father died, responsibility for the family **fell upon** her mother.
아버지가 돌아가신 후에, 가족 부양의 책임이 엄마에게 지워졌다.
The dog **fell upon** the food in front of him as if he hadn't eaten for a long time.

그 개는 오랫동안 먹지 않았던 것처럼 개 앞에 놓인 먹이를 덮쳤다.

FAN

1. 단동사
이 동사는 여러 사람들이 넓은 영역에 펼쳐지는 과정을 그린다.
명사: 부채

2. 구동사
2.1 fan out

The platoon leader ordered his men to **fan out** and search every inch of the bush.
그 소대장은 그의 부하들이 산개하여 그 덤불의 구석구석을 조사하라고 명령했다.
[out은 병사들이 부채꼴 모양으로 사방으로 퍼지는 관계를 나타낸다.]

Hundreds of volunteers **fanned out** along the coast to clean up litter.
수백 명의 자원봉사자들이 쓰레기를 치우기 위해 그 해변을 따라 전개했다.

The searchers **fanned out**, looking for the lost child.
그 수색 대원들은 그 잃어버린 아이를 찾기 위해 사방으로 펼쳐져 나갔다.

The wild fire **fanned out** quickly.
그 들불이 순식간에 퍼져 나갔다.

Some dots **fan out** from the center point.
점들이 중심점에서 부채꼴로 펼쳐진다.

fan O out

The salesman **fanned out** the toys and asked the boy to pick one.
그 판매원은 그 장난감을 펼쳐놓고 그 아이에게 선택하라고 했다.
[out은 장난감들이 펼쳐지는 관계를 나타낸다. 참조: set out, spread out, lay out]

Cut up a pear and **fan out** the slices on a plate.
배를 하나 잘게 썰어서, 그 조각들을 접시 위에 펼쳐 놓으세요.

Bob **fanned out** his cards on the table.
밥은 그의 카드들을 그 탁자 위에 펼쳐 놓았다.
[참조: lay out, spread out]

FARM

1. 단동사
이 동사는 농사를 짓거나 일을 다른 곳에 맡기는 과정을 그린다.

자동사

The family **farmed** in Kent for over two hundred years.
그 가문은 켄트에서 200년 넘게 농사를 지어 왔다.

타동사

They **farm** dairy cattle.
그들은 젖소를 기른다.

He **farmed** 200 acres of prime arable land.
그는 200에이커의 일급 농지를 경작했다.

2. 구동사
2.1 farm O out

The company **farmed out** the project.
그 회사는 그 기획사업을 다른 곳에 맡겼다.

My parents had to work, and I was **farmed out** to my grandparents. (passive)
내 부모님은 일을 해야 했기 때문에 나는 할머님 댁에 보내졌다.

The director **farmed out** the assignments to the committee members.
그 이사는 그 기획사업을 그 위원회 회원들에게 나누어 주었다.
[out은 일이 여러 사람에게 주어지는 관계를 나타낸다.]

FASTEN

1. 단동사
이 동사는 무엇을 고정시키는 과정을 그린다.
타동사

Fasten your seatbelt, please.
안전벨트를 매어 주십시오.

He **fastened** back the shutters.
그가 그 셔터들을 다시 고정시켰다.

The dog **fastened** its teeth in his leg.
그 개가 이빨로 그의 다리를 꽉 물었다.

자동사

The window wouldn't **fasten**.
그 창문이 잠기지가 않는다.

2. 구동사
2.1 fasten O down

He **fastened** the board **down** to the top of the case.
그는 그 판자를 그 상자 위에 고정시켰다.
[down은 판자가 고정되어 움직이지 않는 관계를 나타낸다.]

2.2 fasten on O

The press was quick to **fasten on** the danger of the artificial sweetener.

언론은 재빨리 그 인공 감미료의 위험에 특별한 관심을 주었다.

2.3 fasten O onto O
Please **fasten** the notice **onto** the bulletin board.
그 고지문을 그 게시판에 가져다 붙이세요.

fasten onto O
He **fastened** **onto** a pretty woman at the Christmas party.
그는 그 크리스마스 파티에서 예쁜 여자에게 가서 귀찮게 매달렸다.

2.3 fasten O together
He **fastened** the papers **together** with a paper clip.
그는 종이 클립으로 그 서류들을 함께 묶었다.

2.4 fasten O up
Fasten **up** your coat. It is very cold out today.
겉옷을 여며라. 오늘 밖은 몹시 춥다.
[up은 옷깃의 양쪽이 와 닿는 관계를 나타낸다. 참조: button up, zipper up]

2.5 fasten upon O
He **fastened** **upon** the photo for a few moment.
그는 몇 분 동안 그 사진에 시선을 고정시켰다.
The US company was quick to **fasten** **upon** the Korean business method.
그 미국 회사는 그 한국경영방식을 재빨리 받아들였다.

FATHOM

1. 단동사
이 동사는 잘 생각한 끝에 헤아려내는 과정을 그린다.
　타동사
It is hard to **fathom** the pain felt at the death of a child.
자식의 죽음에서 느끼는 그 고통을 헤아리기는 어렵다.

2. 구동사
2.1 fathom O out
We have been friends for a long time, but I still can't **fathom** **out** his mind.
나는 오랫동안 그와 친구사이였으나, 그의 마음을 헤아려 낼 수가 없다.
[out은 모르는 것을 알게 되는 관계를 나타낸다. 참조: find out, make out]

FATTEN

1. 단동사
이 동사는 살이 찌거나 살을 찌우는 과정을 그린다.
형용사(fat): 살이 찐, 통통한
　타동사
The piglets are taken from the sow to be **fattened** for the market.
그 새끼 돼지들은 어미 돼지에게서 떼어 내서 시장에 팔기 위해 살을 찌운다.

2. 구동사
2.1 fatten O up
The pigs are **fattened** **up** for sale. (passive)
그 돼지들은 팔려고 살이 찌워졌다.
[up은 양이나 부피의 증가를 나타낸다.]
Blueberries **fatten** **up** in autumn.
블루베리는 가을에 통통해진다.

fatten up
Polar bears **fatten** **up** before hibernation.
북극곰들은 겨울잠을 자기 전에 살을 찌운다.

FAWN

1. 단동사
이 동사는 누구에게 거짓으로 아첨하는 과정을 그린다.
명사: 새끼 사슴, 엷은 황갈색

2. 구동사
2.1 fawn over O
Politicians **fawn** **over** businessmen.
정치인들은 기업인들에게 알랑거린다.
The star had the press **fawn** all **over** her.
그 유명배우는 신문 기자들로 하여금 자신에게 아첨하게 했다.

FAX

1. 단동사
이 동사는 팩스로 문서 등을 보내는 과정을 그린다.
　타동사
Could you **fax** me the latest version?
나에게 가장 최근 안을 팩스로 보내 주시겠어요?

2. 구동사
2.1 fax O in
Listeners, please **fax** **in** your comments.

청취자 여러분, 논평들을 팩스로 방송국에 들여보내 주
십시오.
[in은 논평 등이 방송국에 들어오는 관계를 나타낸다.]

2.2 fax O on

Please **fax** this **on** to your friend.
이 팩스를 받고, 이것을 이어서 친구에게 보내주세요.
[on은 어느 사람이 팩스를 받고 이어서 이것을 다른 사람에게 전하
는 관계를 나타낸다.]

2.3 fax O out

Please **fax out** this proposal to all members for
comment.
논평을 받기 위해 이 제안을 클럽 전 회원들에게 팩스로
내보내십시오.
[out은 제안이 여러 사람에게 가는 관계를 나타낸다.]

FEAST

1. 단동사
이 동사는 어떤 음식을 즐겁게 많이 먹는 과정을 그린다.
명사: 연회, 잔치, 축제일, 축제

2. 구동사
2.1 feast on O
We **feasted on** raw fish.
우리는 생선회를 맛있게 많이 먹었다.
The bears **feasted on** berry.
그 곰들은 딸기를 많이 먹었다.
Some wild dogs **feasted on** leftovers.
몇 마리의 들개들이 남은 것들을 맘껏 먹었다.

FEED

1. 단동사
이 동사는 사람이나 동물이 먹이를 먹거나, 그들에게 먹이
를 주는 과정을 그린다.

자동사

The cattle are **feeding**.
그 소들이 먹이를 먹고 있다.

2. 구동사
2.1 feed O back
The students sometimes **feed back** their comment to
their professor about his article.
그 학생들은 때때로 교수님에게 그 논문에 대해서 반응을
한다.
[back은 정보를 받고 반응을 되돌려주는 관계를 나타낸다.]

We are very grateful to all those who **fed back** their
comments about our new product.
우리는 우리의 신상품에 대한 논평을 보내주신 모든 분
들에게 감사한 마음을 갖습니다.

2.2 feed O down

The snake **fed** a rat **down**.
그 뱀은 그 쥐를 집어 삼켰다.
[down은 음식이 위로 내려가는 관계를 그린다. 참조: chow
down, wolf down, gulp down]

2.3 feed O into O

Information about weather conditions are **fed into** a
super computer. (passive)
기상 상태들에 관한 모든 정보가 대형 컴퓨터에 입력
된다.
He kept **feeding** money **into** the machine but nothing
came out of it.
그는 돈을 그 기계에 계속 집어넣었으나 아무것도 기계
에서 나오지 않았다.

feed into O
Several streams **feed into** the Han River.
몇 개의 작은 개울들이 한강으로 들어간다.
[참조: flow into, empty into]

2.4 feed off O

The wolf **feeds off** small animals.
늑대는 작은 동물의 살점을 뜯어먹고 산다.
[참조: dine off, live off, survive off]
Bees **feed off** nectars of flowers.
벌들은 꽃들의 꿀을 먹고 산다.
He is said to **feed off** his father's reputation as a poet.
그는 시인으로서 자신의 아버지의 명성을 뜯어 먹고 지
낸다. 즉, 아버지의 명성에 기생한다.
His anger was **feeding off** irrational jealousy.
그의 화는 비이성적인 질투심에서 생겨난다.

2.5 feed on O

Owls **feed on** small animals.
올빼미는 작은 동물을 주식으로 한다.
Love **feeds on** kindness and understanding.
사랑은 친절과 배려를 먹고 산다.
The North Korean regime **feeds on** people's fear of
invasion from outside.
북한 정권은 외침에 대한 국민들의 두려움을 이용해서
살아가고 있다.

feed O on O

The parents are **feeding** their children **on** junk food.
그 부모들은 그들의 아이들을 질 낮은 음식을 주식으로
먹이고 있다.

2.6 feed O to O

Don't **feed** biscuits **to** your hamsters.
비스킷을 너의 햄스터들에게 먹이지 마라

How can you **feed** junk food **to** your children?
어떻게 그 질 낮은 음식을 너의 아이들에게 먹일 수 있
어요?

2.7 feed up

Those girls need **feeding up**.
그 소녀들은 잘 먹고 몸을 불릴 필요가 있다.
[up은 몸이 불어난 상태를 나타낸다. 참조: bulk up]

feed O up with O

My grandma **fed** me **up with** chocolates.
할머니는 나를 초콜릿으로 잔뜩 먹였다.
[up은 음식을 잔뜩 먹은 상태를 나타낸다.]

I'm **fed up with** being treated like a child. (passive)
나는 애 취급 받는 것에 싫증이 났다.

We are **fed up with** his *lies*. (passive)
우리는 그의 거짓말에 넌더리가 난다.

corruption 부패	complaint 불평

2.8 feed O with O

The camp cook **fed** them **with** hot dogs and chili beans.
그 캠프 요리사는 그들을 핫도그와 칠리빈즈로 먹였다.

FEEL

1. 단동사
이 동사는 느낌을 느끼거나 느낌으로 무엇을 찾거나 알아
내는 과정을 그린다.

타동사

The heat made him **feel** faint.
그 더위가 그를 현기증이 나게 했다.

I was **feeling** guilty.
나는 죄책감을 느끼고 있었다.

He seemed to **feel** no remorse at all.
그는 자책감을 조금도 느끼지 않는 듯 했다.

I could **feel** the warm sun on my back.
나는 내 등에 따스한 햇살을 느꼈다.

She could not **feel** her legs.
그녀는 자신의 다리를 느낄 수 없었다.

Can you **feel** the tension in this room?
당신은 이 방의 긴장감을 느낄 수 있습니까?

He **feels** the cold a lot.
그는 추위를 많이 탄다.

2. 구동사
2.1 feel about O

How do you **feel about** the result?
당신은 그 결과에 대해서 어떻게 느끼십니까?

2.2 feel around O

I **felt around** my pocket looking for change.
나는 잔돈을 찾으면서 내 호주머니를 이곳저곳 뒤졌다.

2.3 feel down

I eat chocolate when I **feel down**.
나는 기분이 우울할 때 초콜릿을 먹는다.
[좋지 않음은 아래로 표현된다.]

2.4 feel for O

The light was out, and I **felt for** a match.
전깃불이 나가서, 나는 성냥을 손으로 더듬어서 찾았다.

I **feel for** my son. It is hard to prepare for college.
나는 내 아들의 심정을 이해한다. 대학 입학시험을 준비
하기가 힘들다.

2.5 feel like O

It **feels like** a rubber hose, not a hot dog.
이것은 고무호스 같이 느껴진다. 핫도그가 아니다.

I **feel like** going out tonight.
나는 오늘 저녁 외출하고 싶다.

When I am stressed, I **feel like** having sweets.
나는 긴장이 되면, 단 것이 먹고 싶다.

2.6 feel O out

I cautiously **felt** my mother **out** about my proposal.
나는 조심스럽게 내 제안에 대한 어머님의 마음을 알아
보았다.
[out은 모르는 것을 알아내는 관계를 나타낸다. 참조: fathom out,
find out]

I tried to **feel out** what she is thinking.
나는 그녀가 무엇을 생각하고 있는지 느낌으로 알아내
려고 하고 있다.

2.7 feel toward

She is **feeling** friendly **toward** the young man.
그녀는 그 젊은 남자에게 호감을 느끼고 있다.

2.8 feel O up

He felt her up at the party.
그는 파티에서 그녀의 몸을 더듬었다.
[up은 그가 그녀에게 접근하는 관계를 나타낸다.]

2.9 feel up to O

I don't feel up to taking on the job.
나는 그 일을 떠맡을 정도로 기분이 좋지 않다.
[up은 몸이나 마음이 좋은 상태를 나타낸다.]

FENCE

1. 단동사
이 동사는 울타리를 치는 과정을 그린다.
명사: 울타리

타동사

His property is fenced with barbed wire. (passive)
그의 사유지에는 철조망으로 울타리가 쳐져 있다.

2. 구동사
2.1 fence O in

Father fenced in the vegetable garden.
아버지는 그 채소밭에 울타리를 쳐서 그 안에 들게 했다.
[in은 채소밭이 울타리 안에 들어오는 관계를 나타낸다.]
The army base is fenced in with barbed wire.
(passive)
그 군기지는 철조망으로 울타리가 쳐져 있다.
[in은 철조망이 기지를 둘러싸는 관계를 그린다. 참조: wall in]
The young mother feels she is fenced in at home.
(passive)
그 젊은 엄마는 집에 갇혀 있다고 느낀다.
[참조: cage in, coop in]

2.2 fence O off

The farmer fenced off the western part of his land.
그 농부는 그 땅의 서쪽 부분을 울타리로 갈랐다.
[off는 각 부분이 다른 부분에서 분리되는 관계를 나타낸다.]
The railway is fenced off. (passive)
그 철도는 울타리로 분리되어 있다.

2.3 fence O out

We fenced out deer.
우리는 울타리를 쳐서 사슴이 들어오지 못하게 했다.
[out은 사슴이 들어오는 것을 막는 관계를 나타낸다.]

FEND

1. 단동사

이 동사는 싸워서 방어하는 과정을 그린다.

2. 구동사
2.1 fend against O

We must fend against poverty.
우리는 빈곤과 맞서 싸워야한다.

2.2 fend for O

My son thinks that he can fend for himself by now.
내 아들은 이제 혼자 꾸려 나갈 수 있다고 생각한다.

2.3 fend O off

The fenders fend off dust and dirt.
펜더(흙받기)들은 먼지와 흙을 막아 낸다.
[off는 먼지나 흙이 차에 붙지 않는 관계를 나타낸다.]
The hunter fended off a bear.
그 사냥꾼은 그 곰이 접근하지 못하게 막았다.
[off는 곰이 사냥꾼에게서 떨어져 나가거나 떨어져 있는 관계를
나타낸다. 참조: fight off]
The candidate fended off any more question.
그 후보자는 더 이상의 질문을 받아들이지 않았다.

FERRET

1. 단동사
이 동사는 서랍이나 상자 안에 있는 물건을 뒤져서 무엇을
찾는 과정을 그린다.
명사: 흰담비

2. 구동사
2.1 ferret around

She opened the drawer and ferreted around for her
keys.
그녀는 그 서랍을 열고 열쇠를 찾아 이리저리 뒤졌다.

2.2 ferret O out

We ferreted out a mouse from behind the drawer.
우리는 쥐 한 마리를 그 서랍장 뒤에서 몰아냈다.
They succeeded in ferreting the plan out.
그들은 그 계획을 어렵게 찾아내는데 성공했다.

FERRY

1. 단동사
이 동사는 나룻배나 그 밖의 차량으로 물건이나 사람을 이
동하는 과정을 그린다.
명사: 나룻배

2. 구동사

2.1. ferry O across

The ferryman **ferried** us **across** the river.
그 나룻배 사공이 우리를 나룻배에 태워 그 강을 건너게 했다.

Our car was **ferried across** the lake to the island. (passive)
우리 차는 배에 실려 그 호수를 가로질러 그 섬에 운반되었다.

2.2. ferry O around

He spend few hours **ferrying** the children **around**.
그는 배에 그 아이들을 태워 이곳저곳 다니면서 시간을 보냈다.

2.3. ferry O to O

A small bus **ferried** the tourists from the hotel **to the** beach.
작은 버스 한 대가 관광객들을 태워 그 호텔에서 해안으로 데리고 갔다.

FESS

1. 단동사

이 동사는 가벼운 잘못을 고백하는 과정을 그린다.

2. 구동사

2.1 fess O up

The girl **fessed up** who ate the cookie.
그 소녀는 누가 그 쿠키를 먹었는지를 고백하였다.
[up은 마지못해 말하는 관계를 나타낸다. 참조: confess, own up]

FETCH

1. 단동사

이 동사는 물건이나 사람이 있는 곳에 가서 이들을 데리고 오는 과정을 그린다.

타동사

The inhabitants have to walk a mile to **fetch** water.
그 주민들은 물을 길어 오기 위해 1마일을 걸어가야 한다.

She's gone to **fetch** the kids from school.
그녀는 학교에 아이들을 데리러 갔다.

The painting is expected to **fetch** $10000 at auction.
그 그림은 경매에서 1만 달러를 거두어들일 것으로 예상된다.

Audrey Hapburn's Burberry coat **fetched** 9 million dollars.
오드리 헵번의 버버리 코트는 9만 달러에 낙찰되었다.

2. 구동사

2.1 fetch up

The baby **fetched up** all over the floor.
그 아기가 마루 전체에 토해 놓았다.
[up은 음식이 배에서 입으로 올라오는 관계를 나타낸다. 참조: throw up, vomit up, puke up]

We **fetched up** in Busan, and spent some time on the beach.
우리는 (이리저리 다니다) 결국 부산에 가게 되어 해변에서 시간을 좀 보냈다.
[참조: end up, finish up, wind up]

FIDDLE

1. 단동사

이 동사는 지루하거나 초조해서 손으로 물건을 만지작거리는 과정을 그린다.
명사: 조작; 고치거나 작동시키기 위한 손대기

타동사

She **fiddled** the books while working as an accountant.
그녀는 회계사로 일하는 동안 그 장부들을 조작했다.

2. 구동사

2.1 fiddle around

He **fiddled around** in the basement.
그는 그 지하실에서 자질구레한 일을 하면서 시간을 보냈다.

Today, he **fiddled around**, doing nothing.
오늘, 그는 빈둥거리면서 아무 일도 안했다.

He **fiddled around** for hours, fixing his motorcycle.
그는 자신의 전동자전거를 고치느라 이리저리 뜯으면서 몇시간 동안 만지작거렸다.

fiddle around with O

He **fiddled around with** his bike.
그는 자기 자전거를 이리저리 자질구레하게 뜯어 고쳤다.

2.2 fiddle O away

He **fiddled** the afternoon **away**.
그는 오후를 헛되게 보내버렸다.
[참조: while away]

2.3 fiddle with O

Don't **fiddle with** your brother. Leave him alone.
네 남동생에게 집적거리지 마라. 그를 혼자 내버려둬.

FIDGET

1. 단동사
이 동사는 지루하거나 초조해서 손이나 발을 계속 움직이는 과정을 그린다.
명사: 잠시도 가만히 못 있는 사람

자동사
Sit still and stop fidgeting!
가만히 앉아서, 그만 좀 꼬물거려라!

2. 구동사
2.1 fidget about
The man sat there, fidgeting about for a while.
그 남자는 거기에 앉아서 한 동안 불안하게 꼼지락거렸다.

2.2 fidget with O
Please don't fidget with your ball-point pen.
당신의 볼펜을 불안하게 만지작거리지 마세요.

FIGHT

1. 단동사
이 동사는 싸우거나 투쟁하는 과정을 그린다.

타동사
They gathered soldiers to fight the invading army.
그들은 그 침략군과 맞서 싸울 병사를 모집했다.
Workers are fighting the decision to close the factory.
노동자들이 그 공장 폐쇄 결정에 맞서 싸우고 있다.
He fought his wife for custody of the children.
그는 그 아이들 양육권을 두고 아내와 법정 다툼을 벌였다.

자동사
Doctors fear he may never fight again.
의사들은 그가 다시는 권투를 못하게 될지도 모른다고 우려한다.
My little brothers are always fighting.
내 남동생들은 매일 싸운다.

2. 구동사
2.1 fight about O
They are fighting about the house.
그들은 그 집에 대해서 싸우고 있다.
It is a trivial matter and not worth fighting about.
이건 사소한 문제이고 그것에 대해 다툴 가치도 없다.

2.2 fight against O
They are fighting against the *enemy*.
그들은 그 적에 대항해서 싸우고 있다.

odds	역경	racism	인종차별주의
anti-semitism	반유태주의	bigotry	편견

2.3 fight O away
The peck of wild dogs are fighting away predators.
그 들개 한 무리가 포식자를 싸워서 쫓아내고 있다.

2.3 fight back
He was attacked, and he fought back.
그는 공격을 받고, 되받아 쳤다.
Nature is fighting back for survival.
자연이 살아남기 위해서 반격하고 있다.

2.4 fight O down
He fought down an impulse of going on a shopping spree.
그는 흥청망청 쇼핑을 하러 나가고 싶은 충동을 애써 억눌렀다.
[down은 위로 올라오는 충동을 내리누르는 관계를 나타낸다. 참조: put down]

2.5 fight for O
The people are fighting for *democracy*.
그 사람들은 민주주의를 위해 싸우고 있다.

freedom	자유	independence	독립

She's fighting for a place in the national team.
그녀는 그 국가 대표 선수 자리를 두고 다투고 있다.
He's still fighting for compensation after the accident.
그는 그 사고 후 아직도 보상을 받기 위해 분투하고 있다.

2.6 fight O off
Vitamin C helps us to fight off *cold*.
비타민 C는 우리가 감기를 물리치는 데 도움을 준다.
[off는 감기가 우리에게 떨어져 있는 관계를 나타낸다. 참조: fend off, keep off]

fatigue	피로	infection	감염

He fought off a *bully*.
그는 싸워서 불량배를 물리쳤다.

alligator	악어	bull	황소

2.7 fight O out
The couple is fighting it out in court.
그 부부는 법정에서 결말이 날 때까지 싸우고 있다.
[out은 과정이 결말이 나는 관계를 나타낸다. 참조: battle out,

duke out, shoot out]

2.9 fight up against O
In the bible, David **fought up against** Goliath.
성경에서 다윗은 골리앗에 맞서 싸웠다.

FIGURE

1. 단동사
이 동사는 계산하는 과정을 나타낸다.
명사: 수, 숫자; 인물

타동사

Figure how much I owe you.
내가 너에게 얼마나 빚지고 있는지 계산하세요.
I **figure** it will rain.
나는 비가 올 것이라 헤아린다/ 생각한다. 즉, 믿는다.

자동사

Poor food **figures** in his ill health.
나쁜 음식이 그의 좋지 않은 건강의 중요한 원인이 된다.
Social issues **figured** prominently in the talk.
사회 쟁점들이 그 회담에 크게 부각되었다.

2. 구동사
2.1. figure in O
The man **figured in** the robbery.
그 남자는 그 강도짓에 연루되었다.

figure O in
Please **figure** ten more people **in** on the picnic.
10명의 사람을 그 소풍에 더 계산해 넣으세요.
[참조: count in]

2.2 figure O into O
I will **figure** the gas bill **into** the total.
나는 그 가스 요금을 합산에 계산해 넣을 것이다.

2.3 figure on O
I **figured on** spending $200 for a ticket to Beijing.
나는 북경행 표를 구하는데 200불 정도 계산했다.
[on은 계산이(figure) 200달러와 관계가 있음을 나타낸다.]
My mother **figures on** about 20 people coming to her birthday party.
나의 어머니는 그녀 생일에 오는 손님들을 20명 정도로 계산을 하고 준비를 한다.

2.4 figure O out
I **figured out** why he was so angry.
나는 그가 왜 그렇게 화가 났는지 헤아려 냈다.

[out은 모르는 것을 알게 되는 관계를 나타낸다. 참조: find out]
I've been working with him for 5 years, but I still can't **figure** him **out**.
나는 5년을 그와 같이 일해오고 있으나, 나는 아직도 그의 속을 알아낼 수가 없다.
[him은 환유적으로 그의 속이나 마음 등을 가리킨다. out은 모르는 상태에서 아는 상태로의 변화를 나타낸다.]
I can't **figure out** what he is trying to do.
나는 그가 무엇을 하려고 하는지 알아낼 수가 없다.
I'm trying to **figure out** the coded message.
나는 암호화된 그 메시지를 알아내려고 하고 있다.

2.5 figure O up
I will **figure up** the bill right away.
나는 그 청구서 요금의 총계를 곧 내겠다.
[up은 작은 수를 모아 큰 수가 되는 관계를 나타낸다. 참조: add up, count up, sum up]

FILE [1]

1. 단동사
이 동사는 앞뒤로 줄을 서는 관계를 나타낸다.
명사: 앞뒤로 늘어선 줄

2. 구동사
2.1 file in
When they arrived at the stadium, the fans **filed in** slowly.
그들이 경기장에 도착했을 때, 그 팬들은 천천히 줄지어 들어갔다.

2.2 file into O
The people **filed into** the convention hall quietly.
그 사람들은 그 컨벤션홀에 조용히 줄지어 들어갔다.

2.3 file out
The people **filed** quietly **out** of the theater.
그 사람들은 조용히 그 극장 밖으로 줄지어 나왔다.

FILE [2]

1. 단동사
이 동사는 표면이 거친 파일을 써서 표면을 매끄럽거나 평평하게 하는 과정을 그린다.
명사: 쇠붙이, 손톱 가는 줄; 다듬기; 손톱 다듬기

2. 구동사
2.1 file O down

File this edge **down** so no one gets cut on it.
이 모서리를 줄로 평평하게 하세요. 아무도 거기에 걸려서 다치지 않게.
[down은 볼록한 곳이 없어지게 평평하게 되는 관계를 나타낸다.]

FILE 3

1. 단동사
이 동사는 공식적으로 서류를 제출하는 과정을 그린다.
명사: 서류철, 철해 둔 문서, 서류 보관 케이스. 자료철, 서류, 기록, (컴퓨터) 파일

2. 구동사
2.1 file O away
She **filed** the letter **away** for future reference.
그녀는 나중에 참고하려고 편지를 철해서 치워 두었다.
[참조: put away]

2.2 file for O
The company **filed for** bankruptcy.
그 회사는 파산 선고를 위한 서류를 제출했다.
She **filed for** *divorce*.
그녀는 이혼신청을 했다.

tax refund 세금환급	unemployment benefit 실업수당

FILL

1. 단동사
이 동사는 그릇이 액체 등으로 차거나 그릇을 액체 등으로 채우는 과정을 그린다.

> 타동사

He **filled** the bucket with water.
그는 그 양동이를 물로 채웠다.
He **filled** the water into the bucket.
그는 그 물을 그 양동이에 채워 넣었다.
The pharmacist **filled** my prescription.
그 약사는 내 처방전의 약을 채워주었다. 즉, 조제했다.
He **filled** the holes.
그는 그 구멍들을 채웠다.

2. 구동사
2.1 fill O in
We have to **fill in** all the *cracks* before we can paint the wall.
우리는 그 벽을 페인트칠하기 전에 모든 갈라진 틈들을 다 메워야 한다.

gaps 틈새	blanks 빈칸
holes 구멍	cavities 움푹 들어간 곳

He drew a picture of a flower and used crayons to **fill** it **in**.
그는 꽃 하나를 연필로 그리고, 그것을 색채로 메우기 위해 크레용을 썼다.
In order to open an account, you need to **fill in** the application.
계좌를 열기 위해서는 그 신청서에 (필요한 사항을) 채워 넣어야 할 필요가 있다.
[in은 빈칸을 채우는 관계를 나타낸다.]
Fill in your lunch boxes for yourselves.
스스로 점심통에 음식을 채우세요.

fill O in about O
He **filled** me **in about** the project.
그는 그 기획사업에 대한 정보를 나에게 주었다.

fill O in on O
The news channel **fills** us **in on** the political situation in China.
그 뉴스 방송은 중국 내의 정치 상황에 대해 우리를 채워준다. 즉, 우리에게 모든 정보를 제공해 준다.

fill O in with O
He **filled** me **in with** all the details.
그는 나에게 그 모든 세부사항을 제공해주었다.

fill in
We have some time to **fill in** before the concert.
우리는 그 음악회가 시작하기 전에 (무엇으로) 채워야 할 시간이 있다. 즉 여유가 있다.
Can you **fill in** when I am on vacation?
내가 휴가 중일 때 (내 자리를) 채워줄 수 있습니까? 즉 내 대신 일을 해주시겠습니까?
[참조: sit in, stand in]

fill in for O
I just can't find anyone who can **fill in for** me on Friday.
나는 금요일에 내 대신 (내 자리를) 메꾸어 줄 사람을 아무도 찾을 수 없다.
[in은 자리를 뜻한다.]

2.2 fill O out
Fill out the fields in the application.
그 지원서에 있는 모든 빈칸을 채우십시오.
If you want to join our circle, you need to **fill out** the

application.

네가 우리 동아리에 가입하고 싶으면, 그 입회원서에 있는 빈칸을 모두 채워 넣어야 한다.

[application은 환유적으로 지원서에 있는 빈 칸을 가리키고, out은 원서에 있는 빈칸을 모두 채우는 관계를 나타낸다.]

The doctor asked me to fill out a questionnaire on my medical history.

그 의사는 나에게 나의 병력에 관한 질문지의 빈칸들을 모두 채워 넣으라고 했다.

He filled out the form with his personal information.

그는 그 양식을 개인정보로 채웠다.

The president is filling out his personal legal team.

그 대통령은 자신의 개인 법률팀의 빈자리를 완전히 채우고 있다.

The reporter filled out his article with trivial anecdotes.

그 기자는 자신의 기사를 별로 중요하지 않은 일화로 부풀렸다.

[out은 기사를 부풀리는 관계를 나타낸다.]

She doesn't really fill out that dress.

그녀는 그 옷을 꽉 채우지 않는다. 즉, 옷이 그녀에게 헐렁하다.

fill out

By the age of 12, Helen already started to fill out.

12세 때 헬렌은 벌써 포동포동하게 되었다.

[out은 몸이 전체적으로 불어나는 상태를 나타낸다.]

She used to be a small skinny girl, but she filled out last two years.

그녀는 작고 빼빼 마른 소녀였으나 지난 2년 동안 통통해졌다.

2.3 fill up

I stopped at a gas station to fill up.

나는 (자동차에 기름을) 가득 채우기 위해 주유소에 정차했다.

[up은 가스 / 기름 탱크를 가득 채우는 관계를 나타낸다.]

The concert was due to begin in 20 minutes, and the concert hall is beginning to fill up.

그 음악회가 20분 이내에 시작하기로 되어 있는데, 음악회 좌석이 벌써 꽉 차기 시작하고 있었다.

The bucket filled up quickly.

그 양동이는 빠르게 찼다.

The reservoir filled up.

그 저수지가 꽉 찼다.

fill up on O

If you are really hungry, fill up on rice and potatoes.

네가 정말 배고프면 밥과 감자를 먹고 배를 채워라.

fill up with O

His eyes filled up with tears.

그의 눈은 눈물로 가득 찼다.

The woods are filling up with snow.

그 숲이 눈으로 차오르고 있다.

fill O up

He filled up my cup.

그는 내 잔을 가득 채웠다.

[up은 잔이 가득하게 되는 상태를 그린다.]

Do you want me to fill up your car?

당신은 당신의 차의 (탱크를) 가득 채우기를 원하십니까?

[위에서 your car는 환유적으로 자동차에 달린 기름 탱크를 가리킨다.]

The cookies filled up their stomach.

그 과자들이 그들의 배를 채웠다.

The audience filled up the hall.

그 청중이 그 강당을 가득 채웠다.

Smoke filled up the house.

연기가 그 집을 가득 채웠다.

fill O up with O

We quickly filled up two baskets with strawberries.

우리는 재빨리 두 바구니를 딸기로 가득 채웠다.

My boss expects me to fill up every minute of the day with work.

나의 사장은 하루의 매 분을 일로 가득 채우라고 한다.

[위에서 시간은 그릇으로 은유화 되어있다.]

Mom filled me up with rice.

엄마는 내 배를 밥으로 채워주었다.

FILTER

1. 단동사

이동사는 액체나 가스 등을 여과 장치로 거르는 과정을 그린다.

명사: 필터, 여과 장치

2. 구동사

2.1 filter down

The information slowly filtered down from management to the part-time workers.

그 정보가 경영진에서부터 시간제 노동자들에게까지 천천히 퍼져 내려갔다.

2.2 filter in

More traffic **filtered in** from south of Seoul.
더 많은 차들이 서울의 남쪽에서 흘러들어왔다.

2.3 filter into O

The smoke **filtered into** his room, which woke him up.
그 연기가 그의 방으로 흘러들어왔고, 그것이 그를 깨
웠다.

2.4 filter O out

We **filtered** the odor **out** of the water.
우리는 그 악취를 그 물에서 걸러냈다.

The lenses are made of special glass which **filters out**
the harmful sunlight.
그 렌즈는 유해한 햇빛을 여과해 내는 특별한 유리로
만들어져 있다.
[out은 안으로 들어오는 햇빛을 막아내는 관계를 그린다.]

You have to wear special masks to **filter out** the
fine-dust.
여러분은 그 미세먼지를 걸러내기 위해서 특수 마스크
를 써야 합니다.

This app **filters out** spam mails.
이 앱은 스팸 메일을 걸러냅니다.

2.5 filter through O

The sunlight **filtered through** the thin curtains.
햇볕이 그 얇은 커튼들을 통해 흘러 들어왔다.

The water **filtered through** the coffee grounds and
dripped into the pot.
그 물이 커피 가루 속을 지나 그 커피포트 안으로 떨어
져 들어갔다.

filter O through O

Plastic particles can be **filtered through** the water
treatment system. (passive)
플라스틱 입자들은 그 정수처리장치를 통해 여과될 수
있다.

filter through

Reports of the open execution of the former president
filtered through.
그 전직 대통령의 공개 처형의 보고가 새어 들어오고
있다.
[through는 처형장에서 대중으로 흘러나오는 관계를 나타낸다.]

FIND

1. 단동사
이 동사는 무엇을 찾는 과정을 그린다.

타동사

The police **found** the stolen car near a deserted house.
그 경찰은 그 도난당한 차를 사람이 살지 않는 어느 집
근처에서 발견했다.

We **found** the answer.
우리는 그 답을 찾았다.

We **find** azaleas in summer.
우리는 여름에 진달래를 발견한다.

I **found** that I was wrong.
나는 내가 잘못했음을 알았다.

They **found** TV boring.
그들은 TV가 지루함을 알았다.

The jury **found** them guilty.
그 배심원들은 그들이 유죄임을 알게 되었다.

The arrow **found** its mark.
그 화살은 그의 표적을 찾았다.

2. 구동사

2.1 find against O

The court **found against** him, and he spent the rest
of his life in prison.
그 법정은 그 남자에게 불리한 판결을 내려서 그는 나머
지 인생을 감옥에서 보냈다.

2.2 find O around O

Can you **find** your way **around** here?
당신은 이 주변 길을 찾아 여기저기 다닐 수 있습니까?

2.3 find for O

The judge **found for** the man, and he was released
immediately.
그 판사는 그 남자에게 유리한 판결을 내려서 그는 곧
석방되었다.

2.4 find O out

I phoned the professor to **find out** the result of my
English test.
나는 내 영어시험의 결과를 알아내기 위해서 그 교수님
께 전화를 했다.
[out은 모르는 상태에서 아는 상태로의 변화를 나타낸다.]

Dad got really mad when he **found out** that I'd been
out all night.
아버지는 내가 어제 밤 내내 나가 있었다는 것을 알고
몹시 화가 났다.

Find out if there's anyone who speaks Korean here.
여기 한국말을 하는 사람이 있는지 알아내어라.

Our teacher encourages kids to **find** things **out** for
themselves.

우리 선생님은 아이들이 스스로 사물에 대한 것을 알아
낼 것을 권장하신다.

Brenda is sure that she can **find out** her husband if he
lies to her.

브렌다는 남편이 그녀에게 거짓말을 하면 그의 거짓을
찾아낼 수 있을 거라 자신한다.

[him은 환유적으로 그의 남편의 거짓을 가리킨다.]

2.5 find O out about O

What did you **find out about** the labor union leader?

당신은 그 노동조합대표에 대해 무엇을 알아내었습니까?

FINE ¹

1. 단동사

이 동사는 벌금을 부과하는 과정을 그린다.

2. 구동사

2.1 fine O for O

She was **fined for** speeding. (passive)

그녀는 과속으로 벌금을 부과 받았다.

He was **fined** 50 dollars **for** illegal parking. (passive)

그는 불법주차로 50달러를 벌금으로 물었다.

FINE ²

1. 단동사

이 동사는 좀 더 가늘고 더 작게 해서 정확하게 만드는 과
정을 그린다.

형용사: 아주 가는, 미세한

2. 구동사

2.1 fine O down

The whole legal system is **fined down**. (passive)

그 법체계가 불필요한 부분을 없애고 효과적으로 간편
하게 되어있다.

[down은 불필요한 부분이 없어지고 간소화되는 관계를 나타
낸다.]

The divorce process was **fined down** so that divorce
cases can be dealt with more quickly. (passive)

이혼 소송이 좀 더 빨리 처리될 수 있도록 이혼 절차가
간소화 되었다.

FINISH

1. 단동사

이 동사는 일이 끝나거나 일을 끝내는 과정을 그린다.

타동사

Did you **finish** your beer?

너 맥주 다 마셨습니까?

He sanded the old table and **finished** it.

그는 그 낡은 식탁을 사포로 문지르고 광택을 냈다.

He **finished** the room by painting the wall white.

그는 그 벽을 흰 칠을 하여 그 방을 마지막 손질을 했다.

The long hard work **finished** him.

그 길고 힘든 일이 그의 기력을 다 앗아갔다.

2. 구동사

2.1 finish O off

Don't disturb your sister. She is **finishing off** her
homework.

너의 누나를 건드리지 마라. 그녀는 지금 숙제 마지막
부분을 해치우고 있다.

[off는 여러 단계로 된 일의 마지막 부분이 끝나는 관계를 나타낸
다.]

We were **finishing off** our dinner when the phone rang.

우리는 저녁을 거의 끝내고 있는데 그때 전화벨이 울렸다.

Please **finish off** this toothpaste before opening a new
one.

새 치약을 쓰기 전에 이 치약을 마지막 부분까지 다 쓰
시오.

The hard job **finished** her **off** for the day.

그 힘든 일이 그날 그녀를 (남아있는 조그만 힘을 다)
쓰게 해서 지치게 했다.

We **finished off** the meeting by singing the national
anthem.

우리는 애국가를 부름으로써 그 모임을 (마지막 부분
을) 끝냈다.

Maple trees are useful for **finishing off** the edge of the
path.

단풍나무들은 그 길의 가장자리를 끝내는데 유용하다.

Two of the road-kills were still alive, but the animal
doctor decided to **finish** them **off** with the shot.

차에 치인 동물 중 두 마리가 아직 살아 있었으나, 그
수의사가 그들을 완전히 죽이기로 결심했다.

We could **finish** the team **off** quite easily.

우리는 그 팀을 쉽게 끝장낼 수 있었다.

finish off with O

The announcer **finished off with** a round-up of the
news.

그 아나운서는 뉴스의 요약으로 (방송 마지막 시간을)
끝냈다.

2.2 finish up

We took a long holiday in Korea, and **finished up** in

Pohang.

우리는 한국에서 긴 휴가를 보냈고, (여기저기를 다니다가) 결국 포항에서 끝냈다.

[up은 여러 곳을 다니다가 어떤 장소에서 끝내는 관계를 나타낸다. 참조: end up, wind up]]

We finished up in a Korean bar.

우리는 (여기 저기 다니다가) 한국 술집에서 끝냈다.

The road follows the river, finishing up at Yangpyung.

그 길은 그 강을 따라가서 마침내 양평에서 끝난다.

He came from a poor family, but finished up as a professor.

그는 가난한 집안 출신이지만, (이런 일 저런 일을 하다) 결국 교수가 되었다.

finish up with O

If you go out in this cold weather, you will finish up with pneumonia.

네가 이 추운 날씨에 밖에 나가면, (예상에도 없는) 폐렴을 갖게 될 것이다.

He started writing a short story and finished up with a novel.

그는 단편소설을 쓰기 시작했으나, 결국 소설을 쓰고 말았다.

We finished up with the ice cream.

우리는 아이스크림으로 (여러 단계의) 식사를 끝냈다.

The festival finished up with the firework.

그 축제는 (여러 과정을 거친 다음) 마지막으로 불꽃놀이로 끝났다.

finish O up

Mike, finish up your milk.

마이크, 너의 우유를 끝까지 다 마셔라.

[up은 우유를 끝까지 다 마시는 관계를 나타낸다. 참조: drink up]

I finished my term paper up by Saturday.

나는 학기 보고서를 토요일까지 완전히 끝냈다.

finish O up with O

Chanho finished up his season with the Rangers.

찬호는 그의 시즌을 Rangers와의 경기로 끝냈다.

2.3 finish with O

Have you finished with the magazine?

당신은 그 잡지를 다 보셨나요?

[with는 you와 잡지가 이별 관계가 있음을 말하고, finish는 그 관계가 끝남을 그린다.]

Don't go! I've not finished with you.

가지 마! 나는 너와의 이야기가 끝나지 않았다.

He finished with the woman.

그는 그 여자와의 관계를 끝냈다.

[참조: break with]

finish O with O

I usually give away my old clothes when I am finished with them. (passive)

나는 내 헌 옷을 다 입고 나면 그들을 주어버린다.

FINK

1. 단동사

이 동사는 고자질하거나 배신하는 과정을 그린다.

명사: 기분 나쁜 놈, 보기 싫은 놈

2. 구동사

2.1 fink on O

My coworker finked on me for playing with my smartphone at work.

내 직장 동료가 내가 일하는 중에 스마트폰을 만지작거리는 것을 나를 고자질 했다.

[on은 목적어가 영향을 받는 관계를 나타낸다. 참조: tell on, inform on]

2.2 fink out on O

He finked out on me at the last moment.

그는 마지막 순간에 나에 대한 약속을 어겼다.

[out은 약속 등을 지키지 않는 관계를 나타낸다.]

FIRE ¹

1. 단동사

이 동사는 실탄 사격을 하는 과정을 그린다.

타동사

He fired rubber bullets.

그는 고무탄을 쐈다.

Reporters fired questions at the mayor.

기자들이 그 시장에게 질문을 퍼부었다.

2. 구동사

2.1 fire around

He fired around in the bar.

그는 술집에서 총을 이리저리 마구 쐈다.

2.2 fire at O

The soldiers fired at the enemy.

그 군인들이 그 적을 조준해서 쏘았다.

2.3 fire away

They are **firing away** at the enemy.
그들은 적에게 사격을 계속하고 있다.
[away는 실탄이 계속적으로 나가는 관계를 나타낸다. 전치사 at은 공격의 의미를 갖는다.]

A: Do you mind if I ask something?
B: **Fire away.**
A: 내가 무엇을 물어봐도 될까요?
B: 다 물어보세요.

2.4 fire back

The Palestine sent rocket into Israel, and Israel **fired back**.
팔레스타인이 이스라엘에 로켓탄을 보냈고, 이스라엘이 되받아쳤다.

fire back at O

The Korean government **fired back at** the Japanese prime minister's claim.
한국 정부는 일본 수상의 주장을 되받아쳤다.
[전치사 at은 조준의 의미를 갖는다.]

2.5 fire O from

Rockets are **fired from** Israel into Gaza. (passive)
로켓이 이스라엘에서 가자로 발사되었다.

2.6 fire into O

He **fired into** the *air*.
그는 공중에다 총을 쐈다.

area	지역	crowd	군중

fire O into O

North Korea **fired** missiles **into** the East Sea of Korea.
북한이 유도탄을 동해에 쏘았다.

2.7 fire O off

The gunman **fired off** a few shots into the air.
그 총잡이는 몇 발을 연속적으로 그 실탄을 다 쏘았다.
[off는 실탄이 총에서 나가는 관계를 나타낸다.]

The president **fired off** tweets.
대통령은 트위터를 재빨리 보냈다.

Traditionally, the Mexicans **fire off** guns to welcome in the New Year.
전통적으로 멕시코 사람들은 새해를 맞아들이기 위해서 총을 쏜다.
[gun은 환유적으로 실탄을 가리킨다]

He **fired off** another e-mail to the politician.

그는 재빨리 이메일을 그 정치가에게 날려 보냈다.

The UN **fired off** a strongly worded protest calling for international sanction.
UN은 국제 제재를 요청하면서 강한 어조의 항의를 내보냈다.

2.8 fire on O

The terrorist **fired on** *a policeman*.
그 테러분자는 경찰을 향해 총을 쐈다.

pedestrians	행인들	crowd	군중

FIRE 2

1. 단동사
이 동사는 자동차 등을 점화시켜 작동시키는 과정을 그린다.

2. 구동사
2.1 fire O up

Hundreds of people are **firing up** Korean barbecue on the beach park.
수백 명의 한국 사람들이 그 해변 공원에서 고기를 굽고 있다.

He **fired up** his 60 horse-power engine and lifted off from the runway.
그는 60마력 엔진에 시동을 걸고, 활주로를 떠났다.
[up은 엔진이 작동상태에 있음을 나타낸다.]

She always gets **fired up** about small things. (passive)
그녀는 작은 일에도 격분한다.
[up은 마음이 격해진 상태를 나타낸다. 화는 불로 은유화된다.]

The scientist has interesting stories that **fire up** our imagination.
그 과학자는 우리의 상상력을 일으키게 하는 재미있는 얘기를 가지고 있다.
[up은 상상력이 생기는 관계를 나타낸다.]

His speech **fired up** *Conservatives*.
그의 연설은 보수당원들을 자극시켰다.

Democrats	민주당원들	supporters	지지자들
crowd	군중	environmentalists	환경주의자들

FIRE 3

1. 단동사
이 동사는 어떤 사람을 자리에서 해고하는 과정을 그린다.

2. 구동사
2.1 fire O from O

He was **fired from** his post by the president. (passive)

그는 대통령에 의해 그 자리에서 해고되었다.

FIRM

1. 단동사
이 동사는 단단하거나 확고하게 하는 과정을 그린다.
형용사: 확고한, 확실한, 딱딱한, 단단한

2. 구동사
2.1 firm O up

These exercises are designed to firm up your stomach muscles.
이 운동들은 여러분의 배 근육들을 튼튼하게 하기 위해 고안된 것입니다.
[up은 튼튼해지거나 더 튼튼해지는 관계를 그린다.]

At the meeting, we firmed up the date of the next meeting.
그 회의에서 우리는 다음 회의의 날짜를 확실하게 했다.

The parties are trying to firm up support before the election.
그 정당들은 그 선거 전에 지지를 확고하게 하려고 노력하고 있다.

The Korean Army has been trying to firm up defences along the 38th parallel line.
대한민국 육군은 38선을 따라 방어를 굳건히 하려고 노력해오고 있다.

We've firmed up the details.
우리는 그 세부 사항들을 확실히 했다.

FISH 1

1. 단동사
이 동사는 물고기를 잡는 과정을 그린다.
명사: 물고기, 생선

2. 구동사
2.1 fish O out

When I was drowning, dad jumped in and fished me out.
내가 물에 빠지고 있었을 때, 아빠가 (물에) 뛰어들어 나를 건져주었다.
[out은 물속에서 나오는 관계를 그린다.]

Police fished his body out of the river a few days later.
경찰이 며칠 후에 그 시체를 그 강에서 건져내었다.

He put his hand in his pocket and fished out a few coins.
그는 그의 손을 호주머니에 집어넣어서 동전 몇 개를 꺼내었다.

2.2 fish O up

He fished up a huge pickle.
그는 큰 피클 하나를 끄집어 올렸다.

FISH 2

1. 단동사
이 동사는 호주머니나 서랍 등에서 무엇을 찾는 과정을 그린다.

2. 구동사
2.1 fish around

She was fishing around in her pocket for a 500 won coin.
그녀는 500원 짜리 동전을 찾기 위해서 호주머니를 이리저리 뒤졌다.

2.2 fish for O

I fished for my blue socks in the top drawer of the dresser.
나는 그 옷장의 꼭대기 서랍에서 내 파란 양말을 이리저리 찾았다.

It is election time again, and politicians are touring the country, fishing for support.
선거철이 다시 돌아와서, 정치가들이 지지를 낚으려고 (구하려고) 전국을 순회하고 있다.
[참조: angle for]

I'm not fishing for compliments, but do you think this hat suits me?
나는 칭찬을 구하려는 것이 아닌데, 이 모자가 내게 맞다고 생각합니까?

FIT

1. 단동사
이 동사는 크기나 모양 등이 맞거나 맞게 하는 과정을 그린다.
자동사

The shoes fit well.
이 신발은 내 발에 잘 맞는다.

I tried the dress on but it didn't fit.
나는 그 드레스를 입어 보았지만 맞지가 않았다.

I'd like to have a desk in the room but it won't fit.
나는 이 방에 책상을 하나 들여놓고 싶은데 들어 맞지가 않는다.
타동사

The coat fits you well.
그 저고리는 너에게 잘 맞는다.

The system **fits** our need.
그 제도는 우리의 필요와 일치한다.
He had a new suit **fitted**. (passive)
그는 새 양복을 맞추었다.
Let the punishment **fit** the crime.
벌이 죄에 맞게 합시다.
The facts certainly **fit** your theory.
그 사실들은 당신의 이론에 정말 잘 들어맞아요.
The painting job really **fits** the bill in brightening the house.
그 페인트 일은 우리 집을 밝게 하는데 돈 값을 한다.

2. 구동사

2.1 fit O around O

He tries to **fit** his work **around** his life.
그는 그 일을 그의 삶에 맞게 조정하려고 한다.

2.2. fit O for O

They **fitted** the ship **for** a long voyage.
그들은 그 배를 긴 항해를 위해 필요한 것을 갖추게 했다.

2.3. fit in

We moved to this part of Seoul, and we found it easy to **fit in**.
우리는 서울의 이 지역에 이사해서 (그 지역 사회에) 적응하기가 쉬움을 알았다.
In a family like yours, everyone has to **fit in**.
너의 가족과 같은 가족 속에서 모든 사람은 (그 속에서) 잘 지내야 한다.
We can be home around five o'clock, and be in time for the TV series. It'll all **fit in** quite well.
우리는 5시 경에 집에 도착해서 TV 연속극을 볼 수 있을 것이다. 모든 게 잘 들어맞을 것이다.
Your proposal sounds like a good idea. But how do I **fit in**?
너의 제안은 좋은 생각인 것 같다. 그러나 (그 제안 속에) 어떻게 나는 들어맞는가?
The furniture **fits in**.
그 가구들이 잘 들어맞았다.
Tom **fit in** at college.
톰은 대학에 잘 적응했다.

fit in with O

The table **fits in** well **with** the kitchen.
그 식탁은 그 부엌과 잘 들어맞는다.
I'll try to **fit in with** your schedule.
내가 너의 계획에 들어맞게 하겠다.

She works as a nurse in a hospital, and this **fits in** well **with** running a home and raising children.
그녀는 병원에서 간호사로 일하는데 그 일은 살림을 하고 아이를 기르는 일에 들어맞는다.
The dates you mentioned **fit in** well **with** my plan.
네가 언급한 그 날짜들은 내 계획과 잘 들어맞는다.
The thick glasses don't **fit in with** her face.
그 두꺼운 안경은 그녀의 얼굴과 잘 들어맞지 않는다.
Her version of the accident did not **fit in with** the facts.
그 사고에 대한 그녀의 기술은 그 사실과 들어맞지 않는다.
The office building **fits in with** the surrounding.
그 사무실 건물은 주위 환경과 잘 들어맞는다.
[참조: blend in with]
He **fit in with** all the members of the staff.
그는 그 참모의 모든 구성원들과 잘 지낸다.
He organizes his office to **fit in with** the needs of his work.
그는 그의 사무실을 그의 일의 필요에 적합하게 조직했다.
His story **fits in with** the situation.
그의 이야기는 그 상황과 부합한다.

fit O in

My doctor **fits** me **in** at 10 in the morning.
내 의사가 나를 오전 10시에 (그의 진찰 일정 속에) 끼워 넣어주었다.
[참조: squeeze in]
While we were in Seoul, we were able to **fit in** a trip to Panmunjeom.
우리가 서울에 있는 동안 우리는 판문점 여행을 (일정에) 끼워 넣을 수 있었다.
[참조: squeeze in]
He seems to **fit in** an enormous amount of work every week.
그는 매주 엄청나게 많은 일을 끼워 넣는 것 같다.

fit O in O

He **fitted** a key **in** the lock.
그는 열쇠를 그 자물쇠에 넣었다.

2.4. fit into O

I cannot **fit into** my old clothes.
나는 그 옛 옷에 잘 들어맞지 않는다.
[참조: change into]
The new neighbor doesn't seem to **fit into** our small community.
그 새 이웃은 우리의 작은 지역 사회에 잘 어울리지 못하는 것 같다.

She easily **fitted into** a military officer's life.
그녀는 쉽게 군 장교 생활에 적응해 들어갔다.

The newly discovered plant does not **fit into** any of the usual species.
그 새로 발견된 식물은 일반적인 종의 어느 것에도 잘 들어가지(속하지) 않는 것 같이 보인다.
[참조: fall into]

John does not **fit into** any social types.
존은 어떤 사회적 유형에도 잘 들어맞지 않는다.

He made a great effort to **fit into** Korean society.
그는 한국 사회에 끼어들어 적응하기 위해서 많은 노력을 했다.

fit O into O

I **fitted** my car **into** a small space.
나는 내 차를 작은 공간에 잘 집어넣었다.

2.5 fit O to O

They **fitted** a smoke alarm **to** the ceiling.
그들은 그 천장에 연기 감지기를 설치했다.

2.6 fit O onto O

North Korea succeeded in **fitting** a warhead **onto** the missile.
북한은 탄두를 유도탄에 장착하는 데 성공했다

2.7 fit O out

We have been busy **fitting out** our new office.
우리는 우리 새 사무실을 가구, 시설 등으로 채우는 데 좀 바쁘게 지내고 있다.
[out은 어떤 개체의 속을 채우는 과정과 결과를 나타낸다.]

The expensive apartment is **fitted out** in a luxurious style. (passive)
그 비싼 아파트는 호화스러운 양식으로 내부가 장식되어 있다.

fit O out with O

We **fitted** the boy **out with** fine clothes.
우리는 그 아이를 좋은 옷으로 잘 차려 입혔다.
[참조: deck out]

As soon as we arrived at the training center we were **fitted out with** uniforms.
우리가 그 훈련소에 도착하자마자 우리는 군복이 입혀졌다.

The room was **fitted out with** the tables, chairs, and bookshelves.
그 방은 탁자, 의자, 책꽂이들로 잘 갖춰져 있다.

2.8 fit O to O

He **fitted** words **to** a song.
그는 가사를 노래에 맞춰 만들었다.

He **fitted** the cover **to** the container.
그는 그 뚜껑을 용기에 맞췄다.

2.9 fit O together

The child **fit together** a puzzle.
그 아이는 퍼즐 하나를 짜맞추었다.

2.10 fit O up

I spent the weekend **fitting up** my new house.
나는 주말을 새 집의 부족한 점을 채우면서 보냈다.
[up은 부족한 상태에서 완전한 상태로의 변화를 그린다. 참조: fix up]

The police **fitted** me **up** for burglary.
경찰은 나를 강도죄로 얽어매려고 했다.
[up은 없는 것을 있는 것으로 만드는 상태변화를 나타낸다. 참조: set up]

The city government is trying to **fit up** pollution control devices.
그 시 정부는 오염 방지 장치들을 설치하려고 하고 있다.
[참조: set up]

fit O up with O

We **fitted** him **up with** fins, snorkels, and goggle for scuba diving.
우리는 그에게 스쿠버 다이빙에 필요한 오리발, 스노클, 그리고 고글을 갖추어 주었다.

The doctor will **fit** you **up with** a heart monitor.
그 의사가 당신을 심장 감시 장치를 갖추게 할 것입니다.

The coach **fitted** the boy **up with** a pair of boxing gloves.
그 코치는 그 소년에게 권투장갑 한 쌍을 마련해 주었다.

fit O up for O

They **fit** him **up for** the crime.
그들은 그에게 그 죄를 덮어 씌웠다.
[참조: set up]

2.11 fit with O

Statistics show that women live longer than men, and this **fits with** our expectation.
통계는 여자가 남자보다 더 오래 산다는 것을 보여주고 있는데, 이것은 우리의 예상과 부합한다.

The type of education **fits with** the aim of the school.
그 유형의 교육은 그 학교의 목표와 부합된다.

fit O with O

The new model of bike is **fitted with** fat tires. (passive)
그 새 자전거 모형은 두터운 타이어가 장착되어 있다.

1. 단동사
이 동사는 고치고, 만들고, 고정시키고, 조작하는 과정을 그린다.

타동사

She **fixed** her hair.
그녀는 그녀의 머리를 다듬었다.

He **fixed** the broken chair.
그는 그 부서진 의자를 고쳤다.

She **fixed** lunch.
그녀는 재빨리 점심을 지었다.

We **fixed** the date of the wedding.
우리는 그 결혼 날짜를 정했다.

The opposition party **fixed** the election.
그 반대당은 그 선거를 조작했다.

자동사

The flag-pole **fixed** in cement.
그 깃대가 시멘트에 고정되었다.

The idea **fixed** in my mind.
그 생각이 내 마음에 고정되었다.

2. 구동사
2.1 fix on O

We've finally **fixed on** the 23rd of October for our picnic.
우리는 우리 야유회를 위하여 10월 23일을 정했다.
[on은 우리의 마음이 10월 23일에 가 닿는 관계를 그린다. 참조: decide on, settle on]

We talked about the cars and **fixed on** a Korean car.
우리는 차들에 대해 많은 얘기를 한 다음 한국 차를 결정했다.

fix O on O

Please **fix** the notice **on** the door.
그 공지사항을 그 문에 고정시키세요.

He **fixed** his eyes **on** the target.
그는 그의 눈을 그 표적에 고정시켰다.

2.2 fix O up

He bought an old house in the countryside and **fixed** it **up**.
그는 시골에 낡은 집 한 채를 사서 그것을 보수했다.
[up은 좀 더 나은 상태로의 변화를 나타낸다.]

The man is **fixing up** a room for the new baby.
그 남자는 새 아기를 위해 방 하나를 보수하고 있다.

We **fixed up** chairs by using empty boxes.
우리는 빈 상자들을 이용해서 임시 의자들을 만들었다.
[up은 주어진 재료를 써서 무엇이 만들어지는 관계를 나타낸다.]

I've just **fixed up** lunch.
나는 점심을 급하게 마련해 놓았다.
[참조: whip up]

If you need anything, just let me know. I will **fix** you **up**.
네가 무엇이든 필요한 것이 있으면, 내게 알려다오. 내가 너의 부족한 것을 채워주겠다.
[up은 모자라는 것을 채우는 상태를 나타낸다.]

She **fixed** herself **up** for the evening party.
그녀는 그 저녁 파티에 가려고, 자신을 치장했다.
[up은 좀 더 나은 상태로의 변화를 나타낸다. 참조: make up]

Can we **fix up** the time we can go out together?
같이 나갈 수 있는 시간을 약속해서 만들 수 있니?

fix O up with O

I've been trying to **fix** my sister **up with** a reliable young man for years.
나는 몇 년 동안 내 누이를 믿음직한 젊은이와 짝지어 주려고 노력해오고 있다.
[up은 두 사람이 가까워지는 관계를 나타낸다. 참조: set up with, join up with]

When he came out of jail, I **fixed** him **up with** a job in a convenience store.
그가 감옥에서 나왔을 때, 나는 그에게 편의점에서의 일자리를 구해주었다.

The figure skater **fixed up** a sponsorship deal **with** the SS company.
그 피겨 스케이트 선수는 SS회사와 스폰서 계약을 체결했다.
[up은 계약이 생기는 관계를 나타낸다.]

The doctor **fixed** him **up with** a few pills.
그 의사는 몇 개의 알약을 지어주었다.

2.3 fix upon O

He seems to have **fixed upon** becoming a boxer.
그는 권투 선수가 되려는 데 마음을 집중해온 것처럼 보인다.

2.4 fix O with O

When I came in, my mother **fixed** me **with** an angry look.
내가 들어올 때, 나의 어머니는 나를 성난 얼굴로 응시했다.

FIZZLE

1. 단동사
이 동사는 엔진들이 피시식하는 소리를 내는 과정을 그린다.

2. 구동사
2.1 fizzle out

The fireworks **fizzled out** because it was raining.
그 불꽃들이 비가 와서 피식 소리를 내며 꺼져버렸다.
[out은 불이 꺼지는 관계를 나타낸다.]

The engine **fizzled out** and we came to a halt.
그 엔진이 푸드득 거리다 꺼져서 우리의 차가 멈춰 섰다.

The coup **fizzled out** when its plot leaked out.
그 쿠데타는 그 계획이 새어나갔을 때 실패했다.

The investigation **fizzled out**.
그 조사는 흐지부지 끝나버렸다.

FLAG

1. 단동사
이 동사는 손이나 깃발을 흔들어 차 등을 세우는 과정을 그린다.
명사: 기, 깃발

2. 구동사
2.1 flag O down

A policeman **flagged down** the truck.
어느 순경이 그 트럭을 손을 흔들어 정지시켰다.
[down은 움직이던 것이 정지에 이르는 관계를 나타낸다. 참조: wave down]

I tried to **flag down** a taxi but they were all full.
나는 손을 흔들어 택시를 잡으려고 했으나, 택시들에는 모두 손님이 타고 있었다.

The hitchhiker **flag** us **down**.
그 무임승차를 원하는 사람이 손을 흔들어 우리를 정지시켰다.
[us는 우리가 타고 있는 차를 가리킨다.]

2.2 flag O up

The doctor **flagged up** obesity as a major health risk.
그 의사는 비만이 중요한 건강 위험이라고 주의를 환기시켰다.
[up은 어떤 사실 등을 눈에 띄게 하는 관계를 나타낸다.]

FLAIL

1. 단동사
이 동사는 도리깨로 곡식을 터는 과정을 그린다.

명사: 도리깨
자동사

His arms **flailed** above the surface of the water.
그의 팔이 그 수면 위에서 마구 허우적거렸다.
타동사

He **flailed** his arms like a windmill.
그는 그의 팔을 풍차처럼 돌렸다.

2. 구동사
2.1 flail around

The boys **flailed around** on the floor.
그 남자애들이 바닥에서 팔다리를 마구 휘저었다.
[참조: thrash around]

2.2 flail O out

The world leaders met in an attempt to **flail out** the Syrian problem.
그 세계 지도자들이 그 시리아 문제를 해결하기 위해서 만났다.
[out은 문제가 없어지는 관계를 나타낸다. 참조: thrash out]

The cabinet met today, aiming at **flailing out** a resolution for the disease.
그 내각은 그 질병에 대한 해결책을 만들어낼 목적으로 오늘 만났다.
[out은 결의안이 만들어지는 관계를 나타낸다. 참조: hammer out, thrash out]

FLAKE ¹

1. 단동사
이 동사는 얇고 작은 파편들이 떨어져 나오는 과정을 그린다.

명사: 파편, 박편, 얇은 조각
자동사

Poach the fish until it **flakes** easily.
그 생선을 졸여서 잘 부서지게 해라.
타동사

Flake the tuna and add to the sauce.
그 참치를 포를 떠서 소스에 담가라.

2. 구동사
2.1 flake away from O

Bits of stone are **flaking away from** the statue.
조그만 돌 조각들이 그 조각상에서 조금씩 떨어져 나오고 있다.

2.2 flake off O

Little bits of marble began to **flake off** the marble steps.

작은 대리석 조각들이 그 대리석 계단에서 떨어져 나오기 시작했다.

flake off

The paint on the wall is **flaking off**.
그 벽의 페인트가 조각조각 떨어져 나오고 있다.
[off는 조각이 벽에서 떨어지는 관계를 나타낸다.]

You could see bare wood where the paint had **flaked off**.
그 페인트가 벗겨져 나간 곳에는 맨 나무가 보였다.

The stone began to **flake off** after the earthquake.
그 돌이 그 지진이 있은 후 바로 (어떤 곳에 붙어 있다가) 떨어져 나오기 시작했다.

FLAKE²

1. 단동사
이 동사는 몹시 지치는 과정을 그린다.

2. 구동사
2.1 flake out

When he got home, he **flaked out** on the sofa.
그가 집에 돌아오자, 그는 지쳐서 소파에서 잠이 들었다.
[참조: pass out]

Hearing the news, we all **flaked out**.
그 소식을 듣자, 우리 모두는 극도로 이상하게 행동했다.
[out은 감정이 극도에 이르는 관계를 나타낸다. 참조: freak out, weird out]

FLAME

1. 단동사
이 동사는 불이 갑자기 환하게 타는 과정을 그린다.
명사: 불길, 불꽃, 격정

Hope **flamed** in her.
희망이 그녀의 마음속에 불타올랐다.

2. 구동사
2.1 flame out

I tried to restore the old car, but the engine **flamed out**.
나는 그 오래된 차를 복구하려고 했으나 엔진이 불꽃을 튀긴 다음 완전히 멈춰버렸다.

The players **flamed out** at the final.
그 선수들은 결승전에서 힘이 다 빠져 버렸다.
[참조: play out, wear out]

2.2 flame up

All the trees in the area **flamed up** in the forest fire.
그 지역에 있는 모든 나무들이 그 산불에 활활 탔다.

2.3 flame with O

Her eyes **flamed with** the resentment.
그녀의 두 눈은 분노로 불탔다.

FLANK

1. 단동사
이 동사는 길이나 건물 등의 양 옆에 무엇이 있는 과정을 그린다.
명사: 측면, 옆구리
타동사

She left the courtroom **flanked** by armed guards. (passive)
그녀는 양 옆에 무장 경호원들의 호위를 받으며 그 법정을 떠났다.

They drove through the cotton fields that **flanked** Highway 5.
그들은 5번 고속도로 양 옆으로 늘어선 목화밭들 속을 (차를 몰고) 달렸다.

2. 구동사
2.1 flank upon O

Our apartment building **flanks upon** an old temple.
우리 아파트 건물은 옛 사찰과 옆이 닿는다.
[참조: border on]

FLAP

1. 단동사
이 동사는 새들이 날개를 퍼덕거리거나, 국기들이 펄럭거리는 과정을 그린다.
명사: 덮개; 펄럭[퍼덕]거림; 동요, 날개
타동사

The bird **flapped** its wings and flew away.
그 새는 날개들을 퍼덕이며 날아가 버렸다.
자동사

The sails **flapped** in the breeze.
그 돛이 미풍에 펄럭였다.

There's no need to **flap** – I've got everything under control.
안달할 필요 없다. 내가 모든 것을 장악해 놓았다.

2. 구동사
2.1 flap around

The eel is **flapping around**.

그 장어가 이리저리 마구 펄떡거리고 있다.
The flag flapped around in the wind.
그 국기가 바람에 마구 펄럭거렸다.

FLARE ¹

1. 단동사
이 동사는 불꽃이 갑자기 활짝 피는 과정을 그린다.
명사: 순간적으로 확 타오르는 불길이나 불꽃; 신호탄, 조명
탄; 나팔 모양; 나팔바지

자동사

The match flared and went out.
그 성냥불이 확 타오르더니 꺼졌다.
Violence flared when the police moved in.
경찰이 진입하자 폭력 사태가 벌어졌다.

2. 구동사
2.1 flare up
He lit a match, and it flared up in the dark.
그가 성냥을 켜자, 불꽃이 어둠속에서 확 일었다.
Wildfire flared up yesterday.
산불이 어제 갑자기 일어났다.
A *riot* flared up in the inner city.
폭동이 시 중심가에서 일어났다.
[up은 폭동이 생기는 관계를 나타낸다.]

protest 항의	violence 폭동

My *back pain* flared up again.
내 허리통이 다시 일었다. 또는 더 심해졌다.
[참조: act up, play up]

headache 두통	insomnia 불면증

Kelly flared up at the rude remark.
켈리는 그 무례한 말에 벌컥 화를 내었다.
[화는 불로 은유화 된다. 참조: burn up]

FLARE ²

1. 단동사
이 동사는 폭이 넓어지는 과정을 그린다.

자동사

The horses nostrils flared.
그 말들의 콧구멍이 넓어졌다.
The skirt fit tightly over the hips and flares below the knees.
그 스커트는 허리 부분은 딱 맞았으나, 무릎 밑에서 벌어졌다.

2. 구동사
2.1 flare out
The sleeves are tight to the elbow, then flare out.
그 소매는 팔꿈치 부분은 딱 맞고 그 아래로는 나팔 모양이다.
[out은 넓어지거나 펼쳐지는 관계를 나타낸다.]
The skirt flares out at the end.
그 치마는 그 끝자락에서 넓어진다.

flare O out
Please flare out the end of the pipe.
그 파이프 끝 쪽을 넓혀 주세요.
[참조: widen out]

FLASH

1. 단동사
이 동사는 잠깐 동안 불을 비추거나 불이 비치는 과정을 그린다.
명사: 섬광, 번쩍임, 불빛 신호, 감정, 생각 등이 갑자기 떠오름[스침]; 잠깐 반짝임; 카메라 플래시

자동사

Lighting flashed in the distance.
번갯불이 멀리서 번쩍였다.
The lights flashed twice, and then the power went out.
그 불들이 두 번 번쩍하더니, 전기가 나가 버렸다.
The countryside flashed past the train windows.
그 시골 풍경이 그 기차 차창들 밖으로 휙휙 지나갔다.

타동사

Red lights flashed a warning at them.
빨간 신호등들이 그들에게 경고의 신호를 보내고 있었다.
The guard flashed a light in my face.
그 경비원은 내 얼굴에 불을 확 비추었다.
He flashed his pass at the security officer.
그가 그 경비원에게 그의 출입증을 휙 내보였다.

2. 구동사
2.1 flash O around
He likes to flash around his new BMW.
그는 새로 산 BMW 차를 자랑삼아 내 보이기를 좋아한다.
[around는 이리저리, 아무데나의 뜻이다.]
Images were flashed around the world. (passive)
영상들이 전 세계로 전송되었다.

2.2 flash back
When I saw the photo, my thought flashed back to Hawaii.
내가 그 사진을 보자, 내 생각이 하와이로 휙 돌아갔다.

[back은 시간상 과거로 돌아가는 관계를 나타낸다.]

2.3 flash on O

When he was talking about Honolulu, I flashed on the Diamond Head there.

그가 호놀룰루에 대한 이야기를 하자, 나는 갑자기 그 곳에 있는 다이아몬드 분화구를 생각했다.

[on은 그의 마음이 분화구에 가 닿는 관계를 나타낸다. 참조: come upon, hit upon]

2.4 flash out

A single spotlight flashed out of the darkness.

하나의 조명이 어둠 속에서 번쩍 비쳐 나왔다.

flash O out

His eyes flashed out a clear message that he did not like my idea.

그의 눈들은 그가 내 생각을 좋아하지 않는다는 메시지를 갑자기 내보냈다.

[out은 마음속의 생각을 밖으로 내보내는 관계를 나타낸다.]

The images were flashed out all over the world.

그 영상들은 전세계로 전송되어 나갔다.

2.5 flash through O

A terrible thought flashed through my mind.

하나의 끔찍한 생각이 내 뇌리를 획 스쳤다.

2.6 flash O up

Flash your light up into the tree.

너의 불을 그 나무로 비춰 올려라.

2.7 flash upon O

The beautiful daffodils flashed upon my inward eye.

그 아름다운 수선화들이 내 내면의 눈에 비쳤다.

FLATTEN

1. 단동사

이 동사는 평평하게 되거나 평평하게 만드는 과정을 그린다.

flat(형용사): 평평한, 평지인; 고른, 반반한; 납작한

2. 구동사

2.1 flatten O down

The farmer flattened down the hay with a plywood.

그 농부는 그 건초를 합판으로 눌러 다졌다.

[down은 내리 눌러 다져지는 관계를 나타낸다.]

flatten down

Flatten down and stay put.

납작 엎드려서 꼼짝하지 말아라.

[참조: get down]

2.2 flatten out

The bread puffs up in the oven, but it flattens out as it cools.

그 빵은 오븐에서는 부풀지만, 식으면서 납작하게 펼쳐진다.

[out은 빵이 납작해지면 사방으로 펼쳐지는 관계를 나타낸다.]

I opened the map and flattened out in front of me.

나는 그 지도를 펴고, 그것을 내 앞에 펼쳐놓았다.

The countryside in front of us flattens out.

우리 앞에 있는 그 시골은 평평하게 펼쳐져 있다.

Car sales flattened out earlier than expected.

자동차 판매들이 예상보다 빨리 일정한 수준을 유지했다.

[out은 판매량이 변함없이 뻗어나가는 관계를 나타낸다. 참조: level out]

House prices have started to flatten out after months of growth.

집값들이 몇 달 꾸준히 올라간 후에 일정 수준을 유지하기 시작했다.

flatten O out

The roller flattened out the cans.

그 롤러가 그 깡통들을 납작하게 펼쳤다.

The boxer flattened out his opponent.

그 권투선수는 상대가 사지를 펴고 넘어지게 했다.

[out은 사지를 벌리는 관계를 나타낸다. 참조: lay out, spread out]

TVs and radios flattened out regional dialects.

TV와 라디오는 지역 방언을 없앴다.

[out은 방언이 없어지는 관계를 나타낸다.]

FLEE

1. 단동사

이 동사는 도망가는 과정을 그린다.

2. 구동사

2.1 flee from O

Syrians are fleeing from the conflict.

시리아 사람들은 그 전투로부터 도망 나오고 있다.

FLESH

1. 단동사

이 동사는 살이 찌거나 살을 찌우는 과정을 그린다. 글의 경우, 세부사항을 보충하는 과정을 그린다.
명사: 살, 고기; 피부; 과육

2. 구동사

2.1 flesh out
She began to **flesh out** at the age of 50.
그녀는 50세에 살이 찌기 시작했다.
[참조: fill out]

flesh O out
You need to **flesh out** the bones of your report.
너는 너의 보고서 뼈대에 살을 붙일 필요가 있다.
He **fleshed out** his term paper with graphs and illustrations.
그는 학기 보고서를 도표와 삽화들로 보충했다.
[out은 보고서가 커지는 관계를 나타낸다.]
In the second meeting, both parties **fleshed out** the contract.
두 번째 회담에서, 양쪽은 그 계약 합의서를 보충했다.
I will **flesh out** this play out with more dialogue and music.
나는 이 연극을 더 많은 대화와 음악으로 꽉 채우겠다.

FLICK

1. 단동사
이 동사는 손가락으로 무엇을 짤깍 움직이는 과정을 그린다.
타동사
She **flicked** a nervous glance at him.
그녀가 그에게로 휙 불안한 눈초리를 던졌다.
He **flicked** a switch and all the lights went out.
그가 스위치를 탁 내리니 전깃불들이 다 나갔다.

2. 구동사

2.1 flick O off
He **flicked off** the light as he came out of the house.
그는 그 집에서 나오면서 그 불을 딸깍 껐다.
[off는 전기의 흐름이 끊기는 관계를 나타낸다. 참조: turn off, switch off]

2.2 flick O on
He **flicked on** the lights as he entered the room.
그는 그 방에 들어가면서 그 불들을 딸깍 켰다.
[on은 전기가 들어오는 관계를 나타낸다.]

2.3 flick out

The snake's tongue **flicks out** regularly.
그 뱀의 혀가 규칙적으로 날름거렸다.

2.4 flick through O
Lying on the sofa, he **flicked through** the weekly.
그 소파에 누워서 그는 그 주간지의 책장을 넘겼다.
[through는 책 앞부분에서 차례로 끝부분에 이르는 관계를 나타낸다.]

FLICKER

1. 단동사
이 동사는 불이 깜빡깜빡 하는 과정을 그린다.
자동사
Wind began to blow in, and the candle **flickered**.
바람이 불어 들어오자 초가 깜빡거리기 시작했다.

2. 구동사

2.1 flicker off
The power is back on but it **flickered off**.
불이 다시 들어왔지만 깜빡깜빡 하다가 끊겨버렸다.

2.2 flicker out
The candle **flickered out** and we were left in the darkness.
촛불이 점점 줄어들어서 꺼지자 우리는 어둠 속에 있게 되었다.

FLINCH

1. 단동사
이 동사는 놀라거나 아픔에 움츠리는 과정을 그린다.
자동사
He met my gaze without **flinching**.
그는 움츠림 없이 내 시선을 맞받았다.

2. 구동사

2.1 flinch at O
He **flinched at** the sight of the blood.
그는 그 피를 보고 움찔했다.
[at의 목적어는 움찔함의 자극이 된다.]

2.2 flinch away from O
She **flinched away from** the fierce dog.
그녀는 그 사나운 개로부터 움찔하며 물러섰다.

2.3 flinch from O

He **flinched from** the terrible scene.
그는 그 참혹한 장면에서 움찔하고 물러났다.
He never **flinched from** facing up to trouble.
그는 절대 그 수고를 직면한 것으로부터 움츠리지 않았다. 즉, 피하지 않았다.

FLING

1. 단동사
이 동사는 화가 나서 무엇을 세차게 휙 던지는 과정을 그린다.

타동사

The hunter **flung** a spear at the tiger.
그 사냥꾼은 창을 그 호랑이에게 던졌다.

2. 구동사

2.1 fling O away
Don't **fling** me **away**, I am your eldest son.
나를 내치지 마세요. 나는 당신의 장자입니다.

2.2 fling O back
He **flung** his head **back**.
그는 그의 머리를 뒤로 휙 젖혔다.
[참조: throw back]

2.3 fling O down
He **flung** his book **down** on the table.
그는 그 책을 그 책상 위에 휙 내리쳤다.

2.4 fling O into O
Now the exam is over, he is **flinging** himself **into** playing tennis.
이제 그 시험이 끝났으므로, 그는 자신을 테니스 치기에 던져 넣고 있다. 즉, 전념하고 있다.
He **flung** himself **into** a hard work.
그는 그 자신을 열심히 일하는 데 던져 넣었다.

2.5 fling O off
Dan **flung** his coat **off** and came through into the kitchen.
댄은 그의 저고리를 휙 벗어 던지고, (골마루 같은 것을 지나) 그 부엌에 들어왔다.
[off는 옷이 몸에서 떨어지는 관계를 나타낸다. 참조: take off, put off, slip off]
He **flung off** the bed cover, and got up.
그는 그 침대보를 휙 벗기고, 일어났다.

2.6 fling O on

He got up and **flung on** his clothes.
그는 일어나서 옷을 휙 걸쳐 입었다.
[참조: put on, slip on, throw on]

2.7 fling O out
He opened the window and **flung out** the cat.
그는 그 창문을 열고 그 고양이를 휙 내던졌다.
He **flung out** insult.
그는 모욕적인 말을 확 내뱉었다.
[out은 모욕적인 말이 입에서 나오는 관계를 나타낸다.]

FLIP¹

1. 단동사
이 동사는 재빠른 동작으로 무엇을 뒤집거나 넘기는 과정을 그린다.

타동사

He **flipped** the lid of the box.
그는 그 상자의 뚜껑을 휙 젖혔다.

2. 구동사

2.1 flip around
The alligator **flipped around** and hit at us.
그 악어는 휙 돌아서 우리를 치려고 했다.

2.2 flip for O
Both of us wanted the last slice of pie, so we **flipped for** it.
우리 둘 다 그 파이의 마지막 조각을 원해서, 그것을 갖기 위해서 우리는 동전을 던져 누가 가질 것이냐 결정했다.
Sunbathers will **flip for** these new stylish swimsuits.
일광욕을 하는 사람들은 이 새로운 멋진 수영복들에 푹 빠질 것이다.
[참조: fall for]

2.3 flip O off O
He **flipped** the ash **off** his cigarette.
그는 재를 그의 담배에서 툭 쳐서 떨어지게 했다.
[off는 담뱃재가 담배에서 떨어져 나오는 관계를 나타낸다.]

flip O off
He **flipped** lights **off**.
그는 스위치를 짤깍 젖혀서 그 불들을 껐다.
He laughed sarcastically and **flipped** them **off**.
그는 비꼬는 투로 웃었고 그들에게 가운데 손가락으로 욕을 했다.

2.4 flip O on

He **flipped on** the lights in the hall.

그는 그 강당에 있는 그 불들을, 스위치를 짤깍 젖혀서
켰다.

[on은 전기가 들어온 상태를 나타낸다.]

He **flipped on** his coat.

그는 그의 저고리를 빠르게 입었다.

[on은 저고리가 몸에 닿는 관계를 나타낸다. 참조: put on, slip on, throw on]

2.5 flip onto O

The oil tanker **flipped onto** its side.

그 유조선이 옆으로 기울어졌다.

2.6 flip over

The fish **flipped over**.

그 고기가 팔딱 뒤집었다.

[over는 생선이 180도 뒤집히는 관계를 나타낸다.]

The *desk* **flipped over** in the strong wind.

그 책상은 그 강한 바람 속에 휙 넘어졌다.

bus	버스	truck	트럭

flip over to O

Let's **flip over to** chapter 10.

제10장으로 건너 뛰어갑시다.

[참조: skip over to]

flip O over

He **flipped over** the pages of the magazine.

그는 그 잡지의 페이지들을 한 장 한 장 넘겼다.

[참조: turn over]

He **flipped over** the meat on the pan.

그는 그 냄비에 있는 고기를 뒤집었다.

2.7 flip through O

She was just **flipping through** the *travel book* while drinking a cup of coffee.

그녀는 커피 한 잔을 마시면서 그 여행 책자를 획획 훑
어보고 있었다.

magazine	잡지	TV channels	티비 채널들
album	앨범		

2.8 flip up

Let's **flip up** to decide who goes first.

누가 먼저 갈지 결정하기 위해서 동전을 던져 올리자.

The front of the car **flipped up**.

그 차 앞부분이 번쩍 들어 올려졌다.

FLIP 2

1. 단동사

이 동사는 갑자기 화를 내거나 속이 뒤집히는 과정을 그
린다.

2. 구동사

2.1 flip out

The kids really **flipped out** when they first played the new computer game.

그 아이들은 그 새 컴퓨터 게임을 처음 했을 때 몹시 흥분
했다.

[out은 감정이 극도에 이름을 나타낸다. 참조: freak out]

She **flipped out** in the police station, yelling and screaming about her right.

그녀는 그 경찰서에서 그녀의 권리에 대해서 큰 소리를
지르면서 몹시 흥분했다.

Everyone **flips out** once in a while.

모든 사람은 가끔씩 크게 화를 낸다.

FLIRT

1. 단동사

이 동사는 무엇을 장난삼아 해보는 과정을 그린다.

2. 구동사

2.1 flirt with O

Don't **flirt with** my sister.

내 누이를 희롱하지 마세요.

[참조: play with]

He **flirted with** the speed car.

그는 겁도 없이 그 스피드 차를 만지작거렸다.

He **flirted with** the idea of becoming a socialist.

그는 사회주의자가 되겠다는 생각을 겁도 없이 해보았다.

FLIT

1. 단동사

이 동사는 가볍게, 재빨리 이리저리 움직이는 과정을 그
린다.

자동사

A smile **flitted** across his face.

미소가 그의 얼굴을 잠시 스쳐 지나갔다.

I had to change schools every time my parents **flitted**.

나는 부모님이 이사를 다닐 때마다 나는 학교를 옮겨야
했다.

2. 구동사

2.1 flit about

A flock of birds are flitting about.
새 떼들이 한 무리가 빠르게 이리저리 날아다니고 있다.

2.2 flit from O to O

The butterfly is flitting from flower to flower.
그 나비가 이 꽃에서 저 꽃으로 나풀나풀 날아다니고
있다.

FLOAT

1. 단동사
이 동사는 물이나 공기 속에 뜨거나 띄우는 과정을 그린다.
자동사

Wood floats.
나무는 물에 뜬다.

A plastic bag is floating in the water.
비닐봉지 하나가 그 물 위에 떠 있다.

타동사

There wasn't enough water to float the ship.
그 배를 띄울 정도의 충분한 물이 없었다.

2. 구동사

2.1 float around

Empty bottles and other debris float around in the cove
at low tide.
빈 병들과 다른 찌꺼기들이 간조 때 그 작은 만에 이리
저리 떠다닌다.

Satellites are floating around in space.
위성들이 우주 공간에 마구 떠돌아다니고 있다.

Leaves are floating around on the surface of the lake.
잎들이 그 호수의 표면에 이리저리 떠다니고 있다.

I saw your credit card floating around on your desk.
나는 너의 신용카드가 너의 책상 위에 굴러다니고 있는
것을 보았다.

Rumors about his affair has been floating around for
some time.
그의 정사에 대한 소문들이 한동안 떠돌아다니고 있다.
[참조: lie around, kick around]

Your name is floating around in the Internet.
너의 이름이 인터넷에 떠돌아다니고 있다.

float O around

He floated the idea around.
그는 그 생각을 이 사람 저사람에게 흘렸다.

2.2 float into O

She floated into the room, looking like Cinderella.
그녀는 신데렐라의 모습을 하고 그 방으로 흐르듯
들어왔다.

2.3 float on O

The body floats on the Dead Sea.
몸은 사해에 뜬다.

2.4 float through O

The boats floated through the water slowly and
gracefully.
그 보트들이 그 물을 천천히 그리고 우아하게 가로질러
떠갔다.

She has no ambition. She's just floating through life.
그녀는 야망이 없다. 그냥 삶을 떠가고 있다.

He floated through his work that day.
그는 그 날 그 일을 쉽게 해나갔다.

FLOCK

1. 단동사
이 동사는 사람이나 동물이 떼를 짓는 과정을 그린다.
명사: 무리나 떼

2. 구동사

2.1 flock around O

The children flocked around the puppy.
그 아이들이 그 강아지 주위에 모여들었다.
[참조: gather around]

2.2 flock in

Young people flocked in to hear the rock star.
젊은이들이 그 록 가수를 듣기 위해서 (어떤 장소에)
모여들었다.

2.3 flock into O

People flocked into the shopping mall where
everything was on sale.
사람들이 모든 것이 할인 판매되는 그 쇼핑몰로 떼를
지어 모여들었다.

2.4 flock to O

The kids flocked to the theater to see the animation.
그 아이들은 그 만화 영화를 보기 위해 그 극장으로 모
여들었다.

2.5 flock together

Sheep flock together in a storm.
양들은 폭풍 속에서 떼를 지어 모인다.

A number of birds **flocked together**, making a lot of noise.
많은 새들이 떼를 지어 모여서, 많은 소리를 냈다.

FLOOD

1. 단동사
이 동사는 어떤 지역을 물로 넘치게 하는 과정을 그린다.
명사: 홍수; 쇄도, 폭주

자동사

The river **floods** every year.
그 강은 매년 넘친다.

타동사

The sound of music **flooded** the room.
그 음악 소리가 그 방을 가득 채웠다.

2. 구동사
2.1 flood in
Cheap goods are **flooding in** from China.
값싼 물건들이 중국에서 홍수처럼 들어오고 있다.
[in은 화자와 청자가 아는 곳에 들어오는 관계를 그린다.]
As I was alone again, all my fears were **flooding in**.
내가 다시 혼자 있자, 나의 모든 두려움들이 홍수처럼 (내 마음속에) 들어오고 있었다.
Comments are **flooding in**.
논평들이 홍수처럼 들어오고 있다.
[in의 목적어는 방송국 같은 곳이다.]

letters 편지들	requests 요청들

2.2 flood into O
Letters of protest have been **flooding into** the candidate's office.
많은 항의 편지들이 그 후보자의 사무실에 홍수처럼 들어오고 있다.
The crowd **flooded into** the auditorium.
그 군중들이 그 강당 안으로 홍수처럼 흘러들어갔다.

2.3 flood O out
High water **flooded** people **out**.
만조가 사람들을 (어떤 곳에서) 휩쓸어냈다.
The reservoir over-flew and the whole villagers were **flooded out**.
그 저수지가 넘쳐서 그 마을 사람 모두가 (그 마을에서) 피난해 나가게 되었다.

flood out
Everyday hundreds of refugees **flood out** of Syria.

매일 수 백 명의 피난민들이 시리아에서 홍수처럼 빠져 나온다.
[out은 많은 사람들이 쏟아져 나오는 관계를 나타낸다.]

2.4 flood O with O
The environmentalists **flood** the mayor's office **with** letters of protest.
그 환경주의자들은 그 시장 집무실을 항의 편지들로 넘치게 했다.

FLOP

1. 단동사
이 동사는 물고기 등이 팔딱거리거나 사람들이 힘이 빠져 털썩 앉는 과정을 그린다.

자동사

Being tired, he **flopped** in front of the TV.
그는 피곤해서 TV 앞에 털썩 주저앉았다.
The play **flopped** on Broadway.
그 연극은 브로드웨이에서 완전히 실패했다.

2. 구동사
2.1 flop around
The fish were **flopping around** in the fish tank.
그 물고기들이 그 어항 속에서 이리저리 팔딱거리고 있었다.

2.2 flop back
The young man **flopped back**, unconscious.
그 청년은 뒤로 쿵 넘어지면서 의식을 잃어버렸다.

2.3 flop down
After the marathon, he was played out, and **flopped down** on the grass.
그 마라톤이 끝난 후, 그는 힘이 다 빠져서 그 잔디밭에 털썩 앉았다.

FLOUNDER

1. 단동사
이 동사는 물이나 진흙 속에서 허둥대거나 허우적거리는 과정을 그린다.

자동사

His abrupt change of subject left her **floundering** helplessly.
그의 갑작스런 주제 바꿈은 그녀는 난감하게 허둥되게 했다.
At that time the industry was **floundering**.

그 당시에는 그 산업이 허우적거리고 있었다.

2. 구동사

2.1 flounder around

A man **floundered around** in the water calling out for help.

어느 사람이 그 물속에서 허우적거리며 도와달라고 크게 외쳤다.

[참조: flail around]

She was **floundering around** in the deep end of the swimming pool.

그녀는 그 수영장의 깊은 쪽에서 허우적거리고 있었다.

He **floundered around**, trying to think of a suitable word for the situation.

그는 그 상황에 적합한 낱말을 찾기 위해서 허둥댔다.

FLOW

1. 단동사

이 동사는 물이 흐르거나 물을 흘리는 과정을 그린다.
명사: 흐름; 계속적인 공급; 밀물

자동사

Blood **flowed** from a cut on her head.
피가 그녀의 머리에 난 상처에서 흘러 나왔다.
Constant streams of traffic **flowed** past.
끊임없는 차량들의 물결들이 흘러지나 갔다.
Conversation **flowed** freely throughout the meal.
대화가 그 식사 내내 자유롭게 술술 흘러갔다.

2. 구동사

2.1 flow down O

Tons of mud are **flowing down** the side of the mountain.
수많은 양의 진흙이 그 산 비탈을 따라 흘러 내려오고 있다.

flow down

Her hair **flowed down** over her shoulders.
그녀의 머리카락은 그녀의 어깨를 넘어 흘러내렸다.

2.2 flow from O

The convenience **flows from** the new technology.
그 편리함은 새 기술에서 온다.
[참조: come from, result from, stem from]

2.3 flow into O

The Han River **flowed into** the Yellow Sea.
한강이 황해로 흘러 들어간다.

2.4 flow out of O

The apple juice **flowed out of** the press as we turned the crank.
그 사과주스가 우리가 그 크랭크를 돌리자 그 압축기에서 흘러나왔다.
People are **flowing out of** the stadium.
사람들이 그 경기장에서 흘러나오고 있다.

2.5 flow through

The river **flowed through** three countries.
그 강은 세 나라를 관통해 흘러간다.

2.6 flow over

The river is **flowing over**.
그 강물이 (강둑을) 넘쳐흐르고 있다.

flow over O

At the news, a wave of happiness **flew over** me.
그 소식에, 행복의 물결이 나를 덮쳐 지나갔다.
Fear and excitement suddenly **flowed over** me.
두려움과 흥분이 갑자기 나를 덮쳐 왔다.

FLUFF

1. 단동사

이 동사는 깃털 등을 털거나 솔질해서 부풀리는 과정을 그린다.
명사: 보풀, 솜털

타동사

He completely **fluffed** an easy shot.
그는 아주 쉬운 슈팅을 완전히 망쳐 버렸다.

2. 구동사

2.1 fluff O out

The sparrows on the tree are **fluffing out** their feathers.
그 나무 위에 앉아 있는 참새들이 그들의 깃털을 부풀리고 있다.
[out은 깃털이 바깥쪽으로 부풀어지는 관계를 나타낸다.]
The female sat on the eggs, **fluffing out** her feathers.
그 암컷은 털을 잔뜩 부풀리고 그 알들을 품고 앉아 있었다.
He **fluffed out** his pillow.
그는 자기 베개를 부풀렸다.

2.2 fluff O up

The chicks in the barn **fluffed** their feathers **up** to keep warm.

그 닭장에 있는 닭들이 보온을 위해 깃털을 부풀렸다.
[up은 깃털이 서서 불룩해진 관계를 나타낸다.]

He fluffed up the cushion and leaned back.
그는 그 쿠션을 부풀리고 뒤로 기대 누웠다.

She is fluffing up her hair.
그녀는 그녀의 머리를 부풀리고 있다.

I fluffed up the cat's fur with a hairbrush.
나는 그 고양이의 털을 빗으로 부풀렸다.

FLUNK

1. 단동사

이 동사는 과목을 낙제하거나 낙제시키는 과정을 그린다.

타동사

I flunked math in second grade.
난 2학년 때 수학을 낙제했다.

The teacher flunked 13 of the 18 students.
그 선생님은 18명의 학생들 중 13명을 낙제시켰다.

2. 구동사

2.1 flunk out

Last semester he flunked out on two subjects.
지난 학기 그는 두 과목에 낙제를 했다.

flunk out of O

John messed around and flunked out of college.
존은 공부를 하지 않고 빈둥거리다가 대학에서 퇴학당했다.

FLUSH 1

1. 단동사

이 동사는 센 물줄기로 무엇을 씻는 과정을 그린다.

타동사

The dog flushed pheasants in the tall grass.
그 개가 그 키가 큰 풀숲에 있는 꿩들을 놀래게 해서 푸드덕 날게 했다.

2. 구동사

2.1 flush O away

The street cleaner flushed all the *leaves* away.
그 환경 미화원이 그 모든 낙엽들을 센 물줄기로 쓸어냈다.
[away는 잎이 어느 장소에서 없어지는 관계를 나타낸다.]

dirt 먼지	debris 부스러기

2.2 flush O down O

He flushed tissues down the toilet.
그는 세찬 물을 내려 그 휴지들을 변기 아래로 내려가게 했다.

2.3 flush O out

After using the toilet, be sure to flush it out.
그 변기를 사용한 후에 반드시 그것을 세찬 물줄기로 씻어서 오물이 나가게 하세요.
[the toilet은 환유적으로 변기에 든 오물을 가리킨다.]

We took the carpet outside, and flushed it out.
우리는 그 양탄자를 밖으로 꺼내, 그것을 센 물줄기로 그 속에 있는 먼지를 씻어내었다.
[carpet은 환유적으로 그 속에 있는 먼지나 그 밖의 때를 가리킨다.]

Every three months, we have to flush out the pipes.
매 삼 개월 마다 우리는 그 파이프들을 세척물로 씻어내야 한다.

You need to drink at least eight glasses of water a day to flush out your system.
여러분은 몸속에서 노폐물을 씻어 내기 위해서 하루에 적어도 여덟 잔의 물을 마실 필요가 있습니다.

The dogs are sent in to flush out the fox from the den.
그 개들이 그 여우를 그 소굴에서 몰아내기 위해서 들여보내졌다.

Police flushed the suspects out from their hideout.
경찰이 그 용의자들을 그 은신처에서 몰아냈다.

FLUSH 2

1. 단동사

이 동사는 얼굴이 붉어지는 과정을 그린다.

자동사

She flushed deeply.
그녀는 얼굴이 빨갛게 되었다.

2. 구동사

2.1 flush with O

Helen's face flushed with embarrassment.
헬렌의 얼굴이 당황해서 붉어졌다.

FLUTTER

1. 단동사

이 동사는 나비나 곤충들이 날개를 가볍게 위아래로 퍼덕이는 과정을 그린다.
명사: (빠르고 가벼운) 흔들림[떨림]; (심장의) 퍼덕거림; 소액; 소동, 혼란

자동사

Flags **fluttered** in the breeze.
깃발들이 미풍에 펄럭였다.
Daffodils are **fluttering** in the breeze.
수선화들이 미풍 속에서 흔들리고 있다.
The butterfly **fluttered** from flower to flower.
그 나비는 이 꽃 저 꽃으로 훨훨 날아다녔다.
The sounds of his voice in the hall made her heart
flutter.
그 홀에 울리는 그의 목소리들이 그녀의 가슴을 두근거
리게 했다.

2. 구동사
2.1 flutter about/around
Butterflies are **fluttering about** in the garden.
나비들이 그 정원에서 이리저리 날아다니고 있다.
Mom is **fluttering around**, picking up after the boys.
엄마는 그 아이들이 어지러 놓은 것을 치우기 위해서
이리저리 분주히 다니고 있다.

flutter about/around O
A large number of moths are **fluttering around** the light
bulb.
많은 나방들이 그 전구 주위를 날아다니고 있다.
He **fluttered** his hands **around** wildly.
그가 두 손을 마구 흔들었다.

2.2 flutter down
Butterflies are **fluttering down** onto the flowers.
나비들이 날갯짓을 하면서 그 꽃들 위로 내려앉고 있다.

FLY

1. 단동사
이 동사는 새들이 날거나, 연 등을 날리는 과정을 그린다.

자동사

Birds **fly** except ostrich.
모든 새는 타조를 제외하고는 난다.
We **flew** to Busan in an hour.
우리는 한 시간 안에 부산에 비행기를 타고 갔다.
The flag is **flying** in the wind.
그 깃발이 바람에 날리고 있다.
Time **flies** fast.
시간이 날듯 빨리 지나갔다.
The door **flew** opened.
그 문이 확 열렸다.

타동사

The pilot **flew** the plane to Hong Kong.

그 조종사는 그 비행기를 홍콩까지 비행해갔다.

2. 구동사
2.1 fly about
There were insects **flying about** everywhere.
벌레들이 모든 곳에서 이리저리 날아다니고 있었다.
[about은 이곳저곳에 나타나는 관계를 나타낸다. 참조: float
about]
All sorts of rumors about her **fly about**.
그녀에 대한 여러 종류의 소문이 나돌아 다니고 있다.
The story about his love affair with the woman is **flying
about** in the office.
그와 그녀의 정사에 대한 얘기가 사무실에 날아다니고
있다.

2.2 fly around
Bees are **flying around** in the garden.
벌들이 그 정원에서 이리저리 날아다니고 있다.
Butterflies are **flying around** in my stomach.
나비들이 내 위에서 이리저리 날아다니고 있다. 즉, 마
음이 조마조마하다 (배가 부글부글하다).

2.3 fly at O
When she saw her daughter's killer, she **flew at** him,
screaming and scratching.
그녀가 딸의 살인자를 보자, 비명을 지르고 할퀴면서 그
에게 덤벼들었다.
[at은 공격의 대상을 도입한다. 참조: come at, go at, run at]
He will **fly at** anyone who does not agree with him.
그는 그와 생각을 같이 하지 않을 누구에게든 덤벼든다.

2.4 fly in
He **flew in** at the airport.
그는 그 공항에 비행기로 들어왔다.

fly O in
The pilot **flew in** the plane for the landing.
그 조종사는 그 비행기를 조종해서 착륙하기 위해 들어
왔다.

2.5 fly into O
When are you going to **fly into** the airport?
언제 그 공항으로 날아들 예정입니까?
When I refused to listen to him, he **flew into** a rage.
내가 그의 말을 듣기를 거절하자, 그는 갑자기 격노했다.

2.6 fly off O
The book *Fire and Fury* is **flying off** the shelf.

'화염과 분노'의 그 책은 날개 돋친 듯 팔리고 있다.
[off는 책이 선반에서 떠나는 관계를 그린다.]

fly off

The eagle **flew off** before we got a good look at it.
그 독수리는 우리가 그것을 잘 보기 전에 (주어진 장소
에서) 날아갔다.
The roof **flew off** in the storm.
그 지붕이 그 폭풍 속에 떨어져 날아갔다.
I'm late! I must **fly off**!
나는 늦었다. 나는 재빨리 (이 장소를) 떠나야 한다.

2.7 fly out of O

This morning he **flew out of** Seoul.
오늘 아침 그는 서울에서 비행기를 타고 나갔다.

2.8 fly over O

Our plane is **flying over** the dessert.
우리 비행기는 지금 그 사막 위를 날아가고 있다.
We saw a helicopter **flew over** us.
우리는 헬리콥터 한 대가 우리 위를 지나가는 것을 또는
맴돌고 있는 것을 보았다.

2.9 fly through O

In the tornado, debris are **flying through** the building.
그 회오리 태풍 속에, 쓰레기들이 건물 안을 뚫고 날아
들어갔다.

FOAM

1. 단동사
이 동사는 거품을 일으키는 과정을 그린다.
명사: 물 표면 위에 있는 작은 거품

2. 구동사
2.1 foam at O
She was so angry that she was **foaming at** the mouth.
그녀는 몹시 화가 나서 입에 거품을 내고 있었다.

2.2 foam up
When boiled, milk **foams up**.
끓이면, 우유는 거품이 인다.

FOB

1. 단동사
이 동사는 싸구려 물건을 속여서 팔아넘기는 과정을 그
린다.

2. 구동사
2.1 fob O off
Don't let them **fob** you **off** with cheap cosmetics.
그들로 하여금 너에게 값싼 화장품들을 팔아넘기지 않
게 해라.
[off는 값싼 화장품이 주어에서 나가는 관계를 나타낸다.]
He **fobbed** the worst job **off** on to us.
그는 가장 나쁜 일을 우리에게 속여 넘겼다.

FOCUS

1. 단동사
이 동사는 어디에 초점을 두는 과정을 그린다.
명사: (렌즈 등의) 초점; (관심, 흥미 등의) 초점; 주목

자동사

It took a few moments for her eyes to **focus** in the dark.
그녀의 눈이 어둠에 초점을 맞추는 데 몇분의 시간이 걸
렸다.

타동사

The photographer **focused** his lens and took a picture.
그 사진사는 그의 렌즈들이 초점을 맞추고 사진 한 장을
찍었다.

2. 구동사
2.1 focus in on O
Let's **focus in on** the preposition 'on'.
범위를 좁혀서 전치사 'on'에 주의를 기울입시다.
[in은 범위를 좁혀가는 관계를 나타낸다.]

2.2 focus on O
Let your eyes **focus on** objects that are further away
from you.
자신으로부터 더 멀리 있는 물체들에 눈의 초점을 맞추
세요.
He is now **focusing on** his study.
그는 지금 자신의 공부에 초점을 두고 있다. 즉, 집중하
고 있다.
The discussion **focused on** three main problems.
그 논의는 세 가지 주요 문제에 집중했다.
Each exercise **focuses on** different grammar points.
각 연습 문제는 각기 다른 문법 사항들에 집중한다.

focus O on O
He **focused** his efforts **on** solving the problem.
그는 자신의 노력을 그 문제를 푸는 데 집중시켰다.
He **focused** his attention **on** security.
그는 그의 주의를 안전에 집중시켰다.
He **focused** his mind **on** combating diabetes.

그는 그의 마음을 당뇨를 극복하는 데 집중시켰다.

focus O onto O
She **focused** all her attention **onto** the baby.
그녀는 그녀의 모든 주의를 그 아기에게 다 집중했다.

FOG

1. 단동사
이 동사는 유리 창문 등이 안개로 덮히는 과정을 그린다.
명사: 안개; 혼미, 혼란

2. 구동사
2.1 fog O in
Suddenly we were **fogged in**, and it was hard to drive.
(passive)
갑자기 우리는 안개에 휩싸여서 운전하기가 어려웠다.
[in은 우리가 안개에 둘러싸인 상태를 나타낸다. 참조: shroud in,
snow in]

2.2 fog over
The windshield **fogged over**.
그 자동차 앞 유리창이 안개로 완전히 덮였다.
[참조: ice over, freeze over]

2.3 fog O up
Moisture **fogged up** the windshield.
습기가 그 자동차 앞 유리창을 완전히 흐리게 했다.
The windows are all **fogged up** and we couldn't look
out them. (passive)
그 창문들이 온통 안개가 껴서 우리는 그 창문 밖을 내
다볼 수가 없다.
[up은 창문 전체에 안개가 덮인 상태를 나타낸다.]
His smoke screen **fogged up** the fact.
그의 연막이 그 사실을 완전히 흐리게 했다.

fog up
In the fog, my lenses **fogged up**.
안개 속에서 내 렌즈들이 안개로 흐려졌다.

FOIST

1. 단동사
이 동사는 원치 않은 물건을 다른 사람에게 떠넘기는 과정
을 그린다.

2. 구동사
2.1 foist O off on(to) O

She **foisted off** her two children **onto** her mother.
그녀는 두 귀찮은 아이들을 엄마에게 떠안겼다.
He **foisted off** the furniture **on** the new owner.
그는 그 가구를 그 새 주인에게 떠 넘겼다.
He **foisted off** washing dishes **on** his sister.
그는 접시들을 닦는 일을 누이에게 떠 넘겼다.

FOLD

1. 단동사
이 동사는 의자 등을 접거나 이들이 접히는 과정을 그린다.
타동사
She **folded** the blanket.
그녀는 그 담요를 접었다.
He **folded** the paper in half.
그는 그 종이를 반으로 접었다.
We **folded** the chairs.
우리는 그 의자들을 접었다.
He **folded** his arms across his chest.
그는 그의 팔짱들을 가슴에 끼었다. 즉, 팔짱을 끼었다.
자동사
The chair **folds** easily.
그 의자는 쉽게 접힌다.
We can't eat at the restaurant. It **folded** last year.
우리는 그 식당에서 식사를 할 수 없다. 그 식당은 작년
에 접었다.

2. 구동사
2.1 fold O away
Please **fold away** the chairs.
그 의자들을 접어서 치워주세요.
[away는 의자가 현재 있는 곳에서 다른 장소로 움직여지는 관계를
나타낸다. 참조: put away, store away]
Mom took her clothes out of the dryer and **folded** them
away.
엄마는 그 옷들을 그 건조기에서 꺼내 가시고 그것들을
개어서 치웠다.

fold away
The good thing about the wheel chair is that it **folds**
away.
그 환자용 의자의 좋은 점은 그것이 접혀서 치워진다는
것이다.
The table **folds away**.
그 탁자는 접어서 치워진다.

2.2 fold O into O
Beat the eggs and **fold** them **into** batter just before

baking.

그 달걀들을 휘저어서 굽기 전에 그들을 반죽 안에 섞어 넣어라.

[참조: mix in]

The chef **folded** the eggs **into** the other ingredients.

그 주방장은 그 달걀들을 다른 재료들에 섞어 넣었다.

fold O into

The bed **folds into** a sofa.

그 침대는 접어서 소파가 된다.

fold in O

Make sure you **fold in** the cream before adding the fruit.

그 과일을 넣기 전에 크림을 섞어 넣도록 해라.

2.3 fold O over

Please **fold** the cloth **over** a few times before you put it away.

그 천을 치우기 전에 몇 번 접으세요.

[over는 한 개체가 접혀서 양 끝이 맞닿는 관계를 나타낸다.]

fold over

This new smartphone **folds over**.

이 새 스마트폰은 반으로 접힌다.

2.4 fold O up

She **folded up** the *blanket*.

그녀는 그 담요를 접어서 작게 만들었다.

[up은 담요의 양 끝이 닿는 관계를 나타낸다.]

flag 깃발

He took the map and **folded** it **up** and put it in his pocket.

그는 그 지도를 집어 들고, 그것을 작게 접어서 그의 주머니에 넣었다.

Please show me how to **fold up** this tent. I am using it for the first time.

이 텐트를 완전히 접는 법을 보여주세요. 나는 이것을 처음 쓰고 있어요.

[up은 접히는 부분이 제대로 닿게 되는 상태를 나타낸다.]

The solar panel can be **folded up** and tucked into a backpack.

그 태양열 전지판은 접어서 백팩에 집어넣을 수 있다.

fold up

This table **folds up** for easy storage.

이 식탁은 보관이 쉽게 완전히 접힐 수 있다.

The petals of the flower **folded up** against the light.

그 꽃의 꽃잎들이 빛을 받고 완전히 서로 맞닿게 접혔다.

[참조: close up]

Last year, hundreds of small businesses **folded up**.

작년에, 수백 개의 소기업체들이 접었다. 즉, 문을 닫았다.

[up은 사업이 정지되는 관계를 나타낸다. 참조: pack up]

FOLLOW

1. 단동사

이 동사는 뒤를 따라가는 과정을 그린다.

타동사

A dog **followed** me home.

어느 개 한 마리가 나를 따라 집으로 왔다.

President Lee **follows** president Rho.

이 대통령은 노 대통령 뒤에 온다.

He **followed** news of the civil war in Syria.

그는 시리아 내전의 뉴스를 추적했다.

He **followed** the road for five miles.

그는 그 길을 5마일 따라갔다.

He **followed** the advice.

그는 그 충고를 따랐다.

자동사

He studied very hard, and success **followed**.

그는 열심히 공부해서 성공이 뒤따랐다.

2. 구동사

2.1 follow along

Follow along as I go through the exercises.

내가 그 운동을 할 때, 그 운동을 따라하세요.

follow along with O

Follow along with the video.

그 비디오와 함께 운동을 따라하세요.

2.2 follow O around

My little brother always **follows** me **around**.

내 남동생은 언제나 내가 가는 곳마다 나를 졸졸 따라다닌다.

2.3 follow O down O

The dog **followed** the rabbit **down** the burrow.

그 개가 그 토끼를 따라 그 굴속으로 내려갔다.

follow down O

We **followed down** the river.

우리는 그 강을 따라 내려갔다.

2.4 follow O on O

Follow us **on** Facebook or Twitter.
우리를 페이스북이나 트위터로 따라와 주세요. (팔로우
해 주세요)

follow on

I can't leave now. I have to **follow on** after the others.
나는 지금 떠날 수 없다. 나는 다른 사람들이 간 다음
이어서 따라가야 한다.
[on은 다른 사람이 간 다음, 이어서 내가 가는 관계를 나타낸다.]

follow on O

The former president George Bush was hospitalized,
which **followed** closely **on** his wife's death.
전 대통령 조지 부시는 입원을 했는데, 그 입원은 그의
아내의 죽음에 가깝게 뒤이어 일어났다. 즉, 아내가 죽
은 뒤 얼마 되지 않아 입원했다.

2.5 follow O out

I **followed** the dog **out**.
나는 그 개를 따라 밖으로 나갔다.
I'm sure that he can **follow out** my *instructions*.
나는 그가 내 지시사항들을 잘 이행할 수 있다고 확신
한다.
[out은 명령, 지시 등을 이행하는 관계를 나타낸다. 참조: carry
out]

order	명령	direction	지시

2.6 follow through

He made a threat but I don't think he will **follow through**.
그가 위협을 했으나, 나는 그가 그것을 실행하리라고 믿
지 않는다.
[through는 위협이 실행에 옮겨지는 관계를 나타낸다.]
I passed my remaining work to my coworker but he
did not **follow through** right away.
나는 나머지 일을 내 동료에게 맡겼으나 그는 그것을
즉각 끝까지 처리하지 않았다.
I was taught to **follow through** after hitting the ball.
나는 그 공을 친 다음 팔을 끝까지 쭉 뻗으라고 배웠다.

follow through on O

Although he said to buy me a car, he never **followed
through on** his promise.
그는 내게 차를 사주겠다고 말했으나, 그 약속을 끝까지
이행하지 않았다.
He didn't **follow through on** his *threat*.
그는 그의 위협을 끝까지 실행하지 않았다.

plan to build a house	집을 지을 계획	desire	열망

follow through with O

The country did not **follow through with** the
agreement.
그 나라는 그 협정을 이행하지 않았다.
[through는 협정을 실행에 옮기는 관계를 나타낸다.]
The president is **following through with** his election
pledges.
그 대통령은 그의 선거공약을 이행해 나가고 있다.

2.7 follow O up

Sally **followed up** her little brother, making sure that
he did his homework.
샐리는 그의 남동생이 하는 일을 끝까지 따라가서, 동생
이 숙제를 마치는 것을 확인했다.
[her brother는 환유적으로 그가 하는 일이다.]
I **followed up** the advertisement for a second-hand
laptop.
나는 중고 노트북 컴퓨터를 하나 사기 위해서 그 광고를
끝까지 추적했다.
The police never **followed up** my complaints.
경찰은 내 호소를 끝까지 따라가지 않았다. 즉, 더 알아
보고 조치를 취하지 않았다.

follow up

China is in the lead, and India is **following up**.
중국이 선두에 서 있고, 인도가 뒤따라 다가오고 있다.
[참조: catch up]

follow up on O

He **followed up on** the *job interview* with a *phone call*.
그는 그 일자리 면접에 대해서 전화로 후속 조치를 취
했다.

discussion	토의	action	행동
project	기획사업	client	고객

He **followed up on** the Greek crisis.
그는 그 그리스 위기에 대해서 그 뉴스를 추적해갔다.
Police are **following up on** the allegation.
경찰이 그 주장에 대해서 후속조취를 취하고 있다.

follow O up with O

They attended a concert and **followed** it **up with** a
late-night drink.
그들은 그 음악회에 갔다가 곧이어 늦은 밤에 술을 마
셨다.

You should **follow up** your letter **with** a phone call.
당신은 당신의 편지를 보낸 다음, (확실히 하기 위해서)
전화를 해야 합니다.

1. 단동사
이 동사는 빈둥거리며 시간을 낭비하거나, 무책임하고 부
주의하게 행동하는 과정을 그린다.

형용사: 바보

타동사

She certainly had me **fooled** – I really believed her!
(passive)
그녀가 분명히 날 속였다. 난 정말 그녀의 말을 믿었다!

2. 구동사
2.1 fool around

Stop **fooling around**! I can't concentrate on my work.
까불지 마! 내가 내 일에 집중을 할 수가 없다.
The actor used to **fool around** in town in an open car.
그 영화배우는 무개차를 타고 그 읍내를 빈둥거리며 돌
아다니곤 했었다.
She **fooled around** on her bike in a T-shirt.
그녀는 티셔츠를 입고 자전거를 타고 돌아다녔다.

fool around with O

If you **fool around with** matches, you'll end up getting
burned.
너가 그 성냥들을 만지작거리고 놀다간 데이게 될 거야.
During the Korean war, some children **fooled around
with** mortar shells, and they got killed when the shells
went off.
한국전쟁이 계속되는 동안, 몇몇 아이들은 그 포탄들을
가지고 만지작거리다, 포탄이 터지자 죽고 말았다.
[around는 '함부로', '생각 없이'의 뜻이다. 참조: mess around
with, play around with, toy around with]

1. 단동사
이 동사는 먹이나 다른 물건을 찾기 위해서 돌아다니는 과
정을 그린다.

2. 구동사
2.1 forage around for O

I will go to the kitchen and **forage around for** leftovers.
나는 그 부엌에 가서 먹다 남은 음식들을 이리저리 찾
아보겠다.

I will check the cupboard, **foraging around for** some
cookies.
나는 쿠키를 찾기 위해서 그 찬장을 이리저리 찾아보겠다.

2.2 forage for O

A deer strayed into our garden, **foraging for** a meal.
사슴 한 마리가 우리 정원에 들어와서 먹이를 찾고 있
었다.

1. 단동사
이 동사는 억지로 힘을 가하는 과정을 그린다.

타동사

Don't **force** a child to eat.
아이들을 억지로 먹게 하지 마세요.
The snowstorm **forced** us to stay home.
그 눈폭풍이 우리를 집에 억지로 머물게 했다.
The thief **forced** the lock.
그 도둑이 그 자물쇠를 억지로 부수었다.
Can you **force** the lid of the jar?
너는 그 뚜껑을 그 항아리에서 억지로 뜯어낼 수 있습
니까?
She **forced** a smile through her tears.
그녀는 눈물을 흘리면서도 억지웃음을 지었다.

2. 구동사
2.1 force O back

She **forced** her tears **back**.
그녀는 나오려는 눈물을 억지로 참았다.
[back은 앞으로 나오는 눈물을 못 나오게 하는 관계를 나타낸다.
참조: choke back, push back]

2.2 force O down

She **forced down** her tears.
그녀는 (나오려는) 눈물을 억눌렀다.
[down은 올라오는 눈물을 반대로 누르는 관계이다.]
The patient tried to **force down** a little soup.
그 환자는 약간의 국을 억지로 마시려고 했다.
[down은 음식이 목을 타고 내려가는 관계를 나타낸다.]
I **forced down** the raw fish.
나는 그 회를 억지로 삼켰다.
He **forced down** drinks on me all evening, and I got
very drunk.
그는 저녁 내내 술들을 억지로 나에게 강요해서, 나는
많이 취했다.
The terrorists **forced down** an American airliner.
그 테러 분자들이 아메리칸 항공 여객기를 강제 착륙

시켰다.
[down은 비행기가 공중에서 지상으로 내려오는 관계를 나타
낸다. 참조: shoot down]
The 770 plane was **forced down** over the Rockies.
(passive)
그 770 비행기는 로키 산맥 상공에서 강제 착륙되었다.

2.3 force O into O
Don't try to **force** the plug **into** the socket.
그 플러그를 그 소켓에 억지로 쑤셔 넣지 마라.
[참조: squeeze into]

He **forced** me **into** going away.
그는 강제로 나를 떠나게 했다.
[과정도 그릇으로 개념화되어 into와 같이 쓰일 수 있다.]

2.4 force O off O
I tried to **force** the cat **off** its resting place, but failed.
나는 그 고양이를 그가 쉬고 있는 자리에서 억지로 떼어
내려고 했으나, 실패했다.

2.5 force O (up)on O
The reforms were **forced upon** the company by the
government. (passive)
그 개혁들은 정부에 의해 그 회사에 강요되었다.
[참조: slap on]

I am sorry. I didn't mean to **force** myself **on** you
yesterday.
미안합니다. 나는 어제 내 뜻을 너에게 강요하려고 한
것은 아니다.
[myself는 환유적으로 나의 뜻을 가리킨다.]

He swears that he has never **forced** himself **on** any
woman.
그는 자신의 성적 관심을 어떤 여자에게도 강요한 적이
없었다고 장담한다.

2.6 force O out
The people **forced** the dictator **out**.
그 국민들이 그 독재자를 힘으로 몰아냈다.
[참조: muscle out, push out]

FORGE

1. 단동사
이 동사는 힘차게 꾸준히 나아가는 과정을 그린다.

2. 구동사
2.1 forge ahead
In the 1960's, the ship building industry **forged ahead**.

1960년대에, 한국 조선업은 빠르게 성장했다.

forge ahead with O
North Korea is **forging ahead with** nuclear tests.
북한은 핵실험들을 밀고 나가고 있다.

2.2 forge forward with O
The present government is **forging forward with**
economic reforms.
현 정부는 경제개혁들을 힘차게 추진하고 있다.
[참조: push forward with]

forge forward to O
We **forged forward to** the top of the mountain.
우리는 그 산의 정상까지 힘차게 나아갔다.

2.3 forge through O
He **forged through** the crowds to the front of the stage.
그는 그 사람들 무리를 헤치고 무대 앞까지 나아갔다.

FORGET

1. 단동사
이 동사는 기억했던 것을 잊어버리거나 잊어버리려고 하
는 과정을 그린다.
자동사

Before I **forget**, there was a call from Italy for you.
내가 잊어버리기 전에 말씀드리는 건데, 당신에게 이탈
리아에서 온 전화가 왔었어요.

2. 구동사
2.1 forget about O
She **forgot about** the children, and they were waiting
at the daycare center.
그녀는 그 아이들에 대한 생각을 잊어버려서, 그들이 그
주간보호소에서 기다리고 있었다.
[forget은 목적어 전체를, forget about은 목적어와 관련된 것을
잊어버린다.]

FORK

1. 단동사
이 동사는 갈퀴를 사용하여 물건을 집어 들거나, 운반하거
나 혹은 뒤집는 과정을 그린다.
명사: 포크, 갈퀴
자동사

The path **forks** at the bottom of the hill.
그 오솔길은 그 산기슭에서 갈라진다.

Fork right after the bridge.
그 다리를 지나 오른쪽 길로 가시오.

2. 구동사

2.1 fork O in

Clear the soil of weeds and **fork in** plenty of compost.
그 토양에서 잡초들을 없애고 쇠스랑을 써서 퇴비를 듬뿍 넣어 주시오.

2.2 fork O out

The cook **forked** the fried chicken **out** to everyone quite generously.
그 요리사는 모든 사람에게 넉넉하게 구운 닭고기를 포크로 집어내 주었다.
[out은 닭고기를 여러 사람에게 주는 관계를 나타낸다.]
We **forked** the coupons **out** to everyone who asked for them.
우리는 그 쿠폰들을 요청한 모든 사람들에게 그것들을 나눠주었다.
I had to **fork out** $500 to buy the motorcycle.
나는 그 모터사이클을 사기 위해 500달러라는 거금을 지불해야 했다.
[out은 돈을 많이 내어놓는 관계를 나타낸다. 참조: splash out, splurge out, lay out]
My dad refused to **fork out** any more money for the car.
나의 아버지는 그 차에 대해 더 이상의 돈을 많이 쓰기를 거부했다.

2.3 fork O over

Fork the money **over** to me!
그 돈을 싫지만은 내게 넘겨주세요!
[over는 돈이 청자에게서 나에게로 넘어오는 관계를 나타낸다. 참조: hand over]

2.4 fork O up

The cook **forked up** the pork chops, one to a person.
그 요리사는 그 돼지 고깃점들을 포크로 집어 올려, 내키지 않지만 한 사람당 하나씩 주었다.
[up은 음식을 먹을 수 있게 제공하는 관계를 나타낸다. 참조: serve up]

FORM

1. 단동사

이 동사는 무엇이 형성되거나 무엇을 형성시키는 과정을 그린다.

자동사

Cues were already **forming** outside the theater.
줄들이 이미 그 극장 밖에서 생기고 있었다.
Flowers appeared, but fruits failed to **form**.
꽃들은 피었지만 열매들은 형성되지 않았다.
Snow flakes are **formed** up high in the sky.
눈송이들은 하늘 높이에서 형성된다.

타동사

I **formed** many close friendships at college.
나는 대학 때 많은 가까운 교우관계들을 형성했다.
The river **forms** a natural boundary between the two countries.
그 강은 그 두 국가 사이의 자연적인 경계를 형성한다.

2. 구동사

2.1 form O into O

Form the dough **into** balls with your hands.
그 반죽을 손으로 동글동글한 공들로 빚어라.

2.2 form O up

The children **formed up** rows in the classroom.
그 아이들은 그 교실에서 줄들을 섰다.
[up은 줄 선 형태가 나타남을 나타낸다.]
The commander **formed up** the artilleries on the front line.
그 사령관이 그 포대들을 최전선에 직렬로 배치시켰다.
The team is **formed up** of 10 members.
그 팀은 열 명으로 구성되어 있다.

FOUL

1. 단동사

이 동사는 실수로 무엇을 망치는 과정을 그린다.
형용사: 악취 나는, (성격, 맛, 냄새, 날씨 등이) 아주 안 좋은
명사: (스포츠에서) 파울, 반칙

타동사

He was **fouled** inside the penalty area. (passive)
그는 그 패널티 구역에서 반칙을 당했다.
Do not permit your dog to **foul** the grass.
당신의 개가 그 잔디밭을 더럽히지 않게 하시오.
The rope **fouled** the propeller.
그 밧줄이 그 프로펠러에 엉켰다.

2. 구동사

2.1 foul out

Three players **fouled out** in the first round.
그 세 선수가 1회전에 파울로 경기에서 물러났다.
[out은 선수가 경기에서 물러나는 관계를 나타낸다.]

2.2 foul O up

He **fouled up** all his mid-term exams.
그는 그의 중간시험들을 모두 망쳤다.
[up은 망쳐진 상태를 나타낸다.]

I wondered why you have not received the card.
Someone must have **fouled** it **up**.
왜 네가 그 카드를 못 받았는지가 궁금하다. 누군가가
그것을 구겨버렸는지도 모르겠다.
[참조: mess up, screw up]

Bad weather **fouled up** all my vacation plans.
나쁜 날씨가 나의 모든 휴가 계획들을 망쳐 버렸다.

A new virus **fouled up** my computer system.
새로운 바이러스가 내 컴퓨터 체제를 다 망쳐버렸다.

foul up

I used diesel oil by mistake, and the engine **fouled up**.
나는 실수로 디젤유를 써서 엔진이 망가졌다.

FOUND

1. 단동사
이 동사는 병원, 학교 등과 같은 조직체를 창립하는 과정을
그린다.

타동사

Her family **founded** the college in 1895.
그녀의 가문이 1895년에 그 대학을 설립했다.

The town was **founded** by English settlers in 1790.
(passive)
그 소도시는 1790년에 영국인 정착민들에 의해 만들어
졌다.

2. 구동사

2.1 found O on O

The temple is **founded on** a solid rock. (passive)
그 사원은 단단한 바위 위에 세워져 있다.

Marriage should be **founded on** trust. (passive)
결혼은 믿음의 바탕 위에 세워져야 한다.

Their marriage was **founded on** love and mutual
respect. (passive)
그들의 결혼 생활은 사랑과 상호 존경에 기반을 두고
있었다.

Our society is **founded on** democratic principles and
values. (passive)
우리 사회는 민주적 원칙들과 가치들에 바탕을 두고 세워
졌다.
[참조: base on]

FREAK

1. 단동사
이 동사는 통제할 수 없을 정도로 겁을 먹거나, 흥분하는
과정을 그린다.

자동사

She **freaked** when she heard that he was coming to
the party.
그가 그 파티에 온다는 걸 들었을 때 그녀는 기겁을
했다.

My parents **freaked** when they saw my hair.
나의 부모님은 내 머리를 보자 기겁을 하셨다.

2. 구동사

2.1 freak about O

People **freaked about** the missile launch.
사람들은 그 유도탄 발사에 겁을 먹었다.

2.2 freak out

When he saw all these faces looking up at him, he just
freaked out.
그가 그 모든 얼굴들이 그를 쳐다보고 있음을 알았을
때, 그는 몹시 겁을 먹었다.
[freak out은 심한 충격, 두려움, 또는 기쁨 등의 감정이 극도에
이름을 나타낸다.]

She took the stuff and she **freaked out**.
그녀는 그것을 들이키고 정신이 나갔다.
[참조: bum out]

freak out about O

Some Americans are **freaking out about** North Korea.
몇몇 미국인들은 북한에 대해서 심한 겁을 먹고 있다.

freak out at O

The child **freaked out at** the sight of a snake.
그 아이는 그 뱀을 보고 몹시 기겁을 했다.

freak out from O

The cat **freaks out from** everything: ball, basket, bin,
etc.
그 고양이는 모든 것으로부터 질겁을 한다: 공, 광주리,
쓰레기통 등등.

freak O out

Jellyfish **freaks** me **out**.
해파리는 나를 질겁하게 한다.

He assumed that he was a boy, but when he heard her
speak, it **freaked** him **out**.

그는 그가 소년이라고 가정했는데, 그녀가 말하는 것을
듣고 몹시 놀랐다.

The accident **freaked out** everybody.

그 사고는 모두를 매우 놀라게 했다.

The rock band **freaked out** the crowd with the music.

그 락밴드는 그 음악으로 그 군중들을 크게 광분시켰다.

FREE

1. 단동사

이 동사는 자유롭게 하거나 무엇을 이용 가능하게 비우는
과정을 그린다.

형용사: 공간이 빈, 자유로운

타동사

By the end of May, nearly 100 of an estimated 200
political prisoners had been **freed**. (passive)

5월 말경에 200명으로 추정되는 정치범들 중 약 100명
이 석방되었다.

Three people were **freed** from the wreckage.
(passive)

세 사람이 그 난파선에서 구출되었다.

These exercises help **free** the body of tension.

이 운동들은 몸에서 긴장감을 없애는 데 도움이 된다.

We **freed** time each week for a project meeting.

우리는 매주 프로젝트 회의를 위한 시간을 마련했다.

Winning the prize **freed** him to paint full-time.

그 상을 타서 그는 (다른 일을 안 하고) 전적으로 그림
만 그릴 수 있게 되었다.

2. 구동사

2.1 free O up

I cancelled my meeting with my friends to **free up** a
whole day to work on my dissertation.

나는 친구들과의 만남을 취소하여 내 학위논문을 작업
할 수 있도록 온종일을 비워두었다.

If we could cut down military spending, it would **free
up** a huge amount of money for welfare.

만약 군사비를 줄일 수 있으면 막대한 돈을 복지를 위해
확보할 수 있을 것이다.

Please **free up** some space on your computer.

너의 컴퓨터에 공간을 좀 비워두십시오.

FREEZE

1. 단동사

이 동사는 물이 얼거나 물을 얼리는 과정을 그린다.

타동사

He is going to **freeze** the fish we bought.

그는 우리가 산 그 생선을 얼리려고 한다.

The icy wind **froze** my hands.

그 찬바람이 내 손들을 얼게 했다.

The cold spell **froze** the oranges in the groves.

그 한기가 그 과수원의 오렌지들을 얼렸다.

The Congress **froze** wages and prices.

의회가 임금과 물가를 동결했다.

자동사

The flower **froze** last night.

그 꽃이 지난밤에 얼었다.

The wheels **froze** to the ground.

그 바퀴들이 얼어서 땅에 붙었다.

Water **freezes** at 0° in Celsius.

물은 섭씨 0도에서 언다.

2. 구동사

2.1 freeze O into O

The extreme cold **froze** the river **into** solid ice.

극심한 추위가 그 강을 단단한 얼음이 되게 했다.

2.2 freeze onto O

The branches **froze onto** the side of the house.

그 가지들이 그 집 옆에 얼어붙었다.

2.3 freeze O out

Big markets such as Costco are **freezing out** small
businesses.

코스트코와 같은 큰 가게들이 작은 가게들을 시장에서
밀어내고 있다.

[out은 시장에서 벗어나는, 쫓겨나는 관계를 나타낸다.]

Many people think that they have been **frozen out** of
the housing market. (passive)

많은 사람들이 자신들이 그 주택시장에서 밀려나 있다
고 생각한다.

freeze O out of O

She is **freezing** him **out of** her life.

그녀는 그를 쌀쌀맞게 대해서 그녀의 인생에서 벗어나
게 한다.

China is trying to **freeze** Korea **out of** its economy.

중국은 한국을 불공평한 방법으로 그 경제에서 쫓아내
려고 하고 있다.

2.4 freeze over

It was so cold that the *river* **froze over**.

날씨가 너무 차서 그 강 전체가 얼었다.

[over는 얼음이 강 전체를 덮는 관계를 나타낸다.]

lake 호수	sea 바다
pond 연못	reservoirs 저수지

The river **freezes over** for the three months of winter.
그 강은 겨울 3개월 동안 전체가 언다.
It rained yesterday, and the roads **froze over**.
어제 비가 와서 그 모든 길이 얼음으로 덮였다.

freeze O over
The Han River is finally **frozen over** yesterday. (passive)
한강이 어제 마침내 전체가 얼었다.
[over는 한강 전체를 가리킨다.]
The pond in the garden is **frozen over** much of the winter. (passive)
그 정원에 있는 그 연못은 겨울 대부분 전체가 얼어있다.

2.5 freeze up
The water in the bowl hasn't **frozen up** yet.
그 접시에 있는 물이 완전히 얼지 않았다.
We must not let the *pipes* **freeze up**.
우리는 그 배수관들이 꽁꽁 얼어붙게 해서는 안 된다.
[up은 배수관이 얼어붙어 제 기능을 못하는 상태를 나타낸다.]

gear 기어	hole 구멍

Early in the morning, I went to the car and tried to open it. But the lock had **frozen up**.
나는 아침 일찍 차에 가서 문을 열려고 했으나 자물쇠가 꽁꽁 얼어붙어 있었다.
[up은 자물쇠가 얼어붙어서 움직이지 않는 관계를 나타낸다.]
The screen **freezes up**, and I can't use my smarphone.
스마트폰 화면이 꼼짝 하지 않아서, 나는 스마트폰을 쓸 수가 없다.
I **freeze up** before my teacher.
나는 내 선생님 앞에서 꽁꽁 얼어붙는다. 즉, 아무런 행동도 하지 못한다.
[up은 얼어서 움직이지 못하는 상태를 나타낸다.]
I can't play baseball. I **freeze up** when the ball comes towards me.
나는 야구를 할 수 없다. 나는 공이 나에게 오고 있으면 완전히 얼어버린다.

freeze O up
Please **freeze up** the juice.
그 주스를 꽁꽁 얼리세요.

FRESHEN

1. 단동사
이 동사는 깨끗하고, 새롭고, 매력적으로 보이게 하는 과정을 그린다.
형용사(fresh): 신선한, 싱싱한
[타동사]
The spring rain **freshened** the stale air.
그 봄비가 그 탁한 공기를 신선하게 했다.
[자동사]
The wind will **freshen** tonight.
오늘밤에는 바람이 더 쌀쌀해질 겁니다.

2. 구동사
2.1 freshen up
When I come home, I **freshen up** before dinner.
나는 집에 오면, 식사 전에 목욕을 하고 몸을 깨끗하게 한다.

freshen O up
She has **freshened** herself **up** after the long journey.
그녀는 그 긴 여행을 한 다음, 몸을 씻고 머리를 다듬고 화장을 다시 하였다.
A vase of flowers **freshens up** your living room.
화병 하나가 당신의 거실을 말끔하게 해준다.

FRET

1. 단동사
이 동사는 어떤 일에 초조하거나 조바심을 갖는 과정을 그린다.
[자동사]
Don't you **fret** — everything will turn out okay.
초조하지 말아라 — 모든 것이 잘될 것이다.

2. 구동사
2.1. fret over O
He **frets over** trifle things.
그는 하찮은 일들에 조바심을 갖는다.

FRIGHTEN

1. 단동사
이 동사는 사람이나 동물을 겁을 주는 과정을 그린다.
[타동사]
A strange sound **frightened** the child.
이상한 소리가 그 아이를 놀라게 했다.

2. 구동사

2.1 frighten O away

The boys threw stones into the bushes to **frighten away** the rabbit.

그 소년들은 그 토끼를 놀라게 해서 그 덤불을 빠져나오게 하기 위해 덤불 속으로 돌들을 던졌다.

[away는 토끼가 덤불에서 멀어지는 관계를 나타낸다.]

He fired the pistol to **frighten away** the robber.

그는 그 강도가 놀라서 도망치게 하기 위해 권총을 쏘았다.

The unrest in the country **frightened** foreign investors **away**.

그 나라의 불안한 상황이 외국 투자자들을 겁나게 해서 그들이 (그 나라를) 떠나게 했다.

2.2 frighten O into O

We **frightened** the mouse back **into** its hole.

우리는 그 쥐를 겁먹게 해서 자기의 구멍으로 되돌아 들어가게 했다.

We **frightened** coyotes **into** running away.

우리는 코요테들을 겁을 주어 도망가게 했다.

2.3 frighten O off

He waved a torch to **frighten off** the animals.

그는 그 동물들이 겁을 먹어 접근하지 못하게 햇불을 흔들었다.

[off는 공격 중인 동물이 떨어져 나가게 하거나, 멀리 있는 동물들이 접근을 못하게 하는 관계를 나타낸다.]

2.4 frighten O out

We **frightened** the squirrel **out** of the garage.

우리는 그 다람쥐를 겁을 주어 그 차고에서 나오게 했다.

FRITTER

1. 단동사

이 동사는 별로 중요하지 않은 일에 시간, 돈, 능력 등을 허비하는 과정을 그린다.

2. 구동사

2.1 fritter O away

He **frittered** all his money **away** on drinking.

그는 그의 모든 돈을 음주에 조금씩 써서 없어지게 했다.

[away는 돈이 조금씩 점차로 없어지는 관계를 나타낸다.]

The son **frittered away** all his money his father had given him.

그 아들은 아버지가 준 모든 돈을 쓸 데 없는 일에 조금씩 탕진했다.

I think she is **frittering away** her life.

나는 그녀가 그녀의 삶을 할 일 없이 허비하고 있다고 생각한다.

[참조: while away]

FRIZZLE

1. 단동사

이 동사는 말리거나 구워서 곱슬곱슬 혹은 꼬들꼬들하게 되는 관계를 그린다.

2. 구동사

2.1 frizzle up

The soup **frizzled up** at the bottom of the pan.

그 국이 그 냄비의 바닥에서 눌었다.

Her hair **frizzles up** naturally.

그녀의 머리는 자연적으로 곱슬 거린다.

FRONT

1. 단동사

이 동사는 어떤 조직체를 이끌거나, TV 등에서 프로그램을 진행하는 과정을 그린다.

명사: 사물의 앞면, 해안 도로, 바닷가, 최전선(front line)

타동사

The cathedral **fronts** the city's main square.

그 성당의 앞면은 도시의 주 광장을 향하고 있다.

He **fronts** a multinational company.

그는 다국적 기업을 이끌고 있다.

She is **fronting** a political debate program on CNN.

그녀는 CNN에서 정치토론 프로그램을 진행한다.

2. 구동사

2.1 front for O

Police suspects that the man is **fronting for** a gang of smugglers.

경찰은 그가 밀수단의 대리인 노릇을 하는 것으로 의심하고 있다.

2.2 front onto O

The port city of Pohang **fronts onto** the East Sea of Korea.

항구도시 포항은 동해를 마주한다.

[참조: face on to]

FROST

1. 단동사

이 동사는 서리나 성에가 끼는 과정을 그린다.

명사: 서리, 성에

2. 구동사

2.1 frost O over

Over night, all the windows have been **frosted over**. (passive)
밤사이 모든 창문들이 서리로 덮였다.
[over는 창문 전체에 서리가 끼는 나타낸다.]

2.2 frost O up

The freezing air **frosted up** the windows.
꽁꽁 얼게 하는 그 공기가 그 창문을 완전히 서리로 덮었다.

frost up

The car door **frosted up** last night.
지난밤에 그 차문이 서리로 완전히 덮였다.

FROWN

1. 단동사

이 동사는 화가 나거나, 기분이 좋지 않아서, 혹은 혼란스러워서 눈살을 찌푸리는 과정을 그린다.

자동사

She **frowned** with concentration.
그녀는 집중을 하느라 얼굴을 찡그렸다.

2. 구동사

2.1 frown at O

He **frowned at** me, but I didn't do anything wrong.
그는 나를 찡그린 얼굴로 보았다. 하지만, 나는 어떤 나쁜 짓도 하지 않았다.

2.2 frown upon O

People **frown upon** his rude behavior.
사람들은 그의 무례한 행동에 눈살을 찌푸렸다. 즉, 좋게 생각하지 않는다.
[on이 쓰일 때는 마음의 눈을 가리킨다.]

Nowadays, divorce is not **frowned upon**. (passive)
오늘날 이혼은 나쁘게 생각되지 않는다.

FRY

1. 단동사

이 동사는 음식 등을 기름에 튀기는 과정을 그린다.
명사: 감자튀김(Frenchfry)

2. 구동사

2.1 fry O up

Mom **fried up** chicken for dinner.
엄마는 저녁으로 닭을 튀겼다.

FUEL

1. 단동사

이 동사는 차량 등에 연료를 넣거나, 불에 기름을 붓는 과정을 그린다.
명사: 연료, (싸움을) 부채질하는 것

타동사

Uranium is used to **fuel** nuclear plants.
우라늄은 핵발전소들을 연료를 공급하는 데 이용된다.
The helicopter was already **fuelled** and ready to go. (passive)
그 헬리콥터는 이미 주유를 마치고 이륙할 준비가 되어 있었다.
High salaries helped to **fuel** inflation.
고액 급여가 인플레이션에 기름을 부었다.

2. 구동사

2.1 fuel O up

I have to **fuel up** this car at next service station.
나는 다음 주유소에서 이 차에 기름을 넣어야 한다.
[참조: tank up, fill up]

fuel up

Let's stop and **fuel up**.
여기서 멈추어서 기름을 넣자.

FUSE

1. 단동사

이 동사는 융합되거나 융합하여 하나가 되는 과정을 그린다.
명사: (폭약의) 도화선

타동사

Atoms of hydrogen are **fused** to make helium. (passive)
수소 원자들은 합쳐져 헬륨을 만든다.

자동사

The lights have **fused** again.
그 전등이 (퓨즈가 끊어져서) 나갔다.
Lead **fuses** at a low temperature.
납은 낮은 온도에서 녹는다.

2. 구동사

2.1 fuse O to O

We have to **fuse** the upper layer **to** the lower layer

with heat.
우리는 열로 윗켜를 아랫켜에 붙여야 한다.

2.2 fuse together

In the accident, two vehicles **fused together**.
그 사고에서 두 차량이 완전히 붙었다.

FUSS

1. 단동사

이 동사는 중요치 않은 일에 쓸데없이 걱정을 하거나, 야단법석을 떠는 과정을 그린다.
명사: 호들갑, 야단법석, 하찮은 것에 대한 불평

자동사

Don't **fuss**, Mom. Everything is all right.
안달하지마세요, 엄마. 모든 일이 괜찮아요.

2. 구동사

2.1 fuss around

Stop **fussing around** and sit down.
법석 떨고 돌아다니지 말고 앉아라.
Stop **fussing around** and find something useful to do!
야단법석 그만 떨고 유용한 할 일을 찾아라!

2.2 fuss at O

She **fussed at** my drinking.
그녀는 나의 음주에 대해서 야단법석을 떨었다.

2.3 fuss over O

He **fussed over** unimportant things.
그는 중요하지 않은 일을 두고 법석을 떨었다.

G g

GABBLE

1. 단동사
이 동사는 남이 잘 알아들을 수 없을 정도로 말을 빨리 하거나 지껄여대는 과정을 그린다.

자동사

She was nervous and started to **gabble**.
그녀는 초조해져서 말을 빨리 하기 시작했다.

2. 구동사
2.1 gabble away

Leah tends to **gabble away** when she is excited.
레아는 흥분하면 말을 빨리 계속해서 지껄여대는 경향이 있다.
[away는 지껄임이 반복되는 관계를 나타낸다.]

2.2 gabble on

They were **gabbling on** about the past.
그들은 그 과거에 대해 계속 지껄여 대고 있었다.
[on은 지껄임이 지루하게 계속되는 관계를 나타낸다.]
The old man likes to **gabble on** about his young days.
그 노인은 자신의 젊은 날에 대해서 지루하게 얘기하기를 좋아한다.

GAIN

1. 단동사
이 동사는 중요하거나 가치 있는 것을 얻거나 혹은 점차로 갖게 되는 과정을 그린다.
명사: 체중 등의 증가, 이득, 이점, 재정적 이익

타동사

The country **gained** its independence ten years ago.
그 나라는 10년 전에 독립을 얻었다.
There is nothing to be **gained** from delaying the decision. (passive)
그 결정을 미뤄 봐야 아무 것도 득 될게 없다.
At last she **gained** the shelter of the forest.
마침내 그녀는 그 숲의 대피소에 다다랐다.

2. 구동사
2.1 gain against O

The Euro **gained against** the dollar again today.
유로화가 오늘 다시 달러 대비 가치가 올랐다.

2.2 gain back

She has lost some weight but she is **gaining** it **back**.
그녀는 몸무게가 줄었으나, 지금 다시 되찾고 있다.

2.3 gain in O

He is **gaining in** weight.
그는 무게가 늘어나고 있다.
[in은 늘어나는 분야를 가리킨다.]

2.4 gain on O

Ted is **gaining on** Trump.
테드가 트럼프에 점점 따라 붙고 있다.
[on은 트럼프가 위협을 느끼고 있는 관계를 나타낸다. 참조: advance on, close on, march on]
Pleas speed up – he is **gaining on** us!
속도를 내세요. 그가 우리를 따라오고 있습니다.
Small scale weddings are **gaining on** large scale weddings.
소규모 결혼식이 대규모 결혼식을 따라오고 있다.

GALLOP

1. 단동사
이 동사는 말을 전속력으로 달리게 하거나, 말이 전속력으로 달리는 과정을 그린다.
명사: 전속력, (말이 달릴 수 있는 가장 빠른 속도로) 질주

타동사

He **galloped** his horse home.
그는 말을 전속력으로 몰아 집으로 갔다.

2. 구동사
2.1 gallop around O

Horses are **galloping around** the track.
말들이 트랙 주위를 빠른 속도로 달리고 있다.

2.2 gallop down O

She came **galloping down** the street.
그녀가 그 거리를 질주해 내려왔다.

2.3 gallop through O

The priest **galloped through** the mass.
그 신부님은 그 미사를 빨리빨리 해치웠다.
Ted **galloped through** his assignment.
테드는 그의 숙제를 빨리 해치웠다.

GALVANIZE

1. 단동사
이 동사는 놀라게 하거나 충격을 주어 어떤 행동을 하게 하는 과정을 그린다.

2. 구동사
2.1 galvanize O into O

The urgency of his voice **galvanized** them **into** action.
그의 목소리에 담긴 다급함이 그들을 화들짝 놀라 행동을 하게 했다.

The urgency of the situation **galvanized** the staff **into** action.
그 상황의 위급함이 직원으로 하여금 급하게 행동하게 했다.

GAMBLE

1. 단동사
이 동사는 요행을 바라며 위험한 일을 하는 과정을 그린다.
명사: (요행수를 바라고 하는) 도박, 모험

2. 구동사
2.1 gamble O away

The rich man **gambled away** all his fortune.
그 부자는 노름을 해서 그의 재산을 조금씩 조금씩 모두 날렸다.
[away는 재산이 조금씩 없어지는 관계를 나타낸다.]

2.2 gamble on O

The team **gambled on** reaching the summit before the sunset.
그 팀은 해지기 전에 그 정상에 도착하는 모험을 했다.

gamble O on O

I **gambled** all my winnings **on** the last race.
나는 그 마지막 경마에서 나의 딴 돈을 모두 걸었다.
He is **gambling** his reputation **on** this deal.
그는 자기 명성을 이번 거래에 걸고 있다.
[참조: bet on]

GANG

1. 단동사
이 동사는 사람들이 함께 패거리를 짓는 과정을 그린다.
명사: 갱, 범죄 조직, (함께 어울려 다니며 말썽을 일으키는) 패거리

2. 구동사
2.1 gang up

We have to **gang up**. We can't do it alone.
우리는 뭉쳐야 한다. 우리 혼자서는 그것을 할 수 없다.
The smaller supermarkets are **ganging up** to beat the bigger ones such as E-Mart or Costco.
그 작은 슈퍼마켓들이 이마트나 코스트코 같은 큰 상점을 이기기 위해서 뭉치고 있다.
[up은 여러 사람이 모여서 무리를 이루는 관계를 그린다. 참조: pair up, team up]

gang up against O

His competitors **ganged up against** him and forced him to give up his right.
그의 경쟁자들이 뭉쳐서 그에 대항하여 그의 권리를 포기하게 했다.

gang up on O

He felt that we were **ganging up on** him and trying to isolate him.
그는 우리가 그에게 집단으로 뭉쳐서 그를 고립시키려고 하고 있다고 느꼈다.
At school, the older boys **ganged up on** the small boys.
학교에서, 그 상급생 남자아이들이 집단으로 그 작은 남자아이들을 괴롭혔다.

gang up with O

He **ganged up with** the boys.
그는 그 소년들과 함께 갱을 만들었다.

GAPE

1. 단동사
이 동사는 놀라거나 충격을 받아서 입을 벌리고 무엇을 오랫동안 바라보는 과정을 그린다.

2. 구동사
2.1 gape at O

Stop **gaping at** me please.
제발 멍하니 나를 보고 있지 마세요.

GARNER

1. 단동사
이 동사는 곡식이나 정보 등을 수집하는 과정을 그린다.

2. 구동사
2.1. garner O up

The former **garnered up** his crop in time.
그 농부는 그의 곡식을 제때 거두어들였다.

GARNISH

1. 단동사
이 동사는 음식에 고명을 얹는 과정을 그린다.
명사: (음식에 얹는) 고명

2. 구동사
2.1 garnish O with O
She **garnished** the dish **with** slices of red pepper.
그녀는 그 음식을 잘게 썬 붉은 고추로 고명을 얹었다.
The steamed fish is **garnished with** red pepper.
(passive)
그 찐 생선은 붉은 고추로 고명이 얹혀졌다.

GAS 1

1. 단동사
이 동사는 차량에 연료를 넣는 과정을 그린다.
명사: 휘발유, 기체, 가스, 독가스, 최루탄

2. 구동사
2.1 gas up
We have to **gas up** before we hit the highway.
우리는 그 고속도로에 이르기 전에 (자동차에) 휘발유를 채워 넣어야 한다.
[참조: tank up, fuel up]

gas O up
At the storm warning, the residents **gased up** their cars and prepared to leave.
그 태풍 주의보에 그 주민들은 차에 기름을 넣고 떠날 준비를 했다.
[their car는 환유적으로 차에 붙은 기름통을 가리킨다.]

GAS 2

1. 단동사
이 동사는 중요하지 않은 일에 대해서 계속 지루하게 이야기 하는 과정을 그린다.

2. 구동사
2.1 gas away
The kids were standing there **gassing away**.
그 아이들은 그곳에 서서 계속 지껄여댔다.
[away는 지껄임이 반복됨을 나타낸다.]

2.2 gas on about O
He **gassed on about** the soccer game he had watched.
그는 그가 본 그 축구 경기를 길고 지루하게 말을 했다.
[on은 길고 지루하게 계속되는 관계를 나타낸다. 참조: go on about]

GASP

1. 단동사
이 동사는 숨을 쉬기가 힘들어서 헐떡이는 과정을 그린다.
명사: '헉'하는 소리를 냄
자동사
"What was that noise?" he **gasped**.
"저게 무슨 소리냐?" 그가 숨을 헉헉거리며 말했다.

2. 구동사
2.1 gasp out
"I can't breathe." he **gasped out**.
"난 숨을 쉴 수 없다"라고 그는 숨을 헐떡이며 말했다.
[out은 말이 밖으로 나오는 관계를 나타낸다.]

2.2 gasp for O
He was climbing up the mountain, **gasping for** breath.
그는 숨을 헐떡이며 그 산을 오르고 있었다.

GATHER

1. 단동사
이 동사는 무엇을 모으거나 모이는 과정을 그린다.
타동사
The child **gathered** his toys.
그 아이가 그의 장난감들을 모았다.
He **gathers** news for a paper.
그는 어느 신문을 위해서 뉴스를 모은다.
The farmer **gathered** his crops.
그 농부가 그의 작물을 거두어 들였다.
He **gathered** wealth.
그는 재산을 모았다.
자동사
The family **gathered** for a reunion.
그 가족은 재회를 위해 모였다.

2. 구동사
2.1 gather around O
A crowd of people **gathered around** the rock star.
한 무리의 사람들이 그 록 가수 주위에 모였다.
The boy scouts **gathered around** the camp fire and sang songs.

그 보이스카우트 단원들이 그 모닥불 주위에 모여서 노래를 불렀다.

gather O around O
We **gathered** the tour group **around** the exhibit.
우리는 그 관광객들을 그 전시 주위에 모이게 했다.

2.2 gather O in
The farmer is busy **gathering in** the harvest of rice.
그 농부는 쌀 수확을 거두어들이는 일로 바쁘다.
[in은 수확이 들판에서 집으로 들어오는 관계를 나타낸다.]
Please **gather** the skirt **in** on both sides.
그 치마를 양쪽에서 접어서 줄이세요.
[in은 둘레를 안으로 접어서 짧게 하는 관계를 나타낸다. 참조: take in]

2.3 gather O into O
He **gathered** grass **into** sheaves.
그는 풀을 모아서 단들을 만들었다.

gather into O
The children **gathered into** the hall.
그 아이들이 그 강당으로 모여들었다.

2.4 gather O together
Gather all your books **together** and put them away.
너의 모든 책들을 함께 모아서 치워라.

2.5 gather O up
She **gathered up** the *newspaper* that were scattered on the floor.
그녀는 그 마룻바닥 위에 흩어져있던 그 신문들을 한데 모았다.
[up은 흩어져있던 것이 한데 모여서 큰 무리가 되는 상태를 나타낸다.]

swans 백조	chickens 닭

The mother **gathered** the baby **up** in an embrace.
그 엄마는 그 아기를 팔에 안고 껴안아 올렸다.
[up은 아기를 들어올리는 관계를 나타낸다.]
He **gathered** himself **up** and left the hall.
그는 몸을 일으키고 나서 그 강당을 떠났다.
She **gathered up** her bag and left the room.
그녀는 가방을 집어들고 방을 나갔다.

gather up
The crowd **gather up** around the magician.
그 군중들이 그 마술사 주위에 모였다.

1. 단동사
이 동사는 국회 등에서 의사봉을 쳐서 회의를 시작하는 과정을 그린다.
명사: 의사봉

2. 구동사
2.1. gavel into O
The congress **gavelled into** session.
국회는 (의사봉을 치고) 회의에 들어갔다.

GAZE

1. 단동사
이 동사는 자신도 모르게 무엇을 오랫동안 응시하는 과정을 그린다.
명사: 응시, (눈여겨보는) 시선, 눈길

2. 구동사
2.1 gaze around O
I entered the hall, and **gazed around** the place.
나는 그 강당에 들어가서 그 곳을 이리저리 응시했다.
The detective **gazed around** the office.
그 형사는 그 사무실 주위를 오랫동안 응시했다.

gaze around at O
The teacher **gazed around at** each of us, and finally said hello.
그 선생님은 우리들 각각을 둘러 보면서 응시한 다음 마침내 안녕이라고 말했다.
Tourists from China **gazed around at** the scenery.
중국 관광객들이 그 전경을 이곳저곳 응시했다.

2.2 gaze at O
She **gazed at** him in amazement.
그녀가 놀라서 그를 가만히 응시했다.
He stood on the beach, **gazing at** the sea.
그는 그 바다를 응시하면서 그 해변에 서 있었다.
The old man **gazed at** the child, and frightened him.
그 노인은 그 아이를 응시해서 그를 놀라게 했다.

2.3 gaze into O
He **gazed into** her eyes.
그는 그녀의 눈을 들여다보았다.
He sat for hours just **gazing into** space.
그는 그냥 허공을 응시하며 몇 시간을 앉아 있었다.

2.4 gaze on O

He **gazed on** the ocean.
그는 그 바다를 응시했다.

He **gazed on** the ruin that had been his village.
그는 그의 마을이었던 그 폐허를 응시하였다.

2.5 gaze out at O

He **gazed out at** the stars.
그는 그 별들을 내다보면서 응시했다.

gaze out on O

He sat for hours **gazing out on** the sea.
그는 몇 시간 동안 앉아서 그 바다를 응시하며 내다보았다.

He **gazed out on** the deserted beach.
그는 아무도 없는 그 해변을 응시하며 내다보았다.

GEAR

1. 단동사

이 동사는 해야 할 일에 대해 준비를 잘 하는 과정을 그린다.
명사: 자동차 등의 기어, 장비, 복장, 특정 목적용 장치

> 타동사

Our cafeteria is **geared** to handle many customers at once.
우리 식당은 많은 손님을 한꺼번에 받아들이도록 설비가 되었다.

2. 구동사

2.1 gear O to O

The pedals of the bike are **geared to** the wheel.
그 자전거 페달은 바퀴에 연결되어 있다.

The professor **geared** his course **to** senior students.
그 교수는 그의 강의를 4학년 학생들에게 맞추었다.

Most buildings are not **geared to** people with disability.
대부분의 건물들은 장애인에 맞게 설계되지 않았다.

The Korean educational system is **geared to** exams.
한국 교육제도는 시험을 잘 치도록 짜여져 있다.

2.2 gear O up for O

They spent all morning **gearing** themselves **up for** the event.
그들은 그 행사를 맞아들일 준비를 하느라 아침나절을 다 보냈다.

The schools are **gearing up** the students **for** tests.
그 학교들은 아이들을 시험을 위한 준비를 시키고 있다.

gear up for

They are **gearing up for** a *busy day*.
그들은 바쁜 하루를 위해 준비를 하고 있다.

| election | 선거 | party | 파티 |
| speech contest | 말하기 대회 | holiday | 휴일 |

The president is **gearing up for** his talk with Donald Trump.
그 대통령은 도널드 트럼프와의 회의를 준비하고 있다.

2.3 gear up to

We are **gearing up to** deal with increased workload.
우리는 증가된 업무량을 다룰 수 있는 준비를 하고 있다.
[up은 준비한 정도를 높이고 있는 상태를 나타낸다.]

They are **gearing up to** host an international conference.
그들은 국제회의를 주최하기 위해 준비하고 있다.

gear O up to V

He is **gearing** himself **up to** ask her to go out with him.
그는 그녀에게 데이트 하자고 요청하기 위해 마음의 준비를 해오고 있다.
[참조: build up to]

GEN

1. 단동사

이 동사는 어떤 목적을 위해서 많은 정보를 습득하는 과정을 그린다.
명사: 정보

2. 구동사

2.1 gen up

Smith **genned up** about the software.
스미스는 그 소프트웨어에 대해 잘 알고 있다.

It would be a good idea to **gen up** on Korea before going over to Korea.
한국에 건너가기 전에 한국에 대해서 알고 가는 것이 좋겠다.

GET

1. 단동사

이 동사는 크게 두 가지의 의미를 갖는다. 하나는 소유의미이다. 주어가 목적어를 갖는 의미이다. 또 하나는 이동의미이다. 주어가 한 장소에서 다른 장소로 움직임을 나타낸다. 이 이동의미는 상태변화의 의미로 확대된다.

소유의미

He **got** a new computer.

그는 새 컴퓨터를 샀다 / 얻었다.

I **got** a cold over the weekend.

나는 주말에 감기에 걸렸다.

He's **got** $100.

그는 100달러를 가지고 있다.

The hunter **got** two birds.

그 사냥꾼은 두 마리 새를 잡았다.

Did you **get** my joke?

너 내 농담을 얻었니 / 이해했니?

I will **get** you a cup of coffee.

내가 네게 커피 한 잔을 사주마.

다음 문장의 주어는 사람이고, 이것이 주어의 영향에 든다.

The stone **got** him in the leg.

그 돌이 그 사람의 발에 맞았다.

The problem **got** me.

그 문제가 나를 이겼다.

Her singing really **got** me.

그녀의 노래가 나를 짜증나게 했다.

이동의미

She **got** home early.

그녀는 일찍 집에 돌아왔다.

He **got** to the station in time.

그는 제 시간에 그 역에 도착했다.

상태변화

His hands **got** dirty.

그의 손들이 더러워졌다.

She **got** sick.

그녀는 병이 났다.

사역의미

I can't **get** him to come.

나는 그를 설득하여 오게 할 수 없다.

I can't **get** the door open.

나는 그 문이 열리게 할 수 없다.

2. 구동사

2.1 get about

He really **gets about**.

그는 정말 이리저리 많이 돌아다닌다.

[about은 이리저리의 뜻을 나타낸다.]

He is **getting about** in the Jeep.

그는 그 지프차를 타고 돌아다닌다.

[참조: move around, run around]]

2.2 get above O

He **got above** himself when he received the award.

그가 그 상을 받았을 때 그는 우쭐했다.

2.3. get O across

You should **get** your *idea* **across** to the others.

너는 너의 생각을 다른 사람들에게 전달되게 해야 한다.

[생각은 공으로 은유화된다. across는 아이디어가 다른 사람에게 넘어가는 관계를 나타낸다. 참조: put across]

point 요점	message 메시지

get **across** O

How did you **get across** the desert?

당신은 그 사막을 어떻게 가로질러 갔습니까?

get **across**

You can **get across** through the e-mail.

너의 생각을 이메일을 통해서 (다른 사람들에게) 전달할 수 있다.

2.4 get after O

Fred **gets after** Maria.

프레드는 마리아의 뒤를 쫓아다닌다.

I will **get after** Fred about his behavior.

나는 프레드의 태도에 대해서 계속 추궁할 것이다.

2.5 get ahead

Try to **get ahead** of the bus in front of us.

우리 앞에 있는 그 버스를 앞지르세요.

He **got ahead** of us.

그는 우리 앞에 들어왔다.

2.6 get along

We are **getting along** fine.

우리는 잘 지내고 있다.

[along은 관계가 시간 속에 진행됨을 나타낸다.]

He is **getting along** in age.

그는 나이가 들어가고 있다.

[참조: go on in years]

get **along** with O

He is **getting along** well with her.

그는 그녀와 잘 지내고 있다.

The President is **getting along** with *Russia*.

대통령은 러시아와 잘 지내고 있다.

congress	의회	senators	상원의원

2.7 get around O

Tourists are **getting around** Seoul.
관광객들이 서울의 이곳저곳을 다니고 있다.

We **got around** the cat so that it cannot escape.
우리들은 그 고양이가 도망가지 못하도록 둘러쌌다.

We **got around** the fallen tree.
우리는 그 넘어진 나무를 둘러서 갔다.

Don't worry about the problem. We can **get around** it.
그 문제에 대해서 걱정하지 마세요. 그 문제를 둘러갈 수 있을 것입니다.

He **got around** the *checkpoint*.
그는 그 검문소를 돌아갔다.

bridge	다리	obstacle	장애물

get around

I don't want the rumor to **get around**.
나는 그 소문이 돌아다니는 것을 원하지 않는다.

get O around O

We **got** all the people **around** the table.
우리는 모든 사람들을 그 식탁 주위에 모이게 했다.

I was able to **get** my head **around** the topic.
나는 그 화제에 대해서 이해할 수 있게 되었다.

Finally, I **got** my head **around** what she was saying.
마침내 나는 그녀가 말하고 있는 것을 알게 되었다.

get O around

Don't try to **get** me **around** by buying me gifts.
내게 선물을 사주면서 나의 마음을 돌리려고 하지 마세요.
[me는 환유적으로 나의 마음을 가리키고, around는 나의 마음의 방향을 바꾸는 관계를 나타낸다. 참조: turn around, come around]

get around to O

I finally **got around to** *calling you*.
나는 마침내 너에게 전화하려던 일을 하게 되었다.
[around는 계획한 일을 제때 하지 못하고 나중에 돌아와서 하는 관계이다.]

writing to you	너에게 편지 쓰기
finishing the work	일을 끝내기

I will **get around to** you in a moment.
(일을 마치고) 당신에게 돌아가겠습니다.

2.8 get at O

He keeps **getting at** me but I don't know why.
그는 계속해서 나를 못살게 구는데, 나는 그 이유를 모르겠다.
[at은 공격의 의미를 갖는다. 참조: go at, come at]

Mosquitoes are **getting at** me.
모기들이 나를 공격하고 있다.

I want to **get at** that cupcake.
나는 저 컵케이크에 손을 대고 싶다.

You cannot **get at** the public record until 15 years have passed.
당신은 15년이 지나기 전에는 그 공공 문서에 접근할 수가 없다.

As a reporter, he is determined to **get at** the fact.
기자로서 그는 진실에 접근하고자 마음이 굳어있다.

What are you **getting at**?
무엇을 하려고 시도하고 있나? (무엇을 의도하고 있나?)
[at은 시도를 나타낸다. 참조: drive at]

I don't know what you're **getting at**.
나는 네가 무엇을 하려 하는지 알 수가 없다.

2.9 get away

He **got away** for a week.
그는 일주일 동안 (현재의 자리에서) 떠나갔다. 즉, 휴가를 갔다.

get away from O

Finally, I was able to **get away from** it all.
마침내 나는 모든 일에서 벗어날 수 있었다.
[away는 어떤 장소나 일에서 멀어져 가는 관계를 나타낸다.]

Please **get away from** me!
제발 나에게서 떨어져 나가세요!

get away to O

I'd like to **get away to** Hawaii this summer.
나는 이번 여름에 이곳을 벗어나서 하와이로 가고 싶다.

get away with O

He **got away with** the slap on the wrist.
그는 팔목에 한 대를 맞고 (어려운 상황에서) 벗어났다.

He did not have any ingredient and **got away with** Ketchup.
그는 다른 식재료가 없어서 케첩으로 그 상황을 벗어났다.

2.10 get back

He went to Busan yesterday and **got back** today.
그는 어제 부산에 갔다가 오늘 돌아왔다.

get back at O

Joe **got back at** Jane for insulting him.
조는 그를 모욕을 한 제인에게 복수했다.
[back은 모욕을 되갚는 뜻이고, at은 공격의 뜻이 있다.]

get back on O

He **got back on** the *bike*.
그는 다시 자전거를 탔다.

road	길	topic	주제
schedule	일정	bus	버스

get back to O

I will **get back to** you soon.
나는 곧 너에게 전화를 다시 하겠다.
[back은 전화를 다시 하겠다는 뜻이다.]

He **got back to** *reality*.
그는 현실로 다시 돌아왔다.

the point	요점	work from coffee break	휴식 후 일

He **got back to** his *early years*.
그는 그의 유년시절로 되돌아갔다.

old days	옛날	childhood	유년시절

He **got back to** his work at his job.
그는 그의 일자리의 일로 다시 돌아갔다.

get O back

He **got back** his *wallet*.
그는 그의 지갑을 되찾았다.

camera	카메라	umbrella	우산
cell phone	휴대전화	backpack	배낭

2.11 get behind O

The whole village **got behind** the reform.
그 전체 마을 사람들이 그 개혁을 뒷받침했다.
[behind는 뒤에서 지지하는 관계를 나타낸다.]

We will **get behind** you 100%.
우리는 100% 당신을 지지하겠습니다.

get behind

I have so much work that I am **getting behind**.
나는 일이 너무 많아서 (계획에) 뒤지고 있다.

I **got behind** with the payment of the electricity bill.
나는 내 전기요금의 납부가 (예정일에) 뒤졌다.

2.12 get by O

The family is **getting by** one small income.
그 가족은 하나의 적은 수입에 의존해서 겨우 살아가고 있다.

I managed to **get by** the intersection in time.
나는 제 시간 안에 그 교차로를 지나갈 수 있었다.

get by

We are **getting by** with three computers.
우리는 세 대의 컴퓨터를 가지고 겨우 지내고 있다.

We have to **get by** with one fan.
우리는 선풍기 한 대로 지내야 한다.

I am **getting by** in English.
나는 영어로 겨우겨우 지내고 있다.

2.13 get down

Get down, he has a pistol.
자세를 낮추어라, 그는 권총을 가지고 있다.
[down은 자세를 낮추는 관계를 나타낸다.]

Can I **get down** in front of the university?
내가 그 대학교 앞에서 내릴 수 있을까요?
[down은 차에서 내리는 관계를 나타낸다.]

Get down to business.
마음을 가라앉히고 진지하게 일을 합시다.
[down은 들뜬 상태에서 가라앉는 상태로의 변화를 그린다. 참조: buckle down]

In the mud festival, people **get down** and dirty in the mud.
그 머드축제에서 사람들은 진지하게 진흙 속에서 몸에 진흙을 바른다.

get down on O

He **got down on** all fours and played with the child.
그는 손과 발을 땅에 대고 엎드려서 그 아이와 놀았다.

Let's **get down on** this studying business.
공부하는 일에 집중합시다.
[down은 마음을 가라앉히는 관계를 나타낸다. 참조: get down to, buckle down to]

get down to O

He **got down to** work / business.
그는 진지한 마음으로 일하기 시작했다.
[down은 마음이 가라앉아 차분한 상태를 나타낸다.]

get O down

It's windy. **Get** your hood **down**.
바람이 심하다. 너의 후드를 내려라.

Get the cat **down** from the tree.

그 고양이를 그 나무에서 내려라.

The bad news **got** her **down**.
그 나쁜 소식이 그녀의 마음을 우울하게 했다.
[her는 환유적으로 마음을 가리키고, down은 좋은 상태에서 나쁜 상태로의 변화를 가리킨다. 참조: let down, put down]

I am out of job, and it **gets** me **down**.
나는 일자리가 없고, 이 사실은 나를 우울하게 만든다.

I **got** his address **down** before I forgot it.
나는 그의 주소를 잊어버리기 전에 재빨리 적었다.
[down은 주소를 종이에 적는 관계를 나타낸다. 참조: put down, jot down, scribble down, write down]

Please **get down** every word he says.
그가 하는 낱말 하나하나를 적으세요.
[down은 말을 글로 옮기는 관계를 그린다. 참조: jot down, put down, write down]

2.14 get in

What time did she **get in**?
몇 시에 그녀가 (집에 / 사무실 등에) 들어왔느냐?
[in은 화자가 청자가 아는 어떤 공간 속으로의 이동을 그린다.]

Did the plane **get in**?
그 비행기가 (비행장에) 들어 왔느냐?

get in on O

I want to **get in on** the meeting, but I wasn't invited.
나는 그 회의에 참여하고 싶었으나, 초대받지 못했다.
[in은 범위를 좁혀 들어가는 관계를, on은 접촉 관계를 나타낸다.]

Everybody wanted to **get in on** the *secret*.
모든 사람들이 그 비밀에 접근하고 싶어 했다.

issue 쟁점	discussion 토의

get in with O

He tries to **get in with** politicians.
그는 정치인들과 (어떤 모임 등에서) 함께 지내기를 좋아한다.
[참조: mingle in with]

get in O

He **got in** the elevator on the ground floor.
그는 일층에서 그 엘리베이터를 탔다.

get O in

I have to **get** a plumber **in** to fix the drain.
나는 그 배수관을 고치기 위해서 배관공을 불러 들어야 한다.
[in은 배관공이 주어의 집에 들어가는 관계를 나타낸다. 참조: bring in]

I **got in** a few words.
나는 몇 마디 말을 (편지, 인사 말 등에) 넣었다.

She **got in** extra milk.
그녀는 더 많은 우유를 (커피 등에) 넣었다.

2.15 get into O

He **got into** his *car*.
그는 그의 차에 들어갔다.

taxi 택시	office 사무실
jeep 지프차	house 집

He **got into** Yoga.
그는 요가를 시작했다.

He **got into** the habit of drinking before going to bed.
그는 잠자리에 들기 전에 술을 마시는 습관에 빠져 들었다.

He **got into** *hiking*.
그는 등산을 열성적으로 했다.

fishing 낚시	buying lottery 복권 사는 것
climbing 등산	skiing 스키

We **got into** a *fight*.
우리는 싸우기 시작했다.

dialogue 대화	argument 논쟁
discussion 토의	story 이야기

get O into O

The president **got** the nation **into** mess.
그 대통령은 나라를 혼란 속에 빠뜨렸다.

2.16 get off O

He **got off** the *bus*.
그는 그 버스에서 내렸다.
[off는 그가 버스에서 내리는 관계를 나타낸다.]

subway 지하철	plane 비행기
boat 배	train 기차

He **got off** the phone / line.
그는 전화를 마쳤다.

We **got off** the *road*.
우리는 그 길을 벗어났다.

golf course 골프 코스	highway 고속도로
track 선로	ground 땅

Get off my back!

내 등에서 떨어져라! 즉, 괴롭히지 말아라.

He got off the treadmill and began to pump iron.
그는 러닝머신 뛰는 것을 그만두고, (아령, 바벨 등으로) 근육 운동을 시작했다.

get off

He got off at Jongro.
그는 종로에서 내렸다.

The passengers are getting off now.
그 승객들이 (비행기 등에서) 내리고 있다.

He got off early today.
그는 오늘 일찍 일을 마쳤다.
[off는 사람이 일에서 떨어지는 관계를 나타낸다. 즉, off work의 뜻이다.]

He ran the red light and he was caught by a policeman, but luckily, he got off lightly.
그는 빨간 불을 지나가다가 경찰에게 잡혔다. 그러나 다행히도 그는 가벼운 처벌을 받았다.

get off of O

What time did you get off of work?
너는 몇 시에 일을 마쳤느냐?

get off to O

He got off to a good start.
그는 좋은 출발을 했다.

get O off

The lawyer got him off.
그 변호사가 그를 석방시켰다.
[off는 그가 감금 또는 투옥에서 떨어지게 하는 관계를 그린다.]

get O off O

I got the drunken driver off the road.
나는 취한 운전사를 길에서 떼어놓았다. 즉, 운전을 못하게 했다.

The rescuers got the victim off the mountain.
그 구조자들은 그 조난자를 그 산에서 데리고 나왔다.

He got the worry off the chest.
그는 그 걱정을 가슴에서 떼어놓았다. 즉, 덜었다.

2.17 get on O

He got on the *train*.
그는 그 기차에 탔다.
[on은 그가 기차에 접촉하는, 즉 타는 관계를 나타낸다.]

| horse | 말 | plane | 비행기 |
| bike | 자전거 | bus | 버스 |

The president got on board Airforce-1.
대통령은 공군1호기에 탑승했다.

He got on the *phone*.
그는 전화를 하기 시작했다.

| computer | 컴퓨터 | Twitter | 트위터 |

One of these days, I want to get on recording Jeju dialect.
언젠가 나는 제주방언을 기록하는 것에 착수하고 싶다.
[참조: start on, work on]

He got on his knees.
그는 무릎을 대고 앉았다.

get on

The bus was almost full when he got on.
그가 버스를 탔을 때, 버스가 거의 만원이었다.
[on의 목적어는 앞부분에 있는 the bus이다.]

The train is approaching. Get on everybody!
기차가 들어오고 있습니다. 여러분 모두 탑시다!

They are getting on well together.
그들은 함께 잘 지내고 있다,
[on은 과정의 계속을 나타낸다. 참조: get along with]

I am getting on in years. The steps are too steep for me.
나는 늙어가고 있다. 그 계단들이 너무 가파르다.
[참조: go on in years]

| my car | 나의 차 | smartphone | 스마트폰 |
| computer | 컴퓨터 | printer | 프린터 |

Time is getting on. Let's get going.
시간이 늦어지고 있다. 갑시다.

If you want to get on, you need to work hard.
성공하기 원하면, 열심히 일할 필요가 있다.
[참조: get ahead]

get on at O

Charlie is getting on at me.
찰리가 계속해서 나를 못살게 굴고 있다.
[on은 과정의 계속을, at은 공격을 의미한다.]

get on to O

We got on to the subject.
우리는 (이어서) 그 주제를 다루게 되었다.
[on은 한 주제가 끝나고 이어서 다음 주제로 넘어가는 관계를 나타낸다.]

I got on to a plumber about the leak.
나는 그 누수문제로 배관공을 연결했다.

get on with O

I want to **get on with** some work.
나는 일을 좀 계속하고 싶다.
[on은 쉬었다 다시 하는 관계를 나타낸다.]
Get on with your dinner.
식사를 계속 하세요.
[참조: continue on with, keep on with]

get O on

He **got** his hat and coat **on** and left the room.
그는 모자를 쓰고 코트를 걸치고 방을 나갔다.
[참조: put on]
Get on your shoes and let's go out.
신발을 신고 밖으로 나가자.

get O on O

He **got** his son **on** the next flight.
그는 아들을 다음 비행기 편에 태웠다.
The lions **get** the herds **on** the run.
그 사자들이 그 동물들을 뛰어가게 했다.

2.18 get out

The bird **got out**.
그 새가 (새장 등의) 밖으로 나왔다.
[out은 화자와 청자가 아는 어떤 공간 안에서 밖으로 나오는 관계를 그린다.]
The lion **got out**.
그 사자가 (우리의) 밖으로 나왔다.

get out O

He **got out** exit 3.
그는 3번 출구로 나왔다.

get O out

I can't **get** any word **out**.
나는 어떤 말을 (나에게서) 내어 놓을 수가 없다.
I have to **get** this book **out** by the end of this year.
나는 이 책을 금년 말까지 내어 놓아야 한다.

get out of O

He **got out of** the burning car in time.
그는 그 불이 붙은 차에서 제때에 나왔다.
Finally, he **got out of** the smoking habit.
마침내, 그는 흡연습관에서 벗어났다.

get O out of O

I tried to **get** the coffee stain **out of** the table cloth.
나는 그 커피 얼룩을 그 식탁보에서 빼어 내려고 노력

했다.
I must **get** the truth **out of** him.
나는 그 진실을 그에게서 밝혀내어야 한다.
I **got** much **out of** the discussion.
나는 많은 것을 그 토의로부터 얻었다.

2.20 get over O

I couldn't **get over** the *huge rock* in the path.
나는 그 길에 있는 그 큰 바위를 넘어갈 수 없었다.

obstacle	장애물	fence	울타리
hill	언덕	hurdle	허들

He **got over** the *death of his son*.
그는 그 아들의 죽음의 슬픔을 넘어서서 삶을 이어갔다.
[over는 그가 슬픔을 넘어서는 관계를 그린다.]

shyness	부끄러움	hangover	숙취
loss	상실	cold	감기

He is **getting over** the flu.
그는 독감을 넘어서고 있다. 즉, 독감이 낫고 있다.

get O over

He **got** the flu **over**.
그는 그 감기가 지나가게 했다.
He **got** the message **over**.
그는 그 메시지를 (자신에게서 다른 사람에게) 전달되
게 했다.
[over는 메시지가 주어에서 다른 사람으로 넘어가는 관계를 그린
다. 참조: put across]

get O over with O

I am happy that I **got** the exam **over with**.
나는 그 시험을 끝내서 기분이 좋다.
[over는 시험이 끝난 관계를, with은 시험이 나에게서 떨어져 나간
관계를 나타낸다.]

2.21 get through O

We were able to **get through** the *winter*.
우리는 그 겨울을 (처음부터 끝까지) 지낼 수 있었다.
[through는 겨울의 시작부터 끝까지의 이동을 나타낸다.]

summer	여름	night	밤
day	낮	afternoon	오후

I **got through** the exams.
나는 그 시험들을 다 치렀다.
We **got through** a lot of work.

우리는 많은 일을 (처음부터 끝까지) 해내었다.
We **got through** a bottle of Soju in one sitting.
우리는 소주 한 병을 한자리에서 해치웠다.

get O through O
The speaker managed to **get** the bill **through** the congress.
그 국회의장은 그 법안을 국회를 통과시키는 데 성공했다.

2.21 get through
The bill **got through**.
그 법안이 (의회를) 통과했다.
She **got through**.
그녀와 통화가 연결되었다.
[through는 통화가 화자에게서 청자로 연결되는 관계를 나타낸다.]

get through to O
He **got through to** her.
그는 그녀에게 전화를 통해 통화가 되었다.
I **got through to** a wrong number.
나는 틀린 번호에 연결되었다.

get O through to O
I can't **get** the message **through to** him.
나는 그 메시지를 그에게 이해시킬 수 없었다.

2.22 get to O
She really won't let anyone **get** close **to** her.
그녀는 절대 누구든지 그녀에게 가까이 오도록 하지 않는다.
The *heating* is starting to **get to** me.
그 열기가 나에게 다가오기 시작하고 있다. 즉, 영향을 미치기 시작했다.

smell	냄새	fly	파리
noise	소리	mosquito	모기

I **got to** thinking about my trip to Australia.
나는 나의 호주 여행에 대해 생각하기 시작하고 있다.

get O to O
I'll try to **get** it **to** you by the end of the day.
오늘이 지나기 전에 이것이 너에게 전달되도록 하겠다.

2.23 get together
We **got together** for a Christmas party.
우리는 성탄절 파티를 위해 모였다.

[together는 여러 사람이나 물건이 함께 모이는 관계를 그린다.]

2.24 get O together
We **got** people **together** for a demonstration.
우리는 시위를 위해서 사람들을 모이게 했다.
I **got** my stuff **together** and got going.
나는 내 물건을 챙기고 가기 시작했다.

2.25 get up
She is **getting up** out of the armchair.
그녀는 그 안락의자에서 일어나고 있다.
He **got up** and spoke to me.
그는 일어서서 나에게 말했다.
[up은 낮은 위치에서 높은 위치로의 이동을 나타낸다. 참조: stand up]

get up on O
He **got up on** the *stage*.
그는 그 무대에 올라갔다.

deck	갑판	platform	승강장
podium	연단		

get up to O
We **got up to** Chapter 10.
우리는 제10장까지 점차로 나아갔다.
[책의 첫 부분은 아래쪽으로, 뒷부분은 위로 개념화 된다.]
He **got up** close **to** me from behind.
그는 내 뒤에서 내게 가까이 다가왔다.

get O up
I've got to **get** John **up**, or he will be late for work.
나는 존을 깨워야 한다. 그렇지 않으면 존은 지각할 것이다.
He is **getting up** his Korean before going to Korea.
그는 한국에 가기 전에 그의 한국어 실력을 늘리고 있다.
[up은 양이나 질이 좋아지는 변화를 가리킨다. 참조: brush up, polish up]
The town people are **getting up** a petition for a bus stop.
그 읍내 사람들은 버스 정류소를 위해 탄원서를 만들고 있다.
[up은 없던 것이 새로 생기는 변화를 가리킨다.]
Let's **get** the sandbags **up** against the door.
이 모래주머니들을 그 문에 대고 쌓아올리자.
[up은 물건이 쌓여 올라가는 관계를 나타낸다. 참조: put up, stack up]
We have to **get up** energy.

우리는 에너지를 늘려야 한다.

He is **getting up** his hopes.

그는 그의 희망을 높이려고 하고 있다.

get O **up** O

The cheetah **got** its prey **up** a tree.

그 치타는 먹이를 나무 위로 끌고 올라갔다.

get up with O

If I study hard from now on, I think I can **get up with** him.

지금부터 내가 열심히 공부하면, 나는 그를 따라잡을 수 있으리라 생각한다.

[참조: catch up with]

2.25 get with

Fred is **getting** well **with** Jane.

프레드는 제인과 잘 지내고 있다.

GIGGLE

1. 단동사

이 동사는 킬킬거리고 웃는 과정을 그린다.

2. 구동사

2.1 giggle at O

The children **giggled at** the antics of the clown.

아이들은 그 광대의 익살스러운 행동에 킬킬거렸다.

[at은 깔깔거림을 자아내는 자극이다.]

GINGER

1. 단동사

이 동사는 연설이나 모임 등을 흥미롭게 하는 과정을 그린다.

명사: 생강

2. 구동사

2.1 ginger O **up**

The **gingered** his speech **up** with humorous stories.

그 연사는 그의 연설을 재미있는 얘기로 재미가 있게 했다.

[up은 재미를 높이는 관계를 나타낸다.]

Some dancing would **ginger up** the party.

약간의 춤이 그 파티에 생기를 부여했다.

GIVE

1. 단동사

이 동사는 주는 과정을 그린다.

타동사

He **gave** me his laptop.

그는 나에게 노트북 컴퓨터를 주었다.

My father **gave** me a watch for my birthday present.

나의 아버지는 나에게 시계를 생일 선물로 주었다.

Cows **give** milk.

암소는 우유를 내어 놓는다.

Music **gives** comfort.

음악은 위안을 준다.

She **gave** the right answer.

그녀는 옳은 답을 내어 놓았다.

2. 구동사

2.1 give O **away**

The company is **giving away** *its makeup sample* as a promotion.

그 회사는 선전으로 그 화장품 샘플을 공짜로 나누어 주고 있다.

[away는 화장품이 회사 소유에서 다른 사람에게로 가는 관계를 나타낸다.]

the books	그 책들	CDs	CD들
coupons	쿠폰들	prizes	상들

He accidentally **gave** *the secret* **away**.

그는 잘못해서 그 비밀을 나가게 했다.

the information	그 정보	the location	그 장소
the answer	그 해답		

He looks very calm, but his trembling legs **gave** him **away**.

그는 안정되어 보이지만 그의 떨리는 다리가 그의 불안한 마음을 드러나게 했다.

[him은 환유적으로 그의 마음을 가리킨다.]

The bride's father **gave** his daughter **away**.

그 신부의 아버지가 그의 딸을 (신랑에게) 넘겨주었다.

Upon birth, the baby was **given away**. (passive)

태어나자마자, 그 아기는 (어디에) 주어졌다.

2.2 give O **back**

I will **give** you **back** your car when I come back.

내가 돌아오면 너의 차를 돌려주겠다.

[back은 차가 소유자에게서 빌리는 사람에게 갔다가 다시 소유자에게 돌아오는 관계를 나타낸다.]

The operation **gave** her voice **back**.

그 수술은 그녀에게 목소리를 되돌려 주었다.

G

give back to O

He is going to **give back to** society.

그는 사회에 환원할 예정이다.

Now it is time for Korea to **give back to** the international community.

이제 한국은 국제 공동체에 받은 것을 되돌려 줄 시기이다.

2.3 give O for O

I **gave** $50 **for** the bike.

나는 $50를 자전거 값으로 내어 주었다.

He **gave** his life **for** his country.

그는 그의 생명을 나라를 위해 내어 놓았다.

2.4 give in

The roof **gave in** during the heavy snow.

그 지붕이 그 많은 눈이 오는 동안 꺼졌다.

[in은 지붕이 안으로 꺼지는 관계를 나타낸다. 참조: cave in]

My child nagged me so much and finally I **gave in**.

내 아이가 너무 졸라서 마침내 나는 양보했다.

[in은 주장에서 물러서는 관계를 나타낸다.]

I have been craving coffee all morning but I haven't **given in**.

나는 아침 내내 커피가 마시고 싶었지만 욕망에 지지 않았다.

The FBI will never **give in** to the *terrorists' demand*.

FBI는 그 테러분자의 요구를 절대 받아들이지 않을 것이다.

pressure 압박	fear 공포심

2.5 give of O

He was a kind man who always **gave of** himself.

그는 항상 자신을 아낌없이 주는 친절한 사람이었다.

2.6 give O off

The skunk **gave off** foul odor.

그 스컹크는 지독한 악취를 뿜었다.

[off는 악취가 스컹크에게서 떨어져 나오는 관계를 나타낸다.]

The radiator doesn't **give off** much heat.

그 방열기는 많은 열을 방출하지 않는다.

The burning gas tank **gave off** thick clouds of black smoke.

그 타는 가스 저장 탱크는 검은 연기의 짙은 구름을 내뿜었다.

[off는 검은 연기가 저장탱크에서 떨어져 나오는 관계를 그린다.]

Although she came from a poor family, she **gave off** richness.

그녀는 가난한 집안 출신이지만 부티를 풍겼다.

The eels **give off** strong electricity.

그 장어들은 강한 전기를 내뿜는다.

2.7 give onto O

The back door **gives onto** the beach.

그 후문은 그 해변에 이어진다.

[참조: face onto]

2.8 give out

My old car finally **gave out**.

내 자동차가 마침내 못 쓰게 되었다.

Halfway through the course, my legs **gave out**.

그 코스의 반쯤 가서, 내 다리의 힘이 다 빠졌다.

[legs는 환유적으로 다리의 힘을 가리키고 out은 다리의 힘이 다 빠지는 관계를 나타낸다.]

The necessities **gave out**.

그 필수품들이 다 나갔다.

[참조: run out]

My patience **gave out**.

내 인내심이 다 나갔다.

The professor's voice **gave out**.

그 교수님의 목소리가 나갔다.

give O out

The patient **gave out** a low moan.

그 환자는 낮은 신음 소리를 내었다.

[out은 몸 안에서 신음이 나오는 관계를 그린다.]

The light **gives out** bright light.

그 전등은 밝은 빛을 내보낸다.

The school decided to **give out** the *laptops*.

그 학교는 노트북 컴퓨터를 학생들에게 주기로 결정했다.

[out은 여러 사람에게 물건을 주는 관계를 그린다.]

prizes 상	grants 장학금

The *winners' names* were **given out** on the radio. (passive)

그 승자들의 이름들이 라디오에서 방송되어 널리 알려졌다.

instructions 지시사항	warnings 경고
statistics 통계	

The marriage licence was **given out** last week. (passive)

그 혼인 허가서가 지난주에 발급되었다.

2.9 give O over

The key to the car was **given over** to the new owner.
(passive)
그 자동차 열쇠는 새 주인에게 넘겨졌다.
[over는 열쇠가 한 사람에게서 다른 사람에게로 넘어가는 관계를
그린다. 참조: hand over]
An entire wing of the museum is **given over** to the
artist's exhibition.
그 미술관의 한 동 전체가 그 미술가의 전시에 주어졌다.
On her mother's death, the baby was **given over** to
her aunt.
그녀의 엄마가 죽자, 그 아기는 이모네로 넘겨졌다.

2.10 give O up

I had to **give up** my Korean class.
나는 한국어 수업을 포기해야 했다.
[up은 물리칠 수 없는 압력에 의해 포기하는 관계를 나타낸다.]
I had to **give up** smoking.
나는 흡연을 그만두어야 했다.

give O up to O

The young man **gave up** his seat **to** a woman with a
baby.
그 젊은이는 아기를 데리고 온 여자에게 그의 자리를 양
보했다.
The thief **gave** himself **up to** the police.
그 도둑은 할 수 없이 경찰에 자수했다.
He **gives** every Sunday morning **up to** work at a charity
shop.
그는 자선가게에서 일하기 위해서 매 일요일 아침을 내
어 놓는다.
He has been **giving** himself **up to** finishing the book.
그는 자신을 그 책을 마치는 데 맡기고 있다. 즉 그 일에
온 몸을 맡기고 있다.

give up

I **gave up** halfway.
나는 중간에서 포기했다.
I **give up**.
나는 포기한다.
Are you going to **give up** or keep fighting?
너는 포기하겠느냐, 계속 싸우겠느냐?

give up on O

We almost **gave up on** the *patient*.
우리는 (환자 자체가 아니라) 그 환자에 대한 희망을
거의 포기했다.

| moon | 달에 대한 희망 |
| political process | 정치 과정에 대한 희망 |

He's back at last. We **gave up on** him.
그는 결국 돌아왔다. 우리는 그에 대한 희망을 포기했
었다.
Scientists are **giving up on** the Great Barrier Reef.
과학자들은 Great Barrier Reef(큰 장벽을 이루는 산
호초)에 대한 희망을 포기하고 있다.
I have **given up on** the *yoga*.
나는 그 요가에 대한 희망을 버렸다.

| exercise | 운동에 대한 희망 | medicine | 약에 대한 희망 |
| house | 집에 대한 희망 | farm | 농장에 대한 희망 |

GLAM

1. 단동사
이 동사는 어디에 달라붙는 과정을 그린다.

2. 구동사
2.1 glam onto O
Red blood cells **glam onto** the foreign body.
적혈구들이 그 이물질에 달라붙는다.
The young brother **glams onto** his brother and follows
him wherever he goes.
그 동생은 형에게 달라붙어서 그가 가는 곳마다 따라다
닌다.

GLANCE

1. 단동사
이 동사는 무엇을 한 번 힐끗 보는 과정을 그린다.
명사: 힐끗 봄

2. 구동사
2.1 glance at O
He **glanced at** us.
그가 우리를 힐끗 보았다.

2.2 glance off O
The headlight glass **glanced off** the glass window.
그 전조등이 그 유리창에 닿았다가 튕겨나갔다.
[off는 빛이 창문에 닿았다가 벗어나는 관계를 나타낸다.]

2.3 glance over O
He **glanced over** the paper.
그는 그 서류를 힐끗 전체를 훑어보았다.

GLARE

1. 단동사
이 동사는 화가 나서 어떤 사람을 오랫동안 쏘아보는 과정을 그린다.
명사: 노려봄, 환한 빛, 눈부심

2. 구동사
2.1 glare at O
I glared at my dog, but he just wagged his tail.
나는 내 개를 노려보았으나, 그 개는 꼬리를 흔들기만 했다.

2.2 glare down on O
The sun glared down on the tin roof.
햇빛이 그 양철지붕 위를 세차게 내리 쪼였다.
[참조: beat down on]
The hot sun glared down on the beach.
그 뜨거운 햇빛이 그 해변에 내려 쬐었다.
The judge glared down on the defendant.
그 판사는 그 피고인을 내리 응시했다.

GLAZE

1. 단동사
이 동사는 유약을 바르거나 유약을 바른 듯 흐릿해지는 과정을 그린다.
명사: 유약

자동사
"I'm feeling rather tired," he said, his eyes glazing.
"난 좀 피곤해." 그가 흐려진 눈으로 말했다.

타동사
He glazed the pottery and waited for it to dry.
그는 그 자기에 유약을 바르고 그것이 마르기를 기다렸다.

2. 구동사
2.1 glaze over O
He glazed over lots of details.
그는 많은 세부 사항을 건성으로 훑고 지나갔다.
Her eyes are glazed over. (passive)
그녀의 눈 전체가 흐릿해졌다.

glaze over
After the rain, the road glazed over and it's very dangerous.
그 비가 온 다음, 그 길이 온통 미끄러워져서 매우 위험하다.
The lake glazed over.

그 호수 전체가 얼음이 덮였다.

GLIDE

1. 단동사
이 동사는 미끄러지듯 순조롭게 조용히 움직이는 과정을 그린다.
자동사
Swans went gliding past.
백조들이 미끄러지듯 지나갔다.
An eagle was gliding high overhead.
독수리 한 마리가 머리 위에서 높이 활공하고 있었다.

2. 구동사
2.1 glide across O
The skater glided across the frozen river.
그 스케이트 타는 사람은 그 언 강을 미끄러지듯 가로질러갔다.

2.2 glide along O
The helicopter glided along the clear sky.
그 헬리콥터가 그 맑은 하늘을 미끄러지듯 지나갔다.

2.3 glide away from O
He glided away from the side of the river.
그는 그 강가에서 스케이트를 타면서 멀어져 갔다.

2.4 glide off
The clouds glided off and the sun came out.
그 구름들이 미끄러져서 (어느 장소에서) 떠나자, 태양이 나왔다.

GLOAT

1. 단동사
이 동사는 자신의 성공에 기뻐하거나 남의 불행에 고소해 하는 과정을 그린다.

2. 구동사
2.1 gloat over O
She gloated over her good luck.
그녀는 자신의 행운에 만족스러워했다.
Don't gloat over her misfortune.
그녀의 불행에 고소해 하지 마세요.

GLOSS

1. 단동사

이 동사는 좋지 않은 문제를 고의적으로 피하는 과정을 그린다.

2. 구동사

2.1 gloss over O

The director **glossed over** the mistake.
그 감독은 그 실수를 얼버무려 넘겼다.

The film **glossed over** the real issue of the conflict.
그 영화는 그 알력의 실제 쟁점을 얼버무려 버렸다.

The question was **glossed over** by the prosecutor. (passive)
그 문제는 그 검찰에 의해서 얼버무려졌다.

The details cannot be **glossed over**. (passive)
그 세부사항은 그냥 넘길 수 없다.

[참고: pass over]

GLOVE

1. 단동사

이 동사는 장갑을 끼는 과정을 그린다.
명사: 장갑

2. 구동사

2.1 glove up

She **gloved up** and cleaned the fish.
그녀는 장갑을 끼고 그 생선을 다듬었다.

GLOW

1. 단동사

이 동사는 불이 불꽃 없이 은은히 타는 과정을 그린다.
명사: 불빛, 홍조, 단풍, 기쁨, 만족감을 동반한 은근한 감정
자동사

Her cheeks were **glowing**.
그녀의 두 뺨이 상기되고 있었다.

2. 구동사

2.1 glow with O

The novelist **glowed with** happiness at the thought of being a winner of the award.
그 소설가는 그 상의 수상자가 된다는 생각에 행복에 겨웠다.

GLUE

1. 단동사

이 동사는 접착제로 무엇을 붙이는 과정을 그린다.
명사: 접착제

2. 구동사

2.1 glue O to O

The child has been **glued to** the *TV* all day long. (passive)
그 아이는 온종일 TV에 붙어 있다.

phone 전화기	seat 자리

2.2 glue O together

Glue the two pieces of cardboards **together**.
그 판지 두 조각을 접착제로 함께 붙여라.

The congressmen **glued together** a bill.
그 국회의원들이 법안 하나를 짜 맞추었다.

[참조: cobble together, put together]

GLUT

1. 단동사

이 동사는 무엇을 너무 많이 주는 과정을 그린다.
명사: 과잉

2. 구동사

2.1 glut O with O

She tends to **glut** her children **with** food.
그녀는 아이들에게 음식을 많이 먹이는 경향이 있다.

[참조: stuff with]

2.2 glut O on O

She **glutted** herself **on** chocolate.
그녀는 초콜릿을 너무 많이 먹었다.

GNAW

1. 단동사

이 동사는 단단한 물건을 계속해서 갉거나 씹는 과정을 그린다.
타동사

The dog was **gnawing** a bone.
그 개는 뼈다귀를 물어뜯고 있었다.

[away는 어떤 행동이 계속됨을 나타낸다.]

2. 구동사

2.1 gnaw at O

Mice are **gnawing at** the cheese.
쥐들이 그 치즈를 조금씩 갉아먹고 있다.

[at은 치즈가 조금씩 먹힘을 나타낸다.]

Polluted air **gnaws at** the lungs.
오염된 공기가 폐를 조금씩 갉아 먹는다.

The cold case is **gnawing at** the detective.
그 미해결사건이 그 탐정가를 계속적으로 괴롭히고 있다.

2.2 gnaw away

John is **gnawing away** at his fingernails.
존은 그의 손톱을 계속해서 물어뜯고 있다.

2.3 gnaw on O

The insects **gnaw on** dead skin.
그 곤충은 죽은 피부를 먹고 산다.

He is **gnawing on** the question.
그는 그 질문을 곰곰이 생각하고 있다.

[이 생각은 음식이다. 즉, 은유가 적용된 예이다. 참조: chew on]

2.4 gnaw through O

The termite **gnawed through** the bark.
그 흰개미가 그 나무껍질을 갉아서 뚫고 지나갔다.

GO

1. 단동사

이 동사는 이동체가 한 장소에서 다른 장소로 가는 과정을
그린다.

공간 이동

He must **go** now.
그는 이제 가야 한다.

They **went** to Busan yesterday.
그들은 어제 부산에 갔다.

He **went** 15 miles today.
그는 오늘 15마일을 갔다.

시간의 흐름

The years come and **go**.
해(年)들은 오고 간다.

감각

The pain is now **gone**.
그 고통은 이제 사라졌다.

소유 이동

The prize **goes** to her.
그 상은 그녀에게 간다.

The sofa **went** for $30.
그 소파는 $30에 팔렸다.

Most of her money **goes** to buy dresses.
그녀의 돈의 대부분은 옷들을 사는 데 간다.

The old chair **goes** to the store room.

그 헌 의자는 그 저장실에 간다.

상태 변화

go는 한 물체가 한 상태에서 다른 상태로 변하는 것을
그리는 데 쓰인다. 보통 좋은 상태에서 나쁜 상태로의
변화나 중립적인 변화를 나타낸다.

He **went** mad.
그는 미쳤다.

They **go** hungry.
그들은 배가 고파진다.

2. 구동사

2.1 go about O

After last night's earthquake, people **go about** their
business as usual.
엊저녁 지진에도 불구하고 사람들은 보통과 같이 그들
의 일에 종사하고 있다.

After the accident, he managed to **go about** his daily
routine.
그 사고 이후에, 그는 가까스로 그의 일상적인 일에 종
사하고 있다.

I want to help her, but I don't know how to **go about**
it.
나는 그녀를 돕고 싶지만 그 도움을 어떻게 해야 할지
모르겠다.

[about은 그 일의 이것저것을 둘러본다는 뜻이다.]

How can we **go about** *finding an apartment house*?
어떻게 우리는 아파트를 찾는 일에 착수할 수 있나요?

resolving the issue	그 문제를 해결하기
fixing the car	그 자동차를 수리하기
improving one's English	영어를 향상시키기
protecting our environment	환경을 보호하기

go about

In summer, everyone **goes about** in *shorts*.
여름에는 모든 사람들이 반바지를 입고 돌아 다닌다.
[about은 이리저리, 이곳저곳의 뜻이다.]

jeans	청바지	slippers	슬리퍼
t-shirts	티셔츠	sleeveless shirt	민소매

He **went about**, handing out the leaflets.
그는 그 전단지를 나누어 주면서 돌아다녔다.

She **went about**, spreading the rumor.
그녀는 그 소문을 퍼뜨리면서 이리저리 돌아다녔다.

A lot of flu is **going about**.
많은 감기가 돌고 있다.

2.2 go across O
We **went across** the ocean in just three months.
우리는 그 바다를 삼 개월 만에 가로질러 갔다.

go across
We came to a bridge and **went across**.
우리는 다리에 와서 그것을 건너갔다.
[across의 목적어는 다리다.]

2.3 go after O
Since we have only one shower, I **go after** my brother, and my sister **goes after** me.
우리는 샤워기가 하나밖에 없기 때문에 나는 형 다음에 하고 내 여동생이 내 뒤에 샤워를 한다.
A policeman **went after** the *robber*.
경찰관 한 명이 그 강도를 추격했다.
[after는 경찰이 강도를 따라가는 관계를 나타낸다.]

suspect	용의자	murderer	살인자
criminal	범인	thief	도둑

He wants to **go after** my job when I leave.
그는 내가 떠나면 나의 자리를 차지하려고 한다.

2.4 go against O
It **goes against** my principle to respect someone just because he has money.
누가 돈이 있다고 그를 존경하는 것은 내 원칙에 거스른다.
[against는 돈 많은 사람에 대한 존경이 내 원칙에 맞선다는 뜻이다.]
I **went against** my father and became a singer.
나는 아버지의 뜻을 거스르면서 가수가 되었다.
[against는 내 뜻이 아버지의 뜻과 대치되는 관계를 그린다.]
The verdict **went against** the defendant.
그 판결은 그 피고인에게 불리했다.

2.5 go ahead
The planning is complete, but we cannot **go ahead** without his approval.
그 계획은 완성되어 있으나, 그의 승인 없이 진행시킬 수 없다.
[ahead는 계획에서 실천으로 나아가는 관계를 나타낸다.]
A: Do you mind if I take some of your salt?
B: **Go ahead.**
A: 내가 당신의 소금을 조금 가져가도 될까요?
B: 그렇게 하세요.
[ahead는 요청에서 사용단계로 가라는 뜻이다.]
A: May I use your laptop?

B: **Go ahead.**
A: 제가 당신의 노트북 컴퓨터를 사용해도 될까요?
B: 그렇게 하세요.
President Obama's visit to the country will **go ahead** despite political unrest in the country.
오바마 대통령의 그 나라 방문은 그 나라의 정치적 불안에도 불구하고 진행될 것이다.

go ahead with O
Despite my objection, he **went ahead with** the project.
내 반대에도 불구하고, 그는 그 기획사업을 진척시켰다.
[ahead는 앞으로 나아가는 관계를 그린다. 참조: move ahead with]

go ahead and
He **went ahead and** *built a house*.
그는 생각한대로 집을 지었다.

ordered a phone	전화기를 주문했다
voted for Trump	트럼프에 투표를 했다

2.6 go along O
I **went along** the bank.
나는 그 강둑을 따라갔다.

go along
Everything is **going along** well.
모든 일이 잘 진행되고 있다.
[along은 모든 일이 시간에 따라 진행됨을 나타낸다.]

go along with O
Jack is **going along with** Maria.
잭은 마리아와 잘 지내고 있다.
On this point, I **go along with** John.
이 점에 있어서 나는 존과 의견을 같이 한다.
[along은 나와 John의 생각의 흐름을 가리킨다.]
He **went along with** the policy.
그는 그 정책에 동의했다.

idea	생각	ban	금지
sanction	제재		

2.7 go around O
He **went around** the temple.
그는 그 사찰의 주위를 돌아다녔다.
[around는 사찰의 주위 이곳저곳을 가리킨다.]
They **went around** the apartment.
그들은 그 아파트를 둘러보았다.
He **went around** the hospital from room to room.

G

그는 그 병원을 이 방 저 방 돌아다녔다.
The highway **goes around** the island.
그 고속도로는 그 섬 주위를 돈다.

go around

She **goes around** in *jeans*.
그녀는 청바지를 입고 돌아다닌다.
[참조: go about]

shorts	반바지	slippers	슬리퍼
T-shirt	티셔츠		

We **went around** from place to place in a *jeep*.
우리는 지프차를 타고 이곳저곳 돌아다녔다.

car	차	BMW	BMW차
taxi	택시	AUDI	아우디

Since she got promotion, she **goes around** in a big smile on her face.
그녀가 승진한 후에, 그녀는 얼굴에 큰 웃음을 띠고 돌아다닌다.
A nasty flu is **going around** now.
지금 몹시 심한 독감이 돌아다니고 있다.
He **goes around** *talking behind my back*.
그는 내 등에서 얘기를 하며 돌아다닌다

spreading rumors	루머를 퍼뜨리며
asking for help	도움을 청하며

We have enough *food* to **go around**.
우리는 모든 사람에게 돌아갈 충분한 음식이 있다.

juice	주스	chairs	의자
cake	케이크	books	책

go around to O

We **went around to** the village.
우리는 그 마을에 되돌아왔다.

2.8 go at O

This is the school I am **going at**.
이것이 내가 다니고 있는 학교이다.
The shark **went at** the swimmer.
그 상어가 그 수영하는 사람에게 덤볐다.
[at은 공격의 의미를 갖는다.]
He **went at** the man with his fists.
그는 그의 주먹으로 그를 공격했다.
She **went at** the job with a lot of energy.
그녀는 많은 열의를 가지고 그 일에 매진했다.

[참조: keep at, work at]
I had a good training lesson – I really **went at** *it*.
나는 좋은 훈련을 받았다 – 나는 정말 그 일에 열중했다.

hiking	등산	skiing	스키
swimming	수영	jogging	조깅

2.9 go away

Go away, and leave him alone.
(그에게서) 물러나라, 그를 혼자 두어라.
[away는 상대가 그에게서 멀어지는 관계를 나타낸다.]
He **goes away** in business every two months.
그는 업무상 매 두 달마다 출장을 간다.
My bad feeling about him won't **go away**.
그에 대한 나의 나쁜 감정이 없어지지 않는다.
[away는 나쁜 감정이 자신에게서 떨어지는 관계를 나타낸다.]
Upon taking the medicine, the *pain* **went away**.
그 약을 먹자 그 통증이 가시었다.
[away는 통증이 몸에서 없어지는 관계를 그린다.]

cold	감기	headache	두통
flu	독감	stomachache	복통

The *situation* won't **go away**.
그 상황은 한동안 가시지 않을 것이다.

sanction	제재	problem	문제
scandal	추문	story	이야기

go away to O

He used to **go away to** Hawaii in summer.
그는 여름에 하와이에 가곤 했다.
[away는 화자와 청자가 알고 있는 지역에서 떠나는 관계를 그린다.]

go away from O

He **went away from** home to Canada.
그는 집을 떠나 캐나다로 갔다.

go away with O

He **went away with** the baby in his arms.
그는 그 아기를 팔에 안고 데려 갔다.
He **went away with** *theft*.
그는 도둑질하고도 벌을 받지 않았다.

murder	살인	robbery	강도짓

2.10 go back

He has been away from Korea, and now he thinks he should **go back**.
그는 한국을 떠나 있어 왔는데, 이제 돌아가야 한다고

생각한다.

[back은 한국 – 외국 – 한국의 관계를 나타낸다.]

The school **goes back** in September.

수업은 9월에 다시 시작된다.

[back은 수업 – 방학 – 수업의 관계를 나타낸다.]

The shoes are **going back** – They are too small for me.

이 신발들을 돌려보낸다. 이들은 너무 작다.

[back은 신발이 상점 – 집 – 상점으로 이동하는 관계를 나타낸다.]

I and Susan **go back** a long way.

나와 수전의 관계는 멀리 뒤로 간다. 즉 사귄지가 오래 되었다.

[back은 현재에서 과거로의 뜻이다.]

When does the rent car **go back**?

그 렌터카는 언제 빌린 데로 돌아갑니까?

go back on O

I said I love him, I can't **go back on** my promise.

나는 그를 사랑한다고 말했다. 나는 그 약속에 대해, 약속 이전으로 돌아갈 수 없다. 즉 약속에서 얻을 수 없다.

go back to O

He has been studying overseas and he is **going back to** Korea.

그는 외국에서 공부하고 있었는데, 한국으로 돌아가려고 한다.

I turned off my alarm and **went back to** sleep.

나는 알람을 끄고 다시 잠이 들었다.

Let's **go back to** an interesting comment you made earlier.

당신이 앞서 한 재밌는 논평으로 되돌아갑시다.

This temple **goes back to** the 1500s.

이 절은 1500년대까지 거슬러 올라간다.

She **went back to** school when her son was 5.

그녀는 아들이 다섯 살이 되었을 때 학교로 돌아갔다.

He wants to **go back to** his ex-wife, but she does not want him back.

그는 전처에게 돌아가고 싶어 하지만, 그녀는 그를 다시 받아들이고 싶지 않아 한다.

2.11 go before O

Sharon **went before** the judge and laid out her complaint.

샤론은 그 판사 앞에 가서 그녀의 불만을 상세히 진술했다.

2.12 go below

I will **go below** and check the engine.

나는 차 밑으로 내려가서 그 엔진을 점검할 것이다.

2.13 go beyond O

Jane **went beyond** what was required of her.

제인은 그녀에게 요구되는 것을 넘어갔다. 즉, 요구된 것 이상으로 일했다.

He wants to be a singer, but it **goes beyond** hope.

그는 가수가 되고 싶어 하지만, 그것은 희망의 범위를 넘어간다. 즉, 불가능하다.

The painter **goes beyond** imitation – he is very creative.

그 화가는 모방의 범위를 넘어선다. 그는 매우 창의적이다.

2.14 go by O

He **went by** me.

그는 내 곁을 지나갔다.

On my way to work, I **went by** the post office to mail a package.

일터에 가는 길에 나는 소포를 부치기 위해서 그 우체국에 잠깐 들렀다.

Go by the store and pick up some milk.

그 상점에 가서, 우유를 좀 사오너라.

[by는 가게의 안이나 밖을 포함하는 영역을 가리킨다.]

He **goes by** the rule.

그는 그 규정에 따라 행동한다.

[by는 그의 행동이 그 규칙의 영향 아래 이루어진다는 뜻이다.]

When I cook, I **go by** the recipe.

내가 요리를 할 때에는, 요리법에 따라 한다.

go by

I sat by the window and watched the world **goes by**.

나는 그 창가에 앉아서 세상이 돌아가는 것을 보았다.

[by는 세상이 내 곁, 즉 내가 보는 가운데 지나감을 나타낸다.]

Time **went by**, and the hope for his survival is fading.

시간이 (우리 곁을) 지나면서, 그의 생존에 대한 희망이 희미해지고 있다.

year	해	class	수업
trip	여행	vacation	휴가

2.15 go down O

Her marriage **went down** the drain.

그녀의 결혼이 배수구 아래로 흘러 내려갔다. 즉, 파혼했다.

He **went down** the *stairs*.

그는 그 계단을 따라 내려갔다.

cliff	절벽	hole	구멍
steps	계단	tube	관

go down

The sun **went down** at 6.
해가 여섯 시에 졌다.

The front tires **went down** again.
그 앞바퀴들이 또 바람이 빠졌다.

[down은 부피가 줄어드는 관계를 나타낸다.]

My throat is very sore, though the glands **went down**.
내 목은, 임파선은 가라앉았으나 매우 따갑다.

The boar **went down** when it was shot by the hunter.
그 산돼지가 그 사냥꾼의 총에 맞았을 때 쓰러졌다.

[down은 서있던 자세에서 넘어지는 자세로 나아가서 죽는 상태를 나타낸다.]

The house **went down** in flames.
그 집은 화염 속에 폭삭 내려앉았다.

The Titan **went down** with a lot of passengers on it.
타이탄 호는 많은 승객을 태운 채 가라앉았다.

The Malaysian airliner **went down** over the Indian Ocean.
그 말레이시아 여객기는 인도양에서 추락했다.

The audience grew silent as the lights **went down**.
그 청중들은 그 불들이 어두워지자 조용해졌다.

[down은 밝기가 줄어드는 상태를 나타낸다.]

The prices **went down**.
그 가격들이 내려갔다.

My computer **went down**.
내 컴퓨터가 고장 났다.

[down은 활동이나 작동의 정지를 나타낸다.]

The cafe **went down** some time ago.
그 카페는 얼마 전에 문을 닫았다.

Because the player is playing very badly, he is **going down**.
그 선수는 경기를 매우 못하고 있어서 그는 지고 있다.

I tried to warn her about what's **going down**, but she would not listen.
나는 그녀에게 무슨 일이 일어나고 있는지 경고하려고 노력했지만 그녀는 듣지 않았다.

[down은 사건이 일어나는 관계를 나타낸다.]

What **went down** in Dallas yesterday?
무슨 일이 어제 Dallas에서 일어났느냐?

The festival **went down** on the 23rd of October.
그 축제는 10월 23일에 있었다.

He **went down** as a greatest *statesman* in modern history.
그는 최근 역사에서 가장 위대한 정치가로 기억되었다.

[down은 무엇이 종이에 기록되는 관계를 나타낸다. 참조: jot down, write down]

senator	상원의원	president	대통령
scholar	학자	scientist	과학자

A glass of cool beer **goes down** very well.
시원한 맥주 한 잔은 (목을 타고) 잘 내려간다.

The *proposal* **went down** well with the committee.
그 제안은 위원회 위원들에게 잘 받아들여졌다.

[생각은 음식으로 개념화되어 제안이 잘 내려간다는 것은 잘 받아들여진다는 뜻이다.]

idea	생각	plan	계획

go down on O

He **went down on** his knees.
그는 무릎을 대고 앉았다.

go down to O

He **went down to** Busan at weekends.
그는 주말마다 부산에 내려간다.

This path **goes down to** the foot of the hill.
그 소로는 그 산자락까지 내려간다.

The plane **went down to** hostile fire.
그 비행기는 적군의 사격을 받고 추락했다.

2.16 go for O

He **went for** a *bike ride*.
그는 자전거를 타러 나갔다.

drive	드라이브	movie	영화
walk	산보	marathon	마라톤

My parents **go for** the older styles of ballads.
나의 부모님은 옛 스타일의 발라드들의 양식들을 좋아한다.

As he was **going for** the ball, he bumped into another player.
그가 그 공을 잡으러 갈 때, 그는 다른 선수를 들이 박았다.

[for는 go의 목적어인 공을 잡기 위함을 나타낸다.]

He **goes for** plain T-shirt rather than patterned one.
그는 무늬가 있는 것보다 민무늬 티셔츠를 선호한다.

[for는 그가 티셔츠를 받아들이는 관계를 나타낸다.]

When I opened the gate, fierce dogs **went for** us.
내가 그 대문을 열었을 때, 무서운 개들이 우리에게 덤벼들었다.

The angry dog **went** straight **for** my leg.
그 화난 개는 내 다리를 물려고 곧장 덤벼들었다.

John, be quiet. That **goes for** Brian.
존, 조용히 해라. 이 말은 브라이언에게도 해당된다.
This phone normally **goes for** $800.
이 전화기는 일반적으로 800불에 팔린다.

2.17 go forth
He **went forth** into the battle.
그는 그 전투에 나갔다.
Today you **go forth** into the real world.
오늘 너는 실제 세계로 나아간다.
As the story **goes forth**, you start to notice many strange things happening.
이야기가 진행되면, 너는 이상한 일들이 일어나는 것을 알게 된다.

2.18 go forward
Their marriage can **go forward** now.
그들의 결혼은 계획대로 진행될 수 있다.
He **went forward** as a candidate.
그는 후보자로 나섰다.

go forward to O
The team will **go forward to** the final.
그 팀은 결승전까지 나갈 것이다.
[forward는 결승전에 나가는 관계를 그린다.]

go forward with O
The company is **going forward with** its loan to take over another company.
그 회사는 또 다른 회사를 인수하기 위하여 대출을 진행하고 있다.
We **went forward with** the *talk*.
우리는 계획했던 그 회담을 진전시켰다.

| trial | 재판 | deal | 거래 |
| reform | 개혁 | program | 프로그램 |

2.19 go in O
The front door is locked. Let's **go in** the back door.
앞문이 잠겨 있으니 뒷문으로 들어갑시다.
These beefs **go in** the bottom drawer.
그 쇠고기들은 밑 서랍에 들어간다.
My advice **went in** one ear and out the other.
나의 충고는 한 귀로 들어가서 다른 귀로 나갔다.

go in
I passed by the house, but I didn't **go in**.
나는 그 집을 지나쳤으나, (그 집에) 들어가지 않았다.

I tried all the keys, but none of them **went in**.
나는 그 모든 열쇠를 넣어 봤으나, 어느 것도 (자물쇠에) 들어가지 않았다.
Fighting broke out in the district, but police didn't **go in** to restore order.
싸움이 그 지역에서 벌어졌으나, 경찰이 질서를 회복하기 위해 (그곳에) 들어가지 않았다.
The sun **went in** at 6 in the evening.
해가 6시에 지평선 안에 들어갔다.
I warned and warned her, but it never **went in**.
나는 그녀에게 여러 번 경고했지만, 그 경고가 그녀의 머릿속에 들어가지 않았다.

go in for O
She wants to **go in for** singing.
그녀는 성악을 할 수 있는 영역에 들어가기를 원한다.
I want to **go in for** career in movie.
나는 영화계의 경력에 들어가고 싶다.
The lion **went in for** the kill.
그 사자는 동물을 죽이려고 들어간다. 즉, 치명타를 주려고 한다.

go in with O
James **went in with** Jay.
제임스는 제이와 함께 들어갔다.
[참조: join in with]
The Liberals **went in with** the Democrats on the bill.
자유당은 민주당과 그 법안에 대해 합세했다.

2.20 go into O
She **went into** the study and read.
그녀는 그 서재에 들어가서 책을 읽었다.
I am **going into** town today.
나는 오늘 읍내에 들어간다.
Be careful not to **go into** the bike lane.
자전거 전용도로에 들어가지 않도록 조심하세요.
My father **went into** hospital yesterday.
나의 아버지는 어제 입원했다.
When he heard the news, he **went into** a frenzy.
그가 그 소식을 듣고, 광분상태에 들어갔다.
[광분상태는 공간으로 개념화된다.]
A lot of money **went into** renovating the city.
많은 돈이 그 도시를 개조하는 데 들어갔다.
[과정도 입체적 공간으로 개념화된다.]
After graduation, he **went into** business.
졸업 후에 그는 사업에 들어갔다. 즉, 사업을 시작했다.
He didn't want to **go into** the details of the car accident.
그는 그 자동차 사고의 세부사항에 들어가기를 원하지

않았다.

The bus went into a car.

그 버스가 자동차를 들이박았다.

[into는 한 물체가 다른 물체에 가서 충돌하는 관계를 나타낸다.

참조: bump into, run into, ram into]

Five goes into fifteen three times.

5는 15에 3번 들어간다. 즉, 15는 5의 세 곱이다.

The book does not go deep into Korean history.

그 책은 한국 역사를 깊이 다루지 않는다.

They went into a discussion.

그들은 토론에 들어갔다.

hiding 숨기	training 훈련

When he goes into something, he tends to go overboard.

그가 무엇에 빠지면, 지나치는 경향이 있다.

2.21 go off O

The train went off the rails.

그 기차가 선로를 벗어났다. 즉, 탈선했다.

We went off the *beaten path*.

우리는 사람들이 다니는 길에서 벗어났다.

road 길	track 선로
course 항로	highway 고속도로

I used to smoke heavily, but I am going off it.

나는 담배를 심하게 피우곤 했지만, 나는 그것에 떨어지고 있다. 즉 담배를 끊고 있다.

[off는 나와 담배가 떨어지는 관계를 나타낸다.]

He went off the painkiller a week after the operation.

그는 그 수술 후 일주일이 지난 다음, 진통제를 끊었다.

After one quarrel, I am not going off her.

한 번 말다툼했다고 나는 그녀와 헤어지지 않는다.

The Volkswagen beetle went off production in 2018.

폭스바겐 딱정벌레차는 2018년에 생산이 중단되었다.

go off

All the lights went off.

모든 불들이 (전원에서) 분리되었다. 즉, 꺼졌다.

The milk went off.

그 우유가 상했다.

[off는 우유가 정상에서 떨어진 상태를 나타낸다.]

The performance went off.

그 연주가 질이 떨어졌다.

The movie went off toward the end.

그 영화는 끝부분에 재미가 떨어졌다.

The *alarm* went off at 6.

그 알람시계의 소리가 6시에 울렸다.

[off는 알람시계가 정지 상태에서 활동 상태로 들어가는 관계를 나타낸다.]

bell 종소리	siren 사이렌
shot 총성	bomb 폭탄

The festival went off as planned.

그 축제는 계획된 대로 실행되었다.

The winter Olympic games in Pyeongchang went off peacefully.

평창에서 열린 그 동계 올림픽 경기는 평화적으로 끝났다.

The restaurant went off.

그 식당이 폐업했다.

[off는 영업이 중단되는 관계를 나타낸다.]

He went off at his boss.

그는 사장에게 버럭 화를 냈다.

[he는 환유적으로 그의 화를 가리키고, off는 화가 터져나오는 관계를 나타낸다. 참조: set off, tick off]

go off on O

My boss really went off on me when she learned that I had not finished my report.

내 상사는 내가 그 보고서를 끝내지 않았음을 알았을 때 나를 크게 야단을 쳤다.

[my boss는 환유적으로 그의 화를 가리키고, off는 그 화가 터지는 관계를 나타낸다.]

He went off on a tangent and changed the subject.

그는 갑자기 하던 이야기를 벗어나서 다른 이야기를 하기 시작했다.

go off to O

I am going off to London.

나는 (여기를) 떠나 런던으로 간다.

[off는 화자와 청자가 아는 장소를 떠나는 관계를 그린다.]

Last week, she went off to maternity leave.

지난주에, 그녀는 출산휴가로 떠났다.

He went off to a war.

그는 전쟁을 하러 떠났다.

The right lane goes off to the right.

그 오른쪽 차선은 오른쪽으로 빠져나간다.

[off는 차가 어떤 큰 길에서 벗어나는 관계를 나타낸다.]

go off with O

Someone went off with my smartphone.

누군가가 내 스마트폰을 가지고 도망을 갔다.

[off는 어떤 자리를 떠나는 관계를, with는 가지고 가는 관계를 나타낸다.]

She **went off with** the description of her adventure.
그녀는 그녀의 모험에 대한 얘기를 시작했다.

2.22 go on O

We **went on** the freeway.
우리는 그 고속도로를 타고 갔다.

He **went on** the train.
그는 그 기차를 타고 갔다.

The subway is not running, so I **went on** the *bus*.
지하철이 운행되지 않아서 나는 버스로 갔다.

boat	배	train	기차

He **went on** the roof to fix it.
그는 그 지붕을 고치기 위해서 그 위로 올라갔다.

The large part of his income **goes on** buying groceries.
그의 수입 중 큰 부분이 식료품을 사는 데로 간다.

He **went on** the Internet to find the camera.
그는 그 카메라를 구하기 위해서 인터넷에 접속했다.

She **went on** iTunes and downloaded some music.
그녀는 아이튠즈로 접속해서 몇몇 노래들을 다운로드했다.

The detective does not have much evidence to **go on**.
그 형사는 (그 수사를) 더 진행할 증거가 별로 없다.

We can't **go on** this! We need more evidence.
우리는 이것을 근거로 일을 진행시킬 수 없어! 우리는 더 많은 증거가 필요해.

The actor **went on** TV to help raise money for the charity.
그 영화배우는 그 자선사업을 위한 돈을 모으기 위해서 TV에 출연했다.

I **went on** a mild painkiller after the operation.
나는 그 수술을 받은 후에 약한 진통제를 먹기 시작했다.

He was **going on** 80.
그는 80세에 가까워지고 있었다.

He **went on** a *tour* around island.
그는 섬을 둘러보는 관광여행을 갔다.

picnic	소풍	hike	도보여행
trip	여행	safari	탐험여행

The station **went on** air.
그 방송국은 방송을 시작했다.

She **went on** a 6 week maternity leave.
그녀는 6주 출산 휴가에 들어갔다.

go on V-ing

I can't **go on** arguing with you every day.
나는 너와 매일 계속해서 말다툼을 하면서 지낼 수 없다.

[on은 다툼이 이어지는 관계를 그린다.]

I called him but he **went on listening** to the radio.
나는 그를 불렀으나 그는 계속해서 라디오를 들었다.

[on은 어떤 동작이 끝날 것으로 예정되나 계속되는 것을 나타낸다.]

eating	먹다	laughing	웃다

go on

I didn't have much time to **go on** at the moment.
나는 지금 더 계속할 시간이 많이 없다.

[on은 과정의 계속을 나타낸다.]

The show must **go on**.
그 쇼는 (어떤 어려움에도 불구하고) 계속되어야 한다.

[on은 show가 잠깐 쉬거나 쉬어야 함에도 불구하고 계속되는 관계를 나타낸다.]

We must **go on** if we want to reach home before dark.
어두워지기 전에 집에 도착하려면 우리는 계속해서 가야 한다.

The *talk between the two countries* has been **going on** for 3 years.
그 두 나라 사이의 회담은 3년간 계속되고 있다.

[동사 go는 시간의 흐름을 나타내고, on은 활동을 나타낸다. 그러므로, 이 on은 무엇이 진행됨을 나타낸다.]

conflict	투쟁	strike	파업
raid	급습	interview	면담
search	수색	investigation	조사

The cherry blossom festival will **go on** until the end of April.
그 벚꽃 축제는 4월 말까지 계속 될 것이다.

I and my girlfriend have not spoken for weeks – we can't **go on** like this.
나는 내 여자 친구와 몇 주 동안 말을 하지 않았다 – 우리는 계속해서 이렇게 지낼 수 없다.

Time was **going on** relentlessly.
시간이 무자비하게 계속해서 가고 있었다.

[on은 진행을 나타낸다.]

The desert **went on** as far as I could see.
그 사막은 내가 볼 수 있는 만큼 멀리 이어져 나갔다.

They stopped at a motel, had a rest and **went on** again.
그들은 모텔에 멈추어서 좀 쉬고, 다시 이어서 갔다.

[on은 다음 관계를 나타낸다: 움직임 – 쉼 – 움직임]

A: Can I borrow your laptop?
B: Please **go on**.
A: 제가 당신의 노트북 컴퓨터를 빌려도 될까요?
B: 이어가세요. 즉, 쓰세요.

[참조: go ahead]

Go on – you know there are no such things as dragons.

꿈 깨라. 용 같은 짐승은 없다는 걸 알지 않니.
[go on은 원래는 말을 계속하라는 뜻인데, 반어적으로 이야기를
그만 두라는 뜻이다. 참조: dream on]

go on about O
She **went on about** how much she enjoyed the vacation.
그녀는 그 휴가를 얼마나 즐겼는지를 계속해서 말했다.

go on at O
He **went on at** the boy.
그는 그 소년을 계속해서 나무랐다.
[on은 계속을, at은 공격의 의미를 갖는다.]

go on ahead with O
He **went on ahead with** the work.
그는 그 일을 이어서 추진시켰다.

go on for O
He is **going on for** 60.
그는 60세를 향해 계속 나아가고 있다.

go on to O
The river **goes on to** the lake.
그 강은 그 호수까지 이어져 간다.
We **went on to** the next exhibition.
우리는 이어서 다음 전시로 갔다.
Are you **going on to** college?
너는 (고등학교를 마치고) 이어서 대학에 가려고 하니?
After his first win, he **went on to** the final.
첫 승리 후에 그는 이어서 결승전까지 갔다.
We went to Busan first, stayed there two days, and **went on to** Gwangju.
우리는 먼저 부산에 가서 이틀을 머물렀고 이어서 광주로 갔다.
[on은 부산 – 쉼 – 광주로 이어지는 관계를 나타낸다.]

go on to V
He **went on to** *defeat a rival*.
그는 이어서 경쟁자를 물리쳤다.

| study at college | 대학에 가서 공부했다 |
| explain the cause | 이유를 설명했다 |

go on with O
As I entered the room, he looked at me and **went on with** his study.
내가 방에 들어가자, 그는 나를 쳐다보고는 그의 공부를

이어서 계속했다.
[on은 공부 – 쳐다봄 – 공부로 이어지는 관계를 나타낸다.]

2.23 go out O
He **went out** the *rear door*.
그는 뒷문으로 나갔다.

| gate | 대문 | window | 창문 |

go out
He **went out** to pick up his sister from the station.
그는 그 역에서 그의 동생을 데리고 오기 위해서 (집에서) 밖으로 나갔다.
The *fire* **went out**.
그 불이 꺼졌다.
[out은 있던 것이 없어지는 관계를 나타낸다.]

| light | 불 | TV | 텔레비전 |
| power | 전기 | computer | 컴퓨터 |

Alert has **gone out**.
경고가 나갔다.

| warning | 경고 | message | 메시지 |
| alarm | 경고 | signal | 신호 |

A new novel by Cho **went out**.
조 씨가 쓴 새 소설이 출간되었다.
The railroad workers **went out** on strike.
그 철도 노동자들이 일터에서 나가(out) 파업 중(on)이었다.
When the tide **goes out**, we collect shells along the shore.
조류가 나가면 우리는 그 해안을 따라 조개를 채집한다.
The invitations **went out** two weeks before the party.
그 초청장들이 그 파티 2주전에 나갔다.
[out은 초청장이 여러 사람에게 전해지는 관계를 나타낸다.]
I **go out** every Friday night.
나는 매 금요일마다 사교모임에 나간다.
She **went out** in the first round of the tournament.
그녀는 토너먼트 1회전에서 탈락했다.
[out은 경기 등에서 탈락하는 관계를 나타낸다.]

go out and
The film-maker **went out and** apologized for his sexual misconduct.
그 영화제작자는 공개적으로 나서서 그의 성적 비행에 대한 사과를 했다.
You should **go out and** *get a lawyer to win the case*.

그 소송 사건을 이기기 위해서는 당신은 적극적으로 나서서 변호사를 구해야 한다.
[out은 적극적으로 나서는 관계를 나타낸다.]

fight hard	열심히 싸우다
try your best	노력하다
promote the song	노래를 홍보하다
do something	무언가를 하다

You should **go out and** change the society.
여러분들은 적극적으로 나서서 사회를 개혁해야 합니다.

go out for O

Are you **going out for** *baseball*?
너는 야구 시합에 출전하니?

a dinner 저녁식사	a field trip 소풍

go out of O

The long hair **went out of** fashion.
장발이 유행에서 벗어났다. 즉 유행이 지났다.
We **went out of** *gas*.
우리는 기름이 떨어졌다.

time	시간	food	음식
money	돈	idea	생각

The demonstration **went out of** control.
그 시위는 통제를 벗어났다.
The company **went out of** business.
그 회사는 영업 상태를 빠져나왔다. 즉 파산했다.

go out onto O

He **went out onto** the stage.
그는 남아서 무대 위에 올라갔다.

go out to O

We **went out to** the countryside to visit the dairy farm.
그 낙농장을 방문하기 위해서 우리는 시골로 나갔다.
Our thoughts **go out to** the flood victims.
우리의 생각이 그 홍수 희생자들에게(to) 뻗어 나간다.
Our gratitude **goes out to** those who helped us.
우리의 감사한 마음은 도와준 사람들에게 간다.
Japan **went out to** Korea in the championship game.
일본은 그 선수권 경기에서 한국에게 져 탈락했다.

go out with O

Teresa **goes out with** Ron.
테레사는 론과 함께(with) 밖에 나간다. 즉, 데이트를

한다.
She had been **going out with** him for three years before they got married.
그녀는 결혼하기 전에 그 남자와 3년 동안 연인관계에 있었다.

go all out

They **went all out** to finish the work on time.
그들은 그 일을 시간에 맞춰 끝내기 위해 전력을 다했다.
We **went all out** cleaning the house.
우리는 전력을 다해서 그 집을 청소했다.

2.24 go over O

Bill tried to **go over** the *wall*, but they caught him.
빌은 그 담을 넘어가려고 시도했지만, 그들이 그를 잡았다.

cliff 벼랑	bank 둑

I am **going** back **over** the list.
나는 그 명단을 되돌아가서 다시 전체를 훑어본다.
[over는 시선이 목록의 전체에 가는 관계를 나타낸다.]
He **went over** the *long speech* line by line.
그는 그 긴 연설을 한 줄씩 한 줄씩 훑어보았다.

dialogue	대화	passages	지문
message	메시지	topics	주제

He **went over** the poem again and again.
그는 그 시를 계속해서 반복해서 훑어봤다.
Before turning in my report, I want to **go over** it.
제출하기 전에, 나는 내 보고서 전체를 검토하기를 원한다.
[over는 보고서 전체를 훑어보는 관계를 그린다. 참조: look over]
I **went over** my entire room, but I couldn't find my smartphone.
나는 내 방 전체를 뒤졌으나 내 전화기를 찾을 수 없었다.
His explanation **went over** my head.
그의 설명은 (너무 어려워서) 내 머리 위를 지나갔다.
즉, 내가 이해할 수 없었다.

go over

The Korean musical **went over** big in America.
그 한국 뮤지컬은 미국에서 잘 전달되었다.
[over는 뮤지컬의 내용이 미국 관중에게 건너가는 관계를 나타낸다.]

go over to O

When are you **going over to** China?
당신은 언제 중국에 건너갑니까?

They **went over to** the opposition party.
그들은 야당으로 넘어갔다.

We used to have gas heating, but we **went over to** electricity now.
우리는 가스 난방을 썼는데 전기 난방으로 넘어갔다.
즉, 바꾸었다.

go over with O

The play **went over with** the critics.
그 연극은 비평가들에게 잘 받아 들여졌다.

I **went over** the floor **with** a vacuum cleaner.
나는 진공청소기로 그 바닥 전체를 훑었다. 즉, 청소했다.

2.25 go round

He **goes round** in shorts.
그는 반바지를 입고 돌아다닌다.

She is **going round** telling lies about him.
그녀는 그에 대한 거짓말을 하면서 돌아다니고 있다.

The rumor **goes round** that the shop will be closed.
그 상점이 폐쇄되리라는 소문이 돌아다니고 있다.

There are enough cookies to **go round**.
(모든 사람에게) 돌아갈 수 있는 충분한 과자가 있다.

2.26 go through O

The piano wouldn't **go through** the door.
그 피아노는 그 문을 지나가지 못할 것이다.

Now I am **going through** a desert.
나는 어떤 사막을 지나고 있다.

[through는 사막의 한 쪽에서 다른 쪽까지 지나는 관계를 나타낸다. 참조: come across]

All the new employees are to **go through** the medical checkup.
모든 새 고용인은 그 건강검진을 거쳐야 한다.

[through는 건강검진을 처음부터 끝까지 거치는 관계를 나타낸다.]

The customs officers **went through** my suitcase with a fine toothed comb.
그 세관원들이 참빗을 갖고 (즉, 정밀하게) 내 가방 전체를 검사했다.

When I **went through** my bank statements, I found that I had been charged more interest.
내가 은행 명세서를 처음부터 끝까지 살펴보고, 나는 더 많은 이자가 부과된 것을 알았다.

Babies **go through** many diapers a day.
아기들은 하루에 많은 기저귀를 적신다.

He **went through** a six-pack of beer at one sitting.
그는 한 자리에서 맥주 여섯 병이 든 팩을 해치웠다.

The couple are **going through** middle life crisis.
그 부부는 중년의 위기를 겪고 있다.

[through는 위기의 시작에서 끝까지 가는 관계를 그린다.]

The violinist **went through** the sonata in 20 minutes.
그 바이올린 연주자는 그 소나타를 20분에 완주했다.

We **went through** the *border*.
우리는 그 국경을 통과했다.

bridge	다리	park	공원
check-point	검문소	customs	세관

They **went through** *a lengthy process*.
그들은 긴 과정을 거쳤다.

investigation	조사	changes	변화
crisis	위기	earthquakes	지진

go through

The bill will **go through** if the opposition party does not oppose it.
그 법안은 야당이 반대하지 않으면 (의회를) 통과할 것이다.

The *order* **went through**.
그 주문이 성사되었다.

deal	거래	contract	계약

go through to O

The winner of this match will **go through to** the finals.
이 경기의 승자는 여러 단계를 거쳐서 결승전에 가게 될 것이다.

go through with O

The miners **went through with** the strike.
그 광부들은 그들의 파업이 싫지만, (계획이나 약속한 대로) 실행시켰다.

He decided to **go through with** the operation.
그는 그 수술을 받기가 싫지만, 받기로 결심했다.

2.27 go to O

He **goes to** the gym everyday.
그는 매일 그 체육관에 간다.

All of the money raised will **go to** the flood victims.
모금된 그 모든 돈은 그 홍수 피해자들에게 갈 것이다.

The award **goes to** the main character.
그 상은 그 주인공에게 간다.

Don't **go to** a lot of trouble to see us off.
우리를 배웅하기 위해서 수고를 하지 마세요.

go to it

Go on, there's cleaning to be done. **Go to it.**

계속하세요, 마칠 청소가 있습니다. 시작하세요.
I'd better **go to it** – make up for lost time.
지금 곧 그것을 시작하려고 합니다. 잃어버린 시간을 만
회해야 해요.

2.28 go together

Teresa and Tony have been **going together** since their
childhood.
테레사와 토니는 유년기부터 함께 해오고 있다. 즉 사귀
어오고 있다.

His blue shirt and red tie **go together**.
그의 파란 셔츠와 빨간 타이가 잘 어울린다.

The noodle and the soy sauce **go together**.
국수와 간장이 잘 맞는다.

Politicians and corruption tend to **go together**.
정치가들과 부패는 같이 가는 경향이 있다.

2.29 go under O

He **went under** the table.
그는 그 책상 아래로 갔다.

go under

The ship **went under** just after the last passenger left.
그 배는 마지막 승객이 떠나자 곧 가라앉았다.
[under는 배가 수면 아래로 내려가는 관계를 나타낸다.]

The company **went under**.
그 회사가 침몰했다. 즉, 파산했다.

2.30 go up O

The monkey **went up** the tree in no time.
그 원숭이가 순식간에 그 나무를 올라갔다.

He **went up** the *steps*.
그는 그 계단을 올라갔다.

ladder	사다리	hills	언덕
stairs	계단	wall	벽

He **went up** the social ladder quickly.
그는 그 사회적 사다리를 빠르게 올라갔다.

go up

Rental rates will **go up** next year.
집세가 내년에 올라갈 것이다.
[up은 수나 양의 증가를 나타낸다.]

New apartment buildings have **gone up** along the Han
River bank.
새 아파트 건물들이 한강변을 따라 들어섰다.
[up은 건물들이 들어서는 관계를 나타낸다.]

A poster has **gone up** to advertise the free rock
concert.
포스터가 그 무료 록 음악회를 광고하기 위해서 올라갔
다. 즉 높은 데에 붙어 있다.
[up은 잘 보일 수 있는 위치에 붙어있는 상태를 그린다.]

Huge cheers **went up** when our team won the game.
큰 갈채가 우리 팀이 경기를 이겼을 때 올라갔다. 즉,
갈채가 있었다.

A bomb **went up** just after midnight.
폭탄 한 대가 자정 후 곧 올라갔다. 즉, 터졌다.
[폭탄이 터지면 그 파편이 올라간다.]

go up against O

In the third round, I **went up against** the best player
in the league.
3회전에서 나는 리그전에서 최강의 선수와 맞서게 되
었다.

go up for O

The building **went up for** sale.
그 건물은 팔려고 내어놓아졌다.

go up to O

He **went up to** Seoul from Gwangju.
그는 광주에서 서울로 올라갔다.

The river **went up to** the bridge.
그 강은 수위가 그 다리까지 올라갔다.
[the river는 환유적으로 강의 수면을 가리킨다.]

He **went up to** the building.
그는 그 건물로 다가갔다.
[up은 그 건물에 다가가는 관계를 나타낸다.]

I **went up to** the counter and asked for coke.
나는 그 카운터에 다가가서 콜라를 달라고 했다.

The temperature **went up to** 30℃ in Celsius.
기온이 섭씨 30도까지 올라갔다.

2.31 go with O

Your shirt **goes** well **with** your coat.
너의 셔츠가 그 저고리와 잘 어울린다.

What kind of food **goes** well **with** Soju?
어떤 음식이 소주와 잘 어울립니까?

A lot of health problems **go with** drinking and smoking.
많은 건강문제가 흡연과 음주와 같이 간다. 즉, 건강문
제는 음주와 흡연이 원인이 된다.

We'd better **go with** the *proposal*.
우리는 그 제안과 같이 가는 것이 좋겠다. 즉, 동의하는
것이 좋겠다.

assumption	가정	nomination	지명
decision	결정	idea	생각

Did Susan **go with** anyone while she is married?
수전은 결혼해 있는 동안 누구와 같이 다녔느냐? 즉, 바람을 피웠느냐?

What is the main problem that **goes with** smoking?
무엇이 담배 피우는 데서 오는 큰 문제입니까?

2.32 go without O

I am so busy, and I have to **go without** sleep.
나는 너무 바빠서, 잠도 자지 않고 지내야 한다.

It is very warm, and I can **go without** a heavy coat this winter.
날씨가 따뜻해서, 이번 겨울에는 두터운 코트 없이 지낼 수 있다.

It is impossible to **go without** food for a long time.
음식 없이는 오랜 시간 동안 살 수 없다.

Being poor, they **go without** luxuries.
가난하기 때문에, 그들은 사치품들 없이 살아간다.

GOAD

1. 단동사
이 동사는 어떤 사람을 부추기는 과정을 그린다.
명사: 막대기, 자극

2. 구동사

2.1 goad O on

He did not like the bungee jump, but his friends **goaded** him **on** to jump.
그는 번지점프를 좋아하지 않았으나, 그의 친구들이 그를 부추겨 뛰게 했다.
[on은 부추겨서 어떤 일을 하게 하는 관계를 나타낸다. 참조: egg on, spur on, urge on]

2.2 goad O into O

People around him **goaded** him **into** fighting.
주위에 있는 사람들이 그를 부추겨 싸우게 했다.

GOBBLE

1. 단동사
이 동사는 많은 것을 빨리 마시거나 삼키는 과정을 그린다.
타동사

Don't **gobble** your food like that!
너의 음식을 그렇게 게걸스럽게 먹지 마!

2. 구동사

2.1 gobble O down

The wolf **gobbled down** the meat in seconds.
그 늑대는 그 고깃덩어리를 단숨에 삼켜 버렸다.
[down은 고기가 뱃속으로 내려가는 관계를 나타낸다. 참조: wolf down]

The cat **gobbled down** the whole mackerel.
그 고양이가 그 고등어 한 마리 전체를 꿀꺽 삼켰다.

2.2 gobble O up

The dog **gobbled up** the meat.
그 개가 그 고깃덩어리를 완전히 삼켜버렸다.

We **gobbled up** the meal and left for school.
우리는 식사를 빠르게 먹어치우고, 학교로 갔다.

Russia is trying to **gobble up** the small countries.
러시아는 작은 나라들을 삼키려고 하고 있다.

GOOF

1. 단동사
이 동사는 헛되이 시간을 보내거나 어리석은 실수를 하는 과정을 그린다.
명사: 바보 같은 실수, 바보, 멍청이
자동사

Sorry, guys. I **goofed**.
미안합니다. 여러분. 내가 바보 같은 실수를 했다.

2. 구동사

2.1 goof around

We were not really practicing soccer, but we **goofed around** most of time.
우리는 축구를 진지하게 훈련하는 것이 아니라, 대부분의 시간을 허비했다.

2.2 goof off

In college, he **goofed off** most of time.
대학 다닐 때, 그는 해야 할 공부를 안 하고 쓸데없는 짓을 하면서 보냈다.
[off는 공부에서 떨어져 있는 관계를 나타낸다.]

2.3 goof up

I **goofed up** and told mother that there is no school today.
나는 실수를 해서, 엄마에게 오늘 수업이 없다고 말했다.

GOOGLE

1. 단동사

이 동사는 구글 검색기로 무엇을 찾는 과정을 그린다.
명사: 구글 검색기

I went to **google** and looked up the information.
나는 구글로 들어가서 그 정보를 찾아보았다.

2. 구동사

2.1 **google** O **up**

I **googled up** the Marshall Islands.
나는 구글 검색기에서 마샬 군도를 탐색해 보았다.
[up은 찾은 것이 의식에 들어오는 관계를 나타낸다. 참조: look up]

GORGE

1. 단동사

이 동사는 더 이상 먹을 수 없을 정도로 많이 먹는 과정을 그린다.

2. 구동사

2.1 **gorge on** O

We went to a buffet yesterday and **gorged on** bulgogi.
우리는 어제 뷔페식당에 가서 불고기를 마음껏 먹었다.
We **gorged on** ice cream.
우리는 아이스크림을 마음껏 먹었다.
Leeches **gorge on** blood.
거머리는 피를 빨아 먹는다.

gorge O **on** O

He **gorged** himself **on** fast food.
그는 패스트푸드를 마음껏 먹었다.

GOUGE

1. 단동사

이 동사는 어떤 표면에 깊은 구멍이나 벤 자국을 내는 과정을 그린다.
명사: 나무에 홈을 파는 데 쓰는 둥근끌, 둥근끌로 판 구멍

타동사

The lion's claws had **gouged** a wound in the horse's side.
그 사자의 발톱이 그 말의 옆구리에 상처를 냈다.

2. 구동사

2.1 **gouge** O **out**

He **gouged out** a huge chunk of wood.
그는 큰 나무토막을 파냈다.
He **gouged** money **out** of the old woman.
그는 돈을 그 노인에게서 빼어 냈다.

GRAB

1. 단동사

이 동사는 무엇을 갑자기 세차게 움켜잡는 과정을 그린다.

He **grabbed** the book I was reading.
그는 내가 읽고 있었던 책을 잡았다.
He **grabbed** a cup of coffee on his way here for me.
그는 여기 오는 길에 나를 위해 커피 한 잔을 샀다.

2. 구동사

2.1 **grab at** O

I **grabbed at** the rope but missed it.
나는 그 밧줄을 잡으려 했으나 놓쳤다.
[at은 잡으려는 시도를 나타낸다. 참조: catch at]

He **grabbed at** the kite as the wind blew it away.
그는 그 연이 바람에 날아갈 때 그것을 잡으려고 했다.
He **grabbed at** me as I ran forward.
그는 내가 앞으로 달려 나가려고 할 때 나를 잡으려고 했다.
She **grabbed at** the chance to marry a Korean.
그녀는 한국인과 결혼하는 기회를 잡았다.
He **grabbed at** any excuse to avoid doing the dishes.
그는 설거지하는 일을 피하기 위한 변명을 이용하려고 한다.

2.2 **grab** O **away**

Mom **grabbed** the dirty candy **away** from the baby before he got it in his mouth.
엄마는 아기가 그 더러운 사탕을 입에 넣기 전에 그것을 잡아서 빼앗았다.
[away는 사탕이 아기에게서 떨어지는 관계를 나타낸다.]

2.3 **grab on**

Grab on. Here's a rope!
잡아. 여기 줄이 있어!

grab onto O

Here, **grab onto** the *railing*.
이봐요, 그 난간을 손을 뻗어 잡아요.

branch	나뭇가지	leg of the table	식탁 다리

The pinworms **grab onto** the wall of the intestine.
그 요충들은 장의 벽에 가 달라붙는다.

GRAFT

1. 단동사

이 동사는 두 부분을 접목시키는 과정을 그린다.
명사: 접목, 이식, 힘든 일, 뇌물

2. 구동사
2.1 graft O onto O
The gardener **grafted** a red rose **onto** the roots of another species.
그 정원사는 빨간 장미를 다른 종의 뿌리에 접목시켰다.
The doctor **grafted** skin from his thigh **onto** her face.
그 의사는 그의 허벅지살을 떼어서 그녀의 얼굴에 이식했다.
In the 1940's, elements of the American education are **grafted onto** the traditional Korean education system. (passive)
1940년대에 미국 교육의 요소들이 한국 교육에 접목시켜졌다.

2.2. graft off O
They **grafted off** each other.
그들은 서로 속여서 이득을 얻는다.
[참조: live off, feed off]

GRAPPLE

1. 단동사
이 동사는 맞잡고 싸우는 과정을 그린다.
명사: (격투 따위에서) 껴안기, 쥐기
타동사

They managed to **grapple** him to the ground.
그들이 간신히 그를 붙잡아 땅바닥에 쓰러뜨렸다.
I was **grappling** to find an answer to his question.
나는 그의 질문에 대한 답을 찾느라 고심을 했다.

2. 구동사
2.1 grapple with O
The Korean government is **grappling with** the problem of unemployment.
한국 정부는 그 실업 문제와 씨름을 하고 있다.
Some European countries are **grappling with** the flood of refugees.
몇몇 유럽 국가들은 피난민의 홍수 문제와 씨름하고 있다.

GRASP

1. 단동사
이 동사는 무엇을 꽉 잡고 쥐고 있는 과정을 그린다.
명사: 꽉 쥐기, 이해, 능력

타동사

He **grasped** my hand and shook it warmly.
그가 내 손을 꽉 잡고 다정하게 악수를 했다.
They failed to **grasp** the importance of his words.
그들은 그가 하는 말의 그 중요성을 완전히 이해하지 못했다.
I **grasped** the opportunity to work abroad.
나는 해외에서 일을 할 수 있는 그 기회를 선뜻 붙잡았다.

2. 구동사
2.1 grasp at O
He **gasped at** a branch as he fell down.
그는 떨어져 내리면서 가지를 꽉 잡으려고 했다.
[at은 시도를 나타낸다. 참조: catch at]

The dictator is **grasping at** some way to stay in power.
그 독재자는 권력에 남아 있기 위해서 수단에 매달리려고 하고 있다.
He **grasped at** the opportunity.
그는 그 기회를 잡으려고 했다. 즉, 이용하려고 했다.

GRATE

1. 단동사
이 동사는 귀에 거슬리는 소리를 내는 과정을 그린다.
명사: 쇠살대
자동사

The rusty hinges **grated** as the gate swung back.
그 대문이 획 닫힐 때 그 녹이 슨 돌쩌귀들이 삐걱거리는 소리가 냈다.

2. 구동사
2.1 grate on O
The branches are **grating on** the side of the house.
그 나뭇가지들이 그 집의 벽을 스치고 있다.
The drilling sound from the construction is **grating on** him.
그 공사장에서 들려오는 그 굴착기 소리가 그의 귀에 거슬리고 있다.
[on은 목적어가 영향을 받는 관계를 나타낸다.]

GRAZE 1

1. 단동사
이 동사는 소 등의 동물이 풀을 뜯어먹는 과정을 그린다.
자동사

There were cows **grazing** beside the river.
소들이 그 강가에서 풀을 뜯고 있었다.
타동사

The land is used by local people to **graze** their animals.
지역 주민들은 그 땅을 동물들에게 풀을 먹이기 위해
사용한다.

2. 구동사

2.1 graze on O

While we were away, some deer **grazed on** my turnips.
우리가 멀리 떨어져 있는 동안, 몇몇 사슴들이 내 순무
들을 뜯어 먹었다.

GRAZE ²

1. 단동사

이 동사는 피부에 찰과상을 입는 과정을 그린다.
명사: (피부가) 긁힌 상처, 찰과상

타동사

I fell and **grazed** my knee.
나는 넘어져서 내 무릎이 까졌다.

The bullet **grazed** his cheek.
그 총알이 그의 뺨을 스쳤다.

2. 구동사

2.1 graze against O

The taxi **grazed against** the side of a bus.
그 택시가 어느 버스 옆쪽을 긁었다.

GRIEVE

1. 단동사

이 동사는 사랑하는 사람이 죽어서 몹시 슬퍼하는 과정을
그린다.

타동사

She **grieved** the death of her husband.
그녀는 남편의 죽음을 비통해 했다.

It **grieved** her to leave.
그녀는 떠나는 것이 너무나 슬펐다.

2. 구동사

2.1 grieve for O

Don't **grieve for** her. She is okay.
그녀 때문에 슬퍼하지 마세요. 그녀는 괜찮다.

2.2 grieve over O

The child is **grieving over** the lost dog.
그 아이는 그 잃어버린 개에 대해서 오랫동안 슬퍼하고
있다.

GRILL

1. 단동사

이 동사는 고기 등을 석쇠에 굽는 과정을 그린다.

타동사

Grill the sausages for ten minutes.
소시지들을 10분 동안 석쇠에 구워라.

They **grilled** her about where she had been all night.
그들은 그녀에게 밤새 어디에 있었느냐고 다그쳐 물
었다.

2. 구동사

2.1 grill O over O

The Senators **grilled** president's son **over** the
allegation.
그 상원위원들은 대통령의 아들에게 그 주장에 대해 다
그쳐 물었다.

2.2 grill O up

He **grilled up** some hot dogs.
그는 몇 개의 핫도그를 석쇠에 구웠다.

He **grilled up** steaks for the picnic.
그는 야유회를 위해 스테이크들을 구웠다.

GRIND

1. 단동사

이 동사는 옥수수, 커피 콩, 고기 등을 잘게 가는 과정을 그
린다.

타동사

The machine is used for **grinding** coffee beans.
그 기계는 커피콩을 가는 데 쓰인다.

She **ground** her teeth in anger.
그녀는 분노에 이를 갈았다.

The man **grinds** knives.
그 사람은 칼을 간다.

She **ground** the pepper mill.
그녀는 후추 갈이 기계를 돌렸다.

2. 구동사

2.1 grind away

I've been **grinding away** for 20 hours now, but I'm
getting nowhere.
나는 지금 20시간 동안 계속 일을 해보고 있지만, 아무
런 진전이 없다.

[away는 반복적이고 연속적인 과정을 나타낸다. 참조: slave
away, toil away]

The scandal is **grinding away** at the actor's popularity.

그 스캔들은 그 배우의 인기를 조금씩 갉아먹고 있다.
[at은 인기가 조금씩 영향을 받는 관계를 나타낸다.]

grind O away

He ground away all the imperfections.
그는 완전하지 못한 부분들을 모두 갈아서 없애버렸다.
[away는 부족한 점이 없어지는 관계를 나타낸다.]

2.2 grind O down

The machine is used for grinding down mulberry leaves.
그 기계는 뽕잎들을 갈아 잘게 만드는 데 쓰인다.
[down은 큰 것이 작게 되는 상태를 나타낸다. 참조: break down]
Grind the nuts down before adding to the sauce.
그 견과들을 그 소스에 더하기 전에 잘게 갈아라.
The country is ground down by war and economic blockade. (passive)
그 나라는 전쟁과 경제 봉쇄로 쇠락해져 있다.
[down은 약해진 상태를 나타낸다.]
Don't let your colleagues grind you down!
너의 동료로 하여금 너를 괴롭혀서 기를 꺾게 하지 말거라!
[down은 기가 꺾이는 관계를 나타낸다. 참조: let down, put down, wear down]
The stone is ground down to the desired shape. (passive)
그 돌은 원하는 형상으로 잘게 갈아졌다.
Please grind down this rough spot.
이 거친 부분을 갈아서 평평하게 하세요.
[down은 울퉁불퉁한 부분이 없어져 평평하게 되는 관계를 나타낸다. 참조: file down]

2.3 grind O off

He is grinding the rough edges off.
그는 거친 면들을 갈아서 없애고 있다.
[off는 거친 면이 떨어져 나오는 관계를 나타낸다.]
We have to grind off the graffiti on the wall.
우리는 벽에 있는 낙서를 갈아서 지워야 한다.

2.4 grind on

The fruitless peace talk ground on all through the month.
결과도 없는 그 평화 회담이 그 한 달 동안 계속 지루하게 굴러갔다.
[on은 어떤 과정이 이어져서 계속되는 관계를 나타낸다. 참조: drag on, wear on]
The conversation ground on at the dinner table.
그 대화는 그 식탁에서 (식사 중에) 지루하게 계속되었다.

2.5 grind O out

In one year the professor ground out three new research papers.
일 년 안에 그 교수는 세 편의 별로 가치 없는 연구 논문을 발표했다.
[out은 논문이 생겨나는 관계를 나타낸다.]
The factory grinds out a uniform product.
그 공장은 획일화된 제품을 대량으로 생산한다.
He ground out the cigarette with his heel.
그는 발꿈치로 그 담뱃불을 비벼서 껐다.
[out은 불이 없어지는 관계를 나타낸다. 참조: stamp out, stub out]

2.6 grind O up

Every morning we grind up coffee beans and make coffee.
매일 아침 우리는 커피콩을 잘게 갈아 커피를 만든다.
[up은 콩이 완전히 갈린 상태를 나타낸다.]
He ground the meat up in sausage.
그는 고기를 갈아 소시지로 만들었다.

GROAN

1. 단동사
이 동사는 슬프거나 실망해서 신음하는 소리를 내는 과정을 그린다.
명사: 신음

> 자동사

He lay on the floor groaning.
그는 끙끙거리며 그 바닥에 누워 있었다.
"It's a complete mess!" she groaned.
"이것은 완전히 엉망진창이다!" 그녀가 신음을 하였다.

2. 구동사
2.1 groan with O

He is groaning with pain.
그는 고통으로 신음하고 있다.
He sat down at a table, groaning with Korean dishes.
그는 한국 요리들로 가득한 식탁에 앉았다.
[우리말의 '상다리가 부러지다'와 비슷한 표현이다.]

2.2 groan under O

He is groaning under the weight of the luggage.
그는 그 수화물의 무게에 눌려 신음하고 있다.

GREY

1. 단동사
이 동사는 희끗희끗해지는 과정을 그린다.

2. 구동사

2.1. grey O out
On the screen, his name is **greyed out**. (passive)
그 스크린에서 그의 이름은 희미해져서 보이지 않았다.
[참조: black out, white out]

GRIPE

1. 단동사
이 동사는 끊임없이 귀찮게 불평하는 과정을 그린다.
명사: 불평, 불만

2. 구동사

2.1 gripe about O
Don't **gripe about** to me what he said to you.
그가 너에게 한 말에 대해서 내게 불평을 하지 말아라.

2.2 gripe at O
Stop **griping at** her.
그녀에게 불평을 그만 하여라.

GROOM

1. 단동사
이 동사는 동물들이 털을 손질하여 깨끗하게 하는 과정이나, 오랫동안 훈련을 시켜서 중요한 자리를 차지하게 하는 과정을 그린다.
타동사
The horses are all well fed and **groomed**. (passive)
그 말들은 모두 잘 먹이고 손질이 잘 되었다.
The eldest son is being **groomed** to take over when his father dies. (passive)
그 장남이 부친 사망 시 그의 사업을 물려받게 훈련되어 있다.

2. 구동사

2.1 groom O up
She is **grooming up** her daughter.
그녀는 그녀의 딸을 후계자로 준비시키고 있다.
The boss is **grooming up** his son for the chairmanship of the company.
그 사장은 아들을 그 회사의 의장직에 앉힐 준비를 하고 있다.

GROPE

1. 단동사
이 동사는 손으로 더듬어서 보이지 않는 것을 찾는 과정을 그린다.
타동사
He **groped** his way up the staircase in the dark.
그는 어둠 속에서 더듬으며 길을 찾아 그 계단 위로 올라갔다.

2. 구동사

2.1 grope about for O
In the darkness, he **groped about for** his key.
어둠 속에서, 그는 그의 열쇠를 찾으려고 이리저리 더듬었다.

2.2 grope around for O
He **groped around** in the dark **for** his other sock.
그는 그의 나머지 한 짝의 양말을 찾느라 어둠 속에서 이리저리 더듬었다.

2.3 grope for O
He is **groping for** words to express his gratitude.
그는 그의 감사를 표현할 말을 힘들게 찾고 있다.

GROSS

1. 단동사
이 동사는 몹시 역겨움을 주는 과정을 그린다.
명사: 역겨운 말이나 행동

2. 구동사

2.1 gross on O
His close friend **grossed on** him, and he was caught.
그의 친한 친구가 그를 일러바쳐서 그가 잡혔다.
[on은 그가 영향을 받는 관계를 나타낸다. 참조: rat on, tell on, inform on]

2.2 gross O out
The film **grossed us out**.
그 영화가 우리를 몹시 역겹게 했다.
[out은 역겨운 정도가 심함을 나타낸다. 참조: freak out, stress out]
The gory picture **grossed out** all of us.
그 유혈이 낭자한 사진은 우리를 모두 역겹게 했다.
His rude words **grossed out** his girlfriend.
그의 무례한 말이 그의 여자친구를 몹시 기분 나쁘게 했다.

GROUND

1. 단동사

이 동사는 기초(바탕)를 만드는 과정을 그린다.
명사: 땅바닥, 지면

2. 구동사

2.1 ground in O
In these days, students should be **grounded in** manipulating the computer. (passive)
오늘날, 학생들은 컴퓨터를 사용하는데 기초가 잘 되어 있어야 한다.

2.2 ground O on O
All the episode in the novel is **grounded on** his experiences. (passive)
그 소설에의 모든 이야기들은 그의 경험에 바탕을 두고 있다.
[참조: base on, found on]

The story is **grounded on** truth. (passive)
그 이야기는 진실에 바탕을 두고 있다.

2.3 ground out
Jerry **grounded out** and the Lions did not score in the inning.
제리가 땅볼을 치고 아웃되어서, 라이온스는 그 회에 득점을 하지 못했다.
[out은 Jerry가 경기에 빠지는 관계를 나타낸다. 참조: strike out]

GROUP

1. 단동사
이 동사는 사람들이 모여서 무리를 이루거나 무리를 짓는 과정을 그린다.
명사: 무리

2. 구동사

2.1 group O around O
The photographer **grouped** the wedding guests **around** the bride.
그 사진사는 그 결혼 하객들을 그 신부 주위에 모이게 했다.

2.2 group O together
The host **grouped** the young men **together** at one table.
그 행사 주최자는 그 젊은이들을 한 식탁 주위에 모이게 했다.

2.3 group O under O
The scientist **group** the virus **under** a new species.
그 과학자는 그 바이러스를 새 변종 범주에 넣었다.

GROW

1. 단동사
이 동사는 자라거나 키우는 과정을 나타낸다.
| 자동사 |

Oranges **grow** in warm weather.
오렌지는 따뜻한 기온에서 자란다.
His business **grew** rapidly.
그의 사업은 빠르게 성장했다.

상태변화
He **grew** tired during the long drive.
그는 오래 운전하는 동안 점점 피곤해졌다.
| 타동사 |

The farmer **grows** wheat.
그 농부는 밀을 재배한다.

2. 구동사

2.1 grow apart
After being married to each other for 18 years, they **grew apart**.
그들은 18년간 결혼생활 후에, 점차 사이가 벌어졌다.
[grow는 느린 속도의 상태변화를 나타낸다.]
The children naturally **grow apart** from their parents as they grow old.
아이들은 자연적으로 나이가 듦에 따라 부모에게서 점차로 사이가 벌어진다.

2.2 grow away from O
He **grew away from** his parents.
그는 부모에게서 점점 멀어지거나 덜 의존하게 되었다.

2.3 grow back
The *plant* **grew back** in spring.
그 식물은 봄에 다시 되자란다.
[back은 식물이 죽었다가 다시 자라는 관계를 그린다.]

| feather | 깃털 | nail | 손톱 |
| hair | 머리카락 | fur | 털 |

The tail of the lizard **grew back**.
그 도마뱀의 (잘린)꼬리가 다시 자라났다.
It took a long time for the hair to **grow back**.
머리가 다시 자라기까지 시간이 많이 걸렸다.

2.4 grow in
His *wisdom teeth* is **growing in**.
그의 사랑니가 안으로 자라고 있다.

nail 손톱	toenail 발톱

I cut down the bushes, but they will soon **grow in**.
나는 그 덤불들을 잘랐지만, 그들은 곧 자라서 제자리를
메꿀 것이다.

grow in O
He is **growing in** confidence.
그는 자신감이 불어나고 있다.

2.5 grow into O
The seeds **grew into** big trees.
그 씨들이 큰 나무들로 자라났다.
The shirt looks too big on him now, but he will soon
grow into it.
그 셔츠는 지금 그에게 너무 크게 보이지만 그는 곧 커
서 그 옷 안에 꽉 찰 것이다.
He **grew into** the role of chairman.
그는 천천히 그 의장직에 익숙해졌다.
She was very nervous when she started teaching, but
she **grew into** it.
그녀가 가르치기 시작했을 때 매우 불안했다. 그러나 그
녀는 그 일에 익숙하게 되었다.

2.6 grow on O
He said *kimchi* is **growing on** him.
그는 김치를 점점 좋아하게 되고 있다고 말했다.
[김치는 환유적으로 김치 맛을 가리키고, on은 이것이 그를 바탕으
로 자라고 있음을 나타낸다.]
I didn't like The Beatles' songs, but they are **growing
on** me after repeated listening.
나는 처음에 비틀즈의 노래들을 좋아하지 않았으나, 반
복해서 듣고 난 후 나는 그것들이 좋아지고 있다.
He is **growing on** the job.
그는 그 일을 하면서 성장하고 있다.
Does money **grow on** trees?
돈이 나무에서 자랍니까? 즉, 돈이 하늘에서 떨어집니까?
Fires are **growing on** us.
화재들이 커져서 우리를 위협하고 있다.

2.7 grow out
Don't worry. Your *hair* will **grow out** again.
걱정 마. 네 머리가 다시 길게 자랄 거야.
[out은 길이가 늘어나는 관계를 나타낸다.]

grass 풀	beard 수염

grow O out
The old man is **growing out** his beard.
그 노인은 그의 턱수염을 기르고 있다.
[out은 수염의 길이가 길어지는 관계를 나타낸다.]

grow out of O
When young, my daughter was shy, but she **grew out
of** it.
어릴 때, 내 딸은 매우 수줍어했다. 그러나 그녀는 자라
면서 그 상태에서 벗어났다.
Kids **grow out of** clothes within 6 months.
꼬마들은 6개월 안에, 커서 입던 옷이 작아져서 못 입게
된다.
The dissertation **grew out of** his field work.
그 박사학위는 그의 현장 조사를 확장시켜 만들어졌다.
The unification party **grew out of** a labor movement.
그 통일당은 노동운동이 발전하여 생겨났다.

2.8 grow up
He has **grown up** now.
그는 이제 성인이 되었다.
Our children have **grown up** and we are going to move
into a smaller apartment.
우리 아이들이 다 자라서 우리는 더 작은 아파트로 이사
할 계획이다.
[up은 아이들이 자라서 성년이 됨을 나타낸다.]
She has **grown up** since she started her school.
그녀는 학교를 다니기 시작한 뒤로 정신적으로 성장했다.
[she는 환유적으로 그녀의 마음을 가리킨다.]
He **grew up** in Seoul, Korea.
그는 한국의 서울에서 자랐다.
[up은 성장까지 이르는 과정을 그린다.]
I **grew up** listening to rock music.
나는 록 음악을 들으면서 자랐다.
New towns have **grown up** south of Han river.
새 소도시들이 한강의 남쪽에 생겨났다.
[up은 없던 것이 들어서는 상태변화를 나타낸다. 참조: build up]
New hotels have **grown up** to meet the demand.
새로운 호텔들이 그 수요를 충족시키기 위해서 생겨났다.

grow upon O
Seoul **grows upon** the Han River.
서울은 한강에서 성장한다.

grow up on O
He **grew up on** the south side of the city.
그는 그 도시의 남쪽에서 자랐다.
The younger generation **grew up on** smartphones.

젊은 세대들은 스마트폰과 함께 자랐다.
They **grew up on** TV and they can't imagine a life
without it.
그들은 TV와 함께 성장했기 때문에 그것이 없는 삶은
상상할 수 없다.
He **grew up on** welfare.
그는 복지혜택을 받고 자랐다.

grow up with O
The young generation is **growing up with** K-pop.
그 젊은 세대는 K-pop과 함께 자라고 있다.

GROWL

1. 단동사
이 동사는 사자 등이 으르렁거리는 소리를 내는 과정을 그
린다.
타동사
She **growled** a sarcastic reply.
그녀가 으르렁거리며 비꼬듯 대답을 했다.
자동사
The dogs were biting, **growling** and wagging tails.
그 개들은 물고, 으르렁거리고, 꼬리를 쳤다.

2. 구동사
2.1 **growl at** O
The dog **growled at** the cat.
그 개가 그 고양이에 대고 으르렁거렸다.
The old man was grumpy and **growled at** us.
그 노인은 기분이 언짢아서 우리에게 고함을 쳤다.

GRUB 1

1. 단동사
이 동사는 무엇을 찾기 위해 물건을 뒤져서 찾는 과정을 그
린다.
명사: (곤충의) 유충, 음식

2. 구동사
2.1 **grub around for** O
He is **grubbing around** in his pocket **for** his car key.
그는 그 자동차 열쇠를 찾기 위해 호주머니 안을 이리저
리 뒤지고 있다.
He is **grubbing around for** a solution to the problem.
그는 그 문제의 해결책을 찾기 위해서 이것저것 뒤지고
있다.

GRUB 2

1. 단동사
이 동사는 나무 그루터기 등을 뽑거나 파는 과정을 그린다.

2. 구동사
2.1. **grub** O **out**
The old trees in the orchard are **grubbed out**.
그 과수원의 오래된 나무들이 뽑혔다.

2.2. **grub** O **up**
The farmer is **grubbing up** the old grape vines.
그 농부가 오래된 포도 덩굴들을 뽑아 올리고 있다.

GRUNT

1. 단동사
이 동사는 짜증이 나서 투덜거리는 과정을 그린다.
자동사
When I told her what had happened, she just **grunted**
and turned back to her book.
내가 그녀에게 일어난 일을 얘기하자 그녀는 끙 앓는
소리를 내고는 다시 그녀의 책으로 돌아갔다.

2. 구동사
2.1 **grunt** O **out**
He **grunted** the answer **out** to me.
그는 그 대답을 투덜대며 내게 말했다.
[out은 대답이 그에게서 나오는 관계를 나타낸다.]

GUARD

1. 단동사
이 동사는 사람이나 물건을 주위에서 지키는 과정을 그린다.
명사: 경계, 경계병
타동사
The dog was **guarding** its owner's luggage.
그 개는 주인의 짐을 지키고 있었다.
The prisoners were **guarded** by soldiers. (passive)
그 죄수들은 군인들에 의해 감시되고 있었다.

2. 구동사
2.1 **guard against** O
Fiber-rich food **guards against** heart disease.
섬유질이 풍부한 음식은 심장병에 대해서 보호를 해 준다.
Always **guard against** tiring you out.
지나치게 자신을 혹사시키지 않도록 주의를 하세요.

GUESS

1. 단동사
이 동사는 추측하거나 짐작하는 과정을 그린다.

타동사

She **guessed** the answer straight away.
그녀는 그 답을 즉각 알아맞혔다.
I **guess** that you'll be looking for a new job now.
나는 당신이 지금 새로운 직장을 찾고 있다고 추측한다.

2. 구동사
2.1 guess at O

He **guessed at** the price of the new car.
그는 그 새 차의 가격을 추측해 보았다.
[at은 시도를 나타낸다.]

We can only **guess at** her reasons for leaving.
우리는 그녀가 떠나는 이유를 추측만 해볼 수 있을 뿐이다.

GUIDE

1. 단동사
이 동사는 사람이나 차량 등을 안내하는 과정을 그린다.

2. 구동사
2.1. guide O across O

He **guided** the old man **across** the street.
그는 그 노인을 안내하여 그 길을 건너게 했다.

2.2. guide O around O

The dog **guided** the blind man **around** the manhole.
그 개는 맹인을 안내하여 그 맨홀을 돌아가게 했다.

2.3. guide O away

The shepherd **guided** the sheep **away** from the road.
그 목동은 그 양들을 안내하여 그 길에서 벗어나게 했다.

2.4. guide O in

The pilot **guided in** the plane to safety.
그 조종사는 비행기를 잘 조종하여 안전하게 착륙시켰다.

GULP

1. 단동사
이 동사는 물이나 음식을 한꺼번에 많이 들이키거나 삼키는 과정을 그린다.

자동사

I **gulped** when I saw the bill.
나는 그 청구서를 보자 숨이 콱 막혔다.

2. 구동사
2.1 gulp O back

He **gulped back** his resentment.
그는 (끓어오르는)분노를 삼켜서 못 오르게 했다.
[back은 오르는 힘에 맞서는 관계를 나타낸다. 참조: choke back, push back, put back]

2.2 gulp O down

He **gulped down** a can of beer, and ran off.
그는 맥주 한 통을 꿀꺽 삼키고 자리를 급히 떠났다.
[down은 음식이 입에서 위로 가는 관계를 나타낸다. 참조: chow down, wolf down]

2.3 gulp O in

We ran outside and **gulped in** the fresh air.
우리는 밖으로 나가서 신선한 공기를 들이마셨다.
[breathe in, take in]

GUM

1. 단동사
이 동사는 풀과 같은 끈적한 물질을 어디에 칠하거나 붙이는 과정을 그린다.
명사: 풀, 잇몸, 고무진, 수지, 씹는 캔디

타동사

A large address label was **gummed** to the package. (passive)
큰 주소 라벨에 그 소포에 붙여졌다.

2. 구동사
2.1 gum O up

Gum the poster **up** so it won't fall down.
그 포스터에 풀칠을 해서 떨어지지 않게 하세요.
The cash register was **gummed up** while it was in the attic, and now we can't open it. (passive)
그 금전등록기가 그 다락에 있는 동안 꼭 끼어서 우리가 그것을 열 수가 없다.
These new regulations **gummed up** our work.
이 새 규정들이 우리 일을 방해하고 있다.

gum up

I tried to wake up, but my eyes **gummed up**.
나는 깨어나려고 했으나 내 눈이 딱 붙었다.
[up은 두 부분이 맞닿는 관계를 나타낸다. 참조: clam up, shut up]

GUN

1. 단동사

G

이 동사는 총을 쏘거나 총알 같이 빠른 속도로 움직이는 과정을 그린다.

명사: 총

> 타동사

He **gunned** the cab through the red light.
그는 빨간 신호등을 무시하고 택시를 총알같이 몰았다.

2. 구동사

2.1 gun O down

Max tried to **gun down** Lefty.
맥스는 레프티를 쏘아 죽이려고 했다.
[down은 사람이 총을 맞고 쓰러져 죽는 관계를 나타낸다.]

A police officer on duty was **gunned down** yesterday. (passive)
근무 중이던 경찰관 한 명이 어제 총을 맞고 쓰러졌다.

GUSH

1. 단동사
이 동사는 물 등이 파이프나 구멍에서 솟구치는 과정을 그린다.

> 타동사

The tanker was **gushing** oil.
그 탱크에서 기름이 콸콸 쏟아지고 있었다.
She absolutely **gushed** enthusiasm.
그녀는 정말 열정을 내뿜었다.

> 자동사

"You are clever." she **gushed**.
"넌 정말 똑똑해." 그녀가 칭찬의 말을 쏟아 냈다.

2. 구동사

2.1 gush out of O

Water **gushed out of** the pipe.
물이 그 수도관에서 콸콸 쏟아져 나왔다.
The words **gushed out of** his mouth.
그 말들이 그의 입에서 쏟아져 나왔다.

2.2 gush over O

The flood water **gushed over** the rice field.
그 홍수물이 그 논을 덮쳤다.
She **gushed over** her grandchildren so much that they dread her coming.
그녀는 손자들 칭찬을 지나치게 해서, 그들은 그녀가 오는 것을 두려워한다.

2.3 gush with O

The stream **gushed with** the sudden runoff of the heavy rain.

그 개울은 그 심한 비의 유출물로 콸콸 흐르고 있다.

GUSSY

1. 단동사
이 동사는 가장 좋은 옷을 입고 모양을 내는 과정을 그린다.

2. 구동사

2.1 gussy up O

She is **gussying up** for the party tonight.
그녀는 오늘 밤 모임을 위해 잘 차려 입고 있다.
[up은 차려 입고 좋게 보이는 상태를 나타낸다. 참조: dress up]

gussy O up

She **gussied up** a room with mirrors and lights.
그녀는 거울과 조명으로 방을 장식했다.

GUT

1. 단동사
이 동사는 생선이나 동물의 내장을 들어내는 과정을 그린다.

명사: 내장, 배, 직감; 요지(guts)

> 타동사

The house was completely **gutted**. (passive)
그 집은 내부 가재도구가 다 타버렸다.
I cleaned and **gutted** the fish before I fried it.
나는 그 생선을 튀기기 전에 깨끗이 씻어서 창자를 제거했다.

2. 구동사

2.1 gut O out

Mom is **gutting out** the anchovy.
엄마는 그 멸치의 속을 빼내고 있다.
[anchovy는 환유적으로 멸치의 속을 가리킨다.]

The cathedral was **gutted out** by fire in April, 2019.
그 성당은 2019년 4월에 화재로 속이 다 타버렸다.
They went into the game and **gutted** it **out**.
그들은 그 경기에 들어가서 끝까지 싸웠다.
[out은 싸움 등이 끝나는 관계를 나타낸다. 참조: duke it out, fight it out, tough it out, battle it out]

GUTTER

1. 단동사
이 동사는 촛불이 꺼질 듯 펄럭거리며 타는 과정을 그린다.

2. 구동사

2.1 gutter out

The candle burned down and **guttered out**.
그 초가 다 타내려가서 결국 꺼졌다.
[out은 불이 없어지는 관계를 나타낸다. 참조: flicker out]

His career as a politician **guttered out** because of bribery.
정치가로서의 그의 경력은 뇌물수수로 점점 꺼져갔다.

G

H h

HACK ¹

1. 단동사
이 동사는 무엇을 거칠게 / 난폭하게 조각을 내는 과정을 그린다.

2. 구동사
2.1 hack O apart
The butcher **hacked** the chicken **apart**.
그 푸줏간 주인은 그 닭을 칼질해서 해체했다
She **hacked apart** her husband for being drunken everyday.
그녀는 남편이 매일 술에 취해 있어서 그를 갈기갈기 찢어놓았다. 즉, 몹시 꾸짖었다.

2.2 hack around
I'm **hacking around** and killing time.
나는 빈둥거리면서 시간을 보내고 있다.
[around는 목적 없이 이리저리 다니는 관계를 나타낸다.]
He is **hacking around** now.
그는 빈둥거리고 있다.

2.3 hack at O
The woodchopper **hacked at** the oak tree and finally got it down.
그 벌목꾼은 그 참나무를 조금씩 도끼로 쳐서 마침내 그것을 넘어뜨렸다.
[참조: cut at]

2.4 hack O away
He is **hacking away** the branches.
그는 그 가지들을 잘라내고 있다.
[away는 가지가 하나씩 제거되는 관계를 나타낸다.]

hack away at O
The woodman is **hacking away at** a big tree.
그 나무꾼이 큰 나무를 계속해서 조금씩 찍어대고 있다.
[away는 행동의 반복을 나타내고, at은 나무의 영향이 부분적으로 미침을 나타낸다.]

2.5 hack O down
Who **hacked** the cherry tree **down**?
누가 그 벚나무를 찍어서 넘어뜨렸니?
[down은 서 있던 것이 넘어지는 관계를 나타낸다. 참조: cut down]

2.6 hack O off O
Poachers **hacked** horns **off** the rhinos.
밀렵꾼들이 뿔들을 코뿔소에서 잘랐다.

hack O off
I need to get up that tree and **hack** that big branch **off**.
나는 저 나무에 올라가서 저 큰 가지를 쳐내야 한다.
[off는 가지가 전체에서 떨어지는 관계를 나타낸다.]
It really **hacks** the wife **off** the way her husband treats her.
그 남편이 아내를 대하는 태도가 그 아내를 몹시 화나게 한다.
[the wife는 환유적으로 아내의 분노를 가리키고, off는 그 분노가 터지는 관계를 나타낸다. 참조: tick off, set off]

2.7 hack O out
He **hacked out** the bones.
그는 그 뼈들을 발라냈다.
He **hacked** a dog **out** of the chunk of wood.
그는 개 한 마리를 그 나무 토막을 조각해서 만들었다.
[out은 개 한마리가 생기는 관계를 나타낸다.]

2.8 hack O through O
We had to **hack** our way **through** the jungle.
우리는 덤불 등을 쳐서 길을 만들어 그 정글을 헤쳐나갔다.

2.9 hack O up
In winter, they **hacked up** the dresser and used it for firewood.
겨울에, 그들은 그 장롱을 잘게 부수어서 땔감으로 썼다.
[up은 장롱이 잘게 부수어진 상태를 나타낸다. 참조: cut up, chop up]
Who **hacked** my windowsill **up**?
누가 내 창턱을 망가트렸니?
[참조: break up, smash up]

HACK ²

1. 단동사
이 동사는 타인의 컴퓨터 시스템에 몰래 들어가서 정보를 훔치는 과정을 그린다.

2. 구동사

2.1 hack into O

The man was arrested for **hacking into** the *computer system of the bank.*

그 사람은 그 은행의 전산 체계에 몰래 들어간 죄로 체포되었다.

phone	전화기	e-mail	이메일

HAIL ¹

1. 단동사

이 동사는 사람이나 물건을 좋은 것으로 묘사하거나 칭송하는 과정을 그린다.

명사: 쏟아지는, 퍼붓는 것

타동사

The conference was **hailed** as a great success. (passive)

그 회의는 대성공작으로 칭송되었다.

A voice **hailed** us from the other side of the street.

한 목소리가 우리를 그 거리 건너편에서 불렀다.

2. 구동사

2.1 hail O as O

Chang Yongsil is now **hailed as** a great scientist. (passive)

장영실은 이제 위대한 과학자로 칭송되고 있다.

The brand new drug is **hailed as** a cure for all. (passive)

그 완전히 새로운 약은 만능약으로 묘사되고 있다.

The new anti-terrorist law is **hailed as** a victory. (passive)

그 새 반 테러 법은 승리로 칭송되고 있다.

HAIL ²

1. 단동사

이 동사는 우박이 내리는 과정을 그린다.

명사: 우박

자동사

It's **hailing**!

우박이 쏟아지고 있다!

2. 구동사

2.1 hail down on O

The criticism are **hailing down on** the speaker.

그 비판이 그 연사에게 쏟아져 내리고 있다.

[참조: rain down on, shower down on]

2.2 hail on O

On our way home, we were **hailed on**. (passive)

집에 오는 길에 우리는 우박을 맞았다.

[참조: rain on]

HAIL ³

1. 단동사

이 동사는 어떤 장소에 태생이거나 출신임을 나타낸다.

2. 구동사

2.1 hail from O

The politician **hailed from** ChungChong Province.

그 정치가는 충청도 출신이다.

[참조: come from]

He **hails from** a wealthy family.

그는 부잣집에서 태어났다.

HAM

1. 단동사

이 동사는 과장되게 연기하는 과정을 그린다.

2. 구동사

2.1 ham O up

On the Christmas night, the comedian put on a Santa suit and **hammed** it **up** for kids in the hospital.

크리스마스 저녁에, 그 코미디언은 산타복을 입고 병원에 있는 아이들을 위해 과장된 연기를 했다.

HAMMER

1. 단동사

이 동사는 망치로 무엇을 치는 과정을 그린다.

타동사

He **hammered** the metal flat.

그는 그 금속을 망치로 두들겨서 평평하게 했다.

2. 구동사

2.1 hammer at O

The minister **hammered at** the statistics that the economy has almost doubled in the last three years.

그 장관은 지난 3년 동안 나라 경제가 두 배로 성장했다는 통계를 입으로 방망이질을 했다. 즉, 강조했다.

[at는 입방망이질의 목표를 나타낸다.]

Throughout the election campaign, the Democrats **hammered at** the issues of crime, welfare and taxes.

그 선거운동기간 내내, 민주당은 범죄, 복지 그리고 세금에 대해서 계속 강조했다.

2.2 hammer away

The workman is **hammering away** downstairs.
그 노동자는 아래층에서 계속해서 망치질을 하고 있다.
[away는 같은 일이 반복적으로 이어짐을 나타낸다.]

hammer away at O

Someone is **hammering away at** the door.
누군가 그 문을 계속해서 치고 있다.
[참조: knock away at]
The chairman of the party **hammered away at** the same issue during the election campaign.
그 당의 의장은 선거운동 내내 그 똑같은 쟁점에 대해 계속해서 말했다.

hammer away on O

I **hammered away on** the old typewriter.
나는 그 오래된 타자기에 타자를 계속 쳤다.

2.3 hammer O down

Hammer all the nails **down** so that none of them will catch on someone's clothes.
그 못들을 모두 쳐 내려서 누군가의 옷에 걸리지 않게 해라.
A painting by S. K. Lee was **hammered down** for $10,000.
S. K. 이 씨의 그림이 만 불에 낙찰되었다.
[경매장에서 낙찰이 되면 진행자가 망치를 두들겨 낙찰을 알린다.]
He **hammered down** 6 waffles with syrup.
그는 여섯 개의 와플을 시럽을 쳐서 먹어 치웠다.
[down은 와플이 위로 내려가 있는 관계를 나타낸다. 참조: wolf down, chow down, gulp down]

2.4 hammer O into O

The carpenter **hammered** the nail **into** the board.
그 목수는 그 못을 그 판자에 쳐 넣었다.
Principles of right and wrong have been **hammered into** me since childhood. (passive)
옳고 그름의 원칙들이 어린 시절부터 내 머리에 강하게 주입되어 있다.
[참조: drill into]

2.5 hammer on O

Someone is **hammering on** the door.
누군가가 그 문을 계속 두들기고 있다.
[on은 두들김이 문의 일부에 영향을 미침을 나타낸다.]
The cop **hammered on** the Afro-American youth.

그 경찰이 그 흑인 청년을 마구 세게 쳤다.
[on은 흑인이 공격을 당함을 나타낸다.]

2.6 hammer O out

I have to **hammer** this dent **out** of the bumper of the car.
나는 그 차 범퍼의 움푹 들어간 곳을 망치로 쳐서 펴내야 한다.
[out은 움푹 들어간 곳을 펴내는 관계를 나타낸다.]
He **hammered out** the silver into thin sheets.
그는 그 은을 쳐 펼쳐서 얇은 판으로 만들었다.
[out은 은이 펼쳐지는 관계를 나타낸다.]
The Syrian government and the rebel leader met to **hammer out** a peace agreement.
시리아 정부와 반군 지도자가 협상을 통해 평화협정을 만들어내기 위해 만났다.
[out은 협정이 생겨나는 관계를 나타낸다.]
Recent talks between the South Korea and the North Korea were aimed at **hammering out** a treaty.
최근 남북 간의 회담들은 하나의 조약을 토의를 통해 만들어 내는 데 목적이 있다.
A deal is **hammered out** with the bank, to give the company more time to pay off its loans. (passive)
그 회사가 대출금을 다 갚을 수 있는 시간을 더 주기 위한 하나의 계약이 그 은행과 만들어지고 있다.

HAND

1. 단동사
이 동사는 손으로 무엇을 건네주는 과정을 그린다.
명사: 손

타동사

John **handed** the book to Helen. (passive)
존은 그 책을 헬렌에게 넘겨주었다.
John **handed** Helen the book.
존은 헬렌에게 그 책을 전했다.

2. 구동사
2.1 hand O around
Could you **hand around** hamburgers please?
햄버거를 돌려(나누어)줄 수 있겠습니까?
[참조: pass around]

2.2 hand O back
The custom's office looked at my passport quickly and **handed** it **back** to me.
그 세관원은 내 여권을 빨리 보고 그것을 내게 되돌려 주었다.

2.3 hand O down

The folk song, Arirang, is **handed down** from generation to generation. (passive)

그 민요 아리랑은 세대에서 세대로 전해져 내려와 있다.

[down은 시간이 과거에서 현재로 내려오는 관계를 나타낸다.]

The *diamond ring* has been **handed down** to the granddaughter from grandmother.

그 다이아몬드 반지는 할머니로부터 손녀에게 전해져 내려왔다.

recipe	요리법	tradition	전통
custom	관습	ceremony	예식

The court is to **hand down** its sentence soon.

그 법정은 내일 선고를 내릴 예정이다.

[법정은 위에, 피고인은 아래에 있는 것으로 개념화된다.]

2.4 hand O in

I was able to **hand in** *my report* in time.

나는 내 보고서를 제 시간에 (교수님께) 제출할 수 있었다.

homework	숙제	thesis	(석사)논문
assignment	과제	proposal	제안서

Charles **handed in** his resignation.

찰스는 그의 사표를 (그것을 받는 부서에) 제출했다.

2.5 hand O off

The special counsel **handed off** its report to the attorney general.

그 특검은 그 보고서를 법무장관에게 보냈다.

[off는 보고서가 특검을 떠나는 관계를 나타낸다.]

2.6 hand O on

He received a *letter* from his client and he **handed** *it* **on** to his lawyer.

그는 편지 한 장을 고객에게서 받아서 그것을 변호사에게 이어서 전했다.

[on은 편지가 의뢰인에게서 내게로, 또 이어서 변호사에게 전해지는 관계를 나타낸다.]

message	메시지	report	보고서
document	서류	file	문서

The parents **handed** the *skills* **on** to their offsprings.

그 부모는 기술을 자손들에게 이어서 전했다.

knowledge	지식	responsibility	책임
burden	부담, 빚	gene	유전인자

The building is **handed** from Susan **on** to Helen. (passive)

그 건물은 수전에게서 다음으로 헬렌에게 주어졌다.

My income is taxed by my employer who then **hands on** the money to the tax office.

내 수입은 고용인에 의해 세금을 떼고, 고용인은 뗀 세금을 이어서 세무서에 보낸다.

2.7 hand O out

Some students are **handing out** *anti—demonstration leaflets*.

몇 명의 학생들이 반 시위 전단을 (많은 사람들에게) 전했다.

[out은 전단지가 여러 사람에게 주어지는 관계를 나타낸다.]

flowers	꽃들	pamphlets	팜플렛들
booklets	소책자들	free CDs	무료씨디들

The city government is planning to **hand out** about one million dollars to needy citizens.

그 시 정부는 약 1백만 달러를 가난한 사람들에게 지출할 예정이다.

Heavy punishments are **handed out** to drunken drivers. (passive)

중한 벌이 음주 운전자에게 주어진다.

[out은 벌이 법정에서 나가 범법자에게 나가는 관계를 나타낸다. 참조: mete out]

The judge **handed out** calmly the death sentence.

그 판사는 침착하게 사형 선고를 내보냈다. 즉, 내렸다.

2.8 hand O over

We **handed over** the *money* to the man.

우리는 그 돈을 그 남자에게 넘겼다.

[over는 돈이 우리에게서 그 남자에게 넘어가는 관계를 나타낸다.]

ownership	소유권	Olympic flag	올림픽기
rein	고삐(통제권)	gun	총

HANG

1. 단동사

이 동사는 매달거나 매달리는 과정을 그린다.

타동사

We still **hang** our clothes on clothes lines.

우리는 아직도 옷을 빨래 줄에 내건다.

He **hung** the door on the hinges.

그는 그 문을 돌쩌귀에 걸었다.

He **hung** the wallpaper.

그는 그 벽지를 (벽에) 붙였다.

He **hung** his head.
그는 그의 머리를 떨궜다.
He **hung** the picture on the wall.
그는 벽에 그림을 걸었다.

자동사

A large picture **hangs** over the sofa.
큰 그림 하나가 그 소파 위쪽에 걸려있다.
A family photo is **hanging** on the wall.
가족사진 하나가 벽에 걸려있다.
His head **hung**.
그의 머리가 떨구어 졌다.

2. 구동사

2.1 hang about

There were always groups of boys **hanging about** in the square.
광장에는 언제나 빈둥거리는 소년들의 무리가 있었다.
We had to **hang about** at Incheon International airport for 2 hours.
우리는 인천 국제공항에서 두 시간동안 서성거려야 했다.

2.2 hang around O

When you are rich, a lot of people **hang around** you.
여러분이 돈이 많으면 많은 사람들이 여러분 주위에 서성거린다.
The children is **hanging around** the *candy store*.
그 아이들이 그 사탕가게 주위에서 서성거리고 있다.

park	공원	ice cream man	아이스크림 장수
playground	놀이터	gym	체육관

hang around

We used to **hang around** together when we were young.
우리는 젊었을 때, 함께 어울려 돌아다니곤 했다.
I used to **hang around** with John when in college.
나는 대학 재학 중에 존과 같이 돌아다녔다.
There are still problems **hanging around** unsolved.
아직도 해결되지 않은 문제들이 주위에 있다.
A pair of old shoes must be **hanging around** somewhere in the garage.
낡은 신 한 켤레가 그 차고 어딘가에 돌아다니고 있음에 틀림없다.

hang around for O

The girls **hang around for** a chance to see the actor.
그 소녀들은 그 배우를 볼 기회를 얻기 위해서 주위에서 서성거렸다.

2.3 hang back

The children **hung back** in front of the lion cage.
그 아이들은 그 사자 우리 앞에서 물러섰다.
[back은 사자 우리에서 뒤로 물러서는 관계를 나타낸다. 참조: stand back, step back]
The rest of the class rushed out, but I **hung back** to talk to the teacher.
그 학급의 나머지 학생들은 모두 뛰어나갔지만, 나는 뒤에 처져서 선생님과 얘기를 나누었다.

hang back from O

The children **hung back from** the river.
그 아이들은 그 강으로부터 물러섰다.

fire	불, 화재	edge of the cliff	낭떠러지
window	창문	heater	난로

The people are **hanging back from** demanding independence.
그 국민들은 독립 요구에서 물러서고 있다.

2.4 hang down

The shirts **hung down** to his knees.
그 셔츠가 그의 무릎까지 내려온다.
The sides of his mouth **hung down** as he frowned.
그의 입 꼬리가 그가 찡그릴 때 아래로 처졌다.

2.5 hang in O

The politicians decided to **hang in** the campaign despite the negative comments.
그 정치가들은 그 부정적인 논평에도 불구하고 그 선거전에 남아있기로 결정했다.
I know things are tough, but **hang in** there.
모든 일이 어렵다는 걸 알지만, 그 속에서 계속 매달려 있어라. 즉, 참아라. 인내해라.
[there는 좋지 않은 상황을 가리킨다.]
I know if I **hang in** there, things will come out okay.
내가 그 상황 속에서 참고 견디면 모든 일이 잘 될 것이란 것을 안다.
Hang in there. Be tenacious.
참고 견뎌라. 끈질겨라.

2.6 hang on O

Our success **hangs on** our efforts.
우리의 성공은 우리의 노력에 달려있다.
[on은 성공에 의존함을 나타낸다.]
His life is **hanging on** a string.
그의 생명은 하나의 끈에 달려있다.

The children were **hanging on** the teacher's every word.
그 아이들이 그 선생님의 말에 붙어있었다. 즉, 놓치지 않으려고 했다.

hang on

Hang on. Why couldn't we go tomorrow?
잠깐. 왜 우리는 내일 갈 수 없니?
[on은 하던 일을 멈추고 계속 있으라는 뜻을 나타낸다. 참조: hold on]

It is December, but some leaves are still **hanging on**.
12월인데 몇몇 나뭇잎들이 아직도 계속 (나무에) 매달려 있다.

The patient **hung on** through tonight.
그 환자는 밤에 버티어내었다.
[on은 살아있는 상태가 이어지는 관계를 나타낸다.]

This rain has been **hanging on** for weeks.
이 비가 몇 주 동안 계속되고 있다.

The boat was rocking and they had to **hang on**.
그 배는 흔들리고 있어서 그들은 (무엇을) 잡아야 했다.

He **hung on** to victory.
그는 승리할 때까지 계속해서 힘들게 버텼다.

hang onto O

The little boy **hung onto** his mother's arm.
그 작은 소년은 그의 엄마의 팔에 매달리고 있었다.

He **hanged onto** letters from his friend.
그는 친구에게서 받은 편지들을 계속 간직한다.

The Liberals are managed to **hang onto** the majority in the congress.
자유당은 의회에서 다수 의석을 가까스로 계속 유지할 수 있었다.
[on은 계속해서 매달려있는 관계를 나타낸다.]

2.7 hang out

A parcel is **hanging out** at the porch.
소포 하나가 바깥 그 현관에 놓여있다.

The dog's tongue was **hanging out** when he was running.
개의 혀가 그가 뛰고 있을 때 밖으로 나와 있었다.

We are just **hanging out**, listening to music.
우리는 음악을 들으면서 긴장을 풀고, 느긋하게 지낸다.
[out은 긴장 상태에서 벗어나는 관계를 나타낸다. 참조: chill out, mellow out]

I was **hanging out** with my friends.
나는 내 친구들과 어울려 놀았다.

We were **hanging out** together.
우리는 같이 어울려 놀았다.

hang out of O

Your shirt tail is **hanging out of** your pants.
너의 셔츠 자락이 너의 바지에서 빠져나와 있다.

hang O out

She **hung out** the *shirt* in the sun.
그녀는 셔츠를 말리려고 햇빛에 내다 걸었다.

pants	바지	sweaters	스웨터
towels	수건	blanket	이불

He opened the window and **hung out** the rope.
그는 그 창문을 열고 그 밧줄을 창밖으로 내려 뜨렸다.

2.8 hang over O

Dark clouds are **hanging over** the city.
어두운 구름이 그 도시에 덮여있다.

The threat of nuclear war is **hanging over** the whole world.
그 핵전쟁의 위험이 전 세계 위에 덮여있다.

A big question **hangs over** the country's economic growth.
큰 의문이 그 나라의 경제 성장 위에 덮여있다.

2.9 hang together

We **hung together** and won the game.
우리는 단합해서 그 경기를 이겼다.

The scientist's new article really **hung together**.
그 과학자의 새 논문은 잘 짜여있다.
[together는 논문의 부분들이 들어맞는 관계를 나타낸다.]

I hope this car will **hang together** for another day.
나는 이 차가 하루 더 온전한 상태에 있기를 희망한다.

2.10 hang O up

Jensen **hung up** his overcoat and went into the hall.
젠슨은 그의 오버코트를 걸고 그 강당으로 들어갔다.
[up은 옷이 옷걸이에 걸리는 관계를 나타낸다.]

Mary **hung up** the phone.
메리는 그 전화를 끊었다.
[up은 전화기가 끊어진 관계를 나타낸다.]

Heavy traffic on the highway **hung** us **up**.
그 고속도로의 많은 차량이 우리를 움직이지 못하게 했다.
[up은 움직이지 못하는 상태를 나타낸다. 참조: stick up]

The skater hasn't **hung up** her skate.
그 스케이트 선수는 그 스케이트를 아직 매달지 않았다. 즉, 스케이팅을 그만 두지 않았다.
[up은 스케이트를 사용하지 않은 영역에 두는 관계를 나타낸다.]

hang up

He **hung up** all of a sudden.

그는 갑자기 전화를 끊었다.

My computer **hung up** in the middle of writing the message.

내 컴퓨터가 그 메시지를 쓰는 중에 정지되었다.

hang up on O

Jane **hangs up on** Shelly.

제인은 셸리를 잊지 못하고 있다.

[up은 정지 상태, on은 접촉 상태를 나타낸다.]

He **hung up on** me.

그는 내가 기분 나쁘게 전화를 끊었다.

hang O up on O

He is **hung up on** his first love. (passive)

그는 첫사랑 생각에 여전히 매여 있다.

He is **hung up on** the outcome. (passive)

그는 그 결과에 대해 몹시 걱정하고 있다.

2.11 hang O with O

The room was **hung with** paintings. (passive)

그 방은 (벽에) 그림들이 걸어 장식되어 있다.

HANKER

1. 단동사
이 동사는 오랫동안 속으로 무엇을 몹시 갈망하는 과정을 그린다.

2. 구동사
2.1 hanker after O

Being away from home, he **hankers after** his mom's home-cooked meal.

집에 나와 있기 때문에 그는 엄마의 집 음식을 몹시 갈구한다.

[after은 찾아다니는 의미를 갖는다.]

He **hankered after** fame all his life.

그는 평생 동안 명성을 갈망해 온 상태였다.

2.2 hanker for O

He **hankered for** pizza and I ordered one.

그가 피자를 갈구해서 내가 한 판을 주문했다.

He is **hankering for** her to come back.

그는 그녀가 돌아오기를 갈망한다.

HARDEN

1. 단동사
이 동사는 단단하게 하거나 단단해지는 과정을 그린다.

hard(형용사): 단단한, 굳은, 딱딱한

자동사

The varnish takes a few hours to **harden**.

그 유약은 굳어지는데 몇 시간이 걸린다.

Public attitudes to the strike have **hardened**.

그 파업에 대한 대중의 태도들이 단호해졌다.

타동사

Joe sounded different, **hardened** by the war. (passive)

조는 그 전쟁으로 인해 단단해져서 달라진 것 같았다.

2. 구동사
2.1 harden O off

I put the flower by the window to **harden** it **off**.

나는 그 꽃을 실외환경에 적응시키기 위해 계속해서 그 창문가에 놓았다.

[off는 식물이 익숙한 환경에서 떨어지는 관계를 나타낸다.]

2.2 harden O to O

I **hardened** myself **to** tragedies.

나는 자신을 단련시켜서 그 비극적인 사건들에 견딜 수 있도록 했다.

We were shocked by the manager's rude remarks, but now we are **hardened to** them. (passive)

우리는 그 지배인의 저속한 말에 충격을 받았었다. 그러나 지금은 그것에 무감각해졌다.

[참조: used to]

2.3 harden O up

Harden up the ice cream in the freezer.

그 아이스크림을 그 냉장고에 넣어서 굳혀라.

[up은 굳어지거나 더 굳어지는 관계를 나타낸다.]

Harden up the meat in the freezer in order to slice it thin.

그 고기를 얇게 썰기 위해서 그것을 냉장고에 넣어서 굳혀라.

HARE

1. 단동사
이 동사는 토끼 같이 빨리 뛰는 과정을 그린다.

명사: 토끼

2. 구동사

2.1 hare off

He **hared off** down the street.
그는 그 자리를 떠나 그 길 아래로 빨리 달려갔다.

hare off into O

The thieves jumped to his feet, and **hared off into** the crowd.
그 도둑은 넘어졌다가 일어서서 재빨리 그 군중 속으로 달아났다.
[off는 도둑들이 있던 장소를 떠나는 관계를 나타낸다.]

HARK 1

1. 단동사
이 동사는 어떤 사람이 어리석거나 이치에 맞지 않는 말을 할 때 주의를 주는 과정을 그린다.

2. 구동사
2.1 hark at O

Hark at him. He thinks he is somebody.
(어리석은 말을 하고 잘난 체 하는) 그의 말을 들어봐. 그는 자신이 잘난 사람이라고 생각한다.
She **harks at** her co-worker, calling him lazy. In fact, she is lazy.
그녀는 그녀의 동료를 게으르다고 하면서 들먹인다. 실제로는, 그녀가 게으르다.

HARK 2

1. 단동사
이 동사는 과거에 일어난 일을 돌이켜보고 그것에 대해 이야기하는 과정을 그린다.

2. 구동사
2.1 hark back to O

People are **harking back to** the good old days before industrialization.
사람들은 산업화 이전의 좋은 날들을 귀찮게 계속 뒤돌아본다.
[back은 시간상 과거를 계속해서, 귀찮게 되돌아보는 관계를 나타낸다.]
The old black and white TV **harks back to** the 1950's.
그 낡은 흑백TV는 1950년대를 생각나게 한다.
He often **harks back to** when he was in the army.
그는 자주 그가 군에 있던 때를 생각한다.

HARP

1. 단동사
이 동사는 지루하게 무엇을 계속 말하는 과정을 그린다.
명사: 하프

2. 구동사
2.1 harp on O

I'm sorry I'm **harping on** this, but it is very important.
내가 이 문제를 계속해서 지루하게 얘기해서 미안하지만 이것은 매우 중요합니다.

harp on about O

The veteran is always **harping on about** the Vietnamese War.
그 참전 용사는 월남전에 대해서 지겨울 정도로 계속 말하고 있다.
[on은 harping이 계속 되는 관계를 나타낸다. 참조: drone on, go on, ramble on]

HASH

1. 단동사
이 동사는 감자 등을 잘게 써는 과정을 그린다.
명사: 해시(고기와 감자를 잘게 다져 섞어 요리하여 따뜻하게 차려 낸 것)

2. 구동사
2.1 hash O out

The U. S. and Iran succeeded in **hashing out** the *nuclear agreement* last year.
미국과 이란이 작년에 그 핵합의를 논의 끝에 만들어 내었다.
[out은 합의가 만들어지는 관계를 나타낸다. 참조: work out]

peace deal	평화협정	ceasefire	휴전

They finally **hashed out** the differences.
그들은 마침내 논의를 통해서 그들의 차이를 해소했다.
[out은 차이점이 없어지는 관계를 나타낸다. 참조: iron out, hammer out]

2.2 hash O over

Government officials met to **hash over** the future of public transportation.
정부 관리들이 대중교통의 미래를 상세히 토의하기 위해 만났다.
[참조: talk over]

Let's **hash over** the business.
그 일을 다시 전반적으로 검토해 봅시다.

They wasted lots of time **hashing over** the past.
그들은 지나간 일을 되짚으면서 많은 시간을 낭비했다.

hash O over

They wasted lots of time **hasing over** the past.
그들은 지나간 일을 되짚으면서 많은 시간을 낭비했다.

2.3 hash O up

Please **hash up** the onion and garlic and put them into the *kimchi*.
그 양파와 마늘을 잘게 잘라서 김치에 넣으세요.

She was so nervous at the job interview that she **hashed** it **up**.
그녀는 그 취업 면접에서 너무 긴장을 해서 그것을 망쳐 버렸다.
[참조: botch up, screw up]

HATCH

1. 단동사
이 동사는 어린 새 · 물고기 · 곤충 등이 알에서 깨어나는 과정을 나타낸다.

2. 구동사
2.1 hatch O out

They **hatch out** a lot of chicks at the hatchery.
그들은 그 부화장에서 많은 병아리를 부화시킨다.
[out은 병아리가 알에서 나오는 관계를 나타낸다.]

The farmer **hatched out** hundreds of chicks every month.
그 농부는 매월 수 백 마리의 병아리를 부화시켰다.

hatch out into O

They **hatched out into** the new world.
그들은 알을 깨고 새로운 세상으로 나왔다.

HAUL

1. 단동사
이 동사는 무거운 것을 꾸준히 계속해서 끌어당기는 과정을 그린다.

타동사

The wagons were **hauled** by horses. (passive)
그 수레는 말들에 의해 끌렸다.

The dogs **hauled** the load into town.
그 개들이 그 짐을 끌고 읍내로 갔다.

The moving truck **hauled** our furniture to our new house.
그 이삿짐 트럭이 우리의 가구를 싣고 우리의 새 집으로 운반했다.

2. 구동사
2.1 haul before O

The corrupt politician was **hauled before** the court. (passive)
그 부패한 정치가가 법정에 끌려갔다.
[A before B에서 B는 권위자이다]

2.2 haul O in

The fisherman are **hauling in** their catch.
그 어부들은 그들이 잡은 물고기들을 배에 끌어 들이고 있다.
[in은 잡힌 물고기들이 배로 들어오는 관계를 나타낸다.]

The burglar was **hauled in** again for petit crimes. (passive)
그 강도는 경범죄들로 다시 경찰서에 끌려 들어갔다.
[참조: turn in, round in]

A number of suspects have been **hauled in** for questioning.
많은 용의자들이 심문을 받기 위해 경찰서로 끌려 들어갔다.

The company **hauled in** 7 million in smartphone sales.
그 회사는 스마트폰 판매에서 700만 건을 벌어 들였다.
[in은 돈이 회사로 들어가는 관계를 나타낸다. 참조: bring in, rake in]

2.3 haul off

The nurse came in and **hauled** the patient **off** to another bed.
그 간호사가 들어와서 그 환자를 (침대에서) 들어 올려서 다른 침대로 옮겼다.

2.4 haul O up

The chairman of the company was **hauled up** for tax evasion. (passive)
그 회사의 회장은 세금 기피로 법정에 불려갔다.
[up은 지위가 높은 사람에게 끌려가는 관계를 나타낸다.]

He was **hauled up** before the local magistrates for dangerous driving. (passive)
그는 난폭 운전으로 지방 판사 앞에 출두 당했다.

2.5 haul O out of O

She **hauled** herself **out of** bed.
그녀는 간신히 자신을 잠자리에서 일으켰다.

HAVE

1. 단동사
이 동사는 소유, 특성 등을 가지고 있는 과정을 그린다.

타동사

He **had** a new car and a boat.
그는 새 승용차와 보트를 한 척 가지고 있었다.
She **has** dark hair and brown eyes.
그녀는 검은 머리와 갈색 눈을 가지고 있다.
You need to **have** a lot of patience to be a teacher.
여러분은 교사가 되기 위해서 많은 인내심을 가져야한다.
Our apartment **has** a large livingroom.
우리 아파트는 큰 거실을 가지고 있다, 즉 큰 거실이 있다.
We have **had** the dog for many years.
우리는 그 개를 여러 해 기르고 있다.
I **have** breakfast around 7 o' clock.
나는 일곱 시 경에 아침을 먹는다.
In winter, we **have** lots of snow.
겨울에 우리는 많은 눈을 갖는다. 즉, 눈이 많이 온다.
In 1999, the party **had** 10000 members.
1999년에 그 당은 당원이 만 명이었다.
The ham **had** a smoky flavor.
그 햄은 훈제 맛이 났다.
Mary **had** her back to me.
메리는 내 쪽으로 등을 보이고 있었다.
He **had** the strong impression that someone was watching him.
그는 누군가가 자기를 지켜보고 있다는 강한 느낌이 들었다.

2. 구동사
2.1 have O around
I was lucky to **have** mom **around**, when I gave birth to a baby.
내가 아기를 낳을 때, 엄마가 주위에 있어서 나는 다행이었다.

2.2 have at O
If that job is what you want, **have at** it.
그 일이 네가 원하는 것이면 그것을 구하려고 애를 써라.
[at은 노력이나 시도를 나타낸다. 참조: keep at, work at]
The boys **had at** the gang member.
그 소년들은 그 갱들에게 공격을 했다.
[at은 공격의 의미를 갖는다.]

2.3 have O back
I don't need the laptop anymore. You can **have** it **back**.
나는 그 노트북이 더 이상 필요 없다. 네가 그것을 되가

져가도 좋다.
[참조: get back, take back]
The husband did not **had** his wife **back**.
그 남편은 그의 아내를 다시 받아들이지 않았다.

2.4 have O down
He **had** his son **down** for the weekend.
그는 아들을 그 주말동안 내려와 있게 했다.
I **had** him **down** as an ideal pope.
나는 그를 이상적인 교황님으로 생각했다.
[참조: put down]

2.5 have O in
I **had** a builder **in** to look at the house.
나는 그 집을 보게 건축업자를 불러들였다.
[참조: bring in]
We **had** a few friends **in** for dinner.
우리는 저녁을 먹기 위해, 몇 명의 친구를 불러 들였다.
[참조: invite in]

2.6 have O off
I **have** the air conditioner **off**, as it is cool.
나는 날씨가 시원해서 그 냉방기를 꺼놓고 있다.
I **had** a week **off** last month.
나는 지난달에 한 주 쉬었다.
[off는 일에서 떨어지는 관계를 나타낸다.]

2.7 have O on O
I **have** no money **on** me.
나는 돈을 내 몸에 지니고 있지 않다.
A: Shall we **have** lunch together tomorrow?
B: Fine, I **have** nothing **on** it.
A: 내일 점심 같이 할까?
B: 좋아, 내일 예정된 것이 아무것도 없어.
The CIA must **have** something **on** him.
CIA가 그에 관한 정보를 가지고 있는 게 틀림이 없다.

have O on
He **has** a blue shirt **on**.
그는 푸른색 셔츠를 입고 있다.
[put on은 입는 동작, have on은 입고 있는 상태를 나타낸다.]
We **have** the heating **on** at night.
우리는 밤에 난방을 켜 놓는다.
While driving, I **had** my GPS **on**.
나는 운전하는 동안 나의 GPS를 켜놓았다.
[GPS는 '지구 위치 파악 시스템 (Global Positioning System)', 우리나라에서는 네비게이션이라고 함]
Thank you **having** me **on** (the show).

방송에 초대해주셔서 감사합니다.

2.8 have O out
The child hates **having** his teeth **out.**
그 아이는 그의 이들이 뽑히는 것을 싫어한다.

2.9 have O over
I **had** some friends **over** for the party.
나는 그 모임에 몇 명의 친구들이 건너오게 했다.

2.10 have O to O
He **had** the whole day **to** himself.
그는 온종일을 혼자 썼다.

2.11 have O up
She **had** her friends **up** for lunch.
그녀는 점심을 먹기 위해 친구들을 올라오게 했다.
At the age of 15, he was **had up** for sexual assault. (passive)
15살 때, 그는 성폭행으로 법정에 서야 했다.
[up은 판사 앞에 나가는 관계를 나타낸다. 참조: haul up]
He **has** his guards **up.**
그는 경계태세를 하고 있다.
[참조: have one's guards down]

HAWK

1. 단동사
이 동사는 돌아다니면서 물건을 파는 과정을 그린다.

2. 구동사
2.1 hawk O around
My elder brother uses a truck to **hawk** produce **around.**
내 형은 채소를 이리저리 팔고 다니기 위해 트럭을 쓴다.

HAZE

1. 단동사
이 동사는 연무가 끼는 과정을 그린다.
명사: 연무, 몽롱한 상태

2. 구동사
2.1 haze over
As the sun set, the sky began to **haze over.**
해가 지자, 하늘은 뿌연 안개로 전체가 덮이기 시작했다.
[참조: mist over, fog over]

HEAD 1

1. 단동사
이 동사는 머리 부분이 되거나 특정한 방향으로 가거나 가게 하는 과정을 그린다.
명사: 머리

타동사
His novel **heads** my favorite books.
그의 소설은 내가 좋아하는 책들의 맨 위에 있다.

자동사
He **headed** home.
그는 집으로 갔다.

2. 구동사
2.1 head O at O
He **headed** his brother **at** Rachel.
그는 그의 동생이 레이첼 쪽을 향하게 했다.

2.2 head away
The last bus **headed away** and he was stranded.
그 마지막 버스가 떠나서 그는 오도 가도 못했다.

2.3 head back
I ran to the end of the street, and then **headed back.**
나는 그 길 끝까지 뛰어가서, 다시 돌아왔다.

head back into O
He **headed back into** civilization.
그는 문명으로 다시 돌아갔다.

2.4 head down O
They are **heading down** the road.
그들은 그 길을 따라 내려가고 있다.

head down to O
They're **heading down to** Busan.
그들은 부산까지 내려가고 있다.

2.5 head for O
The cruise ship is **heading for** Jeju island.
그 유람선은 제주도를 향하여 나아가고 있다.
[참조: leave for, make for, depart for]
The soldiers were **heading for** a small village 20 miles away.
그 군인들은 20 마일 떨어져 있는 작은 마을을 향해가고 있었다.
The young pianist is **heading for** a brilliant career.
그 젊은 피아니스트는 엄청난 경력을 향해 나아가고 있다.

The textile industry **headed for** slower growth about 50 years ago.
그 직물산업은 50년 전에 저성장으로 향했다.
Bosnia **headed for** a period of political uncertainty.
보스니아는 정치적 불확실성의 기간으로 향했다.

2.6 head in
I turned the boat toward the shore and **headed in**.
나는 그 배를 해안 쪽으로 돌려서 그쪽으로 향했다.
[in은 육지쪽으로 가는 관계를 나타낸다.]

2.7 head O into O
He **headed** his car **into** the garage.
그는 그의 차를 앞쪽부터 차고로 몰아넣었다.

head into O
As we **head into** a new millennium, we will see catastrophic changes in agriculture.
우리가 새천년에 접어들어 가면서, 농업에 있어 큰 변화들을 겪게 될 것이다.
The country is **heading into** a critical phase.
그 나라는 결정적인 국면에 들어가고 있다.
We **headed into** discussion.
우리는 토의에 들어갔다.

2.8 head O off
I will **head** her **off** before she reaches the police station.
나는 그녀가 경찰서에 도착하기 전에 그녀를 막을 것이다.
[off는 그녀가 가는 길을 막아서 못 가게 하는 관계를 나타낸다.]
The management continued the talks with the labor hoping to **head off** the strike.
경영진은 파업을 해산시키기 위해서 노동자 측과 회담을 계속했다.
[off는 파업의 머리를 자르는 관계를 나타낸다. 즉 파업을 중단시키는 관계를 나타낸다.]
He held out his hand to **head** the attacker **off**.
그는 팔을 내뻗어 그 공격자를 차단시키려고 했다.
He was running for a shelter when a car left the roadway and **headed** him **off**.
그는 대피소로 뛰어가고 있었는데 차 한 대가 길을 벗어나서 그의 움직임을 차단했다.

head off
We got into a van and **headed off** to the beach.
우리는 밴에 올라타서 해변으로 함께 떠났다.
[off는 화자와 청자가 아는 장소를 떠나는 관계를 나타낸다.]
He **headed off** to join the army in Korea.
그는 한국에서 입대하기 위해서 (있던 곳을) 떠났다.

head off on O
He **headed off on** an adventure.
그는 모험을 떠났다.
[참조: set off on]

| a trip | 여행 | a flight | 비행여행 |
| a honeymoon | 신혼여행 | a quest | 탐구 |

2.9 head O out
Head the boat **out** to the sea.
그 보트를 바다 쪽으로 진행시켜라.

head out
I took a taxi and **headed out** to the palace.
나는 택시를 타고 그 궁전이 있는 쪽으로 출발했다.
The police **headed out** after the burglar.
경찰들이 그 강도 추적을 시작했다.
[out은 의도를 실천하는 관계를 나타낸다. 참조: set out, start out]

2.10 head to O
He **headed to** San Francisco this morning.
그는 오늘 아침 샌프란시스코로 떠났다.

2.11 head up
He **headed up** north.
그는 북쪽으로 올라갔다.
We **headed up** to 20th floor.
우리는 20층으로 올라갔다.

head up O
The team **head up** the river to find the monster fish.
그 팀은 그 괴물 물고기를 찾기 위해서 강 위쪽으로 올라갔다.

HEAD 2

1. 단동사
이동사는 어떤 조직의 책임을 맡아 장이 되는 과정을 나타낸다.
명사: 조직체의 장
타동사
He **heads** the department.
그는 그 부서를 이끈다. 즉, 그 부서의 장이다.

2. 구동사
2.1 head O up
He is asked to **head up** a *research team*.

그는 연구팀을 짜서 (up) 그것을 이끌어 가도록 요청을 받고 있다.

[up은 팀이 생기는 결과를 나타낸다.]

department	부서	investigation		조사
the project	기획사업	transition committee	인수 위원회

HEAL

1. 단동사
이 동사는 상처 등이 아무는 과정을 그린다.

타동사

This will help to **heal** your cuts and scratches.
이것은 너의 베이고 긁힌 상처들의 치유에 도움이 된다.
It was a chance to **heal** the wounds in the party.
그것은 그 당내의 상처들을 치유할 수 있는 기회였다.
I felt **healed** by his love. (passive)
나는 그의 사랑으로 치유가 되는 기분이었다.
She was never able to **heal** the rift between herself and her father.
그녀는 자신과 아버지 사이의 그 골을 결코 메울 수 없었다.

자동사

The breach between them never really **healed**.
그들 사이에 패인 그 골은 결코 제대로 메워지지 않았다.

2. 구동사
2.1 heal over
The cut **healed over** nicely.
그 베인 자리 전체가 아물었다.

2.2 heal up
I applied some ointment on the wound and it **healed up** well.
나는 그 상처에 연고를 발랐더니, 그 상처가 잘 아물었다.
[up은 벌어진 곳이 맞닿게 되는 관계를 나타낸다.]

HEAP

1. 단동사
이 동사는 아무렇게나 물건을 쌓는 과정을 그린다.
명사: 더미, 많음

2. 구동사
2.1 heap O on O
She **heaped** food **on** my plate.
그녀는 내 접시에 음식을 수북이 놓았다.
The media **heaped** praise **on** the ski-jumper for

winning the championship.
매체들은 그 스키점프 선수가 선수권을 딴 데 대해서 그에게 칭찬을 쏟아 부었다.
Praise was **heaped on** the police for the handling of the case. (passive)
칭찬이 그 사건을 처리한 경찰에게 많이 주어졌다.

criticism	비판	complaint	불평

2.2 heap O up
Papers were **heaped up** in front of the house. (passive)
신문들이 현관 앞에 수북이 쌓여 있었다.

head up
Garbage is **heaping up** in the alley.
쓰레기가 골목길에 쌓여 가고 있다.

snow	눈	old furniture	낡은 가구

HEAR

1. 단동사
이 동사는 소리, 말 등을 듣거나, 소리, 말 등이 들리는 과정을 그린다.
타동사

He **hears** classical music every day.
그는 매일 고전 음악을 듣는다.
Please **hear** what I tell you.
내가 당신에게 말하는 것을 들으세요.
I **hear** that he speaks English well.
나는 그가 영어를 잘 말한다는 것을 들었다.
The judge will **hear** the case.
그 판사는 그 사건을 들을 것이다.

2. 구동사
2.1 hear about O
Have you **heard about** what happened to Jack?
잭에게 일어난 일에 대해 들어 보았습니까?

2.2 hear back
I look forward to **hearing back** from you.
나는 너에게로부터 답을 듣기를 기대한다.

2.3 hear from O
Have you **heard from** John?
당신은 존으로부터 소식을 들었습니까?
[from은 소식의 출발지를 나타낸다.]
Police want to **hear from** anyone who witnessed the

car crash.
경찰은 그 차 충돌사건을 목격한 어떤 사람들로부터 제보를 받기 원한다.

2.4 hear of O

I have not **heard of** such a plane.
나는 이러한 비행기가 있다는 것을 들어본 적이 없다.
[of는 비행기의 존재를 나타낸다.]
I have never **heard of** the country.
나는 그 나라가 있음을 들어본 적이 없다.
I offered to go but she wouldn't **hear of** it.
나는 가겠다고 제안을 했지만 그녀는 그 말을 들으려고 하지도 않았다.

2.5 hear O on O

I **heard** the news **on** the radio.
나는 그 뉴스를 라디오에서 들었다.

2.6 hear O out

I **heard** the *dialogue* **out**.
나는 그 대화를 끝까지 들었다.
[out은 대화의 시작부터 끝까지 듣는 관계를 나타낸다.]

lecture	강의	sermon	설교

Please **hear** me **out**. I have more to say.
내 말을 끝까지 들어 주세요. 말할 것이 좀 더 있습니다.
[me는 환유적으로 나의 말, 얘기 등을 가리킨다.]

2.7 hear O through

Please **hear** the story **through** before making any judgment.
어떤 판단하기 전에 그 이야기를 끝까지 들어주세요.
[through는 이야기의 처음부터 끝까지를 가리킨다.]

HEAT

1. 단동사
이 동사는 음식 등을 데우는 과정을 그린다.
명사: 열

타동사

He is **heating** water.
그는 물을 데우고 있다.

2. 구동사

2.1 heat O up

I was just **heating up** some milk for coffee.
나는 커피에 탈 우유를 좀 데우고 있었다.

[up은 온도의 증가를 나타낸다.]
He **heated up** the frozen pizza.
그는 그 냉동 피자에 열을 가해 데웠다.
Electricity **heats up** the cable it passes through.
전기는 그것이 투과하는 전선을 뜨겁게 한다.
Please **heat** this room **up** to 25℃.
이 방을 섭씨 25도까지 데워주세요.
This kind of nonsense really **heats** me **up**.
이런 종류의 터무니없는 말은 나를 정말 화나게 한다.
[영어에서 '화'는 열이나 불로 개념화된다.]

heat up
The *temperature* **heats up** in the afternoon.
기온이 오후에는 올라간다.

summer	여름	planet	지구
North Pole	북극	ocean	바다

The conflict in Syria **heated up**.
시리아에서 그 전투가 가열되었다.
The *election* is **heating up**.
그 선거전이 열을 띠고 있다.

competition	경쟁	discussion	토론

The presidential campaign is **heating up**.
대통령 선거전이 열이 오르고 있다.
As business has slowed down, competition is **heating up**.
경기가 침체되자 경쟁이 치열해진다.

HEAVE

1. 단동사
이 동사는 무거운 것을 힘을 들여 들어 올리는 과정을 그린다.
명사: 들어올리기, 들썩거림

자동사

The boat **heaved** beneath them.
그들 발밑에서 그 배가 들썩거렸다.
The thought of it makes me **heave**.
그것의 생각이 내 속을 뒤틀리게 한다.

타동사

They **heaved** the barrel overboard.
그들은 그 통을 들어 올려 배 밖으로 던져 버렸다.
We all **heaved** a sigh of relief.
우리는 모두 안도의 한숨을 내쉬었다.

2. 구동사

2.1 heave O up

The smell was so disgusting and he **heaved up** all his breakfast.

그 냄새가 하도 역겨워서 그는 아침을 모두 게웠다.

[up은 먹은 것이 위에서 입으로 올라오는 관계를 나타낸다. 참조: throw up, vomit up]

heave O up onto O

He **heaved** the pack **up onto** his back.

그는 그 꾸러미를 들어 올려 그의 등에 지었다.

HEDGE

1. 단동사

이 동사는 울타리로 둘러싸거나, 울타리 등으로 방어를 하는 과정을 그린다.

명사: 울타리, 대비책

자동사

Just answer 'yes' or 'no' – and stop **hedging**.

그냥 그런지 아닌지만 답하고 얼버무리지 마세요.

타동사

His religious belief was always **hedged** with doubt. (passive)

그의 신앙심은 항상 의심으로 쌓여 있었다.

2. 구동사

2.1 hedge against O

We **hedged against** going wrong.

우리는 잘못되는 것에 대해 방어를 했다.

In summer, we must **hedge against** the blackout and water outage.

여름에 우리는 정전과 단수에 대비해야 한다.

hedge O against O

The investor **hedged** his portfolio **against** drop in stock price.

그는 주식을 주가 하락에 대해 대비를 했다.

2.2 hedge O in

The tall grass in the yard has almost **hedges** us **in**.

그 정원에 크게 자란 풀들이 우리를 둘러싸고 있다.

[in은 우리가 풀로 둘러싸이는 관계를 나타낸다.]

The building is **hedged in** with trees.

그 건물은 나무들로 둘러싸여 있다.

HEEL

1. 단동사

이 동사는 한 쪽으로 기울어지는 과정을 그린다.

2. 구동사

2.1 heel over

In the storm, the small boat **heeled over**.

그 폭풍 속에, 그 작은 배가 뒤집혔다.

[over는 배가 포물선을 그리면서 넘어지는 관계를 나타낸다. 참조: flip over, roll over, tip over]

HELP

1. 단동사

이 동사는 돕는 과정을 그린다.

타동사

I **helped** him to write his essay.

나는 그를 도와서 그가 논문을 쓰는 것을 간접적으로 도와주었다. (to의 쓰임에 유의)

I **helped** him write his essay.

나는 그가 논문을 쓰는 것을 직접 도왔다.

2. 구동사

2.1 help O along

Esther was pale and breathless, so I **helped** her **along**.

에스더는 창백했고 숨을 헐떡이고 있었다. 그래서 나는 그녀를 도와서 걸어가게 했다.

[along은 어떤 길을 따라가는 관계를 나타낸다.]

Computers are reported to **help along** the learning process.

컴퓨터는 학습과정이 (단계를 따라 나아가는 데) 도움을 주는 것으로 보고되고 있다.

The singer's career was **helped along** by his manager. (passive)

그 가수는 경력을 쌓아 가는 데, 그의 매니저의 도움을 받았다.

[경력도 어떤 길을 따라가는 것으로 개념화되어 있다.]

2.2 help around O

He **helps around** the house.

그는 집안일을 돕는다.

2.3 help O down

Judy **helped** her brother **down** from the horse.

주디는 그의 동생이 그 말에서 내려오는 것을 도왔다.

2.4 help O into O

I **helped** the old man **into** a taxi.

나는 그 노인을 도와서 택시에 들어가게 했다.

2.5 help O off O

Please **help** me **off** this horse!
나를 이 말에서 내리게 도와주세요!
Can I **help** you **off** your boots?
내가 당신의 장화를 벗는 것을 도와드릴까요?
[off는 장화가 발에서 떨어지는 관계를 나타낸다.]

help O off

Mom **helped** the kid **off** with his wet clothes.
엄마는 그 꼬마가 젖은 옷을 벗는 것을 도와주었다.

2.6 help O on

Do you want me to **help** you **on** with your sweater?
너는 내가 너의 스웨터 입는 것을 도와주기를 원하느냐?
[on은 스웨터가 몸에 닿는 관계를 나타낸다.]

2.7 help O out

When I was out of job, my sister **helped** me **out**.
내가 실직하고 있을 때, 내 누이가 나를 어려움에서 건져 주었다.
[어려움에 처해있는 상태는 in trouble이다. out은 어려움에서 벗어나게 하는 관계를 그린다.]

He agreed to **help out** an old friend.
그는 옛 친구를 어려움에서 도와주기로 합의했다.

help O out of O

Help your grandmother **out of** the car.
너의 할머니를 도와서 그 차에서 내리게 해라.

help O out with O

He **helped** her **out with** some advice.
그는 그녀를 약간의 충고로 도와주었다.

help out

Please **help out** with the *dishes*.
그 접시들을 닦는 일을 도와주세요.

dinner	저녁	task	일

The ministry of agriculture **helped out** with extra cost for the chicken farms.
농림부는 그 양계농장을 위해서 추가비용으로 도와주었다.

2.8 help O to O

Shall I **help** you **to** some rice?
제가 당신에게 밥을 좀 드릴까요?

Help yourself **to** the meat.
그 고기를 마음껏 드세요.
Help yourself **to** my scarfs and gloves when you are cold.
네가 추울 때 내 스카프들과 장갑들을 착용하세요.

2.9 help O up

I put out my hand, and **helped** her **up** from the chair.
나는 내 손을 뻗어서 그녀가 그 의자에서 일어나는 것을 도왔다.
The child lay on the ice, and I **helped** him **up**.
그 아이는 그 얼음판에 누워있어서 내가 그가 일어나는 것을 도왔다.

2.10 help O with O

She **helps** her mom **with** washing the dishes.
그녀는 그 접시들을 닦으며 엄마를 도와드린다.
My sister **helped** me **with** my homework.
나의 누이가 내 숙제를 도와주었다.

HEM

1. 단동사
이 동사는 빠져나올 수 없도록 둘러싸는 과정을 그린다.
명사: 옷 등의 단

2. 구동사
2.1 hem O in
He is **hemmed in** and cannot get out of the parking lot. (passive)
그는 차들에 둘러 싸여서, 주차장을 나갈 수 없다.
[주어 he는 환유적으로 그의 차를 가리킨다. 그리고 in은, 사방으로 둘러싸인 관계를 나타낸다. 참조: box in]

HERD

1. 단동사
이 동사는 동물들이 떼를 짓거나, 떼를 지어 움직이는 과정을 그린다.
명사: (들소, 코끼리, 염소, 양 등의) 떼, (같은 무리의) 사람들

타동사

A shepherd **herded** his flock.
양치기가 그 양들을 모았다.

2. 구동사
2.1 herd O into O
All the migrants were **herded** together **into** the camp.

(passive)

그 모든 이주자들은 한 곳으로 모여져서 그 수용소로 들여보내졌다.

2.2 herd O onto O

The tourists were **herded onto** the bus.

그 관광객들은 그 버스에 떼를 지어 들어가게 되었다.

2.3 herd O up

All the sheep are **herded up** in the evening. (passive)

그 모든 양들이 저녁에 한 곳에 모아진다.

[up은 양들의 사이가 좁혀지는 관계를 나타낸다. 참조: round up]

HEW

1. 단동사

이 동사는 도끼로 나무 등을 자르는 과정을 그린다.

타동사

The man **hewed** the wood.

그 남자가 그 나무를 잘랐다.

The timbers had been **hewn** from the trunk of the oak tree. (passive)

그 목재들은 그 참나무 둥치에서 다듬어져 만들어졌다.

2. 구동사

2.1 hew O down

He **hewed down** the big tree in the yard.

그는 마당에 있는 큰 나무를 베어서 쓰러뜨렸다.

[참조: cut down]

2.2 hew O out

The statue was **hewn out** of the rock. (passive)

그 상은 바위를 깎아서 만들어졌다.

[out은 상이 만들어져 나오는 관계를 나타낸다. 참조: carve out, cut out]

HIDE

1. 단동사

이 동사는 숨기거나 숨는 과정을 나타낸다.

타동사

Where did you **hide** her present?

너는 어디에 그녀의 선물을 숨겼나?

2. 구동사

2.1 hide O away

I **hid** your ball **away** where you can't find it.

나는 너의 공을 네가 찾을 수 없는 곳(이 자리에서 떨어진 곳)에 숨겼다.

The exhusband has a lot of money **hidden away**. (passive)

그 전남편은 많은 돈을 아내가 모르는 곳에 숨겨두었다.

The stolen horse was **hidden away** in the country side. (passive)

그 훔쳐진 말은 멀리 시골에 숨겨져 있었다.

The criminal **hid** himself **away** for a month.

그 범인은 자신을 한 달 동안 멀리 떨어진 곳에 가 숨겼다.

hide away

Wounded wild animals **hide away**.

상처를 입은 야생동물은 (활동장소에서) 멀리 떨어진 곳에 숨는다.

hide away from O

She wants to **hide away from** the rest of the world.

그녀는 세상사에서 떨어져 멀리 숨어 있고 싶어 한다.

2.2 hide behind O

He **hid behind** a tree.

그는 어느 나무 뒤에 숨었다.

Joan tried to **hide behind** a mask of extreme happiness.

조앤은 극도의 행복한 가면 뒤에 숨으려고 했다.

Susan **hid** her disconcert **behind** a bright smile.

수전은 그녀의 당혹감을 행복한 웃음 뒤에 숨겼다. 즉 당혹이 드러나지 않게 했다.

2.3 hide from O

The child **hid from** his father.

그 아이는 아버지로부터 숨었다.

He **hid** the truth **from** his friend.

그는 그 진실을 친구에게 숨겼다.

2.4 hide out

The suspect must be **hiding out** nearby.

그 용의자가 근처 비밀장소에 숨고 있음에 틀림이 없다.

[out은 눈에 띄지 않는 비밀장소 등을 가리킨다.]

The platoon was **hiding out**, waiting for the arrival of the enemy.

그 소대는 안 보이는 곳에 숨어서 그 적들의 도착을 기다렸다.

hide out from O

Max was **hiding out from** the police in Detroit.

맥스는 디트로이트에서 경찰로부터 은신하고 있다.

2.5 hide up

She is safe and well, **hiding up** at her mother's house.
그녀는 엄마 집에 숨어서 안전하게 잘 지내고 있다.

HIKE

1. 단동사

이 동사는 산이나 들을 도보로 여행하는 과정을 그린다.

2. 구동사

2.1 hike along O

We **hiked along** the creek.
우리는 그 개울을 따라 도보여행을 했다.

2.2 hike down O

We **hiked down** the mountain.
우리는 그 산을 따라 걸어 내려갔다.

2.3 hike through O

The boys **hiked** together **through** the forest.
그 소년들은 함께 숲속을 도보여행을 했다.

2.4 hike up O

We **hiked up** the mountain.
우리는 그 산을 따라 올라갔다.

hike O up

They **hiked up** the price by 20%.
그들은 그 가격을 20퍼센트나 대폭 인상했다.

HINGE

1. 단동사

이 동사는 문이 경첩에 걸리듯이 무엇에 의존하는 관계를 그린다.
명사: 경첩

2. 구동사

2.1 hinge on O

The Korean economy **hinges on** export.
한국 경제는 수출에 달려 있다.
[참조: count on, depend on, rely on]

The success of the project **hinges on** a good planning.
그 기획 사업의 성공은 좋은 계획에 달려 있다.

HINT

1. 단동사

이 동사는 무엇을 암시하는 과정을 그린다.
명사: 힌트, 암시, 전조, 징후, 기색, 정보

2. 구동사

2.1 hint at O

The terrorist group **hinted at** the possible use of nuclear arms.
그 테러집단은 핵무기 사용을 암시했다.

The children's drawings **hint at** the trauma they have gone through.
그 아이들의 그림들은 그들이 겪은 정신적 외상을 암시한다.

In his speech, the president **hinted at** an early election.
그의 연설에서 대통령은 조기선거를 암시했다.

HIRE

1. 단동사

이 동사는 무엇을 돈을 지불하고 빌려 사용하는 과정을 그린다.
명사: 대여

타동사

I **hired** a car yesterday.
나는 어제 자동차를 빌렸다.

She was **hired** three years ago. (passive)
그녀는 3년 전에 고용되었다.

They **hired** a firm of consultants to design the new system.
그들은 그 새 시스템을 설계하기 위해서 자문 회사에 의뢰했다.

2. 구동사

2.1 hire O out

The company **hires out** water purifiers.
그 회사는 정수기들을 빌려준다.
[out은 정수기가 회사에서 빌리는 사람에게 나가는 관계를 나타낸다. 참조: rent out]

In the city, you can **hire out** a car or a motorcycle.
그 도시에서 여러분은 자동차나 모터사이클을 빌려 쓸 수 있다.

HIT

1. 단동사

이 동사는 한 개체가 다른 개체에 가 닿는 과정을 그린다.

타동사

The car **hit** the tree.
그 차가 그 나무를 들이박았다.

Floods hit our village.
홍수들이 우리 마을을 덮쳤다.
Prices hit a record high.
물가들이 신기록을 쳤다.

2. 구동사
2.1 hit at O
He hit at the ball, but missed it.
그는 그 공을 치려고 했으나, 놓쳤다.
[at은 시도를 나타낸다.]
President Obama hit at the Syrian bombing.
오바마 대통령은 시리아의 폭격을 공개적으로 비난했다.
[at은 치는 행위의 영향이 목적어에 부분적이고 간접적임을 나타낸다.]
Amnesty International hit at treat of political prisoners in North Korea.
국제 사면 위원회는 북한에서의 정치범들의 처우를 공개적으로 비난했다.

2.2 hit back
The husband hit back at his wife's claim that she was treated badly.
그 남편은 그녀 자신이 나쁘게 취급되었다는 아내의 주장을 되받아 쳤다.

2.3 hit O off
Frank and Bob hit it off right away.
프랭크와 밥은 곧 (우정을) 시작했다. 즉, 곧 친해졌다.
[it은 주어진 상황에서 화·청자에게 자명한 것을 가리킨다. off는 정지 상태에서 활성 상태로의 변화를 나타낸다.]

hit O off with O
I didn't hit it off with my team leader.
나는 팀장과 (친한 관계가) 이루어지지 않았다.
We hit it off with each other from the start.
우리는 처음부터 서로 좋은 관계를 이루었다.

2.4 hit O on O
A branch fell off the tree and hit me on the back.
나뭇가지 하나가 그 나무에서 떨어져서 내 등을 쳤다.
I hit my head on the door.
나는 내 머리를 그 문에 받히게 했다.

hit on O
They hit on the idea after numerous experiments.
그들은 수많은 실험을 거친 후에 우연히 그 생각을 하게 되었다.
[they는 그들의 마음이나 정신을 가리킨다. 마음이 어떤 생각에

닿게 된다는 뜻이다.]
He was sure that he hit on the truth.
그는 그 진실을 발견했다고 확신했다.
You hit on exactly the thing that we need to do.
너는 우리가 해야 할 일을 정확하게 찾아내었다.
He hit on the accelerator.
그는 그 가속기를 밟았다.
A 15-year-old girl was hitting on me.
15살 소녀가 성적으로 나에게 접근하고 있다.
[on은 영향을 받는 사람을 도입한다.]

2.5 hit out at O
The student hit out at the attacker.
그 학생은 공격자를 사방으로 마구 휘둘러 쳤다.
The Prime Minister hit out at his critics.
그 국무총리는 그의 비판자들을 강하게 공격했다.

hit out for O
We hit out for the top of the mountain.
우리는 그 산의 정상을 향해 출발했다.
[참조: head out for, set out for, start out for]

2.6 hit O over O
He swung the bat and hit the ball over the fence.
그는 방망이를 휘둘러 쳐서 그 공을 그 울타리 너머로 쳐 넘겼다.

2.7 hit O up
John hit me up for money.
존은 돈을 빌려달라고 나에게 강요했다.

2.8 hit O with O
He hit the dog with a stick.
그는 그 개를 막대기로 쳤다.

HITCH

1. 단동사
이 동사는 트레일러 등을 차에 매다는 과정을 그린다.
[타동사]
The horse was hitched to the carriage.
그 말은 그 마차에 매달아졌다.

2. 구동사
2.1 hitch O to O
He hitched his car to the trailer.
그는 그의 차를 그 트레일러에 매었다.

He hitched the horse up to the cart.
그는 그 말을 끌어다 그 수레에 매었다.

2.2 hitch O up
He hitched up his pants.
그는 그의 바지를 끌어올렸다.
[참조: pull up]

HIVE

1. 단동사
이 동사는 사업의 일부분을 떼어서 파는 과정을 그린다.
명사: 벌집, 벌 떼

2. 구동사
2.1 hive O off
The company hived off many of the convenience stores.
그 회사는 그 편의점을 여러 개로 팔아 버렸다.
[off는 편의점이 본점에서 떨어져 나가는 관계를 나타낸다. 참조: sell off]

The Syrian refugees have been hived off into a camp. (passive)
그 시리아 난민들은 어느 수용소에 분리되었다.

HOARD

1. 단동사
이 동사는 돈이나 음식을 많이 비축하는 과정을 그린다.
명사: 비축물

2. 구동사
2.1 hoard away
Some old Korean men hoard their money away under the mattress.
어떤 한국 노인들은 그들의 돈을 매트리스 밑에 숨겨 놓는다.
[away는 돈을 보이지 않는 곳에 두는 관계를 나타낸다. 참조: put away, stash away]

2.2 hoard O up
Squirrels hoard up acorns for the winter.
다람쥐는 겨울을 나기 위해 도토리들을 축적해 둔다.
[up은 양이나 수의 증가를 나타낸다. 참조: stock up, store up]

HOE

1. 단동사
이 동사는 호미로 땅을 파거나 흙을 파는 과정을 그린다.
명사: 호미

2. 구동사
2.1. hoe out on O
He hoed out on the last night.
그는 엊저녁 나와의 약속을 어겼다.

2.2. hoe O up
He hoed up the soil.
그는 호미로 그 흙을 뒤집었다.
He hoed up the weeds.
그는 호미로 그 잡초를 파서 올렸다.

HOG

1. 단동사
이 동사는 돼지우리 등을 치우는 과정을 그린다.
명사: 식용 수퇘지

2. 구동사
2.1 hog O out
He hogged out his room before his girlfriend came.
그는 그의 여자 친구가 오기 전에 그의 방을 깨끗하게 치웠다.
[out은 쓰레기 등이 방에서 나가는 관계를 나타낸다.]

HOIST

1. 단동사
이 동사는 밧줄이나 장비를 이용하여 들어 올리는 과정을 그린다.
명사: (무엇을 들어올리기 위한) 승강 장치

2. 구동사
2.1 hoist O onto O
He hoisted himself onto a high stool.
그는 자신을 등받이 없는 높은 의자에 올려 앉혔다.

2.2 hoist O out of O
We hoisted the car out of the ditch.
우리는 그 차를 그 도랑에서 끌어내었다.

2.3 hoist O up
He hoisted the heavy box up on the top shelf.
그는 그 무거운 상자를 그 꼭대기 선반에 들어올렸다.
The nurses hoisted up the patient.
그 간호사들이 그 환자를 들어올렸다.

He **hoisted up** his trophy.
그는 그의 트로피를 들어올렸다.

HOLD

1. 단동사
이 동사는 무엇을 담고 있거나 잡고 있는 과정을 그린다.

타동사

주어가 목적어를 담고 있는 과정
The jar **holds** one liter of water.
그 항아리는 물 일 리터를 담는다.
The nail can **hold** the heavy picture.
그 못은 그 무거운 그림을 지닐 수 있다. 즉, 지탱할 수 있다.
The branch will **hold** you.
그 가지가 당신을 지탱할 것이다.

주어가 목적어를 손, 팔, 가슴 등에 안는 과정
He **held** the box in his arms.
그는 그 상자를 팔에 안았다.

주어가 목적어를 소유 영역에 갖는 과정
They will **hold** a motel room for us.
그들은 우리를 위해서 그 모텔 방을 (내어주지 않고)
잡아두고 있을 것이다.
You must **hold** your temper.
너는 너의 화를 (터뜨리지 말고) 마음속에 가지고 있어
야 한다.
She is **holding** the office of provincial governor.
그녀는 그 도지사 직을 지니고 있다.
The society **holds** a meeting every Monday.
그 학회는 매주 월요일 회의를 갖는다.

주어가 목적어를 마음속에 갖는 과정
The judge **holds** that I was right.
그 판사는 내가 옳다고 생각하고 있다.

주어가 목적어를 마음속에 갖는 과정: 상태 유지
He is **holding** the window open.
그는 그 창문을 열어놓고 있다.

자동사

The rope won't **hold**.
그 밧줄은 (현재의 상태를) 유지하지 못할 것이다.
The rule still **holds**.
그 법은 아직 유효하다. 즉, 효력을 가지고 있다.

2. 구동사
2.1 hold O against O

I **held** the picture **against** the wall.
나는 그 그림을 그 벽에 대고 걸어 놓았다.

2.2 hold back
John, **hold back**. You have had enough already.
존, 자제해. 너는 이미 먹을 만큼 먹었다.
[back은 앞으로 나아가는 행동을 자제하는 관계를 나타낸다.]

hold O back
He **held back** *tears*.
그는 눈물이 나오려는 것을 자제했다.
[back은 앞으로 나오려는 것에 반대의 힘을 가하는 관계를 나타
낸다. 참조: choke back, push back]

anger	화	decision	결정
laughing	웃음	judgment	판단

The flood is **held back** temporarily with sand bags.
(passive)
그 홍수가 일시적으로 모래주머니들로 막혀있다.
20% of the payment is **held back** until the completion
of the building. (passive)
그 지불액의 20%는 건물 공사가 끝이 날 때까지 지불
되지 않고 있다.
The police **held back** the crowd.
경찰은 그 군중이 (앞으로 나오려는 것을) 막고 있다.
The insurance company is **holding back** details of the
car accident.
그 보험 회사가 그 자동차 사고의 세부사항들을 내어놓
지 않고 있다.

hold back on O
She didn't **hold back on** the *tea* and cakes when we
visited her.
그녀는 우리가 그녀를 방문했을 때 차와 케이크들을 아
끼지 않았다.

activities	활동	time	시간
money	돈	energy	힘

He is **holding back on** the request.
그는 그 요청을 들어주지 않고 있다.

hold back from O
He **held back from** joining the club.
그는 그 동아리에 가입하는 것으로부터 물러서 있었다.
즉, 가입하지 않았다.

2.3 hold O down

To turn off the printer, **hold down** the button for five seconds.
그 프린터를 끄기 위해서는, 그 버튼을 5초 동안 누르고 계십시오.

Hold down the carpet while we are moving the furniture.
우리가 그 가구를 움직이는 동안 그 양탄자를 내리 누르고 있어라.

If you eat slowly, you can **hold** your food **down**.
너가 천천히 먹으면, 너는 먹은 음식을 위에 가라앉아 있게 할 수 있을 것이다.
[down은 먹은 것이 위에 있는 관계를 나타낸다.]

The heavy load **held** him **down**, and he couldn't rise.
그 무거운 짐이 그를 내리누르고 있어서, 그는 일어설 수 없었다.

He tried to **hold down** his *anger*.
그는 (끓어오르는) 분을 내리누르고 있었다.
[down은 위로 오르는 힘에 반대의 힘을 가하는 관계를 그린다.]

panic 공포	fury 격분

The government is **holding down** prices.
그 정부가 (오르려는) 물가를 억제해놓고 있다.

The child is struggling so wildly that it was not easy to **hold** him **down**.
그 아이가 너무 난폭하게 굴어서 그를 가라앉혀 놓는 것이 쉽지 않았다.
[down은 불안정한 상태에서 안정된 상태로의 변화를 나타낸다.]

Please **hold down** your voice.
당신의 목소리를 낮게 유지하세요.
[down은 소리가 낮은 관계를 나타낸다.]

His son doesn't seem to **hold down** his job for more than a month.
그의 아들은 한 달 이상 그 일자리를 잡고 있지 못하는 것처럼 보인다.

2.4 hold O in

He **held** the *urge* **in** to yell at him.
그는 그에게 고함을 치고 싶은 욕구를 억제해 두었다.
[in은 밖으로 나가려는 것을 못 나가게 하는 관계를 나타낸다.]

emotion 감정	resentment 분개심
frustration 좌절	

2.5 hold O off O

Security guards **held** the press **off** the president of the company.
보안 요원들이 기자들을 그 회사의 사장으로부터 떨어

져 있게 해놓았다.

hold O off

The bear was coming at us, but the hunters **held** him **off**.
그 곰이 우리에게 덤벼들고 있었으나, 그 사냥꾼들이 그를 저지해서 떨어져 있게 했다.
[off는 곰이 우리들에게서 떨어지는 관계를 나타낸다.]

We managed to **hold off** reporters.
우리는 기자들을 접근하지 못하게 할 수 있었다.

The government decided to **hold off** the military exercises.
정부는 그 군사훈련들을 연기하기로 결정했다.

hold off O

He managed to **hold off** the attacker.
그는 공격하는 사람을 물리칠 수 있었다.

I had to **hold off** making the decision until next week.
나는 다음 주까지 그 결정을 하는 것을 미루었다.

Many young people are **holding off** getting married.
많은 젊은이들이 결혼을 미루고 있다.

hold off

Let's **hold off** until we have more data.
우리가 더 많은 자료를 얻을 때까지 연기를 합시다.

I hope the *rain* will **hold off** for the game.
나는 그 게임을 할 수 있도록 비가 오지 않았으면 좋겠다.
[off는 비가 어떤 지역에서 떨어져있는 관계를 나타낸다.]

blizzard 눈보라	storm 폭풍
snow 눈	wind 바람

hold off from O

Can you **hold off from** buying a new computer for another two months?
너는 새 컴퓨터 사는 것을 두 달 더 참을 수 있겠니?
[off는 상대방이 컴퓨터 사는 것에서 떨어져 있는 관계를 나타낸다.]

hold off on O

He is **holding off on** the resolution.
그는 그 결정의 실행을 미루고 있다.

2.6 hold on O

I **held on** the bike.
나는 그 자전거에 붙어 있었다.
[on은 나와 자전거가 접촉된 상태를 나타낸다.]

He got on the bus and **held on** the bus strap.
그는 버스를 타고, 버스에 있는 손잡이를 잡았다.

hold on

The game was difficult but he **held on** and won it.
그 게임은 어려웠으나 그는 버텨서 그 게임을 이겼다.
[on은 버팀의 계속을 나타낸다.]

I **held on** another 10 minutes.
나는 10분 더 버텼다.

Hold on. How much do you want for the computer?
잠깐. 당신은 그 컴퓨터에 얼마의 돈을 원하십니까?
[hold는 행동의 중단을, on은 중단의 계속을 나타낸다.]

Hold on, and everything will turn out all right.
계속 참아라, 그러면 모든 것이 다 잘 될 것이다.

2.7 hold onto O

He **held onto** the rope.
그는 그 밧줄에 손을 뻗어 계속해서 내다 걸었다.
[on은 손을 뻗어서 밧줄에 닿는 관계를 나타낸다.]

I sold most of my books but I **held onto** the *novel*.
나는 내 책의 대부분을 팔았으나 그 소설은 (처분하지
않고) 계속 잡고 있었다.
[on은 계속의 뜻을 갖는다.]

ring	반지	cellphone	휴대폰
ticket	표	photo	사진

He is **holding onto** the *dream*.
그는 그 꿈에 계속 매달리고 있다.

hope	희망	idealism	이상
tradition	전통	belief	믿음

He **held onto** his job as a CEO through the housing
market crisis.
그는 그 주택시장 위기가 계속되는 동안, CEO로서 그
자리를 고수했다.

hold O on

The nuts and bolts **hold** the wheels **on**.
그 너트랑 볼트들이 그 바퀴가 (차에) 붙어있게 한다.
The strong glue **holds** the soles **on**.
그 강한 접착제가 (신발) 그 밑창들이 붙어있게 한다.
He is **holding** the anxiety **on** too long.
그는 그 근심을 너무 오랫동안 잡고 있다.

2.8 hold out

They can **hold out** for another day or two.
그들은 하루 이틀을 더 버텨낼 수 있다.
[out은 어려움을 버텨내는 관계를 나타낸다.]

I hope our food supplies will **hold out** until next month.
나는 우리의 식량 공급품이 다음 달까지 없어지지 않기

를 희망한다.
[out은 식량이 어느 시점에서 다음 시점까지 지속되는 관계를 나타
낸다.]

The *money* will **hold out** for 3 weeks.
그 돈은 3주 동안 버틸 것이다.

supplies	보급품	gas	가스
rations	배급품	cease-fire	휴전
resources	자원	weather	날씨

hold out against O

The tribe **held out against** the attack for a week.
그 부족은 그 공격을 일주일간 버텨냈다.

Some workers are still **holding out against** the recent
changes in the work.
몇몇 노동자들은 아직도 일에 있어서 최근 변화들에 대
항하여 버티고 있다.

hold out for O

I **held** a *carrot* **out for** the rabbit.
나는 당근 한 개를 그 토끼가 먹도록 내뻗어주었다.

candle	초	branch	가지

His ex-wife is **holding out for** more money.
그의 전부인은 더 많은 돈을 얻기 위해서 (이혼을 안
하고) 버티고 있다.

hold out on O

Fred is **holding out on** me when he should have paid.
프레드는 이미 돈을 갚았어야 하는데 아직도 (나에게
돈 갚는 일을) 버티고 있다.

The attorney general is **holding out on** the report.
그 법무장관은 보고서 제출을 미루고 있다.

hold O out

He is **holding out** the possibility of recount.
그는 재개표의 가능성을 계속 바라고 있다.
He **holds out** *hope* that his wife will survive.
그는 그의 아내가 살아남을 것이라는 희망을 계속 갖고
있다.

possibility	가능성	prospect	전망

hold O out of O

Her parents **held** her **out of** sports.
그녀의 부모는 그녀가 체육 활동을 하지 못하게 했다.

hold O out on O

She was so embarrassed that she **held** the mistake **out on** her mother.
그녀는 너무 당황해서 그 실수를 어머니에게 알리지 않고 있었다.

2.9 hold O over

The musical is so popular that it is **held over** for a month. (passive)
그 뮤지컬은 너무 인기가 좋아서 한 달 연장된다.
[over는 공연 기간이 공연 종료일부터 한 달이 더 연장되는 관계를 나타낸다.]

Because of the storm, the picnic is **held over**. (passive)
그 폭풍 때문에 그 소풍은 연기되었다.
[over는 소풍이 한 시점에서 다른 시점으로 넘어가는 관계를 나타낸다.]

2.10 hold O to O

They **hold** me **to** the terms of the agreement.
그들은 나를 그 합의 조건들에 떨어지지 않게 한다. 즉, 지키게 한다.

A: 'I will give you the money next week.'
B: 'I will **hold** you **to** that.'
A: '나는 네게 그 돈을 다음 주에 주겠다.'
B: '꼭 그렇게 해 줘야 돼.'

hold to O

He **holds to** principles of fairness and justice.
그는 공평과 정의의 원칙을 고수한다.

2.11 hold O together

The paper clip **held together** the memos.
그 종이집게는 그 메모용지들을 한 군데 붙어 있게 했다.
The old car is still **holding together** so well.
그 낡은 자동차가 아직도 해체되지 않고 잘 돌아가고 있다.
He **held** himself **together** after the accident.
그는 그 사고 이후에 정신을 차렸다.

hold together

Your excuse doesn't really **hold together**.
너의 변명은 잘 들어맞지 않는다.

2.12 hold O up

He **held** his head **up**.
그는 그의 머리를 들고 있었다.
I **held** the *baby* **up** over my *head*.
나는 그 아기를 내 머리 위에 들어 올리고 있었다.

picture	그림	sign	표지
umbrella	우산	candle	초

Hold the blind **up**.
그 차양이 내려오지 않게 잡고 있어라.
The professor **held** my paper **up** for a model.
그 교수님은 내 논문을 모범으로 모든 사람들이 볼 수 있게 들어올리고 있었다.
The roof is **held up** by four posts. (passive)
그 지붕은 네 기둥에 의해 지탱된다.
[up은 위로 힘을 가하는 관계를 나타낸다.]

I was late for school — I was **held up** in traffic. (passive)
나는 학교에 지각했다. 나는 복잡한 교통 속에 갇혀 있었다.
[up은 정지 상태를 나타낸다. 참조: stuck up]

The boys were **held up** in the cage for two weeks.
그 소년들은 동굴에 2주 동안 꼼짝 못하고 있었다.
The robbers **held up** the *train*.
그 강도들은 그 열차를 정지시키고 (그 기차를) 털었다.
[up은 열차가 정지된 상태를 나타낸다.]

bus	버스	post-office	우체국
bank	은행	convenience store	편의점

The president said he would **hold up** the bill until after the meeting.
그 대통령은 그 법안을 그 회담 후까지 실행하지 않겠다고 말했다.
Lack of education **held** him **up**.
교육 부족이 그의 발전을 막고 있었다.

hold up

If my knees **hold up**, I will join you in the game.
만약 내 무릎이 지탱해주면, 나는 너와 그 게임에 참여하겠다.
[up은 무너지지 않고 버티는 관계를 나타낸다.]

My old car **held up** on the journey to Miami.
내 오래된 차가 마이애미까지 가는 여행 중에 잘 버텨주었다.
[up은 좋은 상태를 가리킨다.]

Hold up — what are you driving at?
잠깐 기다리세요. 무엇을 하려고 하시는 겁니까?
[up은 정지상태를 가리킨다.]

The job market is **holding up**.
그 인력시장은 현 상태를 유지하고 있다.

hold up on O

I know you are in love with Andy, but **hold up** on *him*.
네가 앤디를 사랑한다는 것을 알지만, 그에 대한 결정을 보류해라.

work 일	car wash 세차
journey 여행	calling for a boat 배를 부르다

hold up to O

The dye in my sweater can't **hold up to** the strong chemicals in the detergent.
내 스웨터의 염색은 세제 속의 강한 화학물질들에 견디지 못한다.
[up은 강한 화학물질에 버티는 관계를 그린다.]

Although I practice everyday, I cannot **hold up to** your strength.
나는 매일 연습을 하지만, 너의 힘에 견줄 수가 없다.
[참조: stack up to]

2.13 hold with O

I can't **hold with** your theories, because you don't have enough supporting evidence.
나는 너의 이론에 동의할 수 없다. 왜냐하면 너는 충분한 근거가 없기 때문이다.

HOLE

1. 단동사
이 동사는 일정 기간 어딘가에 숨어 있는 과정을 그린다.
명사: 구멍, 구덩이, 지저분한 곳, 골프의 홀

타동사

She **holed** a 25-foot putt.
그녀는 25피트 퍼팅으로 공을 홀에 넣었다.

2. 구동사
2.1 hole out

She made a dream shot when she **holed out** from 45 yards.
그녀는 45야드 떨어진 곳에서 공을 쳐서 홀에 넣었을 때 꿈같은 샷을 만들었다.

hole O out

Bears **hole out** the winter.
곰들은 굴에서 겨울을 지낸다.

den 곰과 사자의 소굴	burrow 토끼 굴

2.2 hole up

The weather outside was cold, so the rabbits **holed up** in their burrow.
바깥의 날씨가 추워서, 토끼들이 굴에 들어가서 꼼짝하지 않았다.
[up은 어떤 장소에서 움직이지 않고 있는 상태를 나타낸다.]

The gunmen **holed up** with their hostages in a remote village.
그 총잡이들은 인질들을 데리고 멀리 떨어진 마을에 숨어 있었다.

HOLLOW

1. 단동사
이 동사는 물건의 속을 파서 구멍이나 공간을 만드는 과정을 그린다.
명사: 움푹 꺼진 곳, 구멍

2. 구동사
2.1 hollow O out

He chopped the top off a pear and **hollowed** it **out** and filled it in with honey.
그는 그 배의 윗부분을 잘라내고, 그것을 속을 파내고, 그곳을 꿀로 채웠다.
[out은 구멍이 생기는 관계를 나타낸다.]

He **hollowed out** the log.
그는 그 통나무에 구멍을 팠다.

She **hollowed out** the book and hid her money in it.
그녀는 그 책 속에 빈 공간을 만들고 그 속에 돈을 숨겼다.

He **hollowed out** a pumpkin and put a candle in it.
그는 호박 속을 파내고 그 안에 촛불을 넣었다.

HOME

1. 단동사
이 동사는 목표를 잡아 곧바로 그곳으로 향하는 과정을 그린다.
명사: 집, 고향, 가정

2. 구동사
2.1 home in on O

The children **homed in on** the cake when they came back home.
그 아이들은 집에 돌아왔을 때 바로 그 케이크를 향해 갔다.
[in은 목표로 다가가는 관계를, on은 접촉 관계를 나타낸다.]

The eagle **homed in on** the prey.
그 독수리는 그 먹잇감에 곧장 다가갔다.

She **homed in on** me as soon as she saw me.
그녀는 나를 보자마자 내 쪽으로 다가왔다.

The lawyer **homed in on** the inconsistencies in her

story.
그 변호사는 그녀의 이야기들에 일관성이 없음에 집중했다.

He **homed** in on a new skill.
그는 새 기술에 집중을 했다.

home O in on O
The pilot **homed** his plane in on the beacon.
그 조종사는 그의 비행기를 그 신호등 쪽으로 나가게 했다.

HONK

1. 단동사
이 동사는 경적을 울리는 과정을 그린다.
명사: 끼루룩 끼루룩 (기러기 우는 소리), 빵빵 (자동차 경적 소리)

타동사

People **honked** their horns as they drove past.
사람들이 빠르게 차를 몰고 지나가면서 경적을 울려 댔다.

2. 구동사
2.1 honk at O
The car behind **honked** at me.
내 뒤에 있는 차가 나에게 경적을 울렸다.
The driver **honked** at the sheep crossing the road.
그 운전수가 그 길을 건너고 있는 양들에게 경적을 울렸다.

HONOR

1. 단동사
이 동사는 공적으로 존경하거나 예우하는 과정을 그린다.
명사: 명예, 영광; 경의, 존경; 우등

2. 구동사
2.1 honor O as O
We **honored** her as a patriot.
우리는 그녀를 애국자로 공경하였다.

2.2 honor O for O
The president **honored** Michelle for her role in the campaign.
대통령은 미셸이 선거유세단에서 한 역할에 대해 공적으로 예우했다.

2.3 honor O with O
The president **honored** the vice president with a

presidential medal of freedom.
대통령은 부통령을 대통령 자유상으로 예우했다.

HOOK

1. 단동사
이 동사는 낚시로 고기를 잡거나 고리로 무엇을 잡는 과정을 그린다.
명사: 갈고리, 걸이; 낚시 바늘

2. 구동사
2.1 hook O down
Hook another can of beer down to me.
맥주 한 캔을 내게 던져내려 주세요.
I **hooked** the lid down. I hope it won't fall off.
나는 그 뚜껑을 갈고리로 고정시켰다. 나는 그것이 떨어져 나오지 않길 희망한다.
[down은 뚜껑이 고정되어 움직이지 않는 상태를 나타낸다.]
He **hooked** down three hamburgers in a few minutes.
그는 세 개의 햄버거를 몇 분 안에 꿀꺽 삼켰다.
[down은 음식이 입에서 위로 내려가는 관계를 그린다. 참조: chow down, gulp down]

2.2 hook in
We dug up the pipes and **hooked** in.
우리는 그 파이프들을 파헤치고 (우리의 수도를) 접속시켰다.

hook O in
He **hooked** in a *big fish*.
그는 큰 물고기 한 마리를 갈고리로 걸어서 끌어들였다.

shark 상어	stingray 가오리

2.3 hook O into O
I want to **hook** another computer line into the system.
나는 또 하나의 컴퓨터 선을 그 기계에 끼우고 싶다.
[into는 선이 기계에 들어가는 관계를 그린다.]
I wonder if it is possible to **hook** my computer into your network.
나는 내 컴퓨터를 너의 네트워크에 접속시킬 수 있는지 궁금하다.

hook into O
The snake's fang can **hook** into prey.
그 뱀의 송곳니는 먹이를 갈고리처럼 파고들 수 있다.

2.4 hook O on O

I am afraid I am **hooked on** her. (passive)
나는 그녀에게 사로잡힌 것 같다.
The boys were **hooked on** video games. (passive)
그 소년들은 비디오게임에 중독되었다.
Be careful, otherwise you will **hook** yourself **on** *nicotine*.
조심하세요. 안 그러면 당신은 자신을 니코틴에 매달리게 할 것입니다. 즉, 중독이 될 것입니다.

drug 약물	game 게임

Some friends at school **hooked** Ron **on** marijuana.
학교 친구 몇 명이 론을 마리화나에 중독되게 했다.

2.5 hook O onto O
Hook the sign **onto** her, and let her walk around.
그 간판을 그녀에게 갖다 걸고, 그녀로 하여금 돌아다니게 하여라.
[onto는 무엇을 가져다(to) 대는(on) 관계를 그린다.]

2.6 hook up
How long will it take to **hook up** the phone?
그 전화를 (전화국에) 연결하는 데 얼마나 걸릴까요?
They **hooked up** my phone, and I was able to call up my friends.
그들이 내 전화를 연결해주어서, 나는 내 친구들에게 전화할 수 있었다.

hook up
We agreed to **hook up** after school.
우리는 방과 후에 만나기로 하였다.
[up은 떨어져 있던 것이 가까이 가서 만나는 관계를 나타낸다. 참조: meet up]
We finally **hooked up** after five years of living together.
우리는 5년의 동거 끝에 마침내 결혼하였다.

hook O up to O
Hook the horse **up to** the post.
그 말을 그 기둥에 끌고 가서 매어라.
[up은 말이 기둥에 가까이 가는 관계를 나타낸다.]
He **hooked** himself **up to** the machine and began his biofeedback session.
그는 자신을 그 기계에 연결시키고 바이오피드백 세션을 시작했다.

hook O up with O
He **hooked** Jane **up with** a coworker.

그는 제인을 직장 동료와 연결시켰다.
[참조: join up with, set up with]
He **hooked up** the patient **with** the oxygen tubes.
그는 그 환자를 산소 튜브에 연결했다.

HOP

1. 단동사
이 동사는 깡충 뛰면서 움직이는 과정을 그린다.
명사: 깡충 뛰기, 짧은 여행
자동사
I couldn't put my weight on my ankle and had to **hop** everywhere.
나는 내 발목에 내 체중을 실을 수가 없어서 어디서나 깡충 뛰어 다녀야 했다.

2. 구동사
2.1 hop off O
He **hopped off** the jeep.
그는 그 지프차에서 폴짝 뛰어 내렸다.

hop off
The jeep stopped and he **hopped off**.
그는 지프차가 멈추어 서자, (그것에서) 폴짝 뛰어 내렸다.

2.2 hop on O
The child **hopped on** the bed.
그 아이는 폴짝 뛰어 그 침대에 올라갔다.
He **hopped on** the *bus*.
그는 그 버스에 껑충 뛰어 올랐다.

train	기차	bike	자전거
plane	비행기	horse	말

hop on
The train has arrived. **Hop on**.
그 기차가 도착했다. 훌쩍 (그것에) 뛰어 오르세요.

hop onto O
He is **hopping onto** the different islands.
그는 그 여러 섬들을 여행하고 있다.

2.3 hop over O
The horse **hopped over** the wall.
그 말이 그 벽을 훌쩍 뛰어 넘었다.

hop over to O
We **hopped over to** the mountain.

우리는 그 산에 가볍게 건너갔다. 즉, 짧은 여행을 했다.

HOPE

1. 단동사
이 동사는 무엇이 일어나거나 사실이기를 바라는 과정을 그린다.
명사: 희망

타동사

Let's **hope** we can find a parking space.
우리가 주차 장소를 찾을 수 있기를 바랍시다.

2. 구동사
2.1 hope against O
He is **hoping against** hope for her quick recovery.
그는 가망이 없는데도 그녀의 빠른 회복에 대한 희망을 가지고 있다.

2.2 hope for O
He is **hoping for** the best.
그는 최선을 바라고 있다.
Refugees are coming for Europe, **hoping for** a better life.
난민들은 좀 더 나은 삶을 바라면서 유럽으로 오고 있다.
The couple are **hoping for** a girl.
그 부부는 딸을 바라고 있다.
The patient is **hoping for** a last minute miracle.
그 환자는 마지막 순간의 기적을 바라고 있다.
She is **hoping for** him to come back soon.
그녀는 그가 곧 돌아오기를 희망하고 있다.

HORN

1. 단동사
이 동사는 상대가 원치 않는 일에 끼어들거나 참여하는 과정을 그린다.
명사: 뿔, 뿔피리, 경적

2. 구동사
2.1 horn in
Letting him **horn in** was a mistake.
그로 하여금 끼어들게 한 것이 잘못이었다.

horn in on O
Don't **horn in on** my business. Mind your own business.
내 일에 함부로 간섭하지 마세요. 당신의 일이나 돌보세요.

[in은 밖에서 안으로, 그리고 on은 접촉되는 관계를 나타낸다.]
He **horned in on** our conversation.
그는 우리의 대화에 마구 끼어들었다.

HORSE

1. 단동사
이 동사는 거칠게 놀거나 장난치는 과정을 그린다.
명사: 말; 경마

2. 구동사
2.1 horse around
Hey, kids. Stop **horsing around**.
이봐 애들아. 거친 행동을 그만해라.

HOSE

1. 단동사
이 동사는 호스를 써서 물을 뿌리는 과정을 그린다.
명사: 호스

타동사

Firemen **hosed** the burning car.
소방관들이 호스로 그 불타는 차에 물을 뿌렸다.

2. 구동사
2.1 hose O down
The wall is too dirty. **Hose** it **down**.
그 담이 너무 더럽다. 호스물로 깨끗이 씻어 내려라.
[down은 철저하게라는 뜻이다.]
Please, **hose down** the van.
그 밴을 호스물로 씻어 내리세요.
[참조: wash down]
Up to every shower, I **hose down** the bathroom floor.
매 샤워를 마친 후에 나는 욕실 바닥을 물로 씻어내린다.

HOT

1. 단동사
이 동사는 더워지거나 더워지게 하는 과정을 그린다.
형용사: 더운; 매운; 치열한; 힘든; 인기 있는; 유망한; 정통한; 성질이 불같은; 너무 충격적인

2. 구동사
2.1 hot up
The US presidential campaign is **hotting up**.
미국 대선전이 치열해지고 있다.
[up은 뜨거워지거나, 더 뜨거워지는 관계를 나타낸다.]
As the climate **hots up**, big chunks of ice in the polar

regions are breaking off.

기후가 더워지자, 극지방의 큰 얼음 덩어리들이 떨어져 나오고 있다.

HOUND

1. 단동사
이 동사는 사냥개로 사냥을 하거나, 따라다니면서 귀찮게 질문을 하는 과정을 그린다.

명사: 사냥개

타동사

They were **hounded** day and night by the press.

그들은 밤낮으로 따라다니는 언론에 시달렸다.

My mom **hounded** me until I did the dishes.

나의 어머니는 내가 접시를 닦을 때까지 졸라댔다.

2. 구동사
2.1 hound O out

The dogs are **hounding out** the foxes.

그 개들이 여우들을 몰아내고 있다.

The employee was **hounded out** by his boss.

그 고용인은 그의 사장에 의해 쫓겨났다.

[참조: freeze out, force out]

HOVER

1. 단동사
이 동사는 곤충이나 헬리콥터 등이 한자리에 맴도는 과정을 그린다.

2. 구동사
2.1 hover above O

The temperature **hovered above** 10℃.

기온이 섭씨 10도 위를 맴돌았다.

2.2 hover around O

The temperature **hovered around** −10℃.

기온이 섭씨 영하 10도 주위를 맴돌았다.

2.3 hover below O

The temperature **hovered below** zero.

기온이 영하에 맴돌았다.

2.4 hover between O

The helicopter **hovered between** the buildings, and lowered a rescue team.

그 헬리콥터는 그 건물 사이를 맴돌다가, 구조대를 내려놓았다.

2.5 hover over O

The rescue helicopter **hovered over** the sinking ship.

그 구조 헬리콥터가 가라앉고 있는 그 배 위를 맴돌았다.

HOWL

1. 단동사
이 동사는 늑대와 같이 긴 울음소리를 내는 과정을 그린다.

명사: 길게 짖는 소리; 울부짖음; 바람이 윙윙거림

자동사

The baby was **howling** all the time I was there.

그 아기는 내가 거기 있는 내내 시끄럽게 울어댔다.

The wind was **howling** around the house.

그 집 주위로 바람이 윙윙거리며 불어 댔다.

타동사

The crowd **howled** its displeasure.

그 군중이 아우성치며 불만을 토로했다.

2. 구동사
2.1 howl away

In the distance, foxes are **howling away**.

먼 곳에서, 여우들이 계속 울부짖고 있다.

[away는 소리가 계속되는 관계를 나타낸다.]

2.2 howl O down

At the rally, the speaker was **howled down** by angry people.

그 집회에서, 그 연사는 성난 사람들의 외침에 연설이 중단되었다.

[down은 연설이 중단되는 관계를 나타낸다. 참조: shout down]

HUDDLE

1. 단동사
이 동사는 춥거나 두려워서 사람들이 한 데 모이는 과정을 그린다.

명사: 옹기종기 모여 있는 사람이나 동물들

자동사

The commuters **huddled** in the small station.

그 통근하는 사람들이 좁은 역에서 비좁게 서 있었다.

2. 구동사
2.1 huddle around O

People **huddled around** the politicians to hear what he has to say.

사람들이 그 정치가가 말하고자 하는 것을 듣기 위해 그 주위에 모였다.

The kids **huddled around** the birthday cake and began

to sing a birthday song.
그 아이들이 그 생일 케이크 주위에 모여서 생일 축하 노래를 부르기 시작했다.

2.2 huddle O together

The coach **huddled** the players **together** to give a pep talk.
그 코치는 격려하는 말을 하기 위해서 그 선수들을 한 곳에 모았다.
Let's **huddle** everyone **together** to keep warm.
보온을 유지하기 위해서 모든 이들을 한 곳에 모읍시다.

huddle together

The penguins **huddled together** for warmth.
펭귄들은 온기를 얻기 위해서 옹기종기 함께 모였다.

2.3 huddle up

The children **huddled up** together to keep warm,
그 아이들은 보온을 유지하기 위해서 가까이 함께 모였다.
[up은 아이들 사이의 거리가 가까워짐을 나타낸다.]
The child **huddled up** against his mom for warmth.
그 아이는 온기를 얻기 위해 엄마에게 다가가서 붙었다.

HUM

1. 단동사
이 동사는 어떤 장소가 웅웅거리거나 활기가 넘치는 과정을 그린다.
명사: 웅웅거리는 소리

자동사

She was **humming** softly to herself.
그녀는 혼자 조용히 콧노래를 부르고 있었다.

2. 구동사
2.1 hum with O
The garden is **humming with** bees.
그 정원은 벌들로 활기가 넘치고 있다.
The small village is **humming with** preparations for the persimmon festival.
그 작은 마을은 그 감 축제 준비로 활기가 넘치고 있다.

HUNCH

1. 단동사
이 동사는 앞으로 수그려서 등이 굽어지는 과정을 그린다.
명사: 예감

타동사

He **hunched** his shoulders and thrust his hands deep into his pockets.
그는 어깨를 구부려서 호주머니에 깊숙이 그의 손을 찔러 넣었다.

2. 구동사
2.1 hunch over
The old man **hunched over** and went out.
그 노인은 허리를 구부리고 밖으로 나갔다.
[over는 등이 호를 그리는 관계를 나타낸다.]
The wounded man **hunched over** with pain.
그 부상을 당한 사람은 아파서 허리를 구부렸다.
He **hunched over** and tied his shoes.
그는 허리를 굽히고 구두끈을 맸다.

hunch over O
He **hunched over** his dinner.
그는 허리를 굽혀서 저녁을 먹었다.

2.2 hunch O up
I **hunched up** my shoulders to keep warm.
나는 온도를 보존하기 위해서 내 어깨를 움츠렸다.
[up은 어깨가 좁아지는 관계를 나타낸다.]

hunch up
He **hunched up** in the sun to get warm.
그는 따뜻해지기 위해서 햇볕아래 웅크리고 있었다.

HUNGER

1. 단동사
이 동사는 무엇을 몹시 갈구하는 과정을 그린다.
명사: 굶주림; 배고픔; 갈구

2. 구동사
2.1 hunger after O
Being away from home, he **hungers after** the warmth of home.
고향을 떠나 있기 때문에, 그는 고향의 포근함을 갈구한다.

2.2 hunger for O
He is **hungering for** the cake.
그는 그 케이크를 몹시 먹고 싶어 한다.

HUNKER

1. 단동사
이 동사는 쪼그리고 앉는 과정을 그린다.
명사: 궁둥이

2. 구동사

2.1 hunker down
The child **hunkered down**, and won't move.
그 아이는 쪼그리고 앉아서 꿈쩍도 하지 않으려고 했다.
[down은 앉아있는 자세를 나타낸다. 참조: squat down]

As soon as he saw a gunman, he **hunkered down** under the counter.
그는 어느 총잡이를 보자마자, 그 그 카운터 아래에 쭈그리고 앉았다.

The campers **hunkered down** in the cabin during the storm.
그 야영하는 사람들은 그 폭풍이 계속되는 동안 캐빈에서 오랫동안 편안하게 지냈다.

He **hunkered down** in the hotel for the winter months.
그는 그 겨울 몇 달 동안 호텔에서 편하게 지냈다.

The president **hunkered down** for trade war.
그 대통령은 무역전쟁에 대한 반대에도 불구하고 그의 정책을 고수했다.

HUNT

1. 단동사
이 동사는 사냥꾼이 사냥하는 과정을 그린다.

타동사

He **hunts** wild animals.
그는 야생동물을 사냥한다.

자동사

He is **hunting** for food.
그는 양식을 찾고 있다.

2. 구동사

2.1 hunt after O
The police are **hunting after** the burglar.
그 경찰은 그 강도를 추적하며 잡으려고 하고 있다.
He is **hunting after** a job.
그는 일자리를 찾아다니고 있다.

2.2 hunt O down
Police **hunted down** the *traitor* in Japan.
경찰은 그 배반자를 추적하여 일본에서 잡았다.
[down은 움직이던 개체가 움직이지 못하게 되는 관계를 나타낸다.]

illegal immigrant 불법이민자	terrorist 테러분자
drug dealer 마약거래자	criminal 범죄자

I don't know where she is, I will **hunt** her **down**.

나는 그녀가 어디 있는지 모른다. 나는 그녀를 찾아낼 것이다.

2.3 hunt for O
Frank likes to **hunt for** deer.
프랭크는 사슴을 잡으려고 사냥하는 것을 좋아한다.
I am **hunting for** someone who can help me with the lesson.
나는 그 수업을 도와줄 누군가를 찾고 있다.
[참조: look for]

2.4 hunt O out
I will try to **hunt out** a photograph of my mother.
나는 어머니의 사진을 뒤져서 찾아내어 보겠다.
[out은 보이지 않던 것이 보이는 상태로 변화하는 관계를 나타낸다.]
The father is determined to **hunt out** his daughter's murderer.
그 아버지는 자기 딸의 살인자를 찾아내려고 결심하고 있다.

2.5 hunt through O
She **hunted through** her handbag for the key to the house.
그녀는 그 집 열쇠를 찾기 위해 그녀의 손가방을 뒤져 나갔다.

2.6 hunt O up
I am **hunting up** references for his research.
나는 그의 연구를 위해서 참고문헌들을 찾아내고 있다.
[up은 참고문헌이 의식영역에 들어오는 관계를 나타낸다.]
He **hunted up** the word 'itch' on a dictionary.
그는 낱말 'itch'를 사전에서 찾아보았다.
[참조: look up]
I'll **hunt up** Jane for you.
나는 너를 위해 제인을 찾아내겠다.

HURL

1. 단동사
이 동사는 화가 나서 무엇을 난폭하게 던지는 과정을 그린다.

타동사

He **hurled** a brick through the window.
그가 그 창문을 통해 벽돌을 던졌다.

2. 구동사

2.1 hurl O around
Don't **hurl** words **around** like that.
말을 그와 같이 함부로 이리저리 던지지 마세요.

[이 표현은 '말은 공이다'의 은유가 적용된 예이다.]

2.2 hurl O at O

The big man **hurled** the pail **at** the post.
그 덩치가 큰 사람이 그 통을 그 기둥에 던졌다.

Rival fans **hurled** abuse **at** each other.
경쟁 팀의 팬들이 서로에게 욕설을 퍼부었다.

2.3 hurl O away

He **hurled** the bricks **away**.
그는 그 벽돌들을 하나하나 던져 버렸다.

2.4 hurl O down

He **hurled** the ball **down** and it bounced away.
그는 그 공을 내리 던지자 그것은 튕기면서 멀리 갔다.

2.5 hurl O out of O

The manager **hurled** the drunkard **out of** the bar.
그 지배인이 그 주정뱅이를 그 바 밖으로 내던졌다.

HURRY

1. 단동사

이 동사는 시간이 없어서 일을 서두르거나 서둘러 하는 과
정을 그린다.

자동사

The kids **hurried** to open their presents.
그 아이들은 급히 그들의 선물들을 풀었다.

타동사

I don't want to **hurry** you, but we close in twenty
minutes.
당신을 재촉하고 싶지 않습니다만, 저희가 20분이 되면
문을 닫습니다.

A good meal should never be **hurried**.
좋은 식사는 절대 서둘러 먹지 말아야 한다.

2. 구동사

2.1 hurry O along

The deadline is coming up, and I have to **hurry** things
along.
그 마감일이 다가오고 있어서 나는 일을 빨리 진행시켜
야 했다.

hurry along

It is getting late. I must be **hurrying along**.
시간이 늦어지고 있어서, 나는 서둘러 가고 있어야 합
니다.

2.2 hurry off

He **hurried off** without saying goodbye.
그는 인사도 없이 급하게 자리를 떠났다.

2.3 hurry on

I called after him, but he **hurried on**.
나는 그를 뒤에서 불렀으나, 그는 (그것을 무시하고) 계
속해서 바쁘게 갔다.
[on은 어떤 행동이 끊길 것으로 예상되나 끊이지 않고 이어지는
관계를 나타낸다.]

2.4 hurry up

If you want to come with us, **hurry up** and get dressed.
네가 우리와 함께 가길 원한다면, 서둘러서 차려 입어라.
[up은 빨리하는 속도를 더 높이는 관계를 나타낸다.]

hurry up with O

Please **hurry up with** the repairs.
그 수리들을 서둘러 주세요.

hurry O up

To meet the deadline, we have to **hurry** things **up**.
그 마감일에 맞추기 위해서 우리는 모든 일의 속도를 높
여야 한다.

HURTLE

1. 단동사

이 동사는 무겁고 큰 것이 빠르게 움직이거나 떨어지는 과
정을 그린다.

자동사

The meteorite **hurtled** through the night sky.
별똥별 하나가 하늘을 빠르게 지나갔다.

2. 구동사

2.1 hurtle along

Buses **hurtled along**.
버스들이 빠르게 지나갔다.

2.2 hurtle down O

Huge pieces of rock **hurtled down** the mountain side.
큰 바위의 조각들이 그 산비탈을 따라 빠르게 떨어졌다.

A cargo plane is **hurtling down** the runway.
화물 수송기가 활주로를 따라 무겁게 내려가고 있다.

2.3 hurtle through O

A brick **hurtled through** the window and fell on the
floor.

벽돌 하나가 그 창문을 세차게 뚫고 지나가서 그 마루에 떨어졌다.

The rocket **hurtled through** space toward Mars.
그 우주선이 화성을 향해 우주공간을 빠르게 지나갔다.

2.4 hurtle toward O

A runaway car **hurtled toward** us.
도주 차량 한 대가 빠르게 우리 쪽을 향해 달려왔다.

HUSH

1. 단동사
이 동사는 말을 하거나 소리 지르거나 울지 못하게 하는 과정을 그린다.
명사: 침묵, 고요

자동사

The students **hushed** and looked toward the teacher as she entered.
그 학생들은 그 선생님이 들어오자 조용히 하고 선생님 쪽을 보았다.

타동사

Mary **hushed** her frightened child with her soft voice.
메리는 놀란 그 아이를 부드러운 목소리로 조용케 했다.

2. 구동사
2.1 hush O up
Please, **hush up** the children.
그 아이들을 조용하게 하십시오.

The company was quick to **hush up** the bad news about their product.
그 회사는 그들의 상품에 대한 그 나쁜 소식을 조용하게 하는 데 빨랐다.

The Democratic tried to **hush up** the corruption scandal.
민주당은 그 부정 스캔들을 쉬쉬해서 숨기려고 노력했다.

hush up
You talk too much. **Hush up.**

너는 말을 너무 많이 한다. 조용히 해라.
[참조: clam up, shut up]

HYPE 1

1. 단동사
이 동사는 라디오나 TV 등에서 과대 선전을 하는 과정을 그린다.
명사: (대대적이고 과장된) 선전

2. 구동사
2.1 hype O up
The media **hyped up** the Korean youth soccer team, but the team lost the game.
매체들은 한국 청소년 축구팀을 과대 선전했으나, 그 팀은 경기에 졌다.

The G-20 meeting was **hyped up** as an important one. (passive)
그 G-20 회의는 중요한 회의로 크게 선전되었다.

hype up about O
He is **hyping up about** the movie.
그는 그 영화에 대해서 크게 열광하고 있다.

HYPE 2

1. 단동사
이 동사는 마음을 흥분시키는 과정을 그린다.

2. 구동사
2.1 hype O up
The news that I got the job **hyped** me **up**.
내가 그 일자리를 갖게 됐다는 점이 나를 흥분시켰다.

hype O up about O
Jane is **hyped up about** the exam tomorrow. (passive)
제인은 내일 있을 시험 때문에 신경이 예민해져있다.
He was **hyped up about** the interview. (passive)
그는 그 인터뷰에 대해서 흥분하고 있다.

I i

ICE

1. 단동사
이 동사는 얼음이 어는 과정을 그린다.
명사: 얼음, 얼음판

2. 구동사
2.1 ice O down
Make sure you **ice down** the spruced ankle as soon as possible.
가능한 빨리 그 삔 발목을 얼음으로 가라앉히도록 하여라.
[down은 붓기 등이 줄어드는 관계를 나타낸다.]

2.2 ice O out
She was **iced out** at the kickback. (passive)
그녀는 그 모임에서 냉대 받고 물러났다.
[참조: freeze out]

2.3 ice O over
The river is **iced over** during the night. (passive)
그 강이 밤새 얼음으로 덮였다.

2.4 ice up
All the windows are **icing up**, and I can't see outside.
모든 창문들이 완전히 얼어서, 나는 바깥을 볼 수가 없다.
The plane's engine began to **ice up**, and we had to descend.
그 비행기 엔진이 얼어서 움직이지 않기 시작해서, 우리는 하강하지 않을 수 없었다.
[up은 엔진이 움직이지 않는 상태를 나타낸다.]

IDLE

1. 단동사
이 동사는 할 일 없이 시간을 보내는 과정을 그린다.
형용사: 할 일 없이 놀고 있는, 한가한, 게으른
타동사
The strikes have **idled** nearly 4000 workers.
그 파업으로 거의 4천 명의 노동자들을 놀게 하고 있다.

2. 구동사
2.1 idle about
Don't **idle about**. Get to work!
빈둥거리고 돌아다니지 말라. 일을 시작해라!

2.2 idle O away
He **idled away** the long summer vacation.
그는 긴 휴가를 할 일 없이 보냈다.
[away는 휴가 기간이 점차로 없어지는 관계를 나타낸다. 참조: waste away, while away]
He is **idling away** his precious time.
그는 그의 귀한 시간을 할 일 없이 보내고 있다.

IMPROVE

1. 단동사
이 동사는 개선하거나 나아지는 과정을 그린다.
자동사
The doctor says she should continue to **improve**.
그 의사는 그녀가 계속 좋아질 것이라고 말한다.
타동사
I need to **improve** my French.
나는 내 프랑스어 실력을 향상시켜야 할 필요가 있다.

2. 구동사
2.1 improve (up)on O
Do you really think that I need to **improve upon** my term paper?
내가 학기 보고서를 이전보다 더 낫게 해야 한다고 정말 생각합니까?
[on은 보고서가 더 개선되는 관계를 나타낸다.]
The team **improved upon** its last game.
그 팀은 지난 번 경기보다 좀 더 나아졌다.

INCH

1. 단동사
이 동사는 특정 방향으로 조금씩 움직이거나 움직이게 하는 과정을 그린다.
명사: 인치(2.54cm); 조금, 약간
타동사
I **inched** the car forward.
나는 차를 조금씩 앞으로 몰았다.

2. 구동사
2.1 inch back
The trainer **inched back** from the angry elephant.
그 조련사는 그 성난 코끼리로부터 조금씩 물러났다.

2.2 inch forth

He **inched forth**, trying not to make any noise.
그는 소리를 내지 않도록 노력하면서 조금씩 앞으로 나아갔다.

2.3 inch forward

The road is congested and the cars are **inching forward**.
그 도로가 꽉 막혀서 차들이 조금씩 나아가고 있다.

2.4 inch up O

The small bug **inched up** the side of the chest.
그 작은 벌레가 그 상자 옆을 조금씩 기어 올라갔다.
The novel is **inching up** the best seller list.
그 소설은 베스트셀러 목록에 조금씩 올라가고 있다.

inch O up O

They **inched up** the flag up the pole.
그들은 그 국기를 게양대로 조금씩 올렸다.

INDULGE

1. 단동사
이 동사는 하고 싶은 대로 하거나, 하게 하는 과정을 그린다.
타동사
He **indulged** his appetite.
그는 자신의 식욕을 마음껏 충족시켰다.
She **indulges** her child.
그녀는 아이의 욕구대로 하게 한다.

2. 구동사
2.1. indulge in O
She **indulged in** shopping spree yesterday.
그녀는 어제 마음껏 쇼핑을 했다.

indulge O in O
He **indulged** himself **in** reckless speeding.
그 자신은 무모하게 속도를 내고 운전하게 했다.

INFORM

1. 단동사
이 동사는 공식적으로 무엇을 알려주는 과정을 그린다.
타동사
"He's already left." she **informed** us.
"그 분은 이미 떠났어요." 그녀가 우리에게 알려주었다.
We decided to **inform** the police.
우리는 경찰에게 알리기로 결정했다.

2. 구동사
2.1 inform O of O
He **informed** me **of** the sad news.
그는 나에게 그 슬픈 소식을 알려 주었다.

2.2 inform on O
He **informed on** his friend.
그는 그의 친구를 밀고했다.
[참조: fink on, tell on, rat on]

INK

1. 단동사
이 동사는 잉크 칠을 하는 과정을 그린다.
명사: 잉크
타동사
The group has just **inked** a $10 million deal.
그 그룹은 얼마 전에 천만 달러짜리 거래 계약에 잉크로 서명했다.

2. 구동사
2.1 ink O in
The children are **inking in** the circles and squares.
그 아이들이 동그라미와 네모꼴을 잉크로 색칠해 넣고 있다.

INSIST

1. 단동사
이 동사는 어떤 일이 일어나기를 요구하는 과정을 그린다.
자동사
I didn't really want to go, but he **insisted**.
나는 사실 가고 싶지 않은데 그가 우겼다.
타동사
He **insisted** he was innocent.
그는 자신이 무죄라고 주장했다.

2. 구동사
2.1 insist on O
He **insists on** going alone at night.
그는 밤에 혼자 가기를 고집한다.
The reporter **insists on** being factual rather than being neutral.
그 기자는 중립적이 아니라 사실적이기를 주장한다.

INTEND

1. 단동사

이 동사는 계획이나 제안 등을 실행하려는 생각을 가지고 있는 과정을 그린다.

2. 구동사

2.1. intend on O

He **intends on** focusing on his research.
그는 자신의 연구에 집중하기로 마음먹고 있다.

INVITE

1. 단동사

이 동사는 불러들이는 과정을 그린다.

타동사

Such comments are just **inviting** trouble.
그러한 논평은 문제를 자초한다.

He **invited** questions from the audience.
그는 그 청중들에게 질문들을 하라고 청했다.

2. 구동사

2.1 invite O along

My brother **invited** me **along** to the rock festival.
내 형이 그 록 축제에 가는 데 따라오라고 청했다.

2.2 invite O back

We **invited** Kim's family **back**.
우리는 (김씨 가족의 초대를 받은 대가로) 그들을 초대했다.

2.3 invite O in

She **invited** her coworkers **in** to show her new apartment.
그녀는 그녀의 새 아파트를 보여주기 위해서 동료들을 집에 초대해 들였다.

2.4 invite O out

Last night, I was **invited out** to dinner, but I didn't feel like going out. (passive)
어제 저녁, 나는 저녁 초대를 받고 나가게 되었으나, 나가고 싶은 생각이 없었다.

2.5 invite O up

The president **invited** the senators **up**.
그 대통령은 그 상원의원들을 자기 별장에 들어오게 했다.
[up은 함께 어디에 갔던 사람들을 집이나 별장에 초대하는 관계를 그린다.]

IRON

1. 단동사

이 동사는 다리미질하는 과정을 그린다.
명사: 다리미

타동사

He **ironed** his shirt for himself.
그는 자신이 그 셔츠를 다렸다.

2. 구동사

2.1 iron O out

Mom **ironed out** the wrinkles on the shirt.
엄마는 다림질해서 그 셔츠의 구김살을 펴냈다.
[out은 구김살이 없어지는 관계를 나타낸다.]

The couple were having a few difficulties in their marriage, but they were able to **iron** them **out**.
그들은 그들의 결혼생활에서 몇 가지의 어려운 일들을 겪고 있었지만, 그들은 그 어려움을 없앨 수 있었다.

The manager and the employees meet regularly to **iron out** any problems.
그 지배인과 고용인들은 문제를 해결해서 없애기 위해서 정기적으로 만난다.

The two countries **ironed out** a peace deal.
그 두 나라는 평화 협정을 만들어냈다.
[out은 협정이 생겨나는 관계를 나타낸다.]

ISSUE

1. 단동사

이 동사는 한 단체에 속하는 구성원들에게 무엇을 공급하는 과정을 그린다.
명사: 발행물, 주제, 쟁점, 사안, 문제, 호

타동사

They **issued** a joint statement denying the charges.
그들은 그 혐의들을 부인하는 공동 성명을 발표했다.

We **issue** a monthly newsletter.
우리는 월간 소식지를 발행한다.

2. 구동사

2.1 issue O with O

The hospital **issued** the new nurses **with** uniforms.
그 병원은 그 새 간호사들에게 제복들을 제공했다.

ITCH

1. 단동사

이 동사는 무엇을 몹시 갖고 싶어 하거나 하고 싶어 하는 과정을 그린다.

명사: 가려움, 간지러움

자동사

I am itching all over.
나는 온 몸이 가렵고 있다.

2. 구동사
2.1 itch for O

The child is itching for some *chocolate*.
그 아이가 초콜릿을 몹시 먹고 싶어 한다.

cake 케이크	ice cream 아이스크림

We are itching for a holiday.
우리는 휴가를 몹시 원하고 있다.

J j

JAB

1. 단동사
이 동사는 가볍게 찌르는 과정을 그린다.
명사: 쿡 한 번 찌르기

타동사

She jabbed him in the ribs with her finger.
그녀가 손가락으로 그의 옆구리를 콕콕 찔렀다.

2. 구동사
2.1 jab at O
Ali jabbed at Fraser.
알리가 프레이저를 툭툭 쳤다.
[at은 프레이저의 일부에 힘이 미침을 나타낸다.]
The boxer jabbed at his opponent.
그 권투 선수가 그의 상대 선수에게 잽을 넣었다.

jab O at O
He jabbed his fist at me.
그는 그의 주먹을 나에게 툭 쳤다.

2.2 jab O in O
Donald jabbed Tom in the side.
도널드가 톰의 옆구리를 쿡 찔렀다.

2.3 jab O into O
Ron jabbed the spoon into the jelly.
론은 그의 숟가락을 그 젤리에 쿡 찔러 넣었다.

2.4 jab O out
Jack jabbed his fist out.
잭이 그의 주먹을 쑥 내밀었다.

2.5 jab O with O
The mugger jabbed a passerby with a knife.
그 강도가 지나가는 이를 칼로 쿡 찔렀다.

JABBER

1. 단동사
이 동사는 알 수 없는 말을 재잘거리는 과정을 그린다.
명사: 알아듣기 힘들게 지껄임

2. 구동사

2.1 jabber away
Some Chinese tourists are jabbering away in the cafeteria.
몇 명의 중국 관광객들이 그 카페테리아에서 계속 재잘거리고 있다.
[away는 재잘거림이 계속되는 관계를 나타낸다.]

JACK 1

1. 단동사
이 동사는 잭을 써서 차 등을 올리는 과정을 그린다.
명사: 잭 (무거운 것을 들어 올릴 때 쓰는 기구)

2. 구동사
2.1 jack O around
The bully jacked the small kid around.
그 불량배가 그 작은 아이를 이리저리 함부로 괴롭혔다.
[참조: push around, shove around, jostle around]
The realtor kept jacking me around. So I found another agency.
그 부동산 업자가 우리를 제대로 봐주지 않고 시간을 허비하게 했다. 그래서 나는 다른 소개소를 찾았다.

2.2 jack O in
I'll stay for two weeks, and if I don't like the job, I'll jack it in.
나는 2주 여기에 더 있어보고 그리고도 내가 이 일을 좋아하지 않으면, 나는 그 일을 접겠다.
[참조: chuck on, fold in]

2.3 jack O up
Do you know how to jack the car up?
너는 잭을 써서 그 차를 들어 올리는 방법을 아니?
[up은 차를 들어 올리는 관계를 나타낸다.]
All the hotels here jacked up their prices for the summer.
여기 있는 모든 호텔들이 여름동안 요금을 갑자기 많이 올렸다.
[up은 양의 증가를 나타낸다.]
The actor Johnny Depp was there to jack up the acting department.
영화배우 조니뎁은 그 연극부를 개선하기 위해서 그곳에 있었다.
[up은 질을 높이는 관계를 나타낸다.]

The kids are jacked up on sugar. (passive)
그 꼬마들이 사탕을 많이 먹고 흥분되어 있다.
[참조: hype up]

JACK 2

1. 단동사
이 동사는 잭을 써서 전기 기구를 연결하는 과정을 그린다.
명사: 전기 기구를 연결하는 잭

2. 구동사
2.1 jack into O
I am jacking into the internet now.
나는 지금 인터넷에 접속 중이다.
[참조: log into]

JAM

1. 단동사
이 동사는 작은 장소에 여러 가지 물건을 세차게 밀어 넣는 과정을 그린다.

타동사

Cars jammed the parking lot.
차들이 그 주차장을 꽉 메웠다.
His finger was jammed in the car door. (passive)
그의 손가락이 그 차 문에 끼었다.
The door is jammed. (passive)
그 문이 꽉 끼어서 움직이지 않는다.

2. 구동사
2.1 jam O into O
Sam jammed all his clothes into the canvas bag.
샘은 자신의 모든 옷을 천으로 된 가방에 쑤셔 넣었다.
The conductor jammed all the passengers into the coach.
그 차장은 그 승객들을 모두 그 객차에 밀어 넣었다.
[참조: cram in, squeeze in]

jam O in
When the train arrived, the conductor jammed all the passengers in.
그 열차가 도착하자, 그 차장은 그 모든 승객들을 밀어 넣었다.
[in은 into the train의 뜻이다.]

2.2 jam on O
He jammed on the brake and the car turned round.
그는 제동기를 확 밟아서 차가 획 돌았다.

[참조: slam on]
At the sight of a deer on the road, he jammed on the break.
그 길가에 사슴을 보자, 그는 제동기를 꽉 밟았다.

jam O on
He jammed his hat on and went out.
그는 그의 모자를 푹 눌러쓰고 나갔다.
[참조: put on]

2.3 jam O together
The usher jammed all the boys together so that more people could get in.
그 안내인은 더 많은 사람들이 들어갈 수 있도록 그 소년들을 함께 밀쳤다.

2.4 jam O up
After the concert, so many people tried to get out at once and they jammed up the exits.
그 음악회가 끝난 후, 그 많은 사람들이 한꺼번에 나가려고 하다가 그들이 모든 출구들을 꽉 막히게 했다.
[up은 문이 여러 사람으로 막히는 관계를 나타낸다.]
The narrow road is jammed up with parked cars. (passive)
그 좁은 길은 주차된 차로 꽉 막혀있다.
The paper kept getting trapped and it jammed up the printer.
그 종이가 계속 끼이더니, 그것이 프린터를 고장나게 했다.
[up은 고장나서 움직이지 않는 상태를 나타낸다.]
The tape recorder is jammed up again. (passive)
그 녹음기의 테이프가 엉겨서 다시 고장이 나 움직이지 않는다.

jam O up against O
His head was jammed up against the wall. (passive)
그의 머리가 그 벽에 끼었다.
My bedroom is tiny, and I have to jam my bed up against the fireplace.
내 침실은 작아서 나는 나의 침대를 그 벽난로로 바짝 갖다 붙여야 한다.
[up은 침대가 벽난로에 가까이 다가가 있는 상태를 나타낸다.]

jam up
A stretch of the highway jammed up after the accident.
그 고속도로의 한 구역이 그 사고 후에 꽉 막혔다.
[참조: back up, pile up]

If the gun **jams up**, he just tears it apart and puts it together.
그 총이 고장 나면 그는 그것을 분해했다가 다시 조립한다.

JAR

1. 단동사
이 동사는 귀나 신경을 거슬리게 하는 과정을 나타낸다.

타동사

He **jarred** my elbow while passing by.
그는 지나가면서 내 팔꿈치를 건드렸다.

2. 구동사
2.1 jar on O

The drilling noise from the street is **jarring on** me.
그 길에서 들려오는 그 굴착기 소리가 나의 귀를 거슬리게 하고 있다.
[on은 귀가 영향을 받는 관계를 나타낸다.]

The baby's screaming was starting to **jar on** my nerves.
그 아기의 비명소리가 내 신경을 거슬리게 하기 시작했다.

JAZZ

1. 단동사
이 동사는 무엇을 매력적이거나 더 흥미롭게 만드는 과정을 나타낸다.
명사: 재즈

2. 구동사
2.1 jazz O up

My web site looks a bit boring, so I think I have to **jazz** it **up** with some graphs.
내 웹 사이트가 좀 재미없어 보여서 나는 그것에 그래프를 추가하여 활기 있게 만들어야 할 것 같다.

JERK

1. 단동사
이 동사는 갑자기 무엇을 세차게 당기는 과정을 그린다.
명사: 홱 움직임

타동사

The police officer **jerked** Sue's arm to get her attention.
그 경찰관은 그녀의 관심을 끌기 위해 수의 팔을 홱 잡아당겼다.

자동사

My leg muscles **jerked** as I woke up from a frightening dream.
내가 무서운 꿈에서 깨어날 때 다리 근육들이 경련을 일으켰다.

2. 구동사
2.1 jerk O around

I hate getting **jerked around**, and I decided to quit the job. (passive)
나는 휘둘리는 것을 아주 싫어해서, 그 일을 그만두기로 결심했다.
[around는 이리저리, 마구 밀려지는 관계를 나타낸다. 참조: push around, jostle around]

2.2 jerk out

"Stop nagging at me." she **jerked out**.
"나 괴롭히지 마." 그녀가 말을 불쑥 내뱉었다.
[out은 말이 입에서 나오는 관계를 나타낸다. 참조: blurt out]

JET

1. 단동사
이 동사는 비행기를 타고 여러 곳을 다니거나 제트기처럼 빨리 움직이는 과정을 그린다.
명사: 제트기, 분출

2. 구동사
2.1 jet around O

The businessman **jets around** the world.
그 사업가는 제트비행기를 타고 세계 각처를 다닌다.

2.2 jet off

After the wedding, the newly wed couple **jetted off** on a honeymoon.
그 결혼식이 끝나자, 그 신혼부부는 제트기를 타고 신혼여행을 홀쩍 떠났다.
[off는 어떤 장소를 떠나는 관계를 나타낸다.]

jet off to O

He **jetted off to** the airport.
그는 (그 장소를 떠나) 비행장으로 급히 갔다.

JIB

1. 단동사
이 동사는 말이 갑자기 멈춰서는 과정을 그린다.
자동사

The horse **jibbed**.

그 말이 갑자기 멈추었다.

2. 구동사

2.1 jib at O

I jibbed at doing bungee jump.
나는 번지점프를 망설였다.

JIBE

1. 단동사

이 동사는 성명서나 보고서 등이 일치하는 과정을 그린다.

2. 구동사

2.1 jibe with O

The polls jibed with the results of the elections.
그 여론조사들은 그 선거의 결과와 일치했다.

Take-out food does not jibe with the diet I'm supposed to be on.
테이크아웃 음식은 내가 해야 하는 식단과 맞지 않는다.

My work experience does not jibe with my education.
내 직업 경험은 내 교육과 일치하지 않는다.

JOCKEY

1. 단동사

이 동사는 가장 좋은 자리나 상황에 들어가려고 노력하거나 남을 서서히 설득시키는 과정을 그린다.

명사: 기수

2. 구동사

2.1 jockey for O

Reporters jockeyed for position.
기자들은 좋은 자리를 차지하려고 다투었다.

2.2 jockey O into O

NASA succeeded in jockeying the spacecraft into the orbit.
NASA는 그 우주선을 그 궤도에 진입시키는 데 성공했다.

Do you think you can jockey him into accepting our offer?
당신은 그를 설득하여 우리의 제안을 받아들이게 할 수 있다고 생각하십니까?

JOG

1. 단동사

이 동사는 운동을 위해 천천히, 꾸준히 뛰는 과정을 그

린다.

명사: 조깅, 살짝 침

자동사

I go jogging every evening.
나는 저녁마다 조깅을 하고 있다.

타동사

Someone jogged her elbow, making her spill her coffee.
누군가가 그녀의 팔꿈치를 쳐서 그녀가 자신의 커피를 쏟았다.

2. 구동사

2.1 jog along O

He jogs along the river bank every day.
그는 그 강둑을 따라 매일 달린다.

2.2 jog on

You look a bit tired, but jog on further.
너는 조금 피곤해 보인다. 하지만 계속해서 더 뛰어라.
[on은 뜀을 계속하는 관계를 나타낸다.]

JOIN

1. 단동사

이 동사는 두 개체가 서로 만나거나 만나게 하는 과정을 그린다.

타동사

We joined hands and stood in a circle.
우리는 손을 잡고 원을 그리며 서 있었다.

He joined our club.
그는 우리 모임에 가입했다.

자동사

Where do the two rivers join?
어디서 그 두 강은 합류하는가?

2. 구동사

2.1 join in O

I want everybody to join in the campaign against smoking.
나는 여러분 모두가 그 금연운동에 참여하기를 바랍니다.

Everyone joined in the laughter.
모두가 웃음에 가담했다.

He joined in the game.
그는 그 게임에 참여했다.

The majority of the railroad workers joined in the *illegal strike*.
그 철도 노동자들의 대부분이 그 불법파업에 참여했다.

effort	노력	negotiation	협상

join O in O

Please join me in the project.
내가 그 일을 하는 데 합세해 주세요.
He joined us in the work.
그는 우리를 그 일에 합세시켰다.

join in on O

He joined in on the *conversation*.
그는 그 대화에 들어와서 참여했다.

fun	놀이	discussions	토의
game	게임	hiking	등산

join in with O

Ask your dad to join in with the family cooking.
아버지도 그 가족 요리에 함께 참여하자고 요청하세요.
North Korea must join in with the rest of the world.
북한은 세계의 나머지 국가들과 함께 해야 한다.

2.2 join O on O

Join me on BBC world news.
내가 하는 BBC 방송을 들어주세요.
The cub joined the mom on the hunt.
그 새끼는 어미가 하는 사냥에 합세했다.

2.3 join O together

The plumber joined the pipe and the hose together.
그 배관공은 그 파이프와 호스를 함께 연결했다.

2.4 join O up

The wires are not joined up properly and the machine is not working. (passive)
그 선들이 제대로 함께 이어지지 않아서 그 기계가 작동하지 않는다.
[up은 두 선이 맞대어져서 만나는 관계를 나타낸다.]
Join up the dots, and make a star.
그 점들을 이어서 별을 만들어라.

join up

There are two paths around the island, and they join up by the south entrance.
그 섬 주위에 두 길이 있고, 이들은 남쪽 입구에서 합쳐진다.
[up은 두 길이 서로 가까이 와서 만나는 관계를 나타낸다.]
During the war, young men and women were urged to join up and fight for the country.
그 전쟁 기간 동안, 젊은 남녀들은 입대해서 나라를 위해 싸우라고 재촉을 받았다.
[up은 흐트러져 있던 사람들이 한 곳에 모이는 관계를 나타낸다.
참조: call up, summon up]

join up with O

We are to join up with Frank in Busan, and head for Ulsan.
우리는 부산에서 프랭크와 만나서 울산으로 갈 예정이다.
[up은 다가가서 만나는 관계를 나타낸다. 참조: meet up with]
We joined up with other tourists to visit Jeju Island.
우리는 제주도를 방문하기 위해서 다른 관광객들과 합류했다.
This road joins up with Museum street.
이 길은 쭉 올라가면 박물관 거리와 만난다.

JOKE

1. 단동사

이 동사는 농담을 하는 과정을 그린다.
명사: 우스갯소리, 행동, 농담, 웃기는 사람

자동사

"I cooked it myself, so be careful!" he joked.
"그 요리를 내가 직접 했어. 그러니 조심하라고!" 그가 농담을 했다.
I didn't mean that – I was only joking.
내가 진심으로 그 말을 한 게 아니다. 그냥 농담을 했다.

2. 구동사

2.1 joke about O

He likes to joke about the chairman.
그는 그 원장에 관한 농담을 하기를 좋아한다.

2.2 joke around

He likes to joke around.
그는 장난치기를 좋아한다.
I didn't mean to be rude – I just joked around.
난 무례하려고 한 게 아니라, 가볍게 장난을 친 것이다.

joke around with O

I just joke around with you.
나는 너를 가볍게 골려주고 있었다.

JOLLY

1. 단동사

이 동사는 어떤 장소를 더 밝고 활기차게 하는 과정을 그린다.
형용사: 쾌활한

2. 구동사

2.1 jolly O along

I tried to jolly her along.
나는 그녀를 격려해서 계속하도록 노력했다.

2.2 jolly O up

The rock band was invited to jolly up the festival.
그 록 밴드는 그 축제를 활기 있게 만들기 위해서 초대되었다.

The comedian visited the children's hospital to jolly up the young patients.
그 코미디언은 그 어린 환자들을 즐겁게 해 주기 위해서 그 병원에 초대되었다.

JOLT

1. 단동사

이 동사는 갑자기 덜컹거리거나 덜컹거리게 하는 과정을 그린다.

자동사

The truck jolted and rattled over the rough ground.
그 트럭이 덜컹거리며 그 울퉁불퉁한 땅 위를 거칠게 지나갔다.

2. 구동사

2.1 jolt O into O

His remark jolted her into action.
그의 말이 그녀를 덜컥 행동을 취하게 했다.

2.2 jolt O out of O

The loud noise jolted him out of a deep sleep.
그 큰 소음이 그를 깊은 잠에서 깜짝 깨어나게 했다.

JOSTLE

1. 단동사

이 동사는 다른 사람보다 먼저 도착하거나 먼저 하기 위해서 군중 속에서 서로 밀치는 과정을 그린다.

타동사

The chairman was jostled by the crowd. (passive)
그 의장은 군중들에 의해서 밀쳐졌다.

2. 구동사

2.1 jostle O around

Please don't jostle me around.
제발 나를 이리저리 밀치지 마세요.
[참조: push around]

Let no one jostle her around.

아무도 그녀를 이리저리 밀치게 하지 맙시다.

2.2 jostle O aside

The gate keeper jostled the beggar aside.
그 문지기가 그 거지를 세차게 옆으로 밀쳤다.

The salesman was jostled aside every time he got near the entrance. (passive)
그 판매원은 그 입구에 가까이 갈 때 마다 옆으로 세차게 밀쳐졌다.

2.3 jostle with O

Tom jostled with Roy for access to the door.
톰과 로이는 그 문에 먼저 가려고 서로 밀쳤다.

Tom and Roy jostled with each other while waiting in line.
톰과 로이는 줄 서서 기다리는 동안 서로 밀쳤다.

JOT

1. 단동사

이 동사는 재빨리 무엇을 쓰는 과정을 그린다.

타동사

Tom quickly jotted a note to Jane.
톰은 빨리 쪽지 하나를 써서 제인에게 보냈다.

2. 구동사

2.1 jot O down

Please jot down the *phone number*.
그 전화번호를 간단하게 써 놓으세요.
[down은 소리, 생각 등을 종이에 써서 고정시키는 관계를 나타낸다. 참조: note down, scribble down, take down, write down]

address	주소	shopping items	쇼핑 품목
name	이름	plate number	차 번호

JUDGE

1. 단동사

이 동사는 심판이나 판단하는 과정을 그린다.

2. 구동사

2.1. judge O by O

Don't judge a book by its cover.
어느 책이든 그 표지로 평가하지 마세요.

2.2. judge O from O

Judging from the litter on the square, the demonstration must have been wild.

그 광장에 흩어진 쓰레기로부터 판단할 때, 그 시위는
난폭했음에 틀림없다.

2.3. judge O on O

Judge the student **on** his own merit.
그 학생을 그 자신의 장점을 보고 판단하세요.
Students must be **judged on** their brains, but not on
their looks. (passive)
학생들은 그들의 용모가 아니라 머리를 기준으로 판단
되어야 한다.

JUGGLE

1. 단동사
이 동사는 여러 가지 일을 동시에 처리하는 과정을 그린다.
명사: 일종의 공기놀이
자동사
My uncle taught me to **juggle**.
우리 삼촌이 내게 저글링하는 것을 가르쳐 주셨다.
타동사
I was **juggling** books, shopping bags and the baby.
나는 책과 쇼핑백 그리고 아기를 동시에 들고 오느라
힘이 들었다.

2. 구동사
2.1 juggle around with O
The accountant **juggled around with** the figures and
came up with the amount of tax I had to pay.
내 회계사가 숫자들을 이리저리 굴려서 내가 내야 할
그 세금 액수를 계산해 내었다.

2.2 juggle O with O
She has to **juggle** a full-time job **with** raising four kids.
그녀는 정규직과 네 아이를 키우는 일을 동시에 해야
한다.

juggle with O
Single moms have to **juggle with** work, mothering, and
fathering.
싱글맘들은 일, 엄마 노릇과 아버지 노릇을 동시에 해야
한다.

JUICE

1. 단동사
이 동사는 과일 등을 즙을 내는 과정을 그린다.
명사: 즙, 주스
타동사

Juice two oranges.
오렌지 두 개로 주스를 만들어라.

2. 구동사
2.1 juice O up
The fresh brewed coffee **juiced up** my day.
갓 내린 커피가 나의 하루를 기분 좋게 했다.
I have to **juice up** my phone.
나는 전화기를 충전해야 한다.

JUMBLE

1. 단동사
이 동사는 여러 물건을 뒤죽박죽 섞는 과정을 그린다.
명사: 뒤죽박죽 뒤섞인 것
타동사
In his desperation, his words were **jumbled**. (passive)
절망 속에서 그의 말들이 뒤죽박죽 되었다.

2. 구동사
2.1 jumble up
The things in my drawer are all **jumbled up**. (passive)
내 서랍에 있는 모든 물건이 뒤죽박죽되어 있다.
[up은 어지러운 상태를 나타낸다.]

JUMP

1. 단동사
이 동사는 재빨리 뛰는 과정을 나타낸다.
자동사
The line **jumped** as the fish bit the bait.
그 낚시 줄은 그 고기가 그 미끼를 물자 뛰었다.
The prices of milk **jumped**.
우유 값들이 뛰었다.
타동사
He **jumped** his horse over the fence.
그는 그의 말을 그 울타리 넘어 뛰게 했다.

2. 구동사
2.1 jump around O
We **jumped around** different topics.
우리는 여러 가지 화제를 옮겨 가면서 토의했다.

jump around
He is **jumping around** from job to job.
그는 한 직장에서 다른 직장으로 옮겨 다니고 있다.

2.2 jump at O

The frog jumped at me.
그 개구리가 나에게로 뛰었다.
[at은 공격의 의미를 갖는다.]

When he was offered *the job*, he jumped at *it*.
그가 그 일자리를 제공받았을 때, 그는 그것을 덥석 잡으려 했다.
[at은 일자리 제공에 반응을 보이는 관계를 나타낸다.]

chance 기회	opportunity 기회

When the motel was put up for sale, the rich man jumped at the chance.
그 모텔이 매물로 올라왔을 때, 그 부자는 그 기회를 덥석 잡으려 했다.

2.3 jump down
He jumped down from the bed to the floor.
그는 그 침대에서 그 바닥으로 뛰어내렸다.

2.4 jump in O
He jumped in my car.
그는 내 차 안에 뛰어들어 왔다.

jump in
I jumped in and had a refreshing swim.
나는 (화자와 청자가 아는) 수영장에 뛰어 들어가서 기분 좋은 수영을 했다.

A taxi came along and we all jumped in.
택시 한 대가 와서 우리 모두는 뛰어 들어갔다.
[in은 into the taxi의 뜻이다.]

I was going to say more, but my boss jumped in, 'you must work harder.'
내가 좀 더 말하려고 했는데, 내 상사가 끼어들면서 말했다. '당신은 더 열심히 일해야 해요.'
[in은 누가 대화에 갑자기 뛰어드는 관계를 나타낸다.]

You must be ready to jump in: These discounts are available only for two days.
여러분은 (세일에) 뛰어들 준비를 하고 있어야 합니다. 이들 할인 상품들은 단 이틀만 살 수 있습니다.

jump in with O
He jumped in with his own idea.
그는 그 자신의 생각을 가지고 대화에 끼어들었다.

2.5 jump into O
He was so cold, and he jumped into the bed.
그는 몹시 추워서, 그 침대로 뛰어들어 갔다.
He jumped into *action*.
그는 행동에 뛰어 들었다.

race 경주	dialogue 대화

2.6 jump off O onto O
He jumped off the dresser onto the bed.
그는 그 화장대에서 그 침대로 뛰어내렸다.

2.7 jump on O
He jumped on the *plane*.
그는 뛰어서 그 비행기를 탔다.

train	기차	boat	배
bus	버스	subway	지하철

I was sitting on the sofa and the cat jumped on it and scared me.
나는 그 소파에 앉아 있었고, 그 고양이가 펄쩍 그곳에 뛰어 올라와 나를 놀라게 했다.

My sister is very nasty to me. Everytime I say something, she jumps on me.
내 누이는 나에게 짓궂다. 내가 무엇을 말할 때마다, 누이는 내게 덤벼들어 꾸짖는다.
[on은 내가 공격받는 관계를 나타낸다.]

When the movie "The International Market" was out, many critics jumped on it, and criticized it.
영화 "국제시장"이 나오자 많은 비평가들이 그것에 덤벼들어 비판을 했다.

The business man jumped on the chance.
그 사업가는 그 기회를 덥썩 잡았다.

2.8 jump onto O
The passengers jumped onto the platform.
그 승객들이 승강장에 뛰어올랐다.

2.9 jump out at O
As soon as I read my paper through again, several mistakes jumped out at me.
내가 내 논문을 다시 읽자, 몇 가지 오류가 내게 뛰어 나왔다. 즉, 확 눈에 띄었다.
[out은 오류가 논문에서 뛰어 나와 눈에 닿는 상태를 나타낸다.]

Did you see the photograph of Elvis Presley in the gallery — That really jumped out at me.
당신은 그 화랑에서 엘비스 프리슬리 사진들을 봤습니까? - 그 사진이 내 눈에 확 들어왔습니다.

jump out of O
He jumped out of bed and ran to the door.
그는 잠자리에서 벌떡 뛰어나와 그 문으로 뛰어갔다.

2.10 jump over O
He managed to **jump over** the *fence*.
그는 그 울타리를 뛰어넘을 수 있었다.

wall 벽	barricade 장애물

He **jumped** all **over** me.
그는 뛰면서 나의 온몸을 짓밟았다. 즉, 나를 몹시 비난
했다.

2.11 jump through O
We **jumped through** different topics.
우리들은 여러 가지 화제들을 재빨리 훑었다.

2.12 jump to O
He **jumped to** another subject.
그는 또 다른 주제로 급하게 바꾸었다.
Don't **jump to** a conclusion.
급하게 결론에 이르지 마세요. 즉, 결론을 내리지 마
시오.

2.13 jump up
When the doorbell rang, he **jumped up** and went to
the door.
그 현관 초인종이 울리자 그는 벌떡 일어나서 그 문으로
뛰어갔다.
When she heard a scream, she **jumped up** and ran
outside.
그녀가 비명소리를 듣자, 그녀는 벌떡 일어나서 밖으로
뛰어나갔다.

jump up on O
He **jumped up on** the *boat*.
그는 보트에 뛰어올랐다.

platform 연단	stage 무대

The children are **jumping up on** the mattress.
그 아이들이 침대 위에서 뛰고 있다.
This month, the singer **jumped up on** the Billboard
chart.
이 달, 그 가수는 빌보드 차트에서 순위가 껑충 뛰어
올라갔다.

JUT

1. 단동사
이 동사는 주위의 다른 것보다 튀어나오는 과정을 그린다.
명사: 툭 튀어 나와 있는 부분, 돌출 부분

2. 구동사
2.1 jut out
The peninsula **juts out** into the ocean.
그 반도는 그 바다로 툭 튀어 나와 있다.
[out은 튀어나와 있는 관계를 나타낸다.]

jut out from O
A small window **juts out from** the roof.
작은 창문 하나가 그 지붕에서 돌출해 있다.

2.2 jut up
Pieces of sharp stone **jut up**.
날카로운 돌 조각들이 불쑥 튀어 올라와 있다.

K k

KEEL

1. 단동사
이 동사는 옆으로 넘어지는 과정을 그린다.
명사: 용골

2. 구동사
2.1 keel over
During the night shift, the woman **keeled over**.
그 야간근무를 하는 동안 그녀는 피곤해서 쓰러졌다.
[over는 반원을 그리며 넘어지는 관계를 그린다. 참조: fall over]
Some boy scouts **keeled over** in the hot sun.
몇몇 보이스카우트들이 그 뜨거운 햇빛 속에서 넘어졌다.

KEEP

1. 단동사
이 동사는 사람이나 물건을 어떤 장소나 상태에 있거나 두는 과정을 그린다.
타동사
I **kept** the cake to eat later.
나는 나중에 먹기 위해 그 케이크를 보관했다.

상태유지
He must **keep** the secret / the promise.
그는 그 비밀 / 약속을 지켜야 한다.
She **keeps** her thin figure.
그녀는 날씬한 자태를 유지한다.
We must **keep** our hands clean.
우리는 우리의 손을 깨끗하게 유지해야 한다.
Keep your engine running.
너의 그 엔진이 계속 돌아가게 유지하세요.
자동사
상태유지
The fish **keeps** awhile if you put it in ice.
그 생선은 얼음에 두면 한동안 신선도가 유지된다.

2. 구동사
2.1 keep after O
The dog **kept after** the hen.
그 개는 그 닭을 계속해서 추격했다.
He **kept after** me to buy him a car.
그는 계속해서 나를 따라 붙어서 그 차를 사달라고 졸라댔다.
[after는 그가 나를 따라 다니는 관계를 나타낸다.]

2.2 keep ahead
The Republicans **keep ahead** of the Liberals in opinion polls.
공화당이 민주당을 여론조사들에서 계속 앞서있다.
[A ahead of B에서 A는 진행방향에서 B에 앞서는 관계이다.]

2.3 keep O around
I **keep** coffee **around**.
나는 커피를 주위에 둔다.

2.4 keep O at O
The manager **kept** us **at** work all night long.
그 지배인은 우리를 밤새 일에 붙어있게 했다.
["사람 at 과정"의 표현은 사람이 어떤 과정을 하는 관계를 그린다.]
Band-aid **keeps** germs **at** bay.
반창고는 세균들이 접근을 못하게 한다.

keep at O
Keep at the work until it is done.
그 일이 끝날 때까지 계속해서 그 일을 해라.
The math problem was difficult but I **kept at** it, and finally solved it.
그 수학 문제는 어려웠으나 나는 그것에 계속 매달려서 결국엔 풀었다.
You'll have to **keep at** me about that yard work.
너는 그 정원 일에 대해 나를 계속 상기시켜야 한다.

2.5 keep away
We are trying to **keep away** from him.
우리는 그에게서 떨어져 있도록 노력하고 있다.
[away는 우리가 그에게서 떨어져 있는 관계를 나타낸다.]

keep O away
He **kept** the cold **away**.
그는 그 감기가 (그에게서) 떨어져 있게 했다.
We are trying to **keep** the bear **away**.
우리는 그 곰을 떨어져 있게 하려 애쓰고 있다.

2.6 keep back
Keep back from the edge of the cliff.
그 절벽의 가장자리에서 계속 물러서 있어라.

keep O back

The villagers **kept back** the flood all day long.
그 마을 사람들은 하루종일 그 홍수를 저지시켜 놓았다.
[back은 앞으로 나아가는 힘에 반대로 힘을 가하는 관계를 그린다.]

My company **kept back** 15% of my salary to pay for my pension.
내 회사는 내 연금을 붓기 위해서 내 월급의 15%를 빼 놓는다.
[back은 내게 주어야 할 돈을 회사가 가지고 있는 관계를 그린다.]

Keep some of the food **back** for emergency.
위급 상황을 대비해 그 식량의 약간을 먹지 말고 보관 하여라.

2.7 keep O by

Keep some glue **by** in case you need it.
네가 필요할 지도 모르니 약간의 아교를 곁에 가지고 있어라.
[by는 아교를 주위에 두는 관계를 나타낸다.]

2.8 keep O down

Bullets were flying over so we **kept down** for a while.
총알들이 머리 위로 날아다니고 있어서 우리는 한동안 낮은 자세를 취했다.

I **kept** the blind **down** during the summer to block out the sun.
나는 여름동안 햇빛을 들어오지 않게 하기 위해서 그 차양을 내려놓고 있었다.

We **kept** our *voices* **down**.
우리는 우리 목소리를 낮게 하고 있었다.
[down은 수, 양, 정도의 강도가 낮음을 나타낸다.]

noise 소음	sound 소리

He **kept** the room temperature **down**.
그는 그 방 안 온도를 낮게 유지했다.

Her husband **kept** her **down**.
그녀의 남편은 그녀를 저기압 상태에 있게 했다.
[her는 환유적으로 그녀의 기분을 가리키고, down은 기분이 좋지 않은 상태를 가리킨다.]

His lack of education **kept** him **down**.
그의 교육 부족이 그가 승진을 못하게 했다.

The new policies are **keeping** the *poor* **down**.
그 새로운 정책들은 가난한 사람들을 상승하지 못하게 한다.

minority 소수자	workers 노동자들

Although I was seasick, I was able to **keep** my food **down**.
나는 멀미가 났지만, 먹은 것을 올라오지 않게 할 수 있었다.

keep down

Bullets were flying over so we **kept down** for a while.
총알이 머리로 날아다니고 있어서 우리는 한동안 낮은 자세를 취하고 있었다.
[참조: hold down]

2.9 keep O from O

I don't want to **keep** you **from** your work.
나는 너를 너의 일에서 떨어져 있게 하기를 원하지 않 는다. 즉, 그녀의 일을 방해하고 싶지 않다.
[X from Y는 X가 Y에서 떨어져 있는 관계를 그린다.]

The lifeguard **keeps** us **from** harm.
그 구조원은 우리를 위험에서 보호해준다.

I **kept** him **from** falling.
나는 그를 떨어지지 않게 유지했다.

2.10 keep O in O

I usually **keep** the onions **in** the top shelf.
나는 그 양파들을 맨 위 칸에 보관한다.

He **kept** me **in** the dark about the news.
그는 나를 그 소식에 대해서 깜깜하게 했다. 즉, 모르게 했다.
[이 표현은 '앎은 빛이고 모름은 어둠이다'라는 은유적 표현이다.]

keep O in

The teacher **kept** the two boys **in** after school.
그 선생님은 두 소년을 방과 후에는 (학교 안에) 있게 했다.
[in은 어떤 알려진 장소 안에 있는 상태를 그린다.]

The doctor **kept** the patient **in** overnight for observation.
그 의사는 그 환자를 관찰하기 위해서 밤새 (병원) 안에 있게 했다.

I could not **keep** my laughter **in** when I heard the joke.
내가 그 농담을 들었을 때 나는 내 웃음을 (몸) 안에 있게 할 수 없었다. 즉, 웃지 않을 수 없었다.

keep O in on O

We meet with them once a week to **keep** them **in on** the project we are doing.
우리는 그들을 우리가 하고 있는 일에 들어와 알게 하기 위해서 그들과 일주일에 한 번씩 만나서 얘기한다.

keep in with O

It's good to **keep in with** our classmates.
동창들과 연락을 계속해서 연락이나 접촉하는 것이 좋다.

2.11 keep off O

Keep off the stairs.
그 계단에서 떨어져 있어라.
[off는 어떤 사람이 계단에서 떨어져 있는 관계를 나타낸다.]
Keep off the grass.
그 잔디에서 떨어져 있어라.

keep off

The storm **kept off** a few days.
그 폭풍이 (다가오지 않고) 며칠 떨어져 있었다.
[참조: hold off]

keep O off O

Please **keep** your dog **off** the road.
당신의 개가 그 길에서 떨어져 있게 계속 유지해 주세요.
즉, 개가 길에 나오지 않게 하세요.
[off는 개가 길에서 떨어져 있는 관계를 그린다.]
Please **keep** your car **off** this narrow road.
당신의 차를 이 좁은 길에서 떨어져 있게 하세요. 즉,
들어오지 마세요.

keep O off

I **keep** the lights **off** when I go to bed.
나는 잠자리에 들 때 그 불들을 다 꺼둔다.
[off는 불이 꺼진 관계를 나타낸다.]
He tried to **keep** his weight **off**.
그는 살이 안 찌게 하려고 노력하고 있다.

2.12 keep on O

It's hard for me to **keep on** a horse.
나는 말 위에 계속 타고 있기가 힘들다.
Keep on the path until you reach the highway.
그 고속도로에 이를 때 까지 그 길을 계속 타고 가세요.
They **kept on** *chatting*.
그들은 계속해서 잡담을 했다.

| rinsing | 헹구기 | jogging | 조깅 |
| borrowing | 빌리기 | working | 일하기 |

He **kept on** cracking on the same old joke.
그는 계속해서 똑같은 농담을 했다.

keep on

My hands were shaking but I **kept on**.

내 손이 떨렸지만 나는 (무엇을) 계속했다.
[on은 계속을 나타낸다.]
If the *rain* **kept on**, the game will be put off.
그 비가 계속 되면 그 경기는 연기될 것이다.

| wind | 바람 | snow | 눈 |
| storm | 폭풍 | fog | 안개 |

keep O on O

Keep the peanut butter **on** the top shelf.
그 피넛버터를 제일 꼭대기 선반에 보관하세요.
Keep your *attention* **on** the road ahead while driving.
운전하는 동안 너의 주의를 앞에 있는 그 길에 고정하
세요.

| mind | 정신 | eyes | 눈 |

We **kept** the plane **on** the radar.
우리는 그 비행기를 계속해서 레이더망에 두었다.
The doctor decided to **keep** the baby **on** life support.
그 의사는 그 아기를 생명 유지 장치에 연결해 두도록
결정했다.

keep O on

Keep your radio **on** for weather updates.
날씨 정보를 얻기 위해서 여러분의 라디오를 계속 켜
놓으세요.
The firm **kept** the best employees **on**.
그 회사는 최고의 고용인들을 해고하지 않고 그대로 고
용했다.
[on은 고용인이 해직될 예정이나, 해고되지 않고 이어서 고용되는
관계를 나타낸다.]
Keep one light **on**.
불 하나를 계속 켜두어라.
[on은 불이 켜진 관계를 나타낸다.]

2.13 keep on about O

He **kept on about** the lemon car.
그는 그 형편없는 차에 대해서 계속 말을 했다.
[on은 과정의 계속을 나타낸다. 참조: continue on about, get
on about, go on about]

2.14 keep on at O

Mom **kept on at** my young brother.
엄마는 계속해서 내 동생을 쪼아댔다.
[on은 과정의 계속을, at은 공격의 의미를 갖는다.]
My team teacher **kept on at** me.
내 팀 선생님은 계속해서 나를 재촉했다.
[참조: go on at]

I made no reply and he kept on at me.
내가 대답을 하지 않아서 그가 계속해서 나를 재촉했다.

2.15 keep on with O

Despite the rain, we kept on with our game.
그 비가 옴에도 불구하고 우리는 우리의 경기를 계속했다.

2.16 keep O out

The heavy curtain keeps out the *sunlight*.
그 두꺼운 커튼이 햇빛을 못 들어오게 한다.
[out은 들어오는 것을 못 들어오게 하는 관계를 나타낸다.]

cold 추위	wind 바람

The fire kept the animals out.
그 불이 그 동물들로 하여금 들어오지 못하게 했다.
We usually keep our dog out.
우리는 우리 개를 늘 밖에 있게 한다.
[out은 안이 아니라 밖에 있는 관계를 그린다.]
Please keep an eye out for a taxi.
택시가 오는지 잘 살펴주세요.
Keep your eyes out on the road while driving.
운전하는 동안 너의 시선을 길 위에 가있게 해라.

2.17 keep O out of O

We kept him out of debt.
우리는 그가 빚에서 벗어나 있게 했다.
He kept me out of trouble.
그는 나를 어려움에서 벗어나 있게 해주었다.

keep out of O

We kept out of trouble.
우리는 곤란한 상태에서 벗어나 있었다.
He kept out of debt.
그는 빚에서 벗어나 있었다.

2.18 keep O to O

I kept my expenses to minimum.
나는 내 경비를 최소 정도에 유지시켰다.
I kept tonight's party to eight.
나는 오늘 저녁 파티를 8명에 국한했다.

keep to O

It will be raining and the children kept to their room.
비가 와서 그 아이들이 각자 방에 있었다.
I kept to my promise.
나는 내 약속을 지켰다.

[참조: stick to]
The people at the party were not friendly, so I kept to myself.
그 파티 사람들이 별로 친절하지 않아서 나는 혼자 있었다.

2.19 keep O together

I hope we can keep the club together for another year.
나는 우리가 그 모임을 일 년 더 (해산시키지 않고) 유지시키기를 바란다.

2.20 keep O up

Keep this side of the trunk up.
그 트렁크의 이쪽이 위로 가게 해 놓으세요.
It is not easy to keep up an old car.
낡은 차를 좋은 상태에 유지시키는 것은 쉽지 않다.
[up은 좋은 상태를 가리킨다.]
I asked him to stop yelling but he kept it up.
나는 그에게 고함을 그만 지르라고 부탁했으나 그는 그것을 계속 높은 상태로 유지했다.
I am trying to keep my good *work* up.
나는 좋은 일을 계속 해서 좋게 유지하려고 노력하고 있다.

health 건강	spirits 정신

Please keep him up until 10 o'clock.
그가 열 시까지 깨어 있게 해 주세요.
[up은 깨어 있는 상태를 나타낸다. 참조: stay up]
He keeps up his appearances.
그는 (돈이 있든 없든) 외모를 좋게 유지한다.

keep up

The *snow* kept up all day long.
그 눈은 온종일 강하게 내렸다.
[up은 강한 상태를 나타낸다.]

storm 폭풍	hurricane 허리케인
rain 비	fine weather 좋은 날씨

keep up on O

I keep up on the world news by watching CNN or BBC.
나는 CNN이나 BBC를 봄으로써 세계 뉴스에 뒤처지지 않는다.

keep up with O

You should keep up with your good work.
너는 너의 훌륭한 일을 계속해서 좋게 유지해야 한다.
Keep up with changes with this magazine.

이 매거진을 읽음으로써 변화에 뒤처지지 마세요.
He is trying to **keep up with** *trend*.
그는 경향을 뒤처지지 않고 따라가려고 노력하고 있다.

time	시간	technological development 기술발전
demand	요구	

KEY

1. 단동사
이 동사는 키보드를 이용하여 정보를 입력하는 과정을 그린다.
명사: 컴퓨터, 피아노 등의 건반, 열쇠, 키; 비결, 실마리

2. 구동사
2.1 key O in
I have gathered all the data, but it still needs to be **keyed in**. (passive)
나는 모든 자료를 모았으나, 아직도 그것은 입력되어야 할 필요가 있다.
[in은 자료가 컴퓨터에 들어가는 관계를 나타낸다.]
I don't know your plan yet. So please **key** me **in**.
난 당신의 계획을 아직 모릅니다. 그래서 좀 알려주십시오.
[참조: fill in]

2.2 key into O
Candidates should **key into** the need of voters.
후보자들은 유권자들의 필요를 잘 인식해야 한다.

key O into O
The application form is filled out and the information is **keyed into** the computer. (passive)
그 지원서의 빈 칸이 다 채워졌고, 그 정보는 컴퓨터에 쳐 넣어졌다.

2.3 key O to O
Each employer pays salary **keyed to** the employee's position and ability. (passive)
각 고용주는 고용인의 지위와 능력에 맞추어서 월급을 지급한다.

2.4 key O up
Thought of a holiday on the beach **keyed up** the children.
그 해변에서 보낼 휴가의 생각들이 그 아이들의 마음을 들뜨게 했다.
[The children은 환유적으로 아이들의 마음을 가리키고, up은 마음이 좋아지는 관계를 나타낸다.]

KICK

1. 단동사
이 동사는 발로 차는 과정을 그린다.
타동사
He **kicked** the ball.
그는 그 공을 찼다.
He **kicked** a goal.
그는 차서 한 골을 만들었다.
He **kicked** the habit.
그는 그 습관을 차버렸다.
She **kicked** him in the shin.
그녀는 그를 정강이에 찼다.
자동사
The gun **kicked** when fired.
그 총은 사격을 하자 어깨를 쳤다.

2. 구동사
2.1 kick about O
Why are you **kicking about** your sister?
너는 왜 너의 여동생을 못살게 구니?

2.2 kick against O
He **kicked against** the side of the TV set, and it came on.
그는 그 TV의 옆구리를 차자, 그것이 켜졌다.
As the boy was growing up, he **kicked against** society.
그 소년이 자라면서 그는 사회에 대해 반항했다.
Being a first son placed demands were placed on him, but he courageously **kicked against** them.
맏아들이기 때문에 그에게 많은 요구들이 주어졌으나 그는 용감하게 그들을 박찼다.

2.3 kick O around
They are **kicking** the ball **around**.
그들은 그 공을 이리저리 차고 있다.
They have been **kicking around** the *idea* of joining the club.
그들은 그 클럽에 들어가는 생각을 이리저리 굴리고 있었다. 즉, 가볍게 비공식적으로 토의를 하고 있었다.
[이 표현은 '생각은 공이다'라는 은유가 제공된 표현이다. 참조: bat around, toss around]

plan	계획	proposal	제안

The idea of buying out the company has been **kicked around**. (passive)
그 회사를 사는 생각이 지금까지 논의되고 있다.

She was **kicked around** by her husband, but strangely she put up with it. (passive)
그녀는 남편에게 이리저리 차였지만 (구박 받았지만), 이상하게도 그녀는 그것을 견뎠다.
Stop **kicking** me **around**.
나를 이리 차고 저리 차지 마라.

kick around O

After **kicking around** Gangwon Province for several years, he decided to get a job.
강원도를 수년 동안 할 일 없이 돌아다니다가, 직장을 갖기로 결심했다.
After graduating from university, he **kicked around** Asia for a year.
대학을 졸업한 후에 그는 아시아 여러 지역을 돌아다녔다.
[여기서 kick은 발을 움직여서 걷는 과정을 나타낸다.]

kick around

I found my childhood diary **kicking around** among the books on the bookcase.
나는 내 어릴 적 일기장이 책장에 꽂혀있는 그 책들 가운데 돌아다니는 것을 발견했다.
[참조: lie around]

2.4 kick at O

The horse **kicked at** me, but I knew it was just a threat.
그 말이 나를 차려고 했으나, 나는 그것이 단지 위협일 뿐임을 알았다.
[at은 시도나 노력을 나타낸다.]

2.5 kick O away

He **kicked** the attacker **away**.
그는 그 공격자를 차서 떨어져나가게 했다.

2.6 kick O back

I **kicked** the ball **back** to James.
나는 그 공을 제임스에게 되 찼다.
The pharmaceutical companies **kicked back** part of their earnings to the doctors who used their medicine.
그 제약회사는 그들 수입의 일부를 그들의 약을 쓴 그 의사들에게 돌려주었다.

kick back

The gun **kicked back**.
그 총은 (사격을 했을 때) 어깨에 충격(반동)을 줬다.
A lot of addicts **kick back** to old habits.
많은 중독자들이 옛 습관들로 돌아간다.
He was **kicking back** and enjoying Sunday morning

on the beach.
그는 그 해변에 드러누워서 일요일 아침을 즐기고 있다.
[참조: lean back]

2.7 kick O down

The police **kicked down** the door, and entered the room to search it.
경찰은 그 방을 수색하기 위해서 그 문을 발로 차서 무너뜨렸다.
[down은 문이 넘어지는 관계를 나타낸다.]

2.8 kick O in

Susan **kicked in** 5 dollars on the gift.
수전은 그 선물을 사는 데 5달러를 넣었다.
[참조: chip in]
The staff donated $1,000 and the boss **kicked in** $2,000.
그 직원들이 1,000불을 기부하고 사장이 2,000불을 넣었다.
Firemen **kicked in** the window and entered the house to save an old man.
소방원들이 그 창문을 안으로 발로 차서 깨고 그 집에 들어가서 한 노인을 구했다.

kick in

He didn't really **kick in** and do his share of the home work.
그는 (하는 일에) 들어와서 그의 몫의 집안일을 하지 않았다.
The *effect of the drug* **kicked in** after two hours.
그 약의 효과는 두 시간이 지날 무렵에 효력이 발생했다.
[in은 into effect의 뜻이다.]

painkiller	진통제	coffee	커피
tablet	알약	instinct	본능
medication	처방약	sedation	안정제

Sales of between 1,000 and 2,000 copies of the book are needed before profits **kick in**.
그 책이 1,000권에서 2,000권 사이로 팔려야 이익이 들어온다.
The *heating* is to **kick in** when the temperature falls below zero.
그 난방은 기온이 영하가 되면 들어오기로 되어있다.

| TV | 텔레비전 | light | 불 |
| radio | 라디오 | air conditioner | 에어컨 |

2.9 kick into O

The baseball game **kicked into** the gear last Sunday.

그 야구 경기는 지난 일요일에 시작했다.

2.10 kick O off O

The baby **kicked** the cover **off** herself.

그 아기가 그 덮개를 몸에서 차서 벗었다.

The new president is trying to **kick** people **off** the health insurance.

새 대통령은 사람들을 그 의료보험 혜택을 못 받게 하려 하고 있다.

kick O off

He **kicked** his shoes **off**.

그는 발을 차서 그의 신발을 벗었다.

The director **kicked off** the *concert* with a Beethoven's music.

그 지휘자는 그 음악회를 베토벤의 음악으로 시작했다.

[off는 정지 상태에서 활동 상태로 들어가는 관계를 나타낸다.]

festival	축제	exercise	운동
campaign	캠페인	contest	경합

Korea **kicked off** 100th anniversary of liberation from Japan in 2019.

한국은 2019년에 일본으로부터의 독립 100주년 기념식을 시작했다.

kick off

Korea will **kick off** against Japan at 2 o' clock on September 3rd.

한국의 일본에 대한 경기가 9월 3일 2시에 시작될 것이다.

[참조: play off]

The game **kicked off** 30 minutes late after heavy rain.

그 경기는 심한 비가 온 후 30분 늦게 시작되었다.

The meeting is scheduled to **kick off** at one o' clock.

그 회의는 1시에 시작되기로 계획이 짜여있다.

Don't tell John about the result. He will **kick off**.

존에게 그 결과를 알려주지 마라. 그는 발버둥을 칠 것이다.

[off는 발이 자제나 억제에서 벗어난 상태를 가리킨다.]

kick off to O

Let's **kick off to** the second part.

시작에서 2부로 갑시다.

2.11 kick on

Hopefully we can **kick on** and get ourselves out of trouble.

희망하건대 우리는 (하던 일을) 계속하여 그 어려움에서 벗어날 수 있다.

[on은 과정의 계속을 나타낸다. 참조: continue on, keep on]

2.12 kick O out

Kick out your legs straight out.

여러분의 다리를 똑바로 앞으로 차 내세요.

My landlord **kicked** me **out** when I was behind with my rent.

내 집주인은 내 방세가 밀리자 나를 아파트에서 차(쫓아) 내었다.

Tom was **kicked out** of college for failing his exams. (passive)

톰은 그의 시험들에 낙제를 해서 대학교에서 쫓겨났다.

During the storm, power was **kicked out**. (passive)

그 태풍이 부는 동안, 전기가 갑자기 나갔다.

[out은 전기가 나가는 관계를 나타낸다.]

kick out

The ostrich **kicked out** at the man trying to catch her.

그 타조는 그를 잡으려는 사람에게 발을 뻗어 마구 찼다.

[out은 발을 내미는 관계를, 그리고 at은 공격의 뜻을 나타낸다.]

kick out against O

She got herself into trouble by **kicking out** too violently **against** life's injustices.

그녀는 삶의 불공정들에 대해서 크게 반발함으로써 곤란에 빠지게 되었다.

[out은 발을 밖으로 내차는 관계를, at은 공격이나 시도를 나타낸다.]

2.13 kick O over

John was so furious he **kicked over** the table.

존은 너무 화가 나서 그 식탁을 발로 차서 넘어뜨렸다.

[over는 식탁이 호를 그리며 넘어지는 관계를 나타낸다. 참조: tip over, turn over]

kick over

The engine **kicked over**, and we drove the car to a garage.

그 엔진이 걸려서 우리는 그 차를 어느 정비소에 몰고 갔다.

[over는 엔진이 돌아가는 관계를 나타낸다.]

2.14 kick O up

Kick your right foot high **up**.

오른발을 높이 차 올려라.

The heavy tanks **kicked up** dust as they went along.
그 육중한 탱크들이 지나가면서 먼지를 일으켰다.
[up은 먼지가 일어나는 관계를 나타낸다.]

The people in the village **kicked up** a fuss about the noise and dust from the construction site.
그 마을 사람들은 그 공사장에서 오는 소음과 먼지에 대해서 소동을 일으켰다.
[up은 소동이 생기는 관계를 나타낸다.]

If the government goes ahead with the security bill, it will **kick up** a political revolt.
정부가 그 보안법을 밀고 나가면, 그것은 정치적 폭동을 일으킬 것이다.
[참조: stir up]

The store **kicked up** prices, and I decided not to go there.
그 상점이 가격들을 올려서 나는 그 가게에 안 가기로 결심했다.
[up은 양이나 수의 증가를 나타낸다.]

kick up

My arthritis is **kicking up**.
나의 관절염이 심해지고 있다.
[참조: act up, play up]

KID

1. 단동사
이 동사는 어리석게 행동하는 과정을 그린다.
명사: 새끼 염소; 아이

자동사

I thought he was just **kidding** when he said he was going out with a rock star.
그가 록 스타와 데이트를 하러 간다고 할 때 나는 그가 농담하는 줄 알았다.

타동사

They are **kidding** themselves if they think it's going to be easy.
그것이 쉬울 것이라고 생각한다면 그들은 착각하는 것이다.

2. 구동사
2.1 kid around

Don't get angry with him. He is just **kidding around**.
그에게 화를 내지 마세요. 그는 그저 바보같이 행동을 할 뿐입니다.

KILL

1. 단동사
이 동사는 생명체를 죽이는 과정을 그린다.

타동사

The hunter **killed** the deer.
그 사냥꾼은 그 사슴을 죽였다.

The professor was **killed** in a plane crash. (passive)
그 교수는 어느 비행기 추락사고에 죽었다.

The boring teacher **killed** my interest in history.
그 재미없는 선생님이 나의 역사에 대한 관심을 죽여 버렸다.

He **killed** time in school, playing with a smartphone.
그는 스마트폰으로 장난을 치면서 수업시간을 헛되이 보냈다.

My teeth were **killing** me, so I went to the dentist's.
내 이가 몹시 아파서 나는 그 치과로 갔다.

2. 구동사
2.1 kill O off

We don't know what **killed off** the dinosaurs.
우리는 무엇이 그 공룡들을 다 죽어 없어지게 했는지 모른다.
[off는 생명체가 하나하나 죽어서 없어지는 관계를 나타낸다.]

Agricultural chemicals will pollute the water and **kill** the wildlife **off**.
농업용 화학물질(제초제)들은 물을 오염시키고, 야생 생물들을 (지구상에서) 없어지게 할 것이다.

In those days, poverty and disease **killed** children **off**.
그 당시 가난과 질병이 아이들을 대량으로 죽여서 (어느 지역에서) 없어지게 했다.

The dams **killed off** the river.
그 댐들이 그 강의 생명체들을 모두 죽여 없앴다.
[river는 환유적으로 강에 사는 생명체들을 가리킨다.]

The writer **killed** the character **off** in the middle of the series.
그 작가는 그 작중인물을 연속극의 중간 부분에서 죽여서 나오지 않게 했다.
[off는 작중인물이 등장하지 않는 관계를 나타낸다.]

The TV drama was so unpopular that the producer decided to **kill** it **off**.
그 TV드라마는 너무 인기가 없어서 제작자가 그것을 죽여서 (방송에서) 제거하기로 결정했다.
[off는 드라마가 중단되는 관계를 나타낸다.]

His rude remarks has **killed off** all the interest in her.
그의 무례한 말이 그녀에게 있던 모든 관심을 죽여 없애 버렸다.
[off는 관심이 그에게서 떨어져 나가는 관계를 나타낸다.]

K

The disinfectant has **killed off** the odor.
그 소독약이 나쁜 냄새를 모두 죽여 없애버렸다.
[off는 냄새가 떨어져 나가는 관계를 나타낸다.]

2.2 kill O up
Two men were **killed up** in the accident.
두 사람이 그 사고에서 완전히 죽었다.

KINK

1. 단동사
이 동사는 머리카락, 로프 등이 꼬불거리는 과정을 그린다.
명사: 일반적으로 올곧은 것의 꼬임

2. 구동사
2.1. kink up
My hair **kinked up** in this weather.
내 머리가 이 날씨에 꼬불꼬불해졌다.

KIP

1. 단동사
이 동사는 자기 위해서 눕는 과정을 그린다.
명사: 잠

> 자동사

You can **kip** on the sofa, if you like.
네가 괜찮다면, 소파에서 자도 돼.

2. 구동사
2.1 kip down
The party was over after midnight, and so I decided to **kip down** at my friend's house.
그 파티가 자정이 지나서 끝났다. 그래서 나는 친구 집의 마룻바닥이나 소파 등에서 자기로 했다.
[참조: bed down]

KISS

1. 단동사
이 동사는 입을 맞추는 과정을 그린다.
명사: 키스, 입맞춤

> 자동사

Do people in Britain **kiss** when they meet?
영국에서는 사람들이 만날 때 입을 맞추나요?
The young couple were **kissing** on the sofa.
그 젊은 부부는 소파에서 키스를 하고 있다.

> 타동사

Mom **kissed** the kid good night.
엄마는 그 아이들에게 굿나잇 키스를 했다.
The sunlight **kissed** the warm stones.
햇살이 그 따스한 돌들을 비추었다.

2. 구동사
2.1 kiss O away
Mom **kissed away** the child's tears.
엄마가 그 아이의 눈물을 키스를 해서 없앴다.
[away는 눈물이 얼굴에서 없어지는 관계를 나타낸다.]

2.2 kiss O off
The record company **kissed off** them as a second rate band.
레코드 회사들은 그들을 이류 밴드로 가치가 없다고 생각하여 받아들이지 않았다.
[참조: write off]
The producer can **kiss** that prize **off**.
그 제작자는 그 상을 포기할 수 있다.

kiss off
If she asks for any more money, I will tell her to **kiss off**.
그녀가 돈을 조금이라도 더 달라고 요청하면, 꺼지라고 말할게.
[off는 주어진 장소를 떠나는 관계를 나타낸다.]

2.3 kiss up
You'll get the job if you **kiss up** enough.
네가 아첨을 많이 하면 그 일자리를 얻을 수 있을 것이다.

kiss up to O
I am sure Susan will get a promotion this time, because she always **kisses up to** the boss.
나는 수전이 이번에 승진을 하게 될 것이라 확신한다. 그녀는 언제나 사장에게 키스로 다가간다. 즉, 아첨한다.

KIT

1. 단동사
이 동사는 어떤 활동을 위해서 옷이나 장비를 갖춰주는 과정을 그린다.
명사: 조립용품 세트

2. 구동사
2.1 kit out
The children participating in the explorating will be **kitted out** with a helmet and a lantern each. (passive)
그 탐험에 참여하는 아이들은 헬멧과 랜턴을 갖춰 질

것이다.
[참조: fit out]

kit out in O

The children were **kitted out in** boy-scout suits.
(passive)
그 아이들은 보이 스카우트 제복을 갖추고 있었다.
[참조: fit out, rig out]

KNEEL

1. 단동사
이 동사는 무릎을 대고 앉는 과정을 그린다.
자동사

We **kneeled** on the ground to examine the tracks.
우리는 그 땅바닥에 무릎을 꿇고 그 발자국들을 살폈다.

2. 구동사
2.1 kneel down
She **kneeled down** and began to pray.
그녀는 무릎을 꿇고 앉아서 기도를 하기 시작했다.
He **kneeled down** and begged for life.
그는 무릎을 꿇고 앉아서 살려달라고 애원했다.

kneel down on O
He **kneeled down on** his knees.
그는 무릎을 대고 꿇어앉았다.

KNIT

1. 단동사
이 동사는 뜨개질해서 짜 맞추는 과정을 그린다.
명사: 뜨개질한 옷, 니트
타동사

I **knitted** this cardigan myself.
나는 이 카디건을 직접 떴다.
자동사

The bone failed to **knit** correctly.
그 뼈가 제대로 접합되지 않았다.

2. 구동사
2.1 knit O together
She **knitted** the parts of the cardigan **together**.
그녀는 그 카디건의 부분들을 함께 짜맞추었다.
The tribal communities are **knitted together** by
customs and relations. (passive)
그 부족 공동체들은 관습들과 관계들로 서로 잘 짜여
있다.

knit together
The broken bones are **knitting together**.
그 부러진 뼈들이 붙어가고 있다.
All sentences in a paragraph should be **knitted together**
logically. (passive)
한 단락에 있는 모든 문장들은 논리적으로 잘 짜여져야
한다.

KNOCK

1. 단동사
이 동사는 무엇을 세게 치는 과정을 그린다.
자동사

Who is **knocking**?
누가 노크를 하고 있니?
Knock before entering.
들어오기 전에 노크를 하세요.

2. 구동사
2.1 knock O about
He is just **knocking** the ball **about**.
그는 그 공을 이리저리 치고 있다.
He **knocked** his wife **about**.
그는 아내를 이곳저곳 마구 쳤다. 즉, 거칠게 다루었다.
[about은 아내의 이 부분 저 부분을 가리킨다.]
The child was **knocked about** at home. (passive)
그 아이는 집에서 마구 맞았다.

knock about
He used to **knock about** in the country.
그는 그 나라에서 이곳저곳 할 일 없이 돌아다녔다.
[about은 이곳저곳을 가리킨다. 참조: kick about]
He **knocked about** at college for two years and he still
does not have any idea for his future.
그는 대학에서 2년 동안 헤맸는데 아직도 미래에 대한
어떤 생각도 없다.

2.2 knock against O
John **knocked against** a woman and said he was sorry.
존은 어떤 여자를 들이받고 미안하다고 말했다.

2.3 knock around O
He used to **knock around** the world when he was
young.
그는 젊은 시절에 세계를 이리저리 할 일 없이 다녔다.

knock around
He **knocked around** with his friends.

K

그는 그의 친구들과 돌아다녔다.

I found the flute knocking around in the attic.

나는 그 피리가 그 다락방에 굴러다니는 것을 찾았다.

[참조: kick around, lie around]

2.4 knock at O

He knocked at the door, but there was no answer.

그는 그 문을 똑똑 두드렸으나, 아무 대답이 없었다.

[at은 문이 부분적으로 영향을 받는 관계를 나타낸다.]

2.5 knock away

Someone was knocking away at the door.

누군가가 그 문을 계속 두드리고 있었다.

[away는 동작의 반복을 나타낸다.]

2.6 knock O back

When my father was arrested, he knocked me back.

아버지가 체포되었을 때, 그는 나를 놀라 뒤로 자빠지게 했다.

[back은 몸이 뒤로 넘어지는 관계를 나타낸다.]

The accident has knocked our work back two years.

그 사고는 우리의 일을 2년 후퇴시켰다.

[back은 일이 시간상 뒤로 밀리는 관계를 그린다.]

He knocked back a whole bottle of whisky in less than 10 minutes.

그는 위스키 한 병을 10분 만에 꿀꺽했다.

[back은 위스키를 마실 때 고개가 뒤로 젖혀지는 관계를 나타낸다.]

The player knocked back the offer from the baseball club.

그 선수는 그 야구 클럽의 제안을 쳐서 되돌려보냈다. 즉, 거절했다.

2.7 knock O down

He knocked down the door.

그는 그 문을 쳐서 떨어지게 했다.

He knocked down the *wall* between the kitchen and the livingroom.

그는 그 부엌과 그 거실 사이의 벽을 무너뜨렸다.

[down은 벽이 무너져 없어지는 관계를 나타낸다.]

gate 문	fence 울타리

The boxer was knocked down in the first round. (passive)

그 권투 선수는 1회전에 맞고 넘어졌다.

He knocked down the *desk* and stored *them* back in the closet.

그는 그 책상을 해체해서 그 광에 넣었다.

[down은 책상이 작은 부분으로 해체되는 관계를 나타낸다.]

table 식탁	tent 텐트
chair 의자	cot 간이 야영용 침대

The salesperson knocked down the price to $1,000.

그 판매사원은 그 가격을 1000달러로 줄였다.

[down은 양이나 수가 줄어드는 관계를 나타낸다.]

He knocked a painting by S. K. Lee down from $500 to $200.

그는 S. K. 이 씨의 그림 한 장을 500불에서 200불로 깎아내렸다.

[위에서 painting은 환유적으로 그림의 값을 뜻한다.]

She wanted to sell the computer for $300, but he knocked her down to $100.

그녀는 그 컴퓨터를 300불에 팔고 싶어 했으나, 그가 그녀가 부르는 값을 100달러 깎았다.

[위에서 her는 환유적으로 그녀가 부르는 값을 가리킨다.]

2.8 knock O off O

The marathon runner tries to knock a minute off his record.

그 마라톤 선수는 일 분을 그의 기록에서 쳐내려고 노력하고 있다.

Hopefully, I'll be able to knock a few more things off my list of things to do.

다행히 나는 내가 할 일 목록에서 몇 가지 더 차례대로 지워나갈 수 있을 것이다.

[off는 어느 목록에 있는 할 일을 하나하나 지워가는 관계를 나타낸다.]

He knocked the boy off his feet.

그는 그 아이를 쳐서 넘어지게 했다.

knock O off

There was a photo on the shelf and I accidentally knocked it off as I walked past.

그 선반에 사진 한 장이 있는데 내가 걸어 지나가면서 실수로 그것을 쳐서 떨어지게 했다.

[off는 그림이 선반 등에서 떨어지는 관계를 나타낸다.]

The salesperson knocked off a hundred dollars from the price.

그 판매원은 백 달러를 그 가격에서 쳐내었다.

[off는 100불이 정가에서 떨어져 나가는 관계를 나타낸다.]

The store knocks off a famous young designer's style.

그 가게는 유명하고 젊은 디자이너의 스타일을 베낀다.

[off는 디자인을 어떤 사람에게서 베끼는 관계를 나타낸다.]

I knocked off my sociology report.

나는 나의 사회학 보고서를 재빨리 끝냈다.
[off는 보고서를 끝내는 관계를 나타낸다.]

He usually writes long novels, but he **knocks off** *short stories*.
그는 보통 긴 소설을 쓰지만 단편 소설도 써낸다.
[off는 소설 등이 복사기에서 쏟아져 나오듯이 쓰여 나오는 관계를 나타낸다.]

books 책	essays 수필

Who would **knock off** the old bicycle?
누가 그 낡은 자전거를 (있던 자리에서) 가져가기를 원하는가?
[off는 있던 자리에서 떠나는 관계를 나타낸다.]

The boxer **knocked off** his opponent in the first round.
그 권투 선수는 1회전에서 그 상대를 떨어져 나가게 했다.
[on은 두 선수가 붙은 상태, off는 두 선수가 떨어진 상태를 나타낸다.]

knock off

Let's **knock off** now and go hiking.
지금 일을 마치고 등산을 가자.
[off는 off work의 뜻이다.]

2.9 knock on O

I **knocked on** the car window to wake him up.
나는 그를 깨우기 위하여 그 차 창문을 똑똑 두드렸다.
[on은 차 창문의 일부가 영향을 받는 관계를 나타낸다.]

2.10 knock O out

The firemen **knocked out** the windows.
그 소방대원들이 그 창문들을 밖으로 쳐내었다.
One of the front tires was **knocked out** on the way home.
그 앞바퀴들의 하나가 집에 돌아오는 길에 바람이 푹 빠졌다.
[out은 공기가 타이어 등에서 빠져나오는 관계를 나타낸다.]
I removed the filter and **knocked out** the dust.
나는 그 필터를 빼내서 그 안의 그 먼지를 쳐내었다.
I **knocked** myself **out** to prepare the festival.
나는 그 축제를 준비하기 위해 내 자신을 녹초가 되게 했다. 즉, 최선을 다했다.
He **knocked out** his opponent in the second round.
그는 그의 상대를 2회전에서 쳐서 의식을 잃게 했다.
[he는 환유적으로 그의 의식을 가리키고, out은 의식이 나가는 관계를 그린다.]
When I first saw the film, it really **knocked** me **out**.

내가 그 영화를 처음 보았을 때, 그것은 나의 마음을 몹시 놀라게 했다.
[me는 환유적으로 나의 마음을 가리키고, out은 놀라움이 극도에 이름을 나타낸다. 참조: freak out]

By the time I got home, I was **knocked out**. (passive)
내가 집에 도착할 때, 나는 힘이 완전히 빠졌다.
[I는 환유적으로 나의 힘을 가리키고, out은 힘이 몸 안에서 밖으로 다 나간다는 뜻이다. 참조: wear out, play out, tire out]

The snowstorm has **knocked out** power in the western part of the city.
그 눈 폭풍은 그 도시의 서부 지역에 전기가 나가게 했다.
[out은 전기가 들어오지 않는 상태를 나타낸다.]

The hurricane **knocked out** power on the island.
그 태풍이 그 섬의 전력을 나가게 했다.
The hurricane **knocked** itself **out** off Mexico.
그 허리케인은 멕시코 연안에서 소멸되었다.
[out은 폭풍이 사라지는 관계를 나타낸다. 참조: blow itself out]

He **knocks out** 5 articles a month.
그는 매달 다섯 편의 논문을 뚝딱 써낸다.
[out은 논문이 생겨나는 관계를 나타낸다.]

He **knocked out** the first chapter of his dissertation, which he later amended.
그는 박사학위 논문의 첫 장을 급히 써서, 그것을 나중에 수정했다.

Dodgers **knocked out** Rangers 10 to 6.
다저스는 레인저스를 10대 6으로 물리쳤다.
[out은 경기에서 탈락하는 관계를 나타낸다. 참조: beat out]

Japan was **knocked out** of the World Cup. (passive)
일본은 그 월드컵 경기에서 탈락되었다.

2.11 knock O over

He **knocked** a wine glass **over**.
그는 포도주 잔을 쳐서 넘어뜨렸다.
[over는 잔이 호를 그리며 넘어지는 관계를 나타낸다.]

2.12 knock O together

Dad **knocked** some plastic sheets and bits of wood **together** into a dog house.
아버지는 플라스틱 판 몇 장과 몇 개의 나무를 뚝딱거려 맞추어서 개집을 만들었다.

2.13 knock O up

Mother **knocked up** a wonderful lunch in 10 minutes.
엄마는 10분 만에 훌륭한 점심을 뚝딱 만들어냈다.
[up은 점심이 생겨나는 관계를 나타낸다. 참조: fix up, whip up]

We were **knocked up** at 2 am to catch the plane home.
우리는 새벽 2시에 집에 가는 비행기를 타기 위해 노크 소리를 듣고 깨어났다.

[up은 깨어있는 관계를 나타낸다. 참조: be up, stay up, wake up]

He is in trouble. He got a young girl **knocked up** a year ago.

그는 곤란한 상태에 있다. 그는 1년 전에 한 소녀를 임신시켰다.

He **knocked up** a new record yesterday.

그는 어제 새 기록을 세웠다.

[up은 기록 등이 새로 이루어지는 관계를 나타낸다.]

At 5 o'clock in the morning, she **knocked** me **up**.

아침 5시에 그녀는 노크를 해서 내가 잠이 깨게 했다.

[참조: wake up]

knock up

We are only **knocking up**.

우리는 단지 (공을) 튀기고 있다.

KNOW

1. 단동사

이 동사는 무엇을 아는 과정을 그린다.

> 타동사

I **know** him.

나는 그를 (직접적으로) 안다.

I **know** that he is a good musician.

나는 그가 훌륭한 음악가임을 안다.

2. 구동사

2.1 know about O

I **know about** the politician.

나는 그 정치가에 관해 여러 가지를 안다.

I **know about** cars, but I can't fix this car.

나는 차에 대해 이것저것 알지만, 이 차를 고칠 수 없다.

2.2 know O apart

I can't **know** the twin sisters **apart**.

나는 그 쌍둥이 자매를 구별할 수가 없다.

[apart는 둘을 떼어놓는 관계를 나타낸다. 참조: set apart, tell apart]

2.3 know O around

I can find the way. I **know** the way **around**.

나는 그 길을 찾을 수 있다. 나는 주변 길을 안다.

2.4 know of O

I **know of** a Korean woman who went to France in 1920 to study art.

나는 1920년에 프랑스에 미술을 공부하기 위해 프랑스에 간 한국인 여자의 존재를 안다.

[of은 a woman의 존재, 즉 그런 사람이 있음을 안다는 뜻이다.]

Do you have any friend in Seoul that you **know of** ?

너는 서울에 아는 친구가 있니?

Little is **known of** Mr. Ahn's early years. (passive)

안 씨의 초기 몇 년의 삶에 대해서 거의 알려진 것이 없다.

KNUCKLE

1. 단동사

이 동사는 갑자기 일을 하거나 공부를 하는 과정을 그린다.

2. 구동사

2.1 knuckle down

She **knuckled down** and finally got promoted.

그녀는 열심히 일을 해서 마침내 승진되었다.

[down은 마음을 가라앉힌 진지한 상태를 나타낸다. 참조: get down]

The final exam is coming up, and it is time to **knuckle down** to serious studying.

그 기말고사가 다가오고 있으니, 이제 마음을 가라앉히고 진지하게 공부해야 할 시간이다.

2.2 knuckle in on O

Don't tell Harry what is going on. He **knuckles in on** the deal.

해리에게 진행되고 있는 일을 말하지 마라. 그는 끼어들어(in) 거래에 달라붙는다(on).

2.3 knuckle under O

You need to **knuckle under** your boss.

너는 너의 상사의 말을 들어야 한다.

knuckle under

You have to **knuckle under**.

너는 (어떤 사람에게) 굴복해야 한다.

L 1

LABOR

1. 단동사
이 동사는 산통이나 진통을 겪는 과정을 그린다.
명사: 노동, 근로; 속세의 일; 해산

2. 구동사
2.1 labor under O
Many of the under-developed countries **labor under** a massive burden of debts.
저개발국들의 많은 나라들이 엄청난 빚 부담에 눌려 신음하고 있다.

LACE 1

1. 단동사
이 동사는 끈으로 신발이나 옷을 조이는 과정을 그린다.
명사: 구두나 옷 등에 쓰이는 끈, 레이스 장식

> 타동사

They sat with their fingers **laced**.
그들은 손가락을 깍지를 끼듯 잡고 앉아 있었다.

2. 구동사
2.1 lace O into O
The child is trying to **lace** himself **into** his boots.
그 아이는 그의 장화를 신고 끈을 매려고 하고 있다.
Mom helped her daughter **lace** herself **into** a corset.
엄마는 딸이 코르셋 끈을 매려하는 것을 도와주었다.

2.2 lace O up
Please **lace** me **up**.
내 구두 / 옷에 끈을 매주세요.
[me는 환유적으로 나의 끈 달린 신발이나 옷을 가리킨다.]

LACE 2

1. 단동사
이 동사는 음료수에 술이나 약을 약간 타는 과정을 그린다.

2. 구동사
2.1 lace O with O
He **laced** the punch **with** a very strong vodka.
그는 그 과일 술에 강한 보드카를 탔다.
The Golden-Glove award ceremony was **laced with** politics. (passive)
그 골든글러브 시상식은 정치 색채가 띠었다.

LACE 3

1. 단동사
이 동사는 누구를 공격하는 과정을 그린다.

2. 구동사
2.1 lace into O
Tim **laced into** Kelly and scolded her.
팀은 켈리를 공격하며 꾸짖기 시작했다.
Ellen **laced into** the task in order to finish by the next day.
엘렌은 다음 날까지 마치기 위해서 일을 집중적으로 하기 시작했다.

LADLE

1. 단동사
이 동사는 국자로 음식을 푸는 과정을 그린다.
명사: 국자

2. 구동사
2.1 ladle O out
The volunteer workers began to **ladle out** the soup to the homeless.
그 봉사자들은 노숙자들에게 국을 국자로 퍼내어 주기 시작했다.
[out은 국이 여러 사람에게 주어지는 관계를 나타낸다.]
The teacher is **ladling out** advice on drugs.
그 선생님은 마약에 대한 충고를 계속 아이들에게 지나치게 많이 해 준다.
[out은 충고가 많은 관계를 나타낸다.]

ladle O out from O
She **ladled out** a bowl of soup **from** the pot.
그녀는 수프 한 그릇을 그 냄비에서 국자로 떠냈다.

2.2 ladle O up
He **ladled up** a cup of water and quenched his thirst.
그는 물 한 잔을 국자로 떠 올려서 그의 갈증을 풀었다.

LAG

1. 단동사
이 동사는 움직임이나 발전에 있어서 뒤처지는 과정을 그린다.
명사: 앞 사건과 뒤 사건 사이의 간격

타동사
The second-place winner **lagged** the winner by 10 yards.
2등을 한 사람은 1등을 한 사람과 10야드 뒤처졌다.

자동사
The last year's champion **lagged** in third.
작년 선수권자는 3위로 쳐졌다.

2. 구동사
2.1 lag behind
The child was **lagging behind**, and I waited for him to catch up.
그 아이가 뒤처져서, 나는 그가 따라 오도록 기다렸다.

lag behind O
China used to **lag behind** Korea in ship building.
중국은 조선업에서 한국에 뒤지곤 했다.
I **lagged behind** the rest of the hikers.
나는 나머지 하이킹하는 사람들보다 뒤처졌다.

LAM

1. 단동사
이 동사는 사람을 마구 휘둘러 치는 과정을 그린다.

2. 구동사
2.1 lam into O
He was drunk and **lammed into** anyone.
그는 취해서 아무나 마구 공격했다.

LAND

1. 단동사
이 동사는 비행기나 배 등이 착륙하거나 착륙시키는 과정을 그린다.

자동사
The marines **landed** at Incheon.
그 해병대가 인천에서 상륙했다.
The Mayflower **landed** in America in 1620.
메이플라워호는 1620년에 미국에 도착했다.
The cat **landed** on its feet.
그 고양이는 뛰어내려서 발로 착지했다.

타동사
The ship **landed** his cargo.
그 배는 화물을 육지에 내렸다.
He **landed** his glider in an open field.
그는 그의 글라이더를 탁 트인 공간에 내렸다.
The bus **lands** you in front of the university.
그 버스는 여러분을 그 대학 앞에 내려줍니다.

2. 구동사
2.1 land at O
The plane was to **land at** Seoul, but it was too foggy.
그 비행기는 서울에 착륙할 예정이었으나, 안개가 너무 짙었다.
[참조: touch down at]

2.2 land O in O
I hope I haven't **landed** you **in** trouble with the team leader.
나는 내가 너를 그 팀장과 곤란에 빠지게 하지 않았기를 바란다.
He had a hot temper and it often **landed** him **in** court.
그는 성질이 급해서 그것이 그를 법정에 떨어지게 했다. 즉, 법정에 가야 했다.

land in O
He **landed in** trouble after violent arguments with his friend.
그는 그의 친구와 심한 논쟁들을 한 다음 곤란에 빠지게 되었다.
He stole the jewel and **landed in** jail.
그는 그 보석을 훔치고 감옥에 떨어졌다.

2.3 land on O
The storm Saledo **landed on** the Taiwan Island.
폭풍 살레도가 대만 섬에 상륙했다.
He **landed on** a good job.
그는 좋은 일자리에 떨어졌다. 즉, 구했다.

2.4 land up
I got on the wrong bus, and I **landed up** somewhere in Gwangju.
나는 버스를 잘못 타서 (이리저리 다니다가 결국) 광주 어딘가에 도착했다.
[up은 이곳저곳을 거쳐서 어떤 장소에 이르는 관계를 나타낸다.
참조: end up, wind up, finish up]
The parcel **landed up** at my house.
그 소포는 (어디를 돌아다니다가) 결국 내 집에 도착했다.
I had to **land up** to do the whole work.

나는 (어쩌다가) 그 일을 하지 않을 수 없게 되었다.

If you eat so much chocolate, you'll **land up** sick.

만약 네가 그 많은 초콜릿을 먹으면, 너는 결국 병이 날 것이다.

land O up

The villagers **landed up** the pond.

그 마을 사람들이 연못을 흙으로 메웠다.

2.5 land O with O

He always tries to **land** me **with** cleaning up the toilet.

그는 언제나 나에게 그 변기 청소 일을 떠맡기려 한다.

Don't smoke in the street. Otherwise, you will **land** yourself **with** fine.

그 길에서 담배를 피우지 마세요. 피우면 자신에게 무거운 벌금이 떨어지게 됩니다.

The defendant was **landed with** court cost of over 2 million won. (passive)

그 피고인은 2백만 원 이상의 소송비를 물게 되었다.

He was **landed with** the chore of cleaning the yard. (passive)

그에게 그 정원 청소를 하는 일이 떠맡겨졌다.

LAP 1

1. 단동사

이 동사는 한 개체가 다른 개체를 덮는 과정을 그린다.

2. 구동사

2.1 lap O around O

He **lapped** the bandage **around** his arm.

그는 그 붕대를 그의 팔에 감았다.

2.2 lap over O

The lid **lapped over** the edges of the chest.

그 뚜껑은 그 나무 상자의 가장자리들을 벗어났다.

lap over

The blanket did not **lap over** enough to keep me warm.

그 담요는 내가 따뜻하게 있을 정도로 완전히 덮이지 않았다.

LAP 2

1. 단동사

이 동사는 혀로 액체 등을 핥는 과정을 그린다.

2. 구동사

2.1 lap at O

Water is **lapping at** the door.

물이 그 문을 찰싹 찰싹 치고 있다.

2.2 lap O up

The dog **lapped up** the milk.

그 개가 그 우유를 말끔히 핥아 올렸다.

[up은 우유가 개에서 올라가는 관계를 나타낸다.]

We walked around the palace and **lapped up** the old atmosphere.

우리는 그 궁전 주위를 걸으면서 그 옛 분위기를 만끽했다.

They **lapped up** the lies without questioning.

그들은 의심도 하지 않고 그 거짓말들을 받아들였다.

lap O up off O

The cat **lapped up** the ice cream **off** the floor.

그 고양이가 그 아이스크림을 그 바닥에서 핥아 먹었다.

[off는 아이스크림이 마루에서 떨어지는 관계를 나타낸다.]

LAPSE

1. 단동사

이 동사는 점차로 서서히 끝나거나, 한동안 쉬는 과정을 그린다.

명사: 실수, 깜빡함, 두 사건 사이의 시간적 경과; 일탈

자동사

She had allowed her membership to **lapse**.

그녀는 자신의 회원 자격이 소멸되도록 놔두었다.

2. 구동사

2.1 lapse into O

She **lapsed into** silence, staring at the wall in front of her.

그녀는 침묵에 빠져들어서 앞에 놓인 벽만 응시했다.

It is predicted that the Korean economy will **lapse into** decline for a while.

한국 경제는 한동안 쇠퇴기에 들어갈 것으로 예측된다.

When he meets with his friends from Busan, he **lapses into** the Busan accents.

그는 부산 친구들을 만나면 부산 말투로 빠져든다.

LARK

1. 단동사

이 동사는 아이들이 장난치며 떠들어대는 과정을 그린다.

명사: 종달새; 농담

L

2. 구동사
2.1 lark about
The kids **larked about** most of the time in class.
그 아이들은 수업 시간의 대부분을 장난치며 떠들어댔다.

LASH ¹

1. 단동사
이 동사는 회초리로 세차게 치는 과정을 그린다.
명사: (채찍 끝에 있는) 가죽 끈

타동사

The driver **lashed** the horse onward.
그 마부는 그 말을 채찍질해서 계속 나아가게 했다.
The tiger **lashed** its tail in fury.
그 호랑이가 격분해서 그의 꼬리를 휘둘렀다.
The hurricane **lashed** Puerto Rico.
그 태풍이 푸에르토리코를 강타했다.

2. 구동사
2.1 lash O about
The big cat **lashed** its tail **about** threateningly.
그 큰 고양이는 위협적으로 그 꼬리를 마구 휘둘렀다.

2.2 lash against O
The wind **lashed against** the window and it rattled all night.
그 바람이 그 창문을 세차게 쳐서 창문이 밤새 덜거덕거렸다.
Waves **lashed against** the rocks.
파도들이 그 바위들을 세차게 쳤다.

2.3 lash at O
The rain **lashed at** the windows.
그 비가 그 창문들을 세차게 쳤다.

2.4 lash back
Jane **lashed back** at her attackers and drove them away.
제인은 공격자들을 반격하여 그들이 물러나게 했다.
[참조: keep back, strike back, fight back]

2.5 lash down
It was a wild day. The rain was **lashing down** and the wind was howling through the trees.
그날은 난폭한 날이었다. 비가 세차게 내렸고, 바람이 그 나무들 사이로 세찬 소리를 내면서 불었다.
[down은 비가 위에서 아래로 내리는 관계를 나타낸다. 참조: bucket down, beat down, pour down, rain down]

2.6 lash into O
He **lashed into** a cat who tore up the shoes.
그는 그 신발들을 망가트린 그 고양이를 때렸다.
Ben **lashed into** the program, saying it would be difficult to carry it out.
벤은 그 프로그램을 실행하기가 어려울 것이라 말하면서, 그 프로그램을 치고 들어갔다. 즉, 심하게 비판했다 (말로 공격했다).
Tom **lashed into** Brian for messing up the program.
톰은 그 프로그램을 망친 것에 대해 브라이언을 (말로) 공격했다.

2.6 last O into O
The gunshot **lashed** the mob **into** frenzy.
그 총성이 그 폭도들을 광분으로 몰았다.

2.7 lash out
Frank **lashed out** at the man.
프랭크는 그 사람을 세차게 휘둘러 쳤다.
[at은 공격의 의미가 있고, out은 손이 몸에서 바깥쪽으로 휘두르는 관계를 나타낸다.]
He **lashed out** in anger at me, accusing me of discrimination.
그는 내가 인종차별주의자라고 비난하면서, 분노에 차서 나를 휘둘러 쳤다.
She **lashed out** at me for wasting so much money.
그녀는 내가 돈을 너무 많이 낭비한 것에 대해서 나를 몹시 야단쳤다.
[out은 큰 소리를 내는 상태를, at은 공격의 뜻을 갖는다.]
He **lashed out** with his fist and caught the pickpocket on the jaw.
그는 그의 주먹을 세차게 내뻗어, 그 소매치기의 턱을 쳤다.
The horse **lashed out** with the hind leg.
그 말이 뒷발을 세차게 내질렀다.
Protesters were **lashing out** against the nepotism.
항의자들은 족벌주의에 반대하는 비판을 하고 있었다.
The union leader **lashed out** against the privatization of the railway.
그 노동조합 회장은 철도 민영화에 반대하는 의견의 강한 발언을 했다.

lash O out
How many people want to **lash out** one million won on a laptop like this?
얼마나 많은 사람들이 이 같은 노트북에 100만원을 내어 놓겠느냐?
[out은 많은 돈이 나가는 관계를 나타낸다. 참조: lay out, spend

out, splurge out]

She **lashed out** $200 on a new dress.

그녀는 새 드레스에 200달러를 나가게 했다. 즉, 200달러나 많이 썼다.

lash out against

Protesters were **lashing out against** the nepotism.

항의자들은 족벌주의에 반대하는 비판을 하고 있었다.

The union leader **lashed out against** the privatization of the railway.

그 노동조합 회장은 철도 민영화에 반대하는 의견의 강한 발언을 했다.

lash out at O

She **lashed out at** me for wasting so much money.

그녀는 내가 돈을 너무 많이 낭비한 것에 대해서 나를 몹시 야단쳤다.

[out은 큰 소리를 내는 상태를, at은 공격의 뜻을 갖는다.]

2.9 lash O up

I gave the child an expensive toy, but he **lashed it up**.

나는 아이에게 비싼 장난감을 주었으나, 그는 그것을 망가뜨려 버렸다.

LASH 2

1. 단동사

이 동사는 로프로 묶는 과정을 그린다.

2. 구동사

2.1 lash O down

He **lashed down** the innocent victim.

그는 죄 없는 사람을 묶어서 꼼짝 못하게 했다.

[down은 사람이 움직이지 못하는 관계를 나타낸다. 참조: tie down]

2.2 lash O together

We **lashed** the logs **together** to make a raft.

우리는 뗏목을 만들기 위해 그 통나무들을 끈으로 함께 묶었다.

[together은 통나무가 묶여서 뗏목이 되는 관계를 나타낸다.]

LAST

1. 단동사

이 동사는 일정 동안 계속 되는 과정을 그린다.

명사: 마지막 사람; 마지막 남은 것

자동사

The meeting **lasted** only a few minutes.

그 회의는 겨우 몇 분만 계속되었다.

This weather won't **last**.

날씨가 오래 가지는 않을 것이다.

She won't **last** long in that job.

그녀가 그 직장에서 오래 못 버틸 것이다.

2. 구동사

2.1 last on

The heat wave **lasted on** and on.

그 폭염이 끝없이 계속 되었다.

[on은 계속을 나타낸다.]

2.2 last into O

The fighting **lasted into** the weekend.

그 전투는 계속되어 주말까지 계속 되어 들어갔다.

2.3 last out

We have enough rice to **last out** until next harvest.

우리는 다음 수확까지 지탱할 수 있는 쌀이 있다.

[참조: hold out]

last O out

I'm afraid my grandma cannot **last out** the night.

내 할머니께서 저녁을 넘기지 못할 것 같습니다.

If he takes good care of himself, he will **last out** a few more years.

그가 건강을 잘 돌본다면, 그는 몇 년 더 살 것이다.

2.4 last through O

This year, the summer will **last through** September.

금년 여름은 9월까지 계속 될 것이다.

LATCH

1. 단동사

이 동사는 빗장으로 문이나 창문들을 잠그는 과정을 그린다.

명사: (문을 밖에서 열 수 없도록 안에서 잠그는) 걸쇠, 빗장

타동사

He **latched** the gate.

그는 그 대문에 빗장을 걸었다.

2. 구동사

2.1 latch on

Toss me another one. The last one slipped through my fingers. I didn't quite **latch on**.

L

또 하나를 내게 던져다오. 바로 전 것은 내 손가락 사이
로 빠져 나가서, 내가 그것을 잡을 수 없었다.

It was a difficult concept, but he **latched on** soon.
그것은 어려운 개념이었지만, 그는 곧 쉽게 이해를 했다.
[참조: catch on, cotton on]

Explain slowly, or he will never **latch on**.
천천히 설명해라, 안 그러면 그가 이해하지 못할 것이다.

latch on to O

The lion **latched on to** the back of the buffalo.
그 사자가 그 물소의 등에 올라가서 붙었다.

I could not **latch on to** a copy of the novel.
나는 그 소설 한 권을 구할 수 없었다.

In the party, she **latched on to** a group of boys.
그 모임에서, 그녀는 한 무리의 소년들에게 마음이 가
달라붙었다.

It took me a long time to **latch on to** the fact that he
is lying to me.
그가 나를 속이고 있다는 사실에 연결되기까지 (사실을
이해하기까지) 오랜 시간이 걸렸다.
[on과 to는 내 마음이 그 사실에 가 닿는 관계를 나타낸다. 참조:
be on to, catch on to, cotton on to]

LAUGH

1. 단동사
이 동사는 웃는 과정을 그린다.
명사: 웃음; 재미있는 일; 재미있는 사람

자동사

The show was funny – I couldn't stop **laughing**.
그 쇼는 참 재미있었다. 나는 웃음을 멈출 수가 없었다.
She always makes me **laugh**.
그녀는 항상 날 웃긴다.

2. 구동사
2.1 laugh at O

People used to **laugh at** him because he was a little
weird.
그는 약간 괴짜이기 때문에 사람들이 그를 비웃곤 했었다.
People used to **laugh at** his weird behavior.
사람들은 그의 괴상한 행동을 비웃곤 했었다.
[at은 자극의 의미를 갖는다.]
People used to **laugh at** the idea that the earth was
round.
사람들은 지구가 둥글다는 생각을 비웃곤 했다.

2.2 laugh O off

He tried to **laugh off** his *mistake*.

그는 그의 잘못을 웃으면서 심각하게 받아들이지 않았다.
[off는 잘못을 떨쳐버리는 관계를 나타낸다.]

| criticism | 비판 | joke | 농담 |
| comment | 논평 | worries | 걱정 |

He **laughed off** his head.
그는 머리가 떨어져 나갈 정도로 웃었다.

2.3 laugh out

He **laughed out** loudly.
그는 크게 소리 내어 웃었다.
[ut은 웃음소리가 사방으로 크게 번지는 관계를 나타낸다.]

laugh O out

He **laughed** his lungs **out**.
그는 그의 허파가 떨어져 나가도록 웃었다.

LAUNCH

1. 단동사
이 동사는 배를 진수시키는 과정을 그린다.
명사: 개시, 출시, 진수, 발사

타동사

The Navy **launched** a new warship.
해군이 새 군함을 진수시켰다.

2. 구동사
2.1 launch into O

He **launched into** a long speech about air and water
pollution.
그는 공기와 물 오염에 관한 긴 연설을 시작했다.
Don't **launch into** lecturing me about manners!
내게 예절에 대한 강의를 시작하지 마세요!

launch O into O

It might be time to **launch** yourself **into** a new career.
너 자신을 새로운 경력에 진수시킬 때이다.

2.2 launch O off

NASA hopes to **launch** a new spaceship **off** some time
this year.
미 항공우주국은 새 우주선을 올해 언젠가 (발사시켜
서) 쏘아 올릴 예정이다.
[off는 우주선이 발사대에서 떨어지는 관계를 나타낸다.]

2.3 launch out O

The two friends **launched out** on a trip to Europe.

그 두 친구는 유럽 여행을 출발해 나갔다.
[참조: step out, start out, set out]
He **launched out** on one new project.
그는 새로운 기획 사업을 시작했다.

LAVISH

1. 단동사
이 동사는 값비싼 선물이나 칭찬 등을 많이 주는 과정을 그린다.
형용사: 풍성한; 아주 후한

2. 구동사
2.1 lavish O on O
When the film first came out, critics **lavished** praise on it.
그 영화가 처음 나왔을 때, 평론가들이 아낌없이 칭찬을 그 영화에 퍼부었다.

2.2 lavish O with O
The teacher **lavished** the best students **with** praises.
그 선생님은 그 최고 학생들에게 찬사를 퍼부었다.

LAWYER

1. 단동사
이 동사는 변호사의 도움을 구하기 위해 경찰 심문 등을 중단시키는 과정을 그린다.
명사: 변호사

2. 구동사
2.1. lawyer up
The interrogation ended abruptly when the suspect **lawyered up**.
그 심문은 그 용의자가 변호사의 도움을 청했을 때 갑자기 끝났다.

LAY

1. 단동사
이 동사는 내려놓는 과정을 그린다.
타동사
He **laid** the laptop on the desk.
그는 그 노트북을 그 책상 위에 놓았다.
She **laid** the table for the dinner.
그녀는 정찬을 위해서 식탁을 차렸다.
He is **laying** bricks for a wall.
그는 담을 쌓기 위해서 벽돌을 쌓고 있다.

He **laid** floor tiles.
그는 마루 타일들을 깔았다.
The hen **lays** eggs regularly.
그 닭은 규칙적으로 알을 낳는다.
The rain **laid** the yellow dust.
그 비가 그 황사를 가라앉혔다.
The children are all **laid** now. (passive)
그 아이들은 이제 모두 눕혀졌다.
Our fear was **laid** when we heard he was safe. (passive)
우리의 걱정은 그가 안전하다는 소식을 들었을 때 가라앉혀졌다.

2. 구동사
2.1 lay about
He **laid about** doing nothing.
그는 아무것도 하지 않으며 빈둥거리고 있다.

2.2 lay O aside
He **laid aside** the paper and went out.
그는 그 신문을 제쳐두고, 밖으로 나갔다.
He is **laying aside** a small amount of money every month.
그는 매달 소액의 돈을 제쳐둔다. 즉 저축한다.
[참조: put aside, set aside]
The two men **laid aside** their difference and tried to live in peace.
그 두 사람은 그들의 차이를 제쳐두고 평화롭게 살려고 노력했다.
He **laid aside** business and helped his wife.
그는 일을 제쳐두고 아내를 돌보았다.

2.3 lay O away
She **laid** the lovely dress **away** for the dancing party.
그녀는 그 무도회를 위해 그 사랑스러운 드레스를 따로 두었다.
[참조: put away]
He **laid away** his uncle in a simple ceremony.
그는 그의 삼촌을 간단한 의식으로 장사를 지냈다.
[away는 삼촌을 세상에서 멀어지게 하는 관계를 나타낸다.]

2.4 lay back
He **laid back** and relaxed.
그는 편하게 등을 기대 누워서 휴식을 취했다.
[참조: sit back, lie back, lean back]

2.5 lay O before O
The bill is **laid before** the Senate. (passive)
그 법안은 (그것을 처리하는) 상원 앞에 놓여있다.

L

The evidence was **laid before** the court. (passive)
그 증거는 그 법정에 놓여있었다.

2.6 lay O by

I will have to **lay** some money **by** in case things don't
go as planned.
나는 일들이 계획대로 되지 않을 때를 대비해서 돈을
따로 비축해야겠다.

2.7 lay O down

Just **lay** yourself **down** there and try to sleep.
너의 몸을 거기에 눕히고 자도록 해 보아라.
[down은 서는 자세에서 앉는 자세나 눕는 자세로의 변화를 나
타낸다.]
One blow **laid** me **down**.
일격이 나를 쓰러지게 했다.
The soldiers **laid down** their *guns*.
그 군인들은 그들의 총들을 내려놓았다.
[down은 총이 사용되지 않는 관계를 나타낸다. 참조: put down]

weapons 무기	arms 무장

Many young people **laid down** their lives during the
Korean war.
많은 젊은이들이 한국전쟁 중에 그들의 목숨을 내려놓
았다.
The country is unwilling to **lay down** its claim to the
island.
그 나라는 그 섬에 대한 권리를 내려놓지 않으려고 한다.
[down은 무엇이 관심 영역 밖에 있음을 나타낸다.]
Tons of snow are **laid down** on the slope for the game.
(passive)
많은 양의 눈이 그 경기를 위해서 경사지에 뿌려져 있다.
The foundations of our future are **laid down** in our
childhood. (passive)
우리 미래를 위한 초석들은 유년기에 놓여진다.

good eating habits 좋은 식습관

The deposits of coal were **laid down** millions of years
ago. (passive)
그 석탄 매장은 수백만 년 전에 내려놓여졌다.
The convention **laid down** *conditions for peace*.
그 협정은 평화의 조건을 확고하게 명시한다.
[down은 말이나 내용을 종이 위에 적어서 움직이지 못하게 하는
관계를 나타낸다. 참조: put down, set down, write down]

policy	정책	direction	방향
principle	원칙	procedure	절차

The right of free speech is **laid down** in the
constitution. (passive)
자유 언론의 권리는 헌법에 확실하게 명시되어 있다.
His father started **laying down** the law about the time
he was to return home.
그의 아버지는 그가 집에 돌아올 시간에 대한 엄한 규칙
을 내려놓았다.
Where there was a waste land, *beautiful gardens* were
laid down. (passive)
황무지가 있던 곳에 아름다운 정원들이 놓여졌다.

air field 비행장	football field 축구장

He has decided to **lay down** his root in Korea.
그는 한국에 뿌리내리기로 결심했다.

2.8 lay for O

He threatened to **lay for** me if I don't stop going out
with his girlfriend.
그는 내가 그의 여자 친구와 만나는 것을 그만두지 않으
면 공격을 하겠다고 위협했다.
[참조: ambush for]

2.9 lay O in

The squirrels have begun **laying in** supplies of food
for the winter.
그 다람쥐들은 그 겨울을 지내기 위해서 식량을 비축하
기 시작했다.
[in은 먹이를 들여놓는 관계를 그린다.]

2.10 lay into O

The film director **laid into** his critics in an article.
그 영화감독은 그의 비평가들을 어느 기사에서 공격하
기 시작했다.
I forgot our wedding anniversary and my wife **laid into**
me.
나는 우리 결혼기념일을 잊어버려서 내 아내가 나를 공
격했다.

2.11 lay O off O

His doctor **laid** him **off** drinking and smoking.
그의 의사는 그가 음주와 흡연에서 떨어지게 했다. 즉,
음주와 흡연을 금지했다.
The factory **laid** 500 workers **off** the factory.
그 회사는 500명의 노동자를 공장에서부터 떼 놓았다.
즉 해고했다.
[off는 500명의 노동자가 공장에서 떨어지는 관계를 나타낸다.]

lay O off

The auto company **laid off** many of its employees during the recession.

그 자동차 회사는 그 경기침체 동안 많은 고용인을 일시 해고했다.

[off는 노동자가 일에서 떨어지는, 즉 해고의 상태를 나타낸다.]

The old man **laid** an area **off** for a garden.

그 노인은 한 구역을 정원을 만들기 위해서 분리해놓았다.

lay off O

Please **lay off** the chicken. I cooked it as best I could.

내가 최대한 요리를 잘 했으니, 그 닭에서 손을 떼시오.

Lay off me, I've done nothing to you.

나를 괴롭히지 말고 내게서 떨어져라. 나는 너에게 아무 짓도 하지 않았다.

lay off

Lay off from your hammering for a minute.

잠시 동안 네가 망치질하는 것을 멈추어라.

[off는 망치질에서 떨어지는 관계를 나타낸다.]

2.12 lay O on O

I **laid** my laptop **on** the desk.

나는 노트북 컴퓨터를 책상 위에 놓았다.

I hate to **lay** that **on** you, but we need someone to work over time.

나는 이것을 당신에게 부담지우기 싫으나, 우리는 과외로 일할 사람이 필요하다.

[on의 목적어 you는 부담이 지워지는 사람이다.]

I hate to **lay** this **on** you, but you have to go to Tokyo tomorrow.

난 이것을 너에게 부담지우기 싫지만은 너는 내일 동경에 가야겠습니다.

Great emphasis is **laid on** saving energy in winter. (passive)

강한 강조가 겨울에 에너지를 절약하는 데 놓여졌다.

She **laid** blame **on** me.

그녀는 그 잘못을 내게 전가시켰다.

lay O on

Whenever Helen is ill, she always **lays** it **on** and pretends that she is about to die.

헬렌은 아플 때마다, 그것을 과장하여 곧 죽을 것 같이 행동한다.

[on의 암시된 목적어는 그녀가 아픈 상태이고, 이에 it을 더한다는 뜻이다. it은 그녀가 곧 죽을 것 같은 체한다는 내용이다.]

They **laid** a car **on** to take him to the airport.

그들은 그를 비행장으로 모시기 위해서 무료로 차를 제공했다.

The manager **laid on** a huge meal for everyone who participated in the race.

그 운영자는 그 경기에 참가한 모든 사람들을 위해 성대한 식사를 대접했다.

She called in sick to work, coughing and gasping. she **laid** it **on** sick.

그녀는 기침과 숨을 헐떡이며 아파서 일을 못나간다고 전화를 했다. 그녀는 (아프다는 사실 위에) 행동이나 말을 과장한다.

2.13 lay O out

He **laid out** the cards on the table.

그는 그 카드들을 그 식탁 위에 펼쳐놓았다.

[out은 카드가 펼쳐진 상태를 나타낸다. 참조: spread out]

She **laid out** the clothes which she was going to wear to the party on the bed.

그녀는 그 파티에 입고 갈 그 옷을 그 침대 위에 펼쳐놓았다.

She **laid out** the large dinner.

그녀는 한 상을 크게 차려 놓았다.

[dinner는 환유적으로 여러 가지 음식들을 가리킨다.]

The board of directors **laid out** *the plans* in detail *for the future of the company*.

그 이사회는 그 회사의 미래를 위한 그 설계를 상세하게 만들었다.

[out은 개략적인 것에 세부사항을 넣어서 상세하게 하는 관계를 나타낸다.]

| global view 세계적인 시각 | agenda 안건 |
| vision 비전 | evidence 증거 |

Tom hit hard Bob on the head and practically **laid** him **out**.

톰은 밥의 머리를 세게 쳐서 거의 의식을 잃게 했다.

[out은 의식 상태에서 무의식 상태로의 변화를 나타낸다. 참조: knock out]

I have to **lay out** $1,000 for the admission to the club.

나는 그 클럽에 입회하기 위해서 1,000불을 내어 놓아야 한다.

[out은 돈이 많이 나가는 관계를 나타낸다. 참조: spend out, splurge out]

lay out

Ted **laid out** on the beach all day long.

테드는 온종일 바닷가에서 사지를 뻗고 누워있었다.

[out은 사지가 펼쳐진 상태를 나타낸다. 참조: spread out]

2.14 lay over

We were told that we would have to **lay over** in Seoul before going to Tokyo.

우리는 동경에 가기 전에 서울에서 잠깐 기다렸다가 다시 가야 한다고 들었다.

[over는 어느 지점에 도착해서 잠깐 쉬었다가 여행을 계속하는 관계를 나타낸다. 참조: stop over]

2.15 lay O together

Lay the yellow ones **together** and put all the others over there in a pile.

그 노란 것들을 함께 놓고 다른 모든 것들을 저쪽에 무더기로 쌓아 놓아라.

2.16 lay O up

People are **laying up** sugar.

사람들은 설탕을 사재고 있다.

[up은 양의 증가를 나타낸다. 참조: store up]

He is **laying up** trouble cutting classes.

그는 결석들을 함으로써 문제를 쌓아가고 있다.

As he had both legs broken, he was **laid up** for 5 months. (passive)

그는 두 다리가 골절되어 5개월 동안 꼼짝 못했다.

[up은 움직이지 못하는 관계를 나타낸다.]

John is **laid up** in bed with a flu. (passive)

존은 독감으로 병상에서 꼼짝 못하고 있다.

Sheldon was **laid up** all day long expecting to be attacked at any moment. (passive)

셸든은 어느 순간에라도 공격받으리라 예상하면서 온종일 꼼짝 않고 있었다.

The accident **laid up** the car for repairs.

그 사고는 그 차가 수리를 받기 위해, 이용되지 못하게 했다.

lay up

The animal **lays up** there during the day.

그 동물은 낮 동안 그곳에서 꼼짝 않고 있다.

LAYER

1. 단동사

이 동사는 겹으로 놓는 과정을 그린다.

명사: 층, 겹, 단계

타동사

Layer the potatoes and onions in a dish.

접시에 감자들과 양파들을 켜켜로 놓아라.

2. 구동사

2.1 layer O together

Layer the images **together**.

그 영상들을 함께 포개세요.

2.2 layer up

It is cold outside. **Layer up** and head out.

밖에 날씨가 차다. 옷들을 껴입고 나가거라.

LAZE

1. 단동사

이 동사는 게으름을 피우며 느긋하게 지내는 과정을 그린다.

자동사

We **lazed** by the pool all day.

우리는 하루 종일 그 수영장 가에서 느긋하게 보냈다.

2. 구동사

2.1 laze around

On the weekend, I **lazed around**, watching TV.

주말에 나는 TV를 보며 느긋하게 보냈다.

He **lazed around** listening to music.

그는 음악을 들으며 느긋하게 보냈다.

2.2 laze O away

He **lazed away** the whole day.

그는 하루 종일을 빈둥거리며 보냈다.

[참조: idle away, while away]

LEAD

1. 단동사

이 동사는 앞서거나 앞서서 다른 사람을 인도하는 과정을 그린다.

타동사

He **led** us the wrong way.

그는 우리를 틀린 길로 이끌고 갔다.

He **leads** a rock band.

그는 록밴드를 이끈다.

Your advice **led** us to change our habits.

너의 충고가 우리를 우리의 습관을 바꾸게 이끌었다.

자동사

Our team is **leading** in the first half.

우리 팀이 전반전에 앞섰다.

2. 구동사

2.1 lead O along O

He **led** us **along** the path.

그는 우리를 그 소로를 따라 이끌고 갔다.

2.2 lead O away

The trainer **led away** the dog from the other animals.
그 조련사는 그 개를 다른 동물들로부터 멀어지게 이끌어 갔다.
[away는 개가 다른 동물들로부터 멀어지는 관계를 나타낸다.]

2.3 lead O back

The park rangers **led back** the hikers to their tent.
그 공원 관리인들은 그 등산객들을 그들의 텐트로 되돌아오게 이끌었다.

2.4 lead O down O

He **led** us **down** the mountain path.
그는 우리들을 그 산 길을 따라 내려오게 이끌었다.
He **led** us **down** the right path.
그는 우리들을 그 올바른 길로 인도했다.

lead down O

The stairs **lead down** to the basement.
그 계단은 아래로 가서 그 지하실에 이어진다.

2.5 lead into O

Let me **lead into** the first song.
내가 그 첫 노래로 들어가게 (시작하게) 해주십시오.
The vice president's concern about air pollution **led into** a general concern about the environment.
그 부통령의 공기오염에 대한 관심이 환경에 대한 전반적인 관심으로 연결되었다.
The soft music will **lead into** and the curtains will open.
그 조용한 음악이 시작되면 그 커튼들이 열릴 것이다.

lead O into O

The usher **led** us **into** the dark theater.
그 안내원이 우리를 컴컴한 극장 안으로 안내했다.

2.6 lead O off O

He **led** me **off** the main road.
그는 나를 그 간선 도로에서 빠져 나오게 인도했다.

lead O off

He **led off** the *discussion* with a report on water pollution.
그는 그 토의를 수질오염에 대한 보고서로 시작했다.
[off는 토의가 정지상태에서 시작하는 상태로의 변화를 그린다.
참조: kick off, start off, tee off]

meeting	회의	ceremony	의식

lead off

He **led off** by mentioning who helped him.
그는 누가 그를 도왔는지를 언급하면서 (회의 등을) 시작했다.
[off는 정지상태에서 활동상태로의 변화를 그린다.]

2.7 lead on

The guide **led on** and we followed.
그 가이드가 계속 앞서갔고, 우리는 따라갔다.
[on은 계속을 나타낸다.]
The trail **led on** down to the highway.
그 오솔길은 계속 나아가서 그 고속도로에 이르렀다.

lead on to O

We hope the discussion will **lead on to** an agreement between the countries.
우리는 그 토의가 그 나라들 사이의 합의로 이어지기를 바란다.

lead O on

He didn't want to come to the party, but I **led** him **on**.
그는 그 파티에 오기를 원하지 않았으나, 내가 재촉해서 그를 이끌었다.
[on은 계속해서 이끄는 관계를 나타낸다.]
She **led** her boyfriend **on** and made him believe that she was rich.
그녀는 그 남자친구를 계속 속여서 그녀가 돈이 많다는 것을 믿게 했다.
He **led on** the women's right movement.
그는 그 여성 인권 운동을 계속해서 이끌어 갔다.
Many young people start smoking, **led on** by their peers. (passive)
많은 젊은이들이 동료들에게 속아 넘어가서 담배를 피기 시작했다.

lead O onto O

The success of the dinner party **led** her **onto** charity activities.
그 정찬 파티의 성공이 그녀를 이어서 자선활동들에 나아가게 했다.

2.8 lead O out

Someone finally **led** the hikers **out** of the valley or they would still be there now.
어떤 사람이 그 등산객들을 그 계곡에서 빠져 나오게 인도했다. 그렇지 않으면 그들은 아직도 그곳에 있을 것이다.

2.9 lead to O

This path **leads to** the lake.
그 소로는 그 호수에 이른다.

A cold may **lead to** pneumonia.
감기는 폐렴으로 연결될 수도 있다. 즉, 감기는 폐렴의 원인이 될 수 있다.

Reduced speed limits **led to** few road accidents.
줄인 속도 제한들이 적은 교통사고들로 이어졌다. (즉, 속도 제한을 줄이자 교통사고가 거의 일어나지 않았다.)

The disagreement between the management and the union **led to** a strike.
경영진과 노동조합 사이의 의견 불일치가 파업에 이어졌다.

His enthusiasm **led to** victory.
그의 열정이 승리로 이어졌다.

lead O to O

The dog is so old that we have to **lead** her **to** her food.
그 개가 너무 나이가 많아서 우리는 그녀를 그녀의 음식으로 데리고 가야 한다.

The vice president **led** the US delegation **to** the opening ceremony.
그 부통령이 미국 대표단을 그 개회식으로 인도했다.

My teacher has **led** me **to** where I am.
내 선생님이 나를 현재 위치에 있게 이끌어 주셨다.

The light **leads** us **to** the harbor.
그 등대가 우리를 그 항구로 안내한다.

2.10 lead up to O

A narrow path **leads up to** the cottage.
좁은 소로가 그 오두막까지 다가간다.

All these minor accidents **led up to** a war.
이 모든 사소한 사건들이 전쟁에 이르게 되었다.
[up은 목표에 도착하기 전에 계단을 밟아 올라가듯 여러 일을 거쳐서 이르는 관계를 나타낸다.]

I was just **leading up to** telling you what happened but you interrupted.
나는 네게 무슨 일이 일어났는지 말하려고 마음의 준비를 하고 있었는데, 네가 끼어들었다.
[up은 말하기까지 여러 단계를 거치는 관계를 나타낸다.]

LEAF

1. 단동사
이 동사는 책장을 넘기는 과정을 그린다.
leaf(명사): 나뭇잎, 책장

2. 구동사

2.1 leaf through O

He sat down on a sofa and **leafed through** a comic book.
그는 소파에 앉아서 만화책 페이지를 건성으로 넘겼다.
[through는 책을 한 장씩 넘겨가는 과정을 나타낸다. 참조: flip through]

LEAK

1. 단동사
이 동사는 액체나 기체가 작은 틈이나 구멍으로 새거나 새게 하는 과정을 그린다.
자동사

The bucket **leaked**.
그 양동이는 샜다.

The truth **leaked**.
그 진실이 새었다.

2. 구동사

2.1 leak in

The rainwater is **leaking in**.
그 빗물이 (화자와 청자가 아는 어느 곳으로) 새어 들어오고 있다.

2.2 leak into O

Some of the polluted water **leaked into** the ground.
그 오염된 물의 약간의 땅 속으로 새어들었다.

2.3 leak out

The secret has **leaked out**.
그 비밀이 새어나와 있다.
[out은 알려지지 않던 상태에서 알려진 상태로의 관계를 나타낸다.]

Details of the contract **leaked out**.
그 계약의 세부사항들이 새어나왔다.

leak O out

Someone **leaked out** the report.
누군가가 그 보고서를 누설했다.

leak out of O

The air **leaked out of** the tire.
바람이 그 타이어에서 새었다.

2.4 leak through O

I was afraid that the crushed orange would **leak through** the paper bag.
그 으깨진 오렌지가 그 종이가방을 스며 나올까 걱정되었다.

2.5 leak O to O

The government **leaked** a fake story **to** the press.
정부는 거짓 이야기를 언론에 흘렸다.

LEAN

1. 단동사
이 동사는 기울어지거나 기울이는 과정을 그린다.

자동사

The tree **leaned** at a dangerous angle.
그 나무가 위험한 각도로 기울어져 있다.

2. 구동사

2.1 lean against O

The baby **leaned against** her mom for warmth.
그 애기는 온기를 얻기 위해서 엄마에 기댔다.

lean O against O

He **leaned** the ladder **against** the wall.
그는 그 사다리를 그 벽에 기대었다.

2.2 lean back

Lean back and make yourself comfortable.
등을 뒤로 기대어 편안하게 지내십시오.
Lean back and open your mouth.
머리를 뒤로 젖히고 입을 여세요.

lean back against O

Bill **leaned back against** me.
빌은 뒤로 몸을 굽혀 나에게 기대었다.

2.3 lean down

He **leaned down** and picked his phone.
그는 몸을 내리 굽혀서 그의 전화기를 집어 들었다.
Lean down a few seconds. I am going to put a cushion beneath you.
몸을 아래로 몇 초간 굽히세요. 내가 네 밑에 쿠션을 넣을 예정이다.

2.4 lean in

When you walk into the wind, **lean in** a bit.
바람 속으로 걸어갈 때는 몸을 바람 쪽으로 숙이세요.
[in은 into the wind의 뜻이다.]

2.5 lean into O

He is **leaning into** his career.
그는 자신의 경력에 열중하고 있다.
The young man behind in the line is **leaning into** me.

그 줄에서 내 뒤에 있는 젊은 남자가 나에게 기대고 있다.
[참조: push into]

We **leaned into** the door so that it cannot be open.
우리는 그 문이 열리지 않도록 그 문에 기대서 밀었다.

2.6 lean on O

Don't **lean on** her. She is too weak.
그녀에게 압력을 가하지 마세요. 그녀는 약합니다.
[on의 목적어는 영향을 받는 사람이다.]

Don't **lean on** me. I'm not strong enough to support both of us.
나에게 기대지 마세요. 나는 우리 둘을 지탱할 만큼 힘이 세지 않다.

I am lucky to have a few good friends to **lean on** for support.
나는 도움을 위해 기댈 수 있는 몇 명의 친구가 있어서 다행이다.
[on은 의존 관계를 나타낸다. 참조: count on, rely on]

Single moms **lean on** each other.
싱글맘들은 서로 의지한다.

2.7 lean out

His front teeth **lean out**.
그의 앞니는 앞으로 뻗어 나온다.

lean out of O

She **leaned out of** the car and waved a good bye.
그녀는 그 차 밖으로 몸을 내밀고 우리에게 작별 손짓을 했다.

2.8 lean over

In the strong wind, the trees **leaned over**.
그 강풍에, 그 나무들이 호를 그리며 기울어 졌다.

lean over to O

He **leaned over to** his father and whispered in his ear.
그는 그의 아버지 쪽으로 몸을 굽히고 그 귀에 속삭였다.

2.9 lean toward O

The poke is **leaning toward** Roy. I think it is going to fall on him.
그 막대가 로이 쪽으로 기울고 있다. 그것이 그에게 덮칠 것 같다.

Nowadays, the Democrats are **leaning toward** mid-right.
오늘날 민주당은 중간 우파로 기울어지고 있다.

LEAP

1. 단동사
이 동사는 높이 뛰어오르거나, 뛰어올라서 무엇을 건너는 과정을 그린다.
명사: 높이뛰기, 멀리뛰기, 도약

자동사

The frog **leaped** from stone to stone.
그 개구리가 돌에서 돌로 뛰었다.

2. 구동사
2.1 leap across O
The boy **leaped across** the stream.
그 소년은 뛰어서 그 개천을 건넜다.

2.2 leap at O
The grasshopper **leaped at** me and scared me to death.
그 메뚜기 한 마리가 공격하듯 나에게 뛰어올라서 나는 놀라 죽을 뻔 했다.

She **leaped at** the opportunity to work in Korea.
그녀는 한국에서 일하는 기회를 덥석 뛰어 잡았다.
[at은 기회에 즉각적으로 반응하는 관계를 나타낸다. 참조: catch at, jump at, seize at]

The toy manufacturer **leaped at** the trend and made a lot of money.
그 장난감 제조업자는 그 경향을 따랐고 많은 돈을 벌었다.

2.3 leap down
The singer **leaped down** from the stage and ran up the aisle.
그 가수는 그 무대에서 뛰어내려 그 통로를 뛰어 올라 갔다.

2.4 leap for O
He **leaped for** joy.
그는 좋아서 껑충 뛰었다.
[참조: jump for]

2.5 leap into O
He **leapt into** the *air*.
그는 공중으로 뛰어 올랐다.

unknown 미지의 세계	unexpected 예상 밖의 세계

He **leapt into** action.
그는 갑자기 행동하기 시작했다.
[참조: jump into, spring into, snap into]

2.6 leap off O
He **leaped off** the *table*.
그는 그 테이블에서 뛰어 내렸다.

car 차	ship 배

The photo **leaped off** the page.
그 사진은 그 페이지에서 뛰쳐 올라왔다. 즉, 눈에 확 띄었다.
[참조: jump out at]

2.7 leap onto O
The cheetah **leaped** 5 meters **onto** the prey.
그 치타는 5미터를 뛰어서 그 먹이에 달려들었다.

2.8 leap out
A mouse **leaped out** of the cereal box.
한 마리의 쥐가 그 시리얼 상자에서 뛰어나갔다.

leap out at O
His face **leaped out at** me.
그의 얼굴이 내게 확 뛰쳐나왔다. 즉, 눈에 확 띄었다.
[참조: jump out at]

2.9 leap over O
The dog **leaped over** the wall and landed on its feet.
그 개가 그 담장을 뛰어넘어서 발을 딛고 착지했다.

He **leaped over** the champion.
그는 선수권자를 뛰어넘었다.

2.10 leap up
The dog **leaped up** and licked my face.
그 개는 뛰어올라서 내 얼굴을 핥았다.

LEARN

1. 단동사
이 동사는 경험이나 학습을 통해 어떤 분야의 지식을 얻는 과정을 그린다.

타동사

Today we **learned** how to use the new software.
오늘 우리는 그 새 소프트웨어 사용법을 배웠다.

How did they react when they **learned** the news?
그들이 그 소식을 알게 되었을 때 어떤 반응을 보였나요?

2. 구동사
2.1 learn about O
We **learned about** Canada in class.

우리는 수업 중에 캐나다에 대해서 배웠다.

2.2 learn by O
We **learn by** practice.
우리는 실습으로 배운다.
We have to **learn by** heart one of Hamlet's speeches for school tomorrow.
우리는 내일 학교에 햄릿의 대사 몇 개를 외워 가야 한다.

2.3 learn from O
We **learn from** our mistake.
우리는 우리의 실수로 배운다.
I **learned** a lot **from** my father.
나는 우리 아버지에게서 많은 것을 배웠다.

2.4 learn of O
How did you **learn of** this medicine?
너는 어떻게 이 약이 있다는 것을 알게 되었나?
[of는 어떤 약의 존재를 나타낸다. 참조: know of]

LEAVE

1. 단동사
이 동사는 어떤 자리를 떠나거나, 자리에 무엇을 두고 떠나는 과정을 그린다.

> 타동사

The husband **left** home ten years ago.
그 남편은 10년 전에 가정을 버리고 떠났다.
20 members **left** the club.
20명의 회원이 그 클럽을 그만두고 떠났다.
The storm **left** a trail of destruction.
그 폭풍은 파괴의 흔적을 남겼다.
The dirty boots **left** footprints.
그 흙 묻은 구두들이 발자국들을 남겼다.
5-2 **leaves** 3.
5에서 2를 빼면 3이 남는다.

> 자동사

He **left** early.
그는 일찍 (집을) 떠났다.

사역동사

We **left** him alone.
우리는 그를 혼자 남겨두었다.
We **left** the door open.
우리는 그 문을 열어 놓은 채 두었다.

2. 구동사

2.1 leave O around
Don't **leave** your books **around**.
너의 책들을 이리저리 흩어져 있게 내버려 두지 말아라.

2.2 leave O aside
Let us **leave** the question of whom to fire **aside**.
누구를 해고할 것인가의 문제는 제쳐두자.
[aside는 어떤 문제를 옆에 제쳐 둔다는 뜻이다.]
He **left aside** the investigation.
그는 그 조사를 제쳐두었다.
Leave some of the sugar **aside** for use in the icing.
약간의 설탕을 아이싱하는 데 쓰기 위해 제쳐두어라.

2.3 leave O at O
Please **leave** your packages **at** the door.
너의 소포 꾸러미를 그 문 앞에 두세요.
I can do no more. I'll **leave** it **at** that.
나는 더 이상 할 수 없다. 나는 그것을 그 정도에서 그칠 것이다.

2.4 leave O behind O
The jet flew along swiftly **leaving** a trail of white **behind** it.
그 제트 비행기는 뒤에 흰 연기 흔적을 남기면서 빠르게 날아갔다.
He used to smoke heavily but he **left** that **behind** him.
그는 담배를 심하게 피우곤 했으나 그것을 그의 뒤에 남겨두었다. 즉 담배를 끊었다.
[behind는 담배 피우는 습관이 시간상 그의 뒤에 있다는 뜻이다.]

leave O behind
He went abroad, **leaving** his wife **behind**.
그는 아내를 뒤에 남겨두고 해외로 갔다.
He **left behind** his tumultuous past.
그는 그의 격동적인 과거를 뒤에 두고 떠났다.
Children with the poor eyesight can easily **left behind**.
시력이 나쁜 아이들은 쉽게 뒤쳐질 수 있다.

2.5 leave O down
Leave the window **down**.
그 창문을 내린 채로 두어라.

2.6 leave for O
We are **leaving for** Sokcho at dawn.
우리는 새벽에 속초로 떠날 예정이다.
[for는 이동의 목표가 된다. 참조: depart for, make for]

L

2.7 leave O in O

Don't **leave** him **in** the cold.
그를 찬 데 내버려 두지 마세요.

2.8 leave off O

He decided to **leave off** *smoking* for good.
그는 영원히 흡연에서 떨어져 있기를 결정했다. 즉, 금연하기로 결심했다.
[off는 그와 흡연이 떨어져 있는 관계를 나타낸다. 참조: keep off]

drinking	음주	bad habits	나쁜습관들
gambling	도박	joking	농담

leave O off

Leave me **off**. You've been nagging me all day.
그만 둬. 너는 온종일 나를 괴롭히고 있어.
[off는 내가 상대의 괴롭힘에서 떨어지는 관계를 나타낸다.]
I will pick up the story where I **left off**.
나는 그 이야기를 내가 그만둔 곳에서 시작하겠다.
[off는 내가 이야기와 떨어지는 관계를 가리킨다.]

2.9 leave O on

Don't **leave** the TV **on**.
그 TV를 켜 둔 채로 두지 마세요.
[참조: have on, keep on]
I'll **leave on** my coat. It's chilly in here.
나는 내 코트를 그대로 입고 있을 것이다. 여기 날씨가 쌀쌀하다.

2.10 leave O out

I **left** my child **out** in the cold.
나는 내 아이를 바깥 추운 곳에 남겨두었다.
I invited my friends to my birthday party but I **left out** Tom.
나는 내 생일에 친구들을 초대했으나 톰을 빠트렸다.
[out은 들어가야 할 영역에 들어오지 못한 관계를 나타낸다.]
Let's **leave** her **out**. She's not an expert.
그녀를 빼놓자. 그녀는 전문가가 아니다.
We **left** some details **out**.
우리는 몇 개의 세부사항을 빼먹었다.

leave O out of O

I was **left out of** the conversation. (passive)
나는 그 대화의 밖에 남겨졌다. 즉, 대화에 끼지 못했다.

2.11 leave O over

We have a lot of food **left over** from the birthday yesterday. (passive)

우리는 어제 생일 파티에서 남아서 넘어 온 많은 음식이 있다.
[over는 음식이 어제에서 오늘을 넘어오는 관계를 나타낸다.]
The snow banks along the alley are **left over** from the last winter. (passive)
그 골목길을 따라 있는 눈 더미들은 작년 겨울에서 넘어 온 것이다.
There was $100 **left over** and I bought a radio. (passive)
쓰고 남은 돈이 100불 있어서 나는 라디오를 샀다.

2.12 leave O to O

He **left** all his money **to** his daughter.
그는 그의 모든 돈을 그의 딸에게 남기고 떠났다.
The teacher gave an assignment and **left** it **to** me.
그 선생님은 내게 숙제를 주고 그것을 나 혼자 감당하게 했다.
[to는 내가 숙제에 연결되어 있는 관계를 나타낸다.]
After lunch, I will **leave** you **to** study.
점심 후에 나는 네가 공부를 하게 내버려두겠다.
I'll **leave** her **to** her own resources.
나는 그녀를 그녀 자신의 지략에 맡겨두겠다.

2.13 leave O up

Please **leave** the window **up**.
그 창문을 열린 대로 놔둡시다.
[참조: keep up]
Please don't **leave** me **up** in the air. I'm anxious to get the result.
나를 공중 높이 남겨두지 마세요. (즉, 애타게 하지 마세요.) 나는 결과를 몹시 알고 싶습니다.

2.14 leave O with O

Can I **leave** my child **with** you while I shop?
내가 쇼핑하는 동안 내 아이를 너에게 맡겨두어도 될까요?
You can **leave** the luggage **with** me.
그 짐을 내게 맡겨도 됩니다.

LEND

1. 단동사

이 동사는 돈 등의 소유물을 타인에게 일시적으로 빌려주는 과정을 그린다.

타동사

Can you **lend** me your car this evening?
오늘 저녁에 당신 차를 빌릴 수 있겠습니까?
I was more than happy to **lend** my support to such a

good cause.

이렇게 훌륭한 대의에 내 힘을 보탤 수 있어서 더없이 기뻤습니다.

2. 구동사

2.1 lend O out

I **lent out** my car to a friend.

나는 내 차를 어느 친구에게 빌려 주었다.

[out은 차가 다른 사람에게 가는 관계를 나타낸다. 참조: rent out, loan out]

The library **lends out** CD's and records.

그 도서관은 CD와 레코드들을 빌려준다.

The house is in a remote area, and it does **lend** itself **out**.

그 집은 외진 곳에 있어서 빌려가는 사람이 없다.

2.2 lend O to O

Please **lend** an ear **to** me.

한 귀를 내게 빌려주세요. 즉, 내 말을 잘 들어주세요.

The car **lends** itself **to** rough road.

그 차는 거친 길에도 적합하다.

These canvas shoes **lend** themselves **to** rainy days.

이 운동화는 비온 날에도 적합하다.

LENGTHEN

1. 단동사

이 동사는 길이가 늘어나는 과정을 그린다.

명사(length): 길이

자동사

The afternoon shadows **lengthened**.

오후의 그림자들이 길어졌다.

타동사

I need to **lengthen** this skirt.

나는 이 치마 길이를 늘일 필요가 있다.

2. 구동사

2.1 lengthen O out

He **lengthened out** his stride.

그는 그의 보폭을 더 길게 했다.

[out은 길이가 늘어난 관계를 나타낸다.]

Please **lengthen out** your pace.

당신의 보폭을 더 늘려주세요.

LET

1. 단동사

이 동사는 어떤 사람이 하고 싶은 대로 하게 하거나, 어떤

일이 일어나도록 내버려두는 과정을 그린다.

2. 구동사

2.1 let O at O

Did he really do that? Just **let** me **at** him!

그가 정말 그것을 했니? 내가 그를 혼내주게 해줘!

[at은 공격의 의미를 갖는다. 참조: come at, go at, run at]

2.2 let O down

The wild dog did not **let down** the meat.

그 들개는 그 고기를 떨어뜨리지 않았다.

[down은 고기가 입에서 떨어지는 관계를 그린다.]

The trousers are much too short for you. I will **let** them **down** a bit.

그 바지는 너에게 너무 짧다. 나는 그 바지를 약간 내리겠다.

[down은 바지의 끝을 아래로 내리는 관계를 나타낸다.]

She **let down** her hair.

그녀는 머리를 늘어뜨렸다. 즉, 긴장을 풀었다.

He **let down** his guard.

그는 그의 경계심을 놓았다.

[down은 경계를 놓는 관계를 나타낸다.]

I promised to go shopping with Mary and I can't **let** her **down**.

나는 메리와 쇼핑을 가기로 약속했다. 그래서 나는 그녀를 실망시킬 수 없다.

[her는 환유적으로 마음을 가리키고 down은 마음이 좋은 상태에서 나쁜 상태로 변화함을 나타낸다.]

Someone **let** the front two tires of my car **down**.

누군가가 내 차의 앞 타이어 두 개의 바람을 빠지게 했다.

[down은 타이어가 낮아진 상태를 나타낸다.]

The drama has a good script but it is **let down** by a poor acting. (passive)

그 드라마는 대본은 좋으나 나쁜 연기로 질을 떨어뜨렸다.

[down은 질이 낮아지는 관계를 나타낸다.]

let down

After the game, he **let down** a bit and relaxed.

그 경기가 끝나고, 그는 경계심을 풀고 쉬었다.

[down은 경계나 주의 등을 내리는 관계를 나타낸다.]

2.3 let O in

He opened the door and **let** me **in**.

그는 그 문을 열고 내가 들어가게 했다.

My old shoes **let in** water.

나의 낡은 신발이 물이 들어오게 한다. 즉, 물이 샌다.

[in은 물이 신발에 들어오는 관계를 나타낸다.]

She opened the windows to **let in** some fresh air.

그녀는 그 창문들을 열고 신선한 공기를 (방에) 들였다.

let O in O

We let him in the door.
우리는 그를 그 문으로 들어오게 했다.

let O in for O

I let myself in for trouble.
나는 내 자신이 어려움을 받을 처지에 들어가게 했다.

let O in on O

She let me in on her plans.
그녀는 나에게 그녀의 계획들을 알려주었다.
[in은 어떤 영역에 들어가는 관계를, on는 접촉관계를 나타낸다.]
He let me in on his secret.
그는 나로 하여금 그의 비밀을 알게 했다.

2.4 let O into O

After checking my ID card, he let me into the building.
내 신분증을 조사한 다음, 그는 나를 그 건물에 들어가게 했다.
I will let you into my secret.
나는 너를 내 비밀 속으로 들어가게 하겠다. 즉, 비밀을 알려주겠다.

2.5 let O off O

He let the dog off the leash.
그는 그 개를 그 목줄에서 풀어주었다.

let O off

The judge let him off with a fine of $500.
그 판사는 그를 벌금 500불을 받고 (처벌에서) 풀어주었다. 즉, 석방시켜 주었다.
[off는 그가 처벌에서 떨어지는 관계를 나타낸다.]
Father let off my chores today.
아빠는 나를 집안일들로부터 (나에게서) 해방시켜주었다. 즉, 면제해주었다.
A group of people let off *fire crackers*.
한 무리의 사람들이 폭죽들을 터뜨렸다.
[off는 폭죽이 제어 상태에서 풀리는 관계를 나타낸다. 참조: set off]

a warning shot 경고탄	a gun 총

There's an awful stink. Who has let it off ?
지독한 악취가 있다. 누가 그것을 방출했느냐?
[off는 냄새가 어떤 사람에게서 떨어져 나오는 관계를 나타낸다. 참조: give off]

He let off steam.
그는 울분을 터뜨렸다.
[이 표현은 '화는 끓는 액체이다'의 은유가 적용된 표현이다.]

let O off O

Father let me off work today.
아버지는 오늘 나를 일에서 풀어주었다. 즉, 해방시켜 주었다.

2.6 let on

Daniel knows more about the accident than he is letting on.
대니얼은 그 사고에 대해서 그가 말하는 것보다 더 많이 알고 있다.
I knew that Grandmother was coming, but I didn't let on to the children.
나는 할머님이 오신다는 것을 알았지만, 아이들에게 알리지 않았다.

let on about O

Don't let on about Jane and her boyfriend.
제인과 그녀의 남자친구에 대해서 이야기하지 마십시오.

let on O

I am asking you not to let on that.
나는 당신이 그것을 누설하지 않기를 요청합니다.

let O on O

He has let her on the train.
그는 그녀가 그 기차에 타게 했다.

2.7 let O out

My son lets the bird out of its cage at night.
내 아들은 밤에 그 새를 그의 새장에서 내어놓는다.
He stopped his car to let me out.
그는 그의 차를 정지시켜 내가 나오도록 했다.
We need to let some air out of the tires.
우리는 공기를 좀 그 타이어들에서 빠지게 할 필요가 있다.
She let out a cry of surprise when she saw me.
그녀는 나를 보았을 때 환희의 소리를 내었다.
[out은 환희의 소리가 (몸속에서) 밖으로 나가는 관계를 나타낸다.]
He would not let out the secret.
그는 그 비밀을 (자신에게서) 밖으로 나가게 하지 않을 것이다. 즉 비밀을 누설하지 않을 것이다.
We let out our apartment in Seoul while we were in Hawaii.

우리는 우리가 하와이에 있는 동안 서울에 있는 아파트를 세 놓았다.

[out은 사용권이 우리에게서 다른 사람으로 나가는 관계를 나타낸다. 참조: lend out, rent out]

She needs to **let** her dress **out** − she gained so much weight.

그녀는 그녀의 드레스를 넓힐 필요가 있다. 체중이 너무 많이 늘었다.

[out은 길이나 폭이 넓어지는 관계를 나타낸다.]

let out

The movie **let out** at 7 and we all went for a glass of beer.

그 영화가 7시에 끝나서 우리는 맥주 한 잔을 마시러 갔다.

[out은 영화가 정해진 상영 시간을 벗어나는 관계를 나타낸다.]

2.8 let O through

The crowd moved aside to **let** the ambulance **through**.

그 군중들은 옆으로 물러서서 그 앰뷸런스가 통과하게 했다.

These blinds don't **let** much light **through**.

그 차양막들은 많은 빛을 통과시키지 않는다.

2.9 let up

The *snowstorm* **let up** in the morning.

그 폭설이 아침에 그쳤다.

[up은 중단을 나타낸다.]

rain 비	violence 폭력

The party's popularity fall shows no signs of **letting up**.

그 당의 인기 하락은 그칠 징조를 보여주지 않는다.

let up on O

Let up on the clutch slowly. Otherwise, you will stall the engine.

클러치를 천천히 풀어라. 안 그러면 엔진을 꺼지게 할 것이다.

Charity groups are not **letting up on** their efforts to raise money.

자선 단체들은 모금하려는 노력을 그치지 않고 있다.

LETCH

1. 단동사

이 동사는 여자에게 추근대는 과정을 그린다.

명사: 추근거리는 남자

2. 구동사

2.1 letch after O

He is a dirty old man, who **letchs after** young girls.

그는 젊은 여자들을 추근거리며 따라다니는 성에 관심이 많은 추잡한 영감탱이다.

[after는 따라가는 관계를 나타낸다.]

LEVEL 1

1. 단동사

이 동사는 총을 어떤 목표에 겨누는 과정을 그린다.

2. 구동사

2.1 level against O

The cops **leveled** an assault charge **against** Trump.

그 경찰들은 폭행혐의를 트럼프에게 공개적으로 지웠다.

Charges of corruption were **leveled against** him. (passive)

부정부패의 혐의들이 그에게 겨누어 졌다.

[against의 목적어는 비난의 대상이다.]

2.2 level O at O

She **leveled** her pistol **at** his head.

그녀는 그녀의 권총을 그의 머리에 겨누었다.

[at은 표적을 가리킨다.]

He **leveled** an acid comment **at** the president.

그는 쓴소리를 그 회장에게 겨냥했다.

Much of their debate was **leveled at** immigration. (passive)

그 토의의 대부분은 이민 문제에 집중되었다.

LEVEL 2

1. 단동사

이 동사는 평평하게 되거나 평평하게 만드는 과정을 그린다.

형용사: 평평한, 대등한

타동사

If you're laying tiles, the floor will need to be **leveled** first. (passive)

타일들을 깔려면 먼저 그 바닥이 평평하게 되어야 할 필요가 있다.

The blast **leveled** several buildings in the area.

그 폭발은 그 지역에 있는 몇 개의 건물들은 폭삭 주저 앉혔다.

Charles **leveled** the game at 3 all.

찰스는 그 경기를 3점에서 동점을 만들었다.

2. 구동사

2.1 level O down

The soil in this part of the garden is uneven. Please **level** it **down**.

그 정원의 이 부분에 있는 이 토양은 고르지 않다. 높은 곳을 깎아내려 고르게 하세요.

[참조: file down, sand down]

The government is accused of **levelling down** standards in school.

정부는 학교 수준들을 낮추어서 하향평준화 시켰다는 비난을 받고 있다.

2.2 level off

The road began to **level off** as we approached the coast.

그 길은 우리가 그 해안에 가까워지자 경사를 멈추고 평평해졌다.

The plane **leveled off** at 1500 feet.

그 비행기가 고도 1500 피트에서 수평을 유지했다.

Korean exports of cars peaked in 2006, and afterwards, **leveled off**.

한국의 자동차 수출은 2006년에 정점에 이르렀다가, 그 후 일정한 상태를 유지했다.

level O off

He **leveled** the spoonful of sugar **off** with a knife.

그는 칼을 써서 설탕 한 숟갈의 수북한 부분을 깎았다.

[off는 수북한 부분이 숟가락에서 깎아지는 관계를 나타낸다.]

He **leveled** the top of the mountain **off**.

그는 그 산 꼭대기를 깎아내어서 편편하게 했다.

[off는 산 꼭대기가 없어지는 관계를 그린다.]

2.3 level out

House prices hit the bottom a few years ago, and then **leveled out**.

집값들이 몇 년 전에 바닥을 치고난 그 후 일정한 상태가 이어졌다.

[out은 수평상태가 이어지는 관계를 나타낸다. 참조: flat out]

level O out

The playing field must be **leveled out**. (passive)

경기장은 고르게 되어야 된다.

2.4 level with O

I asked my friend to **level with** me, and tell me what had happened.

나는 내 친구에게 솔직하도록 부탁했고, 무엇이 일어났

는지 알려달라고 했다.

2.5 level O up

I used a scraper to **level up** the wet cement.

나는 흙손을 써서 그 젖은 시멘트를 고르게 했다.

The last goal of visiting team **leveled up** the score.

원정 팀이 넣은 그 마지막 골이 점수차를 없앴다.

LEVEL ³

1. 단동사

이 동사는 수준을 조정하는 과정을 그린다.

명사: (특정한) 정도, 수준, 단계

2. 구동사

2.1 level up

After the test result came out, I **leveled up** to level 3.

그 시험 결과가 나온 후에 나는 3급으로 올라갔다.

LEVY

1. 단동사

이 동사는 세금 등을 부과하는 과정을 그린다.

2. 구동사

2.1 levy O (up)on O

The parliament **levied** heavy taxes **(up)on** the rich.

그 의회는 무거운 세금들을 부자들에게 부과했다.

2.2 levy O on

Heavy tariffs are **levied on** imported goods. (passive)

무거운 관세들이 수입품들에 부과되었다.

LICK

1. 단동사

이 동사는 혀로 핥는 과정을 그린다.

명사: 한 번 핥기, 핥아먹기

타동사

David **licked** his fingers.

데이비드는 그의 손가락들을 핥았다.

The cat sat **licking** its paws.

그 고양이가 그의 발바닥을 핥으면서 앉아 있었다.

The baby **licked** his spoon clean.

그 아기가 그의 숟가락을 핥아서 깨끗하게 했다.

2. 구동사

2.1 lick at O

I was just **licking at** the chocolate.
나는 그 초콜릿을 조금씩 핥고 있었다.
[at은 초콜릿의 일부가 영향을 받는 관계를 나타낸다. 참조: gnaw at, nibble at]
The dog **licked at** the sore on his leg.
그 개는 그의 다리에 있는 그 종기를 핥았다.

2.2 lick O into O

The coach is trying to **lick** him **into** shape before the game.
그 코치는 그 경기 전에 그를 훈련시켜 알맞은 몸을 만들기 위해 노력하고 있다.
You have to **lick** this **into** shape before submitting it.
너는 이 보고서를 제출하기 전에 손질을 해서 제대로 만들어야 한다.

2.3 lick O off O

The dog **licked** the milk **off** the bowl.
그 개가 그 우유를 그 그릇에서 핥아 버렸다.
[off는 우유가 그릇에서 떨어지는 관계를 나타낸다.]

lick O off

Your fingers are sticky. **Lick** them **off**.
너의 손가락들이 끈적끈적하다. 핥아서 그 끈적함을 없애라.

2.4 lick O up

Don't worry about the spilt milk. The dog **licked up** the milk.
흘린 우유에 대해 걱정하지 마세요. 그 개가 그 우유를 다 핥았다.
[up은 우유가 완전히 없어지는 관계를 나타낸다. 참조: clean up, lap up]

LIE 1

1. 단동사
이 동사는 편평한 곳에 있는 과정을 그린다.
자동사

The book is **lying** on the table.
그 책이 그 테이블에 놓여있다.
Incheon **lies** west of Seoul.
인천은 서울의 서쪽에 있다.
The treasure **lay** hidden.
그 보물은 숨겨져 있었다.

2. 구동사
2.1 lie ahead

A *long struggle* **lies ahead**.
긴 투쟁이 (우리 앞에) 놓여있다.
[우리는 미래를 향해 나아가므로 ahead는 미래를 가리킨다.]

peril	위협	bright future	밝은 미래
challenge	도전	long road	긴 길

What **lies ahead** of me?
무엇이 내 미래에 놓여있는가?

2.2 lie about O

Dirty plates and empty bottles **lie about** the floor.
음식 먹은 접시들과 빈 병들이 그 마루 이곳저곳에 놓여 있다.

lie about

He is **lying about**.
그는 이리저리 뒹굴고 있다.

2.3 lie around O

I think I will just **lie around** the house all day.
나는 온종일 집에서 빈둥거릴려고 생각한다.

lie around

Have you seen my smart phone **lying around**?
당신은 내 스마트폰이 어디 뒹굴고 있는 것을 보지 못했습니까?
Books are **lying around** on the floor.
책들이 그 마루에 나뒹굴고 있다.

Toys	장난감들	Clothes	옷들

2.4 lie back

He **lay back** and closed his eyes to listen to music.
그는 음악을 듣기 위해 몸을 뒤로 젖히고 편안하게 누워 눈을 감았다.

2.5 lie before O

She accepted the life that **lay before** her.
그녀는 그녀 앞에 놓인 삶을 받아들였다.
A challenge **lies before** us.
하나의 도전이 우리 앞에 놓여있다.

2.6 lie behind O

What **lies behind** their divorce?
무엇이 그들의 이혼 뒤에 있느냐? 이혼의 드러나지 않은 이유가 무엇인가?
What **lay behind** the popularity of the band?
무엇이 그 밴드의 인기 뒤에 있는가? 그 밴드의 인기의 드러나지 않는 이유가 무엇인가?

2.7 lie beyond O
The village lies beyond the hill.
그 마을이 그 언덕 너머에 있다.

2.8 lie down
He felt so tired that he lay down on his *back*.
그는 매우 피곤해서 등을 대고 누웠다.

side	옆으로	stomach	배를 깔고

He is lying down on the sofa.
그는 소파에 등을 대고 편안히 누워있다.
[down은 눕는 관계를 나타낸다.]

2.9 lie in O
The army's strength lies in excellent training and readiness.
그 군대의 강점은 뛰어난 훈련과 준비 태세에 놓여있다.
The charm of the painting lay in its simplicity.
그 그림의 매력은 단순성에 있었다.
The lion was lying in wait.
그 사자는 숨어서 기다리며 있었다.

lie in
On Sunday morning, he likes to lie in.
일요일 아침 그는 늦게 잠자리에 누워있기 좋아한다.
[참조: sleep in]

2.10 lie out
Who let my bike lying out in the rain?
누가 나의 자전거를 비 오는데 밖에 내놓았느냐?
[out은 밖에 있는 관계를 나타낸다.]

2.11 lie up
He lay up in a house and let the wound heal.
그는 빈집에 꼼짝하지 않고 숨어서 그의 상처가 낫게 했다.
[up은 움직임이 없는 상태를 나타낸다.]
The soldiers lay up in the woods.
그 군인들은 그 숲속에서 숨어있었다.

2.12 lie with O
Jane and Jessica are lying with each other to keep warm.
제인과 제시카는 체온을 유지하기 위해 함께 누워있다.
The responsibility lies with him.
그 책임은 그와 관계가 있다. 즉, 그는 그 책임을 진다.

The fault lies with the government.
그 잘못은 정부에 있다.
[with는 정부와 책임이 함께 있는 관계를 나타낸다.]

LIE 2

1. 단동사
이 동사는 거짓말하는 과정을 그린다.

2. 구동사
2.1 lie about O
He lied about denuclearization.
그는 비핵화에 대한 거짓말을 했다.

2.2 lie on O
He lied on us.
그는 우리들에게 거짓말을 했다. (그래서 우리들이 기분 나쁘다 혹은 손해를 보았다.)

LIFT

1. 단동사
이 동사는 무엇을 들어 올리는 과정을 그린다.
명사: 스키장의 리프트, 승강기(영국 영어)

자동사
Our spirits lift when spring comes.
우리의 원기는 봄이 오면 오른다.
The fog lifted.
그 안개가 걷혔다.

타동사
He lifted his hand and waved at us.
그는 그의 손을 들어 우리에게 손짓을 했다.

2. 구동사
2.1 lift O down
Please lift the heavy box down.
그 무거운 상자를 들어서 내려놓으세요.

2.2 lift off O
The rocket lifted off the launch pad.
그 로켓이 그 발사대를 떠났다.
[off는 로켓이 발사대를 떠나는 관계를 나타낸다.]

lift O off O
Lift your hip off the floor.
당신의 엉덩이를 들어 올려 그 마루에서 떨어지게 하세요.

lift off

The space shuttle is to **lift off** on Sunday at 7:00 a.m.
그 우주왕복선이 일요일 아침 7시에 (발사대를 떠나)
우주를 향해 올라갈 것이다.
[off는 우주왕복선이 발사대를 떠나는 관계를 나타낸다.]

The plane **lifted off** and climbed sharply.
그 비행기는 (땅을 떠나) 올라가서 가파르게 상승했다.

lift off into O

This morning, the rocket **lifted off into** the sky.
오늘 아침, 그 로켓은 발사대를 떠나 하늘로 날아 들어
갔다.

lift O off of O

Lift the beam **off of** her and see if she is still breathing.
대들보를 그녀에게서 들어올리고 그녀가 아직도 숨을
쉬고 있는지 보세요.

2.3 lift O onto O

Please, **lift** the box **onto** the truck.
그 상자를 들어 올려서 그 트럭에 가져다 얹어 주세요.
Supplies were **lifted onto** the flooded area. (passive)
보급품들이 그 홍수지역에 공수되었다.

2.4 lift O up

I **lifted** him **up** and put him onto the stretcher.
나는 그를 들어 올려서 들것에 올려놓았다.

The song **lifted up** our spirits.
그 노래가 우리의 정신을 고취시켰다.

We **lifted** them **up** from poverty.
우리는 그들을 가난에서부터 들어 올려주었다.

LIGHT ¹

1. 단동사
이 동사는 불을 밝히거나 불이 붙게 하는 과정을 그린다.
명사: 빛, 광선, 빛살

타동사

She **lit** a candle.
그녀가 촛불 하나를 켰다.

자동사

The fire wouldn't **light**.
그 나무는 아무래도 불이 붙지 않는다.

2. 구동사
2.1 light O up
He **lit up** a *cigarette*.
그는 담배 불을 붙였다.

[up은 불이 생기는 관계를 나타낸다.]

fire	불	lamp	램프
lantern	랜턴	Christmas tree	크리스마스 트리

The firework **lit up** the night sky.
그 불꽃놀이가 밤하늘을 밝게 했다.
[up은 밝아지거나 더 밝아져 있는 상태를 나타낸다.]

A smile **lit up** her face.
미소가 그녀의 얼굴을 밝게 했다.

The presence of the movie star **lit up** the room.
그 배우의 출현이 그 방을 환하게 했다.

light up

When I turn on the computer, the screen **lights up**.
내가 그 컴퓨터를 켜자 그 화면이 밝아진다.

When an arrow **lights up** on the car dash board, it
signals that the oil is running down.
차의 계기판에 화살표가 나타나면, 그것은 엔진 오일이
떨어지고 있음을 알려준다.

The bridge looks very beautiful when it **lights up**.
그 다리는 불이 켜지면 매우 아름답게 보인다.

Her face **lit up** with joy when she heard the news.
그녀는 그 소식을 들었을 때 얼굴이 환하게 밝아졌다.

The children's eyes **lit up** when they received the
presents.
아이들의 눈이 선물을 받자 번쩍 빛났다.

2.2 light on O

He **lighted on** the idea by accident.
그는 그 생각을 우연히 갖게 되었다.
[on은 그의 시선이 어느 생각에 닿는 상태를 나타낸다. 참조:
come upon, hit upon, stumble upon]

LIGHT ²

1. 단동사
이 동사는 빠르게 움직이는 과정을 그린다.

2. 구동사
2.1 light for O
At 16, she left home and **lighted for** Mexico.
16살 때, 그녀는 집을 떠나 멕시코로 갔다.
[참조: depart for, leave for]

2.2 light into O
The angry man **lighted into** the dog.
그 화난 남자가 그 개에게 덤벼들었다.

[참조: lash into, lay into]

2.3 light on O
The bees lit on the clover blossom and pulled it down.
그 벌들이 그 클로버 꽃에 내려앉아서 그것을 아래로 당겼다.

2.4 light out
When he saw the policeman coming, he lit out of the room.
그 경찰이 오는 것을 보자 그는 그 방에서 쏜살같이 뛰어나갔다.

LIGHTEN

1. 단동사
이 동사는 가벼워지거나 밝아지는 과정을 그린다.
light(형용사): 가벼운, 밝은

타동사

The machine lightens our work.
그 기계가 우리 일을 가볍게 해준다.
A full moon lightened the road.
둥근 달이 그 길을 밝혀주었다.

2. 구동사
2.1 lighten O up
He always uses a few jokes to lighten up his talk.
그는 그의 얘기를 가볍게 하기 위해서 몇 개의 농담을 쓴다.
[up은 가벼워지거나 더 가볍게 되는 관계를 나타낸다.]
The sun came in and lightened up the kitchen.
햇빛이 들어와서 그 부엌을 환하게 했다.

lighten up
Lighten up. She didn't mean to break the glass.
마음을 누그러뜨리세요. 그녀는 그 유리잔을 일부러 깨려고 하지 않았어요.
It's 5:30 and the sky is lightening up.
지금은 오전 5:30이어서 하늘이 환해지기 시작하고 있다.

lighten up on O
You are too harsh on her. You should lighten up on her.
당신은 그녀를 너무 심하게 다룹니다. 그녀를 가볍게 대하는 게 좋겠어요.
[참조: ease up on]

LIKEN

1. 단동사

이 동사는 한 개체가 다른 개체와 비슷함을 보여주는 과정을 그린다.

2. 구동사
2.1 liken O to O
The writers often liken life to a trip.
작가들은 인생을 흔히 여행에 비유한다.
He likens life to marathon.
그는 인생을 마라톤에 비유한다.
Cryptocurrency is likened to gambling. (passive)
가상화폐는 도박에 비유된다.

LIMBER

1. 단동사
이 동사는 가볍게 몸을 푸는 과정을 그린다.
형용사: 나긋나긋한, 경쾌한, 융통성 있는

2. 구동사
2.1 limber up
The players are limbering up for the game.
그 선수들이 그 게임을 대비해서 몸을 풀고 있다.
[참조: loosen up, warm up]
The candidates are limbering up for the election campaign.
그 후보자들은 선거 유세를 위해 몸을 풀고 있다.

LINE ¹

1. 단동사
이 동사는 줄을 서거나 줄을 세우는 과정을 그린다.
명사: 선, 줄

타동사

Oak trees line Oak street.
참나무들이 오크가의 길 양쪽에 서있다.
Ages lined his face.
나이가 그의 얼굴에 주름이 지게 했다.

2. 구동사
2.1 line up
The children lined up *according to their height.*
그 아이들은 키 순서에 따라 일렬로 섰다.
[up은 아이들이 정렬을 해서 줄이 생겨난 상태를 나타낸다.]

| along the street 그 길을 따라 |
| behind the teacher 선생님 뒤에 |

Hundreds of people lined up, helping to put out the

fire.
수백 명의 사람들이 일렬로 서서 그 불을 끄는 데 돕고 있었다.

People are **lining up** to buy the luxury apartment.
사람들이 그 호화 아파트를 사기 위해 줄 서고 있다.

line up against O

The Democrats **lined up against** the tax reform bill.
민주당원들은 그 세제개혁법에 단합해서 즉, 결집하여 반대했다.

line up behind O

We **lined up behind** green energy.
우리는 녹색 에너지 운동 뒤에 섰다. 즉, 이 운동을 지지했다.

line up for O

In Venezuela, everyday people **line up for** *food.*
베네수엘라에서는 매일 사람들이 식량을 얻기 위해 줄을 선다.

| tickets | 표 | ration | 배급품 |
| water | 물 | clothes | 옷 |

line O up

The terrorists had **lined** the captives **up** and threatened to shoot them.
그 테러분자들은 그 포로들을 줄로 세워놓고 그들을 쏘겠다고 위협했다.

After dinner, we **lined up** chairs and went out.
저녁을 먹은 다음 우리는 의자를 정렬해놓고 밖으로 나갔다.

Some dentist's instruments were **lined up** on a counter. (passive)
몇 개의 치과용 도구가 카운터에 정렬되어 있었다.

Make sure you have **lined up** the text of your paper before you print it out.
당신이 그 논문을 출력하기 전에, 여러분의 논문의 텍스트를 반드시 정렬해 놓도록 하세요.

Line the shelves **up** carefully before fixing them permanently.
그 선반들을 영구적으로 고정시키기 전에 그들을 조심스럽게 정렬시키세요.

We have some great pop singers **lined up** for you this evening. (passive)
우리는 오늘밤 여러분을 위해서 유명 팝가수 진을 선발하여 대기시켜 놓았습니다.

The CEO **lined up** a team of lawyers for the trial.

그 최고경영자는 그 재판을 위해 한 팀의 변호사를 포진시켰다.

line up with O

He **lined up with** the party.
그는 그 정당과 줄을 섰다. 즉, 그 정당을 지지했다.

line O up with O

Line up your car **with** the yellow line.
너의 차를 그 황색선과 나란히 세우세요.

line O up into O

The teacher **lined up** the students **into** a single file.
그 선생님은 학생들을 일렬 종대로 세웠다.

LINE 2

1. 단동사
이 동사는 안감을 대는 과정을 그린다.

2. 구동사
2.1 line O with O
He **lined** the garbage can **with** the plastic bag.
그는 그 쓰레기통에 그 플라스틱 봉지를 깔았다.

The coat is **lined with** silk. (passive)
그 저고리는 명주로 안감이 대어져 있다.

The street are **lined with** flags. (passive)
그 거리는 가장자리가 국기들로 나열되어 있었다.

LINGER

1. 단동사
이 동사는 떠나고 싶지 않아서 계속 서성거리는 과정을 그린다.
자동사

The faint smell of her perfume **lingered** in the room.
그녀의 향수 그 냄새가 그 방 안에 희미하게 남아 있었다.

2. 구동사
2.1 linger on O
The tobacco smell **lingered on** the clothes.
그 담배 냄새가 그 옷에 계속 남아 있었다.

linger on
After the party, some guests **lingered on.**
그 파티가 끝난 후에도, 몇 명의 손님들이 계속해서 서성거렸다.

[on은 파티가 끝난 시점 이후에도 서성거림이 계속됨을 나타

낸다.]

The Zika virus is still **lingering on** in Brazil.
지카 바이러스가 아직도 브라질에 남아 있다.

The rain is **lingering on**.
그 비가 아직도 계속 되고 있다.

[on은 비가 계속되는 관계를 나타낸다.]

LINK

1. 단동사
이 동사는 두 개나 그 이상의 개체를 잇는 과정을 그린다.
명사: 고리

2. 구동사
2.1 link up

The two parties **linked up** to form the Liberal-Democratic party.
그 두 당은 자민당을 만들기 위해서 합당했다.

[up은 두 당이 다가가서 맞닿는 상태를 나타낸다.]

link up with O

The H company **linked up with** the K company.
그 H 회사는 K 회사와 합병을 했다.

Every Saturday he drives south to **link up with** his girlfriend.
매 토요일에 그는 그의 여자 친구를 만나기 위해서 남쪽으로 운전해 간다.

[up은 그가 여자 친구에게 다가가서 만나는 관계를 나타낸다. 참조: meet up with, join up with, set up with]

Now my computer **links up with** a computer bulletin board.
이제 나의 컴퓨터는 컴퓨터 게시판에 연결된다.

link O up

The channel **linked up** Britain and France for the first time.
그 해협 지하 터널은 처음으로 영국과 프랑스를 이었다.

[up은 터널의 어느 쪽에서 출발하여 다른 쪽에 다가가서 닿는 관계를 나타낸다.]

Millions of people all over the world are **linked up** by the Internet. (passive)
세계 전역에 걸쳐있는 수백 만 명의 사람들이 인터넷으로 이어져 있다.

link O up to O

The alarm system is **linked up to** a twenty-four-hour security service. (passive)
그 경보체계는 24시간 보안업체와 이어져 있다.

[up은 경보체계가 정보체계에 다가가 이어지는 관계를 나타낸다.]

2.2 link O with O

I always **linked** James **with** honesty.
나는 항상 제임스를 정직함과 연결했다. 즉, 제임스가 정직하다고 생각한다.

Sugar is **linked with** many health problems. (passive)
설탕은 여러 가지 건강문제와 연결된다.

2.3 link O to O

We think the disease is **linked to** the pesticide. (passive)
우리는 그 병이 그 살충제에 연관되어있다고 생각한다.

Processed food is **linked to** cancer risk. (passive)
가공식품은 암 위험과 연관된다.

LIQUOR

1. 단동사
이 동사는 술을 마시고 취하는 과정을 그린다.
명사: 독한 술

2. 구동사
2.1 liquor O up

After the baseball game, many of the fans were **liquored up**. (passive)
그 경기가 끝난 후에, 팬들 가운데 많은 사람들이 술에 취했다.

[참조: lager up]

LIST

1. 단동사
이 동사는 목록을 만드는 과정을 그린다.
명사: 목록

2. 구동사
2.1 list O among O

I **list** Jane **among** the best athletes.
나는 제인을 최고의 선수들 가운데 넣는다.

2.2 list O in O

He is **listed in** the tennis club. (passive)
그는 그 테니스 클럽의 명단에 들어가 있다. 즉, 그는 테니스 클럽의 회원이다.

2.3 list O off

She can **list off** the actors without looking at the list.
그녀는 그 명단을 안보고 그 배우들의 이름을 줄줄 외운다.
[참조: rattle off]

2.4 list O up

I have to **list up** the names of the candidates.
나는 그 후보자들 이름 명단을 만들어야 한다.
[up은 명단이 생겨나는 관계를 나타낸다.]

LISTEN

1. 단동사
이 동사는 듣는 과정을 그린다.

> 자동사

I told him to go, but he just wouldn't **listen**.
나는 그에게 가라고 말했지만 그는 절대 들으려 하지 않았다.

2. 구동사

2.1 listen for O

Listen for the doorbell – the pizza should be here soon.
그 초인종 소리에 귀를 기울여라. 그 피자가 곧 도착할 것이다.

2.2 listen in

He picked up the extension phone and **listened in**.
그는 그 내선 전화기를 들고 (남의 대화를) 엿들었다.
[in은 다른 사람의 대화에 몰래 끼어드는 관계를 나타낸다.]

We put our ears to the door and **listened in**.
우리는 우리 귀를 그 문에 갖다 대고 (방 안에서 나누는 대화소리를) 엿들었다.

listen in on O

She **listened in on** my *conversation*.
그는 내 대화를 엿들었다.
[in은 대화에 끼어드는 관계를, on은 청각이 가 닿는 대상을 나타낸다.]

phone call 전화	radio 라디오

He **listened in** on the speech on radio.
그는 그 연설을 무선으로 엿들었다.

listen in to O

Listen in to the second part of the story tomorrow.
내일 그 이야기의 둘째 부분을 청취하십시오.
[in은 소리가 귀에 들어오는 관계를 나타낸다. 참조: tune in]

Thousands of people **listened in to** the *8 o'clock news*.
수천 명의 사람들이 그 8시 뉴스를 청취했다.

music 음악
second movement of symphony 교향곡의 2악장

2.3 listen out for O

Please **listen out for** a bell, while I am out.
내가 밖에 나가 있는 동안 (울리게 될) 벨소리를 잘 들어라.
[out은 청각을 사방으로 내보내는 관계를 나타낸다. 즉, 조심해서 듣는 관계를 나타낸다.]

2.4 listen to O

He usually **listens to** music.
그는 보통 늘 음악을 듣는다.
He **listens to** the radio for news.
그는 뉴스를 위해서 라디오를 듣는다.
Listen to the radio on 101 mHz.
101 메가헤르츠에서 라디오를 들으세요.

2.5 listen up

Okay, children, **listen up**. This is very important.
자, 얘들아, 잘 들어라. 이것은 매우 중요하다.
[up은 청각을 모두 동원한다는 뜻이다.]
Listen up and fill in the blanks.
잘 듣고 그 빈칸들을 채우시오.

LITTER

1. 단동사
이 동사는 많은 물건들이 어지럽게 흩어져 있는 과정을 그린다.
명사: 쓰레기, 어질러져 있는 것들, 깔개

2. 구동사

2.1 litter O with O

The highway is **littered with** cans and cups. (passive)
그 고속도로는 깡통들과 컵들로 어질러져 있다.
[참조: be strewn with]

The term paper is **littered with** cliches and spelling mistakes.
그 학기 보고서는 상투적 표현들과 잘못된 철자들로 어지럽혀져 있다.

LIVE

1. 단동사

L

이 동사는 식물, 동물 등의 생명체가 사는 과정을 그린다.

자동사

No one **lives** forever.
아무도 영원히 살지 못한다.

My grandma **lived** to be 100 years old.
나의 할머니는 100세가 될 때까지 사셨다.

They **live** on a farm.
그들은 농장에서 산다.

They **lived** happily.
그들은 행복하게 살았다.

타동사

Live the life you want.
당신이 원하는 그 삶을 사세요.

He **lived** his life in tragedy.
그는 그의 삶을 비극 속에 살았다.

2. 구동사

2.1 live by O

We **lived by** the *beach*.
우리는 그 해변가에 살았다.

river 강	lake 호수

I **live** by *my belief*.
나는 나의 믿음에 따라 살아간다.
[by는 나의 삶이 믿음의 영향력 안에 있다는 뜻이다.]

lesson 교훈	rule 규칙

2.2 live down O

He **lived down** the *lane*.
그는 그 길 아래쪽에 살았다.

street 도로	hill 언덕

live O down

I am trying to **live down** *his betrayal*.
나는 그의 배신을 살아가면서 가라앉히려고 노력하고 있다.
[down은 배신감이 떠오르는 것을 억누르는 관계를 나타낸다. 참조: push down]

past	과거	humiliation	모욕
shame	수치심	disgrace	치욕

2.3 live for O

We are old, and we **live for** each other.
우리는 나이가 들어서 서로를 위해서 산다.

2.4 live in

The Vietnamese maid **lives in**.
그 베트남 하인은 입주해서 산다.

2.5 live off O

The married students **lived off** campus.
그 결혼한 학생들은 캠퍼스 밖에서 살았다.

The old couple **lives off** *their savings*.
그 늙은 부부는 그들의 예금에서 (돈을 찾아) 살아가고 있다.
[off는 돈이 예금에서 떨어져 나오는 관계를 나타낸다.]

the land 땅	fat reserve 저장지방

She **lives off** her rich uncle.
그녀는 돈이 많은 삼촌에게서 (돈을 받아) 살아가고 있다. 즉, 기생한다.
[uncle은 환유적으로 삼촌의 돈이고, off는 돈이 삼촌에서 떨어져 나온다는 뜻이다.]

The bird **lives off** insects.
그 새는 곤충을 먹고 산다.

They **live off** the river.
그들은 그 강에서 나오는 것을 가지고 먹고 산다.

2.6 live on O

The family **lived on** the island.
그 가족은 그 섬에 살았었다.

About 50 years ago, Korean people used to **live on** barley.
약 50년 전, 한국 사람들은 보리를 먹고 살았다.
[on은 삶이 보리에 의존한다는 뜻이다.]

The family **lives on** a small income.
그 가족은 적은 수입에 의존해서 살아가고 있다.

live on

The *memory of my mother* still **lives on**.
어머니에 대한 그 기억은 아직도 살아서 이어져 가고 있다.
[on은 어머니에 대한 기억이 어머니의 죽음 이후에도 계속되는 관계를 나타낸다.]

story	이야기	offspring	자손들
belief	믿음	spirit	정신

The old tradition still **lives on**.
그 오랜 전통은 아직도 살아남고 있다.

She **lived on** for many years after the diagnosis.
그녀는 그 진단 이후에 몇 년 동안 계속해서 살았다.

2.7 live O out

My mother-in-law **lived out** her *last years* in a nursing home.
나의 장모님은 마지막 몇 해를 어느 요양원에서 보내셨다.
[out은 생의 마지막 부분이 끝나는 관계를 나타낸다.]

last days 마지막 날들	remaining years 나머지 해들

She **lived out** her final years as a Buddhist monk.
그녀는 마지막 몇 해를 중으로 마쳤다.
She **lived out** her *ambition* through her daughter.
그녀는 딸을 통해 그녀의 야망을 실현했다.
[out은 야망을 현실로 옮기는 관계를 나타낸다. 참조: act out, play out]

dream 꿈	passion 열정

live out

Most young people prefer to **live out**.
대부분의 젊은이들은 (집에서) 나가 살기를 선호한다.
The old couple decided to **live out** in the countryside.
그 노부부는 시골에 나가 살기로 결정했다.

2.8 live through O

My grand parents **lived through** the Korean war.
나의 조부모님은 한국전쟁을 겪으면서 살았다.
[through는 한국전쟁의 처음부터 끝까지의 뜻이다.]

They **lived through** the *crisis* with courage and patience.
그들은 용기와 인내심을 가지고 그 위기를 겪으면서 살았다.

difficult times 어려운 시절	experience 경험

2.9 live up O

He **lived up** the *hill*.
그는 그 언덕 위에 살았다.

road 길	river 강

live (it) up

He is **living** it **up** in Jeju island.
그는 제주도에서 (돈을 많이 쓰면서) 재밌게 살고 있다.

2.10 live up to O

She is **living up to** her reputation.
그녀는 그녀의 명성에 걸맞게 살고 있다.
[up은 그녀의 삶이 (높은 위치에 있는) 명성에 다가가는(up) 관계를 나타낸다.]

The Korean language training didn't **live up to** our *expectation*.
그 한국어 훈련은 (높은 위치에 있는) 우리의 기대에 미치지 못했다.

potential	잠재력	ideal	이상
obligation	책무	names	모범

2.11 live with O

The people **live with** the threat of a nuclear war.
그 국민들은 핵전쟁의 위협을 안고 산다.
[with는 국민과 핵전쟁이 함께 있다는 뜻이다.]

There's no cure for pain—you have to **live with** it.
통증에 치료법이 없다—여러분은 그것과 함께 살아야 합니다. 즉, 참고 살아야 합니다.

He will have to **live with** the mistake for the rest of his life.
그는 평생 동안 그의 잘못을 함께 지니고 살아야 할 것이다.

LIVEN

1. 단동사
이 동사는 행사 등을 좀 더 재밌게 하거나 활기 있게 하는 과정을 그린다.
형용사: 생생한, 활기 있는

2. 구동사
2.1 liven O up
My wife is trying to **liven up** the living room with some flowers and paintings.
내 아내는 그 거실을 꽃들과 그림들로 화려하게 하려고 하고 있다.
[up은 환해지거나 더 환해지는 관계를 나타낸다. 참조: brighten up]

He was feeling down, and I tried to **liven** him **up** with a few drinks.
그가 기분이 좋지 않아서, 나는 몇 잔의 술로 그의 기분을 돋우려고 했다.

LOAD

1. 단동사
이 동사는 짐을 차나 트럭에 짐을 싣는 과정을 그린다.
명사: 차나 동물에 싣는 짐

타동사

He **loaded** the gun with bullets.
그는 그 총을 실탄들로 장전했다.

He **loaded** his computer with a new software.
그는 그의 컴퓨터에 새 소프트웨어를 장착했다.

자동사

The bus **loaded** quickly.
그 버스가 빠르게 사람이 찼다.

2. 구동사
2.1 load O down
He **loaded** the *car* down.
그는 그 차에 짐을 너무 많이 실어서 차가 짓눌렸다.

van 밴	truck 트럭

load O down with O
Please do not **load down** my car **with** too many people.
너무 많은 사람들을 태워서 내 차가 짓눌리지 않게 해주세요.

I was **loaded down with** bags, and took a taxi to the railway station. (passive)
나는 무거운 가방들에 짓눌려서 그 철도역까지 택시를 탔다.
[down은 무리한 짐에 눌리는 상태를 나타낸다. 참조: weigh down]

A truck **loaded down with** cows passed by. (passive)
소들이 가득 실린 트럭 한 대가 지나갔다.

The table is **loaded down with** all kinds of fruits.
그 식탁은 온갖 종류의 과일이 얹혀 있어서 무거워 보인다. 즉, 상다리가 부러질 듯 음식이 많다.

2.2 load into O
The kids **loaded into** the car for the trip.
그 아이들은 여행을 위해 그 차에 들어갔다.
[참조: pile into]

load O into O
Load all the boxes **into** the truck.
그 트럭 안에 그 모든 상자를 실어 넣어라.

2.3 load O onto O
Please **load** the boxes **onto** the cart.
이 상자들을 그 카트 위에 가져다 실어주세요.
[onto는 상자와 카트 사이에 거리가 있음을 나타낸다.]
He **loaded** the picture **onto** the facebook.
그는 그 그림을 페이스북에 올렸다.

load onto O
He **loaded onto** public WiFi.
그는 공공 와이파이에 접속했다.

2.4 load O up
We **loaded up** the furniture on the truck.
우리는 그 가구들을 그 트럭에 잔뜩 실었다.
Dad has already **loaded up** the car and we can leave now.
아버지가 그 차에 짐을 가득 실어놓았으니, 우리는 이제 떠날 수 있다.
[car는 환유적으로 차에 실린 짐을 가리키고, up은 짐이 다 실린 관계를 나타낸다.]

The ship is found to be **loaded up** with drugs. (passive)
그 배는 마약들을 가득 싣고 있는 것으로 발견되었다.
He **loaded up** the computer program.
그는 그 컴퓨터 프로그램을 장착했다.
The camels are **loaded up** and we are ready to go. (passive)
그 낙타들이 짐이 실어져서 우리는 갈 준비가 되어있다.
[camel은 환유적으로 낙타에 실린 짐이다.]

load up
My computer is old and it takes a while to **load up**.
내 컴퓨터는 낡아서 로딩하는데 시간이 좀 걸린다.

load up on O
She **loaded up on** coffee which was on sale.
그녀는 세일 중에 있는 커피를 마구 사들였다.
[참조: stock up on]

load up with O
Mom **loads up with** health foods.
엄마는 건강식품들을 사서 재어놓는다.
The expedition team have **loaded up with** enough food and water for a month.
그 탐사팀은 한 달 동안 충분히 쓸 양식과 물을 (자동차나 집 등에) 가득 실었다.

2.5 load O with O
He **loaded** the truck **with** drums.
그는 트럭을 드럼으로 실었다.
The dog is **loaded with** parasite. (passive)
그 개는 기생충으로 가득하다.
The parents **loaded** the child **with** gifts.
그 부모는 그 아이에게 많은 선물을 안겼다.

LOAF

1. 단동사
이 동사는 일할 시간에 빈둥거리며 시간을 낭비하는 과정을 그린다.

2. 구동사

2.1 loaf around

Being out of job, he is just **loafing around** at home.
그는 일자리가 없어서 매일 집에서 빈둥거리고 지냈다.

1. 단동사

이 동사는 돈 등을 빌려주는 과정을 그린다.
명사: 대출금, 대여

타동사

The bank is happy to **loan** money to small businesses.
저희 은행은 중소기업들에게 기꺼이 대출을 해 드립니다.
He **loaned** the museum his entire collection.
그는 그 미술관에 자신의 소장품 전부를 대여해 주었다.

2. 구동사

2.1 loan O out

A huge amount of money was **loaned out** to the start-up. (passive)
엄청난 양의 돈이 그 창업기업에 대출되었다.
[out은 돈이 그 창업기업에 가는 관계를 나타낸다.]
The pitcher was **loaned out** to the Giants.
그 투수는 Giants에 대출되었다.

1. 단동사

이 동사는 자물쇠로 문 등을 잠그는 과정을 그린다.
명사: 자물쇠, 잠금

타동사

He **locked** the door.
그는 그 문을 잠갔다.
The elk **locks** horns when they are fighting.
그 큰 사슴들은 싸울 때 그들의 뿔을 엉키게 한다.
The steering wheel is **locked**. (passive)
그 운전대가 잠겨서 움직이지 않는다.

자동사

The door **locks** when it is shut.
그 문은 닫히면 잠긴다.

2. 구동사

2.1 lock O away

We were advised to **lock** our cars **away**.
우리는 차를 자물쇠를 채워서 안전한 곳에 두도록 충고를 받았다.
The bottle of pill is **locked away** on the top shelf. (passive)

그 약병은 잠겨서 꼭대기 선반에 치워져 있다.
The police **locked** the thief **away**.
경찰이 그 도둑을 감옥에 가두어서 사회에서 격리시켰다.
The man is crazy and was **locked away** in hospital. (passive)
그 사람은 미쳐서 정신병원에 가두어져 있다.
The former attorney general is **locking** himself **away** in a remote temple.
그 전직 검찰총장은 자신을 외진 절에 가두고 있다. 즉 숨어 살고 있다.
He is happy to keep the memory of the day **locked away**. (passive)
그는 그 날의 기억을 그의 머릿속에 저장해 두고 있어서 행복하다.
All his emotion seem to be **locked away** in him. (passive)
그의 모든 감정은 속에 가두어져 있는 것 같다. 감정이 드러나지 않는다.

2.2 lock O down

After the terror, the *area* is **locked down**. (passive)
그 테러 사건이 있은 다음, 그 지역은 통행이 금지되었다.

the square 광장	*the city* 도시

We **locked down** the deal.
우리는 그 합의사항을 확정지었다.

2.3 lock O in O

The couple, now divorced, are **locked in** a long court battle of children. (passive)
그 커플은, 지금은 이혼한 상태에 있는데, 양육권의 긴 법정투쟁에 갇혀있다.

lock O in
The guard **locked** the pickpocket **in**.
그 경비는 그 소매치기를 (어디에) 가두고 문을 잠갔다.
Help, I'm **locked in**. (passive)
도와주세요! 나는 (방 안에) 갇혀 있어요.

lock O in on O
The missile has been **locked in on** its target and nothing could stop it. (passive)
그 유도탄은 그 목표가 설정되어 있어서, 아무것도 그것을 정지시킬 수 없다.
[in은 조종을 할 때 범위를 좁혀서 목표에 이르는(on) 관계를 나타낸다.]

2.4 lock O on O

The pilot **locked** the heat-seeking missile **on** its target.

그 조종사는 그 열 감지 미사일을 그의 목표에 고정시켰다.

2.5 lock O onto O

Andy **locked** his bicycle **onto** the lamppost.

앤디는 그의 자전거를 그 가로등에 가져다 자물쇠를 채웠다.

lock onto O

She **locked onto** the child and didn't leave his side.

그녀는 그 아이에게 딱 붙어서 한시도 그에게서 떨어지지 않았다.

2.6 lock O out

The husband beat his wife, and **locked** her **out**.

그 남편은 아내를 때리고, 그녀가 집안에 들어오지 못하게 밖에 두고 문을 잠갔다.

We **locked** ourselves **out**.

우리가 집에 들어가지 못하게 문이 잠겨버렸다.

[열쇠를 안에 두고 밖에서 문을 잠가버린 결과이다.]

The company **locked** its employees **out**.

그 회사는 그의 고용인을 못 들어오게 했다.

lock O out of O

He was **locked out of** the house. (passive)

그는 문이 잠겨서 들어가지 못했다.

He is **locked out of** his phone. (passive)

그는 전화기가 잠겨서 쓰지 못하고 있다.

2.7 lock O up

The house was **locked up** and there was no sign of anyone. (passive)

그 집은 완전히 잠겨있었고, 사람이 있는 흔적이 없었다.

[up은 잠길 곳이 모두 잠겨있는 상태를 그린다.]

The former president is **locked up** on criminal charges. (passive)

그 전직 대통령은 형사 죄목들로 구속되어 있다.

The president believes that tightening laws and **locking up** criminals lowered the criminal rate.

그 대통령은 법들을 엄격하고 범인들을 감금하게 하는 것이 그 범죄율을 낮추었다고 믿는다.

[up은 가두어서 활동을 못하게 하는 상태를 나타낸다.]

The tools are **locked up** when not in use. (passive)

그 도구들은 쓰이지 않는 때에는 안전한 곳에 보관해 둔다.

My money is **locked up** in an investment plan. (passive)

내 돈은 투자 계획에 잠겨있다.

He has **locked up** nomination.

그는 임명을 확보했다.

lock up

Remember to **lock up** when you leave the house.

집을 떠날 때 잠글 수 있는 곳은 모두 잠그는 것을 기억해라.

LOG 1

1. 단동사

이 동사는 컴퓨터를 쓸 수 있도록 필요한 절차를 밟는 과정을 그린다.

2. 구동사

2.1 log in

Log in using your name and password.

당신의 이름과 암호를 넣어서 로그인하세요.

log O in

Log in your password.

당신의 비밀번호를 입력하세요.

I'll **log** you **in**, so that you can access to the library network.

나는 여러분이 그 도서관 컴퓨터 시스템에 접속할 수 있도록 로그인해 주겠습니다.

log into O

Log into our website.

우리의 웹사이트로 로그인해서 들어오세요.

2.2 log off

Can you **log off** for 10 minutes?

10분 동안 컴퓨터를 꺼주시겠습니까?

I closed my file and **logged off**.

나는 내 파일을 닫고 컴퓨터를 끄고 나왔다.

log O off

Log off the computer and go out.

그 컴퓨터를 끄고 나가세요.

[off는 활동상태에서 정지상태로의 변화를 나타낸다.]

The system will automatically **log** you **off** after 30 minutes.

그 컴퓨터는 30분 후에 자동적으로 당신의 컴퓨터 작업을 꺼지게 합니다.

2.3 log on
I **log on** before I have a cup of coffee in the morning.
나는 아침에 커피 한 잔을 마시기 전에 컴퓨터에 접속한다.

log O on
He **logged on** his opinion.
그는 자신의 견해를 올렸다.
The computer is unable to **log** you **on**.
그 컴퓨터는 당신을 접속하게 할 수 없다.
I will **log** you **on** so that you can have access of the files.
나는 당신이 그 파일에 접속할 수 있도록 해 드리겠습니다.

log onto O
Anyone can **log onto** that computer.
누구나 저 컴퓨터를 접속할 수 있습니다.
Log onto the website.
그 웹사이트에 접속하세요.

2.4 log out
There was a problem, and we all had to **log out** of the computer.
문제가 있어서 우리는 그 컴퓨터를 끄고 나와야 했다.

log O out
The computer will **log** you **out** at the end of two hours.
그 컴퓨터는 두 시간이 끝나면 당신을 로그아웃합니다.

LOG²

1. 단동사
이 동사는 사건, 사실 등을 공식적으로 기록하는 과정을 그린다.
명사: (항해·운항·비행 등의) 일지, 기록

2. 구동사
2.1 log O in
We are **logged in** 50 hours of work. (passive)
우리는 이 일에 50시간을 기록했다.

2.2 log O up
The ship **logged up** lots of nautical miles on its last voyage.
그 배는 지난 항해에 많은 해리를 기록했다.
[참조: notch up]

LONG

1. 단동사
이 동사는 몹시 갈망하는 마음의 상태를 그린다.

2. 구동사
2.1 long for O
He has been ill in bed for a long time, and he **longs for** strolls in the fresh air.
그는 오랫동안 병상에 누워있어서, 시원한 공기 속에 산책하기를 갈망한다.
[참조: hope for, want for, yearn for]

LOOK

1. 단동사
이 동사는 보는 과정을 그린다.

2. 구동사
2.1 look about
I don't see my wallet here. I have to **look about** for it.
내 지갑이 여기에 안 보인다. 그것을 찾기 위해 이리저리 살펴보아야겠다.
[about은 시선이 여기저기에 가 닿는 관계를 나타낸다.]

2.2 look across O
He **looked across** the *field*.
그는 그 들판을 가로질러 보았다.

room	방	yard	뜰

2.3 look after O
He **looks after** his parents.
그는 그의 부모님을 돌본다.
[after는 그의 시선이 부모님을 따라 다닌다는 뜻이다.]
Look after yourself.
자신을 돌보아라.
Who is **looking after** the building?
누가 그 건물을 돌보는가?

2.4. look ahead
Looking ahea0, the economy will rebound.
앞을 내다보면, 나라의 경제가 다시 회복될 것이다.

2.5 look around
I **looked around** for the knife.
나는 그 칼을 찾기 위해 여기저기 살펴보았다.

L

[여기서 around는 about과 뜻이 비슷하다.]

He went into the store and **looked around**.

그는 그 상점 안에 들어가서 주위를 둘러보았다.

look around O

This afternoon, I am going to **look around** the city.

오늘 오후, 나는 그 도시 이곳저곳을 둘러 볼 생각이다.

2.6 look at O

He **looked at** me.

그는 나를 보았다.

[at은 시야 속에 시선이 집중되는 부분이다.]

Dad **looked at** my report card and freaked out.

아버지가 내 성적표를 보고 격분했다.

She **looks at** things differently.

그녀는 사물들을 다르게 본다.

He **looked at** the advantages and disadvantages of studying abroad.

그는 해외에서 공부하는 것의 장점들과 단점들을 살펴보았다.

I **looked at** him as a *friend*.

나는 그를 친구로 간주했다.

scholar 학자	fool 멍청이

2.7 look away from O

In embarrassment, the girl **looked away from** the man.

당황해서, 그 소녀는 시선을 그 남자에게서 다른 데로 돌렸다.

[away는 시선이 그 남자에게서 멀어지는 관계를 나타낸다.]

Try to **look away from** your phone every fifteen minutes.

매 15분마다 당신의 전화기에서 눈을 떼도록 노력하세요.

2.8 look back

She **looked back** at Honolulu from the plane.

그녀는 그 비행기에서 호놀룰루를 되돌아보았다.

look back (up)on O

He **looked back on** his childhood.

그는 그의 유년기를 되돌아보았다.

[back은 과거로 돌아가는 관계를 나타낸다.]

It was a bad trip, and I don't want to **look back upon** it.

그것은 좋지 않은 여행이어서 나는 그것을 되돌아보기가 싫다.

look back over O

She **looked back over** her shoulder.

그녀는 어깨너머로 뒤를 돌아보았다.

He **looked back over** his career.

그는 그의 경력 전체를 되돌아보았다.

2.9 look down O

He **looked down** the city from the *tower*.

그는 그 탑에서 그 시를 내려다보았다.

mountain 산	hill 언덕

look down

The little boy blushed and **looked down**.

그 작은 소년은 얼굴을 붉히고 시선을 내렸다.

He **looked down** from the balcony.

그는 그 발코니에서 내려다보았다.

He **looks down** in his mouth.

그는 기가 죽어 보인다.

[down은 기분이 좋지 않은 상태를 나타내고, in the mouth는 그 기분이 입에 나타난다.]

look down at O

He **looked down at** me and giggled.

그가 나를 내려다보고 낄낄거렸다.

[down은 위에서 아래로 시선이 내려가는 관계를 나타낸다.]

look down on O

My room **looks down on** the parking lot.

내 방은 그 주차장을 내려다본다. 즉, 내 방에서 주차장을 내려다 볼 수 있다.

He **looked down on** us.

그는 우리를 깔보았다.

[down은 위에서 아래로, on은 영향을 받는 이를 도입한다.]

He **looked down on** anything made in the country.

그는 그 나라에서 만들어진 것은 무엇이든 깔보았다.

2.10 look for O

He is **looking for** a *car*.

그는 자동차 하나를 구하고 있다.

[for는 보는 목적으로 차를 구함을 나타낸다.]

job 직업	opportunity 가능성

What do you **look for** in a man?

당신은 남자에게서 무엇을 찾고자 합니까?

He is **looking for** *a place to live*.

그는 살 자리를 찾고 있다.

a solution 해결	happiness 행복
a job 일자리	comfort 안락

2.11 look forward to O

I **look forward to** seeing you again soon.
나는 당신을 곧 다시 뵙기를 고대합니다.
[seeing you는 만나기가 전제되어 있음을 나타낸다.]
I am **looking forward to** going home to Hawaii.
나는 고향 하와이로 돌아가기를 고대한다.
He is **looking forward to** the vacation in Jeju Island.
그는 제주도에서 보낼 휴가를 고대한다.

2.12 look in

I **looked in** and found everything was alright.
나는 들여다보고, 모든 일이 잘 되고 있음을 알았다.

look in O

I **looked in** the mirror.
나는 그 거울을 들여다보았다.

look O in O

I **looked** the child **in** the face.
나는 그 아이 얼굴을 들여다보았다.

look in on O

She **looked in on** the baby before going to bed.
그녀는 잠자리에 들기 전에 그 아기를 들여다보았다.
I am going to **look in on** an old friend while I am in Seoul.
나는 서울에 있는 동안 옛 친구를 들여다보려고 한다.
즉, 찾아보려고 한다.
[참조: drop in]

2.13 look into O

He **looked into** the fish tank.
그는 그 어항 속을 들여다보았다.
Look into the drawers.
그 서랍들 속을 들여다보세요.
He **looked into** the *problem*.
그는 그 문제를 들여다보았다. 즉, 조사했다.

| allegation | 근거 없는 주장 | background | 배경 |
| possibility | 가능성 | details | 세부사항 |

He **looked into** the risk involved.
그는 관련된 그 위험을 조사했다.

2.14 look like O

She **looks like** Korean, but she is actually a Mongolian.
그녀는 한국인처럼 보인다. 그러나 그녀는 실제로 몽골인이다.

You **look like** you need a coffee.
너는 커피 한 잔이 필요한 것 같이 보인다.

2.15 look off

He **looked off** to a distance.
그는 눈을 떼어 먼 곳을 바라보았다.
He **looked off** to the horizen.
그는 눈을 떼어 수평선을 바라보았다.

2.16 look on O

She always **looks on** the bright side of things.
그녀는 언제나 사물들의 밝은 면을 본다.
[on은 마음이 가 닿는 곳을 가리킨다.]
He **looked on** Korea differently.
그는 한국을 다르게 바라본다.
The tribe's men **look on** Europeans with suspicion.
그 부족들은 유럽 사람들을 의심의 눈으로 바라보았다.

look on O as O

I **look on** him **as** my real friend.
나는 그를 진정한 친구로 본다. 즉, 간주한다.

look on

While she was cooking, I **looked on**.
그녀가 요리를 하는 동안 나는 (요리하는 것을) 보았다.
[on은 참여하지 않고 계속 보는 관계를 나타낸다. 참조: watch on]
The puppies were playing and the mother dog **looked on**.
그 강아지들이 놀고 있었고, 엄마 개는 그것을 보고 있었다.
His father **looked on** proudly at his son receiving a prize.
아버지는 아들이 상을 받을 때 자랑스럽게 쳐다보았다.

look on with O

Can we **look on with** Bill?
우리는 빌과 함께 (책이나 TV 등을) 같이 볼 수 있나요?
They were fighting fiercely and I **looked on with** horror.
그들이 맹렬하게 싸우고 있어서 나는 두려움을 갖고 보고만 있었다.

2.17 look onto O

The house **looks onto** the beach.
그 집은 바다를 바라본다.
[onto는 집에서 보면 시선이 바다에 가 닿는 관계를 나타낸다.]

2.18 look out O
He **looked out** the window.
그는 그 창문을 통해 밖을 내다보았다.

look out
Look out! Cars are coming!
주의하세요! 차들이 오고 있어요!
[out은 시선이 사방으로 나가는 관계를 나타낸다.]

look out for O
Can you **look out for** a *present* for him?
그에게 줄 선물을 사방으로 찾아봐주실 수 있습니까?
[out은 여럿 가운데 선물을 찾아내는 관계를 나타낸다. 참조: pick out]

job 직업	something unusual 특이한 것

Look out for *pickpockets*.
소매치기들을 사방으로 살피세요.

snake 뱀	danger 위험

Emily's brothers always **looked out for** her.
에밀리의 오빠들은 항상 그녀를 돌보았다.

elderly people 노인들	the weak 약자들

look out into O
He **looked out into** space.
그는 우주를 내다보았다.

look out over O
He **looked out over** the edge.
그는 그 가장자리 너머로 내다 보았다.
He **looked out over** the city at night.
그는 밤에 그 시 전체를 내다 보았다.

look O out
I will **look out** the document and fax it to you.
내가 그 서류를 찾아내어서 팩스로 보내주겠다.
[out은 보이지 않는 것이 보이게 되는 관계를 나타낸다.]

2.19 look over O
He **looked over** his shoulder.
그는 자신의 어깨너머로 보았다.
He **looked over** the window.
그는 그 창 너머로 내다보았다.
He **looked over** the crowd.
그는 그 군중들 전체를 보았다.

look O over
It is better for the doctor to **look** you **over**.
의사가 너를 전체적으로 검사하는 것이 좋겠다.
Please **look over** my *report*.
내 보고서 전체를 한 번 봐주세요.
[over는 시선이 보고서 전체에 미치는 관계를 나타낸다.]

essay 수필	proposal 제안
plan 계획	letter 편지

look over
I heard a strange noise to my left, and I **looked over**.
나는 내 왼쪽에서 이상한 소리를 듣고 그 쪽으로 건너다 보았다.

look over to O
He **looked over to** the left.
그는 왼쪽으로 너머다 보았다.

2.20 look through O
Look through the window and see what is happening on the street.
그 창문을 통해 내다보고, 그 길에 무슨 일이 일어나고 있는지 알아봐라.
[through는 시선이 창문을 통과하는 관계를 나타낸다.]
I have **looked through** the drawers but I can't find my watch.
나는 그 서랍들을 모두 살펴보았으나, 내 시계를 찾을 수가 없다.
[through는 처음부터 끝까지 하나하나 다 살펴본 상태를 나타낸다.]
Please **look through** my paper and see if there is any mistake.
내 논문을 처음부터 끝까지 빨리 보시고 잘못이 하나라도 있는지 봐주세요.
He **looked through** the art book quickly.
그는 그 미술책을 재빨리 처음부터 끝까지 훑어보았다.

2.21 look to O
We **look to** him for *advice*.
우리는 충고를 얻기 위해서 그에게 기댄다.

help 도움	support 지지

Don't **look to** me for the information.
그 정보를 얻기 위해 내게 기대지 마세요.
In a welfare state, everyone **looks to** the government for money.
복지국가에서는 모든 사람들이 돈을 얻기 위해 정부에

기댄다.

look to O as O

People **look to** me **as** a *leader*.
사람들은 나를 지도자로 바라본다.

advisor 고문	consultant 상담가

2.22 look up

I can't find Kelly. I will **look up** and down.
나는 켈리를 찾을 수 없다. 나는 위와 아래를, 즉 모든 곳을 찾아보아야겠다.
Look straight **up**, not look down.
똑바로 위를 쳐다보아라, 내려다보지 말고.
Things are **looking up**.
사정이 좋아지고 있다.
[up은 좋은 상태를 나타낸다. 참조: pick up]
The stock market is **looking up**.
그 주식시장이 좋아지고 있다.

look up to O

We **look up to** the teacher.
우리는 그 선생님을 우러러본다.
[up은 시선이 위로 감을 나타낸다. 즉 선생님이 높은 위치에 있는 것으로 본다.]

look O up

We **looked** the word **up** in a dictionary.
우리는 그 낱말을 사전에서 찾아보았다.
[up은 낱말이 시각영역에 들어오는 상태를 나타낸다.]
We **looked up** the *information* online.
우리는 정보를 온라인에서 찾아보았다.

answer 대답	article 기사

I am going to **look up** an old friend while I am in Honolulu.
나는 호놀룰루에 있는 동안 옛 친구를 찾아 볼 예정이다.
[참조: find out, search out, seek out]

2.23 look upon O

I **look upon** her as a daughter.
나는 그녀를 딸로 본다.
He **looked upon** this as a success.
그는 이것을 성공으로 보았다.

LOOM

1. 단동사

이 동사는 위협적으로 보이거나 나타나는 과정을 그린다.
자동사
The prospect of terror continues to **loom**.
그 테러의 그 전망이 위협적으로 계속되고 있다.

2. 구동사

2.1 loom ahead

In the fog, a dark figure **loomed ahead**.
그 안개 속에 시커먼 모습이 앞에 무섭게 나타났다.

2.2 loom over O

Giant clouds **loomed over** the city.
큼직한 구름들이 그 도시에 무섭게 덮여 있었다.
The Russian investigation **looms** large **over** the president.
소련에 관한 그 조사가 대통령 위에 위험하게 덮여있다. 즉, 대통령을 크게 걱정시키고 있다.

2.3 loom up

A tall tower **loomed up** in the fog.
높은 탑이 그 안개 속에 어렴풋이 나타났다.

LOOSE

1. 단동사

이 동사는 총이나 활을 쏘는 과정을 그린다.
타동사
He **loosed** the straps that bound her arms.
그가 그녀의 팔들을 묶고 있던 그 끈들을 풀어주었다.

2. 구동사

2.1 loose O off

The squad **loosed off** bullets against the enemy.
그 분대원들이 그 적을 향해 실탄들을 사격했다.
[off는 실탄이 총에서 나가는 관계를 나타낸다. 참조: fire off]

2.2 loose O on O

The Zika virus was **loosed on** the Brazilian people. (passive)
지카 바이러스가 브라질 국민들에게 피해를 입혔다.

LOOSEN

1. 단동사

이 동사는 느슨하게 하는 과정을 그린다.
형용사(loose): 헐거워진, 풀린, 헐렁한, 단단하지 않은, 느슨한
타동사

L

First **loosen** the nuts, then take off the wheel.
먼저 그 너트들을 푼 다음, 그 바퀴를 들어내라.
The military regime has not **loosened** its hold on power.
군부 정권이 권력 장악을 늦추지 않았다.

2. 구동사
2.1 loosen up
The players are **loosening up** before the final game.
그 선수들이 최종경기에 앞서 몸을 풀고 있다.
[up은 유연한 상태가 되거나 더 유연해지는 관계를 나타낸다. 참조: limber up, warm up]
After a few jokes, the participants began to **loosen up** a bit.
몇 개의 농담이 있은 다음, 참가자들이 조금 긴장을 풀기 시작했다.

loosen O up
After the big meal, I **loosened up** my belt.
그 거한 식사 후에 나는 내 벨트를 느슨하게 했다.
Loosen up your muscles before jogging.
조깅을 하기 전에 근육들을 푸세요.
Don't give the work to Frank--he will **loosen** it up.
그 일을 프랭크에게 맡기지 마라. 그는 그 일을 망칠 것이다.
[참조: mess up, screw up, cock up]

LOP

1. 단동사
이 동사는 나뭇가지 등을 세게 쳐서 자르는 과정을 나타낸다.

2. 구동사
2.1 lop O off
He **lopped off** branches from a tree behind his house.
그는 가지들을 그 집 뒤에 있는 나무에서 잘라내었다.
[off는 가지가 나무에서 떨어져 나오는 관계를 나타낸다.]

lop O off O
They **lopped** $15 **off** the price.
그들은 15달러를 그 가격에서 쳐내었다.

LOSE

1. 단동사
이 동사는 어떤 사람이 자신의 소유영역에 가지고 있는 것을 잃는 과정을 그린다.

타동사

He **lost** a brother during the war.
그는 그 전쟁동안 동생을 잃었다.
He **lost** his way.
그는 길을 잃었다.
He **lost** his temper.
그는 화를 내었다.
He **lost** a chance.
그는 기회를 놓쳤다.
He didn't **lose** a word of her lecture.
그는 그녀의 강의를 한 마디도 놓치지 않았다.

사역동사
The bad manners **lost** him friends.
그 나쁜 태도가 그를 친구들을 잃게 했다.

2. 구동사
2.1 lose O in O
She was walking back to the office, **lost in** a deep thought. (passive)
그녀는 깊은 생각에 잠긴 채 그 사무실로 들어 가고 있었다.
The child was **lost in** his own world. (passive)
그 아이는 자신의 세계에 빠져있었다.
He was **lost in** the beauty of the island. (passive)
그는 그 섬의 아름다움에 폭 빠져있었다.
When she left him, he **lost** himself **in** his work.
그녀가 그를 버리고 떠나자, 그는 자신을 일에 빠지게 했다. 일에 열중했다.

2.2 lose O from O
Many people in the Middle East are **losing** their limbs **from** land mines.
중동에 있는 많은 사람들이 그들의 팔다리를 지뢰로부터 잃고 있다.

2.3 lose out
I ran my best race, but I still **lost out**.
최선을 다해 달렸으나 등수에 들지 못했다.
Single moms **lose out** under the present marriage law.
미혼모들은 현 혼인법 하에서 손해를 보고 혜택은 받지 못한다.
I was hoping for a promotion but **lost out** because of my bad attendance record.
나는 진급을 바라고 있었으나, 내 출석률이 좋지 않아서 기대했던 진급에서 빠졌다.

lose out on O

I would hate to **lose out on** all the fun.

나는 그 모든 즐거움을 놓치기 싫다.

As I was away from home, I **lost out on** *the family reunion.*

내가 집을 떠나 있어서, 나는 그 가족 모임의 즐거움을 놓쳤다.

[참조: miss out]

Christmas 크리스마스	Thanksgiving 추수감사절

lose out to O

Korean farmers are **losing out to** foreign competitors.

한국 농부들은 외국 경쟁자들에 밀려서 혜택을 받지 못하고 있다.

2.4 lose to O

I **lost to** Wendy at the speech contest.

나는 그 말하기 대회에서 웬디에게 졌다.

lose O to O

She **lost** two sons **to** the war.

그녀는 두 아들을 그 전쟁에 잃었다.

He **lost** his house **to** lava.

그는 그의 집을 화산 용암에 잃었다.

LOUNGE

1. 단동사

이 동사는 눕거나 앉아서 빈둥거리는 과정을 그린다.

명사: 라운지, 대합실, 휴게실, 거실

2. 구동사

2.1 lounge about/around

We spent most of the weekend, **lounging about** the beach.

우리는 주말의 대부분을 그 해변에서 빈둥거리며 보냈다.

Some bears **lounged around** on the ice.

몇 마리의 곰들이 그 빙판 위에서 이리저리 빈둥거렸다.

LOUSE

1. 단동사

이 동사는 어떤 일을 나쁘게 하거나 망치는 과정을 그린다.

명사: 이, 비열한 놈

2. 구동사

2.1. louse O up

He **loused up** my plan for the holiday.

그는 그 휴가에 대한 나의 계획을 망쳐 놓았다.

I **loused up** myself in my English test.

나는 내 영어시험을 망쳤다.

His rude remarks **loused up** my feeling.

그의 무례한 말들이 내 기분을 잡치게 했다.

LOWER

1. 단동사

이 동사는 내리거나 낮추는 과정을 그린다.

low(형용사): 낮은

타동사

He had to **lower** his head to get through the door.

그는 그 문을 지나가기 위해 머리를 숙여야 했다.

He **lowered** his voice to a whisper.

그가 목소리를 속삼임으로 낮추었다.

2. 구동사

2.1 lower O down

He **lowered down** the ladder.

그는 그 사다리를 내려놓았다.

2.2 lower O onto O

The captain **lowered** the people **onto** the ground.

그 선장은 그 사람들을 땅에 내려놓았다.

LUCK

1. 단동사

이 동사는 운이 좋은 과정을 그린다.

명사: 좋은 운, 행운

2. 구동사

2.1 luck into O

We **lucked into** this apartment on the very day we started looking.

우리는 아파트를 찾기 시작한 바로 그 날 그 아파트에 운 좋게 들어가게 되었다.

[영어에서 소유는 소유자가 소유물 속으로 들어가는 것으로 표현된다.]

I **lucked into** a good used car.

나는 운 좋게 좋은 중고차를 갖게 되었다.

2.2 luck out

He **lucked out**; a book he bought at a second-hand bookstore turned out to be a rare book.

L

그는 몹시 운이 좋았다. 중고 책방에서 산 책이 희귀본
으로 나타났다.
[out은 운이 매우 좋은 상태를 나타낸다. 참조: biss out]
People in Korea **lucked out**; They were able to see
a rare moon eclipse.
한국 사람들은 몹시 운이 좋았다. 그들은 희귀한 월식을
볼 수 있었다.

luck out over O
I **lucked out over** my math test.
나는 수학시험에 매우 운이 좋았다.

LULL

1. 단동사
이 동사는 달래거나 진정시키는 과정을 나타낸다.
명사: 잠잠한 시기, 소강상태

타동사

The vibration of the engine **lulled** the children to sleep.
그 엔진의 진동이 그 아이들을 잠이 들게 했다.
His father's arrival **lulled** the boy's anxiety.
그의 아버지의 도착이 그 소년의 걱정을 진정시켰다.

2. 구동사
2.1 lull around O
Her husband spends most of the weekends, **lulling
around** the sofa, watching football games.
그녀의 남편은 주말들의 대부분을 그 소파에 앉아 뒹굴
면서 축구 경기를 보면서 지낸다.

2.2 lull O into O
The police **lulled** the suspect **into** believing that he
would be safe.
경찰은 그 용의자를 달래서 그가 안전할 것으로 믿게
했다.

LUMBER

1. 단동사
이 동사는 묵직한 걸음으로 걷는 과정을 그린다. 또, 남에
게 원치 않은 짐을 지우는 과정을 그린다.
명사: 잡동사니

2. 구동사
2.1 lumber by
A family of elephants **lumbered by**.
코끼리 가족이 느릿느릿 묵직한 걸음으로 지나갔다.

2.2 lumber O with O
I am afraid you will be **lumbered with** the bill. (passive)
나는 당신이 그 청구서를 떠맡게 될 것으로 생각합니다.

LUMP

1. 단동사
이 동사는 두 개체를 개별적으로 생각하지 않고 한 가지로
뭉뚱그리는 과정을 그린다.
명사: 덩어리, 응어리

2. 구동사
2.1. lump O in with O
Don't **lump** me **in with** him.
나를 그와 함께 뭉뚱그리지 마세요. 즉, 같이 취급하지
마세요.

2.2. lump O into O
Yellow dust and fine dust are **lumped into** fine dust.
황사와 미세먼지는 미세먼지로 뭉뚱그려진다.

2.3. lump O together
A number of plants are **lumped together** under the
category of herbs. (passive)
많은 식물들이 약초의 범주 아래 뭉뚱그려진다.
You cannot **lump** apples and oranges **together**. They
are different kinds.
너는 사과와 오렌지를 함께 뭉뚱그릴 수 없다. 즉, 같이
분류할 수 없다. 그들은 종류가 다르다.
The refugees were **lumped together** as spies.
(passive)
그 피난민들은 간첩으로 뭉뚱그려졌다.
They were **lumped together** as a gang, and kept under
close watch. (passive)
그들은 모두 갱으로 뭉뚱그려져서 (경찰의) 밀집 감시
하에 두어졌다.

2.4. lump O with O
My roommate **lumped** his CD collection **with** mine.
내 룸메이트는 수집한 CD들과 내 것을 함께 뭉뚱그려
버렸다.
You cannot **lump** the elderly **with** disabled.
너는 노인과 장애인을 한 범주에 넣을 수 없다.

LUNGE

1. 단동사
이 동사는 공격을 하기 위해서 갑자기 덤벼드는 과정을 그

린다.
명사: 돌진

2. 구동사

2.1 lunge at O

All of a sudden, the man **lunged at** a passer-by.
갑자기 그 남자는 지나가는 사람에게 덤벼들었다.
[at은 이동동사와 쓰이면 공격의 의미를 갖는다. 참조: come at, get at, run at]

The dog **lunged at** the policeman.
그 개가 그 경찰관을 향해 돌진했다.

LURCH

1. 단동사
이 동사는 갑자기 앞으로 혹은 옆으로 기우는 과정을 그린다.

2. 구동사

2.1 lurch at O

He **lurched at** the door and got it open.
그는 그 문에 몸을 휙 돌아서서 그 문을 열었다.

2.2 lurch forward

The bus **lurched forward** and shook us around.
그 버스가 갑자기 앞으로 쏠려서 우리를 이리저리 흔들어 놓았다.

LURK

1. 단동사
이 동사는 나쁜 짓을 하기 위해 숨어 있거나 도사리고 있는 과정을 그린다.
명사: 교묘한 속임수

자동사

A crocodile was **lurking** just below the surface.
악어 한 마리가 수면 바로 아래에 숨어 있었다.

At night, danger **lurks** in these streets.
밤에는 위험이 이들 거리에 도사리고 있다.

2. 구동사

2.1 lurk around O

Someone is **lurking around** the house.
누군가가 그 집 주위를 서성거리고 있다.

lurk around

Stop **lurking around**.
주위를 몰래 서성거리지 마세요.

2.2 lurk in O

Someone is **lurking in** the shadow.
누군가가 그늘 진 곳에서 (나쁜 짓을 하기 위해) 서성거린다.

LUST

1. 단동사
이 동사는 실제 필요 없는 것을 몹시 원하는 과정을 그린다.
명사: 성욕, 욕망, 열의

2. 구동사

2.1 lust after O

He is **lusting after** money and fame.
그는 돈과 명성을 몹시 추구하고 있다.

The young man is **lusting after** a luxurious yacht.
그 젊은이는 호화로운 요트를 갈구하고 있다.

L

M m

MAGIC

1. 단동사
이 동사는 마술처럼 무엇이 없어지거나 나타내는 과정을 그린다.
명사: 마법, 마술; 매력

2. 구동사
2.1 magic O away
The present government faces serious problems, which cannot be **magiced away**. (passive)
현 정부는 여러 가지 심각한 문제와 직면하고 있는데, 이들은 쉽게 없어질 수가 없다.
[away는 문제들이 사라지는 관계를 나타낸다.]

2.2 magic O up
The application can **magic up** a list of restaurants all over the city.
그 어플은 그 도시에 있는 모든 식당의 목록을 예상 외로 빨리 나타낼 수 있다.
[up은 목록이 나타나는 관계를 나타낸다. 참조: pop up, pull up]

MAIL

1. 단동사
이 동사는 우편물을 보내는 과정을 그린다.
명사: 우편, 우편물, (컴퓨터) 메일

타동사

Don't forget to **mail** that letter to your mother.
그 편지를 당신 어머니께 부치는 것을 잊지 마세요.
Please **mail** us at the following email address.
아래 이메일 주소로 저희에게 메일을 보내 주세요.

2. 구동사
2.1 mail O in
Mail your message **in**.
당신의 메시지를 우편으로 (방송국, 관공서 등에) 들여보내세요.

2.2 mail O off
Fill out the forms and **mail** them **off**.
그 양식들을 채우고 우편으로 보내세요.
[off는 편지가 보내는 사람을 떠나는 관계를 나타낸다.]

2.3 mail O out
The pamphlets were **mailed out** last month. (passive)
그 소책자들은 지난달에 대량으로 발송되었다.
[out은 많은 우편물이 나가는 관계를 나타낸다.]

MAKE

1. 단동사
이 동사는 무엇을 만들거나 무엇이 되는 과정을 그린다.

타동사

He **made** a dress / a fire / a plan.
그는 옷을 / 불을 / 계획을 만들었다.
He **made** a left turn / a trip / a rush.
그는 좌회전 / 여행 / 돌진을 했다.
He **made** money / time.
그는 돈을 / 시간을 벌었다.
The novel can **make** a good film.
그 소설은 좋은 영화로 만들 수 있다. 좋은 영화가 될 수 있다.
10 millimeters **makes** one centimeter.
10밀리미터는 1센티를 만든다.
Good pitching **makes** a baseball.
좋은 피칭이 성공적인 야구를 만든다.
The event **made** headlines.
그 사건이 신문 기사의 제목들이 되었다.

자동사

We **made** 10 kilometers today.
우리는 오늘 10km를 이동했다.

2. 구동사
2.1 make after O
We **made after** the car.
우리는 그 차를 따라갔다.
[참조: go after]
The police officer **made after** the robber.
그 경찰관이 그 강도를 따라갔다.
[참조: go after]

2.2 make away with O
The clerk **made away with** $100 in cash.
그 점원은 현금 100달러를 가지고 도망갔다.
The kid **made away with** all the cookies.
그 꼬마가 모든 과자들을 가지고 도망갔다.

2.3 make for O

The ship **made for** port.

그 배는 그 항구로 갔다.

After the game, the fans **made for** the exits.

그 경기가 끝난 후에 그 팬들이 그 출구로 갔다.

[참조: head for]

We **made for** the *shelter*.

우리는 재빨리 은신처를 향해 갔다.

shade	그늘	high ground	높은 곳
port	항구	kitchen	부엌

2.4 make O into O

I **made** the fabric **into** a curtain.

나는 그 천을 커튼으로 만들었다.

[참조: turn into]

2.5 make O of O

I can't **make** sense **of** his explanation.

나는 그의 설명에서 뜻을 만들 수 없다. 즉, 그 설명을 이해할 수 없다.

[of의 목적어는 sense를 이루는 재료가 된다.]

Make most **of** what you have now.

네가 현재 가지고 있는 것을 최대한 이용해라.

2.6 make off O

We managed to **make off** the mountain.

우리는 겨우 그 산을 떠날 수 있었다.

[off는 우리가 산에서 떠나는 관계를 나타낸다.]

make off

He **made off** as soon as the policeman arrived.

그는 경찰이 도착하자마자 (자리를) 떴다.

[off는 화/청자가 아는 자리를 떠나는 관계를 나타낸다. 참조: go off, run off]

make off with O

The thief **made off with** several smartphones.

그 도둑은 몇 개의 스마트폰을 가지고 도망갔다.

make O off of O

He **made** a fortune **off of** selling the house.

그는 큰 돈을 그 집을 팔아서 만들었다.

2.7 make O onto O

In 2018, BTS, a K-pop group, **made** it **onto** the Billboard chart.

2018년에 방탄소년단은 빌보드 차트에 마침내 오르게

되었다.

2.8 make out

He **made out** as if he were sick.

그는 아픈 것처럼 행동했다.

[out은 생각을 밖으로 표현하는 관계를 그린다.]

She will **make out** all right.

그녀는 결국 괜찮을 것이다.

[out은 결과를 나타낸다.]

[참조: turn out, work out]

How are you **making out** with the deal?

너는 그 거래를 어떻게 진행시키고 있니?

[out은 상황이 전개되는 관계를 나타낸다.]

How is she **making out** in her new job?

그녀는 그 새 일자리에서 어떻게 해 나가고 있느냐?

make O out

I **made out** how he did it.

나는 그가 그것을 어떻게 했는지를 알아내었다.

[out은 모르던 것이 알려지는 상태를 나타낸다. 참조: find out]

What are you talking about? I can't **make** anything **out**.

너 뭘 이야기하고 있니? 난 아무것도 이해하지 못하겠어.

I can't **make** him **out**.

나는 그의 생각을 알아내지 못하겠다.

[him은 환유적으로 그의 생각을 가리킨다.]

He **made** a check of $100 **out**.

그는 100불짜리 수표를 내어놓았다. 즉 수표를 발행했다.

[out은 수표의 빈 칸을 다 메우는 관계를 나타낸다. 참조: fill out, write out]

The book **made** him **out** as a crook.

그 책은 그를 사기꾼으로 묘사했다.

[out은 그가 사기꾼으로 드러나게 하는 관계를 나타낸다.]

2.9 make over O

Why do you **make over** your sister so much?

왜 너는 너의 여동생에게 그렇게 많은 주의를 기울이느냐?

make O over

He **made** his house **over**.

그는 그의 집을 전반적으로 고쳐서 더 좋게 했다.

[over는 변화가 전반적임을 나타낸다.]

The stylist **made** Mary **over**.

그 미용사가 메리를 완전히 바꾸어 놓았다.

make O over to O

He **made over** his house **to** his daughter.

그는 그의 집을 그의 딸에게 넘겨주었다.

[over는 집이 아버지에게서 딸에게 넘어가는 관계를 그린다. 참조: hand over, sign over]

2.10 make toward O

They **made toward** the gate.
그들은 그 대문 쪽으로 갔다.

2.11 make up

Carol **made up** with Charles.
캐롤은 찰스와 화해를 했다.
[up은 벌어진 것이 가까워지는 관계를 나타낸다.]

They argue but they always **make up**.
그들은 다투지만 화해한다.

make up for O

This year's good earning **made up for** last year's loss.
금년의 좋은 수익이 작년의 손실을 보충한다.
[up은 모자라는 부분이 채워지는 과정과 결과를 그린다.]

He **made up for** his poor childhood with expensive things.
그는 그의 가난했던 어린 시절을 값비싼 물건으로 보상했다.

make O up of O

All substances are **made up of** molecules. (passive)
모든 물질들은 분자들로 이루어진다.
[up은 만들어지는 관계를, of는 만들어지는 것의 재료나 원료가 된다.]

Watermelon is **made up of** water and sugar.
수박은 수분과 당분으로 만들어진다.

make O up

She was **making up** a packed lunch for her daughter.
그녀는 딸을 위해 도시락을 만들고 있었다.
[up은 주어진 재료를 써서 도시락이 만들어지는 관계를 나타낸다. 참조: fix up, whip up]

He **made up** the *story*.
그는 그 이야기를 지어냈다.
[up은 없던 것이 생기는 관계를 나타낸다.]

excuse	변명	policy	정책
question	질문	allegation	근거 없는 주장

He **made up** a bed on the sofa.
그는 그 소파 위에 잠자리를 만들었다.

Women **made up** 40% of the applicants.
여성들이 그 지원자들의 40%를 차지한다.
[up은 어떤 공간을 차지하게 되는 상태를 나타낸다.]

Mountains **make up** 70% of the land area in Korea.
산들이 한국 육지의 70%를 차지한다.

Can I **make** the lost time **up**?
내가 잃어버린 그 시간을 보충할 수 있나요?

Five chapters **make up** this book.
다섯 개의 장이 이 책을 구성한다.

Who **made up** the clown?
누가 그 광대의 화장을 했느냐?
[up은 화장을 해서 더 낫게 보이는 관계를 나타낸다.]

make O up to O

He gave me so much, and I don't know how I can **make** it **up to** him.
그가 나에게 많은 것을 주기 때문에 어떻게 나는 보답을 그의 수준까지 끌어올릴 수 있을지 모르겠다.

Have you seen the disgusting behavior? He was **making** it **up to** the manager.
당신은 그의 역겨운 태도를 본 적이 있습니까? 그는 언제나 그 지배인에게 아첨을 한다.
[up은 지배인에게 가까이 다가가는 관계를 그린다. 참조: kiss up to, butter up to]

MAP

1. 단동사

이 동사는 지도를 그리거나 지도를 그리는 것과 같이 상세하게 계획하는 과정을 그린다.

> 타동사

Kim Cheong-ho **mapped** the Korean peninsula.
김정호가 한반도의 지도를 그렸다.

2. 구동사

2.1 map O out

The minister **mapped out** a new three-year economic plan yesterday.
그 장관은 어제 새 삼년 경제 계획을 상세하게 제시했다.
[out은 개혁 안에 들어가는 세부사항이 상세하게 포함된 상태를 나타낸다. 참조: lay out, spell out]

I'll **map out** the *plan* for you.
나는 너에게 그 계획을 상세하게 말해주겠다.

trip	여행	project	기획사업

map out for O

The administration staff is busy **mapping out for** the festival.
그 행정 직원들은 그 축제를 위한 계획을 상세히 세우느라 바쁘다.

2.2 map O up

He **mapped up** the continental shelf.

그는 그 대륙붕을 지도에 표시했다.

[up은 대륙붕이 지도에 나타나는 관계를 나타낸다.]

MARCH

1. 단동사

이 동사는 행군하거나 행군을 시키는 과정을 그린다.

명사: 가두 행진, 행군, 행진, 행진곡

타동사

They **marched** 20 miles to reach the capital.

그들은 20마일을 행진하여 그 수도에 닿았다.

2. 구동사

2.1 march on

The elephants **marched on** after drinking water.

그 코끼리들이 물을 마신 다음 이어서 행진했다.

march on O

The angry demonstrators **marched on** the White House.

그 성난 시위자들이 항의를 하기 위해서 백악관으로 갔다.

[on은 목적어가 피해를 받는 관계를 나타낸다. 참조: advance on, gain on]

march onto O

They **marched onto** the White House.

그들은 이어서 백악관으로 행진해 갔다.

2.2 march through O

The demonstrators **marched through** the city.

그 시위자들이 그 도시를 행진해서 지나갔다.

MARK

1. 단동사

이 동사는 다른 사람이 식별할 수 있도록 표시하는 과정을 그린다.

타동사

The teacher **marked** her absence.

그 선생님이 그녀의 결석을 표시했다.

A large purple scar **marked** his cheek.

큰 보라색 흉터 하나가 그의 뺨에 나타나있다.

The cross **marks** the spot where the body was found.

그 십자가 표시는 그 시체가 발견된 지점을 표시한다.

This speech may **mark** a change in government policy.

이 연설이 정부 정책의 한 변화를 보여주는 표시일 수

있다.

Mark my words.

내 말 명심해요.

2. 구동사

2.1 mark O as O

After the coach saw the player playing, he **marked** him **as** a promising player.

그 코치가 그 선수가 경기하는 것을 보고 나서, 그를 유망한 선수로 간주했다.

The neighbors **mark** the boy **as** a bully.

그 동네 사람들은 그 소년을 골목대장으로 간주한다.

2.2 mark O down

For the regular sale, the department store **marked** every item **down**.

그 정기 세일을 위해서, 그 백화점은 모든 품목의 값을 낮추어 표시했다.

[down은 양이나 수가 적어지는 관계를 나타낸다. 참조: sale down]

To control my food intake, I have to **mark down** everything I eat.

나는 내 음식 섭취량을 조절하기 위해서 내가 먹는 모든 것을 기록한다.

[down은 소리, 생각, 감정 등을 종이에 적어두는 관계를 나타낸다. 참조: note down, take down]

The basketball player for Canada is **marked down** a player of potential. (passive)

그 캐나다 출신 그 선수는 유망한 선수로 간주되고 있다.

2.3 mark O off

The area is **marked off** with a fence for planting turnip and lettuce. (passive)

그 영역은 무와 상추를 심기 위해 울타리로 분리되어 있다.

[off는 한 부분이 전체에서 분리되는 관계를 나타낸다. 참조: seal off, divide off, wall off, fence off]

The design of the building **marks** it **off** from the surrounding buildings.

그 건물의 디자인은 주위의 건물들로부터 뚜렷하게 구별되게 한다.

[참조: set off]

I am **marking off** the days on the calendar.

나는 달력에 그 날짜들을 하나씩 지워가고 있다.

[off는 날짜 등을 하나하나 지워가는 관계를 나타낸다. 참조: cross off, check off, tick off]

Her athletic skills **marked** her **off** from the others.

그녀의 운동 능력은 그녀를 다른 사람으로부터 구분되

M

게 한다.

2.4 mark O out

Her talent makes her **marked out** as a genius.
그녀의 재능이 그녀를 천재로 드러나게 만든다.
[out은 드러나거나 뛰어난 관계를 나타낸다. 참조: stand out]

His tall and athletic figure **marks** him **out** among his colleagues.
그의 키가 크고 건강한 체격이 그를 그의 동료들 가운데서 눈에 뜨이게 만든다.

The area is **marked out** for expecting mothers.
그 자리는 임신 여성들을 위해 구역이 표시되어 있다.
[out은 어떤 자리 등을 눈에 띄게 표시하는 관계를 나타낸다. 참조: stake out]

The child **marked out** a circle on the ground.
그 아이는 땅에다가 원을 그려 주위를 표시했다.

From early on, he seemed to be **marked out** for career in engineering.
초기부터 그는 공학 부문의 경력을 위해 만들어진 것으로 보였다.
[out은 만들어진 상태를 나타낸다. 참조: carve out, cut out for]

2.5 mark O up

The mechanic **marked up** the parts to be repaired.
그 기계공은 수리되어야 할 그 부품들을 눈에 뜨이게 표시했다.
[up은 무엇이 눈에 뜨이게 만드는 관계를 나타낸다.]

The editor **marked up** the *phrases* to be corrected.
그 편집자가 수정되어야 할 구들을 눈에 잘 뜨이게 표시했다.

errors 오류들	awkward expressions 어색한 표현들

MAROON

1. 단동사
이 동사는 외진 곳에 고립되는 과정을 그린다.

2. 구동사
2.1 maroon O on O

He was **marooned on** a small island in the Pacific. (passive)
그는 태평양에 있는 작은 섬에 고립되었다.

MARRY

1. 단동사
이 동사는 두 사람이 결혼하거나 두 사람을 결혼시키는 과

정을 그린다.

타동사

She **married** a German.
그녀는 독일인과 결혼했다.

They were **married** by a local priest. (passive)
그들은 지역 신부의 주례 하에 결혼식을 했다.

The music business **marries** art and commerce.
그 음악 사업은 예술과 상업을 결합시킨다.

자동사

They **married** young.
그들은 어린 나이에 결혼했다.

2. 구동사
2.1 marry into O

She **married into** a rich family.
그녀는 부잣집으로 시집을 갔다.

2.2 marry O off

In the past, fathers **married off** their daughters.
옛날에 아버지들은 그들의 딸들을 치워버렸다.
[off는 딸이 부모에서 떨어져 나가는 관계를 나타낸다.]

2.3 marry out

She **married out** and her children became non-Buddhist.
그녀는 타종교인과 결혼해서 그녀의 자식들은 비 불교 신자가 되었다.
[out은 어느 종교를 벗어나서 다른 종교인과 결혼하는 관계를 나타낸다.]

He cunningly **married out** of his working class background.
그는 간교해서 그의 노동자층 계급에서 벗어나는 결혼을 했다.

2.4 marry O up

The two halves were trimmed and they could be **married up**.
그 두 부분은 다듬어져서 결합이 될 수 있었다.
[up은 두 부분이 맞닿게 되는 관계를 나타낸다. 참조: join up, meet up, match up]

MARSHAL

1. 단동사
이 동사는 많은 사람들을 통제하거나 조직하는 과정을 그린다.
명사: 원수 / 진행 요원 / 집행관, 보안관 / 경찰서장, 소방서장

타동사

They have begun **marshalling** forces to send relief to the hurricane victims.
그들이 구호품을 그 허리케인 피해자들에게 구호품을 보내기 위해 요원을 집결시키기 시작했다.
Police were brought in to **marshal** the crowd.
그 군중을 통제하기 위해 경찰이 투입되었다.

2. 구동사
2.1 marshal O together
The leader **marshalled** all the people **together**.
그 지도자는 그 모든 사람들을 결집시켰다.

MARVEL

1. 단동사
이 동사는 경이로워하거나 경탄하는 과정을 그린다.
명사: 경이로운 사람, 경이로운 결과[업적]

2. 구동사
2.1 marvel at O
We **marvelled** **at** the beauty of the scenery.
우리는 그 전경의 아름다움에 경탄하였다.
Everyone **marvelled** **at** his courage.
모든 사람들이 그의 용기에 경탄했다.

MASH

1. 단동사
이 동사는 삶은 음식 재료를 부드럽게 으깨는 과정을 그린다.
명사: 삶은 곡물 사료, 으깬 음식

2. 구동사
2.1 mash O up
She is **mashing** **up** potatoes for baby food.
그녀는 애기 음식을 만들기 위해서 감자를 으깨고 있다.
[up은 감자가 으깨어진 상태를 나타낸다. 참조: crush up]
Food is **mashed** **up** in the stomach. (passive)
음식은 위에서 잘게 부수어진다.

MASK

1. 단동사
이 동사는 가리거나 감추는 과정을 그린다.
명사: 마스크, 복면, 가면, 팩
타동사
She **masked** her anger with a smile.
그녀는 분노를 미소로써 감추었다.

2. 구동사
2.1 mask O off
Mask **off** any space that you do not want to paint.
페인트칠을 하고 싶지 않은 부분을 덮어 씌워서 분리하세요.
[off는 한부분이 전체에서 떨어져 있게 되는 관계를 나타낸다. 참조: seal off]

2.2 mask O out
The high fences **mask** **out** the city dump.
그 높은 울타리들이 그 쓰레기장을 가려서 안 보이게 한다.
[out은 쓰레기장이 안 보이게 되는 관계를 나타낸다.]

MATCH

1. 단동사
이 동사는 색깔, 문양 등이 같은 두 개체를 짝 짓거나 두 개체가 짝이 되는 과정을 나타낸다.
자동사
These shoes do not **match**: one is red and the other is blue.
이 신발들은 짝이 맞지 않는다. 하나는 빨강이고, 다른 것은 파랑이다.
His shirt and tie do not **match**.
그의 셔츠와 넥타이는 맞지 않는다.
The two students' scores **match**.
그 두 학생의 점수들이 같다.
타동사
Can you **match** this color?
이 색깔에 맞추어 주실 수 있습니까?
They **matched** the boxer to a former champion.
그들은 그 권투선수를 전 챔피언과 맞붙게 했다.

2. 구동사
2.1 match O against O
The two boys were **matched** **against** each other. (passive)
그 두 소년들은 서로 맞붙게 되었다.
I **matched** my answers **against** his.
나는 내 대답을 그의 대답에 맞추어 보았다.
His finger prints on the door knob is not **matched** **against** the ones in his car. (passive)
그 문 손잡이에 묻은 지문들은 그의 차에 있는 것과 대비가 되지 않았다.

match up
The names on the two lists do not **match** **up**.

M

그 두 명단에 있는 이름들이 일치하지 않는다.
[up은 두 개 이름이 짝을 이루는 관계를 나타낸다.]

match up against O
The boss tries to hire people who **match up against**
a particular job profile.
그 사장은 특정 일의 특성과 필적하는 사람을 고용하려
고 한다.
He **matched up against** the champion.
그는 그 선수권자와 맞서 싸웠다.

match up to O
We travelled to London and Paris, and found that
London does not **match up to** Paris.
우리는 런던과 파리로 여행을 가서, 런던이 파리와 수준
에 비교되지 않음을 알았다.
The film is based on a novel, and it does not **match
up to** the book.
그 영화는 어느 소설에 바탕을 두고 있는데, 그것은 그
소설에 버금가지 못한다.
This sock does not **match up to** the other one.
이 양말 한 쪽은 다른 쪽에 갖다 대면 맞지 않는다.

match up with O
His report does not **match up with** what other people
say.
그의 보고서는 다른 사람들이 말하는 것과 완전히 일치
하지 않는다.
[up은 대비되는 두 개체가 같은 정도에 있음을 나타낸다.]

match O up
He **matched up** the edges of the books in the book
shelf.
그는 그 선반에 있는 책들의 모서리를 가지런하게 했다.

match O up with O
He tried to **match** me **up with** his sister.
그는 나를 그의 누이와 짝지어주려고 노력했다.
[up은 내가 그의 누이와 짝이 되는 관계를 나타낸다. 참조: join
up with, set up with]
She **matched** him **up with** someone suitable.
그녀는 그를 적당한 사람과 짝지어주었다.
He **matched up** the names **with** the faces.
그는 그 이름과 그 얼굴을 짝을 지었다.
When you buy a dinner table, **match** it **up with** other
colors in the kitchen.
식탁을 살 때 그 부엌의 다른 색깔들과 잘 조화시키
세요.

MAUL

1. 단동사
이 동사는 동물들이 이빨과 발톱으로 공격해서 상처를 입
히는 과정을 그린다.
타동사
The hunter was **mauled** by a wolf. (passive)
그 사냥꾼은 늑대에 물려 살이 찢겼다.
Her latest book was **mauled** by critics. (passive)
그녀의 최신작은 비평가들에게 혹평을 받았다.
Some guy came over and started **mauling** Jane.
어떤 녀석이 건너와서 제인에게 거칠게 성적인 접촉을
했다.

2. 구동사
2.1 maul around
During the medical examination, he was **mauled
around**.
그 건강 검진이 진행되는 동안, 그는 함부로 다루어졌다.
[참조: jostle around, push around, shove around]

MAX

1. 단동사
이 동사는 노력이나 시간을 최대한으로 이용하는 과정을
그린다.
명사: 최대, 최고

2. 구동사
2.1 max out
Hilary **maxed out** on her presidential campaign.
힐러리는 대통령 선거 유세에서 최선을 다했다.
People today have **maxed out** on violent movies.
오늘날 사람들은 폭력적인 영화를 한껏 보아서 더 이상
원하지 않는다.
[out은 한계점에 이르는 상태를 나타낸다.]
Ron **maxes out** in every subject and keeps up good
grades.
론은 모든 과목에 최선을 다해서 좋은 성적들을 유지한다.

max O out
Ted **maxed out** his credit card.
테드는 그의 신용카드를 신용 한도까지 썼다.
Some of the natural resources will be **maxed out** in
the near future.
자연 자원의 몇 가지는 가까운 미래에 다 쓰고 없어질
것이다.

MEASURE

1. 단동사
이 동사는 자나 저울을 써서 수, 양, 부피 등을 재는 과정을 그린다.

타동사

He **measured** the fabric with a yard stick.
그는 그 천을 야드 잣대로 쟀다.
How do you **measure** your health?
너는 어떻게 너의 건강을 재니?
Clocks **measure** time.
시계들은 시간을 잰다.

자동사

The table **measures** 2 meters on each side.
그 식탁은 각 면을 재면 2미터가 된다.

2. 구동사
2.1 measure O against O
With the new national test, it is possible to **measure** each child **against** fixed standard.
그 새 국가고사가 있어서, 개개의 아이들을 고정 표준에 대고 비교하는 것이 가능하다.
[against의 목적어는 비교하는 기준이 된다.]

measure against O
How does this performance **measure against** the last one?
이번 연기는 지난 연기에 (재어보면) 어떻게 대비되는가?

2.2 measure O off
She decided on a light material, and the assistant **measured off** two feet.
그녀가 옅은 색의 옷감을 골랐고, 그 점원이 2피트를 재어서 잘랐다.
[off는 2피트가 전체에서 떨어져 나오는 관계를 나타낸다.]

2.3 measure O out
The chef **measured out** four cups of flour into the bowl.
그 주방장은 밀가루 네 컵을 재어 내어서 그 사발에 부어 넣었다.
[out은 일정한 양을 전체에서 덜어내는 과정과 상태를 그린다.]
The teacher showed the children how to **measure out** and mix ingredients for the cake.
그 선생님은 아이들에게 어떻게 그 케이크 재료를 재어서 덜어내고 섞는가를 가르쳐줬다.

2.4 measure up

What happened to those students who did not **measure up**?
(재어보니) 어떤 수준에 도달하지 못한 학생들은 어떻게 되었나?
[up은 어떤 높은 기준에 이르는 상태를 그린다.]
We didn't **measure up**, and the refrigerator did not fit in the space.
우리는 (공간의 치수를) 완전하게 재지 않아서 그 냉장고가 그 자리에 맞지 않았다.
[up은 잴 수 있는 것을 다 재는 상태를 그린다.]

measure up to O
Some of the college courses do not **measure up to** the required standard.
그 대학 강의의 몇 개는 재어보면 요구된 기준에 미치지 못한다.
[up은 기준이 높은 곳에 있음을 나타낸다.]
According to the survey, boys do not **measure up to** girls in math.
그 조사에 의하면, 남자아이들은 수학에 있어서 (재어보면) 여자아이들에 미치지 못한다.
He does not **measure up to** his father.
그는 아버지의 수준에 이르지 못한다.

measure O up
They **measured up** the room for the carpet.
그들은 그 카페트를 깔기 위해서 그 방의 치수를 정확하게 재었다.
The foreign men shook hands and **measured** each other **up**.
그 외국인들은 악수를 하고 서로를 파악하기 위해 자세히 훑어보았다.
[참조: size up]

MEET

1. 단동사
이 동사는 사람과 사람, 물건과 물건이 어느 한 장소에서 만나는 과정을 나타낸다.

타동사

I **met** my friend yesterday.
나는 어제 내 친구를 만났다.
Please **meet** the bus at 1:00.
1시에 그 버스를 마중해라.
He **met** all the questions.
그는 그 모든 질문에 대답했다.
The plan will **meet** disaster.
그 계획은 재앙을 겪게 될 것이다.

M

I will **meet** all my bills.

나는 나의 모든 빚들을 갚겠다.

자동사

The two roads **meet** at Cheonan.

그 두 길은 천안에서 만난다.

Where did you two **meet**?

너희 둘은 어디서 만났느냐?

The school board **meets** every Friday.

그 학교 이사회는 매주 금요일에 만난다. 즉, 회의를 한다.

2. 구동사

2.1 meet up

If you want to **meet up** for a chat, just give me a call.

(우리가 서로 떨어져 있는데) 한자리에 만나 이야기하고 싶으면 전화 한통만 해.

[up은 가까워짐과 거리가 좁아짐의 뜻을 나타낸다.]

The members of the group had different jobs before they **met up** last year.

그 그룹의 구성원들은 작년에 만나기 전에 (서로 떨어져 있던 상태에서) 다른 직업들을 가졌다.

meet up with O

She is wearing a tiny and short T-shirt. It does not **meet up with** her jeans.

그 여자는 작고 짧은 티셔츠를 입고 있다. 그것은 그녀의 청바지와 맞닿지 않는다.

[up은 바지가 티셔츠에 가 닿는 관계를 나타낸다.]

I **met up with** my *friend* in Seoul.

나는 (서로 떨어져 있다가 내가 서울로 가서) 서울에서 내 친구를 만났다.

adviser 지도교수	government official 공무원

2.2 meet with O

The president will **meet** face to face **with** rebel leader.

그 대통령은 반군지도자와 얼굴을 맞대고 만날 예정이다.

I am going to **meet with** my advisor to decide on the courses for the new semester.

나는 새학기 과목들 선택을 위해서 교수님과 (약속을 해서) 만날 예정이다.

In life, we often **meet with** stumbling blocks.

인생에 있어서, 우리는 종종 걸림돌과 만나게 된다.

He **met with** an accident on a highway.

그는 고속도로에서 사고와 마주했다. 즉, 사고를 당했다.

The city's proposal to build another stadium **met with** a strong *opposition* from environmentalists.

또 하나의 경기장을 지으려는 그 시의 제안은 환경주의

자들로부터의 강한 반대에 마주쳤다.

resistance 저항	approval 승인

The president's efforts to eradicate corruption **met with** success.

부패를 뿌리 뽑으려는 대통령의 노력들은 성공을 맞았다.

President Trump will **meet** one-on-one **with** President Putin in Sweden.

트럼프 대통령은 푸틴 대통령을 스웨덴에서 일대일로 만날 것이다.

MELLOW

1. 단동사

이 동사는 긴장을 풀고 여유롭게 지내는 과정을 그린다.

형용사: 부드러운, 그윽한

2. 구동사

2.1 mellow out

When he comes home, he **mellows out** in front of TV.

집에 오면 그는 텔레비전 앞에서 편안하게 쉰다.

[참조: chill out, hang out, veg out]

Let's put on some music and **mellow out**.

음악을 좀 틀어 놓고 편안하게 쉽시다.

mellow O out

This herb **mellows out** the strong smell.

이 약초는 그 강한 냄새를 없애고 부드럽게 한다.

MELT

1. 단동사

이 동사는 녹거나 녹이는 과정을 그린다.

타동사

She **melted** butter for popcorn.

그녀는 버터를 그 팝콘을 위해서 녹였다.

The story **melted** my heart.

그 얘기가 나의 마음을 녹였다.

자동사

Snow **melted** in the spring sunshine.

눈이 봄 햇살에 녹았다.

The candy **melted** in my mouth.

그 사탕이 내 입안에서 녹았다.

2. 구동사

2.1 melt away

As the sun rose, the *thick fog* **melted away**.

태양이 뜨자, 그 짙은 안개가 점점 녹아 없어졌다.
[away는 주어진 양이 점점 줄어들어서 없어지는 관계를 나타낸다.]

| snow | 눈 | anger | 화 |
| chocolate | 초콜릿 | fear | 두려움 |

Ice sheets are **melting away**.
대류 빙하들이 점점 녹아 없어지고 있다.
The high mountain range **melts away** into a wide plain.
그 높은 산맥은 넓은 평원으로 녹아 들어간다.

melt O away
The hot steam **melted away** the dirty stain in the carpet.
그 뜨거운 증기가 그 카펫에 있는 더러운 얼룩을 녹여 없어지게 했다.

2.2 melt O down
The Japanese took all the spoons, rice bowls, and chamber pots and **melted** them **down** to make weapons.
일본인들은 숟가락, 밥그릇, 요강 등을 빼앗아 그것들을 녹여서 무기를 만들었다.
[down은 단단한 상태에서 액체가 되는 상태로의 변화를 그린다.]
He **melted down** the gold bar to make rings and necklaces.
그는 그 금덩어리를 반지와 목걸이를 만들기 위해 녹였다.

melt down
The *glacier* **melted down** little by little.
그 빙하가 조금씩 녹아서 줄어들었다.

| ice cube(s) | 얼음 | snow man | 눈사람 |
| chocolate(s) | 초콜릿 | candle | 양초 |

2.3 melt into O
The candles **melted into** a pool of colored wax.
그 초가 녹아서 색깔의 밀랍 웅덩이가 되었다.
I noticed that her hopes **melted into** despair.
나는 그녀의 희망들이 절망 속으로 녹아 들어가는 것을 보았다.
We watched him **melt into** the *crowd*.
우리는 그가 군중 속으로 녹아들어가는 것을 보았다.
즉, 군중 속으로 사라지는 것을 보았다.

| darkness | 어둠 | forest | 숲 |

2.4 melt O off
Huge icicles on the building were **melted off**. (passive)

그 건물에 붙어있는 큰 고드름들을 녹여서 떨어지게 했다.
[off는 고드름이 건물에서 떨어지는 관계를 나타낸다.]

2.5 melt O together
The steel sheets are **melted together**. (passive)
그 강판들이 녹여서 붙여졌다.

MERGE

1. 단동사
이 동사는 여러 개체를 병합해서 하나로 만드는 과정을 그린다.

2. 구동사
2.1 merge in with O
The palace **merges in with** buildings around.
그 궁전은 주위의 건물들과 잘 섞여 들어간다.

2.2 merge into O
At this point, the stream **merges into** a river.
이 지점에서 그 개울은 강으로 합쳐진다.
A dark figure **merged into** the forest.
어둑하게 보이는 모습이 그 숲속으로 들어가서 안보이게 되었다.
The houses were painted so that they would **merge into** the surrounding.
그 집들은 주위와 잘 조화되어 보이지 않게 되도록 페인트칠이 되어졌다.
[참조: blend in with]
The American missionary tried to **merge into** the Korean culture.
그 미국 선교사는 한국 문화로 섞어 들어오려고 노력했다.

merge O into O
We've decided to **merge** the two departments **into** a general sales department.
우리는 그 두 부서를 하나의 종합영업부로 통합시키기로 결정하였다.

2.3 merge O with O
The chairman **merged** the sales division **with** the marketing division.
그 의장은 세일즈 부서와 마케팅 부서를 병합시켰다.

merge with O
The big companies **merged with** the smaller company.
그 큰 회사는 더 작은 회사와 합병했다.
The stream **merges with** the Han River about two

miles to the North.
그 시내는 2마일 북쪽에서 한강과 합류한다.

MESH

1. 단동사
이 동사는 두 부분이 잘 맞물리는 과정을 그린다.
명사: 그물망

2. 구동사
2.1 mesh together
This gears mesh together perfectly.
이 기어들은 완전하게 잘 들어맞는다.

2.2 mesh with O
The evidence meshes with the earlier reports.
그 증거는 이전 보고들과 일치한다(잘 들어맞는다).

mesh O with O
This lever meshes this gear with that gear.
이 레버는 이 기어와 저 기어를 맞물리게 한다.

2.3 mesh O up
He meshed up the words.
그는 그 낱말들을 짜 맞추었다.

MESS 1

1. 단동사
이 동사는 특별한 목적 없이 빈둥거리는 과정을 그린다.

2. 구동사
2.1 mess around
Stop messing around, will you?
쓸데없이 돌아다니지 마라.
I used to messing around in class at school.
나는 학교 다닐 때, 수업시간에 철없이 굴었다.
She spent most of the weekend messing around at home.
그녀는 그 주말의 대부분을 집에서 빈둥거리며 지냈다.

mess around with O
Don't mess around with the television.
그 텔레비전을 고친다고 이리저리 함부로 만지지 말아요.
[참조: play around with]
I am just messing around with my list of things to do.
나는 내가 할 일 목록을 이리저리 만지작거리고 있다.
Don't mess around with the people.

그 사람들을 (거짓말하거나 약속 등을 안 지킴으로써) 함부로 대하지 말아라.

mess O around
I still hadn't got my money from the insurance company — they really messed me around.
나는 내 돈을 그 보험회사에서 받지 못했다 – 그 회사는 나를 이리저리 굴리고 있다.
Lisa is indignant because some guys are messing her around.
리사는 몇몇 녀석들이 그녀를 굴리고 있어서 매우 화가 나있다.
You'd better not mess around a system that works well.
제대로 작동하고 있는 체계를 이리저리 뜯어 고치려고 안 하는 것이 좋겠다.

MESS 2

1. 단동사
이 동사는 중요하거나 이미 잘 짜여진 것을 엉망으로 만드는 과정을 그린다.
명사: 여러 가지 물건이 뒤섞여 있는 더미, 무더기, 더러움, 골칫거리

2. 구동사
2.1 mess O up
The child messed up his mom's hair.
그 아이는 엄마의 머리를 헝클어 놓았다.
The children came in with muddy boots and messed up the carpet.
그 아이들이 흙 묻은 구두들을 신고 들어와서 그 양탄자를 완전히 더럽혀 놓았다.
My mistake messed up my whole day's work.
내 실수가 내가 하루 종일 한 일을 완전히 망쳐버렸다.
If we don't finish this in time, then it will mess things up.
만약 우리가 이 일을 제시간에 끝내지 않으면, 모든 일을 망칠 것이다.
I think I messed up my exam.
나는 내 시험을 망쳤다고 생각한다.
Her childhood problems messed her up.
그녀의 유년기 문제들은 그녀가 정신적 / 정서적 문제를 갖게 했다.
[her는 환유적으로 그녀의 마음을 가리킨다.]
The children messed up the room.
아이들이 그 방을 어지럽게 했다.
He messed up a chance at a promotion.

그는 승진기회를 망쳐버렸다.

MESS 3

1. 단동사
이 동사는 부정문에 쓰이며, 위험하거나 해로운 일에 손대지 말라는 뜻 혹은 괴롭히거나 다투지 말라는 뜻을 전한다.

2.1 mess with O
Don't **mess with** drugs.
마약들에 손대지 마라.
Don't **mess with** me. I'm trying to study.
나를 괴롭히지 마. 나 공부하려고 한다.
I wish you'd stop **messing with** the television.
나는 네가 그 텔레비전을 만지작거리지 않았으면 좋겠다.

METE

1. 단동사
이 동사는 벌을 내리는 과정을 그린다.
명사: 계측, 계량

2. 구동사
2.1 mete O out
Judges are **meting out** increasingly harsh sentences for pickpockets.
판사들은 소매치기들에게 점차로 심한 벌을 내리고 있다.
[out은 벌이 여러 사람에게 주어지는 관계를 나타낸다.]
Severe punishments are **meted out** to drunken drivers. (passive)
심한 벌들이 음주 운전자들에게 주어졌다.

MILL

1. 단동사
이 동사는 여러 사람들이 여러 방향으로 목적 없이 움직이는 과정을 그린다.

2. 구동사
2.1 mill around O
A crowd of people are **milling around** the wreckage.
많은 사람들이 그 부서진 차 주위에 서성거리고 있다.
The guests are **milling around** the court.
그 손님들이 그 뜰 여기저기에 서성이고 있다.

MIND

1. 단동사

이 동사는 무언가에 신경을 쓰거나 주의를 기울이는 과정을 그린다.
명사: 마음, 정신, 머리, 지성, 신경

타동사

I don't **mind** the cold; it's the rain I don't like.
나는 그 추위는 개의치 않는다. 나는 비가 싫다.
I hope you don't **mind** noise.
좀 소음을 언짢아하지 않으시길 바라요.
Don't **mind** her; she didn't mean what she said.
그녀에 신경 쓰지 마세요. 그녀가 한 말은 그녀가 의도한 것이 아니예요.
Mind your language!
말 조심하세요!
Always **mind** your mother!
항상 엄마 말씀을 잘 들어라!
Mind the gap.
그 틈새를 조심하세요.

2. 구동사
2.1 mind out
Mind out. The knife is very sharp.
주의를 기울여라. 그 칼은 매우 날카롭다.
[out은 주의를 사방으로 내보내는 관계를 나타낸다. 참조: look out, watch out]
Mind out! The handle is very hot.
조심해! 그 손잡이가 매우 뜨겁다.

MINGLE

1. 단동사
이 동사는 소리, 냄새 등이 섞이는 과정을 그린다.

자동사

The sounds of laughter and singing **mingled** in the evening air.
웃음과 노랫소리들이 그 저녁 공기 속에서 어우러졌다.

2. 구동사
2.1 mingle in with O
Finally, she went into the hall, and **mingled in with** the rest of the guests.
마침내 그녀는 그 홀에 들어가서 그 안에 있는 다른 손님들과 어울려 들었다.

2.2 mingle O with O
Don't **mingle** your books **with** those of mine.
너의 책들을 나의 책들과 섞지 마세요.

mingle with O

M

Try to **mingle with** the other boys.
다른 소년들과 섞이도록 노력하세요.
The princess was not recognized and **mingled** freely **with** the crowds.
그 공주는 알아보는 사람이 없어서 마음 놓고 그 사람들 무리와 섞였다.

MIRE

1. 단동사
이 동사는 깊은 진흙에 빠지는 과정을 그린다.
타동사

The wheels of the jeep were **mired** in the deep mud. (passive)
그 지프차의 타이어들이 그 깊은 진흙 속에 빠졌다.

2. 구동사
2.1 mire O down
We were **mired down** in the details. (passive)
우리는 그 세부사항에 빠져서 꼼짝할 수가 없었다.

2.2 mire O into O
We were **mired** down **into** dispute. (passive)
우리는 논쟁 속에 빨려 내려갔다.

MISS

1. 단동사
이 동사는 한 개체가 다른 개체에 닿거나 만나기로 되어 있으나 만나지 못하는 관계를 나타낸다.
타동사

The arrow **missed** the target.
그 화살은 그 표적을 빗나갔다.
I **missed** you at the party.
나는 그 파티에서 너를 만나지 못했다.
He **missed** his turn / his class.
그는 그의 순서를 / 수업을 놓쳤다.
I **miss** my old friend.
나는 나의 옛 친구를 (보지 못해) 그리워한다.
I **missed** my wallet.
나는 내 지갑이 없어진 것을 알았다.
자동사

Two of her front teeth are **missing**.
그녀의 앞니 두 개가 제자리에 없다.
He is **missing** in action.
그는 전투 중 실종되었다.

2. 구동사
2.1 miss O out
Make sure that you have not **missed** anything **out**.
네가 실수로 아무 것도 빠뜨리지 않았는지 확인하여라.
[out은 들어갈 것이 들어가지 않는 관계를 나타낸다.]
You have **missed out** one important piece of information — the place of the wedding.
너는 중요한 정보 하나를 빼놓았다 — 그 결혼 예식장의 위치.

miss out on O
I hope I don't **miss out on** the January sale.
나는 1월 세일의 기회를 놓치고 싶지 않다.
I want to go back as soon as possible. I don't want to **miss out on** the fun of Christmas at home.
나는 빨리 돌아가고 싶다. 집에서 크리스마스의 모든 즐거움을 놓치고 싶지 않다.
Korean fans were furious when she **missed out on** the gold medal.
한국 팬들은 그녀가 금메달의 기회를 놓쳤을 때, 몹시 분노했다.
He **missed out on** *promotion*.
그는 승진할 기회를 놓쳤다.

| celebration 축하 | welcome 환영 |
| reception 환영 | the national team 국가대표팀 |

MIST

1. 단동사
이 동사는 안개나 분무로 덮는 과정을 그린다.
명사: 엷은 안개
타동사

Tears **misted** his eyes.
눈물이 그의 두 눈을 흐리게 했다.
She **mists** the plants every morning.
그녀는 매일 아침 그 식물들을 분무기로 물을 뿌린다.

2. 구동사
2.1 mist over
While I was taking a shower, the mirror **misted over**.
내가 샤워를 하는 동안, 그 거울이 완전히 김이 서렸다.
As she heard the sad story, her eyes **misted over**.
그녀가 그 슬픈 얘기를 듣자, 그녀의 눈이 눈물로 뿌옇게 덮였다.
[over는 눈물이 눈 전체를 덮는 관계를 나타낸다.]

2.2 mist up

The windshield began to **mist up**.
그 자동차 앞유리가 뿌옇게 되어 볼 수가 없었다.
[up은 창문 전체가 뿌옇게 되는 관계를 나타낸다. 참조: fog up]

MIX

1. 단동사
이 동사는 두 개 이상의 개체를 섞어서 새로운 개체를 만드는 과정을 그린다.

타동사

He **mixed** the rice, the beans, and the barley.
그는 그 쌀, 콩들, 그리고 보리를 섞었다.
He **mixed** red and yellow to get orange.
그는 오렌지색을 내기 위해서 빨강색과 노란색을 섞었다.
You should not **mix** work and play.
여러분은 일과 놀이를 섞어서는 안 됩니다.

자동사

Oil and water do not **mix**.
기름과 물은 섞이지 않는다.
He **mixes** well.
그는 잘 어울린다.

2. 구동사
2.1 mix in
The band came down from the stage and **mixed in** with the audience during the break.
그 밴드는 쉬는 시간에 그 무대에서 내려와 그 청중들에 섞여 들어왔다.
The film has lots of action and adventure **mixed in** with comedy. (passive)
그 영화는 많은 액션과 모험이 코미디와 섞여 들어있다.

mix O in
When the rice is fully cooked, slowly **mix in** the rest of the ingredients.
쌀이 푹 익으면, 천천히 그 재료들의 나머지를 섞어 넣어라.

mix O into O
Mix little cream **into** the sauce.
약간의 크림을 그 소스에 섞어 넣으세요.
He **mixes** his English **into** his Korean.
그는 영어를 한국어에 섞어 넣는다.

2.2 mix up
He tries to **mix up** with politicians.
그는 정치꾼들에게 가까이 가서(up) 사귀려고 노력한다.

mix O up
The hospital **mixed up** two new-born babies.
그 병원은 두 신생아를 완전히 혼동했다. 즉 바꿔버렸다.
Our English teacher **mixed** the names of his students **up**.
우리 영어선생님은 자기의 학생들의 이름들을 혼동한다. 즉 바꿔서 부른다.
The Korean teacher **mixed up** 'Susan' and 'Susanne'.
그 한국인 선생님이 Susan과 Suzanne을 혼동한다. 즉, 바꿔서 부른다.
All my cards, letters and books are **mixed up** on my desk. (passive)
나의 모든 카드, 편지, 그리고 책들이 뒤섞여서 어지럽게 되어있다.
I sorted all the oranges according to their size, so please don't **mix** them **up**.
나는 그 오렌지들을 크기에 따라 분류했다. 그러니 그들을 뒤섞지 마라.
His direction **mixed** me **up**, and I had to drive around for 30 minutes.
그의 지시는 나를 혼란케 해서, 나는 30분 동안 운전을 하며 돌아다녀야 했다.
[위에서 me는 환유적으로 나의 마음을 가리킨다.]
I see that my grandma is getting more and more **mixed up** day by day. (passive)
나는 나의 할머니가 매일매일 점점 더 정신이 혼란해지고 있음을 알았다.
I **mixed up** some eggs for breakfast.
나는 아침을 위해 달걀을 섞어 음식을 만들었다.
[up은 음식이 생겨나는 관계를 나타낸다. 참조: fix up, whip up]

mix O up in O
He got **mixed up in** a fight. (passive)
그는 어떤 싸움에 엮여들게 되었다.
Don't **mix** me **up in** this problem.
나를 이 문제에 연루시키려 하지 마라.

mix O up with O
Don't **mix up** my letters **with** her letters.
내 편지와 그녀의 편지를 뒤섞지 마라.
My grandpa always **mixed** me **up with** my younger brother.
나의 할아버지는 나를 나의 동생과 완전히 혼동한다.
The young man was arrested after **mixing** it **up with** a policeman.
그 젊은이는 어느 경찰과 말을 섞다가, 즉 논쟁을 하다가 체포되었다.
My parents are worried that I may be getting **mixed**

up with bad guys. (passive)
내 부모님은 내가 나쁜 아이들과 엮일까 봐 걱정을 하고
있다.

2.3 mix with O

The lava from the volcano began to **mix with** the sea
water.
그 화산에서 분출된 용암이 바닷물과 섞이기 시작했다.
In his prime years, he **mixed with** George Forman, the
boxer.
그의 전성기 몇 년 동안 그는 권투선수 조지 포만과 섞
였다. 즉, 겨루었다.

mix O with O

He **mixed** the rice **with** the barley.
그는 그 쌀을 그 보리와 섞었다.

MOCK

1. 단동사
이 동사는 모방하여 모형을 만드는 과정을 그린다.
명사: 놀림, 조롱, 흉내, 모조품, 가짜
> 타동사

He's always **mocking** my Kyungsang accent.
그는 항상 내 경상도 사투리를 흉내 낸다.

2. 구동사
2.1 mock O up

He **mocked up** the new car design so that he can study
its shape in detail.
그는 그 새 차의 모양을 자세히 연구하기 위해서 그 새
차를 실제 크기로 모형을 만들었다.
[up은 모형이 생기는 관계를 나타낸다.]

MODEL

1. 단동사
이 동사는 본뜨는 과정을 그린다.
명사: 모형, 모델, 본보기, 시범
> 자동사

She **models** to earn extra money for school.
그녀는 학비를 위한 추가 돈을 벌기 위해 모델 일을 한다.
> 타동사

The wedding gown is **modelled** for us by the
designer's daughter. (passive)
그 웨딩드레스를 디자이너의 딸이 입고 우리에게 보여
주고 있다.

2. 구동사
2.1 model O after O

The building is **modelled after** a cathedral.
그 건물은 어느 대성당을 따라서 지어진 것이다.
[after는 그 건물이 성당을 따라 만들어진 관계를 나타낸다.]
The university building is **modelled after** the Chicago
university. (passive)
그 대학 건물은 시카고 대학을 본 따 지어졌다.

2.2 model O on O

The new bus is **modelled on** the London bus.
그 새 버스는 런던 버스를 모형으로 만들어졌다.
[on은 새 버스가 런던 버스에 바탕을 두는 관계를 나타낸다.]
He **modelled** his house **on** North American Indian
dwelling.
그는 그 집을 북미 인디언 주거지를 모형으로 지었다.

MONKEY

1. 단동사
이 동사는 원숭이 같이 떠들거나 무언가를 함부로 만지는
과정을 그린다.
명사: 원숭이, 장난꾸러기 아이

2. 구동사
2.1 monkey around

Before going to bed, the children **monkey around**.
잠자리에 들기 전에 그 아이들은 함부로 떠들썩하게 날
뛴다.

monkey around with O

Stop **monkeying around with** your brother's laptop.
네 형의 랩톱 컴퓨터를 함부로 집적거리지 말거라.

MOOCH 1

1. 단동사
이 동사는 목적 없이 걸어 다니는 과정을 그린다.

2. 구동사
2.1 mooch about/around

He spends hours **mooching around** at home.
그는 집에서 몇 시간씩 빈둥거리며 지낸다.

MOOCH 2

1. 단동사
이 동사는 무언가를 구걸하는 과정을 그린다.

2. 구동사
2.1 mooch O from O

He **mooched** a cigarette **from** a stranger.
그는 낯선이에게서 담배 한 개피를 구걸했다.

MOON

1. 단동사
이 동사는 시간을 멍하게 보내는 과정을 그린다.
명사: 달, 위성

2. 구동사
2.1 moon about/around

He usually **moons about**.
그는 보통 목적 없이 멍하니 시간을 보낸다.

2.2 moon over O

He decided to get on with his life, instead of **mooning**
over his wife.
그는 아내의 죽음을 슬퍼하는 대신, 삶을 계속해서 이어
가기로 결심했다.

MOP

1. 단동사
이 동사는 수건이나 걸레 등으로 닦는 과정을 그린다.
명사: 대걸레

타동사

She wiped all the surfaces and **mopped** the floor.
그녀는 그 모든 표면들을 닦고 그 바닥을 대걸레로 밀
었다.
He took out a handkerchief to **mop** his brow.
그는 손수건을 꺼내더니 자신의 이마를 훔쳤다.

2. 구동사
2.1 mop O up

She quickly **mopped up** the *milk* spilt on the floor.
그녀는 그 바닥에 쏟아진 그 우유를 큰 걸레로 다 닦았다.
[up은 우유가 바닥에서 없어지는 관계를 나타낸다.]

juice 주스	coffee 커피

The government has been trying hard to **mop up**
unemployment.
정부는 실업을 없애려고 애써오고 있다.
The ISIS is trying to **mop up** Christians.
ISIS는 기독교 신자들을 몰살시키려고 하고 있다.

2.2 mop O with O

The child **mops** all the sauces **with** bread.
그 아이는 빵으로 그 소스들을 깨끗이 닦았다.

MOPE

1. 단동사
이 동사는 실망을 하여 부정적인 생각을 하며 지내는 과정
을 그린다.

자동사

Moping won't do any good!
울적해 있는 것은 아무 도움이 안 될 것입니다!

2. 구동사
2.1 mope around O

All morning, he **moped around** the house.
아침나절 내내, 그는 울적한 마음으로 그 집 주위를 서
성거렸다.

MORPH

1. 단동사
이 동사는 변하거나 바뀌는 과정을 그린다.

2. 구동사
2.1 morph into O

Last night, he dreamed that he had **morphed into** a
dragon.
엊저녁 그는 자신이 용이 된 꿈을 꾸었다.

MOULDER

1. 단동사
이 동사는 천천히 썩어가는 과정을 그린다.

2. 구동사
2.1 moulder away

Food supplies for the Syrian refugees are **mouldering**
away in the store houses.
그 시리아 난민들을 위한 식품이 창고들에서 점차 썩어
가고 있다.
[away는 식품이 점차로 썩어서 못 쓰게 되는 과정을 그린다.]
He thinks he is **mouldering away** in the same job.
그는 같은 직장에서 서서히 늙어가고 있다고 생각한다.

MOUNT

1. 단동사

M

이 동사는 자전거, 말 등에 오르거나 수나 양이 점차로 증가하는 과정을 그린다.

명사: 산, (전시품을 붙이는) 판, 받침대

타동사

She slowly **mounted** the steps.
그녀는 천천히 그 계단들을 올라갔다.

He **mounted** his horse and rode away.
그가 자기 말을 타고 달려갔다.

The specimens were **mounted** on slides. (passive)
그 표본들은 슬라이드들 위에 얹혀 있었다.

They **mounted** a protest / campaign / an exhibition
그들은 시위 / 캠페인 / 전시회를 시작했다.

자동사

Pressure is **mounting** on the government to change the law.
그 법을 개정하도록 압력이 정부에 점점 세게 가해지고 있다.

2. 구동사

2.1 mount O on O

He **mounted** the camera **on** the tripod.
그는 그 카메라를 그 삼각대에 올려 놓았다.

2.2 mount O onto O

They **mounted** a warhead **onto** the rocket.
그들은 탄두를 그 로켓에 장착했다.

2.3 mount up

The cost quickly **mounts up** when you build your own house.
그 비용이 네가 너의 집을 지을 때 빨리 올라간다.

His debts **mounted up**.
그의 빚들이 크게 불어났다.

MOURN

1. 단동사

이 동사는 사람의 죽음을 애도하거나 사라진 것에 대해서 애석해하는 과정을 그린다.

타동사

He was still **mourning** his brother's death.
그는 아직도 형의 죽음을 슬퍼하고 있었다.

They **mourn** the passing of a simpler way of life.
그들은 그 더 소박한 삶의 방식이 사라지는 것을 애석해한다.

2. 구동사

2.1 mourn for O

Everyone here will **mourn** **for** you when you go.
여기 있는 모든 사람은 네가 떠나면 애석해 할 것이다.

2.2 mourn over O

The family **mourned** **over** the loss of the son.
그 가족은 그 아들의 죽음을 애도했다.

We all **mourned** **over** the end of our vacation.
우리 모두는 그 휴가가 지나게 되어 애석해했다.

MOUTH

1. 단동사

이 동사는 말을 하는 것처럼 입을 움직이는 과정을 그리거나, 믿지도 않고 확신도 없는 말을 하는 과정을 그린다.

명사: 입, 주둥이, 어귀

타동사

They are just **mouthing** empty slogans.
그들은 그냥 공허한 슬로건만 떠들고 있을 뿐이다.

2. 구동사

2.1 mouth off

He is **mouthing off** about Korea.
그는 한국에 대해서 (제대로 모르면서) 아는 체 계속 떠들어대고 있다.

[참조: sound off]

Don't **mouth off** to your parents like that!
그렇게 부모님들에게 버릇없이 불평을 하지 마세요.

2.2 mouth over O

The members are **mouthing over** the lunch.
그 회원들은 그 점심에 대해서 크게 불평을 하고 있다.

MOVE

1. 단동사

이 동사는 움직이거나 움직이게 하는 과정을 그린다.

자동사

His head **moved** a little.
그의 머리가 조금 움직였다.

Please **move** to the right.
오른쪽으로 움직이세요.

They **moved** to another town.
그들은 다른 읍내로 이사했다.

The boat **moved** slowly.
그 배는 천천히 움직인다.

타동사

He **moved** his chair closer.
그는 그의 의자를 더 가까이 옮겼다.

Can you **move** your legs?
당신의 발을 움직일 수 있습니까?
The steering **moves** the front wheels of the car.
그 운전대는 그 차의 앞바퀴들을 움직인다.
Laxatives **move** the bowels.
완화제들이 장들을 움직인다.
I **move** that we accept the offer.
나는 우리가 그 제안을 받아들일 것을 제안합니다.
The story **moved** me.
그 얘기가 나의 마음을 감동시켰다.
What **moved** you to buy the car?
무엇이 네가 그 차를 사게 움직였느냐?

2. 구동사

2.1 move across O

They **moved across** the *boundary*.
그들은 그 경계선을 넘어갔다.

Han River 한강	plain 평원

2.2 move ahead

The police **moved ahead** of the parade, pushing back the crowd.
경찰은 그 행렬 앞으로 가서 그 군중들을 뒤로 밀었다.
The party can only **move ahead** if it wins the support of the general public.
그 당은 대중의 지지를 얻을 때 앞으로 나아갈 수 있다.
Our company has been **moving ahead** even during the relatively slow progress.
우리 회사는 비교적 경기가 활발하지 않은 동안에도 앞으로 나아가고 있었다.

move ahead to O

The troops **moved ahead to** the frontline.
그 군대는 전선으로 나아갔다.

move ahead with O

The city is **moving ahead with** its plan to build a new bridge across the Han River.
시 정부는 한강을 가로지르는 새 다리를 만들려는 계획을 추진하고 있다.
[ahead는 계획을 실천으로 옮기는 관계를 나타낸다.]

2.3 move along

The crowd **moved along** slowly.
그 군중은 (어떤 길을 따라) 천천히 움직였다.
The story **moves along** so well that I find it hard to put the book down.
그 이야기는 (시간을 따라) 잘 진행되므로 나는 그 책을 내려놓기가 어렵다는 것을 안다.
The witty dialogues help the movie **move along**.
그 재치 있는 대화들이 그 영화를 진행되게 도와준다.

move along O

We **moved along** the *path*.
그는 그 오솔길을 따라 움직였다.

road 길	river 강

move O along

A policeman is standing at the stadium gate, trying to **move** the crowd **along**.
경찰관 한 명이 그 운동장 입구에 서서, 그 군중들이 움직여 가게 하려고 했다.

2.4 move around

Stay where you are. Don't **move around**.
있는 자리에 그대로 있어. 이리저리 움직이지 마.

move O around

She **moves** the furniture **around** almost every month.
그녀는 거의 매달 그 가구를 이리저리 옮긴다.
I wish that the police would stop **moving** me **around**.
나는 그 경찰이 나를 이리저리 옮기지 않기를 바란다.
즉, 나를 함부로 다루지 않길 바란다.
[참조: push around, shove around]

2.5 move away from O

When I was 5 years old, my family **moved away from** Japan to Korea.
내가 다섯 살 때, 나의 가족은 일본을 떠나 한국에 이주해 왔다.
Following my doctor's advice, I am **moving away from** *smoking*.
내 의사의 충고에 따라서 나는 흡연에서 멀어지고 있다.
즉, 담배를 피우지 않는다.

drinking 음주	sugar 설탕
junk food 정크푸드	fatty food 기름진 음식

move O away from O

Move Billy **away from** Tom so that they cannot fight.
빌리를 톰에게서 떨어지게 하여 그들이 싸우지 못하게 하세요.

2.6 move back

Please **move back** from the edge.

M

그 가장자리에서 뒤로 물러나세요.

move O back
Please **move** your child **back** from the fire.
당신의 아이를 그 불에서 뒤로 물러나게 하세요.

2.7 move down
Please **move down** a little.
밑으로 조금만 움직여주세요.

move down O
They are **moving down** the mountain.
그들은 그 산을 내려가고 있다.

move O down O
Let's **move** the piano **down** the stairs.
그 피아노를 그 계단 아래로 이동합시다.

move O down
Move Tom **down**. We need more space here.
톰을 아래로 옮겨주세요. 우리는 여기 공간이 더 필요합니다.

2.8 move for O
I **move for** dismissal of the case against my client.
나는 내 의뢰인에 대한 사건의 기각을 제안합니다.

2.9 move forward
The economy is **moving forward**.
나라 경제가 앞으로 나아가고 있다.

move O forward
North Korea has decided to **move** the clock **forward** 30 minutes.
북한은 시계를 30분 앞당기기로 했다.

move forward with O
We are **moving forward with** the *plan*.
우리는 그 계획을 추진시키고 있다.

dialogue	대화	impeachment	탄핵

move forward on O
We are **moving forward on** the issue.
우리는 그 쟁점에 진전을 보이고 있다.

2.10 move in
My parents bought the house, and we **moved in** last week.
내 부모님이 그 집을 사서, 우리는 지난주에 (그 집에) 이사해 들어갔다.
[in은 into the house의 뜻이다.]

Tony and Sarah have been going out for a year and Tony suggested they **move in** together.
토니와 사라는 일 년 동안 데이트를 해오고 있다. 그래서 토니가 둘이 함께 (어떤 집에) 함께 들어가자고 제안했다. 즉, 동거하자고 제안했다.
[in은 어떤 집에 함께 들어가 사는 관계를 나타낸다.]

Clouds are **moving in**.
구름들이 들어오고 있다.

storm	폭풍	wind	바람
rain	비	snowstorm	눈폭풍

I keep my business plan a secret so that other people can't **move in**.
나는 내 사업 계획을 비밀로 한다. 다른 사람들이 (계획된 사업에) 들어오지 못하게 할 수 있도록.
[참조: jump in]

A riot erupted in the city and the police **moved in**.
폭동이 그 도시에 일어났고 경찰이 (그곳에) 들어갔다.

move in for O
The lion **moved in for** a final putdown.
그 사자는 마지막으로 죽이기 위해서 접근 해 들어갔다.

move in on O
My brother **moved in on** me without asking.
나의 오빠는 내게 묻지도 않은 채로 나의 집에 들어와서 내게 부담이 되었다.
[참조: butt in on]

move in with O
To cut down on her expenses, Helen **moved in with** her parents.
경비를 줄이기 위해서, 헬렌은 (부모님의 집에) 들어가서 부모님과 함께 살았다.

Nowadays, Korean parents do not like to **move in with** children.
오늘날 한국 부모들은 자녀 집에 들어가 같이 사는 것을 원하지 않는다.

2.11 move into O
We **moved into** an apartment in Seoul.
우리는 서울에 있는 아파트에 입주했다.

Koreans are **moving into** the neighborhood.

한국 사람들이 그 동네로 이주해오고 있다.
The railroad workers' strike is **moving into** the 11th week.
그 철도노동자들의 파업이 11주째로 접어들고 있다.
[참조: continue into]
Roy is **moving into** computer.
로이는 컴퓨터업에 들어가고 있다.

2.12 move off O
We **moved off** the *beach*.
우리는 그 바닷가를 벗어났다.

coast 해안가	grass 잔디

The bird **moved off** the rock ledge.
그 새들은 절벽 선반을 떠났다.

move O off O
He **moved** the flashlight **off** the leg of the person.
그는 그 전등을 그 사람의 다리에서 떼어놓았다.

move off
All of a sudden, Synthia excused herself and **moved off**.
갑자기 Synthia는 실례를 하고, 자리를 떠나 이동했다.
[off는 화자와 청자가 알고 있는 장소를 떠나는 관계를 나타낸다.]

move off from O
The cub **moved off from** the herd.
그 여우새끼는 그 무리로부터 벗어났다.
The doctor **moved off from** the patient, saying that now she's okay.
그 의사는 이제 그녀는 괜찮다고 말하면서 그 환자에게서 자리를 떴다.

move off to O
They **moved off to** sea.
그들은 육지를 떠나 바다로 갔다.

2.13 move on O
The soldiers are **moving on** the city of Mosul.
그 군인들은 모술시를 공격하기 위해서 이동했다.
[참조: advance on, gain on]

move on
I can't stay in one city and I **move on** every five year.
나는 한 도시에 살 수 없어서 매 5년 마다 한 도시에서 다른 도시로 이동을 한다.

[on은 이동을 하고 정지했다가 다시 이동하는 관계를 나타낸다.]
Let's **move on**.
(한 주제에 대해서 얘기를 하다가 곁가지로 나갔다가) 다시 원주제로 돌아가자.
The parade is **moving on** after stopping at the red light.
그 행렬은 빨간 신호에 잠깐 멈춘 다음, 이어서 가고 있다.

move on from O
We **moved on from** the point.
우리는 그 지점으로부터 이어서 움직였다.
The world is **moving on from** the era where knowledge came in books.
세계는 지식을 책들에서 얻던 시절로부터 나아가고 있다. 즉, 그것을 떠나고 있다.

move on to O
The musical attracted large crowds in Seoul, and then **moved on to** other cities in Korea.
그 음악극은 서울에서 많은 관객들을 끌었고, 이어서 한국 내의 다른 도시들로 이동했다.
[on은 음악극이 서울에서 이어서 다른 곳으로 가는 관계를 나타낸다.]
Let's **move on to** *chapter 2*.
(첫 챕터를 끝내고) 이어서 둘째 챕터로 갑시다.

next problem 다음 문제	chapter 10 열 번째 챕터
next question 다음 질문	lesson 6 제 6과

move on with O
She is **moving on with** her life after the tragic incident.
그녀는 그 비극적 사건 이후에 그녀의 삶을 이어가고 있다.

move O on
It is useless to **move** homeless people **on**. Where can they go?
노숙자들을 (현재 있는 장소에서) 이동시키는 일은 쓸모가 없다. 그들이 어디로 갈 수 있겠는가?

2.14 move out
Storm is **moving out**.
폭풍이 빠져나가고 있다.

tornado 토네이도	rain 비

His wife **moved out** and he does not know where she is.
그의 아내는 (집을) 나가서, 그는 그녀가 어디 있는지 모른다.

M

You've got to **move out** by tomorrow.
너는 내일까지 (집에서) 나가야 한다.
He **moved out** into the traffic heading back to Busan.
그는 (어디서) 나와 부산으로 가는 차들 속에 흘러들어 갔다.

move out of O

The retired old man **moved out of** Seoul to the country.
그 은퇴한 노인은 서울을 떠나 그 시골로 이사했다.
Many farmers are **moving out of** dairy.
많은 농민들이 낙농업에서 벗어나고 있다.

move O out of O

The poor people were being **moved out of** the developing area. (passive)
그 가난한 사람들은 그 개발지역에서 이주되고 있다.

move out to O

They **moved out to** Hongkong.
그들은 홍콩으로 이사해 나갔다.

2.15 move over

He came round to the driver's seat, and said, '**move over**. I'll drive.'
그는 운전석으로 돌아와서 말했다. '옆자리로 넘어가세요. 내가 운전할게요.'
[over는 어느 자리에서 옆자리로 건너가는 관계를 나타낸다.]
The commander in chief of the US forces is said to **move over** from an equivalent post in Afghanistan.
그 미군 사령관은 아프가니스탄에서의 동등한 자리에서 옮겨 온다고 소문이 나있다.
I do not intend to **move over** for anyone else.
나는 어느 누구를 위해서도 내 자리를 내 줄 생각이 없다.

move over to O

He **moved over to** the other side.
그는 반대쪽으로 넘어갔다.
The hotel manager is **moving over to** a competing hotel.
그 호텔 지배인은 어느 경쟁 호텔로 넘어갈 예정이다.

2.16 move through O

The explorers had to **move through** the thick vegetation.
그 탐험가들은 빽빽한 초목들을 뚫고 지나가야 했다.

2.17 move up O

The storm is **moving up** the coast.

그 태풍이 그 해안을 따라 올라가고 있다.
He is **moving up** the *social ladder* quickly.
그는 사회적 사다리를 빨리 올라가고 있다.

| hill | 나지막한 산 | mound | 언덕 |

move up

Can you **move up** a little bit? I want to pass by.
(어느 쪽으로) 간격을 좁혀 옮겨주시겠습니까? 나는 지나가고 싶어요.
[up은 간격을 좁히는 관계를 나타낸다.]
The rebels **moved up** to Damascus.
반란군은 다마스커스로 올라가서 전투태세를 취했다.
He was able to **move up** into a better-paying job.
그는 월급이 더 많은 일자리로 올라갈 수 있었다.
[up은 높거나 좋은 상태로의 변화를 나타낸다.]

move O up

She is too far down. **Move** her **up**.
그녀는 너무 아래쪽에 있다. 그녀를 위로 올려라.
South Sudan **moved** troops **up** to the border.
남수단 정부는 군대를 그 국경 가까이로 이동시켜 전투태세를 취하게 했다.
Please **move up** the sofa. It's too far back.
이 소파를 가까이 움직여주세요. 너무 뒤로 가 있습니다.

MOW

1. 단동사
이 동사는 잔디나 풀을 깎는 과정을 그린다.
타동사
I **mow** the lawn every week in summer.
나는 여름에는 그 잔디를 매주 깎는다.

2. 구동사
2.1 mow O down
He **mows down** the grass in his yard once a month.
그는 한 달에 한 번 그의 정원에 있는 풀을 깎는다.
[down은 풀이 깎여 넘어지는 관계를 나타낸다.]
The enemy were **mowed down** as soon as they came out of the bunker.
그 적들은 그들이 방공호에서 나오자마자 살육되었다.
[down은 쓰러져서 죽는 관계를 나타낸다. 참조: gun down]
A truck **mowed down** the tourists in Nice, France.
트럭 한 대가 프랑스 니스에서 그 관광객들을 쓸어 죽게 했다.
[참조: plough down]

MUCK

1. 단동사
이 동사는 일을 하고 있어야 할 시간에 빈둥거리며 지내는 과정을 그린다.
명사: 배설물, 가축 분뇨; 흙; 아주 불쾌한 것

2. 구동사
2.1 muck around
Stop **mucking around** and sit at your table.
쓸데없이 돌아다니지 말고 식탁에 앉아라.
We spent most of time **mucking around** in the park.
우리는 그 공원을 쓸데없이 돌아다니는 데 대부분의 시간을 보냈다.

muck O around
The estate agent really **mucked** me **around**.
그 부동산 업자는 생각을 자주 바꾸어서 나를 귀찮게 했다.

muck around with O
I wish you wouldn't **muck around with** my things in my room.
나는 네가 내 방에 있는 물건들을 쓸데없이 만지작거리지 않길 바란다.
[참조: play around with, toy around with]

2.2 muck in
There are lots of chores around the house, and every member of a family should **muck in**.
그 집 주위에는 집안일들이 많으니, 식구 모두 힘을 모아야 한다.
[참조: chip in, pitch in]

2.3 muck out
It's your turn to **muck out** today.
오늘은 네가 마구간에 있는 배설물을 치워야 할 차례다.
[참조: hog out]

2.4 muck up
Take your dirty shoes off, or they will **muck up** the floor.
그 흙 묻은 신발들을 벗으세요. 안 그러면 그 마루를 더럽힐 것입니다.
The rain **mucked up** our picnic.
그 비가 우리 소풍을 망쳤다.
An ant **mucked up** his shots.
개미 한 마리가 그 사격들을 망치게 했다.

MUDDY

1. 단동사
이 동사는 물을 흐리게 하는 과정을 그린다.
형용사: 진창인, 흙탕물의, 탁한, 진흙투성이의

2. 구동사
2.1 muddy O up
The children **muddied up** the water.
그 아이들이 그 물을 흐리게 했다.
He **muddied up** the issue.
그가 그 쟁점을 흐리게 했다.

MUDDLE

1. 단동사
이 동사는 물건을 제자리에 두지 않아서 뒤죽박죽 만드는 과정을 그린다.
명사: 혼란 상태, 혼동

타동사
Don't do that – you're **muddling** my papers.
그것을 하지 마세요. 당신은 내 서류들을 헝클이고 있습니다.
Slow down a little. You're **muddling** me.
조금 천천히 하세요. 네가 나를 헷갈리게 한다.
[me는 환유적으로 나의 마음을 가리킨다.]

2. 구동사
2.1 muddle along
I have been **muddling along** without any plan.
나는 어떤 계획도 없이 되는대로 살아가고 있다.

2.2 muddle through
He has a lot of money, but he doesn't know how to spend it properly. He is just **muddling through**.
그는 돈을 많이 가지고 있으나, 제대로 쓸 줄을 몰라서 되는 대로 써가고 있다.
[through는 through the money의 뜻이다.]

2.3 muddle up
Is your sister's name Susan or Susanne? I keep **muddling up**.
네 누이의 이름이 Susan이냐, Susanne이냐? 나는 늘 혼동하고 있다.
[참조: mix up]
My American friend always **muddle up** my first and last name.
내 미국 친구는 내 이름과 성을 언제나 혼동한다.

M

muddle O up

Children in the bilingual environment seldom **muddle up** the two languages.

이중언어 환경의 아이들은 두 언어를 혼동하지 않는다.

MUFFLE 1

1. 단동사
이 동사는 소리를 잘 안 들리게 하는 과정을 그린다.

타동사

He tried to **muffle** the alarm by putting it under his pillow.

그는 그 자명종을 그의 베개 밑에 넣어 소리를 죽이려고 했다.

The falling snow **muffled** the noise of the traffic.

그 내리는 눈이 그 교통 소음을 잘 안 들리게 했다.

2. 구동사
2.1 muffle O up

He **muffled up** the sounds.

그는 그 소리들을 안 들리게 했다.

MUFFLE 2

1. 단동사
이 동사는 두껍고 따뜻한 옷으로 몸을 감싸는 과정을 그린다.

2. 구동사
2.1 muffle O up

Mom **muffled up** the baby before going out.

엄마는 나가기 전에 아기를 꼭꼭 감쌌다.

[참조: bundle up, cover up]

muffle up in O

He **muffled up in** his thick coat.

그는 두꺼운 코트로 몸을 감쌌다.

MUG

1. 단동사
이 동사는 벼락치기로 지식을 머리에 집어넣는 과정을 그린다.

명사: 머그잔

타동사

She had been **mugged** in the street in broad daylight. (passive)

그녀는 길거리에서 백주 대낮에 강도를 당했었다.

2. 구동사
2.1 mug O up

Don't try to **mug up** the dates just the night before the exam.

그 시험 바로 전날 그 날짜들을 벼락치기로 외우려고 하지 마세요.

[참조: cram up]

mug up on O

I would like to **mug up** as much as I could **on** Japanese culture.

나는 일본 문화에 대해서 할 수 있는 만큼 짧은 시간에 많이 공부하려고 한다.

MULL

1. 단동사
이 동사는 문제나 계획 등을 깊이 오랫동안 생각하는 과정을 그린다.

2. 구동사
2.1 mull O over

Before deciding, please **mull over** the contract.

결정하기 전에, 그 계획서를 꼼꼼히 살펴보세요.

[참조: ponder over]

Mull over this proposal for a while and tell me what you think about it.

이 제안을 한 번 잘 숙고해보고 당신이 그것에 대해 어떻게 생각하는지 알려주세요.

He **mulled** the idea **over** and he thought it was good.

그는 그 아이디어를 깊이 생각한 끝에 그는 그것이 좋다고 생각했다.

MUMBLE

1. 단동사
이 동사는 알아들을 수 없게 무엇을 중얼거리는 과정을 그린다.

자동사

Stop **mumbling** and speak up!

그만 중얼거리고 크게 말해!

2. 구동사
2.1. mumble about O

She **mumbled about** something in Chinese.

그녀는 중국말로 무엇인가에 대해 중얼거렸다.

2.2. mumble on

She **mumbled on** and on about her roommate.
그녀는 그녀의 룸메이트에 대해 계속해서 중얼중얼 거렸다.
[on은 중얼거림이 계속되는 관계를 나타낸다.]

MUNCH

1. 단동사
이 동사는 음식을 우적우적 소리를 내며 먹는 과정을 그린다.

타동사

He sat in a chair **munching** his toast.
그는 의자에 앉아 토스트를 우적우적 먹고 있었다.

2. 구동사
2.1 **munch away at** O
Sheep are **munching away at** grass.
양들이 풀을 계속해서 조금씩 뜯어먹고 있다.

2.2 **munch on** O
Jane is **munching on** an apple.
제인은 사과를 우적우적 씹어 먹고 있다.

2.3 **munch out**
Whenever I see chocolate, I have to **munch out**.
나는 초콜릿을 볼 때마다 한껏 먹는다.
[out은 한껏 먹는 관계를 나타낸다. 참조: pig out, pork out]

MUSCLE

1. 단동사
이 동사는 힘, 권력, 영향력을 이용하여 남을 통제하는 과정을 그린다.
명사: 근육

2. 구동사
2.1 **muscle in**
When other manufacturers saw how well I am doing, they **muscled in** on me.
다른 제조업자들이 내가 잘하고 있는 것을 보자, 그들은 내가 하는 일에 완력으로 끼어들었다.

2.2 **muscle into** O
The gangs are **muscling into** the booming housing market.
그 갱들은 그 번창하는 주택 사업에 완력으로 들어오고 있다.

2.3 **muscle** O **out**
The government is going to **muscle out** the *corruption*.
그 정부는 부패를 강하게 없애려고 한다.
[참조: root out]

drugs 마약	bribery 뇌물

The younger people are **muscling out** the older ones from their jobs.
젊은이들이 나이 든 사람들을 그들의 일자리에서 완력으로 밀어내고 있다.
[out은 나이 든 이들이 일자리에서 밀려나는 관계를 나타낸다.]
The construction firm has succeeded in **muscling out** the other competitors and won the contract.
그 건설회사는 완력으로 그 경쟁자들을 밀어내고 그 계약을 땄다.

muscle O **out of** O
Are you going to **muscle** me **out of** my job?
너는 완력으로 나를 내 자리에서 밀쳐낼 작정이니?
He was **muscled out of** the standing committee. (passive)
그는 완력으로 그 상임위에서 밀려났다.

2.4 **muscle up**
Muscle up and go for it.
온 힘을 다해 그것을 얻도록 해라.

MUSE

1. 단동사
이 동사는 무엇을 골똘히 생각하거나 사색하는 과정을 그린다.

2. 구동사
2.1. **muse over** O
He is **musing over** John and his weird behavior.
그는 존과 그의 특이한 행동에 대해서 골똘히 생각하고 있다.
[참조: ponder over]
The detective is **musing over** the cold case.
그 탐정은 그 미해결 사건을 곰곰이 생각하고 있다.

MUSHROOM

1. 단동사
이 동사는 매우 빠르게 성장하는 과정을 그린다.
명사: 버섯

M

자동사

We expect the market to **mushroom** in the next two years.
우리는 다음 2년 동안 시장이 급속히 커질 것으로 기대한다.

2. 구동사
2.1 mushroom into O
The minor event **mushroomed into** a major matter.
그 사소한 사건이 큰 문제로 급속히 커졌다.

MUSS

1. 단동사
이 동사는 머리 등을 헝클어뜨리는 과정을 그린다.

2. 구동사
2.1 muss O up
Dad **mussed up** his daughter's hair.
아버지가 딸의 머리를 헝클어놓았다.

MUSTER

1. 단동사
이 동사는 양 떼나 사람들을 한 자리에 모으거나 모이는 과정을 그린다.
명사: 소집, 집결

타동사

We **mustered** all the support we could for the plan.
우리는 그 계획을 위해 지지를 모을 수 있는 대로 모았다.

자동사

The troops **mustered**.
그 병력이 소집되었다.

2. 구동사
2.1 muster O up

She **mustered up** enough *courage* to stand up in front of the large audience.
그녀는 그 많은 청중들 앞에서 서기 위해 충분한 용기를 불러 모았다.

strength 힘	confidence 자신감

The candidate **mustered up** enough support to be elected.
그 후보자는 당선될 만큼의 많은 지원을 불러 모았다.
[참조: drum up]

MUTTER

1. 단동사
이 동사는 낮은 목소리로 남이 알아들을 수 없게 중얼거리거나 투덜거리는 과정을 그린다.

2. 구동사
2.1. mutter about O
Some congressmen are **muttering about** the Russian threat to national security.
몇몇 국회의원들은 국가 안전에 대한 러시아의 위협에 대해서 투덜거리고 있다.

MUZZLE

1. 단동사
이 동사는 개 등에 입마개를 씌우는 과정을 그린다.
명사: (사람을 물지 못하게 개의 입에 씌우는) 입마개

2. 구동사
2.1. muzzle O up
Muzzle up your dog before taking him out.
너의 개를 데리고 나가기 전에 너의 개에 입마개를 씌우세요.

N n

NAG

1. 단동사
이 동사는 끊임없이 불평을 하거나 무엇을 해달라고 조르는 과정을 그린다.

타동사

She has been **nagging** him to paint the fence.
그녀가 그에게 그 울타리에 페인트칠을 하라고 졸라 오고 있다.

Doubts **nagged** me all evening.
계속 의혹들이 저녁 내내 나를 괴롭혔다.

2. 구동사
2.1 nag at O

Stop **nagging at** me about money.
돈 때문에 나를 그만 조르세요.

NAIL

1. 단동사
이 동사는 못을 써서 무엇을 고정하는 과정을 그린다.
명사: 못

2. 구동사
2.1 nail O down

He **nailed down** the lid.
그는 못질해서 그 뚜껑을 고정시켰다.
[down은 뚜껑이 고정되는 상태를 나타낸다.]

I don't know what his position is on the issue, and I am going to **nail** him **down**.
나는 그 쟁점에 대한 그의 입장이 무엇인지 모르겠다. 나는 그의 생각을 고정시키려고 한다.
[him은 환유적으로 그의 생각을 가리키고, down은 그의 생각이 고정되는 상태를 가리킨다.]

Can you **nail down** the fund of the project?
너는 그 사업에 대한 자금을 구할 수 있느냐?
[down은 돈이 확보된 상태를 가리킨다.]

I can't **nail down** the strong points of the new system.
나는 그 새 제도의 장점들을 집어서 말할 수 없다.

They managed to **nail down** an agreement with the management.
그들은 그 경영진과 많은 회의 끝에 합의에 이르게 되었다.

nail O down to O

The two parties agreed to meet again. But they have not **nailed** the date **down to** a specific date yet.
그 양편은 다시 만나기로 합의를 보았으나 그 만날 날짜를 특정 날짜에 고정시키지는 않았다.
[참조: pin down to]

2.2 nail O up

He **nailed** the door **up** so that nobody could use it.
그는 그 문을 못질해서 아무도 그것을 사용하지 못하게 했다.
[up은 문이 움직이지 못하게 되는 상태를 나타낸다.]

NAME

1. 단동사
이 동사는 누구에게 이름을 지어주거나 어떤 사람을 지명하는 과정을 그린다.
명사: 이름, 성명, 성향; 평판, 명성

타동사

We **named** our daughter Serena.
우리는 딸의 이름을 새리나로 지었다.

The victim has not yet been **named**.
그 희생자는 아직 이름이 밝혀지지 않았다.

They're engaged, but they haven't yet **named** the day.
그들이 약혼을 했지만 아직 (결혼식) 날은 잡지 않았다.

2. 구동사
2.1 name O after O

The grand daughter was **named after** her grandmother. (passive)
그 손녀는 할머니의 이름을 따라 지어졌다.

He was **named after** his father. (passive)
그는 아버지의 이름을 따서 이름이 지어졌다

2.2 name O as O

I had no hesitation in **naming** him **as** captain.
나는 그를 주장으로 지명하는 걸 조금도 주저하지 않았다.

2.3 name O for O

The street is **named for** King Sejong, who invented Hangul. (passive)
그 길은 세종대왕을 위해 명명되었다. 세종대왕은 한글을 창제하셨다.

N

NARROW

1. 단동사
이 동사는 좁아지거나 좁히는 과정을 그린다.
자동사

Her eyes **narrowed** menacingly.
그녀의 두 눈이 험악하게 찌푸러졌다.
The gap between the two teams has **narrowed** to three points. (passive)
그 두 팀 간의 차이가 3점으로 좁아졌다.

2. 구동사
2.1 narrow O down

The police have **narrowed down** the *number* of possible suspects to three.
경찰이 가능한 용의자들의 수를 셋으로 줄였다.
[down은 수가 좁혀진 관계를 그린다.]

choice 선택	list 목록

Narrow down the number of candidates to two.
그 지원자 수를 두 명으로 좁히세요.
[down은 수나 양 정도 등이 줄어드는 관계를 나타낸다.]
Narrow down the possibilities.
그 가능성의 범위를 좁히세요.

2.2 narrow in on O
He **narrowed in on** a strategy.
그는 범위를 좁혀 들어가서 하나의 전략을 택했다.

NEST

1. 단동사
이 동사는 새집을 짓고 살거나 새집 같이 겹겹이 쌓이는 과정을 그린다.
명사: 둥지, 집, 소굴
자동사

Thousands of seabirds are **nesting** on the cliffs.
수천 마리의 바닷새들이 그 절벽에 둥지를 틀고 있다.

2. 구동사
2.1 nest together
These bowls **nest together**.
이 사발들은 겹겹이 쌓인다.

NESTLE

1. 단동사

이 동사는 따뜻하고 아늑한 곳에 자리를 잡는 과정을 그린다.
자동사

He hugged her and she **nestled** against his chest.
그가 그녀를 꼭 껴안자 그녀는 그의 가슴에 따뜻이 안겼다.
The little town **nestles** snugly at the foot of the hill.
그 작은 도시는 그 언덕 아래의 산자락에 아늑하게 자리 잡고 있다.
The chicks **nestled** in the mother's wings.
그 병아리들이 어미의 날개 안에 포근히 안겨 있다.
타동사
He **nestled** the baby in his arms.
그는 그 아기를 두 팔에 포근히 안았다.

2. 구동사
2.1 nestle down

The children **nestled down** under the coverlet, and waited for their father to come.
그 아이들은 그 이불 밑에 들어가 아늑하게 누워서 아버지가 오기를 기다렸다.
[down은 앉거나 누워있는 상태를 나타낸다.]

2.2 nestle up to O
The chicks **nestled up to** their mom.
그 병아리들이 어미새에게 다가가서 포근히 안겼다.
[up은 병아리들이 어미에게 다가가는 관계를 나타낸다.]

NIBBLE

1. 단동사
이 동사는 음식을 조금씩 야금야금 먹는 과정을 그린다.
명사: 조금 베어 문 한 입, 소량
타동사

He **nibbled** the biscuit.
그는 그 비스킷을 조금씩 베어 먹었다.

2. 구동사
2.1 nibble at O
The mouse **nibbled at** the peanuts.
그 쥐가 그 땅콩들을 조금씩 갉아 먹었다.
[at은 입질이 땅콩에 조금씩 미치는 과정을 나타낸다.]

2.2 nibble away at O
The rabbit is **nibbling away at** the carrot.
그 토끼가 그 홍당무를 조금씩 계속 갉아먹고 있다.
[away는 입질의 연속을 나타내고, at은 입질이 홍당무에 부분적으로 미침을 나타낸다.]
[cf. gnaw away at]

The waves **nibbled away at** the base of the cliff.
그 파도들이 그 절벽의 밑부분을 조금씩 계속 갉아먹었다.
[참조: chip away at]

The inflation is **nibbling away at** my savings.
그 통화팽창이 나의 저축한 돈을 조금씩 계속 갉아먹고 있다.

2.3 nibble on O

Nervously, I **nibbled on** my pencil's eraser during the test.
나는 그 시험을 치는 동안 초조하게 내 연필 지우개를 조금씩 썹었다. (그러나, 지우개는 연필에서 떨어져 나오지 않았다.)

NICK

1. 단동사
이 동사는 칼로 자국을 내는 과정을 그린다.
명사: 새긴 자국, 홈

2. 구동사
2.1 nick O **up**

Who **nicked up** my coffee cup?
누가 내 커피 잔에 흠집을 냈느냐?
[참조: chip up]

NICK

1. 단동사
이 동사는 급히 떠나는 과정을 그린다.

2. 구동사
2.1 nick off

He **nicked off** to a pub.
그는 (그 자리를) 훌쩍 떠나, 술집으로 갔다.

Just **nick off**, and leave me alone.
꺼져. 그리고 나를 혼자 있게 내버려 두게.

2.2 nick out

He **nicked out** for a few minutes. He will be back soon.
그는 잠깐 동안 밖에 나갔으나 곧 돌아올 것이다.

NIGGLE

1. 단동사
이 동사는 중요하지 않은 사소한 일에 대해 다투거나 비판하는 과정을 그린다.

2. 구동사
2.1. niggle about O

Don't **niggle about** those trifle things.
그 중요하지도 않은 일들에 불평을 하지 마세요.

NIP

1. 단동사
이 동사는 재빨리 살짝 물거나 꼬집는 관계를 나타낸다.
타동사

He winced as the dog **nipped** his ankle.
그 개가 그의 발목을 물자 그가 움찔했다.

The shoots were **nipped** by frost. (passive)
그 새싹들이 서리에 피해를 입었다.

2. 구동사
2.1 nip at O

The puppy **nipped at** my foot.
그 강아지가 내 발을 약하게 물었다.
[at는 무는 동작이 내 발에 조금씩 영향을 주는 관계를 나타낸다.]

2.2 nip O **off** O

He **nipped** a few roses **off** the bush.
그는 몇 송이 장미들을 그 장미 덤불에서 땄다.

nip O **off**

He **nipped off** a few roses.
그는 몇 송이의 장미들을 (장미 덤불에서) 따내었다.

NOD

1. 단동사
이 동사는 고개를 끄덕이는 과정을 그린다.
자동사

I asked him if he would help me and he **nodded**.
내가 그에게 나를 도와줄 수 있냐고 물었더니 그가 고개를 끄덕였다.

The president **nodded** to the crowd as he passed in the motorcade.
대통령이 그의 자동차를 타고 지나가면서 그 모인 사람들에게 고개를 까딱해 보였다.

I asked where Steve was and she **nodded** in the direction of the kitchen.
내가 스티브가 어디 있냐고 내가 묻자 그녀가 턱을 부엌 쪽을 끄덕였다.

He sat **nodding** in front of the fire.
그는 그 난로 앞에 앉아 꾸벅꾸벅 졸고 있었다.
타동사

N

She **nodded** her head.
그녀는 그녀의 고개를 끄덕였다.

2. 구동사

2.1 nod off

While in class, he **nodded off** and missed parts of the lecture.
수업 중에, 그는 깜빡 졸아서 그 강의의 부분부분을 놓쳤다.
[off는 의식에서 수면 상태로 떨어지는 관계를 나타낸다. 참조: doze off]

nod off into O

He **nodded off into** a slumber.
그는 꾸벅꾸벅 졸다 얕은 잠에 빠져 들어갔다.

NOSE 1

1. 단동사

이 동사는 남의 일을 성가시게 찾아내는 과정을 그린다.
명사: 코

타동사

The hound **nosed** the deer's scent.
그 사냥개가 그 사슴의 냄새를 코로 맡았다.

2. 구동사

2.1 nose around

I don't like the idea of her **nosing around** in my study.
나는 그녀가 내가 없는 동안 내 서재에서 둘러보는 것을 좋아하지 않는다.
I was just **nosing around** in his office.
나는 그의 집무실에서 무엇을 찾고 있었다.

2.2 nose in on O

You're always **nosing in on** my conversations, and I wish you'd stop.
넌 언제나 내 대화에 끼어든다. 좀 그만 두었으면 좋겠다.
[in은 대화에 끼어들어서 대화를 방해하는 관계를 나타낸다. 참조: butt in on, barge in on]

2.3 nose O out

We **nosed** our opposing team **out**.
우리는 상대팀을 작은 점수 차로 겨우 밀어내었다.
[out은 상대를 경기에서 빠지게 하는 관계를 나타낸다.]
The police dog **nosed out** the drugs in the suitcase.
그 경찰견은 그 여행가방 속에 있는 마약을 냄새로 찾아내었다.
[out은 마약을 찾아내는 관계를 나타낸다. 참조: sniff out]

She is good at **nosing out** others' secrets.
그녀는 다른 사람의 비밀을 잘 찾아낸다.
[참조: smell out, sniff out]

NOSE 2

1. 단동사

이 동사는 배나 차량이 앞으로 천천히 움직이는 과정을 그린다.

2. 구동사

2.1 nose into O

The ship **nosed into** the harbor.
그 뱃머리를 앞으로 그 항구에 들어갔다.
He is **nosing into** alternative energy sources.
그는 대체 에너지원을 조사하고 있다.

2.2 nose O out of O

He **nosed** his car **out of** the parking lot.
그는 자기 차를 조심스럽게 주차장에서 뺐다.
The dog **nosed** puppies **out of** the basket.
그 개가 새끼들을 그 바구니에서 조심스럽게 밀어냈다.
He was **nosed out of** the second place by his colleague. (passive)
그는 그의 동료에 의해 제2의 자리에서 밀려났다.

2.4 nose through O

Our boat **nosed through** the waves.
우리 배는 그 파도를 뚫고 천천히 나아갔다.

NOTCH

1. 단동사

이 동사는 횟수 등을 가리키기 위해서V자 모양을 새기는 과정을 그린다.
명사: 점수 등을 표기하기 위한 V자 표시

타동사

The carpenter **notched** the wood with a chisel.
그 목공은 끌로 그 나무에 V자를 새겼다.

2. 구동사

2.1 notch O up

The Lions **notched up** another win.
라이언 팀이 또 하나의 승리를 기록했다.
[up은 기록되어 눈에 보이는 관계를 나타낸다. 참조: check up, chalk up]
The team has **notched up** 20 goals already this season.
그 팀은 이번 시즌에만 이미 20골을 올렸다.

NOTE

1. 단동사
이 동사는 무엇을 주목하거나 적어놓는 과정을 그린다.
명사: (기억을 돕기 위한) 메모; (격식을 차리지 않은 짧은) 편지, 쪽지; 음, 음표

타동사

The children should be encouraged to **note** the colors and textures of the fabrics.
아이들은 그 천들의 색깔들과 질감들을 주목하도록 장려되어야 한다.

2. 구동사
2.1 note O down
Please **note** **down** the date and place of her wedding.
그녀의 결혼 날짜와 장소를 적어놓으세요.
[down은 소리, 생각, 감정들을 종이에 적는 관계를 나타낸다. 참조: jot down, take down]

NUDGE

1. 단동사
이 동사는 팔꿈치로 살짝 밀치는 과정을 그린다.
명사: 팔꿈치로 살짝 쿡 찌르기

타동사

My dog **nudged** my leg with his wet nose.
내 개는 내 다리를 그 젖은 코로 살짝 쳤다.
He **nudged** me and whispered, "Look who's just come in."
그가 나를 쿡 찌르며 속삭였다. "방금 누가 들어와 있는지 보세요."
Inflation is **nudging** 20%.
인플레이션이 20%에 육박하고 있다.

2. 구동사
2.1 nudge O aside
He **nudged** the cat **aside** to make a room on the sofa.
그는 그 소파 위에 자리를 만들기 위해서 그 고양이를 살짝 옆으로 밀쳤다.

2.2 nudge O out of O
She **nudged** me **out of** the way.
그녀가 나를 그 길에서 벗어나도록 조금씩 밀었다.

2.3 nudge O through O
He **nudged** his way **through** the crowd.
그는 그 사람들을 밀치며 길을 만들어 나아갔다.

NUMB

1. 단동사
이 동사는 마비가 되는 과정을 그린다.
형용사: 감각이 없는, 멍한

2. 구동사
2.1. numb up
My legs **numbed** **up** after squatting down.
내 다리들이 쭈그리고 앉은 후에 마비가 되었다.

NUMBER

1. 단동사
이 동사는 수를 헤아리거나 번호를 매기는 과정을 그린다.
명사: 수, 숫자, 수사; (전화, 팩스 등의) 번호

타동사

All the seats in the stadium are **numbered**. (passive)
그 경기장에 있는 모든 의자들은 번호가 붙어 있다.

자동사

The crowd **numbered** more than a thousand.
그 관중은 모두 천 명이 넘었다.

2. 구동사
2.1 number O among O
Richard Kim was **numbered** **among** the best of Korean-American writers. (passive)
리차드 김은 한인계 미국인 작가들의 최고 작가에 속했다.
I **number** her **among** my closest friends.
나는 그녀를 나의 가장 친한 친구들 중 한 명으로 본다.

2.2 number O off
The squad lined up and **numbered** **off**.
그 분대가 정렬해서 점호를 했다.
[off는 병사들이 순서대로 하나, 둘, 셋 ... 으로 번호를 붙여나가는 관계를 그린다.]
I had to **number** the children **off**.
나는 그 아이들을 차례대로 번호를 매겨서 제외했다.

NUZZLE

1. 단동사
이 동사는 애정표시로 코나 입을 비비는 과정을 그린다.

타동사

She **nuzzled** his ear.
그녀가 그의 귀에 입을 비볐다.

N

2. 구동사

2.1 nuzzle up against O

When I came back home, my dog **nuzzled up against** me.

내가 집에 돌아오면 내 개는 다가와서 코를 비벼댄다.

[up은 개가 내게 다가와서 거리가 좁아지는 관계를 나타낸다. 참조: cuddle up]

nuzzle up to O

The dog **nuzzled up to** me and licked my hand.

그 개가 내게 다가와 코를 비벼대고 나의 손을 핥았다.

O o

OCCUR

1. 단동사
이 동사는 발생하거나 존재하는 과정을 그린다.

자동사

When exactly did the incident **occur**?
정확히 그 사건이 언제 발생했나요?
Sugar **occurs** naturally in fruit.
당분이 과일 속에는 천연적으로 존재한다.

2. 구동사
2.1 occur to O
The idea **occurred to** me.
그 생각이 내게 갑자기 떠올랐다.
It **occurs to** me that he's lying to me.
그가 나에게 거짓말을 하고 있다는 게 갑자기 떠올랐다.

OFFER

1. 단동사
이 동사는 누가 누구에게 무엇을 바치는 과정을 그린다.

타동사

We **offered** our help.
우리는 우리의 도움을 제공했다.
We **offered** a prayer.
우리는 기도를 바쳤다.
I **offered** $5 for the radio.
나는 그 라디오에 5달러를 제시했다.

2. 구동사
2.1 offer O up
Prayers of thanks are **offered up** every morning.
(passive)
감사의 기도들이 매일 아침 올려 바쳐진다.
[up은 윗사람에게 바치는 관계를 나타낸다.]
We **offered up** our gratitude to the professor.
우리는 교수님께 감사를 올렸다.

OIL

1. 단동사
이 동사는 기계 등에 기름칠을 하는 과정을 그린다.

타동사

He **oiled** his bike and pumped up the tires.

그는 그의 자전거에 기름을 치고 타이어들에 바람을 넣었다.

2. 구동사
2.1 oil O up
My brakes are making squeaking noises and I had them **oiled up** at a garage. (passive)
내 자동차 브레이크가 끽끽 소리를 내어서, 나는 정비소에서 그것들이 기름칠되게 했다.
I hate having to **oil up** my boss.
나는 내 상사에게 아첨해야하는 것이 정말 싫다.
[참조: kiss up, butter up]

OOZE

1. 단동사
이동사는 걸쭉한 액체가 흐르거나 이를 흘리는 과정을 그린다.
명사: 호수 강바닥의 묽은 진흙

자동사

Blood **oozed** out of the wound.
피가 그 부상 부위에서 흘러 나왔다.

2. 구동사
2.1 ooze out
The oil **oozed out** from the hole in the barrel.
기름이 그 통에 있는 구멍으로부터 새어 나왔다.

2.2 ooze with O
The wound **oozed with** blood.
그 상처에서 피가 줄줄 흘러나왔다.
The salesman **oozed with** insincerity.
그 세일즈맨은 불성실함을 내뿜었다.

OPEN

1. 단동사
이 동사는 닫힌 것을 열거나 열리는 과정을 그린다.
형용사: 열린, 트인

타동사

He **opened** the door.
그는 그 문을 열었다.
They **opened** a new school.
그들은 새 학교를 열었다.

O

He **opened** his arms and welcomed us.
그는 팔을 벌리고 우리를 환영했다.
They **opened** the program with a prayer.
그들은 그 프로그램을 기도로 시작했다.

자동사

The door **opened** suddenly.
그 문이 갑자기 열렸다.
The store **opens** at 10.
그 상점은 10시에 열린다.
The flower **opened** early this year.
그 꽃은 올해 일찍 피었다.
The story **opens** in Korea during the war.
그 이야기는 그 전쟁 동안 한국에서 시작된다.

2. 구동사

2.1 open into O

The hallway **opens** into the dining room.
그 복도는 그 식당으로 들어간다.

2.2 open onto O

The kitchen **opens** onto a livingroom.
그 부엌은 거실로 트여 있다.
The windows at the front **open** onto a large garden.
그 앞 쪽에 있는 창문들은 큰 정원에 트여 있다.
The restaurant **opens** onto a beach.
그 식당은 문을 열면 조금 가서 해변에 닿는다.
[to는 이동관계를, on은 접촉관계를 나타낸다.]

2.3 open out

We had a sofa that **opens** out into a bed.
우리는 펼쳐져서 침대가 되는 소파를 가지고 있었다.
[out은 소파가 펼쳐지는 관계를 나타낸다.]
The path **opens** out into a road.
그 소로는 넓어져서 길이 된다.
[out은 좁은 상태에서 넓은 상태로 변화되는 관계를 나타낸다.]

open O out

He **opened** out the map and tried to locate Bolivia.
그는 그 지도를 활짝 펴놓고 볼리비아의 위치를 찾고
있었다.
[참조: spread out]
The debate was **opened** out into a general discussion.
(passive)
그 토론이 커져서 일반적인 토의가 되었다.

2.4 open O to O

The state **opened** the area to oil-drilling.
그 주는 그 지역을 유정굴착에 열기로 했다.

2.5 open O up

Several coffee shops are **opening** up *new branches*
in the city center.
몇 개의 커피 가게들은 그 시 중심지에 새 지점을 열어
영업을 시작했다.
[up은 상점 등이 개업 상태에 있는 관계를 나타낸다.]

market	시장	convenience store	편의점
bank	은행		

He **opened** up a *window*.
그는 창문 하나를 열었다.
[up은 창문이 열려있는 관계를 나타낸다.]

wallet	지갑	book	책
album	앨범	bottle	병

The professor's lectures **opened** up a *whole new*
world for me.
그 교수님의 강의는 내게 전혀 새로운 세계를 열어주었다.
[up은 무엇이 어떤 사람의 의식 속에 생기는 관계를 나타낸다.]

opportunity	기회	possibility	가능성

The explanation **opened** up a sharp difference
between the cars.
그 설명은 그 두 차 사이의 뚜렷한 차이를 드러나게 했다.
[up은 불분명한 상태에서 확실한 상태로 변화하는 관계를 나타
낸다.]
Davis **opened** up a gap of 10 points over his opponent.
데이비스는 상대에게 10점의 차이를 벌렸다.
[opened는 두 개체 사이의 거리가 벌어지는 과정이고, up은 간격
이 생기는 관계를 나타낸다.]
The Liberal Party is **opening** up a lead.
자유당이 확실한 선두를 가고 있다.
The doctors **opened** her up but found nothing wrong
with her.
그 의사들은 그녀를 절개했지만 그녀에게 아무 것도 병
든 것을 찾지 못했다.
[her는 환유적으로 환부를 가리킨다.]

open up

The troops **opened** up as the enemy came near.
그 군대는 적군이 가까이 오자 총을 쏘기 시작했다.
[up은 사격이 시작되는 관계를 나타낸다.]
Coffee shops are **opening** up all over the city.
커피숍들이 그 시 전체에 생겨나고 있다.
With a qualification like that many opportunities **open**
up.

그런 자격증이 있으면 많은 기회들이 생긴다.

He has never **opened up** as I do to him.
그는 내가 그에게 하는 것처럼 마음을 열지 않았다.
[he는 환유적으로 마음을 가리키고 up은 활짝 여는 상태를 나타낸다.]

The Korean markets are **opening up** to investment from abroad.
한국 시장들은 외국 투자에 활짝 열리고 있다.

OPT

1. 단동사
이 동사는 다른 일을 두고 한 가지 일을 선택하는 과정을 그린다.

2. 구동사
2.1 opt for O
I **opted for** the orange umbrella.
나는 (여러 우산들 가운데) 그 주황색 우산을 택했다.
After graduating, she **opted for** a *career in computer science*.
졸업 후에, 그녀는 컴퓨터 공학의 경력을 택했다.

public service	공무원	service job	서비스업

In case of fire, **opt for** the stairs instead of the elevator.
불이 난 경우, 엘리베이터 대신 계단을 선택하세요.

2.2 opt in
I was told about the research project, and asked to **opt in**.
나는 그 연구 계획에 대해서 말을 듣고, (그것에) 들어오라는 요청받았다.

2.3 opt into O
I decided to **opt into** the company's pension schemes.
나는 그 회사의 연금보험에 들기로 선택했다.

2.4 opt out of O
I **opted out of** the health insurance.
나는 그 건강보험에서 빠져나오기로 선택했다.

ORBIT

1. 단동사
이 동사는 태양이나 지구 주위를 궤도를 그리며 도는 과정을 그린다.
명사: 궤도, 영향권

타동사
The earth takes a year to **orbit** the sun.
지구가 태양의 궤도를 공전하는 데 1년이 걸린다.

2. 구동사
2.1 orbit around O
The moon **orbits around** our planet, Earth.
달은 우리 지구 주위를 궤도를 그리며 돈다.
The earth **orbits around** the sun.
지구는 태양 주변을 돈다.

ORDER

1. 단동사
이 동사는 주문을 하거나 명령을 하는 과정을 그린다.
명사: 주문, 명령, 순서, 정돈
타동사
The captain **ordered** the sailors to leave the ship.
그 선장은 그 선원들에게 그 배를 버리고 떠나라고 명령했다.
I **ordered** some rice.
나는 쌀을 좀 주문했다.

2. 구동사
2.1 order O about/around
I don't like him. He always **orders** us **around**.
나는 그가 싫다. 그는 언제나 우리를 함부로 부린다.
[around는 '이리저리, 함부로'의 뜻이다. 참조: boss around, bully around, push around

2.2 order O in
We **ordered in** two hamburgers and two cokes.
우리는 두 개의 햄버거와 두 잔의 콜라를 주문해서 (집에) 가져오게 했다.
[in은 음식이 집으로 배달되는 관계를 나타낸다.]

2.3 order O into O
The teacher **ordered** the children **into** the room.
그 선생님은 그 아이들을 명령하여 그 방에 들어가게 했다.

2.4 order O off O
The teacher **ordered** Bob **off** the steps.
그 선생님은 밥에게 그 계단에서 내려오라고 명령했다.
He **ordered** some books **off** the Internet.
그는 몇 권의 책을 인터넷에서 주문했다.

2.5 order O out

The teacher **ordered** the kids **out**.
그 선생님은 그 아이들을 나가라고 명령했다.

I **ordered out** for a bowl of noodles and worked through lunch.
나는 국수 한 그릇을 배달시키고, 점심시간에 계속 일했다.
[out은 음식이 음식점에서 나오는 관계를 나타낸다.]

Russian diplomats were **ordered out**. (passive)
러시아 외교관들이 추방 명령을 받았다.

order O **out** of O

I **ordered** her **out** of the room.
나는 그 여자에게 그 방에서 나오라고 명령했다.

OWN

1. 단동사

이 동사는 중요하지 않은 실수나 잘못을 시인하는 과정을 나타낸다.

타동사

He **owned** that he had been wrong.
그는 그가 잘못했었다고 시인했다.

2. 구동사

2.1 own up

You took my wallet. You'd better **own up** right now.
너 내 지갑 가져갔지. 지금 당장 고백하는 게 좋겠다.

If the guilty does not **own up**, the whole team will be punished.
죄 지은 사람이 시인하지 않으면, 전체 팀이 벌 받게 될 것이다.

2.2 own up to O

Finally, he **owned up to** his boss.
마침내, 그는 그의 상사에게 인정했다.
[up은 위에서 오는 압력에 못 이겨 인정하는 관계를 나타낸다.]

Someone obviously broke my computer, but no one is **owning up to** it.
누군가가 내 컴퓨터를 고장 냈으나, 아무도 그것을 시인하지 않는다.

I will **own up to** my mistakes.
나는 내 실수들을 시인하겠다.

No one **owned up to** breaking the window.
아무도 그 유리창을 깬 것을 시인하지 않았다.

P p

PACE

1. 단동사
이 동사는 천천히, 규칙적으로, 일정하게 걷는 과정을 그린다.
명사: 걸음, 달리기, 움직임의 속도, 걸음, 보폭

자동사

She **paced** up and down outside the room.
그녀는 그 방 밖에서 위로 갔다 내려 갔다 하며 서성거렸다.

타동사

He **paced** his game skillfully.
그는 능숙하게 그의 경기의 리듬을 유지했다.

He'll have to learn to **pace** himself in this job.
그는 이 일에서 속도 조절을 하는 법을 익혀야 할 것이다.

2. 구동사
2.1 pace O off
He **paced** off 30 meters of the field and put a stake into the ground.
그는 그 밭의 30미터를 발걸음으로 재어서, 그 곳에 말뚝을 박았다.
[참조: measure off]

2.2 pace O out
He **paced** out the distance and wrote it down.
그는 그 거리를 발걸음으로 재서 그 수치를 기록했다.

He usually **paces** out his anxiety.
그는 걸어 다니면서 그의 근심을 없앴다.
[out은 근심이 없어지는 관계를 나타낸다.]

PACK

1. 단동사
이 동사는 물건을 상자나 가방 등에 채워 넣는 과정을 그린다.

타동사

He **packed** the books.
그는 그 책들을 (상자에 집어넣어) 꾸렸다.

He is **packing** his suitcase.
그는 그 옷가방을 (옷으로) 채워 넣고 있다.

Your punch **packs** a lot of force.
너의 주먹은 많은 힘을 담고 있다.

The play **packs** a real message.
그 연주는 실질적인 메시지를 담고 있다.

2. 구동사
2.1 pack O away
We took down the X-mas decorations and **packed** them **away**.
우리는 그 크리스마스 장식품들을 뜯어 내려서 그들을 상자에 넣어서 치웠다.
[away는 장식품이 현재의 자리에서 보관 장소로의 이동을 나타낸다.]

He **packed away** a meal before the others had found their napkins.
그는 다른 사람들이 냅킨을 찾기도 전에 음식을 해치웠다.
[away는 음식이 줄어드는 관계를 나타낸다.]

2.2 pack O down
The cereal has **packed down** in the box so that it seems that the box is only half full.
그 시리얼은 그 상자 안에 눌러 담겨서 그 상자가 오직 반밖에 차 있지 않은 것처럼 보인다.
[down은 힘을 내리 누르는 관계를 나타낸다.]

The traffic **packed** the snow **down**.
그 차들이 그 눈을 내려 다졌다.

We **packed** our stuff **down** to one package.
우리는 우리 짐들을 줄여서 하나의 꾸러미로 꾸렸다.

2.3 pack O in O
Mother **packed** our sandwiches **in** a picnic basket.
엄마는 우리의 샌드위치들을 소풍 바스켓에 꾸렸다.

Pack more socks **in** your backpack.
양말 몇 개를 더 너의 백팩에 더 꾸려 넣어라.

pack O in
His latest *film* **packed in** large audiences across the country.
그의 최신 영화는 전국에 걸쳐 많은 청중들을 (영화관에) 끌어들였다.
[참고: draw in]

lecture 강의	seminar 세미나

He **packed in** his job and went travelling in Asia.
그는 그의 일을 집어넣고 (그만두고) 아시아 여행을 떠났다.
[참조: fold in]

P

He is always letting her down. It is time she **packed** him **in**.
그는 언제나 그녀를 실망시키고 있다. 그녀가 그와의 관계를 접을 시간이다.

Seven days in Seoul for a holiday isn't long, but you can **pack in** a lot if you try hard.
서울에서 보내는 휴가로 7일은 길지 않다. 그러나 열심히 노력을 하면 (그 7일 안에) 많은 것을 채워 넣을 수 있다.
[참조: fit in, squeeze in]

2.4 pack O into O

We **packed** all the kids **into** a small bus.
우리는 그 모든 아이들을 작은 버스에 집어 넣었다.

We were able to **pack** a lot **into** our four days in Busan.
우리는 많은 것을 우리의 부산에서 보낸 4일간에 집어 넣을 수 있었다.

2.5 pack O off

As soon as they entered college, they were **packed off** to the dormitory. (passive)
그들이 대학에 들어가자마자 그들은 즉시 기숙사로 보내졌다.
[off는 그들이 집을 떠나는 관계를 나타낸다. 참조: send off]

Mom **packed** me **off** to hospital as soon as I was ill.
엄마는 내가 병이 나자마자 병원으로 급하게 보냈다.
[참조: bundle off]

2.6 pack on O

He is **packing on** *pounds*.
그는 몸무게를 늘리고 있다.

fat	지방	facts	사실
muscle	근육	accusations	비난

2.7 pack O out

All the bars in Myengdong is **packed out** on Friday nights. (passive)
명동의 그 모든 술집들은 금요일 밤에는 꽉 찬다.
[out은 술집이 사람으로 안이나 바깥이나 가득한 상태를 나타낸다. 참조: fill out]

The *Haeundae* beach is **packed out** in the summer. (passive)
그 해운대 해변은 여름에는 (사람들로) 꽉 채워진다.

2.8 pack O together

He **packed** the cups **together** too tightly and some of them broke.
그는 그 컵들을 너무 꽉 조이게 쌓아서 그것들 중 몇

개는 부서졌다.

2.9 pack O up

He **packed up** his books and left.
그는 그의 책을 (상자들에) 넣어 꾸리고 떠났다.
[up은 흩어져 있는 것을 한 곳에 모아놓은 상태를 나타낸다.]

He **packed up** a *bag*.
그는 가방을 가득 채웠다.
[pack up의 목적어는 내용물이나 그릇이 될 수 있다.]

suitcase	여행가방	car	차
backpack	배낭	van	밴

pack up

When I got to the concert hall, people were starting to **pack up**.
내가 그 연주회관에 도착했을 때, 사람들이 많이 몰리기 시작했다.

I think it's time we **packed up** and went home.
우리가 짐을 꾸리고 집에 갈 때이다.
[up은 활동상태에서 비활동상태로의 변화를 나타낸다. 즉 하던 일을 마치는 상태이다.]

The nasty washing machine **packed up** again.
그 나쁜 세탁기가 또 고장이 났다.
[up은 기계 등이 작동을 멈추는 관계를 나타낸다. 참조: jam up]

2.10 pack O with O

The street was **packed with** tourists. (passive)
그 거리는 관광객들로 꽉 차 있었다.

The park is **packed with** children. (passive)
그 공원은 아이들로 가득 차 있다.

May is **packed with** special days. (passive)
5월은 공휴일로 가득 차 있다.

The fruit is **packed with** Vitamin C. (passive)
그 과일은 비타민C로 가득 차 있다.

PAD 1

1. 단동사
이 동사는 덮거나, 부드러운 것을 채워서 보호하는 과정을 그린다.
명사: 패드(액체 흡수용이나 특정 부위 보호용 부드러운 물질); 편지지, 메모지 등의 묶음, 발사대

타동사

All the sharp corners were **padded** with foam. (passive)
그 모든 뾰족한 모서리는 기포고무로 패드가 대어져 있었다.

2. 구동사

2.1 pad out
stick to your main point and don't **pad out** your term paper with trifles.
주안점에서 떨어지지 말고, 보고서를 불필요한 것으로 부풀리지 말아라.
[out은 부피가 늘어나는 관계를 나타낸다.]

2.2 pad up
The football players are **padding up** in the locker room.
그 축구선수들은 라커룸에서 보호복을 입는 중이다.

PAD 2

1. 단동사
이 동사는 가볍게 사뿐사뿐 걷는 과정을 그린다.

2. 구동사

2.1 pad across O
She **padded across** the room to the window.
그녀가 조용히 방을 가로질러 창가로 갔다.

PAGE

1. 단동사
이 동사는 컴퓨터에서 페이지를 이동하는 과정을 그린다.
명사: 페이지, 쪽, 면

2. 구동사

2.1 page down
Page down to page 10.
컴퓨터에서 10페이지까지 화면을 내려가게 하시오.

2.2 page through O
He **paged through** a few magazines while waiting for his turn.
그는 그의 차례를 기다리는 동안 몇몇 잡지를 줄줄 훑어 보았다.
[through는 첫 페이지에서부터 마지막 페이지를 넘기는 관계를 그린다.]
[참고: flip through, go through]

2.3 page up
Please **page up** to section 2.1
(컴퓨터에서) 섹션 2.1에 이르게 화면을 올라가게 해주세요.

PAINT

1. 단동사
이 동사는 페인트칠을 하거나 그림을 그리는 과정을 그린다.
명사: 페인트; 그림물감
타동사
We've had the house **painted**. (passive)
우리는 (사람을 시켜서) 집을 페인트칠을 했다.
A painter **painted** the children for me.
한 화가가 내게 그 아이들 그림을 그려 주었다.
The article **paints** the immigrants as a bunch of petty criminals.
그 글은 그 이민자들을 한 무리의 잡범들로 그리고 있다.

2. 구동사

2.1 paint in
The student **painted in** the circles he had drawn.
그 학생은 그가 그려놓은 동그라미란에 페인트칠을 해 넣었다.
[in은 동그라미 안을 채우는 관계를 그린다. 참조: color in, fill in, pencil in]

2.2 paint O onto O
Paint the toothpaste **onto** your teeth.
그 치약을 너의 이에 가져다 바르세요.

2.3 paint O out
Volunteer workers **painted out** graffiti on the walls.
자원 봉사자들은 그 벽들에 있는 낙서를 페인트로 지워 안 보이게 했다.
[out은 보이던 것이 안 보이게 되는 결과를 그린다. 참조: black out, white out]

2.4 paint O up
The walls along the street are **painted up** with flowers. (passive)
그 길을 따라 있는 그 벽들은 꽃들을 그려져서 더 환하게 되었다.
[up은 밝지 않은 상태에서 밝은 상태가 되는 관계를 그린다.]

PAIR

1. 단동사
이 동사는 두 명씩 짝을 짓는 과정을 그린다.
명사: 쌍[짝], 두 사람
자동사
Many of the species **pair** for life.

그 종은 많은 것들이 평생을 짝으로 산다.

2. 구동사

2.1 pair O off
We are **paired off** and began to work at the exercise.
(passive)
우리는 둘 씩 짝을 지어서 그 운동을 열심히 하기 시작
했다.
[off는 둘 씩 짝을 지어서 떨어져 나오는 관계를 나타낸다.]

pair O off
My mother is eager to **pair** me **off** with a pretty young
girl.
내 어머니는 나를 예쁜 젊은 아가씨와 짝을 지어주고
싶어 하신다.

2.2 pair O up with O
The math teacher **paired** students good at math **up with**
those bad at math.
그 수학 선생님은 수학을 잘 하는 학생들과 못 하는 학
생들을 짝을 지었다.
[up은 둘이 짝이 되는 관계를 나타낸다. 참조: buddy up, put up,
team up]

pair up with O
Ron **paired up with** James,
론은 제임스와 짝을 지었다.
The US **paired up with** England and France in attacking
Syria.
미국은 시리아를 공격하는 데 영국과 프랑스와 짝을 이
루었다.

pair up
The boys **paired up** to work on the project.
그 소년들은 짝을 이루어 그 기획 사업을 했다.

2.3 pair with O
Wine **pairs** well **with** cheese.
포도주는 치즈와 궁합이 잘 맞는다.

pair O with O
Each blind student was **paired with** a sighted student.
각 맹인 학생은 앞을 볼 수 있는 학생과 짝이 지어졌다.

PAL

1. 단동사
이 동사는 친구가 되는 과정을 그린다.

명사: 친구

2. 구동사

2.1 pal around O
Jane and Susan **palled around** Seoul while in Korea.
제인과 수전은 한국에 있는 동안 둘이서 서울 이곳저곳
을 둘러보았다.

2.2 pal up
They **palled up** while travelling Italy.
그들은 이탈리아를 여행하는 동안 친구가 되었다.

pal up with O
She **palled up with** some American students she met
at the hotel.
그녀는 그 호텔에서 만난 미국학생들과 친구가 되었다.
[참조: buddy up, pair up]

PALM

1. 단동사
이 동사는 물건을 속여서 파는 과정을 그린다.
명사: 손바닥, 야자과 나무, 종려나무

2. 구동사

2.1 palm O off
The jeweler tried to **palm off** a fake diamond as
genuine.
그 보석상은 그 가짜 다이아몬드를 진짜로 속여 팔려고
했다.
[off는 가짜 다이아몬드가 보석상에게서 떠나는 관계를 그린다.
참조: fob off]
They **palmed off** junk herbal medicine on the elderly.
그들은 가짜 한약을 노인들에게 속여 팔았다.

palm O off onto O
The fruit seller tried to **palm off** some damaged apples
onto an old lady.
그 과일상은 몇 개의 상한 사과를 나이 든 노인에게 속
여 팔려고 했다.
[off는 사과가 상인에게서 나가는 관계를 나타낸다.]

PAN

1. 단동사
이 동사는 영화나 텔레비전의 카메라를 대상을 따라 움직
이는 과정을 그린다.
명사: 파노라마적인 효과를 내기 위해 카메라를 상하좌우

로 움직이며 하는 촬영, 파노라마 사진

자동사

The camera **panned** back to the audience.

그 카메라가 다시 이동하여 그 방청객 쪽으로 돌아왔다.

2. 구동사

2.1 pan out

I wonder how the exploration will **pan out**.

나는 그 탐험이 어떻게 전개될지 궁금하다.

[out은 일들이 펼쳐지는 관계를 나타낸다. 참조: play out, work out]

If things **pan out** well, I might be in Argentine next year.

일이 잘 풀리면 나는 내년에 아르헨티나에 있을 것이다.

I am glad that our business plan has **panned out**.

나는 우리의 사업 계획의 결과가 좋아서 기쁘다.

My plans **panned out** poorly.

내 계획은 잘 풀리지 않았다.

2.2 pan over O

The camera **panned over** the horizon.

카메라가 그 수평선을 쭉 훑어 지나갔다.

PANDER

1. 단동사

이 동사는 좋지 않지만 사람들이 바라는 것을 제공하는 과정을 그린다.
명사: 나쁜 일의 중개자; 남의 약점을 이용하는 사람

2. 구동사

2.1 pander to O

These papers **pander to** people interested in sports and sex.

이 잡지들은 스포츠와 섹스에 관심 있는 사람들에 영합한다.

PANT

1. 단동사

이 동사는 숨을 헐떡이는 과정을 그린다.

자동사

She finished the race **panting** heavily.

그녀는 거칠게 숨을 헐떡이며 그 경주를 끝냈다[결승점을 통과했다].

2. 구동사

2.1 pant for O

I **panted for** oxygen after my long run.

나는 길게 뛴 다음에 산소를 얻기 위해 헐떡였다.

I'm **panting for** some interesting news.

나는 어떤 재미있는 얘기를 갈망하고 있다.

2.2 pant O out

He was able to **pant** the name of the injured person out.

그는 숨을 헐떡이면서 그 부상자의 이름을 말할 수 있었다.

[out은 이름이 입에서 나오는 관계를 그린다.]

PAPER

1. 단동사

이 동사는 어떤 자리를 종이로 덮어 바르는 과정을 그린다.
명사: 종이, 신문, 논문, 과제물

타동사

She **papered** the kitchen wall instead of painting it.

그녀는 그 부엌 벽을 페인트 칠 하는 대신 벽지로 발랐다.

2. 구동사

2.1 paper over O

He **papered over** the walls, which brightened up the room.

그는 그 벽들에 종이를 덮어 발랐는데, 그것이 방을 환하게 했다.

[over는 종이가 벽 전체를 덮는 관계를 나타낸다.]

He **papered over** old dirty spots.

그는 오래되어 더러운 얼룩을 종이로 덮었다.

Don't **paper over** the mistakes you have made.

당신이 저지른 실수를 종이로 덮으려하지 마세요. 즉, 숨기지 마세요.

The two parties **papered over** the differences and formed a party.

그 정당은 그 차이들을 덮고 새 정당을 창당했다.

PARACHUTE

1. 단동사

이 동사는 낙하산으로 비행기에서 뛰어 내리는 과정을 그린다.
명사: 낙하산

자동사

The pilot was able to **parachute** to safety.

그 조종사는 낙하산을 타고 내려와 안전했다.

P

2. 구동사
2.1 parachute O in
He had been working on the electorate but he was rejected by the party, when a new candidate was parachuted in. (passive)
그는 그 지역구를 열심히 닦아오고 있었지만, 당이 새 후보를 낙하시켜 보내자 그는 당에 의해 거절당했다.

PARCEL

1. 단동사
이 동사는 몫으로 나누거나 소포를 꾸리는 과정을 그린다.
명사: 소포, 꾸러미, 구획

2. 구동사
2.1 parcel O out
The old man **parcelled out** all his *property* among his children.
그 노인은 그의 모든 재산을 자식들에게 분배했다.
[out은 재산이 여러 사람에게 가는 관계를 그린다.]

cookies 쿠키	free tickets 공짜 티켓

2.2 parcel O up
I **parcelled up** my roommate's *books* and sent them to him.
나는 내 룸메이트의 책들을 꾸려서 그에게 보냈다.
[up은 책이 꾸려져서 소포가 되는 관계를 나타낸다. 참조: bundle up, pack up]

clothes 옷	papers 서류

Korea was **parcelled up** along the 38th parallel line. (passive)
한국은 삼팔선을 따라 분할되었다.
[참조: divide up]

PARE

1. 단동사
이 동사는 껍질 등을 깎는 과정을 그린다.
타동사

First, **pare** the rind from the lemon.
먼저, 그 레몬의 껍질을 벗기세요.
Pare the onions then cut them.
그 양파들의 껍질을 벗기고 자르세요.

2. 구동사
2.1 pare O away

He **pared away** the potatoes.
그는 그 감자들을 깎아서 작아지게 했다.

2.2 pare O back
The NASA program has been **pared back**, but not eliminated.
NASA 프로그램은 되깎였지만 없어지지는 않았다.
[back은 많아졌다가 작아지는 관계를 나타낸다.]
The training budget has been **pared back** to a minimum. (passive)
그 훈련비가 서서히 축소되어 최소액이 되었다.

2.3 pare O down
The editor **pared** the book **down** to a manageable size.
그 편집자는 그 책을 적당한 크기로 줄였다.
[down은 수나 양이 줄어드는 관계를 나타낸다.]

2.4 pare O off O
Five percent was **pared off** the payment. (passive)
5퍼센트가 그 지불금에서 깎아졌다.
[off는 5%가 지불금에서 떨어지는 관계를 나타낸다.]

PART

1. 단동사
이 동사는 양쪽을 가르거나 갈리는 과정을 그린다.
명사: 일부, 약간, 부분
자동사
We **parted** at the airport.
우리는 그 공항에서 헤어졌다.
The crowd **parted** in front of them.
그 군중이 그들 앞에서 갈라졌다.
타동사
I hate being **parted** from the children. (passive)
나는 그 아이들과 떨어지기가 싫다.

2. 구동사
2.1 part O from O
The child refused to be **parted from** his parents. (passive)
그 아이는 그의 부모들로부터 떨어지지 않으려고 했다.
[참조: separate from]
At the age of 6, she did not want to be **parted from** her red shoes. (passive)
6살 때, 그녀는 그녀의 빨간 구두를 놓지 않으려고 했다.

2.2 part with O
She tried to take the knife from the baby, but he did

not want to **part** with it.
그녀는 그 칼을 그 아이에게서 빼앗으려고 했으나 그 아이는 그것을 놓지 않으려고 했다.

In a time of recession, people are reluctant to **part with** their money.
경기침체 시기에는 사람들이 그들의 돈을 쓰지 않으려고 한다.

PARTAKE

1. 단동사
이 동사는 어떤 행사에 참가하거나 제공되는 음식을 먹는 과정을 그린다.

2. 구동사
2.1 partake in O
Around 500 people **partook in** the annual marathon game.
약 500명의 사람들이 매 년 열리는 그 마라톤 경기에 참가했다.

They preferred not to **partake in** the social life of the town.
그들은 그 마을의 사교 생활에 어울리지 않는 것을 더 원했다.

2.2 partake of O
Would you care to **partake of** some refreshment?
다과 좀 드시겠습니까?

In the hotel, you can **partake of** Korean food such as bean paste soup, raw fish and kimchi.
그 호텔에서 여러분은 된장국, 회, 김치와 같은 한국음식을 먹을 수 있습니다.

He has a clumsy manner that **partakes of** rudeness.
그는 무례함을 느끼게 하는 서툰 태도를 갖는다.
[참조: smack of, smell of]

PARTITION

1. 단동사
이 동사는 방이나 땅 등을 분할하는 과정을 그린다.
명사: 칸막이; 한 국가의 분할
타동사
The room is **partitioned** into three sections. (passive)
그 방은 세 구획으로 나눠져 있다.

2. 구동사
2.1 partition O off
The manager's room is **partitioned off** from the rest

of the office.
그 지배인의 방은 그 사무실 나머지 공간과 칸막이로 분리되어 있다.
[off는 방이 다른 부분과 구분되어 있는 관계를 나타낸다.]

They **partitioned off** part of the living room to make a study.
그들은 서재를 만들기 위해서 그 거실의 일부를 칸막이로 분리했다.

PARTNER

1. 단동사
이 동사는 무도회, 경기 등에서 짝이 되는 과정을 그린다.
명사: 동반자, 파트너, 애인
타동사
Gerry offered to **partner** me at tennis.
게리가 테니스 시합에서 내 파트너가 되어 주겠다고 했다.

2. 구동사
2.1 partner off
Ken and David **partnered off**, and played ping-pong.
켄과 데이비드는 짝이 되어 탁구를 쳤다.
[off는 두 사람이 나머지에서 분리되는 관계를 나타낸다. 참조: pair off]
Bill and Tom **partnered off** for the game.
빌과 톰은 그 경기를 위해 짝이 되었다.

2.2 partner up
Penguins **partner up** for life.
펭귄들은 평생 동안 짝이 된다.
The US and India agreed to **partner up** in the fight against ISIS.
미국과 인도는 ISIS 싸움에서 서로 협력하기로 합의했다.

partner up with O
They **partnered up with** each other.
그들은 서로 짝을 지었다.

PASS

1. 단동사
이 동사는 어느 지점을 지나가거나 지나가게 하는 과정을 그린다.
타동사
I **pass** your house every day.
나는 너의 집을 매일 지나간다.
The runner **passed** three others to win.
그 달리기 선수는 세 명의 다른 선수를 앞질러 가서 이

졌다.

He **passed** the final exam.

그는 그 기말고사를 통과했다.

Congress **passed** the resolution.

의회는 그 결의안을 통과시켰다.

He **passed** the comb through his hair.

그는 그 빗을 그의 머릿속을 지나가게 했다. 즉, 빗었다.

The teacher **passed** the whole class.

그 선생님은 그 학급 전체를 합격시켰다.

They **passed** the day at the zoo.

그들은 그 날을 동물원에서 보냈다.

The house was **passed** to his son. (passive)

그 집은 아들에게 상속되었다.

자동사

The fever **passed**.

그 열이 지나갔다.

I had a bad hand and I had to **pass**.

나는 패가 나빠서 (치지 않고) 지나가야 했다.

2. 구동사

2.1 pass O around/round

Sign your name on the list, and **pass** it **round**.

이 명단에 있는 이름에 서명을 하시고, 그것을 돌리세요.

The teacher brought some books in, and **passed** them **round**.

그 선생님은 몇 권의 책들을 들고 들어와서, 그것을 돌렸다.

2.2 pass as O

With a T-shirt and jeans on, he **passed as** a college boy.

그는 티셔츠와 청바지를 입고서 대학생으로 행세했다.

The chocolate-covered cookies are **passed as** healthy snacks. (passive)

그 초콜릿으로 덮인 과자들은 건강 간식으로 통한다.

With his fluent English, he **passes as** an American.

그의 유창한 영어로 그는 미국인 행세를 한다.

2.3 pass away

The former president **passed away** at the age of 91.

그 전직 대통령은 91세에 (세상을) 떠났다.

My grandmother had been ill for some time, and she **passed away** last week.

나의 할머니는 얼마 동안 아프셨는데, 지난주에 세상을 떠나셨다.

We hope that the threat of war may **pass away**.

우리는 전쟁 위협이 (우리 곁에서) 지나가길 희망한다.

[참조: go away]

Weeks and weeks **passed away**, but we heard no news from our father.

몇 주일이 계속 지나가버렸지만, 우리는 아버지로부터 아무 소식을 듣지 못했다.

pass away from O

He **passed away from** a year-long battle of brain cancer.

그는 1년간의 뇌종양과 싸우다가 돌아가셨다.

pass O away

The old men sitting in front of cafes **pass** the time **away** by chatting.

그 카페들의 앞에 있는 그 노인들은 잡담을 하면서 시간을 보낸다.

[away는 시간이 사라지는 관계를 나타낸다. 참조: while away]

2.4 pass between O

A glance of distrust **passed between** John and Mary.

의심의 눈길이 존과 메리의 사이에 오갔다.

I don't want to tell anything that **passed between** me and Tracy.

나는 나와 트레이시 사이에 오간 아무 것도 말하고 싶지 않다.

2.5 pass by O

The dog barks at anyone who **passes by** the house.

그 개는 그 집 곁을 지나는 모든 사람에게 짖는다.

pass by

The truck **passed by** kicking up a cloud of dust.

그 트럭은 먼지 구름을 일으키면서 (우리 곁을) 지나갔다.

pass O by

The war **passed** us **by** without much damage.

그 전쟁은 큰 피해 없이 우리 곁을 지나갔다.

He foolishly let the opportunity **pass** him **by**.

그는 어리석게도 그 기회가 그의 곁을 지나가게 했다.

2.6 pass O down

Please **pass** this **down** to Mary at the end of the row.

이것을 그 줄 끝에 있는 메리에게 내려 보내세요.

Arirang, a Korean folk song, has been **passed down** from generation to generation.

한국민요, 아리랑은 대대로 전해져 내려오고 있다.

Grandfather **passed down** the custom of praying to his ancestors to his grandchildren.

할아버지는 조상을 섬기는 관습을 그의 손자들에게 전

했다.

2.7 pass for O

The two sisters, A and B respectively, **pass for** twins.

그 두 자매, 각각 A양과 B양인데, 쌍둥이로 통한다.

This painting could almost **pass for** the original.

이 그림은 거의 원작으로 통할 수 있었다.

[for는 모작과 원작이 교환되는 관계를 나타낸다.]

2.8 pass O off

Shrugging his shoulders, he **passed off** her threat as a joke.

어깨를 으쓱하면서, 그는 그녀의 협박을 농담으로 생각하고 받아들이지 않았다(off).

[off는 위협이 떨어지는 관계를 그린다. 참조: shrug off, shake off]

pass off as O

The North Korean spy **passed off as** a Korean soldier.

그 북한 스파이는 한국군으로 처신했다.

[off는 실제 신분에 떨어진(off) 관계를 나타낸다.]

pass O off as O

He **passed off** a fake diamond **as** a genuine.

그는 가짜 다이아몬드를 진짜로 속여 팔았다.

[참조: fob off, palm off]

pass off

I've been ill in bed for a week with a cold, but I'm sure it will **pass off**.

나는 감기로 일주일 병석에 누워있는데, 감기는 곧 떨어져(off) 나갈 것이다.

The party **passed off** well.

그 파티는 꽤 잘 끝났다(off).

[off는 진행되는 과정이 끝나는 관계를 나타낸다. 참조: come off]

2.9 pass O on

The National Intelligence agent has been **passing** national secrets **on** to the North Korean agent.

그 국정원 직원이 (그가 취득한) 국가정보를 북한 공작원에게 넘겨오고 있었다.

[on은 국정원이 취득한 정보가, 다시 북한 공작원에게 이어서 넘어가는 관계를 나타낸다.]

The father bought the land and hoped that one day he **pass** it **on** to his son.

아버지는 그 땅을 사서, 언젠가 그것을 아들에게 이어서 물려주기를 바랐다.

2.10 pass O out

The old man put on a Santa hat, and **passed out** candy bars to the children.

그 노인은 산타 모자를 쓰고, 막대 사탕들을 그 어린이들에게 나누어 주었다

[out은 사탕이 여러 사람에게 나누어지는 관계를 나타낸다.]

The president is **passing out** pardons to his old friends.

그 대통령은 사면은 옛 친구들에게 나누어주고 있다.

pass out

He drank so much whisky that he **passed out** on his way home.

그는 위스키를 너무 많이 마셔서, 집에 오는 중에 정신이 나갔다.

[he는 환유적으로 정신이나 의식을 가리키고, out은 의식이 나가는 관계를 그린다. 참조: black out]

The young man **passed out** of the military academy.

그 젊은이는 합격을 해서 그 사관학교를 졸업했다.

2.11 pass O over

Many textbooks **passed over** the tragic incidents in the island.

많은 교과서들이 그 섬에 있었던 그 비극적 사건들을 취급하지 않고 건너뛰었다.

I was next in line for a promotion, but they **passed** me **over**.

나는 다음 승진 선상에 있었으나, 그들은 나를 건너뛰었다.

Joe is very angry that he was **passed over** in this year's promotion. (passive)

조는 금년 승진에 승진이 안 되어서 분노하고 있다.

[over는 그가 승진기회를 건너뛰게 된 관계를 나타낸다.]

pass over O

He managed to **pass over** the tragic event.

그는 그 비극적인 사건을 넘어섰다.

A thick cloud **passed over** our picnic.

짙은 구름이 우리가 소풍을 보내고 있는 곳 위를 지나갔다.

Working class kids are **passed over** for top jobs. (passive)

노동자 계급의 아이들은 높은 일자리에서 제외된다.

pass over

The hurricane **passed over** today.

그 허리케인이 오늘 (어떤 지역을) 지나갔다.

P

2.12 pass to O

The treaty specifies that the control of the canal is to **pass to** Panama in the year of 2000.
그 조약은 그 운하의 관리가 2000년도에 파나마로 넘어감을 명시한다.

If one dies without a will, his or her property **passes to** his spouse.
누가 유언이 없이 돌아가면 그나 그녀의 재산은 배우자에게 넘어간다.

2.13 pass O up

He could not **pass up** the job offer.
그는 그 일자리 제의를 포기할 수가 없었다.
[up은 일자리 제의를 받아들이지 않는 관계를 나타낸다. 참조: give up]

She **passed up** the opportunity to work in Korea.
그녀는 한국에서 일할 수 있는 그 기회를 포기해버렸다.
[참조: give up]

PASTE

1. 단동사

이 동사는 풀을 칠해 붙이는 과정을 그린다.
명사: 밀가루 등의 가루로 만든 반죽, 풀

타동사

Paste the two pieces together.
그 두 조각을 풀로 함께 붙여라.

The children were busy cutting and **pasting** paper hats.
아이들은 종이를 잘라 모자를 풀을 붙여 만드느라 바빴다.

자동사

It's quicker to cut and **paste** than to retype.
다시 타이핑을 하는 것보다 오려 붙이기를 하는 것이 더 빠르다.

2. 구동사

2.1 paste O down

I **pasted down** the loose edge of the poster.
나는 그 포스터의 들뜬 모서리를 풀칠을 해서 고정시켰다.
[down은 모서리가 고정되는 관계를 나타낸다.]

2.2 paste O on O

We **pasted** a beard **on** him for the second scene of the play.
우리는 그 연극의 제 2막을 위해 수염을 그에게 붙였다.

The police **pasted** an assault charge **on** the suspect.
경찰이 폭행죄를 그 용의자에게 붙였다. 즉, 씌웠다.

2.3 paste O up

The clerk **pasted up** a notice on the bulletin board.
그 서기가 공고문을 풀칠을 해서 (다른 사람들이 볼 수 있게) 그 게시판에 붙였다.

This old book is falling apart. Please **paste it up**.
이 오래된 책이 해체되고 있다. 풀칠을 해서 붙어 있게 해라.
[up은 페이지들이 붙어있는 관계를 나타낸다.]

PAT

1. 단동사

이 동사는 쓰다듬거나 톡톡 치는 관계를 그린다.

2. 구동사

2.1 pat O down

The farmer heaped some manure on the garden and **patted it down**.
그 농부는 약간의 그 거름을 밭 위에 쏟아 붓고, 그 것을 톡톡 쳐서 다졌다.
[down은 거름이 다져지는 관계를 나타낸다.]

The baker **patted down** the dough with a roller.
제빵사는 그 반죽을 롤러로 눌러서 펼쳐지게 했다.

The security guard **patted down** its passengers for weapons.
그 보안관은 무기들을 찾기 위해서 모든 승객들을 톡톡 쳐서 뒤졌다.

2.2 pat O on O

Father **patted** me **on** the back.
아버지는 내 등을 톡톡 쳐 주었다.

She **patted** the dog **on** the head.
그녀가 그 개의 머리를 토닥거렸다.

PATCH

1. 단동사

이 동사는 헝겊을 덧대어 찢어진 곳을 깁는 과정을 그린다.
명사: (특히 주변과는 다른 조그만) 부분; (구멍 난 데를 때우거나 장식용으로 덧대는) 조각

타동사

He **patched** a hole in the roof.
그는 그 지붕에 있는 구멍을 때웠다.

2. 구동사

2.1 patch O up

I **patched up** my jeans with the fabric.
나는 내 찢어진 청바지를 그 천으로 기웠다.

He **patched up** the rip in the curtain.
그는 그 커튼의 찢어진 부분을 천으로 기웠다.
We **patched up** the fishing net, and it looked almost new.
우리는 그 어망을 수선해서 그것은 거의 새 것 같아 보였다.
Ron fell down and sprained his ankles and rushed to a hospital to **patch** it **up**.
론은 넘어져서 발목을 삐었다. 그래서 그는 병원에 급히 보내져서 임시치료를 받았다.
The couple agreed to **patch up** their marriage after a few years of separation.
그 부부는 몇 년 별거한 후에 다시 합치기로 합의했다.

PATTERN

1. 단동사
이 동사는 어떤 본을 따라 만드는 과정을 그린다.
명사: 양식, 패턴, 모범, 귀감

타동사

Frost **patterned** the window.
성에가 그 창에 무늬를 이루었다.
Adult behavior is often **patterned** by childhood experiences. (passive)
성인의 행동은 흔히 어릴 적의 경험들에 의해 형성된다.

2. 구동사
2.1 pattern O after O
I **patterned** my house **after** the one I saw in Japan.
나는 내 집을 일본에서 본 집을 따라 만들었다.

2.2 pattern O on O
Melania **patterned** her speech **on** Michelle's.
멜라니아는 그 연설을 미셸의 연설의 본을 따서 했다.

PAW

1. 단동사
이 동사는 동물이 발톱이 달린 발을 반복적으로 문지르거나 긁는 과정을 그린다.
명사: 동물의 발톱이 달린 발

2. 구동사
2.1 paw at O
The cat **pawed at** the glass window, trying to go out.
그 고양이가 밖에 나가려고 발톱으로 그 유리창문을 반복적으로 긁었다.
[at은 긁힘이 부분적임을 나타낸다.]

The puppy kept **pawing at** my lap, trying to climb up on my knee.
그 강아지가 내 무릎에 기어오르려고 그의 앞발로 내 다리를 긁고 있었다.
The dog **pawed at** my sleeve.
그 개가 발로 내 소매를 건드렸다.

PAY

1. 단동사
이 동사는 돈 같은 것을 내어주는 관계를 그린다.

타동사

He **paid** me $1,000.
그는 나에게 1,000불을 지불했다.
He **paid** the debt on time.
그는 그 빚을 제 때 갚았다.
Did you **pay** the driver?
너는 그 택시 운전수에게 돈을 지불했습니까?
The job **pays** $100 a week.
그 일은 매주 100달러를 내어준다.
It **pays** to follow the direction.
그 지시를 따르는 것이 덕이 된다.

2. 구동사
2.1 pay O back
Dad, please send me the money for a train ticket to home and I will **pay** you **back**.
아버지, 집에 가는 기차표를 살 수 있는 돈을 내게 보내주세요. 되갚아 드리겠습니다.
[돈이 아버지에게서 나에게 오고, 돈이 다시 나에게서 아버지에게로 가는 관계를 그린다. 그리고 you는 환유적으로 아버지에게 진 빚을 가리킨다.]
He has 15 years to **pay back** his student loans.
그는 그의 학자금을 되갚을 시간이 15년이다.
The father vowed to find his daughter's killer, and **pay** him **back** for what he did.
그 아버지는 그의 딸을 살해한 사람을 찾아서 그가 한 짓에 대해 보복을 하겠다고 맹세했다.

$$\text{살해자} \xrightarrow{\text{행위}} \text{딸} \xrightarrow{\text{행위}} \text{살해자}$$

[back은 살해자가 딸에게 한 행위를 살해자에게 돌려주는 관계이다.]

pay back to O
He is determined to **pay back to** those who attacked him.
그는 그를 공격한 사람들에게 되갚아 줄 결심을 하고

있다.

2.2 pay for O

This time, I will **pay for** the *drinks*.
이번에는 내가 그 음료수 값들을 내겠다.

education	교육	service	봉사

My father **paid for** the car.
내 아버지가 그 차 값을 지불했다.

We must make criminals **pay for** their crimes.
우리는 범죄자들이 그들의 범죄에 대한 대가를 치르게 해야 한다.

I **paid** dearly **for** my negligence.
나는 나의 태만에 대해서 비싸게 대가를 치뤘다.

2.3 pay O in

When did you **pay in** your check?
언제 너의 수표를 (은행에) 입금했니?

2.4 pay O into O

I **paid** $100 **into** my savings account.
나는 100달러를 내 예금 계좌에 입금했다.

2.5 pay O off

She worked overtime to **pay off** her debts.
그녀는 그녀의 빚들을 다 갚기 위해서 초과 근무를 했다.
[off는 빚이 그녀에게서 모두 떨어지는 관계를 나타낸다. 빚은 우리에게 붙어있는 것으로 개념화된다.]

Last year she finally **paid off** her daughter's hospital bills.
작년에 그녀는 마침내 딸의 병원비들을 다 지불했다.

He **paid** the detective **off**.
그는 그 탐정에게 돈을 주고 (수사 등에서) 떨어지게 했다.
[off는 탐정이 하던 일에서 떨어지는 관계를 나타낸다.]

The gang **paid** the witness **off**.
그 갱은 그 증인에게 돈을 주어서 증언을 하지 않게 (off) 했다.

The factory **paid off** 200 workers.
그 공장은 200명의 노동자들에게 돈을 주고 (직장에서) 떨어지게 했다. 즉 해고했다.

pay off

The player's *hard practice* **paid off** when he won the award.
그가 그 상을 받았을 때, 그의 혹독한 연습은 결과를 내어놓았다. 즉, 효과가 있었다.
[off는 practice에 들어간 노력의 대가가 나온다는 뜻이다.]

determination	결심, 결의	patience	인내
effort	노력	persistence	집념
hard work	열심히 한 일	sacrifice	희생

He worked very hard and it **paid off** in the end.
그는 열심히 일했고 결국 그의 노력은 성과를 내어놓았다.

The dictator **pays off** his elites.
그 독재자는 상층 지도부에 돈을 제공하여 자신의 비행을 말하지 않게 한다.

2.6 pay O out

I hate to **pay** all this money **out** for rent.
나는 이 모든 돈을 집세로 내어놓기가 싫다.
[out은 많은 돈이 나가는 관계를 나타낸다.]

Why **pay out** $200 for this junk?
왜 이런 쓸모없는 물건을 사기 위해 200달러나 되는 많은 돈을 내어놓느냐. 즉 쓰느냐.
[참조: spend out, lay out, splurge out]

$10,000 of prize money is **paid out** every month.
1만 달러의 상금이 매달 지급된다.

The sailor **paid out** the rope and secured the boat to the dock.
그 선원은 그 밧줄을 풀어내어서 그 배를 그 선창에 고정시켰다.

He **paid out** money to people who he thinks are poor.
그는 가난하다고 생각한 사람들에게 돈을 나누어주었다.
[out은 돈이 여러 사람에게 주어지는 관계를 나타낸다. 참조: give out, hand out]

2.7 pay O over

Ken's share of inheritance was **paid over** to his brother. (passive)
켄의 유산의 몫은 그의 동생에게 넘겨졌다.
[참조: hand over, sign over]

2.8 pay O up

He **paid** all his bills **up**.
그는 그의 모든 청구금액을 지불했다.
[up은 모든 청구서가 지불되는 관계를 나타낸다.]

pay up

People usually **pay up** in response to the overdue notice.
사람들은 보통 독촉장을 받고 할 수 없이 돈을 낸다.
[up은 돈을 받는 이가 주는 이보다 힘이 더 큼을 나타낸다.]

My wife lost her credit card. Will she have to **pay up** if someone uses it?
내 아내가 신용카드를 잃어버렸어요. 누가 그녀의 신용

카드를 쓰면 그녀가 할 수 없이 지불을 해야 하나요?

PEAK

1. 단동사
이 동사는 온도 등이 최고점에 달하는 과정을 그린다.
명사: 산봉우리; 정점, 절정

자동사

Oil production **peaked** in the early 1980s.
석유 생산은 1980년대 초에 최고조에 달했다.

2. 구동사
2.1 peak at O

The temperature today will **peak at** 30°C.
기온은 오늘 최고 섭씨 30도에 이를 것이다.

2.2 peak out at O

The temperature **peaked out at** 36°C.
기온이 점점 올라가서 섭씨 36도에 이르렀다.
[out은 온도가 올라가서 끝나는 지점을 가리킨다.]

PEAL

1. 단동사
이 동사는 종소리 같은 것이 갑자기 울려퍼지는 관계를 나타낸다.
명사: 울리듯 퍼지는 큰 소리, 종소리

2. 구동사
2.1 peal out

Church bells **pealed out** all over the village.
교회 종소리들이 온 마을에 울려 퍼졌다.
[out은 소리가 사방으로 크게 퍼지는 관계를 그린다. 참조: ring out]

The bells of the city began to **peal out**.
그 도시의 종소리들이 울려 퍼지기 시작했다.

2.2 peal with O

Ellen **pealed with** laughter.
엘렌이 폭소를 터뜨렸다.

PECK

1. 단동사
이 동사는 새들이 입으로 쪼는 과정을 그린다.
명사: 모이를 쪼기, 쪼아 먹기

2. 구동사
2.1 peck at O

A robin was **pecking at** crumbs on the ground.
로빈새 한 마리가 땅바닥에 떨어진 빵 부스러기를 쪼아 먹고 있었다.

Some birds are **pecking at** a tree in the yard.
몇 마리의 새들이 마당에 있는 나무를 쪼고 있다.
[at은 쪼는 행위가 나무의 부분에 미침을 나타낸다. 참조: nibble at, pick at]

An woodpecker is **pecking at** the bark of the tree.
딱따구리 새 한 마리가 그 나무의 껍질을 쪼아대고 있다.

The baby **pecked at** food for a few minutes, and then pushed her dish away.
그 아기가 몇 분을 자기 음식을 깨작거리다 접시를 밀어 버렸다.

PEDAL

1. 단동사
이 동사는 자전거 발판을 밟는 과정을 그린다.
명사: 자전거 발판, 피아노 발판

자동사

He **pedalled** hard to go up the mountain.
그는 그 산을 올라가기 위해서 페달을 힘들게 밟았다.

He **pedalled** diligently on the exercise bike.
그는 그 운동 자전거의 페달을 열심히 밟았다.

2. 구동사
2.1. pedal along O

He **pedalled along** the bank of the river.
그는 그 강둑을 따라서 자전거를 타고 갔다.

2.2. pedal off

He jumped on his bike and **pedalled off**.
그는 그의 자전거에 뛰어올라 자전거를 타고 그 자리를 떠났다.

2.3. pedal out

He **pedalled out** 200m to ask for help.
그는 자전거를 타고 200m를 나가서 도움을 청했다.

2.4. pedal O up O

He **pedalled** his bike **up** the hill.
그는 그의 자전거를 타고 그 언덕을 올라갔다.

PEE

1. 단동사
이 동사는 오줌을 누는 과정을 그린다.

P

명사: 오줌(애기 말)

자동사

I need to pee.
나 오줌 마려워.

2. 구동사
2.1 pee down
Just when I get out of the bus, it started to **peeing down**.
내가 그 버스에서 막 내리는데 비가 심하게 쏟아져 내
렸다.
[down은 비가 아래로 내리는 과정을 그린다. 참조: bucket down,
pour down, rain down]

2.2 pee on O
My puppy **peed on** me.
나의 강아지가 내게 오줌을 쌌다.

PEEK

1. 단동사
이 동사는 빼꼼 보거나, 무엇이 빼꼼 나오는 과정을 그린다.
명사: 훔쳐보기

자동사

I couldn't resist **peeking** in the drawer.
나는 서랍 안을 훔쳐보지 않을 수 없었다.

2. 구동사
2.1 peek at O
He **peeked at** the bride.
그는 그 신부를 빼꼼 보았다.

2.2 peek behind O
He **peeked behind** the curtain.
그는 그 커튼 뒤를 빼꼼 보았다.

2.3 peek in on O
Before going to bed, **peek in on** the baby.
잠자리에 들기 전에, 그 아기를 빼꼼 들여다 보아라.

2.4 peek into O
He **peeked into** the room to see who is there.
그는 그 방에 누가 있는지 알기 위해서 그 방을 빼꼼
들여다 보았다.

2.5 peek out
The sun is **peeking out**.
태양이 빼꼼 내다 보이고 있다.

peek O out
The child **peeked out** from behind the curtain.
그 아이가 그 커텐 뒤에서 빼꼼 내다 보았다.
His underwear was **peeking out** from his coat.
(passive)
그의 내복이 그의 저고리에서 삐쭉 빠져나와 있었다.

peek out of O
A pair of eyes **peeked out of** the room.
한 쌍의 눈이 그 방에서 밖으로 빼꼼 내다 보았다.

2.6 peek over O
I **peeked over** your letter.
나는 너의 편지를 살짝 훑어 보았다.

2.7 peek through O
I **peeked through** your photo album.
나는 너의 사진첩을 슬쩍 훑어보았다.

2.8 peek under O
Peek under the couch and see if the cat is there.
그 소파 아래를 슬쩍 들여다보고, 그 고양이가 거기 있
는지 보세요.

PEEL

1. 단동사
이 동사는 과일, 채소 등의 껍질을 벗기는 과정을 그린다.
명사: 과일 껍질

2. 구동사
2.1 peel O away
Peel away the name tag carefully.
그 이름표를 조심해서 조금씩 벗겨내세요.
[away는 명찰이 붙어있던 곳에서 떨어지는 관계를 나타낸다.]

peel away
The wallpaper started to **peel away**.
그 벽지가 벽에서 떨어져 나오기 시작했다.
[away는 벽지가 벽에서 조금씩 떨어져 나오는 관계를 나타낸다.]

peel away from O
The paint is **peeling away from** the wall.
그 페인트가 그 벽에서 떨어져 나오고 있다.

2.2 peel O back
When he **peeled** the banana skin **back**, he found that
the banana was not ripe.

그가 그 바나나 껍질을 뒤로 제쳐 벗기자, 그 바나나가 설익었음을 알았다.

She is **peeling back** the layers of onions.
그녀는 양파 껍질을 뒤로 젖혀 벗기고 있다.

He **peeled** the curtain **back** to let in the sunlight.
그는 햇볕을 받아들이기 위해서 그 커튼을 뒤로 젖혀 열었다.

2.3 peel O off O

She carefully **peeled** the skin **off** the apple.
그녀는 그 사과껍질을 그 사과에서 조심스럽게 벗겨내었다.
[off는 사과껍질이 사과에서 떨어져 나오는 관계를 나타낸다.]

Peel your upper body **off** the floor.
당신의 상체를 마루에서 떼세요.

peel O off

Please boil the potatoes and **peel off** the skin.
그 감자들을 삶아서 껍질을 벗겨내세요.
[off는 껍질이 감자에서 떨어져 나오는 관계를 나타낸다.]

He **peeled off** his wet swim suit and dried himself with a towel.
그는 젖은 수영복을 (껍질을 벗기듯) 벗고, 수건으로 싸서 몸을 말렸다.
[off는 옷이 몸에서 떨어져 나오는 관계를 나타낸다. 참조: take off]

He **peeled off** two ₩50,000 notes, and gave them to me.
그는 5만 원 짜리 지폐 두 장을 떼어내어 내게 주었다.
[off는 지폐 두 장이 전체 돈에서 떨어져 나오는 관계를 그린다.]

peel off O

We've **peeled off** the road.
우리는 그 길에서 벗어났다.
[참조: turn off]

peel off

My skin **peeled off** after I got a sunburn.
내 피부가 햇볕에 화상을 입은 뒤에 벗겨졌다.
[off는 피부가 몸에서 떨어져 나가는 관계를 나타낸다.]

peel off from O

The plane **peeled off from** the others.
그 비행기가 다른 비행기들에게서 떨어져 나왔다.

The label **peeled off from** the file folders.
그 딱지가 그 서류철들에서 벗겨져 떨어졌다.

2.4 peel out

He got into his sports car and **peeled out**, waking the neighbors.
그는 그의 스포츠카에 들어가서, 큰소리를 내며 그 차를 몰아, 이웃사람들을 깨웠다.
[out은 큰 소리가 나는 관계를 나타낸다.]

PEEP

1. 단동사
이 동사는 몰래 구멍 등을 통해 빼꼼 보는 과정을 그린다.

2. 구동사
2.1 peep at O

I **peeped at** John through the crack.
나는 존을 그 틈새를 통해 빼꼼 보았다.

2.2 peep into O

I **peeped into** the oven to see what was cooking.
나는 무엇이 요리되고 있는지 보기 위해서 오븐을 빼꼼 들여다보았다.
[참조: I opened the oven and peeped in. 나는 오븐을 열고 빼꼼 들여다보았다.]

2.3 peep out

Wisdom teeth is **peeping out**.
사랑니들이 빼꼼 내보이고 있다.

He **peeped out** at the guests from the closet.
그는 그 옷장에서 손님들을 빼꼼 내다보았다.

2.4 peep over O

Grandmother **peeped over** her glasses to see things in the distance.
할머니는 멀리 있는 물건을 보기 위해서 안경 너머로 빼꼼 보았다.

2.5 peep through O

He **peeped through** the hole.
그는 그 구멍을 통해 빼꼼 들여다보았다.

The moon **peeped** briefly **through** the clouds.
달이 그 구름들을 뚫고 잠시 빼꼼 보였다.

2.6 peep under O

He **peeped under** the bed to find the cat.
그는 그 고양이를 찾기 위해서 침대 아래를 빼꼼 보았다.

PEER

1. 단동사
이 동사는 잘 보이지 않아서 유심히 보는 과정을 그린다.

P

자동사

He **peered** closely at the photograph.
그는 그 사진을 꼼꼼히 눈여겨보았다.

2. 구동사

2.1 peer about

He came into my office and **peered about**.
그는 내 사무실에 들어와서 이리저리 눈여겨보았다.
[참조: look around]

2.2 peer at O

The stranger **peered at** me in a strange way.
그 낯선 이는 나를 이상한 방법으로 응시했다.

2.3 peer into O

The child **peered into** the room to get a glimpse of the bride.
그 아이는 그 신부를 한 번 보기 위해서 그 방 안을 유심히 들여다보았다.

2.4 peer out

A dog **peered out** at me from its kennel.
개 한 마리가 그의 개집에서 나를 빤히 내다보았다.

2.5 peer over O

Grandpa **peered over** his glasses and looked off into the distance.
할아버지는 그의 안경 너머로 유심히 보면서 먼 데를 들여다보았다.

2.6 peer through O

He **peered through** his glasses at us.
그는 그의 안경을 통해 우리를 응시하였다.

2.7 peer under O

I **peered under** the sofa to see if my slippers were there.
나는 내 슬리퍼가 있나 보기 위해서 그 소파 밑을 유심히 보았다.

PEG

1. 단동사

이 동사는 못이나 집게를 써서 고정시키거나 널어놓은 과정을 그린다.
명사: 무엇을 걸거나 고정하는 데 쓰는, 목재, 금속, 플라스틱으로 된 못

2. 구동사

2.1 peg away at O

The Japanese soccer team is **pegging away at** the Mexican team.
일본 축구팀이 멕시코 팀을 계속해서 결심을 단단히 하고 공격하고 있다.
[away는 반복적으로, 공격의 의미를 갖는다. 참조: plug away, slog away]

2.2 peg O at O

Pay increases will be **pegged at** 5%. (passive)
급여 인상은 5%로 고정될 것이다.

2.3 peg O as O

She **pegged** him **as** a big spender.
그녀는 그가 돈을 많이 쓴다고 믿는다.

2.4 peg O down

Peg down the map so that it can't be blown away.
그 지도를 못으로 고정시켜 날아가지 않도록 하세요.
[down은 지도가 고정되는 관계를 나타낸다.]

2.5 peg O out

Please help me to **peg out** the wash.
그 세탁물을 집게를 써서 밖에 내다 거는 것을 도와주세요.
[참조: hang out]

Please **peg out** the blanket on the grass.
그 담요를 그 잔디 위에 펼쳐서 고정시켜라.
[out은 담요가 펼쳐지는 관계를 나타낸다.]

All their wet clothes were **pegged out** on the line. (passive)
그들의 젖은 빨래는 모두 빨랫줄에 널려 집게가 물려져 있었다.

I was so dizzy that I thought I was going to **peg out**.
나는 너무 어지러워서 의식을 잃은 줄 알았다.
[out은 의식이 나가는 관계를 나타낸다. 참조: pass out, black out]

2.6 peg O to O

He **pegged** the board **to** the wall.
그는 그 판자를 그 벽에다 갖다 대었다.

2.7 peg O together

The carpenter **pegged** the beams **together**.
목수는 그 대들보들을 못으로 결합시켰다.

PELT 1

1. 단동사
이 동사는 여러 가지 물건을 던져서 공격하는 과정을 그린다.

2. 구동사
2.1. pelt down

Rain **pelted down** on us.
비가 우리에게 세게 내리쳤다.

2.2. pelt O with O

Demonstrators **pelted** the speaker **with** rocks.
시위자들이 그 연사를 돌로 쳤다.

The congress man was **pelted with** rotten eggs.
(passive)
그 국회의원은 썩은 달걀들로 공격을 받았다.

PELT 2

1. 단동사
이 동사는 빠른 속도로 움직이는 과정을 그린다.

2. 구동사
2.1 pelt down O

We **pelted down** the hill after the car.
우리는 그 차 뒤를 따라 그 언덕 아래로 맹렬히 달려갔다.

pelt down

It has been **pelting down** all day long.
온 종일 비가 세차게 쏟아져 내리고 있다.

[down은 위에서 아래로 내려오는 관계를 그린다. 참조: bucket down, piss down, pour down]

PEN

1. 단동사
이 동사는 짐승을 우리에 가두는 과정을 그린다.
명사: 가축의 우리

타동사

At clipping time, sheep need to be **penned**. (passive)
털 깎는 철에는 양들은 우리 안에 가둬 놓아야 한다.

2. 구동사
2.1 pen O in

The cattle were **penned in** for the night.
그 소들은 밤 동안 우리에 갇혀 있다.

He has been living in Seoul alone, and he feels he is **penned in**.
그는 서울에서 혼자 살아와서 그는 우리에 갇혀 있다고 느낀다.

[in은 그가 우리 안에 갇혀 있는 관계를 나타낸다. 참조: box in, hem in, trap in, cage in]

2.2 pen O up

The dog is dangerous and **penned up**. (passive)
그 개가 위험해서 꼼짝 못하게 가두어져 있다.

He **penned up** his hostage in a motel room.
그는 그의 인질을 어느 모텔 방에 가두어 꼼짝 못하게 했다.

[up은 인질이 꼼짝 못하는 상태를 나타낸다.]

PENCIL

1. 단동사
이 동사는 무엇을 연필로 쓰거나 적어 넣는 과정을 그린다.
명사: 연필

타동사

A previous owner had **penciled** 'First Edition' inside the book's cover.
이전 주인이 그 책 표지 안에 연필로 '초판'이라고 써 놓았다.

2. 구동사
2.1 pencil O in

He **penciled in** the blank.
그는 그 빈칸을 연필로 연필질을 해서 채워 넣었다.

[in은 빈 칸을 채우는 관계를 나타낸다. 참조: color in, fill in]

I will **pencil** you **in** Friday afternoon at 3.
나는 너를 잠정적으로 금요일 오후 3시 예약에 끼워 넣겠다.

[in은 예약들이 일정 속에 들어가는 관계를 나타낸다. 참조: squeeze in]

I **penciled in** the day for the meeting.
나는 그 모임날짜를 (쉽게 고칠 수 있게) 연필로 적어 넣었다.

PENSION

1. 단동사
이 동사는 정년에 대한 연금을 받고 직장을 떠나는 과정을 그린다.
명사: 연금; 생활 보조금, 수당

2. 구동사
2.1 pension O off

P

The company **pensioned off** 500 employees.
그 회사는 500명의 고용인을 연금을 주고 내보냈다.
[off는 고용인이 회사에 떨어져 나가는 관계를 나타낸다. 참조: lay off]

In the country, at the age of 60, the elders are **pensioned off**. (passive)
그 나라에서는 60세에 나이든 사람들은 연금을 받고 회사를 떠난다.

The ferryship was **pensioned off** 10 years ago and has been used as a floating restaurant.
그 연락선은 10년 전에 은퇴하고, 그 후 수상 식당으로 이용되어 오고 있다.
[off는 연락선의 운행이 끝나는 관계를 그린다.]

PEP

1. 단동사
이 동사는 무엇을 좀 더 재밌게, 기운차게 하는 과정을 그린다.
명사: 생기, 활력

2. 구동사
2.1 pep O up

If you add a little hot pepper, the stew will be **pepped up**. (passive)
고추를 좀 넣으면, 그 찌개 맛이 나아질 것이다.
[up은 수, 양, 정도가 높아지는 관계를 나타낸다.]

Fresh brewed coffee in the morning will **pep** you **up**.
아침에 막 끓인 커피는 여러분의 기분을 상쾌하게 할 것이다.
[참조: put up]

The writer tried to **pep up** his stories with more interesting episodes.
그 작가는 그의 소설을 좀 더 재미있는 일화들로 재미있게 하려고 했다.

PEPPER

1. 단동사
이 동사는 후추를 뿌리는 과정을 그린다.
명사: 후추, 피망

타동사

Salt and **pepper** the potatoes.
그 감자들에 소금과 후추를 뿌려라.

2. 구동사
2.1 pepper O with O

After the battle, the walls of the buildings were **peppered with** bullets. (passive)
그 전투가 있은 다음 그 건물들의 벽들은 실탄 자국으로 가득하였다.

The woman's hair is **peppered with** gray. (passive)
그 부인의 머리는 흰 머리가 여기저기 있다.

The candidate's speech was **peppered with** cliches and slangs. (passive)
그 후보자의 연설은 상투적인 표현들과 속어들로 점철되어 있었다.

His reports were **peppered with** spelling mistakes. (passive)
그의 보고서들은 철자 오류들이 많이 있었다.

The president was **peppered with** tough questions. (passive)
그 대통령은 많은 어려운 질문들을 받았다.

PERCH

1. 단동사
이 동사는 맨 위나 가장자리에 앉거나 놓는 과정을 그린다.
명사: 닭의 횃대

2. 구동사
2.1. perch on O

Some birds are **perching on** a telephone line.
몇 마리의 새들이 전신줄에 앉아있다.

The boy is **perching on** his bike.
그 소년은 그의 자전거에 걸터 앉아있다.

The statue, 'thinker', **perches on** a rock.
'생각하는 사람' 조각상은 돌덩어리에 자리 잡고 있다.

perch O on O

He **perched** his hat **on** the top shelf.
그는 자신의 모자를 그 꼭대기 선반에 걸쳐놓았다.

PERK 1

1. 단동사
이 동사는 생기나 활력이 생기거나 생기게 하는 과정을 그린다.
명사: 특전

2. 구동사
2.1 perk O up

A cup of coffee in the morning **perks** me **up**.
아침 커피 한 잔은 나의 기운을 좋게 한다.
[up은 기분이 좋아지는 관계를 나타낸다. 참조: pick up]

perk up

After the recession, the economy began to **perk up**.
그 긴 경기침체 끝에 나라 경제가 활기를 띠기 시작한다.
You'll soon **perk up**.
당신은 곧 기운을 되찾을 거야.
Prices are **perking up**.
가격들이 오르고 있다.

PERK 2

1. 단동사
이 동사는 새나 짐승들이 꼬리나 귀를 쫑긋 세우는 과정을
그린다.

2. 구동사
2.1 perk O up
The bird **perks** its tail **up**.
그 새는 그의 꼬리를 한껏 치켜든다.
The dog **perked up** its ears.
그 개가 그의 귀들을 쫑긋 세웠다.

PERMIT

1. 단동사
이 동사는 공식적으로 허용하거나 허가하는 과정을 그
린다.
명사: 한정된 기간 동안 유효한 허가증

> 타동사

Radios are not **permitted** in the library. (passive)
그 도서관 안에서는 라디오들이 허용되지 않는다.

> 자동사

We hope to visit the cathedral, if time **permits**.
시간이 허락하면 우리는 그 대성당을 방문하고 싶다.

2. 구동사
2.1 permit of O
His financial situation now does not **permit of** having
a baby.
그의 현재 재정 상황이 그가 아기를 갖는 것을 허용하지
않는다.
The facts **permit of** no other explanation.
그 사실들은 다른 어떤 설명도 허용하지 않는다.

PETER

1. 단동사
이 동사는 (광맥, 물줄기 등이) 점차 가늘어지거나 가늘어
져서 없어지는 과정을 그린다.

2. 구동사
2.1 peter out
The hot water has **petered out**.
그 뜨거운 물이 점점 줄어들어서 안 나오게 되었다.
The storm will **peter out** late in the day.
그 폭풍이 그 날 늦게 점점 약해져서 없어질 것이다.
[out은 폭풍이 없어지는 관계를 나타낸다. 참조: blow out]
All my energy **peters out** at about three o'clock.
나의 모든 힘이 3시 경에 다 빠진다.
After two hours into the conversation, it began to **peter
out**, and we had to find a new topic.
그 대화에 들어간 지 두 시간 후에 대화가 점차 줄어서
우리는 새 주제를 생각해 내어야 했다.

PHASE

1. 단동사
이 동사는 어떤 일을 단계적으로 하는 과정을 그린다.
명사: 달의 위상변화나 과정상의 단계 및 국면

> 타동사

Closure of the hospitals was **phased** over a
three-year period. (passive)
그 병원들의 폐쇄는 3년에 걸쳐 단계적으로 진행되었다.

2. 구동사
2.1 phase O in
The reform will be **phased in** over a two-year period.
(passive)
그 개혁은 2년에 걸쳐 점차로 도입될 것이다.
Nuclear power stations are being **phased in**.
(passive)
핵 발전소들이 단계적으로 도입되고 있다.

2.2 phase O out
Telephone booths are being **phased out**.
전화 부스들이 차츰차츰 단계적으로 없어지고 있다.

---

paper receipt 종이 영수증   chemicals 화학물질

Paper receipts are being **phased out**. (passive)
종이 영수증이 점차로 없어지고 있다.
2G phones are being **phased out**. (passive)
2세대 휴대전화들이 단계적으로 사라지고 있다.
The government has decided to **phase out** plastic bags
and plastic straws.
정부는 비닐봉투와 플라스틱 빨대를 점차적으로 없애
기로 결정했다.

P

PHONE

1. 단동사
이 동사는 전화를 하는 과정을 그린다.
명사: 전화(기)

타동사

I **phoned** my mother to wish her a happy birthday.
나는 생일 축하를 해주기 위해 엄마에게 전화를 했다.

2. 구동사
2.1 phone around O
He is **phoning around** his friends to find out where his daughter is.
그는 그의 딸이 어디에 있는지 알기 위해 친구들 이사람 저사람에게 전화를 하고 있다.
[참조: ask around, call around]

phone around
He is **phoning around** to see if he can get a better deal.
그는 좀 더 좋은 거래를 할 수 있는지 알아보기 위해서 이리저리 전화를 하고 있다.

2.2 phone O back
I will **phone** you **back** later.
나중에 너의 전화에 답해 주겠다.
[참조: call back]

2.3 phone for O
No bus is available, and I am **phoning for** a taxi.
버스가 없어서 나는 택시를 부르기 위해 전화를 하고 있다.

2.4 phone in
I **phoned in** to the police to report the fire.
나는 그 화재를 보고하기 위해서 경찰서로 전화를 걸었다.
[in은 전화가 경찰서에 들어가는 관계를 나타낸다.]
A man was beating up his dog, and I **phoned in** complaint.
어떤 사람이 그 자신의 개를 무리하게 때리고 있어서 내가 신고전화를 했다.

2.5 phone O through
I **phoned through** a few books and they were delivered the next day.
나는 전화로 몇 권의 책을 주문했는데, 다음날 배달되었다.
He figured out the total amount and **phoned** it **through** to me.
그는 그 총액을 계산해서 그것을 전화로 우리에게 알려

주었다.

2.6 phone O up
I kept **phoning** him **up**, asking to pay me back.
나는 그에게 전화를 계속해서 내게 빌린 돈을 갚으라고 요청했다.
[up은 상대의 목소리가 들리거나 모습이 보이는 관계를 나타낸다.
참조: call up]

phone up
He just **phoned up** and said that he is not able to come to work today.
그는 방금 전화를 해서 오늘 일을 나올 수 없다고 했다.
I was just **phoning up** for a chat.
난 그냥 이야기나 좀 하려고 전화를 거는 중이었다.

PICK

1. 단동사
이 동사는 손가락 혹은 집게나, 이와 비슷한 도구로 집거나 움직이는 과정을 나타낸다.
명사: 선택한 물건, 지명된 사람

타동사

He **picked** flowers.
그는 꽃들을 땄다.
She **picked** a chicken.
그녀는 닭 한 마리의 털을 뽑았다.
[chicken은 환유적으로 털을 가리킨다.]
The thief **picked** her pocket.
그 도둑은 그녀의 호주머니를 소매치기 했다.
[pocket은 환유적으로 그 속에 든 돈이나 물건을 가리킨다.]
He **picked** the teeth with a tooth picker.
그는 그의 이들을 이쑤시개로 쑤셨다.
He **picked** the guitar.
그는 그 통기타를 뜯었다.
The judge **picked** the winner.
그 심판이 그 당선자를 뽑았다.
He **picked** the lock.
그는 그 자물쇠를 쑤셨다.

2. 구동사
2.1 pick O apart
Harry **picked** the cake **apart**, looking for the lost ring.
해리가 그 잃어버린 반지를 찾기 위해서 그 케이크를 쑤셔서 헤쳐 놓았다.
The critics **picked apart** the performance.
그 비평가들은 그 연주를 쑤셔서 헤쳐 놓았다. 즉, 헐뜯었다.

2.2 pick at O

He picked at his food.
그는 자신의 음식을 깨작거리고 있다.
[at은 음식의 일부를 건드리는 관계를 나타낸다. 참
조: eat at, nibble at]
She is picking at the sleeve of her shirt.
그녀는 그 셔츠의 소맷자락을 조금씩 당기고 있다.
[참조: pull at]

2.3 pick O away

Mary picked the meat away from the bones.
메리는 그 뼈들에서 살을 조금씩 떼어내었다.
[away는 고깃살이 뼈에서 뜯겨져 나오는 관계를 나타낸다.]

2.4 pick O off

A bird is picking off fleas from the wild pig.
새 한 마리가 멧돼지로부터 벼룩을 하나하나 잡아내고
있다.
Pick off the ripe *tomatoes* and leave the rest.
그 익은 토마토들을 따고 나머지는 그대로 두세요.
[off는 토마토가 줄기에서 떨어져 나오는 관계를 나타낸다.]

| apples | 사과 | oranges | 오렌지 |
| pears | 배 | strawberries | 딸기 |

The sniper is picking off the terrorists one by one.
그 저격수가 그 테러분자들을 하나하나 죽이고 있다.
[off는 테러분자가 한명씩 전체에서 떨어지는 관계를 나타낸다.]
The company is picking off other companies.
그 회사는 다른 회사를 하나하나 사들이고 있다.

2.5 pick on O

The children picked on him.
그 아이들은 그를 괴롭혔다.
[on의 목적어는 피해를 받는 사람이다. 참조: jump on, turn on]
The boy was picked on at school. (passive)
그 소년은 학교에서 괴롭힘을 당했다.

2.6 pick O out

She picked out nice jeans.
그녀는 멋있는 청바지를 골랐다.
[out은 여럿 가운데 골라내는 관계를 나타낸다.]
He picked out the thief.
그는 (여러 명 가운데) 그 도둑을 골라내었다.
He picked out carrot from his salad.
그는 당근을 샐러드에서 골라내었다.
His name is picked out in gold letters. (passive)
그의 이름은 금자로 돋보이게 되어있다.

[out은 다른 것에서 벗어나서 돋보이게 되는 관계를 나타낸다. 참
조: stand out]

2.7 pick O over

He picked over the pears and threw away mouldy
ones.
그는 쌓아놓은 그 배들을 하나하나 잘 살펴보고 곰팡이
가 핀 것들을 버렸다.
[over는 배 전체를 살피면서 필요 없는 것은 제쳐두고 필요한 것만
뽑는 관계를 나타낸다.]
Seabirds picked over the debris that washed up on
the beach.
바닷새들이 그 해변에 밀려 올라와 있는 그 쓰레기를
하나하나 뒤지면서 먹을 것을 찾고 있었다.
All the things on the sales counter are picked over.
(passive)
그 할인 판매대에 있는 모든 물건들이 뒤집어져 있다.
No one likes to have his past picked over.
아무도 자신의 과거가 뒤집어져 드러나기를 원하지 않
는다.
[기억 속에 과거는 밑에 저장된 것으로 개념화된다. 참조: turn
over]
We spent the meeting picking over last month's
results.
우리는 지난달의 결과들을 자세히 살펴보며 회의를 하
였다.
[참조: look over]

2.8 pick through O

The family survived the depression picking through
the rubbish.
그 가족은 쓰레기를 뒤지면서 그 경기 침체를 살아남았다.
[through는 쓰레기의 시작 부분부터 끝까지를 뒤지는 관계를 나타
낸다.]
A team of detectives picked through the wreckage of
the car.
탐정가들의 한 팀이 그 자동차의 부서진 조각들을 헤집
고 나갔다.

2.9 pick O up

She bent over and picked up the *phone* on the floor.
그녀는 허리를 굽혀서 그 마루에 있는 그 전화기를 집어
들었다.
[up은 아래에서 위로의 이동관계를 나타낸다.]

| knife | 칼 | chopsticks | 젓가락 |
| stick | 막대기 | book | 책 |

He **picked** himself **up** after the failure.
그는 그 실수를 한 다음 자신을 일으켜 세웠다.
Mother **picked up** the baby and kissed him on the cheek.
엄마는 (누워있던) 그 아기를 들어 올려서 그의 뺨에 키스를 했다.
He **picked up** the *expenses*.
그는 그 경비를 부담했다.

check	수표		tab	계산서

He has **picked up** *some Korean*.
그는 약간의 한국어를 습득했다.
[up은 한국어가 사용영역에 들어와 있음을 나타낸다.]

a new habit 새로운 습관	a useful skill	유용한 기술
a new hobby 새로운 취미	a second language 제2외국어	

When you go to the market, **pick up** some *milk*.
그 가게에 가면 우유를 좀 사오세요.

sugar	설탕	rice	쌀
flour	밀가루	vegetables	야채

Please **pick up** the laundry.
그 세탁물을 찾아오세요.
[up은 세탁소에 있는 세탁물을 사용이나 소유 영역에 집어 드는 관계를 나타낸다.]
He **picked up** 80% of the votes.
그는 그 투표수의 80%를 얻었다.
Babies **pick up** infection easily.
아기들은 쉽게 감염된다.
He **picked up** the story where he left off yesterday.
그는 어제 그가 그만둔 곳부터 그 이야기를 시작했다.
The dogs **picked up** the *scent*.
그 개들이 그 냄새를 포착했다.
[up은 냄새가 개의 의식영역에 들어오는 관계를 그린다.]

smell	냄새	trail		흔적
signal	신호	minute vibration	미세한 진동	
sound	소리			

I will **pick** you **up** at the airport.
나는 너를 그 공항에서 차에 태우고 오겠다.
Pick up the car at the garage.
그 자동차를 그 차고에서 찾아 와라.
Pick up the boys after school.
그 아이들을 방과 후에 데리고 와라.
The area **picked up** *two inches of rain*.
그 지역에는 2인치의 비가 왔다.

one feet of snow	1피트의 눈
a few showers	몇 차례의 소나기

He **picked up** a *gold medal*.
그는 금메달을 땄다.

nobel prize 노벨상	award (부상이 따르는) 상

He is trying to **pick up** the pieces.
그는 일이 생긴 바로 다음 다시 정상상태로 돌아가려고 노력하고 있다.
The movement is **picking up** momentum.
그 운동은 탄력을 얻고 있다.
Please **pick up** your room.
너의 방을 잘 치워라.
[room은 환유적으로 방에 흩어져있는 물건 등을 가리킨다.]

pick up
Wind is **picking up**.
바람이 세지고 있다.

snow 눈	storm 태풍

The *business* is **picking up** as Christmas is coming up.
크리스마스가 다가오면서 그 사업이 좋아지기 시작한다.
[up은 경기가 좋아지거나 활발해지는 관계를 나타낸다.]

trend	경향	sales	판매
economy	경제	exports	수출

His *strength* is **picking up**.
그의 힘이 점점 좋아지고 있다.

energy	에너지	health	건강
confidence	자신감	courage	용기

Part2 **picks up** where part1 left off.
제2부는 제1부가 끝난 곳에서 시작한다.
You must **pick up** after your dog
여러분은 개를 따라 다니면서 분비물을 치워야 합니다.

pick up on O
He **picked up on** the story he left off yesterday.
그는 그가 어제 하다만 얘기를 다시 시작했다.
Mary didn't **pick up on** what he had said for a minute or two.
메리는 일 분 동안 그가 했던 말을 눈치 채지 못했다.
The children **picked up on** *tensions* between their

parents.
그 아이들은 부모들 사이의 긴장감을 눈치채지 못했다.

fear	두려움	fact	그 사실
sentiment	감상	feeling of unease	불안감

He picked up on some words he will need later.
그는 그가 나중에 필요하다고 생각한 몇 마디 말을 주목했다.

PIECE

1. 단동사
이 동사는 조각들을 짜 맞추는 과정을 그린다.
명사: 부분, 조각

2. 구동사
2.1 piece O out
We managed to piece out the material that we needed.
우리는 우리가 필요한 그 재료를 짜 맞추어 내었다.
[out은 부족한 부분을 완전히 채우는 관계를 나타낸다. 참조: round out]
I finally managed to piece out the whole picture.
나는 마침내 그 전체 그림을 짜 맞추어 내었다.
[out은 그림이 생겨나는 관계를 나타낸다.]
Today, we pieced out the lunch break.
오늘 우리는 점심시간을 늘렸다.
[out은 시간 길이가 늘어가는 관계를 나타낸다.]

2.2 piece O together
He pieced together the letter from the fragments found in the waste bin.
그는 그 쓰레기통에서 찾은 그 조각들을 짜 맞추어 그 편지를 완성시켰다.
[piece의 목적어는 짜 맞추어진 개체들이다.]
Police are trying to piece together a profile of the criminal.
경찰은 지금 그 범인의 프로파일을 짜 맞추고 있다.
The book has been pieced together from a number of interviews with the painter. (passive)
그 책은 그 화가와의 많은 면담들에서 짜 맞추어졌다.
[piece의 목적어는 짜 맞추어질 개체들이다.]
We pieced together all the pictures.
우리는 그 모든 그림들을 짜 맞추었다.

PIERCE

1. 단동사

이 동사는 날카로운 도구로 무엇을 찌르는 과정을 그린다.
타동사
The arrow pierced his shoulder.
그 화살이 그의 어깨를 뚫었다.
Sirens pierced the silence of the night.
그 사이렌 소리가 밤의 적막을 갈랐다.

2. 구동사
2.1 pierce O through O
He pierced through the meat with a spike.
그는 못으로 그 고기를 찔러 들어갔다.

pierce O through
He pierced the meat through.
그는 그 고기를 끝까지 찔렀다.

PIG

1. 단동사
이 동사는 배가 고프지 않은데도 잔뜩 먹는 과정을 그린다.
명사: 돼지
자동사
I had a whole box of chocolates and pigged a lot!
내가 초콜릿을 한 상자 가지고 있었는데 돼지같이 그걸 다 먹었어!

2. 구동사
2.1 pig out
We pigged out at lunch.
우리는 점심 때 배를 한껏 채웠다.
[out은 배가 가득 차는 관계를 나타낸다. 참조: pork out]
The food was so tasty that we pigged out.
그 음식이 맛이 좋아서 우리는 돼지처럼 배를 채웠다.

pig out on O
We pigged out on the ice cream.
우리는 그 아이스크림으로 배를 잔뜩 채웠다.

PILE

1. 단동사
이 동사는 여러 개체를 한 군데에 모아서 쌓는 과정을 그린다.
명사: 무더기, 더미
타동사
She piled rubbish.
그녀는 쓰레기를 쌓았다.

2. 구동사

2.1 pile in
The bus door opened, the tourists **piled in**.
그 버스 문이 열리자, 그 관광객들이 (버스 안으로) 무질서하게 몰려 들어왔다.

2.2 pile into O
It started to rain, and so we **piled into** a coffee shop.
비가 내리기 시작하자, 우리는 커피숍으로 무질서하게 몰려 들어갔다.

pile O into O
She **piled** the kids **into** a small van.
그녀는 그 아이들을 작은 밴에 마구 몰아넣었다.

2.3 pile off O
All the kids **piled off** the wagon.
그 모든 아이들이 그 왜건에서 몰려 내려왔다.
[참조: get off, jump off]

pile off
The school bus stopped and the children **piled off**.
그 학교 버스가 서자 그 아이들이 우르르 내려왔다.

2.4 pile on O
She has been **piling on** praises tonight.
그녀는 오늘 저녁, 칭찬을 많이 받고 있다.
[on은 칭찬이 쌓여가고 있는 관계를 나타낸다.]
She was **piling on** agony about him.
그녀는 그에 관한 고뇌를 계속 하고 있다.
She **piled on** the pounds since I saw her last.
내가 그녀를 마지막으로 본 이후, 그녀는 몸무게가 늘었다.

pile O on O
The company **piled** work **on** the employees.
그 회사는 그 직원들에게 많은 일을 맡겼다.
Books are **piled on** the desk. (passive)
책들이 그 책상 위에 쌓여 있다.

pile on
The bus arrived and people **piled on**.
그 버스가 도착했고 사람들이 무질서하게 탔다.
More evidence is **piling on**.
더 많은 증거들이 쌓여가고 있다.

2.5 pile onto O
The football players **piled onto** the guy holding the ball.

그 미식축구 선수들이 그 공을 들고 있는 그 선수에게 가서 덮쳤다.

2.6 pile out
The train door opened, a crowd of people **piled out** over the platform.
그 기차 문이 열리자, 많은 사람들이 무질서하게 우르르 몰려나가 그 승강장을 덮었다.
We **piled out** of the ground. (passive)
우리는 그 운동장에서 우르르 몰려 나오게 되었다..

2.7 pile O up
She **piled** the *towels* **up** on the table.
그녀는 그 수건을 그 식탁 위에 쌓아 올렸다.

sheets	시트	blankets	담요

He **piled up** all the leaves.
그가 모든 잎들을 긁어모아 무더기를 만들었다.
10 cars and 3 buses are **piled up** in fog on the highway. (passive)
10대의 차와 3대의 버스가 안개 속에서 그 고속도로에서 엉켜있다.
[up은 원칙적인 의미에서 수직 관계이지만, 이것을 90° 돌려서 생각할 수 있다.]
More than twenty cars are **piled up** in the snowy road.
20대 이상의 차가 눈길에서 연쇄 추돌했다.

pile up
She had not washed the dishes, and plates are **piling up**.
그녀는 그 접시들을 씻지 않아 그 접시들이 쌓여 올라가고 있다.
[up은 쌓여서 높이가 높아지는 관계를 나타낸다.]
The bills are **piling up**, and I can not pay them.
그 청구들이 쌓여가고 있어서 나는 그것을 지불할 수 없다.
[up은 액수의 증가를 나타낸다.]
His tensions are **piling up**.
그의 긴장감이 쌓여가고 있다.
This morning, on Olympic highway, more than 10 cars **piled up**.
오늘 아침, 올림픽 대로에서 10대 이상의 차가 연쇄 충돌을 하였다.

PILOT

1. 단동사

이 동사는 도선사나 조종사가 배나 비행기를 조종하여 안내하는 과정을 그린다.
명사: 도선사, 조종사, 비행사

2. 구동사

2.1 pilot O away
The pilot **piloted** the ship **away** from the reef.
그 도선사는 그 배를 안내하여 그 암초로부터 벗어나게 했다.

2.2 pilot O off O
He **piloted** the plane **off** the runway.
그는 그 비행기를 그 활주로에서 벗어나게 선도했다.

2.3 pilot O in
The storm made it difficult to **pilot** the ship **in**.
그 폭풍이 그 배를 선도에서 그 항구로 들어오기 어렵게 했다.

pilot O into O
He **piloted** the ship **into** the harbor.
그는 그 배를 그 항구로 도선했다.

2.4 pilot O out
He successfully **piloted** the ship **out**.
그는 성공적으로 그 배를 안내하여 (항구 등을) 벗어나게 했다.

2.5 pilot O through O
He **piloted** us **through** the narrow alley.
그는 우리를 그 좁은 길을 통과하게 안내했다.
Counselors **pilot** students **through** the complex procedure.
카운슬러들은 그 학생들을 그 복잡한 절차를 밟아가게 이끌어 준다.
The floor lender **piloted** the security bill **through** the Congress.
그 원내총무가 그 보안법이 국회를 통과하게 했다.
The captain **piloted** the airplane **through** the storm.
그 기장은 그 비행기를 조종해서 그 폭풍을 통과했다.

PIN

1. 단동사

이 동사는 핀을 사용하여 무언가를 고정시키는 과정을 그린다.

타동사

He **pinned** the announcement on the bulletin board.
그는 그 공고문을 그 게시판에 핀으로 꽂았다.

2. 구동사

2.1 pin O against O
The police **pinned** the mugger **against** the wall and put handcuffs on him.
그 경찰은 그 범인을 벽에 대고 꼼짝 못하게 한 다음 그에게 수갑을 채웠다.

2.2 pin O back
I will **pin** the curtain **back** so that more light can come in.
나는 그 커튼을 뒤로 젖혀 고정시켜서 더 많은 빛이 들어오게 하겠다.

2.3 pin O down
He **pinned** **down** the paper.
그는 그 종이를 핀으로 움직이지 않게 했다.
[down은 종이가 움직이지 않는 상태를 나타낸다.]
She **pinned** the butterfly **down** onto the cardboard.
그녀는 그 나비를 그 판지에 갖다 대고 고정시켰다.
The child was **pinned** **down** on the grass. (passive)
그 아이는 잔디 위에 꼼짝 못하게 되었다.
We **pinned** **down** the enemy in the valley.
우리는 그 적을 그 계곡에 꼼짝 못하게 했다.
Something is wrong with the machine, but I can not **pin** **down** the cause.
무엇인가 그 기계에 문제가 있으나, 나는 그 원인을 확실하게 집어놓을 수 없다.
[down은 움직일 수 없는 확실한 상태를 나타낸다.]
The film brought back a distant memory, but I couldn't **pin** it **down**.
그 영화는 과거의 먼 기억을 되가져왔다. 그러나 나는 그 기억을 분명하게 꼬집을 수가 없다.
I don't know where Bill is nowadays – it is impossible to **pin** him **down**.
나는 빌이 요즈음 어디 있는지 모른다. – 그의 위치를 확실하게 아는 것은 불가능하다.
[him은 환유적으로 그의 위치를 가리킨다.]

pin O down to O
He has been promising to meet me for ages, but I can't **pin** him **down** **to** a date.
그는 오랫동안 나를 만나주겠다고 약속해 오고 있으나 나는 그를 어느 특정한 날짜에 고정시킬 수 없다.

2.4 pin O on O
The mayor **pinned** the medal **on** the boy who had

rescued the swimmer.

시장은 그 메달을 그 수영하는 사람을 구조한 그 소년에게 꽂아주었다.

The president is trying to **pin** the economic problems **on** the Democratic representatives.

대통령은 그 경제 문제를 민주당 의원들에게 꽂고 있다. 즉, 돌리고 있다.

[참조: blame on]

He tries to **pin** the blame **on** me.

그는 그 잘못을 나에게 꽂으려고 한다.

She needs someone to do her a favor and she is **pinning** her hopes **on** Charles.

그녀는 자신에게 호의를 베풀 사람이 필요하다. 그녀는 희망을 찰스에게 걸고 있다.

2.5 pin O up

She **pinned up** her hair.

그녀는 머리를 말아 올리고 핀으로 고정시켰다.

She wears her hair **pinned up**. (passive)

그녀는 머리를 감아올려서 핀으로 고정시킨 채 다닌다.

I will **pin** this hem **up** and sew it later.

나는 이 옷단을 핀으로 꼽아 올려서 나중에 바느질하겠다.

He **pinned up** a photograph of his daughter.

그는 딸의 사진을 (벽 같은 곳에) 꽂아 눈에 잘 보이게 했다.

[up은 눈의 위치에서 잘 보이는 장소이다.]

I've received a post card from a friend in Vancouver. I'll **pin** it **up** by my desk.

나는 밴쿠버에 사는 친구로부터 엽서를 받았다. 나는 그 것을 내 책상 옆에 꽂아두겠다.

pin O up onto O

I **pinned** the picture **up onto** the bulletin board where everyone could see it.

나는 그 그림을 모든 사람이 볼 수 있는 그 게시판에 가져다 올려 꽂았다.

PINCH

1. 단동사

이 동사는 엄지와 검지로 꼬집는 과정을 그린다.

명사: 꼬집기; 엄지와 검지로 집는 소량

타동사

He **pinched** the baby's cheek playfully.

그가 그 아기의 뺨을 장난스럽게 꼬집었다.

Who has **pinched** my pen?

내 펜 누가 훔쳐 갔어?

Higher interest rates are already **pinching** the housing

industry.

고금리들이 주택 업계를 벌써 압박하고 있다.

자동사

These new shoes **pinch**.

이 새 신발들은 조인다.

2. 구동사

2.1 pinch O back

He **pinched back** the new leaves at the top.

그는 그 윗부분에 있는 그 새 잎들을 집어서 잘라내었다.

[back은 자란 부분을 되돌리는 즉, 없애는 관계를 나타낸다. 참조: cut back]

2.2 pinch O for O

The policeman **pinched** him **for** drunken driving.

그 경찰은 그를 음주 운전으로 체포했다.

2.3 pinch O from O

He **pinched** an orange **from** the fruit store.

그는 오렌지 하나를 그 과일 가게에서 훔쳤다.

2.4 pinch O off O

He **pinched** a flower **off** the stem.

그는 꽃 하나를 집어서 그 줄기에서 떼었다.

pinch O off

He **pinched** buds **off** at the low branches.

그는 낮은 가지들로부터 꽃봉오리들을 집어서 잘라 내었다.

PINE

1. 단동사

이 동사는 애타게 그리워하는 과정을 그린다.

자동사

She **pined** for months after he had gone.

그녀는 그가 떠난 후 몇 달 동안 비통해 했다.

2. 구동사

2.1 pine away

He is **pining away**.

그는 그리움 등으로 점점 야위어 가고 있다.

[참조: waste away]

2.2 pine for O

It has been 8 years since David left her, but she still **pines for** him.

데이비드가 그녀를 두고 떠난 지 8년이 되었다. 그러나 그녀는 아직도 그를 몹시 그리워하고 있다.

[참조: long for]

Having been in bed for months, I began to pine for fresh air and sunshine.

병상에 몇 달 동안 있은 후에, 나는 신선한 공기와 햇빛을 갈망하기 시작했다.

He pines for the good old days when he had no responsibility.

그는 아무 책임이 없던 그 그리운 옛날들을 몹시 그리워한다.

PIPE 1

1. 단동사
이 동사는 액체나 기체를 파이프를 통해 보내는 과정을 그린다.

명사: 관, 파이프

타동사

Water is piped from the reservoir to the city.

수돗물은 그 급수원에서 수도관을 통해 그 도시로 수송된다.

2. 구동사
2.1 pipe O in

Hot water is piped in. (passive)

더운 물이 파이프로 들어온다.

pipe O into O

The system pipes oxygen into every hospital.

그 체제는 산소를 모든 병원에 파이프로 공급한다.

PIPE 2

1. 단동사
이 동사는 높은 목소리로 말을 하거나 노래하는 과정을 그린다.

2. 구동사
2.1 pipe down

Everybody, pipe down, please. There is no reason to get excited.

여러분, 조용히 하십시오. 흥분할 이유가 하나도 없습니다.

[down은 소리가 약해지는 관계를 나타낸다. 참조: calm down, quiet down]

2.2 pipe up

"Absolutely, No." he piped up angrily.

"절대 아니다"라고 그가 조용히 있다가 성이 나서 말했다.

You should have piped up if you did not disagree with us.

네가 우리와 의견을 달리하는 것이 아니었으면 큰 소리로 말을 했어야 했다.

[참조: speak up]

PISS

1. 단동사
이 동사는 오줌을 누는 과정을 그린다.

2. 구동사
2.1 piss around

Stop pissing around and get on with your homework.

바보 같은 짓 그만두고, 네 숙제를 이어서 계속해라.

piss O around

He pissed me around – First, he wanted my laptop, and then changed his mind.

그는 나를 마음대로 골탕먹였다. 처음에는 내 노트북 컴퓨터 사기를 원한다고 했다가 마음을 바꾸어 버렸다.

2.2 piss O away

He is pissing away his money on useless things.

그는 쓸데없는 물건에 돈을 쓰고 있다.

[away는 돈이 점점 줄어드는 관계를 나타낸다. 참조: waste away]

In college, he used to piss away his time on collecting CDs.

대학 다닐 때, 그는 CD를 모으는 데 시간을 소모했다.

[참조: while away]

2.3 piss down

It was pissing down and was very windy.

비가 억수로 쏟아져 내리고, 바람이 몹시 심했다.

[참조: bucket down, pour down]

2.4 piss off

"Piss off." he said sullenly.

"꺼져"라고 그가 무뚝뚝하게 말했다.

[off는 화, 청자가 아는 장소를 떠나는 관계를 나타낸다.]

piss O off

It pisses me off when people cut me off.

누가 내가 가는 길에 끼어들면 나는 몹시 화나게 된다.

[me는 환유적으로 나의 화를 가리키고, off는 화가 터지는 관계를 나타낸다. [참조: tick off, set off]] piss O off about O

She was **pissed off about** his laziness. (passive)
그녀는 그의 게으름에 화가 났다.

piss O off with O

She was **pissed off with** Tom for staying out late at
night.
그녀는 톰이 밤늦게까지 밖에 있는 것에 대해 화가 났다.

PIT

1. 단동사
이 동사는 서로 겨루게 하는 과정을 그린다.

2. 구동사
2.1 pit O against O
The coach **pitted** Tim **against** Bill.
그 코치가 톰을 빌에 맞서 싸우게 했다.
The tariffs **put** the US **against** it allies.
그 관세는 미국을 동맹국과 맞붙게 했다.

pit against O

On the show, the chefs **pitted against** each other.
그 방송에서 그 요리사들은 서로 대결했다.

2.2 pit out
It was hot and stuffy that I **pitted out** at my pit.
몹시 덥고 후텁지근해서 나는 내 겨드랑이 밑이 흠뻑 젖
었다.

PITCH

1. 단동사
이 동사는 목표에 무엇을 던지는 과정을 그린다.
명사: 음의 높이, 경기장, 정도, 정점
〔타동사〕
He **pitched** a curve.
그는 커브볼을 던졌다.
He **pitched** the ball to the batter.
그는 그 공을 그 타자에게 던졌다.
〔자동사〕
The plane **pitched** in the storm.
그 비행기는 그 폭풍 속에서 요동쳤다.
The roof **pitches** sharply.
그 지붕은 급하게 경사가 진다.

2. 구동사
2.1 pitch about

The ship **pitched about** in the storm.
그 배는 그 폭풍 속에 앞머리가 오르락내리락 했다.

2.2 pitch O at O
We **pitched** cans **at** the tree.
우리는 캔들을 그 나무에 던졌다.
The children **pitched** rocks **at** the dog.
그 아이들이 돌들을 그 개에게 던졌다.
[at은 공격의 대상을 도입한다.]

2.3 pitch O away
He **pitched away** the stick.
그는 그 나무 막대기를 던져 버렸다.
[away는 막대기가 주어에서 멀어지는 관계를 나타낸다.]

2.4 pitch down O
I lost my balance and **pitched down** the stairs.
나는 균형을 잃고, 그 계단 아래로 굴러 떨어졌다.

2.5 pitch for O
The auto company is trying to **pitch for** business in
the Korean market.
그 자동차 회사는 한국 시장에서 사업을 위해서 열을
올리고 있다.

2.6 pitch in
We can finish the work in time, if you **pitch in**.
여러분이 (그 일에 들어와서) 합세하면, 우리는 그 일을
시간 안에 끝낼 수 있다.
[참조: chip in]
Eventually, when Mary needed a computer, all her
family **pitched in**.
마침내, 메리가 컴퓨터가 필요했을 때, 그녀의 가족 모
두가 그 일에 돈을 조금씩 냈다.
More than ten countries **pitched in** to search for the
missing Argentine submarine.
10개국 이상의 나라들이 그 실종된 아르헨티나 잠수함
을 찾으려고 힘을 합쳤다.

pitch in with O

Please **pitch in with** the dishes.
그 접시 닦는 일에 참여해서 도와주세요.
My friends all **pitched in with** advice about whom I
should marry.
내 친구들은 모두 내가 누구와 결혼해야 할 것인지에
대한 충고를 가지고 (토의에) 참가했다.
[참조: weigh in]
We all **pitched in with** the move.

우리는 모두 그 이사하는 데 힘을 합쳤다.

pitch O in

We all pitched in $5 to buy the couple a wedding gift.
우리는 그 부부에게 줄 결혼 선물을 하나 사기 위해서 5불씩 돈을 냈다.

I pitched my ideas in.
나는 내 생각들을 던져 넣었다. 즉, 내어 놓았다.

2.7 pitch O into O

He pitched the can into the trash bin.
그는 그 깡통을 그 쓰레기통에 던져 넣었다.

pitch into O

Halfway through the discussion, he pitched into me and accused me of racism.
그 토의가 반 쯤 되었을 때, 그는 갑자기 나를 공격하면서, 내가 인종차별주의자라고 비난했다.
[참조: run into, lash into, lace into, lay into]

2.8 pitch on O

We pitched on the hall for the meeting.
우리는 그 홀을 회의 장소로 급하게 결정했다.
[참조: decide on, settle on]

2.9 pitch O onto O

The newsboy pitched the paper onto the porch.
그 신문배달 소년이 그 신문을 그 현관에다 던졌다.

2.10 pitch O out

The sofa is too old, and I am going to pitch it out.
그 소파는 너무 낡아서 난 그것을 내던져 버리겠다.
[참조: cast out, throw out]

The manager pitched the drunk out of the bar.
그 지배인이 그 주정뱅이를 그 주막 밖으로 내던져버렸다.

2.11 pitch O over O

He pitched the ball over the fence onto a green.
그는 그 공을 울타리 너머로 던져 그 잔디에 떨어지게 했다.

2.12 pitch O to O

He pitched the idea to the investors.
그는 그 생각을 그 투자자들에게 던졌다. 즉, 제시했다.
[위의 표현은 '생각은 공이다' 은유가 적용된 예이다.]

2.13 pitch up

You cannot pitch up and expect to get in without a ticket.
너는 늦게 도착해서 표 없이 들어갈 수 있다고 기대하지 마라.
[up은 어디에 나타나는 관계를 나타낸다. 참조: show up, turn up]

PIVOT

1. 단동사
이 동사는 중심축을 중심으로 회전하는 과정을 그린다.
명사: 중심축, 중심점

자동사

Windows that pivot from a central point are easy to clean.
중심점을 두고 회전하는 창문들은 닦기가 쉽다.

2. 구동사
2.1 pivot on O

The chair pivots on the steel post.
그 의자는 그 강철기둥에 의지해서 돈다.

The success of the business pivots on your decision.
그 사업의 성공은 당신의 결정에 달려 있다.

PLAGUE

1. 단동사
이 동사는 끊임없이 괴롭히는 과정을 그린다.
명사: 전염병, 큰 손해를 끼치는 많은 수의 동물 혹은 곤충 떼

타동사

Financial problems are plaguing the company.
재정 문제들이 그 회사를 괴롭히고 있다. 즉, 그 회사는 재정 문제에 시달리고 있다.

Rock stars have to get used to being plagued by autograph hunters.
록 스타들은 사인을 받으러 쫓아다니는 사람들에게 시달리는 데에 익숙해져야 한다.

2. 구동사
2.1 plague O with O

As he was coming out of the building, reporters plagued him with questions.
그가 그 건물에서 나올 때, 기자들이 그를 질문들로 괴롭혔다.

The old man is plagued with diabetes and high blood pressure. (passive)

그 노인은 당뇨와 고혈압으로 고생하고 있다.

PLAN

1. 단동사
이 동사는 앞으로 할 일을 상세하게 계획하는 과정을 그린다.
명사: 계획, 건물, 도시 등의 자세한 지도; 도면, 배치도

타동사

A meeting has been **planned** for early next year. (passive)
내년 초에 한 회의가 계획되어 있다.

2. 구동사
2.1 plan for O
It came as a shock when all of a sudden my car broke down. I had not **planned** for the cost.
내 차가 갑자기 고장이 났을 때 그것은 내게 충격으로 다가왔다. 왜냐하면 나는 그 수리비용을 대비하지 않았기 때문이다.

2.2 plan on O
He is **planning** on *his speech*.
그는 그의 연설을 준비하고 있다.

vacation	휴가
tomorrow's meeting	내일의 회의

He **plans** on *retiring early* and saves up all his money.
그는 조기 은퇴를 준비하고 있어서 그의 모든 돈을 모으고 있다.
[on은 조기 은퇴가 전제되고 plan은 이것을 준비한다는 뜻이다.]

getting married	결혼을 하다
going back to Korea	한국으로 돌아가다

He **planned** on having a quiet evening at home.
그는 집에서 조용한 저녁을 보낼 준비를 해왔다.
I am **planning** on buying a new car as soon as I get a promotion.
나는 진급하면 곧 새 차를 살 준비를 하고 있다.
From early on, his father **planned** on his son going to college.
일찍부터 아버지는 그의 아들이 대학에 가는 준비를 했다.
The delivery is delayed, and he grumbled because he had not **planned** on such a delay.
그 배달이 지연되어 그는 불평을 했다. 왜냐하면 그는 이러한 지연을 생각해본 적이 없기 때문이다.
I have not **planned** on so many people coming to the wedding.
나는 그처럼 많은 사람들이 그 결혼식에 올 것을 기대하지 않았다.
I had not **planned** on such a storm.
나는 이런 폭풍을 준비하지 않았다.

2.3 plan O out
I am **planning** out my *vacation* in Vancouver.
나는 밴쿠버에서 보낼 휴가를 상세하게 짜고 있다.
[out은 계획을 상세하게 만드는 관계를 그린다. 참조: lay out]

trip	여행	essay	수필

PLANE

1. 단동사
이 동사는 대패로 무엇을 깎는 과정을 그린다.
명사: 대패(목재의 표면을 깎는 도구)

타동사

Please **plane** the edge of the door.
그 문의 그 모서리를 대패로 깎으세요.

2. 구동사
2.1 plane O away
He **planed** away the bumps.
그는 울퉁불퉁한 것을 대패로 조금씩 없애버렸다.
[away는 울퉁불퉁한 것이 조금씩 없어지는 관계를 그린다.]

2.2 plane O down
Please **plane** down the board, so that we can use it as a chopping board.
우리가 그것을 도마로 쓸 수 있게, 그 판자를 대패질해서 울퉁불퉁한 곳을 밀어서 없애세요.
[down은 불룩한 부분이 평평하게 되는 관계를 나타낸다. 참조: grind down]

He **planed** down the wood.
그는 그 목재를 대패질해서 매끈하게 했다.
Plane the surface down first.
먼저 그 표면을 대패로 깎아 내세요.

2.3 plane O off
He **planed** off the bumps.
그는 대패질을 해서 울퉁불퉁한 것을 없앴다.
[off는 울퉁불퉁한 것이 떨어져 나오는 관계를 그린다.]

PLANT

1. 단동사

이 동사는 나무 등을 땅에 심는 과정을 그린다.

명사: 식물, 초목, 나무, 공장, 시설

타동사

Plant these shrubs in full sun.

이들 관목은 햇빛이 완전히 드는 곳에 심어라.

They planted a flag on the summit.

그들은 그 산 정상에 깃발을 꽂았다.

He claims that the drugs were planted on him.

그 마약은 누군가가 자기 옷에 몰래 넣어 둔 거라고 그는 주장한다.

He planted the first seeds of doubt in my mind.

그가 내 마음에 의혹의 첫 불씨를 심었다.

2. 구동사

2.1 plant O out

Plants grown in a green house can be planted out in early May.

온실에서 기른 식물들은 5월 중에 밖에 내다심을 수 있다.

[out은 온실에서 밖으로 나가는 관계를 나타낸다.]

2.2 plant O over

The farmer ploughed up the bed, and planted it over with roses and tulips.

그 농부는 그 화단을 갈아서 그 전체에 장미와 튤립을 심었다.

[over는 밭 전체를 가리킨다.]

PLASTER

1. 단동사

이 동사는 석고 등으로 전체를 짙게 바르는 과정을 그린다.

명사: 석고 반죽, 깁스, 일회용 반창고

2. 구동사

2.1 plaster O over

All the bricks are plastered over. (passive)

그 벽돌들은 전체가 석고 반죽으로 뒤덮여 있다.

plaster O over O

The news of the president's death was plastered all over the morning papers. (passive)

그 대통령의 죽음은 조간신문을 뒤덮고 있었다.

2.2 plaster O with O

Her face was plastered with makeup. (passive)

그녀의 얼굴은 화장으로 두껍게 덮여있다.

Today's morning papers were plastered with news from Pyeongyang. (passive)

오늘 아침신문들은 평양에서 온 소식들로 도배되어 있었다.

PLAY

1. 단동사

이 동사는 아이들이 놀거나 경기를 하는 과정을 그린다.

타동사

He plays golf on Sundays.

그는 일요일마다 골프를 한다.

She plays the piano well.

그녀는 피아노를 잘 친다.

He played us a tune.

그는 우리에게 한 곡을 연주해주었다.

We played the tape.

우리는 그 테이프를 틀었다.

Who is playing Othello?

누가 오셀로 역을 맡고 있는가?

자동사

A smile played across her face.

미소가 그녀의 얼굴을 살짝 가볍게 나타났다.

Children are playing in the park.

아이들이 그 공원에서 놀고 있다.

2. 구동사

2.1 play along

I listen to the radio and play along with the songs on my guitar.

나는 라디오를 듣고 내 기타로 그 노래들을 따라 연주한다.

We decided to play along with their silly plans for a while.

우리는 그들의 어리석은 생각을 잠깐 따라가기로 결정했다.

[along은 생각의 흐름이다.]

2.2 play around

In this world, you can't just play around.

이 세상에서 너는 빈둥거리고 있을 수만은 없다.

[around는 목적이 없이 빈둥거리는 관계를 나타낸다.]

We play around on the phone for hours.

우리는 몇 시간 동안 전화기를 갖고 노닥거렸다.

I don't want to hurt you. I am just playing around.

나는 너를 다치게 할 생각이 아니다. 그냥 장난을 하고 있을 따름이다.

When he was young, he played around, but he is now settled down.

그가 젊었을 때 그는 이 여자 저 여자와 놀았다. 그러나

P

이제는 안착해있다.

play around with O

He stopped **playing around with** younger women.
그는 자신보다 젊은 여자들과 놀아나는 것을 그만두었다.
The chemist has been **playing around with** different chemicals.
그 화학자는 여러 가지의 화학 물질들을 시험 삼아 다루어 보고 있다.
Don't **play around with** her diet while she is ill.
그녀가 앓고 있는 동안 그녀의 식단을 이리저리 바꾸지 마세요.
He is **playing around with** the idea.
그는 그 생각을 이리저리 살펴보고 있다.

2.3 play at O

My two little sisters **play at** doctors and nurses.
나의 꼬마 누이동생들은 의사와 간호사 놀이를 한다.
[at은 시도를 나타낸다.]
If you are serious about politics, you can't just **play at** it: it is your whole life.
만약 네가 정치에 신중한 마음을 가지고 있다면 그것을 놀이 삼아 할 수 없다. 즉, 건성으로 할 수 없다. 그것은 너의 전 인생이다.
He **played at** being in love with the girl.
그는 그 소녀와 사랑에 빠져있는 척 했다.
He **played at** being a writer.
그는 작가인 척 했다.

2.4 play O back

When he got back to the office, he **played back** the messages on his answering machine.
그가 사무실에 되돌아왔을 때 그는 녹음전화기의 테이프를 되돌려서 메시지들을 들었다.
The director recorded my singing and **played** it **back** to me.
그 감독은 내 노래를 녹음해서 그것을 내게 다시 들려주었다.

2.5 play O down

The Liberal Party tried to **play down** *the seriousness of the situation*.
자유당은 그 상황의 심각성을 얕잡아보려고 했다.
[down은 정도의 낮음을 나타낸다.]

| election hacking | 선거 해킹 |
| obstruction of justice | 공무집행방해 |

Some experts **played down** the possibility of future shortage.
몇몇 전문가들은 미래 부족에 대한 가능성을 중요하지 않게 보았다.
Meghan Markle did not **play down** her African root.
메건 마클은 그녀의 아프리카의 뿌리를 폄하하지 않았다.

2.6 play in O

Some children are **playing in** the water, and some in the sand.
몇몇 아이들은 물에서 놀고, 그리고 몇몇은 모래에서 논다.

2.7 play into O

His story **plays into** the idea that lawyers are not honest.
그의 얘기는 변호사들은 정직하지 못하다는 생각을 지지해준다.

2.8 play off O

The film **plays off** the fear that most people have in our culture.
그 영화는 대부분의 사람들이 우리 문화 속에서 갖는 두려움을 이용하고 있다.
[off는 영화가 그 소재나 내용을 두려움에서 따온다는 뜻이다. 참조: play on]

play off

The two top players will **play off** tomorrow for the title.
그 두 상위 선수는 내일 선수권을 따기 위해서 결승전에서 대치한다.
[off는 동점 상태를 푸는 관계를 나타낸다.]
During the game, the two Korean players **played off** effectively.
그 경기 중 그 두 한국선수는 효과적으로 서로를 보완했다.

play O off against O

The seller intends to **play** one buyer **off against** another.
그 판매인은 한 구매자를 다른 구매자와 경쟁을 시키려 한다.

2.9 play on O

The game is **played on** grass. (passive)
그 경기는 잔디 위에서 치러진다.
He **played on** the national soccer team.

그는 축구 국가 대표팀에서 뛰었다.
The sunlight is **playing on** the roofs of the small village.
햇빛이 그 작은 마을의 지붕들 위에 춤추고 있다.
The opposition party's campaign **played on** the fear of the low income families.
그 야당은 저소득층의 두려움을 이용했다.
[on은 선거전에 두려움을 이용하는 관계를 나타낸다.]
The man **plays on** her weaknesses.
그 남자는 그 여자의 약점을 이용하고 있다.

play on
The home team claimed a penalty but the referee told them to **play on**.
그 홈팀이 페널티 킥을 주장했지만 그 심판은 경기를 계속 진행하라고 했다.
[on은 쉼이 있은 다음이거나, 쉼이 있을 지라도 경기가 이어짐을 나타낸다.]
The player **played on** despite his injury.
그 선수는 부상을 당했음에도 불구하고 계속해서 경기를 했다.

2.10 play out
We don't know yet how the *presidential election* will **play out**.
우리는 아직 그 대통령 선거가 어떻게 전개될지 모른다.
[out은 사건이 펼쳐지는 상태를 나타낸다.]

| situation | 상황 | tragedy | 비극 |
| crisis | 위기 | campaign | 선거유세 |

We don't know how the talk between South and North Korea will **play out**.
우리는 아직 남북 회담이 어떻게 전개될지 모른다.
Tensions between the two countries are **playing out** on live TV.
그 두 나라 사이의 긴장상태가 티비 생중계에서 전개되고 있다.
When the mines **played out**, the miners moved away.
그 광산의 금이나 탄광이 다 없어졌을 때 그 곳의 광부들은 떠났다.
[out은 광산의 금이나 탄광이 다 없어진 관계를 나타낸다. 참조: work out]

play O out
One of many conflicts is being **played out** in Syria.
(passive)
많은 전투 중에 하나가 시리아에서 벌어지고 있다.
In a drama, the writer is able to **play out** his own dream.

드라마에서 그 작가는 자신의 꿈을 실현시킬 수 있다.
[out은 꿈이나 환상을 실현시키는 관계를 나타낸다.]
If he had accepted the offer, he would have **played out** his career as a rich man.
만약 그가 그 제안을 받아들였다면 그는 그의 생애를 부자로 마쳤을 것이다.
[out은 삶을 끝까지 사는 관계를 나타낸다. 참조: live out]
After the game, the players were **played out**.
(passive)
그 경기가 끝난 후, 그 선수들이 몹시 지쳤다.
[위에서 player는 환유적으로 선수들의 기운을 가리키고, out은 기운이 다 빠진 상태를 나타낸다. 참조: tired out, wear out, burn out]

2.11 play O over
It's a very tough question, and I've been **playing** it **over** for a long time.
그것은 굉장히 어려운 질문이다. 그래서 나는 그것을 오랫동안 철저히 생각해 오고 있다.
[참조: think over, look over]

play over
Our kiss last night keeps **playing over** in my head.
어제 밤에 키스가 계속 머릿속에 반복되고 있다.

2.12 play to O
Donald Trump is **playing to** his base.
도널드 트럼프는 그의 지지자들을 향해 연주를 한다. 즉, 지지자들을 생각하면서 행동한다.

2.13 play O through
When I **played through** Beethoven's Symphony Nine, I felt very happy.
내가 베토벤 교향곡 9번을 연주해나갔을 때, 나는 매우 행복했다.
[through는 처음부터 끝까지의 뜻이다.]
The chamber orchestra **played through** a Mozart's string quartet.
그 실내악단이 모차르트의 현악 4중주를 연주했다.

2.14 play O up
In the job interview, he tried to **play up** his strong points.
그 취업 인터뷰에서 그는 자신의 장점을 크게 보이도록 노력했다.
[up은 양이나 정도를 높이는 관계를 나타낸다.]
Playing the teacher **up** is considered normal part of school.

P

선생님을 골리는 것은 학교생활의 정상적인 일부로 간주되었다.
[up은 가라앉은 상태에서 들뜨거나 화난 상태로의 변화를 나타낸다.]

All the newspapers **played up** the capture of a North Korean spy.
모든 신문들이 북한 스파이의 체포를 크게 보도했다.

play up
After eating the raw fish, my stomach is **playing up**.
그 생선회를 먹은 다음 내 배가 부글거리고 있다.
[up은 잠잠한 상태에서 들뜬 상태로의 변화를 나타낸다. 참조: act up]

Upon seeing the accident, my heart began to **play up**.
그 사고를 보자 내 심장이 마구 뛰기 시작했다.

Can I borrow your laptop? Mine is **playing up**.
네 노트북 컴퓨터를 빌릴 수 있을까? 내 컴퓨터가 말썽을 부리고 있다.
[참조: act up]

Some of the boys in the class **play up** even in front of the teacher.
우리 반의 몇 명 남자 아이들은 선생님 앞에서도 행동을 마구 한다.

play up to O
Dorothy is **playing up to** the new manager.
도로시는 그 새 지배인에게 기어 붙는다. 즉, 아첨을 한다.
[up은 도로시가 지배인에 가까이 다가가는 관계를 나타낸다. 참조: make up to, butter up to, kiss up to]

People considered him rude, and he **played up to** the image.
사람들은 그를 무례하다고 생각하고 그는 그 생각에 걸맞게 행동을 했다.

2.15 play with O
Don't **play with** fire.
불을 가지고 놀지 마세요. 즉, 위험한 짓을 하지 마세요.
While watching TV, he **played with** walnuts in his hands.
그는 텔레비전을 보면서 호두를 손에 만지작거렸다.
When I left university, I **played with** the idea of going abroad.
내가 대학을 그만두었을 때, 나는 해외에 나가는 생각을 머릿속에 굴려보았다.
He is a novelist who knows how to **play with** words, which make people laugh out loud.
그는 낱말을 잘 다룰 줄 아는 소설가이다. 그의 낱말들은 사람들을 크게 소리 내어 웃게 한다.

Don't rush: We have plenty of time to **play with**.
서두르지 마세요. 우리에게는 활용할 시간이 많습니다.

PLOD

1. 단동사
이 동사는 천천히 힘들게 걸어가는 과정을 그린다.

2. 구동사
2.1 plod along
The old man **plodded along** laboriously.
그 노인은 힘들게 뚜벅뚜벅 걸어가고 있었다.
Despite the heavy storm, the expeditioners **plodded along**, and reached the lake.
그 심한 폭풍에도 불구하고, 그 탐험가들은 뚜벅뚜벅 걸어서 그 호수에 이르렀다.

2.2 plod away at O
He is **plodding away at** his book.
그는 힘들게 계속해서 그 책을 써 나아가고 있다.
[away는 계속을, at은 조금씩 써 나아가는 관계를 나타낸다.]

2.3 plod down O
Our horses **plodded down** the muddy track.
우리 말들은 그 진흙 길을 터벅터벅 내려갔다.

2.4 plod on
We **plodded on** through the snow.
우리는 그 눈 속을 계속해서 뚜벅뚜벅 걸어갔다.
[on은 잠시 쉬다가 이어서 가거나, 쉼을 무시하고 이어서 가는 관계를 나타낸다. 참조: press on, continue on]
The CIA is still **plodding on** with the investigation.
CIA는 그 조사를 계속해서 힘들게 진행시키고 있다.

2.5 plod through O
He **plodded through** the snow.
그는 힘들게 그 눈을 헤쳐 걸어갔다.
He is **plodding through** his work.
그는 힘들게 그 일을 해 나가고 있다.

PLONK

1. 단동사
이 동사는 무엇을 아무렇게나 쿵하고 내려놓는 과정을 그린다.
명사: 쿵하는 소리, 싸구려 포도주
타동사
Just **plonk** those bags anywhere in the livingroom.

그 가방들을 그 거실 아무데에나 내려놓아라.

2. 구동사
2.1 plonk down
Upon coming in, he plonked down on a sofa.
들어오자마자, 그는 소파에 털썩 앉았다.
[down은 섰다가 앉는 관계를 그린다. 참조: lie down]

2.2 plonk O down
Mom plonked down the heavy shopping bags on the counter.
엄마는 그 무거운 쇼핑백을 그 카운터에 털썩 놓았다.
He just plonked himself down and turned on the TV.
그는 그냥 털썩 주저앉았더니 그 TV를 켰다.

1. 단동사
이 동사는 나쁜 일을 계획하는 과정을 그린다.
명사: 소설, 극 등의 구성, 줄거리, 음모
타동사

We spent all months plotting our revenge.
우리는 복수를 계획하면서 몇 달을 보냈다.

2. 구동사
2.1 plot against O
They were accused of plotting against the state.
그들은 반국가적 음모죄로 기소되었다.

1. 단동사
이 동사는 배나 비행기의 이동을 점선으로 표시하는 과정을 그린다.

2. 구동사
2.1. plot O on O
The earthquake centers had been plotted on a world map. (passive)
그 지진 진원들은 세계 지도에 표시가 되어 있었다.
We carefully plotted each patient's response to the drug on a chart.
우리는 그 약에 대한 각 환자의 반응을 도표에 세심히 그려 넣었다.
First, plot the temperature curve on the graph.
먼저, 그 온도 곡선을 그 그래프에 표시하세요.

2.2 plot O out

We are plotting out a vacation in Honolulu.
우리는 호놀룰루에서 보낼 휴가를 상세하게 계획하고 있다.
[out은 계획이나 설명 등을 상세하게 하는 관계를 그린다. 참조: map out, lay out, plan out]

1. 단동사
이 동사는 쟁기를 사용하여 땅을 갈아엎는 과정을 그린다.
명사: (논밭을 가는데 쓰는) 쟁기, 북두칠성
타동사

The farmer ploughed the fields.
농부가 그 들판을 쟁기로 갈았다.

2. 구동사
2.1 plough ahead
The president is ploughing ahead with reform.
그 대통령은 그 개혁을 힘들게 진행시키고 있다.

2.2 plough O back
The company's profits are ploughed back into investment in research. (passive)
그 회사의 이익은 연구를 위해 재투자된다.
[back은 투자한 것이 이익이 되어 돌아오면, 그것을 다시 투자하는 관계를 나타낸다.]

2.3 plough O down
The terrorist ploughed down pedestrians with a truck.
그 테러분자가 트럭으로 보행자들을 쓰러뜨렸다.
[down은 사람들이 넘어지는 관계를 나타낸다. 참조: mow down]
People were ploughed down with a machine gun and killed.
사람들이 기관총을 맞고 쓰러져 죽었다.

2.4 plough O in
The weeds are ploughed in to enrich the soil. (passive)
그 잡초들은 토양을 기름지게 하기 위해 땅 속으로 갈아 넣어졌다.

2.5 plough into O
A taxi ploughed into a restaurant, causing a heavy damage.
택시 한 대가 식당으로 돌진해서 그 큰 손해를 끼쳤다.
[참조: run into, slam into]
A truck ploughed into the crowd in Nice, France.

P

트럭 한 대가 프랑스 니스에 있는 군중 속을 들이받고 들어갔다.

2.6 plough on
To meet the deadline, I had to **plough on** with the work until late at night.
마감을 맞추기 위해서 나는 밤늦게까지 계속해서 그 일을 해야 했다.
[on은 일을 쉰다거나, 쉬어야 할 시점에 쉬지 않고 계속하는 관계를 나타낸다.]

2.7 plough through O
We had to **plough through** snow to reach the top of the hill.
우리는 그 산의 꼭대기에 닿기 위해서 눈을 헤치고 걸어가야 한다.
Before the exam, the children had to **plough through** the multiplication tables.
그 시험 전에 그 아이들은 곱셈표를 처음부터 끝까지 외워가야 했다.

2.8 plough up
At the end of each year, the wheat fields are **ploughed up** to kill weeds. (passive)
매 해 말에 그 밀밭은 잡초를 죽이기 위해 갈아엎어진다.
[up은 밑의 흙이 위로 올라오는 관계를 나타낸다.]
The Korean farmers near the 38th parallel line still **plough up** shreds of bomb shells.
38선 근처에 사는 농부들은 아직도 폭탄파편들을 쟁기질해서 드러나게 한다.
[up은 밑에 있던 것이 올라와 보이게 되는 관계를 나타낸다.]
The pavements in the district are **ploughed up** unnecessarily.
그 구역에 있는 보도들은 불필요하게 파헤쳐진다.
The holes in the wall were **ploughed up** with mud.
그 벽에 뚫린 구멍들이 진흙으로 막아졌다.
[up은 빈자리가 차는 관계를 나타낸다. 참조: clog up, block up]

PLUCK

1. 단동사
이 동사는 무언가를 잡아서 뽑아내는 과정을 그린다.

2. 구동사
2.1 pluck at O
She sat in the meeting, **plucking at** her sleeve.
그녀는 그녀의 소매를 손으로 조금씩 당기면서 그 회의에 앉아 있었다.

[at은 plucking이 소매 일부에 영향을 미침을 나타낸다.]

2.2 pluck O off from O
She **plucked off** the bud **from** the plant.
그녀는 그 꽃봉오리를 그 식물에서 탁 떼어냈다.

2.3 pluck O out from O
Let's **pluck out** a few expressions **from** the lyrics of the song.
몇 가지 표현을 그 노래의 가사에서 뽑아냅시다.

2.4 pluck O out of O
He **plucked** the feathers **out of** the chicken.
그는 깃털을 그 닭에서 뽑아내었다.

2.5 pluck O up
Pluck up your courage and keep on doing it.
용기를 내어서 그것을 계속해라.
[up은 없던 것이 생겨나는 관계를 나타낸다.]

PLUG

1. 단동사
이 동사는 구멍 등을 막는 과정을 그린다.
명사: 플러그, 마개; 전기기구를 회로에 연결하는 부품
타동사
He **plugged** the hole in the pipe with an old rag.
그는 파이프에 난 구멍에 헌 헝겊을 틀어막았다.

2. 구동사
2.1 plug along
I have been **plugging along** in food delivery service.
나는 음식 배달업에 꾸준히 일 해오고 있다.

2.2 plug away
We have been **plugging away** for weeks to come out with a solution to the problem.
우리는 그 문제의 해결책을 찾아내기 위해서 몇 주간 계속해서 일을 해 왔다.
[away는 일을 반복적으로 계속하는 관계를 나타낸다. 참조: slave away, toil away]

2.3 plug O in
She filled the pot and **plugged** *it* in.
그녀는 그 냄비를 물로 채워서 그것을 (소켓에) 꽂아 넣었다.

laptop	노트북	mixer	믹서기
mouse	마우스	printer	프린터

He **plugged in** *new information*.
그는 새 정보를 입력했다.
[참조: key in, type in]

log in information	로그인 정보
search terms	탐색 용어

2.4 plug O into O
Plug the speaker **into** your laptop.
그 스피커를 노트북 컴퓨터에 꽂아 넣으세요.

plug into O
We **plugged into** the Institute's research network.
우리는 그 기관의 연구 네트워크에 접속했다.
[참조: log into]
Korea is trying to **plug into** African market.
한국은 아프리카 시장에 접속하려 한다. 즉, 진출하려 한다.

2.5 plug O up
We **plugged up** the *leak*.
우리는 그 새는 곳을 막았다.

sink	개수대	hole	구멍
drain	배수관	hose	호스

PLUMB

1. 단동사
이 동사는 세탁기 등을 수도관에 연결하는 과정을 그린다.
plumber(명사): 배관공

2. 구동사
2.1 plumb in
The dishwasher is easy to **plumb in**. Just plug it into a socket.
그 식기세척기는 수도관에 연결하기 쉽다. 소켓에 꽂아 넣기만 하면 된다.

PLUMMET

1. 단동사
이 동사는 높은 곳에서 급하게 떨어지는 과정을 그린다.
자동사

Her spirits **plummeted** at the thought of meeting him again.
그녀는 기분이 그를 다시 만날 생각에 급격히 저하되었다.
House prices **plummeted**.
집값이 급락했다.

2. 구동사
2.1 plummet to O
The spacecraft **plummeted to** Earth safely.
그 우주선은 무사히 지구로 급하게 내려갔다.
Stock prices **plummeted to** record lows.
주가가 기록적인 최저가로 떨어졌다.

PLUMP 1

1. 단동사
이 동사는 애기 등이 포동포동해지는 과정을 그린다.
형용사: 통통한, 토실토실한

2. 구동사
2.1 plump out
The baby has **plumped out** since I saw her last.
그 애기가 내가 마지막 본 이후로 포동포동해졌다.
[out은 몸통이 불어나는 관계를 나타낸다. 참조: blimp out, fill out]

2.2 plump up
The bread **plumped up** during baking.
그 빵은 굽는 동안 부풀었다.
[up은 부피가 늘어나는 관계를 나타낸다. 참조: swell up]

plump O up
She **plumped up** the cushions under the baby.
그녀는 그 아기가 깔고 앉아 있는 방석들을 불룩하게 만들었다.

PLUMP 2

1. 단동사
이 동사는 무엇을 아무렇게나 내려놓는 과정을 그린다.

2. 구동사
2.1 plump O down
He **plumped down** the heavy bag on the counter.
그는 그 무거운 가방을 그 카운터 위에 털썩 놓았다.
He **plumped** himself **down** on a sofa.
그는 자신을 소파에 쿵 놓았다. 즉, 쿵 소리를 내며 앉았다.

2.2 plump for O

We plumped for a bottle of champaign.

우리는 신중히 검토한 다음 샴페인 한 병을 선택했다.

PLUNGE

1. 단동사

이 동사는 급하게 앞으로 혹은 아래로 움직이는 과정을 그린다.

명사: 낙하, 급락, 다이빙, 개입

타동사

The earthquake plunged entire towns over the edge of the cliffs.

그 지진은 도시들을 그 벼랑 너머로 무너져 내리게 했다.

자동사

Stock markets plunged at the news of the coup.

주식 시장이 그 쿠데타 소식에 급락했다.

The horse plunged and reared.

그 말이 마구 요동을 치며 앞다리를 쳐들었다.

His heart plunged.

그의 가슴이 마구 요동쳤다.

2. 구동사

2.1 plunge down O

A bus plunged down a 100m cliff.

버스 한 대가 100미터 높이의 벼랑 아래로 떨어졌다.

2.2 plunge in

It would be better to let her take care of the problem for herself first. Don't plunge in with advice.

그녀가 자신의 문제를 자신이 풀게 내버려 두는 것이 더 좋겠습니다. 충고를 가지고 급하게 끼어들지 마세요.

[참조: jump in, step in]

2.3 plunge O into O

First, plunge the spinach into boiling water.

첫째, 시금치를 끓는 물에 집어넣으세요.

The village was plunged into desperation at the news of the flood. (passive)

그 마을은 그 홍수 소식에 절망에 빠져 들게 되었다.

The power is down and the whole town is plunged into darkness.

전기가 나가자, 온 동네가 어둠 속에 빠졌다.

plunge into O

He plunged into the deepest river.

그는 가장 깊은 강에 뛰어들었다.

The water of the falls plunged 100m into the valley.

그 폭포 물이 100m 아래에 있는 계곡으로 떨어졌다.

Don't plunge into the stock market.

그 주식 시장에 급하게 뛰어들지 마세요.

plunge O into O

The earthquake plunged the country into chaos.

그 지진은 그 나라를 혼동 속에 빠뜨렸다.

2.4 plunge off O

He plunged off the cliff.

그는 그 절벽에서 뛰어 내렸다.

The bus plunged off the mountain road.

그 버스는 산길에서 떨어져 직하했다.

PLY

1. 단동사

이 동사는 많은 음식을 제공하는 과정을 그린다.

2. 구동사

2.1 ply O with O

The host plied his guests with delicious food.

그 주인은 그의 손님들에게 맛있는 음식들을 많이 제공하였다.

The Canadian boys plied me with questions about my school life.

그 캐나다 소년들은 내게 나의 학교생활에 대한 질문들을 퍼부었다.

POINT

1. 단동사

이 동사는 손가락이나 다른 물체를 써서 무엇을 가리키는 과정을 그린다.

명사: 점, 뾰족한 것

타동사

He pointed the direction to the school.

그는 그 방향을 학교가 있는 손으로 가리켰다.

He pointed the way.

그는 그 길을 손으로 가리켰다.

자동사

The road sign points north.

그 도로 표지판은 북쪽을 가리킨다.

2. 구동사

2.1 point at O

Don't point at people.

사람들에게 손가락질하지 마라.
[at은 공격의 뜻을 갖는다.]

point O at O
Don't **point** the gun **at** anyone!
그 총을 누구에게도 겨누지 마라!
He **pointed** his telescope **at** the Mars.
그는 그 망원경을 화성에 조준했다.
They are **pointing** fingers **at** each other.
그들은 서로에게 손가락질 하고 있다.

2.2 point O out
If you see him, please **point** him **out** to me.
만약 그를 보게 되면, 그를 가리켜서 내가 알게 해주세요.
[out은 손으로 가리켜서 알게 하는 관계를 나타낸다.]
I **pointed** it **out** that the expensive one will last longer.
나는 그 비싼 것이 오래간다는 점을 지적하며 알게 해주었다.
[out은 모르는 것을 알게 해 주는 관계를 나타낸다.]
I carefully **pointed out** the disadvantages of the new plan.
나는 조심스럽게 그 새 계획의 단점들을 지적하여 드러나게 했다.
He **pointed out** my mistake in front of others.
그는 다른 사람들이 보는 가운데 내 잘못을 지적했다.

2.3 point to O
The arrows on the map **point to** the place we are to camp tonight.
지도상의 그 화살표들은 우리가 오늘 밤 야영할 장소를 가리킨다.
He told the dog to go outside and **pointed to** the door.
그는 개에게 밖으로 나가라고 하고 문을 손으로 가리켰다.
All indications **point to** an early spring.
모든 조짐들이 이른 봄을 가리킨다.
She **pointed to** the need for better education.
그녀는 좀 더 좋은 교육의 필요성을 지적했다.

2.4 point O up
This **points up** what I have been telling you.
이것은 내가 말해온 것을 강조합니다.
[up은 눈에 띄어서 잘 인식할 수 있는 관계를 나타낸다.]
Both researches **point up** the merits of the present economic system.
두 연구는 현 경제체제의 장점을 부각시켜서 잘 드러나게 한다.

POKE

1. 단동사
이 동사는 손가락이나 뾰족한 물건을 사용하여 살짝 찌르거나 쑤시는 과정을 그린다.

타동사

The child **poked** the ball with a stick.
그 아이가 그 공을 막대기로 집적였다.
He **poked** a hole in the bag.
그는 그 자루에 집적거려서 구멍을 내었다.
The bully **poked** him in the nose.
그 골목대장이 그의 코를 쳐서 괴롭혔다.

2. 구동사
2.1 poke around O
This afternoon, I **poked around** some second-hand bookstores.
오늘 오후 나는 몇 개의 헌책방을 뒤지고 다녔다.

poke around
I am **poking around** in the desk drawer to see if I can find my fountain pen.
나는 내 만년필을 찾을까하고 내 책상 서랍을 이리저리 뒤지고 있다.
I **poked around** all afternoon and didn't accomplish much.
나는 오후 내내 빈둥거리며 돌아다니다가 많이 성취하지 못했다.
He is **poking around** in the internet to see what was new online.
그는 온라인에 새 것이 있나 찾아보기 위해 인터넷을 뒤졌다.

2.2 poke along
I was just **poking along**, not paying any attention to what was happening around me.
나는 내 주위에 일어나고 있는 일에 주의를 기울이지 않고, 바쁘게 걸어 오고 있다.

2.3 poke at O
He is **poking at** the fish.
그는 그 생선을 집적이고 있다.
[at은 생선의 일부에 영향이 감을 나타낸다.]

2.4 poke into O
He likes to **poke into** other people's lives.
그는 다른 사람들의 생활을 들여다보는 것을 좋아한다.

P

poke O into O

He **poked** his index finger **into** the jam.

그는 그의 검지를 그 잼 안으로 찔러 넣었다.

2.5 poke out

There was a bird nest, and little heads **poked out** sometimes.

새 둥지가 있었는데, 작은 머리들이 가끔 빼꼼 나왔다.

poke out of O

The bean sprouts were beginning to **poke out of** the soil.

그 콩의 싹이 토양 밖으로 삐죽 나왔다.

poke O out of O

He **poked** some ants **out of** the hole.

그는 개미들을 집적여서 그 구멍에서 나오게 했다.

2.6 poke through O

The tips of his toes **poked through** his sneakers.

그의 발가락 끝이 그의 운동화를 뚫고 나왔다.

POLISH

1. 단동사

이 동사는 문질러서 반질반질 하거나 윤이 나게 하는 과정을 그린다.

명사: 광택, 윤 내기, 세련, 품위

타동사

Polish shoes regularly to protect the leather.

가죽을 보호하기 위해서 신발에 정기적으로 광을 내 주어야 한다.

The statement was carefully **polished** and checked before release. (passive)

그 성명서는 발표 전에 세심히 다듬고 검토되었다.

2. 구동사

2.1 polish O away

He **polished away** the *scratches*.

그는 그 긁힌 부분을 손질해서 없어지게 했다.

| impurities | 불순물 | stains | 얼룩 |

2.2 polish O off

While I was away, my sister **polished off** the *apple pie*.

내가 나가 있는 동안 내 여동생이 그 애플파이를 재빨리 싹 먹어 치웠다.

[off는 애플파이가 그릇 등에서 없어지는 관계를 나타낸다.]

| soup | 스프 | cake | 케이크 |

The Korean ping-pong team **polished off** the Hong Kong team 10 to 8, 4 to 9, and 12 to 6.

한국 탁구 팀은 홍콩 팀을 10대 8, 4대 9, 그리고 12대 6으로 물리쳤다.

[off는 홍콩 팀이 경기에서 떨어져 나가는 관계를 나타낸다.]

The suspect was **polished off** with a shotgun. (passive)

그 용의자는 마지막에 엽총으로 확인사살 되었다.

2.3 polish O up

Before going out, he **polished up** his shoes.

나가기 전에 그는 구두를 잘 윤을 냈다.

I am planning on going to Korea, and I am **polishing up** my Korean.

나는 한국에 갈 계획을 세우고 있어서, (바로 한창 쓰지 않아 퇴화된) 한국어를 복습하여 전 상태로 되돌릴 생각이다.

[up은 다듬어서 좋은 상태가 되는 관계이다.]

The company has to **polish up** its image after the scandal.

그 회사는 그 스캔들이 있은 다음, 이미지를 다듬어서 좋게 할 필요가 있다.

PONDER

1. 단동사

이 동사는 문제나 지나간 일에 대해서 오랫동안 곰곰이 생각하는 과정을 그린다.

자동사

Anne **pondered** for a week before moving to Seoul.

앤은 서울로 이사하기 전에 일주일을 곰곰이 생각했다.

타동사

I **pondered** the company's offer very carefully.

나는 그 회사의 제의를 곰곰이 생각했다.

2. 구동사

2.1 ponder on O

He **pondered on** what to do.

그는 뭘 할 것인지에 대해 곰곰이 생각했다.

[참조: think on]

2.2 ponder out

He **pondered out** loud.

그는 크게 소리 내면서 생각했다.

2.3 ponder over O

He **pondered over** the option.
그는 그 선택을 두고 오랫동안 생각했다.

PONY

1. 단동사
이 동사는 내키지 않는 돈을 내는 과정을 그린다.
명사: 조랑말, 25파운드

2. 구동사
2.1 pony O up
The guests at the motel had to **pony up** $40 for meal.
그 모텔의 손님들은 식대로 40불이나 지불해야 했다.
[참조: pay up]

pony up
If she really wants it, she has to **pony up**.
그녀가 그것을 정말 원한다면, 그녀는 (싫겠지만) 돈을 내야 한다.
[참조: pay up]]

POOP

1. 단동사
이 동사는 애기들이 응가하는 과정을 그린다.
명사: (애기 말) 똥
자동사
The dog just **pooped** in the kitchen!
그 개가 부엌에서 그냥 똥을 쌌다!

2. 구동사
2.1 poop on O
The puppy **pooped on** me.
그 강아지가 내게 똥을 쌌다.

2.2 poop out
The marathon runner **pooped out** midway and was rushed to a hospital.
그 마라톤 선수는 중간 지점에 지쳐 쓰러져서 병원에 급송되었다.
[out은 기운이 다 빠진 상태를 나타낸다. 참조: tire out, play out]
The battery in my mobile phone **pooped out** in 2 hours.
내 핸드폰 배터리가 두 시간 만에 방전되었다.
[참조: run out]

poop out on O
He **pooped out on** us.
그는 (우리에게 약속을 해놓고) 약속을 지키지 않았다.

[out은 약속 등에서 빠져나가는 관계를 나타낸다. 참조: fink out on]

POP

1. 단동사
이 동사는 펑 하는 소리를 내거나, 빠르게 예상치 못하게 움직이는 과정을 그린다.
명사: 갑자기 '폭', '펑' 하며 터지는 소리
자동사
The balloon **popped** open.
그 풍선은 펑 하면서 열렸다.
Her eyes **popped** when she saw the wedding dress.
그녀는 그 웨딩드레스를 보자 눈이 번쩍 뜨였다.
타동사
He **popped** corn.
그는 옥수수를 튀겼다.
He **popped** a surprise question.
그는 갑작스러운 질문을 터뜨렸다.

2. 구동사
2.1. pop down
Pop down to the grocery store and pick up some milk.
그 편의점에 빨리 뛰어 내려가서 우유를 좀 사와라.

2.2 pop in
She used to **pop in** for a cup of tea.
그녀는 차 한 잔을 마시기 위해서 홀짝 들어오곤 했다.
[참조: drop in]
It was raining hard and the coffee shop was open, and I just **popped in**.
비가 많이 내리고 있었고 그 커피숍이 열려 있어서, 나는 홀짝 뛰어 들어갔다.

2.3 pop into O
He **popped into** a clinic.
그는 의원에 홀짝 뛰어 들어갔다.
The thought **popped into** my head.
그 생각이 머릿속에 갑자기 들어왔다.

pop O into O
He **popped** a few pills **into** his mouth.
그는 몇 개의 알약을 입에 털어 넣었다.

2.4 pop off
I'll just **pop off** home and get my umbrella.
나는 (이 자리를 떠나서) 집에 가서 내 우산을 가져오겠다.

I am 50 and I'm not going to **pop off** yet.
내 나이 50이니, 아직 세상을 떠나지 않을 것이다.
[off는 세상을 떠나는 관계를 나타낸다.]
There is no need to **pop off** at Fred.
프레드에게 화를 낼 필요가 없다.
[off는 화가 터져 나오는 관계를 나타낸다. 참조: set off, tick off]

2.5 pop O on

Just **pop** your coat **on**, and see if it fits.
너의 저고리를 훌쩍 걸치고, 이것이 맞는지 보자.
[참조: put on, try on]
Please **pop** the light **on**.
그 전기 불을 잠깐 켜주세요.
[on은 전기가 들어온 상태를 나타낸다. 참조: turn on]
Please **pop on** the pan.
그 팬을 잠깐 불 위에 올려주세요.
Mary **popped** the lid **on** and put it away.
메리는 그 뚜껑을 (어떤 물건 위에) 찰칵 닫고 치워 두었다.

pop on O

He **popped on** the plane.
그는 비행기에 훌쩍 올라탔다.
[참조: hop on]

2.6 pop out

He **popped out** to the toilet.
그는 그 화장실로 훌쩍 나갔다.
The cub **popped out**.
그 새끼 사자 한 마리가 (엄마 품속에서) 튀어나왔다.
The kid **popped out** of bed.
그 꼬마가 침대에서 빠르게 풀썩 뛰어나왔다.

pop O out

It took a little effort to **pop** the cork **out**.
그 코르크 마개를 퐁 뽑아내는 데 노력이 얼마 들지 않았다.

2.7 pop round

She said she might **pop round** one a day next week.
그녀는 다음 주 어느 날, 훌쩍 들를지 모른다고 말했다.

2.8 pop O up

Henry **popped** the lid **up** and cleaned out the jar.
헨리는 그 뚜껑을 찰칵 열고 그 통을 깨끗이 청소해냈다.

pop up

The idea **popped up** in my mind.
그 생각이 내 머릿속에 떠올랐다.
Tom likes books with pictures that **pop up**.
톰은 그림이 튀어나오는 책을 좋아한다.
New coffee shops are **popping up** all over the city.
새 커피숍이 시 전체에 걸쳐 빠르게 생겨나고 있다.
[up은 없던 것이 생겨나는 결과를 나타낸다. 참조: spring up]

convenient stores 편의점 shopping malls 쇼핑몰

The face is **popping up** on the television screen.
그 얼굴은 텔레비전 화면에 계속해서 나타난다.
[up은 얼굴이 시야에 들어오는 상태를 나타낸다.]
Too many messages **popped up** at once.
너무 많은 메시지들이 (화면에) 한꺼번에 나타났다.
I never know where Bill is going to **pop up**.
나는 빌이 어디서 갑자기 나타날지 전혀 모른다.
[up은 시야에 들어오는 관계를 나타낸다. 참조: show up, turn up]

PORE

1. 단동사

이 동사는 오랫동안 무언가를 자세하게 보거나 읽으면서 골똘히 생각하는 과정을 그린다.
명사: 땀구멍

2. 구동사

2.1 pore on O

He is **poring on** diplomatic developments on Korean peninsular.
그는 한반도에서 있는 외교적 전개 상황을 골똘히 생각하고 있다.

2.2. pore over O

Everyday, I **pore over** the newspaper ads to find a used car.
매일 나는 중고 자동차를 찾기 위해 신문 광고를 열심히 들여다본다.
He **pored over** the notes the night before the exam.
그는 시험 전날 밤 그 노트들을 꼼꼼히 전부 들여다보았다.
He is **poring over** the eighty-page manifesto.
그는 그 80페이지 성명서를 꼼꼼히 들여다보고 있다.

PORK

1. 단동사

이 동사는 한껏 먹는 과정을 그린다.

명사: 돼지고기

2. 구동사

2.1 pork out

At the buffet, I **porked out** and I am out of breath.

그 뷔페에서 나는 실컷 먹어서 숨이 가쁘다.

[out은 배를 완전히 채우는 관계를 그린다. 참조: pig out]

I wish I did not **pork out** all the time.

나는 언제나 (돼지같이) 많이 안 먹었으면 좋겠다.

pork out on O

He usually **porks out on** pizza.

그는 보통 피자를 많이 먹는다.

PORTION

1. 단동사

이 동사는 재산 등을 나눠서 갈라주는 과정을 그린다.

명사: 부분, 몫

타동사

The factory **portions** and packs over 12,000 meals a day.

그 공장은 하루에 12,000여 명 분의 식사를 나눠 담고 포장한다.

2. 구동사

2.1 portion O out

Before his death, the grandfather **portioned out** his property among his grandchildren.

할아버지는 돌아가시기 전에, 그의 재산을 손자들에게 나눠 주었다.

[out은 재산을 여러 사람에게 나누어 주는 관계를 나타낸다.]

The fortune was **portioned out** among his children. (passive)

그 재산은 자식들 사이에 골고루 나누어졌다.

POSE

1. 단동사

이 동사는 문제를 제기하는 과정이나 사진을 찍기 위해서 자세를 취하는 과정을 그린다.

타동사

The rising unemployment is **posing** serious problems to the present government.

그 증가하는 실업이 현 정부에 심각한 문제들이 되고 있다.

2. 구동사

2.1. pose for O

The family **posed for** a family photo.

그 가족은 가족사진을 찍기 위해서 자세를 취했다.

He **posed for** a selfie.

그는 셀피를 찍기 위해서 자세를 취했다.

POST 1

1. 단동사

이 동사는 우편으로 편지, 소포 등을 보내는 과정을 그린다.

명사: 우편, 우편물

타동사

He **posted** the letter yesterday.

그는 그 편지를 어제 부쳤다.

2. 구동사

2.1 post O off

If I **posted off** the parcel now, it should reach you by tomorrow.

내가 그 소포를 지금 보내면, 그것은 내일이면 네게 가 닿을 것이다.

[off는 소포가 현재의 위치를 떠나는 관계를 나타낸다.]

POST 2

1. 단동사

이 동사는 벽이나 게시판에 공고문을 게시하는 과정을 그린다.

명사: 푯말

타동사

He **posted** a sign.

그는 간판을 내걸었다.

A reward is **posted** for the burglar. (passive)

그 강도에 대해 현상금이 게시되었다.

2. 구동사

2.1 post O up

Department announcements are usually **posted up** on the bulletin board. (passive)

과 공고문은 보통 그 게시판에 게시되어진다.

[up은 공고가 사람들이 잘 볼 수 있는 위치에 오름을 나타낸다. 참조: put up]

He **posted** his *picture* up on Facebook.

그는 그의 사진을 페이스북에 게시했다.

video	비디오	message	메시지
apple pie	애플파이	audio	오디오
notice	알림		

P

He **posted up** the video on Instagram.
그는 그 비디오를 인스타그램에 게시했다.
He **posted** the charge **up** in the book.
그는 그 요금을 장부에 기재했다.

POT

1. 단동사
이 동사는 식물을 화분에 옮겨 심는 과정을 그린다.
명사: 도자기, 냄비, 병, 공동자금

2. 구동사
2.1 pot O on
New buds are coming forth, and it is about time to **pot** the cuttings **on**.
새싹들이 나오고 있어서, 이제 그것을 큰 그릇에 옮길 때이다.
[on은 다음 단계로 이어가는 관계를 그린다.]

2.2 pot O up
Pot up the seedlings after 3 weeks.
그 묘목을 3주 후에 다른 화분으로 옮겨라.
Pot up the tulip seedlings.
그 튤립 묘목을 다른 곳으로 옮겨라.

POTTER

1. 단동사
이 동사는 중요하지 않은 일을 하며 한가로이 시간을 보내는 과정을 그린다.
명사: 도예가

2. 구동사
2.1 potter about O
The couple spent the evening **pottering about** the house.
그 부부는 집 주위에서 한가롭게 즐거운 일을 하면서 저녁을 보냈다.

POUNCE

1. 단동사
이 동사 덮치거나 덤비는 과정을 나타낸다.

2. 구동사
2.1 pounce at O
The cat **pounced at** my face.
그 고양이가 내 얼굴을 덮쳐서 긁어놓았다.

He **pounced at** the job offer.
그는 그 일자리 제의를 덥썩 잡았다.

2.1 pounce upon O
The cat **pounced upon** the mouse.
그 고양이가 그 쥐를 덮쳐서 잡았다.
[upon은 쥐가 영향을 받는 관계를 나타낸다. 참조: jump upon, turn upon]
My boss **pounces upon** my mistakes I make.
내 상사는 내가 하는 실수를 모두 덮친다. 즉, 맹렬히 공격한다.
I **pounce upon** the opportunity to work abroad.
나는 해외에서 일할 수 있는 그 기회를 덥석 잡았다.
[참조: seize upon]

POUND

1. 단동사
이 동사는 세차게 소리 내어 치는 과정을 그린다.
타동사
Thomas **pounded** the door with his fist.
토마스는 주먹으로 그 문을 세차게 쳤다.
The area is still being **pounded** by rebel guns. (passive)
그 지역에는 아직 반군들의 총질이 계속되고 있다.
The hurricane **pounded** the island.
그 태풍이 그 섬을 강타했다.
자동사
Her head began to **pound**.
그녀는 머리가 지끈거리기 시작했다.

2. 구동사
2.1 pound along O
The man **pounded along** the pavement.
그 남자는 그 보도를 쿵쿵거리며 걸어갔다.

2.2 pound away at O
Waves are **pounding away at** the cliff.
파도들이 그 절벽을 계속해서 치고 있다.
The policemen **pounded away at** the traffic violator.
그 경찰들이 그 교통위반자를 계속해서 두들겼다.
[away는 행동의 반복을, at은 치는 행위가 부분적임을 나타낸다.]

2.3 pound O down
He **pounded down** the sticking nail.
그는 그 튀어나와 있는 못을 쳐내렸다.

2.4 pound O in

He threatened to **pound** my head **in**.
그는 내 머리를 쳐서 들어가게 하겠다고 위협했다.
[in은 머리가 함몰되는 관계를 나타낸다. 참조: cave in]

2.5 pound O into O

The carpenter **pounded** the nail **into** the board.
그 목수는 그 못을 판자에 두들겨 넣었다.

The parents **pounded** good manners **into** the children's head.
부모님은 좋은 예의를 아이들의 머릿속에 두들겨 넣었다.

2.6 pound on O

Heavy rain **pounded on** the roof.
폭우가 지붕을 요란히 두드려 대며 내렸다.
[on은 지붕이 부분적으로 영향을 받는 관계를 나타낸다.]

A drunken man is **pounding on** my door.
어느 취객이 내 문을 쿵쿵 두드리고 있다

She kept **pounding on** him until he released her.
그녀는 그가 그녀를 놓아줄 때까지 세게 쳤다.

2.7 pound O out

He **pounded out** the silver very thin.
그는 그 은을 쳐서 얇게 펼쳤다.
[out은 은이 펼쳐지는 관계를 나타낸다.]

The mechanic **pounded out** the dents.
그 기계공이 움푹 들어간 자리를 쳐서 없어지게 했다.
[참조: hammer out]

He **pounded out** his term paper to meet the deadline.
그는 그 마감일을 맞추기 위해서 그 학기보고서를 급하게 (타자를) 쳐서 만들었다.
[out은 보고서가 만들어지는 관계를 나타낸다.]

pound out

Rock music was **pounding out** from the jukebox.
록 음악이 주크박스에서 쿵쾅거리며 흘러나오고 있었다.

2.8 pound O to O

The seeds were **pounded to** a fine powder. (passive)
그 씨앗들은 고운 가루로 빻아졌다.

2.9 pound O up

He **pounded up** the biscuits into crumbs.
그는 그 비스킷을 찧어서 부스러기로 만들었다.

2.10 pound O with O

The hurricane **pounded** the island **with** heavy rain.
그 태풍은 그 섬을 폭우로 강타했다.

The city is **pounded with** bombing. (passive)

그 도시는 폭격으로 맹타 되고 있다.

POUR

1. 단동사

이 동사는 액체를 쏟거나 붓는 과정을 그린다.

타동사

He **poured** the milk into the glass.
그는 그 우유를 그 잔에 부어 넣었다.

He **poured** money into his business.
그는 돈을 그의 사업에 쏟아 부었다.

자동사

Wet salt does not **pour**.
젖은 소금은 쏟아지지 않는다.

Take your umbrella, it is **pouring**.
우산을 가지고 가세요. 비가 쏟아지고 있습니다.

It **poured** all day long.
온종일 비가 쏟아졌다.

2. 구동사

2.1 pour along O

Hundreds of people **poured along** the street.
수백 명의 사람들이 길을 따라 쏟아져갔다.
[많은 사람은 물로 은유화 된다. 참조: flood, stream, trickle]

2.2 pour O away

He **poured away** the water after washing the dishes.
그는 그 접시들을 닦은 후에 그 물을 쏟아 부어 버렸다.
[away는 물이 그릇에서 없어지는 관계를 나타낸다.]

2.3 pour down

The rain is **pouring down** 10mm an hour.
비가 한 시간에 10mm씩 쏟아져 내리고 있다.

Take your umbrella, it is **pouring down**.
우산을 가지고 가세요. 비가 쏟아져 내리고 있습니다.

pour O down O

Don't **pour** used oil **down** the drain.
이미 사용한 기름을 배수구 아래로 붓지 마세요.

2.4 pour in

Syrian refugees **poured in** from across the border.
시리아 난민들이 그 국경을 넘어 쏟아져 들어오고 있다.
[in은 화, 청자가 알고 있는 곳에 난민이 들어오는 관계를 나타낸다.]

Messages of encouragement **poured in**.
격려의 글들이 쏟아져 들어왔다.
[in은 방송국 같은 곳이 될 수 있다.]

P

pour in O

Customers **poured in** the door to buy the new phone.
고객들이 그 새 전화기를 사려고 문으로 마구 들어왔다.

2.5 pour into O

The rain **poured into** the open window.
비가 그 열린 창문 안으로 쏟아져 들어갔다.

Letters are **pouring into** the radio station.
편지들이 그 라디오 방송국 안으로 쏟아져 들어가고 있다.

pour O into O

Please **pour** the coffee **into** my travel mug.
그 커피를 내 여행용 머그잔에 부어주세요.

Millions of dollars have been **poured into** building the stadium. (passive)
수백만 달러가 그 경기장을 짓는 데 쏟아 부어졌다.

2.6 pour O off O

Jackie **poured** the cream **off** the milk.
재키는 크림을 우유에서 따라내었다.
[off는 cream이 milk에서 떨어져 나오는 관계를 나타낸다.]

2.7 pour O onto O

The kid opened up his piggy bank, and **poured** the coins **onto** the table.
그 꼬마는 저금통을 열고, 그 동전을 식탁 위에다 쏟아 부었다.
[onto는 쏟아지는 것과 쏟아지는 장소 사이에 거리가 조금 있는 경우에 쓰인다.]

2.8 pour out

The school bell rang and children **poured out**.
학교 종이 울리자 학생들이 쏟아져 나왔다.
[out은 학생들이 학교에서 나오는 관계를 나타낸다.]

Black smoke was **pouring out** of the chimney.
시커먼 연기가 그 굴뚝에서 쏟아져 나오고 있다.

pour O out

She **poured out** her stories.
그녀는 자신의 이야기를 쏟아냈다.

She **poured out** two glasses of orange juice.
그녀는 오렌지주스 두 잔을 따라서 나누어 주었다.
[out은 오렌지주스가 여러 사람에게 주어지는 관계를 나타낸다.]

The factory **poured out** new plastic products.
그 공장은 새로운 플라스틱 제품을 대량으로 만들어 내었다.
[out은 물건이 만들어지는 관계를 나타낸다.]

pour O out from O

Waiters were **pouring** tea **out from** silver tea pots.
웨이터들이 차를 은색 차 주전자에서 가득 따라 부었다.
[out은 차가 찻잔에 가득 차는 관계를 나타낸다.]

2.9 pour O over O

He **poured** the cool water **over** himself.
그는 그 찬물을 자신에게 끼얹었다.
[over는 물이 그 사람 전체에 영향을 미치는 관계를 나타낸다.]

POWER

1. 단동사

이 동사는 자동차나 기계 등에 전력을 공급하는 과정을 그린다.
명사: 전기, 에너지, 힘, 권력

타동사

The aircraft is **powered** by a jet engine. (passive)
그 비행기는 제트 엔진으로 작동한다.

Our heating system is **powered** by natural gas.
우리의 난방 체계는 천연 가스로 작동한다.

2. 구동사

2.1 power through O

The company **powered through** the economic slowdown.
그 회사는 그 경기침체를 계속 굳세게 밀고 나갔다.

2.2 power O up

The boat is **powered up** and is ready to set out. (passive)
그 배 동력이 켜져서 출발할 준비가 되어 있다.
[up은 배가 작동 상태에 있는 관계를 나타낸다.]

My *computer* is down and I am trying to **power** *it* **up**.
내 컴퓨터가 고장이 나서, 나는 그것을 작동하게 하려고 시도하고 있다.
[up은 컴퓨터가 작동상태에 있는 관계를 나타낸다.]

lawn mower 잔디 제초기	engine 엔진

The submarine is **powered up** by a nuclear reactor. (passive)
그 잠수함은 핵 원자로에 의해 동력이 주어져 움직인다.

Power up your vocabulary.
너의 어휘를 최대한 활용해라.

PRANCE

1. 단동사

이 동사는 사람이 자랑스럽게 뽐내며 활보하는 과정을 그린다.

2. 구동사

2.1 prance around O

The boys are **prancing around** the campfire.
그 소년들이 그 모닥불 주위를 껑충껑충 뛰어다녔다.

prance around

The rabbits are **prancing around** in the yard.
그 토끼들이 그 뜰에서 깡충깡충 뛰어다니고 있다.

PREFER

1. 단동사

이 동사는 둘 중 어느 하나를 더 좋아하는 과정을 그린다.

타동사

These days I **prefer** K-pop music.
요즘 나는 K-pop 음악을 선호한다.

2. 구동사

2.1. prefer O over O

The boss **prefers** James **over** Thomas for the post.
그 사장은 그 자리에 토마스보다 제임스를 선호했다.

2.2. prefer O to O

He **prefers** tea **to** coffee.
그는 커피보다 차를 더 좋아한다.

PRESIDE

1. 단동사

이 동사는 회의나 의식 등을 주재하는 과정을 그린다.

자동사

The priest **presided** at the funeral.
그 신부님이 그 장례식을 주재했다.

2. 구동사

2.1 preside over O

Who is going to **preside over** the inauguration
ceremony?
누가 그 취임식 사회를 보게 되어 있는가?
The judge **presided over** the trial of the captain of the
sunken ferry.
그 판사가 그 가라앉은 배의 선장의 재판을 맡았다.
The prime minister **presided over** a massive increase
in refugees from Syria.

그 총리가 시리아 난민의 급증을 할 수 없이 떠맡았다.

PRESS

1. 단동사

이 동사는 강한 힘을 가하는 과정을 그린다.

타동사

He **pressed** the doorbell.
그는 그 현관 초인종을 눌렀다.
He **pressed** the wrinkled shirt.
그는 그 구겨진 옷을 다렸다.
He **pressed** the child in his arms.
그는 그 아이를 팔에 껴안았다.
He **pressed** oil from olives.
그는 기름을 올리브들에서 짰다.

자동사

Stop **pressing** and relax.
너무 밀어붙이지 말고, 좀 긴장을 푸세요.

2. 구동사

2.1 press against O

He **pressed** his face **against** the window.
그는 그의 얼굴을 그 창문에 밀착시켰다.

2.2 press ahead

We **pressed ahead** to finish the project in time.
우리는 그 기획사업을 시간 내에 끝내기 위해 힘 있게
밀고 나갔다.

press ahead with O

The president **pressed ahead with** social and
economic reforms.
그 대통령은 사회와 경제개혁들을 힘 있게 추진했다.

2.3 press O down

Don't **press down** the spring so hard.
그 스프링을 심하게 내리 누르지 마세요.

press down on O

Press down on this lever and the recorder will start.
이 레버를 내리누르면 그 녹음기가 작동을 시작할 것입
니다.
The weight of the luggage **pressed down on** me.
그 짐의 무게가 나를 내리눌렀다.
[참조: bear down on, weigh down on]

2.4 press for O

If you need any help, **press for** service.

P

도움이 필요하시다면, 서비스 버튼을 누르세요.

The auto workers' union is **pressing for** 30 working hours per week.

그 자동차 노조는 일주일에 30시간 노동시간을 강력하게 요구하고 있다.

[for의 목적어는 얻으려고 하는 대상이다.]

The government is **pressing for** reforms in financial services.

정부는 금융계에 대한 개혁들을 추진하고 있다.

press O for O

Every morning I am **pressed for** time. (passive)

매일 아침 나는 시간에 쪼들린다.

He **pressed** her **for** money.

그는 그녀에게 돈을 달라고 압력을 가했다.

2.5 press O forward

Korea and some Asian countries are **pressing forward** their plans for economic union.

한국과 몇몇 아시아 국가들이 경제 단일체로 향하는 계획들을 힘껏 밀고 나가고 있다.

2.6 press O into O

He **pressed** the gum **into** the cracks.

그는 그 껌을 그 갈라진 틈들 안으로 밀어 넣었다.

2.7 press O in

Press the gum **in**.

그 껌을 안에 집어넣으세요.

press O in O

He **pressed** the plaster **in** the cracks.

그는 회반죽을 틈새에 밀어 넣었다.

2.8 press O on O

Bob kept **pressing** drink **on** me all night.

밥은 밤새 나에게 술을 강요했다.

[on의 목적어는 나쁜 영향을 받는 사람이다.]

Mom **pressed** the sweater **on** her daughter.

엄마는 그 스웨터를 딸에게 억지로 입혔다.

[on은 옷이 딸에게 닿는 관계를 나타낸다. 참조: put on]

He **pressed** the gift **on** his girlfriend.

그는 그 선물을 그의 여자친구에게 억지로 안겼다.

press O on

With much effort, I **pressed** the label **on** so it would stick.

많은 노력을 들여서 나는 그 라벨을 갖다 붙여서, 그것

은 붙을 것이다.

press on

We were all tired, but we **pressed on**.

우리는 모두 피곤했으나 쉬지 않고 계속해서 일했다.

[on은 어느 시점까지 일을 하다가 지쳐서 쉬고 싶었지만 계속해서 일을 한다는 뜻이다.]

The soldiers **pressed on**.

그 군인들이 강행을 계속했다.

press on O

The heavy load **presses** hard **on** car's springs.

그 무거운 짐은 자동차 스프링에 심한 압력을 가한다.

press on with O

Rebels in Thailand vowed to **press on with** their effort to oust the prime minister.

태국 반군들은 (어떤 시점 이후에도) 수상을 축출하는 그들의 노력을 계속하기로 맹세했다.

2.9 press O onto O

I **pressed** the label **onto** the envelope and took it to the post office.

나는 그 편지봉투에 그 라벨을 갖다 붙이고 그것을 우체국에 가져갔다.

2.10 press O out

Press juice **out** of the orange.

그 오렌지에서 주스를 짜내어라.

Gerald **pressed** the wrinkles **out**.

제랄드는 그 주름들을 다림질하여 없어지게 했다.

[out은 주름이 없어지는 관계를 나타낸다. 참조: iron out]

2.11 press up against O

He **pressed up against** the wall.

그는 그 벽에 바짝 다가갔다.

[up은 그가 벽으로 다가가는 관계를 나타낸다.]

Someone was **pressing up against** me.

누군가가 내게 다가와서 나를 밀치고 있다.

1. 단동사

이 동사는 타인의 친절이나 관계를 이용하여 남에게 많은 것을 요구하는 과정을 그린다.

타동사

I **presume** we will be there by six o'clock.

나는 우리가 여섯시까지는 그 곳에 도착할 것이라고 추

정한다.

2. 구동사
2.1 presume upon O

I do not want to **presume upon** her friendship.

나는 그녀의 우정을 이용하고 싶지 않다.

PRETTY

1. 단동사
이 동사는 예쁘게 하는 과정을 그린다.

형용사: 예쁜, 멋진

2. 구동사
2.1 pretty O up

I tried to **pretty up** my livingroom with some pictures on the wall.

나는 그 벽에 몇 개의 그림을 걸어서 내 거실을 더 예뻐 보이게 했다.

[up은 예뻐지거나 더 예뻐지는 관계를 나타낸다.]

PREVAIL

1. 단동사
이 동사는 성행하거나 토론 등에서 이기는 과정을 그린다.

자동사

Fortunately, common sense **prevailed**.

다행히 상식이 승리했다.

2. 구동사
2.1 prevail upon O

He **prevailed upon** me to take on the job.

그는 나를 설득하여 그 일을 맡게 했다.

She was **prevailed upon** to play "Juliet." (passive)

그녀는 "줄리엣" 역할을 하도록 설득되었다.

2.2 prevail over O

The army **prevailed over** the revels.

그 군대가 그 반군들을 진압했다.

PREY

1. 단동사
이 동사는 사냥을 해서 잡아먹는 과정을 그린다.

명사: 먹이, 사냥감, (부정한 목적에 이용되는) 희생자, 피해자

2. 구동사

2.1 prey upon O

Owls **prey upon** small animals such as mice.

부엉이들은 쥐와 같은 작은 동물들을 잡아먹는다.

The shark **preys upon** seals.

그 상어는 물개들을 먹이로 잡아먹는다.

Don't **prey upon** her kindness.

그녀의 친절을 이용하지 마세요.

PRICE

1. 단동사
이 동사는 상품에 가격을 매기는 과정을 그린다.

명사: 값, 가격

2. 구동사
2.1. price O down

At the season's end, the store **priced down** most of the items.

그 계절이 끝난 시기에, 그 상점은 대부분의 품목들의 가격을 낮추었다.

[참조: mark down]

2.2. price O out of O

He was **priced out of** the market. (passive)

그는 가격 때문에 그 경쟁 시장에서 밀려났다.

2.3. price O up

They **priced up** the meat, and I cannot afford to buy.

그들은 그 고기 값을 올렸고, 나는 그 가격을 감당할 수 없다.

[참조: mark up]

PRICK 1

1. 단동사
이 동사는 콕콕 찌르거나, 찔러서 구멍을 여는 과정을 그린다.

타동사

Prick holes in the paper with a pin.

핀으로 그 종이를 찔러 작은 구멍들을 내어라.

She **pricked** her finger on a needle.

그녀는 바늘에 손가락을 찔렸다.

Tears **pricked** her eyes.

그녀의 눈에 눈물이 핑 돌았다.

2. 구동사
2.1 prick O out

If you sawed the spinach seeds last month, it is time

to prick them out.
시금치 씨를 지난달에 심었으면 그들은 이제 작은 구멍에 이양할 때이다.
[out은 모종을 밖으로 내다심는 관계를 뜻한다. 참조: pot out]

PRICK 2

1. 단동사
이 동사는 귀를 쫑긋 세우는 과정을 그린다.

2. 구동사
2.1 prick O up
The dog pricked up its ears.
그 개는 귀를 (소리 나는 방향으로) 쫑긋 세웠다.
How can I prick up my students' ears?
나는 어떻게 해야 내 학생들의 귀를 쫑긋 세울 수 있을까요? 즉, 학생들이 주의를 기울이게 할 수 있을까요?

PRIDE

1. 단동사
이 동사는 자부하거나 자랑하는 과정을 그린다.
명사: 자부심, 자랑거리, 자존심, 자만심

2. 구동사
2.1 pride O on O
He prides himself on having won the award.
그는 그 상을 탄 것에 대해서 자랑한다.
[on은 자랑과 상 탄 것이 관계가 있음을 나타낸다.]
The department prides itself on offering special area linguistic course.
그 과는 전문 지역 언어학을 제공하는 것을 자랑한다.

PRIME

1. 단동사
이 동사는 준비를 시켜 무엇을 할지 알게 하는 과정을 그린다.
타동사
He had primed his friends to give the journalists as little information as possible.
그는 그 기자들에게 가능한 한 적은 정보를 주라고 그의 친구들을 대비를 시켰었다.
The bomb was primed, ready to explode. (passive)
그 폭탄은 폭파 준비가 다 갖추어져 있었다.

2. 구동사
2.1 prime O with O

He primed the pump with a bucket of water.
그는 그 펌프를 물 한 통으로 작동하게 했다. 즉, 그 펌프에 한 통의 마중물을 부었다.

PRINT

1. 단동사
이 동사는 글, 그림 등을 종이에 찍어내는 과정을 그린다.
명사: 출판물, 활자체, 자국, 사진, 무늬
타동사
I am printing a copy of the document for you.
나는 당신에게 주려고 그 문서 사본을 인쇄하는 중이에요.
publishing company printed 30,000 copies of the book.
출판사는 그 책을 3만 부 찍었다.
The photo was printed in all the national newspapers. (passive)
그 사진은 모든 전국지에 게재되었다.
I'm having the pictures developed and printed.
나는 그 사진들을 현상, 인화해 달라고 맡겨놓은 상태이다.
Print your name and address clearly in the space provided.
제시된 공간에 너의 성명과 주소를 인쇄체로 또렷이 쓰세요.
The tracks of the large animal were clearly printed in the sand. (passive)
그 큰 동물의 발자국들이 그 모래 위에 선명하게 찍혀 있었다.
They printed their own design on the T-shirt.
그들은 자신들이 직접 디자인한 무늬를 그 티셔츠에 찍었다.

2. 구동사
2.1 print O off
Did you print off your e-mail?
너는 전자 우편물을 프린트해서 찍어 냈니?
[off는 편지가 인쇄기에서 떨어져 나오는 관계를 나타낸다.]
I printed off 10 copies of my report.
나는 내 보고서 10부를 프린터기에서 찍어내었다.
When making any booking online, print off confirmation of your reservation.
온라인에서 예약을 할 때는, 언제든지 예약 확인증을 출력해 두세요.
He printed the letter off, and sent it.
그는 그 편지를 출력해서 보냈다.

2.2 print O out

I **print out** all *my files* so that I can keep paper copies of them.

나는 내 모든 서류들의 종이 사본들을 가지고 있으려고 프린트해둔다.

[out은 file 속의 내용이 찍혀서 나오는 관계를 나타낸다.]

receipts	영수증	invitation cards	초청장
tickets	티켓	documents	서류

2.3 print O up

He **printed up** a guidebook.

그는 안내 책자를 찍어서 만들었다.

[up은 책이 만들어지는 관계를 나타낸다.]

Each year, the company **prints up** catalogs.

매년 그 회사는 카탈로그를 찍어서 만든다.

PRIZE 1

1. 단동사

이 동사는 무언가를 제자리에서 움직이거나 들어서 옮기는 과정을 그린다.

타동사

Oil of cedarwood is highly **prized** for its use in perfumery.

삼목나무의 오일은 향료 제조에서 사용되기 때문에 대단히 귀하게 여겨진다.

2. 구동사

2.1 prize O off

We **prized** the lid **off** with a knife.

우리는 칼로 그 뚜껑을 떼어냈다.

2.2 prize O out

A: Did you find out his code number?

B: No, he was reluctant, and I **prized** it **out** of him.

A: 너는 그의 비밀 번호를 알아내었느냐?

B: 아니, 그가 알려주고 싶어 하지 않아서, 나는 그것을 강제로 그에게서 알아내었다.

PRIZE 2

1. 단동사

이 동사는 무엇을 귀중하거나 중요하다고 여기는 과정을 그린다.

명사: 상품, 경품

2. 구동사

2.1 prize O for O

This plant is **prized for** its medicinal quality. (passive)

이 식물은 약용 특성으로 중요하게 여겨진다.

PROD

1. 단동사

이 동사는 손가락이나 뾰족한 것으로 쿡 찌르거나 쑤시는 과정을 그린다.

명사: 손가락이나 뾰족한 것으로 쿡 찌르기, 재촉, 촉구

타동사

She **prodded** him in the ribs to wake him up.

그녀는 그의 잠을 깨우려고 그의 옆구리를 쿡 찔렀다.

2. 구동사

2.1 prod at O

The boy **prodded at** the cat to see if she is sleeping.

그 소년은 그 고양이가 자고 있나 보기 위해서 그 고양이를 집적였다.

[at은 집적이는 동작이 고양이에게 부분적으로 미침을 나타낸다.]

If you **prod at** the turtle, it will pull back its head.

네가 그 거북이를 집적이면, 그 거북이는 머리를 끌어들일 것이다.

Ken **prodded at** Tom to draw his attention to him.

켄은 톰의 주의를 끌기 위해서 그를 쿡 찔렀다.

The child **prodded at** his food and then put his dish away.

그 아이가 그의 음식을 찝쩍대다가 그의 접시를 밀쳐 버렸다.

[참조: pick at]

2.2 prod O into O

He **prodded** us **into** going with him.

그는 우리를 재촉하여 그와 같이 가게 했다.

She finally **prodded** him **into** action.

그녀는 마침내 그를 재촉해서 행동을 하게 했다.

PROJECT

1. 단동사

이 동사는 무언가가 경계선 밖으로 튀어나오거나, 영상 등을 자막에 투영하는 과정을 그린다.

타동사

The next edition of the book is **projected** for publication in March. (passive)

그 책의 다음 판은 3월에 출판하기로 기획되어 있다.

A growth rate of 4% is **projected** for next year. (passive)

내년에는 4%의 성장률이 예상된다.

P

She **projects** an air of calm self−confidence.
그녀는 차분하고 자신감 있는 태도를 투영한다.
Actors must learn to **project** their voices.
배우들은 자기 목소리들이 멀리까지 들리게 발성하는
법을 배워야 한다.

2. 구동사
2.1 project into O
The Korean peninsula **projects into** the sea.
한반도는 그 바다로 뻗어 들어간다.
[참조: jut into]

2.2 project O onto O
He **projected** the film **onto** the screen.
그는 그 영화를 그 스크린에 투영시켰다.
Images are **projected onto** the retina of the eye.
(passive)
영상들이 눈의 망막에 투영된다.
He **projected** his frustration **onto** his brother.
그는 그의 좌절감을 그의 동생에게 퍼부었다.

PRONOUNCE

1. 단동사
이 동사는 발음을 하거나 공식적으로 선언하는 과정을 그
린다.

타동사

The 'b' in lamb is not **pronounced**. (passive)
lamb의 b는 발음되지 않는다.
The judge will **pronounce** sentence today.
그 판사가 오늘 선고를 내릴 것이다.
I now **pronounce** you man and wife.
이제 그대들 두 분을 부부로 선언합니다.
He **pronounced** the country to be in a state of war.
그는 국가가 전쟁 상태임을 선포했다.

2. 구동사
2.1 pronounce on O
Confucian teaching **pronounces on** the importance of
the harmony of the family.
공자의 가르침은 가족의 화합을 강조한다.

PROP

1. 단동사
이 동사는 지지대로 떠받치는 과정을 그린다.
명사: 지주, 버팀목, 받침대

2. 구동사
2.1 prop O up
We **propped up** the apple tree with a pole.
우리는 장대로 그 기울어지는 사과나무를 받쳤다.
[up은 위로 힘을 가하는 관계를 나타낸다. 참조: shore up, hold
up]
He fetched a few pillows and **propped up** his arm.
그는 몇 개의 베개를 가지고 와서 그의 팔을 받쳤다.
She groaned and **propped** herself **up** on her elbow.
그녀는 신음소리를 냈고 그녀의 팔꿈치로 딛고 몸을 떠받
쳤다.
He was so tired, and I had to **prop** him **up** against the
wall.
그가 너무 피곤해서, 내가 그를 그 벽에 기대 세워야
했다.
The Russian government is **propping up** *Assard*.
러시아 정부가 아사드를 지지하고 있다.

Assard regime 아사드 정권 economy 경제

PROVIDE

1. 단동사
이 동사는 무언가를 제공하는 과정을 그린다.

2. 구동사
2.1 provide O with O
we **provided** him **with** a new suit.
우리는 그에게 새 양복을 제공했다.
My parents **provided** me **with** college education.
나의 부모님은 나에게 대학 교육을 제공해주었다.

PROWL

1. 단동사
이 동사는 동물들이 먹이를 찾아 살금살금 돌아다니는 과
정을 그린다.

타동사

He **prowled** the empty rooms of the house at night.
그는 밤에 어슬렁거리며 그 집 안의 빈 방들을 돌아다녔다.

2. 구동사
2.1 prowl around
A few lions **prowled around** the herd of buffalos.
몇 마리의 사자들이 먹이를 찾아 들소 무리 주위를 서성
였다.
A strange person is **prowling around** out there.
이상한 사람이 바깥 저 쪽에 서성거리고 있다.

2.2 prowl through O

The tiger **prowled through** the undergrowth.
그 호랑이는 관목 사이를 먹이를 찾아 돌아다녔다.

PRUNE

1. 단동사
이 동사는 가지 등을 쳐내는 과정을 그린다.

타동사

When should you **prune** apple trees?
당신은 언제 사과나무 가지치기를 해야합니까?

2. 구동사
2.1 prune O away
We **pruned away** the dead branches.
우리는 그 죽은 가지들을 잘라내었다.
[away는 죽은 가지가 나무에서 떨어지는 관계를 그린다.]

2.2 prune O back
Please, **prune back** the rose bushes by a forth.
그 장미 덤불들을 4분의 1로 다시 자르세요.
[back은 자라난 부분을 다시 짧게 하는 관계를 나타낸다. 참조:
cut back]
The Korean airliner is trying to **prune back** its
employees from 500 to 350.
그 한국 항공사는 직원들을 500명에서 350명으로 줄
이려고 하고 있다.

2.3 prune O down
Your essay is too long. **Prune** it **down**.
너의 논문은 너무 길다. 필요 없는 부분은 버리고 줄여라.
[down은 양이 주는 관계를 그린다.]

2.4 prune O of O
He **pruned** apple trees **of** dead branches.
그는 사과나무들에서 죽은 가지들을 잘라내었다.

2.5 prune O off
He **pruned off** the dead branch.
그는 그 죽은 나뭇가지를 나무에서 바로 잘라내었다.

PRY

1. 단동사
이 동사는 도구를 사용하여 강제로 열거나 뜨는 과정을 그
린다.
명사: 무엇을 뽑거나 떼거나 비트는 데 쓰이는 도구

자동사

I'm sorry. I didn't mean to **pry**.
미안해요. 캐물으려고 한 건 아니었습니다.

2. 구동사
2.1 pry around
Stop **prying around**, and mind your own business.
이리저리 살금살금 살펴보지 말고 너 자신의 일에 신경
을 쓰세요.

2.2 pry O from O
I **pried** the phone number **from** him.
나는 그 전화번호를 그에게서 캐내었다.

2.3 pry O out of O
I **pried** the bad board **out of** the warehouse.
나는 그 안 좋은 판자를 그 창고 벽에서 뜯어냈다.
I **pried** the name **out of** the robber.
나는 그 이름을 그 강도에게서 캐물어 내었다.

2.4 pry into O
Why are you **prying into** her affairs?
왜 너는 그녀의 일을 캐묻고 다니느냐?
Stop **prying into** my financial affairs.
내 재정 문제를 파고들지 마세요.

2.5 pry O off O
Please **pry** the top **off** the peanut butter.
그 뚜껑을 땅콩버터 통에서 떼어내어 주세요.

2.6 pry O up
Please **pry up** the trapdoor.
그 작은 문을 뜯어 올리세요.

PSYCH

1. 단동사
이 동사는 마음이 흥분, 불안, 공포에 들게 하는 과정을 그
린다.
명사: 마음, 정신, 심령

2. 구동사
2.1 psych out
He was so angry that he almost **psyched out**.
그는 매우 화가 나서 거의 제 정신이 아니었다.
[out은 정신상태가 정상을 벗어난 상태를 가리킨다. 참조: freak
out]
The girls are **psyching out** over the rock star.
그 소녀들은 그 락스타에 대해 몹시 흥분하고 있다.

psych O out

What you said just now **psyched** me **out**.

네가 방금 말한 것이 나를 격분시키고 있다.

[참조: freak out]

He worked so hard that he almost **psyched** himself **out**.

그는 너무 열심히 일해서 자신의 정신을 잃게 했다.

Don't try to **psych** me **out**.

나를 극도로 불안하게 만들지 마세요.

2.2 psych O up

The coach tried to **psych up** the players before the game.

그 코치는 그 경기 전에 그 선수들의 마음의 준비를 시켰다.

[up은 마음을 돋우는 관계를 나타낸다. 참조: cheer up, pep up, perk up]

PUCKER

1. 단동사

이 동사는 입술 등을 오므리는 과정을 그린다.

타동사

She **puckered** her lips.

그녀가 입술을 오므렸다.

자동사

His face **puckered**, and he was ready to cry.

그의 얼굴이 일그러지더니 그가 곧 울 것 같았다.

2. 구동사

2.1 pucker up

The baby girl closed her eyes and **puckered up**.

그 아기는 눈을 감고 (키스를 해 달라고) 입술을 모아 내밀었다.

[up은 입술이 한 곳으로 모이는 관계를 나타낸다.]

PUFF

1. 단동사

이 동사는 숨을 가쁘게 쉬거나, 바람을 불어넣어서 무언가를 크게 하는 과정을 그린다.

명사: 담배 · 파이프 등을 피우기, 빨기

타동사

The iron **puffs** the small amounts of steam.

그 다리미는 적은 양의 김을 내뿜는다.

Don't **puff** smoke into my face.

연기를 내 얼굴에 내뿜지 마세요.

2. 구동사

2.1 puff at O

He is **puffing at** his cigarette.

그는 담배를 뻐끔뻐끔 빨고 있다.

[at은 빠는 과정이 담배에 부분적으로 미침을 나타낸다.]

2.2 puff away

He has been **puffing away** for 20 years.

그는 20년 동안 담배를 폭폭 펴오고 있다.

[away는 폭폭하는 반복적 동작의 연속을 나타낸다.]

puff away at O

John was **puffing away at** his balloon.

존은 계속해서 그의 풍선에 바람을 조금씩 넣고 있었다.

[away는 계속을, at은 부분적으로 조금씩 바람이 들어감을 나타낸다.]

puff O away

He is **puffing away** his life.

그는 담배를 펴서 그의 생명을 줄이고 있다.

[away는 그의 생명이 줄어드는 관계를 나타낸다. 참조: waste away]

2.3 puff on O

He **puffed** away calmly **on** his pipe.

그는 조용히 그의 파이프를 폭폭 빨고 있었다.

[on은 pipe의 전체가 아니라 거기서 나오는 담배 연기를 가리킨다.]

2.4 puff O out

She **puffed out** her lungs and looked at the audience.

그녀는 숨을 들이쉬어 그녀의 가슴을 부풀게 하고 그 청중을 보았다.

[out은 가슴이 확장되는 상태를 나타낸다.]

He **puffed out** his cheek to make the child giggle.

그는 그 아이를 깔깔 웃게 하기 위해서 그의 뺨을 불룩하게 했다.

A strong wind **puffed out** the curtain.

강풍이 그 커튼을 부풀게 했다.

The frog **puffed** his throat **out**, and began to croak.

그 개구리는 그의 목을 부풀고 개굴개굴 울기 시작했다.

2.5 puff O up

Birds **puff up** their feather to stay warm.

새들은 따뜻하게 있기 위해서 그들의 깃털을 세운다.

[up은 깃털이 일어나 있는 관계를 가리킨다. 참조: ruffle up]

puff up

Julia **puffed** him **up** so much that he cannot live up to

his reputation.
줄리아가 그를 너무 추켜세워서, 그는 자신의 평판에 걸
맞게 살 수 없다.
[up은 가치 등을 부풀리는 관계를 나타낸다.]
The cakes **puff up** in the oven but flatten out as they
cool.
그 케이크들은 오븐 안에서 부풀어 일지만, 식으면서 납
작하게 펼쳐진다.
His finger **puffed up** when a bee stung him.
그의 손가락은 벌에 쏘였을 때 부풀어 올랐다.
[참조: swell up]
He **puffed up** the hill.
그는 숨을 헐떡이며 언덕 위를 올라갔다.

PUKE

1. 단동사
이 동사는 토하는 과정을 그린다.
자동사
That guy makes me **puke**!
저 친구는 나를 구역질나게 한다.

2. 구동사
2.1 **puke O up**
She felt queasy on the roller-coaster and **puked up**
her lunch.
그녀는 그 롤러코스터를 타고 있을 때, 속이 메스껍더
니, 먹은 점심을 토해 올렸다.
[up은 먹은 것이 위에서 입으로 올라가는 관계를 나타낸다. 참조:
heave up, throw up, vomit up]

PULL

1. 단동사
이 동사는 당기는 과정을 나타낸다.
타동사
He **pulled** a sled.
그는 썰매를 끌었다.
He **pulled** a muscle.
그는 근육 하나를 늘어지게 했다.
자동사
The wagon **pulls** easily.
그 마차는 잘 끌린다.

2. 구동사
2.1 **pull O about**
The boys were **pulling** each other **about**.
그 소년들은 서로 이리저리 잡아당기고 있었다.

2.2 **pull ahead**
He **pulled ahead** of the others.
그는 다른 사람 앞에 끼어들었다.
In the last stretch, she **pulled ahead** of the Chinese
skater.
그 마지막 스트레치에서 그녀는 중국 선수를 앞질렀다.
[ahead는 그녀가 중국 선수를 앞서는 관계를 나타낸다.]
He **pulled ahead** and succeeded.
그는 다른 사람을 앞서 나가서 성공했다.

2.3 **pull O along**
He is **pulling along** his luggage.
그는 그의 수하물을 끌고 갔다.

2.4 **pull O apart**
The two dogs were fighting fiercely and we had to
pull them **apart**.
그 두 개가 무섭게 싸우고 있어서 우리는 그들을 떼어놓
아야 했다.
[apart는 붙어있던 것이 떨어지는 관계를 나타낸다.]
It just **pulled** me **apart**, seeing the child treated like
that.
그 아이가 그렇게 취급되는 것을 보니 내 마음이 찢어
졌다.
[me는 환유적으로 내 마음을 가리킨다.]

2.5 **pull around**
Please **pull around** to the back and deliver the furniture
there.
그 뒤로 가서 그 가구를 거기에 가져다주세요.
[around는 돌아가는 과정을 그린다. 참조: drive around]

2.6 **pull at O**
The child **pulled at** his mother's skirt.
그 아이는 엄마의 스커트를 조금 당겼다.
[at은 당김이 스커트의 일부에 미침을 나타낸다.]
The dog **pulled at** my socks.
그 개가 내 양말을 조금씩 끌어당긴다.
There are too many demands **pulling at** me.
내 주의를 끄는 요구들이 너무 많다.

2.7 **pull away**
The train **pulled away**.
그 기차가 (역에서) 벗어났다.
[away는 기차가 역이나 화자와 청자가 아는 장소에서 멀어지는
관계를 나타낸다.]
As I went to hug her, she **pulled away**.
내가 그녀를 안으려고 하자 그녀가 (내게서) 물러섰다.

pull away from O

The bookcase is **pulling away from** the wall.

그 책장이 그 벽에서 떨어져 나오고 있다.

She **pulled away from** her rival on the back line.

그녀는 그 수비라인에서 그녀의 경쟁자를 떨치고 나아 갔다.

pull O away

The commander **pulled** his troops **away**.

그 사령관은 그의 군대를 (어떤 지역에서) 이동시켰다.

2.8 pull back

The Russian troops are **pulling back** from the Ukraine border.

그 소련 군대는 우크라이나 국경선에서 물러서고 있다.

The company is **pulling back** from ship building.

그 회사는 조선업에서 물러나고 있다.

[back은 뒤로 물러서는 관계를 그린다.]

He **pulled back** from *support*.

그는 지지에서 물러섰다. 즉, 철회했다.

talk 대화	the world leadership 세계 지도력

pull O back

He **pulled back** the curtain on the window.

그는 그 창문을 가리고 있는 그 커튼을 열어 젖혔다.

North Korea **pulled** its troops **back** from the frontline.

북한은 군대를 그 최전선에서 철수시켰다.

He **pulled back** *his criticism*.

그는 그의 비판을 철회했다.

[참조: take back]

feelings	감정	agreement	동의
issues	쟁점들	deal	계약

pull back on O

He **pulled back on** his criticism.

그는 그의 비판을 취소했다.

2.9 pull O down

Most of the houses were **pulled down** in the new town project. (passive)

그 집들의 많은 것이 그 새 마을 사업에 헐렸다.

[down은 서 있던 것이 넘어져서 없어지는 관계를 나타낸다. 참조: tear down, break down]

Demonstrators **pulled down** a statue of the former president.

시위자들이 그 전임 대통령의 상을 끌어내렸다.

The lions **pulled** a *giraffe* **down**.

그 사자들이 기린 한 마리를 끌어서 쓰러뜨렸다.

hippo 하마	buffalo 들소

Losing the job really **pulled** him **down**.

그 일자리를 잃은 일이 그의 마음을 많이 우울하게 했다.

[him은 환유적으로 그의 마음을 가리키고, down은 마음이 우울해지는 관계를 나타낸다. 참조: put down, let down]

The weights on his shoulder **pulled** him **down**.

그의 어깨의 짐들이 그를 내리 당겼다.

He **pulled down** his account.

그는 그의 인터넷 계좌를 끌어내렸다. 즉, 해지했다.

2.10 pull for O

We are **pulling for** you. Don't give up!

우리는 너를 응원하고 있어. 포기하지 마!

[참조: root for]

2.11 pull O in

We **pulled in** the stingray.

우리는 노랑가오리를 끌어들였다.

[in은 배가 화자와 청자가 아는 장소로 들어오는 관계를 그린다.]

The police **pulled in** a few suspects.

경찰이 소수의 용의자를 잡아들였다.

[in은 용의자가 경찰서에 들어가는 관계를 나타낸다.]

The film still **pulls in** the crowd.

그 영화는 아직도 많은 사람을 (영화관에) 끌어들인다.

The savings bank **pulls in** over $2 million a year.

그 저축 은행은 매년 2백만 달러를 벌어들인다.

I **pulled in** at a gas station and fueled up my car.

나는 주유소에 들러 내 차에 기름을 채웠다.

Pull in behind the truck.

그 트럭 뒤의 차선에 들어가세요.

The *train* **pulled in**.

그 기차가 들어왔다.

bus 버스	subway 지하철

2.12 pull into O

The car **pulled into** a *parking* lot.

그 차가 주차장으로 들어왔다.

rest area 휴게소	rest stop 휴게 정차소

2.13 pull O off O

He **pulled** the dog **off** me.

그가 그 개를 나에게서 끌어서 떼었다.

The driver **pulled** the child **off** the bus.

그 운전사는 그 아이를 그 버스에서 끌어 내렸다.

The flight attendants **pulled** a passenger **off** the plane.
그 비행승무원들이 한 승객을 그 비행기에서 끌어내
었다.

pull off O

She **pulled off** the highway at Exit 7.
그녀는 7번 출구에서 그 고속도로를 벗어났다.
[off는 그녀의 차가 고속도로에서 벗어나는 관계를 그린다. 참조: turn off]

pull off

I **pulled off** and slowed down.
나는 고속도로를 벗어나서 속도를 줄였다.
[off는 차가 큰 길을 벗어나는 관계를 나타낸다.]
We **pulled off** and had a picnic.
우리는 길을 벗어나서 피크닉을 했다.
When I got to the bus station, the bus was **pulling off**.
내가 정류장에 도착했을 때, 그 버스는 역을 떠나고 있
었다.
[off는 버스가 정거장을 떠나는 관계를 나타낸다.]

pull off onto O

We **pulled off onto** the verge.
우리는 큰 길을 벗어나 그 가장자리로 갔다.

pull O off

He **pulled off** his *gloves*.
그는 힘들게 장갑을 당겨서 벗었다.
[참조: take off]

| socks | 양말 | underwear | 속옷 |
| stockings | 스타킹 | pullover | 풀오버 |

The two men fought so hard that policemen had to **pull**
them **off**.
그 두 남자가 심하게 싸워서 경찰이 그들을 떼어놓아야
했다.
He **pulled off** a *surprise victory*.
그는 예상 밖의 승리를 거두었다.
[pull off는 어렵거나 힘든 일을 해내는 과정을 그린다.]

| heist | 강도짓 | task | 임무 |
| deal | 거래 | concert | 콘서트 |

How did you **pull off** your plan?
어떻게 너는 너의 어려운 계획을 실현시켰느냐?
The North korean soldier **pulled off** a *dramatic escape*.
그 북한 병사는 극적인 탈출에 성공했다.
It is difficult to please Jane, but I **pulled** it **off**.

제인을 즐겁게 하기는 어렵지만, 나는 그것을 해냈다.

2.14 pull O on O

He **pulled** the gun **on** me.
그는 그 총을 꺼내 나를 겨누었다.

pull O on

He **pulled on** his *jeans* and went out.
그는 청바지를 끌어당겨 입고 밖에 나갔다.
[on은 청바지가 몸에 닿는 관계를 나타낸다. 참조: put on]

| shorts | 반바지 | socks | 양말 |
| underwear | 속옷 | boots | 부츠 |

pull on O

He **pulled** hard **on** the *rope*.
그는 줄을 세게 잡아당겼다. 그러나 줄 전체는 움직이지
않았다.

| hair | 머리카락 | arm | 팔 |
| skirt | 치마 | sweater | 스웨터 |

2.15 pull out

When I arrived at the terminal, the bus was already
pulling out.
내가 버스 그 종점에 도착할 때, 그 버스는 이미 (역 구
내를) 빠져나가고 있었다.
We got stuck in a heavy traffic and were waiting for
a chance to **pull out**.
우리는 심한 교통 체증 속에 꼼짝 못하고 있다가 그것에
서 빠져나가기만을 기다리고 있었다.

pull out of O

The country **pulled out of** *NATO*.
그 나라는 NATO에서 빠져나왔다.

| deal | 계약 | talk | 회담 |
| race | 경주 | EU | 유럽연합 |

He **pulled out of** the meeting.
그는 그 회의에서 빠져나왔다.

pull O out of O

The rescuers are **pulling** drowned man **out of** the
water.
그 구조원들이 익사한 남자를 그 물에서 끌어내고 있다.

pull O out

He **pulled** his *sword* **out**.

P

그는 그의 칼을 뽑아내었다.

gun 총	pistol 권총

He **pulled out** his wisdom teeth.
그는 그의 사랑니를 뽑아내었다.
The Russian government is **pulling** the troops **out**.
러시아 정부가 그 병력을 (어느 지역에서) 빼내고 있다.

2.16 pull O over

I was **pulled over** by the police. (passive)
나는 경찰에 의해 차선을 넘어서 도로변으로 가게 되었다.
[over는 차가 차선을 바꾸어 도로변으로 넘어가는 관계를 나타낸다.]
I was **pulled over** for the traffic violation. (passive)
나는 그 교통위반으로 차를 도로변으로 갖다 대게 되었다.

pull over to O

I **pulled over to** the *side of the road* and waited for the traffic to be thin.
나는 그 도로변으로 가서 차를 세우고 차들이 뜸해지기를 기다렸다.

a rest area 휴게소	the curve 연석

2.17 pull O through O

My wife **pulled** me **through** bad times.
내 아내가 나를 여러 가지의 어려운 시기를 견디어 내게 했다.
[through는 여러 차례의 나쁜 시기를 지나는 관계를 나타낸다.]

pull O through

Her doctor **pulled** her **through**.
그녀의 의사가 그녀를 (여러 번 고비를) 지나게 했다.
[through는 병 발생에서 완치까지의 과정을 그린다.]

pull through

I am wondering if he can **pull through**.
나는 그가 (어떤 어려운 고비를) 겪어낼 지 궁금하다.

pull through O

He **pulled through** the cold.
그는 그 감기를 잘 참아냈다.

2.18 pull O together

He is **pulling** his notes **together**.
그는 그의 노트들을 종합하고 있다.

[together는 노트들을 한 데 모으는 과정을 그린다. 참조: put together]
The new leader **pulled** the party **together**.
그 새 지도자가 그 당의 힘을 집결했다.
Pull yourself **together**. There's no point being mad.
정신 차리세요. 화낼 이유가 없어요.
[yourself는 환유적으로 마음을 가리키고, together는 흐트러진 마음을 한 데 모으는 관계를 나타낸다.]
A *team* was **pulled together** to carry out the research.
그 연구를 실행하기 위해서 새 팀이 짜졌다.

alliance 동맹	coalition 동맹

pull together

We must **pull together** to finish the work in time.
우리는 그 일을 마치기 위해서 협력해야 합니다.

2.19 pull up

A taxi **pulled up** to me.
택시 한 대가 나에게 다가왔다.
[up은 taxi가 나에게 가까워지는 관계를 나타낸다.]
The police **pulled up** on the drug dealer.
경찰이 그 마약업자에 다가가서 그를 잡았다.

pull O up O

The cheetah **pulled** its prey **up** the tree.
그 치타는 그의 먹잇감을 물고 그 나무 위로 끌고 올라 갔다.

pull O up

He **pulled up** the tree by the route.
그는 그 나무를 뿌리를 잡고 당겨 올렸다.
He **pulled up** the *curtain*.
그는 그 커튼을 끌어 올렸다.

blind 차양막	shade 빛 가리개

Why don't you **pull up** your chair?
너의 의자를 가까이 끌어당기는 게 어떠니?
[up은 의자를 어떤 지점에 가까이 가져가는 관계를 나타낸다.]
They decided to **pull up** the meeting.
그들은 그 회의를 당기기로 결정했다.
[up은 회의가 현 시점에 가까워지는 관계를 나타낸다.]

PULSE

1. 단동사
이 동사는 고동치면서 빠르게 움직이거나 흐르는 과정을 그린다.

명사: 맥박, 맥

2. 구동사
2.1 pulse through O
A shock of electricity **pulsed through** his body.
전기 충격이 그의 몸을 빠르게 지나갔다.
They repaired the power lines and electricity began to **pulse through** the wires again.
그들이 동력선들을 수리해서 전기가 전기선들을 따라 다시 흐르기 시작했다.

2.2 pulse with O
The forest is **pulsing with** life.
그 숲은 생명체로 생동한다.

PUMMEL

1. 단동사
이 동사는 주먹으로 빠르게 연거푸 치는 과정을 그린다.
> 타동사

He **pummeled** his fists against the wall.
그는 그의 주먹들을 그 벽에 계속 쳤다.

2. 구동사
2.1. pummel O against O
The wind **pummeled** the branches **against** the wall.
그 바람이 그 나뭇가지들을 그 벽에 두들겼다.

2.2. pummel away at O
She flew at him and **pummeled away at** his chest.
그녀는 그에게 달려들어 그의 가슴을 주먹으로 세차게 여러 번 때렸다.

PUMP

1. 단동사
이 동사는 액체나 기체를 펌프를 사용하여 움직이게 하는 과정을 그린다.
명사: 압력을 이용하여 액체나 기체를 이동시키는 장치; 펌프
> 타동사

He **pumped** water from a well.
그는 물을 우물에서 펌프로 퍼냈다.
He **pumped** the balloon.
그는 그 풍선에 바람을 넣었다.
Police **pumped** the suspect for information.
경찰은 정보를 얻기 위해 그 용의자에게 질문을 계속했다.
The heart **pumps** blood.
심장이 피를 펌프질한다.

2. 구동사
2.1 pump O away
The volunteer team **pumped away** about one million gallons of flood water.
그 봉사 팀은 약 일만 갤런의 홍수 물을 퍼서 그것이 줄어들게 했다.
[away는 수나 양이 점점 줄어드는 관계를 나타낸다.]

pump away
He is **pumping away** on an exercise bicycle in the gym.
그는 그 체육관에서 운동 자전거를 타고 열심히 발을 놀리고 있다.
[pump는 발의 움직임, away는 반복적인 관계를 나타낸다.]
His heart is **pumping away** steadily.
그의 심장은 꾸준하게 계속해서 뛰고 있다.
[away는 반복적인 과정이 연속됨을 나타낸다.]

2.2 pump O in
The small pump near the aquarium **pumped** air **in**.
그 수족관 근처에 있는 그 작은 펌프는 공기를 수족관 안으로 펌프질하여 넣는다.
The government decided to **pump in** a huge amount of money to help out small and medium businesses.
정부는 중소기업들을 돕기 위해서 어마어마한 돈을 쏟아 넣기로 결정했다.
[in은 중소기업을 돕는데 돈이 들어가는 관계를 나타낸다.]

2.3 pump O into O
He **pumped** air **into** a tire.
그는 펌프를 써서 타이어에 공기를 넣었다.
The administration is planning to **pump** $1 trillion **into** defence spending over the 3 years.
행정부는 오는 3년 내에 걸쳐서 1조 달러를 국방비에 쏟아 넣을 것을 계획하고 있다.
Many foreign investors **pumped** money **into** big ship-building companies in Korea.
많은 외국 투자자들이 한국의 조선 회사들에 돈을 퍼부었다.

2.4 pump O out
The machine is designed to **pump** water **out** of the mines.
그 기계는 물을 그 탄광에서 퍼내기 위해 고안되었다.
Each year the city's industries and vehicles are **pumping out** several million tons of pollutants.
해마다 그 시의 산업들과 차량들은 몇 백만 톤의 오염물질을 뿜어내고 있다.
[out은 많은 양의 오염물질이 쏟아져 나오는 관계를 나타낸다.]

P

pump out

Blood is **pumping out** of a deep wound in the chest.
피가 가슴의 깊은 상처에서 펑펑 나오고 있다.
[out은 피가 안에서 밖으로 나오는 뜻 외에 많이 나온다는 뜻도 갖는다.]

2.5 pump O up

I **pumped up** the tires before going out.
나는 나가기 전에 그 타이어에 바람을 가득 채워 넣었다.
[up은 꺼져있던 타이어가 부풀어 오른 상태를 나타낸다. 참조: blow up]

Salt water is **pumped up** from below the ground. (passive)
염수가 지하로부터 퍼올려진다.

The government has not **pumped** taxes **up** yet.
정부는 아직 세금을 크게 올리지 않았다.
[up은 양의 증가를 나타낸다.]

Economists claim that the central bank should **pump up** the economy.
경제 전문가들은 중앙은행이 나라 경제를 부양해야 한다고 주장한다.

Her parents always **pump** her **up** with encouragement.
그녀의 부모는 격려의 말로 그녀의 자신감을 키워준다.
[her는 환유적으로 그녀의 마음을 가리키고, up은 자신감의 증가를 나타낸다.]

Frank **pumped** himself **up** for the game.
프랭크는 그 경기를 위해 자기 자신의 결의를 북돋았다.

If you want to **pump up** (your muscles), you have to exercise regularly.
네가 너의 근육을 키우려면, 규칙적으로 운동을 해야 한다.
[참조: bulk up]

PUNCH

1. 단동사

이 동사는 주먹으로 치거나 때리는 과정을 그린다.

타동사

He **punched** the wall in anger.
그는 화가 나서 벽을 주먹으로 쳤다.

He turned around and **punched** me in the back.
그는 돌아서서 내 등을 쳤다.

2. 구동사

2.1 punch O in

Who **punched** the cereal box **in**?
누가 그 시리얼 상자를 쳐서 우그러뜨렸니?

[in은 상자 표면이 안으로 들어가는 관계를 나타낸다. 참조: cave in, squash in]

At the door, I **punched in** the code, and the door opened.
그 문에 서서, 내가 그 비밀번호를 찍어 넣자, 그 문이 열렸다.

Insert your credit card and then **punch** your PIN **in**.
너의 신용카드를 넣고 당신의 핀 넘버를 쳐 넣으세요.

punch in

The train was late, but I managed to **punch in** before 9 a.m.
그 기차가 늦었으나, 나는 9시 이전에 출근 기록계에 등록을 할 수 있었다.
[in은 출근 정보기가 기록계에 들어가는 관계를 나타낸다. 참조: clock in]

What time did you **punch in** this morning?
오늘 아침 몇 시에 기계에 입력을 넣었느냐?

2.2 punch O into O

He **punched** some numbers **into** a calculator.
그는 몇 개의 숫자를 계산기에 찍어 넣었다.

2.3 punch O on O

Sally **punched** Jackie **on** the shoulder.
샐리는 재키 어깨를 쳤다.
[동사의 목적어는 전체, on의 목적어는 부분을 가리킨다. 참조: put on, strike upon]

2.4 punch O out

He picked up his smartphone, and **punched out** the number for a plumber.
그는 스마트폰을 집어 들고, 용접공을 부를 전화번호를 하나하나 다 찍었다.
[out은 숫자가 모두 찍히는 관계를 나타낸다.]

The boxer **punched** his opponent **out**.
그 권투선수는 그의 상대를 쳐서 의식을 잃게 했다.
[out은 의식이 나가는 관계를 나타낸다. 참조: knock out]

After a short quarrel, they **punched out** each other.
잠깐 말다툼하다가 그들은 서로를 쳐서 모두 뻗었다.
[out은 팔과 발이 벌어진 상태를 나타낸다. 참조: lay out, spread out]

She **punched** the stickers **out** of the book and stuck them onto her workbook.
그녀는 그 스티커들을 그 책에서 떼어 그녀의 연습장에 붙였다.

The old machine **punches out** coins.
그 옛 기계는 동전들을 찍어낸다.

[out은 동전이 생겨나는 관계를 나타낸다. 참조: stamp out]

The burglar **punched out** a pane of glass to open the window.

그 강도는 그 창문을 열기 위해서 유리창 하나를 쳐서 떨어져 나가게 했다.

[out은 유리창이 창문에서 빠져나가는 관계를 나타낸다. 참조: beat out]

punch out

Today he **punched out** a little early, because he did not feel well.

그는 오늘 몸이 좋지 않아서, 좀 일찍 퇴근을 했다.

[out은 출근 기록기에 기록을 하고 나가는 관계를 나타낸다.]

2.5 punch O up

He **punched** the total **up** and the register drawer opened.

그가 그 총액을 찍어 넣자 금전 등록기가 열렸다.

[up은 총액이 기계에 나타나는 관계를 나타낸다. 참조: ring up]

The script writer tried to **punch up** the drama with exciting episodes.

그 대본 작가는 재미있는 일화들을 넣어서 그 드라마를 좀 재미있게 하려 했다.

[up은 재미의 정도를 높이는 관계를 나타낸다.]

PURGE

1. 단동사
이 동사는 나쁜 것을 없애는 과정을 그린다.

2. 구동사
2.1 purge O away
I will **purge away** the rust on the machine.
나는 그 기계에 붙어있는 녹을 조금씩 제거하겠다.

2.2 purge O from O
He **purged** the names of the traffic violators **from** the list.
그는 그 교통법규 위반자들의 그 이름들을 그 명단에서 제거했다.

2.3 purge O of O
The witch doctor tried to **purge** the patient **of** the ghost of his dead mother.
그 주술사는 그 환자에게서 그의 죽은 어머니의 귀신을 쫓아내려고 했다.

His first act as leader was to **purge** the party **of** extremists.

당 대표로서 그가 맨 처음 한 행동은 그 정당에서 과격 파들을 제거하는 것이었다.

We need to **purge** our sport **of** racism.
우리는 우리 스포츠에서 인종 차별주의를 몰아내야 한다.

PUSH

1. 단동사
이 동사는 미는 과정을 나타낸다.
타동사
He **pushed** his stalled car.
그는 자신의 고장이 난 차를 밀었다.

The manager **pushed** the workers to work hard.
그 지배인은 그 노동자들에게 압력을 가하여 더 열심히 일하게 했다.

He is **pushing** 90 years of age.
그는 90세를 밀고 있다. 즉, 90세에 가까워지고 있다.
자동사
He is **pushing** to the top.
그는 그 정점을 향해 나아가고 있다.

2. 구동사
2.1 push O about
I will not let them **push** me **about**.
나는 그들이 나를 마음대로 이리저리 밀게 하지 않겠다. 즉 그들 마음대로 하게 두지 않겠다.
[참조: shove about]

I am tired of being **pushed about**. (passive)
나는 휘둘리는 것에 진절머리가 난다.

2.2 push ahead with O
We decided to **push ahead with** our plan.
우리는 우리의 계획을 열성적으로, 힘차게 추진하기로 했다.
[ahead는 계획을 추진시키는 관계를 나타낸다.]

2.3 push O along
His car stalled and he had **pushed along**.
그 차가 (시동이 꺼져서) 멈춰 서자, 그는 그것을 밀고 가야했다.

The company **pushed** the cost **along** to the consumers.
회사는 그 비용을 소비자들에게 떠넘겼다.

2.4 push O around
She **pushed around** the baby for all to see.
그 엄마는 모든 사람들이 볼 수 있게 이리저리 아기를 밀고 다녔다.

P

2.5 push O aside

We can not **push** the problem **aside**.
우리는 그 문제를 옆으로 제쳐둘 수가 없다.
[aside는 문제가 토의 등에서 벗어나 있는 관계를 나타낸다.]
He felt he was being **pushed aside**. (passive)
그는 자신이 옆으로 밀쳐지고 있다고 느꼈다.

2.6 push at O

He **pushed at** the door, but it didn't open.
그는 그 문을 밀었으나, 그것은 열리지 않았다.
[at은 시도를 나타낸다.]
He **pushed at** me.
그는 나를 조금씩 밀쳤다.

2.7 push O away

The skater **pushed** herself **away** from the wall.
그 스케이트 선수는 자신을 밀쳐서 그 벽에서 떨어지게
했다.

push away from O

The storm is **pushing away from** Korea.
그 폭풍이 한국에서 멀어져 가고 있다.

2.8 push O back

He **pushed back** his hair.
그는 그의 머리를 뒤로 넘겼다.
Tony **pushed** the baby **back** from the edge.
토니는 그 아기를 그 가장자리에서 뒤로 밀쳤다.
Police **pushed back** the protestors.
경찰은 그 시위대를 뒤로 밀쳤다.
He **pushed back** his chair and stood up.
그는 그 의자를 뒤로 밀치고 일어났다.
The *game* was **pushed back** until next week. (passive)
그 경기는 다음 주까지 뒤로 미루어졌다.

date 날짜	decision 결정

The new discovery has **pushed back** the scientific
boundary.
그 새 발명은 과학의 경계를 뒤로 물리쳤다. 즉, 영역을
넓혔다.

push back against O

He **pushed back against** *bigotry*.
그는 편협에 반격을 했다.

racism 인종주의	allegation 근거 없는 주장

push back on O

He **pushed back on** the *report*.
그는 보고서에 대해서 반박을 했다.

idea	생각	story	이야기
policy	정책	criticism	비판
trade bill	무역법		

2.9 push O down O

The lion **pushed** the prey **down** his throat.
그 사자는 그 먹잇감을 그의 목구멍 아래로 밀어 내렸다.

push O down

Please **push down** this button when you need a
service.
어떤 서비스가 필요하시면, 이 버튼을 누르세요.
The government is trying to **push** prices **down**.
정부는 가격들을 내리려고 노력하고 있다.

2.10 push for O

The residents are **pushing for** a safe exit.
그 주민들은 안전한 출구를 갖기 위해서 압력을 가하고
있다.
[for는 밀침은 출구를 얻기 위함을 나타낸다.]
They are **pushing for** *constitutional reform*.
그들은 개헌을 요구하고 있다.

alternative education	대안 교육
equal pay	동등한 보수

push O for O

They're **pushing** me **for** a decision on the issue.
그들은 나에게 압력을 가해서 그 쟁점에 대한 결정을
얻어내려고 한다.

2.11 push O forward

The cancer research is **pushed forward** with the
ongoing project.
그 암 연구는 현재 진행 중인 사업을 진척시키고 있다.
[forward는 앞으로의 뜻이다.]

2.12 push in

He was trying to **push in**, but I stopped him.
그가 밀치고 (줄 등에) 끼어들려고 했으나, 내가 그를
중지시켰다.
[in은 가는 길이나 서 있는 줄에 끼어드는 관계를 나타낸다. 참조:
cut in]

push O in

He ran at the door and pushed it in.
그는 그 문으로 달려가서 그것을 밀어 넣었다.

2.13 push O into O

Her parents pushed her into a marriage.
그녀의 부모님은 그녀를 강제로 결혼하게 했다.

He pushed me into buying his old bike.
그는 내가 그의 헌 자전거를 억지로 사게 했다.

[참조: force into]

2.14 push off

I will push off and pick up my kids.
나는 (자리를) 떠서 아이들을 데리러 나갈 것이다.

[off는 내가 자리를 뜨는 관계를 나타낸다. 참조: get off, set off, take off]

We pushed off and drifted along the river.
우리는 (배를 밀쳐서 땅에서) 떨어져 나와 그 강을 따라 떠내려갔다.

[off는 배가 육지에서 떨어지는 관계를 나타낸다.]

He has been nagging me all day, and I told him to push off.
그는 온종일 나를 괴롭히고 있다. 그래서 나는 나에게서 떨어져 나가라고 했다.

[off는 그가 나를 괴롭히는 상태에서 벗어나는 관계를 그린다.]

push O off O

He pushed a glass off the table, and it shuttered.
그는 유리잔을 밀쳐서 그 식탁에서 떨어뜨려서 그 잔이 박살이 났다.

push O off

He was attacking me, but I managed to push him off and ran away.
그는 나를 공격하고 있었으나, 나는 그를 가까스로 떨치고 도망갔다.

2.15 push on O

He pushed on the gate.
그는 대문을 밀었다.

[on은 미는 힘이 대문에 부분적으로 미치는 관계를 나타낸다.]

Don't push on me! I can't move any faster than the person in front of me!
나를 밀지 말아요! 나는 내 앞에 있는 사람보다 조금도 더 빨리 움직일 수 없어요!

The US is pushing hard on the sanctions.
미국은 그 제재를 심하게 밀어붙이고 있다.

push on

We had to push on to get there before dark.
우리는 어둡기 전에 도착하기 위해서 계속해서 걸었다 / 운전했다 등

[on은 동작의 계속을 나타낸다.]

We pushed on despite the criticism.
우리는 그 비판에도 불구하고 계속해서 밀고 나갔다.

push on to O

We decided to push on to Gwangju.
우리는 계속해서 광주까지 가기로 결정했다.

push on with O

The politician decided to push on with his campaign.
그 정치가는 그의 유세를 계속하기로 결심했다.

2.16 push out

The sides of the box pushed out, and it might break apart.
그 상자의 옆면들이 밖으로 밀쳐져 나와 있어, 상자가 부서질지도 모른다.

push O out O

I was pushed out the door. (passive)
나는 그 문밖으로 밀쳐졌다.

push O out

She pushed him out and slammed the door.
그녀는 그를 밖으로 밀쳐내고 그 문을 쾅 닫았다.

push O out of O

I feel that I am being pushed out of the job. (passive)
나는 그 일자리에서 밀려나고 있다고 느낀다.

2.17 push O over

One of the boys pushed *me* over.
그 소년 가운데 한 명이 나를 밀쳐 넘어지게 했다.

[over는 서 있던 것이 호를 그리며 넘어지는 관계를 그린다. 참조: fall over]

glass 유리	pole 막대기

push O over O

Father lifted up the baby and pushed him over the wall.
아빠는 그 아기를 들어 올려서 그 벽 너머로 밀었다.

2.18 push O through O

He pushed the needle through the cloth.

그는 그 바늘을 그 천 속으로 집어넣었다.

push O through

The government is trying to **push** the tax reform bill **through**.

그 정부는 그 세제 개편 법안을 통과시키려고 애쓰고 있다.

[through는 법안이 의회를 통과하는 관계를 나타낸다.]

The president is trying to **push through** the nomination.

대통령은 그 지명을 밀어서 통과시키려고 노력하고 있다.

push through O

I **pushed through** the crowd.

나는 그 군중 속을 밀치고 나갔다.

He managed to **push through** the clearance.

그는 그 검색을 통과할 수 있었다.

2.19 push toward O

The farmers are **pushing toward** a farmers' insurance.

그 농부들은 농부 보험을 만들기 위해 밀고 나가고 있다.

[toward는 어느 목표 쪽으로의 뜻이다. 참조: move toward, work toward]

push O toward O

The need for aid finally **pushed** Iran **toward** cooperation with the USA.

원조의 필요가 이란을 밀어서 미국과 협조하게 했다.

2.20 push O up

The box slid down. Let's **push** it **up**.

그 상자가 미끄러져 내려가 있다. 그것을 밀어 올리자.

Increases in wages will **push** inflation **up**.

임금 인상들은 통화 팽창이 더 늘어나게 할 것이다.

[up은 정도의 증가를 나타낸다. 참조: drive up, bring up]

They **pushed up** the *meeting*.

그들은 그 회의를 앞당겼다.

[up은 회의가 현재에 가까워지는 관계를 그린다.]

date	날짜	debate	토론
appointment	약속	election	선거

push up

He **pushed up** on the trapdoor and lifted it.

그는 그 바닥에 있는 문에 위로 힘을 가하여 그것을 들어 올렸다.

push O up against O

He **pushed** the table **up against** the wall.

그는 그 책상을 밀어서 그 벽에 가까이 닿게 했다.

[up은 식탁이 벽에 가까워지는 관계를 나타낸다.]

push up on O

To open the door, **push up on** the lever.

그 문을 열기 위해서 레버를 밀어 올리세요.

PUT

1. 단동사

이 동사는 무엇을 어떤 장소에 놓는 과정을 그린다.

타동사

He **put** some salt in the soup.

그는 약간의 소금을 그 국에 넣었다.

Can you **put** the problem in simple words?

너는 그 문제를 간단한 말에 넣을 수 있습니까? 즉 간단한 말로 표현할 수 있습니까?

He **put** the nails into the wood.

그는 그 못들을 그 나무에 박아 넣었다.

He **put** a stop to complaining.

그는 종지부를 불평에 붙였다. 즉, 불평이 끝나게 했다.

The song **put** me to sleep.

그 노래가 나를 잠들게 했다.

자동사

The warship **put** out to sea.

그 전함은 바다로 출항했다.

2. 구동사

2.1 put O about

Rumors about the movie star are **put about**.

그 영화배우에 대한 소문들이 여기저기 퍼져있다.

[about은 여기저기 흩어져 있는 상태를 나타낸다.]

put about

The storm is getting up, and we **put about** and returned to port.

그 폭풍이 심해져서 우리는 방향을 돌려 항구로 돌아왔다.

2.2 put O across

He should be able to **put across** his thought.

그는 그의 생각을 전달할 수 있어야 한다.

[across는 생각이 그에게서 다른 사람에게 전해지는 관계를 그린다. 이 표현은 '생각은 공이다'의 은유가 적용된 예이다.]

I managed to **put** myself **across**.

나는 나의 생각을 간신히 전달할 수 있었다.

[myself는 환유적으로 나의 생각을 나타낸다.]

He **put** himself **across** as a patriot.

그는 자신을 애국자로 나타내 보이게 했다.
[참조: come across as]

2.3 put O ahead

I put Jerry ahead of Bill in strength.
나는 힘의 세계에 있어서 제리를 빌보다 앞에 놓는다.

2.4 put O around

Rumors have been put around that the president is going to step down.
그 대통령이 하야할 것이라는 소문들이 퍼져있다.
[around는 여기저기 흩어져 있는 상태를 나타낸다.]

2.5 put O aside

I put the book aside and closed my eyes.
나는 그 책을 제쳐 놓고 눈을 감았다.

He put half of the money aside for later use.
그는 그 돈의 반을 나중에 사용하기 위해서 제쳐두었다.
[aside는 얼마의 돈을 옆에 둔다는 뜻이다.]

They put aside their differences.
그들은 그들의 의견 차이들을 제쳐두었다. 즉, 문제 삼지 않기로 했다.

2.6 put O at O

The builder put the cost at $ 100,000.
그 건축업자는 그 비용을 100,000 달러에 놓았다. 즉, 이 액수로 견적했다.
[at은 척도상의 한 눈금을 가리킨다.]

The death toll was put at 200. (passive)
그 사망자 수는 200명으로 추산된다.

2.7 put O away

Please put away the toys.
그 장난감을 치우세요.
[away는 장난감이 현 장소에서 다른 장소로 옮겨지는 관계를 나타낸다.]

I am going to put a little money away into my savings account.
나는 약간의 돈을 (쓰지 않고) 내 예금 계좌에 넣을 예정입니다.

He decided to put away the old horse.
그는 그 나이든 말을 (이 세상에서) 멀리 보낼 예정입니다. 즉, 죽일 예정입니다.

The robber was put away for 6 years. (passive)
그 강도는 6년 동안 (사회에서) 감옥으로 보내졌다.

The second goal was put away by Jerry.
그 두 번째 골은 제리에 의해서 넣어졌다.

2.8 put O back

He put the book back after reading it.
그는 그 책을 읽은 후에 제자리에 되돌려 놓았다.

I put my watch back.
나는 내 시계를 뒤로 돌렸다.
[watch는 환유적으로 시간을 가리키고 back은 시간을 늦추는 관계를 나타낸다.]

The problem may put back the completion day by a year.
그 문제가 그 완성일을 일 년 늦추게 할 것이다.
[시간이 미래에서 현재로 흐르면 현재 쪽이 앞이고 미래 쪽이 뒤이다. 그러므로 여기서 back은 지연의 뜻이 된다.]

The trip was put back until next week. (passive)
그 여행은 다음 주까지 미루어 졌다.

He can put back a pack of beer at one sitting.
그는 한자리에서 맥주 6병을 해치울 수 있다.
[back은 술을 마실 때 고개가 뒤로 꺾이는 관계를 나타낸다. 참조: knock back]

2.9 put O before O

He put health before wealth.
그는 건강을 재산 앞에 둔다. 즉, 건강을 재산보다 더 중요하게 여긴다.
[X before Y는 X가 중요성에 있어서 Y보다 앞선다는 뜻이다.]

He put his family before work.
그는 자신의 가족을 일보다 더 중요하게 여긴다.

2.10 put O behind O

I put all my worries behind me.
나는 나의 모든 걱정들을 내 뒤에 두었다. 즉, 생각하지 않기로 했다.

2.11 put O by

I put a few dollars by every day, and they soon add up.
나는 매일 몇 달러씩 쓰지 않고 곁에 둔다. 그들은 곧 큰돈이 된다.
[up은 돈이 늘어나는 관계를 그린다.]

I put some broth by for the gravy.
나는 그레이비를 만들기 위해 육수를 남겨두었다.

2.12 put O down

The driver put me down in front of my house.
그 운전사가 나를 내 집 앞에 내려 주었다.
[down은 위에서 아래로의 이동을 나타낸다.]

She put the baby down for a nap.
그녀는 그 애기를 한 잠 재우기 위해서 내려놓았다.
[down은 서있던 자세에서 앉는 자세로, 또는 앉는 자세에서 눕는

자세로의 변화를 나타낸다.]

The city **put down** salt on the icy road.
그 시는 소금을 빙판길에 뿌렸다.

I **put down** my anger.
나는 (끓어오르는) 나의 분노를 억제했다.
[down은 끓어오르려는 화를 내리누르는 관계를 나타낸다.]

The army **put down** the uprising.
그 군대가 그 봉기를 진압했다.

Put your name **down** on the list.
너의 이름을 그 명단에 쓰시오.
[down은 말이나 소리를 종이에 적는 관계를 나타낸다. 참조: jot down, note down, write down]

Put me **down** for Friday.
내 이름을 금요일에 적어놓으세요.
[me는 환유적으로 내 이름을 가리킨다.]

He **put down** the old dog.
그는 그 늙은 개를 죽였다.
[down은 살아있던 것이 죽는 상태로의 변화를 나타낸다. 참조: let down]

He **put down** his *life*.
그는 그의 생명을 내려놓았다.
[down은 생명을 활동상태에서 비활동상태로 내려놓는 관계를나타낸다.]

gun	총	guard	경계
arms	무기	knife	칼

The failure **put** me **down**.
그 실패가 나의 기운을 나쁘게 했다.
[down은 좋은 상태에서 나쁜 상태로의 변화를 나타낸다.]

I **put down** a deposit on a new house.
나는 새 집에 보증금을 걸었다.

put O down to O

I **put** myself **down to** learn Mongolian.
나는 나의 마음을 가라앉히고 몽골어를 배웠다.
[down은 마음을 가라앉혀서 진지한 상태에 들어가는 관계를 나타낸다. 참조: get down to, knuckle down to]

He **put down** the problem **to** his poor health.
그는 그 문제를 그의 좋지 못한 건강 탓으로 돌렸다.

put down

I ran out of gas, and had to **put down**.
나는 기름이 떨어져서 서야 했다.
[down은 정지를 나타낸다.]

2.13 put O forth

The plant **puts forth** new leaves when spring comes.

그 식물은 봄이 오면 새 잎들을 내어 놓는다.
[forth는 속에서 밖으로의 뜻이다.]

Noam Chomsky **put forth** interesting ideas about language.
노암 촘스키는 언어에 대한 흥미 있는 생각들을 내어놓았다.

2.14 put O forward

He **put forward** his resignation.
그는 사임서를 제출했다.

A number of theories have been **put forward** about the origin of the universe. (passive)
우주 기원에 대한 많은 이론들이 제시되었다.
[forward는 앞으로 내세워 모든 사람이 보거나 알게 하는 상태를 나타낸다.]

He has been **put forward** as a presidential candidate.
그는 대통령 후보로 추천되었다.

I **put forward** my watch.
나는 내 시계의 시간을 앞으로 당겼다. (11시면 12시로)

I **put forward** some of the events.
나는 그 행사 가운데 몇 개를 앞으로 당겨놓았다.

2.15 put O in

The guard opened the cell door and **put** a thief **in**.
그 간수가 그 감방 문을 열고 그 도둑을 그 속에 집어넣었다.
[in은 into the cell을 의미한다.]

We **put in** a new *stove*.
우리는 새 스토브를 (부엌에) 들여 놓았다.
[in은 into the kitchen의 뜻이다.]

washer	세탁기	fridge	냉장고

Father decided to **put in** a new *bedroom*.
아버지는 새 침실을 만들어 놓기로 했다.

toilet	화장실	bathroom	화장실
closet	옷장	kitchen	부엌

I just **put in** a request to take a week off.
나는 일주일 휴가를 갖기 위해 요청서를 (사무실에) 제출했다.
[in은 into the office의 뜻이다.]

He is the right person for the job to **put in**.
그는 그 자리를 채울 수 있는 적당한 사람이다.

The Republicans were **put in** again. (passive)
공화당이 다시 (정권 속에) 들어갔다. 즉, 다시 집권했다.
[in은 into power의 뜻이다.]

put in

The sea was getting rough and I decided to put in.
그 바다가 거칠어지고 있어서 나는 (항구로) 들어가기로 결심했다.
[in은 바다에서 육지로의 뜻이다.]
The father put in for his son's driving test.
그 아버지는 아들의 운전시험을 위해서 (서류를 관공서에) 제출했다.

put O in O

He put his thoughts in writing.
그는 그의 자기 생각을 글로 표현했다.

2.16 put O into O

The parents put the only child into a boarding school.
그 부모는 그 외동아들을 기숙학교에 들여보냈다.
We put a lot of effort into the research.
우리는 많은 노력을 그 연구에 들였다.
Put your business into order.
너의 모든 일을 정돈하여라.
Try to put your life into perspective.
너의 삶을 넓은 안목 속에 넣어라. 즉, 넓은 안목으로 보아라.

2.17 put O off O

His bad manners put me off him.
그의 나쁜 태도가 나를 그에게서 떨어지게 한다.
The horrible sight put me off food.
그 지독한 광경이 나를 음식에서 떼어 놓았다. 즉, 음식 맛을 잃게 했다.
Some farmers were put off the land by fear. (passive)
몇몇 농부들은 두려움에 의해 그 땅에서 밀려났다.
The thought that his son is sick put him off work.
그의 아들이 아프다는 생각이 그를 일에서 떨어지게 했다. 즉, 일에 집중하지 못하게 했다.

put O off

She puts me off her with a frown.
그녀는 얼굴을 찡그려서 내가 그녀에게서 멀어지게 했다.
The bus will put you off soon.
그 버스가 너를 곧 내려줄 것이다.
[off는 사람이 버스에서 접촉이 떨어지는 관계를 나타낸다.]
Be quiet! You are putting me off.
조용히 하시오. 당신은 저를 (일에서) 떨어지게 합니다. 즉, 집중하지 못하게 합니다.
They put *the wedding* off until next month.
그들은 그 결혼식을 다음 달까지 연기했다.
[off는 결혼식을 어떤 정해진 날짜에서 뗀다는 뜻이다.]

| homework | 과제 | having a family | 아이 갖기 |
| project | 기획사업 | buying a new house | 새 집 사기 |

Don't put off seeing your doctor.
당신 의사 보는 것을 연기하지 마세요.

2.18 put O on O

I put my mother on the 8:00 train.
나는 어머니를 8시 열차에 태웠다.
I will put Ron on the phone.
나는 론을 전화에 갖다 대겠다. 즉, 전화를 받게 하겠다.
The doctor put me on a fat diet.
그 의사는 나를 기름진 식사를 하게 했다.
We are put on a planning committee. (passive)
우리는 기획위원회에 앉혀졌다.
He put himself on show.
그는 자기 자신을 구경거리가 되게 했다.
The store put a price of $100 on the carpet.
그 가게는 100달러를 그 양탄자에 놓는다. 즉, 매긴다.
The government put a heavy tax on tobacco.
그 정부는 무거운 세금을 담배에 부과한다.

put O on

Put your *coat* on.
너의 겉옷을 입어라.
[on은 겉옷이 (몸에) 닿는 관계를 나타낸다. 참조: slap on, throw on, try on]

| shirt | 셔츠 | cap | 모자 |
| gloves | 장갑 | boots | 부츠 |

She put her makeup on.
그녀는 화장품을 (얼굴에) 발랐다.
Wendy put weight on.
Wendy는 무게를 (자신에게) 얹혔다. 즉, 체중이 늘었다.
He put a funny voice on.
그는 이상한 목소리를 내었다.
Can you put the meal on?
그 식사를 (식탁 등에) 올려놓아 주시겠습니까?
He put on a new CD.
그는 새 CD를 CD 기계에 올려놓았다.
[on은 CD가 작동하는 관계를 나타낸다.]
The city put a late night bus service on.
그 시는 늦은 밤 버스 운행을 시작했다.
He put the *light* on.
그는 불을 켰다.
[on은 전등에 불이 켜져 있는 상태를 나타낸다.]

TV	텔레비전	radio	라디오
heater	히터	air conditioner	에어컨

Every year, the village **puts on** a pepper festival.
매년 그 마을은 고추 축제를 연다.

put O on O
The store **put** a price of $100 **on** the carpet.
그 가게는 100달러를 그 양탄자에 놓았다. 즉, 매겼다.
The government **put** a heavy tax **on** tobacco.
그 정부는 무거운 세금을 담배에 부과했다.

2.19 put O onto O
He **put** Jackie **onto** a job she might be interested in.
그가 재키에게 그녀가 관심 있어 할 만 한 일자리를 알려주었다.

2.20 put O out
He **put** the trash **out.**
그는 그 쓰레기를 밖에 내어 놓았다.
[out은 안에서 밖으로의 관계를 나타낸다.]
Please **put out** new towels for the guest.
그 손님을 위해서 새 수건들을 내어 놓으세요.
Did you **put** the cat **out**?
너는 그 고양이를 내어 놓았느냐?
Police **put out** a *warning* to citizens.
경찰이 경고를 시민들에게 내어 놓았다.
[out은 당국에서 일반인에게 전달함을 나타낸다.]

alarm	경종	statement	성명서
appeal	호소	message	전언

The publishing company **put out** a new dictionary.
그 출판사가 새 사전을 내어 놓았다.
[out은 책이 출판사에서 세상으로 나오는 관계를 나타낸다.]
The doctor **put** me **out** during the operation.
그 의사는 그 수술을 하는 동안 나를 마취하여 의식을 잃게 했다.
[out은 의식이 나가는 관계를 나타낸다. 참조: knock out, pass out, black out]
He was **put out** at not having been invited. (passive)
그는 초대가 되지 않아서 삐졌다.
[out은 마음이 정상에서 벗어난 상태를 가리킨다.]
He **put out** the *fire.*
그는 불을 껐다.

blaze	활활 타는 불	light	불
campfire	모닥불	candle	촛불

The millionaire **put out** 1 billion dollars for donation.
그 백만장자가 10억을 내 놓았다.

2.21 put O over
He tried to **put over** his ideas.
그는 그의 생각들을 다른 사람에게 전달하려고 노력했다.
[over는 생각이 그에게서 다른 사람으로 가는 관계를 그린다. 참조: put across]

put O over O
The chairman **puts** people **over** profit.
그 회장은 사람을 이익 위에 놓는다. 즉, 사람을 이익보다 더 중요하게 여긴다.

2.22 put O through O
The company **put** the new model of small cars **through** a series of strict tests.
그 회사는 소형차들의 그 새 모델을 일련의 엄격한 시험을 거치게 한다.
[through는 시험의 첫 부분에서 끝까지의 뜻이다.]
The parents **put** their daughter **through** college.
그 부모님들은 그들이 딸을 대학 교육을 거치게 했다.

put O through
The government **put through** a new law to make strikes illegal.
그 정부는 파업들을 불법으로 만드는 새 법을 (의회를) 통과하게 했다.
[through는 법안이 의회를 통과하는 관계를 나타낸다.]
Hold on, I am trying to **put** you **through.**
기다리세요. 나는 당신을 상대방에게 연결시키려고 하고 있습니다.
[through는 통화가 한 사람에게서 다른 사람에게 연결되는 관계를 나타낸다.]

2.23 put O to O
Let us **put** the proposal **to** the planning committee.
그 제안을 그 기획위원회에 붙입시다.
I don't want to **put** you **to** any more trouble.
나는 당신을 더 이상의 수고에 붙이고 싶지 않습니다. 즉, 수고를 끼치고 싶지 않다.
You can **put** any question **to** me.
여러분은 어떤 질문이든지 저에게 던질 수 있습니다.
Let's **put** the theory **to** test.
그 이론을 시험해 붙입시다.
The president **put** an end **to** the investigation.
대통령은 종지부를 그어 조사에 찍었다. 즉, 중단시켰다.

2.24 put O together

The two animals are **put together** in the same pan. (passive)

그 두 동물은 같은 우리 안에 함께 놓여졌다.

How long will it take to **put together** *dinner*?

저녁을 만드는 데 얼마나 시간이 걸릴까요?

breakfast	아침	barbecue	바비큐
lunch	점심	kimchi	김치

We **put together** a *new plan*.

우리는 새 계획을 짜 맞추었다.

concert	콘서트	program	프로그램
festival	축제	peace talk	평화회담

A team was **put together** to carry out the research. (passive)

새 팀이 그 연구를 실행하기 위해서 짜졌다.

He tried to **put together** all the *clues*.

그는 그 모든 실마리들을 짜 맞추려고 노력했다.

pieces	조각	parts	부분
facts	사실	leads	단서

Put yourself **together**.

당신의 흐트러진 정신을 한데 모으세요. 즉, 정신을 차리세요.

2.25 put O up

The student **put** his hand **up** to ask a question.

그 학생은 질문하기 위해서 손을 들었다.

She **puts up** her hair and ties it.

그녀는 머리를 올려서 묶는다.

She **put up** a new curtain.

그녀는 새 커튼을 달았다.

They **put up** a new *building*.

그들은 새 건물을 올렸다.

[up은 없던 것이 생긴 상태를 나타낸다.]

fence	울타리	obstacle	장애물
wall	벽	barrier	장벽

They **put up** a *poster* on the bulletin board.

그들은 포스터를 그 게시판에 올렸다.

[up은 눈에 보이는 위치에서 잘 보이는 상태를 나타낸다.]

notice	공지사항	message	메시지

The enemy **put up** little resistance.

그 적은 저항을 거의 하지 않았다.

He **put up** a fight.

그가 싸움을 일으켰다.

We **put** him **up** as a candidate.

우리는 그를 후보자로 내세웠다.

The government **put up** the prices of gasoline.

그 정부가 휘발유 값들을 올렸다.

[up은 수나 양의 증가를 나타낸다.]

We can **put** you **up** for the summer.

우리는 너를 여름동안 (우리 집에) 머물게 할 수 있다.

[up은 정지 상태를 나타낸다.]

I think I can **put** you **up** for the night.

나는 우리 집에 오늘밤 당신을 밤새 머물게 할 수 있다고 생각합니다.

No one **put** me **up** to it. I did it myself.

아무도 나를 부추겨서 그렇게 한 것이 아니다. 내 스스로 했다.

[up은 어떤 일을 하는 데에 다가서는 관계를 나타낸다.]

put up

Last summer, we **put up** at a *resort hotel*.

지난 여름, 우리는 리조트 호텔에서 머물렀다.

motel	모텔	inn	여관
hostel	호스텔	Airbnb	에어비앤비

put O up for O

I will have to **put** the house **up for** sale.

우리는 그 집을 팔려고 내어놓아야 할 것이다.

put up with O

He is impossible. How do you **put up with** him?

그는 매우 까다롭다. 당신은 그를 어떻게 참고 견딥니까?

2.26 put upon O

I don't want to **put upon** you.

나는 너에게 부담을 지우고 싶지 않습니다.

[upon은 부담을 받는 사람을 도입한다.]

2.27 put O with O

I will **put** you **with** this work for a while.

내가 당신에게 잠깐 동안 이 일을 맡기겠다.

[참조: leave with]

PUZZLE

1. 단동사

P

이 동사는 문제를 해결하기 위해서 오랫동안 곰곰이 생각하는 과정을 그린다.
명사: 퍼즐(조각그림 맞추기), 수수께끼

타동사

What **puzzles** me is why he left the country without telling anyone.
내가 이해할 수 없는 것은 왜 그가 아무에게도 말하지 않고 그 나라를 떠났는가 하는 점이다.

2. 구동사

2.1 puzzle O out

I **puzzled** **out** why she behaves so strangely.
나는 왜 그녀가 그렇게 이상하게 행동하는지를 골똘히 생각해서 알아내었다.

[out은 모르는 상태에서 아는 상태가 되는 관계를 나타낸다. 참조: figure out, work out]

He **puzzled** **out** her identity.
그는 그녀의 정체를 곰곰이 생각해서 알아내었다.

2.2 puzzle O over

While he was **puzzling** **over** the problem, he drifted off into a slumber.
그가 그 문제 전반을 곰곰이 생각하는 동안, 그는 잠에 빠졌다.

[over는 문제 전반을 생각하는 관계를 나타낸다. 참조: look over, think over]

Q q

QUARREL

1. 단동사
이 동사는 말다툼하는 과정을 그린다.
자동사
My sister and I used to **quarrel** all the time.
우리 언니와 나는 항상 다투곤 했다.

2. 구동사
2.1 quarrel about O
You are not going to **quarrel about** a few dollars.
너희들은 몇 달러에 대해서 다투진 않겠지.

2.2 quarrel over O
The couple are always **quarreling over** money.
그 부부는 돈을 두고 늘 다툰다.

2.3 quarrel with O
They **quarrel with** the decision.
그들은 그 결정을 두고 다투었다.
They are always **quarreling with** each other.
그들은 항상 서로 다툰다.

QUEUE

1. 단동사
이 동사는 사람이나 차량이 줄을 서는 과정을 그린다.
명사: 대기행렬, 줄

2. 구동사
2.1 queue up
On the coldest night, we had to **queue up** to buy the concert ticket.
우리는 가장 추운 저녁에 그 콘서트 표를 사기 위해 줄을 서야 했다.
[up은 줄의 형태가 나타난 상태를 가리킨다. 참조: cue up, line up]
The kindergarten is one of the best in the area and parents are **queuing up** to send their children there.
그 유치원은 이 지역에서 가장 좋은 것 가운데 하나이므로, 부모들은 그들의 아이들을 그곳에 보내기 위해 줄을 서고 있다.

QUICKEN

1. 단동사
이 동사는 빠르게 되거나 빨라지는 과정을 그린다.
quick(형용사): 빠른, 신속한
자동사
She felt her heartbeat **quicken** as he approached.
그녀는 그가 다가오자 가슴이 더 빨리 고동치는 것이 느껴졌다.
He **quickened** his pace to catch up with them.
그는 그들을 따라잡기 위해 그 자신의 걸음을 빨리 했다.
His interest **quickened** as he heard more about the plan.
그는 그 계획에 대해 더 많은 얘기를 들을수록 더욱 관심이 커졌다.

2. 구동사
2.1 quicken O up
As the horse came near the finish line, it **quickened up** its pace.
그 말이 그 결승점에 가까워지자, 그의 발걸음의 속도를 높였다..
[up은 속도 등이 늘어나는 관계를 그린다. 참조: speed up]

QUIET

1. 단동사
이 동사는 조용하게 하는 과정을 그린다.
형용사: 조용한

2. 구동사
2.1 quiet O down
The kids were so noisy, and I found it hard to **quiet** them **down**.
그 아이들이 너무 떠들어서, 나는 그들을 진정시키는 데 어려움을 겪었다.
[down은 정도가 줄어드는 관계를 나타낸다. 참조: calm down]
She is **quieting down** her baby in her arms.
그녀는 아기를 팔에 안고 그를 진정시키고 있다.
[참조: calm down]
He managed to **quiet down** himself by taking a tranquilizer.
그는 진정제를 먹음으로써 자신의 마음을 가라앉힐 수 있었다.

Q

quiet down

Boys, **quiet down** and get ready for class.
아이들아, 조용히 하고 수업 준비를 해라.
[down은 정도가 줄어드는 관계를 나타낸다. 참조: calm down]

QUIT

1. 단동사
이 동사는 일자리나 학교를 마음이 맞지 않아 떠나는 과정을 그린다.

타동사

He **quit** smoking.
그는 담배를 끊었다.
He **quit** his job.
그는 그의 일을 그만 두었다.
He **quit** the city and lives on a farm.
그는 그 도시를 떠나, 농장에서 산다.

2. 구동사
2.1 quit on O
Are you going to **quit on** me? I thought I could rely on you.
나를 저버릴 거야? 나는 너에게 의지할 수 있을 거라고 생각했다.

2.2 quit over O
Please don't **quit over** a silly thing like that.
그와 같은 하찮은 일 때문에 일을 그만 두지 마시오.

QUIZ

1. 단동사
이 동사는 여러 가지 질문을 하는 과정으로 그린다.
명사: 퀴즈, 시험[테스트]

타동사

Four men are being **quizzed** by police about the murder. (passive)
네 명의 남자가 그 살인 사건에 대해 경찰의 심문을 받고 있다.

자동사

You will be **quizzed** on chapter 6 tomorrow.
여러분들은 내일 6장에 대해 간단한 시험을 받게 될 것입니다.

2. 구동사
2.1 quiz O about O
The teacher **quizzed** his students **about** Korean history.
그 선생님은 그의 학생들에게 한국 역사에 대해 퀴즈 시험을 보게 했다.

R r

RABBIT

1. 단동사
이 동사는 어떤 일에 대해서 재미없게 말을 하는 과정을 그린다.
명사: (굴)토끼

2. 구동사
2.1 rabbit on
He **rabbits on** about his trip to Korea.
그는 한국 여행에 대해서 계속해서 지껄인다.
[on은 지껄임이 계속됨을 나타낸다. 참조: ramble on]

RACE

1. 단동사
이 동사는 재빨리 움직이거나 움직이게 하는 과정을 그리고, 또는 경쟁시키는 과정을 그린다.
타동사
The coach **raced** the runners in the marathon.
그 코치는 그 선수들을 마라톤에서 경쟁시켰다.
I **raced** Bill to the end of the road.
나는 빌과 그 길 끝까지 달리기 시합을 했다.
자동사
He **raced** toward the river.
그는 그 강을 향해 빠르게 달렸다.

2. 구동사
2.1 race against O
He **raced against** the top athlete.
그는 그 최고의 운동선수와 경쟁했다.
He is **racing against** the time.
그는 시간과 경쟁을 하고 있다.

2.2 race back
His mind **raced back** six years.
그의 마음은 6년 전으로 재빨리 되돌아갔다.

2.3 race onto O
He **raced onto** the highway.
그는 빨리 뛰어 가서 고속도로를 탔다.

RACK

1. 단동사
이 동사는 경기나 선거에서 점차적으로 점수를 얻어가는 과정을 그린다.
명사: (물건을 얹거나 걸기 위해서 금속이나 나무로 만든) 선반, 고문대

2. 구동사
2.1 rack O up
The country **racked up** a large trade surplus last year.
그 나라는 작년에 많은 무역 적자를 쌓아올렸다.
He **racked up** millions of dollars.
그는 수백만 달러를 긁어모았다.
He **racked up** parking tickets.
그는 여러 개의 불법 주차 딱지를 받게 되었다.

RADIATE

1. 단동사
이 동사는 열 등이 사방으로 퍼지는 과정을 그린다.
타동사
He **radiated** self-confidence and optimism.
그에게서는 자신감과 낙천주의가 뿜어져 나왔다.
자동사
Heat **radiates** from the stove.
열이 그 스토브에서 방출된다.
The pain started in my stomach and **radiated** all over my body.
그 통증은 내 배 속에서 시작되어 온몸으로 퍼져 나갔다.

2. 구동사
2.1 radiate O out
The heater **radiates out** a lot of heat.
그 방열기는 많은 열을 사방으로 많이 방출한다.
[out은 열이 사방으로 퍼지는 관계를 나타낸다.]

radiate out
Spokes **radiate out** from the hub.
바퀴살들이 그 바퀴의 중심에서 사방으로 뻗어 나간다.

RADIO

1. 단동사

R

이 동사는 무전으로 연락을 하는 과정을 그린다.
명사: 라디오, 무선 통신 장치, 무전기

2. 구동사
2.1. radio for O
The ship **radioed for** help.
그 배는 무전으로 도움을 청했다.

2.2. radio O in
The pilot **radioed in** emergency to the control tower.
그 조종사는 비상사태를 그 관제탑에 무전으로 알렸다.

RAFFLE

1. 단동사
이 동사는 래플 경기에서 돈을 주고 번호를 산 후, 번호가
당첨되면 상을 타는 과정을 그린다.
명사: 특정 프로젝트, 기관의 기금 모금을 위한 복권

2. 구동사
2.1 raffle O off
They are **raffling off** some bottles of water to raise
money for the children's hospital.
그들이 그 어린이 병원을 위한 돈을 모으기 위해 물을
추첨식으로 팔았다.

RAG

1. 단동사
이 동사는 남을 비웃거나 조롱하는 과정을 그린다.

2. 구동사
2.1 rag O about O
Why are you always **ragging** me **about** my hair?
왜 너는 항상 나의 머리에 대해서 나를 골리느냐?

2.2 rag on O
The teacher **ragged on** him for being late.
그 선생님은 지각을 한 그를 꾸짖었다.
[on의 목적어는 영향을 받는 관계를 나타낸다. 참조: fink on,
inform on, tell on]
Everybody is **ragging on** her about her new boyfriend.
모두들 그녀의 새 남자친구에 대해 그녀를 놀려대고 있다.

RAGE

1. 단동사
이 동사는 불이나 감정 등이 맹위를 떨치는 과정을 그린다.

명사: 격렬한 분노, 폭력 사태
> 자동사

"That's unfair!" she **raged**.
"그건 부당해요!" 그녀가 크게 화를 내며 말했다.
The blizzard was still **raging** outside.
그 거센 눈보라가 아직도 밖에서 맹위를 떨치고 있었다.

2. 구동사
2.1 rage across O
Wild fires are **raging across** California.
들불들이 캘리포니아를 가로질러 맹렬하게 타들어가고
있다.

2.2 rage against O
He is **raging against** social injustice.
그는 사회적 불의에 대해 격분하고 있다.

2.3 rage on
The forest fire has been **raging on** for days.
그 산불은 며칠 동안 계속해서 맹렬히 타고 있다.
[on은 불의 계속됨을 나타낸다.]

2.4 rage out of O
The wild fire is **raging out of** control.
그 들불이 걷잡을 수 없이 맹위를 떨치고 있다.

RAIL

1. 단동사
이 동사는 불공평하거나 불평등한 일에 대해서 크게 비난
하는 과정을 그린다.

2. 구동사
2.1 rail against O
The families of the victims are **railing against** the
government for not taking care of the victims
properly.
그 희생자 가족은 희생자들을 제대로 돌보지 않는 정부
를 맹비난했다.
The black young man **railed against** the police.
그 흑인 청년은 경찰을 맹비난했다.

RAILROAD

1. 단동사
이 동사는 시간을 주지 않고 어떤 일을 밀어붙이는 과정을
그린다.

2. 구동사

2.1 railroad O into O

I hate to be **railroaded into** a decision. (passive)
나는 강제로 결정을 하게 되는 것을 싫어한다.

2.2 railroad O through O

The house speaker tried to **railroad** the bill **through** the Congress.
의장은 그 법안을 강제로 국회를 통과시키려고 했다.

RAIN

1. 단동사

이 동사는 비가 하늘에서 떨어지는 과정을 그린다.
명사: 비

자동사

It was **raining** hard all night.
밤새껏 비가 심하게 내리고 있었다.

2. 구동사

2.1 rain down

After the explosion, debris are **raining down**.
그 폭발이 있은 후, 파편들이 쏟아져 내리고 있다.

rain down on O

The hail **rained down on** us.
그 우박이 우리에게 떨어져 내렸다.
[on은 우리가 우박으로 피해를 입는 관계를 나타낸다.]

The ashes from the volcano **rained down on** the village.
그 화산재가 그 마을에 쏟아져 내렸다.

Missiles are **raining down on** the city.
미사일들이 그 도시에 쏟아져 내리고 있다.

bombs 폭탄	ashes 재

rain down over O

Bombs **rained down over** Dresden.
폭탄들이 드레스덴 전체에 쏟아져 내렸다.

rain O down on O

The gangster **rained down** blows **on** him.
그 갱이 그에게 주먹을 수없이 내리쳤다.

The employees **rained** criticism **down on** the manager.
그 고용인들이 그 관리인에게 비평을 쏟아 내렸다.

2.2 rain in

The storm **rained in** on my carpet.
그 폭우가 쏟아져 들어와서 나의 카펫을 적셨다.
[in은 비, 바람 등이 밖에서 안으로 들어오는 관계를 나타낸다. 참조: beat in]

2.3 rain O off

The afternoon game was **rained off**. (passive)
그 오후 게임은 비로 취소되었다.
[off는 경기가 계획에서 지워지거나 진행되는 경기가 중단되는 관계를 나타낸다. 참조: call off]

Today's match between Korea and Japan was **rained off**.
한국과 일본 사이의 오늘 경기는 비로 취소됐다.

2.4 rain O out

The baseball game was **rained out** yesterday. (passive)
어제 그 야구 경기는 비로 취소되었다.
[out은 있던 것이 없어지는 관계를 나타낸다.]

The storm **rained out** our picnic.
그 폭우가 우리의 소풍을 취소시켰다.

2.5 rain upon O

The ashes from the erupting volcano **rained upon** the village.
그 화산재가 그 마을에 비 오듯 떨어졌다.

RAISE

1. 단동사

이 동사는 일으키는 과정을 나타낸다.

타동사

She **raised** the gun and fired.
그녀가 그 총을 들어 올리고 쐈다.

Somehow we managed to **raise** her to her feet.
우리는 그녀를 간신히 일으켜 세웠다.

They **raised** their offer to $500.
그들이 제시 가격을 500달러로 올렸다.

We are **raising** money for charity.
우리는 자선을 위한 기금을 모으고 있다.

The book **raises** many important questions.
그 책은 많은 중요한 질문들을 제기하고 있다.

The plans for the new development have **raised** angry protests from local residents.
그 새 개발 계획은 지역 주민들로부터 성난 항의를 불러 일으켰다.

They were both **raised** in the South. (passive)
그들은 두 사람 다 남부에서 자랐다.

R

2. 구동사

2.1 raise O up

The aids **raised** the patient **up**.

그 보조원들이 그 환자를 들어 올렸다.

[up은 들어 올려진 상태를 나타낸다.]

He **raised** himself **up** with a great difficulties.

그는 자신을 힘들게 일으켜 세웠다.

RAKE

1. 단동사

이 동사는 갈퀴로 긁는 과정을 그린다.

명사: 갈퀴, 써레

타동사

He **rakes** leaves everyday.

그는 매일 낙엽을 긁는다.

He **raked** the lawn.

그는 그 잔디밭을 갈퀴로 긁었다.

[lawn은 환유적으로 잔디 위에 있는 풀, 잎 등을 가리킨다.]

2. 구동사

2.1 rake O around

I need to **rake** the soil **around** and stir it up.

나는 갈퀴로 그 토양을 이리저리 흩어서 휘저어 올려야 한다.

He **raked** the leaves **around** over the flower bed.

그는 그 낙엽들을 그 꽃밭 전체에 이리저리 갈퀴로 흩어 놓았다.

2.2 rake O in

He **raked** the money **in** with both hands.

그는 두 손으로 그 돈을 긁어 들였다.

The company **raked in** $2 million this year.

그 회사는 올해 2백 만 달러를 긁어 들였다. 즉, 모았다.

The movie **raked** it **in** at the box office.

그 영화는 매표소에서 많은 돈을 벌여 들였다.

2.3 rake O off O

Please **rake** the leaves **off** the lawn.

그 잎들을 갈퀴로 그 잔디에서 긁어 내세요.

rake O off

Please **rake** the leaves **off**.

그 잎들을 (화, 청자가 아는 장소에서) 긁어내세요.

2.4 rake O out

Please **rake out** the gutter.

배수로 안에 있는 것을 긁어내세요.

[the gutter는 환유적으로 배수로 안에 있는 물건을 가리킨다.]

2.5 rake over O

There is no point **raking over** the past.

계속해서 과거에 대한 생각을 하는 것은 소용이 없다.

2.6 rake through O

She quickly **raked through** the mass of loose papers, looking for the letter.

그녀는 그 편지를 찾기 위해서 낱장의 종이들이 뒤엉켜 있는 것을 하나하나 재빨리 훑어보았다.

2.7 rake O up

He **raked up** the leaves.

그는 그 낙엽들을 긁어모았다.

[up은 낙엽들이 한 자리에 모이는 관계를 나타낸다.]

I will **rake up** the yard.

나는 뜰에 있는 잎들을 긁어모아서 깨끗하게 할 것이다.

[yard는 환유적으로 뜰에 있는 낙엽들을 가리킨다.]

They **raked up** $5,000.

그는 5,000불을 긁어모았다.

[up은 양의 증가를 의미한다.]

I don't want to **rake up** the past.

나는 그 과거를 긁어 올리기를 원하지 않는다.

[up은 의식 상태로 올리는 것을 의미한다.]

He **raked up** the old scandal and spread it around.

그는 그 옛 스캔들을 긁어 올려 이리저리 확산시켰다.

[정보는 입력 되는대로 밑에서 위로 저장된다. 따라서 과거 정보는 밑에서 위로 올려야 한다. 참조: dredge up]

RALLY

1. 단동사

이 동사는 이념이나 정치적 목적을 지지하기 위해서 많은 사람들이 모이거나 모으는 과정을 그린다.

명사: 대회, 집회, 재집결, 재결속

타동사

The candidate **rallied** a large crowd of supporters.

그 후보자는 많은 지지자들을 모았다.

자동사

People **rallied** in support of the candidate.

사람들이 그 후보자를 지지하기 위해서 집회를 가졌다.

2. 구동사

2.1 rally around O

He was going through the crisis. All his family **rallied around** him.

그는 그 위기를 겪고 있었다. 그의 모든 가족이 그를 돕기 위해 힘을 합쳤다.

All the employees **rallied around** the company.
모든 고용인들이 그 회사를 돕기 위해 뭉쳤다.

rally around

All his friends **rallied around** when he was in trouble.
그의 모든 친구들이 그가 곤경에 처했을 때 그를 위해
뭉쳤다.

2.2 rally against O

Thousands of the protestors **rallied against** president
Trump.
수천 명의 항의자들이 트럼프를 반대하는 집회를 열었다.

2.3 rally behind O

People **rallied behind** him when he was in trouble.
사람들은 그가 곤경에 처했을 때 그 뒤에서 힘을 합쳤다.

rally O behind O

He **rallied** people **behind** the cause.
그는 사람들을 그 대의를 지지하기 위해서 모이게 했다.

2.4 rally for O

On Labour day, workers **rallied for** better labor right.
노동절에, 노동자들은 좀 더 나은 노동권리를 얻기 위해
서 집회를 가졌다.

2.5 rally to O

People **rallied to** the support of the candidate.
사람들이 그 후보자를 지원하기 위해 모였다.

2.6 rally together

Women **rallied together** to protest against the bill.
여성들이 그 법안에 반대하기 위해서 모여 집회를 했다.

RAM

1. 단동사
이 동사는 세차게 치는 과정을 그린다.
명사: 과거 성문이나 성벽을 두들겨 부수는 데 쓰이던 나무
기둥같이 생긴 무기

2. 구동사
2.1 ram O down

The truck **rammed** the big tree **down**.
그 트럭이 그 큰 나무를 세게 들이 받아서 넘어뜨렸다.

ram O down O

The plumber **rammed** the plunger **down** the pipe.
그 배관공이 그 배관 청소 기구를 그 배관 아래로 쑤셔
넣었다.

Don't **ram** the choice **down** my throat.
그 선택을 억지로 내게 강요하지 마세요.

2.2 ram into O

The car **rammed into** *a shop*, damaging it severely.
그 차가 가게로 돌진해 들어가서 그 가게를 심하게 부수
었다.
[참조: go into, run into, smash into]

wall 벽	crowd 군중

ram O into O

Kelly **rammed** his fist **into** Roy's side.
켈리가 그의 주먹을 로이의 옆구리에 푹 찔렀다.

2.3 ram O through O

He **rammed** his fist **through** the window. In the
process, he cut himself.
그는 그의 주먹을 그 창문에 푹 찔러 넣었다. 그 과정에
서 그의 손이 다쳤다.
[through는 주먹이 창문을 통과하는 관계를 나타낸다.]

The president tried to **ram** the bill **through** Congress.
대통령은 그 법안을 적절한 절차를 밟지 않고 의회에
통과시키려고 시도했다.

RAMBLE

1. 단동사
이 동사는 사람들이 알아듣기 어렵게 횡설수설하는 과정
을 그린다.
명사: 횡설수설, 긴 산책

자동사

He had lost track of what he was saying and began
to **ramble**.
그는 자신이 하고 있던 말을 잊어버리고 횡설수설하기
시작했다.

2. 구동사
2.1 ramble about O

He **rambled about** his trip.
그는 그의 여행에 대해 장황하게 이야기했다.

2.2 ramble on

The old man **rambled on** about his young days for
hours.

R

그 노인은 그의 젊은 날들에 대해 몇 시간이고 계속해서 장황하게 늘어놓았다.

[on은 이야기의 계속을 나타낸다. 참조: bang on, talk on]

RAMP

1. 단동사
이 동사는 정도를 점차로 높이는 과정을 그린다.
명사: 높이가 다른 두 도로, 건물 등의 사이를 연결하는 경사로

2. 구동사
2.1 ramp O up

The police are **ramping up** security.
경찰은 보안을 점차로 높이고 있다.

The company is **ramping up** production to meet the demand.
그 회사는 그 수요를 감당하기 위해서 생산을 점차로 늘리고 있다.

The government is **ramping up** *defense*.
정부는 방어를 점점 높이고 있다.

pressure 압력	surveilance 원격감시

ramp up

The temperature is **ramping up**.
기온이 조금씩 오르고 있다.

RANGE 1

1. 단동사
이 동사는 공공연하게 어떠한 생각에 동의하거나 혹은 동의하지 않음을 말하는 과정을 그린다.

2. 구동사
2.1 range against O

Many countries **ranged against** Syria.
많은 나라들이 연합해서 시리아를 반대했다.

A group of labor unions **ranged against** the government's privatization of the railroad.
노동조합 한 단체가 단합해서 정부의 철도 민영화에 반대했다.

RANGE 2

1. 단동사
이 동사는 물건들이 한 지점에서 다른 지점 사이에 펼쳐져 있는 과정을 그린다.

명사: 다양성, 범위, 세트, 거리, 사정거리, 산맥

자동사

The conversation **ranged** widely.
그 대화는 주제가 폭이 넓었다.

타동사

Her eyes **ranged** the room.
그녀의 눈길이 그 방 안을 이리저리 훑어보았다.

2. 구동사
2.1 range from O to O

The parties **ranged from** the far left **to** the far right.
그 정당들은 극좌에서 극우까지 걸쳐져 있다.

2.2 range over

Buffalos **ranged over** the vast of prairie.
들소들은 그 넓은 평야 전체를 돌아다닌다.

RANK

1. 단동사
이 동사는 등급, 순서 등을 매기는 과정을 그린다.
명사: 등급, 등위, 순위

자동사

The recession **ranks** as the worst one in history.
그 불경기는 역사상 가장 나쁜 것에 속한다.

타동사

The teacher **ranked** the students according to their ability.
그 선생님은 그 학생들을 그들의 능력에 따라 등급을 매겼다.

2. 구동사
2.1. rank among O

Rehinos **rank among** the most endangered species on earth.
코뿔소들은 지구상에서 가장 심한 멸종위기에 처한 종들에 속한다.

He **ranks among** the most famous novelists.
그는 가장 유명한 소설가들에 든다.
[참조: count among]

RANT

1. 단동사
이 동사는 화가 나서 큰 소리로 불평하는 과정을 그린다.

2. 구동사
2.1. rant about O

He **ranted about** something that I said years and years ago.

그는 몇 년 전에 내가 한 말에 대해 크게 떠들고 있다.

2.2. rant on about O

He **ranted on about** the way he was treated in that country.

그는 그 나라에서 취급당한 방법에 대해서 계속해서 떠들어대고 있다.

[on은 떠드는 과정이 계속됨을 나타낸다.]

RAP 1

1. 단동사
이 동사는 가볍게 톡톡 치는 과정을 그린다.

타동사

He **rapped** the table with his pen.

그가 그 펜으로 탁자를 톡톡 두드렸다.

2. 구동사
2.1 rap at O

Someone is **rapping at** the window.

누군가가 그 창문을 톡톡 치고 있다.

RAP 2

1. 단동사
이 동사는 성난 어조로 크게 말을 버럭 하는 과정을 그린다.

2. 구동사
2.1 rap O out

The commander **rapped out** an order, and a soldier hurried to him.

그 사령관이 성난 어조로 명령을 내뱉자, 한 병사가 그에게 뛰어갔다.

[out은 말이 입에서 나오는 관계를 그린다.]

RAT

1. 단동사
이 동사는 배반하거나 고자질하는 과정을 그린다.

명사: 쥐, 배반하거나 속이는 사람

2. 구동사
2.1 rat on O

He is a good friend of mine, and I don't think I will ever **rat on** him.

그는 내 좋은 친구여서, 나는 결코 그를 고자질하리라

생각하지 않는다.

[참조: fink on, inform on, tell on]

Most of the people think that the present government has **ratted on** the poor.

그 국민들의 대부분은 현 정부가 빈자들에 대한 약속을 어겼다고 생각한다.

2.2 rat O out

The newspapers **ratted out** the people who were involved in the scandal.

그 신문들은 그 스캔들에 연루된 사람들의 불리한 정보를 들춰냈다.

RATCHET

1. 단동사
이 동사는 조금씩 움직이는 과정을 그린다.

명사: 래칫 :한쪽 방향으로만 회전하게 되어 있는 톱니바퀴

2. 구동사
2.1 ratchet O down

The management is determined to **ratchet down** the cost.

그 경영진은 그 비용을 조금씩 줄이려고 마음먹고 있다.

[down은 양, 수의 감소를 나타낸다.]

The bank is **ratcheting down** the interest rate.

그 은행은 이자율을 조금씩 줄이고 있다.

The president must **ratchet down** his verbal pressure.

대통령은 그의 구두 압력을 조금씩 내려야 한다.

2.2 ratchet O up

The coalition has been **ratcheting up** pressure on President Assard.

그 연합군은 Assard 대통령에 대한 압력을 조금씩 증가시켜 오고 있다.

[up은 양, 정도의 증가를 나타낸다.]

The property tax has **ratcheted up** to a tax rate of 20%. (passive)

자산세가 20% 세율로 조금씩 올라갔다.

The president is **ratcheting up** his verbal attack.

그 대통령은 말 공격의 정도를 조금씩 높여 가고 있다.

RATION

1. 단동사
이 동사는 식량이나 기름 등을 배급하는 과정을 그린다.

명사: 배급량, 알맞은 양

타동사

R

Eggs were **rationed** during the war. (passive)
그 전쟁 중에는 달걀들이 제한적으로 배급되었다.

2. 구동사
2.1 ration O out
During the Korean war, often, *food* was **rationed out**. (passive)
한국 전쟁 동안, 자주 식량이 배급되었다.
[out은 식량이 여러 사람에게 주어지는 관계를 나타낸다.]

rice 쌀	cornflour 옥수수 가루

Mother **rationed out** cookies among the children.
엄마는 그 아이들 사이에 그 쿠키들을 골고루 나눠주었다.

RATTLE

1. 단동사
이 동사는 의성어로서 덜거덕거리는 소리가 나거나 내는 과정을 그린다.

> 자동사

The windows **rattled** during the storm.
그 태풍이 부는 동안 그 창문들은 덜거덕거렸다.

> 타동사

The lawyer's rapid questions **rattled** the defendant.
그 변호사의 질문들이 그 피고인을 어리둥절하게 만들었다.

2. 구동사
2.1 rattle about O
The man **rattled about** the game long after the game was over.
그는 그 경기가 끝난 후에도 그것에 대해 지껄였다.
[의성어가 말소리에 적용되었다.]

2.2 rattle around
What is **rattling around** in this box?
무엇이 이 상자 안에서 이리저리 덜그럭거리고 있느냐?
Our children have left, and the apartment is too big. My wife and I are just **rattling around** in it.
우리 아이들이 다 떠나고 없고, 그 아파트가 너무 넓다.
나와 나의 부인은 그 안에서 휑 뎅그러하게 지낸다.
I am perfectly happy to **rattle around** in my ten-year-old car.
나는 10년 된 오래된 차를 타고 이리저리 덜거덩거리며 다니는 것이 완전히 좋다.

2.3 rattle away

The two men **rattled away** at each other.
그 두 남자는 서로에게 계속해서 잡담했다.
[away는 반복적으로 이어지는 상태를 나타낸다.]

2.4 rattle O off
The child **rattled off** the names of the big rivers in Korea.
그 아이는 한국의 큰 강 이름들을 술술 말했다.
[off는 강 이름 전체에서 하나하나 불러나가는 관계를 나타낸다.
참조: check off, call off, number off]

2.5 rattle on
I was very much bored, but she didn't notice it and **rattled on**.
나는 매우 지루했지만, 그녀는 그것을 눈치 채지 못하고 계속 지껄였다.
[on은 지껄임이 계속됨을 나타낸다. 참조: drag on, wear on]

rattle on about O
Betty **rattled on about** her trip to Thailand.
베티는 그녀의 태국 여행에 대해서 계속 지껄여댔다.

2.6 rattle through O
The professor **rattled through** his lecture as if he couldn't wait to leave.
그 교수님은 곧 마치고 싶은 듯 그의 강의를 빨리 해치웠다.
[through는 강의 시작에서 끝까지를 나타낸다.]

2.7 rattle O up
The basketball player **rattled up** 20 goals.
그 농구선수는 20 골을 슬슬 만들었다.
[up은 작은 수가 모여서 큰 수가 되는 상태를 나타낸다.]

RAVE 1

1. 단동사
이 동사는 어떠한 일에 대해서 열광적으로 이야기 하는 과정을 그린다.
형용사: 우호적인, 열광적인

2. 구동사
2.1 rave about O
People in their 60's or above are **raving about** the film, *the International Market*.
60대나 그 이상의 사람들은 영화 '국제시장'에 대해 극찬을 하고 있다.
He **raved about** the coffee shop.

그는 그 커피숍에 대해서 열광적으로 이야기를 했다.
He **raved about** the exotic food.
그는 그 이색적인 음식에 대해서 열광적으로 이야기 했다.

2.3 rave over O

The wind **raved over** the fields and through the forests.
그 바람이 그 들판들과 숲들 위를 휘몰아쳐 지나갔다.

RAVE 2

1. 단동사
이 동사는 떠들썩하게 춤추고 노래하는 과정을 그린다.
명사: 광란의 파티

2. 구동사
2.1 rave O up
He **raved** it **up** all night, dancing and drinking.
그는 어제 저녁, 술을 마시고 춤을 추면서 한껏 즐겼다.
[참조: rock out]

REACH

1. 단동사
이 동사는 목적어가 닿는 과정을 나타낸다.
타동사
We **reached** Seoul on Sunday.
우리는 일요일에 서울에 도착했다.
The climber **reached** the top of the mountain.
그 등반가가 그 산의 정상에 이르렀다.
The news **reached** us today.
그 소식이 오늘 우리에게 도착했다.
You can **reach** him at the number.
너는 그를 이 전화로 연락할 수 있다.
The fund **reached** $20,000.
이 기금은 2만 불에 이르렀다.
Can you **reach** him salt?
너는 그에게 소금을 전해줄 수 있니?

2. 구동사
2.1 reach across O
The highway **reaches across** the country.
그 고속도로는 그 나라를 가로질러 뻗어있다.

2.2 reach around
He **reached around** for his key.
그는 그의 열쇠를 찾으려고 손을 이리저리 뻗었다.

2.3 reach back
The policy **reached back** into the 1950s.
그 정책은 1950년대까지로 거슬러 올라간다.

2.4 reach O down
The book I want is on the top shelf. Could you **reach** it **down** for me?
내가 원하는 그 책이 그 꼭대기 선반에 있다. 손을 뻗어 그것을 잡아 내려주시겠습니까?

reach down to O
The roots of the plant **reaches down to** the floor.
그 식물의 뿌리들이 그 바닥까지 내려닿는다.

2.5 reach for O
I **reached for** a ball point pen but I only had a pencil.
나는 볼펜을 잡으려고 손을 뻗었으나 연필만을 잡았다.

2.6 reach into O
Bob **reached into** the jar for a cookie but it was empty.
밥은 쿠키 하나를 집기 위해 손을 그 항아리에 넣었으나 그 항아리는 비어있었다.
The young man **reached into** his car for a gun.
그 젊은이는 총을 잡기 위해서 손을 그 차 속으로 내뻗었다.

2.7 reach O out
He **reached** his *hand* out.
그는 손을 내뻗었다.

arm 팔	money 돈

reach out
He **reached out** but nobody grasped it.
그가 손을 내뻗었으나 아무도 그것을 잡지 않았다.
When in trouble, speak to your friends and **reach out**.
어려움에 처했을 때, 친구들에게 이야기를 하고 도움의 손길을 내미십시오.

reach out O
The child **reached out** the window.
그 아이는 그 창문을 통해 손을 내뻗었다.

reach out into O
She **reached out into** the darkness looking for the light switch.
그녀는 그 전기 스위치를 찾기 위해서 어둠속으로 손을 내뻗었다.

R

reach out for O

The player **reached out for** the ball.
그 선수는 그 공을 잡기 위해 손을 내뻗었다.
We always **reach out for** better jobs.
우리는 언제나 더 나은 일자리를 얻기 위해서 손을 내뻗는다.
The North Korea government prevents the people from **reaching out for** freedom.
북한 정부는 국민들이 자유를 얻고자 하는 노력을 못하게 막는다.
The refugees are **reaching out for** help.
그 난민들은 도움을 얻고자 손을 내뻗고 있다. 즉, 노력하고 있다.

reach out to O

I **reached out to** him as a last source of help.
나는 도움의 마지막 원천으로 그에게 손을 내뻗었다.
Which party is really trying to **reach out to** the low-income family?
어느 당이 그 저소득층 가정에게 도움을 주려고 손을 내 뻗는가?
The present government tries to **reach out to** people who do not have healthcare benefit.
현 정부는 의료 혜택을 받지 못하는 사람들에게 손을 내뻗으려고 노력하고 있다.
Small-medium companies are going global — they are **reaching out to** world market.
중소기업들이 국제적으로 되어가고 있다. 그들은 세계 시장에 나아가려고 하고 있다.
He **reached out to** the police to report the woman missing.
그는 그 여자의 실종을 보고하기 위해서 경찰에 연락을 했다.

2.8 reach to O

Our field **reaches to** the bank of the river.
우리의 밭들은 그 강의 둑까지 뻗는다.

2.9 reach O up

He **reached** the hammer **up** to Bill, who is fixing the roof.
그는 그 망치를 그 지붕을 고치고 있는 빌에게 손을 뻗어 올려주었다.

reach up

He **reached up** and shook the branch.
그는 손을 위로 뻗어 그 가지를 흔들었다.
Reach high up with your hand.

너의 손을 높이 뻗어 올려라.

REACT

1. 단동사
이 동사는 무엇에 반응을 보이는 과정을 그린다.
자동사
I nudged her but she didn't **react**.
내가 그녀를 쿡 찔렀는데도 그녀는 반응이 없었다.

2. 구동사
2.1 react against O
At puberty, he began to **react against** his parents.
사춘기에 그는 그의 부모들에게 반항하기 시작했다.

2.2 react to O
How did the boss **react to** the news?
그 상사는 그 소식에 어떤 반응을 보이던가요?
It didn't even **react to** the acid.
그건 그 산에 반응하지도 않았어.
People can **react** badly **to** certain food additives.
사람들은 특정 식품 첨가물에 대해서는 좋지 않은 반응을 보일 수 있다.

READ

1. 단동사
이 동사는 글자, 기호, 부호 등을 보고 그 뜻을 이해하는 과정이다.
타동사
He is **reading** a book.
그는 그 책을 읽고 있다.
I **read** the answer in her face.
나는 그녀의 면전에서 그 대답을 읽었다.
He **reads** the future.
그는 미래를 읽는다. 즉 예언한다.
자동사
I **read** about the accident in the paper.
나는 그 신문에서 그 사건에 대해서 읽었다.
The instruction **reads** as following.
그 지시는 다음과 같이 읽힌다.

2. 구동사
2.1 read about O
I **read about** Syrian war in the newspaper.
나는 그 신문에서 시리아 전쟁에 대한 여러 가지를 읽었다.

2.2 read along O
Read along the subtitles.
그 자막들을 따라 읽으십시오.

read along
Read along as you listen.
들으면서 따라 읽으세요.

2.3 read O as O
I read her as a shy girl.
나는 그녀를 수줍은 소녀로 읽었다. 즉, 생각했다.

2.4 read O back
I read back what I had written. I'm quite happy with it.
나는 내가 썼던 것을 처음부터 다시 읽어보고, 매우 만족했다.
The boss dictated a memo to his secretary and asked her read it back.
그 사장은 메모를 그의 비서에게 불러주고, 그 비서가 그것을 되읽어 보도록 했다.

2.5 read for O
I am reading for a degree in linguistics.
나는 언어학 학위를 위해서 공부를 하고 있다.

read O for O
Read this book just for entertainment.
이 책은 (지식을 얻기 위해서가 아니라) 재미를 위해서 읽으세요.

2.6 read O into O
I think he read more into her comment.
나는 그가 그녀의 논평에 더 많은 것을 읽어 넣었다고 생각한다.

2.7 read of O
I read of the job opening in the newspaper.
나는 그 일자리가 있음을 신문에서 읽었다.
[참조: know of, learn of, speak of, tell of]

2.8 read O off
He read off the numbers on the gas meter and wrote them down.
그는 그 가스 계기판의 숫자들을 읽고 그것들을 적었다.
[off는 계기판의 문자가 떨어져 나와 눈에 닿는 관계를 나타낸다.]
Nick read the list of the names off, and I wasn't on the list.

닉은 명단에 있는 이름들을 큰 소리를 내어 하나씩 하나씩 읽어갔지만, 내 이름은 그 명단에 없었다.
[off는 명단의 이름을 하나씩 하나씩 읽어가는 관계를 나타낸다.]
The president read off the prompter.
그 대통령은 그 프롬프터에 (쓰인 내용을) 읽었다.

read O off O
The nurse read the temperature off the thermometer.
그 간호사는 그 체온을 그 체온기에서 읽었다.

2.9 read on
Please read on and don't stop.
계속해서 읽고 멈추지 마세요.
[on은 일련 동작이 계속 이어지는 관계를 나타낸다.]

read O on O
He read the news online.
그는 그 뉴스를 온라인상에서 읽었다.

smart phone	스마트폰	the Internet	인터넷

2.10 read O out
He printed out the e-mail and read out the message.
그는 그 이메일을 출력하고, 그 내용을 소리 내어 읽었다.
[out은 다른 사람이 들을 수 있도록 소리 내어 읽는 관계를 나타낸다.]
I read out my daughter's letter to my wife.
나는 내 딸의 편지를 아내에게 크게 소리 내어 읽었다.
The coach read the player out for making a foolish mistake.
그 코치는 어리석은 실수를 한 것에 대해서 그 선수를 소리 내어 꾸짖었다.
[참조: call out]

2.11 read O over
You must read the contract over carefully before you sign.
너는 그 계약서에 서명을 하기 전에 주의 깊게 전체를 읽어야 한다.
Read over your paper before handing it in.
그 논문을 제출하기 전에 그것을 전체에 걸쳐서 잘 읽어 보아라.

2.12 read O through
He read through the newspaper article on the Ukrainian crisis.
그는 우크라이나 위기에 관한 신문기사를 처음부터 끝까지 읽었다.

R

[through는 기사의 처음부터 끝까지 읽는 관계를 나타낸다.]
You'd better **read through** your answer before leaving the exam room.
너는 시험장을 떠나기 전에 오류가 있나 검토하기 위해서 너의 답을 처음부터 끝까지 읽어보는 것이 좋겠다.

read O through O
The teacher **read** us **through** the story.
그 선생님은 우리들에게 그 이야기를 쭉 읽어주셨다.

2.13 read O up
On the first day at the office, he tried to **read up** all the details of the accident.
직장에 처음 나온 날, 그는 그 사건의 모든 세부적 사항들을 읽어서 머릿속에 넣으려고 했다.
[참조: cram up, mug up]

read up about O
If you are planning to take up tracking, **read up about** it.
네가 트래킹을 시작하려고 계획하고 있으면, 그것에 대해 읽어서 정보를 흡수해라.

read up on O
I've **read up on** the traffic regulations before that meeting next week.
나는 다음 주에 있을 그 회의에 앞서 교통법규들에 대해 철저히 연구했다.
[up은 읽어서 정보가 머리에 들어오는 상태를 나타낸다. 참조: cram up, mug up]

REAP

1. 단동사
이 동사는 곡식 등을 거두어들이는 과정을 그린다.
타동사
They are now **reaping** the rewards of all their hard work.
그들은 이제 그들이 한 모든 힘든 일들에 대한 보상을 거두고 있다.

2. 구동사
2.1 reap O from O
The family is **reaping** a good harvest **from** the rice field.
그 가족은 좋은 수확을 그 논에서 거두어들이고 있다.

REAR

1. 단동사

이 동사는 말이 앞다리를 들어 올리며 서는 과정을 그린다.
명사: 물건이나 동물의 뒤쪽

2. 구동사
2.1 rear back
The horse **reared back** and almost threw off its rider.
그 말이 뒷발로 선 자세에서 뒤로 움직여서 탄 사람을 (말에서) 거의 떨어지게 했다.

2.2 rear up
There was a gun shot, and the horse **reared up**.
총성이 들리자, 그 말이 앞발을 들고 일어섰다.
[up은 아래에서 위로 움직이는 상태를 나타낸다.]
The horse **reared up** and threw the rider onto the ground.
그 말이 앞발을 들고 일어서서 탄 사람을 땅에 내동댕이쳤다.
A new problem **reared up** and it cost us a lot of money.
새로운 문제가 생겨서 그것이 우리로 하여금 많은 돈을 쓰게 했다.
[up은 없던 것이 생겨나는 관계를 나타낸다. 참조: crop up, pop up]

REASON

1. 단동사
이 동사는 사실을 숙고한 다음 판단을 내리는 과정을 그린다.
명사: 이유, 근거, 이성, 사리(事理)
타동사
She **reasoned** that she must have left her bag on the train.
그녀는 자기가 그 기차에 그녀의 가방을 놓고 내렸음이 분명하다고 추리했다.

2. 구동사
2.1 reason against O
I can't **reason against** the silly argument.
나는 그 엉터리 논거에 반대하는 논리를 제공할 수 없다.

2.2 reason O out
He tries to **reason out** why she behaves so strangely.
그는 그녀가 왜 그렇게 이상하게 행동하는지를 이성적으로 따져서 알아내려고 한다.
[out은 모르는 상태에서 아는 상태가 되는 관계를 나타낸다. 참조: find out, check out, study out]
Let's **reason out** our difficulties.
우리의 어려움들이 무엇인지 곰곰이 생각해서 알아냅시다.

2.3 reason with O

I tried to **reason with** my boy, but he locked himself in his room and refused to talk.
나는 내 아이를 이성적으로 타이르려고 했으나, 그는 자기 방에 문을 잠그고 들어가 말을 하지 않으려고 했다.
We cannot **reason with** such a narrow-minded person.
우리는 이렇게 편협한 사람과 이성적으로 논의를 할 수가 없다.

REBEL

1. 단동사
이 동사는 높은 위치에 있는 사람에게 반항하거나 항거하는 과정을 그린다.
명사: 반역자

2. 구동사
2.1 rebel against O
The teenager **rebelled against** his parents.
그 십대 아이는 그의 부모님들께 반항했다.

REBOUND

1. 단동사
이 동사는 공 등이 무엇을 치고 다시 튀어나오는 과정을 그린다.

2. 구동사
2.1 rebound off O
The ball **rebounded off** the wall and I caught it.
그 공이 그 벽을 맞고 튕겨나와서 내가 그것을 잡았다.
[off는 공이 벽을 치고 나서 떨어져 나오는 관계를 그린다.]

2.2 rebound on O
The imports of dairy products have **rebounded on** the Korean farmers.
그 낙농품들의 수입들이 한국 농부들에게 큰 영향을 미쳤다.
[on의 목적어는 영향을 받는 관계에 있다. 참조: impact on]

RECEIVE

1. 단동사
이 동사는 편지, 소포 등을 받는 과정을 그린다.

2. 구동사
2.1. receive O back

I sent off a letter with a wrong postage, and I **received** it **back** two weeks later.
나는 그 편지를 우표를 잘못 붙여 보냈고, 나는 그것은 2주 후에 되받았다.

RECKON

1. 단동사
이 동사는 계산하거나 헤아리는 과정을 나타낸다.
자동사
He'll be famous one day. What do you **reckon**?
그가 언젠가는 유명인이 될 것이다. 네 생각은 어때?
타동사
It was generally **reckoned** a success. (passive)
그것은 대체로 성공작이었다고 여겨졌다.

2. 구동사
2.1 reckon O in
You should **reckon in** the shipping cost.
너는 그 운송료를 고려해 넣어야 한다.
[참조: count in]

2.2 reckon on O
The farmer did not **reckon on** the early frost this year.
그 농부는 금년 이른 서리를 예상하고 조치를 취하지 않았다.

2.3 reckon O up
If I **reckon up** all the expenses, it will amount to $100.
내가 모든 비용들을 합하면, 총 합이 $100이 될 것이다.
[up은 작은 것이 모여서 큰 것이 되는 관계를 나타낸다. 참조: add up, sum up, total up]

2.4 reckon with O
I didn't **reckon with** getting caught up in so much traffic.
내가 그렇게 많은 차들 속에 갇혀 있게 될 것은 감안하지 못했다.
The governor has to **reckon with** the large budget deficit.
그 주지사는 그 큰 예산 부족을 다루어야 한다. / 고려해야 한다.

2.5 reckon without O
We decided to drive across the desert, but **reckoned without** a strong wind and a severe cold at night.
우리는 그 사막을 횡단하기로 결정을 했으나, 강한 바람과 밤의 심한 추위를 고려해 넣지 않았다.

R

REEK

1. 단동사
이 동사는 심한 악취가 나는 과정을 그린다.
명사: 지독한 악취

자동사

This room really reeks.
이 방은 정말 심한 냄새가 난다.

2. 구동사

2.1 reek of O
The kitchen reeks of garlic.
그 부엌은 마늘 냄새가 심하게 풍긴다.
[참조: smell of, stink of]

His whole attitude reeks of arrogance.
그의 전체 행동은 오만의 냄새가 풍긴다.

The whole incident reeks of corruption.
그 사건 전체는 부패의 냄새가 심하게 풍긴다.

REEL 1

1. 단동사
이 동사는 reel을 써서 줄을 감거나 푸는 과정을 그린다.
명사: 얼레, 물레, 타래

2. 구동사

2.1 reel O in
He is slowly reeling in the kite.
그는 천천히 그 연을 (실태를 감아서) 끌어 들이고 있다.
He is reeling in the fish line.
그는 그 낚시 줄을 감아 들이고 있다.
Channel8 is hoping that the new documentary will reel in the viewers.
채널8은 그 새 다큐멘터리가 시청자를 끌어 들일 것을 희망하고 있다.
[참조: draw in]

2.2 reel O off
The young boy amused everyone by reeling off the names of the Korean mountains.
그 어린 소년은 한국 산 이름들을 줄줄 말하면서 모든 사람들을 즐겁게 했다.
[off는 산 이름이 차례로 입에서 떨어져 나오는 관계를 나타낸다.
참조: rattle off]
He reeled off a list of the films he had seen.
그는 그가 본 영화들의 목록들을 줄줄 말했다.

2.3 reel O out

The fisherman reeled out the line.
그 어부는 그 낚시 줄을 줄줄 나가게 했다.

REEL 2

1. 단동사
이 동사는 한 대 맞고 뒤로 휘청거리는 과정을 그린다.

2. 구동사

2.1 reel back
The boxer reeled back from the blow.
그 권투 선수는 그 한 대를 맞고 뒤로 휘청했다.

2.2 reel from O
He reeled from the punches.
그는 몇 대 얻어맞고 비틀거렸다.

2.3 reel under O
He is reeling under the burden of the responsibilities.
그는 그 책임들의 그 짐에 눌려 휘청거리고 있다.

REFLECT 1

1. 단동사
이 동사는 빛, 열, 소리 등을 반사시키는 과정을 그린다.

타동사

The windows reflected the bright afternoon sunlight.
그 창문들이 그 오후 햇살을 반사시켰다.
Our newspaper aims to reflect the views of the local community.
우리 신문은 그 지역 사회의 뉴스를 반영하는 것을 목표로 한다.

자동사

Before I decide, I need time to reflect.
결정을 내리기 전에, 깊이 생각할 시간이 필요하다.

2. 구동사

2.1 reflect O in O
Your habits will be reflected in your health. (passive)
당신의 습관들은 당신의 건강에 반영될 것이다.

2.2 reflect off O
The sunlight reflected off snow onto his face.
그 햇빛은 눈에서 발사되어 나와 그의 얼굴에 와 닿았다.

REFLECT 2

1. 단동사

이 동사는 지나간 일이나, 다가올 일에 대해서 곰곰이 생각하는 과정을 그린다.

2. 구동사
2.1 reflect on O
He is **reflecting on** what he wants to get out of his life.
그는 삶에서 무엇을 얻을 수 있는지에 대해서 곰곰이 생각하고 있다.
At the beginning of a new year, I usually **reflect on** the *last year*.
연 초에 나는 지난해에 대한 반성을 해 본다.

past 과거	achievement 업적

His rude remarks **reflected** badly **on** him.
그의 무례한 말이 그에게 나쁜 영향을 주었다. 즉, 사람들이 그를 나쁘다고 생각한다.
The event **reflected** well **on** him.
그 사건은 그에게 좋은 반응을 주었다.

REIN

1. 단동사
이 동사는 고삐 등을 써서 제어하거나 통제하는 과정을 그린다.
명사: 고삐

2. 구동사
2.1 rein O in
At a viewpoint, he **reined in** his horse to take in the wonderful view.
어느 전망대에서 그는 고삐를 잡아당겨 그의 말을 서게 하고, 그 좋은 경치를 받아들였다, 즉 즐겼다.
[in은 앞으로 나아가려는 말을 안으로 당기는 관계를 나타낸다.]
Lately, I realized that I have to **rein in** my anger.
최근에 나는 내 화를 억제해야 함을 깨달았다.
The military is getting stronger and stronger, and the government has begun to **rein** it **in**.
군 세력이 점점 강해져서, 정부가 군을 제어하기 시작했다.
China is expected to **rein in** North Korea's nuclear weapons program.
중국은 북한의 핵무기 생산 프로그램을 제어하도록 기대되고 있다.

RELAPSE

1. 단동사

이 동사는 건강 등이 좋아지다가 다시 나빠지는 과정을 그린다.

2. 구동사
2.1 relapse into O
She talked with me for a while, and **relapsed into** silence.
그녀는 나와 잠깐 말을 한 후에, 다시 침묵에 들어갔다.

RELATE 1

1. 단동사
이 동사는 두 개체를 관련시키는 과정을 그린다.
타동사
I found it difficult to **relate** the two ideas in my mind.
나는 마음속에 그 두 가지 생각을 관련짓기가 힘듦을 알았다.

2. 구동사
2.1 relate to O
My question **relates to** your latest work.
내 질문은 당신의 최근 작품에 관계가 된다.
You seem to **relate** well **to** *peers*.
너는 동료들을 이해하고 잘 지내는 것 같다.

animals 동물	each other 서로서로

I cannot **relate to** such a strange view.
나는 이와 같이 이상한 생각에 공감할 수 없다.
She committed suicide -- I just cannot **relate to** that.
그녀는 자살을 했다. 나는 그에 전혀 공감할 수 없다.
In order to be a good school counselor, you should be able to **relate to** young people.
좋은 학교 상담사가 되기 위해서는 젊은이들과 좋은 관계를 유지할 수 있어야 한다.

2.2 relate with O
The evidence does not **relate with** the fact.
그 증거는 그 사실과 부합하지 않는다.

RELATE 2

1. 단동사
이 동사는 말이나 글로 이야기를 하는 과정을 그린다.
타동사
She **relates** her childhood experiences in the first chapters.
그녀는 첫 장들에서 자신의 어린 시절의 경험들에 대해

이야기한다.

2. 구동사

2.1 relate O to O
He **related** the story **to** us.
그는 그 이야기를 우리에게 들려주었다.
I **relate** the pain **to** having one of my teeth pulled.
나는 그 고통을 이를 하나 뽑는 것과 관련을 짓는다.

RELIEVE

1. 단동사
이 동사는 고통, 문제, 좋지 않은 감정 등을 덜어주는 과정을 그린다.
> 타동사

Being able to tell the truth at last seemed to **relieve** her.
진실을 말할 수 있게 되어서 마침내 그녀는 후련한 모양이었다.
We played cards to **relieve** the boredom of the long wait.
우리는 그 오래 기다리는 지루함을 달래려고 카드놀이를 했다.
You'll be **relieved** at five o'clock. (passive)
당신은 5시에 교대될 것이다.
I had to **relieve** myself behind a bush.
나는 덤불 뒤에서 볼일을 보아야 했다.

2. 구동사

2.1 relieve O of O
The doctor was not able to **relieve** her **of** the pain.
그 의사는 그녀에게서 그 고통을 덜어줄 수가 없었다.
Some thief **relieved** him **of** his purse.
어떤 도둑이 그의 지갑을 앗아갔다.
[참조: rob of, strip of]
His superior **relieved** the soldier **of** his duties.
그의 선임자가 그 병사에게서 임무들을 덜어주었다.

RELY

1. 단동사
이 동사는 어떤 사람이 당신이 원하는 일을 해 주리라고 믿는 과정을 그린다.

2. 구동사

2.1 rely on O
I think I can **rely on** him.
나는 그에게 의존할 수 있다고 생각한다.

South Korea **relies on** export for survival.
한국인은 생존을 위해 수출에 의존한다.
Seoul **relies on** the Han River for water source.
서울은 수원을 한강에 의존한다.
They **rely on** each other for emotional support.
그들은 정서적 지지를 얻기 위해서 서로에게 의존한다.

REMIND

1. 단동사
이 동사는 과거에 있었던 일을 다시 생각나게 하는 과정을 그린다.
> 타동사

I've forgotten your name. Can you **remind** me?
제가 당신 이름을 잊어버렸습니다. 내게 그 이름을 상기시켜 주시겠습니까?

2. 구동사

2.1 remind O of O
The smell of the food **reminds** me **of** my mother's cooking.
그 음식의 그 냄새는 내 어머님의 요리를 생각나게 한다.

REMIT

1. 단동사
이 동사는 무엇을 어디에 보내는 과정을 그린다.
> 타동사

Many immigrants regularly **remit** money to their families.
많은 이민자들이 정기적으로 가족에게 돈을 보낸다.

2. 구동사

2.1 remit O to O
I **remitted** the fact **to** my memory.
나는 그 사실을 내 기억에 보냈다. 즉, 저장했다.
The case will be **remitted to** the court of appeal. (passive)
그 사건은 상소 법원에 보내질 것이다.

REND

1. 단동사
이 동사는 무엇을 거칠게 갈기갈기 찢는 과정을 그린다.
> 타동사

They **rent** their clothes in grief.
그들은 비탄 속에 그들의 옷들을 찢어발겼다.

2. 구동사

2.1 rend O from O

He **rent** the burning pants **from** the child.
그는 그 불이 붙고 있는 바지를 그 아이에게서 찢어 벗겼다.

2.2 rend O into O

He **rent** the newly tailored coat **into** shred in anger.
그는 그가 다시 새로 만든 저고리를 화가 나서 갈기갈기 찢었다.

RENDER 1

1. 단동사
이 동사는 쓸모없게 만드는 과정을 그린다.

타동사

Hundreds of people were **rendered** homeless by the earthquake.
수백 명의 사람들이 그 지진으로 집을 잃게 되었다.
The committee was asked to **render** a report on the housing situation.
그 위원회는 그 주택 상황에 대한 보고서를 제출하라는 요구를 받았다.
He stood up and **rendered** a beautiful version of 'Summertime'.
그는 일어서서 '써머타임'을 아름답게 연주했다.

2. 구동사

2.1 render O down

The fat can be **rendered down** and can be used for cooking.
그 지방은 녹여져서 요리하는 데 쓰일 수 있다.
[down은 고체가 액체 상태로 되는 관계를 나타낸다. 참조: melt down]
He **rendered down** the matter into its essentials.
그는 그 문제를 그것이 필수사항이 되게 만들었다.
[참조: boil down]

2.2 render O up

He forgot to **render up** his annual fee.
그는 연회비를 내는 것을 잊어버렸다.
[up은 보다 큰 양을 지불해야 하는 관계를 나타낸다.]
He **rendered up** his soul to the devil in order to get the money.
그는 그 돈을 얻기 위해서 영혼을 그 악마에게 팔아야 했다.
[up은 마지못해 무엇을 주거나 바치는 관계를 나타낸다.]

RENDER 2

1. 단동사
이 동사는 주거나 제공하는 과정을 그린다.

2. 구동사

2.1 render O to O

They **rendered** assistance **to** the disaster victims.
그들은 그 재난 희생자들을 도와주었다.
He **rendered to** thanks to god for his good health.
그는 자신의 건강에 대해 하나님께 감사를 드렸다.

RENEGE

1. 단동사
이 동사는 약속한 것을 이행하지 않는 과정을 그린다.

타동사

Does he want to **renege** his duty?
그는 자신의 책무를 떨치길 원하니?

2. 구동사

2.1 renege on O

The Democrats are accusing the president of **reneging on** his election pledges.
민주당은 대통령이 선거 공약을 이행하지 않음을 비난하고 있다.

RENT

1. 단동사
이 동사는 돈을 주고 일정 기간 동안 집, 자동차 등을 빌려 주거나 쓰는 과정을 그린다.
명사: 집세

자동사

The apartment **rents** for $500 a month.
그 아파트는 한 달에 $500를 주고 세를 놓는다.

타동사

He **rents** rooms in his house to students.
그는 자기 집의 방들을 학생들에게 세 놓는다.
We **rented** a car for the week and explored the area.
우리는 한 주 동안 자동차를 빌려서 그 지역을 탐사했다.

2. 구동사

2.1 rent O out

The couple **rented out** the apartment and went on a vacation.
그 부부는 그 아파트를 세를 받고 빌려주고 여행을 떠났다.

R

[out은 아파트 사용군이 빌리는 사람에게 넘어가는 관계를 나타낸다. 참조: hire out, let out]

He **rents out** *his studio* to students.
그는 그의 스튜디오를 학생들에게 빌려준다.

empty spaces 빈 공간들 hanbok 한복

Nowadays, we can **rent out** home appliances.
오늘날 우리는 가전제품들을 빌려 쓸 수 있다.

REPAIR

1. 단동사
이 동사는 어떤 장소로 가는 과정을 그린다.

2. 구동사
2.1 repair to O
After the conference, most of the participants **repaired to** cafés and restaurants nearby.
그 회의가 끝난 다음, 대부분의 참석자들은 근처에 있는 카페들이나 식당들에 쉬러 갔다.

REPORT

1. 단동사
이 동사는 보고하거나 보도하는 과정을 그린다.
명사: 보고, 보도, 보고서, 이야기, 성적표

> 타동사

The crash happened seconds after the pilot **reported** engine trouble.
그 추락 사고는 그 조종사가 엔진 고장을 알려 온 뒤 몇 초 뒤에 발생했다.

The stabbing was **reported** in the local press. (passive)
그 칼부림 사건은 그 지역 신문에 보도되었다.

> 자동사

You should **report** for duty at 9:30 am.
여러분은 오전 9시 30분에는 출근 보고를 해야 합니다.

2. 구동사
2.1 report back
The detective was asked to look into the case and to **report back**.
그 형사는 그 사건을 들여다보고 보고하라는 요청을 받았다.
[back은 조사 후 결과를 상사 등에게 보고하는 관계를 나타낸다.
참조: answer back]

The expert team **reported back** on the efficiency of the program.
그 전문가 팀은 그 프로그램의 효율성에 대해 (담당기관에) 보고했다.

report O back
The police officer **reported back** to his chief the result of his investigation.
그 경찰은 그의 조사의 보고를 그의 상관에게 보고하였다.
[back은 요청을 받고, 그 대답으로 보고하는 관계를 나타낸다.]

2.2 report to O
If you have any trouble with the machine, be sure to **report to** the mechanic.
그 기계에 문제가 있으면, 반드시 그 기사에게 보고하도록 하시오.

report O to O
Have you **reported** the accident **to** the police yet?
그 사고를 경찰에 이미 신고했습니까?

REPOSE

1. 단동사
이 동사는 무엇이 어떤 장소에 놓여있는 과정을 그린다.

2. 구동사
2.1 repose O in O
We **repose** our trust **in** our armed forces.
우리는 우리의 믿음을 국군에 둔다.

2.2 repose on O
The glasses **reposed on** the tray.
그 잔들이 그 쟁반 위에 놓여있다.

RESIDE

1. 단동사
이 동사는 사람이 어디에 거주하는 과정을 그린다.

> 자동사

He returned to Korea in 1939, having **resided** abroad for many years.
그는 여러 해 동안 해외에서 살다가 1939년에 한국으로 돌아왔다.

2. 구동사
2.1 reside in O
He **resides in** Seoul.
그는 서울에 산다.

The true value of film **resides in** an in−depth analysis of the country's political situation.
그 영화의 참 가치는 그 나라의 정치 현상에 대한 심도 있는 분석에 있다.

2.2 reside with O

Real power of the company **resides with** the board of directors.
그 회사의 실세는 그 이사진이 가지고 있다.

RESIGN

1. 단동사
이 동사는 자진해서 어떤 자리를 떠나는 과정을 그린다.
타동사

My father **resigned** his directorship last year.
우리 아버지께서는 작년에 이사직을 사임했다.

2. 구동사
2.1 resign O to O

He **resigned** himself **to** the fact that no one or nothing can cure him of his cancer.
그는 아무도 또는 무엇도 그의 암을 고칠 수 없다는 사실에 체념을 했다.

Farmers are **resigned to** dairy imports. (passive)
농부들은 유제품 수입들에 체념하고 있다.

RESOLVE

1. 단동사
이 동사는 물질이 분해되는 과정을 그린다.

2. 구동사
2.1 resolve into O

When heated, the molecules **resolve into** two atoms.
열이 가해지면, 그 분자들은 두 원자로 된다.

His voice **resolved into** a whisper.
그의 목소리가 속삭임이 되었다.

When the fog cleared away, the shore **resolved into** a sandy beach.
그 안개가 걷히자, 그 해안은 모래 해변이 되었다.

RESONATE ¹

1. 단동사
이 동사는 특정 성분이 많이 들어있는 과정을 그린다.

2. 구동사

2.1 resonate with O

The Korean bean paste stew **resonates with** hot pepper and garlic.
그 한국 된장찌개에는 고추와 마늘이 많이 들어 있다.

The poem by Emily Dickens **resonates with** colorful images.
에밀리 디킨스가 쓴 그 시는 여러 가지 색채를 띤 이미지들로 가득 차 있다.

RESONATE ²

1. 단동사
이 동사는 맑은 소리가 퍼지는 과정을 그린다.
자동사

British jobs for British workers may just start to **resonate**.
영국 노동자들을 위한 영국 일자리들이 많아질 것이다.

2. 구동사
2.1 resonate with O

The hall **resonates with** sound.
그 홀은 소리로 가득 차 있다. 즉, 그 홀에 소리가 울려 퍼졌다.

The message **resonates with** *people*.
그 메시지는 사람들이 받아들이고 공명한다.

| voters 유권자들 | working class 노동 계층 |

RESORT

1. 단동사
이 동사는 마지막 수단에 의존하는 과정을 그린다.
명사: 최후의 수단, 의지

2. 구동사
2.1 resort to O

The terrorists are **resorting to** bombing in crowded cities.
그 테러 분자들은 복잡한 시들에서 폭파에 의존하고 있다.

US tried to **resort to** diplomatic resources.
미국은 외교적 자원을 최후수단으로 쓰려고 노력했다.

The desperate man **resorted to** crime for survival.
그 절망적인 사람은 살아남기 위해 범죄에 기댔다.

RESOUND

1. 단동사
이 동사는 어떤 장소가 소리로 가득 차는 과정을 그린다.

R

자동사

Let it **resound** loud as the rolling sea.
그것이 그 넘실거리는 바다처럼 크게 울려 퍼지도록 합시다.
Echoes **resound**.
메아리들이 울린다.

2. 구동사

2.1 resound through O

The horn **resounded through** the forest.
그 혼 소리가 그 숲을 울려 퍼져나갔다.

2.2 resound with O

The forest **resounds with** cries of birds and insects.
그 숲은 새들과 곤충들의 소리들로 가득하다.

REST 1

1. 단동사

이 동사는 일을 하지 않고 쉬는 과정을 그린다.
명사: 휴식

자동사

He **rested** for a while.
그는 잠깐 쉬었다.

타동사

He **rested** his horse.
그는 그의 말을 쉬게 했다.

2. 구동사

2.1 rest at O

The temperature **rested at** 30°C.
기온은 섭씨 30도에 머물렀다.

2.2 rest on O

His eyes **rested on** the pretty woman.
그의 두 눈이 그 예쁜 여자에게 머물러 있었다.
Christianity **rests on** the belief that Jesus was the Son of God.
기독교는 예수가 신의 아들이라는 그 믿음에 기반을 두고 있다.
[on은 기독교가 믿음에 바탕을 둔다는 뜻이다.]

2.3 rest up

The doctor had said that I should **rest up** for a few days.
그 의사는 내가 며칠 푹 쉬어야 한다고 말했다.
[up은 휴식을 충분히 취한 상태를 나타낸다.]
You'd better go home now and **rest up** before the

match.
너는 이제 집에 가서 그 경기 전에 푹 쉬는 게 좋겠다.
A pack of lions are **resting up** in the shade.
사자 한 무리가 그늘 아래에서 푹 쉬고 있다.

REST 2

1. 단동사

이 동사는 어떤 물건을 어디에 두거나, 물건이 어디에 있는 과정을 그린다.

2. 구동사

2.1 rest O against O

Please **rest** the board **against** the wall.
그 판을 그 벽에 기대어 놓으세요.

rest against O

The bike **rests against** the fence.
그 자전거는 그 울타리에 기대 놓여있다.

2.2 rest O on O

He **rested** his arm **on** the table.
그는 그의 팔을 그 탁자 위에 얹어 놓았다.

2.3 rest with O

The final decision **rests with** the patient.
그 최종 결정은 그 환자에게 놓여있다.
The power **rests with** the people.
그 권력은 국민들에게 있다.

RESULT

1. 단동사

이 동사는 결과가 되는 과정을 그린다.
명사: 결과, 승리, 성적, 성과

자동사

When water levels rise, flooding **results**.
수위들이 높아지면, 홍수가 발생한다.

2. 구동사

2.1 result from O

His failure **results from** his laziness.
그의 실패는 그의 게으름에서 오는 결과이다.

2.2 result in O

His laziness **resulted in** his failure.
그의 게으름은 결국 그의 실패로 끝이 났다.
Closing the banks **resulted in** 1,500 job losses.

그 은행들의 폐쇄가 1,500개의 일자리들을 잃게 했다.

RETURN

1. 단동사
이 동사는 원래 있던 자리에 돌아가거나 어떤 물건을 제자리로 돌려주는 과정을 그린다.
명사: 귀환, 반납, 수익, 보고서

자동사

I waited a long time for him to **return**.
나는 그가 돌아오기를 오랫동안 기다렸다.

The following day, the pain **returned**.
그 다음날 그 통증이 다시 시작되었다.

타동사

We had to **return** the hair-drier to the store because it was faulty.
우리는 그 헤어드라이어가 결함이 있어서 상점에 되가져가야 했다.

She phoned him several times, but he was too busy to **return** her call.
그녀가 그에게 몇 차례 전화를 했지만, 그가 너무 바빠서 회답 전화를 하지 못 했다.

The jury **returned** a verdict of not guilty.
그 배심원들이 무죄 평결을 가지고 돌아왔다.

2. 구동사
2.1 return to O

After changing the baby, she **returned to** her book.
그 애기 기저귀를 갈은 다음, 그녀는 다시 (읽던) 그 책으로 돌아왔다.

Let's **return to** the subject of ISIS.
ISIS의 주제로 돌아갑시다.

REV

1. 단동사
이 동사는 엔진의 속도가 높아지거나 엔진의 속도를 높이는 과정을 나타낸다.
명사: 회전 속도

자동사

I could hear the car **revving** outside.
밖에서 그 차가 속도를 높이는 소리가 들렸다.

2. 구동사
2.1 rev up

The driver **revved up** and raced off into the race.
그 운전수는 자동차의 회전 속도를 높인 다음, 그 경기에 전속력으로 들어갔다.

[up은 수, 양, 속도의 증가를 나타낸다.]

rev O up

He **revved up** the engine.
그는 그 엔진의 회전 속도를 높였다.

The exercise helps you **rev up** your metabolism.
이 운동은 여러분의 신진대사를 더 원활하게 도와준다.

The company is **revving up** production.
그 회사는 생산 속도를 높이고 있다.

REVEL

1. 단동사
이 동사는 파티에서 춤추고 먹고 마시고 하면서 시간을 보내는 과정을 그린다.

자동사

I want to watch people **revel** and be merry.
나는 사람들이 흥청거리며 기뻐하는 것을 보고 싶어 한다.

2. 구동사
2.1 revel in O

After winning the race, the skater skated around the track, **reveling in** the applause from the stand.
그 경기를 이긴 다음, 그 스케이트 선수는 그 트랙을 스케이트를 타고 돌면서 청중석에서 오는 그 박수갈채를 즐겼다.

He **reveled in** all the attention he got.
그는 그가 받는 모든 주의를 즐겼다.

REVERT

1. 단동사
이 동사는 원래 장소나 상태로 돌아가는 과정을 그린다.

2. 구동사
2.1 revert to O

As soon as they stopped farming, the land **reverted to** wilderness.
그들이 경작을 중지하자, 그 땅은 황무지로 되돌아갔다.

The areas along the 38th parallel line has **reverted to** their natural state.
38선에 인접해 있는 그 지역들은 자연 상태로 돌아갔다.

I'd like to **revert to** the first point you made.
나는 네가 언급한 첫 문제로 돌아가고자 한다.

Moving back to Korea, she **reverted to** her Korean name.
한국에 다시 돌아오자, 그녀는 한국 이름을 다시 쓰기 시작했다.

R

REVOLVE

1. 단동사
이 동사는 어떤 축을 중심으로 돌거나 돌리는 과정을 그린다.

자동사

The fan **revolved** slowly.
그 선풍기는 천천히 돌았다.

타동사

She **revolved** the drum so that she could get all the clothes out of the washer.
그녀는 모든 옷을 그 세탁기에서 꺼내기 위해서 드럼을 돌렸다.

2. 구동사
2.1 revolve around O

The earth **revolves around** the sun.
지구는 태양을 중심으로 돈다.

The debate **revolved around** the issue.
그 토의는 그 쟁점을 중심으로 진행됐다.

The film **revolves around** a Korean nurse who worked in Germany in the 1960's.
그 영화는 1960년대에 독일에서 일한 한국 간호사의 이야기를 중심으로 한다.

His entire life **revolved around** linguistics.
그의 전 생애가 언어학을 중심으로 돌아갔다.

The pampered child believes that the whole world **revolves around** him.
그 응석받이는 온 세계가 자기를 중심으로 돈다고 생각한다.

RID

1. 단동사
이 동사는 어떤 장소, 조직 등에서 나쁜 것을 제거하는 과정을 그린다.

2. 구동사
2.1 rid O of O

The presidential candidate promises that he will **rid** the country **of** all criminals.
그 대통령 후보자는 그가 나라의 모든 범죄자들을 없애겠다고 약속했다.

He is trying hard to **rid** himself **of** all worries.
그는 그에게서 모든 걱정들을 없애려고 노력하고 있다.

The government **rid** the area **of** mosquitoes.
정부는 그 지역에서 모기들을 없앴다.

RIDDLE

1. 단동사
이 동사는 어떤 표면을 체와 같이 구멍을 내는 과정을 그린다.

2. 구동사
2.1 riddle O with O

The walls of the building are **riddled with** bullets. (passive)
그 건물의 벽들은 총탄 자국들로 구멍들이 막 뚫려있다.

The acorn leaves are **riddled with** holes. (passive)
그 참나무 잎들은 구멍이 송송 뚫려 있다.

The old woman died at the age of 90, **riddled with** cancer.
그 노부인은 90세의 나이에 몸에 군데 군데 암이 퍼져서 죽었다.

RIDE

1. 단동사
이 동사는 탈 것에 타는 과정을 나타낸다.

타동사

He **rode** a car / a bike / a roller skate.
그는 차 / 자전거 / 롤러 스케이트를 탔다.

The ship **rode** the waves.
그 배는 그 파도들을 탔다.

I will **ride** you to the station.
내가 너를 그 역에 태워다 주겠습니다.

The bullies are **riding** the kids.
그 불량배들이 그 꼬마들을 타고 있다. 즉, 괴롭히고 있다.

자동사

Let's leave the matter **ride** for a while.
그 문제가 잠시 굴러가게 내버려 둡시다.

2. 구동사
2.1 ride away

She got on her horse and **rode away**.
그녀는 자신의 말에 올라 타고 그곳을 떠나갔다.

2.2 ride O down

The police **rode down** the thief.
경찰이 말을 타고 가서 그 도둑을 잡았다.
[down은 도둑이 잡힌 관계를 나타낸다. 참조: chase down, track down]

Some of the rebels were **ridden down** by the cavalry. (passive)
그 반군의 몇 명은 기병대에 의해 밟혀 넘어졌다.

[down은 서 있던 사람이 넘어지는 관계를 그린다. 참조: run down]

2.3 ride off

We **rode off** in different directions.
우리는 (자전거나 말을 타고) 서로 다른 방향으로 어떤 자리를 떠나갔다.

The cowboy **rode off** into sunset.
그 카우보이는 (어떤 자리를 떠나) 석양 속으로 말을 타고 들어갔다.

2.4 ride on O

Do you like to **ride on** the train?
당신은 그 기차에 타고 싶습니까?

His future **rides on** the one civil service examination.
그의 미래가 그 공무원 자격시험 하나에 달려 있다.
[참조: depend on, hang on]

His life **rides on** the result.
그의 목숨은 그 결과에 달려있다.

A huge money **rides on** the outcome of the match.
엄청난 액수의 돈이 그 시합의 결과에 달려 있다.

ride on

After a brief stop at the view point, they **rode on**.
그 전망대에서 잠깐 쉰 다음, 그들은 계속해서 타고 갔다.
[on은 과정이 쉬었다가 이어지는 상태를 나타낸다. 과정 - 쉼 - 과정]

2.5 ride out

At the sound of the gun, everyone **rode out**.
그 총소리가 나자마자, 모든 사람들은 (차나 말을 타고) 나갔다.

ride O out

The government is determined to **ride out** the present economic crisis.
정부는 현 경제위기가 끝날 때까지 참고 견딜 예정이다.
[out은 경제 위기가 끝나는 관계를 나타낸다.]

If we can just **ride out** the next six months, we should be okay.
다음 6개월을 참고 견뎌내면, 우리는 괜찮아질 것이다.

In the shelter of the bay, the boat **rode out** the storm.
그 만의 대피처에서 그 배는 그 폭풍이 끝날 때까지 견뎌냈다.
[참조: weather out]

Some villagers **rode out** the hurricane on top of the roof.
몇몇 마을 사람들은 지붕 위에서 허리케인이 끝날 때까

지 견뎌냈다.

2.6 ride over O

Bobby fell down and Susan **rode over** him.
보비가 넘어졌고, 수전이 그를 타고 넘어갔다.

2.7 ride up

I **rode up** on him and frightened him.
나는 (자전거 등을 타고) 그에게 다가가서 그를 놀라게 했다.
[up은 어떤 지점에 접근하는 관계를 나타내고, on은 영향을 받는 관계를 나타낸다.]

My shirt sleeves **ride up** when I wear this coat.
내가 이 코트를 입으면 내 셔츠 소맷자락이 말려 올라간다.
[참조: roll up]

Her skirt **rode up** over her thighs.
그녀의 스커트가 그녀의 무릎 위까지 말려 올라갔다.
[up은 밑에서 위로 올라간 상태를 나타낸다.]

RIFLE

1. 단동사
이 동사는 찬장이나 서랍 등을 빠르게 뒤져서 찾는 과정을 그린다.

2. 구동사
2.1 rifle through O

He **rifled through** the files searching for the contract.
그는 계약서를 찾느라 그 서류들을 샅샅이 뒤져갔다.

RIG 1

1. 단동사
이 동사는 특별하거나 보통이 아닌 옷을 입히는 과정을 그린다.
명사: 출범 준비를 위한 의장, 대형 트럭

2. 구동사
2.1 rig O out

Mom **rigged out** Jane in a sailor uniform.
엄마는 제인을 세일러 교복으로 잘 차려 입혔다.
[참조: kit out]

The children came out **rigged out** as a cowboys.
그 아이들은 카우보이 차림을 하고 나왔다.
[참조: deck out]

2.2 rig O up

R

The lights had been **rigged up** but not yet tested. (passive)

그 전등들은 설치는 되어 있었지만 아직 테스트는 안 되었다.

He **rigged up** a makeshift tent using a plastic sheet and a pole.

그는 플라스틱 판 한 장과 막대기 하나를 써서 임시 천막을 급하게 세웠다.

[up은 천막이 세워지거나 생겨나는 관계를 나타낸다.]

He **rigged up** the guitar with some new strings.

그는 그 기타를 새 줄들로 장치했다.

He **rigged up** the car with explosives.

그는 그 차에 폭발물들을 설치했다.

RIG 2

1. 단동사

이 동사는 선거 등을 조작하는 과정을 그린다.

타동사

He said the president election had been **rigged**. (passive)

그는 그 대통령 선거가 조작되었었다고 말했다.

2. 구동사

2.1 rig O against O

He said the election was **rigged against** him. (passive)

그는 그 선거가 그에게 불리하게 조작되었다고 말했다.

RING 1

1. 단동사

이 동사는 종에서 나는 소리를 묘사하는 과정을 그린다.

자동사

The phone **rang**.

그 전화가 울렸다.

The room **rang** with laughter.

그 방은 웃음소리로 울려 퍼졌다.

Your story **rings** true.

너의 이야기가 사실로 들린다.

The blow made his ear **ring**.

그 타격이 그의 귀를 웅웅 울리게 했다.

타동사

He **rang** the door bell.

그는 그 문의 초인종을 울렸다.

2. 구동사

2.1 ring back

Can I give the boss a message, or will you **ring back**

later?

내가 사장에게 메시지를 남길까요, 아니면 다시 전화를 주시겠습니까?

[back은 전화를 받고 다시 전화를 거는 관계를 나타낸다.]

[참조: call back]

The manager is out right now. I will ask him to **ring back** to you.

그 지배인은 지금 외출중입니다. 그에게 전화를 드리라고 하겠습니다.

2.2 ring O down

At the end of the play, they **rang** the curtain **down**.

그 연극이 끝난 후에, 그들은 신호를 주어 그 커튼을 내렸다.

[down은 커튼이 위에서 내려오는 관계를 그린다.]

2.3 ring for O

I would like to **ring for** a waiter.

나는 벨을 울려서 웨이터를 부르고 싶다.

2.4 ring in

David **rang in** to say that he was sick.

데이비드는 그가 아프다고 말하기 위해서 (회사로) 전화를 했다.

[in은 회사 밖에서 회사 안으로 전화하는 관계이다. 참조: call in]

As he was unable to make it to the clinic, he **rang in**.

그는 그 의원에 갈 수가 없어서 (그 의원에) 전화를 했다.

ring O in

Churches all over the city are **ringing in** a new year.

그 시 전역에 걸쳐 있는 교회들이 종을 쳐서 새해를 맞아들이고 있다.

A new year was **rung in** at Posinkak. (passive)

새해가 보신각에서 종을 쳐서 들어오게 했다.

2.5 ring off O

The telephone is **ringing off** the hook.

그 전화기가 끊임없이 울리고 있다.

[off는 전화기가 전화 걸이에서 떨어져 있는 관계를 나타낸다.]

ring off

Don't **ring off** now. I've something to tell.

전화를 끊지 마세요. 저는 당신에게 말할 무엇이 있습니다.

[off는 두 사람 사이의 통화가 끊어지는 관계를 나타낸다.]

He had to **ring off** - someone's at the door.

그는 전화를 끊어야 합니다 - 누군가가 문에 와있다.

2.6 ring out

Loud cheers **rang out** at the end of the game.

그 경기가 끝나자 큰 응원 소리들이 울려 퍼졌다.

Shots **rang out**, and most of the demonstrators fell to the ground.

총소리들이 울려 퍼지자 대부분의 그 시위자들이 땅에 엎드렸다.

[out은 소리가 사방으로 널리 퍼지는 관계를 나타낸다.]

The catholic church bell is **ringing out** over our neighborhood.

그 가톨릭 교회 종소리가 우리 이웃 위로 울려 퍼지고 있다.

ring O out

The bell of the *Myungdong* catholic church is **ringing out** the old year.

명동 성당의 종이 묵은해를 종을 쳐서 내보내고 있다.

[out은 우리가 사는 곳에서 밖으로의 뜻이다.]

2.7 ring round

I'm **ringing round** to remind the members about the picnic tomorrow.

나는 회원들에게 내일의 야유회를 상기시키기 위해서 이곳저곳 전화를 하고 있다.

[round는 이 곳 저 곳을 가리킨다. 참조: call around]

ring round O

I'm **ringing round** all the wedding halls in town, but they are all booked up.

나는 시내에 있는 모든 결혼식장에 전화해보고 있으나, 모든 곳이 예약이 차 있다.

2.8 ring O up

I **rang** him **up** and asked him out for dinner.

나는 그를 전화로 불러서 나가서 저녁을 먹자고 청했다.

[up은 전화를 통해 상대방의 청각이나 시각 영역에 들어오는 상태를 나타낸다. 참조: call up]

I **rang up** the ticket office, but I found the tickets all sold out.

나는 그 표 사무소에 전화를 했지만 표들이 매진 된 것을 알게 되었다.

He **rang up** a bill of $300 for the gifts.

그는 그 선물들 값으로 300달러의 계산액을 (계산기에) 울렸다.

[위에서 ring은 계산기에서 나는 소리이고, up은 여러 액수가 모여서 계산기에 등록되는 관계를 나타낸다.]

A bill of $700 was **rang up** in the bill. (passive)

700달러의 계산액이 그 계산에 나타났다.

The company **rang up** another 10% in profits.

그 회사는 추가적인 10%의 이윤을 만들어 내었다.

2.9 ring with O

The morning air **rang with** the sound of church bells.

그 아침 공기가 교회 종들의 소리로 울려 퍼지고 있다.

RING 2

1. 단동사

이 동사는 동그라미를 그리는 과정을 그린다.

타동사

Hundreds of people **ringed** the building in protest.

수 백명의 사람들이 항의로 그 건물을 둘러쌌다.

2. 구동사

2.1 ring around O

Children **rang around** the ice cream truck.

아이들이 아이스크림 트럭 주변에 원을 그리며 모였다.

RINSE

1. 단동사

이 동사는 접시나 옷 등을 흐르는 물로 비누 등을 씻어내는 과정을 그린다.

명사: 씻기, 헹구기

2. 구동사

2.1 rinse O off

He **rinsed off** the *detergent*.

그는 물로 그 세제를 헹구어 떨어져 나가게 했다.

soap 비누	dirt 먼지

He **rinsed off** the *dishes*.

그는 그 접시에 묻은 것을 헹구어 떨어지게 했다.

[dishes는 환유적으로 접시에 묻은 이물질을 가리킨다.]

bowls 사발	plate 접시

We **rinsed off** the wind shield.

우리는 그 자동차 전면 유리창을 물로 헹구어 먼지 등이 떨어져 나가게 했다..

[windshield는 환유적으로 전면 유리창에 묻은 먼지 등을 가리킨다.]

2.2 rinse O out

Shampoo your hair first, and **rinse** it **out**.

먼저 샴푸로 머리를 감고 나서, 그 다음 (비누 등을) 헹구어 내어라.

[out은 속에 있던 것이 빠져 나오는 관계를 나타낸다.]

I will wash the dishes and you **rinse** them **out**.

R

내가 그 접시들을 닦을 테니, 너는 그들을 헹궈서 (비누 등이) 빠져 나가게 하여라.

Rinse out the *bottle*.
그 병을 헹궈내라.
[bottle은 병 안에 있는 이물질들을 가리킨다.]

jug 항아리	kettle 주전자

RIP

1. 단동사
이 동사는 무엇을 결을 따라 세차게 찢는 과정을 나타낸다.

자동사

The sleeve **ripped** on a nail.
그 소매가 못에 확 찢겼다.

타동사

She **ripped** the hem of the skirt.
그녀는 그 스커트의 단을 확 찢었다.

He **ripped** a sheet of paper from the notebook.
그는 종이 한 장을 그 노트에서 확 찢어 내었다.

2. 구동사
2.1 rip O apart

The strong wind **ripped apart** the huts.
그 강한 바람이 그 오두막집들을 갈갈이 찢어놓았다.

The war **ripped** the family **apart**.
그 전쟁이 그 가족들을 찢어 갈라놓았다.

The press **ripped apart** the president's new policy.
그 매체가 대통령의 새 정책을 심하게 헐뜯었다.

2.2 rip O away

He **ripped away** the wrapping paper from the box.
그는 그 포장지를 그 상자에서 확 뜯어내었다.

The new healthcare bill **ripped away** insurance from the public.
그 새 의료법은 보험을 그 사람들로부터 빼앗아 버렸다.

The children were **ripped away** from the parent at the US−Mexican border.
그 아이들은 미국 멕시코 국경에서 부모들로부터 강제로 떼어졌다.

2.3 rip by O

A taxi **ripped by** me.
택시 한 대가 내 옆을 거칠게 지나갔다.

2.4 rip O down

After the election, all the posters were **ripped down**.
그 선거 후에 모든 포스터들이 뜯겨 내려졌다.

2.5 rip into O

Typhoon Sara **ripped into** the southern city of Busan.
태풍 사라가 남부 도시 부산을 세차게 강타했다.

The bomb **ripped into** the government building.
그 폭탄은 정부 건물을 세차게 뚫고 들어갔다.

He **ripped into** me for being absent from class.
그는 수업에 결석한 것 때문에 나를 호되게 꾸짖었다.
[참조: lash into, lay into, rash into]

2.6 rip O off O

The storm **ripped** the roof **off** the house.
폭풍이 지붕을 그 집에서 확 벗겨지게 했다.

The storm **ripped** the ship **off** course.
그 태풍이 그 배를 항로에서 확 벗어나게 했다.
[참조: on courese]

rip O off

In the fight, one ant **ripped off** the leg of another ant.
그 싸움에서, 한 마리의 개미가 다른 개미의 발을 뜯어서 떨어지게 했다.

He **ripped off** his clothes and ran into the sea.
그는 그의 옷을 휙휙 벗고 바다에 뛰어들었다.
[off는 옷이 몸에서 떨어지는 관계이다. 참조: take off]

Some taxi drivers **rip off** foreign tourists.
몇몇 택시 운전사들은 외국 관광객들을 바가지를 씌운다.
[tourists는 환유적으로 관광객이 가진 돈이다. off는 돈이 관광객에게서 떨어져 나오는 관계이다.]

I feel I was **ripped off**. I paid 20,000 won for a cup of coffee. (passive)
내가 바가지를 쓴 것 같다. 나는 커피 한 잔 값으로 2만 원이 뜯겼다.

He is found to have **ripped off** money from church funds.
그는 돈을 교회 기금에서 훔친 것으로 밝혀졌다.

Computer softwares are being **ripped off** in other countries. (passive)
컴퓨터 소프트웨어가 다른 나라들에서 불법 복제되고 있다.
[참조: knock off]

This is a place where it is easy to **rip off** bikes.
이곳은 자전거들을 훔치기 좋은 곳이다.

rip O off from O

I **ripped off** the covers **from** the bed.
나는 그 침대커버들을 그 침대에서 확 벗겼다.

rip O off of O

He **ripped** the cover **off of** the book.

그는 그 책의 표지를 그 책에서 확 뜯어내었다.

2.7 rip O out

He ripped the gun out and cleaned it.
그는 그 총을 확 꺼내서 청소를 했다.
He ripped out the seat of the car.
그는 그 자동차의 그 시트를 확 뜯어내었다.

2.8 rip past O

His car ripped past me.
그의 차가 내 옆을 휙 지나갔다.

2.9 rip through O

A few bullets ripped through the side of the President's car.
몇 개의 실탄이 그 대통령의 차의 양 옆을 세차게 뚫고 들어갔다.
A North Korean torpedo ripped through the bottom of the ship.
북한 어뢰가 그 배의 바닥을 확 뚫고 지나갔다.
Hurricane Katrina ripped through New Orleans in 2005.
허리케인 카트리나가 2005년에 뉴올리언스 주를 세차게 휩쓸고 지나갔다.

2.10 rip O up

He ripped up the dirty carpet.
그는 그 더러운 카펫을 뜯어 올렸다.
[up은 바닥에 깔린 것을 걷어 올리는 관계를 나타낸다.]
He ripped up the paper and threw it in the fire.
그는 그 서류를 갈기갈기 찢어서 그 불에 던졌다.
[up은 서류가 완전히 조각난 상태를 나타낸다.]
The president is going to rip up the *Iran deal*.
대통령은 그 이란 거래를 파기하려고 한다.

agreement 협약	law 법률

RIPEN

1. 단동사
이 동사는 과일들이 익거나 익히는 과정을 그린다.
[자동사]
The tomatoes ripened in the hot sun.
그 토마토들은 뜨거운 햇볕 아래 익었다.

2. 구동사
2.1 ripen into O
The small problem ripened into a serious problem.

그 작은 문제가 심각한 중요한 문제로 숙성되었다.

RIPPLE

1. 단동사
이 동사는 잔물결을 이루는 과정을 그린다.
명사: 잔물결, 파문
[자동사]
The sea rippled and sparkled.
그 바다는 잔물결을 이루며 반짝였다.
The surface of the lake rippled in the wind.
그 호수의 표면이 바람 속에 잔물결을 이루었다.
[타동사]
A breeze rippled the flag gently.
미풍이 그 국기를 잔잔히 물결치게 했다.

2. 구동사
2.1 ripple out
When a stone was thrown into the pond, waves rippled out.
그 연못에 돌 하나를 던져 넣자 파도들이 물결이 치면서 번져나갔다.
[out은 물결이 점점 크게 펼쳐지는 관계를 나타낸다.]
Inflation is rippling out to the rest of the country.
통화팽창이 그 나라의 나머지 부분으로 물결처럼 퍼져 나가고 있다.
Shock waves of the earthquake rippled out to the Earth's surface.
그 지진의 충격파가 물결 모양으로 지구 표면으로 나갔다.
[out은 속에서 밖으로 나가는 관계를 나타낸다.]

2.2 ripple through O
The small boat rippled through the still water.
그 작은 배가 물결을 일으키며 그 고요한 바다를 지나갔다.
A murmur of amazement rippled through the crowd.
조용한 감탄의 소리가 그 군중 속을 물결처럼 지나갔다.
A gunshot rippled through the forest.
총성이 그 숲속을 뚫고 지나갔다.

RISE

1. 단동사
이 동사는 아래에서 위로 움직이는 과정을 나타낸다.
명사: 위로 오르기, 양의 증가, 임금 인상
[자동사]
He rose to greet me.
그는 나를 맞기 위해 자리에서 일어났다.
He rises early in the morning.

R

그는 아침 일찍 일어난다.

Prices are **rising**.

물가들이 오르고 있다.

The cliff **rose** sharply around the lake.

그 절벽은 그 호수 주위에 가파르게 오른다.

2. 구동사

2.1 rise above O

The river **rose above** its banks.

그 강은 그 강둑들보다 수위가 불어났다.

The balloon **rose above** the trees.

그 풍선이 그 나무들 위로 올라갔다.

The tower **rises above** the hill.

그 탑이 그 언덕 위에 우뚝 솟아있다.

Her performance **rises above** that of her peers.

그녀의 연주는 그녀의 동료들의 것보다 훨씬 뛰어나다.

2.2 rise against O

In 1919, Korean people **rose against** the Japanese colonial rule.

1919년에 한국민은 일본 식민 통치에 항거하면서 일어섰다.

[against는 한국민이 일본 식민 통치에 반대하는 또는 항거하는 뜻이다.]

2.3 rise off O

Dust **rose off** the face of the moon.

먼지가 달 표면에서 일었다.

2.4 rise through O

The prime minister **rose through** the party ranks.

그 수상은 그 정당 서열들을 거쳐 올라왔다.

2.5 rise to O

He **rose to** the challenge.

그는 그 도전에 잘 대처했다.

He **rose to** prominence.

그는 유명하게 되었다.

2.6 rise up

The pianist **rose up** from his seat.

그 피아니스트는 그의 자리에서 일어섰다.

The geese **rose up** and flew away.

그 기러기들이 하늘로 솟아올라서 날아갔다.

Thick smokes are **rising up** from the chimney.

짙은 연기들이 그 굴뚝에서 솟아오르고 있다.

Sheer cliffs **rose up** around us on all sides.

가파른 절벽들이 우리 주위 모든 쪽에서 솟아 올라와 있었다.

The water is **rising up** fast, and people had better get to higher ground.

그 물이 빠르게 차오르고 있어서 사람들은 고지대로 가는 편이 좋겠다.

I felt the anger **rising up** in me.

나는 내 마음 속에 분노가 일어나고 있음을 느꼈다.

One day the people will **rise up** and oust the dictator.

언젠가 그 국민들이 일어나서 그 독재자를 몰아낼 것이다.

rise up against O

The peasants **rose up against** the local government.

그 농민들이 그 지방자치단체에 항거해서 일어섰다.

rise up to O

He **rose up to** the *challenge*.

그는 그 도전에 맞서기 위해서 일어섰다.

calling 부름	occasion 기회

rise up O

He quickly **rose up** the pecking order.

그는 재빨리 서열을 타고 올라갔다.

RIVET

1. 단동사

이 동사는 대못으로 무엇을 고정시키는 과정을 그린다.

명사: 대가리가 둥글고 두툼한 버섯 모양의 굵은 못, 대갈 못, 리벳

2. 구동사

2.1. rivet O on O

The child's eyes were **riveted on** the clown. (passive)

그 아이의 두 눈은 그 광대에 고정되어 있었다.

2.2. rivet O onto O

The pockets of the jeans are **riveted onto** the body of the pants. (passive)

그 청바지의 호주머니들은 대못으로 그 바지 몸통에 붙여졌다.

ROAR

1. 단동사

이 동사는 사자의 포효같이 깊고 큰 소리를 내는 과정을 그린다.

명사: 으르렁거림, 포효; 함성; 폭소

자동사

We heard a lion **roar**.
우리는 사자 한 마리가 으르렁거리는 소리를 들었다.
The crowd **roared**.
그 군중들이 함성을 질렀다.
He looked so funny we all **roared**.
그가 너무 우스꽝스럽게 보여서 우리는 모두 큰 소리를 내며 웃었다.

2. 구동사

2.1 roar at O
The lion **roared at** the wild dog.
그 사자는 그 들개에게 큰 소리로 으르렁거렸다.
Calm down. Don't **roar at** me.
마음을 진정시키시고, 나에게 큰 소리로 호통을 치지 마세요.

2.2 roar away
The train **roared away** into the night.
그 열차가 큰 소리를 내면서 밤 속으로 사라졌다.

2.3 roar to O
The boost **roared to** life.
그 (우주선의) 추진기가 굉음을 내며 작동하기 시작했다.

2.4 roar O out
He **roared out** his order, and everyone stood up.
그가 큰 소리로 그의 명령을 내자 모든 사람들이 일어났다.
[out은 소리가 크게 퍼지는 관계를 나타낸다.]
He **roared out** his criticism, and everybody knew what he felt.
그가 그의 비판을 큰 소리로 말하자, 모든 사람들이 그가 무엇을 느끼고 있는지 알았다.

ROAST

1. 단동사
이 동사는 닭이나 고기 등을 오븐에 넣어 굽거나 커피 콩을 볶는 과정을 그린다.
명사: 구운 고기, 구이 요리;

2. 구동사

2.1 roast O up
She **roasted up** two chickens in the oven.
그녀는 그 오븐에 닭 두 마리를 구웠다.
[up은 닭이 먹을 수 있는 상태가 됨을 나타낸다.]
She **roasted up** some coffee beans.

그녀는 약간의 커피콩들을 볶았다.

ROB

1. 단동사
이 동사는 사람이나 은행 등에서 돈을 빼앗는 과정을 그린다.
타동사
The robber tried to **rob** the bank.
그 강도가 그 은행을 털려고 했다.

2. 구동사

2.1 rob O of O
His successive failures **robbed** him **of** confidence.
그의 연속된 실패들이 그에게서 자신감을 앗아갔다.
The tomb had been **robbed of** its treasures. (passive)
그 무덤은 보물들을 도굴당했다.

ROCK 1

1. 단동사
이 동사는 무엇을 앞뒤 혹은 좌우로 흔드는 과정을 그린다.
명사: 암석
자동사
The boat **rocked** from side to side in the waves.
그 배는 그 파도 속에 좌우로 이리저리 흔들렸다.
타동사
The country was **rocked** by a series of political scandals.
그 나라는 일련의 정치 스캔들로 뒤흔들렸다.
She **rocked** her baby in her arms.
그녀는 그 아기를 팔에 안고 조용히 흔들었다.

2. 구동사

2.1 rock around
The boat **rocked around** tossing the crew to and forth.
그 배가 마구 흔들려서, 그 선원들을 앞뒤로 흔들리게 했다.

2.2 rock O to O
The mother is **rocking** her baby **to** sleep.
그 엄마는 아기를 흔들어서 재우고 있다.

ROCK 2

1. 단동사
이 동사는 록 음악을 열성적으로 연주하거나 듣는 과정을 그린다.

R

명사: 록 음악

2. 구동사

2.1 rock out
It was a great concert, and the band really **rocked out**.
그것은 신나는 음악회였고, 그래서 그 밴드는 한껏 신나게 연주했다.

ROCKET

1. 단동사
이 동사는 물체가 빠르게 이동하는 과정을 그린다.
명사: 로켓; 폭죽

> 자동사

The total has **rocketed** from 376 to 500.
총액이 376에서 500으로 급증했다.

2. 구동사

2.1 rocket into O
The space shuttle **rocketed into** space successfully.
그 우주왕복선은 성공적으로 우주에 진입했다.
The singer **rocketed into** prominence after the fabulous performance.
그 가수는 그 훌륭한 공연 뒤에 명성을 얻게 되었다.

rocket O into O
Russia **rocketed** the satellite **into** space in 1957.
러시아는 그 우주선을 로케트 추진기로 1957년에 우주에 진입시켰다.

2.2 rocket out
The car **rocketed out** of a side street.
그 승용차가 옆길에서 로켓처럼 빠르게 튀어나왔다.

2.3 rocket to
The band **rocketed to** stardom with their first single.
그 밴드는 처음 내놓은 싱글 음반으로 순식간에 스타의 반열에 올랐다.

2.4 rocket up
Prices are **rocketing up**.
가격들이 빠르게 치솟고 있다.

ROLL

1. 단동사
이 동사는 이동체가 돌면서 움직이거나 돌면서 말아지는 과정을 그린다.

> 타동사

Workers **rolled** logs to the river.
노동자들이 그 통나무를 그 강으로 굴려갔다.

> 자동사

The ship **rolled** in the storm.
그 배가 그 폭풍 속에 좌우로 굴렀다.
The dog **rolled** on the ground.
그 개가 그 바닥에서 뒹굴었다.

2. 구동사

2.1 roll around
The children are **rolling around** in the mud.
그 아이들은 그 진흙 속에서 뒹굴고 있다.
Mom is **rolling around** at the comedian's joke.
엄마는 그 코미디언의 농담에 데굴데굴 구르고 있다.
[around는 몸을 이리저리 마구 움직이는 관계를 나타낸다.]
We hope we will complete the construction of the house before *winter* **rolls around**.
우리는 겨울이 돌아오기 전에 그 집의 공사를 끝내기를 희망한다.
[around 는 계절이 돌아오는 관계를 나타낸다. 참조: come around]

spring	봄	Christmas	크리스마스

2.2 roll away
The green rice field **rolls away** in all directions.
그 푸른 논은 모든 방향으로 굴러나간다. 즉 뻗쳐나간다.
[away는 논이 멀리 뻗어나가는 관계를 나타낸다. 참조: spread away, stretch away]

2.3 roll O back
The South Korean army succeeded in **rolling back** the North Korean army over the 38th parallel line.
대한민국 국군은 인민군을 38선 너머로 물리치는 데 성공했다.
The US was trying to **roll back** communist influence in Cuba.
미국은 쿠바에서의 공산주의 영향을 물리치려고 노력했다.
[back은 들어오는 세력을 뒤로 약화시키는 관계를 나타낸다.]
The parliament voted to **roll back** the gas tax by 10% a litter.
의회는 유류세를 1리터당 10% 줄이기로 투표했다.
[back은 많아진 액수를 적은 것으로 되돌리는 관계를 나타낸다.]
The department store **rolled back** prices to compete with the discount stores.
그 백화점은 그 할인점들과 경쟁하기 위해서 가격들을

내렸다.
He rolled back his eye.
그는 그의 눈을 휘둥그렇게 했다.

roll back on O

The president is trying to roll back on the Obama health care.
대통령은 오바마의 의료보험제도를 되돌리려고 하고 있다.

2.4 roll by

Weeks rolled by.
몇 주가 굴러 지나갔다.
As the weeks rolled by, she became weaker and weaker.
그 몇 주가 지나가면서 그녀는 점점 약해졌다.
[by의 의미상의 목적어는 화자이다.]

2.5 roll down O

The car rolled down the *hill*.
그 자동차가 그 언덕 아래로 굴러갔다.

ramp 경사면	slope 경사

We rolled down the highway.
우리는 그 고속도로를 따라 내리 달렸다.

roll O down

I felt hot and asked the driver to roll down the car window.
나는 더워서 그 운전사에게 그 창문을 (손잡이를) 돌려서 창문을 내리라고 요청했다.
He rolled down his *pants*.
그는 그의 바지를 내렸다.

socks 양말	shorts 반바지

2.6 roll in O

She seems to be rolling in money.
그녀는 돈 속에서 구르고 있는 것처럼 보인다. 즉, 부자인 것처럼 보인다.

roll in

Since her first appearance on TV, letters from fans have been rolling in.
그녀가 TV에 첫 출연한 이후, 팬들의 편지들이 굴러들어오고 있다.
[in은 편지가 그녀에게 들어오는 관계를 나타낸다.]
Sales of the *ramen* are very successful and the profits are rolling in.
그 라면의 판매가 성공적이어서 이익이 굴러들어오고 있다.
A *thick blanket of yellow dust* is rolling in from China.
황사의 짙은 막이 중국에서 굴러들어오고 있다.

storm 폭풍	cloud 구름

He rolled in after midnight.
그는 한밤 중 이후에 굴러들어왔다.
[참조: get in, come in]

roll O in

The golfer rolled in four consecutive buddies.
그 골프 선수는 네 개 연속 버디를 홀에 굴려 집어넣었다.

2.7 roll off O

The ball rolled off the shelf and bounced across the room.
그 공이 그 선반에서 굴러 떨어져서 그 방을 가로질러 튀면서 갔다.
The new model of car is rolling off the production line.
자동차 새 모형이 생산 라인에서 떨어져 나오고 있다. 즉, 생산되고 있다.

roll off of O

The sweats rolled off of his face.
땀방울들이 그의 얼굴에서 흘러내렸다.

roll O off O

We rolled the heavy stone off the neighbor's yard.
우리는 그 무거운 돌을 굴려 그 이웃의 마당에서 굴려서 떼어냈다.

roll off

A war on Washington will roll off.
워싱턴에 대한 전쟁이 시작될 것이다.
[참조: kick off, start off]

2.8 roll on

As the years rolled on, they became closer and closer.
그 몇 해들이 이어서 지나감에 따라, 그들은 점점 더 가까워졌다.
[on은 한 해 한 해가 계속되는 관계를 나타낸다. 참조: go on, drag on]
The wedding ceremony rolled on endlessly.
그 결혼식은 끝없이 지루하게 계속되었다.

R

2.9 roll onto O

Waves **rolled onto** the beach.

파도들이 굴러가서 그 해변을 쳤다.

She **rolled onto** her side.

그녀는 굴러서 옆구리를 대고 누웠다.

2.10 roll O out

She made the dough and **rolled** it **out** 1cm thick.

그녀는 그 반죽을 만들어서 그것을 1cm 두께가 되도록 밀어서 펼쳤다.

[out은 반죽이 펼쳐지는 관계를 나타낸다.]

We **rolled out** the carpet on the floor.

우리는 그 카펫을 그 마루 위에 펼쳤다.

[out은 말린 것이 펼쳐지는 관계를 나타낸다.]

The cosmetic company **rolled out** a line of new soap products.

그 화장품 회사는 일련의 새 비누 제품들을 출시했다.

[out은 제품이 만들어져 나오는 관계를 나타낸다.]

We need to **roll out** new products to stay in competition.

우리는 경쟁에 남아있기 위해서 새 제품들을 만들어 내야 한다.

[참조: turn out, churn out]

The president **rolled out** a new slogan; Keep America great.

대통령은 새 슬로건을 만들어 냈다; 미국을 거대하게 유지합시다.

2.11 roll over

He **rolled over** and went back to sleep.

그는 돌아누워서 다시 잠을 잤다.

[over는 누운 자세가 호를 그리며 돌아가는 관계를 나타낸다. 참조: turn over]

He **rolled over** on his stomach.

그는 돌아서 배를 깔고 누웠다.

They are trying to shut down your business. Are you going to **roll over** and let them do it?

그들은 너의 사업을 폐쇄시키려고 하는데 너는 돌아누워서 그들이 너의 사업을 폐쇄시키게 내버려 두려는 것이냐?

roll over to O

The green train **rolled over to** China.

그 녹색 기차가 중국으로 건너갔다.

There is no winner in this week's lottery and the prize will be **rolled over to** next week. (passive)

이번 주 복권 당첨자가 없어서 그 상금은 다음 주로 굴러 넘어간다.

roll O over

He **rolled** the cart **over**.

그는 그 카트를 굴러 넘어뜨렸다.

The nurse knelt down beside the sick old man, and tried to **roll** him **over** on his back.

그 간호사는 그 병든 노인 곁에서 무릎을 꿇고 앉아서, 그를 돌려서 등을 깔고 눕게 했다.

[참조: turn over]

The tax office **rolled over** the tax debt until next year.

그 세무서는 그 밀린 세금을 다음 해까지 연기했다.

[over는 금년에서 다음해까지 넘어가는 관계를 그린다. 참조: pass over]

2.12 roll through O

Tanks **rolled through** the city of Pyeongyang.

탱크들이 평양시를 굴러 지나갔다.

Hurricane **rolled through** Louisiana.

허리케인이 루이지애나를 굴러서 지나갔다.

roll through

Thunders **rolled through** throughout the night.

밤새 천둥이 소리를 내며 지나갔다.

2.13 roll O up

She **rolled up** the car window.

그녀는 (손잡이를) 돌려서 그 차의 창문을 올렸다.

He **rolled up** his sleeves and began to work.

그는 소매들을 걷어 올리고 일을 하기 시작했다.

She **rolled up** her hair and tied it.

그녀는 머리를 말아 올려서 묶었다.

We **rolled up** the carpet and carried it upstairs.

우리는 그 카펫을 말아서 그것을 위층으로 옮겼다.

[out은 말려진 것이 펼쳐지는 상태를 나타내고, up은 반대로 펼쳐진 것이 말려진 상태로의 변화를 나타낸다.]

She **rolled up** the calender and put it into her suitcase.

그녀는 그 달력을 말아서 그녀의 가방에 넣었다.

My grandpa used to **roll up** his cigarette.

나의 할아버지는 담배를 말아서 만들곤 하셨다.

[up은 담배가 만들어지는 관계를 나타낸다.]

She's **rolling up** some *Kimbab* for the picnic.

그녀는 소풍을 위해 약간의 김밥을 말고 있다.

She **rolled up** the lilies in newspaper.

그녀는 그 백합꽃들을 신문지에 말았다.

[up은 흐트러져 있던 개체를 한 자리에 모으는 과정과 상태를 나타낸다.]

The police **rolled up** *suspects*.

경찰이 용의자들을 잡아들였다.

[up은 흩어져 있던 사람들은 한 군데에 모으는 관계를 나타낸다.

참조: round up]

protestors 항의자	demonstrators 시위자

roll up

Thousands of people **rolled up** to see the game.
수천 명의 사람들이 그 경기를 보기 위해서 자동차를 타고 다가갔다.
[up은 차량들이 어느 장소에 가까워지는 관계를 나타낸다.]
He **rolled up** in a BMW2.
그는 BMW2를 타고 굴러서 다가왔다.
The kitten **rolled up** into a tiny ball.
그 새끼고양이는 몸을 움츠려서 작은 공 모양이 되었다.
[up은 고양이의 모든 부분이 한곳으로 모이는 관계를 나타낸다.
참조: curl up]

roll up to O

We are **rolling up to** the Paralympic game.
우리는 그 장애인 올림픽 경기에 다가가고 있다.

2.14 roll with O

He **rolled with** the punches.
그는 주먹이 오는 방향으로 굴러서 충격을 피했다. 즉, 일련의 어려운 상황을 잘 견뎌냈다.
You'd better **roll with** the tide in order to survive in this world.
너는 이 세상에서 살아남기 위해서는 조류와 함께 굴러라.
[참조: flow with, go with]

ROMP

1. 단동사

이 동사는 뛰고 달리면서 시끄럽게 노는 과정을 그린다.
명사: 떠들며 뛰어놀기, 활발한 장난

자동사

Kids are **romping** around in the snow.
아이들이 그 눈 속에서 즐겁게 마구 뛰놀고 있다.

2. 구동사

2.1 romp through O
He **romped through** every game, and won the title.
그는 모든 게임을 쉽게 이기고, 그 타이틀을 획득했다.
He **romped through** all the questions of the math test.
그는 그 수학 시험에서 모든 문제를 쉽게 풀어 나갔다.

ROOF

1. 단동사

이 동사는 구조물에 지붕을 씌우는 과정을 그린다.
명사: 지붕, 터널, 동굴 등의 천장, 입천장

2. 구동사

2.1 roof O in
Dad **roofed in** the yard to make a resting place.
아버지는 쉴 장소를 만들기 위해서 뜰에 지붕을 씌웠다.
[in은 뜰에 지붕이 들어서는 관계를 나타낸다.]

2.2 roof O over
The shopping centre is not **roofed over.** (passive)
그 쇼핑센터에는 지붕이 씌워져 있지 않다.

ROOM

1. 단동사

이 동사는 방을 다른 사람과 같이 쓰는 과정을 그린다.
명사: 방

자동사

She and Susan **roomed** together at college.
그녀와 수전은 대학 때 (기숙사에서) 한 방을 썼다.

2. 구동사

2.1 room with O
While in college, I **roomed with** Zuckerberg.
대학에 다닐 때, 나는 저커버그와 같은 방을 썼다.

ROOT 1

1. 단동사

이 동사는 식물이 뿌리를 내리거나, 뿌리를 내리게 하는 과정을 그린다.
명사: 식물의 뿌리; 문제의 근원, 핵심

타동사

You should **root** this plant in sandy soil.
당신은 이 식물을 모래가 많은 토양에 뿌리를 내리게 해야 합니다.

2. 구동사

2.1 root in O
The tradition is **rooted in** the myth. (passive)
그 전통은 그 신화에 뿌리가 박혀 있다. 즉, 근원을 두고 있다.

2.2 root O out
The newly elected president vows to **root out** *corruption.*
새로 선출된 그 대통령은 부패를 뿌리 뽑겠다고 맹세

R

했다.

| school bullying | 학교 폭력 | bribery | 뇌물 |
| hate | | 증오 | racism | 인종차별 |

School bullying must be **rooted** out. (passive)
학교 폭력은 뿌리채 뽑혀야 한다. 즉, 근절되어야 한다.

2.3 root up
Please **root** up these bushes.
이 덤불들을 뿌리째 뽑아 올리세요.

ROOT 2

1. 단동사
이 동사는 물건을 옮기면서 무엇을 찾는 과정을 그린다.

2. 구동사
2.1 root around
Who has been **rooting** around in my desk?
내 책상을 누가 뒤적거렸나?

2.2 root through O
She is **rooting** through her purse for 500won coin.
그녀는 가방을 뒤져서 오백원 짜리 동전을 찾고 있는 중이다.

ROOT 3

1. 단동사
이 동사는 경기나 어려움에 처해 있는 사람을 응원하는 과정을 그린다.

2. 구동사
2.1 root for O
"Cheer up" We will all **root** for you.
"힘내세요." 우리 모두 여러분을 위해 응원하겠습니다.
We are going to **root** for *Dusan* Bears in the final game.
우리는 결승전에서 두산베어스 팀을 응원할 것이다.

2.2 root O on
We **rooted** on the players.
우리는 그 선수들을 응원하여 계속하게 했다.
[on은 경기 등을 계속하는 과정을 그린다. 참조: cheer on, urge on]

ROPE

1. 단동사

이 동사는 밧줄로 무엇을 묶는 과정을 그린다.
명사: 밧줄, 로프
타동사

The thieves **roped** the guards together.
그 도둑들이 밧줄로 그 경비원들을 묶었다.
I closed and **roped** the trunk.
나는 그 트렁크를 닫고 밧줄로 그것을 단단히 묶었다.

2. 구동사
2.1 rope O into O
Unwittingly, I got **roped** into shoveling out the snow.
(passive)
나도 모르게, 나는 눈을 퍼내는 일에 끌려 들어갔다.

rope O in
Whenever they need someone to take care the baby,
I was **roped** in. (passive)
그들이 아기를 돌봐줄 누군가가 필요할 때 내가 (그것에) 설득되어 끌려 들어갔다.

2.2 rope O off
The house was **roped** off by police. (passive)
그 집은 로프를 쳐서 격리되었다.

ROT

1. 단동사
이 동사는 자연적으로 점점 부식되거나, 부식시키는 과정을 그린다.
명사: 썩음, 부식, 부패
자동사

Half-eaten apples **rotted** on the counter.
반쯤 먹은 사과들이 카운터 위에 썩어 있었다.
A cat **rotted** by the side of the road.
고양이 한 마리가 그 길가에 썩어 있었다.
타동사

Moisture and disease **rotted** the bridge.
습기와 병이 그 다리를 부식시켰다.

2. 구동사
2.1 rot away
The window frame had **rotted** away completely.
그 창틀이 점점 부식되어 완전히 없어졌다.
The old stranded ship has been **rotting** away.
그 오래된 좌초한 배가 조금씩 썩어 들어가고 있다.
[away는 녹이 점점 파들어가는 관계를 나타낸다.]

2.2 rot off

A few dead branches **rotted off**.
몇 개의 죽은 가지가 썩어서 나무에서 떨어졌다.
[off는 가지가 나무에서 떨어지는 관계를 나타낸다.]

2.3 rot out

A tooth **rotted out**.
이빨 하나가 썩어서 속이 비었다. 또는, 이빨 하나가 썩어서 빠져 나왔다.
A few rafters in the shed **rotted out**.
헛간에 있는 몇 개의 서까래가 완전히 썩어 부스러졌다.

rot O out

Too much candy will **rot out** your teeth.
사탕을 너무 많이 먹으면, 너의 이들이 썩어서 빠질 것이다.

ROTATE

1. 단동사
이 동사는 회전하거나 회전시키는 과정을 그린다.

자동사

The blades began to **rotate**.
그 헬리콥터 날개가 돌아가기 시작했다.

타동사

Rotate the wheel through 180°.
그 바퀴를 180도 회전시키세요.

2. 구동사
2.1. rotate O around

I need to **rotate around** the tires.
나는 그 타이어들을 바꾸어 낄 필요가 있다.

2.2. rotate on O

He is good at **rotating** the ball **on** his fingertip.
그는 그 공을 손 끝에 놓고 굴리기를 잘한다.

ROUGH 1

1. 단동사
이 동사는 그림 등에 무엇을 개략적으로 그리거나 만드는 과정을 그린다.
형용사: 거친, 울퉁불퉁한

2. 구동사
2.1 rough O in

The painter **roughed in** a figure in the background.
그 화가가 그 배경에 한 사람을 개략적으로 그려 넣었다.
[in은 모습이 배경 속에 들어가는 관계를 나타낸다. 참조: sketch

in, pencil in]

2.2 rough O out

I sat down at a coffee shop and **roughed out** a poem.
나는 커피숍에 앉아서 시 한 편의 초고를 만들어 내었다.
[out은 시가 한 편 생겨나는 관계를 그린다.]

He **roughed out** a pine tree on his notepad.
그는 소나무 한 그루를 노트 패드에 대략적으로 그려 넣었다.

ROUGH 2

1. 단동사
이 동사는 사람이나 물건을 거칠게 다루는 과정을 그린다.

2. 구동사
2.1 rough O up

Susan spread the bread with butter cream and **roughed** it **up** with a fork.
수전은 그 빵에 버터크림을 바르고 그것을 포크로 긁어서 거칠거칠하게 했다.
[up은 표면이 일어나는 관계를 그린다.]

He wanted to **rough up** his brother but his mom stopped him.
그는 그의 남동생을 거칠게 다루려고 했으나 그의 어머니가 그를 멈췄다.

Two Korean camera men were **roughed up** by the security guards in Beijing.
두 한국 사진 기사가 베이징에서 그 보안원들에 의해 폭행당했다.

ROUND

1. 단동사
이 동사는 둥글게 만드는 과정을 그린다.

타동사

The car **rounded** the corner.
그 자동차가 그 모퉁이를 돌았다.

2. 구동사
2.1 round O down

Please don't include the point. **Round down** your calculation to the nearest point.
소수점은 포함시키지 마세요. 당신의 계산을 가장 가까운 소수점 이상만 계산하세요.
[down은 소수점 이하를 버리고, 전체 수를 줄인다는 뜻이다.]

To be strictly accurate, the figure is 4.23, but we've **rounded** it **down** to 4.

R

정확하게 하자면 4.23이지만, 우리는 소수점을 버리고 4로 보았다.

2.2 round O off

The plane **rounded off** the corner.
그 대패가 그 모서리를 깎아내어 둥글게 했다.
[off는 모서리가 없어지는 관계를 나타낸다.]

His net income after taxes is $30,000, **rounding off** to the nearest hundred dollar.
세금들을 내고난 다음에 그의 순수입은 가장 가까운 100단위에 반올림하면 30,000달러이다.

You can work out the sum, by mentally **rounding off** the 13.5 dollars to 14 dollars.
당신 마음속에서 13.5달러를 반올림해서 14달러로 함으로써 총액을 계산해낼 수 있다.

Fresh strawberry juice **rounded off** the meal nicely.
신선한 딸기 주스로 그 식사를 기분 좋게 마무리 했다.
[off는 식사 마지막 단계가 끝나는 관계를 나타낸다.]

We **rounded off** the evening with X-mas carols.
우리는 그 저녁모임을 크리스마스 노래들로 기분 좋게 마무리했다.

2.3 round on O

He jumped up out of his seat and **rounded on** the man.
그는 그의 의자에서 벌떡 일어나서 그 남자를 갑자기 공격했다.
[on은 공격의 의미를 갖는다. 참조: jump on, turn on]

She **rounded on** the man with a knife in her hand, and he moved out of her reach.
그 여자가 손에 칼을 들고 갑자기 그 남자에게 덤벼들어서, 그 남자는 그 여자가 미치지 못하는 곳으로 물러섰다.
[참조: tarn on]

2.4 round O out

Singing of *Arirang* **rounded out** our meeting nicely.
아리랑 노래 부르기가 우리의 모임을 기분 좋게, 더욱 완전하게 했다.
[out은 저녁식사를 완전하게 하는 관계를 나타낸다.]

A dish of fruit cocktail **rounded out** our meal.
신선한 과일 칵테일 한 접시가 우리의 식사를 기분 좋게 완전하게 했다.

2.5 round O up

The two cowboys **rounded up** the horses and drove them to the coral.
그 두 목동은 그 말들을 한 자리에 몰아서 우리로 몰아갔다.
[목동이 말을 타고 말 주위를 돌면(round) 말과 말 사이의 거리가

좁아져서 말들이 한 곳에 모이게 (up) 된다.]

Can you **round up** a few friends who can help you?
너를 도울 수 있는 몇 명의 친구를 모을 수 있니?

Police **rounded up** a group of *suspected spies*.
경찰은 한 무리의 간첩용의자들을 잡아 들였다.

suspects 용의자	illegal immigrants 불법이민자

Japanese police **rounded up** hundreds of Chinese and killed them.
일본 경찰은 수 백 명의 중국인을 잡아 모아서 죽였다.

It takes many reporters to **round** the news **up** for television.
텔레비전 뉴스를 모으는 데 많은 기자들이 필요하다.

round O up to O

The total came to 49.50, so I will **round** it **up** to 50.
그 총액은 49.50이다. 그래서 나는 그것을 반올림하여 50으로 만들었다.

ROUTE

1. 단동사
이 동사는 어떤 경로를 따라 무엇을 보내거나 전송하는 과정을 그린다.
명사: 한 곳에서 다른 곳으로 가기 위해 따라가는 길이나 경로

타동사

Satellites **route** data all over the globe.
위성들은 데이터를 지구 전역으로 보낸다.

2. 구동사

2.1 route around O

The tour guide **routed** us **around** the city center.
그 투어 안내자는 우리를 시 중심지를 피해 안내 했다.

The pilot **routed** his plane **around** the storm.
그 비행기 조종사는 그의 비행기를 그 폭풍을 피해 운행 했다.

2.2 route O to O

I **route** this letter **to** you soon.
나는 이 편지를 너에게 특정 경로를 통해 보낸다.

ROW

1. 단동사
이 동사는 노를 저어 배를 움직이는 과정을 그린다.
명사: 노 젓기

2. 구동사

2.1 row around O

We **rowed around** the island.
우리는 노를 저어 그 섬을 한 바퀴 돌았다.

2.2 row O out

Please **row** me **out** to the island.
노를 저어서 나를 그 섬까지 나가게 해주세요.

RUB

1. 단동사

이 동사는 손이나 천을 사용하여 문지르거나 비비는 과정을 그린다.

타동사

He **rubbed** the leaves with his fingers and smelled them.
그는 그 잎들을 손을 문질러서 냄새를 맡았다.

She **rubbed** her legs.
그녀는 자신의 발을 문질렀다.

I **rubbed** myself with a towel.
나는 수건을 써 내 몸을 문질러서 말렸다.

The shoes **rubs** my heels.
그 신발들은 내 뒤꿈치를 까지게 한다.

자동사

The chair **rubs** against the wall.
그 의자가 그 벽에 스친다.

I **rubbed** and rubbed but I could not remove the stains.
나는 문지르고 또 문질렀지만 그 얼룩들을 제거할 수 없었다.

2. 구동사

2.1 rub along

Our sex life came to an end but we were **rubbing along** all right.
우리의 성생활은 끝이 났지만 우리는 비비대고 잘 살아가고 있었다.

2.2 rub against O

The cat **rubbed against** the dog.
그 고양이가 그 개에 대고 비벼댔다.

2.3 rub O away

I finished **rubbing away** the graffiti on the wall.
나는 그 벽에 있는 그 낙서들을 문질러서 지우기를 마쳤다.

rub away at O

The side of my shoes **rubbed away at** the desk until the paint wore off.
내 신발들의 옆이 그 책상에 계속 조금씩 닿아서 책상 그 페인트가 떨어졌다.
[away는 '계속'을, at는 닿음이 부분적임을 나타낸다.]

2.4 rub O down

She is **rubbing down** her horse.
그녀는 그의 말을 (수건 등을 가지고) 닦아 내리고 있다.
[down은 위에서 아래로, 그리고 '철저하게'의 뜻이다.]

The carpenter **rubbed down** the surface with a sandpaper.
그 목수는 그 표면을 사포를 써서 표면이 울퉁불퉁한 것을 문질러서 없앴다.
[down은 울퉁불퉁한 것이 평평해지는 관계를 나타낸다. 참조: file down, grind down, sand down]

My shoulders tightened up and I had them being **rubbed down**. (passive)
내 어깨가 긴장이 되어서 나는 어깨를 마사지하여 긴장을 풀었다.
[down은 긴장이 풀리는 관계를 나타낸다.]

2.5 rub O in

Rub in the ointment twice a day.
하루 두 번 그 연고를 (피부 속으로) 문질러 넣어라.
[in은 연고가 피부 속으로 들어가는 관계를 나타낸다.]

The father is repeatedly telling his son to work hard and the son said "Don't **rub** it **in**."
그 아버지는 그의 아들에게 반복해서 열심히 공부하라고 말을 하고 있으나 아들은 "그것을 (말을) (내 머릿속에) 문질러 넣지 마세요. (즉, 강제로 주입시키지 마세요.)" 라고 말했다.

2.6 rub O into O

Rub this lotion **into** your muscle.
이 로션을 문질러서 당신의 근육 속에 스며들게 하세요.

2.7 rub off O

The label **rubbed off** the can.
그 라벨이 그 캔에서 문질러서 떨어져 나갔다.

rub off on O

Her *sense of humor* **rubbed off on** her children.
그녀의 유머감각이 그녀에게서 떨어져 나와 그녀의 아이들에게 가 닿았다. 즉, 옮겨졌다.

| good manners | 좋은 태도 | honesty | 정직 |
| kindness | 친절 | character | 성격 |

rub off to

He fought very well and his fight spirit **rubbed off to** us.

그는 잘 싸웠고 그의 투쟁정신이 (그에게서) 떨어져 나와 우리에게 전해졌다.

rub O off O

Please **rub** the tarnish **off** the pitcher.

그 더러움을 그 물병에서 문질러 닦아내세요.

[off는 더러움이 병에서 떨어져 나오는 관계를 그린다.]

rub O off

The teacher **rubbed off** the drawing on the chalk board.

선생님은 그 칠판에 그려진 그림을 문질러서 그것을 (표면에서) 지워버렸다.

[off는 그림이 칠판에서 지워지는 관계를 나타낸다.]

He saw that there is a lipstick mark on the cheek, and he quickly **rubbed** it **off**.

그는 뺨에 립스틱 흔적이 있는 것을 보고 재빨리 문질러서 (표면에서) 떨어지게 했다.

rub off

The gold coloring of the ring **rubbed off**.

그 반지의 금도금이 문질러서 떨어져 나갔다.

[off는 금도금이 반지에서 떨어져 나가는 관계를 나타낸다.]

2.8 rub O on O

He **rubbed** wax **on** the car.

그는 왁스를 그 차에 문질러 발랐다.

She **rubbed** cream **on** her face.

그녀는 크림을 그녀의 얼굴에 문질러 발랐다.

2.9 rub O onto O

Rub some of this cream **onto** your hand and see how it feels.

그 크림의 약간을 네 손등에 가져다 바르고 어떻게 느껴지는지를 알아보아라.

2.10 rub O out

Write in pencil first. Then you can **rub** it **out**.

먼저 연필로 써넣으세요. 그러면 그것을 문질러 지울 수 있다.

[out은 보이던 것이 안 보이는 관계를 나타낸다.]

If you reveal the secret, they will **rub** you **out**.

네가 그 비밀을 누설하면 그들은 너를 문질러 없애버릴 것이다. 즉 죽여 버릴 것이다.

2.11 rub O over O

Rub the lotion **over** my back.

그 로션을 내 등 전체에 문질러 발라주세요.

2.12 rub O together

Mary **rubbed** her hands **together** to keep them warm.

메리는 손을 따뜻하게 유지하기 위해 그녀의 손을 비볐다.

2.13 rub O up

Please **rub** the nap **up**.

그 양탄자의 그 털을 문질러서 세우세요.

[up은 털이 누워있던 것을 세우는 관계를 나타낸다.]

He **rubbed up** the people the wrong way.

그는 실수로 사람들을 불편하게 했다

rub up against O

The bear **rubbed up against** the tree.

그 곰이 그 나무에 다가가서 기대서 문질렀다.

RUCK

1. 단동사

이 동사는 옷이 말리거나 말려 올라가는 과정을 그린다.

명사: 주름살, 주름

2. 구동사

2.1 ruck up

Before going into the stream, he **rucked up** his pants.

그 개울에 들어가기 전에 그는 자신의 바지 자락을 올렸다.

RUFFLE

1. 단동사

이 동사는 평평한 것을 헝클어놓는 과정을 그린다.

타동사

She **ruffled** his hair affectionately.

그녀가 사랑스럽게 그의 머리카락을 헝클어뜨렸다.

She was obviously **ruffled** by his question. (passive)

그녀는 그의 질문에 분명히 마음이 산란해진 모양이었다.

2. 구동사

2.1 ruffle O up

He **ruffled** her hair **up** affectionately.

그는 그녀의 머리를 애정 어리게 헝클어 놓았다.

[참조: mess up]

When it is cold, birds **ruffle up** their feathers.

날씨가 추우면, 새들은 깃털들을 부풀린다.

RULE ¹

1. 단동사
이 동사는 법정에서 판결을 내리는 과정을 그린다.
명사: 규칙, 원칙, 표준, 규범

타동사

The judge **ruled** that the criminal should be sent to prison.
그 판사는 그 범죄자가 감옥으로 보내져야 한다고 판결했다.

2. 구동사
2.1 rule against O
The board **ruled against** my proposal.
그 이사진은 내 제안에 반대하는 결정을 했다.

2.2 rule for O
The judge **ruled for** the defendant.
그 판사는 그 피고인에 유리한 판결을 내렸다.

2.3 rule on O
The court refused to **rule on** your case.
그 법정은 네 사건을 판결을 내리기를 거부했다.

It took a long time for the court to **rule on** the petition.
그 법원이 그 청원서에 판결을 내리는 데 오랜 시간이 걸렸다.
[on은 판결이 청원서와 관계가 있음을 나타낸다. 참조: act on]

The boss will **rule on** your request next week.
그 상사가 다음주에 너의 요청에 응답할 것이다.

2.4 rule over O
The dictator **ruled over** the country for many years.
그 독재자가 여러 해 동안 그 나라를 지배했다.

The president of a democracy does not **rule over** the people.
민주주의 국가의 대통령은 그 국민에 군림하지 않는다.
[over는 대통령이 국민 위에서 군림하는 관계를 나타낸다.]

RULE ²

1. 단동사
이 동사는 줄을 긋는 과정을 그린다.
명사(ruler): 자

타동사

He **ruled** a paper.

그는 종이에 줄을 그었다.
Rule under each verb in the sentences.
그 문장들에 있는 각각의 동사 밑에 줄을 그으세요.

2. 구동사
2.1 rule O off
She **ruled off** a space for the photograph.
그녀는 그 사진 자리를 자로 재어서 떼어 놓았다.
[off는 한 부분이 전체에서 분리되는 관계를 나타낸다.]

rule off
He **ruled off** under the picture.
그는 그 그림 밑에 선을 그어서 분리했다.

2.2 rule O out
The editor **ruled out** all the Chinese characters in my article.
그 편집자는 내 기사에 있는 모든 한자를 줄을 그어 지워버렸다.
[out은 한자가 없어지는 관계를 나타낸다. 참조: cross out]

Police **ruled** him **out** as a suspect.
경찰은 그를 용의자에서 배제했다.
[out은 명단에서 제거되는 관계를 나타낸다.]

We can not **rule out** the possibility that he is deceiving us.
우리는 그가 우리를 속이고 있다는 개연성을 배제할 수 없다.

Mom's illness **ruled out** a holiday abroad this year.
엄마의 병이 올해 해외여행을 불가능하게 했다.

RUMBLE

1. 단동사
이 동사는 의성어로서 천둥이 치며 우르릉하는 소리와 그 과정을 그린다.

자동사

My stomach **rumbles** when I am hungry.
나는 배가 고프면 내 배가 꼬르륵 거린다.

We could hear the thunder **rumbling** in the distance.
우리는 천둥이 먼 곳에서 우르릉 거리는 소리를 들을 수 있었다.

2. 구동사
2.1 rumble by
The tanks **rumbled by**.
그 탱크들이 우르릉 거리며 곁을 지나갔다.

2.2 rumble down O

R

A huge truck rumbled down the road.
어느 큰 트럭이 큰소리를 내면서 그 길 아래로 갔다.

2.3 rumble on

Talks with the North Korea rumbled on into 1953.
북한과의 회담들이 느릿느릿하고 지루하게 계속되어 1953년까지 들어갔다.
[on은 과정이 계속되는 상태를 나타낸다.]

The recession rumbled on for 2 years.
그 경기침체는 2년 동안 지루하게 계속 됐다.

RUMMAGE

1. 단동사
이 동사는 물건을 마구 흐트러 놓으면서 무엇을 찾는 과정을 그린다.

2. 구동사
2.1 rummage around
Elsa rummaged around in the drawer for a handkerchief.
엘사는 손수건을 찾기 위해 그 서랍을 이리저리 마구 뒤졌다.

2.2 rummage through O
I rummaged through all the drawers for my ring.
나는 내 반지를 찾기 위해서 모든 서랍들을 차례로 뒤졌다.

RUMPLE

1. 단동사
이 동사는 머리, 옷 등을 헝클어지게 하는 과정을 그린다.

2. 구동사
2.1. rumple up
The feather of the cock rumpled up.
그 수탉의 깃털이 헝클어졌다.

RUN

1. 단동사
이 동사는 빠르게 움직이거나 움직이게 하는 과정을 그린다.
자동사

The movie ran at the cinema.
그 영화는 그 영화관에서 상영되었다.
The lease runs for 3 years.

그 임대는 3년 동안 계속된다.
The car runs well.
그 차는 잘 간다.
Her stocking ran.
그녀의 스타킹이 줄이 나갔다.
타동사

Don't run the water.
그 물을 흘리지 마세요.
Run the electric saw with care.
그 전기톱을 조심스럽게 작동시켜라.
They ran him for mayor.
그들은 그를 시장에 출마시켰다.
He ran an ad in the evening paper.
그는 광고를 석간신문에 실었다.

2. 구동사
2.1 run across O
The joggers ran across the bridge.
그 조깅하는 사람들은 그 다리를 뛰어서 가로 질러갔다.
I ran across an old friend of mine from school in the city center.
나는 그 시 중심지에서 옛 동창을 우연히 만났다.
[참조: come across, stumble across]
The highway runs across *three states*.
그 고속도로는 세 주를 가로질러 간다.

| jungle 정글 | desert 사막 |

The river runs across the field.
그 강은 그 들판을 가로질러 흐른다.

2.2 run after O
The boys ran after the truck.
그 소년들이 그 트럭 뒤를 따라 뛰어갔다.
The policeman ran after the thief, but he got away.
그 경찰관이 그 도둑의 뒤를 쫓아갔지만 그는 도망쳤다.

2.3 run against O
I will run against Judy in the 100-meter race.
나는 100미터 달리기 경주에서 주디를 대항해서 달릴 것이다.
I ran against the wall and fell down.
나는 그 벽에 부딪혀서 넘어졌다.
Many people ran against the incumbent.
많은 사람들이 그 재임자에 대항해서 후보자로 나섰다.

2.4 run along O
The railway runs along the river.

그 철도가 그 강을 따라 간다.
The path runs along the river.
그 도로는 그 강을 따라 간다.

run along

I have to run along now.
나는 지금 떠나가고 있어야 한다.

2.5 run around O

The children ran around the ice cream man.
아이들은 그 아이스크림 장수 주위에 뛰어갔다.
We ran around the playground.
우리는 그 운동장 주위를 돌았다.

run around

I've been running around all day shopping X-mas
presents.
나는 크리스마스 선물을 사기 위해 온종일 동동거리면
서 돌아다녔다.
We used to run around catching fireflies.
우리는 개똥벌레들을 잡으면서 돌아다니곤 했다.
The wife was fed up with running around after her
husband.
그 아내는 그녀의 남편의 시중을 드느라 종종거리는 일
에 싫증이 났다.

2.6 run at O

The bull started to run at us.
그 황소가 우리를 향해서 달려들기 시작했다.
[at은 공격의 의미를 갖는다. 참조: come at, get at]
The crocodile ran at a goat.
그 악어는 염소에게 향해 뛰어가서 공격했다.

2.7 run away

When the police arrived, the thief ran away.
그 경찰이 도착했을 때, 그 도둑은 빠른 걸음으로 달아
났다.

run away from O

When he was young, he ran away from home, and
joined the navy.
그가 젊었을 때, 그는 집을 도망 나와서 해군에 입대했다.
He should stop running away from his responsibility.
그는 그의 책임으로부터 도망가기를 멈춰야 한다.

run away with O

He ran away with a pop singer to Japan.
그는 어느 가수와 일본으로 도망갔다.

Jason ran away with the championship.
제이슨은 그 챔피언십을 따갔다.
I don't want people running away with the idea that
the problem will go away by itself.
나는 사람들이 그 문제가 스스로 없어질 것이라는 생각
에 휩쓸리지 않기를 원한다.
Don't let your imagination run away with you.
당신의 상상이 당신을 휩쓸지 않게 하시오.

2.8 run back

She ran to the barn and then ran back.
그녀는 그 헛간으로 뛰어 갔다가 되돌아 뛰어갔다.
Let me run back over the hard part.
그 어려운 부분을 돌아가서 다시 확인하마.

run O back

We ran back the tape and listened to the music again.
우리는 그 테이프를 되돌려서 그 노래를 다시 들었다.
[참조: play back]

2.9 run O by O

I'm sorry I have fallen asleep. Can you run that story
again by me?
내가 깜빡 졸았습니다. 그 얘기 내가 들을 수 있게 다시
해주실 수 있습니까?
It sounds like a wonderful idea, but we should run it
by the chairman.
그것은 훌륭한 생각으로 들리나, 우리는 그것을 의장이
판단할 수 있게 발표해야 한다.

run by

Three years ran by quickly.
삼 년이 빠르게 흘러갔다.

2.10 run down O

He ran down the *hill*.
그는 그 언덕을 달려 내려갔다.

lane 좁은 길	tree 나무

Mother wanted me to run down the list.
엄마는 내가 그 목록을 소리 내어 읽어 내리기를 원했다.

run O down

I got almost run down by a taxi while crossing the road.
나는 그 길을 건너는 중에 택시에 치여 넘어질 뻔했다.
[down은 서 있던 자세에서 넘어지는 관계를 나타낸다.]
A cheetah ran down a deer.

R

치타 한 마리가 달려가서 사슴 한 마리를 넘어뜨렸다.
The goal keeper was able to **run** the ball **down** just before it reached the goal.
그 골키퍼는 그 공이 그 골대에 이르기 바로 직전에 뛰어가서 그 공을 잡았다.
[down은 움직이던 공이 움직이지 않게 되는 관계를 나타낸다.]
We **ran down** the thief.
우리는 그 도둑을 추적해서 잡았다.
[참조: chase down, hunt down, track down]
Never **run down** *your ex-girlfriend*. It will badly reflect on you.
결코 옛 여자 친구를 나쁘게 말하지 말아라. 그것은 언제나 너에게 나쁜 영향을 줄 것이다.
[girlfriend는 환유적으로 그녀 인물 등을 나타내고, down은 깎아내리는 관계를 나타낸다. 참조: call down, dress down]

| friends | 친구들 | yourself | 너 자신 |
| neighbors | 이웃들 | everyone | 모든 사람들 |

The present government is accused of **running down** the economy.
현 정부는 나라 경제를 하락시킨다는 비난을 받고 있다.
[down은 좋은 상태에서 나쁜 상태로의 변화를 나타낸다.]

run down

I need to talk to you down here. Can you **run down**?
나는 이 아래에서 당신에게 이야기하고 싶습니다. 여기로 뛰어내려와 주시겠습니까?
The razor stopped working. Its batteries **ran down**.
그 면도기가 작동을 중단했다. 그 전지들이 다 닳았다.
[down은 전지의 전기가 바닥에 이른 상태를 나타낸다.]
Supplies of oil is **running down**.
기름 공급이 줄어들고 있다.
The clock **ran down** because no one was there to wind it.
아무도 돌보는 사람이 없어서 그 시계가 움직이지 않았다.
[down은 시계의 작동이 멈춘 상태를 그린다.]
Teresa looks **run down** today. (passive)
테레사는 오늘 기운이 바닥이 난 것 같다.
The department store is **running down** – it is going to close down.
그 백화점은 경영을 줄이고 있다. 그것은 폐쇄될 예정이다.
The old neighborhood has certainly **run down** since we moved away.
그 예전 이웃의 동네는 우리가 떠난 이후로 많이 황폐화되었다.

run down to O

Run **down to** the bank.
그 은행으로 뛰어 내려가거라.
He **ran down to** the beach.
그는 그 바닷가로 뛰어 내려갔다.

2.7 run for O

Reagan wanted to **run for** governor in the next election.
레이건은 다음 선거에 주지사로 출마하기를 원했다.
He **ran for** *life*.
그는 살기 위해 도망을 갔다.

| cover | 은신처 | shelter | 피난소 |

2.8 run O in

The police officer **ran in** a young man for speeding yesterday.
그 경찰관은 속도위반한 젊은이를 경찰서로 잡아 들였다.
A breeze **ran in** from the sea.
미풍이 그 바다에서 불어 들어왔다.

2.9 run into O

I **ran into** the store for some bread.
나는 빵을 사기 위해 그 상점에 뛰어 들어갔다.
I **ran into** an *old friend* from school yesterday.
나는 어제 동창생을 우연히 만났다.
[into는 만남이 예상 밖의 일임을 나타낸다.]

| wild boar | 멧돼지 | dolphin | 돌고래 |

Someone **ran into** the back of my car.
누군가가 내 차의 뒤를 들이 박았다.
[into는 차의 뒷부분이 들어간 상태를 그린다.]
A truck **ran into** a crowd.
트럭 한 대가 그 군중 속으로 돌진해 들어갔다.
The firm **ran into** financial difficulties during the economic crisis.
그 회사는 그 경제위기가 계속되는 동안 재정적 어려움들에 빠져들었다.
The cost of repairing the car **ran into** hundreds of dollars.
그 차의 수리비가 수 백 달러에 이르렀다.
The words **ran into** each other.
그 낱말은 서로 섞였다.

run O into O

He **ran** his car **into** a tree.
그는 그의 차를 움직이다 어느 나무를 들이박았다.

He **ran** the business **into** debt.
그는 그 사업을 (운영하다) 빚에 빠져들었다.

2.10 run off O

By noon, all the rainwater had **run off** the playground.
정오까지 그 빗물이 그 운동장에서 다 빠졌다.
[off는 물이 운동장에서 다 빠진 관계를 나타낸다.]
The train **ran off** its rails and fell into a cornfield.
그 기차가 그의 선로에서 벗어나 옥수수 밭으로 떨어졌다.
[off는 기차가 선로에서 벗어난 관계를 나타낸다.]
The radio is **run off** batteries.
그 라디오는 전지들에서 나오는 전기로 작동된다.
[off는 라디오를 움직이는 힘이 전지에서 나오는 관계를 나타낸다. 참조: run on]
The store is **run off** a generator.
그 가게는 발전기에서 나오는 전기로 운영된다.

run off

When his pants caught fire, he **ran off** screaming.
그의 바지가 불이 붙었을 때, 그는 비명을 지르며 그 자리를 뛰어서 벗어났다.
Her husband **ran off** and left her.
그녀의 남편이 (집을) 떠나고 그녀를 혼자 남겨두었다.

run O off

Nowadays we can **run off** invitation cards on a copier machine.
오늘날 우리는 복사기로 초청장들을 찍어 낼 수 있다.
[off는 복사기에서 초청장이 한 장씩 떨어져 나오는 모습을 그린다. 참조: knock off]
The poet **ran off** a poem in a bus on the way home.
그 시인은 집으로 오는 버스 안에서 시 한 편을 급하게 써내었다.

run off with O

His wife **ran off with** a singer.
그의 아내는 어느 가수와 함께 도망갔다.
He **ran off with** a camera.
그는 카메라 한 대를 가지고 도망을 갔다.

2.11 run O on O

Can you **run** the software **on** Windows10?
당신은 그 소프트웨어를 윈도우10에서 돌릴 수 있습니까?
[전치사 on은 의존관계를 나타낸다. on의 목적어는 선행사를 떠받드는 관계이다.]

run O onto O

We **ran** the car **onto** the grass and washed it.
우리는 그 잔디 위로 차를 몰고 가서 물로 씻었다.

run on O

The software will **run on** the PC.
그 소프트웨어는 개인용 컴퓨터에서 돌릴 수 있다.
The car runs only **on** *unleaded gas*.
그 차는 오로지 무연 휘발유만으로 움직인다.

diesel 디젤	electricity 전기

The campaign **ran on** anti-corruption platform.
그 선거 유세는 반부패강령에 의해 진행되고 있다.

run on

The discussion **ran on** until after 7 o'clock.
그 토의는 7시 이후까지 계속되었다.
[on은 토의가 7시 지나서도 이어지는 관계를 나타낸다.]

run on about O

He **ran on about** his trip to Hongkong at every opportunity.
그는 기회가 있을 때마다 그의 홍콩 여행에 대해서 지루하게 이야기를 한다.
[on은 이야기 등이 계속 이어지는 관계를 나타낸다. 참조: go on about, rattle on about]

2.12 run out O

The dog quickly **ran out** the gate.
그 개는 그 대문을 통해 빨리 뛰어나갔다.

run out

Our rice is **running out**.
우리 쌀이 떨어져가고 있다.
My passport **runs out** at the end of this month.
내 여권은 이달 말에 유효기간이 끝난다.
[out은 어느 범위를 벗어나는 관계를 나타낸다.]
His luck is **running out**.
그의 운이 다 해가고 있다.

run O out

The sailor **ran out** about 100 meters of rope.
그 선원은 100미터 가량의 로프를 흘러내 보냈다
[out은 로프가 배에서 밖으로 나가는 관계를 나타낸다. 참조: pay out]
She was **run out**. (passive)
그녀의 힘이 다 빠지게 되었다.

R

[she는 환유적으로 그녀의 힘을 가리킨다. 참조: play out, tire out, wear out]

run out of O

We are running out of *money*.
우리는 돈이 다 떨어져가고 있다.

| fuel | 연료 | milk | 우유 |
| sugar | 설탕 | toilet paper | 휴지 |

run out on O

He ran out on his wife.
그는 아내를 저버리고 나가버렸다.
[on은 아내가 영향을 받는 관계를 나타낸다.]

2.13 run over O

We ran over the main points of the president's speech.
우리는 그 대통령 연설의 요점들을 처음부터 끝까지 빠르게 전체를 훑어보거나 읽었다.
The lecturer ran over the alloted time.
그 연사는 그 할당된 시간을 넘었다.

run over

After work, can you run over for a minute?
일 마치고 잠시 이곳으로 빨리 건너오겠느냐?
[참조: come over]
The kettle is running over.
그 주전자가 (물이) 넘치고 있다.
[kettle은 환유적으로 그 안에 있는 액체를 가리키고 over는 주전자의 물이 주전자 가장자리 위로 넘치는 관계이다. 참조: boil over, bubble over]
The bathtub ran over and there was water all over the floor.
그 욕조가 넘쳐서 그 바닥 전체에 물이 있다.
We don't want the discussion to run over, so I will be brief.
우리는 그 토론이 (예정시간을) 넘어가기 원하지 않는다. 그래서 나는 짧게 얘기하겠다.

run O over

The bus ran him over.
그 버스가 그를 치어 넘어지게 했다.
[over는 서 있던 사람이 호를 그리면서 넘어지는 상태를 그린다.]

2.14 run through O

He ran through the door.
그는 그 문을 지나 달려갔다.
When I saw the terrible accident, a shiver ran through me.
내가 그 참혹한 사건을 보았을 때, 오한이 내 몸을 지나 갔다.
We ran through a few scenes.
우리는 몇 장면을 다시 해 보았다.
He ran through what he said with me.
그는 그가 말한 것을 내게 반복해서 설명을 했다.
The theme of cruelty runs through all his dramas.
그 잔인의 주제가 그의 모든 연극들 속에 흐른다.

run O through O

She ran her comb through her hair.
그녀는 그녀의 빗을 그녀의 머리를 지나게 했다. 즉, 빗었다.
Please run us through the story.
우리에게 그 이야기의 처음부터 끝까지 들려주세요.
[참조: walk through, take through]

run O through

The robber ran her through with his knife.
그 강도는 그 여자를 칼로 찔러서 그 칼이 관통했다.

2.15 run to O

Now he is 30 years old, and he can't run to his parents whenever he is in trouble.
이제 그는 30세이다. 그래서 그는 그가 어려움에 처할 때마다 그의 부모에게 달려갈 수 없다. 즉, 의존할 수 없다.
[참조: go to, look to, turn to]
His musical taste doesn't run to classical music.
그의 음악적 관심은 고전음악에는 이르지 않는다.
The article runs to 100 pages.
그 논문은 100 페이지에 이른다.

2.16 run up O

We ran up the stairs.
우리는 그 계단을 뛰어 올라갔다.
He ran up a 80-meter-slope.
그는 80m 경사를 뛰어 올라갔다.

run O up

The national flag was run up on the roof. (passive)
그 국기는 그 집 지붕 위에 게양되었다.
She ran up a lot of debts while she was out of job.
그녀는 실직 상태에 있는 동안 많은 빚들을 졌다.
[up은 수나 양의 증가를 나타낸다.]
Shortage of coffee ran up its price.
커피부족이 커피 값을 올렸다.

She **ran up** a dress in an hour on her sewing machine.
그녀는 그녀의 재봉틀로 한 시간 만에 드레스 하나를
빠르게 만들었다.
[up은 옷이 만들어지는 과정을 나타낸다. 참조: fix up]

2.17 run with O
I **ran with** his advice.
나는 그의 충고를 따랐다.

RUSH

1. 단동사
이 동사는 매우 급하게 움직이거나 움직이게 하는 과정을
그린다.

자동사

He **rushed** from the room.
그는 그 방에서 급하게 뛰어갔다.

타동사

We **rushed** him to a hospital.
우리는 그를 재빨리 병원에 데리고 갔다.
If we **rush** the job, we will make mistakes.
우리가 그 일을 급하게 하면 실수들을 할 것이다.

2. 구동사
2.1 rush at O
The dog **rushed at** us and scared us to death.
그 개가 우리에게 급하게 달려들어 우리는 겁이 나서
죽을 뻔했다.
[at은 공격의 의미를 갖는다. 참조: come at, go at, run at]

2.2 rush around O
Before an election, politicians are busy **rushing
around** the country to get support.
선거 전에 정치가들은 지지를 얻기 위해 전국을 바쁘게
돌아다닌다.

rush around
I've been **rushing around** to get ready for the trip.
나는 그 여행준비를 하느라 종일 바쁘게 이리저리 다니
고 있다.

2.3 rush away from O
He **rushed away from** the gate.
그는 그 대문에서부터 급하게 뛰어갔다.

2.4 rush down O
They **rushed down** the mountain.
그들은 급하게 그 산 아래로 내려갔다.

Boulders **rushed down** the side of the mountain during
the earthquake.
큰 돌덩어리들이 지진이 나는 동안 산비탈을 타고 빠르
게 내려갔다.

2.5 rush for O
All the fans **rushed for** the exits after the game was
over.
그 모든 관중들은 그 경기가 끝난 다음 출구들을 향해
급하게 갔다.
Every morning I **rush for** time.
매일 아침 나는 시간에 쫓겨 허둥댄다.

2.6 rush in
The train arrived and the refugees **rushed in**.
그 열차가 도착하자 그 피난민들은 급하게 (열차) 속으
로 들어갔다.
When you are buying a car, it is best not to **rush in**,
and buy the first one that comes along.
네가 차를 살 때, 급하게 (거래에) 뛰어들어서 처음 눈
에 뜨이는 것을 사지 않는 것이 가장 좋다.
[in은 거래 등에 끼어드는 관계를 나타낸다.]

rush O in
They **rushed in** supplies to the flooded area.
그들은 보급품을 그 수해지역에 급히 들여보냈다.

2.7 rush into O
Everyone **rushed into** the shelter when the rain
started.
그 비가 오기 시작했을 때 모든 사람들이 그 대피소로
급하게 뛰어 들어갔다.
She **rushed into** marriage.
그녀는 성급하게 결혼했다.
He regrets having **rushed into** having children.
그는 서둘러서 아이들을 갖게 된 것을 후회한다.
I don't want to **rush into** *things*.
나는 급히 서둘러 어떤 일을 하는 것을 원하지 않는다.

marriage 결혼	decision 결정

I've been talking to different people about jobs – I'm
not **rushing into** anything until I find what I want.
나는 일자리들에 대해서 여러 사람과 얘기를 해오고 있
다. 나는 내가 원하는 것을 발견할 때까지 급하게 어떤
결정에 뛰어들지 않는다.

rush O into O

R

They **rushed** her **into** the hospital ER(Emergency Room).

그들은 그녀를 그 병원 응급실로 급하게 데리고 들어갔다.

The president says that he will not be **rushed into** a decision about sending troops over to Libya. (passive)

그 대통령은 리비아에 파병하는 결정을 급하게 떠밀려 하게 되지 않을 것이라고 말한다.

2.8 rush off

He **rushed off**, saying that he has a meeting to attend.

그는 참석할 회의가 있다고 말하면서 (자리를) 급하게 떴다.

Sorry, I have to **rush off** like this. But I will be free to see you tomorrow.

이렇게 급하게 떠나서 미안하다. 그러나 내일은 너를 만날 시간이 있을 것이다.

rush O off

I will **rush off** your order immediately.

나는 너의 주문을 곧 발송하겠다.

[off는 주문이 주어에서 떠나는 관계를 나타낸다. 참조: send off, ship off]

The wounded people were **rushed off** to a hospital. (passive)

부상자들은 급히 병원으로 보내졌다.

rush off O

People are **rushing off** the subway.

사람들이 지하철에서 서둘러 내리고 있다.

2.9 rush O out

The usher **rushed out** the people.

그 안내인이 급하게 그 사람들을 내보냈다.

The album was **rushed out** for Christmas.

그 앨범은 크리스마스를 위해 서둘러 출시되었다.

[out은 앨범이 만들어지는 관계를 나타낸다. 참조: roll out]

The company **rushed out** Windows10.

그 회사는 윈도우10을 서둘러 출시했다.

rush out

Everyone **rushed out** at the sound of the alarm.

모든 사람들이 그 경보 소리를 듣고 급하게 뛰어 나갔다.

2.10 rush through O

Tim **rushed through** dinner and then he could play outside.

팀은 저녁을 급하게 해치우고 밖에 놀러 나가 놀 수 있

었다.

The professor **rushed through** his lecture.

그 교수는 그의 강의를 서둘러 끝냈다.

rush O through

The Congress **rushed through** the public order act.

그 의회는 그 공공질서법을 서둘러 통과시켰다.

[through는 의회를 통과하는 관계를 나타낸다.]

1. 단동사

이 동사는 녹이 슬거나, 녹이 슬게 하는 과정을 그린다.
명사: 녹

자동사

The door hinges **rusted**.

그 문의 돌저귀(경첩)들이 녹이 슬었다.

타동사

The salt on the road **rusted** my car.

그 길에 깔린 소금이 내 차를 녹슬게 했다.

Water had got in and **rusted** the engine.

물이 스며들어서 그 엔진을 녹슬게 했다.

2. 구동사

2.1 rust away

He has an old Pony, which has been **rusting away** in the garden.

그는 오래된 포니차를 가지고 있는데, 이 차는 그 차고에서 점점 녹이 슬어 가고 있다.

[away는 녹이 점점 슬어가는 관계를 나타낸다.]

2.2 rust out

The sunken ship **rusted out**.

그 물에 빠진 배가 녹이 슬어 속이 텅 비었다.

[참조: burn out]

The bike **rusted out**.

그 자전거가 녹이 슬어서 속이 텅 비었다.

rust out from O

The fender starts to **rust out from** a two-year-old corrosion.

그 펜더는 2년 전 충돌로부터 녹이 슬어 못쓰게 되어가고 있다.

2.3 rust up

The metal window frames have **rusted up**.

그 금속 창틀들은 완전히 녹이 슬어 버렸다.

[up은 완전히 녹이 슨 상태를 나타낸다.]

rust O up

Don't use the chemicals; it will **rust up** the tank.

그 화학물질들을 쓰지 마세요; 그들은 그 탱크를 완전히 부식시킬 것입니다.

RUSTLE

1. 단동사

이 동사는 잎이나 종이들이 부딪쳐서 바스락 소리가 나는 과정을 가리킨다.

명사: 바스락거리는 소리

자동사

The trees **rustled** in the breeze.

그 나무들이 그 미풍에 바스락거리는 소리를 냈다.

2. 구동사

2.1 rustle around

Some small animals are **rustling around** the hay.

몇몇 작은 동물들이 그 건초 더미 안에서 바스락거리며 이리저리 움직이고 있다.

2.2 rustle O up

Unexpectedly, some guests arrived and mom had to **rustle up** some lunch.

예상외로 몇몇 손님들이 와서 엄마가 점심을 급하게 만들어야 했다.

[up은 점심이 만들어지는 결과를 나타낸다. 참조: fix up, whip up]

I'll **rustle up** some steaks.

나는 스테이크 몇 개를 급하게 만들겠습니다.

S s

SADDLE

1. 단동사
이 동사는 말에 안장을 얹는 관계를 그린다.
명사: 말에 얹는 안장

2. 구동사
2.1 saddle O up
In the film, the bridegroom **saddles up** his horse, and rides off with his bride.
그 영화에서 신랑은 말에 안장을 올려놓고, 신부와 함께 (화자와 청자가 아는 장소를) 말을 타고 떠난다.

saddle up
The cowboy **saddled up** and went off to a far land.
그 카우보이는 (말에) 안장을 얹고 먼 곳으로 떠났다.

2.2 saddle O with O
The new manager **saddled** the company **with** enormous debts.
그 새 지배인은 그 회사에 엄청난 빚을 지었다.
Don't **saddle** your friend **with** your hassle.
너의 친구에게 귀찮은 일로 부담주지 말아라.
He is **saddled with** the job of cleaning the toilets. (passive)
그는 변기들을 청소하는 무거운 일을 맡고 있다.
[참조: burden with]

SAFEGUARD

1. 단동사
이동사는 해나 피해를 입지 않도록 보호해주는 과정을 그린다.
명사: 보호 장치, 안전장치

2. 구동사
2.1 safeguard against O
The helmet helps you **safeguard against** head injury.
그 헬멧은 당신을 머리 부상으로부터 보호해줄 것이다.
The new card will **safeguard** the company **against** fraud.
그 새 카드는 그 회사를 사기 행위들로부터 보호해 줄 것이다.
The new security system is not sufficient enough to safeguard against theft.
그 새 보안체계는 절도로부터 보호하기에는 부족하다.
This software **safeguards** the computer system **against** viruses.
이 소프트웨어는 그 컴퓨터 체계를 바이러스들로부터 보호해준다.

SAIL

1. 단동사
이 동사는 배를 타고 움직이는 과정을 그린다.
명사: 돛, 항해, 보트타기
타동사
He **sails** her own yacht.
그는 자기 소유의 요트를 탄다.
자동사
The ship **sail** at 3 p.m. tomorrow.
그 배는 내일 오후 3시에 출항한다.
She **sailed** past me, ignoring me completely.
그녀는 기세 좋게 나를 지나갔다. 나를 완전히 싹 무시하고.

2. 구동사
2.1 sail against O
We **sailed against** the wind.
우리는 바람을 거슬러 항해했다.

2.2 sail around
We went out and **sailed around** before dinner.
우리는 저녁을 먹기 전에 밖에 나가서 배로 돌아 다녔다.

2.3 sail down O
The boat **sailed down** the Han River.
그 배는 한강 아래로 항해했다.

sail down
We **sailed down** peacefully.
우리는 평화롭게 배를 타고 내려갔다.

2.4 sail for O
We **sailed for** the island early in the morning.
우리는 이른 아침에 그 섬을 향해 쉽게 배를 타고 갔다.

2.5 sail into O

The boat **sailed into** the dock today.
그 배는 오늘 그 부두로 항해해서 들어왔다.
The ship **sailed into** the harbor two hours late.
그 배는 두 시간 늦게 항구에 들어왔다.
A Russian ship **sailed into** the Gwangan Bridge.
러시아 배 한 척이 광안대교를 들이박았다.
She **sailed into** the room gracefully.
그녀는 우아하게 그 방에 들어왔다.
The missile **sailed into** the refugees.
그 미사일은 그 피난민들을 맹렬히 공격했다.
The angry manager **sailed into** the employees.
그 성난 지배인은 고용인들을 심하게 꾸짖었다.

2.6 sail through O

The cruiser **sailed through** the narrows without a pilot.
그 유람선은 도선사 없이 그 좁은 지역을 지나갔다.
The boys **sailed through** the ice cream and cookies.
그 소년들은 그 아이스크림과 쿠키를 쉽게 먹어 해치웠다.
[참조: go through]
The boxer **sailed through** the first two games, and is working toward the title.
그 권투선수는 첫 두 경기는 쉽게 이기고 이제 타이틀을 향해 열심히 하고 있다.
She **sailed through** her pregnancy without much trouble such as morning sickness.
그녀는 입덧과 같은 별 어려움이 없이 임신 기간을 쉽게 넘어갔다.

sail through

The proposal **sailed through** with flying colors.
그 제안은 깃발을 휘날리듯 의기양양하게 통과되었다. 즉, 쉽게 통과되었다.

2.7 sail up O

We **sailed up** the Han River.
우리는 배를 타고 한강을 따라 올라갔다.

SALLY

1. 단동사

이 동사는 갑자기 공격을 시도했다가 방어 자세로 돌아오는 과정을 그린다.
명사: 기습 공격

2. 구동사
2.1 sally forth

Each morning they **sallied forth** in search of jobs.
매일 아침 그들은 일자리를 찾아서 힘차게 나섰다.

SALT

1. 단동사

이 동사는 염장을 해서 식품 등을 보관하는 과정을 그린다.
명사: 소금

2. 구동사
2.1 salt O away

She **salted away** fish for the winter.
그녀는 그 겨울동안 먹을 생선을 염장을 해서 보관했다.
[참조: put away]
The chairman **salted away** the illegally earned money in an off-shore paper company.
그 회장은 부정으로 번 돈을 해외 유령회사에 숨겨 놓았다.
[참조: put away, stow away, stash away]
He **salted away** some money for emergencies.
그는 비상시를 위해서 약간의 돈을 저장해 놓았다.

2.2 salt O down

The icy roads are **salted down**. (passive)
그 미끄러운 빙판길이 소금으로 뿌려졌다.

SAND

1. 단동사

이 동사는 미끄러운 표면에 모래를 뿌리거나, 거친 표면을 사포로 매끈하게 하는 과정을 그린다.
명사: 모래
타동사
We **sanded** the floor before varnishing it.
우리는 니스 칠을 하기 전에 그 바닥을 사포로 닦았다.
The trucks **sanded** the icy roads.
그 트럭들이 그 빙판길에 모래를 뿌렸다.

2. 구동사
2.1 sand O down

I have to **sand down** the plank before varnishing it.
나는 그 널빤지를 니스 칠을 하기 전에 사포로 울퉁불퉁한 곳을 밀어서 없애야 한다.
[down은 울퉁불퉁한 것이 없어지는 관계를 나타낸다. 참조: grind down]
He **sanded down** the bumps on the surface.
그는 그 표면에 있는 울퉁불퉁한 것들을 사포로 닦아 없어지게 했다.

2.2 sand O off

Sand **off** the rough edges.
그 거친 모서리 등을 사포를 써서 제거하세요.

SANDWICH

1. 단동사
이 동사는 두 물건 사이에 끼어 있는 과정을 그린다.
명사: 샌드위치

2. 구동사
2.1 sandwich O between O
His house is **sandwiched between** two tall buildings.
(passive)
그의 집은 두 큰 건물 사이에 끼어 있다.
On the subway, I was **sandwiched between** the ladies.
(passive)
그 지하철에서, 나는 두 여인 사이에 끼어 앉아 있었다.

SAVE 1

1. 단동사
이 동사는 아끼거나 절약하는 과정을 그린다.
타동사

Travelling by air **saves** many hours.
비행기 여행은 많은 시간들을 절약하게 한다.
They **saved** the expense by repairing the bike by themselves.
그들은 그들이 자전거를 그들의 힘으로 고쳐서 경비를 절약했다.
Save your dress by wearing an apron.
앞치마를 입고서, 그 옷을 아껴라.
He was **saved** from drowning. (passive)
그는 익사에서 구해졌다.
자동사

We **save** on meat by buying cheaper cuts.
우리는 값 싼 부위들을 사서 고기에 쓰는 돈을 절약한다.

2. 구동사
2.1 save for O
I am **saving for** rainy days.
나는 비 오는 날들을 대비해서 절약하고 있다.

save O for O
He **saved** money **for** a vacation.
그는 휴가를 위해 돈을 모았다.

2.2 save O in O
Please **save** the file **in** this folder.

그 파일을 이 폴더에 저장하세요.

2.3 save O on O
I am **saving** money **on** gas.
나는 휘발유에 드는 비용을 절약하고 있다.

save on O
By shopping at the outlet, I can **save** big **on** clothing.
그 아울렛에서 쇼핑함으로써, 나는 옷에 드는 돈을 크게 절약할 수 있다.

2.4 save up
I want to have a bike, and I have been **saving up**.
나는 자전거 한 대를 갖기를 원해서 돈을 절약해서 모아오고 있다.
[up은 양의 증가를 나타낸다.]

save O up
It took me a whole year to **save up** enough money to buy a new smartphone.
내가 새 스마트폰을 사기에 충분한 돈을 저축해서 모으는 데 일 년이 걸렸다.
He paid off all his debts and **saved up** some emergency fund.
그는 그의 빚을 모두 갚고, 비상금을 저축해서 모았다.

save up for O
I have been **saving up for** a new car.
나는 새 차를 사기 위해서 돈을 모아오고 있다.

SAVE 2

1. 단동사
이 동사는 동물 등을 위험 등에서 구하는 과정을 그린다.

2. 구동사
2.1 save O from O
We must **save** the bird **from** extinction.
우리는 그 새를 멸종에서 보호해야 한다.

SAVOR

1. 단동사
이 동사는 사람들이 싫어하는 요소를 가지는 과정을 그린다.
명사: 맛, 풍미, 향기

2. 구동사
2.1 savor of O

His manner **savors of** arrogance.
그의 태도는 오만함을 풍긴다.
[참조: smell of, taste of]

His words **savor of** rudeness.
그의 말은 무례함을 풍긴다.

His talk **savored of** self-conceit.
그의 이야기에는 어딘지 자만심이 엿보였다.

SAW

1. 단동사
이 동사는 톱을 사용해서 무엇을 자르는 과정을 그린다.
명사: 톱

자동사

The workmen **sawed** and hammered all day.
그 인부들은 하루 종일 톱질을 하고 망치질을 했다.

2. 구동사
2.1 saw at O
He is **sawing at** the log with the blunt saw.
그는 그 무딘 톱으로 그 통나무를 자르려고 하고 있다
[at은 시도를 나타낸다.]

2.2 saw away at O
She **sawed away at** her violin.
그녀가 (톱질이라도 하듯) 바이올린을 계속 켜 댔다.

2.3 saw O off
She **sawed off** the branches.
그녀는 톱으로 그 가지들을 잘라내었다.
[off는 가지가 나무에서 떨어져 나오는 관계를 나타낸다.]

2.4 saw O up
We **sawed** the wood **up** into the logs.
우리는 그 목재를 잘라서 통나무로 만들었다.
He **sawed up** the timber.
그는 그 재목을 톱질로 잘게 만들었다.
[참조: cut up]

2.5 saw through O
The workman **sawed through** a power line.
그 노동자는 동력선을 톱으로 잘라 들어갔다.

SAY

1. 단동사
이 동사는 낱말을 발음하거나, 생각을 말로 표현하는 과정을 그린다.

명사: 발언권, 결정권

타동사

She **said** nothing to me about it.
그녀는 그것에 대해 내게 아무 말도 하지 않았다.

The weather forecast **said** it will rain this afternoon.
그 일기예보는 오늘 오후에 비가 온다고 예고했다.

The child **said** thank you for the gift.
그 아이는 선물을 받고 고맙다고 말했다.

2. 구동사
2.1 say for O
It **says** a lot **for** David that he gave up his job to take care of his mother.
엄마를 돌보기 위해서 그의 일자리를 그만둔 사실은 데이비드에 대한 많은 말을 해 준다. 즉, 장점이 된다.

The best results **say** a lot **for** the new teaching method.
그 최선의 결과들은 그 새 교수법에 대해서 많은 것을 말해준다.

2.2 say O out
Say out loud what you are thinking about.
네가 생각하고 있는 것을 숨김없이 크게 말해라.
[out은 말소리가 크게 울리는 관계를 나타낸다.]

SCALE 1

1. 단동사
이 동사는 규모를 조정하는 과정을 그린다.
명사: 규모, 범위, 등급, 저울

2. 구동사
2.1 scale O back
Since the war, the country has been **scaling back** its army forces.
그 전쟁 이후, 그 나라는 군대를 전 상태로 줄이고 있다.
[back은 늘어난 부분을 줄이는 관계를 나타낸다.]

North Korea is urged to **scale back** its nuclear weapons program.
북한은 그 핵무기 프로그램 줄이라고 촉구되었다.

2.2 scale O down
The sports center is **scaling down** children's programs.
그 스포츠 센터는 아이들의 프로그램들을 줄이고 있다.
[down은 수의 감소를 나타낸다.]

The recession forced us to **scale down** our project.
그 경기 침체가 우리의 기획 사업을 줄이게 하고 있다.

The country is **scaling down** its military forces.

S

그 나라는 그의 군사력을 축소시키고 있다.

2.3 scale O up

We intend to **scale up** our project.
우리는 기획사업의 규모를 늘리려고 의도하고 있다.

SCALE 2

1. 단동사
이 동사는 오르기 어려운 산이나 비탈 등을 기어 올라가는 과정을 그린다.

2. 구동사

2.1 scale down O
He **scaled down** the cliff.
그는 그 절벽을 기어 내려갔다.

2.2 scale up O
He **scaled up** the steep hill.
그는 그 가파른 언덕을 기어 올라갔다.

SCAMPER

1. 단동사
이 동사는 토끼 같은 작은 동물이 짧고 빠른 걸음으로 움직이는 과정을 그린다.

2. 구동사

2.1. scamper along O
Some school children **scampered along** the street.
몇몇 학교 아이들이 종종 걸음으로 그 길을 따라갔다.

2.2. scamper away
A rabbit **scampered away** across the field.
토끼 한 마리가 그 들판을 재빠르게 가로질러 갔다.
The children **scampered away** when the teacher came.
그 아이들은 그 교사가 오자 재빨리 장소를 떠났다.

SCAN

1. 단동사
이 동사는 무언가를 찾기 위해 특정영역을 면밀히 살펴보거나, 스캐너를 사용하여 자료나 정보 등을 입력하는 과정을 그린다.
명사: 정밀 검사, 초음파 검사, 훑어보기

타동사

She **scanned** his face anxiously.

그녀가 불안한 듯이 그의 얼굴을 면밀히 살폈다.
We **scanned** the horizon, there was not a single ship.
우리는 그 수평선을 쭉 훑어보았으나, 한 척의 배도 없었다.

2. 구동사

2.1 scan O for O
He **scanned** the area **for** animals.
그는 그 지역을 동물들을 찾기 위해서 살펴보았다.

2.2 scan O in
Please **scan in** the *picture*.
그 그림을 스캔해서 컴퓨터에 집어넣으세요.
[참조: key in, type in]

book	책	directions	지시사항
manual	지침서	photo	사진

2.3 scan O into O
He **scanned** his family photo **into** his computer and displayed it on the monitor.
그는 그의 가족사진을 스캔해서 컴퓨터에 넣은 다음 그것을 모니터에 재생했다.

2.4 scan through O
She **scanned through** the scenes.
그녀는 그 장면들을 쭉 살펴 나갔다.

SCARE 1

1. 단동사
이 동사는 겁을 먹거나, 겁을 주는 과정을 그린다.
명사: 불안감, 공포

타동사

It **scared** me to think that I was alone in the big house.
그 큰 집에 혼자 있다는 생각이 나를 겁먹게 했다.

자동사

He doesn't **scare** easily.
그는 쉽게 겁을 먹지 않는다.

2. 구동사

2.1 scare O away
We made an open fire to **scare away** animals.
우리는 동물들을 겁을 먹어 쫓아 버리기 위해 불을 피웠다.
[away는 동물이 불이 있는 곳에서 멀어지는 관계를 나타낸다.]
He ran out into the garden clapping his hands to **scare** the magpies **away**.

그는 그 까치들을 겁주어 쫓아버리기 위해 손뼉을 치면서 그 정원으로 뛰어 들어갔다.

The company's financial problems **scared away** potential investors.

그 회사의 재정 문제들이 잠재적 투자자들을 겁에 질려 떠나게 했다.

The earthquake **scared away** all the tourists.

그 지진이 모든 관광객들을 겁을 먹고 떠나게 했다.

2.2 scare O into O

We **scared** the chickens **into** the coop.

우리는 그 닭들을 겁을 줘서 닭장에 들어가게 했다.

He **scared** me **into** running away.

그는 나를 겁주어서 달아나게 했다.

2.3 scare O of O

He is **scared of** *bungee jumping*. (passive)

그는 번지점프를 두려워한다.

| dentist's | 치과 | snakes | 뱀들 |

2.4 scare O off

The alarm **scared off** the burglar.

그 경보기가 그 강도를 겁주어 접근 못하게 했다.

She managed to **scare off** the attacker by screaming out loudly.

그녀는 모든 사람들이 다 듣게 크게 비명을 질러서 그 공격자를 겁을 먹고 도망가게 했다.

[off는 공격자가 공격에서 떨어지거나 접근하지 못하게 하는 관계를 나타낸다. 참조: frighten off]

Most travellers were **scared off** by the political unrest in the country. (passive)

대부분의 여행자들은 그 나라의 정치적 불안에 겁이 나서 가지 않았다.

scare O off O

The lion **scared** hyenas **off** the kill.

그 사자가 겁을 주어 하이에나들을 죽은 동물에서부터 도망가게 했다.

scare O off of O

The fire alarm **scared** the pants **off of** me.

그 화재경보는 내게 겁을 주어서 바지가 내게서 벗겨질 정도다. 즉, 나를 매우 놀라게 했다.

2.5 scare O out

The old man tried to **scare** the kids **out** of his orchard.

그 노인은 그 아이들을 겁주어 그의 과수원에서 나가게

했다.

1. 단동사

이 동사는 찾기 어려운 것을 찾는 과정을 그린다.

2. 구동사

2.1 scare O up

I hope to **scare up** some money and join them in their trip.

나는 돈을 긁어모아서 그들의 여행에 참여하려 한다.

[up은 수나 양이 늘어나는 관계를 나타낸다. 참조: save up]

I'll try to **scare** somebody **up**.

나는 누군가를 찾아보겠다.

[up은 사람이 시야 속에 들어오는 관계를 나타낸다.]

Mom **scared up** the dinner for the guests.

엄마는 그 손님들을 위해 노력을 해서 힘들게 저녁을 준비했다.

[up은 저녁이 만들어지는 관계를 나타낸다.]

North Korea **scared up** another nuclear test.

북한은 또 하나의 핵실험을 힘들어서 했다.

1. 단동사

이 동사는 음식을 빨리 먹는 과정을 그린다.

2. 구동사

2.1 scarf O down

He **scarfed down** a bagel on his way to work.

그는 직장에 가는 길에 베이글 하나를 급히 먹었다.

[down은 음식이 위로 내려가는 관계를 그린다. 참조: chow down, gulf down, wolf down]

1. 단동사

이 동사는 쓰레기통이나 더미에서 무엇을 찾는 과정을 그린다.

2. 구동사

2.1. scavenge for O

Some boys are **scavenging for** food in a pile of garbage.

몇몇 소년들이 쓰레기 더미에서 먹을 것을 찾고 있었다.

2.2. scavenge from O

The dog is **scavenging from** the dust bin.

그 개는 그 쓰레기통을 뒤지면서 무엇을 찾고 있다.

SCHEDULE

1. 단동사
이 동사는 예정표를 짜는 과정을 그린다.
명사: 계획, 예정

2. 구동사
2.1 schedule O in

Try to schedule in some exercise everyday.
매일 약간의 운동을 계획에 집어넣도록 하세요.

SCHOOL

1. 단동사
이 동사는 가르치거나 훈련시키는 과정을 그린다.
명사: 학교

타동사

She had schooled herself in patience.
그녀는 스스로 인내심을 길렀었다.

She should be schooled with her peers. (passive)
그녀는 그녀의 또래들과 함께 교육을 받아야 한다.

2. 구동사
2.1 school O in O

He was thoroughly schooled in the duties of a military officer.
그는 장교의 의무들에 대한 철저한 교육을 받았다.

2.2 school O on O

He is schooling me on Korean culture.
그는 내게 한국문화를 가르치고 있다.

SCOFF

1. 단동사
이 동사는 사람이나 생각을 비웃는 과정을 그린다.

자동사

Don't scoff. She's absolutely right.
비웃지 말아요. 그녀가 절대적으로 옳아요.

2. 구동사
2.1 scoff at O

The boss scoffed at her when she presented her plan.
그 사장은 그녀가 자신의 계획을 제시했을 때 그녀를 비웃었다.

SCOOP

1. 단동사
이 동사는 큰 숟갈로 무언가를 푸는 과정을 그린다.
명사: (아이스크림이나 밀가루 등을 푸는 데 쓰는) 큰 숟갈

타동사

She scooped ice cream into the bowl.
그녀는 아이스크림을 큰 숟갈로 떠서 그 그릇에 담았다.

2. 구동사
2.1 scoop O out

She scooped the water out of the boat.
그녀는 그 배에서 물을 퍼내었다.

Please scoop out the meat.
그 고기를 큰 숟갈로 퍼내세요.
[out은 그릇에서 밖으로 나오는 관계를 그린다.]

The chef scooped out the inside of an eggplant.
그 요리사는 가지의 내부를 큰 숟갈로 퍼냈다.

2.2 scoop O up

He put his hand into the pond, and scooped a small fish up.
그는 그의 손을 그 웅덩이에 넣고, 작은 물고기 한 마리를 퍼올렸다.
[up은 아래에서 위로의 관계를 그린다.]

He scooped the baby up in his arm and cuddled him.
그는 그 애기를 팔에 들어 올려서 그를 꼭 껴안았다.

She scooped up all the money she had won and left the table.
그녀는 자신이 딴 돈을 다 긁어모아서 그 테이블을 떠났다.

He scooped up a jackpot.
그는 대박을 거머쥐었다.

SCOOT [1]

1. 단동사
이 동사는 어떤 장소를 갑자기 떠나는 과정을 그린다.

자동사

I'd better scoot or I'll be late.
서둘러 가야겠다. 안 그러면 지각할 것이다.

2. 구동사
2.1 scoot down to O

He scooted down to the store to pick up some milk.
그는 우유를 사오기 위해 그 상점으로 급히 내려갔다.
[참조: pop down]

2.2 scoot over

Please **scoot over** to the next seat.
옆자리로 옮겨주세요.
[참조: move over]

SCOOT 2

1. 단동사
이 동사는 무엇을 찾는 과정을 그린다.

2. 구동사
2.1 scoot O out

I would **scoot out** a pretty girl at the dancing party.
나는 그 무도회에서 예쁜 소녀를 찾아내고자 한다.
[out은 여러 사람 가운데 원하는 사람을 찾아내는 관계를 그린다.
참조: single out]

The mayor sent some of his staff to **scoot out** the housing situation for the refugees.
그 시장은 그의 몇 참모들의 몇 명을 보내 그 난민을 위한 주택 사정을 알아보게 했다.
[참조: check out]

SCOPE

1. 단동사
이 동사는 망원경이나 현미경을 써서 무엇을 살피는 과정을 그린다.
명사: 보거나 관찰하는 데 쓰이는 기기, 기회, 능력, 범위

타동사

His eyes **scoped** the room, trying to spot her in the crowd.
그의 두 눈이 그 방 안을 샅샅이 살피며 그 사람들 속에 있는 그녀를 찾으려고 했다.

2. 구동사
2.1 scope O out

He is **scoping** a place **out** to spend the holiday.
그는 그 휴가를 보낼 장소를 찾아내고 있다.

Let's **scope out** the new restaurant tonight.
우리 오늘 밤 그 새로운 식당이 어떤지 알아봅시다.
[참조: check out]

SCORE

1. 단동사
이 동사는 시험이나 경기에서 점수를 얻는 과정을 그린다.
명사: 득점, 악보

자동사

Fraser **scored** again in the second half.
프레이저가 후반전에 다시 득점을 올렸다.

타동사

She **scored** 90% in the French test.
그녀는 프랑스어 시험에서 100점 만점에 90점을 받았다.

2. 구동사
2.1 score O off

No student in the class likes the homeroom teacher.
He always **scores off** his students.
그 반의 어느 학생도 담임선생님을 좋아하지 않는다. 그는 언제나 똑똑하거나 재밌는 말을 해서 학생들이 바보처럼 느끼게 한다.
[참조: tell off]

In the Republican presidential debate, the candidates exchanged insults and tried to **score off** each other.
그 공화당 대통령 후보 토론회에서 그 후보자들은 욕설들을 주고받고, 서로가 상대보다 더 나음을 보여주려고 했다.

He **scored off** the name as he read out.
그는 그가 소리 내어 읽어가면서 그 이름들을 하나하나 지웠다.

2.2 score O out

He **scored out** the word 'happy' and replaced it with 'unhappy'.
그는 '행복하다'는 낱말을 줄을 그어 지우고, 그것을 '불행하다'로 대체했다.
[out은 어떤 낱말을 지워서 없애는 관계를 나타낸다. 참조: cross out, rule out]

2.3 score with O

The writer **scored with** another novel.
그 작가는 또 하나의 소설로 성공했다.

SCOUR 1

1. 단동사
이 동사는 거친 물건으로 빡빡 문지르는 과정을 그린다.

We **scoured** the area for somewhere to pitch our tent.
우리는 우리의 텐트를 세울 곳을 찾아 그 지역을 샅샅이 뒤졌다.

2. 구동사
2.1 scour away

The strong wind **scoured away** the sand.
그 강한 바람이 그 모래를 긁어서 날려보냈다.
[참조: blow away]

S

2.2 scour O off O

He **scoured** the rust **off** the bike.
그는 녹을 그 자전거에서 박박 긁어내었다.
[off는 녹이 자전거에서 떨어져 나오는 관계를 나타낸다.]

2.3 scour O out

I had to **scour out** the pans.
나는 냄비들을 박박 닦아야 했다.
The frying pan needs to be **scoured out**. (passive)
그 프라이팬은 속을 박박 긁어내야 한다.
[the frying pan은 환유적으로 그 속에 있는 물질을 가리킨다.]
The waterfall fell down the cliff and **scoured out** a deep pool.
그 폭포가 그 절벽을 따라 내려와서 깊은 웅덩이를 만들었다.
[out은 웅덩이가 새로 생기는 관계를 나타낸다.]
The water had raced down the slope and **scoured out** the bed of a stream.
그 물이 그 비탈 아래로 빨리 흘러내리면서 개울 바닥을 만들었다.

SCOUR 2

1. 단동사
이 동사는 무언가를 찾기 위해서 어떤 곳을 샅샅이 뒤지는 과정을 그린다.

2. 구동사
2.1 scour O for O

He **scoured** Internet **for** the information.
그는 그 정보를 찾기 위해서 인터넷을 샅샅이 뒤졌다.

SCOUT

1. 단동사
이 동사는 특정지역에서 무언가를 찾는 과정을 그린다.
명사: 스카우트, 조직

2. 구동사
2.1 scout about O

We **scouted about** *Shinchon* for a house to rent.
우리는 빌릴 집을 찾기 위해서 신촌 주변의 이곳저곳을 찾아보았다.

scout about

Go and **scout about** and see if you can find firewood.
가서 여기저기 찾아보고 땔감이 있는지 알아봐라.

2.2 scout around

We **scouted around** in the village for food.
우리는 음식을 구하기 위해서 그 마을의 이곳저곳을 둘러보았다.
[around는 이곳저곳을 가리킨다.]

2.3 scout O for O

They **scouted** the area **for** firewood.
그들은 그 지역을 땔감을 찾기 위해 살피며 돌아다녔다.
They **scouted** the area **for** somewhere to stay the night.
그들은 그날 밤을 지낼 곳을 찾아 그 지역을 돌아다녔다.

2.4 scout O out

She is working for a real estate agency, **scouting out** new properties.
그녀는 부동산에서 일하면서 새 부동산을 찾아내고 있다.
[out은 모르는 것을 찾아내는 관계를 나타낸다. 참조: search out]
Will you help me **scout out** a new apartment?
새 아파트를 살펴보고 찾아내는 것을 도와주시겠습니까?
We were sent in advance to **scout out** any danger.
우리는 위험이 있는지를 정찰해서 알아보기 위해서 미리 선발로 보내졌다.

2.5 scout O up

We'd better **scout up** someone to take Ron's place on the team.
우리는 그 팀에서 론의 자리를 대신하는 누군가를 찾아내야 한다.
[up은 사람을 찾아서, 시야에 들어오는 관계를 나타낸다. 참조: look up]
I will **scout up** a costume for the Halloween party.
나는 그 할로윈 파티를 위해 그에 맞는 의상을 찾아낼 것이다.

SCOWL

1. 단동사
이 동사는 노려보거나 쏘아보는 과정을 그린다.

2. 구동사
2.1 scowl at O

He **scowled at** us for nothing.
그는 우리를 아무런 이유 없이 노려보았다.

SCRABBLE

1. 단동사

이 동사는 손으로 더듬어서 물건을 찾는 과정을 그린다.

자동사

She **scrabbled** around in her bag for her glasses.
그녀는 자신의 가방 속을 이리저리 뒤적이며 그녀의 안경을 찾았다.

2. 구동사
2.1 scrabble around for O
She **scrabbled** **around** **for** a scrap of paper to write his phone number on.
그녀는 그의 전화번호를 적어놓을 종이쪽지를 찾아 이리저리 둘러 보았다.

He lost his job and was **scrabbling** **around** **for** alternative sources of income.
그는 직장을 잃어서 대안의 수입처를 이리저리 찾고 있다.

2.2 scrabble through O
She was **scrabbling** **through** her pockets for her ring.
그녀는 자신의 반지를 찾기 위해서 호주머니들을 더듬어 뒤져나가고 있다.

SCRAMBLE 1

1. 단동사
이 동사는 사람들이 앞다투어 우르르 몰리는 과정을 그린다.

자동사

The shoppers **scrambled** to get the best bargain on Black Friday.
그 구매자들은 블랙 프라이데이에 가장 좋은 물건을 사기 위해서 앞 다투어 뒤엉켰다.

타동사

Mom **scrambled** eggs almost every morning.
엄마는 매일 아침 달걀을 스크램블 했다. 즉, 흰자와 노른자를 뒤섞었다.
The whisky **scrambled** his head.
그 위스키가 그의 머리를 어지럽게 했다.

2. 구동사
2.1 scramble for O
Hundreds of football fans **scrambled** **for** tickets to the World Cup.
수 백 명의 축구 팬들이 그 월드컵 경기의 표를 사기 위해서 우르르 몰렸다.
All the teenagers **scrambled** **for** the rock star but could not catch him.
그 모든 십대들이 그 록 가수를 향해 우르르 몰려갔으나 그를 잡을 수 없었다.

The audience **scrambled** **for** the exits.
그 청중들이 그 출구들로 우르르 몰려갔다.

2.2 scramble into O
Fans **scrambled** **into** the stadium.
팬들이 뒤엉켜 그 경기장으로 들어갔다.

2.3 scramble out of O
Football fans **scrambled** **out of** the stadium.
축구 팬들이 그 경기장에서 우르르 뒤엉켜 나왔다.

2.4 scramble to O
After the sound of the gun, the crowd **scrambled** **to** safety.
그 총성을 듣고, 그 군중들이 안전한 곳을 향해 뒤엉켜 갔다.

SCRAMBLE 2

1. 단동사
이 동사는 달걀에 약간의 우유를 섞어 휘저으면서 요리하는 과정을 그린다.

2. 구동사
2.1 scramble O up
She **scrambles** **up** eggs for her children every morning.
그녀는 매일 아침 아이들을 먹이려고 달걀을 스크램블 한다.

SCRAPE

1. 단동사
이 동사는 긁히거나, 날카로운 도구를 써서 표면에 붙은 것을 긁는 과정을 그린다.

타동사

The sailors **scraped** the bottom of the ship.
그 선원들이 그 배의 바닥을 긁었다.
He fell and **scraped** his knees.
그는 넘어져서 그의 무릎이 긁혔다.

자동사

The shovel **scraped** along the sidewalk.
그 삽이 그 보도를 따라 긁히면서 소리가 났다.

2. 구동사
2.1 scrape along
The family managed to **scrape** **along** on less than

S

500,000 *won* a week.
그 가족은 일주일에 50만원 안 되는 돈으로 근근이 살
아간다.
[along은 삶이 시간을 따라 진행되는 관계를 나타낸다.]

2.2 scrape O away
She **scraped away** the mud on her shoes and polished them.
그녀는 그녀의 신발에 묻은 그 진흙을 긁어내어서 없어
지게 하고 그 구두를 광내었다.

2.3 scrape by O
The child **scraped by** the tall man and managed to get into the theater.
그 아이는 그 키 큰 남자를 스쳐 지나가서 그 극장에
들어갈 수 있었다.
Many students from poor families are **scraping by** one meager student grant.
가난한 집안 출신의 많은 학생들은 얼마 안 되는 장학금
에 기대어 근근이 살아갔다.
[참조: get by]
She **scraped by** her exams and got into college.
그녀는 그녀의 시험들을 근근이 통과해서 대학에 들어
갔다.

scrape by on O
I can't **scrape by on** the small allowance.
나는 그 적은 용돈으로 근근이도 살아갈 수 없다.
The workers are **scraping by on** legal paychecks.
그 노동자들은 변변찮은 월급으로 근근이 살아가고 있다.

2.4 scrape O down
He is **scraping down** the wall.
그는 그 벽을 긁어내리고 있다.
The audience **scraped down** the speaker.
청중들이 시끄러운 소리를 내어서 연사가 연설을 중단
했다.

2.5 scrape in
The republican candidate managed to **scrape in** with a majority of 100 votes.
그 공화당 후보는 100표차로 간신히 의회에 들어갔다.
[in은 into office의 뜻이다.]

2.6 scrape into O
She **scraped into** university and managed to get a degree in linguistics.
그녀는 대학에 간신히 들어가서 언어학 학위를 그럭저

러 받게 되었다.

2.7 scrape O off O
Scrape off the burned parts of your toast.
너의 토스트에서 탄 부분을 긁어내어라.
I **scraped** the caked mud **off** my shoes.
나는 말라붙은 진흙을 내 신발에서 긁어내었다.
[off는 굳어진 진흙이 신발에서 떨어지는 관계를 나타낸다.]

2.8 scrape O out
Scrape out all the *peanut butter* from the jar.
그 병에서 그 모든 땅콩버터를 긁어내세요.

jam 잼	honey 꿀

I was told to **scrape out** the mud.
나는 그 진흙을 긁어내라는 명령을 받았다.
[out은 안에 있던 것이 밖으로 나오는 과정과 결과를 나타낸다.]
Please **scrape out** the *pan*.
그 팬 안에 있는 것을 긁어내세요.
[위에서 팬은 환유적으로 그 안에 있는 것을 나타낸다.]

pot 냄비	jar 병

He is **scraping out** the living.
그는 근근이 살아가고 있다.
[out은 삶이 이루어지는 관계를 나타낸다. 참조: eke out]

2.9. scrape through O
The car going at a very high speed **scraped through** the fence.
아주 빠른 속도로 지나가는 그 차가 달리면서 그 울타리
를 긁고 지나갔다.
I **scraped through** my final exams.
나는 기말 시험 과목들을 간신히 통과했다.

scrape through
Our team **scraped through** to the final by beating Japan 12 to 10.
우리 팀은 일본을 12대 10으로 이겨서 최종 결승전에
겨우 올라갔다.
[through는 여러 경기를 거치는 관계를 나타낸다.]

2.10 scrape O together
I think we can **scrape** something **together** for dinner.
나는 저녁을 위해 뭔가를 긁어모아서 마련할 수 있을
것 같다.
Being out of job, he **scraped together** enough money to support his family.

실직 상태이지만 그는 가족을 부양할 만큼의 돈을 긁어
모았다.

He first started the business with money **scraped**
together from his family members and friends.
(passive)

그는 그 사업을 가족들과 친구들로부터 긁어모은 돈으
로 시작했다.

He is **scraping together** daily necessities.

그는 일상 필수품들을 근근이 모아가고 있다.

2.11 scrape up

He fell down and his face was **scraped up**.

그는 넘어져서 그의 얼굴이 긁혔다.

He **scraped up** some money for his trip home.

그는 집에 들어가는 여비를 긁어모았다.

SCRATCH

1. 단동사

이 동사는 손톱 등으로 피부 등을 긁는 과정을 그린다.

타동사

The dog is **scratching** its legs.

그 개는 자신의 다리를 긁고 있다.

He is **scratching** a mosquito bite.

그는 모기에 물린 자리를 긁고 있다.

자동사

The pen **scratched** as he wrote.

그 펜은 그가 글을 쓸 때 긁히는 소리를 내었다.

2. 구동사

2.1 scratch around

There are still many homeless people on the streets
who are **scratching around** for a shelter.

아직도 거리에는 노숙자들이 많고 그들은 쉼터를 찾아
이곳저곳을 뒤지고 있다.

[around는 어느 지역의 이곳저곳을 가리킨다.]

A shaggy dog is **scratching around** behind the dust
bin searching for scraps of food.

초라하게 보이는 개 한 마리가 음식 찌꺼기를 찾으면서
그 쓰레기통 뒤를 이리저리 뒤지고 있다.

2.2 scratch at O

Don't **scratch at** the tick bites.

그 진드기에 물린 자리들을 조금씩 긁지 마세요.

[at은 긁힘이 부분적으로 약하게 미침을 나타낸다.]

2.3 scratch O away

The cat almost **scratched away** the finish on the table.

그 고양이가 그 식탁의 마감칠을 조금씩 긁어서 없애버
렸다.

[away는 마감칠이 표면에서 조금씩 떨어져 나가는 관계를 나타
낸다.]

2.4 scratch O off O

I don't like yogurt, so I **scratched** it **off** the shopping
list.

나는 요거트를 좋아하지 않아서 살 물건 목록에서 없애
버렸다.

[off는 요거트가 목록에서 지워지는 관계를 나타낸다.]

scratch O off

The mud on my shoes dried up, so I **scratched** it **off**.

내 구두에 진흙이 말라서 나는 그것을 긁어서 구두에서
떼어내었다.

[off는 진흙이 구두에서 떨어져 나오는 관계를 나타낸다.]

He is **scratching** *fliers* **off**.

그는 전단지들을 (벽에서) 긁어서 떼어내고 있다.

poster 벽보	sticker 스티커

I **scratched off** a thank-you note.

나는 감사의 편지를 급하게 썼다.

[참조: knock off]

2.5 scratch O out

While I was reading down the list, I found many names
had been **scratched out**. (passive)

내가 그 목록을 읽어 내려가는 동안 많은 이름들이 지워
진 것을 알았다.

[out은 있던 것이 없어진 상태를 그린다. 참조: cross out]

He **scratched out** a song on the violin.

그는 바이올린으로 노래 한 곡을 켰다.

[out은 소리가 생겨나는 관계를 나타낸다.]

2.6 scratch O up

Who **scratched up** the coffee table?

누가 그 테이블의 표면을 긁어서 망가뜨렸느냐?

The paint on the side of the car is **scratched up**.
(passive)

그 자동차 옆의 페인트가 긁혀서 일어났다.

SCREAM

1. 단동사

이 동사는 다치거나 놀라거나 흥분해서 날카로운 소리가
나거나 소리를 내는 과정을 그린다.

S

명사: 비명, 절규, 날카로운 소리

자동사

He covered her mouth to stop her from **screaming**.
그는 그녀가 비명을 지르지 못하도록 그녀의 입을 막았다.
Someone was **screaming** for help.
누군가가 도와달라고 소리치고 있었다.
Lights flashed and sirens **screamed**.
불빛들이 번쩍거리고 사이렌 소리들이 날카롭게 울렸다.

2. 구동사

2.1 scream at O
Why are you **screaming at** me?
왜 너는 나에게 큰소리를 치느냐?

2.2 scream down on O
Bombs **screamed down on** the village.
폭탄들이 날카로운 소리를 내며 그 마을로 떨어져 내렸다.

2.3 scream O off
He **screamed off** his head.
그는 비명을 질러 머리가 떨어져 나갔다. 즉, 머리가 떨어져 나갈 정도로 비명을 질렀다.

2.4 scream out O
He **screamed out** the window.
그는 그 창문을 통해 비명을 질렀다.

scream out
His mother **screamed out**, "Johnny, run for your life."
그의 엄마는 "조니야, 네 목숨을 위해 뛰어라"라고 크게 외쳤다.
[out은 소리가 사방으로 퍼지는 관계를 나타낸다. 참조: cry out]

scream out at O
The wall painting is horrible and whenever I came near by, it **screams out at** me.
그 벽화는 흉측해서 내가 가까이 가면 나를 향해 소리를 내지르는 것 같았다. 즉, 눈에 크게 뜨인다.
[참조: jump out at]

SCREEN

1. 단동사
이 동사는 무언가를 보호하거나 숨기는 과정을 그리거나, 어떤 사람이 특정 집단에 충성할지의 여부를 가리는 과정을 그린다.
명사: 방충망, 화면, 영화

타동사

A large hat **screened** her face.
큰 모자가 그녀의 얼굴을 가렸다.
Dark glasses **screened** his eyes from the sun.
짙은 색 안경이 그의 눈을 햇살로부터 가려 보호해 주었다.
I use my answer phone to **screen** my phone calls.
나는 내게 오는 전화를 가리기 위해 자동 응답기를 이용한다.

2. 구동사

2.1 screen O off
One part of the flower bed was **screened off** for seedlings. (passive)
그 화단의 한 쪽은 묘목을 위해 차단 분리되어있다.

2.2 screen O out
Be sure to **screen out** applicants with criminal records.
범죄기록이 있는 지원자들을 반드시 골라내도록 하세요.
[out은 여럿 가운데 골라내는 관계를 나타낸다.]
The sunglasses **screen out** the harmful rays from the sun.
그 선글라스는 해에서 오는 위해광선을 막아준다.
[out은 들어오는 빛을 막아내는 관계를 나타낸다. 참조: block out]

SCREW

1. 단동사
이 동사는 나사를 써서 무언가를 고정시키는 과정을 그린다.
명사: 나사

타동사

The stools are **screwed** to the floor. (passive)
그 스툴의자들은 나사로 바닥에 고정되어 있다.
He **screwed** the board to the wall.
그는 그 판자를 나사를 써서 그 벽에 붙였다.
He **screwed** screws into the wall.
그는 나사들을 벽에 틀어넣었다.

2. 구동사

2.1 screw around
Tom **screws around** in class and learns nothing.
톰은 수업 중에 정신을 팔고 있어서 아무것도 못 배운다.
[around는 정신이 산만한 상태를 나타낸다. 참조: mess around]

screw O around
The team leader really **screws** us **around** – He always

changes the rule unexpectedly.

그 팀장은 심히 우리를 괴롭힌다. 그는 예고 없이 규칙을 바꾼다.

[around는 우리를 이랬다저랬다 하는 관계를 나타낸다.]

The tax officials **screw around** small businesses.

그 세무사들은 소규모 업체들을 괴롭힌다.

screw around with O

Who has **screwed around with** my computer?

누가 내 컴퓨터를 함부로 만지작거렸느냐?

[참조: mess around with, play around with, toy around with]]

2.2 screw O down

Please **screw** these seats **down**. Otherwise somebody will knock them over.

이 의자들을 스크루를 조여서 바닥에 고정시켜라. 그렇지 않으면 누군가가 그것들을 넘어뜨릴 것이다.

[down은 의자가 고정되는 관계를 나타내다. 참조: tighten down, bolt down, hail down]

2.3 screw O into O

Please **screw** this bracket **into** the wall.

그 받침대를 스크루를 써서 그 벽에 붙여주세요.

2.4 screw off

Stop **screwing off** and get busy!

빈둥거리지 말고 부지런히 일해라.

2.5 screw O on

He **screwed** the lid **on**.

그는 쇠 나사를 써서 그 뚜껑을 (어디에) 고정시켰다.

2.6 screw O onto O

Please **screw** the bracket **onto** the wall.

그 버팀목을 스크루를 써서 그 벽에 갖다 붙여라.

2.7 screw O out of O

Land owners used to **screw** all they could **out of** local peasants.

지주들은 그들이 짜낼 수 있는 모든 것을 지역 소작인들로부터 짜내곤 했다.

2.8 screw O over

My business partner really **screwed** me **over**.

내 동업자가 나를 철저하게 속였다.

The company is **screwing** the workers **over**.

그 회사는 그의 노동자들을 철저히 속인다.

2.9 screw O up

Ray **screwed** her letter **up** and threw it on the fire.

레이는 그녀의 편지를 완전히 구겨서 그것을 불에 던졌다.

[up은 편지가 많이 구겨진 상태를 나타낸다.]

My girlfriend **screwed up** her face in disgust.

내 여자 친구는 혐오감에 얼굴을 찡그렸다.

He looked out over the sea with his eyes **screwed up** against the sun. (passive)

그는 햇빛 때문에 눈을 찡그린 상태로 그 바다를 내다보았다.

It really **screwed up** the boy when his father died.

그의 아버지가 돌아가셨을 때 그의 죽음은 소년의 마음을 괴롭게 했다.

[the boy는 환유적으로 마음을 가리킨다.]

He really **screwed** the things **up**.

그는 정말 모든 것을 다 망쳐 놓았다.

I **screw up** my courage to go in front of the examiner.

나는 그 검사관 앞에 가기 위해서 용기를 일으켰다.

[up은 용기가 생기는 관계를 나타낸다. 참조: conjure up, muster up]

screw up

Somebody must have **screwed up** – the parcel is delivered to a wrong address.

누군가가 실수를 했음에 틀림없다. 그 소포가 틀린 주소에 배달되었다.

[up은 혼동 상태를 나타낸다.]

He really **screwed up** and the manager is very mad.

그는 실수를 톡톡히 해서 지배인이 몹시 화가 났다.

2.10 screw with O

Someone must have **screwed with** my computer. It's not working now.

누군가가 내 컴퓨터를 만지작거렸음이 틀림없다. 컴퓨터가 작동하지 않는다.

He said he would offer me a job, but I think he is **screwing with** me.

그는 내게 일자리를 주겠다고 말했지만, 나는 그가 나를 놀리고 있다고 생각한다.

SCRIBBLE

1. 단동사

이 동사는 글을 휘갈겨 쓰는 과정을 그린다.

명사: 낙서, 휘갈겨 쓴 글씨

자동사

Someone had **scribbled** all over the table in crayon.

누군가가 그 식탁 위를 크레용으로 온통 낙서를 해 놓은

S

상태였다.

타동사

He **scribbled** a note to his sister before leaving.
그는 떠나기 전에 그의 누이에게 메모 하나를 갈겨썼다.

2. 구동사
2.1 scribble O down
I **scribbled down** his mailing address.
나는 그의 메일 주소를 갈겨 적어 놓았다.
[down은 말, 소리, 감정 등을 종이 위에 적은 관계를 나타낸다.]
[참조: jot down, note down]

SCRIMP

1. 단동사
이 동사는 수입 등이 적지만 저축하려고 하는 과정을 그린다.

자동사

They **scrimped** and saved to give the children a good education.
그들은 자녀들에게 좋은 교육을 시키기 위해 절약해서 저축을 했다.
We had to **scrimp** and save to pay for the holiday.
우리는 그 여행비용을 대기 위해 돈을 아껴서 저축했다.

2. 구동사
2.1 scrimp on O
When my salary was cut, I had to **scrimp on** food in order to pay my rent.
내 월급이 깎이자, 나는 내 집세를 내기 위해서 식비를 아껴야 했다.

SCROLL

1. 단동사
이 동사는 컴퓨터 마우스를 써서 컴퓨터 화면을 위아래로 조종하는 과정을 그린다.
명사: 두루마리

2. 구동사
2.1. scroll down
Please **scroll down** to reveal more details.
더 많은 세부사항들을 드러낼 수 있도록 스크롤을 아래로 미세요.

2.2. scroll through O
I **scrolled through** my instagram.
나는 내 인스타그램을 스크롤 해서 쭉 훑어보았다.

2.3. scroll up
Scroll up to the top of the file.
그 파일의 시작부분까지 스크롤을 위로 미세요.

SCROUNGE

1. 단동사
이 동사는 원하는 것을 얻기 위해서 남에게 구걸하는 과정을 그린다.

2. 구동사
2.1 scrounge around
We are **scrounging around** for the baby, but he is no where to be seen.
우리는 그 아기를 이리저리 찾고 있으나, 그 아기는 아무데에도 보이지 않는다.

2.2 scrounge O up
I am **scrounging up** someone to help you.
나는 너를 도와 줄 누군가를 찾아내려 하고 있다.
[up은 어느 사람이 나타나는 관계를 그린다.]
She managed to **scrounge up** some money off her mother.
그녀는 약간의 돈을 엄마에게서 받아내는 데에 성공했다.

SCRUB

1. 단동사
이 동사는 거친 솔을 사용하여 박박 문지르는 과정을 그린다.
명사: 문지르는 솔, 문질러 씻기, 청소하기

타동사

I **scrubbed** the floor all morning.
나는 아침 내내 그 바닥을 문질러 닦았다.

자동사

Please **scrub** with more energy.
좀 더 많은 힘을 써서 박박 문질러 주세요.

2. 구동사
2.1 scrub at O
He **scrubbed at** the stain, but *I* didn't come out.
그는 그 얼룩을 박박 문질러보았으나, 그 얼룩은 지워지지 않았다.

2.2 scrub O away
Please **scrub away** the rust.
솔질을 해서 그 녹을 조금씩 긁어내세요.

2.3 scrub O down

Scrub down the floor.

그 마루를 철저히 문질러서 닦아내세요.

[down은 '철저하게'의 뜻이다.]

2.4 scrub O off

Julie scrubbed off the *grease*.

쥴리는 그 기름때를 문질러서 떨어지게 했다.

dirt 먼지	stain 얼룩

Scrub off the dust under running water.

그 먼지를 흐르는 수돗물 밑에서 박박 문질러 없애세요.

2.5 scrub O out

The bathtub is too dirty. Scrub it out before you use it.

그 욕조가 너무 더럽다. 쓰기 전에 그것을 솔로 씻어 내어라.

[it은 환유적으로 욕조 안의 오물을 가리킨다. out은 안에 있는 것을 씻어내는 관계를 나타낸다.]

Please scrub out the pots and put them away.

그 냄비들을 잘 문질러서 씻어내고 치워 놓으세요.

2.6 scrub through O

He scrubbed through the entire film.

그는 그 영화 전체를 스크러빙 하였다.

2.7 scrub O up

The doctors and nurses scrub up their hands before an operation.

의사들과 간호사들은 수술 전에 그들의 손을 깨끗이 씻는다.

[up은 손을 철저히 씻는 관계를 나타낸다. 참조: wash up]

SCRUNCH

1. 단동사

이 동사는 자갈 등을 밟을 때 소리가 나는 과정을 그린다.

자동사

The snow scrunched underfoot.

그 눈이 발밑에서 뽀드득 소리를 냈다.

2. 구동사

2.1 scrunch O up

He scrunched up the first page and started over.

그는 첫 페이지를 구겨 버리고, 다시 시작했다.

[up은 구겨진 상태를 나타낸다. 참조: crumple up, screw up]

The child scrunched up his face and was about to cry.

그 아기는 얼굴을 찡그리고 막 울려고 했다.

He scrunched up the note and threw it on the fire.

그가 그 메모지를 돌돌 구겨서 그 불 위에 던져 버렸다.

scrunch up

We all scrunched up on the sofa, and watched the football game.

우리는 모두 그 소파에 쪼그리고 앉아 그 축구 경기를 보았다.

[참조: curl up, cuddle up]

scrunch up O into O

The hedgehog scrunched itself up into a ball.

그 고슴도치가 몸을 공 모양으로 말았다.

[참조: curl oneself into O]

SCURRY

1. 단동사

이 동사는 종종걸음으로 움직이는 과정을 그린다.

2. 구동사

2.1 scurry along O

some children scurried along the path.

몇몇 아이들이 그 소로를 따라 종종 걸음으로 지나갔다.

SCUTTLE

1. 단동사

이 동사는 작은 동물들이 겁이 나서 종종걸음으로 빨리 움직이는 과정을 그린다.

2. 구동사

2.1 scuttle across O

A mouse scuttled across the kitchen floor.

쥐 한 마리가 그 부엌 바닥을 가로질러 빠르게 지나갔다.

A rabbit scuttled across my path.

토끼 한 마리가 내가 가는 길을 가로질러 급하게 지나갔다.

2.2 scuttle away

The otter scuttled away as we approached.

그 수달은 우리가 가까이 가자 빠르게 도망쳐갔다.

SEAL

1. 단동사

S

이 동사는 입구 등을 봉쇄하여 출입을 못하게 하는 과정을 그린다.

명사: 밀봉, 밀폐, 도장, 인장

타동사

Make sure you have signed the check before **sealing** the envelope.

그 봉투를 봉하기 전에 그 수표에 서명을 했는지 확인하세요.

They drank a glass of wine to **seal** their new friendship.

그들은 그들의 새로운 우정을 다지기 위해 마셨다.

2. 구동사

2.1 seal O in

Fry the chicken to **seal** the flavor **in**.

그 맛을 가두기 위해 그 닭고기를 빨리 튀기세요.

2.2 seal O off O

For decades, North Korea has **sealed** its economy **off** from the world economy.

수 십 년 동안 북한은 그의 경제를 세계 경제에서 고립시켜왔다.

[off는 북한 경제가 다른 나라 경제로부터 차단되는 관계를 나타낸다.]

seal O off

Police **sealed off** the *house* where murder had occurred.

경찰은 살인이 있었던 그 집을 봉쇄했다.

[off는 그 집이 다른 부분으로부터 격리되어 출입이 금지된 관계를 나타낸다. 참조: rope off]

area 지역	bridge 다리

The lion **sealed off** the airway of the fallen dear.

그 사자는 쓰러진 사슴의 기도를 막아서 숨을 못 쉬게 했다.

2.3 seal O up

Father **sealed up** all the *windows* with tape for the winter.

아버지는 그 겨울을 대비해서 모든 창문들을 꽁꽁이 봉했다.

cracks 틈새	holes 구멍

The president wanted to **seal up** the border.

대통령은 그 국경을 완전히 봉쇄하기를 원했다.

SEARCH

1. 단동사

이 동사는 무엇을 찾기 위해 장소를 수색하는 과정을 그린다.

2. 구동사

2.1 search after O

I am **searching after** a part for my audio set.

나는 나의 오디오 세트를 위한 부품을 찾아다니고 있다.

[after는 부품을 찾아다니는 관계를 나타낸다. 참조: go after, seek after]

2.2 search for O

The scientists are **searching for** a cure to cancer.

그 과학자들이 암 치료법을 찾고 있다.

The money raised by the citizens was used to **search for** a cure for cancer.

그 시민들에 의해 모아진 그 돈은 암 치료법을 찾는데 쓰였다.

[for는 암 치료법을 찾아 우리에게 들어오는 관계를 나타낸다.]

search O for O

The police **searched** the house **for** a suspect.

경찰이 용의자를 찾기 위해 그 집을 수색했다.

The police **searched** the robber **for** a gun.

경찰이 총을 찾아내기 위해 그 강도의 몸을 수색했다.

Detectives **searched** the apartment **for** clues to the murder.

탐정들이 그 살인의 실마리들을 찾기 위해서 그 아파트를 뒤졌다.

2.3 search O out

We are **searching out** the key to the safety box.

우리는 그 안전금고의 열쇠를 찾고 있다.

The allies were ordered to **search out** all the military bases in Syria and destroy them.

그 동맹국들은 시리아의 모든 군사기지들을 찾아내서 그들을 파괴하라는 명령을 받았다.

[out은 안 보이는 상태에서 보이는 상태로, 모르는 상태에서 아는 상태로의 변화를 그린다. 참조: scout out, seek out]

The Korean–American girl decided to **search out** her biological mother.

그 한국계 미국인 소녀는 자신의 생모를 탐색해서 찾아내려고 결심했다.

2.4 search through O

I **searched through** all my books for the answer.

나는 그 답을 찾기 위해 나의 모든 책들을 하나 하나
다 뒤졌다.
He **searched through** all his papers, but he failed to
find the receipt.
그는 그 서류들을 처음부터 끝까지 뒤적여 찾았으나 그
영수증은 찾지 못했다.
Customs officials **searched through** the bags of the
passengers from the Middle East.
세관원들은 중동에서 온 승객들의 가방들을 처음부터
끝까지 뒤졌다.

SEASON

1. 단동사
이 동사는 양념을 하는 과정을 그린다.
자동사
Add the mushrooms, and **season** to taste.
그 버섯들을 넣고 입맛에 맞게 간을 하라.

2. 구동사
2.1 season O with O
She **seasoned** bean paste stew **with** lots of hot pepper.
그녀는 그 된장찌개를 많은 고춧가루로 양념했다.

SECOND

1. 단동사
이 동사는 잠시 동안 고용인을 다른 부서로 보내는 과정을
그린다.
타동사
I'll **second** that!
동감이야!

2. 구동사
2.1 second O to O
While he was away, he was **seconded to** a sales
department.
그가 자리를 비우고 있는 동안, 그는 판매부로 강등되
었다.

SECTION

1. 단동사
이 동사는 피부나 식물 등에서 한 부분을 잘라내는 과정을
그린다.
명사: 구획, 부분; (문서책 등의) 절

2. 구동사

2.1 section O off
The city council **sectioned off** some land for growing
vegetables.
그 시의회는 채소들을 심기 위해서 그 땅의 일부를 구획
지어 떼어 놓았다.
[off는 땅의 일부가 전체에서 분리되는 관계를 나타낸다.]
One section of the office space is **sectioned off** as a
director's room.
그 사무실의 한 쪽 구역은 지배인의 방으로 쓰기 위해
스크린으로 칸막이 되어 있다.
[off는 한 부분이 다른 부분에서 차단되는 관계를 나타낸다. 참조:
curtain off, partition off]

SECURE

1. 단동사
이 동사는 노력 끝에 무엇을 확보하는 과정을 그린다.
형용사: 안심하는, 안전한, 확실한
타동사
She **secured** 2000 votes.
그녀는 2000표를 획득했다.
She **secured** the rope firmly to the back of the car.
그녀는 그 밧줄을 그 차 뒷부분에 단단히 잡아맸다.
This savings plan will **secure** your child's future.
이 저축 계획은 당신 자녀의 장래를 안전하게 보장해
줄 것입니다.

2. 구동사
2.1 secure O against O
I was unable to **secure** an injunction **against** the law.
나는 그 법에 대한 명령을 확보할 수가 없었다.

2.2 secure O up
The border is **secured up**. (passive)
그 국경은 안전하게 되어 있다.

SEE

1. 단동사
이 동사는 대상의 자극이 눈에 들어오는 과정을 그린다.
타동사
I **saw** him yesterday.
나는 어제 그를 보았다.
I **saw** him in the distance.
나는 먼 데 서있는 그를 보았다.
I'm going to **see** a doctor today.
나는 오늘 의사를 만나볼 예정이다.
I **saw** him running down the street.

나는 그가 그 길 아래로 뛰어가는 것을 보았다.

Can you **see** the point of the remark?

너는 그 말의 요점을 이해하느냐?

I **saw** that he was right.

나는 그가 옳았다는 것을 알았다.

I **saw** that he is honest.

나는 그가 정직함을 알았다.

I don't **see** him as a president.

나는 그를 회장으로 보지 않는다.

Our country has **seen** many changes.

우리나라는 많은 변화들을 보였다. 즉, 경험했다.

['보다'는 '경험하다'의 뜻으로 확대된다.]

We have been **seeing** each other for years.

우리들은 몇 년에 걸쳐 서로 만나고 있다.

['보다'의 수동적인 뜻은 '만나다'의 적극적인 뜻으로 확대된다.]

I am too tired to **see** anyone.

나는 너무 피곤해서 누구도 만날 수 없다.

자동사

Let me **see**.

나 좀 생각해보게 해주세요.

2. 구동사

2.1 see about O

I have to **see** **about** lunch.

나는 점심에 신경을 써야한다.

[about은 점심에 대해 이것저것 살핀다는 뜻이다.]

You should **see** **about** getting the oven fixed.

너는 그 오븐을 고치는 데 신경을 써야한다.

I will **see** **about** your *request*.

나는 당신의 요청을 살펴보겠습니다.

work	일	washer	세탁기
proposal	제안	fridge	냉장고

2.2 see O across O

The boy **saw** the elderly lady **across** the street.

그 소년은 그 나이든 부인과 그 위험한 길을 건너는 데 함께 갔다.

['보다'는 '돌보다'의 뜻으로 확대된다.]

2.3 see after O

My aunt promised to **see** **after** my dog while I'm on vacation.

내 숙모가 내가 휴가 중일 때 내 개를 돌봐주기로 약속 했다.

[after는 숙모가 개를 따라다니며 보살피는 관계를 나타낸다. 참조: look after]

2.4 see O against O

Let's **see** the issue **against** the background.

그 쟁점을 그 배경에 비추어 봅시다.

2.5 see O back

I will **see** her **back** to her apartment.

나는 그녀를 그녀의 아파트까지 다시 데려다 줄 것이다.

2.6 see down O

We **saw** **down** the gully.

우리는 그 계곡을 따라 내려다보았다.

[참조: look down]

see O down

Would you **see** me **down** to the first floor?

나를 안내하여 1층까지 내려가게 해주실 것입니까?

2.7 see O in

Go out and **see** her **in**.

나가서 그녀를 안내해서 데리고 들여오너라.

2.8 see O into O

He **saw** her **into** the office.

그는 그녀를 안내해서 그 사무실로 들어오게 했다.

2.9 see O off

I **saw** her **off** at the airport.

나는 그 비행장에서 그녀를 떠나보냈다.

[off는 비행기를 타고 이륙하는 관계를 나타낸다.]

I **saw** her **off** on her trip.

나는 그녀가 여행 가는 것을 배웅했다.

Our dog **saw** **off** a burglar.

우리 집 개가 강도가 접근하지 못하게 했다. 즉, 강도를 물리쳤다.

He **saw** **off** several opponents.

그는 여러 명의 적수들을 물리쳤다.

[off는 여러 명을 하나하나 필적하는 관계를 나타낸다. 참조: face off, play off]

2.10 see O out

I **saw** him **out**.

나는 그를 안내해서 나가게 했다.

[out은 안에서 밖으로 움직이는 관계를 그린다.]

I have just enough money to **see** the week **out**.

나는 그 한 주를 견디어 낼 만큼의 돈만 가지고 있다.

[out은 한 주가 지나는 관계를 나타낸다. 참조: hold out]

The company has to find out some means to **see** **out** the recession.

그 회사는 그 경기 침체를 견뎌낼 몇 가지 수단을 찾아야 한다.

2.11 see over O

I will see over the apartment I have in mind.
나는 내 마음에 두고 있는 (매물로 나와 있는) 아파트를 전체적으로 둘러볼 생각이다.
[over는 아파트 전체를 보는 관계이다. 참조: look over]

2.12 see through O

X-ray sees through the skin.
엑스레이는 피부를 통해서 본다.
He saw through her at once.
그는 단번에 그녀를 꿰뚫어 보았다.
[through는 그녀의 한쪽에서 다른 쪽까지의 뜻이다.]
With the new technology, we can see through the concrete.
이 새 기술을 가지고 우리는 그 콘크리트 속을 들여다 볼 수 있다.

see O through

His courage saw him through.
그의 용기가 그로 하여금 (여러 역경들을) 치러내게 했다.

see O through O

He sees things through the eyes of foreigners.
그는 사물들을 외국인들의 눈을 통과해서 본다.
Mom sent me some money which saw me through a few weeks.
어머니가 내게 약간의 돈을 보내주었는데, 그것이 내가 몇 주를 견디게 했다.

2.13 see to O

See to it that no one uses my computer.
아무도 내 컴퓨터를 쓰지 않도록 주의를 기울여라.
[전치사 to는 마음이 to 목적어에게 가는 관계를 나타낸다.]

see O to O

I will see you to the door.
내가 너를 그 문까지 안내하겠다.

2.14 see O up

That is the end of the tour of the wine cellar. I will see you up to the exit.
그 와인 셀러 투어가 끝났습니다. 내가 그 출구까지 올려다 드리겠습니다.

SEEK

1. 단동사
이 동사는 노력하여 필요한 것을 구하는 과정을 나타낸다.

타동사

He is seeking advice.
그는 충고를 구하고 있다.
He is seeking to please us.
그는 우리를 즐겁게 하려고 노력하고 있다.

2. 구동사
2.1 seek after O

I will continue to seek after the thief who stole my bike.
나는 내 자전거를 훔친 그 도둑을 계속 찾아다닐 것이다.
[after은 추적해서 잡는 관계를 나타낸다.]

2.2 seek O out

She is trying to seek out her real mother while she is in Seoul.
그녀는 서울에 있는 동안 그녀의 생모를 찾아내려고 하고 있다.
Many shoppers are seeking out environmentally safe products.
많은 구매자들이 환경적으로 안전한 상품들을 찾아내고 있다.
The bear is seeking out berries under the snow.
그 곰은 눈 속에 있는 딸기들을 찾아내고 있다.

SEEP

1. 단동사
이 동사는 작은 구멍이나 틈을 통해 조금씩 새어나오는 과정을 그린다.

2. 구동사
2.1 seep away

The water seeped away after a while.
그 물은 잠시 후에 조금씩 빠져 나왔다.

2.2 seep in

Go down to the basement. See if water is seeping in.
그 지하실에 내려가서 물이 새어 들어오는지 봐라.

2.3 seep into O

Water is seeping into the basement.
물이 그 지하실로 조금씩 새어 들어가고 있다.
Rain is seeping into the window.

S

빗물이 그 창문으로 조금씩 새어 들어가고 있다.
Raw sewage is **seeping into** the river.
처리되지 않은 폐수가 그 강으로 새어 들어가고 있다.

2.4 seep out
There is oil **seeping out**. There must be a leak.
기름이 조금씩 새어나오고 있다. 새는 곳이 있음에 틀림
없다.

2.5 seep through O
Blood was beginning to **seep through** the bandages.
피가 그 붕대에 배어 나오기 시작하고 있었다.
Some water **seeped through** the ceiling, ruining our
carpet.
물이 조금 그 천정으로 새어나와 우리 양탄자를 버렸다.
Oil is **seeping through** a small hole.
기름이 작은 구멍을 통해 새어나오고 있다.

SEETHE¹

1. 단동사
이 동사는 물이 끓어 부글거리는 과정을 그린다.

2. 구동사
2.1 seethe with O
Sam was **seething with** rage.
샘은 분노로 들끓고 있었다.
[분노는 끓는 매체로 개념화된다.]
She is **seething with** disgust.
그녀는 혐오심으로 들끓고 있다.

SEETHE²

1. 단동사
이 동사는 어떤 장소에 많은 것이 우글거리는 과정을 그린다.

2. 구동사
2.1 seethe with O
The wedding reception was **seething with** guests.
그 결혼 잔치는 손님들로 들끓었다.
The place is **seething with** flies.
그 방은 파리들로 들끓고 있다.

SEIZE

1. 단동사
이 동사는 와락 잡거나 움켜잡는 과정을 그린다.
타동사

John **seized** the shovel and began to dig.
존은 그 삽을 움켜쥐고 파기 시작했다.
The pirates **seized** our boats.
그 해적들이 우리의 배들을 잡았다.
A panic **seized** us.
공포가 우리를 사로잡았다.

2. 구동사
2.1 seize on O
He **seized on** my mistake.
그는 나의 잘못을 (자신에게 이롭게 이용하려고) 와락
잡았다.
They **seized on** the image as evidence of corruption.
그들은 그 영상을 부패의 증거로 삼기 위해 와락 잡았다.

seize onto O
He **seized onto** the door knob, and gave it a hard jerk.
그는 손을 뻗어 그 문의 손잡이를 잡고, 그것을 세차게
한번 당겼다.

2.2 seize O up
The eagle **seized up** a chick.
그 독수리는 닭 한 마리를 잡아 올라갔다.
The engine **seized up** and we were helpless in the
middle of a desert.
그 엔진이 갑자기 멈춰서 우리는 어느 사막 한 가운데서
어쩔 줄을 몰랐다.
[up은 기계 등이 정지 상태에 있는 관계를 나타낸다.]
My *knees* were **seized up** in the middle of the game.
내 무릎이 그 경기 도중에 꼼짝할 수 없었다.

arm 팔	leg 다리

seize up
In the sub-zero temperature, the car engine **seized**
up.
그 영하의 기온 속에 그 차 엔진이 얼어서 꼼짝하지 않
았다.
[참조: freeze up]
His legs began to **seize up** in the last part of the race.
그의 발이 그 경주의 마지막 부분에서 쥐가 나서 움직이
지 않게 되었다.

2.3 seize upon O
Donald **seized upon** the door knob and yanked it hard.
도널드는 그 문 손잡이를 잡고, 그것을 세차게 당겼다.
He **seized upon** the railing and held on.
그는 그 난간을 잡고, 그대로 붙잡고 있었다.

I heard his ideas and **seized upon** them at once.
나는 그의 생각들을 듣고, 그것을 곧 덥석 잡았다.
[on은 나의 마음이 그 생각을 덮치는 관계를 그린다.]

2.4 seize O with O

The robot **seized** Robert **with** its mechanical claws.
그 로봇은 로버트를 그의 기계 발톱으로 잡았다.
Fred **seized** the ice cubic **with** the tongs.
프레드는 그 얼음 조각을 그 집게로 잡았다.

SELL

1. 단동사
이 동사는 돈을 받고 물건을 파는 과정을 그린다. 팔기 위해서는 사는 사람을 설득하는 과정도 포함된다.

타동사

Will you **sell** your car to me?
너의 차를 나에게 팔겠습니까?
The store **sells** groceries.
그 가게는 식료품을 판다.
The president is **selling** the agreement he made at the summit.
그 대통령은 정상회담에서 만든 합의를 설득하고 있다.

자동사

The shirts **sell** well.
그 셔츠는 잘 팔린다.
The TV **sells** poorly.
그 TV는 잘 안 팔린다.

2. 구동사
2.1 sell O at O

Do you think we can **sell** these things **at** four dollars each?
너는 우리가 이것들을 하나에 4달러에 팔 수 있다고 생각하니?

sell at O

The shoes **sell at** $100 a pair.
그 신발은 한 켤레에 100불에 팔린다.

2.2 sell O off

The management announced that it will **sell off** the *auto business*.
그 경영진은 그 자동차 영업을 팔아치운다고 발표했다.
[off는 자동차 영업이 회사에서 떨어져나가는 관계를 나타낸다.]

sister company 자매회사   land 땅

The bookstore is **selling off** old books at bargain prices.
그 서점은 고서적들을 할인가들로 팔아치우고 있다.
People are **selling off** energy shares.
사람들이 에너지 주식들을 팔아 치우고 있다.
He **sold off** his business and house and left Korea.
그는 그 사업과 집을 팔고 한국을 떠났다.

2.3 sell O on O

I was really **sold on** the idea of working abroad.
나는 해외에서 일하는 생각에 마음이 팔려버렸다.
[파는 행위는 설득을 요한다. 여기서 sell은 설득의 뜻을 갖는다.]
They tried to **sell** the board of directors **on** the idea.
그들은 그 이사진에게 그 아이디어들을 팔려고 했다.
즉, 설득시키려고 했다.

sell O on to O

The grocery buys vegetables from the farm, and **sells** them **on to** customers.
그 식품 가게는 채소들을 그 농장에서 사서 그것을 이어서 고객들에게 판다.
[on은 채소가 농장-가게-고객에 넘어가는 관계를 그린다.]

2.4 sell O out

President Trump **sold out** his own intelligence agencies.
트럼프 대통령은 그 자신의 정보기관들을 배신했다.
Korean farmers feel that they are **sold out** in the FTA negotiations. (passive)
한국 농부들은 FTA 무역협정에서 약속된 것을 얻지 못해 속았다고 느낀다.
Facebook is accused of having **sold out** its users.
페이스북은 그 이용자들을 배신했다는 비난을 받고 있다.
The new novel by C. H. Lee has been **sold out**. (passive)
C. H. Lee가 쓴 그 새 소설이 팔려나가고 없다.
[out은 책이 다 팔리고 없는 상태를 나타낸다.]

sell out

His piano concert usually **sells out** weeks ahead.
그의 피아노 연주는 보통 연주회 몇 주 전에 다 팔린다.
[piano concert는 환유적으로 피아노 연주회 표를 가리킨다.]

sell out to O

The company is going to **sell out to** its competitors.
그 회사는 경쟁자에게 회사의 일부나 전체를 팔 예정이다.
[out은 회사가 경쟁자에게 주어지는 관계를 그린다.]

S

2.5 sell up

He **sold up** and left for Australia.
그는 (집, 가구 등을) 팔고, (이주를 목적으로) 호주로
떠났다.
[up은 모든 것을 파는 관계를 나타낸다.]

SEND

1. 단동사
이 동사는 무엇을 보내는 과정을 그린다.

타동사

He **sent** me a gift.
그는 나에게 선물 하나를 보냈다.
He **sent** some flowers to his friend.
그는 몇 개의 꽃을 그의 친구에게 보냈다.
One swing **sent** the ball over the fence.
한방이 그 공을 그 울타리 너머로 가게 했다.
The news **sent** me into a rage.
그 소식이 나를 격노에 들어가게 했다. 즉 격노하게 했다.

2. 구동사
2.1 send O after O
We **sent** someone **after** an ambulance.
우리는 누구를 보내서 구급차를 불러왔다.

2.2 send ahead
We **sent ahead** for a taxi to meet us at the train station.
우리는 미리 연락해서 그 기차역에서 우리를 만나도록
택시 한 대를 불렀다.

2.3 send O along
It was time for John to go home, so I **sent** him **along**.
존이 집에 가야할 시간이다. 그래서 나는 그를 보내서
가고 있게 했다.

2.4 send O around
I will **send around** some papers for you to sign.
나는 서명을 받기 위해서 몇가지 서류들을 돌리겠습
니다.
[around는 서류가 여러 사람에게 돌아가는 관계를 나타낸다.]
We **sent** a truck **around** for the packages.
그 소포들을 수집하거나 배분하기 위해 트럭 한 대를
이리저리 보냈다.

2.5 send away
I could not find the part locally so I **sent away** for it.
나는 그 부품을 이 지역에서 찾을 수 없어서 그것을 구
하기 위해서 편지를 보냈다.

[참조: write away]
Peter **sent away** for information about the new camera.
피터는 그 새 카메라에 대한 정보를 얻기 위해 (편지를)
보냈다.
[away는 편지가 쓰는 사람에게서 회사 등에 가는 관계를 나타낸다.
참조: write away]
Father **sent away** for the manual.
아버지는 그 설명서를 얻기 위해 (편지를) 보냈다.

send O away
Please **send away** the children, so that we can talk.
우리가 얘기를 할 수 있도록 그 아이들을 (이 자리에서)
내보내세요.
My parents were not rich enough to **send** me **away**
for college.
내 부모님은 나를 대학에 보낼 정도로 돈이 많지 않았다.

2.6 send O back
I think I have to **send** the shoes **back**. They don't fit
right.
나는 그 신발을 돌려보내야 한다고 생각한다. 그들은 맞
지 않는다.
[back은 물건이 상점에서 나에게 와서 다시 상점으로 가는 관계를
나타낸다. 참조: take back]
He **sent** Bill **back** for the rest of the groceries.
그는 그 식료품의 나머지 부분을 사기 위해서 빌을 다시
(식료품점으로) 돌려보냈다.

2.7 send O down
They needed someone down there, so I **sent** Roger
down.
거기 아래에 사람이 필요해서 내가 로저를 내려 보냈다.
Concern over the Chinese economy **sent** the stock
prices **down**.
중국 경제에 대한 우려가 주가들을 떨어지게 했다.
[down은 양이나 수의 감소를 나타낸다.]
He was found guilty of sexual assault and **sent down**
for 10 years.
그는 성폭력으로 유죄로 판명되어 10년 동안 수감되었다.
[down은 좋지 않은 곳으로의 이동을 나타낸다.]

2.8 send for O
We have to **send for** the doctor immediately.
우리는 곧 그 의사를 불러와야 하다.
[누구를 보내서(send) 의사가 오게 한다(for).]
He **sent for** the children back.
그는 (누구를 보내서) 아이들을 다시 불러오게 했다.

I will send for the fridge when I find a place to live.
나는 살 곳을 찾으면 (연락을 해서) 그 냉장고를 받도록 누군가를 보내도록 하겠습니다.

send O for O

Please send Jane for the doctor.
그 의사를 불러오기 위해서 제인을 보내세요.

2.9 send O in

A: 'Mr. Kim, Ken's waiting outside.'
B: 'Send him in.'
A: '김 선생님, 켄이 밖에서 기다리고 있습니다.'
B: '들여보내세요.'
[in은 말하는 사람이 있는 사무실 등을 가리킨다.]
Hundreds of people sent in donations to help victims of the earthquake in China.
수 백 명의 사람들이 중국에서 일어난 그 지진 희생자들을 돕기 위해서 성금을 (모집해서) 보내왔다.
[in은 모금하는 장소에 들어가는 관계를 나타낸다.]
Send in your application by the 5th of December.
당신의 지원서를 12월 5일까지 (해당기관에) 보내세요.
[in은 지원서가 담당기관에 들어가는 관계를 나타낸다.]
Troops were sent in to put down the riot.
군대가 그 폭동을 진압하기 위해서 불러졌다. 즉 투입되었다.
[in은 병력이 폭동이 일어나는 곳으로 보내지는 관계를 나타낸다.]

2.10 send O off

I sent off my application last week.
나는 지난 주에 내 원서를 부쳐 보냈다.
[off는 원서가 나에게서 떠나는 관계를 나타낸다. 참조: rush off]
From time to time, he wrote poems and sent them off to the monthly magazine.
때때로 그는 시들을 써서 그들을 그 월간지에 보낸다.
[off는 시가 시인에게서 잡지사로 가는 관계를 나타낸다.]
Father sent me off to live with my uncle in Seoul.
아버지는 내가 서울에 있는 삼촌과 살도록 나를 (집에서) 내보냈다. 집을 떠나보냈다.
We sent both kids off to camp this summer.
우리는 이번 여름에 두 아이들을 캠프에 떠나보냈다.
I will send the package off to you in tomorrow's mail.
나는 그 소포를 내일 우편으로 떠나보내겠다.

send off

I think I have to send off for the manual.
나는 그 사용설명서를 구하기 위해서 (편지를) 보내야 한다고 생각한다.
[참조: send away]

I sent off for a new licence.
나는 새 면허를 얻기 위해 편지를 써 보냈다.

2.11 send O on

My roommate promised to send on all my post to me while I am down in Busan.
내 방 친구는 내가 부산에 내려가 있는 동안 내게 온 우편물을 (이어서) 내게 보내주기로 약속했다.
[on은 방친구가 우편배달을 받고, 받은 편지를 이어서 나에게 전달하는 관계를 나타낸다. 참조: pass on]
The police investigated and sent on the case to the attorney.
경찰이 그 사건을 조사해서 그것을 (이어서) 검찰에 보냈다.

2.12 send O out

The department sends out leaflets on air-pollution.
그 부서는 대기오염에 관한 전단지들을 여러 사람에게 내보낸다.
[out은 전단지가 여러 사람에게 전달되는 관계를 나타낸다.]
The lighthouse sends out a powerful beam which can be seen miles out to sea.
그 등대는 바다 수마일 밖에서도 볼 수 있는 강력한 불빛을 내보낸다.
[out은 빛이 사방을 퍼지는 관계를 나타낸다.]
The fishing boat is sending out a distress call.
그 어선은 조난신호를 내보내고 있다.

send out

Let's send out for Korean food. I am too tired to go out.
한국 음식을 먹기 위해서 (식당에) 연락을 해서 (식당에서 음식을) 밖으로 가져오게 합시다. 즉 주문배달 합시다.
[out은 음식이 식당에서 주문하는 집으로 나오는 관계를 나타낸다. 참조: order out]
I always send out for Chinese food when I work late at night.
나는 저녁 늦게 일할 때 중국음식을 배달시킨다.

2.13 send O through O

The event sent shockwaves through the country.
그 사건은 충격파들을 전국에 퍼져나가게 했다.

2.14 send O up

If you need someone up there, I will send Alex up.
그 위에서 누군가가 필요하면, 알렉스를 올려 보내겠다.
Send your leg high up to other ceiling.

S

너의 발을 천장 쪽으로 높이 올려라.

Flour supplies were short, **sending** prices **up** 10%.

밀가루 공급량이 모자라서 값들을 10% 올라가게 했다.

[up은 양이나 수의 증가를 나타낸다.]

The bill, if passed, would **send up** business taxes by 5%.

그 법안은 통과되면 영업세를 5% 올라가게 할 것이다.

A TV program **sends up** politicians.

어느 텔레비전 프로그램이 정치가들을 풍자해 웃음을 자아내고 있다.

send O up O

We **sent** a scout **up** the river.

우리는 척후병을 강 위로 보냈다.

SEPARATE

1. 단동사

이 동사는 분리하거나 가르는 과정을 그린다.

자동사

Stir the sauce constantly so that it does not **separate**.

그 소스가 분리되지 않게 계속 저어라.

South America and Africa **separated** 200 million years ago.

남아메리카와 아프리카는 2억 년 전에 갈라졌다.

The couple **separated** last year.

그 부부는 작년에 갈라졌다.

타동사

Separate the eggs.

그 달걀을 (흰자위와 노른자위로) 분리하라.

The war **separated** many families.

그 전쟁은 많은 가족들을 헤어지게 했다.

A thousand kilometers **separates** the two cities.

천 킬로미터가 그 두 도시를 가른다.

Politics is the only thing that **separates** us.

정치가 우리를 갈라 놓는 유일한 요소이다.

2. 구동사

2.1 separate O from O

Please **separate** the bruised pears **from** the good ones.

상한 배들을 좋은 것으로부터 떼어놓으세요.

He **separated** the boy **from** the rest of the group.

그는 그 소년을 그 집단으로부터 떼어 놓았다.

2.2 separate O into O

We **separated** the children **into** three groups.

우리는 그 아이들을 세 무리로 분류했다.

2.3 separate O off

The kitchen is **separated off** by a heavy curtain. (passive)

그 부엌은 두터운 커튼으로 (전체에서) 분리되어 있다.

The road **separated off** the cottage.

그 길은 그 산장을 다른 곳으로부터 분리시켰다.

separate off

The road **separates off** a mile from here.

그 길은 여기서부터 1마일을 지나면 갈라진다.

separate O off from O

Disabled people should not be **separated off from** other people. (passive)

장애인들은 다른 사람들로부터 분리되어서는 안 된다.

2.4 separate O out

In Seoul, householders are required by law to **separate out** different types of wastes for recycling.

서울에서 거주자들은 재활용을 위해서 여러 가지 유형들의 쓰레기를 분류하도록 법으로 요구된다.

[out은 쓰레기가 여러 가지로 갈라지는 관계를 나타낸다. 참조: sort out]

The sweet potatoes go through a machine to **separate out** stones and dirt.

그 고구마들은 돌과 흙을 골라내기 위해서 그 기계를 통과한다.

[out은 골라내는 관계를 나타낸다.]

We used a filter to **separate out** yellow dust.

우리는 황사를 분리해 내기 위해서 필터를 사용했다.

separate out

We **separated out** in different directions.

우리는 다른 방향들로 각각 갈라졌다.

[out은 사람들이 사방으로 흩어지는 관계를 나타낸다.]

SERVE

1. 단동사

이 동사는 남을 위한 일을 하거니 의무적으로 일을 하는 과정을 나타낸다.

타동사

He **served** his country.

그는 나라를 위해 일했다. 즉, 군에 복무했다.

The waiter **served** our table first.

그 웨이터는 먼저 우리 식탁을 돌봐주었다.

May I **serve** you desert?

제가 당신에게 후식을 가져다 드릴까요?

He **served** 6 years for the robbery.
그는 6년을 그 강도짓으로 복역했다.

자동사

He **served** as governor for 4 years.
그는 도지사로 4년을 봉직했다.

2. 구동사

2.1 serve O around

Please **serve** the snacks **around** so that everyone gets some.
이 스낵들을 여러 사람들에게 돌리세요. 그래서 모든 사람이 조금씩 먹을 수 있도록.
[around는 이 사람 저 사람 즉, 여러 사람에게 돌리는 관계를 나타낸다.]

2.2 serve as O

The wooden bench can **serve as** bed.
그 나무 긴 의자는 침대로 쓰일 수 있다.
[as는 자격을 의미한다.]

2.3 serve for O

My umbrella can **serve for** a weapon in a crisis.
내 우산은 위기시에 무기로 대신 쓰일 수 있다.
[for은 우산과 무기가 교환되는 관계이다.]

2.4. serve on O

He has **served on** the committee for many years.
그는 여러 해 동안 그 위원회에서 일했다.

serve O on O

The police **served** a writ **on** Fred.
경찰은 프레드에게 영장을 제시했다.

2.5 serve O out

Can you slice the roast beef while I **serve out** the vegetable?
내가 그 채소를 (여러 사람에게) 제공하는 동안 당신은 로스트 비프를 잘게 썰어 주시겠습니까?
[out은 음식을 여러 사람에게 가져다주는 관계를 나타낸다.]

The president was able to **serve out** his four-year term.
그 대통령은 4년 임기를 마칠 수 있었다.
[out은 어떤 기간을 다 채우고 나는 관계를 나타낸다.]

He **served out** almost all of 10 year sentence.
그는 그의 10년 형기를 거의 마쳤다.

2.6 serve O up

I am ready to **serve up** the food if you are interested.

여러분이 생각이 있으면, 나는 그 음식을 제공할 수 있습니다.
[up은 곧 먹을 수 있는 상태를 나타낸다.]

This is the kind of food that is **served up** in any self-help store. (passive)
이것은 스스로 음식을 가져다 먹을 수 있는 어떤 가게에서 제공되는 종류의 음식이다.

The new TV channel **serves up** a mixture of interviews, chatter shows and news.
그 새 TV 방송국은 면담, 잡담, 뉴스 등을 섞어서 제공한다.

SET

1. 단동사

이 동사는 물건을 설치하거나 한 물건이 다른 물건의 기능적 조합을 이루는 과정을 나타낸다.

타동사

He **set** a mouse trap.
그는 쥐덫을 놓았다.

He **set** the alarm at 7am.
그는 그 알람을 아침 7시로 맞췄다.

He **set** a table for a meal.
그는 식사를 하기 위해 밥상을 차렸다.

He **set** the date for the wedding.
그는 그 결혼식 날짜를 잡았다.

He's **setting** a ruby on the ring.
그는 루비를 그 반지에 끼우고 있다.

You will learn more if you **set** your mind to your studying.
네가 공부에 마음을 가져가면 더 많이 배울 것이다.

He **set** the poem to the tune.
그는 그 시를 그 곡에 붙였다.

자동사

The sun **sets** in the west.
태양은 서쪽에서 진다.

2. 구동사

2.1 set about O

When are you going to **set about** fixing the roof?
언제 당신은 그 지붕을 고치기 시작할 것입니까?
[참조: go about]

We will **set about** painting the wall after the rainy season.
우리는 그 우기가 지나면서 그 벽에 페인트칠을 하기 시작할 것이다.

2.2 set O apart

S

Her black hair **sets** Julia **apart** from others in the class.
줄리아의 검은 머리가 그녀를 그 교실의 다른 학생들로
부터 눈에 띄게 한다. 즉, 구별되게 한다.
[apart는 줄리아가 어떤 특징으로 다른 학생들로부터 구별되는
관계를 나타낸다.]

2.3 set O aside

The writer **set** the manuscript **aside** until she had time
for it.
그 작가는 그 원고를 위한 시간이 날 때 까지 그것을
제쳐두었다.
She **set aside** some time for exercise.
그녀는 약간의 시간을 운동을 위해서 제쳐 놓는다.
We decided to **set aside** *differences*.
우리는 차이들을 무시하기로 결정했다.
[aside는 중요하지 않기 때문에 옆으로 제쳐 두는 관계를 나타낸다.]

objection 반대	personal feelings 개인 감정

2.4 set O at O

Please **set** the thermostat **at** a lower temperature.
그 온도조절기를 낮은 온도에 설정해주세요.
[at은 온도, 속도, 가격과 같은 한 점을 가리킨다.]

2.5 set O back

Set back the glass a little from the edge.
그 유리잔을 그 가장자리에서 조금 뒤로 물려서 놓아라.
We have to **set** the clock **back**.
우리는 그 시계의 시침이나 분침을 뒤로 돌려야 한다.
Shortage of material **set** our construction program
back.
재료의 부족이 우리의 건축계획을 후퇴시켰다.
Lack of education **set** him **back**.
교육의 부족이 그를 앞으로 나아가지 못하게 했다.
[back은 앞으로 나아가는 힘에 반대의 힘을 가하는 관계를 나타
낸다.]
A night at the hotel **set** me **back** to two hundred dollars.
그 호텔에서 하룻밤 숙박하고 나는 2백 달러를 썼다.
[me는 환유적으로 나의 돈을 가리키고, back은 돈이 줄어드는
관계를 나타낸다.]

set back from O

The motel is **set back** one mile **from** the main road.
(passive)
그 모텔은 그 큰길에서 1마일 뒤로 물러서 있다.
[back은 어느 기준에서, 뒤로 가있는 상태를 나타낸다.]

2.6 set O down

I **set down** the child on the chair.
나는 그 아이를 그 의자에 내려 앉혔다.
I **set down** the idea when it is fresh in my mind.
나는 그 생각이 내 마음에 생생할 때 종이에 적는다.
[down은 소리나 생각 따위를 종이에 적어 놓는 관계를 그린다.
참조: write down, put down, note down, jot down]
The standard is **set down** by the governing board.
(passive)
그 기준은 그 운영위원회에 의해 결정되었다.
[down은 규정, 규칙, 표준 등이 고정되는 관계를 나타낸다.]
The meeting is **set down** for today.
그 모임은 오늘로 정해졌다.

set down

The bus **set down** and picked up passengers.
그 버스는 승객들을 내리고 태웠다.
[down은 승객이 버스 위에서 내리는 과정과 결과를 나타낸다. 참
조: put down]

set down O on O

The pilot **set** the plane **down** **on** the runway.
그 기장이 그 비행기를 그 활주로에 착륙시켰다.
[down은 공중에서 땅으로 가는 이동관계를 나타낸다. 참조: put
down]
The helicopter **set down** on the top of the building.
그 헬리콥터가 그 건물 꼭대기에 내려앉았다.

2.7 set O forward

Please **set** the chair **forward** a little bit.
그 의자를 조금 앞으로 가져다 놓으세요.
We **set forward** the clock during the daylight saving
time.
우리는 일광절약시간 동안에 시계를 앞으로 당겨 놓는다.

2.8 set in

The cold weather **set in**.
추운 날씨가 (어느 지역에) 접어들었다.

darkness 어둠	winter 겨울

Fear **set in**.
두려움이 어느 사람에게 접어들었다.

reality 현실	exhaustion 피로

set O in O

They **set** the machine **in** motion.
그들은 그 기계를 작동상태로 들어가게 했다.

2.9 set off

After midnight, the expedition **set off** to next village.
자정이 넘어서, 그 원정대는 자리를 떠서 다음 마을로 갔다.
[off는 화자와 청자가 아는 자리를 떠나는 관계를 나타낸다.]

set off for O

They **set off for** a long journey.
그들은 긴 여행을 위해 출발했다.

set off from O

They **set off from** San Francisco.
그들은 샌프란시스코에서 출발했다.

set off on O

They **set off on** a *short drive*.
그들은 짧은 자동차 여행을 위해서 출발했다.

long journey 긴 여행	expedition 원정

set O off

They **set** the *fireworks* **off** all night long.
그들은 밤새 폭죽을 터뜨렸다.
[off는 불꽃이 터지는 관계를 그린다.]

bomb 폭탄	alarm 자명종
explosion 폭발	bell 종

The news **set** the president **off**.
그 소식은 그 대통령의 화가 터지게 했다. 즉, 화나게 했다.
[the president는 환유적으로 대통령의 화를 가리키고, off는 화가 터지는 관계를 나타낸다.]

2.10 set O on O

Who **set** the house **on** fire?
누가 그 집을 불에 가져다 댔느냐? 불을 질렀냐?
His mind is **set on** writing. (passive)
그의 마음은 글쓰기에 고정되어 있다.
He **set** his life **on** a teaching path.
그는 그의 삶을 교직의 길에 올려놓았다.
The police **set** the dogs **on** the robber.
그 경찰이 그 개들을 풀어 그 강도를 덮치게 했다.

2.11 set O out

He **set out** the pieces on the chess board.
그는 그 장기 알들을 그 장기판에 펼쳐 놓았다.
[out은 여러 개체를 펼쳐 놓는 상태를 나타낸다. 참조: lay out, put out]

He **set** the meal **out** for you.
그는 너를 위해 그 음식을 차려 놓았다.
He **set out** *his vision* of the future.
그는 미래에 대한 그의 비전을 펼쳐 놓았다.
[참조: lay out, spell out]

new policy 새 정책	options 선택사항들

set out

I **set out** to *repair the door*.
나는 그 문을 (수리하려고 작정하고) 고치기 시작했다.

explore the city	그 도시를 둘러보기
discover the place	그 장소를 발견하기

Mother **set out** to take care of the puppies.
엄마는 그 강아지를 (돌보려고 작정하고) 돌보기 시작했다.
[out은 비활동 상태에서 활동 상태로 들어가는 과정과 결과를 그린다.]
He succeeded in what he had **set out** to do.
그는 하려고 작정한 일을 하는 데에 성공했다.

set out for O

We **set out for** the lake at dawn.
우리는 새벽에 그 호수를 향해 나섰다.

set out on O

He **set out on** a campaign.
그는 선거전 유세에 나섰다.

2.12 set O over

He **set** the kettle **over** the fire.
그는 그 주전자를 그 불 위에 올려놓았다.

2.13 set O up

I **set up** the lamp which had fallen over.
나는 그 넘어진 램프를 바로 세웠다.
He **set up** a *tent*.
그는 텐트를 세웠다.
[up은 텐트가 세워진 관계를 나타낸다.]

trap 덫	tripod 삼각대
table 식탁	

We **set up** a camp for the night.
우리는 그날 밤을 지새울 수 있도록 야영장을 차렸다.
At sunset, we **set up** a campfire.
해 질 무렵에 우리는 캠프파이어를 피웠다.

S

They **set up** a committee.
그들은 위원회를 세웠다.
He **set up** a new record.
그는 새 기록을 세웠다.
The boss **set up** his son as vice president.
그 사장은 그의 아들을 부사장으로 세웠다.
They **set up** their victim for the scam.
그들은 그 사기를 위해 그 희생자로 설정했다.
[참조: frame up]
My uncle **set** me **up** for business for myself.
나의 삼촌이 나를 내 자신을 위한 사업을 준비시켜주었다.
The fresh air **set** me **up**.
그 신선한 공기가 나의 기운을 좋게 했다.
[me는 환유적으로 마음을 가리키고 up은 기분이 좋은 상태를 가리킨다.]

set O up with O
I **set** my cousin **up with** Jane for a date.
나는 내 사촌을 제인과 데이트하도록 짝지어주었다.
[up은 내 사촌과 Jane이 가까워지는 관계를 나타낸다. 참조: fix up with, join up with, meet up with]

2.14 set O upon O
The dogs **set upon** the man and injured him.
그 개들이 그 남자를 덮쳐서 상처를 입혔다.
[upon의 목적어는 영향을 받는 관계에 있다. 참조: jump upon, turn upon]

SETTLE

1. 단동사
이 동사는 아래로 내려앉는 과정을 나타낸다.
자동사
Fog **settled** over the city.
안개가 그 시 전체에 내려앉았다.
Gloom **settled** over her.
우울감이 그녀에게 덮쳤다.
The pail of water **settled**.
그 통의 물이 (이물질이) 가라앉았다.
[pail은 환유적으로 그 속에 든 이물질을 가리킨다.]
The car **settled** in the mud.
그 차가 그 진흙에 빠졌다.
타동사
He **settled** his family in the country.
그는 그의 가족을 시골에 정착시켰다.
The Dutch **settled** New York.
네덜란드인들이 뉴욕에 정착했다.

The rain **settled** the dust.
그 비가 그 먼지를 가라앉혔다.
The medicine **settled** my stomach.
그 약이 내 배를 가라앉혔다.
He **settled** himself in a sofa.
그는 몸을 소파에 앉혔다.
I **settled** the bills.
나는 그 계산서들을 정산했다.
We **settled** the argument.
우리는 그 논쟁을 결말지었다.

2. 구동사
2.1 settle back
She **settled back** into her chair and kicked off her shoes.
그녀는 안락의자에 편안히 기대앉아서 발을 차서 신발을 벗었다.
She **settled back** to watch the movie.
그녀는 영화를 보기 위해서 편안하게 앉았다.
[참조: lie back, lean back, sit back]

2.2 settle down
Eventually, he will **settle down** and get married.
결국, 그는 (떠돌아다니다가) 안착하여 결혼할 것이다.
[down은 돌아다니다가 안정된 상태로 들어가는 관계를 나타낸다.]
When she meets the right person, she will **settle down**.
그녀가 마음에 맞는 사람을 만나면, 결혼해서 안착할 것이다.
She **settled down** in her new school.
그녀는 새 학교에 안착을 했다.
Things were very hectic before christmas, but they have **settled down**.
크리스마스 전에 사정들이 몹시 바빴으나, 그들은 가라앉았다.
[down은 안정된 상태로의 변화를 나타낸다. 참조: calm down]
Settle down. why are you so excited?
마음을 가라앉혀라. 왜 너는 그렇게 들떠있니?

2.3 settle for O
The workers are demanding 10% rise, and will not **settle for** anything less.
그 노동자들은 10% 임금 인상을 요구하고 있고, 그 이하의 인상에는 타협하지 않을 것이다.
I had to **settle for** a lower wage than the one I requested.
내가 요청한 것보다 낮은 임금에 만족해야 했다.
He is going to **settle for** fences instead of walls.
그는 벽들 대신에 울타리들로 만족할 것이다.

2.4 settle in O

It took me a while to get **settled in** the new job.
(passive)
내가 그 새 일자리에 안착하는데 한참이 걸렸다.

settle in

When we have **settled in**, you have to come round to
see us.
우리가 (새 집에) 안착하면, 우리를 만나러 꼭 오셔야
합니다.
Melania has **settled in** as the first lady.
멜라니아는 대통령 부인으로 (백악관에) 안착했다.

2.5 settle into O

He **settled into** the new house.
그는 그 새 집에 들어가 안착했다.
She **settled into** her new job relatively quickly.
그녀는 그녀의 새 일자리에 비교적 빨리 안착했다.
He is trying to **settle into** Korean society.
그는 한국사회에 안착하려고 노력하고 있다.

2.6 settle on O

Some birds **settled on** the branches.
몇 마리의 새가 그 가지들에 내려앉았다.
French immigrants **settled on** the land called
Louisiana.
프랑스 이민자들은 오늘날 루이지애나라고 불리는 땅
에 정착했다.
Have you **settled on** a name for the new baby?
너는 그 새 애기 이름을 결정했느냐?
The wedding is a month away, but I have not **settled**
on the place.
그 결혼식이 한 달 떨어져 있는데, 나는 아직도 결혼식
장을 정하지 못했다.
Did you **settle on** the route to take?
너는 우리가 택할 노선을 정했느냐?

2.7 settle up

You pay for the tickets, and we will **settle up** later.
네가 지금 그 표 값들을 지불하면 나중에 정산하겠다.
[up은 상대가 쓴 돈을 내가 충전해서 양쪽이 같아지는 관계를 나타
낸다.]

settle O up

I will **settle** the bill **up** with you later.
나는 나중에 그 청구서를 너와 정산할 것이다.

2.8 settle O with O

Have you **settled** the suit **with** Bill Clinton yet?
빌 클린턴과 합의를 했는가?

settle with O

He **settled with** ex–wife out of court.
그는 전 아내와 법정 밖에서 합의를 했다.

settle with O

He **settled with** the victims.
그는 그 피해자들과 합의를 봤다.

SEW

1. 단동사

이 동사는 실과 바늘을 써서 무엇을 깁거나 만드는 과정을
그린다.

자동사

My mother taught me how to **sew**.
내 어머니가 내게 바느질하는 법을 가르쳐 주셨다.

타동사

She **sews** her own clothes.
그녀는 자기 자신의 옷을 모두 직접 짓는다.

2. 구동사

2.1 sew O on

He **sewed** a *button* **on**.
그는 단추 하나를 바느질로 (옷 등에) 달았다.

ribbon 리본	name tag 명찰

2.2 sew O up

The tear in my pants needs to be **sewn up**. (passive)
내 바지의 찢어진 부분이 기워서 맞대어 져야 한다.
[up은 찢어진 안쪽 부분이 맞닿는 관계를 나타낸다.]
I think the nuclear agreement will be **sewn up** within
a month. (passive)
나는 그 핵 협정이 한 달 안에 마무리 지어질 것이라
생각한다.
[up은 과정이 끝나서 협정이 생기는 관계를 나타낸다. 참조: wrap
up]
The doctor **sewed up** *my finger*.
의사는 내 손가락의 찢어진 부분을 맞대어 꼬맸다.

cut 잘린 부분	wound 상처

SHACK

1. 단동사

S

이 동사는 함께 사는 과정을 그린다.
명사: 판잣집

2. 구동사

2.1 shack with O

He **shacked with** a girlfriend right after his divorce with his wife.
그는 그의 아내와 이혼 직후로 여자 친구와 동거했다.

SHACKLE

1. 단동사

이 동사는 족쇄를 채워서 제약을 가하는 과정을 그린다.
타동사

The prisoners were **shackled** during the trial. (passive)
그 죄수들은 재판을 받는 도중에 족쇄가 채워져 있었다.

2. 구동사

2.1 shackle O with O

The U.S. has **shackled** traders **with** various restrictions.
미국은 무역업자들에게 다양한 제약의 족쇄를 덧씌웠다.

SHADE

1. 단동사

이 동사는 직접 오는 빛으로부터 보호하는 과정을 그린다.
명사: 그늘, 빛 가리개, 색조, 음영, 기미
타동사

The courtyard was **shaded** by high trees. (passive)
그 안뜰은 키 큰 나무들로 그늘이 져 있었다.

2. 구동사

2.1 shade O in

He **shaded in** the roof of the house he had drawn.
그는 그가 그린 집의 지붕을 색칠을 해 넣었다.
[in은 지붕에 색이 들어가는 관계를 나타낸다. 참조: pencil in, color in]

The teacher asked us to **shade in** the area where the two circles overlap.
그 선생님은 우리들에게 그 두 원이 겹치는 부분을 어둡게 칠하라고 하셨다.
[in은 어느 부분에 음영이 들어가는 관계를 나타낸다.]

2.2 shade into O

In the distance, the grey sky **shaded into** the grey blue sea.

먼 곳에서 회색 하늘은 회색빛을 띠는 푸른 바다로 서서히 섞여 들어갔다.
[참조: blend into, merge into]

SHADOW

1. 단동사

이 동사는 그늘을 드리우는 과정이나 남의 말을 따라하는 과정을 그린다.

2. 구동사

2.1. shadow along

I will read the sentences out and you **shadow along**.
내가 이 문장들을 소리내어 읽을테니, 당신은 소리내어 따라하세요.

SHAG

1. 단동사

이 동사는 녹초가 되게 하는 과정을 그린다.

2. 구동사

2.1 shag O out

When I got home, I was **shagged out** completely. (passive)
집에 도착하자, 나는 완전히 녹초가 되었다.
[out은 기운이 다 빠져 나간 상태를 나타낸다. 참조: tire out, wear out]

SHAKE

1. 단동사

이 동사는 무엇을 위아래, 앞뒤로 흔드는 과정을 그린다.
타동사

She **shook** her head.
그녀는 머리를 저었다.
She **shook** her body.
그녀는 몸을 떨었다.
He was **shaken** by the news. (passive)
그는 그 소식에 크게 충격을 받았다.
He **shook** salt onto the salad.
그는 소금을 흔들어 그 샐러드에 뿌렸다.
Shake medicine well before drinking it.
약을 마시기 전에 그것을 잘 흔들어라.

2. 구동사

2.1 shake O down

The women are **shaking down** acorns from the tree.

그 여자들은 그 참나무에서 도토리들이 떨어지게 흔들고 있다.

[down은 도토리가 나무에서 떨어지는 관계를 나타낸다.]

I feel that the city government tries to shake the citizens down for more taxes.

나는 시 정부가 더 많은 세금을 걷기 위해 시민들의 돈을 털어내고 있다고 생각한다.

The government decided to shake down the prisons after two prisoners died.

정부는 두 명의 죄수가 죽은 다음에 그 감옥들을 철저하게 조사했다.

The policeman shook Max down but didn't find anything but a knife.

경찰은 맥스를 철저하게 수색했으나 칼밖에 발견하지 못했다.

[참조: pat down]

shake down

If you miss the last subway, you can shake down on the floor here.

그 마지막 지하철을 놓치면 여기 마룻바닥에 누울 수 있다.

[down은 앉거나 눕는 관계를 나타낸다. 참조: bed down]

Surprisingly, the team shook down rather quickly.

놀랍게도 그 팀원들은 빠르게 자리를 잡고 익숙해졌다.

[down은 팀이 안정된 상태를 나타낸다. 참조: settle down]

2.2 shake O off O

I shook the snow off my jacket.

나는 그 눈을 내 외투에서 털어서 제거했다.

shake O off

The dog shook the water off from its fur.

그 개는 몸을 흔들어서 그 물이 털에서 떨어져나가게 했다.

I've had this *cold* for a month, but I just can't shake *it* off.

나는 이 감기를 한 달 동안 앓고 있다. 그런데 나는 이것을 떨쳐버릴 수가 없다.

[off는 감기가 몸에서 떨어지는 관계를 나타낸다.]

tension	긴장	pain	고통
worry	걱정	fear	두려움

He tries to shake off the painful memories from the past.

그는 과거의 그 고통스러운 기억들을 털어버리려고 노력한다.

2.3 shake on O

Will the party leaders shake on a deal that will bring the strike to an end?

그 두 당 대표들은 악수를 해서 그 파업을 끝낼 협상에 악수를 할까요? 즉, 협상에 동의할까요?

He said, "Let's shake on it" and he held out his hand.

"그것에 악수를 하면서 동의합시다"라고 그는 말하고 손을 내뻗었다.

2.4 shake O out

Mom put the tray on the child's knees and shook out a napkin.

엄마는 그 쟁반을 그 아이의 무릎에 놓고 나서 냅킨 한 장을 털어서 펼쳤다.

[out은 냅킨이 펼쳐지는 관계를 나타낸다. 참조: spread out]

I need to spend some time driving my new car to shake it out.

나는 내 자동차 성능을 알아내기 위해서 시간을 내서 차를 운전해봐야 한다.

[out은 자동차 성능을 알아내는 관계를 나타낸다. 참조: check out, test out, try out]

shake O out of O

He went outside, and shook the dust out of his pants.

그는 밖에 나가서 그 먼지를 그의 바지에서 털어내었다.

Rena is depressed but there's no one to help shake her out of the depression.

레나는 우울증에 빠져있으나 그녀를 그 우울증에서 털어나오게 도와 줄 사람이 아무도 없다.

shake out

How did the situation shake out?

그 사건이 어떻게 전개되었느냐?

[out은 사건이 전개되는 관계를 나타낸다. 참조: play out, work out, pan out]

2.5 shake O up

I am going to shake the salad dressing up before I serve it.

나는 손님들에게 갖다 주기 전에 그 샐러드드레싱을 흔들어서 섞을 것이다.

The sight of the accident shook me up.

그 사고의 광경은 나의 마음을 크게 흔들어 놓았다. 즉, 내게 큰 충격을 주었다.

[me는 마음을 가리키고, up은 흔들림의 정도가 큼을 나타낸다.]

When we saw the fighting on TV, we were shaken up. (passive)

우리가 그 싸움을 TV로 보았을 때, 우리의 마음은 크게

S

뒤흔들렸다. 즉, 크게 충격을 받았다.

When the new president was sworn in, he vowed to **shake up** the government.

그 새 대통령이 선서를 하고 취임할 때, 그는 정부를 개혁하겠다고 서약했다. 즉, 큰 변화를 일으키겠다고 서약했다.

2.6 shake with O

The worker **shook with** rage and threatened to quit immediately.

그 노동자는 분노로 떨면서 곧 그만두겠다고 위협했다.

SHAMPOO

1. 단동사

이 동사는 샴푸를 써서 머리를 감는 과정을 그린다.

2. 구동사

2.1 shampoo O out

she **shampooed out** the soap.

그녀는 샴푸를 써서 비누를 없앴다.

[out은 비누가 빠져나가는 관계를 그린다. 참조: rinse out]

SHAPE

1. 단동사

이 동사는 어떤 형상이 이루어지는 과정을 그린다.

명사: 모양, 형태

2. 구동사

2.1 shape O into O

I **shaped** the clay **into** a small turtle.

나는 그 진흙을 작은 거북 모양을 만들었다.

I think I can **shape** you **into** a fine technician.

나는 너를 훌륭한 기술자가 되도록 만들어 줄 수 있다고 생각한다.

2.2 shape up

I was watching him jogging – he is **shaping up** nicely.

나는 그가 조깅하는 것을 보고 있었다 – 그는 건강이 좋아지고 있다.

[up은 몸, 실력 등이 좋아지는 관계를 나타낸다.]

If he doesn't **shape up**, he will have to ship out.

그의 실력이 좋아지지 않으면, 그는 나가야 할 것이다.

[up은 능력이나 능률이 좋아지는 관계를 나타낸다.]

The football game is **shaping up** to be the most exciting game of the year.

그 축구 경기는 그 해 가장 흥미로운 경기가 되어가고 있다.

The battle is **shaping up** on the Hill.

하나의 전투가 워싱턴에서 생겨나고 있다.

shape up for O

The candidates are **shaping up for** the debate.

그 후보자들은 그 토론을 위해서 기량을 갈고 닦고 있다.

It's **shaping up for** a fine day.

오늘은 좋은 날이 될 것이다.

shape O up

The jogging **shaped** me **up**, but it was hard on my joints.

조깅이 내 건강을 좋아지게 했지만, 관절에는 무리가 되었다.

The manager is trying to **shape** everyone in the office **up**.

그 지배인은 사무실에 있는 모든 사람들의 생산성을 높이려고 했다.

SHARE

1. 단동사

이 동사는 무엇을 나누는 과정을 그린다.

명사: 몫, 할당, 일부분

타동사

Jane and Susan **shared** the bedroom.

제인과 수전은 그 침실을 같이 사용했다.

The two men **shared** the responsibility.

그 두 사람이 그 책임을 같이 했다.

자동사

Children have to learn to **share**.

아이들은 같이 나누는 법을 배워야 한다.

2. 구동사

2.1 share O among O

He **shared** the cookies **among** the children.

그는 그 쿠키들을 그 아이들에게 나누어 주었다.

2.2 share in O

I would like to **share in** the planning of the festival.

나는 그 축제 계획에 참가하고 싶다.

[참조: participate in]

2.3 share O out

Make sure that the work is **shared out** equally. (passvie)

그 일이 똑같이 나누어지도록 확실히 해라.

[out은 일이 여러 사람에게 주어지는 관계를 나타낸다.]

Profits are **shared out** among the members of the team.

이익들이 그 팀의 구성원들에게 나누어졌다.

The job is **shared out** between the two departments.

그 일은 그 두 과에 나누어서 주어졌다.

2.4 share O with O

Thank you for **sharing** your *thoughts* **with** us.

당신의 생각을 우리와 함께 나누어 준 데 감사합니다.

story 이야기	experience 경험

SHARPEN

1. 단동사
이 동사는 칼날 등을 날카롭게 하는 과정을 그린다.

자동사

The outline of the trees **sharpened** as it grew lighter.

날이 점점 더 밝아지면서 그 나무들의 윤곽이 뚜렷해졌다.

타동사

There is a need to **sharpen** the focus of the discussion.

그 논의의 초점을 더 분명히 할 필요가 있다.

She is taking a course to **sharpen** her business skills.

그녀는 사업 기량들을 연마하기 위해 한 강좌를 듣는다.

2. 구동사
2.1 sharpen O up

He **sharpened up** *his knife* to cut the meat.

그는 그 고기를 자르기 위해서 그의 칼을 갈아서 날카롭게 했다.

[up은 칼이 날이 선 상태를 나타낸다.]

pencil 연필	balde 칼날

Through the digital technology, we can **sharpen up** the pictures on the TV screen.

그 디지털 기술을 통해서 우리는 TV 화면상의 그림들을 더 선명하게 할 수 있다.

The photographer **sharpened up** the face of the woman.

그 사진사는 그 부인의 얼굴을 더 뚜렷하게 했다.

sharpen up

The boxer **sharpened up** by sparring with a medal winner.

그 권투 선수는 메달 선수와 함께 운동을 함으로써 기량을 더 높였다.

[참조: shape up]

sharpen up for O

The candidates are **sharpening up for** the upcoming debate.

그 후보자들은 다가오는 토론을 위해 기량을 닦고 있다.

[참조: shape up for]

SHAVE

1. 단동사
이 동사는 면도칼 등으로 수염 등을 깎는 과정을 그린다.

타동사

The nurse washed him and **shaved** him.

그 간호사가 그를 씻겨주고 면도도 해 주었다.

The firm had **shaved** profit margins.

그 회사가 이윤폭을 낮추었다.

2. 구동사
2.1 shave O away

I **shave away** the rough edges.

나는 거친 모서리들을 조금씩 깎아내었다.

[away는 모서리들이 없어지는 관계를 나타낸다.]

2.2 shave O off O

I usually shop at a discount store, and thereby could **shave** around 10% **off** my usual bill.

나는 보통 할인 매점에서 장을 봄으로써, 약 10%를 보통 가계비에서 덜 수 있었다.

He **shaved** the beard **off** Grandpa.

그는 그 수염을 할아버지에게서 깎았다.

shave O off

Before joining the army, he had to **shave off** his beard.

입대하기 전에, 그는 그의 수염을 깎아야 했다.

[off는 수염이 턱에서 떨어져 나가는 관계를 나타낸다.]

With a sharp knife, the chef **shaved off** rolls of turnip and spread them on the dish.

그 주방장은 잘 드는 칼로 무순을 둥글게 잘라 내어 그들을 접시에 깔았다.

[off는 무가 동그라미 형태로 전체에서 떨어져 나오는 관계를 나타낸다.]

SHEAR

1. 단동사
이 동사는 큰 가위를 써서 털을 깎는 과정을 그린다.

2. 구동사
2.1 shear O away

S

She **sheared away** the fleece.

그녀는 그 양털을 잘라냈다.

[away는 양털이 양에서 떨어져 나오는 관계를 그린다.]

2.2 shear O of O

The barber **sheared** Tom **of** his curly locks.

그 이발사는 톰의 곱슬머리를 잘랐다.

[동사의 목적어는 전체이고, of의 목적어는 잘려 나오는 부분이다.]

The king was **shorn of** many of his powers, but he was not aware of it. (passive)

그 왕은 그의 권력의 많은 것을 빼앗겼지만, 그것을 의식하고 있지 못했다.

2.3 shear O off

The left wing of the plane had almost **shorn off** when it touched the ground. (passive)

그 비행기의 왼쪽 날개가, 비행기가 착륙할 때 거의 떨어져 나갔다.

[off는 날개가 비행기 몸체에서 떨어지는 관계를 나타낸다.]

shear O off of O

Vincent **sheared** the wool **off of** the sheep.

빈센트는 양털을 그 양들에게서 잘라 내었다.

[off는 양털이 양에게서 떨어지는 관계를 나타낸다.]

SHED

1. 단동사

이 동사는 털, 피부, 잎 등이 떨어지거나 이들을 떨구는 과정을 그린다.

> 자동사

My dogs **sheds** in the summer.

개들은 여름에 털을 간다.

> 타동사

She **shed** no tears when she heard he was dead.

그가 죽었다는 소식을 들었을 때 그녀는 눈물을 흘리지 않았다.

The factory is **shedding** a large number of jobs.

그 공장은 많은 일자리들을 없애고 있다.

James could not **shed** his bad reputation.

제임스는 그의 악평을 벗을 수가 없었다.

2. 구동사

2.1 shed O on O

The glow of the candle **shed** a dim light **on** the girl.

그 촛불이 희미한 빛을 그 소녀에게 던졌다.

His lecture **shed** light **on** the problem.

그의 강의가 그 문제에 빛을 던져 주었다. 즉, 그 문제를

이해하게 했다.

['앎은 빛이다'의 은유가 적용된 예이다.]

2.2 shed O onto O

Luke **shed** his clothes **onto** the floor.

루크는 그 옷을 벗어서 그 마루에다 던졌다.

2.3 shed out

His hair **shed out**.

그의 머리가 다 빠졌다.

[참조: fall out]

2.4 shed O over O

He **shed** tears **over** the man.

그는 그 사람에 대해서 눈물을 흘렸다.

SHIELD

1. 단동사

이 동사는 피해를 받지 않도록 막아주는 과정을 그린다.

명사: 방패

2. 구동사

2.1. shield O against O

The man **shielded** the boy **against** the bully.

그 남자가 그 소년을 그 불량배로부터 막아 주었다.

SHELL

1. 단동사

이 동사는 돈을 많이 쓰는 과정을 그린다.

명사: 껍데기; 포탄; 뼈대; 겉모습

> 타동사

She **shelled** the peanuts and ate them.

그녀는 그 땅콩 껍질들을 벗기고 먹었다.

They **shelled** the village in the valley.

그들은 그 계곡에 있는 그 마을을 실탄으로 공격했다.

The government forces **shelled** the city all night.

그 정부군이 밤새 그 도시를 폭격했다.

2. 구동사

2.1 shell out

We don't have to **shell out** for his birthday gift.

우리는 그의 생일 선물을 위해 큰 돈을 쓸 필요가 없다.

[out은 돈을 많이 쓴다는 뜻이다. 참조: spend out, lay out, splurge out]

He **shelled out** for MRI.

그는 MRI를 찍는 데 큰 돈을 썼다.

shell O out

I am willing to **shell out** $150 for the book.

나는 그 책을 사기 위해서 거금 150불을 쓸 용의가 있다.

I am unable to **shell out** a little extra for the new model.

나는 새 모델을 위해서 추가 비용을 쓸 수가 없다.

She **shelled out** the cash on renovating the house.

그녀는 그 집을 보수하는 데 많은 돈을 썼다.

SHIFT

1. 단동사

이 동사는 한 장소에서 다른 장소로 옮기는 과정을 그린다.

2. 구동사

2.1 shift away from O

Most countries are **shifting away from** fossil fuel.

대부분의 나라들은 화석 연료로부터 벗어나고 있다.

2.2 shift down

The motor is laboring. It's time to **shift down**.

그 모터가 힘들어하고 있다. 기어를 낮출 때이다.

2.3 shift into O

The conductor **shifted into** a slower tempo in the second movement.

그 지휘자는 2악장에서 더 느린 박자로 들어갔다.

Let's **shift into** high gear.

높은 기어로 바꾸자.

The season is **shifting into** spring.

그 계절은 봄으로 접어들고 있다.

2.4 shift for O

In some families, when the parents went to work, the children had to **shift for** themselves.

몇몇 가정에서 부모가 일을 가면, 아이들은 스스로 꾸려 나가야 했다.

2.5 shift O onto O

He **shifted** educators' focus **onto** the essence of good teaching.

그는 교육자들의 주의를 좋은 가르침의 본질로 이동시켰다.

2.6 shift out

She quickly **shifted out** of second gear into third.

그녀는 기어를 2단에서 3단으로 빠르게 옮겼다.

2.7 shift over to O

Let's now **shift over to** weather.

(뉴스시간에 한 뉴스를 마치고) 일기예보로 넘어갑시다.

2.8 shift O to O

Laura **shifted** the table **to** the left.

로라는 그 테이블을 왼쪽으로 옮겼다.

The prime minister **shifted** the country's politics **to** the right.

그 수상은 그 나라의 정치를 우익으로 바꾸었다.

SHIN

1. 단동사

이 동사는 손, 발을 써서 기어오르거나 내리는 과정을 그린다.

명사: 정강이

2. 구동사

2.1 shin down O

The burglar climbed out of the door and **shinned down** the drain pipe.

그 강도는 그 문을 기어 나와 그 배수구를 타고 내려갔다.

2.2 shin up O

It was amazing seeing local people **shinning up** palm trees with ease.

지역 사람들이 야자수 나무들을 쉽게 기어 올라가는 것을 보니 놀라웠다.

SHINE

1. 단동사

이 동사는 빛을 비추거나, 빛이 비치는 과정을 그린다.

자동사

The sun **shone** brightly in a cloudless sky.

구름 한 점 없는 하늘에서 해가 밝게 빛났다.

He failed to **shine** academically, but he was very good at sports.

그는 공부는 뛰어나게 잘 하지 못했지만, 스포츠에는 아주 능했다.

타동사

He **shone** the flashlight around the cellar.

그가 그 회중전등으로 그 지하실을 이리저리 비추었다.

He **shined** shoes and sold newspapers to make money.

그는 돈을 벌기 위해 구두를 닦고 신문을 팔았다.

2. 구동사

2.1 shine out

S

Upon the cloud's passing by, the sun **shone out**.
그 구름이 지나자, 햇빛이 사방으로 환하게 비쳤다.
[out은 빛이 사방으로 환하게 퍼지는 관계를 나타낸다.]
Last year, the sales department **shone out**.
지난해에 그 영업부가 뛰어났다.
[out은 우뚝 서거나 뛰어난 관계를 나타낸다. 참조: stand out]

2.2 shine down on O

The sun **shone down on** the rice fields the summer long.
태양이 그 여름 내내 그 논들에 내리비추었다.

shine on O

The moon is **shining on** us.
달빛이 우리를 비추고 있다.
The TV program **shone** light **on** modern slavery.
그 TV 프로그램은 현대판 노예제도에 대해서 빛을 비추었다. 즉, 이야기 했다.

2.3 shine through O

The sun **shone through** the clouds.
햇빛이 그 구름들 사이를 뚫고 빛이 났다.
Her kindness **shines through** her manners.
그녀의 친절함이 그녀의 태도에서 비춰 나온다.

shine through

His *character* **shone through**.
그의 인격이 드러났다. 즉, 속에서 밖으로 비춰졌다.

sincerity	진심	honesty	정직

2.4 shine O up

He **shines up** his shoes everyday.
그는 매일 구두를 닦아서 반짝반짝하게 한다.
[참조: polish up]
She is **shining up** the top of the table.
그녀는 식탁의 윗면을 잘 닦아서 빛나게 하고 있다.

shine up to O

He is **shining up to** the boss.
그는 사장에게 아첨을 떤다.
[참조: bulter up to, kiss up to, cozy up to]

SHIP

1. 단동사

이 동사는 배로 상품 등을 이동시키는 과정을 그린다.

2. 구동사

2.1 ship O off

I **shipped** the kids **off** to their grandmother for the summer.
나는 여름동안 아이들을 할머니에게 떠나보냈다.
[off는 아이들이 집을 떠나는 관계를 그린다. 참조: send off]
Have you **shipped off** my application yet?
너는 내 지원서를 보냈니?
I was **shipped off** to school in America at the age of 13. (passive)
나는 13살 때 미국에 있는 학교로 보내졌다.
In 1850's, many Koreans were **sent off** to work in sugar plantation in Hawaii. (passive)
1850년대에, 많은 한국인들이 하와이의 사탕수수 농장에서 일하도록 보내졌다.

2.2 ship O in

Many foreign goods are **shipped in** from abroad. (passive)
많은 외국 상품들이 해외에서 배로 들어온다.
Because of the shortage of workers in factories, many people are **shipped in** from Asian countries.
공장에서 노동자들이 부족해서 많은 사람들이 아시아 여러 나라에서 대량으로 보내져 들어온다.

2.3 ship out

When did you **ship out** last night?
어제 저녁 몇 시에 나갔느냐?
I have to **ship out** now in order to get up early tomorrow morning.
나는 내일 아침 일찍 일어나기 위해서 나가야 한다.

ship O out

The farmer **shipped out** three tons of pears last year.
그 농부는 작년에 3톤의 배를 방출했다.
[out은 배가 여러 곳에 가는 관계를 나타낸다.]
The factory **shipped out** fewer orders than last year.
그 공장은 작년보다 더 적은 주문을 내보냈다.

SHIVER

1. 단동사

이 동사는 춥거나 겁이 나서 몸을 떠는 과정을 그린다.
자동사
Don't stand outside **shivering** – come inside and get warm!
밖에서 떨며 서 있지 말고 안으로 들어와서 몸 좀 녹여요!

2. 구동사

2.1 shiver at O

She shivered at the idea of driving at night.
그녀는 밤에 운전하는 생각에 겁이 나서 떨었다.

2.2 shiver from O

He is shivering from the freezing cold.
그는 그 몹시 추운 날씨로 떨고 있다.

2.3 shiver with O

She is shivering with cold.
그녀는 추위로 떨고 있다.

SHOCK

1. 단동사

이 동사는 충격을 주는 과정을 그린다.

2. 구동사

2.1 shock O into O

The cold air shocked her into her senses.
그 찬 바람이 그녀로 하여금 제정신을 차리게 했다.

2.2 Shock O out of O

The excitement shocked her out of her bored.
그 흥분이 그녀로 하여금 지루함에서 깨어나게 했다.

SHOOT

1. 단동사

이 동사는 화살이나 총을 쏘는 과정을 그린다.

타동사

He shot a deer.
그는 사슴을 쏘았다.
The director shot the scene in slow motion.
그 감독은 그 장면을 느린 속도로 찍었다.
He shot 6 goals in the first half of the game.
그는 그 게임의 전반전에 6골을 던져 넣었다.
He shot the bullets / arrows.
그는 그 실탄을 / 그 화살을 쏘았다.
He shot the gun.
그는 그 총을 쐈다.

2. 구동사

2.1 shoot across O

He shot across the field.
그는 그 들판을 쏜살같이 지나갔다.
[참조: cut across]

2.2 shoot at O

He shot at the target, not at you.
그는 그 목표물을 쏘려고 했지, 너를 쏘려고 한 것이 아니다.
[at은 표적의 대상을 도입한다. 참조: aim at, level at, direct at]

2.3 shoot away

The child shot away from the shop when the owner came in.
그 아이는 그 주인이 돌아오자 그 상점에서 쏜살같이 달아났다.
[away는 아이가 상점에서 멀어져가는 관계를 나타낸다. 참조: run away, get away]

The troops were shooting away.
그 군대가 계속 반복적으로 사격을 했다.
[away는 반복적인 행동이 계속됨을 나타낸다. 참조: fire away]

2.4 shoot O down

An American plane shot down an Iraq jet over the No-Fly Zone.
미국 비행기 한 대가 이라크 제트기 한 대를 그 비행금지 구역에서 쏘아 떨어뜨렸다.
[down은 공중에서 땅으로의 이동을 나타낸다.]

In 1982, a Korean Airline was shot down over the Soviet Union. (passive)
1982년, 대한 항공기 한 대가 소련상공에서 포격되어 떨어졌다.

The policeman shot down the gang in the underground parking lot.
그 경찰관은 그 갱을 그 지하주차장에서 쏘아 넘어뜨렸다.
[down은 서 있던 상태에서 넘어져있는 상태로의 변화를 나타낸다. 참조: gun down]

His article was shot down in flames by some linguists following Noam Chomsky.
그의 논문은 노암 촘스키를 따르는 언어학자들에 의해서 심한 공격을 받았다.
[down은 평가에서 깎이는 관계를 나타낸다. 참조: take down]

shoot down through O

A football size lava shot down through the roof.
축구공 크기의 용암이 빠르게 내려와서 지붕을 뚫고 지나갔다.

2.5 shoot for O

The skater is shooting for a new record this season.
그 스케이트 선수는 이번 시즌 새 기록을 세우려고 하고 있다.

S

2.6 shoot off

The robber got on a motor bike and **shot off** at a great speed.

그 강도는 모터 자전거에 올라서는 굉장히 빠른 속도로 (그 자리를) 급하게 떠났다.

[off는 화자와 청자가 아는 장소를 떠나는 관계를 나타낸다.]

Every time I saw my busy colleague, he looks at his watch, and **shot off**, saying he had a meeting to attend.

내가 나의 바쁜 동료를 볼 때마다 그는 시계를 보고, 참석할 회의가 있다면서 급하게 자리를 떴다.

shoot O off

The NASA **shot** the rocket **off**.

나사가 그 로켓을 쏘아 보냈다.

[off는 로켓이 발사대를 떠나는 관계를 나타낸다.]

My uncle survived the Korean War, although he got **shot off** his right leg.

나의 삼촌은, 총을 맞고 비록 오른쪽 다리를 잃었지만, 한국전을 살아남으셨다.

[off는 다리가 몸에서 떨어져 나간 상태를 그린다.]

2.7 shoot out

A car **shot out** right in front of me.

차 한 대가 내 앞에 불쑥 뛰어나왔다.

Flames are **shooting out** from the second floor.

불길들이 2층에서부터 확 솟구쳐 나오고 있다.

shoot O out

The fountain **shoots out** tons of water in one minute.

그 샘은 일분동안 많은 양의 물을 내뿜는다.

The snake **shoots out** venom.

그 뱀은 독을 내뿜는다.

The armed burglar was trapped in a house, and was forced to **shoot** it **out** with police. In the end, he was overpowered.

그 무장 강도는 그 집에 갇혀서 경찰과 끝까지 총격전을 벌이며 대치하게 되었다. 결국 그는 경찰에 압도되었다.

[out은 결판이 날 때까지 총질하는 관계를 나타낸다. 참조: duke out, fight out, battle out]

2.8 shoot over O

The police **shot over** the demonstrators.

그 경찰이 시위하는 사람들 위로 총을 쏘았다.

2.9 shoot through O with O

The documentary is **shot through with** dangerous scenes.

그 다큐멘터리는 위험한 장면들로 차있다.

[through는 다큐멘터리의 처음부터 끝까지의 뜻이다.]

2.10 shoot up

During the Gulf War, oil prices **shot up** 20%.

걸프전이 계속되는 동안, 유가들이 20% 급등했다.

[up은 양이나 수의 증가를 나타낸다.]

I can't believe this is my grandson. He's **shot up** since I last saw him.

나는 이 애가 내 손자임을 믿을 수가 없네. 그는 내가 그를 마지막을 본 후 쑥 자라있다.

[참조: grow up]

shoot O up

North Korea **shot up** missiles.

북한이 미사일들을 쏘아 올렸다.

Bill **shot** the road signs **up**.

빌은 총질을 해서 그 길 표지판을 망가뜨렸다.

[up은 길 표지판이 심하게 망가진 상태를 나타낸다. 참조: beat up, cut up, smash up]

The gang **shot up** the sheriff.

그 갱은 그 보안관을 쏴서 심하게 다치게 했다.

SHOP

1. 단동사

이동사는 물건을 사기 위해서 한 상점이나 여러 상점을 둘러보는 과정을 그린다.

명사: 가게, 쇼핑

자동사

He likes to **shop** at the local market.

그는 그 현지 시장에서 물건을 사는 것을 좋아한다.

2. 구동사

2.1 shop around

Shop around and see if you can find a cheaper one.

이리저리 다니고 둘러보면서 더 싼 것이 있나 알아보세요.

SHORE

1. 단동사

이동사는 울타리 등이 넘어지는 것을 막기 위해서 받침대를 대는 과정을 그린다.

2. 구동사

2.1 shore O up

The fence is in danger of collapsing, and we have to **shore** it **up** with a wooden beam.

그 울타리는 넘어질 위험에 있기 때문에 우리는 그것을

목재를 대어 받쳐야 한다.
[up은 위에서 오는 힘에 떠받치는 관계를 그린다.]
The government is considering whether to **shore up** the ship building industries or not.
정부는 그 조선업들을 지원할지 말지 고려하고 있다.
The building was **shored up**. (passive)
그 건물은 무너지지 않게 받침대가 대져 있다.

SHORTEN

1. 단동사
이 동사는 짧아지거나 짧게하는 과정을 그린다.
short(형용사): 짧은

자동사

In November, the temperatures drop and the days **shorten**.
11월에는 기온이 내려가고 낮의 길이는 짧아진다.

2. 구동사
2.1 shorten O down
He **shortened down** his name William to Bill.
그는 그의 이름 윌리엄을 빌로 줄였다.
He **shortened down** his paper to five pages.
그는 그의 논문을 다섯 페이지로 줄였다.
The company **shortened down** the candidates to three.
그 회사는 그 후보자들을 세 명으로 줄였다.

SHOUT

1. 단동사
이 동사는 소리를 크게 지르는 과정을 나타낸다.

타동사

He **shouted** a warning.
그는 큰 소리로 경고를 말했다.

자동사

He **shouted** from inside the house.
그는 그 집 안에서 큰소리로 외쳤다.

2. 구동사
2.1 shout about O
She **shouted about** the friend.
그녀는 그 친구에 대해서 열광적으로 말했다.

2.2 shout at O
I did nothing wrong but he **shouted at** me.
나는 잘못한 것이 없는데, 그가 나에게 고함을 질렀다.
[at은 공격의 의미를 갖는다. 참조: speak at, yell at]

2.3 shout O down
Several representatives stood up to protest, but they were **shouted down**. (passive)
몇몇 대의원들이 항거하기 위해서 일어섰으나, 그들은 고함소리에 앉거나 단상에서 내려오고 말았다.
[down은 하던 일을 그만 두는 관계를 나타낸다.]
We tried to **shout** the speaker **down**, but he continued on.
우리는 그 연사를 고함을 질러서 그만두게 하려 했으나, 그는 계속 했다.
[down은 연설이 중단되는 관계를 나타낸다.]

2.4 shout O off
He **shouted** his mouth **off**.
그는 입이 떨어져나갈 정도로 소리를 질렀다.
[off는 입이 몸에서 떨어지는 관계를 나타낸다.]

2.5 shout out
Someone in the crowd **shouted out**.
그 군중 속에서 누군가가 큰소리로 외쳤다.
[out은 소리가 사방으로 크게 들리는 관계를 나타낸다. 참조: cry out, yell out]

shout O out
Someone in the audience **shouted out** a rude remark at the speaker.
그 관객 중 한 명이 무례한 말을 큰 소리로 그 연사에게 외쳤다.

2.6 shout over O
He **shouted over** the blaring music.
그는 그 큰 음악소리 위로 고함을 질렀다.

SHOVE

1. 단동사
이 동사는 팔과 어깨로 거칠게 (남을 생각하지 않고) 미는 과정을 그린다.

자동사

The door wouldn't open no matter how hard she **shoved**.
그 문은 그녀가 아무리 세게 밀어도 열리지 않았다.
The crowd was pushing and **shoving** to get a better view.
그 사람들은 더 잘 보려고 마구 밀고 밀치고 야단을 했다.

2. 구동사
2.1 shove O around

S

I left the job because I was tired of being **shoved around.** (passive)

나는 휘둘리는데 싫증이 나서 그 일자리를 떠났다.

[around는 이리저리 밀리는 관계를 그린다. 참조: boss around, push around, jostle around]

2.2 shove O down O

He **shoved** her **down** the stairs.

그가 그녀를 그 계단 아래로 떠밀었다.

2.3 shove O into O

She **shoved** the book **into** her bag and hurried off.

그녀는 그 책을 그녀의 가방에 아무렇게나 쑤셔 넣고 서둘러 자리를 떠났다.

2.4 shove off

Shove off, Ken. I don't want you here.

꺼져, 켄. 나는 네가 여기에 있는 것을 원하지 않는다.

[off는 자리를 떠나는 관계를 그린다.]

The family **shoved off** for a holiday in Palau.

그 가족은 팔라우에서의 휴가를 갖기 위해 떠났다.

[off는 화자와 청자가 아는 장소로 떠나는 관계를 나타낸다. 참조: bug off, go off, run off]

2.5 shove up

If you **shove up,** we can all get in the car.

너희들이 서로 가까이 앉으면, 우리 모두가 차에 탈 수 있다.

[up은 사람과 사람 사이의 거리가 좁아지는 관계를 그린다. 참조: close up]

SHOVEL

1. 단동사

이 동사는 삽질을 하는 과정을 그린다.

명사: 삽

2. 구동사

2.1 shovel O down

He **shovelled down** his breakfast and left for school.

그는 아침을 급하게 퍼먹고 학교로 갔다.

[down은 아침밥이 위에 내려가는 관계를 나타낸다.

참조: hammer down, chow down, gulp down, wolf down]

2.2 shovel O into O

He **shovelled** all the sand **into** sacks.

그는 그 모래를 그 푸대들에 삽으로 퍼 넣었다.

2.3 shovel O out

We all **shovelled out** snow.

우리 모두는 삽으로 눈을 퍼내었다.

SHOW

1. 단동사

이 동사는 보이거나 보여주는 과정을 그린다.

타동사

He **showed** the photo to me.

그는 그 사진을 내게 보여주었다.

He **showed** me the photo.

그는 내게 그 사진을 보여주었다.

2. 구동사

2.1 show O around

The host **showed** us **around.**

그 주인은 우리를 이곳저곳 안내하여 구경을 시켜주었다.

[around은 여기저기의 뜻이다. 참조: guide around]

2.2 show O in

We waited outside for about 10 minutes, and someone opened the door and **showed** us **in.**

우리는 바깥에서 약 10분 간 기다렸는데, 누가 문을 열고 우리를 안으로 들여보내주었다.

2.3 show off

I don't like the girl. She **shows off** in front of us.

나는 그 소녀를 싫어한다. 그녀는 우리 앞에서 멋있게 보이려고 한다.

[off는 돋보이는 관계를 나타낸다.]

show O off

She wanted to **show off** her *new bag*.

그녀는 새로 구입한 그녀의 가방을 뽐내 보이기를 원한다.

| expensive clothes 비싼 옷　　musical talent 음악적 재능 |

Her pants was tight-fitting and they **showed off** her slim figure.

그녀의 바지는 꽉 끼는 것이었고 그것이 그녀의 날씬한 몸매를 돋보이게 했다.

The boy likes to **show off** how fast he can run.

그 소년은 그가 얼마나 빨리 달릴 수 있는지 뽐내기를 좋아한다.

2.4 show O out

The guide **showed** me **out** of the park.
그 안내인이 나를 안내하여 그 공원에서 벗어나게 했다.

2.5 show O over O

Ron seemed to enjoy her company, **showing** her **over** the garden.
론은 그 여자와 함께 있는 것을 즐기는 것 같았다. 그래서 그녀에게 그 정원 전체를 안내하여 보여주었다.
[over는 정원 전체를 가리킨다.]

2.6 show through

He tried to look calm, but fear **showed through**.
그는 침착하게 보이려고 애를 썼지만 그의 두려움이 밖으로 새어나와 보였다.
[through는 어떤 감정이 속에서 밖으로 나오는 관계를 나타낸다.]
Lea's talent **showed through** when she won the award at the age of 10.
레아의 재능은 그녀가 10살에 그 상을 받았을 때 밖으로 드러나 보였다.

2.7 show up

I am convinced that my wrist is broken — it **shows up** clearly on the X-ray.
나는 내 팔이 부러졌음을 확신했다 — 그 골절이 분명히 그 X-레이 사진에 나타난다.
[up은 골절이 눈에 뜨이게 되는 관계를 나타낸다.]
In the bright sunlight, the boat **showed up** clearly.
환한 햇빛 아래 그 배가 분명히 나타났다.
[up은 안 보이던 상태에서 보이는 상태, 즉 시야에 들어오는 상태변화를 나타낸다.]
He **showed up** at the *poll*.
그는 그 투표소에 나타났다.

| rally | 집회 | court | 법정 |
| camp | 야영장 | convention | 회의장 |

He **showed up** to her wedding.
그는 그녀의 결혼식에 나타났다.

show up for O
Bill failed to **show up for** the *match*.
빌은 그 시합에 나타나지 않았다.

| class | 수업 | party | 파티 |
| work | 일 | inauguration | 취임식 |

show up to O
He **showed up to** the appointment.

그는 그 예약 시간에 나타났다.

show O up
He **showed up** his emotions in his eyes.
그는 그의 감정들을 눈에 드러낸다.
The test **showed** Teddy **up** as ignorant.
그 시험은 테디가 무지한 것으로 드러나게 했다.
By now the present government lost control and had been **shown up** as useless. (passive)
지금쯤 현 정부는 통제력을 잃고, 무능한 것으로 드러나게 되었다.
You can't rely on your children — they often **show** you **up** in public.
여러분은 여러분의 아이들을 믿을 수가 없습니다. 그들은 당신의 약점을 사람들이 보는 앞에 드러내어 말합니다.
[you는 환유적으로 you의 약점을 가리킨다.]

SHOWER

1. 단동사
이 동사는 많은 작은 물건들이 소나기처럼 어떤 장소나 사람에게 쏟아지는 관계를 그린다.
명사: 잠깐 지나가는 소나기

자동사

She **showered** and dressed and went downstairs.
그녀는 샤워를 하고 옷을 입은 뒤 아래층으로 갔다.

2. 구동사
2.1 shower down on O
Volcanic ash **showered down on** the town after the eruption.
그 화산 분출 후 화산재가 그 소도시 위로 소나기처럼 쏟아져 내렸다.

2.2 shower O (up)on O
The teacher **showered** praise **upon** John, who won the award.
그 선생님은 칭찬을 상을 받은 존에게 쏟아 부었다.

2.3 shower O with O
The winner was **showered with** flowers and applause. (passive)
그 승리자는 많은 꽃들과 박수가 주어졌다.
In a baby shower, the expecting mother is **showered with** gifts. (passive)
출산 축하 선물을 주는 파티에서, 그 임신부에게 많은 선물이 주어진다.

S

SHRED

1. 단동사
이 동사는 종이 등을 작은 조각으로 자르거나 찢는 과정을 그린다.
명사: 조각, 아주 조금, 티끌

타동사

He was accused of **shredding** documents relating to the case.
그는 그 소송에 관련된 서류들을 (파쇄기에 넣어) 파쇄했다는 혐의를 받았다.

2. 구동사
2.1 shred O up

After reading the paper, he **shredded** it **up**.
그 논문을 읽은 다음, 그는 그것을 파쇄했다.

SHRINK

1. 단동사
이 동사는 열이나 물 때문에 줄거나 줄이는 과정을 그린다.

자동사

Wool **shrinks** when washed.
양털은 빨면 줄어든다.

타동사

The president tried to **shrink** the size of the deficit.
대통령은 그 적자 크기를 줄이려고 노력했다.

2. 구동사
2.1 shrink back

Tom **shrank back** from the blazing fire.
톰은 그 활활 붙는 불에서 뒤로 움츠렸다.
He **shrank back** from responsibility.
그는 책임에서 물러났다.

2.2 shrink O down

The president wanted to **shrink down** the scope of the investigation.
그 대통령은 그 조사 범위를 줄이고 싶어 했다.

2.3 shrink from O

The cat **shrank from** my touch.
그 고양이는 내가 만지려고 하자 움츠렸다.
I don't want to **shrink from** responsibility.
나는 책임에서 움츠러들고 싶지 않다.
He does not **shrink from** expressing his own frank opinion.
그는 그 자신의 솔직한 의견을 피력하는 것으로부터 움

츠리지 않는다.

2.4 shrink in

I washed a wool sweater and it all **shrank in**.
나는 그 털스웨터를 물로 빨았는데 모두 오그라들었다.
[in은 옷이 안으로 오그라드는 관계를 나타낸다.]

2.5 shrink up

My shirt **shrank up** when you washed it.
내 셔츠가 네가 물에 씻자 오그라들었다.
[up은 쭈그러든 상태를 나타낸다.]
The bruise on Jane's arm **shrank up** when she put ice on it.
제인의 팔의 멍든 자리가 얼음을 갖다 댔더니 줄어들었다.
The value of the dollar has been **shrinking up**.
미국 달러의 가치가 계속 많이 줄어들고 있다.

SHRIVEL

1. 단동사
이 동사는 마르거나 젖어서 쭈글쭈글해지는 과정을 그린다.

자동사

The young plants **shriveled** in the hot sun.
그 어린 식물들이 강한 햇빛 속에 쭈글쭈글해졌다.

2. 구동사
2.1 shrivel up

The leaves on the plant had **shrivelled up** from lack of water.
그 나무의 잎들이 수분 부족으로 쪼글쪼글해져 있다.
A few pears on the top branches **shriveled up**.
그 꼭대기 가지들에 있는 몇 개의 배들이 쭈그러들었다.
He **shrivelled up** at the thought of going to take on the job.
그는 그 일을 떠맡을 생각에 마음이 움츠러들었다.

shrivel O up

The bathwater **shriveled up** the baby's hands.
목욕물이 아기의 손을 쭈글쭈글 하게 했다.

SHROUD

1. 단동사
이 동사는 안개나 연기 등으로 무엇을 가리는 과정을 그린다.
명사: 장막, 수의

타동사

The fog **shrouded** the top of the tall building.

그 안개가 그 높은 빌딩의 꼭대기를 가렸다.

2. 구동사
2.1 shroud O in O
It was early in the morning and the village was
shrouded in fog. (passive)
이른 아침이어서 그 마을은 안개 속에 덮여 있었다.
The city was shrouded in mist. (passive)
그 도시는 엷은 안개에 뒤덮여 있었다.
His family background is shrouded in mystery.
(passive)
그의 집안 배경은 신비 속에 가려져 있다.
The cause of the ferry accident is still shrouded in
mystery. (passive)
그 여객선 사고의 원인은 아직도 신비 속에 가려져 있다.

SHRUG

1. 단동사
이 동사는 어깨를 으쓱하는 과정을 그린다.
타동사
He shrugged his shoulders.
그는 그의 어깨를 으쓱했다.

2. 구동사
2.1 shrug O off
He shrugged off his shirt and put it in the laundry
basket.
그는 자신의 셔츠를 꿈틀거리면서 벗어서 그 빨래통에
넣었다.
[off는 셔츠가 몸에서 떨어지는 관계를 나타낸다.]
She usually shrugs off criticisms.
그녀는 보통 비판들을 가볍게 떨쳐버린다.
[off는 비판이 그녀에게서 떨어지는 관계를 가리킨다.]
He shrugged off the allegation that he was involved
in the robbery.
그는 그가 그 강도 사건에 관여되었다는 혐의를 가볍게
떨쳐 버렸다.

SHUCK

1. 단동사
이 동사는 견과류, 조개류 등의 껍질을 벗기는 과정을 그
린다.

2. 구동사
2.1 shuck O off
He shucked off his coat and necktie and flopped down
on the sofa.
그는 그의 저고리와 넥타이를 홀홀 벗어던지고 그 소파
에 벌러덩 앉았다.
[off는 옷이 몸에서 떨어지는 관계를 나타낸다. 참조: take off]
I decided to shuck off my worries over my work, and
to have a good time.
나는 내 일에 대한 걱정들을 홀홀 벗어 버리고, 재미있
게 시간을 보내기로 했다.

SHUFFLE 1

1. 단동사
이 동사는 발을 질질 끌면서 천천히 움직이는 과정을 그
린다.
자동사
He shuffled across the room to the window.
그는 발을 끌며 그 방을 가로질러 그 창가로 갔다.
타동사
Jenny shuffled her feet and blushed with shame.
제니는 그녀의 발을 끌며 창피해서 얼굴을 붉혔다.

2. 구동사
2.1 shuffle off
They shuffled off early in the morning.
그들은 이른 아침 천천히 발을 끌면서 출발했다.
[참조: move off, take off]

shuffle O off
You cannot shuffle off your responsibility to your
family onto others.
당신의 가족에 대한 책임을 다른 사람에게 떠넘길 수
없다.
[off는 책임이 주어에서 떨어져 나가는 관계를 나타낸다.]

2.2 shuffle out of O
The exhausted hikers shuffled out of the cabin.
그 지친 도보여행자들이 발을 질질 끌면서 그 캐빈에서
나왔다.

SHUFFLE 2

1. 단동사
이 동사는 카드 등을 뒤섞는 과정을 그린다.
타동사
Shuffle the cards and deal out seven to each player.
그 카드들을 섞어서 각 참가자 각자에게 7장씩을 나눠
주어라.

S

2. 구동사

2.1 shuffle O around

He **shuffled around** the papers on the desk.
그는 그 책상 위의 서류들을 이리저리 뒤섞어 놓았다.

shuffle around

When he was young, he **shuffled around** from job to job in California.
그가 젊었을 때, 그는 이 직장 저 직장으로 돌아다녔다.
He **shuffled around** in his chair embarrassed about the question.
그는 그 질문에 당황하여 그 의자에서 안절부절 했다.

2.2 shuffle O up

Shuffle these cards **up** so that they are thoroughly mixed.
완전히 뒤섞여지도록 이 카드들을 뒤섞어라.

SHUNT

1. 단동사
이 동사는 기차를 한 선로에서 다른 선로로 옮기는 과정을 그린다.
명사: 추돌, 추돌 사고

2. 구동사

2.1 shunt O into O

The teacher **shunted** the younger children **into** the shallow swimming pool.
그 선생님은 그 더 나이 어린 아이들을 얕은 수영장으로 이동시켰다.

2.2 shunt O onto O

The leader **shunted** the older and weak hikers **onto** an easy trail.
그 지도자는 그 나이 많고 연약한 그 등산객들을 쉬운 길로 이동시켰다.

2.3 shunt O off

He was **shunted off** to a local office. (passive)
그는 시골 사무소로 좌천되었다.
[off는 본사 등을 떠나는 관계를 나타낸다.]

SHUT

1. 단동사
이 동사는 문 등을 닫거나 닫히는 과정을 그린다.
타동사

He **shut** the door behind me.
그는 내 뒤에서 그 문을 닫았다.
He **shut** the chest.
그는 그 상자를 닫았다.
He **shut** the umbrella.
그는 그 우산을 접었다.
자동사
The door **shut** with a bang.
그 문이 쾅하고 닫혔다.
The window won't **shut**.
그 창문이 닫히질 않는다.

2. 구동사

2.1 shut O down

The local government **shut down** the private nursing home because of complaints of poor hygiene and care.
그 지방정부는 그 사립 요양원을 수준 낮은 위생과 부양 서비스에 대한 불평들을 이유로 폐쇄시켰다.
[down은 요양원 운영이 중단되는 관계를 나타낸다.]
They **shut** the *machine* **down** so they could repair it.
그들은 그 기계를 수리하기 위해서 그 가게의 작동을 멈추었다.

engine	엔진	operation	운행
Internet	인터넷	press	언론

The factory was **shut down** three years ago. (passive)
그 공장은 3년 전에 닫쳐 운영이 중단되었다.
The *highway* is **shut down** for repair. (passive)
그 고속도로는 보수를 위해 통행이 금지되어있다.

avenue	가로수길	route	노선
border	국경	traffic	교통흐름

The venom **shut down** the *kidney*.
그 독이 신장 기능을 중지시켰다.

lung 폐		nerve system 신경조직

shut down
Without any apparent cause, all the computers in the office **shut down**.
어떤 뚜렷한 이유도 없이, 사무실의 모든 컴퓨터들이 작동을 멈추었다.
[참조: go down, break down]
The railroad **shut down** because of the union's strikes.
그 철도는 노동조합의 파업들 때문에 운영이 멈추었다.

2.2 shut O in O

While he was reading, he usually **shuts** himself **in** his room.
그가 책을 읽을 때는 그는 자신을 자신의 방에 가둔다. 즉 방에서 나오지 않는다.
The mother sometimes **shuts** her son **in** a room as a punishment.
그 엄마는 가끔 벌로서 아들을 방에 가둔다.

shut O in
The coal miners work down the mine, being **shut in** without enough air and water. (passive)
그 광부들은 그 탄광 아래에서 충분한 공기와 물이 없이 갇힌 상태에서 일한다.
While the owner was on vacation the two dogs were **shut in** on their own. (passive)
그 주인이 휴가 중일 때, 그 두 마리 개는 집안에 갇혀서 제 힘으로 살아갔다.

2.3 shut O into O
He **shut** the dog **into** the garage.
그는 그 개를 차고 그 속으로 가두어넣었다.

2.4 shut O off from O
After his wife died, he tried to **shut** himself **off from** outside the world.
그의 아내가 죽은 후, 그는 자신을 외부 세계로부터 격리시키려고 했다.
[off는 그와 외부세계와의 단절상태를 나타낸다.]
She seems to **shut** herself **off from** me.
그녀는 자신을 나에게서부터 격리시키는 것 같이 보인다.

shut O off
Kelly kept talking on and on, and finally we had to **shut** her **off**.
켈리는 계속해서 말을 해서, 우리는 결국 그녀의 말을 중단시켜야 했다.
[her는 환유적으로 그녀의 말을 가리킨다. off는 말의 중단을 가리킨다. 참조: cut off]
Because of demonstrations, parts of the city were **shut off** and traffic was diverted. (passive)
시위들 때문에, 그 시의 부분 부분이 차단되고 차들이 우회되었다.
The pilot had to **shut off** the right engine.
그 조종사는 그 오른쪽 엔진을 꺼야 했다.
[off는 전기나 휘발유를 차단시켜 꺼진 상태를 나타낸다. 참조: cut off, turn off]
The high mountain **shut off** the view as we look north from *Gangnam*.

그 높은 산이 우리가 강남에서 북쪽으로 볼 때 시야를 차단했다.

shut off
The plane's engine **shut off** immediately after take-off.
그 비행기의 엔진이 이륙 후 곧 전원이 끊어져 꺼졌다.

2.5 shut O out
The guard **shut** the late-comers **out**.
그 수위는 늦게 온 그 사람들이 들어오지 못하게 문을 닫았다.
[out은 들어오려는 사람들을 못 들어오게 하는 관계를 나타낸다.]
He **shut** me **out** by slamming the door in my face.
그는 내 면전에 그 문을 쾅 닫음으로써 나를 들어가지 못하게 했다.
Don't **shut** me **out** all the time. I want to help you.
나를 늘 너의 마음에 들어가지 못하게 하지 말아요. 나는 너를 돕고 싶다.
She put her hands on the ears and tried to **shut out** her mother's complaints.
그녀는 두 손을 귀에 대고 엄마의 불평들을 듣지 않으려고 했다.
[out은 불평이 귀에 들어오지 않게 막는 관계를 나타낸다.]
She lay on her stomach, and tried to **shut out** the world.
그녀는 배를 깔고 누워서 바깥세상이 들어오지 못하게 했다.
Daegu city **shut out** *Gwangju* city 3-0 in the first half on the game.
대구는 광주를 그 경기 전반전에 3-0으로 물리쳤다.
[out은 경기에서 물러나게 하는 결과를 그린다. 참조: beat out]

2.6 shut O up
Mr. Kim **shut up** his mobile phone store when some young men broke in.
김씨는 몇몇 젊은이들이 가게에 침입하자 그 전화기 가게를 폐쇄하였다.
[up은 가게가 완전히 닫히는 관계를 나타낸다.]
The police **shut up** the robber in prison.
경찰은 그 강도를 감옥에 감금시켰다.
[up은 강도가 잡혀 꼼짝 못하는 관계를 나타낸다. 참조: lock up]
I don't know how to **shut** him **up**. He just talks on and on.
나는 그의 입을 어떻게 닫게 할지 모르겠어. 그는 그저 계속 말을 해.
[him은 환유적으로 그의 입술을 가리키고, up은 입술이 닫히는 관계를 나타낸다. 참조: clam up, zip up, button up]

S

shut up

I can't stand the girl. She never **shuts up**.

나는 그 소녀를 견딜 수가 없다. 그녀는 입을 다물지 않는다.

He said '**shut up!**' to us.

그는 우리에게 '입 다물어!'라고 말했다.

2.7 shut O upon O

They **shut** the door **upon** me, and I couldn't get in.

그들은 내게 그 문을 닫았고, 나는 들어갈 수 없었다.

[upon의 목적어는 문에 닿거나 문이 닫힘으로써 내가 기분이 나쁜 관계를 나타낸다.]

SHY

1. 단동사

이 동사는 말 등이 놀라서 어떤 물체로부터 갑자기 물러나는 과정을 그린다.

2. 구동사

2.1 shy away from O

Don't **shy away from** the *challenge*.

겁을 먹고 그 도전에서 물러서지 마세요.

| danger | 위험 | controversy | 논쟁 |
| fight | 싸움 | | |

2.2 shy at O

My horse **shied at** the unfamiliar noise.

내 말이 그 익숙하지 않은 그 소리에 겁을 먹었다.

SIC

1. 단동사

이 동사는 개를 공격하게 하는 과정을 그린다.

> 타동사

Sic him!

그에게 덤벼라! 씩씩!

2. 구동사

2.1 sic O on O

Get away from me, or I will **sic** my dog **on** you.

내게서 떨어져 나가요. 안 그러면 내 개를 당신에게 덮치게 하겠소.

[참조: set on]

SICK

1. 단동사

이 동사는 먹은 것을 올리는 과정을 그린다.

2. 구동사

2.1 sick O up

The baby **sicked up** his food.

그 아이가 먹은 것을 토해 올렸다.

[up은 먹은 것이 올라오는 관계를 나타낸다. 참조: bring up, throw up, vomit up]

SICKEN

1. 단동사

이 동사는 병이 나거나 싫증이 나는 과정을 그린다.

> 자동사

The baby **sickened** and died before his first birthday.

그 아기는 병이 나서 첫 돌이 되기 전에 죽었다.

2. 구동사

2.1 sicken of O

The child soon **sickened of** the new game.

그 아이는 곧 그 게임이 싫어졌다.

SIDE

1. 단동사

이 동사는 싸움 논쟁 등에서 누군가의 편을 드는 과정을 그린다.

명사: 편, 측, 가장자리, 입장, 태도

2. 구동사

2.1 side with O

Why do you **side with** her against me?

너는 왜 그녀와 편이 되어 나를 반대하니?

In the dispute, a number of colleagues **sided with** me.

그 논쟁에서 나의 많은 동료들이 내 편을 들어주었다.

President Trump **sided with** Putin over his own intelligence agencies.

트럼프 대통령은 자신의 정보기관을 제쳐두고, 푸틴 편이 되었다.

SIDLE

1. 단동사

이 동사는 눈에 띄지 않게 살금살금 몰래 다가가는 과정을 그린다.

2. 구동사

2.1 sidle up to O

An old man with a cane in his hand **sidled up to** me and asked for money.

지팡이를 쥐고 있는 한 노인이 내게 쭈뼛쭈뼛 다가와서 돈을 달라고 했다.

[up은 노인이 나에게 다가오는 관계를 나타낸다.]

SIFT

1. 단동사

이 동사는 밀가루나 설탕 등을 체로 쳐서 굵은 것을 가려내는 과정을 그린다.

명사: 체

타동사

Sift the flour into a bowl.

그 밀가루를 쳐서 오목한 그릇에 담으세요.

We will **sift** every scrap of evidence.

우리는 증거의 모든 조각들을 면밀히 조사할 것이다.

2. 구동사

2.1 sift O out

There are a number of applicants, and we have to be very careful to **sift out** the serious ones.

지원자가 많아서 우리는 진지한 지원자를 가려내기 위해 주의를 기울여야 한다.

[out은 여럿 가운데 골라내는 관계를 나타낸다. 참조: pick out, select out]

2.2 sift through O

He is **sifting through** the files to find the document he needs.

그는 그가 필요한 서류를 찾기 위해서 그 서류들을 차례로 훑고 있다.

[through는 서류들을 차례로 훑어가는 관계를 나타낸다. 참조: comb through, go through]

SIGH

1. 단동사

이 동사는 지루하거나 실망하거나 피곤해서 한숨짓는 과정을 그린다.

자동사

"Oh well, better luck next time," he **sighed**.

"그래, 다음번에는 운이 더 좋겠지." 그가 한숨을 쉬며 말했다.

2. 구동사

2.1 sigh about O

He is **sighing about** his disease.

그는 그 병 때문에 한숨을 짓고 있다.

2.2 sigh at O

He **sighed** deeply **at** the thought.

그는 그 생각을 하며 깊은 한숨을 쉬었다.

2.3 sigh for O

He is **sighing for** Jennifer.

그는 제니퍼 때문에 한숨을 짓고 있다. 즉, 그리워한다.

[참조: long for, yearn for]

2.4 sigh into O

He **sighed into** the beer glass.

그는 그 맥주잔에 한숨을 내쉬었다.

SIGN

1. 단동사

이 동사는 서류 등에 서명하는 과정을 그린다.

타동사

He **signed** the contract.

그는 그 계약을 서명했다.

The football club **signed** three new players.

그 축구단은 세 명의 새 선수를 계약하고 뽑았다.

자동사

He knows how to **sign**.

그는 서명을 할 줄 안다.

2. 구동사

2.1 sign O away

The husband **signed away** his house, and now he regrets it.

그 남편은 (서류에) 서명을 해서 그 집을 주어버렸다. 그래서 그는 지금 후회하고 있다.

[away는 집이 주어에서 떠나는 관계를 나타낸다.]

2.2 sign for O

I have a parcel for you. Please **sign for** it here.

나는 당신의 소포를 가지고 있습니다. 그것을 받기 위해 여기에 서명해 주십시오.

2.3 sign in

All visitors have to **sign in** at the reception.

모든 방문객들은 접수대에서 사인을 하고 들어가야 합니다.

[참고: check in]

sign O in

S

I met him in front of a club, and he **signed** me **in**.
나는 그를 어떤 클럽 앞에서 만났는데, 그는 서명해서
나를 들여보냈다.
She **signed** the laptop **in**.
그녀는 그 노트북 컴퓨터가 들어온 것을 기록했다.

2.4 sign off
This is SBC radio **signing off**.
SBC 라디오 이제 방송을 끝냅니다.
I've been working for ten hours today and I'm **signing
off** now.
나는 오늘 10시간을 일을 해오고 있다. 나는 이제 끝내
려고 한다.
[off는 하던 일을 중단하는 관계를 나타낸다.]
He **signed off** in the summer months when seasonal
jobs are available.
그는 계절일자리가 있는 여름에는 (서류에) 사인을 해
서 (실업수당을) 끊는다.

sign off on O
I **signed off on** my manuscript before sending it to
the editor.
나는 내 원고를 그 편집자에게 보내기 전에 그것을 마쳤
다는 사인을 했다.
I refuse to **sign off on** *this project* until it is done
correctly.
나는 그 일이 바르게 되기 전까지는 그 기획사업이 끝났
음을 서명하지 않겠다. 즉, 결재하지 않겠다.

| the tax cut proposal | 세금축소방안 |
| the budget proposal | 예산안 |

sign O off
I have to **sign off** the book before I send it to the editor.
나는 그 논문을 그 편집자에게 보내기 전에 그 책에 사
인을 해서 완성했음을 표시해야 한다.
He **signed off** all the invoices.
그는 그 모든 송장들에 사인을 해서 승인을 했다.
The doctor **signed off** the patient for another month.
그 의사는 사인을 해서 그 환자가 한 달 더 쉬게 했다.
[off는 일에서 쉬는 관계를 나타낸다.]

2.5 sign on
He **signed on** as a volunteer worker.
그는 자원봉사자로 가입했다.
A lot of college graduates **sign on**.
많은 대학 졸업자들이 신청서류에 사인을 해서 실업수
당을 받는다.

sign O on
The coach **signed on** two new players.
그 코치는 두 명의 새 선수를 계약해서 팀에 받아들였다.
[on은 두 선수가 팀에 추가되는 관계를 나타낸다.]

2.6 sign onto O
Some Democrats **signed onto** the bill.
몇몇의 민주당원들이 그 법안에다 서명을 하여 지지했다.
The president refused to **sign onto** the Paris Accord.
그 대통령은 그 파리 협정에 서명하기를 거절했다.

2.7 sign out
He put on his coat and **signed out**.
그는 저고리를 입고, 사인을 하고 나갔다.
[참조: punch out]

sign O out
If you are in a hurry, go ahead. I will **sign** you **out**.
바쁘시면 가십시오. 제가 당신이 나갔다고 사인하겠습
니다.
All books must be **signed out** before you take them
out. (passive)
여러분이 그 책들을 가지고 나가기 전에, 그들은 사인을
받고 내보냅니다.

2.8 sign O over
The husband **signed over** the house and the car to his
ex-wife.
그 남편은 그 집과 자동차를 사인을 해서 전 부인에게
넘겼다.
[over는 재산이 한사람에게서 다른 사람으로 넘어가는 관계를 나
타낸다. 참조: hand over]

2.9 sign up
A lot of people **signed up** to go on a picnic.
많은 사람들이 소풍을 가려고 등록을 했다.
[up은 사인을 해서 이름이 명단에 올라가는 관계를 나타낸다.]

sign up for O
I **signed up for** a *classical guitar class* at the life
education center.
나는 그 평생 교육센터에 고전기타 수업을 받기 위해
등록을 했다.

| game | 게임 | healthcare class | 건강교실 |
| ticket | 표 | gym membership | 체육관 회원권 |

He **signed up for** early retirement.

그는 조기 은퇴 신청을 했다.

sigh O up for O
The mother **signed up** his son **for** swimming class.
그 엄마는 아들이 수영 수업을 받도록 등록했다.

sign O up
She is very keen to **sign** him **up**.
그녀는 그를 계약하려고 열심이다.
The company is keen to **sign** her **up** as a director.
그 회사는 그녀를 책임자로 채용하려고 열심이다.
They **signed up** the deal.
그들은 서명을 해서 거래를 성사시켰다.

sign up with O
He **signed up with** the company.
그는 그 회사와 계약했다.
Professor Lee is doing very well and he **signed up**
with the university to write a Korean history.
이 교수는 훌륭하게 연구하고 있어서 그 대학교와 계약
을 해서 한국 역사를 쓰고 있다.

2.10 sign with O
The girl group and its lead singer **signed with** *Arirang*
Record.
그 걸 그룹과 그 주 가수는 아리랑 레코드와 계약했다.

SILT

1. 단동사
이 동사는 강 등이 토사로 막히는 과정을 그린다.
명사: 토사

2. 구동사
2.1 silt up
Over the years, the small river **silted up**.
그 몇 해가 지나면서 그 작은 강은 토사로 막혀 버렸다.
[up은 흐름이 막힌 상태를 나타낸다.]
The old harbour **silted up** years ago.
그 옛 항구는 몇 년 전에 토사로 막혀버렸다.

SIMMER

1. 단동사
이 동사는 약하게 보글보글 끓고 있는 물에 음식을 조리하
는 과정을 그린다.
타동사
Simmer the sauce gently for 10 minutes.

그 소스를 10분 동안 은근히 끓이세요.
자동사
She was **simmering** with resentment.
그녀는 억울함으로 속이 부글부글 끓고 있었다.
[화는 끓는 물로 은유화 된다.]
The argument has been **simmering** for months.
이 논쟁은 여러 달 동안 뭉근히 끓어 오고 있다.

2. 구동사
2.1 simmer away
The stew in a big pot is **simmering away** the stove.
큰 냄비에 있는 스튜가 그 난로 위에서 계속 보글보글
끓고 있다.
[away는 계속을 나타낸다.]

2.2 simmer down
The water is **simmering down**.
그 물의 열이 천천히 식어가고 있다.
The argument is **simmering down**.
그 논쟁이 열이 식고 있다.
The hectic activity of the day is **simmering down**.
그날의 몹시 바쁜 활동들이 점점 식어가고 있다.
I hope you will **simmer down**.
나는 너의 화가 가라앉기를 바란다.

simmer O down
We **simmered down** the chili.
우리는 약한 불로 칠리를 졸여서 물이 줄어들게 했다.
Simmer the sauce **down** to a medium thickness.
그 소스를 약한 불에 끓여서 중간 정도로 걸쭉하게 하
세요.

SING

1. 단동사
이 동사는 노래를 부르는 과정을 그린다.
자동사
She usually **sings** in the shower.
그녀는 샤워 중에 보통 노래를 한다.
The birds were **singing** outside my window.
그 새들이 내 창문 밖에서 지저귀고 있었다.
Bullets **sang** past my ears.
총알들이 씽씽 소리를 내며 내 귓전을 스치고 지나갔다.
타동사
Will you **sing** a song for us?
우리에게 노래 한 곡 불러주겠습니까?
She **sang** the baby to sleep.
그녀는 노래를 불러 아기를 재웠다.

S

2. 구동사

2.1 sing along

He was playing the piano, and the children were singing along.

그는 피아노를 치고, 그 아이들은 그의 피아노를 따라 노래를 불렀다.

sing along to O

The children sing along to the song.

그 아이들은 그 노래를 따라 노래를 부르고 있다.

sing along with O

We sang along with the singer at the concert.

우리는 그 음악회에서 그 가수와 함께 노래를 불렀다.

2.2 sing from O

Sing from your stomach.

배로 노래를 불러라.

2.3 sing O out

We sang out the birthday song as he entered the room.

우리는 그가 그 방에 들어오자, 그 생일 축하 노래를 크게 불렀다.

[out은 소리가 크게 나는 관계를 나타낸다.]

He sang his heart out.

그는 심장이 빠져나갈 정도로 크게 노래를 불렀다.

He sang out the names of the prize winners.

그는 수상자들의 이름들을 크게 불렀다.

2.4 sing up

Hey, Johnny, don't be shy. Sing up.

조니야. 부끄러워하지 말고 소리를 높여 노래하여라.

[up은 소리가 높은 관계를 나타낸다. 참고: speak up]

Sing up. I can't hear you.

소리높여 노래하세요. 들리지가 않습니다.

SINGLE

1. 단동사

이 동사는 비슷한 무리 가운데에서 하나를 뽑아내는 과정을 그린다.

명사: 독신자, 편도 차표, 1인실

2. 구동사

2.1 single O out

We singled out the man who shot the young man.

우리는 그 청년을 쏜 사람을 그 가려내었다.

The pilot singled out the building and bombed it.

그 조종사는 그 건물을 가려내어 폭격을 했다.

The lions singled out young victims.

그 사자들은 어린 희생자들을 가려냈다.

single O out as

Police singled him out as a suspect.

경찰은 그를 용의자로 가려내었다.

[out은 여럿 가운데 가려내는 관계를 나타낸다.]

single O out for

We singled him out for criticism.

우리는 비판을 하기 위해서 그를 가려내었다.

SINK

1. 단동사

이 동사는 가라앉거나 가라앉히는 과정을 그린다.

자동사

The Titanic sank after hitting the iceberg.

타이타닉 호는 빙산을 들이받은 다음 가라앉았다.

The flood water sank after three days.

그 홍수물이 삼일 후에 낮아졌다.

2. 구동사

2.1 sink down

The sun sank down and darkness spread across the land.

해가 가라앉았고 어둠이 그 땅 위에 퍼져 나갔다.

2.2 sink into O

The water is sinking into the ground.

그 물이 땅속으로 스며들어가고 있다.

She sank into a deep sleep.

그녀는 깊은 잠에 빠졌다.

As years went by, she sank into a deep debt.

해들이 지나감에 따라, 그녀는 깊은 빚에 빠져들었다.

sink O into O

The workers are sinking piles into the ground.

그 노동자들은 말뚝 들을 그 땅속에 박아 넣고 있다.

2.3 sink in

When the flood waters sink in, the ground will become soft.

그 홍수물이 스며들면, 그 땅이 부드러워질 것이다.

The meaning of the poem finally sank in after I had thought about it.

그 시의 의미는 내가 그것에 대해서 생각을 한 다음에

마음 속에 들어왔다.

It still hasn't **sunk in** that I am not going to come back.
내가 돌아오지 않는다는 생각이 아직도 마음 속에 들어
가지 않았다.

The realities **sank in**.
그 현실들이 머릿속에 스며들어왔다. 즉, 이해가 되었다.

sink O in O

She **sank** a lot of money **in** the stock market.
그녀는 많은 돈을 그 주식에 쏟아 부었다.

SIP

1. 단동사
이 동사는 천천히 조금씩 마시는 과정을 그린다.
> 타동사

He slowly **sipped** his wine.
그는 그의 와인을 천천히 조금씩 마셨다.

2. 구동사
2.1 sip at O

The old man is **sipping at** his tea, reading the
newspaper.
그 노인은 차를 조금씩 마시면서 그 신문을 읽고 있었다.
[at은 차를 조금씩 마시는 관계를 나타낸다.]

2.2 sip on O

He is **sipping on** a cinnamon flavored coffee.
그는 계피향이 든 커피를 조금씩 천천히 오랫동안 마시
고 있다.

I think the project will **sip on** money away from the
public fund.
나는 그 기획사업이 돈을 그 공금에서 조금씩 점차적으
로 축낼 것이라 생각한다.

SIPHON

1. 단동사
이 동사는 사이펀을 이용하여 높은 곳에 있는 액체를 낮은
곳으로 뽑는 과정을 그린다.
명사: 사이펀 (액체 등을 용기에서 뽑아내는 도구)
> 타동사

I **siphoned** the gasoline out of the car into a can.
나는 사이펀을 이용하여 그 자동차의 휘발유를 깡통 속
으로 옮겼다.

2. 구동사
2.1 siphon O off O

He **siphoned** all the water **off** the fish tank.
그는 그 모든 물을 그 어항에서 뽑아내었다.

siphon O off

A huge amount of money have been **siphoned off** from
the company fund into off-shore banks. (passive)
어마어마한 액수의 돈이 그 회사 공금에서 해외 은행으
로 빼돌려 졌다.
[off는 회사 자금이 회사에서 떨어져 나오는 관계를 그린다.]

A gang of thieves **siphoned off** the gas from the pipe.
일당의 도둑이 그 가스를 그 파이프에서 뽑아갔다.

SIT

1. 단동사
이 동사는 앉거나 앉히는 과정을 그린다.
> 자동사

She **sat** and stared at the letter in front of her.
그녀는 앉아서 자기 앞에 놓인 그 편지를 한참 응시했다.
> 타동사

He lifted the child and **sat** her on the wall.
그는 그 아이를 들어 올려 그 담장 위에 앉혔다.
Candidates will **sit** the examination in June.
응시자들은 그 시험을 6월에 치를 것이다.

2. 구동사
2.1 sit across O

For the first time, the two leaders **sat across** the table
from each other.
처음으로, 두 지도자들은 책상을 가로 질러 마주 앉았다.

2.2 sit around O

The children **sat around** the *fire*.
그 아이들이 그 불 주위에 앉았다.

table 테이블	stove 난로

sit around

Nowadays, he just **sits around** and *does nothing*.
요즈음 그는 빈둥거리며 아무 일도 안 한다.
[around는 목적이 없는 상태를 나타낸다. 참조: lie around, stand
around]

watch TV	텔레비전을 본다
drink	술을 마신다
read	독서한다
wait for him to come	그가 오기를 기다린다

2.3 sit at O

He is **sitting at** a *table*.
그는 식탁에 앉아 있다.
[at은 주어가 목적어를 이용하는 관계에 있음을 나타낸다.]

desk 책상	computer 컴퓨터

2.4 sit back

We **sat back** in an armchair and *watched TV*.
우리는 몸을 안락의자에 (편안하게) 뒤로 제치고 앉아서 TV를 보았다.
[back은 뒤로 제친 편안한 자세를 가리킨다. 참조: lie back]

relaxed 휴식했다	waited for him 그를 기다렸다

2.5 sit by

We can't just **sit** idly **by**, and let the world get polluted.
우리는 곁에 앉아서 아무 일도 하지 않고 세계가 오염되게 내버려 둘 수 없다.
[by는 어떤 일이 일어나고 있는 곁을 가리킨다.]

2.6 sit down

He got onto the subway and **sat down**.
그는 그 지하철에 타고 앉았다.
[down은 서 있던 자세에서 앉은 자세로의 변화를 나타낸다.]

sit down with O

President Park **sat down with** President Obama.
박 대통령이 오바마 대통령과 (진지하게) 자리를 잡고 앉았다.

sit O down

Sit yourself **down** there for a minute.
잠깐 그 곳에 자신을 앉혀라. 즉, 앉아라.
The teacher **sat** us **down** and asked us some questions.
그 선생님은 우리를 앉히고 몇 가지 질문들을 했다.

2.7 sit for O

This morning I **sat for** a TOEFL test.
오늘 아침 토플 시험을 보기 위해 앉았다. 즉, 시험을 쳤다.

2.8 sit in

I would like to **sit in** today. I don't feel too well.
나는 몸이 몹시 안 좋아서 집에 있으려고 한다.
[in은 집안을 가리킨다. 참조: stay in]

sit in O

Some members of the labor union are **sitting in** at the construction site.
그 노동조합 회원 몇 명이 건설 현장에서 연좌 농성을 하고 있다.

sit in for O

He promised to **sit in for** me for the class.
그는 그 수업을 나대신 가겠다고 약속했다.
[in은 어떤 자리이고, for는 이 자리에 사람이 바뀌는 관계를 나타낸다. 참조: fill in for, stand in for, step in for]

sit in on O

She **sat in on** the important meeting.
그녀는 그 중요한 회의에 (꼭 참석할 필요는 없었으나 들어가서) 참석했다.

2.9 sit on O

He is **sitting on** a *bench*.
그는 벤치에 앉아있다.

couch 카우치	sofa 소파

He is **sitting on** the fence on the issue.
그는 그 쟁점에 대해 울타리에 앉아있다. 즉, 중립적인 입장을 취하고 있다.
He **sat on** his knees.
그는 그의 무릎을 대고 앉았다.
The village **sits on** a gold mine.
그 말은 금광 위에 자리잡고 있다.
The local government has been **sitting on** my application.
그 지방 정부는 내 신청을 깔고 앉아 있다. 즉, 처리를 하지 않고 있다.
He **sat on** the *committee*.
그는 그 위원회에 앉아있었다. 즉, 위원회의 위원이었다.

jury 배심원	panel 패널

2.10 sit O out

I **sat** the boring lecture **out**.
나는 그 지루한 강의가 끝날 때까지 앉았다. 즉, 앉아서 들었다.
[out은 강의가 끝나는 관계를 그린다. 참조: hear out]
We **sat** the night **out**.
우리는 앉아서 그 밤을 새웠다.
He decided to **sit** this election **out**.
그는 이번 선거는 참여하지 않고 보내기로 결정했다.

sit out

He used to **sit out** in the garden, and put up his feet.
그는 그 정원에 나가 앉아서 발을 올려놓곤 했다.

He is **sitting out** in the sun.
그는 햇볕을 받으며 밖에 나가 앉아있다.
I am going to **sit out** this dance.
나는 이 춤에 참여하지 않고 앉아 있을 예정이다.

2.11 sit over O

We **sat over** a glass of wine before dinner.
우리는 저녁을 먹기 전에 포도주 한 잔을 놓고 앉았다.

2.12 sit through O

I had to **sit through** tedious talks.
나는 지루한 회담들을 겪어야 했다.
we had to **sit through** a storm.
우리는 폭풍이 끝날 때까지 앉아있어야 했다.

2.13 sit up

He **sat up** in bed and turned on the light.
그는 침대에서 일어나 앉아 그 불을 켰다.
[up은 누운 자세에서 상체를 일으키는 관계를 나타낸다.]

Sometimes we **sat up** and watch movies all night.
때로 우리는 밤늦게까지 자지 않고 앉아서 영화를 보았다.
[up은 깨어있는 관계를 나타낸다. 참조: keep up, stay up]

The officers **sat up** at attention when the commander came in.
그 장교들은 지휘관이 들어오자 꼿꼿이 차렷 자세로 앉았다.

People are starting to **sit up** and to take notice of dangers of GMO foods.
사람들은 정신을 차리고 유전자변형식품들에 대한 위험들을 알아차리기 시작했다.
[up은 어디에 주의를 기울이는 관계를 나타낸다.]

This will make them **sit up** and listen.
이것이 그들로 하여금 정신을 차리고 듣게 할 것이다.
[참조: wake up]

2.14 sit with O

I had to **sit with** my baby sister last night.
나는 어젯밤 내 애기 여동생을 함께 앉아서 봐주어야 했다.
The president **sat** face to face **with** rebel leader.
그 대통령은 반군 주도자와 얼굴을 맞대고 앉았다.
What you just said doesn't really **sit right with** me.
네가 방금 말한 것을 나는 나와 같이 있을 수 없다. 즉, 받아들일 수 없다.
Your explanation of the accident does not **sit well with** the chairman.
그 사고에 대한 너의 설명을 그 의장께서 잘 받아들이지

않는다.

1. 단동사
이 동사는 사물이나 사람을 살펴보고 평가하는 과정을 그린다.
명사: 사람·사물의 크기, 치수
타동사

The screws are **sized** in millimeters. (passive)
그 나사못들은 밀리미터로 크기가 매겨져 있다.
The fonts can be **sized** according to what effect you want.
글자 크기는 당신이 원하는 효과에 따라 크기가 바뀔 수 있다.

2. 구동사
2.1 size O up

When I entered the room, she **sized** me **up**.
내가 그 방에 들어가자, 그녀가 나에 대한 판단이나 평가를 하기 위해서 훑어봤다.
The salesperson **sizes up** customers when they enter the shop.
그 판매원은 손님들이 가게에 들어오면 그들을 평가하기 위해서 살펴본다.
I am trying to **size up** the situation.
나는 그 상황을 완전히 알아보려고 하고 있다.
He came into the house and **sized up** the kitchen and dining room.
그는 집에 들어와서 부엌과 식당을 훑어보고 평가를 했다.
She has **sized up** what has happened.
그녀는 일어난 일을 평가했다.

SKATE

1. 단동사
이 동사는 스케이트를 타는 과정을 그린다.
명사: 스케이트
자동사

It was so cold that we were able to go **skating** on the lake.
날씨가 너무 추워서 우리는 그 호수로 스케이트를 타러 갈 수 있었다.

2. 구동사
2.1 skate around O

She **skated around** questions about her private life.

S

그녀는 그녀의 사생활에 대한 질문들을 둘러서 갔다. 즉, 피했다.
[around는 질문을 돌리는 관계를 나타낸다.]

2.2 skate over O
He skated over questions about his military service.
그는 그의 군복무에 대한 질문들을 건너뛰었다. 즉, 회피했다.
The president skated over the building of the wall.
그 대통령은 그 벽을 짓는 문제를 건너뛰었다. 즉, 피했다.

SKETCH

1. 단동사
이 동사는 개략적으로 만드는 과정을 그린다.
명사: 스케치, 개요, 요약문
타동사
He quickly sketched the view from the window.
그는 그 창문에서 보이는 그 광경을 재빨리 스케치했다.

2. 구동사
2.1 sketch O in
He sketched in a few trees in the background.
그는 그 배경에 몇 그루의 나무를 개략적으로 그려 넣었다.
[in은 나무가 배경에 들어가는 관계를 나타낸다.]

2.2 sketch O into O
The chairman sketched his ideas about reform into his speech.
그 회장은 그의 개각에 대한 그의 생각들을 그의 연설에 개략적으로 그려 넣었다.

2.3 sketch O out
He sketched out a plan of lectures.
그는 강의들의 계획을 개략적으로 만들어 내었다.
[out은 계획이 생겨나는 관계를 그린다.]
Ralph sketched out a map to the wedding for his friends.
랄프는 그의 친구들이 그 결혼식에 찾아올 수 있도록 지도를 개략적으로 그려 내었다.
She sketched out her plan for tackling the problem.
그녀는 그 문제와 씨름하기 위한 그녀의 계획의 개요를 만들었다.

SKID

1. 단동사

이 동사는 차량 등이 옆으로 통제할 수 없이 미끄러지는 과정을 그린다.
명사: 차량의 미끄러짐
자동사
The car skidded on the ice and went straight into the wall.
그 승용차는 그 빙판길에서 미끄러져 바로 그 담을 들이받았다.

2. 구동사
2.1 skid across O
The taxi skidded across the pavement and ran into a tree.
그 택시가 그 보도를 가로질러 미끄러져서 그 나무를 들이받았다.

2.2 skid into O
The bike skidded into a stroller.
그 자전거는 미끄러져 유모차를 들이받았다.

2.3 skid off O
The plane skidded 200m off the runway.
그 비행기가 그 활주로를 200m 미끄러져 벗어났다.

SKILL

1. 단동사
이 동사는 기술을 향상시키는 과정을 그린다.
명사: 기량, 기술

2. 구동사
2.1 skill up
In order to get the job, you have to skill up.
그 일자리를 얻기 위해서는 너의 기술이나 실력을 향상시켜야 한다.
[up은 수, 양, 정도 등이 높아지는 관계를 나타낸다. 참조: shape up, sharpen up, train up]

SKIM 1

1. 단동사
이 동사는 지방, 거품 등을 액체에서 걷어내는 과정을 그린다.
타동사
Skim the jam and let it cool.
그 잼에서 거품을 걸어 내고 식게 놔 두세요.

2. 구동사

2.1 skim O off

Reduce the heat and cook for an hour, **skimming off** the foam that rises to the top of the soup.

열을 줄이고 한 시간 동안 끓이면서 그 국 위로 올라오는 그 거품을 걷어 내세요.

[off는 거품이 전체에서 떨어져 나오는 관계를 나타낸다.]

The clerk **skimmed off** a portion of the profits for himself.

그 점원은 그 이익들의 일부를 떼어서 착복했다.

[off는 일부가 전체에서 떨어지는 관계를 그린다.]

Skim off the excess fat from the pan before adding the other ingredients.

다른 재료들을 넣기 전에 여분의 기름은 그 팬에서 걷어 내세요.

skim O off O

The public official is accused of **skimming** money **off** the public fund.

그 관리는 돈을 그 공금에서 떼어 쓴 혐의를 받고 있다.

SKIM ²

1. 단동사

이 동사는 지면을 스치는 듯이 빨리 지나가거나 지나가게 하는 과정을 그린다.

타동사

Small boys were **skimming** stones across the water.

작은 소년들이 그 물을 가로 질러 돌들을 던져 물수제비 뜨기를 하고 있었다.

자동사

We watched the birds **skimming** over the lake.

우리는 그 새들이 그 호수 위를 스치듯 날아가는 것을 지켜보았다.

2. 구동사

2.1 skim over O

The boat **skimmed over** the waves like a bird.

그 배는 새 같이 파도들 위를 미끄러져 나갔다.

Would you mind **skimming over** the paper before I print it out?

내가 그 논문을 찍어내기 전에 한번 전체를 훑어봐 주시 겠습니까?

[over는 주어의 시선이 논문 전체에 가는 관계를 그린다. 참조: look over]

2.2 skim through O

Before going to Korea, he went to the library and **skimmed through** a few books about Korea.

한국에 가기 전에 그는 그 도서관에 가서 한국에 관한 책을 몇 권 죽죽 훑어보았다.

I will **skim through** your manuscript.

나는 너의 원고를 대충 죽 훑어보겠다.

SKIMP

1. 단동사

이 동사는 시간이나 돈을 지나치게 아끼는 과정을 그린다.

2. 구동사

2.1 skimp on O

Older people should not **skimp on** food or heating.

노인들은 식품과 난방에 너무 인색해서는 안 된다.

SKIN

1. 단동사

이 동사는 껍질을 벗기거나 얇은 종이에 담배를 넣어 마는 과정을 그린다.

명사: 피부, 허물, 거죽

타동사

Skin the tomatoes before cooking.

조리하기 전에 그 토마토들의 껍질을 벗기세요.

He **skinned** his knees climbing up the trees.

그는 그 나무들을 기어오르다가 무릎이 까졌다.

2. 구동사

2.1 skin up

Three teenagers were caught **skinning up** in the street.

세 명의 십대 소년들이 거리에서 마약을 말다가 붙잡혔다.

[up은 펴진 종이가 말려서 둥글게 되는 관계를 나타낸다.]

When John started to **skin up**, Fred decided it was time to leave.

존이 마약 담배를 말기 시작하자, 프레드는 그 장소를 떠날 시간이라고 결정했다.

SKIP

1. 단동사

이 동사는 빠른 걸음으로 혹은 깡충깡충 뛰어서 넘어가는 과정을 그린다.

자동사

The girls were **skipping** in the playground.

그 여자애들은 그 운동장에서 줄넘기를 하고 있었다.

She kept **skipping** from one topic of conversation to another.

그녀는 한 대화 주제에서 다른 주제로 바꾸었다.

타동사

I often **skip** breakfast altogether.
나는 자주 아침을 완전히 거른다.

The bombers **skipped** the country shortly after the blast.
그 폭파범들은 그 폭파 사건이 있은 직후에 그 나라를 몰래 빠져나갔다.

2. 구동사

2.1 skip along

She **skipped** happily **along** beside me.
그녀는 기분이 좋아서 깡충거리며 내 옆에서 따라왔다.

2.2 skip off

He **skipped off** for a vacation in Hawaii.
그는 무책임하게 하와이로 휴가를 떠나버렸다.
[off는 화/청자가 다 아는 장소를 떠나는 관계를 그린다. 참조: dash off, run off, take off]

skip off with O

Someone just **skipped off with** my digital camera.
누가 내 디지털 카메라를 갖고 도망쳤다.
[참조: run away off with, go off with, walk off with]

The man **skipped off with** a smart phone.
그 남자는 스마트폰을 가지고 도망을 갔다.

2.3 skip out of O

James **skipped out of** town.
제임스는 읍내를 빨리 도망쳐나갔다.

The two lovers **skipped out of** town in the middle of the night.
그 두 연인은 한밤중에 읍내를 도망쳐 나갔다.

skip out on O

When I was young, dad **skipped out on** us.
내가 어렸을 때, 아버지는 우리를 버리고 집을 나갔다.
[out은 가정을 벗어나는 관계로, on의 목적어는 영향을 받는 사람이다. 참조: walk out on]

He **skipped out on** *his wife*.
그는 아내를 버려두고 집을 나갔다.

the hotel bill 호텔요금	the check 수표

skip out with O

He **skipped out with** paying the utility bills.
그는 그 공공요금을 지불하지 않았다.

2.4 skip over O

He **skipped over** important facts.
그는 중요한 사실들을 뛰어넘었다. 즉, 간과했다.

He **skipped over** minor details.
그는 사소한 세부사항들을 뛰어넘었다.

The North Korean leader **skipped over** the borderstone.
그 북한 지도자가 그 경계석을 가볍게 뛰어 넘어 왔다.

skip over to O

Let's **skip over to** *page 50*.
50 페이지로 건너뜁시다.

chapter 제3장	lesson 5 제5과

2.5 skip through O

I **skipped through** the magazine.
나는 그 잡지를 대충대충 훑어봤다.
[참조: flip through]

1. 단동사

이 동사는 돌아가는 과정을 그린다.
명사: 치마, 덮개

타동사

They followed the road that **skirted** the lake.
그들은 그 호숫가를 둘러있는 그 도로를 따라갔다.

He carefully **skirted** the issue of where they would live.
그는 그들이 살 곳에 대한 문제는 조심스럽게 언급을 피했다.

2. 구동사

2.1 skirt around O

She **skirted around** questions about her relationship with her husband.
그녀는 남편과의 관계에 대한 질문들을 회피했다.
[around는 질문을 돌아가는, 즉 회피하는 관계를 그린다.]

He **skirted around** the labor law.
그는 노동법을 피해 갔다.

SKIVE

1. 단동사

이 동사는 학교, 직장 등에서 몰래 빠져나가는 과정을 그린다.

2. 구동사

2.1 skive off

The two boys **skived off** (school) and played video games.

그 두 소년은 수업을 빼먹고 비디오 게임을 했다.

[off는 학교 등을 벗어나는 관계를 그린다.]

She always **skives off** early on Fridays.

그녀는 금요일이면 늘 일찍 빠져나간다.

SKOOCH

1. 단동사

이 동사는 엉덩이를 대고 움직이는 과정을 그린다.

자동사

My dog cleans herself by **skooching** across the grass.

내 개는 그 잔디밭을 엉덩이로 쓸고 다니며 몸을 닦는다.

2. 구동사

2.1 skooch over

Please **skooch over**, so that I can see him.

내가 그를 볼 수 있게 옆으로 엉덩이를 끌고 조금 움직여 주세요.

[over는 한 쪽에서 다른 쪽으로 넘어가는 관계를 그린다. 참조: move over]

2.2 skooch up

Please **skooch up** a little, so that we can all squeeze in.

우리 모두가 비집고 들어갈 수 있도록, 조금 거리를 좁혀 주세요.

[up은 간격이 좁아지는 관계를 나타낸다. 참조: close up]

I hate this T-shirt: it always **skooches up**.

나는 이 티셔츠가 안 좋다. 이것이 자꾸만 올라간다.

[참조: turn up]

SLACK

1. 단동사

이 동사는 느슨해지거나 느슨하게 하는 과정을 그린다.

2. 구동사

2.1 slack off

Finally the rains **slacked off**, and we could go outside and walk around.

마침내 그 비들이 약해져서 우리는 밖에 나가 돌아다닐 수 있었다.

[off는 비의 강도가 약해지는 관계를 나타낸다. 참조: full of]

He has been **slacking off** too much.

그는 너무 많이 게으름을 피워 오고 있다.

[off는 부지런함에서 떨어지는 관계를 나타낸다.]

2.2 slack up

Slack up on the rope a bit.

그 밧줄을 조금 늦추세요.

SLACKEN

1. 단동사

이 동사는 점차적으로 느려지거나, 약해지거나, 덜 활동적이게 되는 과정을 그린다.

자동사

His grip **slackened** and she pulled away from him.

잡고 있는 그의 손이 느슨해져서 그녀는 그에게서 떨어져 나갔다.

2. 구동사

2.1 slacken off

The heavy storm began to **slacken off**.

그 강한 폭풍이 약해지기 시작했다.

[off는 강도가 떨어지는 관계를 나타낸다. 참조: full off]

We've been really busy, but things are starting to **slacken off** now.

우리가 지금까지 정말 바빴는데 이제는 상황이 조금 여유로워지기 시작하고 있다.

SLAG

1. 단동사

이 동사는 상대가 없을 때 그를 헐뜯는 과정을 그린다.

2. 구동사

2.1 slag O off

He likes to **slag off** his friend.

그는 그의 친구를 뒤에서 씹기를 좋아한다.

[참조: tell off]

I hate the way he's always **slagging off** his colleagues.

나는 그가 늘 자기 동료들을 씹는 게 싫어.

SLAM

1. 단동사

이 동사는 무엇을 세차게 내려놓는 과정을 그린다.

타동사

He **slammed** his hand on the table.

그는 그의 손을 그 탁자에 세차게 내리쳤다.

2. 구동사

2.1 slam O against O

He **slammed** his head **against** the wall.
그는 그의 머리를 그 벽에 세차게 박았다.

2.2 slam O down

He **slammed down** the phone and shouted at me.
그는 화가 나서 그 전화기를 확 세차게 내려놓고 나에게
고함을 질렀다.
[down은 위에서 아래로의 이동을 나타낸다.]
I **slammed** my hand **down** on the table.
나는 내 손을 그 탁자에 세게 내리쳤다.
The wrestler **slammed** his opponent **down** hard.
그 레슬링 선수는 그의 상대를 세차게 내리쳤다.

slam down on O

He **slammed down on** the brake.
그는 브레이크를 세게 내리 밟았다.
[참고: step on]

2.3 slam into O

The Honda's brakes failed and it **slammed into** a
telephone post.
그 혼다자동차의 제동기들이 고장이 나서 그 전봇대를
세차게 들이박았다.
[참조: run into, crash into]

store 상점	wall 벽

All 227 passengers died instantly when the jumbo jet
slammed into the Atlantic Ocean.
227명의 승객 모두가 그 점보제트기가 대서양에 추락
해 들어가자, 곧 죽었다.
The race-car out of control **slammed into** the fence.
통제를 벗어난 그 경기용 차는 그 울타리를 들이받았다.

2.4 slam on O

The driver **slammed on** the brake, but it was too late.
그 운전수는 제동기를 꽉 밟았으나, 너무 늦었다.
[참조: step on]

SLAP

1. 단동사

이 동사는 손바닥이나 펼쳐진 물건으로 철썩 때리는 과정
을 그린다.

타동사

She **slapped** his face hard.
그녀가 그의 뺨을 세게 철썩 때렸다.

2. 구동사

2.1 slap O around

When he got drunk, he **slapped** his wife **around**.
그는 술에 취하면, 그의 아내를 이리저리 마구 때렸다.
[around는 아내의 이곳저곳을 가리킨다. 참조: beat around, hit
around]

2.2 slap O down

He **slapped** the book **down** in great anger.
그는 매우 화가 나서 책을 세게 내려놓았다.
He became very angry and **slapped** the boy **down**.
그는 몹시 화가 나서, 그 소년을 쳐서 넘어지게 했다.
[참조: knock down]
The teacher **slapped down** any student who was bold
enough to ask him.
그 선생님은 그에게 질문을 할 만큼 대담한 어느 학생이
든 꾸짖어서 그의 기를 꺾었다.
[student는 환유적으로 그의 기를 가리키고, down은 이 기를 꺾는
관계를 나타낸다.]
I had a great idea, but the boss **slapped** me **down**.
나는 좋은 생각이 있었지만, 상사가 내 아이디어를 비난
했다.
[me는 환유적으로 내가 갖는 생각을 가리키고, down은 생각을
받아들이지 않는 관계를 나타낸다. 참조: turn down]
The congress **slapped down** the president's
emergency declaration.
그 의회가 대통령의 비상 선포를 무효화했다.
[참조: strike down]

2.3 slap O on

He **slapped on** his shirt and rushed out in a hurry.
그는 그의 셔츠를 훌쩍 걸쳐 입고 바쁘게 달려 나갔다.
[on은 셔츠가 몸에 닿는 관계를 나타낸다. 참조: put on, throw
on]

slap O on O

He **slapped** his friend **on** the back.
그는 그 친구의 등을 찰싹 때렸다.
[his friend는 전체이고, on의 목적어는 접촉되는 부분이다.]
About 20 years ago, the government **slapped** heavy
taxes **on** luxury goods.
약 20년 전만 해도 정부는 무거운 세금들을 사치품들에
때렸다.
The US president **slapped** stiff tarrifs **on** imported
steels and aluminum.
그 미국 대통령은 높은 관세들을 수입 철강들과 알루미
늄에 때렸다.
US government **slapped** economic sanctions **on**

Russia.
미국 정부는 경제 제재들을 소련에 부가했다.

2.4 slap O together
The job is carelessly done. Someone just **slapped** it **together**.
그 일은 제대로 되지 않았다. 누군가가 그 일을 급하게 아무렇게나 만들었다.
[together는 부분이 모여서 전체가 되는 관계를 나타낸다. 참조: cobble together, put together]
The motel was **slapped together** quickly and it is poorly constructed.
그 모텔은 급하게 짜 맞춰져서 허술하게 지어졌다.

SLASH

1. 단동사
이 동사는 날카로운 도구로 긋거나 베는 과정을 나타낸다.
타동사
Someone **slashed** the tires on my car.
누군가가 내 차 타이어들을 그어 놓았다.

2. 구동사
2.1 slash at O
The robber tried to **slash at** the clerk with a sharp knife.
그 강도는 날카로운 칼로 그 점원을 해치려고 했다.

2.2 slash out at O
A young man **slashed out at** the people on the street.
어느 젊은이가 그 길에 있는 사람들을 팔을 휘둘러서 사람을 다치게 하려고 했다.
[out은 손을 휘두르는 관계를, at은 공격의 의미를 나타낸다. 참조: hit out, lash out, punch out, strike out]

2.3 slash through O
He **slashed through** the thick skin.
그는 그 두꺼운 가죽을 칼로 주욱 베어 들었다.

SLATE

1. 단동사
이 동사는 어떤 시점에 어떤 일이 일어나거나 일이 계획되는 과정을 나타낸다.
명사: 석판

2. 구동사
2.1 slate O for O

The regular meeting is **slated for** 10 a.m. tomorrow. (passive)
그 정규모임이 내일 오전 열시로 예정되어 있다.
The houses were first **slated for** demolition five years ago. (passive)
그 주택들은 5년 전에 처음 철거 계획이 세워졌었다.
I was told that I was being **slated for** promotion. (passive)
나는 (내가) 승진 추천 명단에 올라있다는 말을 들었다.

SLAVE

1. 단동사
이 동사는 쉬지도 않고 열심히 일하는 과정을 그린다.
명사: 노예

2. 구동사
2.1 slave away
While you have been out in the park, I have been **slaving away** at home.
네가 그 공원에 나가 있는 동안 나는 집에서 노예같이 열심히 일해오고 있다.
[away는 일을 계속적으로 또는 반복적으로 하는 관계를 나타낸다.]
I have been **slaving away** all day trying to get this work finished.
나는 이 일을 끝마치려고 하루 종일 노예처럼 일하는 중이다.

SLED

1. 단동사
이 동사는 썰매를 타고 움직이는 과정을 그린다.
명사: 썰매

2. 구동사
2.1 sled down O
He **sled down** the hill.
그는 썰매를 타고 그 언덕을 내려왔다.

2.2 sled over O
He **sled over** the soft snow.
그는 썰매를 타고 그 보드라운 눈 위를 지나갔다.

SLEEP

1. 단동사
이 동사는 잠을 자는 과정을 그린다.
명사: 잠

S

자동사

We need to **sleep** at least 6 hours a day.
우리는 하루에 적어도 6시간을 잠자야 한다.

2. 구동사

2.1 sleep about
When he was young, he used to **sleep about**.
그가 젊었을 때, 그는 이 여자 저 여자와 잤다.
[about은 이곳저곳의 뜻인데, 여기서는 이 여자, 저 여자의 뜻이다.]

2.2 sleep O away
She can **sleep away** a whole day.
그녀는 온종일 잠자며 보낼 수 있다.
[away는 하루종일이 점점 줄어드는 관계를 나타낸다.]
He is **sleeping away** his troubles.
그는 그의 걱정을 잠을 자서 없애려고 한다.

2.3 sleep in
On Sundays, she likes to **sleep in**.
일요일에 그녀는 (일어나지 않고) 잠자리에 있기를 좋아한다. 즉, 늦잠을 좋아한다.

2.4 sleep O off
He drank heavily last night, and he is trying to **sleep off** his *hangover*.
그는 어제 저녁 술을 많이 마시고, 계속 잠을 자서 그 숙취를 떨치려 하고 있다.
[off는 숙취가 그에게서 떨어지는 관계를 나타낸다.]

sorrow 슬픔	fatigue 피로

2.5 sleep on O
Mary **slept on** the floor.
메리는 그 마룻바닥에서 잤다.
He **slept on** his empty stomach.
그는 그의 빈 배를 깔고 잤다.
Before jumping into action, let's **sleep on** it.
행동에 뛰어 들기 전에, 우리는 그 문제를 가지고 하룻밤 잡시다. 즉, 하룻밤 생각을 해봅시다.
He is **sleeping on** the decision.
그는 그 결정을 하룻밤 자면서 생각했다.

2.6 sleep out
Can I **sleep out** tonight?
내가 오늘 밤 밖에 나가서 자도 됩니까?
He **slept out** in the open.
그는 밖에 나가 잤다.

sleep O out
The bear **sleeps out** the winter.
곰은 자면서 겨울을 보낸다.
[out은 겨울이 지나가는 관계를 나타낸다.]

2.7 sleep over
It is getting dark, and you'd better **sleep over**.
날이 저물고 있으니, 여기서 하룻밤 주무세요.
[over는 자신의 집이 아닌 다른 집에서 자는 관계를 나타낸다.]

2.8 sleep through O
This morning, I **slept through** the alarms.
오늘 아침 나는 알람 소리를 들으면서 잤다. 즉, 알람이 울리는 것을 모르고 잤다.
[through는 알람이 울리는 시작부터 끝까지의 뜻이다.]
A: Turn down the radio. He's sleeping.
B: Don't worry, he can **sleep through** anything.
A: 그 라디오 소리를 줄이세요. 그가 자고 있어요.
B: 걱정 마세요. 그는 무슨 소리를 들어도 자요.
Bears **sleep through** the winter.
곰들은 겨우내 잔다.

2.9 sleep with O
The boy **sleeps with** his brother.
그 소년은 그의 남동생과 잔다.

SLICE

1. 단동사
이 동사는 빵, 고기 등을 얇게 자르는 과정을 그린다.
명사: 조각

타동사

Slice the cucumber thinly.
그 오이를 얇게 썰으세요.

2. 구동사

2.1 slice O away
She is **slicing away** the bread.
그녀는 그 빵을 조금씩 잘라내고 있다.
[away는 조금씩 잘라내어 빵 전체가 줄어드는 관계를 나타낸다.]

2.2 slice O off O
By using cheap labor, the company **sliced** a lot of money **off** the cost of production.
그 회사는 값싼 노동력을 써서 많은 돈을 생산비에서 깎아낼 수 있었다. 즉, 절약할 수 있었다.

slice O off

Slice **off** the bottom of each carrot.
각 홍당무의 밑동을 잘라버리세요.
[off는 밑동이 홍당무 전체에서 떨어져 나오는 관계를 그린다.]

2.3 slice through O
He **sliced through** the meat.
그는 그 고기를 갈랐다. 즉, 칼이 고기 전체를 지나갔다.
He accidentally **sliced through** his finger.
그는 잘못해서 (칼등에) 손가락을 베어 들어갔다.

2.4 slice O up
Slice up the carrots and put them into the stew.
그 홍당무를 얇게 썰어서 그 스튜에 넣으세요.

SLICK

1. 단동사
이 동사는 머리나 털을 물이나 기름을 발라 반지르르하게
만드는 과정을 그린다.

2. 구동사
2.1 slick O back
Her black hair was **slicked back** into a pony tail.
(passive)
그녀의 검은 머리는 뒤로 넘겨서 하나로 묶어 포니테일
을 만들었다.

2.2 slick O down
Please **slick down** your hair. It's a mess.
머리를 (기름이나 물을 발라) 빗어 내리세요. 많이 헝클
어져 있습니다.

2.3 slick O up
I have to **slick up** my room.
나는 내 방을 잘 정돈해야 한다.
I **slicked up** my hair for photo.
나는 사진을 찍기 위해서 내 머리를 젤을 발라 곤두세
웠다.

SLIDE

1. 단동사
이 동사는 표면을 미끄러지듯 지나가거나 지나가게 하는
과정을 그린다.

자동사
The children were **sliding** on the ice.
그 아이들은 그 얼음 위에 미끄럼을 타고 있었다.

타동사
He **slid** the cup across the table.
그는 그 잔을 그 탁자를 가로질러 밀었다.

2. 구동사
2.1 slide along O
The sled **slid along** the sloping hill.
그 썰매는 그 경사진 언덕을 따라 미끄러져 내려갔다.

2.2 slide around
Many cars **slid around** on the icy road.
많은 차들이 그 얼음판 길에서 미끄러져 돌았다.

slide O around
Please **slide** the fridge **around**.
그 냉장고를 밀어서 돌리세요.

2.3 slide by
Don't just **slide by**. Put in some effort.
그저 편하게 지내지 말고 노력 좀 해라.

2.4 slide down
He **slid down** from the top of the hill.
그는 그 언덕 위에서 미끄러져 내려 왔다.

slide down O
The cat **slid down** the pole.
그 고양이가 그 장대를 타고 미끄러져 내려왔다.
We **slid down** the grassy slope.
우리는 풀이 우거진 그 비탈을 미끄러져 내려갔다.

slide O down
He **slid down** the *lid*.
그는 그 뚜껑을 아래로 밀어서 닫았다.

blind 차양	window 창

2.5 slide into O
On the icy road, a taxi **slid into** the side of a truck.
그 얼음 덮인 길에서 택시 한 대가 어느 트럭의 옆구리
를 미끄러져 들이 박았다.
He **slid into** bed.
그는 미끄러지듯 침대 안으로 들어갔다.
A pagoda **slid into** a river.
탑 하나가 강 속으로 미끄러지듯 들어갔다.
The industry has **slid into** decline.
그 산업은 사양길로 접어들었다.
China's economy is **sliding into** recession.
중국 경제가 경기 침체로 미끄러져 내려가고 있다.

S

2.6 slide off O

The train **slid off** the rails because of the heavy snow.
그 기차는 그 폭설로 선로를 벗어났다.

2.7 slide out of O

He **slid out of** his car.
그는 자신의 차에서 미끄러져 나왔다.

slide O out of O

He **slid** his sword **out of** the sheath.
그는 그의 칼을 그 칼집에서 미끄러지듯 빼냈다.

2.8 slide over O

His car almost **slid over** the edge of the dock.
그의 차는 그 부두의 가장자리 너머로 미끄러질 뻔 했다.
[over는 차가 부두의 모서리를 넘어 떨어지는 관계를 나타낸다.
참조: run over]

2.9 slide O through O

He tried to **slide** the big box **through** a small doggy door.
그는 그 큰 상자를 작은 개 문으로 밀어서 통과시키려고
했다.

SLIM

1. 단동사

이 동사는 적게 먹고 운동을 많이 해서 살을 빼는 과정을
그린다.
형용사: 날씬한, 호리호리한; 빈약한

You can still eat breakfast when you are **slimming**.
네가 살을 빼려고 할 때라도 아침은 먹을 수 있다.
You don't have much lunch. Are you **slimming**?
너 점심을 많이 안 먹는데, 살을 빼고 있니?

2. 구동사

2.1 slim down

After two months on the diet, he **slimmed down** to
60kg.
2개월 그 다이어트를 한 후에 그는 60kg까지 날씬해지
게 되었다.
[down은 수, 양, 정도가 줄어드는 관계 나타낸다. 참조: trim
down]

The company has been **slimming down** to improve
efficiency.
그 회사는 효율을 증가시키기 위해서 인원을 감축해오
고 있다.

slim O down

The restaurant **slimmed down** the menu.
그 레스토랑은 그 메뉴 수를 줄였다.
People want to **slim down** the legislature.
사람들은 입법부를 줄이고 싶어 한다.

SLING

1. 단동사

이 동사는 되는 대로, 아무렇게나 세차게 던지는 과정을
그린다.
타동사

Don't just **sling** your clothes on the floor.
너의 옷들을 바닥에 그냥 내던져 놓지 마.
We **slung** a hammock between two trees.
우리는 두 나무 사이에 해먹을 매달았다.
They were **slung** out of the club for fighting. (passive)
그들은 싸워서 그 클럽에서 쫓겨났다.

2. 구동사

2.1 sling O at O

The child **slung** a handful of sand **at** his brother.
그 아이는 모래 한 주먹을 그의 동생에게 던졌다.

2.2 sling O out

Sling all the trash **out**.
그 모든 쓸 데 없는 물건들을 내던져 버려라.
[참조: cast out, throw out, toss out]

SLINK

1. 단동사

이 동사는 두렵거나 수치스러워서 살금살금 몰래 움직이
는 과정을 그린다.

2. 구동사

2.1 slink around

The cat **slunk around**, waiting for a chance to attack
the mouse.
그 고양이는 그 쥐를 공격할 기회를 기다리면서 슬금슬
금 이리저리 다녔다.

2.2 slink away from O

The fox **slunk away from** the hen house.
그 여우는 그 닭장에서 몰래 도망갔다.

2.3 slink into O

The cat **slunk into** the hole.
그 고양이가 그 구멍으로 살금살금 들어갔다.

2.4 slink off

He was embarrassed and **slunk off**.
그는 수치스러워서 슬쩍 그 자리를 떴다.

2.5 slink out

The fox **slunk out** of the den.
그 여우가 그 굴에서 살금살금 나왔다.

SLIP

1. 단동사

이 동사는 실수로 미끄러져 떨어져 짧은 거리를 가는 과
정을 그린다.

자동사

The plates **slipped** from his hand.
그 접시들이 그의 손에서 미끄러져 나갔다.
He **slipped** on the ice.
그는 그 빙판에서 미끄러졌다.
My memory **slipped**.
내 기억이 (머리에서) 빠져나갔다. 즉, 잊어버렸다.
I **slipped** when I did the math problem.
나는 그 수학문제를 풀 때 실수를 했다.

타동사

He **slipped** the belt through the hole.
그는 그 벨트를 그 구멍 속으로 빠뜨려 넣었다.
His name **slipped** my mind.
그의 이름이 내 마음에 스쳐 지나갔다. 즉, 잊어버렸다.

2. 구동사

2.1 slip away

The criminal **slipped away** from police.
그 범인은 경찰로부터 슬쩍 빠져나갔다.
The child **slipped away** from his brother and wandered off.
그 아이는 형에게서 살짝 벗어나서 그 자리를 떠나 이곳
저곳을 헤맸다.
As the game went on, I can feel that the championship was **slipping away** from us.
그 게임이 진행되면서 나는 그 선수권이 우리에게서 빠
져나가고 있음을 느낄 수 있었다.
Grandpa lay on his hospital bed and **slipped away**.
할아버지는 병실 침대에 누워서 조용히 (세상을) 뜨셨다.
[away는 세상에서 떠나는 관계를 나타낸다. 참조: pass away]

2.2 slip O back

Jenny **slipped** the gearshift lever **back** and away they went.
제니는 그 기어를 슬쩍 뒤로 젖히고 획 떠나갔다.

The thief **slipped back** my book.
그 도둑이 내 책을 슬쩍 가져다 놓았다.

slip back

Exports **slipped back**.
수출들이 갑자기 줄었다.

2.3 slip by

The hours **slipped by** so quickly that I'd forgotten about my lunch.
그 시간들이 너무 빨리 지나갔기 때문에 나는 점심에
대한 생각을 잊고 있었다.
While he was in prison, the years of youth **slipped by**.
그가 교도소에 있는 동안 그의 청년기의 해들이 훌쩍
지나가 버렸다.
[by는 시간이 he의 곁을 지나가는 관계를 나타낸다.]
Here's a chance to make some money. So don't let it **slip by**.
여기 돈을 벌 기회가 있다. 그러니 그 기회가 빠져나가
버리도록 내버려 두지 마라.

2.4 slip down O

The cat **slipped down** the well.
그 고양이가 그 우물 아래로 빠져 들었다.

slip down

My socks kept **slipping down**.
내 양말들이 계속 미끄러져 내려왔다.
This wine **slips down** easily.
이 포도주는 쉽게 미끄러져 내려간다.
[down은 포도주가 입에서 위(stomach)로 내려가는 관계를 나타
낸다. 참조: go down]
He **slipped down** in rank.
그는 계급에서 미끄러져 내려갔다. 즉, 강등됐다.

slip O down

He **slipped down** his pants a little.
그는 그의 바지를 약간 슬쩍 내렸다.

2.5 slip O in

It is a serious lecture and I tried to **slip in** some jokes.
그것은 진지한 강의여서 나는 몇 개의 농담을 슬쩍 집어
넣었다.
[in은 농담이 강의 속으로 들어가는 관계를 나타낸다. 참조: write
in, squeeze in]
The writer of the detective stories **slipped in** clues that most readers miss.
그 탐정소설의 작가는 보통 독자들이 놓치는 단서들을

슬쩍 집어넣었다.

slip in
He is **slipping in** and out of consciousness.
그는 의식을 드나들고 있다.

slip into O
I'll **slip into** something more warm.
나는 좀 더 따뜻한 것 속으로 쏙 들어가려고 한다. 즉,
입으려고 한다.
[into는 옷 속으로 들어가는 관계를 나타낸다.] cf. change into,
fit into
She **slipped into** her nighty and went to bed.
그녀는 잠옷을 슬쩍 입고 잠자리에 들었다.
His brain is damaged severly and he may **slip into** a
coma.
그의 뇌가 심하게 손상되어 혼수상태로 들어갈 수도 있다.
He speaks very quickly and sometimes he **slips into**
the southern dialects.
그는 말을 빨리 하는데 가끔 자신도 모르게 남부 방언을
쓴다.
While out of job, she **slipped into** a habit of getting up
at noon.
실직상태에 있는 동안 그녀는 낮 12시에 일어나는 습관
에 빠졌다.

2.6 slip O off
Slip your jacket **off**, and roll up your sleeves.
재킷을 슬쩍 벗어버리고, 소매를 걷어 올리세요.
[off는 jacket이 몸에서 떨어지는 과정과 결과를 나타낸다. 참조:
take off]

slip off
The jacket **slipped off** of Sally, but she grabbed it
before it hit the floor.
그 재킷이 샐리에게서 슬쩍 벗겨졌으나, 그 옷이 마루에
닿기 전에 그녀가 그것을 잡았다.
He's nowhere around here, I think he must have
slipped off.
그는 이 주위 아무데에도 없다. 나는 그가 아마 슬쩍 (자
리를) 떴음에 틀림없다고 생각한다.
[off는 그가 어떤 자리를 떠나는 관계를 나타낸다. 참조: go off,
dash off, run off, rush off]

2.7 slip on O
He **slipped on** a banana peel and hurt his back.
그는 바나나 껍질을 밟고 미끄러져서 그의 등을 다쳤다.

slip O on
She **slipped on** her shoes and left.
그녀는 신발을 급하게 신고 떠났다.
[참조: put on]

2.8 slip O out
While he was drunk, he **slipped** the secret **out**.
그가 술에 취해있는 동안 그는 그 비밀을 자기도 모르게
발설했다.
[out은 비밀이 어떤 사람에게서 나가는 과정과 결과를 나타낸다.
참조: let out]

slip out
I'm sorry I shouldn't have said that — it just **slipped
out**.
내가 그것을 말하지 않았어야 했는데 — 그것이 나도 모
르게 입에서 빠져나갔어요.

slip out O
She **slipped out** the door.
그녀는 그 문을 통해 살짝 빠져나갔다.

slip out of O
The smartphone **slipped out of** his backpocket.
그 스마트폰이 그의 뒷 호주머니에서 빠졌다.
The spy **slipped out of** Korea.
그 스파이는 한국을 슬쩍 빠져나갔다.
She **slipped out of** her swimming suit and wrapped
a towel around her.
그녀는 수영복에서 슬쩍 빠져나와 (즉, 벗고) 수건을 둘
렀다.
Mom **slipped out of** her sandals and began to run.
엄마는 그녀의 샌들을 슬쩍 벗고, 달리기 시작했다.

2.9 slip O over O
Mother **slipped** the covers **over** Timmy and kissed him
good-night.
엄마는 그 이불들을 슬쩍 티미에게 덮어 주고, 저녁 키
스를 해 주었다.

2.10 slip through
The ball rolled toward a crack and it **slipped through**.
그 공은 틈새 쪽으로 굴러가서 그 속으로 살짝 미끄러져
들어갔다.
[through는 through the crack의 뜻이다.]
Even when the paper has been spell-checked,
serious mistakes **slip through**.
그 논문이 철자 검사가 되었음에도 중요한 오타들이 빠

져나간다.
[through는 오류가 철자 검사를 빠져나가는 관계를 나타낸다.]

slip through O

The suspect **slipped through** the checkpoint.
그 용의자는 그 검문소를 살짝 빠져나갔다.

2.11 slip up

I hope you don't **slip up** again. Try to be more careful.
나는 네가 다시 실수하지 않기를 바란다. 좀 더 신중하
도록 해라.

I **slipped up** on the details of the Korean war.
나는 한국전쟁의 세부사항들에 실수를 했다.
[참조: trip up]

He **slipped up** on Bill, and scared him to death.
그는 빌에게 살짝 접근해 가서, 그를 몹시 놀라게 했다.
[up은 그가 빌에게 접근하는 관계를, on은 빌이 영향을 받는 관계
를 나타낸다.]

[참조:cheer up on, sneak up on, steal up on]

SLITHER

1. 단동사
이 동사는 표면 위를 S자 모양으로 미끄러지듯 지나가는
과정을 그린다.

2. 구동사
2.1 slither along

The rattle snake **slithered along**.
그 방울뱀이 S자 모양으로 기어갔다.

A pack of otters **slithered along**.
한 무리의 수달들이 미끄러지듯 헤엄쳐 갔다.

2.2 slither away

A lizard **slithered away**.
도마뱀 하나가 미끄러지듯 사라졌다.

The snake **slithered away** as we approached.
그 뱀은 우리가 다가가자 스르르 달아났다.

2.3 slither down O

We **slithered down** the slope to the road.
우리는 그 비탈을 미끄러지듯 내려가서 그 도로로 내려
갔다.

SLOBBER

1. 단동사
이 동사는 침을 질질 흘리는 과정을 그린다.

자동사

I hate dogs that **slobber** everywhere.
나는 아무데나 침을 질질 흘리는 개를 싫어한다.

2. 구동사
2.1 slobber over O

It is disgusting the way the old man **slobbers over**
young women.
그 노인이 젊은 여인들에 군침을 흘리는 모습은 역겹다.
[참조: drool over]

SLOG

1. 단동사
이 동사는 어려운 일을 열심히 해 나가는 과정을 그린다.
명사: 고투 또는 고투의 시간

타동사

He started to **slog** his way through the undergrowth.
그는 그 덤불을 헤치면서 묵묵히 걸어가기 시작했다.

2. 구동사
2.1 slog away

I have to **slog away** until I finish this job.
나는 이 지루한 일을 끝낼 때 까지 힘들게 일을 해야
한다.
[away는 일을 연속적으로 계속해서 하는 관계를 나타낸다. 참조:
slave away]

He's been **slogging away** at that piece of music for
weeks.
그는 그 음악 작품을 몇 주 동안 열심히 연습하고 있는
중이다.

2.2 slog it out

I think they are never going to agree, so it is best to
slog it out.
그들은 결코 합의하지 않을 것으로 생각된다. 그래서 끝
까지 결판이 날 때까지 싸우는 것이 좋겠다.
[out은 결판이 날 때까지 싸우는 관계를 나타낸다. 참조: duke out,
battle out, fight out]

2.3 slog through O

Tomorrow I am going to take a test, and I have been
slogging through the vocabulary list.
나는 내일 시험을 치르기로 되어 있어서 그 어휘목록을
힘들게 외워 나가고 있다.
[through는 목록의 처음에서 끝까지 가는 관계를 나타낸다.]

S

SLOP

1. 단동사
이 동사는 용기에 든 물이나 다른 액체 등이 출렁거리는 과정을 나타낸다.

2. 구동사

2.1 slop around
Timmy was in the bath, **slopping around** and singing.
티미는 그 욕실에 들어가서, 물을 첨벙거리며 노래를 불렀다.
Shorts are all right for **slopping around** at home. I wouldn't wear for work.
반바지는 집에서 어슬렁거리기에는 좋으나, 일터에는 입고 가지 않겠다.

2.2 slop O onto O
Who **slopped** paint **onto** the floor?
누가 페인트를 그 바닥에 쏟았느냐?

2.3 slop O out
Up until 1950's, Koreans used to use chamber-pots and **slop** them **out** in the morning.
1950년대 까지 한국인들은 요강들을 쓰고 그것들을 아침에 비웠다.
[them은 환유적으로 요강에 든 오줌을 가리킨다.]

slop out
Some of the juice **slopped out** of the container.
주스의 약간이 그 용기 밖으로 지저분하게 흘러넘쳤다.
[참조: spill out]
In the old days, prisoners had to **slop out** upon waking up.
예전에, 감옥수들은 일어나자마자 오줌을 비워야 했다.
[out은 요강에 든 것을 내버리는 관계를 나타낸다.]

2.4 slop over
The milk **slopped over** and messed up the carpet.
그 우유가 흘러 넘쳐서 그 양탄자를 지저분하게 만들었다.
[over는 우유가 용기에서 넘치는 관계를 나타낸다. 참조: boil over, bubble over]

SLOPE

1. 단동사
이 동사는 땅이나 표면이 경사져 기울어지는 관계를 나타낸다.
명사: 경사지, 비탈; 기울기

2. 구동사

2.1 slope away
The lawn **sloped away** toward the riverbank.
그 잔디는 그 강둑 쪽으로 경사져 쭉 내려갔다.
[away는 경사가 점차적임을 나타낸다. 참조: roll away to, spread away to]

2.2 slope down
The beach **sloped down** to the water.
그 해변은 경사져 내려가서 그 바다에 이른다.

2.3 slope off
The men **sloped off** to a bar.
그 남자들은 몰래 (그 자리를) 떠서 술집에 갔다.

2.4 slope up
The ramp **slopes up** to the door, and the wheelchair can enter it.
그 경사로는 점점 높아져 문에 이르고, 휠체어가 그곳으로 들어갈 수 있다.

SLOSH

1. 단동사
이 동사는 용기에 든 액체 등이 마구 철벅거리는 과정을 그린다.
타동사
The children were **sloshing** water everywhere.
그 아이들은 물을 모든 곳에 철벅거렸다.

2. 구동사

2.1 slosh around
The water in the pitcher **sloshed around** a lot.
그 물병의 물이 출렁거렸다.
We all **sloshed around** in the puddles.
우리는 그 모두 웅덩이들 속을 철벅거리며 돌아다녔다.
The water was **sloshing around** under our feet.
우리 발밑에서 그 물이 철벅거렸다.

2.2 slosh O on O
He **sloshed** fluid **on** the charcoal.
그는 액체를 그 숯불에 뿌렸다.

2.3 slosh over
Don't fill up the glass. It may **slosh over**.
그 잔을 다 채우지 마세요. 출렁여서 흘러넘칠 것입니다.
[참조: brim over]

2.4 slosh through O

The school kids **sloshed through** the puddles.
그 학생들은 그 웅덩이들을 첨벙거리며 지나갔다.
[through는 아이들이 웅덩이를 차례로 다 지나가는 관계를 나타
낸다.]

SLOT

1. 단동사

이 동사는 가늘고 긴 구멍 속에 무엇을 넣는 과정을 그린다.
명사: 비디오나 CD등을 넣는 가늘고 긴 구멍

2. 구동사

2.1 slot O in

Tomorrow, I am very busy, but I think I can manage
to **slot** you **in**.
내일 내가 바쁘긴 하지만 당신을 (내 스케줄 속에) 겨우
넣어줄 수 있다고 생각합니다.
[in은 어떤 사람을 계획에 집어넣는 관계를 그린다. 참조: fit in,
squeeze in]

2.2 slot in with O

The new students **slotted in with** the class.
그 새 학생은 그 학급학생들과 잘 섞어 들어갔다.
[참조: fit in with, blend in with, merge in with]

2.3 slot O into O

He **slotted** a cassette **into** the VCR.
그가 카세트를 그 녹화기에 넣었다.
The volunteers are **slotted into** caring for the old.
(passive)
그 자원봉사자들은 노인을 돌보는 일에 배치되었다.
He **slotted** some coins **into** the vending machine.
그는 몇 개의 동전을 그 자판기 구멍에 집어넣었다.
The final pieces of the puzzle are **slotted into** place.
그 퍼즐의 마지막 조각들이 제자리에 꽂혀졌다.

SLOUCH

1. 단동사

이 동사는 어깨를 앞으로 늘어뜨리고 걷거나 서 있는 과정
을 그린다.
명사: 구부정한 자세
자동사
Sit up straight. Don't **slouch**.
똑바로 앉으세요. 구부정하게 앉지 마세요.

2. 구동사

2.1 slouch around

He **slouches around** all day reading comics.
그는 하루 종일 몸을 구부리고 앉아 빈둥거리면서 만화
를 읽는다.
The youngsters are **slouching around** on the back
alleys, glancing at passing girls.
그 젊은이들은 할 일 없이 그 뒷골목들에서 시간을 보내
면서 지나가는 여자들을 힐끗힐끗 보았다.

2.2 slouch down

Don't **slouch down** in your chair.
너의 의자에 구부정하게 앉아 있지 말아라.

2.3 slouch over

He **slouched over** and went to sleep in his chair.
그는 구부정하게 허리를 굽히고 의자에서 잠이 들었다.
[over는 허리가 호를 그리는 관계를 그린다.]

SLOUGH

1. 단동사

이 동사는 뱀 등이 허물을 벗는 과정을 그린다.

2. 구동사

2.1 slough O off

The snake **sloughs off** its skin every year.
뱀은 매년 허물을 벗는다.
[off는 허물이 뱀에서 떨어지는 관계를 그린다.]
The politician is trying hard to **slough off** his bad
reputation.
그 정치가는 그의 악명을 벗어 던지려고 몹시 애를 쓰고
있다.

SLOW

1. 단동사

이 동사는 속도가 느리거나 느려지게 하는 과정을 그린다.
형용사: 속도가 느린
타동사
The accident **slowed** traffic.
그 사고가 차량들의 통행을 느리게 했다.

2. 구동사

2.1 slow down

Police are asking drivers to **slow down**.
경찰은 운전자들에게 속도를 줄여달라고 요청하고 있다.
[down은 수, 양, 정도 등이 줄어드는 관계를 나타낸다.]
If business **slows down**, many of the workers will lose

jobs.

경기가 침체되면 노동자들의 많은 수가 일자리를 잃을
것이다.

You are 70 years old, and it is time to **slow down**.

당신의 나이가 70이니 이제 활동을 줄일 때입니다.

slow O down

Icy roads **slowed** us **down**.

얼음 덮인 길들이 우리를 빨리 가지 못하게 했다.

A long dispute **slowed down** the production of a new
smart phones.

하나의 긴 분쟁이 새 스마트폰의 생산을 지체시켰다.

Slow him **down** if you can. He's going too fast.

네가 할 수 있다면 그의 속도를 낮추어라. 그는 너무 빨
리 가고 있다.

2.2 slow up

The car **slowed up** as it approached the check point.

그 차는 그 검문소에 가까워지자 속도를 줄였다.

[up은 수, 양, 정도 등의 증가를 나타낸다. 위에서 증가는 다음과
같다. 시속 50km로 달리다가 30km로 줄이고, 또 20km로 줄인다
면, 줄어드는 관계를 up이 나타낸다.]

slow O up

Computing problems **slow** us **up** a bit.

컴퓨터 문제들이 우리를 좀 지체시키고 있다.

The new law **slows up** the whole immigration process.

그 새 법이 그 모든 이민절차를 느리게 하고 있다.

The wet highway **slowed** us **up** a little.

그 젖은 고속도로가 우리의 속도를 조금 낮추었다.

SLUG

1. 단동사
이 동사는 주먹으로 세게 치는 과정을 그린다.

타동사

He stood up and **slugged** me.

그는 일어서서 나를 주먹으로 세게 쳤다.

He **slugged** the boy and he fell against the wall.

그는 그 소년을 세게 쳐서 그가 벽으로 넘어졌다.

2. 구동사
2.1 slug O out

The two candidates differ on many issues, so they
are to **slug** it **out** in a live TV debate.

그 두 후보자는 많은 문제에 대해 의견 일치가 되지 않으므
로, 그들은 생방송 TV 토론에서 끝까지 싸워 결판을 낼
것이다.

[참조: battle out, fight out]

SLUICE

1. 단동사
이 동사는 많은 물로 씻어내는 과정을 그린다.

명사: 운하 등의 수문

2. 구동사
2.1 sluice O down

They **sluiced down** the yard with a hose.

그들은 호스로 그 정원 마당을 씻어 내렸다.

[참조: hose down, wash down]

2.2 sluice O out

Please **sluice out** the cow shed.

그 외양간을 물로 씻어내어 주세요.

[cow shed는 환유적으로 외양간 안에 있는 오물을 가리킨다.]

2.3 sluice O over O

I **sluiced** water **over** the wound.

나는 물로 그 상처 전체를 씻었다.

SLUMP

1. 단동사
이 동사는 피곤하거나 의식을 잃고 의자에서 뒤로 쓰러지
거나 앞으로 쓰러지는 과정을 그린다.

자동사

The ex-spy agent **slumped** on a chair near the
shopping center.

그 전 첩보원은 그 쇼핑센터 근처에 있는 의자에 고꾸라
졌다.

Sales have **slumped** this year.

매출이 올해에는 급감했다.

2. 구동사
2.1 slump down

Robin **slumped down** in a chair.

로빈은 의자에 털썩 구부정하게 앉았다.

[down은 서 있던 자세에서 앉은 자세로 움직이는 관계를 나타낸
다. 참조: flop down]

2.2 slump over

All of a sudden, he **slumped over** and slid from his chair.

갑자기 그는 앞으로 폭삭 쓰러져서 그의 의자에서 미끄
러져 내려왔다.

[over는 몸이 호를 그리며 넘어지는 과정을 그린다. 참조: fall

over]

SLUMP OVER O

slump over O

Don't **slump over** your laptop for a long time.
오랫동안 노트북컴퓨터에 몸을 구부리고 있지 마세요.

SLUR

1. 단동사
이 동사는 단어나 소리를 또박또박 발음하지 않고 불분명
하게 말하는 과정을 그린다.

2. 구동사
2.1 slur over O

The speaker **slurred over** so many words that I was
not able to understand him.
그 연사는 너무 많은 말을 불분명하게 말하면서 슬쩍
넘어갔기 때문에 나는 그를 이해할 수가 없었다.
He **slurred over** the main problems.
그는 주요한 문제들을 분명하게 하지 않고 지나갔다.

SMACK 1

1. 단동사
이 동사는 벌을 주기 위해서 손바닥으로 아이를 찰싹 때리
는 과정을 그린다.

타동사

I think it's wrong to **smack** children.
나는 아이들을 때리는 것은 나쁘다고 생각한다.

2. 구동사
2.1 smack O down

The child **smacked down** $1 on the counter and
grabbed a chocolate bar.
그 아이는 1달러를 카운터에 턱 놓고, 초콜릿 하나를 쥐
었다.
She has a way of **smacking down** people who ask silly
questions.
그녀는 어리석은 질문들을 하는 사람을 면박 주는 습관
이 있다.
[down은 깎아내리는 관계를 나타낸다. 참조: dress down, take
down, talk down]

The wrestler **smacked down** the challenger.
그 레슬러는 그 도전자를 때려 눕혔다.

smack O down onto O

She **smacked** her hand **down onto** the table.
그녀가 그녀의 손을 탁 소리가 나게 그 탁자를 쳤다.

2.2 smack into O

Two players accidentally **smacked into** each other.
두 선수가 어쩌다가 서로 세게 부딪쳤다.
[참조: bump into, run into, smash into]

SMACK 2

1. 단동사
이 동사는 냄새나 기미가 나는 과정을 그린다.
명사: 맛, 풍미, 향기, 낌새, 기미

2. 구동사
2.1 smack of O

The bathroom **smacked of** tobacco.
그 욕실은 담배 냄새가 지독하게 났다.
This sugar **smacks of** a certain bitter.
이 설탕은 어딘가 쓴 맛이 난다.
The scheme **smacks of** deception.
그 계획은 사기 냄새가 난다.
His attitude **smacks of** arrogance.
그의 태도는 오만한 기미가 있다.
His conduct **smacks of** affectation.
그의 행동에는 뽐내는 기색이 있다.

SMARTEN

1. 단동사
이 동사는 맵시있게 치장하는 과정을 그린다.
smart(형용사): 맵시 있는, 똑똑한

타동사

The dress will **smarten** your look.
이 드레스는 당신을 더욱 멋지게 보이게 할 것입니다.

2. 구동사
2.1 smarten up

He has **smartened up** since the breakup.
그는 그 이혼 후에 많이 깨달았다.

2.2 smarten O up

He **smartened** himself **up** for the interview with the
boss.
그는 그 사장과의 면담을 위해 옷을 차려 입었다.
[참조: spruce up]

You need to **smarten up** your proposal before sending
it in.
너는 그것을 제출하기 전에, 그 제안을 잘 다듬어야 한다.

S

SMASH

1. 단동사
이 동사는 세차고 난폭스럽게 쳐서 부수는 과정을 나타낸다.

타동사

The firefighter smashed the door with an axe.
그 소방대원은 도끼로 그 문을 쳐서 부수었다.
The storm smashed my hopes.
그 폭풍은 나의 희망들을 부수어 버렸다.

자동사

The glass smashed as it hit the floor.
그 유리잔은 그 바닥에 떨어지자 부수어져 버렸다.

2. 구동사
2.1 smash O down
Police smashed down the door in order to enter the suspect's house.
경찰은 그 용의자의 집에 들어가기 위하여 그 문을 강타하여 떨어지게 했다.
[down은 서있던 것이 넘어지는 관계를 나타낸다. 참조: break down, tear down]

2.2 smash O in
Hundreds of rioters smashed in windows of the shops.
수백 명의 폭도들이 그 상점들의 창문들을 밖에서 쳐서 안으로 들어가게 했다.
[in은 창문이 부서져 안으로 들어가는 관계를 나타낸다. 참조: beat in, kick in]
It is assumed that someone smashed her skull in with a bat.
누군가 방망이로 그녀의 두개골을 쳐서 들어가게 했다고 가정된다.
[in은 두개골의 표면이 안으로 들어간 관계를 나타낸다. 참조: cave in]
If he messes me around, I will smash his face in.
만일 그가 나를 골리면 나는 그의 얼굴을 쳐서 들어가게 하겠다.

2.3 smash into O
The hurricane smashed into the island of Puerto Rico.
그 태풍이 푸에토리코 섬을 강타해 들어갔다.
The car smashed into a *tree*.
그 차는 나무 한 그루를 세차게 들이박았다.

store 가게	wall 벽

The car smashed into the side of a bus and caused a lot of damage.
그 차가 그 버스의 옆면을 세차게 들이박아 큰 피해를 입혔다.
The baby smashed into the table and hurt her forehead.
그 아이가 그 탁자를 세차게 들이박고 이마를 다쳤다.

smash O into O
A terrorist smashed his truck into the crowd.
테러분자가 그 트럭을 그 군중 속으로 세차게 몰고 들어갔다.

2.4 smash out of O
The prisoner smashed out of his cell.
그 죄수는 그의 감방을 부수고 나왔다. 즉, 탈옥했다.
[참조: break out of]

2.5 smash through O
The fleeing car smashed through the police barrier.
그 도주 차량이 그 경찰 장벽을 부수고 지나갔다.

2.6 smash O up
A gang of drunken men came into the bar and smashed up the place.
한 무리의 취한 사람들이 그 술집에 들어와서 그곳을 완전히 부수어 버렸다.
[up은 술집이 크게 망가진 상태를 나타낸다. 참조: break up]
The playboy enjoys doing drugs and smashing up expensive cars.
그 난봉꾼은 마약을 하고 값비싼 차를 부수는 일을 좋아한다.
Please don't smash up the bone china.
그 본차이나를 깨뜨리지 마세요.

SMELL

1. 단동사
이 동사는 냄새가 나거나 냄새를 맡는 과정을 그린다.

자동사

The drains smell.
그 배수구가 냄새가 나.

타동사

Smell this and tell me what you think it is.
이거 냄새 한 번 맡아보고 무엇이라고 생각하는지 말해주세요.
He smelt danger.
그는 위험을 맡았다. 즉, 감지했다.

2. 구동사

2.1 smell of O

The bathroom **smells of** tobacco.
그 욕실은 담배 냄새가 난다.
[of는 냄새와 담배 사이에 내재적 관계가 있음을 나타낸다. 즉, 냄새와 냄새의 근원은 떼어낼 수 없다.]

2.2 smell off

The bread **smells off**.
그 빵은 냄새가 이상하다.
[off는 빵이 정상상태를 벗어난 관계를 나타낸다. 참조: go off]

2.3 smell O out

Mom roasted mackerel and it **smelled out** the house for days.
엄마가 고등어를 구웠는데, 그 냄새가 며칠 동안 집안을 꽉 채웠다.
[out은 냄새가 어떤 공간을 채우는 관계를 나타낸다. 참조: stink out]

My dog **smelled out** a fox hiding in the bush.
내 개가 그 덤불 속에 숨어있는 여우를 냄새로 찾아내었다.
[out은 무엇을 찾아내는 관계를 그린다. 참조: shift out]

2.4 smell O up

Those onions really **smelled up** the house.
그 양파가 온 집안을 냄새로 가득 채웠다.

SMILE

1. 단동사
이 동사는 미소를 짓는 과정을 그린다.
명사: 미소

타동사

She **smiled** her thanks.
그녀는 미소로 고마움을 표시했다.
She **smiled** a smile of dry amusement.
그녀는 별로 재미없음을 나타내는 웃음을 지었다.

자동사

"Perfect," he **smiled**.
"완벽하다." 그가 웃으며 말했다.

2. 구동사

2.1 smile at O

He **smiled at** us.
그는 우리에게 미소를 지었다.

2.2 smile on O

Fortune **smiled on** him and he won the prize.
행운이 그에게 미소를 지어, 그는 그 상을 탔다.
[on은 smile이 마음의 미소임을 나타낸다.]

He **smiled on** us, at last.
그는 마침내 우리에게 미소를 지었다, 즉 승인했다.

SMOKE

1. 단동사
이 동사는 연기를 피우는 과정을 그린다.
명사: 연기

타동사

He was **smoking** a large cigar.
그는 커다란 시가를 피우고 있었다.

자동사

Do you mind if I **smoke**?
제가 담배를 좀 피워도 될까요?

2. 구동사

2.1 smoke O out

Police **smoked out** the suspect from the hiding place.
경찰이 최루탄을 터뜨려서 그 용의자를 은신처에서 나오게 했다.
[out은 용의자가 밖으로 나오는 관계를 나타낸다.]

They are trying to **smoke out** ISIS members from the refugees.
그들은 ISIS 요원들을 그 피난민 가운데서 찾아내려고 하고 있다.

2.2 smoke O up

We forgot to open the ventilation, and the fire **smoked up** the kitchen.
우리는 환기통 켜는 것을 잊어버려서, 그 불에서 나온 연기가 부엌을 가득 채웠다.
[참조: stink up]

SMOOTH

1. 단동사
이 동사는 종이나 천을 평평하게 펴는 과정을 그린다.
형용사: 매끈한, 매끄러운, 잔잔한

2. 구동사

2.1 smooth O away

Jackie put her dress on the table and **smoothed** the wrinkles **away**.
재키는 그 드레스를 탁자에 놓고 그 주름들을 펴서 없앴다.

S

[away는 주름이 없어지는 관계를 나타낸다.]

He always asks his mother to **smooth away** small problems.

그는 항상 그의 어머니에게 작은 문제들을 해결하여 없어지게 해달라고 한다.

[away는 문제가 떨어져서 없어지는 상태를 나타낸다.]

2.2 smooth O back

He **smoothed** his hair **back**.

그는 그의 머리를 매끈하게[가지런히] 뒤로 넘겼다.

[참조: slick back]

2.3 smooth O down

She sat in front of a mirror, and **smoothed down** her hair.

그녀는 거울 앞에 앉아서 그의 머리를 빗어 내렸다.

Smooth down the board before you varnish it.

너는 그 판자를 울퉁불퉁한 것이 없게 고르게 하고, 니스를 칠하세요.

[down은 판자에서 울퉁불퉁한 것이 없어지는 관계를 나타낸다. 참조: grind down, sand down]

She **smoothed down** the bedclothes.

그녀는 그 침대보들을 매만져서 평평하게 했다.

2.4 smooth O onto O

Ted **smoothed** the suntan lotion **onto** Jenny, who lay on a towel in the sand.

테드는 모래 위에 수건을 깔고 누운 제니의 피부에 선탠 로션을 문질러 발라 주었다.

2.5 smooth O out

She is trying to **smooth out** the *creases* in the shirt.

그녀는 그 셔츠의 주름들을 펼쳐서 없애려 하고 있다.

[out은 주름이 없어진 관계를 나타낸다. 참조: hammer out, iron out]

wrinkles 주름	rough edges 거친 모서리

The editor suggested that I should **smooth out** a few paragraphs in the paper.

그 편집자는 내가 몇 단락을 없애야 한다고 제안했다.

2.6 smooth O over O

For healthy complexion, **smooth** some cold cream **over** your face.

건강한 용모를 갖기 위해서, 콜드 크림 약간을 얼굴 전체에 골고루 바르세요.

smooth O over

I would like to **smooth** things **over** between you and your brother.

나는 너와 너의 형 사이의 문제를 덜 심각하게 만들고 싶다.

I am trying to **smooth over** the argument.

나는 그 논쟁을 덜 심각하게 만들고 싶다.

SMOTHER

1. 단동사
이 동사는 어떤 표면 전체를 덮는 과정을 그린다.

타동사

Her husband was very loving, but she felt **smothered**.

그녀의 남편은 애정이 넘쳤지만, 그녀는 숨이 막히는 기분이었다.

2. 구동사
2.1 smother O with O

He **smothered** a piece of bread **with** peanut butter.

그는 빵 한 조각을 땅콩버터로 떡칠을 했다.

When the son returned safely, mother **smothered** him **with** kisses.

아들이 무사히 돌아오자 엄마는 그를 키스들로 숨 막히게 했다.

SNACK

1. 단동사
이 동사는 간식을 먹는 과정을 그린다.
명사: 보통 급히 먹는 간단한 식사, 간식

자동사

I try to eat healthy when I **snack**.

나는 간식을 먹을 때 몸에 좋은 음식을 먹으려고 노력한다.

If you **snack** between meals, make sure you brush your teeth!

간식을 먹으면 반드시 이를 닦도록 해라.

2. 구동사
2.1 snack O off O

Don't **snack off** the chicken, so that we can have another meal out of it.

그 닭을 조금씩 뜯어 먹지 마세요. 그것을 가지고 한 끼 더 만들어야 합니다.

[off는 부분이 닭에서 뜯기는 관계를 나타낸다. 참조: feed off]

snack off of O

Who has been **snacking off of** last night's roast pork?

누가 지난 밤 먹은 로스 돼지고기를 조금씩 뜯어 먹고 있나?

2.2 snack on O

He **snacks on** chips.
그는 간식으로 칩스(얇은 감자 튀김)를 먹는다.

It's healthier to **snack on** fruit rather than chocolate.
초콜릿보다는 과일을 간식으로 먹는 것이 건강에 더 좋다.

He usually **snacks on** biscuits while studying.
그는 공부하면서 비스킷으로 군것질한다.

SNAKE

1. 단동사
이 동사는 뱀처럼 구불구불하게 움직이는 과정을 그린다.

타동사

The procession **snaked** its way through narrow streets.
그 행렬은 좁은 길들을 지나면서 뱀처럼 구불구불하게 나아갔다.

2. 구동사
2.1 snake along

The express train **snaked along**.
그 급행열차가 뱀모양을 하면서 지나갔다.

The line of people waiting to buy the tickets **snaked along** slowly.
그 표를 사려는 사람들의 줄이 뱀 모양을 하면서 천천히 움직였다.

SNAP

1. 단동사
이 동사는 찰깍 부서지거나 부수는 과정을 그린다.

자동사

The door **snapped** shut.
그 문이 짤깍 닫혔다.

The soldier **snapped** to attention.
그 군인은 째깍 차려 자세로 들어갔다.

타동사

He **snapped** the cracker in half.
그는 그 크래커를 반으로 짤깍 잘랐다.

He **snapped** his fingers.
그는 손가락들을 꺾어 소리를 내었다.

He **snapped** the children first.
그는 그 아이들을 먼저 찰깍 사진을 찍었다.

2. 구동사
2.1 snap at O

The bird is **snapping at** the trunk of a tree.
그 새가 어느 나무의 기둥을 쪼고 있다.
[at은 동작이 나무의 일부에 적용됨을 나타낸다. 참조: peck at, pick at]

The clerk **snapped at** me.
그 점원이 내게 날카롭게 말했다.

You should **snap at** the opportunity.
너는 그 기회를 재깍 잡아야만 한다.
[참조: catch at, grasp at, seize at]

2.2 snap back

He is upset now, but he will **snap back** in no time.
그는 지금 속이 뒤틀려 있지만, 곧 재깍 돌아올 것이다.
[back은 정상 상태로 돌아가는 관계를 그린다.]

2.3 snap into O

This part **snaps** right **into** the other part.
이 부품은 그 다른 부품에 짤깍 들어간다.
[참조: fit into]

They **snapped into** action.
그들은 제깍 행동에 들어갔다.
[참조: jump into, spring into]

2.4 snap O off

Jessica **snapped off** a piece of the cookie and gave it to her brother.
제시카는 쿠키 한 조각을 (전체에서) 똑 떼어내어 그것을 동생에게 주었다.

Liz **snapped** a bit of the rock **off** and put it in her bag.
리즈는 그 바위의 조각을 (어디에서) 짤깍 떼어서 그녀의 가방에 넣었다.

snap off

The branch he was standing on **snapped off**.
그가 서있던 가지가 째깍 떨어져 나갔다.

2.5 snap O on

He opened the bottle, took out two pills and **snapped** the cap **on**.
그는 그 병을 열어서 두 알약을 꺼낸 후 그 병마개를 짤깍 닫았다.
[on은 병마개가 병에 닫는 관계를 나타낸다.]

2.6 snap out of O

She has been suffering from depression since her husband's death, and she just could not **snap out of**

it.
그녀는 남편의 사망 이후 줄곧 우울증에 시달리고 있어 그것에서 제깍 뛰쳐나와 정상이 될 수가 없었다.

I seemed to have a little cold, but I **snapped out of** it quickly.
나는 약한 감기에 걸린 것처럼 보였지만, 재빨리 그 감기에서 벗어났다. 즉, 회복했다.

2.7 snap to O

I want the work finished before tomorrow afternoon, so **snap to** it.
나는 이 일이 내일 오후 이전에 끝나기를 원한다. 그래서 그 일에 냅다 달라붙어라.
[참조: get to]

2.8 snap together

Koreans **snapped together** in the time of crisis.
한국인들은 위기에 제깍 단결했다.

2.9 snap O up

The stork **snapped up** a fish.
그 황새는 물고기 한 마리를 주둥이로 낚아 올렸다.
[참조: snatch up]

It was half-price in the sale and I **snapped** it **up**.
그것은 그 세일해서 반값이었다. 그래서 그것을 재빨리 샀다.
[up은 소유 영역에 들어오는 결과를 그린다. 참조: pick up]

He **snapped up** a picture.
그는 사진 한 장을 재깍 찍었다.

2.10 snap over

During the hurricane, some trees **snapped over**.
그 폭풍이 진행되는 동안, 몇몇 나무들이 꺾여 넘어졌다.
[참조: fall over]

SNARL 1

1. 단동사
이 동사는 일들이 얽히거나 얽히게 하는 과정을 그린다.

　자동사

Her hair **snarled**.
그녀의 머리가 엉켰다.

　타동사

He **snarled** the simple problem.
그는 그 간단한 문제를 엉키게 했다. 즉, 복잡하게 했다.

2. 구동사
2.1 snarl O up

Dolphins get **snarled up** in the nets. (passive)
돌고래들이 그 그물들에 걸려서 꼼짝 못한다.
[up은 움직이지 못하는 상태를 나타낸다.]

The traffic is **snarled up** at the entrance to the expressway. (passive)
그 차량들이 그 고속도로 입구에서 엉켜서 꼼짝을 못하고 있다.

SNARL 2

1. 단동사
이 동사는 짐승이 으르렁 거리는 과정을 그린다.

2. 구동사
2.1 snarl at O

The dog **snarled at** everyone who passed by.
그 개는 지나가는 모든 사람들에게 으르렁거렸다.

2.2 snarl O out

He **snarls** a curse **out** at everyone.
그는 모든 사람에게 저주를 내뱉는다.

SNATCH

1. 단동사
이 동사는 와락 잡거나 채는 과정을 그린다.

　타동사

The cat **snatched** the chicken and ran away.
그 고양이는 그 닭을 잡아채어 도망갔다.

2. 구동사
2.1 snatch at O

He **snatched at** her wallet.
그는 그녀의 지갑을 낚아채려고 했으나 잡지 못했다.
[at은 시도를 나타낸다.]

You have to **snatch at** happiness whenever you can.
너는 할 수 있을 때마다 행복을 잡으려고 해야 한다.
[참조: catch at, jump at, seize at]

2.2 snatch O away

The mother **snatched** her child **away** from the doctor and fled.
엄마는 그 아이를 그 의사에게서 낚아채서 도망갔다.

2.3 snatch O out

The police officer **snatched** the pistol **out** of the robber's hand.
그 경찰관은 그 권총을 그 강도의 손에서 낚아챘다.

[out은 권총이 강도 손에서 나오는 관계를 그린다.]

2.4 snatch O up

The kid **snatched up** the last cookie and popped it into his mouth.

그 아이는 그 마지막 쿠키를 재빨리 집어 들고 그것을 그의 입에 탁 털어 넣었다.

The eagle **snatched up** a *chick*.

그 독수리가 병아리 한 마리를 낚아챘다.

piglet 돼지새끼	rabbit 토끼

The shoppers **snatched up** sale items very quickly.

그 쇼핑객들이 세일 품목들을 빠르게 마구 사들였다.

SNEAK

1. 단동사

이 동사는 살금살금, 몰래 움직이거나 몰래 움직이게 하는 과정을 그린다.

자동사

I **sneaked** up the stairs.

나는 살금살금 그 계단 위로 올라갔다.

타동사

We **sneaked** a look at her diary.

우리는 그녀의 일기장을 몰래 한 번 보았다.

2. 구동사

2.1 sneak around O

Please don't **sneak around** the house. It makes me nervous.

그 집 주위를 살금살금 돌아다니지 마세요. 나를 불안하게 합니다.

We had to **sneak around** the corner so we wouldn't be seen.

우리는 들키지 않기 위해서 그 모퉁이를 살금살금 돌아가야 했다.

2.2 sneak away

Jeff tried to **sneak away** from the meeting.

제프는 그 모임에서 살짝 빠져나가려고 했다.

2.3 sneak O in

We **sneaked** one training session in.

우리는 한 훈련 기간을 (어떤 계획표에) 살짝 집어넣었다.

[참조: squeeze in]

They **sneaked** in drugs.

그들은 마약을 몰래 들여왔다.

[참조: smuggle in]

sneak into O

The kids tried to **sneak into** the rock concert, but they were stopped by the guards.

그 아이들은 그 락 콘서트에 몰래 들어가려고 했지만, 그 경비원들에 의해 저지당했다.

2.4 sneak out

He **sneaked out** of the party and nobody noticed it.

그는 그 파티에서 살짝 빠져나와 아무도 그것을 눈치 채지 못했다.

2.5 sneak up

He **sneaked up** from behind, and surprised me.

그는 뒤에서 몰래 다가와서 나를 놀라게 했다.

[up은 그가 내게 가까이 다가오는 관계를 나타낸다.]

sneak up on O

Don't **sneak up on** me like that. You will really frighten me.

내게 그렇게 살금살금 다가오지 마. 너는 나를 무척 겁나게 한다.

[on의 목적어는 영향을 받는 관계를 나타낸다. 참조: creep up on]

sneak up to O

I **sneaked up to** Don and scared him to death.

나는 돈에게 살금살금 다가가서 그를 몹시 겁먹게 했다.

[참조: creep up to]

SNEER

1. 단동사

이 동사는 경멸을 보여주는 얼굴표정을 짓거나 불친절한 말을 하는 과정을 그린다.

2. 구동사

2.1 sneer at O

I asked her to help me, but she just **sneered at** me.

나는 그녀에게 도움을 요청했지만, 그녀는 그냥 나를 비웃었다.

SNEEZE

1. 단동사

이 동사는 재채기를 하는 과정을 그린다.

자동사

I've been **sneezing** all morning.

난 오전 내내 재채기를 해오고 있다.

S

2. 구동사

2.1 sneeze at O
He **sneezed at** me.
그는 나를 깔보았다.
He **sneezed at** the good offer.
그는 그 좋은 제안을 깔보았다.
1,000 dollars a week is not to be **sneezed at**. (passive)
일주일에 1,000 달러는 무시할 금액이 아니다.

2.2 sneeze into O
He **sneezed into** his hands.
그는 그의 손에 재채기를 했다.

2.3 sneeze on O
He **sneezes on** his boss.
그는 그의 사장을 비웃었다.

2.4 sneeze O out
When the air is bad, we tend to **sneeze out** the dusts and pollutants.
공기가 나쁘면 우리는 재채기를 해서 먼지나 오염물질을 토해낸다.

SNIFF

1. 단동사
이 동사는 킁킁거리면서 냄새를 맡는 과정을 나타낸다.
자동사
He had a cold and was **sniffing** and sneezing.
그는 감기에 걸려서 코를 훌쩍대고 재채기를 하고 있었다.
He just **sniffed** when I suggested at the idea.
그는 내가 그 생각을 제안했을 때, 콧방귀를 뀌었다.
타동사
He **sniffed** the milk to see if it was fresh.
그는 그 우유가 신선한지 알기 위해서 그 우유의 냄새를 맡았다.

2. 구동사

2.1 sniff around O
The police officer is **sniffing around** the company.
경찰이 그 회사의 여기저기를 냄새를 맡고 있다.
The CEO doesn't want people like him **sniffing around** his daughter.
그 CEO는 그와 같은 사람들이 자기 딸 주위에 관심을 가지고 서성거리는 것을 좋아하지 않는다.

sniff around
Police are **sniffing around**.

경찰이 주위의 냄새를 맡고 다닌다. 즉, 염탐하고 있다.

2.2 sniff at O
The dog **sniffed at** the pole.
그 개가 그 막대기의 냄새를 맡았다.
The critics **sniffed at** his new novel.
그 비평가들은 그의 신작 소설에 콧방귀를 뀌었다.
[at은 공격의 의미가 있다. 참조: sneeze at]
The price is not to be **sniffed at**. (passive)
그 가격은 콧방귀를 뀔 것이 아니다.

2.3 sniff O out
The cheetah can **sniff out** a kill miles and miles away.
그 치타는 수 마일 떨어져 있는 먹잇감도 냄새로 알아낸다.
The police dog **sniffed out** *2 kilograms of cocaine* in the traveler's suitcase.
그 경찰견이 2킬로그램의 코카인을 그 여행자의 가방에서 냄새로 찾아내었다.
[out은 숨겨진 것을 찾아내는 과정과 결과를 그린다.]

| a faint odor | 미세한 냄새 | drug | 약 |

She has a talent for **sniffing out** scandals.
그녀는 염탐을 해서 스캔들을 찾아내는 재능을 가지고 있다.
The journalist is good at **sniffing out** a shocking story.
그 기자는 놀라운 이야기를 염탐하여 찾아내는데 유능하다.

SNIPE

1. 단동사
이 동사는 숨은 장소에서 어떤 사람을 쏘는 과정을 그린다. 나아가서 혹평하는 과정도 그린다.

2. 구동사

2.1 snipe at O
Someone with a rifle **sniped at** the president.
소총을 가진 어떤 사람이 그 대통령을 저격했다.
Stop **sniping at** each other.
서로에게 혹평을 그만두세요.

SNITCH

1. 단동사
이 동사는 남이 잘못한 일을 일러바치는 과정을 그린다.

2. 구동사

2.1 snitch on O

I played hooky and my friend **snitched on** me to my mother.

나는 하키 경기를 했는데, 내 친구가 내 엄마에게 나를 고자질했다.

[참조: tell on, fink on]

SNOOP

1. 단동사

이 동사는 기웃거리면서 염탐하는 과정을 그린다.

2. 구동사

2.1 snoop around O

Why are you **snooping around** my office?

왜 너는 내 연구실을 이리저리 살펴보고 다니니?

2.2 snoop into O

Please stop **snooping into** my work.

내가 하는 일을 몰래 들여다보는 것을 그만하세요.

SNOW

1. 단동사

이 동사는 눈이 내리는 과정을 그린다.

명사: 눈

자동사

It has been **snowing** heavily all day.

하루 종일 눈이 아주 많이 내린다.

2. 구동사

2.1 snow O in

Many commuters were **snowed in** and could not go to work. (passive)

많은 통근자들이 눈에 파묻혀 출근을 할 수 없었다.

[snowed in은 covered in snow의 뜻이다.]

2.2 snow O off

The game has been **snowed off**.

그 게임은 눈 때문에 취소되었다.

[off는 예견된 경기가 취소되거나 진행 중인 경기가 취소되는 관계를 나타낸다. 참조: call off, rain off]

2.3 snow O under

The audition was **snowed under** with applications from people who want to be a singer. (passive)

그 오디션은 가수가 되고자 하는 사람들이 보낸 지원서

에 파묻혔다.

2.4 snow O with O

He really **snowed** me **with** all his talks of buying a Porche.

그는 포르셰를 살 거라는 감언이설로 나를 혹하게 했다.

2.5 snow O up

We were **snowed up** for three days. (passive)

우리는 삼일동안 눈 때문에 꼼짝할 수가 없었다.

[up은 눈 때문에 꼼짝할 수 없는 관계를 나타낸다.]

SNUFF

1. 단동사

이 동사는 촛불 등을 손으로 집거나 덮어서 끄는 과정을 그린다.

자동사

The dogs were **snuffing** gently at my feet.

그 개들이 내 발에 대고 가만히 코를 킁킁거렸다.

2. 구동사

2.1 snuff O out

He **snuffed** the candle **out** and turned over.

그는 그 촛불을 끄고 돌아누웠다.

[out은 불이 꺼지는 관계를 나타낸다.]

The coup d'etat **snuffed out** the democracy in the country.

그 쿠데타가 그 나라의 민주주의를 말살해 버렸다.

The young life was **snuffed out** in a plane crash. (passive)

그 젊은 생명은 그 비행기 추락 사고로 인해 꺼졌다. 즉, 죽었다.

SNUGGLE

1. 단동사

이 동사는 살갑게 파고들거나 달라붙는 과정을 그린다.

자동사

She **snuggled** closer.

그녀가 더 바짝 달라붙었다.

2. 구동사

2.1 snuggle down

The baby **snuggled down**, and went to sleep.

그 아기는 포근하게 누워서 잠이 들었다.

[down은 서 있던 자세에서 앉거나 눕는 관계를 나타낸다.]

The children **snuggled down** under the blanket and

S

soon fell asleep.

그 아이들은 그 담요 밑에 포근하게 누워서 곧 잠이 들었다.

2.2 snuggle up

He loves to snuggle up in bed.

그는 잠자리에서 포근한 자세를 취하기를 좋아한다.

[up은 몸을 웅크리는 관계를 그린다.]

She snuggled up under the blanket and listened to the radio.

그녀는 그 담요 밑에 웅크리고 앉아서 라디오를 들었다.

[참조: curl up]

Penguins snuggle up to keep warm.

펭귄들은 체온을 유지하기 위해서 서로 가까이 붙어 있는다.

[up은 펭귄 사이의 거리가 좁아지는 관계를 나타낸다.]

snuggle up to O

The baby snuggled up to her mom.

그 아기는 엄마에게 다가가서 포근하게 안겼다.

[up은 아기가 엄마에게 다가가는 관계를 나타낸다.]

The cat snuggled up to its mom.

그 고양이가 어미에게 다가가서 폭 안겨 있다.

2.3 snuggle with O

Strangely, the cat snuggled with the dog.

이상하게도 그 고양이는 그 개와 정답게 붙어 다닌다.

SOAK

1. 단동사

이 동사는 액체 속에 푹 담그거나 흠뻑 적시는 과정을 그린다.

타동사

I usually soak the beans overnight.

나는 그 콩들을 보통 하룻밤 물에 담가 불린다.

A sudden shower of rain soaked the spectators.

갑작스런 소나기가 그 관중들을 흠뻑 적셨다.

He was accused of soaking his clients.

그는 의뢰인들에게서 많은 돈을 우려낸다는 비난을 받았다.

2. 구동사

2.1 soak O in O

The valley is soaked in fog. (passive)

그 계곡은 안개 속에 잠겨 있다.

Soak your injured elbow in ice water.

너의 상처 입은 팔꿈치를 얼음물에 적셔라.

soak O in

He soaks in everything as a life lesson.

그는 모든 것을 삶의 교훈으로 흡수한다.

People soaked in the beauty of cherry blossoms.

사람들은 그 벚꽃의 아름다움을 만끽했다.

[참조: drink in, take in]

2.2 soak O up

Jane soaked up the spill with a sponge.

제인은 스펀지를 써서 그 흘린 물을 흡수했다.

The towel soaked up the spilled milk.

그 수건이 그 흘린 우유를 다 빨아들였다.

He soaked up the teacher's advice like a sponge.

그는 그 선생님의 충고를 스펀지같이 흡수했다.

He's soaking up the genuine spirit of Korea.

그는 한국의 참된 정신을 흡수하고 있다.

SOAR

1. 단동사

이 동사는 빠르게 높이 올라가는 과정을 그린다.

자동사

Health care costs continue to soar.

의료비가 계속해서 빠르게 올라가고 있다.

His smile sent her spirits soaring.

그의 미소가 그녀의 마음을 솟아오르게 했다.

2. 구동사

2.1 soar into O

The rocket soared into orbit.

그 로켓은 빠르게 올라가서 궤도에 진입했다.

2.2 soar to

The temperature soared to 36℃ degrees.

온도가 섭씨 36도로 빠르게 치솟았다.

SOB

1. 단동사

이 동사는 흐느껴 우는 과정을 그린다.

명사: 흐느낌, 흐느껴 우는 소리

자동사

I heard a child sobbing loudly.

나는 어떤 아이가 크게 흐느껴 우는 소리를 들었다.

2. 구동사

2.1 sob O out

The child sobbed his complaint out to his mom.

그 아이는 그의 불평을 흐느끼면서 엄마에게 쏟아 내었다.
[out은 소리가 밖으로 나오는 관계를 나타낸다.]
He **sobbed out** his troubles.
그가 흐느껴 울며 자기 고민들을 털어놓았다.

SOBER

1. 단동사
이 동사는 술 등에서 정신이 깨어나는 과정을 그린다.
형용사: 술 취하지 않은, 행동이 냉철한, 진지한, 색깔이 수
수한
타동사
The bad news **sobered** us for a while.
그 나쁜 소식이 우리는 잠시 번쩍 정신이 들게 했다.

2. 구동사
2.1 sober down
When he **sobered down**, he went on with his work.
술기운이 가라앉자, 그는 그의 일을 계속해서 했다.
[down은 술기운이 줄어드는 관계를 나타낸다.]

2.2 sober O up
A bowl of *haijangkuk* in the morning **sobered** him **up**.
아침에 먹는 해장국 한 그릇이 그의 숙취를 해소했다.
[up은 깨어남의 정도가 커지는 관계를 나타낸다.]
The car bombing **sobered up** a lot of people who
thought nothing of the ISIS.
그 자동차 폭발은 ISIS를 아무렇지 않게 생각하던 사람
들을 정신이 바짝 들게 했다.

SOCK 1

1. 단동사
이 동사는 주먹으로 세게 치는 과정을 그린다.
타동사
She got angry and **socked** him in the mouth.
그녀가 화가 나서 그의 입을 한 대 갈겼다.

2. 구동사
2.1 sock O to O
The challenger **socked to** the champion with a right
to his jaw.
그 도전자는 오른쪽 주먹으로 그 선수권보유자의 턱을
한 방 크게 쳤다.

SOCK 2

1. 단동사

이 동사는 안개, 비, 눈 등으로 가려서 잘 보이지 않는 과정
을 그린다.

2. 구동사
2.1 sock O in
The fog **socked** the airport **in**.
안개가 공항을 뒤덮어서 안보이게 했다.
The heavy rain **socked** us **in**.
엄청난 비가 우리를 꼼짝 못하게 했다.
The mountain was **socked in** with clouds. (passive)
그 산은 안개로 뒤덮여서 보이지 않는다.

SOD

1. 단동사
이 동사는 거칠고 무례하게 말하는 과정을 그린다.
명사: 사람을 기분 나쁘게 하는 거친 말이나 사람
타동사
Sod this car! It's always breaking down.
이 망할 놈의 차! 이건 늘 고장이 난다.

2. 구동사
2.1 sod off
Sod off, and leave me alone.
꺼져, 나를 혼자 있게 해줘.
[off는 붙어있던 곳에서 자리를 떠나는 관계를 나타낸다.]

SOFTEN

1. 단동사
이 동사는 부드러워지거나 부드럽게 하는 과정을 그린다.
형용사: 부드러운, 연한, 무른
자동사
Fry the onions until they **soften**.
그 양파들이 부드러워질 때까지 기름에 볶아라.
타동사
Airbags are designed to **soften** the impact of a car
crash.
에어백들은 자동차 충돌 사고 때 충격을 약화시켜 주도
록 설계되어 있다.

2. 구동사
2.1 soften O up
The rain **softened up** the soil.
그 비가 그 토양을 부드럽게 했다.
[up은 토양이 부드러워지거나 더 부드러워지는 관계를 나타낸다.]
Soften up the paint with a heat gun.

S

열선총을 써서 그 페인트를 부드럽게 하십시오.

Buy her some flowers – that should **soften** her **up**.

그녀에게 꽃 몇 개를 좀 사주세요. 그것이 그녀의 마음을 누그러지게 할 것입니다.

Allied bombers began to **soften up** the German defense.

연합군 폭격기들이 독일 방어를 약화시키기 시작했다.

soften up

The butter **softened up** in the heat of the day.

그 버터가 낮의 열기에 물렁물렁해 졌다.

The leather **softened up** easily.

그 가죽은 쉽게 부드러워 진다.

Finally, she **softened up** and was more friendly to us.

마침내, 그녀는 마음이 누그러져서 우리들을 더 친절하게 대했다.

SOLDER

1. 단동사

이 동사는 납땜질하는 과정을 그린다.

2. 구동사

2.1 solder O onto O

The heavy metal was **soldered onto** the board. (passive)

그 무거운 중금속이 그 판에 땜질로 붙여졌다.

SOLDIER

1. 단동사

이 동사는 (군인들처럼) 힘든 일을 꾸준히 하는 과정을 그린다.

명사: 군인, 병사

2. 구동사

2.1 soldier on

The player got injured but **soldiered on** until the final game.

그 선수는 상처를 입었으나 마지막 경기까지 참고 견디어 나갔다.

[on은 과정이 계속됨을 나타낸다.]

Suck it up and **soldier on**.

그것을 잘 참고 꾸준히 견뎌나가자.

He does not like the job, but he will **soldier on** until a replacement is found.

그는 그 일을 싫어하지만, 대체할 사람을 찾을 때까지 계속해서 해 나아갈 것이다.

SOP

1. 단동사

이 동사는 수건 등을 써서 표면에 있는 액체를 빨아들이는 과정을 그린다.

2. 구동사

2.1 sop O up

With a piece of garlic bread, she **sopped up** the last gravy on the plate.

마늘빵 한 조각으로, 그녀는 그 접시에 있는 마지막 소스를 삭삭 닦았다.

He **sopped up** the spilled water with a towel.

그는 수건으로 그 엎질른 물을 빨아들였다.

SORT

1. 단동사

이 동사는 가리거나 고르는 과정을 나타낸다.

명사: 종류, 유형, 부류

타동사

I **sorted** my books according to size.

나는 내 책을 크기에 따라 분류했다.

2. 구동사

2.1 sort O out

His job is to **sort out** mail for the first class.

그의 일은 일급 우편물을 가려내는 것이다.

[out은 여러 개체에서 어느 하나를 뽑아내는 관계를 나타낸다.]

She **sorts out** the red from other clothes before putting them in the washing machine.

그녀는 옷들을 그 세탁기에 넣기 전에 빨간색 옷을 다른 옷으로부터 골라낸다.

The two men had a big fight and the police had to **sort** them **out**.

그 두 사람은 크게 싸워서 경찰이 그들을 갈라놓아야 했다.

The role of the counselor is to **sort out** disputes between the couple.

그 상담사의 역할은 그 부부사이의 의견 차이를 정리하여 없애는 것이다.

[out은 의견차이가 없어지는 관계를 나타낸다. 참조: iron out]

Take it easy. The problem will **sort** itself **out**.

느긋하게 생각하세요. 그 문제는 저절로 풀려 없어질 것입니다.

In Korea, working mothers have difficulty in **sorting out** child care.

한국에서 일하는 엄마들은 육아 문제해결을 찾아내는

데 어려움을 겪는다.

Last Saturday, we helped Esther **sort out** her house.

지난 토요일 우리는 에스더가 자신의 집을 정리하는 것을 도왔다.

[the house는 환유적으로 집안에 있는 물건들을 가리키고, out은 한 곳에 있는 개체들을 가려서 제자리에 펼쳐놓는(out) 것을 그린다.]

The player is eager to **sort out** the details of the contract.

그 선수는 그 계약의 세부사항들을 정리하여 매듭짓기를 간절히 바란다.

[out은 과정이 완성되는 관계를 나타낸다.]

He **sorted out** the timetable.

그는 정리해서 시간표를 만들어냈다.

2.2 sort through O

I sat down and carefully **sorted through** the *files*, and found one I was looking for.

나는 앉아서 그 파일들을 처음부터 끝까지 분류해가다 내가 찾고 있는 서류철 하나를 찾았다.

e-mail	이메일	suitcase	여행가방

SOUND 1

1. 단동사

이 동사는 소리를 내거나 소리가 나게 하는 과정을 그린다.

명사: 소리

자동사

Her voice **sounded** strange on the phone.

그녀의 목소리는 전화상에서 이상하게 들렸다.

The bell **sounded** for the end of the class.

그 종소리가 그 수업의 종료를 알렸다.

타동사

When I saw the smoke, I tried to **sound** the alarm.

그 연기를 보았을 때, 나는 그 경보기를 울리려고 했다.

we don't **sound** the 'b' in the word 'comb'.

우리는 comb에서는 b를 발음하지 않는다.

2. 구동사

2.1 sound like O

His idea **sounds like** fun.

그의 생각은 재미있게 들린다.

He **sounds like** he is very happy.

그는 매우 행복한 것처럼 들린다.

2.2 sound off

Pyeongyang **sounded off** after the president's speech at the parliament.

평양 당국은 그 대통령의 국회연설 이후에 큰소리로 불평을 했다.

[참조: mouth off]

He is **sounding off** about rising cost of living.

그는 생활비의 상승에 대해서 큰 소리로 불평하고 있다.

[off는 말이 입에서 떨어져 나오는 관계를 그린다.]

This is a free country and the people are allowed to **sound off** about the freedom of speech.

이곳은 자유국가이고, 국민은 언론의 자유에 대해서 큰 소리를 낼 수 있다.

We could hear the soldiers **sound off** before they begin training exercises.

우리는 그 군인들이 훈련 연습들을 하기 전에 점호하는 것을 들을 수 있었다.

[off는 군인들이 한 사람씩 차례로 번호를 부르는 관계를 나타낸다. 참조: number off]

The soldiers marched, **sounding off**.

그 군사들은 하나 둘 번호를 붙이면서 행군을 했다.

2.3 sound O out

The ESL students are **sounding out** English vowels.

그 영어학습자들은 영어모음을 소리 내어 천천히 발음하고 있다.

[참조: ESL(English as a second Language)]

sound out

The bell **sounded out** at midnight.

그 종이 한밤중에 크게 울렸다.

[참조: ring out]

SOUND 2

1. 단동사

이 동사는 바다나 호수의 깊이를 재는 과정을 그린다.

2. 구동사

2.1 sound O out

He has been **sounding out** Korean companies about joining the project.

그는 그 기획 사업에 가담하는 문제에 대해서 한국회사들을 타진해오고 있다.

[out은 알아내는 관계를 그린다.]

He is **sounding out** what the problem is.

그는 그 문제가 무엇인지 파악하려고 하고 있다.

I think I should **sound** her **out** about the proposal.

나는 그 제안에 대해서 그녀의 생각을 타진해서 알아볼 예정이다.

[her는 환유적으로 그녀의 마음을 가리킨다.]

S

SOUP

1. 단동사
이 동사는 엔진 등의 부분을 조작하여 성능을 높이는 과정을 그린다.
명사: 수프

2. 구동사
2.1 soup O up
Before the racing, they **souped** their cars **up**.
그 경기 전에, 그들은 그들의 차의 성능을 좋게 했다.
[up은 질이 좋아지는 관계를 나타낸다. 참조: time up]

SPACE

1. 단동사
이 동사는 물건이나 사건 등을 골고루 배치하는 과정을 그린다.
명사: 비어 있어 이용할 수 있는 공간, 우주

[타동사]

Space the posts about a metre apart.
그 말뚝들을 서로 약 1미터 간격으로 띄우세요.

2. 구동사
2.1 space O out
The *meeting* was **spaced out** with short breaks in between. (passive)
그 회의는 중간에 휴식들을 두어 시간이 늘어났다.
[out은 시간이나 공간 등이 늘어나는 관계를 나타낸다.]

match 시합	debate 토론

Space out your work through the week.
너의 작업을 늘려서 한 주간 계속되도록 해라.
He **spaced out** his appointment with the dentist, and had to make a new appointment.
그는 치과의사와의 약속을 잊어버려서 새로 예약을 만들어야 했다.

space out
During the lecture, I **spaced out** and missed out details.
나는 그 강의 중에 멍해져서 세부사항을 놓쳤다.
[out은 정신이 나가는 관계를 나타낸다. 참조: zone out]

SPARK

1. 단동사
이 동사는 무엇이 갑자기 불꽃처럼 일어나거나, 일으키는 과정을 그린다.
명사: 불꽃, 불똥

[자동사]

The car's broken muffler **sparked** as it scraped the ground.
그 차의 고장 난 머플러가 땅을 긁으면서 불똥이 일었다.
The game suddenly **sparked** to life.
갑자기 그 경기가 활기 있게 되었다.

[타동사]

The book **sparked** my interest in languages.
그 책은 여러 언어에 대한 나의 관심을 일으켰다.
Winds brought down power lines, **sparking** a fire.
강풍들이 송전선들을 내려앉으면서 화재가 발생했다.

2. 구동사
2.1 spark off
Riots **sparked off** in parts of the city.
폭동들이 그 도시 곳곳에 갑자기 터졌다.
[off는 폭동들이 일어나는 관계를 나타낸다.]

spark O off
The lighting **sparked** a fire **off**.
그 번개가 화재를 일으켰다.
The speaker **sparked off** quite a discussion.
그 연사는 대단한 토의를 일으켰다.
His speech **sparked off** *a lot of interest in the project.*
그의 연설은 그 기획 사업에 대한 많은 관심이 일어나게 했다.

a wave of protests	항의의 물결
public anger	대중의 분노

2.2 spark O up
I **sparked up** a conversation with an American on the train.
나는 그 기차에서 미국사람과 대화를 시작했다.
[up은 대화가 이루어진 상태를 나타낸다. 참조: start up]

SPATTER

1. 단동사
이 동사는 진흙, 먼지 등을 어떤 표면에 흩뿌리는 과정을 그린다.
명사: 액체 방울, 액체가 후두두 떨어지는 소리

2. 구동사
2.1 spatter O around O

The child **spattered** paint **around** the floor.
그 아이가 페인트를 그 마룻바닥 여기 저기에 튀겨놓았다.

2.2 spatter on O

The hot fat **spattered on** me.
그 뜨거운 기름이 내게 튀었다.

spatter O on O

The grease was **spattered on** the wall. (passive)
그 기름자국이 그 벽에 튀겨져 있었다.

2.3 spatter O up

The paint **spattered up** his coworker when he dropped the bucket accidently.
그가 그 바구니를 실수로 떨어뜨려서 그 페인트가 튀어나의 동료들을 얼룩지게 했다. 즉, 그 페인트가 동료에게 튀었다.

2.4 spatter O with O

The child **spattered** the wall **with** steak sauce.
그 아이가 그 벽을 스테이크 소스로 발라 놓았다.

SPEAK

1. 단동사
이 동사는 사람이 목소리로 말을 하는 과정을 나타낸다.

타동사

He can **speak** Korean.
그는 한국어를 말할 수 있다.

Speak your mind.
네 마음을 말해라.
[mind는 환유적으로 마음 속에 있는 것을 가리킨다.]

자동사

He **spoke** to us.
그는 우리에게 연설을 했다.

We **spoke** to each other on the phone.
우리는 전화로 서로 말을 했다.

2. 구동사
2.1 speak about O

Let me **speak about** Abraham Lincoln now.
이제 에이브러햄 링컨에 대해서 이야기하겠습니다.
[about은 링컨에 대한 이것저것의 뜻이다.]

2.2 speak against O

Many people are **speaking against** the mayor.
많은 사람들이 그 시장에 대해서 반대하는 말을 하고 있다. 즉, 비판하고 있다.

2.3 speak down to O

I tend to **speak down to** people over the telephone.
나는 전화상으로는 사람들에게 무시하는 투로 얘기하는 경향이 있다.

2.4 speak for O

During the dark era of the country, the poet **spoke for** the people.
그 나라의 그 어두운 시대가 계속되는 동안, 그 시인은 국민을 위해 말했다.
[for는 시인이 국민의 자리에서 말하거나 국민을 위해서 말하는 것을 나타낸다.]

I will bring in the defendant and let him **speak for** himself.
나는 그 피고인을 불러들여서, 그로 하여금 자신의 의견을 말하게 하겠다.

Speaking for myself, I am ready to cancel the performance.
내 입장을 말한다면, 나는 그 연주를 취소할 준비가 되어 있다.

Speak for yourself. I don't have the kind of problem.
너 자신을 대변해라. 나는 그러한 종류의 문제가 없다.

I can't **speak for** all the Koreans, but generally they are diligent.
나는 한국인들 전체에 대해서 말할 수 없으나, 전반적으로 그들은 부지런하다.

The latest opinion polls **speak for** themselves: 63% of Koreans think that the president is doing a good job.
최근 여론 조사들은 스스로를 말해준다. 즉, 명백하다. 63%의 국민이 대통령이 직무를 잘 수행하고 있다고 생각한다.

All the good-looking young men are already **spoken for**. (passive)
모든 잘생긴 젊은이들은 모두 예약이 되어있다. 즉, 짝이 있다.

2.5 speak of O

She wanted something that **spoke of** spring.
그녀는 봄의 존재를 알려주는 무엇인가가 필요했다.
[of는 spring 자체가 아니라 spring의 존재를 가리킨다.]

His decision to cancel the project **spoke of** a lack of courage on his part.
그 기획사업을 취소하는 그의 결정은 그의 용기 부족의 (존재를) 말해주었다.

The smell **spoke of** rocks, grease, and the harbor at the low tide.
그 냄새는 조류가 나가면 바위들, 기름, 그리고 항구의

S

존재를 말해 주었다.

The boy's behavior **speaks of** good upbringing.

그 소년의 행동은 좋은 양육의 존재를 말해준다. 즉, 반영한다.

2.6 speak off O

He usually **speaks off** the cuff.

그는 늘 생각하지 않고 즉석에서 말한다.

2.7 speak on O

He **spoke** about freedom of speech **on** a radio station.

그는 라디오 방송국에서 언론의 자유에 대해서 얘기했다.

2.8 speak out

He **spoke out** loud.

그는 큰 소리로 말했다.

Most of the Koreans under the Japanese colonial rule lived in constant fear of secret police, and dared not to **speak out** in case they were arrested.

일본식민 통치하의 대부분의 한국인들의 대부분은 비밀경찰의 끊임없는 두려움 속에서 살았다. 그래서 그들은 체포가 두려워 감히 말을 밖으로 드러나게 하지 못했다.

[out은 속마음이 밖으로 드러나게, 즉 '공공연하게' 그리고 '두려움 없이'의 뜻이다.]

speak O out

He **spoke out** his voice.

그는 그의 의견을 공공연하게 말했다.

speak out about O

She **spoke out about** sexual discrimination on national TV.

그녀는 성차별에 대해서 국영방송에 나가 마음속에 있는 것을 과감하게 털어놓았다.

speak out against O

He was one of the few politicians who **spoke out against** the *economic sanction*.

그는 그 경제제재에 공공연하게 그리고 용감하게 반대하는 몇 안 되는 정치가들 중 한 사람이다.

allegation 근거 없는 주장 travel ban 여행 금지령

The paper **spoke out against** the strike.

그 신문은 그 파업에 공공연하게 두려움 없이 반대했다.

2.9 speak to O

She **spoke to** me in a soft voice.

그녀는 부드러운 목소리로 내게 말을 했다.

The event **speaks to** the need for good communication.

그 사건은 좋은 의사소통에 대한 필요를 가리킨다.

[참조: point to]

The music **speaks to** the 1960s.

그 음악은 1960년대를 가리킨다.

The president **spoke to** the tax increases.

대통령은 그 세금 인상들을 다루었다.

Modern art just doesn't **speak to** me.

현대미술은 나에게 말하지 않는다. 즉, 현대미술은 내가 좋아하거나 이해하지 않는다.

2.10 speak up

You have to **speak up**. She's a little deaf.

너는 크게 말해야 한다. 그녀는 약간 귀가 멀었다.

[up은 소리를 크게 하는 관계를 나타낸다.]

Speak up and don't be quiet.

크게 항변하고 잠잠해져 있지 마세요.

Stand up and **speak up**.

일어서서 항변하세요.

speak up about O

They **spoke up about** the bigotry.

그들은 그 편협에 대해서 항변했다.

speak up for O

They **spoke up for** the cause.

그들은 그 대의를 위해서 크고 분명하게 말했다.

The NIS knew I was innocent, but they never **spoke up for** me at the trial.

국정원은 내가 혐의가 없음을 알았지만, 공판에서 나를 위해 크게 말하지 않았다. 즉, 나를 위해 항변하지 않았다.

[참조: NIS(National Intelligence Service)]

SPEED

1. 단동사

이 동사는 빠른 속도로 움직이는 과정을 그린다.

명사: 속도

자동사

The arrows **sped** to their mark.

그 화살들은 그 표적에 빠르게 날아갔다.

They were **speeding** on the highway.

그들은 그 고속도로에서 과속하고 있었다.

The police caught him **speeding**.

경찰이 그를 속도위반으로 잡았다.

타동사

The cab **sped** them into the centre of the city.
그 택시가 그들을 빠르게 그 시내의 중심에 데려다 주
었다.

2. 구동사
2.1 speed along O
The car **sped along** the street.
그 차는 빠른 속도로 그 길을 따라갔다.

speed O along
He **sped** the investigation **along**.
그는 그 조사를 빠르게 진척시켰다.

2.2 speed away from O
The drunken driver **sped away from** the police car.
그 음주운전자는 그 경찰차로부터 빨리 도망쳐 갔다.

2.3 speed by
Months **sped by** and soon it will be time to go back
to school.
몇 달이 휙 지나갔다. 곧 우리가 학교에 돌아갈 시간이
될 것이다.

2.4 speed off
I watched her **speed off** into the night.
나는 그녀가 갑자기 (그 장소를) 떠나 밤 속으로 빠른
속도로 들어가는 것을 유심히 보았다.

2.5 speed up
Martin, you'd better **speed up**, or you will never get
this done.
마틴, 속도를 내는 것이 좋겠다. 안 그러면 이 일을 결코
끝내지 못할 것이다.
[up은 속도의 증가를 나타낸다.]

speed O up
I'll try and **speed** *things* **up** a bit.
노력해서 모든 일들을 좀 더 빠르게 처리하겠습니다.

procedure 절차	admission 입학수속

His cooperation **sped up** our work.
그의 협조가 우리의 일을 빠르게 진행시켰다.

SPELL

1. 단동사
이 동사는 단어나 이름의 철자를 쓰는 과정을 그린다.

명사: 철자
타동사

How do you **spell** your name in Korean?
당신의 이름을 한국어로 어떻게 씁니까?
You **spelled** my name wrong.
너는 내 이름을 잘못 썼다.

2. 구동사
2.1 spell O down
Frank **spelled** everyone else **down** and won the
spelling bee.
프랭크는 그 철자 대회에서 다른 모든 이들을 꺾고 대회
에서 이겼다.
[down은 상대를 꺾는 관계를 나타낸다. 참조: beat down]

2.2 spell O out
Please **spell out** ROK. It's Republic Of Korea.
ROK를 풀어서 써 보세요. 그것은 Republic Of Korea
입니다.
[out은 이름의 철자를 다 풀어 쓰는 관계를 나타낸다.]
Please **spell out** your name.
당신의 이름을 한 자 한 자 다 써내세요.
The president **spelled out** her government reform in
a speech.
그 대통령은 어느 연설에서 정부 개혁에 대한 그녀의
생각을 상세하게 제시했다.
[out은 계획을 상세하게 제시하는 관계를 나타낸다. 참조: lay out,
set out]
How many times do I have to **spell** it **out** for you?
내가 몇 번이나 너에게 그것을 자세하게 설명해야 하니?

SPEND

1. 단동사
이 동사는 돈이나 시간을 쓰는 과정을 그린다.
타동사

I have **spent** all my money already.
난 벌써 내 돈을 다 써 버렸다.

I **spent** too much time watching television.
나는 너무 많은 시간을 텔레비전을 보는데 써버렸다.

2. 구동사
2.1 spend O for O
He **spends** most of his salary **for** food.
그는 그의 월급의 대부분을 식품을 사는데 쓴다.

2.2 spend O in O
He **spends** a lot of time **in** studying English.

S

그는 영어를 공부하는데 많은 시간을 쓴다.

2.3 spend O on O

He **spent** a lot of money **on** X–Mas gifts.
그는 많은 돈을 크리스마스 선물들에 썼다.

SPEW

1. 단동사
이 동사는 많은 양이 뿜어져 나오는 과정을 그린다.

자동사

Flames **spewed** from the aircraft's engine.
불길들이 그 비행기 엔진에서 뿜어져 나왔다.

2. 구동사
2.1 spew O out

The great chimneys are **spewing out** clouds of thick smoke and pollute the air.
그 큰 굴뚝들이 짙은 연기구름을 내뿜어서 그 지역 공기를 오염시키고 있다.

The left organization is **spewing out** lies and propaganda.
그 좌익 단체는 거짓말들과 선전들을 내뿜고 있다.

2.2 spew up

He got so drunk. He **spewed up** all over the sofa.
그는 너무 취했다. 그는 그 소파 전체에 토했다.
[up은 배에서 입으로 올라오는 관계를 그린다. 참조: throw up, vomit up, heave up]

spew O up

The fountain **spewed up** a thin stream of pure water.
그 분수는 깨끗한 물 한 줄기를 뿜어 올렸다.

SPICE

1. 단동사
이 동사는 음식에 향신료를 더하는 과정을 그린다.
명사: 양념, 향신료; 흥취, 묘미

2. 구동사
2.1 spice O up

The cook **spiced up** the chili with some peppers.
그 요리사는 그 칠리를 후추로 뿌려서 좀 더 맵게 했다.

We **spiced up** the party by playing some games.
우리는 게임들을 함으로써 그 파티를 좀 더 흥미롭게 만들었다.

He believes that real dramas can **spice up** history

lessons.
그는 현실드라마들이 역사교육을 흥미 있게 한다고 생각한다.
[up은 흥미의 증가를 그린다.]

There are hundreds of ways to **spice up** your love life.
여러분의 사랑 생활을 흥미롭게 해주는 수 백 가지의 방법이 있다.

SPIFF

1. 단동사
이 동사는 말쑥하게 하거나 멋부리는 과정을 그린다.
명사: 생산업자가 소매업자에게 주는 촉진금

2. 구동사
2.1 spiff O up

She **spiffed** herself **up**, and went out to meet up with her boyfriend.
그녀는 치장을 잘하고, 그녀의 남자친구를 만나러 나갔다.

SPIKE

1. 단동사
이 동사는 가파르게 튀어오르는 과정을 그린다.
명사: 끝이 뾰족한 금속, 못, 축구화 밑에 박힌 미끄럼 방지용 징

2. 구동사
2.1 spike up

Prices **spiked up** in recent years.
물가들이 최근 몇 년 사이에 가파르게 올랐다.

SPILL

1. 단동사
이 동사는 액체 등이 용기의 가장자리 위로 넘치거나 넘치게 하는 과정을 그린다.

타동사

Who **spilled** water on the floor?
누가 물을 그 마루에 흘렸느냐?

They **spilled** their blood for us.
그들은 그들의 피를 우리를 위하여 흘렸다.

The girls **spilled** the secret during lunch.
그 소녀들은 그 비밀을 점심을 먹는 기간에 흘렸다.

자동사

Tears **spilled** from my eyes.

눈물들이 내 두 눈에서 흘러나왔다.

2. 구동사
2.1 spill out
Some clothes spilled out of the trunk.
몇몇 옷가지들이 그 트렁크에서 삐져나왔다.
Finally after a long persuasion, the boy came spilling out.
오랜 설득 끝에 그 소년은 이야기를 쏟아내기 시작했다.
[참조: Spill the beans.]
The crowd spilled out into the street.
그 군중들이 흘러나와 그 길거리로 들어갔다.
[사람은 물로 은유화된다. 참조: flow out]
After the game, a crowd of people spilled out onto the road.
그 경기가 끝난 다음, 한 무리의 사람들이 쏟아져 나와 그 길로 갔다.

spill O out
Tip the glass over and spill out the contents.
그 유리잔을 기울여서 그 내용물을 흘러 내어라.
On the TV show, the man spilled out details of his private life.
그 TV 쇼에서, 그 남자는 자신의 사생활의 자질구레한 일들을 쏟아내었다.
Makgeolli is spilled out. (passive)
막걸리가 (사발에서) 넘쳐흘렀다.

2.2 spill over O
The river is spilling over the bank.
강물이 그 둑을 넘쳐흐르고 있다.

spill over
Make sure that the bath water doesn't spill over.
그 목욕물이 (욕조에서) 넘치지 않도록 확실히 해라.
[over는 물이 욕조의 가장자리를 넘치는 관계를 나타낸다.]
The beer rose up the glass and began to spill over.
그 맥주는 그 잔을 따라 위로 올라가서 넘치기 시작했다.

spill over into O
The fighting in Vietnam spilled over into Cambodia.
베트남에서 일어난 그 전투는 캄보디아까지 번져갔다.
[over는 전투가 베트남의 국경을 넘어가는 관계를 나타낸다.]
Years of frustration spilled over into violence.
수년에 걸친 좌절감이 (몸에서) 넘쳐 나와 폭력이 되었다.
[몸이 좌절감을 담는 그릇으로 개념화된다.]
The conflict between the two countries might spill over into a nuclear war.
그 두 나라 사이의 갈등이 넘쳐서 핵전쟁으로 번질 수 있다.

SPIN 1

1. 단동사
이 동사는 빨리 빙빙 돌거나, 돌리는 과정을 그린다.
명사: 회전, 돌기

자동사

The top spun well.
그 팽이가 잘 돌았다.
My head is spinning.
내 머리가 빙빙 돌고 있다.

2. 구동사
2.1 spin around
Jill spun around to see who was behind her.
질은 그녀 뒤에 누가 있는지 보기 위해 휙 돌았다.
[참조: wheel around]

spin O around
He spun the car around.
그는 그 차를 휙 돌렸다.
Father spun around the baby.
아빠는 그 아기를 빙빙 돌렸다.

2.2 spin down O
A few ants spun down the drain.
몇 마리의 개미들이 빙빙 돌면서 그 배수구 밑으로 들어갔다.
We spun down the tray.
우리는 그 길을 빙글빙글 돌면서 내려갔다.

spin down
A few yellow leaves, blown loose, spun down.
바람에 떨어진 몇 개의 노란 잎들이 빙글빙글 돌면서 내려오고 있다.

2.3 spin O off
The propeller spun one of its blades off and then it fell apart all together.
그 프로펠러는 그 날개 중 하나가 돌다가 튕겨서 떨어져 나왔고 이어서 그것이 전부 해체되었다.
[off는 날개가 동체에서 떨어져 나오는 관계를 나타낸다.]
The space program has spun off a number of new technology.
그 우주계획은 많은 신기술들을 파생시켰다.

S

[off는 우주 프로그램에서 새 기술이 떨어져 나오는 관계를 그린다.]

The bank is planning to **spin off** two new branches.
그 은행은 두 새 지점들을 만들기를 계획하고 있다.

spin off

The blade of the lawn mower **spun off**, but luckily no one was injured.
그 제초기의 날이 빙빙 돌다 몸체에서 떨어져 나갔으나, 다행히 아무도 다치지 않았다.

[off는 날이 제초기에서 떨어져 나오는 관계를 나타낸다.]

spin off from O

The company has **spun off from** the SS group.
그 회사는 SS 그룹에서 떨어져 나왔다.

2.4 spin out

Cars are **spinning out** (of control) on the icy road.
차들이 그 빙판길에서 통제력을 잃고 마구 돌고 있다.

SPIN 2

1. 단동사
이 동사는 솜 등을 털어서 실을 만드는 과정을 그린다.

타동사

The spider is **spinning** a web.
그 거미가 거미줄을 치고 있다.

The cotton is **spun** into thread and then woven. (passive)
그 솜은 실로 자아져서 천이 되었다.

2. 구동사
2.1 spin O out

We have only 4 days' work and we are going to **spin** it **out**.
우리는 4일치 일밖에 남지 않아서 우리는 이것을 매우 천천히 할 것이다.

[out은 일을 연장시키는 관계를 나타낸다.]

Why did they **spin out** the graduation ceremony for such a long time?
그들이 왜 그 졸업식을 이처럼 길게 *끄느냐?*

[out은 졸업식의 길이를 늘리는 관계를 나타낸다. 참조: draw out]

SPIRAL

1. 단동사
이 동사는 나선형을 그리며 움직이는 과정을 그린다.
명사: 나선, 나선형, 비유적으로 소용돌이

2. 구동사
2.1 spiral down

The plane **spiraled down** to the ground.
그 비행기는 나선형을 그리며 땅으로 내려왔다.

spiral down O

The trail **spirals down** the mountain.
그 소로는 그 산을 따라 나선형을 그리며 내려간다.

2.2 spiral out of O

Prices are **spiraling out of** control.
물가들이 걷잡을 수 없이 급등하고 있다.

2.3 spiral up O

The black smoke **spiraled up** the sky.
그 검은 연기가 하늘 위로 나선형을 그리며 올라갔다.

SPIRIT

1. 단동사
이 동사는 몰래 사람이나 무엇을 이동시키는 과정을 그린다.
명사: 정신, 영혼; 기분, 마음

2. 구동사
2.1 spirit O away

After the press conference, the president was **spirited away** in a limousine. (passive)
그 기자회견이 끝나자, 대통령은 리무진에 실려 급히 몰래 그 자리에서 옮겨졌다.

After the concert, the band was **spirited away** before their fans could get near them. (passive)
콘서트가 끝나자 그 밴드는 팬들이 가까이 가기도 전에 재빨리 몰래 자리를 뜨게 되었다.

SPIT

1. 단동사
이 동사는 침 등을 입에서 뱉는 과정을 그린다.
명사: 뱉기

자동사

He coughed and **spat**.
그가 기침을 하고 침을 뱉었다.

2. 구동사
2.1 spit at O

The angry crowd cursed and **spat at** the prisoner as he was being taken back to jail.
그 화난 군중은 그 죄수가 감옥으로 다시 끌려 들어갈

때 그에게 저주를 하고 침을 뱉었다.

2.2 spit O in
He opened the toilet and **spat in** his gum.
그는 변기를 열고 껌을 그 속에 뱉어 넣었다.

2.3 spit O into O
He **spat** his gum **into** the toilet.
그는 그의 껌을 그 변기에 뱉어내었다.

2.4 spit on O
He **spat on** her.
그는 그녀에게 침을 뱉었다.
[on의 목적어는 피해자이다. 이 문장에서 spit은 정신적 침이다.]

spit O on O
Don't **spit** your gum **on** the pavement.
너의 껌을 그 보도에 뱉지 마세요.

2.5 spit O out
He bit off a bit of melon and **spat out** the seeds.
그는 수박 한 조각을 베어 내어서, 그 씨들을 뱉어내었다.
[out은 씨가 입에서 나오는 관계를 나타낸다.]
He **spat out** the words like bullet.
그는 그 말들을 총알같이 내뱉었다.
"Come here," he **spat** it **out**.
"이리 와"라고 그는 말을 뱉어내었다.

spit out
"Don't touch me!" She **spat out**, turning to face him.
"나 건드리지 마!" 라고 그녀는 그를 맞보려고 돌아서면서 성이 나서 말을 했다.

2.6 spit O up
She **spat up** the phlegm.
그녀는 그 가래를 뱉어 올렸다.
[up은 속에서 입으로 올라오는 관계를 그린다.]
If you are **spitting up** blood, you should see a doctor immediately.
네가 피를 토해 올리면, 너는 바로 의사를 봐야 한다.

spit up
The baby **spat up** on my pants.
그 아기가 내 바지에 토했다.
[up은 먹은 것이 올라오는 관계를 나타낸다. 참조: throw up, vomit up]
The food was so bad, she was afraid she would **spit up**.

그 음식이 너무 나빠서 그녀는 토할까봐 겁이 났다.

SPLASH

1. 단동사
이 동사는 물 등이 철벅거리거나, 철벅거리게 하는 과정을 그린다.

2. 구동사
2.1 splash around
Some children are **splashing around** in the river.
몇몇 아이들이 그 강에서 물을 첨벙첨벙 튀기고 있다.
Some water is **splashing around** in the bucket.
약간의 물이 그 바켓 안에서 출렁거리고 있다.

2.2 splash down
The spacecraft is due to **splash down** in the Pacific Ocean today.
그 우주선은 오늘 태평양에 물을 튀기면서 내리 닿을 예정이다.
[down은 우주선이 공중에서 바다로 내려오는 관계를 가리킨다.]

2.3 splash O on O
He **splashed** cold water **on** his face.
그는 찬물을 그의 얼굴에 끼얹었다.

2.4 splash onto O
Water **splashed onto** the floor.
물이 그 바닥 위로 철벅 떨어졌다.

2.5 splash out
I felt like **splashing out** a bit.
나는 돈을 펑펑 쓰고 싶었다.
[out은 돈을 많이 쓰는 관계를 나타낸다. 참조: lay out, lash out, spend out, splurge out]

splash out on O
He **splashed out on** a *new car*.
그는 새 차에 많은 돈을 썼다.

computer 컴퓨터	smart phone 스마트폰

SPLATTER

1. 단동사
이 동사는 물, 페인트, 흙탕물이 튀거나 튀기는 과정을 그린다.

S

2. 구동사
2.1 splatter O with O
He **splattered** his co-worker **with** red paint.
그는 그의 동료를 붉은 페인트로 튀겼다.
The walls were **splattered with** mud. (passive)
그 벽들은 진흙으로 튀어 있었다.

SPLIT

1. 단동사
이 동사는 세차게, 두 부분으로, 길게 가르거나 갈리 과정을 나타낸다.

타동사

Mom **split** a sausage bun.
엄마가 소시지용 빵 하나를 세로로 잘랐다.
We **split** the cost of the trip.
우리는 그 여행비용을 갈랐다.

자동사

The board **split** when I hammered in a nail.
그 판자는 내가 못을 두드려 넣자 갈라졌다.

2. 구동사
2.1 split apart
The families **split apart** during the war.
그 가족들은 그 전쟁 동안 뿔뿔이 흩어졌다.

2.2 split O away from O
The wind **split away** the door **from** the frame.
그 바람이 그 문을 그 문틀에서 떨어져 나가게 했다.

split away from O
England is going to **split away from** the EU.
영국은 EU에서 떨어져 나오려고 한다.

2.3 split O into O
Jeff **split** the log **into** four parts.
제프는 그 통나무를 네 조각으로 갈랐다.

split into O
The river **split into** channels.
그 강은 수로들로 갈라진다.

2.4 split O off O
Dave **split** a piece of wood **off** the log to use for kindling.
데이브는 불쏘시개로 쓰기 위해서 그 통나무에서 나무 한 조각을 잘라냈다.

split O off

He **split off** small pieces of woods.
그는 작은 나무토막들을 (어떤 덩어리에서) 갈라내었다.
[off는 작은 조각이 덩어리에서 분리되는 관계를 나타낸다.]
The firm has been planning to **split off** the sales division.
그 회사는 그 판매부를 갈라서 떼어낼 계획을 세워오고 있다.
[off는 판매부가 전체에서 떨어지는 관계를 그린다.]

split off
A giant iceberg **split off** and floated down.
큰 빙산이 떨어져 나와 떠내려갔다.

split off from O
Some dissidents **split off from** the Democratic party to form a new party.
몇몇 불만분자들이 새 정당을 세우기 위해서 민주당에서 갈라져 나왔다.

2.5 split up
The class was too big and we **split up** into three small groups.
반이 너무 커서 우리는 세 개의 작은 반으로 갈라졌다.
[up은 갈라진 결과를 나타낸다. 참조: break up]
My parents **split up** two years ago.
나의 부모들은 2년 전에 완전히 갈라섰다.
[참조: break up]
She **split up** with her boyfriend.
그녀는 그녀의 남자친구와 완전히 갈라섰다.

split O up
We **split up** the project into stages.
우리는 그 기획사업을 몇 단계들로 나누었다.
Little argument **split up** the band.
작은 말다툼이 그 밴드를 갈라놓았다.
The public railway company was **split up** for privatization. (passive)
그 공영 철도회사는 민영화를 위해서 갈라졌다.

2.6 split O with O
Will you **split** your candy bar **with** me?
너는 너의 막대사탕을 나와 나눌래?
[참조: share with]

SPLURGE

1. 단동사
이 동사는 돈을 물 쓰듯 쓰는 과정을 그린다.

2. 구동사

2.1 splurge on O
He splurged on X-mas gifts.
그는 크리스마스 선물들을 사는 데 돈을 많이 썼다.
He splurges on a famous performances on the road.
그는 여행 중에는 유명한 공연에 돈을 많이 쓴다.

2.2 splurge out on O
He splurged out on a new car.
그는 새 차에 많은 돈을 썼다.
[out은 많은 돈이 나가는 관계를 나타낸다. 참조: lay out, spend out]

SPONGE

1. 단동사
이 동사는 걸레나 스펀지 등으로 물을 빨아드리는 과정을 그린다.
명사: 스펀지

> 타동사

She sponged his hot face.
그녀가 그의 뜨거운 얼굴을 젖은 수건으로 닦아 주었다.

2. 구동사

2.1 sponge O down
She sponged down all the walls and cleansed off graffiti.
그녀는 그 모든 벽을 스펀지로 닦아내고, (벽에 있는) 낙서들을 긁어내었다.
[down은 씻는 과정의 위에서 아래로 철저하게 닦는 관계를 나타낸다. 참조: hose down, wash down]

2.2 sponge off O
He is sponging off his rich uncle.
그는 돈 많은 삼촌에게 기생한다.
[uncle은 환유적으로 삼촌이 가진 것을 가리키고, off는 돈 등이 삼촌에게서 나오는 관계를 나타낸다. 참조: feed off, live off]
He spent his life sponging off his relatives.
그는 친척들에게 빌붙어서 평생을 보냈다.

sponge O off O
She tried to sponge wine off her dress.
그녀는 와인을 그 옷에서 스펀지로 닦아내려고 했다.

2.3 sponge on O
He sponges on his mother.
그는 엄마에게 기대어 산다.

2.4 sponge O up
Please sponge up the water on the kitchen floor.
그 부엌 바닥에 있는 그 물을 스펀지로 빨아올리세요.
[up은 물이 스펀지로 올라가는 과정을 그린다.]

SPOON

1. 단동사
이 동사는 숟가락으로 음식 등을 뜨는 관계를 나타낸다.
명사: 숟가락

2. 구동사

2.1 spoon O out
At the cafeteria, he spooned out rice and peas.
그 카페테리아에서 그는 밥과 완두콩을 숟가락으로 떠서 나누어주었다.
[out은 밥과 콩이 여러 사람에게 가는 관계를 그린다.]

2.2 spoon O into O
Spoon the mixture into glasses.
그 혼합물을 숟가락으로 떠서 유리잔들에 넣어주세요.

2.3 spoon O over O
She spooned the sauce over the chicken pieces.
그녀는 스푼으로 소스를 떠서 그 닭고기 조각들 전체에 끼얹었다.

SPORT

1. 단동사
이 동사는 함께, 같이 즐겁게 노는 과정을 그린다.
명사: 스포츠[운동]; 재미, 장난

2. 구동사

2.1 sport with O
The puppy sported with a ball.
그 강아지가 그 공을 가지고 놀았다.

SPOUT

1. 단동사
이 동사는 물이나 불이 빠르고 세차게 나오는 과정을 그리고, 말을 지루하고 귀찮게 지껄이는 과정을 그린다.
명사: 주전자 등의 주둥이

> 타동사

The wound was still spouting blood.
그 상처가 아직도 피를 내뿜고 있다.

S

2. 구동사

2.1 spout off about O

The old man is **spouting off about** his good old days.
그 노인은 그리운 옛날에 대해서 계속 지루하게 말을 하고 있다.
[off는 말이 입에서 계속해서 나오는 관계를 나타낸다. 참조: mouth off, sound off]
He is always **spouting off about** being a vegetarian.
그는 항상 채식주의자인 것에 대해 지껄여 댄다.

2.2 spout on about O

The veteran keeps **spouting on about** the war in Vietnam.
그 참전용사는 월남전에 대해 얘기를 계속한다.
[on은 말을 계속하는 관계를 나타낸다.]

SPRAWL

1. 단동사

이 동사는 팔다리를 아무렇게 벌리거나, 건물들이 넓은 영역에 볼품없이 퍼지는 과정을 그린다.
명사: 제멋대로 뻗어나가기[나간 것]

자동사

Something hit her and sent her **sprawling** to the ground.
뭔가가 그녀를 쳐서 그녀는 땅바닥에 큰 대자로 뻗어 버렸다.

2. 구동사

2.1 sprawl about

He **sprawled about**, loafing the afternoon away.
그는 그 오후 시간을 빈둥거리며 보내며 널부러져 있었다.

2.2 sprawl across O

An industrial estate **sprawled across** the valley.
산업단지가 그 계곡을 가로질러 펼쳐져 있다.

2.3 sprawl out

He **sprawled out** on the sofa.
그는 소파 위에 사지를 뻗고 누웠다.
[out은 팔다리가 벌어진 관계를 나타낸다. 참조: lay out, spread out]

SPRAY

1. 단동사

이 동사는 물 등을 뿌리거나 살포하는 과정을 그린다.

명사: 물보라, 스프레이, 분무

타동사

Mary **sprayed** paint on the wall.
메리가 페인트를 그 벽에 뿌렸다.

자동사

Pieces of glass **sprayed** all over the room.
유리 조각이 그 방 안 전체에 흩뿌려졌다.

2. 구동사

2.1 spray O at O

The police **sprayed** the water **at** the demonstrators.
경찰이 물을 그 시위자들에게 뿌렸다.

2.2 spray O down

He **sprayed** the horse **down** with water.
그는 물로 그 말을 뿌려서 씻어 내렸다.
[참조: wash down, rub down]
Please **spray down** the floor with water.
그 마루를 물을 뿌려 씻어내세요.

2.3 spray O onto O

The fireman **sprayed** water **onto** the fire.
그 소방수가 물을 그 불에 대고 뿌렸다.
Spray the conditioner **onto** your wet hair.
그 헤어컨디셔너를 당신의 젖은 머리에 대고 뿌리시오.

2.4 spray O out

The sprinkler **sprays out** 10 liters of water per a minute.
그 살수기는 매 분 10리터의 물을 뿜어낸다.

2.5 spray O with O

The elephant **sprayed** the tourists **with** water.
그 코끼리가 그 관광객들에 물을 뿌렸다.

SPREAD

1. 단동사

이 동사는 펼치거나 펼쳐지는 과정을 그린다.

타동사

She **spread** the table cloth on the table.
그녀는 그 식탁보를 그 식탁 위에 펼쳤다.
The eagle **spread** its wings.
그 독수리가 날개들을 폈다.
Flies **spread** diseases.
파리들은 병들을 전파한다.
She **spread** the bread with jelly.
그녀는 그 빵을 젤리로 발랐다.

She **spread** the table.
그녀는 그 밥상을 차렸다. 즉, 밥상에 그릇을 펼쳐놓았다.

자동사

Rumors **spread** quickly.
소문들은 빨리 퍼진다.

The wide green rice fields **spread** before us.
그 넓은 초록색의 논들이 눈앞에 펼쳐졌다.

2. 구동사

2.1 spread across O

The news **spread across** the Internet.
그 뉴스는 인터넷 전체에 퍼졌다.

2.2 spread O around O

Spread the *cream* **around** the bread.
그 크림을 그 빵 전체 펴 발라라.

butter 버터	jam 잼

spread O around

We **spread** the seeds **around** so that they can dry quickly.
우리는 그 씨앗들을 이리저리 펼쳐놓아 빨리 마를 수 있게 했다.

He is **spreading around** the *news*.
그는 그 소식을 이곳저곳 전하고 있다.

rumor 소문	disease 질병

2.3 spread down O

The river **spread down** the hill.
그 강은 그 언덕 아래로 펼쳐졌다.

2.4 spread O out

Spread out the map on the table and try to locate Seoul on it.
그 지도를 그 탁자 위에 펼쳐놓고 그 지도 위에 서울의 위치를 찾아보아라.
[out은 접혀있던 지도가 펼쳐지는 상태로의 변화를 나타낸다.]

The police officer ordered him to **spread out** his legs.
그 경찰관은 그에게 그의 다리를 벌리라고 했다.
[out은 두 다리 사이가 벌어지는 상태를 나타낸다.]

Mom **spread out** all the food on the table.
엄마는 그 모든 음식을 그 식탁 위에 펼쳐놓았다.
[out은 음식들이 상위에 펼쳐지는 관계를 나타낸다. 참조: lay out, set out]

spread out

From the top of *Mt. Namsan*, we can see the lights

of Seoul **spread out** below us.
남산 꼭대기에서 우리는 서울의 불빛들이 우리 아래쪽에 펼쳐지는 것을 볼 수 있다.
[위에서 불빛이 실제로 펼쳐지는 것은 아니지만, 우리의 눈길이 불빛들을 따라 옮아가면 펼쳐지는 것으로 풀이될 수 있다.]

A bright new world **spread out** before her.
찬란한 신세계가 그녀의 앞에 펼쳐져 있었다.

The platoon leader ordered his men to **spread out** and search the mountain.
그 소대장은 그의 부하들에게 넓게 펼쳐서 그 산들을 수색하라고 명령했다.
[참조: fan out]

Shock waves **spread out** from the epicenter of the earthquake.
충격파들이 그 지진의 진원에서 밖으로 퍼져나갔다.
[out은 밖으로 퍼져나가는 관계를 나타낸다.]

fire 불	herd 소 떼
refugees 피난민	

spread out into O

People **spread out into** the stadium.
사람들이 흩어져서 그 스타디움으로 들어갔다.

spread O out over O

The baby's toys are **spread out** all **over** the floor. (passive)
그 아기의 장난감들이 그 마루 전체에 널려있었다.

You can **spread out** your payment **over** three months and pay a little each month.
당신은 그 지불금을 3개월에 걸치게 하고 한 달에 조금씩 낼 수 있습니다.
[out은 지불기간이 연장되는 관계를 나타낸다.]

2.5 spread O over O

The payment can be **spread over** next three months.
그 지불금은 다음 3개월에 걸쳐서 지불될 수 있다.

The Korean football championships are **spread over** 6 months.
한국 축구 선수권 게임은 6개월에 걸쳐 펼쳐진다. 즉, 6개월 동안 진행된다.

2.6 spread to O

The disease finally **spread to** the area.
그 질병이 그 마을까지 퍼졌다.

2.7 spread O with O

Using the roller, Judy **spread** the wall **with** a thick coat

of pink paint.
그 롤러를 사용해서, 주디는 그 벽을 핑크색의 두터운
페인트로 발랐다.

SPRING

1. 단동사
이 동사는 갑자기 빠르게 어떤 방향으로 뛰어서 움직이는
과정을 그린다.

자동사

I sprang to my feet.
나는 벌떡 일어났다.
The door sprang shut behind him.
그 문이 그의 뒤에서 휙 닫혔다.
A town sprang south of the river.
한 읍내가 그 강의 남쪽에 생겨났다.

2. 구동사
2.1 spring at O
The cat sprang at me, but could not sink in its claws.
그 고양이는 나에게 갑자기 덤벼들었으나, 발톱들을 내
게 찔러 넣지 못했다.
[at은 공격의 의미를 갖는다. 참조: come at, get at, run at]

2.2 spring back
The branch sprang back and hit me in the face.
그 가지가 제자리로 튕기면서 나의 얼굴을 쳤다.
[back은 가지가 당겨져 있다가 제자리로 돌아가는 관계를 나타
낸다.]
The rubber sprang back.
그 고무가 빠르게 제자리로 돌아왔다.

2.3 spring for O
I will spring for a pizza if you go and pick it up.
네가 가서 피자를 가져오면 내가 피자 값을 얼른 내겠다.
[for는 내가 피자를 얻는 관계이다. 참조: pay for]

2.4 spring from O
The plant springs from a seed.
식물은 씨에서 생겨난다.
Many of her ideas sprang from her own experiences.
그녀의 생각의 많은 것은 그녀 자신의 경험들에서 솟아
났다.
[from은 원천을 가리킨다.]
The idea of this novel sprang from his travel to India.
그 소설의 생각은 그의 인도여행으로부터 생겨났다.
Where did you spring from? I thought you are out of
town.

너 어디에서 갑자기 뛰어왔니? 나는 네가 읍내를 떠나
있다고 생각했었다.

2.5 spring O on O
His wife does not know about his promotion. I plan
to spring it on her.
그의 아내는 그의 승진에 대해서 모른다. 그는 그것을
아내에게 던져줄려고 한다. 즉, 아내를 놀라게 하려고
한다.
[on의 목적어는 놀라움으로 영향을 받는 사람이다.]
Please don't spring any more demand on me.
더 많은 요구를 내게 씌우지 마세요.
Troops were forced to flee back when rebels sprang
an ambush on them.
부대원들은 반군들이 그들을 잠복으로 깜짝 놀라게 했
을 때, 뒤로 도망치지 않을 수 없었다.

2.6 spring out O
I was afraid that something would spring out at me,
so I opened the cupboard carefully.
나는 무언가가 갑자기 튀어나와 내게 덤빌 것 같아서,
그 찬장 문을 조심스럽게 열었다.
[out은 안에서 밖으로 나오는 관계를, at은 공격의 의미를 갖는다.
참조: jump out at]

2.7 spring up
Joe sprang up with joy when he heard that he passed
the exam.
조는 그가 그 시험을 통과했다는 소식을 듣자 기쁨에
벌떡 뛰어 올랐다.
Clouds of dust sprang up when the truck passed by.
먼지 구름들이 그 트럭이 지나가자 일었다.
Many wild flowers sprang up on the field.
많은 야생화들이 그 들판 위에 솟아났다.
Coffee shops are springing up everywhere in Seoul.
커피집들이 서울 도처에서 갑자기 생겨나고 있다.
[up은 없는 것이 생겨나 있는 상태를 나타낸다.]

spring up from O
Korea has sprung up from ruins.
한국은 폐허에서 일어나 있다.

SPRINKLE

1. 단동사
이동사는 작은 물방울이나 물건 등을 뿌리는 과정을 그린다.

타동사

Sprinkle chocolate on top of the cake.

초콜릿을 그 케이크 맨 위에 뿌리세요.

자동사

It's only **sprinkling**. We can still go out.

비가 약간 보슬보슬 뿌리는 정도야. 우리는 아직 외출할 수는 있겠다.

2. 구동사

2.1 sprinkle down on O

Bits of twigs **sprinkled down on** my head.

잔가지 조각들이 내 머리에 쏟아져 내렸다.

2.2 sprinkle O in

Sprinkle in some ground garlic.

간마늘을 조금 뿌려 넣으세요.

[참조: put in, throw in]

2.3 sprinkle O onto O

The priest **sprinkled** the water **onto** the baby.

그 신부님은 그 성수를 그 아기에게 뿌렸다.

2.4 sprinkle O with O

The rain **sprinkled** us **with** a few drops of water and went away.

그 비는 우리에게 몇 방울을 뿌리고 지나갔다.

SPRINT

1. 단동사

이 동사는 짧은 거리를 매우 빠르게 뛰는 과정을 그린다.

명사: 스프린트 경기

2. 구동사

2.1 sprint across O

He **sprinted across** the field.

그는 그 들판을 가로질러 빠르게 달렸다.

2.2 sprint along O

He **sprinted along** the road.

그는 그 길을 따라서 빠르게 달렸다.

2.3 sprint up O

He **sprinted up** the stairs.

그는 그 계단을 재빨리 뛰어 올라갔다.

SPROUT

1. 단동사

이 동사는 잎이나 싹이 돋아나는 과정을 그린다.

명사: 싹

자동사

New leaves **sprout** from the trees in spring.

새 잎들은 봄에 그 나무들에서 싹튼다.

타동사

The town has **sprouted** shopping malls in recent years.

그 읍내는 최근 많은 쇼핑몰들을 생기게 했다.

2. 구동사

2.1 sprout up

The seeds **sprouted up** in the warm temperature.

그 씨앗들은 그 따뜻한 기온에서 싹을 틔워 올린다.

A lot of coffee shops have **sprouted up** all over the city.

많은 커피숍들이 그 시 전역에 갑자기 생겨났다.

[up은 커피숍이 생겨나서 존재해 있는 관계를 그린다. 참조: spring up, pop up, open up]

SPRUCE

1. 단동사

이 동사는 모양 등을 말쑥하게 하는 과정을 그린다.

형용사: 사람이나 장소가 말쑥한, 깔끔한

2. 구동사

2.1 spruce O up

How often do you **spruce up** your room?

얼마나 자주 당신은 당신의 방을 단장합니까?

Before going out, Grace's mom **spruced up** her daughter.

외출을 나가기 전에, 그레이스의 엄마는 딸을 치장했다.

[up은 상태가 좋아지는 관계를 나타낸다.]

She **spruced** herself **up** for the new job.

그녀는 새 일을 위해 스스로를 단장했다.

The artist **spruced up** the worn down building, and turned it into a studio.

그는 그 낡은 건물을 잘 치장해서 그것을 스튜디오로 바꾸었다.

SPUR

1. 단동사

이 동사는 말이나 사람들을 격려하여 성공하게 하는 과정을 그린다.

명사: 박차, 자극제, 원동력, (산, 언덕의) 돌출부

타동사

The agreement is essential to **spurring** economic

S

growth around the world.

그 합의는 세계 전역의 경제 성장에 박차를 가하는 데 필수적이다.

2. 구동사

2.1 spur O on

He **spurred** his horse **on**.

그는 박차를 가하여 그의 말이 계속 뛰어가게 했다.

[on은 주어진 동작이 계속되는 관계를 나타낸다.]

He was tired, but he **spurred** himself **on**.

그는 지쳐 있었으나 자신에게 박차를 가하여 계속해서 나아갔다.

[참조: cheer on, urge on]

spur O on to O

Her difficult childhood **spurred** her **on to** succeed.

그녀의 힘들었던 어린 시절이 그녀를 성공으로 이끈 원동력이었다.

SPURT

1. 단동사

이 동사는 액체 등이 갑자기 그리고 빠르게 뿜어 나오는 과정을 그린다.

명사: 분출, 용솟음침, 분발

자동사

Oil is **spurting** from a crack in the pipe.

기름이 그 파이프의 틈새로부터 세차게 뿜어 나오고 있다.

2. 구동사

2.1 spurt out from O

Blood **spurted out from** the wound.

피가 그 상처에서 확 뿜어져 나왔다.

2.2 spurt toward O

The runner **spurted toward** the finishing line.

그 달리기 선수가 그 결승선을 향해서 빠르게 뛰었다.

SPUTTER

1. 단동사

이 동사는 기계 등이 푸드덕푸드덕 소리를 내는 과정을 그린다.

자동사

The engine **sputtered** as the truck climbed up the hill.

그 트럭이 그 오르막을 오르자 그 엔진은 푸드덕푸드덕 소리를 냈다.

2. 구동사

2.1 sputter out

The motor **sputtered out**.

그 발동기가 푸드덕거리다 꺼져 버렸다.

[out은 기계 등의 작동이 멈추는 관계를 나타낸다.]

SQUABBLE

1. 단동사

이 동사는 중요하지 않은 일을 두고 오랫동안 옥신각신 다투는 과정을 그린다.

2. 구동사

2.1 squabble about O

The children are **squabbling about** the ball.

그 아이들이 그 공에 대해서 옥신각신하고 있다.

2.2 squabble over O

The workers are **squabbling over** the workload.

그 노동자들은 그 작업량을 두고 다투고 있다.

My sisters were **squabbling over** what to watch on TV.

우리 언니(누나 / 여동생)들은 TV에서 뭘 볼 것인지를 두고 티격태격 다투고 있었다.

SQUARE

1. 단동사

이 동사는 두 개체를 똑바르게 하거나 평행하게 하는 과정을 그린다.

명사: 정사각형

타동사

He **squared** the stone.

그는 그 돌을 네모꼴로 만들었다.

He **squared** the surface.

그는 그 표면을 평평하게 했다.

He **squared** the account.

그는 그 계산을 정산했다.

5 **squared** is 25.

5의 제곱은 25이다.

2. 구동사

2.1 square O away

I will **square** her **away** on the operation of the camera.

나는 그 카메라 작동법에 대해서 그녀가 이해할 때까지 설명할 것이다.

[참조: explain away]

Once your work is all **squared away**, you can go.

(passive)

일단 너의 일이 마지막 부분까지 잘 정리되면 가도 좋다.
[away는 일이 점차로 처리되어 없어지는 관계를 나타낸다.]

I am trying to **square away** the arrangements for tonight's meeting.

나는 오늘 저녁 모임 준비들을 마치려고 하고 있다.

I don't think I can spend so much money on a piece of clothing — I just can't **square** it **away** with my conscience.

나는 옷 한 벌 사는데 그렇게 많은 돈을 쓸 수 있을 것 같지 않다. 나는 그것을 내 양심과 조화시킬 수 없다.

When I take a day off, I usually **square** it **away** with my manager first.

나는 하루 쉴 때, 먼저 내 매니저와 정리를 한다.

2.2 square O off

Please **square off** this corner.

이 모서리를 반듯하게 다듬어주세요.
[off는 모서리가 잘려나가는 관계를 나타낸다.]

square off

The Dodgers and the Rangers **square off** in the final on Sunday.

다저스와 레인저스가 일요일에 결승전 대결을 한다.
[off는 거리를 두고 대치하고 있는 관계를 나타낸다. 참조: face off, stand off]

square off against O

The police **squared off against** the demonstrators.

경찰이 그 시위자들과 대치했다.

square off with O

The president will **square off with** legislators over the tax reduction.

대통령은 그 세금 감면 문제에 대해서 국회의원들과 대결할 것이다.

2.3 square O up

Can you **square up** this box a little better?

이 상자를 좀 더 똑바르게 할 수 있겠니?

He **squared up** the picture on the wall and nailed it.

그는 그 사진을 벽에 똑바로 하고서 못질을 했다.

square up

Police and demonstrators are **squaring up** to each other.

경찰과 시위자들이 맞서고 있다.

EU and USA **squared up** for another dispute over trade restrictions.

유럽연합과 미국이 무역 제한들에 대한 또 하나의 문제로 맞서고 있다.

square up to O

Carl **squared up to** the mirror and studied himself carefully.

칼은 그 거울 앞에 다가가서 자신을 똑바로 보고 자신을 살펴보았다.
[up은 칼이 거울에 다가가는 관계를 나타낸다.]

The prisoners **squared up to** the guards and demanded better treatment.

그 죄수들은 그 간수들에 맞서 다가가 좀 더 나은 처우를 요구했다.
[참조: stand up to, face up to]

A small mouse **squared up to** a cat.

작은 쥐 한 마리가 고양이에게 맞섰다.

2.4 square with O

Your story does not **square with** the fact.

너의 이야기는 그 사실과 맞지 않는다.

He **squared with** Ronald.

그는 로날드와 화해를 했다.
[참조: clear with]

SQUASH

1. 단동사

이 동사는 무언가를 눌러서 납작하게 하는 과정을 그린다.

타동사

The tomatoes at the bottom of the bag were **squashed**. (passive)

그 봉지 아래쪽에 있던 토마토들은 으깨져 있었다.

If parents don't answer children's questions, their natural curiosity will be **squashed**. (passive)

부모들이 자녀들의 질문들에 대답을 해 주지 않으면 그들의 자연스러운 호기심은 억압당한다.

2. 구동사

2.1 squash O down

He **squashed down** the ice cream to take out the air.

그는 그 공기를 빼어내기 위해서 그 아이스크림을 꼭꼭 내리 다졌다.

Who **squashed down** my hat?

누가 내 모자를 눌러서 납작하게 했니?

2.2 squash O in

Who **squashed in** my hat?

S

누가 내 모자를 쭈그러들게 했는가?
[in은 모자가 안으로 쭈그러든 관계를 나타낸다.]

2.3 squash into O
The school building has burned down, and the pupils
have to **squash into** an old warehouse.
그 학교 건물이 불에 타 폭삭 타버려 앉아서, 학생들은
낡은 창고로 비집고 들어가야 한다.
We all **squashed into** the back of the car.
우리는 그 자동차 뒷좌석에 모두 밀고 들어가 앉았다.
[참조: squeeze in]

2.4 squash O up
The big bus **squashed up** the small cars.
그 큰 버스가 작은 차들을 완전히 깔아뭉갰다.
The others **squashed up** against Ken.
다른 사람들이 켄을 밀어붙였다.

SQUAT

1. 단동사
이 동사는 쭈그리고 앉는 과정을 그린다.
명사: 쪼그리고 앉은 자세
자동사
The campers **squatted** next to the campfire.
그 야영하는 이들은 그 캠프파이어 주위에 쭈그리고 앉
았다.

2. 구동사
2.1 squat down
The child **squatted down** and patted the dog.
그 아이는 쭈그리고 앉아서 그 개를 어루만졌다.
He **squatted down** next to me.
그는 내 옆에 쭈그리고 앉았다.
He dropped his smart phone, and **squatted down** to
pick it up.
그는 그의 스마트폰을 떨어뜨려서 그것을 집어 들려고
쭈구려 앉았다.

SQUEAK

1. 단동사
이 동사는 쥐 등이 찍찍거리는 소리를 내는 과정을 그린다.
또한 시험 등을 간신히 통과하는 과정을 그린다.
자동사
The mouse ran away, **squeaking** with fear.
그 생쥐는 두려움에 찍찍거리며 달아났다.

2. 구동사
2.1 squeak by
My friend did well on the test, but I barely **squeaked**
by.
내 친구는 그 시험을 잘 치렀으나, 나는 간신히 합격했다.
[참조: scrage by]

2.2 squeak through O
He **squeaked through** the comprehensive
examination.
그는 간신히 그 종합시험을 통과했다.
[참조: scrage through]

2.3 squeak into O
We **squeaked into** the final with a goal in the last
minute.
우리는 마지막 순간에 한 골을 넣어 간신히 그 결승전에
진출했다.

SQUEAL

1. 단동사
이 동사는 높고 길게 비명소리를 내는 과정을 그린다.
자동사
Children were running around **squealing** with
excitement.
아이들이 신이 나서 꺄악 소리를 지르며 마구 뛰어다녔다.

2. 구동사
2.1 squeal on O
He **squealed on** his friend for using drugs.
그는 그의 친구가 마약들을 쓴 데 대해서 고자질했다.
[참조: fink on, grass on, rat on]

squeal on O to O
Jeff **squealed on** Charlie **to** his teacher.
제프는 찰리를 선생님에게 고자질했다.

2.2 squeal with O
The baby **squealed with** delight when he saw his new
toy.
그 아이는 그의 새 장난감을 보자 좋아서 깔깔거렸다.

SQUEEZE

1. 단동사
이 동사는 무엇을 안쪽으로 강하게 짜는 과정을 그린다.
타동사

The child **squeezed** the teddy bear.
그 아이는 그 장난감 곰을 꼭 껴안았다.

He **squeezed** the paper into a ball.
그는 그 종이를 구겨서 공 모양으로 만들었다.

He **squeezed** my hand.
그는 내 손을 꽉 쥐었다.

자동사

Rubber **squeezes** easily.
고무는 잘 짜진다.

2. 구동사

2.1 squeeze by O

The corridor was crowded and I **squeezed by** a number of people.
그 복도가 사람들로 꽉 차있어서 나는 사람들 곁을 겨우 비집고 나갔다.

2.2 squeeze O from O

She **squeezed** juice **from** an orange.
그는 주스를 오렌지 하나에서 짜내었다.

The tyrant **squeezed** money **from** the poor.
그 폭군은 돈을 가난한 사람들에게서 짜내었다.

2.3 squeeze O in

Squeeze your elbows **in**.
당신의 팔꿈치를 몸 쪽으로 조여들게 하세요.

I think we can **squeeze in** a few more people.
나는 우리가 몇 명을 (버스 등에) 더 밀어 넣을 수 있다고 생각한다.

[in은 사람들을 차량 등에 쑤셔 넣는 관계를 나타낸다.]

Everyday he **squeezes in** a jogging.
매일 그는 조깅을 일과에 끼어 넣는다.

[in은 조깅을 일과에 집어넣는 관계를 나타낸다. 참조: fit in, schedule in]

2.4 squeeze O into O

We managed to **squeeze** the big bags **into** the trunk of the car.
우리는 그 큰 가방들을 그 차의 트렁크에 쑤셔 넣었다.

The children were **squeezed into** a bus. (passive)
그 아이들은 한 대의 버스 안에 쑤셔 넣어졌다.

He **squeezed** his hand **into** the hole.
그는 그의 손을 그 구멍에 쑤셔 넣었다.

2.5 squeeze O onto O

The machine **squeezes** five grams of chocolate **onto** each cookie.
그 기계는 5그램의 초콜릿을 짜서 각각의 쿠키에 떨어지게 한다.

2.6 squeeze O out

Please, **squeeze out** a little more toothpaste.
치약을 좀 더 짜내어 주세요.

Mom **squeezed out** the juice from the orange.
엄마는 주스를 그 오렌지에서 짜내었다.

Big supermarkets are **squeezing out** small shops.
큰 슈퍼마켓들이 작은 상점들을 제자리에서 밀어내고 있다.

squeeze O out of O

Low-income families are being **squeezed out of** the neighborhood.
저소득 가정들이 그 지역에서 밀려나오고 있다.

The boss managed to **squeeze** $ 3 million **out of** the budget to pay for a new hotel.
그 사장은 새 호텔의 비용을 대기 위해 3백만 달러를 그 예산에서 짜내었다.

The politicians are good at **squeezing** money **out of** the companies.
그 정치가들은 돈을 그 회사들에서 짜내는데 능하다.

2.7 squeeze through O

The cat **squeezed through** a hole.
그 고양이는 어떤 구멍을 간신히 비집고 나갔다.

He **squeezed through** the door.
그는 그 문을 비집고 나갔다.

squeeze O through O

John managed to **squeeze** Tom **through** the window.
존은 톰을 간신히 그 창문을 통과하게 했다.

2.8 squeeze O up

The usher tried to **squeeze** us **up** so she could seat more people.
그 안내자는 더 많은 사람을 앉히기 위해서 우리들의 사이가 좁아지게 밀쳤다.

[up은 사람과 사람 사이의 간격이 좁아지는 관계를 나타낸다.]

Everyone **squeezed** themselves **up** in the small car.
모든 사람들이 그 작은 차에 꼭 붙어 앉았다.

2.9 squeeze up against O

The puppies **squeezed up against** their mother.
그 강아지들은 엄마 곁을 비집고 달라 붙었다.

S

SQUIRM

1. 단동사
이 동사는 불편하거나 불안해서 몸을 꼼지락거리는 과정을 그린다.

자동사

The children are **squirming** restlessly in their seats.
그 아이들은 앉은 자리에서 가만히 있지를 못하고 꼼지락거리고 있다.

It made him **squirm** to think how badly he had messed up the interview.
그는 그 인터뷰를 얼마나 엉망으로 했는가하는 생각이 그를 몹시 괴롭혔다.

2. 구동사
2.1 squirm into O

He **squirmed into** his tight jeans.
그는 꼼틀거리면서 그 꽉 쪼이는 청바지 속에 들어갔다. 즉, 입었다.

2.2 squirm out of O

A worm **squirmed out of** the hole.
벌레 한 마리가 그 구멍에서 꿈틀거리며 나왔다.

You can't **squirm out of** the responsibility.
너는 그 책임을 벗어날 수 없을 것이다.

2.3 squirm with O

The child is **squirming with** discomfort.
그 아이는 불편해서 괴로워하고 있다.

SQUIRREL

1. 단동사
이 동사는 다람쥐가 도토리를 감추듯 무언가를 감추는 과정을 그린다.
명사: 다람쥐

2. 구동사
2.1 squirrel O away

The child took the candy and **squirreled** it **away** in his bedroom.
그 아이는 그 캔디를 집어서 그것을 자기 침실에 감추었다.
[참조: put away, stash away]

The couple are **squirrelling away** some money for their 10th wedding anniversary.
그 부부는 그들의 10주년 결혼기념일을 위해 약간의 돈을 저장해두고 있다.

SQUISH

1. 단동사
이 동사는 찌그러지거나 찌그러뜨리는 과정을 그린다.

2. 구동사
2.1 squish in

On the subway train, he **squished in** between two ladies.
그 지하철 객차 안에서 그는 두 여인 사이를 비집고 들어갔다.

squish O into

Will it be possible to **squish into** another cardigan into the trunk?
카디건 하나를 더 그 트렁크에 쑤셔 넣을 수 있을까요?
[참조: cram in]

2.2 squish up

A record number of people attended the meeting, and people had to **squish up**.
기록적으로 많은 사람들이 그 모임에 참석해서, 사람들은 서로 사이의 간격을 좁혀야 했다.
[up은 사람들 사이의 간격이 좁아지는 관계를 나타낸다.]

STACK

1. 단동사
이 동사는 여러 개의 물건을 차곡차곡 깔끔하게 쌓는 과정을 그린다.
명사: 깔끔하게 정돈된 무더기, 더미, 많음, 다량

자동사

Do these chairs **stack**?
이 의자들은 포개지나요?

타동사

They were busy **stacking** the shelves with goods.
그들은 그 선반을 상품들로 진열하느라 바빴다.

2. 구동사
2.1 stack O against O

He is **stacking** all his books **against** wall for the clean-up.
그는 청소를 하기 위해 그의 모든 책을 그 벽에 대고 쌓고 있다.

The state prosecutor **stacked** cards **against** us by not following the rules of evidence.
그 주 검사는 증거 법칙을 따르지 않음으로써 우리를 불리하게 하고 있다.

2.2 stack O up

Please **stack up** these *books*.
이 책들을 쌓아 올리세요.

boxes	박스	trays	쟁반

Stack the papers **up** and take them to the garage.
그 종이들을 차곡차곡 쌓아서 그들을 그 차고에 가져가
거라.

He is **stacking up** a good resume.
그는 좋은 이력을 쌓아 가고 있다.

stack up

Your work is **stacking up**. You have to work hard to finish it.
네 일이 쌓여가고 있다. 너는 그것을 끝내기 위해서는
열심히 해야 할 것이다.
[참조: pile up]

cars	자동차들	tension	긴장
snow	눈	stress	스트레스

The story he gave the police was full of contradictions
— it just didn't **stack up**.
그가 경찰에 한 이야기는 모순으로 가득하다. 그것은 쌓
여지지 않는다. 즉, 앞뒤가 맞지 않는다.
[참조: add up]

stack O up against O

Don't **stack up** the books **against** me. They will fall when I move.
그 책들을 내게 대고 쌓아올리지 마. 그것들이 내가 움
직이면 무너질 것이다.
[up은 책들이 쌓여서 높이가 높아지는 관계를 나타낸다.]

stack up against O

How does the new player **stack up against** the rest of the team?
그 새 선수는 그 팀의 나머지 선수들과 대비시키면 어느
수준까지 올라 있니?

How does China **stack up against** the rest of the world?
중국은 나머지 세계의 나머지 나라들과 빗대어 보면 어
느 수준까지 올라오는가?

stack up for O

More and more problems are **stacking up for** the event.
점점 많은 문제들이 그 행사에 쌓여가고 있다.

stack up over O

Storms are coming and planes are **stacking up over** the Incheon International Airport.
폭풍들이 다가오고 있어서 비행기들이 인천국제공항
위에 다른 높이에서 떠돌고 있다.

stack up to O

My new smart phone does not **stack up to** my old one.
나의 새 스마트폰은 전에 쓰던 것의 수준에 이르지 못한다.
[참조: measure up to]

stack up with O

I don't know how things will **stack up with** the new management.
나는 모든 일이 그 새 경영진과 어떻게 쌓여갈지, 즉 전
개될지 모른다.

STAFF

1. 단동사
이 동사는 조직체에 직원을 제공하는 과정을 그린다.
명사: 직원, 지팡이

타동사
The advice center is **staffed** entirely by volunteers.
(passive)
그 상담 센터는 직원이 전적으로 자원 봉사자들로 구성
되어 있다.

2. 구동사
2.1 staff O up
The first thing we have to do is to **staff up** the police force.
우리가 가장 먼저 할 일은 경찰력을 보강하는 일이다.
[참조: beef up]

STAGGER

1. 단동사
이 동사는 비틀거리면서 넘어질 듯 걷거나 움직이는 과정
을 그린다.

자동사
He **staggered** home, drunk.
그는 술이 취해 비틀거리며 집으로 갔다.

타동사
Her remarks **staggered** me.
그녀의 발언이 나를 깜짝 놀라 휘청거리게 했다.

There were so many runners that they had to **stagger** the start.

S

주자들이 너무 많아서 시차를 두고 출발시켜야 했다.

2. 구동사

2.1 stagger around

He staggered around and then fell.
그는 이리저리 비틀거리다가 넘어졌다.

2.2 stagger in

He staggered in and fell.
그는 비틀거리며 들어와서 넘어졌다.

2.3 stagger on

He staggered on alone.
그는 혼자서 계속 비틀거리며 갔다.
[on은 비틀거림이 계속되는 관계를 나타낸다.]

2.4 stagger out

The drunk staggered out of the tavern.
그 주정뱅이가 그 술집에서 비틀거리며 나갔다.

2.5 stagger under O

She is staggering under the burden of bringing up three children.
그녀는 세 아이를 키우는 부담 아래에 비틀거리고 있다.

STAKE

1. 단동사

이 동사는 말뚝을 박는 과정을 그린다.
명사: 말뚝, 판돈

타동사

He staked the tomato plants.
그는 그 토마토 나무를 막대기로 지지했다.

2. 구동사

2.1 stake O off

The prospectors staked off the area for themselves.
그 탐광자들은 그 지역을 자신의 것으로 말뚝을 쳐서 구획을 지었다.
[off는 일정 지역을 다른 지역으로부터 분리하는 관계를 나타낸다. [참조: close off, seal off]]

2.2 stake O on O

He staked his fortune on the result of the experiment.
그는 그의 운을 그 실험의 결과에 걸었다.

The president staked his reputation on persuading the opposition party to support his bill.
대통령은 그의 명성을 그의 법안을 야당이 지지하도록

설득하는 일에 걸었다.

He staked his life on the investigation.
그는 그의 목숨을 그 조사에 걸었다.

2.3 stake O out

They staked out their territories.
그들은 그들의 영역들을 말뚝을 박아 경계를 지었다.
[out은 어떤 영역의 주위를 표시하여 아무도 들어가지 못하게 하는 관계를 나타낸다.]

We arrived early at the rock concert and staked out a place at the front.
우리는 일찍 그 록 음악회에 도착해서 앞쪽에 한 자리를 잡아 구획을 표시했다.

The prospector staked out his claim.
그 탐사자는 그의 권리를 분명하게 표시하였다.

Both candidates are trying to stake out their positions on the issue of welfare.
두 후보는 복지 정책에 대한 그들의 입장을 확실히 구분 지으려고 노력하고 있다.

The police are staking out the house where some terrorists are hiding.
경찰은 몇 명의 테러분자들이 숨어있는 그 집 주위를 감시하고 있다.

A cheetah is staking out a *cave*.
치타 한 마리가 그 굴을 감시하고 있다.

den (동물의)소굴	watering hole 물 웅덩이

2.4 stake O to O

I will stake you to a hundred dollars if that will help.
만약 그것이 도움이 된다면 나는 네게 백 달러를 꾸어 주겠다.

STALK

1. 단동사

이 동사는 큰 보폭으로 화가 나서 당당하게 걷는 과정을 그린다.

타동사

He stalked off without a word.
그는 한 마디도 하지 않고 성큼성큼 걸어가 버렸다.

The gunmen stalked the building, looking for victims.
그 총기를 든 범인들은 건물을 활보하며 피해자들을 찾아 다녔다.

2. 구동사

2.1 stalk into O

He stalked into the director's office and shouted at

him.
그는 그 감독관의 사무실에 화가 나서 성큼성큼 들어가 소리를 질렀다.

2.2 stalk out of O

He stalked out of the coffee shop.
그는 커피숍에서 화가 나서 성큼성큼 걸어 나왔다.

STAMMER

1. 단동사
이 동사는 말을 더듬는 과정을 그린다.

자동사

Many children stammer but grow out of it.
많은 아이들은 말을 더듬지만 크면서 그것에서 벗어난다.

2. 구동사
2.1 stammer O out

He stammered out poor excuses.
그는 설득력 없는 변명들을 더듬거리며 뱉어 내었다.
[out은 말이 입에서 나오는 관계를 나타낸다.]

STAMP 1

1. 단동사
이 동사는 발을 쿵쿵 내딛는 과정을 그린다.
명사: 쿵쾅거리기

타동사

I tried stamping my feet to keep warm.
나는 발을 구르며 몸이 춥지 않게 하려고 (추위를 떨쳐 버리려고) 해 봤다.

2. 구동사
2.1 stamp on O

The local government stamped on our application to develop the vacant area into a parking lot.
그 지방정부는 그 공터를 주차장으로 개발하려는 우리의 신청서를 짓밟아버렸다.
He was stamped on by an attacker. (passive)
그는 그 공격자에 의해 짓밟혔다.

2.2 stamp O out

The fireman stamped out the fire at the early stage.
그 소방관들은 그 화재를 초기에 껐다.
[out은 불이 없어지는 관계를 나타낸다.]
Police are trying to stamp out smuggling across the border.
경찰은 그 국경 너머 진행되고 있는 밀수를 근절시키려

고 노력하고 있다.
The dictator tries to stamp out his enemy.
그 독재자는 그의 적을 짓밟아 죽이려고 한다.
[out은 적이 없어진 관계를 나타낸다.]

2.3 stamp out of O

She turned and stamped out of the room.
그녀는 돌아서서 쾅쾅거리며 그 방을 나갔다.

STAMP 2

1. 단동사
이 동사는 도장 등을 어딘가에 찍는 과정을 그린다.
명사: 우표, 도장

2. 구동사
2.1 stamp O as O

They stamped him as a fool.
그들은 그를 바보로 낙인찍었다.

2.2 stamp O on O

The painter stamped his unique style on other painters.
그 화가는 자신의 독특한 스타일을 다른 화가들에게 각인시켰다.

2.3 stamp O on O

I will stamp the company name on your check.
제가 당신 수표에 회사명을 찍어 드리겠어요.
The machine stamps barcodes on the cans.
그 기계는 그 캔들에 바코드들을 찍는다.

2.4 stamp onto O

Her name is stamped onto her books. (passive)
그녀의 이름이 그녀의 책들에 도장이 찍혀있다.

2.5 stamp O out

The mint house stamps out coins of different denominations.
그 조폐공사는 여러 단위의 동전들을 찍어낸다.
[out은 동전이 생겨나는 관계를 나타낸다.]
The cutter stamps out slices of bread.
그 절단기는 빵조각들을 잘라낸다.
The coins were stamped out in 1950. (passive)
그 동전은 1950년에 찍어서 만들어졌다.
[out은 동전이 생겨나 있는 관계를 나타낸다.]

S

STAND

1. 단동사
이 동사는 서거나 세우는 과정을 그린다.

자동사

His house **stands** on a hill.
그의 집은 어느 언덕 위에 서 있다. (무엇이 서 있다는 의미는 무엇이 있다는 의미로 확대된다.)

Where do you **stand** in your class?
너는 너의 반에서 몇 등이니? (너는 반에서 어느 위치에 서느냐?)

Sweat **stood** in drops on his forehead.
땀이 방울방울이 져서 그의 이마에 있다.

Your order **stands** until next week.
당신의 주문은 다음 주까지 유효합니다.

타동사

He **stood** the umbrella in the corner.
그는 그 우산을 그 구석에 세워 놓았다.

I can't **stand** the noise.
나는 그 소음을 서서 버틸 수 없다. 즉, 견딜 수 없다.

Can you **stand** the pain?
너는 그 아픔을 견딜 수 있니?

The boots will **stand** years of heavy wear.
그 부츠는 심하게 신어도 몇 년은 견딜 것이다.

2. 구동사

2.1 stand against O
We **stood** **against** the *reform bill*.
우리는 그 개혁법안에 반대하는 입장을 취했다.

policy 정책	president 대통령

2.2 stand apart
Please **stand** **apart**. Leave some space between you.
떨어져서 서 주세요. 둘 사이 공간을 좀 남겨 두세요.

2.3 stand around
They **stood** **around** in the park for an hour.
그들은 그 공원 여기저기에 한 시간을 서 있었다.
[around는 여기저기 할 일 없이 서있는 관계를 나타낸다. 참조: sit around, lie around]

There was nothing to do and we **stood** **around**.
할 일이 아무 것도 없어서 우리는 빈둥거리며 서있었다.

After the meeting, we **stood** **around** chattering.
그 회담이 끝난 후, 우리는 여기저기 서서 얘기를 했다.

2.4 stand aside
The guests **stood** **aside**, while the bride and groom passed by.
그 하객들은 신랑과 신부가 지나갈 때 옆으로 물러섰다.

It is the right time you **stood** **aside** and let your son take over the company.
이제 당신이 옆에 물러서서 당신의 아들이 그 회사를 맡게 할 적기입니다.

He **stood** **aside** as a chairman.
그는 의장으로서의 자리를 내주었다.

If Ukraine and Russia go to war, the European countries cannot **stand** **aside**.
만약 우크라이나와 러시아가 전쟁을 하게 되면, 유럽 국가들은 물러서 있지 않을 것이다.

2.5 stand at O
He **stood** **at** the window, watching the traffic.
그는 그 창문에 서서 그 차량들을 보았다.

Now the temperature **stands** **at** 38 degree Celsius.
지금 기온은 섭씨 38도이다.

The unemployment rate **stands** **at** 10 percent.
실업률이 10퍼센트에 있다.

2.6 stand back
He **stood** **back** and hoped everything would be all right.
그는 뒤로 물러서서 모든 일이 잘 되기를 희망했다.

He **stood** **back** from the statue to see it all.
그는 그 동상 전체를 보기 위해서 그 동상에서 물러섰다.
[back은 어느 지점에서 뒤로 움직이는 관계를 나타낸다.]

They **stood** well **back** from the police line.
그들은 그 경찰 선에서 멀리 물러서 있었다.

Stand **back** from Jack. He is really angry.
잭에게서 물러서 있거라. 그는 몹시 화가 나 있다.

2.7 stand behind O
Tom **stood** **behind** John for the photograph.
톰은 그 사진을 찍기 위해 존 뒤에 섰다.

We **stood** **behind** the president.
우리는 그 대통령 뒤에 섰다. 즉, 그 대통령을 지지했다.

stand behind
We **stood** **behind** and supported the campaign.
우리는 뒤에 서서 그 캠페인을 지지했다.

2.8 stand by O
John, please **stand** **by** Judy. I want to take your picture.
존, 주디 옆에 서세요. 네 사진을 한 장 찍고 싶어요.

He **stood** **by** the stove.
그는 그 난로 옆에 서 있다.

[by는 그가 난로의 열기가 미치는 영향권 안에 있는 관계를 나타낸다.]

I will **stand by** you, *no matter what.*
무슨 일이 있든, 나는 네 곁에 있을 것이다. 즉, 도와줄 것이다.

high and low 모든 경우에	thick and thin 변함없이

The company is **standing by** its *agreement* to lower prices.
그 회사는 가격들을 낮추겠다는 그의 합의 사항을 지키고 있다.
[by는 회사가 합의의 영향권 안에 있다는 뜻이다.]

decision 결정	commitment 약속

I **stand by** what I believe in.
나는 내가 믿는 것의 영향권 안에 산다. 즉, 나의 믿음에 따라 지낸다.

stand by

I may need your help in a minute. Please **stand by.**
내가 당신의 도움을 곧 필요로 할지도 모릅니다. 곁에 대기해 주세요.

The emergency department told the doctors to **stand by.**
그 응급실은 그 의사들에게 연락을 받은 위치에 대기하라고 알렸다.
[by는 의사가 응급실의 영향권 안에 있는 상태를 나타낸다.]

The airplane crew are **standing by.**
그 여객기 승무원들은 명령을 기다리며 대기하고 있다.

North Korean people are going hungry, and we cannot **stand by.**
북한 주민들이 굶어 지내고 있는데 우리는 그 곁에서 그대로 지낼 수 없다.

We must not **stand by** and tolerate chemical weapons.
우리는 방관하면서 화학 무기들을 그대로 둘 수 없다.

2.9 stand down

Please **stand down** and take your seat.
단상에서 내려와 자리에 앉아 주세요.

The witness **stood down** after being cross examined.
그 증인은 대질 질문을 받고나서 (증언대에서) 내려섰다.

The *prime minister* **stood down.**
그 수상은 내려섰다. 즉, 그 자리에서 내려왔다.
[down은 자리에서 물러나는 관계를 나타낸다. 참조: step down]

president 대통령	chairman 의장

2.10 stand for O

ROK **stands for** Republic of Korea.
ROK는 Republic of Korea를 대신한다.
[for는 ROK가 Republic of Korea를 대신해서 선다는 뜻이다.]

Each star on the American flag **stands for** a state.
미국 국기의 각 별은 하나의 주를 상징한다.

The Liberals **stood for** free market.
자유당은 자유시장을 찬성하는 입장을 취한다.

We must **stand for** *what is right.*
우리는 올바른 것을 지지해야 한다.

our rights 우리의 권리	human rights 인간의 권리

2.11 stand in

He is sick, so I will **stand in.**
그가 아파서, 내가 그의 자리를 대신할 것이다.
[참조: set in, fill in]

One of his colleagues will **stand in** at the meeting.
나의 동료들 중 한 분이 그 회의에서 나를 대신해서 참석할 것이다.
[참조: fill in, sit in, step in]

stand in for O

The prime minister will **stand in for** the president.
그 총리가 대통령을 대신해서 그 자리에 설 것이다.

The deputy minister is scheduled to **stand in for** the outgoing minister.
그 차관이 물러나는 그 장관 자리에 들어설 예정이다.

2.12 stand off

We **stood off** at a distance from the shore.
우리는 그 해안에서 먼 거리에 떨어져 있었다.

stand O off

The army **stood** the invaders **off.**
군이 그 침입자들을 (접근하지 못하게) 떨어져 있게 했다.
[off는 침입자가 군에 떨어져 있는 상태를 나타낸다. 참조: hold off, keep off]

stand off O

The boxer **stood off** his opponent.
그 권투선수는 그 상대방으로부터 떨어졌다.

2.13 stand on O

He **stood on** his *two feet.*
그는 두 발로 서있다.

legs 다리	tiptoes 까치발

S

Where do you **stand** on the *issue*?
너는 그 쟁점에서 어디에 서 있느냐? 즉, 입장이 무엇이냐?

controversy 논란	argument 논쟁

2.14 stand out

He **stood out** in the *rain*.
그는 비를 맞고 밖에 서있었다.

sun 해	snow 눈
wind 바람	storm 태풍

The branch **stood out** and I could hang my shirt on.
그 가지가 튀어나와 있어서 나는 내 셔츠를 그 위에 걸 수 있었다.
The tall building **stands out** above all.
그 건물은 다른 모든 건물들 위에 우뚝 서 있다.
[out은 어떤 범위나 위치에서 튀어 나와서 눈에 뜨이는 관계를 나타낸다.]

stand out among O

The red car **stands out among** the cars of similar size.
그 빨간 차가 같은 크기의 다른 차들 가운데서 뛰어나다. 그래서 눈에 잘 뜨인다.

stand out against O

The black frame of the pictures **stands out against** the white wall.
그 사진들의 검정 테는 그 흰 벽에 대조되어 돋보인다.
The politicians **stood out against** the annexation.
그 정치가들은 그 통합에 공공연하게 반대하는 입장을 취했다.
[참조: speak out against]

stand out from O

He likes to **stand out from** the crowd.
그는 그 군중들로부터 눈에 띄기를 좋아한다.

stand out in O

He does not like to **stand out in** front of the crowd.
그는 군중 앞에 나서는 것을 좋아하지 않는다.

stand out to O

What **stands out to** you?
무엇이 너에게 눈에 띄느냐?

2.15 stand over O

His teacher **stood over** the student while he was doing math.
그의 선생님은 그 학생이 수학 문제를 푸는 동안 그를 내려다보고 있었다.
[over는 선생님이 허리를 굽혀 학생의 위에 있는 관계를 나타낸다.]

2.16 stand together

All the members of the family **stood together** for a photograph.
모든 가족 구성원들은 사진 한 장을 찍기 위해 함께 섰다.
We must **stand together** to defeat the enemy.
우리는 그 적을 꺾기 위해서 함께 뭉쳐야 한다.

stand together against O

We must **stand together against** *North Korea*.
우리는 북한에 대해서 뭉쳐야 한다.

terrorism 테러리즘	tyranny 독재

2.17 stand up

He **stood up** and looked across the field.
그는 일어서서 그 들판을 가로질러 바라보았다.
I've been **standing up** all day and I'm exhausted.
나는 하루 종일 서있어서 녹초가 되었다.
His testimony will not **stand up** in court.
그의 증언은 법정에서는 버텨내지 못할 것이다. 즉, 유효하지 않을 것이다.
[up은 내리누르는 힘에 맞서는 관계를 나타낸다.]
The trees **stood up** during the harsh winter months.
그 나무들은 혹독한 겨울 동안 건강하게 잘 버텨냈다.

stand up and

Stand up and tell the truth.
일어서서 그 사실을 말하세요.

stand O up

I tried to **stand** him **up**, but he was too tired.
나는 그를 일으켜 세우려고 했으나, 그는 너무 지쳐있었다.
[up은 누워 있거나 앉은 자세에서 바로 세우는 관계를 나타낸다.]
He **stood** her **up** too often, so she broke up with him.
그는 그녀를 너무 자주 바람맞혀서, 그녀는 그와의 관계를 끊어버렸다.
[up은 누가 한 자리에 서서 움직이지 않는 관계를 나타낸다.]

stand up for O

I hope you will **stand up for** me if the going gets rough.
그 상황이 나빠진다면 네가 나를 위해 일어서서 지지해 주기를 바란다.

You must **stand up** for *your own right*.
너는 자신의 권리를 위해 일어서야 한다. 즉, 지켜야 한다.

justice 정의	principles 원칙
basic values 기본 가치	Internet safety 인터넷 안전

You should **stand up** for what you believe is right.
너는 너가 옳다고 생각하는 것에 대해서 일어서서 지켜야
한다.

stand up to O

The crops **stood up to** last year's severe winter.
그 농작물들은 지난해의 혹독한 겨울을 버티어 내었다.
[up은 무너지지 않고 서있는 상태를 나타낸다.]

My shoes **stood up to** daily use.
나의 신발은 매일 신어도 닳지 않는다.

The building can **stand up to** a strong earthquake.
그 건물은 강한 지진에 버티어 서 있을 수 있다.

He **stood up to** the boss when they have differences
of opinion.
그는 그들의 의견의 차이들이 있을 때 두려움 없이 사
장에게 맞섰다.

They **stood up to** racism.
그들은 인종주의에 일어서 맞섰다. 즉, 용감히 대항했다.

bigotry 편협	bullying 약자 괴롭히기
criticism 비판	challenge 도전

2.18 stand with O

The idea **stands** well **with** management.
그 아이디어는 경영진에게 잘 받아들여졌다.
[참조: sit with]

Korea **stood with** US against North Korea.
한국은 미국과 힘을 합해 북한에 맞섰다.

STAPLE

1. 단동사

이 동사는 스테이플로 종이 등을 묶는 과정을 그린다.
명사: 스테이플러의 'ㄷ' 모양의 철사 침

2. 구동사

2.1 staple O together

Please **staple** the receipts **together**.
그 영수증들을 스테이플로 묶으세요.

STARE

1. 단동사

이 동사는 오랫동안 응시하는 과정을 그린다.
자동사

I screamed and everyone **stared**.
내가 비명을 지르자 모든 사람들이 빤히 쳐다보았다.

2. 구동사

2.1 stare at O

I was **staring at** the scenery behind you.
나는 네 뒤에 있는 그 경치를 응시하고 있었다.

2.2 stare O down

She **stared** the child **down** and he lowered his head
in embarrassment.
그녀가 그 아이를 응시하여 기를 죽게 하자, 그는 어쩔
줄 몰라 하며 고개를 숙였다.
[down은 몸이나 마음이 꺾이는 상태를 나타낸다. 참조: face
down]

stare down at O

He **stared down at** me.
그는 나를 응시하며 내려다 보았다.

2.3 stare into O

She just sat there, **staring into** space.
그녀는 거기 앉아서 허공을 뚫어지게 바라보고 있었다.

2.4 stare off into O

He is **staring off into** the distance.
그는 먼 곳을 응시하고 있다.
[off는 시선이 주어에서 떠나는 관계를 나타낸다.]

2.5 stare out O

He **stared out** the window.
그는 창문을 통해 밖을 응시했다.

stare out at O

We **stared out at** the deep snow.
우리는 그 깊게 쌓인 눈을 (집 안에서) 내다 응시했다.

Two bright little cat eyes **stared out at** me from the
basket.
두 개의 빛나는 작은 고양이 눈이 그 바구니에서 나를
내다 응시했다.
[참조: jump out at]

2.6 stare up at O

He **stared up at** the star.
그는 시선을 위로 하며 그 별을 응시하였다.

S

START

1. 단동사
이 동사는 움직이지 않던 상태에서 움직이는 상태로 바뀌는 과정을 그린다.

자동사

The show **starts** at 8.
그 방송은 8시에 시작한다.

타동사

He **started** the car.
그는 그 차에 시동을 걸었다.
Who **started** the fight?
누가 그 싸움을 시작했나?
The dog **started** the birds.
그 개가 그 새들을 놀라게 했다.
The noise made the baby **start**.
그 소음이 그 아기를 놀라게 했다.

2. 구동사

2.1 start back
You should **start back** before it is too dark.
너무 어두워지기 전에 너는 돌아가기 시작하는 것이 좋겠다.
He **started back** to his car and found that one of the tires was flat.
그가 그의 차로 돌아갔을 때, 그 타이어들 가운데 하나가 바람이 꺼진 것을 알았다.
She **started back** as the cockroaches were swarming in the sink.
그녀는 바퀴벌레들이 그 싱크대에 우글거리고 있는 것을 보자 뒤로 움칫했다.

2.2 start O by O
The teacher **started** the class **by** taking attendance.
그 선생님은 그 수업을 출석 부르는 것으로부터 시작했다.

2.3 start for O
When he heard the bell, he **started for** the door.
그 벨 소리를 듣고, 그는 그 문 쪽으로 갔다.
[참조: apart for, leave for]
The children **started for** the sea.
그 아이들은 그 바다로 갔다.
We **started for** *Gwangju*.
우리는 광주로 떠났다.

2.4 start in
Don't **start in** again. Or, I'll leave you right now.

불평 하지 마. 안 그러면 나는 너를 버리고 갈 거야.

start O in
I will **start** you **in** as a clerk, and you can work your way up.
나는 너를 서기로 처음 받아들일 것이고, 너는 조금씩 승진해 올라갈 수 있다.
[in은 어떤 일이나 일터에 들어가는 관계를 나타낸다.]

start in on O
Before I knew it, my mom **started in on** my wife without any particular reason.
엄마는 내가 알기도 전에 특별한 이유 없이 아내를 공격하기 시작했다.
He **started in on** doing his homework.
그는 그의 숙제를 하기 시작했다.
Mary **started in on** her birthday cake.
메리는 그녀의 생일 케이크를 먹기 시작했다.
[참조: home in on]
He **started in on** painting the house.
그는 그 집을 페인트칠을 하기 시작했다.

2.5 start off
I **started off** at 6 and reached Busan in time.
나는 6시에 (어떤 장소를) 떠나 부산에 제시간에 도착했다.
[off는 어떤 장소에서 떨어지는 관계이다.]
We **started off** on our trip early in the morning.
우리는 아침 일찍 우리의 여행을 시작했다.
The bus **started off** down the road.
그 버스는 (어떤 장소를) 떠나 그 길 아래로 갔다.
She **started off** as an English teacher and later become a poet.
그녀는 영어교사로 출발하여 나중에 시인이 되었다.
[off는 정지 상태에서 동작 상태로 들어가는 관계를 나타낸다.]
He **started off** by thanking his friends who helped.
그는 그를 도와준 친구들에게 감사를 하면서 (연설을) 시작했다.
[참조: kick off]

start O off
Start your day **off** with a prayer.
당신의 하루를 기도로 시작하세요.
[off는 정지 상태에서 움직임으로 들어가는 관계를 나타낸다.]
He **started** the students **off** with stretching exercises.
그는 그 학생들을 스트레칭 운동들으로 (운동을) 시작하게 했다.
She **started off** the meeting with a progress report.

그녀는 진행 보고와 함께 그 회의를 시작했다.

2.6 start O on O

The mother **started** her baby **on** solid food when the baby was one year old.

그 어머니는 그 아기가 한 살 때 이유식을 시작했다.

[on은 일정기간 계속되는 과정의 시작부분을 가리킨다.]

The doctor **started** Hillary **on** anti-biotics.

그 의사는 힐러리에게 항생제를 시작했다.

The parents **started** the son **on** music lesson at an early age.

그 부모는 그 아들을 어린 나이에 음악 공부를 시작하게 했다.

Start your air-conditioner **on** low.

냉방기를 저온에서 시작하십시오.

start on O

Let me **start on** the secret bunker.

그 비밀 벙커로부터 시작하겠습니다.

[start on은 예정된 일련의 일 가운데 첫 부분을 가리킨다.]

The journey **started on** the river.

그 여행은 그 강에서 시작했다.

Do you think you should **start on** another beer?

당신은 맥주 한 병을 더 시작해야 한다고 생각합니까?

His son was 13 when he **started on** drugs.

그의 아들이 마약에 손대기 시작한 것은 그가 13살 때였다.

Father **started on** his daughter for coming home late.

아버지는 자기 딸이 집에 늦게 온 것 때문에 딸을 꾸짖었다.

[on은 딸이 영향을 받는 관계를 나타낸다.]

start on at O

Mother **started on at** me about my smoking.

엄마는 내 흡연에 대해서 나를 꾸짖기 시작했다.

[on은 꾸짖음이 시작되는 관계를 나타낸다. 참조: go on at]

2.7 start out

We **started out** at 6 in the morning and reached *Daejeon* at 9.

우리는 6시에 집을 나서서 (출발해서) 9시에 대전에 도착했다.

My mother **started out** for the temple in the morning.

나의 어머니는 아침에 집을 나서서 그 절로 떠났다.

She **started out** as a singer in a small club.

그녀는 작은 클럽의 가수로서 활동을 시작했다.

[out은 삶이나 경력을 처음 시작하는 관계를 나타낸다.]

The lion cub **started out** defenseless.

그 새끼 사자는 처음 삶을 시작할 때 방어력이 없이 시작한다.

I hear you are **starting out** on a new career.

나는 네가 새로운 경력을 시작한다고 듣고 있다.

Namdaemun market in Seoul **started out** as a fish market.

서울에 있는 남대문 시장은 어시장으로 출발했다.

The day **started out** at 7℃.

그 날은 섭씨 7도로 시작했다.

start out on O

He, at 40, he **started out on** a completely new career.

나이 40에 그는 전혀 새로운 경력을 시작했다.

start out to O

Originally, the group **started out to** singing jazz.

원래는 그 그룹은 재즈를 부르는 것으로 활동을 시작했다.

start O out at O

We will **start** you **out at** $20,000 a month.

우리는 당신을 첫 월급을 2만 달러에 시작할 것입니다.

[over는 처음으로 돌아가서 다시 시작하는 관계를 나타낸다.]

2.8 start over

I'll erase all this and **start over**.

나는 이 모든 것을 지우고 다시 시작할 것입니다.

Slow down, and **start over**, please.

천천히 하세요. 그리고 반복해주세요.

When you **start over**, try to do it right this time.

네가 다시 시작할 때, 이번에는 제대로 하려고 노력해라.

start O over

The conductor **started** us **over** again.

그 지휘자는 우리를 처음부터 다시 시작하게 했다.

2.9 start O up

He **started up** the car without any difficulty.

그는 아무 문제없이 그 자동차의 시동을 켰다. (그래서 자동차가 작동중이다.)

[up은 활동상태를 나타낸다. 즉, 차에 시동을 걸어서 차가 시동이 걸려 있는 상태를 나타낸다.]

She **started up** a small business.

그녀는 조그만 사업을 시작했다. (그리고 사업은 영업 중이다.)

[참조: open up]

My father **started** me **up** in business.

나의 아버지는 내가 사업을 시작하게 했다.

S

start up

The music **started up** and everyone was dancing.

그 음악이 시작되자 모든 사람들이 춤을 추었다.

[up은 음악이 시작되어 진행되는 관계를 나타낸다.]

The engine of the plane **started up** one after another.

그 비행기의 엔진은 차례로 작동하기 시작했다.

2.10 start with O

I'll **start with** you first in a debate.

(사회자인) 내가 이 토론에서 당신에게 발언권을 주는 것으로 시작하겠습니다.

[with는 여러 사람 가운데 어느 특정한 사람을 지명하는 관계를 나타낸다.]

STARVE

1. 단동사

이 동사는 굶어서 죽거나 굶겨서 죽이는 과정을 그린다.

자동사

The animals were left to **starve** to death.

그 동물들은 굶어 죽도록 내버려졌다.

2. 구동사

2.1 starve for O

Most of the orphans are **starving for** affection.

그 고아들의 대부분은 애정에 굶주리고 있다.

[참조: long for]

2.2 starve into O

North Korea tried to **starve** prisoners **into** confession.

북한은 포로들을 굶겨서 자백하도록 시도했다.

2.3 starve O of O

Many children in Syria are **starved of** hunger.

시리아의 많은 아이들이 굶주림으로 죽어가고 있다.

[of는 starve의 직접원인이 된다. 참조: die of]

The shipping company has been **starved of** fund in recent years. (passive)

그 해운회사는 최근 몇 년 간 자금이 부족하여 죽어가고 있다.

2.4 starve O out

The Iraki army is trying to **starve out** the remaining ISIS.

이라크 군대는 남아있는 ISIS를 굶겨서 없애려고 하고 있다.

[out은 사람들이 죽어 없어지는 관계를 나타낸다. 참조: wipe out]

STASH

1. 단동사

이 동사는 무엇을 안전한 곳이나 비밀장소에 보관하는 과정을 그린다.

명사: 숨겨 둔 물건

타동사

You can **stash** your skiing gear in here.

너는 당신의 스키 장비를 이 안에 숨겨놓을 수 있다.

2. 구동사

2.1 stash O away

The chipmunks **stashes away** acorns.

그 얼룩 다람쥐들은 도토리들을 숨겨서 저장해둔다.

The lion **stashed away** her cubs for safety.

그 사자는 새끼들을 안전을 위해 숨겨두었다.

The dictator is found to have **stashed away** lots of money in a Swiss bank account.

그 독재자는 어느 스위스 은행 계좌에 많은 돈을 감추어 둔 것이 발각되었다.

[참조: put away]

She has a fortune **stashed away** in various bank accounts. (passive)

그녀는 여러 은행 계좌에 숨겨진 거액의 돈이 있다.

The tycoon **stashed away** a huge amount of money in foreign banks.

그 재벌은 엄청난 양의 돈을 외국은행들에 은닉했다.

STAVE [1]

1. 단동사

이 동사는 적이나 위험 등을 막는 과정을 그린다.

명사: 말뚝, 오선, 목재 통을 만드는 데 쓰이는 나무 조각

2. 구동사

2.1 stave O off

The woman was able to **stave off** the mugger.

그 여인은 공공장소의 그 강도를 잠깐 동안 막아낼 수 있었다.

[off는 강도가 접근 못하게 하는 관계를 나타낸다.]

The army **staved off** the attacker for few days.

그 군대는 그 침입자를 며칠 동안 막아낼 수 있었다.

The hunter **staved off** the wolves.

그 사냥꾼은 그 늑대들을 잠깐 동안 막아낼 수 있었다.

He ate some fruit to **stave off** his hunger.

그는 그의 배고픔을 잠깐 막기 위해서 약간의 과일을 먹었다.

STAVE 2

1. 단동사
이 동사는 찌그러뜨리거나 구멍을 내는 과정을 그린다.

2. 구동사
2.1 stave O in
The side of the ship was **staved in** when it went onto a rock. (passive)
그 배의 옆구리는 배가 바위에 좌초되자 찌그러져 들어가서 구멍이 났다.
[참조: dent in, cave in, hammer in]

STAY

1. 단동사
이 동사는 떠나지 않고 제자리에 머물러 있는 과정을 그린다.
타동사
I **stayed** my anger.
나는 내 화를 억누르고 있었다.
자동사
Yesterday, I **stayed** home all day long.
어제, 나는 온종일 집에 있었다.

2. 구동사
2.1 stay ahead of O
So far the company has succeeded in **staying ahead of** its rivals.
지금까지 그 회사는 그의 경쟁자들 앞서있는데 성공했다.
You must **stay ahead of** the pack.
너는 같은 일을 하는 사람들보다 앞서 있어야 한다.

2.2 stay around O
I'll **stay around** in case you need me.
혹시 당신이 내가 필요할지도 모르니, 나는 가지 않고 여기서 서성거리겠습니다.

2.3 stay at O
I **stayed at** home.
나는 집에 머물러 있었다.
We **stayed at** the *hotel* in Seoul.
우리는 서울에서 그 호텔에 머물렀다.

motel	모텔	friend's house	친구네 집
cottage	오두막	Airbnb	에어비엔비

2.4 stay away
The *rain* **stayed away**.
비가 (어느 지역에서) 멀리 머물러 있었다. 즉, 오지 않았다.

snow	눈	storm	태풍
wind	바람	yellow dust	황사

stay away from O
People are **staying away from** the river because it is polluted.
사람들은 그 강이 오염되었기 때문에 그 강에서 떨어져 있다. 즉, 가지 않는다.
[away는 어떤 사람이 강에서 떨어져 있는 관계를 나타낸다.]
His doctor told him to **stay away from** drugs of any sort.
그의 주치의는 그에게 어떤 종류의 마약들로부터도 떨어져 있으라고 말했다.
He **stayed away from** *spicy food*.
그는 매운 음식을 멀리 했다.

carbonated soft drinks	탄산음료
fat food	지방이 많은 음식
meat	육류
gluten	글루텐

He **stayed away from** hanging out.
그는 밖에 나돌아 다니는 것을 삼갔다.

2.5 stay back
The fire is dangerous. **Stay back!**
그 불이 위험하다. 뒤로 물러서 있어라!
The teacher made the pupil **stay back** a year in grade.
그 선생님은 그 학생을 일 년 진급하지 못 하게 했다.

stay back from O
Please **stay back from** the lawn mower.
그 제초기로부터 물러서 있어주세요.

2.6 stay behind
I **stayed behind** to ask the lecturer a couple of questions.
나는 그 강연자에게 몇 개의 질문을 하기 위해서 뒤에 남았다.

2.7 stay down
Stay down until the danger is over.
그 위험이 지나갈 때 까지 자세를 낮추고 있어라.
I've been feeding rice soup because it is the only thing that **stays down**.

나는 죽 만이 (올라오지 않고) 위에 남아있는 것이기 때문에 계속 쌀죽을 먹어오고 있다.
[down은 음식이 위에 내려가 있는 관계를 나타낸다.]
He **stayed down** at his parents' house.
그는 부모님 집에서 꼼짝 않고 머물러 있었다.
[down은 움직임이 없는 관계를 나타낸다.]
The child was slow and he **stayed down** last year.
그 아이는 성적이 부진하여, 지난해에 진급하지 못하고 제자리에 머물렀다.
[down은 올라가야 하는데 오르지 못하는 관계를 나타낸다.]

2.8 stay in O
It's cold outside. **Stay in** the house.
밖이 춥다. 집 안에 있어라.
Stay in your lane.
네 차선 안에 머물러 있어라. 즉, 남의 일에 간섭하지 말고 네 일이나 잘해라.
Stay in good health and happiness.
건강하시고 행복한 상태에 계십시오.

stay in
I think I am going to **stay in** tonight.
나는 오늘 저녁 (나가지 않고) 집안에 있으려고 생각한다.

stay O in
At night, the campers **stayed in** a camping car.
밤에, 야영하는 사람들은 캠핑카에 머물렀다.

2.9 stay off O
He **stayed off** the *trail*.
그는 그 오솔길에서 벗어나 있었다.

path 소로	road 대로

I think I am going to **stay off** *smoking* for a week.
나는 한 주 동안 담배에서 떨어져 있을 생각이다. 즉 금연할 생각이다.
[off는 사람이 담배 피는 것에서 떨어져 있는 관계를 나타낸다. 참조: keep off]

drinking 음주	gambling 도박

2.10 stay on O
We **stayed on** the *path*.
우리는 그 길을 계속해서 갔다.

trail 오솔길	track 다져진 길

He **stayed on** the job until last year.

그는 작년까지 그 일을 잡고 있었다.
Please **stay on** the line.
전화선에 머무세요. 즉, 전화를 끊지 말고 기다리세요.
The proposal **stays on** ice.
그 제안은 보류 중이다.
[참조: on hold]

stay on
He **stayed on** as a director.
그는 감독으로서 계속 남아있었다.
[on은 머무는 상태가 계속되는 관계를 그린다.]
We **stayed on** until he came back.
우리는 그가 되돌아올 때까지 그대로 계속 머물렀다.

2.11 stay out
Please **stay out** until the room is ready.
그 방이 준비될 때까지 (들어오지 말고) 밖에 계십시오.
He **stayed out** until late last night.
그는 지난밤 늦게까지 밖에 있었다.

stay out of O
Please **stay out of** the kitchen.
그 부엌 바깥에 계십시오.
He **stayed out of** the *race*.
그는 그 경주에서 벗어나 있었다. 즉, 참가하지 않았다.

trouble 골칫거리	quarrels 싸움

2.12 stay over
My friend **stayed over** at my place.
내 친구는 어제 내 집에서 밤을 지냈다.
[over는 자신의 집에서 떠나있는 관계를 그린다. 참조: sleep over]

2.13 stay up
The balloon **stayed up** in the air for hours.
그 풍선은 몇 시간 동안 공중에 떠있었다.
I'm going to **stay up** late tonight.
나는 오늘 밤 늦게까지 깨어 있을 예정이다.
[up은 깨어 있는 상태를 나타낸다. 참조: be up, keep up]
He **stayed up** over night and worked on his assignment.
그는 밤새 깨어 있으면서 숙제를 했다.

2.14 stay with O
The cubs **stay with** their mom for two years.
그 곰 새끼들은 어미와 이년 동안 함께 지낸다.
Please **stay with** my suitcase while I'm checking in.
내가 체크인하는 동안 이 내 가방과 함께 있어주세요.

즉, 잘 살펴주세요.
He **stayed with** the company for two years.
그는 2년 동안 (힘들지만) 그 회사에서 일했다.
The poem has **stayed with** me since I first heard it.
그 시는 내가 처음 들었을 때부터 내게 남아있었다.
I am **staying with** my friend.
나는 내 친구와 함께 머물고 있다.

STEAL

1. 단동사
이 동사는 훔치거나 도둑질하는 과정을 그린다. 또, 몰래 움직이는 과정을 그린다.

자동사

We found out he had been **stealing** from us for years.
우리는 그가 수년 동안 우리로부터 도둑질을 해 온 것을 알게 되었다.

타동사

He tried to **steal** second base but was out.
그는 2루로 도루하려다가 아웃 당했다.

2. 구동사
2.1 steal away
After watching TV for a few minutes, she **stole away** to her bed.
TV를 몇 분 보다가, 그녀는 몰래 그녀의 침대로 갔다.
[away는 주어가 자리에서 멀어지는 관계를 나타낸다.]

steal O away
Someone **stole away** my dog.
누군가가 내 개를 몰래 데리고 갔다.

2.2 steal out
She **stole out** of the room so as not to wake the baby.
그녀는 그 아기를 깨우지 않도록 살며시 그 방을 나갔다.

2.3 steal over O
Many Mexicans are **stealing over** the US–Mexican board.
많은 멕시코 사람들이 미국-멕시코 국경을 몰래 넘어오고 있다.
A wave of gratitude **stole over** me.
감사의 물결이 점차로 크게 덮쳐 왔다.
An expression of anxiety **stole over** her face.
걱정 어린 표정이 그녀의 얼굴 전체에 점차로 퍼졌다.

2.4 steal up on O

Ken **stole up on** his sister, and surprised her.
켄은 그의 누나에게 몰래 다가가서 그녀를 놀라게 했다.
[up은 켄이 누나에게 다가가는 관계를 나타낸다. 참조: creep up on]

steal up to O
The lion **stole up to** the prey.
그 사자가 그 먹잇감에 몰래 다가갔다.
[참조: creep uo to]

STEAM

1. 단동사
이 동사는 증기를 내뿜거나 증기로 무엇을 찌는 과정, 그리고 증기선으로 움직이는 과정을 그린다.
명사: 김, 증기, 수증기

타동사

Mary will **steam** some potatoes for dinner.
메리는 감자 몇 개를 저녁을 위해 찔 것이다.

2. 구동사
2.1 steam across O
How long does it take to **steam across** the Atlantic Ocean these days?
요즘 대서양을 배로 건너는 데 시간이 얼마나 걸리나요?
The boat **steamed across** the lake.
그 보트는 증기기관을 이용하여 그 호수를 건너갔다.

2.2 steam down O
He spotted her **steaming down** the corridor towards him.
그는 그녀가 자기 쪽을 향해 그 복도를 빠르게 걸어오고 있는 것을 발견했다.

2.3 steam into O
The ship **steamed into** the harbor and headed for the pier.
그 증기선이 그 항구로 들어가서 그 부둣가로 향했다.

2.4 steam O off
Please **steam off** the name tag.
그 명찰을 증기로 쏘여서 떼어 내세요.
[off는 명찰이 그것이 붙어있던 자리에서 떨어지는 관계를 나타낸다.]
I **steam off** stamps and collect them.
나는 우표들을 스팀으로 떼어서 수집한다.
[off는 우표가 봉투에서 떨어지는 관계를 나타낸다.]

S

2.5 steam O out
I tried to **steam out** the gum.
나는 증기를 써서 그 껌을 제거하려고 노력했다.

steam O out of O
The cleaner **steamed** the wrinkles **out of** my pants.
그 세탁소 주인은 증기를 써서 내 바지에 있는 주름들을
없어지게 했다.
[out은 주름이 없어지는 관계를 나타낸다. 참조: iron out]

steam out of O
The ship **steamed out of** the berth.
그 증기선이 그 정박소를 벗어났다.

2.6 steam O up
All the windows are **steamed up**. (passive)
모든 창문들이 증기로 완전히 덮여 있다.
[up은 증기가 각 창문의 전체에 완전히 덮인 관계를 나타낸다.]
Steam up the dumplings.
그 만두를 쪄서 먹을 수 있게 하세요.

steam O up over O
The man got **steamed up over** nothing. (passive)
그 남자는 별 것 아닌 일에 대해서 몹시 화가 나있었다.
[위 표현은 '화는 끓는 물이다'의 은유가 적용된 예이다.]

STEEP

1. 단동사
이 동사는 뜨거운 액체에 잠깐 담구는 과정을 그린다.

2. 구동사
2.1 steep O in O
Steep the tea bag **in** hot water for three minutes.
그 티백을 뜨거운 물에 3분 동안 담가 두세요.
The environment he grew up in was **steeped in** crime,
drugs, and violence.
그가 자라난 환경은 범죄, 마약들 그리고 폭력에 잠겨
있다.
Our teacher **steeped** us **in** classical music.
우리 선생님은 우리를 고전 음악에 폭 담갔다. 즉, 고전
음악에 노출시켰다.

STEER

1. 단동사
이 동사는 자동차, 보트 등의 방향을 조종하는 과정을 그
린다.

2. 구동사
2.1 steer O away
The captain **steered** his ship **away** from the reef.
그 선장은 그의 배를 그 암초에서 떨어지게 조종을 했다.
He managed to **steer** the conversation **away** from his
divorce.
그는 대화를 그의 이혼에서 멀어지게 하려고 노력했다.

2.2 steer O into O
He **steered** the boat **into** the harbour.
그는 그 보트를 몰아 그 항구로 들어갔다.

STEP

1. 단동사
이 동사는 발걸음을 내딛거나 발걸음으로 밟는 과정을 그
린다.
명사: 발걸음, 계단

2. 구동사
2.1 step along
The horse **stepped along**.
그 말은 뚜벅뚜벅 걸어갔다.

2.2 step aside
Please **step aside**. You are in the way.
옆으로 물러서 주세요. 방해를 하고 있습니다.
The chairman **stepped aside** and gave his son a
chance.
그 의장은 옆으로 물러서고 아들에게 기회를 주었다.
The chairman has **stepped aside** to make way for
someone younger.
그 회장은 더 젊은 사람에게 길을 터주기 위해서 옆으로
물러섰다.

step aside from O
He **stepped aside from** the company gracefully.
그는 우아하게 그 회사에서 물러섰다.

2.3 step away from O
He **stepped away from** the campaign.
그는 그 선거전에서 물러섰다.

2.4 step back
Step back and try to see the whole picture.
물러서서 전체그림을 보도록 노력해보세요.
It is difficult to **step back** when you yourself are
involved.

너 자신이 관여되면, 뒤로 물러서서 보기가 어렵다.

step back from O

We need to **step back from** the present situation and view it more objectively.

우리는 현 상황에서 뒤로 물러서서 그것을 좀 더 객관적으로 볼 필요가 있다.

step back to O

He **stepped back to** a safe distance.

그는 안전한 거리까지 뒤로 물러섰다.

2.5 step down

The president **stepped down** as the party leader.

그 대통령은 당 총재 자리에서 내려왔다.

[down은 높은 자리에서 낮은 자리로의 이동하는 관계를 나타낸다.]

step down from O

Please **step down from** the platform.

그 강단에서 내려오세요.

He **stepped down from** the chairman of Central Bank.

그는 중앙은행 총재 자리에서 내려왔다.

2.6 step forward

Many people **stepped forward** to help the campaign.

많은 사람들이 그 운동을 돕기 위해서 앞으로 발을 내딛었다. 즉, 자발적으로 나섰다.

[참조: come forward]

2.7 step in

The two boys were fighting, and my father **stepped in** to calm them down.

그 두 소년이 싸우고 있었다. 나의 아버지가 그들을 진정시키기 위해서 (그들 사이에) 발을 들여 놓았다. 즉, 중재했다.

His friend **stepped in** to provide him with a start-up funding.

그의 친구가 그에게 창업자금을 조달하기 위해서 발을 들여놓았다. 즉, 도왔다.

He **stepped in** as a mediator.

그는 중재자로 개입했다.

step in O

This afternoon, Donald Trump **stepped in** North Korea.

오늘 오후, 도널드 트럼프가 북한 땅으로 발을 들여놓았다.

2.8 step into O

Rupert **stepped into** the room and said hello to everyone.

루퍼트는 그 방에 발을 들여놓고 모두에게 인사를 했다.

He **stepped into** the car.

그는 차 안으로 걸어 들어갔다.

He **stepped into** national controversy.

그는 전국적인 논쟁에 들어갔다.

2.9 step off O

He **stepped off** the *plane*.

그는 그 비행기에서 내려왔다.

bus 버스	subway 지하철

He **stepped off** the beaten path.

그는 사람들이 많이 다닌 길에서 벗어났다.

step off

She came to the bottom step and **stepped off**.

그녀는 마지막 계단까지 내려와서 그 계단에서 발을 뗐다.

step O off

She **stepped** the distance **off** and noted it down on her pad.

그녀는 거리를 발걸음으로 재서 그것을 묶음노트 종이에 기록했다.

[off는 거리를 발걸음으로 재서 분리시키는 관계를 나타낸다. 참조: measure off]

2.10 step on O

I happened to **step on** her toes.

나는 우연히 그녀의 발가락을 밟게 되었다.

Step on the gas. We are going to be late.

가속 페달을 밟으세요. 우리가 늦겠습니다.

[gas는 환유적으로 gas pedal을 가리킨다.]

He **stepped on** the brake.

그는 제동기를 밟았다.

He **stepped on** the chair and reach the bulb.

그는 그 의자 위에 올라가서 손을 뻗어 전구를 잡았다.

Pope Francisco is the second pope, who **stepped on** Korean soil.

프란시스코 교황은 한국 땅을 밟은 두 번째 교황이다.

2.11 step out

The actress **stepped out** in a stunning dress.

그 여배우는 놀라운 옷을 입고 밖으로 나섰다.

S

He **stepped out** to have a cup of coffee.
그는 커피 한 잔을 마시기 위해서 밖으로 걸어 나갔다.
He **stepped out** into the unknown.
그는 나가서 미지의 세계로 들어갔다.

step out of O

He **stepped out of** the car.
그는 그 차에서 걸어 나왔다.
If you **step out of** line, you will lose your place in it.
줄에서 벗어나면, 자리를 잃게 될 것이다.
Julie **stepped out of** her previous job into a whole new world.
쥴리는 이전 직장에서 나와 전혀 새로운 세계로 들어갔다.

2.12 step over O

I **stepped over** Tom, who was napping on the floor.
나는 그 바닥에서 낮잠 자고 있는 톰을 뛰어넘었다.
[over는 내가 Tom을 넘어가는 관계를 나타낸다.]
Donald Trump **stepped over** the demarcation line.
도널드 트럼프가 그 분계선을 넘어섰다.

step over

The president **stepped over** into North Korea.
그 대통령은 (분계선을) 넘어 북한으로 들어갔다.

2.13 step O up

The company **stepped up** its *production* of the new smart phones.
그 회사는 그 새 스마트 폰의 생산을 점차적으로 증가시켰다.
[up은 양이나 수의 증가를 나타낸다.]

attack	공격	patrol	순찰
campaign	선거전	security	보안
inquiry	조사	pressure	압력

step up

Step just **up** for the Great Acrobat Show.
대 곡예 쇼를 보기 위해 걸어서 이곳으로 모이세요.
[up은 어느 지점에 모이는 상태를 나타낸다.]

step up and

Please **step** right **up and** buy a ticket to see the show.
곧장 다가와서 그 쇼를 보기 위해서 표를 사세요.
[up은 어느 위치에 다가가는 관계를 나타낸다.]
He **stepped up and** *did the job.*
그는 자발적으로 나서서 그 일을 했다.

fought back	맞서 싸웠다
helped the refugees	난민들을 도왔다

step up on to O

He **stepped up on to** the podium.
그는 그 연단 위로 올라갔다.

step up to O

The speaker **stepped up to** the podium.
그 연사는 그 연단에 다가섰다.

STICK [1]

1. 단동사

이 동사는 붙거나 풀로 붙이는 과정을 그린다.

타동사

I **stuck** my name card on my coat.
나는 내 명찰을 그 코트에 붙였다.
The bill is **stuck** in Congress. (passive)
그 법안은 의회에 묶여있다.
He was **stuck** at home for a week. (passive)
그는 한 주 동안 집에 박혀 있었다.

자동사

The wheels **stuck** in the mud.
그 바퀴들이 그 진흙 속에 박혔다.

2. 구동사

2.1 stick around O

He **stuck around** the city for a while.
그는 잠깐 동안 그 시에 머물러 있었다.
The temperature **stuck around** 20°C.
그 기온이 20도 근처에서 머물렀다.

stick around

If you **stick around** for a while, I'm sure you will see him.
네가 한 동안 주위에 서성거리고 있으면, 그를 꼭 볼 수 있을 것이다.
[around는 이 곳저 곳 특별한 목적 없이 있는 관계를 나타낸다.]
There was going to be trouble. But I didn't **stick around** to watch.
문제가 발생할 것 같았다. 그러나 나는 그것을 보기 위해 거기에 서성거리지 않았다.
He had little chance of promoting so he didn't **stick around** long.
그는 승진 기회가 거의 없었다. 그래서 그는 (그 직장에) 오래 머물지 않았다.

stick around for O

He **stuck around for** the party.
그는 그 파티에 참석하기 위해서 머물러 있었다.

2.2 stick at O

You will never be good at anything unless you **stick at** it.
네가 그 일에 계속 매달리지 않으면, 너는 아무것에도 숙달할 수 없을 것이다.
[at은 어떤 일을 해보려고 하거나 시도하는 관계를 나타낸다. 참조: keep at, work at, be hard at]

He didn't like the course, but he **stuck at** it, and passed the exam.
그는 그 강의를 싫어했지만, 그것에 매달려서 그 시험을 합격했다.

The circle proposed to **stick at** 50 members.
그 동아리는 그 회원을 50명에 제한하기로 제안했다.
[at은 척도상의 한 점을 가리킨다.]

They are corrupt officials who would **stick at** nothing to get rich.
그들은 돈을 벌기 위해서는 아무것에도 멈추지 않는 부패한 관리들이다.
[참조: stop at]

stick O at O

Many of the children had history of neglect and were **stuck at** an early age of development. (passive)
그 아이들의 대부분이 방치의 역사가 있어서 발달의 초기 단계에 고정되어 있다.

The path to become a good dancer is very difficult and a lot of people get **stuck at** a lower level.
훌륭한 춤꾼이 되는 그 길은 매우 어려워서 많은 사람들이 낮은 단계에 고정된다.

2.3 stick by O

I promise I **stick by** you whatever happens.
나는 무슨 일이 일어나도 너의 곁에 붙어 있음을 약속한다.
[by는 you의 곁이나 영역권 안에 머무는 관계를 나타낸다. 참조: stand by]

His wife **stuck by** him thick and thin.
그의 아내는 어려울 때나 좋을 때나 그의 곁에 붙어있었다.

He made the decision and intended to **stick by** it.
그는 그 결정을 했고 그 결정을 지키려고 마음을 가졌다.

He **stuck by** the story that he was at home at that time.
그는 그 시간에 집에 있었다는 얘기 곁에 있다. 즉, 이 이야기를 고수한다.

2.4 stick O down

Get some glue and **stick down** this wallpaper.
풀을 가져와서 이 벽지를 풀을 묻혀 고정시키세요.
[down은 벽지가 고정되는 관계를 나타낸다. 참조: pin down, glue down, taste down]

Why don't you **stick** your name **down**?
왜 너의 이름을 적지 않느냐?
[down은 소리를 글로 표현하는 상태를 나타낸다. 참조: note down, put down, write down]

I had no idea what I was supposed to write, so I **stuck** anything **down**.
나는 무엇을 써야 하는지 몰라서 아무것이나 적어 놓았다.

2.5 stick in

All right, boys, roll up your sleeves and get **stuck in**. (passive)
자, 애들아, 너희들 소매를 걷어 올리고, 일에 끼어들어라.
[참조: chip in, pitch in]

stick O in O

Most people are **stuck in** the rat race.
대부분의 생존 경쟁에 갇혀있다.

2.6 stick O into O

The nurse **stuck** a needle **into** my arm and took some blood out.
그 간호사가 내 팔에 주사기를 찔러넣고 약간의 피를 뽑아냈다.

By the time I got home, I was too tired to get **stuck into** details. (passive)
내가 집에 도착했을 즈음에, 나는 너무 피곤해서 세부사항들에 신경을 쓰지 못했다.
[참조: dig into]

2.7 stick O on O

Tom is completely **stuck on** Jane. (passive)
톰은 제인에게 그의 마음이 꽉 붙어있다.
[Tom은 환유적으로 마음을 가리키고, on은 그 마음이 Jane에게 닿아 있는 관계를 나타낸다. 참조: hook on]

My wife is **stuck on** the idea of going to Hawaii again. (passive)
나의 아내는 하와이에 다시 가려는 그 생각에 붙어 있다.

Don't get **stuck on** the car – it is really too expensive for us. (passive)
그 차에 마음을 매달지 마라 – 그것은 우리 형편에 너무 비싸다.

S

He was in the country at that time, and we can't **stick** the robbery **on** him.
그는 그 때 시골에 있었으므로, 그 강도 사건은 그에게 붙일 수 없다. 즉, 돌릴 수 없다.
[참조: pin down]

2.8 stick O onto O

She **stuck** the label **onto** her suitcase.
그녀는 그 딱지를 그녀의 가방에 가져다 붙였다.

2.9 stick O out

The course was difficult, but I **stuck** it **out**.
그 강의는 어려웠으나, 나는 끝까지 견뎌냈다.
[out은 과정이 끝날 때까지 견디는 관계를 나타낸다.]

I hated medical school, but my dad said I had to **stick** it **out** for at least a year.
나는 의과대학이 싫었으나 나의 아버지는 적어도 일 년은 그 과정을 참아내어 보라고 말하셨다.
[out은 어떤 과정을 끝까지 참아내는 관계를 나타낸다. 참조: battle it out]

2.10 stick out for O

The dealer offered a small car, but he **stuck out for** a BMW.
그 판매원은 소형차를 제안했으나 그는 BMW를 사겠다고 버텼다.
[out은 버텨내는 관계를 나타낸다. 참조: hold out]

The city of Seoul **stuck out for** a large stadium.
서울시는 큰 경기장을 갖겠다고 버텼다.

2.11 stick to O

He made a decision not to smoke, and **stuck to** it.
그는 금연하려는 결심을 하고 그것을 고수했다.

Stick to the point, or we'll go nowhere.
그 요점을 고수하세요. 안 그러면 우리는 아무런 진전을 못할 것입니다.

He is **sticking to** his story that he was not at home when the crime was committed.
그는 그 범죄가 발생했을 때 그는 집에 없었다는 그의 얘기를 고수하고 있다.

For his health's sake, he **sticks to** one glass of beer every day.
그의 건강을 위해서 그는 매일 맥주 한 잔 씩만 마신다.

In his old age, he **stuck to** writing and gardening.
그의 노년기에 그는 글쓰기와 정원 가꾸기만 계속 했다.

She said she would send me to college and she is determined to **stick to** her word.
그녀는 나를 대학에 보내겠다고 말했고, 그래서 그녀는

그녀의 말을 지키려고 결심했다.

pledge 서약	decision 결정

stick O to O

Stick it **to** them! They should give you at least $2 million.
그들을 찔러라. 그들은 적어도 2백만 달러를 내어 놓을 것이다.

The bed is **stuck to** the wall. (passive)
그 침대는 그 벽에 딱 붙어져 있다.

2.12 stick O together

Please **stick** the pieces of the broken vase **together** with glue.
풀로 그 깨진 화병 조각들을 붙여 모아라.

stick together

In the old days, brothers **stuck together**.
전에는 형제들이 같이 붙어 있었다. 즉, 단결했다.
[참조: stand together]

Our team lost the game, but we **stuck together**.
우리 팀이 그 경기에 졌지만, 우리는 단결했다.

2.13 stick O up

This morning, I was **stuck up** in traffic. (passive)
오늘 아침 나는 정체 차량에 꼼짝 없이 갇혀 있었다.
[참조: hold up]

2.14 stick with O

If you don't want to get lost, you have to **stick with** me.
네가 길을 잃어버리지 않으려면, 내게 꼭 붙어 있어라.

A lot of new products are available, but most people **stick with** what they know and trust.
많은 신상품들을 사서 쓸 수 있지만, 대부분의 사람들은 그들이 알고 믿는 상품을 떠나지 않는다. 즉, 계속 쓴다.
[with은 사람과 상품이 같이 있는 상태를 나타낸다.]

I think I'll **stick with** my present job for at least one more year.
나는 적어도 한 해 더 현재의 일자리와 함께 있을 것이다. 즉, 떠나지 않을 것이다.

The woman is weighing, "Should I get divorced or **stick with** it?"
그 여자는 이혼을 할까 그대로 있을까를 저울질하고 있다.

He is a close friend of mine who is prepared to **stick with** me.
그는 (어려울 때에도) 나와 함께 있을 준비가 되어 있는 친한 친구 중 한 명이다.

STICK²

1. 단동사
이 동사는 무엇의 일부가 튀어나오거나 튀어나오게 하는 과정을 그린다.
명사: 막대기, 나뭇가지

2. 구동사
2.1 stick out
He looks a little bit strange because his ears **stick out**.
그는 그의 귀가 툭 튀어 나와 있기 때문에 조금 이상하게 보인다.

Her hair **stuck out** from under her cap.
그녀의 머리가 모자 밑에서 튀어 나와 있다.
[out은 그의 귀가 튀어 나와 있는 상태를 나타낸다. 참조: bulge out, jut out]

The boat hit a rock that was **sticking out** of water.
그 배는 물 위로 튀어나와 있는 바위에 부딪쳤다.

The thing that **sticks out** is that no woman is involved in the project.
눈에 띄는 점은 그 계획 사업에 여자가 들어가 있지 않은 것이다.
[무엇이 튀어나와 있으면 눈에 띈다. 참조: stand out]

It **sticks out** a mile that something is wrong with him.
무엇인가 그에게 문제가 1마일이나 튀어나와 있다. 즉, 분명하다.

There are not many Americans in this city and any American **sticks out**.
이 도시에는 미국인이 많이 없어서, 어떤 미국인이든 눈에 띈다.

stick O out
When I asked him to help me, he **stuck out** his tongue.
내가 그에게 나를 도와 달라고 하자, 그는 혀를 내밀었다. 즉, 거절했다.

Don't **stick** your neck **out**.
당신의 목을 내밀지 마세요.

If you don't **stick out** your stomach, you will look slim.
네가 배를 내밀지 않으면, 날씬하게 보일 것이다.

2.2 stick up
Her hair were **sticking up** at all angles.
그녀의 머리가 모든 각도에서 곤두서고 있다.

In the south sea, hundreds of islands of rock **stick up** out of water.
남해에는 수 백 개의 바위섬이 물 위로 솟아 있다.

stick O up
Ted tried to **stick** the drugstore **up**.
테드는 약국을 강탈하려고 했다.
[참조: hold up]

stick up for O
That friend **stuck up for** me in front of the boss yesterday.
그 친구가 어제 사장 앞에서 나를 위해 변명을 해 주었다.
[up은 일어서서 지지하거나 변명하는 관계를 나타낸다. 참조: stand up for]

You must **stick up for** what you believe.
너는 네가 믿는 것을 위해서 굽히지 말아야 한다.
[up은 꺾이지 않고 서 있는 상태를 나타낸다. 참조: stand up for]

STIFFEN

1. 단동사
이 동사는 뻣뻣해지거나 경직되는 과정을 그린다.
stiff(형용사): 뻣뻣한
타동사

I **stiffened** my back and faced him.
나는 등을 뻣뻣이 펴고 그를 마주했다.

The threat of punishment has only **stiffened** their resolve.
그 처벌 위협은 그들의 결의를 강화시켰을 뿐이다.

2. 구동사
2.1 stiffen O up
The cold wind **stiffened up** his neck.
그 찬 바람이 그의 목을 뻣뻣하게 했다.

stiffen up
The bread **stiffened up** as it gets cold.
그 빵은 차가워지면서 뻣뻣하게 되었다.

In the cold, her knees **stiffened up**.
그 추위 속에서 그녀의 무릎이 뻣뻣해졌다.

STING

1. 단동사
이 동사는 벌 등에 쏘여서 아픔을 느끼는 과정을 그린다.
자동사

Be careful of the nettles – they **sting**!
그 쐐기풀들 조심하세요. 그들은 찌른다!

My eyes were **stinging** from the smoke.
내 눈들이 그 연기 때문에 따가웠다.
타동사

S

I got **stung** by a wasp bee at the picnic. (passive)
나는 그 소풍 장소에서 말벌에 쏘였다.

2. 구동사

2.1 sting O for O

My computer broke down, and I brought in a technician. He **stings** me **for** $100.
내 컴퓨터가 고장이 나서 수리공을 불러 들였다. 그는 내게 100달러를 바가지 씌웠다.

I took in my car for repairs and the garage **stung** me **for** $100.
나는 내 차를 수리하기 위해서 정비소에 가지고 들어 갔는데 그 수리소는 나에게 100불이나 청구했다.

2.2 sting O into O

Their cruel remarks **stung** her **into** action.
그들의 잔인한 말이 그녀를 화가 나게 해서 행동에 들어 갔다.

[참조: jump into, spring into]

STINK

1. 단동사
이 동사는 나쁜 냄새가 나는 과정을 그린다.
명사: 악취, 소동, 물의

자동사

That fish **stinks**!
저 생선 악취가 난다!

2. 구동사

2.1 stink of O

It **stinks of** smoke in here.
여기는 담배 연기 냄새가 진동을 한다.

The whole business **stank of** corruption.
그 일 전체가 부패의 구린내가 났다.

2.2 stink O out

The odor from the food was to **stink out** the whole kitchen.
그 음식물 찌꺼기에서 나오는 냄새가 그 부엌을 썩은 냄새로 꽉 채웠다.

[out은 냄새가 어떤 공간을 꽉 채우는 관계를 나타낸다. 참조: smell out]

2.3 stink O up

Those onions are **stinking up** the whole kitchen.
그 양파들이 그 부엌을 양파 냄새로 가득 채우고 있다.

STIR

1. 단동사
이 동사는 가볍게 움직이거나 물이나 물질을 숟가락이나 막대로 휘젓는 과정을 그린다.

자동사

Not a leaf **stirred** in the quiet air.
잎 하나도 그 조용한 공기 속에서 움직이지 않았다.

It was early in the morning and no one **stirred**.
이른 아침이어서 아무도 움직이지 않았다.

타동사

He **stirred** the paint well.
그는 그 페인트를 잘 저었다.

2. 구동사

2.1 stir O around

Stir the mixture **around** to mix it up.
그 혼합물이 섞이도록 그것을 이리저리 휘저으세요.

You should **stir** the dressing **around** a bit before you serve it.
제공하기 전에 그 드레싱을 이리저리 휘저어야 합니다.

2.2 stir O in

Add the eggs and **stir in** the sugar.
그 달걀들을 더하고, 그 설탕을 휘저어 넣어라.

[in은 설탕이 달걀 속으로 들어가는 과정을 그린다.]

stir O into O

He sat down at the table and **stirred** the sugar **into** his coffee.
그는 그 식탁에 앉아서 그 설탕을 그의 커피에 저어 넣었다.

2.3 stir O up

Mom **stirred up** the stew.
엄마는 그 스튜를 휘저어서 밑에 있는 건더기가 위로 올라오게 했다.

A tank went past us, **stirring up** a cloud of dust.
탱크 한 대가 먼지 구름을 일으키면서 우리 곁을 지나갔다.

[참조: kick up]

The flood water **stirred up** mud from the river bed.
그 홍수가 진흙을 그 강바닥에서 떠오르게 했다.

The Liberals accused the Democrats of **stirring up** trouble.
자유당은 민주당이 문제를 일으킨다고 비난했다.

[up은 없던 것이 생겨난 상태를 나타낸다.]

News of the forced slavery spread fast, **stirring up**

panic in the neighborhood.
그 강제노역의 소식은 빨리 퍼져서, 그 동네 사는 사람
의 마음속에 공포심을 일으켰다.

I think the film is biased and was intended to **stir** people
up.
나는 그 영화가 편향적이고 사람들의 분노를 일으키려
고 계획된 것이라고 생각한다.
[people은 환유적으로 이들의 분노를 가리킨다.]

His speech **stirred up** the crowd.
그의 연설은 그 군중들의 마음을 자극했다.

The march music really **stirred** the audience **up**.
그 행진곡이 그 청중들의 마음을 고무시켰다.

STITCH

1. 단동사
이 동사는 바느질해서 깁거나 꿰매는 과정을 그린다.
명사: 바늘땀

타동사

Her wedding dress was **stitched** by hand. (passive)
그녀의 웨딩드레스는 손으로 바느질 되었다.

2. 구동사
2.1 stitch O down
She **stitched down** the hem on the top edge of the
pocket.
그녀는 그 호주머니 윗단을 바느질해서 고정시켰다.
[down은 단이 고정되는 관계를 나타낸다.]

The pleats are **stitched down**. (passive)
그 주름들은 바느질해서 고정되어 있다.

2.2 stitch O onto O
He **stitched** the badge **onto** his jacket.
그는 그 뱃지를 그의 저고리에 꿰매 달았다.

2.3 stitch O up
The tailor **stitched up** the rip in the jacket.
그 양복 재단사가 그 저고리의 찢어진 부분을 꿰매어
고쳤다.
[up은 벌어진 것이 맞닿게 되는 관계를 나타낸다.]

The nurse **stitched up** his *finger*.
그 간호사가 그의 손가락을 봉합하는 데 성공했다.
[up은 벌어진 두 부분을 맞대서 봉합하는 관계를 나타낸다.]

wound 상처	cut 베인 곳

We got the deal **stitched up** yesterday. (passive)
우리는 그 협약을 어제 마무리 지었다.

[up은 협상과정을 마무리 짓고 협상이 생기는 과정을 나타낸다.]

He claims that he was **stitched up** by the police.
(passive)
그는 그가 경찰에 의해 누명을 썼다고 주장한다.
[참조: set up]

2.4 stitch O together
He **stitched** the photos **together** into a collage.
그는 그 사진을 짜 맞추어 콜라주를 만들었다.

The agreement was hastily **stitched together**.
그 협약은 급하게 짜 맞추어졌다.
[together은 협약이 짜맞추어지는 관계를 나타낸다.]

STOCK

1. 단동사
이 동사는 물건 등을 사놓아 두는 과정을 그린다.
명사: 재고품, 재고

타동사

Do you **stock** green tea?
녹차를 재고로 가지고 있습니까, 즉 팝니까?

2. 구동사
2.1 stock up on O
The islanders have to **stock up on** food for the winter.
그 섬사람들은 그 겨울을 지내기 위해 식량을 쌓아놔야
한다.
[up은 양의 증가를 나타낸다.]

We have to **stock up on** food for the tomorrow's party.
우리는 내일 있을 파티를 위한 식품을 많이 사들여야
한다.

Squirrels **stock up on** acorns.
다람쥐들은 도토리들을 쌓아 놓는다.

stock up with O
He usually **stocks up with** whisky in the duty free shop.
그는 그 공항에 있는 면세점에서 위스키를 사쟀다.

You have to **stock up with** firewood before the winter.
너는 그 겨울이 오기 전에 화목을 비축해야 한다.

stock O up
He **stocked up** the freezer with the *frozen food*.
그는 그 냉동고를 그 냉동식품으로 채웠다.

canned food 통조림 음식	frozen peas 얼린 완두콩

2.2 stock O with O
The owner **stocked** the shop **with** the rice.

S

그 주인은 그 가게를 그 쌀로 채웠다.

Let's **stock** the wine cellar **with** new wines.
그 포도주 저장고를 새 포도주로 채웁시다.

Let's **stock** up our refrigerator **with** whatever is on sale.
그 냉장고를 무엇이든 세일중인 품목으로 채웁시다.

STOKE

1. 단동사
이 동사는 석탄이나 나무를 불에 더하는 과정을 그린다.
타동사

He **stoked** the fire.
그는 그 불을 때었다. 즉, 땔나무나 연료를 공급했다.

2. 구동사
2.1 stoke O up
He **stoked** up the fireplace to keep the room nice and warm.
그는 방을 기분 좋고 따뜻하게 유지하기 위해 그 벽난로에 나무 / 석탄을 더 넣었다.

Propagandas online **stoke** up anti-American feeling.
인터넷상의 프로파간다들이 반미감정을 부채질하였다.

stoke O up with O
He **stoked** up a fire **with** more coal.
그는 난로에 석탄을 더 넣었다.

stoke up on O
I **stoked** up on a big dinner because I knew that the next meal is 48 hours away.
다음 식사가 48시간 후에 있음을 알기 때문에 나는 저녁을 잔뜩 먹었다.
[up은 배를 완전히 채우는 관계를 나타낸다.]

STOMP

1. 단동사
이 동사는 화가 나서 발을 무겁게 쿵쿵거리는 과정을 그린다.

2. 구동사
2.1. stomp on O
The crowd **stomped** on the traitor's face angrily.
그 군중들은 그 배신자의 얼굴을 무섭게 짓밟았다.
My boss **stomps** on my idea.
내 상사는 내 생각을 짓밟는다.

2.2. stomp up O
My brother **stomped** angrily **up** the stairs.
내 동생은 화가 나서 그 계단을 쿵쿵거리며 올라갔다.

STOOP

1. 단동사
이 동사는 몸을 앞으로 수그리는 과정을 그린다.
자동사

He tends to **stoop** because he is so tall.
그는 키가 너무 커서 구부정하게 걷는 경향이 있다.
The doorway was so low so he had to **stoop** to get in.
그 문이 너무 낮아서 그는 들어가기 위해서 몸을 숙였다.

2. 구동사
2.1 stoop down
She **stooped down** to pick up the child.
그녀가 그 아이를 들어올리기 위해 몸을 아래로 굽혔다.
I **stooped down** to enter the small gate.
나는 작은 대문을 들어가기 위해 허리를 굽혔다.

2.2 stoop over
He **stooped over** to pick up his ball point pen.
그는 볼펜을 집기 위해서 허리를 굽혔다.
[over는 허리가 호를 그리면서 굽어지는 관계를 나타낸다.]

2.3 stoop to O
He will **stoop to** anything to please his boss.
그는 상사의 비위를 맞추기 위해서 몸을 수그린다. 즉, 무엇이든지 한다.

STOP

1. 단동사
이 동사는 움직임을 멈추거나 멈추게 하는 과정을 나타낸다.
자동사

The water **stopped**.
그 물의 흐름이 멈췄다.
The car **stopped** in the middle of the road.
그 차가 그 한가운데서 멈추었다.
The noise outside **stopped**.
밖의 그 소음이 그쳤다.
타동사

They **stopped** the water.
그들은 그 물의 흐름을 막았다.
We **stopped** the cracks.
우리는 그 빈틈들을 막았다.

2. 구동사

2.1 stop at O

The bus **stopped at** the South Gate.
그 버스는 남대문에서 정차했다.
We **stopped at** the red light.
우리는 빨간 불에 정지했다.
She **stops at** nothing to get what she wants.
그녀는 원하는 것을 갖기 위해서는 어떤 일에도 멈추지 않는다.
[at은 정도나 자극을 나타낸다.]

2.2 stop behind

I **stopped behind** after school to finish my assignment.
나는 내 과제를 마치기 위해서 방과 후에 뒤에 남았다.

2.3 stop by O

He **stopped by** a convenience store to buy some milk.
그는 우유를 좀 사기 위해서 편의점에 들렀다.
[by는 편의점의 구역 안에 있는 관계를 나타낸다. 참조: come by, drop by, get by]

stop by

I want to **stop by** and see Teresa on the way home.
나는 테레사가 있는 곳에 가서 집에 가는 길에 그녀를 보고 싶다.

2.4 stop O from O

I **stopped** her **from** going abroad.
나는 그녀를 외국에 가지 못하게 막았다.
He **stopped** me **from** going.
그는 내가 가지 못하게 막았다.

2.5 stop in

Do you want to **stop in** at the convenience store or drive on through?
그 편의점에 잠깐 들렀다 가길 원합니까? 아니면 이 곳을 계속해서 지나가기를 원합니까?
He lives near from my house and often **stops in**.
그는 내 집에서 가까운 곳에 살아서 가끔 (어디 가는 길에) 우리 집에 발걸음을 멈추어서 들어온다. 즉 잠깐 방문한다.
[참조: drop in]
I don't want to go out today. I am going to **stop in**.
나는 오늘 외출하고 싶지 않다. 집안에 있을 작정이다.
[참조: stay in]

2.6 stop off

On his way to Beijing, he **stopped off** at Seoul to see the Korean prime minister.
그가 북경에 가는 길에, 한국 총리를 만나기 위해서 서울에 여행을 잠깐 중단했다.
[off는 여정이 어느 지점에서 잠깐 끊기는 관계를 나타낸다.]
I need to **stop off** for a rest.
나는 휴식을 취하기 위해서 잠깐 여행을 멈출 필요가 있다.
My friend's house is nearby, and I **stopped off** for a cup of tea.
내 친구 집이 가까이 있어서, 그곳에서 차 한 잔을 마시기 위해서 (어디 가는 도중에) 멈추어서 쉬었다.

2.7 stop on

He came to like to be in Seoul, and he would like to **stop on** for a whole year.
그는 서울을 좋아하게 되어 일 년을 꼬박 머물고 싶어 한다.
[여기서 on은 머무는 과정이 죽 이어지는 계속의 뜻을 나타낸다. 참조: stay on]

stop on O

Please **stop on** the line.
그 선에서 멈추세요.

2.8 stop out

Rosaline **stopped out** all night.
로살린은 밤새 밖에 있었다.
[참조: stay out]

2.9 stop over

He **stopped over** in Tokyo on his way to Los Angeles.
그는 LA로 가는 길에 도쿄에서 잠깐 머물다가 이어서 갔다.
[over는 여행 중 어느 지점에서 몇 시간 쉬었다가 이어서 가는 관계를 나타낸다. 참조: lay over]
Tom and Jerry came for dinner and they **stopped over**.
톰과 제리가 저녁을 먹으려고 왔다가 하룻밤을 잤다.
[over는 어느 집에 와서 하룻밤 자는 관계를 나타낸다. 참조: sleep over]

2.10 stop O up

The bacon grease **stopped up** the sink.
그 베이컨 기름이 그 개수대를 꽉 막았다.
[up은 관 등이 꽉 막힌 상태를 나타낸다. 참조: clog up, plug up]
I have to **stop up** the pipe. It is leaking.
나는 그 파이프를 꼭 막아야 한다. 그 파이프에 물이 새고 있다.
I have a cold, and my nose is **stopped up**. (passive)

S

나는 감기가 들어서 코가 꽉 막혔다.
[참조: be stuffed up]

stop up

I **stopped** **up** to watch the World Baseball Classic game until 12 o'clock.
나는 WBC 야구 게임을 보기 위해 12시까지 자지 않고 앉아 있었다.
[up은 깨어있는 상태를 나타낸다. 참조: stay up, keep up, be up]

STORE

1. 단동사
이 동사는 물건 등을 나중에 쓰기 위해서 저장해두는 과정을 그린다.
명사: 비축, 저장량
타동사

Thousands of pieces of data are **stored** in a computer's memory. (passive)
수천 개의 데이터가 그 컴퓨터 메모리에 저장되어 있다.

2. 구동사
2.1 store O away
Because it is summer, he has **stored** **away** his skiing equipment.
여름이기 때문에 그는 그의 스키 장비를 치워놓았다.
[away는 활동영역에서 떨어져 있는 곳을 나타낸다. 참조: put away]
Let's **store** **away** the extra rice for later use.
나중에 쓰기 위해 그 남은 쌀을 저장해 놓읍시다.

2.2 store O up
The squirrels **store** **up** acorns for the winter.
그 다람쥐들은 겨울을 위해서 도토리들을 비축한다.
[up은 양의 증가를 나타낸다.]
He listened into their conversation and **stored** it all **up** to tell you later.
그는 그들의 대화를 엿듣고, 나중에 너에게 알려주기 위해 그것을 기억 속에 모두 담아두었다.
If you don't deal with the problem now, you are just **storing** **up** trouble for the future.
네가 그 문제를 지금 다루지 않으면, 너는 미래의 골칫거리를 쌓고 있을 뿐이다.
The bears will **store** **up** fat for the winter.
그 곰들은 겨울을 위해 지방을 비축할 것이다.

STORM

1. 단동사
이 동사는 많은 사람들이 세차게 건물에 몰려 들어가거나 화난 상태로 움직이는 과정을 그린다.
명사: 폭풍, 폭풍우
타동사
"Don't you know who I am?" she **stormed**.
"내가 누군지 몰라?" 그녀가 호통을 쳤다.
Police **stormed** the building and captured the gunman.
경찰이 그 건물을 기습하여 그 총기범을 붙잡았다.

2. 구동사
2.1 storm around
He is **storming** **around** because he lost his cell phone.
그는 그의 스마트폰을 잃어버려서 화를 내며 돌아다니고 있다.

2.2 storm at O
The boss **stormed** **at** the employee because he was late for work.
그 사장은 그 직원이 지각해서 크게 화를 내었다.

2.3 storm away
He got mad and **stormed** **away**.
그는 화가 나서 난폭하게 자리를 떴다.

2.4 storm into O
The government forces **stormed** **into** the city under the rebel's control.
그 정부군이 그 반란군의 지배 아래 있는 그 도시에 거세게 쳐들어갔다.

2.5 storm off
He burst into tears and **stormed** **off**.
그가 갑자기 울음을 터뜨리고 화가 나서 세차게 뛰쳐나가 버렸다.
[off는 어떤 자리를 떠나는 관계를 그린다.]

2.6 storm out
The director **stormed** **out** of the office.
그 지배인은 몹시 화를 내면서 그 사무실을 나갔다.

STOW

1. 단동사
이 동사는 무엇을 필요할 때 쓰기 위해서 잘 정돈하여 보관하는 과정을 그린다.

타동사

She found a seat and **stowed** her backpack.
그녀는 좌석 하나를 찾아 그녀의 배낭을 그 속에 집어넣었다.

2. 구동사
2.1 stow away
The boy **stowed away** on a plane for Hong Kong.
그 소년은 홍콩행 비행기에 숨어서 갔다.
David got to this country by **stowing away** on a cargo ship.
데이비드는 화물선을 타고 숨어서 이 나라에 왔다.

stow O away
The camping equipment had been **stowed away**. (passive)
그 캠핑 장비는 안전한 곳에 치워졌다.
[참조: put away, store away]
Please **stow away** your things and get right to work.
너의 물건들을 집어넣고 일을 시작하세요.
[참조: put away]

STRAIGHTEN

1. 단동사
이 동사는 물건 등이 바르게 되거나 바르게 하는 과정을 그린다.
straight(형용사): 곧은, 똑바른

타동사

I **straightened** my tie and walked in.
나는 내 넥타이를 바로 하고 걸어 들어갔다.
He stood up and **straightened** his shoulders.
그는 일어서서 어깨를 폈다.

2. 구동사
2.1 straighten O out
The reception on my radio was poor, so I **straightened out** the antenna.
내 라디오 수신이 나빠서 나는 그 안테나를 똑바로 뽑아 내었다.
The old man sat down on a chair and **straightened out** his legs.
그 노인은 의자에 앉아서 그의 발을 뻗어 내었다.
[out은 발을 바깥쪽으로 내는 관계를 그린다. 참조: spread out]
I **straightened** this row of books **out**.
나는 책들의 이 열을 정돈하여 들쭉날쭉한 것이 없어지게 했다.
Can you **straighten** me **out** on this matter?

이 문제에 대해서 나를 바로잡아 주실 수 있나요?
The application form was crumpled, and he tried to **straighten** it **out**.
그 지원서가 구겨져서 그가 그것을 펼쳐려고 했다.
[out은 지원서가 사방으로 펼쳐져서 구김이 없어지는 관계를 그린다. 참조: hammer out, iron out, smooth out]
I have some technical problems, but I hope the engineer will **straighten** them **out**.
나는 몇 개의 기술적 문제들을 가지고 있다. 그러나 그 기사가 그것을 바로잡아 해결해주기를 희망한다.
[out은 있던 문제가 없어지는 관계를 그린다.]
He had a gambling problem, but in the meantime, he managed to **straighten** himself **out**.
그는 노름 문제를 가지고 있었다. 그러나 그 사이 그는 자신을 고쳐서 (그 문제를) 없앴다.
[out은 나쁜 버릇이 없어지는 관계를 나타낸다.]

straighten out
The road was narrow and twisty for 10 miles, and then it **straightened out**.
그 길은 10마일까지 좁고 구불구불하다가, 곧게 뻗어나기 시작했다.
[out은 좁은 길이 곧게 뻗어 나는 관계를 그린다.]
He would have to **straighten out** if he wants to get a job.
그는 취업하기 원한다면 버릇을 똑바로 해야 할 것이다.

2.2 straighten up
He bent over to pick up his phone, and couldn't **straighten up** again.
그는 그의 전화기를 집으려고 몸을 구부렸다가, 다시 바로 설 수가 없었다.
[up은 바로 서는 관계를 그린다.]
Please **straighten up** and don't slouch.
똑바로 서서 구부정하게 있지 마세요.

straighten O up
He **straightened** himself **up**.
그는 자신을 똑바로 일으키려고 했다.
The nurse **straightened up** the patient and fed him the soup.
그 간호사가 그 환자를 똑바로 일으켜서 그 수프를 먹였다.

STRAIN [1]

1. 단동사
이 동사는 근육 등을 무리하게 쓰는 과정을 그린다.

타동사

명사: 압력, 압박, 부담
He **strained** a muscle.
그는 근육을 무리하게 썼다.
The sudden influx of visitors is **straining** hotels in the town to the limit.
그 갑작스런 관광객들의 쇄도로 그 시내 호텔들을 한계에 이르게 하고 있다.

자동사

She **strained** against the ropes that held her.
그녀는 자신을 잡고 있는 밧줄들을 긴장시켰다.

2. 구동사

2.1 strain at O
The dog **strained** at the collar around his neck.
그 개가 (도망가기 위해서) 그의 목에 감겨있는 그 목줄에 힘을 줬다.
[at은 당기는 힘이 부분적임을 나타낸다.]

2.2 strain away at O
She is **straining** away at her weight.
그녀는 몸무게를 줄이려고 계속 열심히 노력하고 있다.
The parliament is **straining away** at the tax reform bill.
그 의회는 세제 법안에 대해서 계속적으로 열심히 노력하고 있다.
[away는 계속적으로 노력하는 관계를 나타낸다. 참조: beaver away, slave away, toil away]

STRAIN ²

1. 단동사

이 동사는 체 같은 것을 받쳐 물기를 빼는 과정을 그린다.
명사: 체

타동사

Strain the noodles.
그 국수의 물을 빼세요.

2. 구동사

2.1 strain O away
Strain away liquid from the salad.
물을 그 샐러드에서 빼내세요.

2.2 strain O into O
After the bones are boiled up, **strain** the water into a jar.
그 뼈들이 완전히 끓고 나면, 그 물을 항아리에 걸러 넣어라.

2.3 strain O off
Strain off any excess liquid.
모든 남은 물기를 다 빼 내세요.
When the beans are boiled, **strain off** the water.
콩이 삶아졌으면 그 물을 체로 걸러내어라.
[off는 물이 분리되어 떨어지는 관계를 나타낸다.]

2.4 strain O out
He **strained** out the impurities.
그는 그 불순물들을 체로 걸러내었다.
The chef **strained** the noodles out from the broth.
그 요리사는 그 국수를 그 육수에서 걸러내었다.

STRAP

1. 단동사

이 동사는 끈을 써서 제자리에 물건을 고정시키는 과정을 그린다.
명사: 끈, 줄, 띠

타동사

I **strapped** the suitcase because it was so full.
나는 그 여행 가방이 너무 가득 차서 그것을 끈으로 묶어야 했다.
I have to keep my leg **strapped** for six weeks. (passive)
나는 6주 동안 내 다리를 붕대로 감고 있어야 한다.

2. 구동사

2.1 strap O down
Everything had to be **strapped down** to stop it from sliding around. (passive)
모든 물건들이 이리저리 미끄러지지 않도록 모든 것을 줄로 묶어서 고정시켜야 했다.
[down은 물건이 움직이지 않는 관계를 나타낸다.]
The nurses **strapped** the patient **down** in preparation for the operation.
그 간호사들이 그 수술준비 중에 그 환자를 꼭 묶어 움직이지 못하게 했다.
He **strapped down** the luggage.
그는 수하물을 끈을 묶어 고정시켰다.

2.2 strap O in O
Mom **strapped** the children **in** their seats.
엄마는 그 아이들을 그들 의자에 앉혀 벨트로 묶었다.

2.3 strap O into O
Strap the child **into** the seat.
그 아이를 띠를 매서 그 의자에 앉게 하세요.

2.4 strap O on(to) O

He **strapped** the load **on(to)** the top of the car.
그는 그 짐을 그 차 꼭대기에 끈으로 묶어 달았다.
[on은 짐이 제자리에서 차에 얹히는 관계를, onto는 다가가서 차에 얹는 관계를 나타낸다.]
He **strapped** his bike **onto** the car.
그는 그의 자전거를 끈으로 묶어 그 차에 달았다.

strap O on

He **strapped** the *backpack* **on**.
그는 그 배낭을 끈으로 짊어졌다.
[on은 배낭이 그의 등에 닿는 관계를 나타낸다.]

camera 카메라	cap 모자

STRAY

1. 단동사
이 동사는 있어야 할 자리를 의도치 않게 벗어나는 과정을 그린다.

2. 구동사
2.1 stray from O
Don't **stray from** the main topic of the discussion.
그 토의의 주제에서 벗어나지 마세요.

2.2 stray into O
A wild pig **strayed into** the garden and ruined it.
멧돼지 한 마리가 텃밭에 굴러들어와 그것을 망쳐 놓았다.

STREAK

1. 단동사
이 동사는 보이지 않을 정도로 빠르게 지나가는 과정을 그린다.
명사: 기다란 줄 모양의 것

2. 구동사
2.1 streak across O
Ted **streaked across** the street to get a cup of coffee.
테드는 커피 한 잔을 사기 위해서 그 길을 가로질러 질주했다.
Some jet planes are **streaking across** the sky.
몇 대의 제트기가 하늘을 가로질러 빠르게 지나가고 있다.
A comet **streaked across** the sky.
유성이 하늘을 가로질렀다.

STREAM ¹

1. 단동사
이 동사는 물 등이 많이 세차게 빠르게 흐르거나 흘리는 과정을 그린다.
명사: 개울, 시내, 줄기, 연속
타동사
The exhaust **streamed** black smoke.
그 배기장치는 시커먼 연기를 계속 뿜어내었다.

2. 구동사
2.1 stream down
Tears **streamed down** on her face.
눈물이 그녀의 얼굴에 흘러 내렸다.

2.2 stream into O
Water **streamed into** the room through cracks in the wall.
물이 그 벽의 갈라진 틈새들을 통해 흘러 들어왔다.

STREAM ²

1. 단동사
이 동사는 영상이나 소리를 인터넷으로 보내거나 청취하는 과정을 그린다.

2. 구동사
2.1 stream O on O
You can **stream** us **on** multiple platforms.
여러분은 우리 방송을 여러 가지 플랫폼으로 들을 수 있습니다.
I **streamed** the music live **online**.
나는 그 음악을 온라인에서 생방송으로 들었다.

STRESS

1. 단동사
이 동사는 긴장을 하거나 긴장을 주는 과정을 그린다.
명사: 압박, 긴장, 발음의 강세
타동사
He **stressed** the importance of a good education.
그는 좋은 교육의 중요성을 강조했다.
You **stress** the first syllable in 'take off'.
take off에서는 첫째 음절에 강세를 둔다.

2. 구동사
2.1 stress O out
My job **stresses** me **out**.
내 일은 나를 극도로 긴장을 하게 한다.
[out은 긴장 정도가 심각함을 나타낸다.]

S

I got **stressed out**. (passive)
나는 몹시 긴장되었다.

STRETCH

1. 단동사
이 동사는 당겨서 무엇을 크게 하거나 늘리는 과정을 그린다.

타동사

We **stretched** the rope between the two trees.
우리는 그 로프를 두 나무 사이에 뻗쳤다.

2. 구동사

2.1 stretch across O
The highway **stretches across** four states.
그 고속도로는 네 주에 걸쳐 뻗는다.

2.2 stretch along O
The fence **stretches along** the length of the border.
그 울타리는 그 국경 길이를 따라 뻗어 간다.

2.3 stretch away
The plain **stretched away** as far as we could see.
그 평야가 우리가 볼 수 있는 데까지 뻗쳐 나갔다.
[참조: roll away, spread away]
The Green field **stretched away** from the riverbank.
그 초록색 들판이 그 강둑에서 뻗어 나갔다.

2.4 stretch into O
The talks **stretched into** June.
그 회담은 6월까지 계속되었다.

2.5 stretch on
The road **stretches on** and on.
그 길은 계속 쭉 뻗어진다.
[on은 뻗음이 계속되는 관계를 나타낸다.]

2.6 stretch out
The sweater **stretched out** because it was hung on a hanger.
그 스웨터는 옷걸이 위에 널었기 때문에 늘어졌다.
[out은 스웨터가 늘어나는 관계를 나타낸다.]
He **stretched out** on the sofa.
그는 그 소파 위에 두 팔과 다리를 뻗고 누웠다.
[out은 손과 발을 벌리는 관계를 나타낸다. 참조: lay out, spread out]
The field **stretched out** for miles around.
그 땅은 사방으로 수마일 펼쳐져 나가 있었다.

[out은 사방으로 펼쳐진 상태를 나타낸다. 참조: spread out]

stretch O **out**
He **stretched out** a hand and lifted the glass to his lips.
그는 한 손을 뻗어 내어서 그 유리잔을 들어 올려 그의 입술에 가져갔다.
He **stretched out** a helping hand.
그는 도움의 손길을 내 뻗었다.
[참조: reach out]
Molly **stretched** the baby **out** to change his clothes.
몰리는 그 아이의 옷을 갈아입히기 위해 그 아이의 손과 발을 펼치고 누워있게 했다.
We **stretched out** our vacation for another week.
우리는 우리의 휴가를 한 주 더 연장했다.
[out은 기간을 늘리는 관계를 나타낸다. 참조: draw out]
The bird **stretched out** her wings.
그 새는 그의 날개들을 쭈욱 폈다.

2.7 stretch O **up**
He **stretched** his hands **up**.
그는 그의 양 손을 뻗어 올렸다.

STREW

1. 단동사
이 동사는 넓은 영역에 무엇을 흩뿌리거나 무엇이 흩어지는 과정을 그린다.

타동사

Clothes were **strewn** across the floor. (passive)
옷들이 그 바닥 전체에 흩어져 있다.
Leaves **strewed** the path.
나뭇잎들이 그 오솔길에 흩뿌려져 있었다.

2. 구동사

2.1 strew O **on** O
The wind **strewed** lots of flowers **on** the lawn.
그 바람이 많은 꽃들을 그 잔디 위에 뿌렸다.

2.2 strew O **over** O
The child **strewed** his clothing all **over** the living room.
그 아이가 자기 옷들을 그 거실 전체에 흩어놓았다.
The wind **strewed** the fallen leaves all **over** the yard.
바람이 그 낙엽들을 그 뜰 전체에 뿌려 놓았다.

2.3 strew O **with** O
The court is **strewed with** leaves and twigs after the rain. (passive)
그 뜰은 그 비가 온 후에 낙엽들과 잔가지들로 흐트러

져 있다.

STRIKE

1. 단동사
이 동사는 한 개체가 다른 개체에 다가가서 부딪히는 과정을 그린다.

타동사

The car **struck** the curb.
그 차가 (인도와 차도 사이의) 그 연석을 들이박았다.

He **struck** a match.
그는 성냥을 성냥갑에 쳤다.

A fierce scream **struck** my ear.
날카로운 비명 소리가 내 귀를 쳤다.

The miner drilled and **struck** gold.
그 광부들이 파고 들어가서 금을 캤다. 즉 발굴했다.

The idea just **struck** me.
그 생각이 방금 나에게 떠올랐다.

Flu **struck** the whole family.
독감이 온 가족을 쳤다. 즉 감기에 걸렸다.

He **struck** me in the head.
그는 내 머리를 쳤다.

It **strikes** me as silly.
그것은 우스운 것으로 내게 다가온다. 즉, 우습게 들렸다.

2. 구동사
2.1 strike at O
The bear **struck at** the branch to get at the honey.
그 곰은 그 꿀을 얻으려고 그 나뭇가지를 치려고 했다.
[at은 시도를 나타낸다. 참조: catch at]

She **struck at** Roger but missed him.
그녀는 로저를 치려고 했으나 맞추지 못했다.

The law **strikes at** the poor.
그 법은 약자에게 불리하게 영향을 준다.
[at은 공격의 뜻이 있다. 참조: hit at]

2.2 strike back
The government officials **struck back**, saying that the police's action was necessary.
그 정부 관리들은 그 경찰 조치가 필요하다고 말하면서 되받아쳤다. 즉 반박했다.
[참조: fight back]

In the first half, Korea was losing but in the second half, it **struck back** with three goals and turned the match.
전반전에서 한국은 지고 있었으나 후반전에 한국은 세 골을 넣어서 반격을 하고 경기를 이겼다.

2.3 strike O down
Fred **struck down** Tom with one blow.
프레드는 한 방으로 톰을 쳐서 넘어뜨렸다.
[down은 서 있는 자세에서 넘어지는 자세로 변하는 관계를 나타낸다. 참조: knock down]

Yesterday she was **struck down** by a heart attack. (passive)
어제 그녀는 심장 마비로 갑자기 죽었다.
[strike는 번개와 같이 빠른 속도로, 그리고 down은 살아있는 상태에서 죽은 상태로의 변화를 나타낸다.]

Last year, hundreds of people were **struck down** by the influenza. (passive)
지난해 수백 명의 사람들이 독감에 걸려 누웠다.
[down은 좋지 않은 상태에 이르는 관계를 나타낸다. 참조: come down with]

The supreme court **struck down** the *act* because it violates the Korean constitution.
대법원은 그 조례가 헌법을 어기기 때문에 그것을 폐기했다.
[down은 조례 등이 무효화 되는 관계를 나타낸다.]

abortion law 낙태법	regulation 규정

2.4 strike for O
The workers were **striking for** longer vacations.
그 노동자들은 좀 더 긴 휴가들을 얻기 위해서 파업하고 있었다.

2.5 strike O into O
He **struck** the golf ball **into** the water.
그가 그 골프공을 쳐서 그 물에 넣었다.

The noise **struck** fear **into** their hearts.
그 큰 소리가 공포심을 그들의 마음들 속에 처넣었다.

2.6 strike off
The explorers **struck off** into the jungle.
그 탐험가들은 (어떤 자리를 떠나) 그 정글 속으로 들어가기 시작했다.
[off는 화자, 청자가 아는 장소를 떠나는 관계를 나타낸다.]

He **struck off** towards the farm.
그는 힘차게 자리를 떠나 그 농장으로 갔다.

strike O off O
He **struck** a chunk of dirt **off** the wall.
그가 쳐서 흙 한 덩어리를 그 벽에서 떨어지게 했다.

strike O off
She accidentally **struck** John's hat **off** of him.

S

그녀는 우연히 존의 모자를 쳐서 그에게서 떨어져 나가게 했다.

[off는 모자가 John에게서 떨어지는 관계를 나타낸다.]

Dr. Shane was **struck off** for his professional misconduct.

셰인 의사는 직업상의 비행으로 의사 명단에서 이름이 지워졌다.

[off는 이름이 명단에서 떼어지는 관계를 나타낸다. 참조: cross off]

2.7 strike O on O

The tennis ball **struck** me **on** the right arm.

그 테니스공이 나의 오른 팔을 쳤다.

[me는 전체를 말하고, on은 공이 가 닿는 부분을 나타낸다.]

strike (up)on O

Ray **struck (up)on** an idea to save his dog.

레이는 그의 개를 구할 방법이 생각이 났다.

[Ray는 환유적으로 그의 마음을 가리키고, on은 마음이 생각에 가 닿는 관계를 나타낸다. 참조: hit upon, come upon, stumble upon]

The cafe didn't **strike on** me.

그 카페는 나에게 큰 인상을 남기지 않았다.

2.8 strike out

Jeff **struck out** for the fourth time this season.

제프는 이번 시즌에 4번째로 스트라이크 아웃 당했다.

[out은 경기에서 빠지는 관계를 나타낸다.]

He **struck out** across the field.

그는 갑자기 그 밭을 가로질러 걸어 나갔다.

The wife grasped the husband's collar, and he **struck out** and knocked her down.

그 아내가 남편의 옷깃을 잡았고 남편이 난폭하게 휘둘러치면서 그녀를 쳐서 넘어지게 했다.

The dancer **struck out** – that was the worst performance I've ever seen.

그 무용수는 형편없이 춤을 추었다 – 그것은 내가 지금껏 본 것 가운데 최악의 춤이었다.

[out은 표준이나 정상 상태에서 벗어남을 나타낸다.]

In 2001, he left the company he worked for 10 years and **struck out** on his own.

2001년에 그는 그가 10년 동안 일한 회사를 그만두고 자신의 사업을 시작했다.

[out은 어떤 사업을 시작하는 관계를 나타낸다. 참조: start out]

strike out at O

Without a warning, he **struck out at** John and knocked him to the ground.

예고도 없이 그는 존에게 팔을 휘둘러쳐서 그를 넘어지게 했다.

[out은 팔을 내뻗거나 휘두르는 관계를 나타낸다. 참조: lash out, hit out, punch out]

He **struck out at** the president.

그는 (연설, 인터뷰, 기사 등에서) 대통령을 공개적으로 비난했다.

strike out for O

We **struck out for** *Daejeon* in the early morning.

우리는 아침 일찍 대전을 향해 나섰다.

[참조: set out for]

strike O out

Strike out any word that is not appropriate.

적합하지 않은 낱말은 어떤 낱말이라도 지워버리시오.

[out은 무엇을 없애는 관계를 나타낸다. 참조: cross out]

2.9 strike over O

Don't **strike over** your errors. Erase them altogether.

틀린 글자들 위에 겹쳐서 타자치지 말고 완전히 다 지우세요.

[over는 새로운 글자를 먼저 친 잘못된 글자에 덮어서 치는 관계를 나타낸다.]

2.10 strike O up

He **struck up** a match.

그는 성냥 하나를 켜서 성냥에 불이 붙어 있다.

The band **struck up** a lively tune.

그 밴드는 경쾌한 곡을 시작해서 그 곡이 진행되고 있다.

In the cafeteria, I **struck up** a conversation with a Canadian student.

그 카페테리아에서 나는 캐나다 학생과 대화를 했다.

[up은 대화가 일어난 관계를 나타낸다. 참조: spark up]

The company **struck up** a deal with a German company.

그 회사는 어느 독일 회사와 거래를 성사시켰다.

[up은 거래가 성사되는 관계를 나타낸다.]

strike up

In the dancing hall, the musicians **struck up** and people began to dance.

그 무도회장에서 그 연주자들이 음악을 시작하자 사람들이 춤을 추기 시작했다.

2.11 strike O with O

The patient was **stricken with** cancer. (passive)

그 환자는 갑자기 암에 걸렸다.

[with은 환자가 암을 갖는 관계를 나타낸다.]

He was **struck with** *alarm* with the news. (passive)
그는 그 뉴스를 듣고 갑자기 놀라게 됐다.

grief	슬픔	terror	공포심

STRING

1. 단동사
이 동사는 실이나 줄 등에 물건을 다는 과정을 그린다.
명사: 끈, 줄

타동사

He is **stringing** beads.
그는 염주 알을 실에 꿰고 있다.

He **strang** lights along in front of his house.
그는 그의 집 앞에 전등을 줄로 연결하여 달아 놓았다.

2. 구동사
2.1 string along
If you go into town now, I would like to **string along**.
네가 지금 읍내에 가면, 나는 너와 함께 따라가고 싶다.
[along은 '너'가 가는 길을 가리킨다. 참조: follow along, come along, tag along]

I would appreciate it if you could **string along** just this one time.
당신이 이번 한 번만 내 의견에 따라온다면 정말 고맙겠다.
[along은 의견 등을 따르는 관계를 나타낸다. 참조: play along]

string along with O
Do you mind if I **string along with** you?
내가 당신을 따라가면 싫으시겠습니까?

string O along
He has been **stringing** her **along** for years, saying that he will marry her soon.
그는 그녀에게 곧 결혼하겠다고 말하면서 그녀를 계속 끌고 다녔다. 즉, 속여 왔다.
[along은 시간 속에 어떤 관계가 진행됨을 나타낸다.]

He has been promising to pay back the money, but I think he is just **stringing** me **along**.
그는 내게 돈을 갚겠다고 계속 약속을 해오고 있으나, 나는 그가 나를 속이고 있다고 생각한다.

2.2 string out
Soldiers **strang out** along the border between Ukraine and Russia.
군인들은 우크라이나와 러시아 국경을 따라 죽 늘어서 있었다.
[out은 군인들이 펼쳐진 상태를 나타낸다. 참조: fan out, spread out]

Candles are **stringing out** the road to celebrate Budha's birthday.
촛불들이 석가탄신일을 축하하기 위해 그 길을 따라 줄에 매달려 쭉 켜져 있다.
[out은 촛불들이 이어지는 관계를 나타낸다.]

string O out
The workers **strang out** the rope so that it can reach the tree.
그 노동자들은 그 로프를 당겨 늘려서 그것이 그 나무에 가 닿게 했다.
[out은 길이가 늘어나는 관계를 나타낸다. 참조: stretch out]

They **strung out** the wires first.
그들은 먼저 그 와이어를 당겨서 길게 했다.

Lawyers tend to **string out** their cases because they earn more fees.
변호사들은 돈을 더 많이 벌기 때문에 그들의 소송사건을 연장시키는 경향이 있다.
[out은 예정기간보다 더 늘리는 관계를 나타낸다. 참조: drag out, draw out]

There is no point in **stringing out** the peace talk.
그 평화회담을 연장시킬 필요가 없다.

He **strang out** his speech.
그는 그의 연설을 길게 늘어놓았다.

2.3 string O together
I found it hard to **string together** the pearls.
나는 그 진주들을 함께 꿰어 맞추기가 어렵다는 것을 알았다.

They spent all night **stringing together** the flowers to make a garland.
그들은 화환을 만들기 위해서 그 꽃들을 실에 엮느라 밤을 지새웠다.

I spent all afternoon **stringing** beads **together**.
나는 구슬들을 꿰어 맞추는데 오후 내내를 보냈다.

He managed to **string together** a few words in Korean.
그는 한국어로 몇 마디 낱말들을 짜 맞출 수 있었다.

He was so sleepy that he couldn't **string** two sentences **together**.
그는 너무 졸음이 와서, 두 개의 문장도 짜 맞출 수 없었다.
[together는 여러 개를 한 데 모아서 무언가를 만드는 관계를 나타낸다. 참조: put together]

2.4 string O up

We **strung up** Christmas lights.
우리는 크리스마스 전등을 실에 꿰어 매달아 올렸다.
They **strang up** flags around the garden.
그들은 국기들을 그 정원 주위에 매달아 걸었다.
[up은 국기가 공중에 떠있는 관계를 나타낸다. 참조: hang up]
If he is the robber, we ought to **string** him **up**.
만약 그가 강도라면, 우리는 그를 목매달아 죽이는 것이
마땅하다.
I think the criminal should be **strung up**, from the tree.
(passive)
나는 그 죄수가 그 나무에 매달려서 교수형에 처해져야
한다고 생각한다.
[참조: hang up]
He **strung up** his fishing rod and went to the lake.
그는 자신의 낚싯대의 줄을 묶어서 그 호수로 갔다.
I have a guitar but I don't know how to **string** it **up**.
나는 기타 하나를 가지고 있으나 줄을 매는법을 모른다.

STRIP

1. 단동사

이 동사는 표면을 덮고 있는 것을 떼어내는 과정을 그린다.
명사: 가느다란 조각이나 땅

> 타동사

Mom **stripped** the baby and bathed him.
엄마는 그 아기를 벗기고 목욕을 시켰다.
He **stripped** husks from a corn.
그는 껍질들을 옥수수에서 벗겼다.

> 자동사

He **stripped** and put the towel around him.
그는 옷을 벗고 그 수건을 둘렀다.

2. 구동사

2.1 strip O away

Before you repaint the wall, you have to **strip away**
the old paint.
그 벽을 다시 페인트 칠 하기 전에, 너는 그 오래된 페인
트를 벗겨 버려야 한다.
[away는 페인트가 벽에서 떨어지는 관계를 나타낸다.]
The TV **stripped away** the mystery about the actor
by revealing his private life.
그 TV는 그 배우의 사생활을 반영함으로써 그를 둘러
싼 신비를 벗겨버렸다.
[away는 신비가 배우에서 떨어져 나오는 관계를 나타낸다.]
The people's human rights were **stripped away** in
North Korea. (passive)
그 국민의 인권들이 북한에서는 박탈되었다.

2.2 strip O down

He **stripped down** his *bike*.
그는 그의 자전거의 부품을 떼어내어 분해했다.
[down은 큰 것에서 작은 것으로의 변화를 나타낸다.]

| car | 자동차 | washer | 세탁기 |
| engine | 엔진 | radio | 라디오 |

He succeeded in **stripping down** the broken electric
rice cooker.
그는 그 고장난 전기밥솥을 분해하는 데 성공했다.
The piano concerto was inspired by Beethoven's
symphony 9, but it was **stripped down** to its essentials.
그 피아노 협주곡은 베토벤의 9번 교향곡에 영감을 받았
으나, 교향곡은 모두 해체되어 기본적인 것만 담기었다.
[down은 복잡한 것에서 단순한 것으로의 변화를 나타낸다.]
He tried to **strip** his life **down** to basic.
그는 그의 삶의 모든 것을 벗겨버리고 기본수준까지 줄
이려고 노력했다.

strip down

The doctor told Joe to **strip down** for his examination.
그 의사는 그의 검사를 위해 속옷만 남겨두고 겉옷을
다 벗으라고 조에게 말했다.
[down은 바지 등이 내려가는 관계를 나타낸다.]
Tony **stripped down** to his swimming trunk and
jumped into the river.
토니는 그의 수영복만 남기고 다 벗고 그 강에 함께 뛰
어 들었다.

2.3 strip O of O

He **stripped** the tree **of** bark.
그는 그 나무에서 껍질을 벗겼다.
He **stripped** the room **of** furniture.
그는 그 방에서 가구를 다 치웠다.
The court **stripped** him **of** all his property.
그 법원은 그에게서 그의 전 재산을 빼앗았다.
The committee **stripped** the champion **of** his title.
그 위원회는 그 챔피언에게서 그의 타이틀을 박탈했다.
The mount side was **stripped of** tree, so that a factory
can be built. (passive)
그 산의 경사면은 새 공장을 짓기 위해서 나무들이 베어
져 버렸다.
The nobel prize winner was **stripped of** her human
right award. (passive)
그 노벨 평화상 수상자는 인권상을 박탈당했다.

2.4 strip O off

The paramedic **stripped** the victim's clothes **off**.
그 응급구조원들이 그 조난자의 옷을 벗겼다.
[off는 옷이 몸에서 떨어지는 관계를 나타낸다. 참조: take off]
As soon as he came in from work, he **stripped off** his clothes.
그가 일터에서 돌아오자마자, 그는 그의 옷들을 훌훌 벗어버렸다.
[off는 그의 옷이 몸에서 떨어지는 관계를 나타낸다. 참조: slip off, take off]
This morning, dad **stripped off** the dirty old wall paper.
오늘 아침 아버지는 그 더럽고 낡은 벽지를 그 벽에서 벗겨 버렸다.
The mechanic **stripped off** the spring.
그 기계공은 스프링을 (차에서) 떼어냈다.

2.5 strip O out

He **stripped out** the back seat of the car.
그는 그 자동차 뒷좌석을 뜯어냈다.
The interior designer **stripped out** the house.
그 내부 시설업자는 그 집 안에 있는 것을 모두 뜯어내었다.
[house는 환유적으로 그 속에 있는 물건들을 가리키고 out은 이들이 나오는 관계를 그린다.]
Stripping out the shipping and handling charges, our sale is up 15%.
그 운송비와 취급 수수료들을 떼어내면, 우리 매출은 15% 올랐다.
[out은 운송비 등을 계산에서 떼어서 제거하는 관계를 나타낸다.]

STROLL

1. 단동사
이 동사는 천천히 여유롭게 산책하는 과정을 그린다.
명사: 산책

2. 구동사
2.1 stroll around
I **strolled around** after dinner.
나는 저녁을 먹은 다음 가볍게 이리저리 산책을 했다.

2.2 stroll through O
We **strolled through** the park.
우리는 산책을 하면서 그 공원을 지나갔다.

STRUGGLE

1. 단동사
이 동사는 어렵지만 무엇을 성취하기 위해서 열심히 노력

하는 과정을 그린다.
자동사
She **struggled** to learn Korean.
그녀는 한국어를 배우려고 애썼다.

2. 구동사
2.1 struggle against O
He **struggled against** the disease for a year before he died.
그는 죽기 전에 한 해 동안 그 질병과 맞서 싸웠다.
There is no point in **struggling against** him.
그와 맞서 투쟁하는 데는 아무 의미가 없다.

2.2 struggle along
You have to **struggle along** under this burden.
너는 이 부담을 지고 애써 나아가야 한다.
She has to **struggle along** under poor conditions.
그녀는 좋지 않은 조건들 아래에서 힘들게 나아가야 했다.

2.3 struggle on
It is not easy to bring up three children on her own, when she has little money. So she **struggles on**.
돈도 없는데 제 힘으로 세 아이를 키우기는 쉽지 않다. 그래서 그녀는 계속해서 어렵게 살아간다.
[on은 어려움이 계속되는 관계를 나타낸다.]

struggle on with O
I have to **struggle on with** what I have.
나는 내가 가진 것을 가지고 어렵게 살아 나가야 한다.

2.4 struggle through O
He **struggled through** the Korean novel.
그는 그 한국소설을 힘들게 읽어나갔다.

struggle through
The book was dull, but I **struggled through**.
그 책은 지루했지만, 나는 끝까지 애써 읽어 나갔다.

2.5 struggle with O
The wrestlers **struggled with** each other.
그 레슬링 선수들은 서로 겨루고 있었다.
Tim **struggled with** Bob for the bicycle, and finally David took it away from both of them.
팀은 밥과 자전거를 서로 가지려고 다투었으나, 데이비드가 그것을 둘 모두에게서부터 빼앗았다.
He is **struggling with** depression.
그는 우울증과 힘들게 싸우고 있다.
He has been **struggling with** getting a good sleep.

S

그는 숙면을 취하기 위해서 애써오고 있다.

STRUT

1. 단동사
이 동사는 머리를 들고 가슴을 내밀면서 뻐기면서 걷는 과정을 그린다.
명사: 뽐내면서 걷기, 점잔빼는 걸음걸이

타동사

The players strutted and posed for the cameras.
그 선수들은 뽐내며 걸어나와 그 카메라들을 향해 자세를 취했다.

2. 구동사
2.1 strut around

He strutted around in his new sneakers.
그는 그의 새 운동화를 신고 뻐기면서 이리저리 다녔다.

2.2 strut into O

He strutted into the shop as if it was his.
그는 그 상점이 자기 것인 것처럼 뻐기면서 들어갔다.

2.3 strut out

The man strutted out of the bar.
그 남자는 뻐기면서 그 술집에서 나왔다.

STUB

1. 단동사
이 동사는 담배꽁초 등을 누르거나 비벼서 끄는 과정을 그린다.
명사: 남은 부분, 담배꽁초

2. 구동사
2.1 stub O out

He stubbed out the cigarette butt.
그는 그 담배꽁초를 비벼서 껐다.
[out은 불이 꺼지는 관계를 나타낸다. 참조: put out]

STUDY

1. 단동사
이 동사는 어떤 문제 등을 알아내기 위해서 장기간 연구하는 과정을 그린다.
명사: 공부, 학업, 연구, 학습

타동사

How long have you been studying English?
얼마동안 영어를 공부해오고 있습니까?

He studied her face thoughtfully.
그가 그녀의 얼굴을 유심히 살폈다.
We will study the report carefully before making a decision.
우리는 결정을 하기 전에 그 보고서를 면밀히 검토할 것이다.

2. 구동사
2.1 study O out

The scientists are studying out the cause of the disease.
그 과학자들은 그 질병의 원인을 연구해서 찾아내고 있다.
[out은 모르는 것을 알아내는 관계를 나타낸다. 참조: find out, figure out]

2.2 study up

He is studying up for the final exam.
그는 기말시험을 위해서 열심히 공부를 하고 있다.
[참조: read up]

study up on O

I am studying up on Korean history.
나는 한국 역사를 철저히 연구하고 있다.
[참조: read up on]

2.3 study under O

Robert Lees studied under Noam Chomsky.
로버트 레스는 노암 촘스키 아래에서 공부했다.

STUD

1. 단동사
이 동사는 표면을 작은 보석이나 금속으로 덮는 과정을 그린다.
명사: 장식용 둥근 금속, 귀걸이

2. 구동사
2.1 stud O with O

The south sea is studded with small islands.
남해는 작은 섬들로 점철되어있다.

STUFF

1. 단동사
이 동사는 채우거나 쑤셔 넣는 과정을 그린다.

타동사

She stuffed the turkey.
그녀는 그 칠면조에 속을 채웠다.
Don't try to stuff yourself at dinner.

저녁 식사 때 너무 많이 먹지 마세요.

2. 구동사

2.1 stuff O down O

Don **stuffed** the cauliflower leaves **down** the garbage disposal and turned it on.
던은 그 콜리플라워 잎들을 그 음식물 찌꺼기 처리기에 차곡차곡 넣고 그것을 작동시켰다.

2.2 stuff O into O

The police officer **stuffed** Jeff **into** the tiny cell.
경찰관이 제프를 그 좁은 감옥에 처넣었다.

stuff O in

Donald got down his suitcase and **stuffed** his clothes **in**.
도널드는 그의 가방을 내려놓고 그 안에 그의 옷들을 쑤셔 넣었다.
[in은 into the suitcase의 뜻이다.]

2.3 stuff O out

Stuff out your belly.
너의 배를 꽉 채워라. 즉, 많이 먹어라.
[out은 위가 꽉 차는 관계를 나타낸다. 참조: pig out]

2.4 stuff up

I am going to give you another chance. So don't **stuff up** this time.
나는 네게 또 한 번의 기회를 줄 테니 이번에는 망치지 마라.

stuff O up

I **stuffed up** the hole with old newspapers.
나는 그 구멍을 지나간 신문들로 막았다.
[up은 구멍이 막힌 상태를 나타낸다. 참조: log up, stop up]
My nose is **stuffed up** whenever I catch a cold. (passive)
내 코는 감기에 들 때 마다 막힌다.
I am **stuffed up** with a bad cold. (passive)
나의 코는 심한 감기로 꽉 막혔다.
[I는 환유적으로 내 코를 가리킨다.]
I have really **stuffed** the final exam **up**.
나는 그 기말고사를 정말 망쳤다.

stuff O up O

He hid the money by **stuffing** them **up** the chimney.
그는 그 돈을 그 굴뚝에 차곡차곡 쌓아올려서 숨겼다.

2.5 stuff O with O

During the thanksgiving holiday, we **stuffed** ourselves with turkey.
추수감사절 휴일 동안 우리는 칠면조를 잔뜩 먹었다.
He **stuffed** his pocket **with** candy.
그는 그의 호주머니를 사탕으로 채웠다.
She **stuffed** her kids **with** pancakes.
그녀는 아이들에게 팬케이크들을 잔뜩 먹였다.
Who has been **stuffing** your head **with** that nonsense?
누가 너의 머리를 그 허튼소리로 채웠느냐?

STUMBLE

1. 단동사
이동사는 걷거나 뛸 때 발을 헛디디거나 비틀거리는 과정을 그린다.

자동사

In the final straight, he **stumbled**.
그는 마지막 스트레이트(결승점 직전의 직선구간)에서 비틀거렸다.

2. 구동사

2.1 stumble across O

Customs officials **stumbled across** marijuana worth one million dollars.
세관원들이 백만 달러 가치의 마리화나를 우연히 발견했다.
[참조: come across, run across]

2.2 stumble into O

He **stumbled into** the wall.
그는 비틀거리며 걷다가 그 벽에 부딪혔다.
[참조: run into, rush into, smash into]

2.3 stumble off

The sleepy child **stumbled off** to bed.
그 잠에 취한 아이가 비틀거리면서 침대로 갔다.

2.4 stumble on O

He **stumbled on** Jim, who was sleeping on the floor.
그는 그 마루에 자고 있는 짐에 걸려서 넘어졌다.

2.5 stumble onto O

He **stumbled onto** the beach.
그는 비틀거리며 그 바닷가에 갔다.

2.6 stumble out of O

He got hurt and **stumbled out of** the garage.

S

그는 다쳐서 그 차고에서 비틀거리며 나왔다.

2.7 stumble through O
She **stumbled** badly **through** her speech.
그녀는 그녀의 연설을 더듬거리면서 서툴게 해나갔다.
[through는 연설의 처음부터 끝까지 가는 관계를 나타낸다.]

2.8 stumble upon O
Scientists **stumbled upon** a cure of the cold.
과학자들이 그 감기의 치료약을 우연히 찾게 되었다.
[참조: come upon, hit upon, strike upon]
He **stumbled upon** a clue to the mystery.
그는 그 비밀에 대한 실마리를 우연히 발견했다.

STUMP 1

1. 단동사
이 동사는 나무 그루터기에 올라가서 연설하는 과정을 그린다.
명사: 나무 그루터기

2. 구동사
2.1 stump for O
He has been **stumping for** Donald Trump.
그는 도널드 트럼프를 위해 선거 유세를 해오고 있다.

STUMP 2

1. 단동사
이 동사는 무거운 발걸음으로 터벅터벅 걷는 과정을 그린다.

2. 구동사
2.1 stump along O
He **stumped along** the street.
그는 그 길을 따라 투벅투벅 걸어갔다.

2.2 stump out of O
He **stumped out of** the house.
그는 그 집에서 투벅투벅 걸어나왔다.

SUCCEED

1. 단동사
이 동사는 노력하거나 하기 원하는 일에 성공하는 과정을 그린다.

2. 구동사

2.1 succeed at O
He **succeeded at** his profession.
그는 그의 전문직에 성공했다.

2.2 succeed in O
He **succeeded in** business.
그는 사업에 성공했다.
She did not **succeed in** losing weight.
그녀는 체중 감량에 성공하지 못했다.
The negotiators have not **succeeded in** bringing about peace.
그 협상자들은 평화를 가져오는 데 성공하지 못했다.

SUCK

1. 단동사
이 동사는 액체나 공기 등을 빨아들이는 과정을 그린다.
타동사
She **sucked** the juice from the orange.
그녀는 그 주스를 그 오렌지에서 빨았다.
The child **sucked** a candy.
그 아이가 사탕을 빨았다.
He **sucked** air into his lungs.
그는 공기를 그의 허파 속으로 빨아들였다.

2. 구동사
2.1 suck O down
The swirling current **sucked** the boat **down**.
그 소용돌이치는 물결이 그 배를 빨아 내려갔다.
The swamp **sucked** the animal **down**.
그 늪지가 그 동물을 빨아 내려갔다.

2.2 suck O in
Let's **suck in** the fresh air.
그 신선한 공기를 빨아들이자.
[참조: breathe in, take in]
They are arguing furiously, and I don't want to be **sucked in**. (passive)
그들은 맹렬하게 싸우고 있다. 그래서 나는 (그 싸움에) 빨려들기를 원하지 않는다.
[in이 들어가는 것은 argument이다.]
He **sucked** the soda pop **in**.
그는 그 소다수를 빨아들였다.
Suck your pot belly **in**.
그 뚱뚱한 배를 안으로 집어넣어라.

2.3 suck O into O
The whirlpool **sucked** the swimmers **into** the depths

of the river.
그 소용돌이가 그 헤엄치는 사람들을 그 강의 깊은 곳으로 빨아 들였다.
The U.S. government does not want to be **sucked into** another expensive war in Ukraine. (passive)
미국 정부는 또 하나의 희생이 큰 우크라이나 전쟁에 빨려 들기를 원하지 않는다.

2.4 suck on O
The lion cub is **sucking on** her mom.
그 사자 새끼가 어미의 젖을 빨고 있다.

2.5 suck O **out**
The fan **sucks out** the hot air inside the factory.
그 선풍기는 공장 안에 있는 더운 공기를 빨아낸다.
One of the plane's doors opened, and the woman was almost **sucked out** of the plane.
그 비행기의 문들 가운데 하나가 열려서, 그 여자가 거의 그 비행기 밖으로 빨려 나갔다.

2.6 suck O **up**
I **sucked up** the soda through a straw.
나는 빨대를 통해 그 탄산수를 빨아 올렸다.
He **sucked up** the spill with a sponge.
그는 그 흘린 물을 스펀지로 빨아올렸다.
The vacuum cleaner **sucked up** all the dirt.
그 진공청소기가 그 모든 먼지를 다 빨아들였다.
The tornado **sucked up** small cars.
그 토네이도가 작은 차들을 빨아올렸다.

suck up to O
He is always **sucking up to** the boss.
그는 언제나 그 사장에게 다가가서 붙는다. 즉, 아첨한다.
[참조: butter up to, cozy up to, kiss up to]

SUCKER

1. 단동사
이 동사는 속여서 남이 하기 싫어하는 일을 하게 하는 과정을 그린다.
명사: 잘 속는 사람, 빨판, 흡입관

2. 구동사
2.1 sucker O **into** O
The boss is very good at **suckering** his staff **into** doing extra work.
그 사장은 그의 직원들을 설득하여 과외로 일을 시키는 데 능하다.

SUIT

1. 단동사
이 동사는 어떤 목적에 맞는 복장을 갖추는 과정을 그린다.
명사: 특수 목적을 위해 입는 복장, 양복
타동사
This suit **suits** you.
이 양복은 당신에게 맞는다.

2. 구동사
2.1 suit up
The coach told the team to **suit up** for the game by 2 o'clock.
그 감독이 그 선수들에게 2시까지 운동복을 입으라고 말했다.
The 3D film viewer has to **suit up** in special glasses.
그 3차원 영화 시청자는 특수 안경을 써야 한다.
We **suited up** in our riding clothes.
우리는 승마복으로 차려 입었다.
The soldiers **suited up** for night patrol.
그 군인들은 밤 순찰을 위해 제복을 입었다.
The firemen **suited up** in protective gear.
그 소방대원들은 보호복으로 차려 입었다.

suit O **up**
We **suited up** the children in their Halloween costumes.
우리는 그 아이들을 할로윈 복장으로 입혔다.
The passengers on the cruise ship were **suited up** in life vest. (passive)
그 크루즈 선박에 타고 있던 모든 승객들은 구명조끼를 입고 있었다.

SUM

1. 단동사
이 동사는 두 개나 그 이상의 수를 합치는 과정을 그린다.
명사: 합계, 총액, 종합, 전부

2. 구동사
2.1 sum O **up**
I wrote down all of our expenses for the week and **summed** them **up**.
나는 그 주의 경비들을 모두 적어놓고 그것들을 합산했다.
[up은 여러 개를 모아서 큰 단위로 만드는 관계를 나타낸다.]
He **summed up** the main points of his lecture.
그는 그의 강의의 요점들을 요약했다.
[up은 여러 개를 하나로 만드는 관계를 나타낸다.]
I think his painting **sums up** the spirit of Koreans.

나는 그의 그림이 한국인의 정신을 요약한다고 생각한다.
He is a tall man with a small head – that sums him up.
그는 키가 크고 머리가 작은 사람이다 – 그것이 그의 특징을 요약한다.
He likes to sum people up according to what they wear.
그는 사람들을 입은 옷에 따라 판단하기를 좋아한다.
[참조: weigh up, size up]

sum up

The judge summed up in the defendant's favor.
그 판사는 피고인에게 유리한 요점들을 요약했다.
At the end of the lecture, the professor summed up.
그 강의 끝부분에 그 교수는 강의를 요약했다.

SUMMON

1. 단동사
이 동사는 불러 모이게 하거나, 힘이나 용기를 써서 크게 노력하는 과정을 그린다.
타동사
She summoned the waiter.
그녀가 그 웨이터를 불렀다.

2. 구동사
2.1 summon O before O
The president summoned the secretaries before her.
그 대통령이 그 비서들을 그 앞에 모이게 했다.

2.2 summon O up
He summoned up a group of supporters.
그는 한 무리의 지지자들을 모았다.
[up은 여러 사람이 한 곳에 모이는 관계를 나타낸다.]
Before the test, he summoned up all his powers of concentration.
그 시험 전에 그는 그의 집중력의 모든 힘들을 한 곳에 모았다.
[up은 여러 개가 한 곳에 모이는 관계를 그린다.]
She tried to summon up the strength to move.
그녀는 움직이기 위해서 일으키려고 노력했다.
[up은 힘이 생기는 관계를 나타낸다.]
The sight of the sea summoned up memories of my childhood in Ulsan.
그 바다 광경은 울산에서 보낸 내 유년 시절의 추억을 불러 일으켰다.
[up은 추억이 의식 속에 떠오르는 관계를 나타낸다. 참조: call up, dredge up, bring up]
They stood in a ring and held hands, summoning up

the spirit of the dead.
그들은 원을 그리고 서서 손들을 잡고, 그 사자의 영혼을 불러내고 있었다.

SURGE

1. 단동사
이 동사는 많은 물이 한꺼번에 갑자기 빠르게 움직이는 과정을 그린다.
자동사
He surged in the second after the presidential debate.
그는 그 대통령 후보 토론 다음에 2위 자리로 솟구쳐 올랐다.

2. 구동사
2.1 surge down
Flood water is surging down from upstream.
홍수물이 강 밑쪽에서 세차게 흘러내리고 있다.

2.2 surge in
The doors opened and the crowd surged in.
그 문들이 열리자 그 군중들이 물밀 듯 들어왔다.
[군중이 들어온 것은 문을 통해 들어간 것이다. 사람은 물로 은유화 된다. 참조: flood in, pour in, stream in]

2.3 surge into O
The dam broke and the water surged into the valley below.
그 댐이 무너져서 그 물이 아래에 있는 그 계곡으로 세차게 밀려 들어왔다.

2.4 surge out
The water surged out of the cracks in the dam.
그 물이 그 댐의 갈라진 틈들을 통해 세차게 밀려나왔다.

2.5 surge up
A spring of fresh water surged up under the stone.
신선한 물의 그 한줄기가 바위 아래에서 솟아올랐다.
She smiled at him, and a strong feeling of love surged up within him.
그녀가 그에게 미소를 짓자, 사랑의 강한 감정이 그의 속에서 솟구쳐 올랐다.

surge up into O
He surged up into the second.
그는 2위 자리로 세차게 올라왔다.

SURVIVE

1. 단동사
이 동사는 위기에서 살아남는 과정을 그린다.

2. 구동사
2.1 survive on O
The students **survived on** part-time jobs.
그 학생들은 시간제 일들로 살아남았다.

SUSPEND

1. 단동사
이 동사는 사람이나 물건을 매다는 과정을 그린다.

2. 구동사
2.1 suspend O from O
A fluorescent lamp is **suspended from** the ceiling. (passive)
형광등 하나가 그 천장으로부터 매달려 있다.
The bully was **suspended from** the school for a week.
그 불량학생은 일주일 정학을 당했다.

SUSS

1. 단동사
이동사는 남이 숨기려고 하는 것을 알아내는 과정을 그린다.

2. 구동사
2.1 suss O out
How long will it take to **suss** him **out**?
그에 대한 중요한 정보를 알아내는데 얼마만큼의 시간이 걸릴까요?
[him은 환유적으로 그에 관환 사실을 가리키고 out은 모르는 상태에서 알게 되는 상태로의 변화를 나타낸다. 참조: find out, figure out]
If you want to succeed in business you have to **suss out** the competition.
사업에서 성공하려면 여러분은 경쟁이 어떤 건지를 알아내야 합니다.

SWAB

1. 단동사
이 동사는 상처 등을 면봉으로 닦는 과정을 그린다.
명사: 면봉, 면봉으로 채취한 표본

2. 구동사
2.1 swab O down

This morning, she **swabbed down** the veranda.
오늘 아침, 그녀는 그 베란다를 철저히 씻어 내렸다.
[참조: hose down, wash down]

2.2 swab O out
Be sure to **swab out** the toilet with disinfectant.
소독약을 써서 그 변기를 꼭 씻어 내려라.
[the toilet은 환유적으로 그것에 묻어 있거나 그 안에 있는 것을 가리킨다.]

SWALLOW

1. 단동사
이 동사는 음식을 삼키는 과정을 그린다.
자동사
I have a sore throat and it's hard to **swallow**.
나는 목이 아파서 삼키기가 힘들다.

2. 구동사
2.1 swallow O down
Take this pill and **swallow** it **down**.
이 알약을 먹고, 그것을 삼켜 내려라.
[down은 알약이 입에서 위로 내려가는 관계를 나타낸다. 참조: chow down, gulp down, wolf down]

2.2 swallow O up
The wolf **swallowed up** the meat in one bite.
그 늑대가 그 고기를 한 입에 삼켰다.
Defence spending **swallows up** 20% of the country's wealth.
국방비가 그 나라의 부의 20%를 삼킨다.
The project is very expensive and **swallows up** 5 million dollars in the administration costs.
그 기획사업은 운영하기가 비용이 많이 들고, 그 행정비용만도 5백만 달러를 차지한다.
[참조: take up]
Small publishing companies are **swallowed up** by large publishing groups. (passive)
작은 출판사들이 큰 출판 단체에 의해 먹혀지고 있다.
Beyond the light of the campfire, everything was **swallowed up** by the darkness. (passive)
그 캠프파이어 불빛 너머에 있는 모든 것이 어둠 속에 삼켜졌다.

SWAP

1. 단동사
이 동사는 어떤 것을 서로 바꾸어서, 서로가 원하는 것을

S

갖게 되는 과정을 그린다.

> 자동사

She liked my scarf and I liked hers, so we **swapped**.
그녀는 내 스카프를 좋아하고 나는 그녀의 스카프를 좋아했다. 그래서 우리는 서로 바꾸었다.

2. 구동사

2.1 swap O around

When she was not looking, he **swapped around** their glasses.
그녀가 보고 있지 않을 때, 그는 그들의 잔들을 바꿔치기 했다.

Have you **swapped around** the furniture again?
당신이 또 그 가구들의 자리를 옮겼습니까?

2.2 swap O on O

We need to **swap** the notes **on** Jeff.
우리는 제프에 관한 노트들을 주고받을 필요가 있다.

2.3 swap O out

I **swapped out** the memory card and replaced it.
나는 그 메모리카드를 빼내고 다른 것으로 바꿨다.
[참조: change out]

I **swapped out** the tires before they hit ten years.
나는 그 바퀴들을 십 년이 되기 전에 바꿔 끼웠다.

swap O out for O

I **swapped out** banana milk **for** regular milk.
나는 바나나우유를 내놓고 보통 우유를 받아들였다.

2.4 swap over

We shared the driving – I drove the first half of the journey and then we **swapped over**.
우리는 그 운전을 갈라서 했다 – 그 여행의 초반은 내가 운전하고, 그리고 나서 우리는 서로 자리를 바꾸었다.
[over는 한 사람이 운전석에서 조수석으로, 또 그 반대의 관계를 나타낸다.]

swap O over

A little girl comes to school with the shoes on the wrong feet. The teacher **swaps** them **over**.
그 꼬마 소녀는 신들을 바꿔 신고 학교에 온다. 그 선생님은 그들을 바꿔 신긴다.

2.5 swap O with O

The two countries **swapped** the spies **with** each other.
그 두 나라는 그 첩보원들을 서로 교환했다.

1. 단동사

이 동사는 곤충 등이 우글거리는 과정을 그린다.
명사: 한 방향으로 이동하는 곤충의 떼, 무리, 군중

> 자동사

Tourists are **swarming** all over the island.
관광객들이 그 섬 전역을 떼를 지어 몰려다니고 있다.

Bees are **swarming** in the garden.
벌들이 그 정원에 떼를 지어 있다.

The garden is **swarming** with bees.
그 정원에는 벌들이 우글거린다.

2. 구동사

2.1 swarm down O

Ants are **swarming down** the tree.
개미들이 떼 지어 그 나무를 타고 내려오고 있다.

2.2 swarm in O

Bees are **swarming** in the garden.
벌들이 그 정원에 우글거린다.
[위 문장에서 주어는 우글거리는 개체이다.]

2.3 swarm into O

People are **swarming into** the *stadium*.
사람들이 떼 지어 그 경기장에 들어가고 있다.

theater	영화관	square	광장

2.4 swarm with O

The garden is **swarming with** bees.
그 정원에는 벌들이 우글거린다.
[2.2와 2.4에서 주어와 전치사의 목적어가 교체된다. 이 문장에서 주어는 우글거리는 장소이다.]

swarm O with O

The politician was **swarmed with** questions. (passive)
그 정치가는 수많은 질문을 받았다.

On Children's day, amusement parks are **swarmed with** the children.
어린이날에 놀이 공원들은 아이들로 붐빈다.

1. 단동사

이 동사는 맹세하는 과정을 그린다.

> 타동사

He **swore** revenge on the man who had killed his father.
그는 자기 아버지를 죽인 남자에 대해 복수를 맹세했다.

2. 구동사

2.1 swear by O

He **swears by** *vitamin C* – He said he never gets colds.
그는 비타민C를 두고 맹세한다. 즉, 효능을 믿는다. 그
는 절대 감기들에 걸리지 않는다고 말했다.

medicine 약	remedy 치료요법

2.2 swear O in

The Chief Justice **swore in** the new president.
대법원장이 새 대통령을 선서시켜 대통령직에 들게 했다.
[in은 into office의 생략된 표현이다.]

The president was **sworn in**. (passive)
그 대통령은 선서를 하고 대통령직에 들어갔다.

2.3 swear O into O

The new president was **sworn into** office. (passive)
그 새 대통령은 선서를 하고 대통령직에 들어갔다.

2.4 swear off O

I have **sworn off** *desserts*.
나는 후식들을 끊겠다고 맹세했다.
[off는 사람이 후식에서 떨어져 있는 관계를 나타낸다.]

drugs 마약	video games 비디오게임

He has **sworn off** drinking and gambling.
그는 음주와 도박을 맹세를 하고 끊고 있다.

swear off
No dessert for me. I've **sworn off**.
저에게는 후식을 주지 마세요. (후식을) 끊겠다고 맹세
하고 있습니다.

2.5 swear O out

He **swore** a complaint **out** against the manager.
그는 그 지배인에 대한 항의를 제기했다.
[out은 항의 등을 내보내는 관계를 나타낸다.]

The victims **swore out** a warrant against their attacker.
그 피해자들은 그들의 가해자들에 대한 영장을 선서를
하고 받아내었다.
[out은 영장을 법원 등에서 받아내는 관계를 나타낸다.]

2.6 swear O to O

We **swore** our loyalty **to** our country.
우리는 우리의 충성을 우리나라에 맹세했다. 즉, 나라에
대한 충성심을 맹세했다.

The man wanted to confess, but he was **sworn to** silence. (passive)
그 남자는 자백을 하고 싶었지만 그는 침묵을 지키겠다
고 맹세했다.

The kids are planning a surprise party for you. But I can't tell you. I have **sworn** them **to** secrecy.
그 아이들이 당신을 위해 기습파티를 준비하고 있습니
다. 그러나 그것을 당신에게 말할 수가 없습니다. 나는
비밀을 지키겠다고 맹세했습니다.

2.7 swear upon O

He **swore upon** the bible to tell the truth.
그는 그 진실을 말하겠다고 성경을 두고 맹세했다.

SWEAR 2

1. 단동사

이 동사는 화가 나서 욕을 하는 과정을 그린다.

자동사

She fell over and **swore** loudly.
그녀가 벌렁 넘어지면서 큰 소리로 욕을 했다.

2. 구동사

2.1 swear at O

Please don't **swear at** children.
아이들에게 욕을 하지 마세요.

SWEAT

1. 단동사

이 동사는 열이 나거나 겁이 나서 땀을 흘리는 과정을 그
린다.
명사: 땀, 식은땀, 노력, 수고

자동사

He was **sweating** buckets.
그는 땀을 물통으로 흘리고 있었다.

The cheese was beginning to **sweat**.
그 치즈에서 기름이 스며 나오기 시작하고 있다.

They really made me **sweat** during the interview.
그 인터뷰가 계속 되는 동안 그들은 정말 나를 식은땀을
흘리게 했어.

2. 구동사

2.1 sweat O off

When you have a cold or a fever, stay in bed and **sweat** it **off**.
여러분이 감기가 들거나 열이 나면, 침대에 누워서 땀을
흘려 감기가 떨어지게 하세요.
[off는 감기가 몸에서 떨어지는 관계를 나타낸다. 참조: sleep off,

S

shake off]
Before the weigh-in, the boxer **sweated off** 1kg.
그 체중을 재기 전에, 그 권투선수는 1kg를 땀을 흘려 뺐다.
[off는 땀이 몸에서 떨어지는 관계를 나타낸다.]

2.2 sweat out
For the test, I have to **sweat out** next two months.
그 시험을 위해서 나는 앞으로 두 달을 땀을 흘리면서 보내야 한다.
[out은 2개월이 땀을 흘리며 보내는 관계를 나타낸다.]

sweat O out
He tried to **sweat out** his cold.
그는 땀을 흘려 그 감기를 없애려고 했다.
[out은 감기가 몸에서 나가는 관계를 그린다.]
I **sweated** it **out** until Friday for the result of my exam.
나는 금요일 까지 그 시험결과를 기다리며 초조하게 보냈다.
[it은 주어진 상황이고, out은 이것이 지나는 관계를 나타낸다.]
In the camp, they **sweated** it **out** every day from 7am to 7pm.
그 캠프에서 그들은 매일 아침 7시부터 저녁 7시까지 열심히 일해서 매일을 보냈다.
He is trying to **sweat out** the waste liquid.
그는 땀을 흘려 그 노폐물을 빼려고 하고 있다.

sweat O out of O
Police succeeded in **sweating** the other participants' names **out of** him.
경찰은 그 다른 참가자들의 이름들을 그에게서 짜내는 데 성공했다.

2.3 sweat over O
Are you still **sweating over** that report?
당신은 그 보고서를 놓고 아직도 땀 흘리고 있나?

SWEEP

1. 단동사
이 동사는 솔이나 빗자루를 써서 마루나 마당에 있는 먼지 등을 쓰는 과정을 그린다.
타동사
She **swept** the floor.
그녀는 그 마루를 쓸었다.
Her dress **swept** the ground.
그녀의 옷이 그 바닥을 쓸었다.
His glance **swept** the crowd.

그의 시선이 그 군중을 훑어보았다.
He **swept** the dust from the porch.
그는 그 먼지를 그 현관에서 쓸었다.

2. 구동사
2.1 sweep along
The sailboat **swept along**, pushed by the strong wind.
그 돛단배는 그 강한 바람에 밀려 휩쓸려갔다.

sweep O along
I was **swept along** by her enthusiasm for the movement.
나는 그녀의 그 운동에 대한 열정에 휩쓸려 갔다.
[along은 어떤 일을 따라가는 관계를 그린다.]

2.2 sweep O aside
The guards **swept** the spectators **aside**.
그 경비원들이 그 구경꾼들을 옆으로 밀쳤다.
[참조: push aside]
I tried to argue that the plan will not work, but my objection was **swept aside**. (passive)
나는 그 계획이 실행 가능성이 없다고 주장했으나, 내 이의는 옆에 제쳐 졌다.
Korea **swept aside** Japan 4-1 in the football match.
한국이 그 축구 경기에서 일본을 4대1로 제쳤다.

2.3 sweep O away
The *bridge* was **swept away** by the flood water. (passive)
그 다리는 그 홍수 물로 휩쓸려 내려갔다.

| road | 도로 | truck | 트럭 |
| house | 집 | a cow | 소 |

The waves **swept** the debris **away** from the beach.
그 파도들이 그 쓰레기들을 그 해변에서 휩쓸어 갔다.
I was **swept away** by an overwhelming sense of optimism. (passive)
나는 그 압도적인 낙관주의에 휩쓸려갔다.
[참조: blow away, carry away]

2.4 sweep O back
He took the brush and **swept** his hair **back**.
그는 그 솔을 잡고 그의 머리를 뒤로 쓸어 넘겼다.

2.5 sweep down
The flash flood water **swept down** on the campers.
그 홍수로 갑자기 불어난 물이 그 야영꾼들에게 내리 덮쳤다. 그래서 야영꾼들이 피해를 입었다.

sweep O down

Please **sweep** this floor **down** whenever you make a mess here.

이 곳을 어지럽힐 때마다 이 마루를 깔끔하게 쓸어내세요.

[down은 밑바닥까지 꼼꼼하게 쓰는 관계를 나타낸다. 참조: hose down, water down, wash down]

sweep down O

She **swept down** the aisle to the stage.

그녀는 복도를 따라 무대로 미끄러지듯 걸어갔다.

2.6 sweep in

The children **swept in** and spent all the money.

그 아이들은 (가게 등에 한꺼번에) 재빨리 들어가서 그들의 돈을 모두 썼다.

[in은 상점 등에 들어가는 관계를 나타낸다.]

The *storm* **swept in**.

그 폭풍이 몰려들어 왔다.

rain 비	cloud 구름

sweep O in

The victory **swept in** the Liberal candidates.

그 승리가 그 민주당 후보자들을 당선시켰다.

[in은 into office의 뜻이다.]

2.7 sweep into O

The kids **swept into** the candy store and bought little bits of things.

그 아이들은 그 사탕 가게로 쏜살같이 들어가서 여러 가지 자질구레한 물건들을 샀다.

sweep O into O

The victory **swept** all the Democratic candidates **into** office.

그 승리가 모든 민주당 후보들을 직책에 들어가게 했다. 즉 당선하게 했다.

2.8 sweep off

He stopped only briefly, then **swept off** again.

그는 잠시 동안만 멈추었다가 휙 자리를 떠났다. 즉 출발했다.

sweep O off

The clerk **swept** the counter **off** and wiped it clean.

그 점원은 그 카운터 위에 있는 먼지 등을 쓸어 없애고 그것을 깨끗하게 닦았다.

[the counter는 환유적으로 그 위에 있는 물건들을 나타낸다.]

sweep O off O

The waiter **swept** the crumbs **off** the tablecloth.

그 웨이터가 그 부스러기들을 그 식탁보에서 쓸어서 떨어지게 했다.

He **swept** the tiles **off** the roof.

그는 그 타일들을 그 지붕에서 쓸어 내렸다.

He **swept** me **off** my feet.

그는 나를 확 밀쳐서 발이 땅에서 떨어지게 했다. 즉, 넘어지게 했다.

2.9 sweep O out

I am going to **sweep out** the attic – it is so dusty.

나는 그 다락방(의 먼지)을 쓸어낼 예정이다. 먼지가 너무 쌓여있다.

[attic은 환유적으로 다락방 안의 먼지를 가리킨다.]

We **swept out** the dirt.

우리는 그 먼지를 쓸어 내었다.

In next election, Republican candidates will be **swept out**.

다음 선거에서, 공화당 후보들은 휩쓸려 나갈 것이다.

sweep O out to O

The rip current **swept** the swimmer **out to** sea.

그 이안류가 그 수영하는 사람을 바다 쪽으로 휩쓸어 나갔다.

sweep out

The famous actress **swept out** of the room in a grand fashion.

그 유명한 여배우는 화려한 옷차림으로 그 방에서 빠르고 당당하게 나갔다.

2.10 sweep over O

The storm is **sweeping over** the southern part of the peninsula.

그 태풍이 반도 남쪽을 휩쓸고 지나가고 있다.

The flood water **swept over** the farmers who would not leave their homes.

그 홍수 물이 그들의 집을 떠나려고 하지 않는 농부들을 덮치고 지나갔다.

Sadness **swept over** me.

슬픔이 내 온 몸을 휩쓸고 지나갔다.

2.11 sweep through O

She **swept through** the room.

그녀는 그 방을 재빨리 휩쓸고 지나갔다.

S

She **swept through** the musical number and ran offstage.
그녀는 그 뮤지컬 곡을 재빨리 연주하고 당당하게 무대를 떠났다.
Wild fires **swept through** Gangwon area.
산불이 강원 지역을 휩쓸고 지나갔다.

2.12 sweep O under O
Don't **sweep** the dirt **under** the rug.
그 먼지를 그 양탄자 아래로 쓸어 넣지 마세요.
Don't **sweep** your mistake **under** the rug.
너의 잘못을 그 양탄자 아래에 넣지 마세요. 즉, 숨기지 마세요.

2.13 sweep O up
Please **sweep up** the broken glasses before you cut yourself.
네가 어디에 베이기 전에 그 부러진 유리 조각들을 깨끗하게 쓸어 모아라.
[up은 깨진 유리 조각들이 한 곳에 모이는 관계를 나타낸다.]
She **swept up** the hall after the meeting.
그녀는 그 회의가 끝난 다음, 그 방을 깨끗하게 쓸었다.
[the hall은 환유적으로 그 안에 있는 쓰레기 등을 가리킨다. up은 쓸어서 깨끗하게 만드는 관계를 나타낸다. 참조: clean up]
He **swept up** $100,000 in the casino.
그는 그 도박판에서 10만 달러를 쓸어 모았다.
[up은 양이 많은 관계를 나타낸다. 참조: rake up]
In last local elections, the Liberals **swept up** 60% of votes.
지난 지방 선거들에서 자유당은 투표수의 60%를 휩쓸어 모았다.
She was **swept up** by the enthusiasm for the pop music. (passive)
그녀는 그 팝 음악에 대한 열의로 완전히 휩쓸려 있다. 즉, 사로잡혔다.

sweep up
I had to **sweep up** after the party.
나는 그 파티가 끝난 후 청소를 깨끗이 해야 했다.
[참조: clean up]

sweep up O
The road **sweeps up** the hill.
그 길은 그 산 위로 뻗어 있다.

SWEETEN

1. 단동사

이 동사는 무엇을 달게 하거나 무엇이 달게 되는 과정을 그린다.
sweet(형용사): 달콤한

2. 구동사
2.1 sweeten O up
A little sugar will **sweeten up** the coffee.
약간의 설탕이 그 커피를 달게 할 것이다.
[up은 단 맛의 증가를 나타낸다.]
I usually add some honey to my tea to **sweeten** it **up**.
나는 보통 꿀을 내 차에 약간 넣어 차 맛을 달게 한다.
A week in Hawaii will **sweeten** him **up**.
하와이에서 한 주를 보내면 그의 기분이 좋아질 것이다.
[him은 환유적으로 그의 기분을 나타낸다.]
The car dealer took off $100 to **sweeten up** the deal.
그 자동차 판매원은 그 협상을 마음에 들게 하기 위해서 100달러를 깎았다.

SWELL

1. 단동사
이 동사는 점점 부피가 늘어나는 과정을 그린다.
타동사
The warm weather **swelled** buds.
그 따뜻한 날씨가 봉오리들을 부풀게 했다.
The victory **swelled** our happiness.
그 승리는 우리의 행복을 부풀게 했다.
자동사
The legs **swelled** quickly.
그 발들이 빠르게 부풀었다.
The music **swelled** to a climax.
그 음악은 절정에 이르렀다.
His nose **swelled** after it was struck with the door.
그의 코는 그 문에 부딪치고 나서 부풀었다.

2. 구동사
2.1 swell out
The sides of the box **swelled out** because it was too full.
그 상자는 속이 너무 차서 그 옆 부분들이 불거져 나왔다.
[out은 표면의 한 부분이 밖으로 튀어나오는 관계를 나타낸다. 참조: bulge out]

2.2 swell up
I had a bad toothache and my *right-side face* had **swollen up**.
나는 심한 치통이 있어서 내 얼굴 오른쪽이 부어올랐다.

eyes	눈	throat	목
ankle	발목	stomach	배

My feelings always **swell up** when I am on a plane.
내가 비행기를 탈 때 나의 감정은 항상 부풀어 오른다.
[up은 부피가 커진 상태를 나타낸다.]

She felt a sense of pride **swelling up** inside her when her son went up to accept the prize.
그녀는 아들이 그 상을 받으러 올라갈 때 그녀의 마음속에 자부심이 부풀어 올랐다.

2.3 swell with O

His chest **swelled with** pride.
그의 가슴이 자부심으로 부풀어 올랐다.

My heart **swelled with** joy.
나의 마음은 기쁨으로 부풀었다.

My parents **swelled with** my graduation.
내 부모님은 내 졸업식에 가슴이 뿌듯했다.

SWERVE

1. 단동사

이 동사는 앞으로 나아가다가 무엇을 피하기 위해서 갑자기 옆으로 빠지는 과정을 그린다.

> 자동사

She **swerved** sharply to avoid a cyclist.
그녀는 자전거 탄 사람을 피하려고 홱 방향을 틀었다.

2. 구동사

2.1 swerve from O

Korea will not **swerve from** its economic reform.
한국은 그 경제개각에서 방향을 갑자기 바꾸지 않을 것이다.

2.2 swerve off O

The truck **swerved off** the road into a ditch.
그 트럭은 그 길에서 갑자기 벗어나 도랑에 빠졌다.

2.3 swerve into O

The car almost **swerved into** a pedestrian.
그 차는 방향을 획 바꿔서 행인을 칠 뻔했다.

SWILL

1. 단동사

이 동사는 많은 물을 부어서 무엇을 씻는 과정을 그린다.

> 타동사

She **swilled** the glasses with clean water.

그녀는 깨끗한 물로 그 유리잔들을 씻었다.

2. 구동사

2.1 swill O around

He **swilled** the juice **around** in his glass.
그가 그 유리잔 속의 주스를 뱅뱅 돌려 씻었다.

2.2 swill O down

I gave him a glass of beer, and he **swilled** it **down**.
나는 그에게 맥주 한 잔을 주었고, 그는 그것을 꿀꺽 마셨다.
[down은 술이 입에서 안으로 들어가는 관계를 나타낸다. 참조: gulp down, drink down]

We **swilled down** the front yard with a hose.
우리는 호스로 그 앞마당을 씻어 내렸다.
[down은 앞마당이 철저하게 씻어지는 관계를 나타낸다. 참조: wash down, hose down, water down]

2.3 swill O out

Mom **swilled out** a beer bottle and poured sesame oil into it.
엄마는 맥주병을 물로 씻어내고, 그 속에 참기름을 부어 넣었다.
[the bottle은 환유적으로 병 속에 있는 물건을 가리킨다.]

SWIM

1. 단동사

이 동사는 헤엄치는 과정을 그린다.

> 타동사

Can you **swim** backstroke?
넌 배영을 칠 줄 아니?

> 자동사

The main course was **swimming** in oil.
그 주 요리는 기름 속에 헤엄치고 있다. 즉, 기름 투성이다.

The pages **swam** before her eyes.
그녀의 눈앞에서 그 책 페이지들이 빙빙 돌았다.

His head **swam** and he swayed dizzily.
그는 머리가 어질어질해져서 현기증이 나며 몸이 휘청거렸다.

2. 구동사

2.1 swim against O

We **swam against** the current.
우리는 그 조류에 거슬러 헤엄쳤다.

2.2 swim along

He **swam along** from here to there.

S

그는 여기서 저기까지 헤엄쳐 갔다.

2.3 swim around
I saw some fish **swimming around** in the aquarium.
나는 몇 마리의 물고기가 그 수족관에서 이리저리 헤엄
치고 있는 것을 보았다.

2.4 swim away from
He **swam away from** the beach.
그는 그 해변에서 헤엄쳐 멀어져 갔다.

2.5 swim into O
He **swam into** the cove.
그는 그 만으로 헤엄쳐 들어갔다.

2.6 swim off to O
He **swam off to** the island.
그는 있던 곳을 떠나 그 섬으로 헤엄쳐갔다.

2.7 swim out
He **swam** 5 kilometers **out** into the sea.
그는 바다 쪽으로 5킬로미터를 헤엄쳐 나갔다.

2.8 swim with O
The scene of the accident was **swimming with** reporters
and outlookers.
그 사고 장면은 기자들과 구경꾼들로 들끓고 있었다.

SWING 1

1. 단동사
이 동사는 그네처럼 앞뒤로 흔들거나 흔들리는 과정을 그
리고, 천천히 도는 과정을 그린다.
명사: 그네

> 자동사

The pendulum **swings** in the clock.
그 시계추가 그 시계 안에서 흔들리고 있다.
The door **swung** open.
그 문이 젖혀서 활짝 열렸다.

2. 구동사

2.1 swing around
The bear suddenly **swung around** and charged.
그 곰이 갑자기 방향을 바꿔서 공격을 했다.
When I got close to him, he **swung around** in surprise.
내가 그에게 가까이 가자, 그는 놀라서 휙 돌아섰다.

swing O around
He **swung** the chair **around** to face the table.
그는 그 의자를 그 식탁을 면하게 휙 돌려놓았다.

swing around to O
The party **swung around to** the view that we need
stronger security measures.
그 당은 우리가 더 엄격한 보안 조치가 필요하다는 생각
에 돌아왔다.
[around는 사람의 생각이 바뀌는 관계를 나타낸다. 참조: come
around]

2.2 swing by O
She asked me to **swing by** the grocery store for some
salt.
그녀는 나에게 소금을 사기 위해 오는 길에 그 식료품
가게를 잠깐 들리라고 부탁했다.
[by는 가게의 영향권을 표시한다. 참조: stop by, drop by]

2.3 swing off
He **swung off** down the road.
그는 휙 자리를 떠서 그 길 아래로 갔다.
[off는 화자와 청자가 아는 장소를 떠나는 관계를 나타낸다.]

2.4 swing O onto O
He **swung** his bag **onto** his back.
그는 그의 가방을 휘둘러 그의 등에 맸다.

2.5 swing out
He **swung out** to pass a tractor.
그는 트랙터를 지나쳐 보내기 위해서 휙 길을 벗어났다.
[out은 어떤 길에서 벗어나는 관계를 나타낸다.]

2.6 swing to O
The mood of the country is **swinging to** conservatism.
그 나라의 분위기가 보수주의로 바뀌어 가고 있다.

2.7 swing with O
He is **swinging with** the group.
그는 그 그룹과 잘 지내고 있다.

SWING 2

1. 단동사
이 동사는 방망이 등을 휘두르는 과정을 그린다.
명사: 휘둘러치기

2. 단동사

2.1 swing at O

He **swung at** the ball, but missed it.
그는 그 공을 치려고 했으나 실패했다.
[at은 시도를 나타낸다.]

One of the gang **swung at** him with a bar.
그 갱의 한 명이 막대기를 들고 그를 갑자기 치려고 했다.

swing O at O

He **swung** insults **at** this opponent.
그는 그 모욕들을 상대방에게 던졌다.

SWIPE

1. 단동사
이 동사는 팔을 휘둘러 세게 치는 과정과 카드 등을 긁는 과정을 그린다.

타동사

You need to **swipe** your card to get in the building.
당신은 그 건물에 들어가기 위해서 당신의 카드를 긁어야 합니다.

2. 구동사
2.1 swipe at O

He **swiped at** the ball and missed.
그가 그 공을 후려치려고 했으나 놓쳤다.

She **swiped at** me, but lost balance, and fell back on the sofa.
그녀는 나를 치려다가 균형을 잃고 소파에 다시 떨어졌다.

2.2 swipe O through O

He **swiped** his credit card **through** the card reader.
그는 그 신용카드를 그 카드리더기에 긁었다.

SWIRL

1. 단동사
이 동사는 빙빙 돌거나 소용돌이치는 과정을 그린다.
명사: 소용돌이

2. 구동사
2.1 swirl about

The snow **swirled about** as I was coming home.
그 눈이 내가 집으로 돌아올 때 흩날렸다.

swirl about O

The smoke **swirled about** the campfire.
그 연기가 그 모닥불 주위에 감돌았다.

2.2 swirl around O

The water **swirled around** the bottle as he shook it up.
그가 그 병을 마구 흔들자, 그 속의 물이 마구 흔들렸다.

Dust **swirled around** the room.
먼지가 그 방 이곳저곳에 휘돌고 있었다.

swirl O around O

He took a mouthful of water and **swirled** it **around** his mouth.
그는 물을 한 모금 마시고 그것을 그의 입 안에서 빙빙 돌렸다.

swirl around

Cyclones are **swirling around** in the Pacific Ocean.
몇 개의 태풍들이 태평양에서 휘돌고 있다.

SWISH

1. 단동사
이 동사는 휙 소리를 내며 빠르게 움직이는 과정을 그린다.
자동사

The pony's tail **swished**.
그 조랑말 꼬리가 휙휙 움직였다.

I heard arrow **swishing** through the air.
나는 그 화살이 휙 소리 내며 지나가는 것을 들었다.

타동사

The pony **swished** its tail.
그 조랑말이 그의 꼬리를 휙휙 휘둘렀다.

2. 구동사
2.1 swish around

The water in the pipe is **swishing around**.
그 파이프 안에 물이 쏴쏴 소리를 내며 움직이고 있다.

The fluid in the drum is **swishing around**.
그 드럼 속의 물이 이러지리 움직이면서 쏴쏴 소리를 내고 있다.

2.2 swish O off

The hair dresser **swished off** hairs of Jane's collars.
그 미용사는 제인의 옷깃에 있는 머리털들을 휙 털어내었다.
[off는 머리털이 옷깃에서 떨어지는 관계를 나타낸다.]

SWITCH

1. 단동사
이 동사는 갑자기 한 가지 일에서 다른 일로 바꾸는 과정을

S

그린다.

명사: 전환

타동사

The dancers **switched** their partners.
그 댄서들은 그들의 상대를 바꾸었다.

They **switched** trains.
그들은 기차를 갈아탔다.

2. 구동사

2.1 switch O around

I've **switched** the furniture **around** in the living room.
나는 그 거실에 있는 가구를 이리저리 바꾸어 배치했다.

2.2 switch away from O

We're **switching away from** the old system.
우리는 그 옛 체제에서 방향을 바꿔서 벗어나고 있다.

2.3 switch back

The road **switched back** ten times in five miles.
그 길은 5마일 안에 10번 굽을 돌았다.

switch back to O

I **switched back to** my old shampoo.
나는 내가 전에 쓰던 샴푸로 돌아갔다.

I **switched back to** the previous channel.
나는 전에 보던 채널로 되돌아 갔다.

2.4 switch into O

I decided to **switch into** casuals.
나는 편한 옷으로 갈아입기로 결정했다.

[into는 사람이 옷 속으로 들어가는 관계를 나타낸다. 참조: change into]

2.5 switch O off

I **switched off** the light.
나는 스위치를 돌려 그 전등을 껐다.

| TV | 텔레비전 | air conditioner | 에어컨 |
| radio | 라디오 | computer | 컴퓨터 |

I got tired of listening to her, and I **switched** her **off**.
나는 그 말을 듣기가 싫증이 나서 그녀 말을 중단시켰다.

[her는 환유적으로 그녀가 하는 말을 가리킨다. 참조: cut off]

switch off

The light **switches off** automatically.
그 전등은 자동으로 꺼진다.

Don't forget to **switch off** before you go out.
집을 나가기 전에 불을 끄는 것을 잊지 마세요.

When he started to complain about his problems, I just **switched off**.
그가 그의 문제에 대해 불평을 하기 시작하자, 나는 나의 관심을 껐다.

[I는 환유적으로 나의 마음을 가리킨다.]

Switch off and close your eyes.
머리를 그만 쓰고 눈을 감으세요.

['사람은 기계이다.'라는 은유가 적용된 표현이다.]

2.6 switch O on

He **switched** the fan **on**.
그는 스위치를 돌려 그 선풍기를 켰다.

[참조: turn on]

Please **switch on** the TV.
그 TV를 켜주세요.

switch on

The heating **switches on** automatically at 6 o'clock.
그 난방은 6시에 자동적으로 켜진다.

2.7 switch O out

Please **switch out** all the lights.
그 모든 불들을 다 꺼 주세요.

[out은 켜진 상태에서 꺼진 상태로 변하는 관계를 나타낸다. 참조: put out]

Renovating his house, he decided to **switch out** the wall paper.
그 집을 수리하는데, 그는 그 벽지를 갈기로 결정했다.

[out은 벽지를 떼어내는 관계를 나타낸다.]

He **switches out** the filters of the water purifier regularly.
그는 규칙적으로 정수기의 필터를 교체한다.

2.8 switch over

I will **switch over** to the sports after this.
나는 이것을 본 이후에 스포츠로 스위치를 돌려 넘어가겠다.

Many Republicans are **switching over** to the Democrats.
많은 공화당원들이 민주당으로 넘어가고 있다.

We **switched over** to low fat milk.
우리는 저지방 우유로 바꾸었다.

2.9 switch O to O

Mary **switched** the controls **to** automatic.
메리는 그 조절장치들을 자동으로 바꾸었다.

2.10 switch O up

You can **switch up** your service from silver to platinum.
당신은 그 서비스를 '실버'에서 '플래티넘'으로 상승시
킬 수 있습니다.
He **switched up** his desk setup.
그는 자신의 책상 배치를 완전히 바꾸었다.

SWIVEL

1. 단동사
이 동사는 회전축을 중심으로 도는 과정을 그린다.

2. 구동사
2.1 swivel O around

She **swivelled** the chair **around** to face them.
그녀가 그 의자를 빙 돌려 그들을 마주보았다.
The professor **swivelled around** in his chair, and saw
me.
그 교수님은 그의 의자에 앉아 획 돌아서 나를 보았다.

SWOOP

1. 단동사
이 동사는 새나 비행기 등이 무엇을 공격하기 위해서 빠르
게 급강하하는 과정을 그린다.

2. 구동사
2.1 swoop down

The gull **swooped down** and plucked a fish out of the
water.
그 갈매기가 쏜살같이 내려가서 그 물에서 물고기 한
마리를 입에 물어 올렸다.

swoop down on O

At least twice a day enemy bombers **swept down on**
the city of Alepo and dropped hundreds of bombs.
적어도 하루 두 번, 적 폭격기들이 알레포시에 갑자기
내려가서 수백 개의 폭탄을 떨어뜨렸다.
Narcotic officers **swooped down on** several locations
and arrested some drug suppliers.
마약 담당 경찰관들이 몇몇 장소들에 급습해 내려가 몇

명의 마약 공급자들을 체포했다.

2.2 swoop in

Vultures **swooped in** from all directions.
독수리들이 모든 방향에서 빠르게 날아들었다.

swoop in on O

The eagle **swooped in on** the kitten.
그 독수리가 범위를 좁혀 들어가서 그 새끼고양이를 급
습했다.
[in은 어떤 목표로 들어가는 관계를, on은 어떤 목표에 가서 닿는
관계를 나타낸다.]

SWOT

1. 단동사
이 동사는 시험을 위해 벼락치기 공부를 하는 과정을 그린다.
명사: 공부벌레, 책벌레

2. 구동사
2.1 swot up

I am busy **swotting up** on Chinese characters for the
test tomorrow.
나는 내일 시험에 대비해서 한자를 익히는데 여념이 없다.
[참조: cram up, mug up]

SYNC

1. 단동사
이 동사는 동시에 발생하는 과정을 그린다.

2. 구동사
2.1 Sync O with O

Video is **synced with** the movement of the car.
비디오는 그 차의 움직임과 같이 움직이도록 되어있다.

2.2 sync O up

He **synced up** the lights so that they can blink together.
그는 그 불들이 동시에 깜빡일 수 있도록 시간을 같이 했다.

S

T t

TAB

1. 단동사
이 동사는 어떤 사람을 지명하거나 선출하는 과정을 그린다.

명사: 색인표, 식별표

타동사

He has been **tabbed** by many people as a future champion.
그는 많은 사람들로부터 장래의 챔피언으로 일컬어져 왔다.

2. 구동사
2.1 tab O for O

I want the boss to **tab** me **for** a higher post.
나는 내 사장이 나를 더 높은 자리에 앉혀 주기를 원한다.
The president **tabbed** her **for** a managerial post.
그 회장은 그녀를 지배인 자리를 위해 그녀의 의향을 타진했다.

TACK

1. 단동사
이 동사는 압정으로 무엇을 고정하는 과정을 그린다.

명사: 압정; 방침, 말이나 사고의 방향

2. 구동사
2.1 tack O down

Please **tack down** this carpet.
이 카펫을 압정으로 고정시키세요.
[down은 양탄자가 고정되는 관계를 나타낸다.]

2.2 tack O on

The waiter **tacked** charges **on**.
그 웨이터는 음식 값을 계속 추가했다.
He has an old house with a garage **tacked on** at the side.
그는 차고가 옆에 아무렇게나 덧붙여진 오래된 집을 가지고 있다.
He **tacked on** pounds during the holidays.
그는 휴가동안 몇 파운드가 늘었다.

2.3 tack O to O

The carpet was **tacked to** the floor. (passive)
그 카펫은 그 바닥에 압정으로 고정되어 있었다.

2.4 tack O up

The curtain began to fall, and we **tacked** it **up**.
그 커튼이 흘러내리기 시작해서 우리는 압핀으로 고정시켜 떨어지지 않게 했다.
She **tacked up** my trousers and asked me to try them on.
그녀는 내 바지를 올려 가봉한 후 내게 그것을 입어보라고 했다.

TAG

1. 단동사
이 동사는 무엇에 꼬리표를 다는 과정을 그린다.

명사: 꼬리표, 태그

타동사

The country no longer wanted to be **tagged** as a Third World nation.
그 나라는 더 이상 제3세계 국가라는 꼬리표가 붙는 것을 원하지 않았다.
The slow runner couldn't **tag** any of the other players.
그 느린 주자는 다른 어느 주자도 태그할 수 없었다.

2. 구동사
2.1 tag along

Our dog **tags along** after the children where they go.
우리 개는 그 아이들이 어디를 가든 그들을 따라 다닌다.
[along은 아이들이 가는 길이다.]
Can I **tag along** behind you?
내가 너 뒤를 따라가도 될까요?
It's a simple pose. You can **tag along**.
이것은 간단한 (요가) 자세이다. 여러분들은 따라 할 수 있을 것입니다.
[참조: follow along]

tag O along

I **tagged** my children **along** to the museum.
나는 그 박물관에 아이들을 데리고 갔다.

tag along with O

My sister **tagged along with** us.
나의 누이가 우리와 함께 따라왔다.

2.2 tag O on

Tag your name card on.

너의 명찰을 (옷 등에) 붙이세요.

tag O onto O

Tag your name card onto your shirt.

네 명찰을 당신의 셔츠에 붙이세요.

2.3 tag O out

The short stop tagged the runner out.

그 유격수는 그 주자를 태그아웃 시켰다.

[out은 주자가 경기에서 빠지는 관계를 나타낸다.]

TAIL

1. 단동사

이 동사는 뒤를 따르거나, 점점 가늘어지는 과정을 그린다.

명사: 꼬리

타동사

A private detective had been tailing them for several weeks.

한 사설탐정이 그들을 여러 주 동안 미행하고 있었다.

2. 구동사

2.1 tail after O

The ducklings tailed after their mother.

그 오리새끼들이 어미를 뒤따라갔다.

2.2 tail away

The singer's voice tails away at the end of the song.

그 가수의 목소리가 그 노래 끝에 가서는 점점 약해져 갔다.

2.3 tail back

After the accident, traffic tailed back 5 miles.

그 사고 후에 차들이 5마일이나 꼬리를 물고 뒤에 서 있다.

2.4 tail into O

Two rivers tail into the bay.

두 강이 그 만으로 흘러 들어간다.

2.5 tail off

Car sales tailed off in summer.

자동차 판매가 여름에 점점 줄어들었다.

After the coup, tourists to Turkey tailed off.

그 쿠데타 이후, 터키로 가는 관광객들이 점점 줄어들 었다.

2.6 tail out

We drove away from the city until the houses tailed out.

우리는 그 집들이 드문드문하다가 나타나지 않을 때까 지 도시를 벗어나 운전해 나갔다.

[out은 집들 사이가 멀어지는 관계를 나타낸다.]

The patrol tailed out in pairs as they marched along the road.

그 순찰대는 그 길을 따라 행진할 때 그 순찰대의 사이 사이의 간격을 넓히며 짝을 이루어 움직였다.

A long line of people tailed out around the venue.

사람들의 긴 열이 이 행사장 주위를 길게 꼬리를 물고 늘어섰다.

TAILOR

1. 단동사

이 동사는 무엇을 특정한 목적이나 사람에 맞추는 과정을 그린다.

명사: 재단사, 양복장이

2. 구동사

2.1 tailor O to O

The tailor tailored the suit to me.

그 재단사는 그 양복을 내게 맞추어 주었다.

Special programmes of study are tailored to the needs of specific groups. (passive)

특별 학습 프로그램들이 특정 집단들의 요구들에 맞춰 만들어져 있다.

The counseling program is tailored to individual students. (passive)

그 카운슬링 프로그램은 개개 학생들에게 맞춰져 있다.

The travel agent can tailor the tour to your taste.

그 여행사 직원을 여행을 당신의 취향에 맞출 수 있습 니다.

TAKE

1. 단동사

이 동사는 주어가 목적어를 몸, 마음, 행동영역에 집거나 잡아들이는 과정을 나타낸다.

타동사

He took my hand.

그는 내 손을 잡았다.

The child is too sick to take food.

그 아기는 너무 아파서 음식을 먹지 못한다.

Take your radio with you.

너의 라디오를 가지고 가거라.

T

He **took** the symptom seriously.
그는 그 증상을 심각하게 여겼다.
He **took** my advice.
그는 나의 충고를 받아들였다.
He **took** my remark as compliment.
그는 내 말을 칭찬으로 받아들였다.
We were **taken** by the beauty of the scenery. (passive)
우리는 그 광경의 아름다움에 넋을 잃었다.
The mayor **took** office in 2012.
그 시장은 2012년에 취임했다.
She **took** a shortcut.
그녀는 지름길을 택했다.
The party **took** an opinion poll.
그 당은 여론조사를 했다.
He **took** a walk / a look / a listen.
그는 산책했다 / 보았다 / 들었다.
The vaccination **took** effect.
그 예방접종은 효과가 있었다.
The work **took** all day.
그 일은 온종일 걸렸다.
It **takes** courage to jump down.
뛰어내리기는 용기가 필요하다.

2. 구동사

2.1 take O across O
Jim **took** us **across** the desert.
짐이 우리를 그 사막을 가로질러 데리고 갔다.

2.2 take after O
The police **took after** the thief.
그 경찰이 그 도둑을 추격했다.
[after는 경찰이 달아나는 도둑을 따라가는 관계를 그린다. 참조: go after]
The daughter **took after** her mother.
그 딸은 어머니를 닮았다.

2.3 take O along
Can I **take** my friend **along**?
나의 친구를 데리고 가도 될까요?
Please **take along** your own drinking water.
당신이 마실 물을 가지고 다니세요.

2.4 take O apart
He **took** his *bike* **apart**.
그는 그의 자전거를 해체했다.
[apart는 자전거를 부분으로 떼어내는 관계를 그린다.]

camera	카메라	fridge	냉장고
washer	세탁기	radio	라디오

He will **take** you **apart**.
그는 너를 (말로) 갈기갈기 찢어 놓을 것이다.

2.5 take O around O
The tour guide **took** us **around** the *Changduk* Palace.
그 관광 안내인은 우리를 창덕궁 이곳저곳을 데리고 다녔다.

take O around
Would you **take** the photos **around** and show them to everyone?
그 사진들을 이리저리 들고 다니면서 그들을 모든 사람에게 보여주실 수 있습니까?
Take your umbrella **around** with you. It may rain.
너의 우산을 가지고 이리저리 다녀라. 비가 올 지도 모른다.

2.6 take O aside
I **took aside** my secretary and explained the procedure.
나는 나의 비서를 옆에 데리고 가서 그 과정을 설명해주었다.

2.7 take O away
I want to **take** two cokes **away**.
나는 콜라 두 잔을 사서 가지고 나가고 싶다.
[away는 콜라가 상점에서 나오는 관계를 나타낸다.]
Dad will **take** us **away** for a week.
아버지는 한 주간 우리를 (집 등에서) 떨어진 곳에 데리고 갈 것이다.
[away는 집에서 멀리 있는 곳으로의 이동을 나타낸다.]
The waitress **took** our cups **away**.
그 웨이트리스가 우리 컵들을 (식탁에서) 가져갔다.
Two men **took** her **away**.
두 남자가 그녀를 데리고 가버렸다.
The smell **took** my appetite **away**.
그 냄새가 입맛을 (내게서) 앗아가 버렸다.
The new bill will **take away** our right to demonstrate.
그 새 법안은 우리의 시위할 권리를 앗아가 버릴 것이다.

take away from O
He is innocent, and nothing can **take away from** the fact.
그는 죄가 없으며, 아무것도 그 사실에서 깎아내릴 수 없다. 즉, 폄하할 수는 없다.

The dispute between them cannot **take away from** their achievement.

그 둘 사이의 분쟁은 그들의 업적을 깎아내릴 수 없다.

take O away from O

Please **take** 5 **away from** 15.

5를 15에서 빼세요.

You can't **take** my house **away from** me just because I missed one payment.

당신은 내가 단지 한 번 지불금을 안냈다고 내 집을 내게서 빼앗아 갈 수는 없습니다.

Take the baby **away from** me.

내게서 그 아이를 데려가 주세요.

2.8 take O back

I **took** my library book **back** yesterday.

나는 어제 도서관에서 빌린 그 책을 반납했다.

[back은 도서관 – 나 – 도서관으로 가는 관계를 나타낸다.]

I **took back** the shirt for a larger size.

나는 큰 사이즈를 갖기 위해 그 셔츠를 (상점에) 되가져 갔다.

I **took back** my t-shirt from my sister.

나는 나의 티셔츠를 나의 언니로부터 도로 받았다.

I **took back** everything I said about your friend.

나는 너의 친구에 대해 말한 모든 것을 거두어들였다. 즉, 취소했다.

The Iraq soldiers **took back** the city held by ISIS.

그 이라크 병사들이 ISIS에 의해 점령된 도시를 되찾았다.

The company **took back** 50 workers who were fired.

그 회사는 해고당한 50명의 근로자들을 되받아들였다. 즉, 복직시켰다.

The song **took** me **back** to my childhood in Busan.

그 노래는 나를 부산에서 보낸 유년기로 되돌아가게 했다.

The Republicans **took back** the Senate.

공화당이 미 상원을 되찾았다.

2.9 take O by O

The Beatles **took** USA **by** storm.

비틀즈는 미국을 기습적으로 사로잡았다. 즉, 미국에서 큰 인기를 얻었다.

2.10 take O down

They **took down** the Berlin Wall in 1989.

그들은 1989년에 베를린 장벽을 무너뜨렸다.

[참조: break down]

I **took down** the heavy curtains.

나는 그 무거운 커튼들을 떼어 내렸다.

[down은 걸린 것이 내려오게 하는 결과를 나타낸다.]

Someone **took** the old tree **down**.

누군가가 그 오래된 나무를 쓰러뜨렸다.

[참조: cut down]

A pride of lions **took down** a zebra.

사자들의 한 무리가 얼룩말 한 마리를 넘어뜨렸다.

He **took** his pants **down** and got his injection on his hip.

그는 그의 바지를 끌어내리고 엉덩이에 주사를 맞았다.

Take the license number **down** in your notebook.

그 면허 번호를 너의 공책에 적어놓아라.

[down은 소리, 생각 따위를 종이에 적어놓는 관계를 나타낸다. 참조: jot down, note down, write down]

Power outage **took** the computer system **down**.

정전이 그 컴퓨터 시스템의 작동을 멈추게 했다.

Donald Trump **took down** his former lawyer.

도널드 트럼프는 자신의 전 변호사를 회복할 수 없을 정도로 꾸짖었다.

take O down from O

He **took down** the story **from** the web.

그는 그 이야기를 인터넷에서 내렸다.

2.11 take O for O

I'm sorry. I **took** you **for** my cousin.

죄송합니다. 내가 당신을 나의 사촌이라고 생각했습니다. 즉, 착각했습니다.

[for는 마음속에서 당신과 사촌이 바뀌는 관계를 나타낸다.]

I will **take** $4000 **for** the car over there.

나는 저기 있는 그 차에 대해서 4천 달러를 받겠다.

[for는 4천 달러와 차가 교환되는 관계를 나타낸다.]

2.12 take O in

The boat began to **take** water **in**.

그 배가 물을 (차체에) 끌어 들이기 시작했다. 즉, 물이 새어들어서 가라앉기 시작했다.

The company **took** her **in** as an intern.

그 회사는 그녀를 인턴으로 받아들였다.

[in은 그녀가 인턴으로 주어인 '회사'에 들어가는 관계를 나타낸다.]

Greece decided to **take in** refugees.

그리스는 피난민들을 받아들이기로 결정했다.

The new hospital can **take in** more cancer patients.

그 새 병원은 좀 더 많은 암 환자들을 (병원으로) 받아들일 수 있다.

We **took** a couple of sight-seeings **in** while we were in Seoul.

우리는 서울에 있는 동안 몇 개의 관광을 (여정 속에) 집어넣었다.

My sister **took** her dress **in** around the waist.
나의 누이가 그녀의 옷의 허리둘레를 (안으로) 들였다.
즉, 줄였다.
[in은 드레스의 폭을 안으로 좁히는 관계를 나타낸다.]

We stopped at a scenic point and **took** the *view* **in**.
우리는 경치 좋은 곳에 멈추어서 그 정경을 받아들였다.
즉, 감상했다.

beauty of the landscape	그 풍경의 아름다움
beautiful surroundings	아름다운 주위
fantastic view	굉장히 멋진 광경
cultural site	문화유적지

take O in for O

Last week, I **took** my van **in for** repairs.
지난 주, 나는 나의 밴을 고치기 위해서 (정비소에) 끌
고 들어갔다.

take O in O

Try to **take** everything **in** stride.
모든 것을 침착하게 받아들여라.

2.13 take O into O

He **took** the cookies **into** the oven.
그는 그 쿠키들을 그 오븐에 가져다 넣었다.

2.14 take off O

The helicopter **took off** the ground.
그 헬리콥터는 땅에서 이륙했다.

take off

The new plane **took off** and land in any open space.
그 새 비행기는 어떤 빈 터 어디서든지 이착륙을 할 수
있다.

He **took off** without saying goodbye.
그는 인사말도 없이 (자리를) 떴다.

He **took off** on 20-mile-trip.
그는 20마일 여행을 떠났다.

The *cook book* **took off**.
그 요리책은 뜨기 시작했다. 즉, 잘 팔리기 시작했다.

album 앨범	song 노래

He **took off** as a rock singer.
그는 록 가수로 뜨기 시작했다.

[참조: start off as]

take off from O

The plan **took off from** Dubai.
그 비행기는 두바이에서 이륙했다.

take off for O

We **took off for** Seoul early in the morning.
우리는 이른 아침 서울로 출발했다.

take off on O

He **took off on** a hike.
그는 하이킹을 떠났다.

She **took off on** her plane.
그녀는 비행기를 타고 떠났다.

take off to O

The airliner **took off to** Los Angeles at 6am.
그 여객기가 로스앤젤레스로 아침 6시에 이륙했다.
[off는 비행기가 땅에서 떨어지는 관계를 나타낸다.]

Under the president, the country **took off to** a new
height.
그 대통령 통치 아래서, 그 나라는 새로운 높이로 비상
했다.

take O off

He **took** his *coat* **off**.
그는 그의 코트를 (몸에서) 떼었다. 즉, 벗었다.

shirt 셔츠	make-up 화장

He was able to **take** time **off** for the day he wanted.
그는 그가 원하는 날짜에 휴가를 낼 수 있었다.
[참조: off는 off work의 뜻이다.]

He **took** time **off** for 10 days.
그는 열흘간의 휴가를 가졌다.

The president will **take off** sanctions on Russia.
대통령은 러시아에 대한 제재를 풀지 않을 것이다.

take O off O

He **took** the book **off** the shelf.
그는 그 책을 그 선반에서 집었다.

The sales person **took** $20 **off** the regular price.
그 판매원은 20달러를 그 정가에서 뺐다.

She was **taken off** medication. (passive)
그녀는 그 약 처방에서 떼어졌다. 즉, 약을 먹지 않는다.

He **took** his eyes **off** of her.
그는 눈을 그 여자에게서 뗐다.

Please **take** this app **off** your phone.
이 앱을 당신 전화기에서 제거하세요.

He **took** her **off** guard.

그는 그녀가 방심하고 있을 때 잡았다. 즉, 놀라게 했다.

take O off from O
He **took** a time **off** from work.
그는 일에서 벗어난 시간을 가졌다. 즉, 휴가를 가졌다.

2.15 take O on
The boat hit the chunk of ice and began to **take on** water.
그 배는 그를 얼음덩어리를 부딪고 나서 물이 들어오기 시작했다.
[on은 물이 배와 닿는 관계를 나타낸다.]
The tour bus stopped to **take** tourists **on**.
그 관광버스가 관광객들을 (차에) 태우기 위해 멈추었다.
[on은 관광객이 버스에 닿는 관계를 나타낸다. 즉, 타는 관계를 나타낸다.]
The IT company **took** more workers **on** this year.
그 IT 회사는 금년에 더 많은 노동자를 (그 회사에) 가져왔다. 즉, 채용했다.
He **took** the *challenge* on.
그는 그 도전을 (자신에게) 가져왔다. 즉, 받아들였다.

a difficult subject	어려운 문제	extra work	추가 작업
a risk	이 위험	responsibility	책임
assignment	숙제	a mission	임무

They **took on** *the entire government forces.*
그들은 그 전체 정부군에 맞서 싸웠다.

| the establishment | 기존체제 | the entire world | 전 세계 |
| Wall Street | 월가 | the ISIS | ISIS |

In the 2018 World Cup, Korea **took on** Sweden in the first round.
2018년 월드컵에서 한국은 첫 라운드에서 스웨덴을 적수로 맞았다.

take O on O
He **took** his son **on** the campaign trail.
그는 아들을 그 유세전에 데리고 나갔다.

2.16 take O out
Please **take out** the trash in a regulation bag.
그 쓰레기를 규격봉투에 넣어서 밖으로 내다 버리세요.
We **took out** the screen and washed down the windows.
우리는 스크린을 떼어내고 창문들을 씻어 내렸다.
He **took out** $100 to buy a smartphone.
그는 스마트폰을 사기 위해서 100불을 (호주머니들에

서) 꺼내었다.
Mom **took** us **out** last night.
엄마는 지난 밤 우리를 (집에서) 밖으로 데리고 나갔다.
The air strikes **took out** the *training centers* of ISIS.
그 공습이 그 나머지 ISIS 훈련소들을 제거해버렸다.
[out은 있던 것이 없어지는 관계를 나타낸다.]

| military bases | 군사기지 | military depot | 군사 창고 |

He **took** some time **out** for coffee.
그는 커피를 마시기 위해서 일과 중에 시간을 잠깐 떼어 냈다.

take O out of O
She **took** her wallet **out of** her pocket.
그녀는 그녀의 지갑을 그 호주머니에서 꺼냈다.
The hard work **took** a lot of energy **out of** me.
그 힘든 일이 많은 에너지를 내게서 앗아갔다.

take O out on O
She **took** her frustration **out on** us.
그녀는 그녀의 좌절감을 우리에게 토해 내었다.
[on의 목적어 us는 영향을 받는 사람이다.]
I know you are angry but don't **take** it **out on** me.
당신이 화가 났다는 것은 알지만 그 화를 나에게 내뱉지 마세요. 즉, 내게 화풀이 하지 마세요.

2.17 take O over
In the relay race, the skater fail to **take over** the baton.
그 계주 경기에서 그 스케이트 선수는 그 바통을 넘겨받는 데에 실패했다.
Sam **took** Jane's apartment **over** while she was on vacation.
샘은 제인이 휴가 중일 때 그녀의 아파트를 넘겨 맡았다.
[over는 아파트 이용이 제인에게서 샘으로 넘어오는 관계를 나타낸다.]
The American company was **taken over** by a Korean company. (passive)
그 미국 회사는 한 한국 회사에 소유권이 넘어갔다.
I was happy to **take** the project **over**.
나는 그 기획사업을 (어떤 사람에게서) 떠맡게 된 것이 기뻤다.
The demonstrators **took** the *area* **over**.
그 시위자들이 그 지역을 차지했다.

| highway | 고속도로 | street | 거리 |

take O over to O
Can you **take** the flowers **over to** room #5?

이 꽃들을 5호실에 건네다 주시겠습니까?

2.18 take O through O

Would you mind **taking** us **through** the exhibition hall?
우리를 그 전시관 처음부터 끝까지 데리고 다녀주시겠
습니까? 안내해주시겠습니까?
[참조: walk through]

The director **took** us **through** the process step by step.
그 감독은 우리를 단계별로 그 과정을 다니고 다녔다.
즉, 설명해주었다.

2.19 take to O

The bird **took to** the air after spreading its wings.
그 새는 날개들을 편 다음, 하늘로 날아갔다.

The people **took to** the streets to protest.
그 사람들은 항의하기 위해서 그 거리들로 나갔다.
[to는 움직임의 도착지가 된다.]

He **took to** hiking.
그는 하이킹을 시작했다.

He **took to** smoking.
그는 담배를 피우기 시작했다.

He **took to** *Facebook*.
그는 페이스북을 사용하기 시작했다.

Twitter	트위터	Instagram	인스타그램

He **took** kindly **to** my offer.
그는 내 제안을 기꺼이 받아들였다.

He **took** kindly **to** releasing the tapes.
그는 그 테이프를 내놓는 데 기꺼이 동의했다.

take O to O

I **took** him **to** one side.
나는 그를 한 쪽으로 데리고 갔다.

Would you **take** this package **to** the post office?
이 소포를 그 우체국에 가져다주시겠습니까?

2.20 take O up

He **took up** his pen and began to write.
그는 펜을 집어 들고 쓰기 시작했다.

He **took up** the carpet.
그는 그 카펫을 들어 올렸다.
[up은 카펫이 밑에 붙어있는 것을 위로 올리는 관계를 나타낸다.]

She **took** her skirt a few inches **up** because it was too
long.
그녀는 그녀의 스커트가 너무 길어서 그 스커트를 몇
인치 올렸다.
[up은 스커트 자락을 위로 올리는 관계를 나타낸다.]

The sponge **took up** all the *water*.
그 스펀지가 그 모든 물을 빨아 올렸다.
[up은 물이 스펀지로 들어가는 관계를 나타낸다.]

milk	우유	juice	주스
ink	잉크	liquid	액체

She **took up** *Korean as a second language*.
그녀는 한국어를 제2외국어로 배우기 시작했다.
[up은 활동영역을 가리킨다. 즉, 한국어 학습을 활동영역에 들어
오게 했다는 뜻이다.]

golf	골프	farming	농사짓기
linguistics	언어학	gardening	정원 가꾸기

He **took** *office* **up** this month.
그는 이번 달에 그 직책을 시작했다.

position	직위	employment	고용
work	일	duties	여러 가지 의무

Let's **take up** the applicants in our next meeting.
다음 회의에 그 지원자들을 회의에 올립시다.
[up은 지원자들이 회의에 올라오는 관계를 나타낸다. 참조: bring
up]

The law firm **took up** the case.
그 법률회사가 그 사건을 맡았다.

He **took up** the *story* where I left off.
그는 내가 중단한 부분에서 얘기를 시작했다.

matter	문제	point	문제점
question	질문	issue	쟁점

The refrigerator **takes up** too much space.
그 냉장고는 너무 많은 공간을 차지한다.

The meeting **took up** an hour.
그 회의가 한 시간을 채웠다. 즉, 한 시간이 걸렸다.

He **took up** his seat.
그는 가서 자리를 잡았다.

take O up on O

I will **take** you **up on** the offer that you will drive me
home.
나는 네가 나를 집에 태워다 줄 제안을 받아들이겠다.

A: I can cook your dinner if you want.
A: 나는 너가 원하면 저녁을 준비할 수 있다.

B: I will **take** you **up on** that.
B: 나는 너의 제안을 받아들이겠다.

Let me **take** you **up on** one or two of those points.
그 한 두 점에 대해서 너에게 질문을 하마.

take O upon O

She **took** it **upon** herself to do the whole project.
그녀는 그 전체 기획 사업을 자신에게 맡겼다. 즉, 떠맡
았다.

take O up with O

He **took** the matter **up with** the manager.
그는 그 문제를 그 지배인에게 가져가 상의했다.
She is **taken up with** her children. (passive)
그녀는 아이들 일로 모든 시간을 다 빼앗기고 있다.
[참조: catch up with]

2.20 take O with O

I'm going to **take** this umbrella **with** me.
나는 이 우산을 가지고 갈 것이다.

TALK

1. 단동사
이 동사는 대화 등에서 상대에게 말을 하는 과정을 그린다.
자동사
The baby is learning to **talk**.
그 아기가 말을 배우고 있다.
They **talked** in sign language.
그들은 수화로 말을 했다.
타동사
He **talks** Korean.
그는 한국어를 한다.
He **talked** himself hoarse.
그는 말을 해서 목이 쉬었다.

2. 구동사
2.1 talk about O

He **talked about** the *matter* over some beer.
그는 맥주를 좀 마시면서 그 문제에 대해서 얘기했다.

issue(s) 쟁점	subject 주제

2.2 talk O around

He is not interested in the idea but I can **talk** him **around**.
그는 그 아이디어에 관심이 없지만, 내가 그를 타일러서
생각을 돌릴 수 있다.
[around는 생각의 방향을 돌리는 관계를 나타낸다. 참조: switch
around, come around]
I **talked** him **around** to going with us.
나는 그를 타일러서 우리가 같이 가는 쪽으로 그의 생각
을 돌렸다.

talk around O

He **talked around** the subject, but said nothing of
importance.
그는 그 주제의 주변 얘기만 하고, 중요한 것은 아무것
도 말하지 않았다.

2.3 talk at O

Charles is someone who doesn't talk to you, but **talks**
at you.
찰스는 너를 상대로 말은 하지 않는다. 그는 너에게 톡
쏘는 말만 한다.
[at은 공격의 의미를 갖는다. 참조: snap at]

2.4 talk back

He knows better than to **talk back** to his father.
그는 아버지에게 말대꾸하는 것 보다 더 잘 안다. 즉,
말대꾸하지 않는다.

2.5 talk O down

We **talked** the man **down** after he had been on the crane
for a week.
우리는 그 남자가 그 거중기에 일주일 있은 후, 얘기를
해서 내려오게 했다.
[down은 위에서 아래로 내려오는 관계를 나타낸다.]
He began his lecture by **talking down** the proposal of
the competing team.
그는 그의 강의를 그 경쟁팀의 제안을 깎아내리는 것으
로 시작했다.
[down은 깎아내리는 관계를 나타낸다.]
I tried to apologize but he **talked** me **down**.
나는 사과를 하려고 노력했지만, 그는 내가 말을 못하게
했다.
[me는 환유적으로 나의 말을 가리키고, down은 나의 말을 억제하
는 상태를 가리킨다.]

talk down to O

I don't like him. He always **talks down to** us like we
are children.
그는 우리가 어린아이인 것처럼 우리에게 항상 말을 낮
추어서 한다.

2.6 talk O into O

I **talked** him **into** returning home.
나는 그를 설득하여 집에 돌아가게 했다.
I **talked** some sense **into** his head.
나는 말을 하여 분별력을 그의 머릿속에 들어가게 했다.
즉, 알아듣게 말했다.

T

2.7 talk O off

She **talked** her head **off**.

그녀는 머리가 떨어져 나갈 정도로 얘기를 많이 했다.

2.8 talk on O

We **talked** **on** the global warming.

우리는 지구온난화에 대해서 얘기 했다.

talk on

He **talked** **on** and on.

그는 계속해서 얘기 했다.

2.9 talk O out

Instead of fighting, we decided to **talk** the problem **out**.

싸우는 대신 우리는 말로써 그 문제를 해결하기로 했다.

[out은 문제가 없어지는 관계를 나타낸다.]

In the therapy session, we **talk** our problems **out**.

그 치유시간에 우리는 우리의 문제들을 서로 얘기하면서 없어지게 한다.

[out은 문제가 없어지는 관계를 나타낸다.]

He **talked** himself **out**.

그는 말을 많이 해서 기운이 다 빠졌다.

[out은 자신의 힘이나 기운이 다 빠지는 관계를 나타낸다. 참조: play out, tire out, wear out]

talk O out of O

I tried to **talk** him **out** of the stupid thing.

나는 그를 설득하여 그 멍청한 것을 버리게 했다.

2.10 talk over O

It is impossible to **talk** **over** the noise of the machines.

우리가 그 기계들의 소음 위로 이야기하는 것은 불가능하다.

We **talked** **over** *dinner*.

우리는 저녁을 먹으면서 얘기를 했다.

coffee 커피	tea 차

talk O over

I would like to **talk** the problem **over** with my husband first.

나는 그 문제를 내 남편의 의견이나 조언을 듣기 위해서 먼저 철저하게 얘기하고 싶다.

[over는 문제 전반을 가리킨다.]

We **talked** them **over** to our side.

우리는 그들을 설득하여 우리 편으로 넘어오게 했다.

[over는 한편에서 다른 편으로 넘어가는 관계를 나타낸다. 참조: win over]

2.11 talk O through

Let's **talk** *things* **through** before we act.

우리는 행동하기 전에 모든 일을 처음부터 끝까지 상세하게 얘기합시다.

issues 쟁점들	differences 차이들

I'll **talk** it **through** with her, and then let you know.

나는 그 문제를 그녀와 철저히 논의한 다음, 너에게 알려 줄 것이다.

talk O through O

If you call this number, someone will **talk** you **through** the procedure.

여러분이 이 번호에 전화를 걸면, 누군가가 여러분에게 설명해줄 것입니다.

[참조: run through, walk through]

The teacher will **talk** you **through** the notes.

그 선생님은 여러분을 그 노트들을 살펴나갈 수 있게 얘기를 해 줄 것입니다.

talk through O

They are **talking** **through** the window.

그들은 그 창문을 통해 말을 나누고 있다.

2.12 talk O up

I'll **talk** **up** your campaign.

나는 너의 운동을 좋게 말하마.

[up은 추켜세우거나 올리는 관계를 나타낸다.]

The governor promised to **talk** **up** the candidate.

그 주지사는 그 후보자를 지지발언을 하겠다고 약속했다.

The officials **talked** **up** the price of oil by warning of a shortage.

그 관리들은 기름부족에 대해 경고함으로써 그 기름값을 부추겨 올렸다.

TALLY 1

1. 단동사

이 동사는 총계 등을 계속 누적해나가는 과정을 그린다.

명사: 특히 총계나 총액을 계속 누적해 나가는 기록

2. 구동사

2.1 tally O up

Please **tally** all the votes **up** and give me the total.

그 모든 투표를 합하여, 내게 총액을 주세요.

[up은 적은 수들을 합해서 큰 숫자를 만드는 관계를 나타낸다.]

TALLY 2

1. 단동사
이 동사는 수나 진술이 일치하는 과정을 그린다.
명사: 누적 기록

2. 구동사
2.1 tally with O
His figures do not **tally with** mine.
그의 숫자들은 나의 것과 일치하지 않는다.
What you said does not **tally with** what she said.
네가 말한 것은 그녀가 말한 것과 일치하지 않는다.

TAMP

1. 단동사
이 동사는 표면을 톡톡 쳐서 다지는 과정을 그린다.

2. 구동사
2.1 tamp O down
He **tamped down** the soil around the newly planted tree.
그는 새로 심은 그 나무 주위에 흙을 톡톡 내리쳐서 다졌다.
The builders **tamp down** the soil before building a houses.
건축업자들은 집들을 짓기 전에 땅을 다진다.
[down은 위에서 오는 힘을 받아 단단해지는 관계를 나타낸다.]
The old man **tamped down** tobacco in his pipe and lit it up.
그 노인은 그의 파이프 안에 담배를 꾹꾹 눌러서 불을 붙였다.

TAMPER

1. 단동사
이 동사는 허가 없이 고의적으로 해를 입히기 위해서 만지작거리거나 바꾸는 과정을 그린다.

2. 구동사
2.1 tamper with O
He has been **tampering with** his computer all morning.
그는 아침 내내 그의 컴퓨터를 만지작거리고 있다.
Who do you think **tampered with** the brakes?
당신 생각에는 누가 그 브레이크들을 조작한 것 같나요?
The detective is accused of having **tampered with** the evidence.
그 탐정은 그 증거를 조작한 혐의를 받고 있다.
He **tampered with** witnesses was sent to prison.

그는 증인들을 조작하여 감옥에 보내졌다.

TANGLE

1. 단동사
이 동사는 무엇을 헝클이거나, 헝클어지는 과정을 그린다.
명사: 얽힌 것, 꼬인 상태

2. 구동사
2.1 tangle O up
The wires were all **tangled up** and I could not figure out which was the one for my computer.
그 선들이 뒤엉켜서 어느 선이 내 컴퓨터용인지 헤아려 낼 수가 없었다.
[up은 어지러운 상태를 나타낸다.]
A dolphin was **tangled up** in a net. (passive)
돌고래 한 마리가 그물에 얽혀 꼼짝 못하고 있었다.
[up은 돌고래가 움직이지 못하는 관계를 나타낸다.]
My legs are **tangled up** in weeds in the lake. (passive)
내 두 발이 그 호수의 잡초에 엉키어 꼼짝할 수 없다.
Don't get yourself **tangled up** in a mess that will end in a disaster. (passive)
아마도 재앙으로 끝나게 될 부정한 일에 자신을 얽히지 마세요.

TANK

1. 단동사
이 동사는 자동차 등에 기름을 채우는 과정을 그린다.
명사: 액체나 가스를 담는 용기

2. 구동사
2.1 tank O up
He **tanked up** his car.
그는 그의 자동차에 기름을 채워 넣었다.
[참조: fill up]

tank up
The plane will stop at Honolulu to **tank up** for the flight to New York.
그 비행기는 호놀룰루에 들러, 뉴욕까지의 비행을 위해 기름을 채울 것이다.
The football fans **tanked up** after the game.
그 축구 팬들은 그 경기가 끝나자 술을 잔뜩 마셨다.

TAP 1

1. 단동사

T

이 동사는 손이나 발을 표면에 톡톡 치는 과정을 그린다.

타동사

He **tapped** my shoulder.
그는 내 어깨를 톡 쳤다.

He **tapped** the chalk against the blackboard.
그는 그 분필을 그 칠판에 대고 톡톡 쳤다.

Mary gently **tapped** Grandpa to wake him for dinner.
메리가 저녁식사를 위해 할아버지를 깨우기 위해 살짝 쳤다.

The rain **tapped** the windowpane.
그 빗물이 그 창문을 똑똑 쳤다.

2. 구동사

2.1 tap along O
He **tapped along** the tree.
그는 그 나무를 똑똑 두들겨 나갔다.

2.2 tap around O
He **tapped around** his neighbors for the information.
그는 그 정보를 찾기 위해서 이웃들에게 물어보았다.
[참조: ask around, call around]

2.3 tap O down
Please **tap down** the nail so that nobody gets hurt from it.
다치는 사람이 아무도 없도록 그 못을 살살 쳐서 내리세요.

2.4 tap O for O
I think I will **tap** my father **for** a loan.
나는 돈을 빌리기 위해 아버지를 타진해 보려고 생각한다.

She's been **tapped for** a top management job by her company. (passive)
그녀는 그녀의 회사에 의해 최고 경영 자리로 타진되어 왔다.

2.5 tap O in
Please **tap in** your social security number.
당신의 사회보장번호를 쳐 넣으세요.
[in은 번호 등을 컴퓨터에 쳐 넣는 관계를 나타낸다. 참조: key in, punch in, type in]

2.6 tap into O
The politician **tapped into** the voters' fear and won the election.
그 정치가는 그 유권자의 두려움을 이용해서 선거에서 이겼다.

tap O into O
He **tapped** the nail **into** position.
그는 그 못을 톡톡 쳐서 제자리에 들어가게 했다.

2.7 tap on O
I gently **tapped on** the door to see if anyone is in.
나는 누가 안에 있는지 확인하기 위해서 문을 톡톡 두들겼다.

He **tapped on** the watermelon to see it is ripe.
그는 그 수박이 익었는지를 확인하기 위해서 똑똑 두들겼다.

tap O on O
He **tapped** me **on** the shoulder.
그는 내 어깨를 톡톡 쳤다.

2.8 tap O out
He **tapped out** the rhythm on the table.
그는 그 탁자를 두들겨서 그 리듬을 만들어 냈다.
[out은 마음속에 있는 것을 밖으로 표현하는 관계를 나타낸다.]

TAP 2

1. 단동사
이 동사는 전자 장치를 이용해서 도청하는 과정을 그린다.

2. 구동사
2.1 tap into O
The police is **tapping into** the suspect's phone.
경찰은 그 용의자의 전화를 도청하고 있다.

TAP 3

1. 단동사
이 동사는 여러 사람이 가지고 있는 지식이나 자원을 이용하는 과정을 그린다.

2. 구동사
2.1 tap into O
I am hoping to **tap into** the market for books on Korean history.
나는 한국 역사에 관한 책들의 시장에 진출하기를 원한다.

The school **tapped into** the knowledge and experiences of the community.
그 학교는 그 지역사회의 지식들과 경험을 이용했다.

TAP 4

1. 단동사
이 동사는 나무에서 수액을 뽑는 과정을 그린다.

타동사

We **tapped** a beer keg and started a party.
우리는 그 맥주통을 열고 파티를 시작했다.

The gang of thieves **tapped** the oil pipe line.
한 무리의 도둑들이 그 송유관을 뚫어 기름을 빼냈다.

2. 구동사
2.1 tap O out

He is **tapping out** rubber trees.
그는 고무나무에서 수액을 뽑고 있다.

The village **tapped out** the ground water supply.
그 마을은 그 지하수원을 고갈했다.
[out은 물이 다 고갈되는 관계를 나타낸다.]

TAPE

1. 단동사
이 동사는 테이프로 무엇을 붙이거나, 묶는 과정을 그린다.
명사: 접착용 테이프, 소리, 영상을 기록하는 테이프

타동사

Someone had **taped** a message on the door.
누군가가 그 문에 메시지를 테이프로 붙여 놓았다.

2. 구동사
2.1 tape O down

He **taped down** the *lid*.
그는 그 뚜껑을 테이프로 꼼짝 못하게 했다.

cover 덮개	rug 양탄자, 깔개

He **taped down** the edges.
그는 그 가장자리들을 테이프를 붙여 고정시켰다.

2.2 tape O up

I **taped up** the case, so that it cannot be damaged.
나는 그 상자가 파손되지 않도록 테이프로 완전히 봉했다.
[up은 테이프로 상자를 완전히 봉하는 관계를 나타낸다.]

Put it in a box and **tape** it **up** securely.
그것을 상자에 넣어서 테이프로 단단히 묶어라.

That's a nasty cut – come on, we'll get it all **taped up**. (passive)
그거 심하게 베였구나. 이리 와, 단단히 붕대를 감자.

TAPER

1. 단동사

이 동사는 점점 가늘어지는 과정을 그린다.
명사: 긴 초, 막대기

타동사

He **tapered** the end of the stick with a knife.
그는 칼을 써서 그 막대기의 끝을 뾰족하게 했다.

자동사

The wing **tapers** into a point.
그 날개는 점점 좁아져서 뾰족하게 된다.

2. 구동사
2.1 taper down

The snow **tapered down**.
그 눈이 점점 줄어들었다.
[down은 양이나 수, 정도가 줄어드는 관계를 나타낸다.]

2.2 taper off

The rod **tapers off** to a point at one end.
그 막대기는 점점 가늘어져서 한쪽 끝은 한 점이 되었다.

The heavy rain **tapered off**.
그 폭우는 차츰 약해졌다.

His voice **tapered off** to a whisper.
그의 목소리는 점점 약해져 속삭임이 되었다.

taper O off

The company **tapered off** the old model of the car.
그 회사는 그 차의 구형 모델 생산을 점차 줄였다.

taper O off O

The doctor **tapered** me **off** the medicine.
그 의사는 내가 약을 점점 줄여서 끊게 했다.

TARGET

1. 단동사
이 동사는 목표를 겨냥하는 과정을 그린다.
명사: 목표, 표적, 과녁

타동사

Jane **targeted** Friday as the project's completion time.
제인은 금요일을 기획사업의 완성일로 목표로 했다.

The magazine **targets** single men.
그 잡지는 독신남들을 겨냥한다.

2. 구동사
2.1 target O as O

The board of directors **targets** Ron **as** a potential candidate.
그 이사회는 론을 잠재적 후보로 목표를 하고 있다.

T

2.2 target O at O

The Russian missiles are **targeted at** some US cities. (passive)

그 몇몇 러시아 미사일들은 미국 도시에 목표가 정해져 있다.

TASTE

1. 단동사
이 동사는 맛을 보거나, 음식 등이 특정한 맛을 갖는 과정을 그린다.
명사: 맛, 미각, 기호, 취향

자동사

The fruit **tastes** sweet.

그 과일은 맛이 달다.

타동사

Taste the soup and see if you think there's enough salt in it.

그 속에 소금이 충분히 들어갔는지 수프 맛을 한 번 보고 보아라.

He had **tasted** freedom only to lose it again.

그는 자유를 잠깐 맛보았지만 결국 다시 잃게 되었다.

2. 구동사
2.1 taste like O

This fruit **tastes like** banana.

이 과일은 바나나와 같은 맛이 난다.

2.2 taste of O

The soup **tastes of** onion.

그 국은 양파 맛이 난다.

[of는 맛과 양파가 불가분의 관계에 있음을 나타낸다.]

2.3 taste off

The milk **tastes off**.

그 우유 맛이 이상하다.

[off는 맛이 정상에서 벗어난 관계를 나타낸다. 참조: go off, smell off]

TAUNT

1. 단동사
이 동사는 놀리거나 조롱하는 과정을 그린다.

2. 구동사
2.1 taunt O about O

He **taunted** me **about** the mistake I made a long time ago.

그는 오래 전에 내가 한 그 실수에 대해 나를 놀렸다.

2.2 taunt O into O

He **taunted** his sister **into** taking on the unnecessary task.

그는 누이를 골려서 그 불필요한 일을 맡게 했다.

2.3 taunt O with O

He **taunted** his young brother **with** a piece of pie.

그는 그의 동생을 파이 한 조각을 가지고 골렸다.

TAX

1. 단동사
이 동사는 세금을 부과하거나, 남에게 심한 부담을 주는 과정을 그린다.
명사: 세금

타동사

Any interest payments are **taxed** as part of your income. (passive)

모든 이자 수입금들은 소득의 일부로서 세금이 부과된다.

The problem is currently **taxing** the brains of the nation's experts.

그 문제가 현재 그 국내 전문가들의 머리들을 쥐어짜고 있다.

2. 구동사
2.1 tax O with O

The opposition has **taxed** the government **with** failing to find out the cause of the ferry accident.

야당은 그 여객선 사고의 원인을 밝혀내지 못한 부담을 정부에 지우고 있다.

TAXI

1. 단동사
이 동사는 비행기가 이륙 이전이나 착륙 직후에 천천히 이동하는 과정을 그린다.

2. 구동사
2.1 taxi O onto O

The pilot **taxied** the plane **onto** the runway.

그 조종사가 그 비행기를 그 활주로 위로 몰아갔다.

TEA

1. 단동사
이 동사는 우유 등에 차를 타는 과정을 그린다.

명사: 마시는 차

2. 구동사
2.1 tea O up
Tea up your milk.
우유에 차를 타세요.

TEAM

1. 단동사
이 동사는 어떤 일을 하기 위해서 팀을 구성하는 과정을 그린다.
명사: 단체, 팀

2. 구동사
2.1 team up
We decided to **team up** and combine our resources.
우리는 팀을 이루어 우리의 자원들을 결합하기로 했다.
The two departments **teamed up** to investigate the corruption scandal.
그 두 부서가 그 부패 사건을 조사하기 위해 한 팀이 되었다.
Scientists from different countries have **teamed up** on the research.
여러 나라에서 온 과학자들이 단합하여 그 연구를 했다.

team O up
My boss **teamed up** the best workers for the project.
사장은 그 기획 사업을 위해서 가장 좋은 직원들을 팀으로 구성했다.
The police **teamed up** the CIA to investigate the politician's bribery.
경찰은 그 정치가의 뇌물사건을 조사하기 위해 CIA와 한 팀이 되었다.

team up against O
The two boys **teamed up against** the bully.
그 두 소년이 힘을 합쳐 그 불량배에게 덤벼들었다.

team up with O
He **teamed up with** Bob for the ping-pong game.
그는 그 탁구시합을 위해서 밥과 팀을 이루었다.
[up은 팀이 생긴 상태를 나타낸다. 참조: pair up, double up]
Russia **teamed up with** China against America.
러시아는 중국과 단합해서 미국에 맞섰다.
The coach **teamed** me **up with** two best athletes.
그 코치는 나를 두 명의 가장 훌륭한 선수들과 팀을 이루게 했다.

TEAR 1

1. 단동사
이 동사는 종이나 천 등을 세차게 찢는 과정을 그린다.
타동사
The country was **torn** by civil war. (passive)
그 나라는 내전에 의해 찢어졌다.
He **tore** a hole in his pants.
그는 그의 바지에 구멍을 내었다.
He is **torn** by grief. (passive)
그의 마음은 슬픔에 의해 찢겼다.

2. 구동사
2.1 tear O apart
He **tore** the bread **apart** and began to devour it.
그는 그 빵을 뜯어서 그것을 게걸스럽게 먹기 시작했다.
They **tore apart** the house.
그들은 그 집을 해체했다.
The department store was **torn apart** by a fire. (passive)
그 백화점은 큰 화재에 의해 산산조각이 났다.
Syria has been **torn apart** by civil war. (passive)
시리아는 내전으로 찢겨져 있다.
The anxiety is **tearing** him **apart**.
그 근심은 그의 마음을 갈기갈기 찢고 있다.
[him은 환유적으로 그의 마음을 가리킨다.]
When the article was published, it was **torn apart** by critics. (passive)
그 논문이 처음 발표되었을 때, 그것은 비평가들에 의해 그 내용이 갈기갈기 찢어졌다. 즉, 혹평을 받았다.

2.2 tear around
The children are **tearing around** in the garden.
그 아이들이 그 정원에서 이리저리 빠르게 움직이고 있다.

2.3 tear at O
He **tore at** her face.
그는 그녀의 얼굴을 할퀴었다.
[at은 찢김이 얼굴의 일부에 미침을 나타낸다.]
He **tore at** the envelope and began to read it.
그는 그 봉투를 찢어서 그것을 읽기 시작했다.
The sad story **tore at** my heart.
그 슬픈 이야기가 내 마음을 찢었다.
[at은 봉투의 전체가 아니라 일부가 찢기는 관계를 나타낸다.]

2.4 tear O away
It is not easy to **tear** the child **away** from the television.
그 아이를 그 텔레비전에서 떼어놓기가 쉽지 않다.

T

tear away from O

Could you **tear away from** the computer just a moment?

너 잠깐이라도 그 컴퓨터에서 떨어질 수 있을까?

2.5 tear O between O

He is **torn between** staying at home and going out. (passive)

그는 집에 있을 생각과 나갈 생각 사이에 찢어져 있다.

[he는 그 사람의 마음을 나타낸다.]

She is **torn between** her family and her career. (passive)

그녀는 그녀의 가정과 경력 사이에 마음이 갈라져 있다.

2.6 tear O down

They **tear down** the *barrier*.

그들은 그 장벽을 허물어서 없어지게 했다.

[down은 장벽이 없어지는 관계를 나타낸다. 참조: break down]

wall 벽	fence 울타리

The old hotel was too old and was **torn down**. (passive)

그 오래된 호텔은 너무 낡아서 헐리었다.

[down은 서 있던 건물이 없어지는 관계를 나타낸다.]

The small houses were **torn down** to make way for an apartment building. (passive)

그 작은 집들은 아파트 건물을 짓기 위해서 헐리었다.

2.7 tear into O

She **tore** the cloth **into** strips.

그녀는 그 천을 찢어서 긴 끈이 되게 했다.

The wolf **tore into** the meat.

그 늑대는 그 고기 덩어리를 맹렬히 공격했다.

After the performance, the conductor **tore into** the first violinist.

그 연주가 끝난 후에 그 지휘자는 첫 바이올린 연주자를 심하게 비판했다.

[참조: lash into, lay into]

2.8 tear O off

She reached for the gift and **tore off** the wrapping paper.

그녀는 그 선물에 달려가서 그 포장지를 찢어 내었다.

[off는 포장지가 선물에서 뜯어져 나오는 관계를 나타낸다.]

Shelly **tore off** his clothes and ran into the sea.

셸리는 그의 옷들을 확 벗고 바다로 뛰어들었다.

[off는 옷이 몸에서 떨어지는 관계를 나타낸다. 참조: take off]

The reporter **tears off** article after article.

그 기자는 계속해서 기사를 재빨리 써낸다.

[off는 기사가 계속해서 써져 나오는 관계를 나타낸다. 참조: knock off]

tear off

The crew **tore off** in their van.

그 승무원들은 밴을 타고 급히 자리를 떴다.

[off는 어떤 자리를 뜨는 관계를 나타낸다. 참조: take off]

2.9 tear O out

She **tore out** a few sheets out of the pad.

그녀는 그 패드에서 몇 장의 종이를 찢어 내었다.

His fingernails were **torn out** in the torture. (passive)

그의 손가락들이 그 고문에 뽑혀져 나갔다.

The graphic pictures of children dying of hunger are **tearing out** my heart.

아이들이 굶어 죽어가는 그 생생한 사진들이 내 마음을 찢어내고 있다.

2.10 tear through O

The nail **tore through** my socks.

그 발톱이 내 양말들을 뚫고 나왔다.

The children **tore through** the park on a bicycle.

아이들은 자전거를 타고 공원을 쏜살같이 지나갔다.

The storm **tore through** the city.

그 폭풍이 그 도시를 파괴하면서 지나갔다.

The students **tore through** the book the night before the final.

그 학생들은 그 기말 시험 바로 전에 그 책을 급히 읽어 나갔다.

2.11 tear O up

He **tore up** the *letter* and threw it into a waste basket.

그는 그 편지를 갈기갈기 찢어서 그것을 쓰레기통에 던져 넣었다.

[up은 편지가 찢긴 상태를 나타낸다.]

list 명단	document 서류

The storm **tore up** the small island.

그 폭풍이 그 작은 섬을 황폐화 시켰다.

Large areas of the countryside are being **torn up** by developers. (passive)

그 시골의 넓은 영역들이 개발업자들에 의해 침식되고 있다.

The player **tore up** the *agreement* with the football club.

그 선수는 그 축구단과의 계약을 찢어버렸다.

deal 거래	contract 계약

TEAR 2

1. 단동사
이 동사는 어떤 것을 위험스럽게 휙 지나가는 과정을 그린다.

2. 구동사
2.1 tear around O

The kids **tore around** the house all day long.
그 꼬마들이 온종일 그 집 주위를 떠들썩하게 돌아다녔다.

tear around

The children **tore around** through the house.
그 아이들이 그 집안을 떠들썩하게 돌아다녔다.

The coach **tore around** after his team lost.
그 코치는 그 팀이 경기에 지자 분노하며 돌아다녔다.

TEAR 3

1. 단동사
이 동사는 눈물을 흘리는 과정을 그린다.
명사: 눈물

2. 구동사
2.1 tear up

She **tore up** because of the onion.
그녀는 그 양파 때문에 눈물을 흘렸다.

As she was leaving her mother, she found herself **tearing up**.
그녀가 엄마를 떠날 때, 자신의 눈물이 고이는 것을 발견했다.

tear O up

It **tears** me **up** to leave you behind.
너를 뒤에 두고 떠나자니 눈물이 고인다.

TEASE

1. 단동사
이 동사는 양털이나 삼을 빗질하는 과정을 그린다.

2. 구동사
2.1 tease O out

He reached into an inner pocket and **teased out** a handkerchief.
그는 안주머니에 손을 넣어 손수건 하나를 조심스럽게 꺼내었다.

She sat in front of a mirror and **teased** knots **out** of her hair.
그녀는 거울 앞에 앉아서 그녀의 머리에 엉킨 것을 풀어내었다.
[out은 엉킨 것이 없어지는 관계를 나타낸다.]

He **teased out** her hair.
그는 빗으로 그녀의 머리가 엉킨 것을 풀어내었다.
[hair는 환유적으로 머리의 엉킴을 가리킨다.]

He is a scholar who tries to **tease out** new meanings from the Analects.
그는 새로운 뜻을 논어에서 찾아내려고 노력하는 학자이다.

tease O out of O

I managed to **tease** the truth **out of** the suspect.
나는 그 진실을 그 용의자에게서 찾아내었다.

TEE

1. 단동사
이 동사는 골프공을 티에서 치는 과정을 그린다.
명사: 골프장에서 공을 올려 놓는 못

2. 구동사
2.1 tee off

He just **teed off** at the 10th hole.
그는 10번 홀에서 시작했다.

The festival **teed off** at 9 this morning.
그 축제는 오늘 아침 9시에 시작되었다.
[참조: kick off, start off]

tee O off

It really **tees** me **off** that he never helps around the house.
그가 집안일을 안 돕는다는 사실이 나를 몹시 화나게 한다.
[참조: set off, tick off]

2.2 tee O up

We watched her **tee up** the ball.
우리는 그녀가 공을 티에 올리는 것을 주시했다.

TEEM 1

1. 단동사
이 동사는 동물이나 사람들이 많이 있는 과정을 그린다.

2. 구동사

T

2.1 teem in O

In summer, tourists are **teeming** in Jeju Island.
여름에는 관광객들이 제주도에 많다.
[이 문장의 주어는 어떤 장소에 놓여 있는 사람들이다.]

2.2 teem with O

In summer, Jeju Island is **teeming with** tourists.
여름에 제주도는 관광객들로 들끓는다.
[이 문장의 주어는 사람들이 많이 있는 장소이다.]

The Vancouver river is **teeming with** big fish.
벤쿠버강에는 큰 물고기들이 많다.

The forest is **teeming with** wild life.
그 숲에는 야생동물이 많다.

The book **teems with** blunders.
그 책은 오류들 투성이이다.

TEEM 2

1. 단동사
이 동사는 비가 세차게 내리는 과정을 그린다.
자동사
It's **teeming** out there.
그곳에는 비가 많이 내리고 있다.

2. 구동사
2.1 teem down

All of a sudden, the rain began **teeming down** and we ran into a shop.
갑자기 비가 쏟아져 내리기 시작해서 우리는 어느 상점으로 뛰어 들어갔다.
[참조: bucket down, pour down]

TELL

1. 단동사
이 동사는 어떤 사실이나 정보를 다른 사람에게 알려주는 과정을 그린다.
타동사
He **told** me how to get here.
그는 나에게 여기에 오는 방법을 알려줬다.
He **told** the fact.
그는 그 사실을 알려주었다.
I can **tell** the difference between the two.
나는 그 둘 사이의 차이를 말할 수 있다.
A smile **tells** joy better than words.
미소는 말보다 기쁨을 더 잘 알려준다.

2. 구동사

2.1 tell against O

The reputation may **tell against** her if she decides to get a new job.
그 평판은 그녀가 새 일자리를 얻으려고 한다면, 그녀에게 불리하게 작용할 것이다.
[참조: work against]

2.2 tell O apart

The twins are so alike that it is difficult to **tell** them **apart**.
그 쌍둥이는 너무 닮아서, 그들을 떼어놓기가 어렵다. 즉, 구별하기가 어렵다.

2.3 tell O from O

The two sisters are so similar that I cannot **tell** one **from** the other.
그 자매는 너무 닮아서 나는 한 사람을 다른 사람으로부터 떼어낼 수 없다. 즉, 둘을 구별할 수 없다.

2.4 tell of O

The book **tells of** their trip to Antarctica.
그 책은 그들의 남극여행을 얘기하고 있다.

2.5 tell O off

The teacher **told** John **off** for being late for school.
그 선생님은 존이 지각을 해서 그를 꾸짖었다.
[참조: tick off]
She's always **told off** in Johnson's class. (passive)
그녀는 존슨 씨의 시간에는 늘 꾸중을 듣는다.

2.6 tell on O

The demanding job began to **tell on** him.
그 힘든 일이 그에게 영향을 미치기 시작했다.
[on의 목적어는 영향을 받는 사람이다.]
I will **tell on** you, if you cheat again.
나는 네가 다시 속이면, 너를 고자질할 것이다.
[참조: inform on, split on, rat on]

TEMPER 1

1. 단동사
이 동사는 누그러뜨리거나 완화시키는 과정을 그린다.
자동사
Justice must be **tempered** with mercy. (passive)
법의 심판은 자비로 완화되어야 한다.

2. 구동사
2.1 temper O down

He **tempered** **down** the fire.
그는 그 불을 약하게 했다.

The president **tempered** **down** his rhetoric.
그 대통령은 그의 정치적 발언을 완화했다.

He tried to **temper** **down** the uncertainty.
그는 그 불확실성을 완화시키려고 노력했다.

2.2 temper O with O
Her harsh words were **tempered** **with** a kind smile.
(passive)
그녀의 거친 말은 다정한 미소로 완화가 되었다.

TEMPER ²

1. 단동사
이 동사는 쇠붙이 등을 달궜다가 식은 물에 넣으면서 담금질하는 과정을 그린다.

2. 구동사
2.1 temper O in O
He **tempered** the metal **in** a furnace.
그는 그 금속을 용광로에서 강하게 했다.

TEND

1. 단동사
이 동사는 돌보는 과정을 그린다.
타동사

Doctors and nurses **tended** the injured.
의사들과 간호사들이 그 부상자들을 보살폈다.

2. 구동사
2.1 tend to O
As her parents are old, she has to **tend** **to** them.
그녀의 부모들이 나이가 들어서 그녀가 그들의 필요나 문제를 돌보아야 한다.

You should **tend** **to** your health.
너는 네 건강에 주의를 기울여야 한다.

TENDER

1. 단동사
이 동사는 사표 등을 공식적으로 제출하는 과정을 그린다.
명사: 입찰

2. 구동사
2.1 tender O for O
He **tendered** payment **for** the ticket.

그는 그 표 값에 대한 돈을 지불했다.

2.2 tender O in
The prime minister **tendered** **in** his resignation.
그 수상은 사표를 (대통령에게) 들어가게 했다. 즉, 제출했다.

TENSE

1. 단동사
이 동사는 긴장하거나 긴장시키는 과정을 그린다.
자동사

His muscles **tensed** as he got ready to run.
그가 달릴 준비를 하자 그의 근육들이 긴장되었다.

2. 구동사
2.1 tense up
Every time she goes to see the professor, she **tenses** **up**.
그 교수님을 만나러 갈 때 마다, 그녀는 긴장을 한다.
[up은 긴장을 하거나, 더 긴장되는 관계를 나타낸다.]

When I sit for exams, I could feel the muscle in the back of my head **tenses** **up**.
시험들을 치려고 앉으면, 내 목 뒤 근육이 뻣뻣해짐을 나는 느낀다.

tense O up
Tense your torso **up**.
너의 몸통을 긴장시키세요.

The upcoming interview **tensed** me **up**.
그 다가오는 인터뷰가 나를 긴장시켰다.

TEST

1. 단동사
이 동사는 시험을 하거나 치는 과정을 그린다.
타동사

We **test** your English before deciding which class to put you in.
우리가 당신을 어느 반에 배정할지 결정하기 전에 당신의 영어 실력을 테스트합니다.

2. 구동사
2.1 test O out
He is **testing** **out** the new car.
그는 그 새 자동차를 시험해 보고 성능을 알아내려고 하고 있다.
[out은 차 성능을 알아내는 관계를 나타낸다.]

T

The drug company has **tested out** the new diabetes drug.
그 제약회사는 그 새 당뇨약을 시험을 해서 성능을 알아내었다.

He is **testing out** the *bomb*.
그는 그 폭탄을 시험해서 성능을 알아내고 있다.

| explosive device 폭파장치 | app 애플리케이션 / 앱 |

TESTIFY

1. 단동사
이 동사는 진술하거나 증언하는 과정을 그린다.

타동사

He **testified** that his sister is innocent.
그는 그의 누이가 결백하다고 증언했다.

2. 구동사
2.1 testify against O
She refused to **testify against** her husband.
그녀는 남편에게 불리한 증언을 하기를 거부했다.

2.2 testify to O
Empty shops along the street **testify to** the depth of recession.
그 거리를 따라 있는 빈 가게들은 경기침체의 깊이를 증명해 준다.

2.3 testify for O
He refused to **testify for** the defendant.
그는 그 피고인을 위해 유리한 증언을 하는 것을 거부했다.

TEXT

1. 단동사
이 동사는 휴대전화로 문자메시지를 보내는 과정을 그린다.
명사: 문자메시지

타동사

Text us your question in English or Korean.
여러분의 질문을 영어나 한국어로 문자메시지로 보내주세요.

2. 구동사
2.1 text O at O
Text us **at** ABC crew.
여기 ABC 크루에 문자메시지를 보내주세요.

Text us **at** #1234.
#1234로 우리에게 문자메시지를 보내세요.

2.2 text O in
Text your comments **in** through the app.
여러분의 논평들을 그 앱을 통해서 문자메시지로 (방송국 등에) 들여보내주세요.

2.3 text O on O
Text me **on** the phone.
전화로 내게 문자를 보내주세요.

2.4 text O out
He **texted out** the notification last week.
그는 그 공고문을 문자로 여러 사람에게 내보냈다.
[out은 공고문이 여러 사람에게 가는 관계를 나타낸다.]

THAW

1. 단동사
이 동사는 눈이나 얼음이 녹거나 녹게 하는 과정을 그린다.

자동사

The snow on the mountain **thawed**.
그 산의 눈은 녹았다.

The forecast says the snow will **thaw** today.
그 일기예보는 오늘 그 눈이 녹을 것이라고 예보했다.

타동사

Thaw the frozen chicken before cooking.
요리하기 전에 그 냉동 닭을 녹이세요.

2. 구동사
2.1 thaw O out
If you want a pizza, I can **thaw** one **out** for you.
네가 피자 하나를 원하면 내가 하나 너를 위해 녹여줄 수 있다.
[물체가 얼면 꽁꽁 얼어붙고, 녹으면 풀린다. out은 이렇게 풀린 상태를 나타낸다.]

Put your finger over the fire and try to **thaw** them **out**.
너의 손가락을 그 불 위에 갖다 대고, 그들을 녹여 보도록 해라.

thaw out
The lake won't **thaw out** until the middle of April.
그 호수는 4월 중순까지 녹지 않을 것이다.
[out은 얼음이 물이 되는 관계를 나타낸다.]

Always keep the freezer door shut, or the food will **thaw out**.
언제나 그 냉동고 문을 닫아 두어라. 안 그러면 그 속의 음식이 다 녹을 것이다.
Sit down by the stove and **thaw out**.
그 난로 곁에 앉아서 몸을 녹이세요.
[out은 몸이 언 상태에서 풀리는 관계를 나타낸다.]

THICKEN

1. 단동사
이 동사는 걸쭉하게나 진하게 만드는 과정을 그린다.
thick(형용사): 두꺼운, 빽빽한, 걸쭉한

자동사
Stir until the sauce has **thickened**.
그 소스가 걸쭉해질 때까지 저어라.

타동사
Thicken the stew with flour.
그 스튜를 밀가루를 넣어 걸쭉하게 만드세요.

2. 구동사
2.1 thicken O up
She **thickened** the soup **up** a bit more.
그녀는 그 국을 좀 더 진하게 했다.
I had to **thicken up** the line so that it can be seen more clearly.
나는 그 선이 좀 더 잘 보이도록 그것을 굵게 해야 했다.

THIN

1. 단동사
이 동사는 액체를 묽게 만드는 과정을 그린다.
형용사: 묽은; 얇은, 가는; 마른, 여윈; 희미한, 흐릿한

타동사
Thin the paint with water.
물을 타서 그 페인트를 묽게 만들어라.

자동사
The clouds **thinned** and the moon shone through.
그 구름들이 옅어지더니 달빛이 그 사이로 비쳤다.

2. 구동사
2.1 thin O down
The porridge tastes good, but it needs **thinning down**.
그 죽은 맛이 있으나, 좀 묽게 할 필요가 있다.
[down은 묽어서 농도가 옅어지는 관계를 나타낸다.]
The whisky is too strong, please **thin** it **down** by mixing in some tonic water.
그 위스키는 너무 독하다. 토닉 워터를 섞어 넣어서 묽게 하세요.
[참조: water down]
After I started my yoga class, my stomach began to

thin down.
내가 그 요가 수업을 받기 시작한 후에 내 배가 가라앉았다.

2.2 thin out
The demonstrators **thinned out**, and only a few people were in *Kwanghwamun* Square.
그 시위자들이 듬성듬성해져서 몇 명만 광화문 광장에 있었다.
[out은 사람과 사람 사이의 간격이 커지는 관계를 나타낸다. 참조: tail out]
Around 10 o'clock, the traffic **thinned out**.
10시 경에 차들이 듬성듬성 해졌다.

thin O out
In April or May, the young *plants* should be **thinned out**. (passive)
4월이나 5월에 그 묘목들을 뽑아서 묘목 사이의 거리가 넓어져야 한다.

seedlings 묘목	flowers 꽃	

Thin out the soup with chicken broth.
그 국을 닭 육수로 묽게 하세요.

THINK

1. 단동사
이 동사는 생각하는 과정을 그린다.

타동사
I **think** he is right.
나는 그가 옳다고 생각한다.
I am **thinking** happy thoughts.
나는 행복한 생각들을 하고 있다.

자동사
Think before you act.
행동하기 전에 생각하세요.

2. 구동사
2.1 think about O
Whenever I **think about** him, I get goose bumps.
나는 그에 대해 생각할 때 마다 닭살이 돋는다.
You must **think about** your future.
여러분은 여러분의 미래에 대해서 생각해야 한다.

2.2 think ahead
We have to **think ahead** to prevent the problems.
우리는 그 문제들을 방지하기 위해서 미리 앞서 생각해

야 한다.

He always **thinks** a few weeks **ahead**.
그는 언제나 몇 주 앞서서 생각한다.

2.3 think back

I sometimes **think back** to my childhood in Honolulu.
나는 때때로 호놀룰루에서 지낸 유년시절을 되돌아 생
각한다.

2.4 think of O

Whenever I am in trouble, I **think of** my mother.
내가 어려움에 처할 때마다, 나는 나의 어머니를 생각
한다.
[of는 어머니의 존재를 말한다.]

I have a family to **think of**.
나는 생각할 가족이 있다.

What are you **thinking of**?
너 지금 무엇을 생각하니?

I remember the village, but I can't **think of** its name.
나는 그 마을을 기억하지만, 그 마을 이름을 생각할 수가
없다.

I am **thinking of** retiring some time next year.
나는 내년 언젠가 퇴직할 생각을 하고 있다.

I can't **think of** a young girl of 10 years old going to
a cinema alone.
나는 10살배기 소녀가 혼자 영화관에 가는 것을 생각할
수 없다.

What do you **think of** his plan?
너는 그의 계획을 어떻게 생각하니?

think of O as O

Now you are grown up, and it is time you learned to
think of yourself **as** an adult.
이제 네가 다 컸으니, 너 자신을 성인으로 생각할 때가
되었다.

He is generally **thought of as** being boring. (passive)
그는 일반적으로 재미가 없는 사람으로 생각된다.

2.5 think O out

The North Korean spies **thought out** their route back
and acted according to the plan.
그 북한 간첩들은 돌아갈 길을 생각해서 만들어 놓고,
그 계획에 따라 행동을 했다.
[out은 생각해서 길을 만드는 관계를 나타낸다.]

He is **thinking out** encouragements.
그는 격려말을 생각해내고 있다.

We **thought out** a new plan after the defeat.
우리는 그 패배를 한 다음 새로운 전략을 생각해냈다.

I have to take some time to **think** this **out** before I
respond to you.
너에게 대답하기 전에 나는 시간을 들여서 이것에 대해
곰곰이 생각하겠다.

Mother: You are too young to get married.
Daughter: I've **thought** it **out** thoroughly.
엄마: 너는 결혼하기는 너무 어리다.
딸: 저는 그 문제를 철저히 생각했어요.
[out은 안에서 바깥까지 철저히의 뜻이다.]

think out

Sometimes, he **thinks out** loudly.
때로 그는 소리를 내어 생각을 한다.

think out of O

Think out of the box.
기존 틀에서 벗어나서 생각하라. 즉, 독창적으로 생각
하라.

2.6 think over

The minister of labor is **thinking over** the labor union's
demands.
노동부장관이 노동조합의 요구사항들을 전반적으로 철
저히 검토하고 있다.
[over는 생각이 요구사항 전체에 미침을 나타낸다.]

Let me **think over** your request for a few days.
며칠 동안 당신의 요구를 전반적으로 검토하게 해주세요.

2.7 think through O

France and Britain bombed Tripoli without **thinking
through** possible consequences.
프랑스와 영국은 가능한 결과들을 철저히 생각하지도
않고 트리폴리를 폭격했다.
[through는 여러 결과들을 하나하나 철저하게 살펴봄을 나타낸다.]

2.8 think O up

His wife is going to have a baby, and he is trying to
think up a good name for the baby.
그의 아내는 아기를 낳을 것이다. 그래서 그는 아기를
위해 좋은 이름을 생각해내려고 하고 있다.
[up은 이름을 생각해서 생기는 관계를 나타낸다. 참조: come up
with]

The manager asked us to **think up** new projects for
the second half of the year.
지배인은 우리에게 금년 후반기의 새 기획사업들을 생
각해서 제시하라고 요청했다.

THIRST

1. 단동사
이 동사는 목이 마르거나 갈망하는 과정을 그린다.
명사: 목마름, 갈증; 갈망

2. 구동사
2.1 thirst after O
The young man is **thirsting after** the adventure.
그 젊은이는 그 모험을 갈망하며 찾아다니고 있다.

2.2 thirst for O
He is a politician **thirsting for** power and money.
그는 권력과 돈에 목말라하는 정치가이다.
The parents of the murdered girl is **thirsting for** revenge.
그 살해된 소녀의 부모들은 복수를 갈망하고 있다.

THRASH

1. 단동사
이 동사는 도리깨로 곡식을 터는 과정을 그린다.
명사: 도리깨

2. 구동사
2.1 thrash around
The police saw someone was **thrashing around** in the river and jumped in.
그 경찰은 누군가 강에서 허우적거리는 것을 보고 곧 뛰어 들었다.
[around는 손발을 마구 움직이는 관계를 나타낸다.]
Timmy **thrashed around** all night when he had the high fever.
티미는 그 고열이 있었을 때 밤새 뒤척였다.

2.2 thrash O out
The farmers are **thrashing out** grains.
그 농부들이 곡식을 도리깨로 털어내고 있다.
They **thrashed out** a final agreement.
그들은 장시간의 토론 끝에 최종 합의를 이끌어 냈다.
[out은 합의가 생겨나는 관계를 나타낸다. 참조: hammer out]
The government is trying to **thrash out** new policies after the incident.
정부는 그 사건 이후 새 정책을 상세하게 검토한 후 만들어내려고 하고 있다.
The committee **thrashed out** the new budget.
그 위원회는 새 예산을 철저하게 검토했다.

THRIVE

1. 단동사
이 동사는 식물이나 동물이 잘 자라거나 번창하는 과정을 그린다.

2. 구동사
2.1 thrive in O
The bear **thrives in** the harsh envrionment.
그 곰은 그 혹독한 환경에서 잘 지낸다.
Fireflies **thrive in** a pure, clean environment.
개똥벌레는 깨끗한 환경에서 잘 산다.
New business **thrive in** this area.
새 사업이 이 지역에서 번창하고 있다.

2.2 thrive off O
He **thrived off** the feeling.
그는 그 감정을 이용해서 잘됐다.
He **thrived off** the hardships he went through.
그는 그가 겪은 모든 고난으로부터 배워서 잘됐다.

2.3 thrive on O
The bears **thrived on** wild berries.
그 곰들은 야생 딸기를 먹고 잘 지냈다.
Some bacteria **thrive on** industrial waste.
몇몇 박테리아들은 산업폐기물을 먹고 잘 자란다.
He is an exceptional person who **thrived on** pressure.
그는 압력에도 잘 견디는 예외적인 사람이다.
Don't worry about Ken. He **thrives on** hard work.
켄에 대해서 걱정하지 마세요. 그는 힘든 일에도 잘 견딥니다.
Most of the big companies have difficulty dealing with recession, while some small companies **thrive on** it.
그 큰 회사들의 대부분은 경기침체를 다루는데 어려움을 겪지만, 몇몇 소기업들은 경기침체에 번창한다.

THROTTLE

1. 단동사
이 동사는 목을 졸라 숨을 못 쉬게 하는 과정을 그린다.
명사: 자동차 등의 연료 조절판
타동사
He **throttled** the guard with his bare hands.
그는 맨손으로 그 경비원의 목을 졸라 죽였다.

2. 구동사
2.1 throttle O back
When the boat reached 20 knots, the captain **throttled**

back the engine.

그 배가 20노트에 이르자, 그 선장이 (휘발유가 들어가는 양을 줄여서) 엔진의 속도를 늦추었다.

[back은 속도를 높였다가 다시 속도를 낮추는 관계를 나타낸다.]

THROW

1. 단동사

이 동사는 던지는 과정을 그린다.

타동사

He threw the dish.

그는 그 접시를 던졌다.

He threw his opponent in the wrestling.

그는 그 레슬링 시합에서 그의 상대를 던졌다.

He threw a glance.

그는 시선을 던졌다. 즉 힐끗 보았다.

2. 구동사

2.1 throw O around

We threw some ideas around until we came up with a solution.

우리는 몇 개의 생각들을 이 사람 저 사람에게 돌려서 결국 해결책을 얻게 되었다.

['생각은 공이다'의 은유가 적용된 예이다. 참조: bat around, kick around, toss around]

throw O around O

Let's go outside and throw around the ball for a while.

우리 밖에 나가서 공을 이리저리 던집시다. 즉, 공놀이를 합시다.

Don't throw around your empty cans.

빈 깡통들을 이리저리 함부로 던지지 마세요.

The kids threw sand around the beach.

그 꼬마들이 모래를 그 해변가에 이리저리 막 던졌다.

2.2 throw O at O

People threw stones at the burglar.

사람들이 (해치려고) 돌들을 그 강도에게 던졌다.

[at은 공격의 의미를 갖는다.]

He threw himself at the professor.

그는 교수님의 주의를 끌려고 눈에 띄게 행동했다.

[참조: jump out at]

2.3 throw O away

I am going to throw away all these old shoes.

나는 이 낡은 신발들을 던져버리려고 한다.

[away는 신발이 주어에서 멀어져가는 관계를 나타낸다.]

old books 오래된 책	clothes 옷가지

We spent hours and hours doing the training, and you are going to throw it away.

우리는 그 훈련을 하느라 너무 많은 시간을 들였는데, 네가 그것을 날려버리게 되었다.

They threw away the opportunity for a great education.

그들은 좋은 교육을 받을 기회를 날려 버렸다.

He threw away his inheritance on poor investments.

그는 그의 유산을 투자들을 잘못해서 날려 버렸다.

2.4 throw O back

The catcher threw back the ball to the pitcher.

포수는 그 공을 그 투수에게 되 던져 보냈다.

The player threw his arm back to catch that ball.

그 선수는 그 공을 잡기 위해서 팔을 뒤로 던졌다.

The storm threw the schedule back.

그 폭풍이 그 계획을 뒤로 미루어지게 했다.

We threw back a couple of beers.

우리는 맥주 두어 잔을 꿀꺽 마셨다.

[back은 맥주를 마실 때 고개를 뒤로 꺾는 관계를 나타낸다. 참조: knock back]

She was thrown back on her family after the divorce. (passive)

그녀는 이혼 후에 다시 그녀의 친정에 돌아갔다. 그래서 친정에 부담을 지웠다.

[참조: fall back on]

throw back to O

The story throws back to the good old days.

그 이야기는 좋은 옛날로 돌아간다.

2.5 throw O down

He looked at the box and threw it down.

그는 그 상자를 한 번 보고 그것을 내리 던졌다.

They threw down their *weapons*.

그들은 그들의 무기들을 내려놓았다.

[down은 무기가 사용되지 않는 상태를 그린다. 참조: put down, lay down]

gun 총	knife 칼

He threw down a cup of coffee and went out quickly.

그는 커피 한 잔을 급하게 마시고 밖으로 빠르게 나갔다.

[down은 커피가 입에서 위로 내려가는 관계를 나타낸다. 참조: chow down, gulp down, wolf down]

He threw himself down on a sofa.

그는 자신을 소파위에 던졌다. 즉, 소파에 털썩 앉았다.

throw O down O

He **threw** the bucket **down** the well.

그는 그 버킷을 그 우물 아래로 던졌다.

2.6 throw O in

I like to **throw in** a few *spices*.

나는 몇 개의 양념을 집어넣는 걸 좋아한다.

ginseng	진생	parsley	파슬리
garlic	마늘	basil	바질
red pepper	빨간 고추		

I bought a new car and the salesperson **threw in** two new tires.

나는 자동차 한 대를 샀는데 그 영업사원이 새 타이어 두 개를 (거래에) 덤으로 주었다.

The lawyer **threw in** a few comments while we conversed.

그 변호사는 우리가 대화를 나누는 동안 몇 개의 논평을 대화에 던져 넣었다.

Sony **threw in** the towel to Samsung.

소니는 삼성에 패배의 수건을 던져 넣었다. 즉, 패배를 인정했다.

2.7 throw O into O

The court **threw** him **into** prison.

그 법정은 그를 투옥했다.

His life was **thrown into** turmoil by the accident.

그의 인생은 그 사고 때문에 소용돌이 속에 던져졌다.

He **threw** himself **into** his new job.

그는 새 직장에 자신을 던져 넣었다. 즉 열심히 일했다.

The funny movie **threw** him **into** a fit of laughter.

그 우스꽝스러운 영화가 그를 한바탕 웃음 속으로 던져 넣었다. 즉, 웃게 했다.

2.8 throw O off O

He **threw** himself **off** the cliff.

그는 자신을 그 절벽에서 떨어지게 했다. 즉, 적별에서 몸을 던졌다.

He **threw** people **off** the healthcare.

그는 사람들을 그 보험제도에서 벗어나게 했다.

The robber **threw** the detective **off** the scent.

그 강도는 수사관들을 자기 흔적에서 떨어지게 했다. 즉, 쫓아오지 못하게 했다.

throw O off

He **threw off** his clothes.

그는 그 옷들을 훌훌 벗었다.

[off는 옷이 몸에서 떨어져 나오는 관계를 그린다. 참조: take off]

The lamp **throws off** light.

그 램프는 빛을 발산한다.

[off는 빛이 램프에서 나오는 관계를 나타낸다. 참조: give off]

I just can't **throw off** the cold.

나는 그 감기를 (내 몸에서) 던져버릴 수가 없다.

[참조: shake off]

I **threw off** all the unpleasant memories of my childhood.

나는 나의 유년 시절의 좋지 않은 기억들을 떨쳐 버렸다.

A wrong measurement **threw** her estimate **off**.

잘못된 측정값이 그녀의 추산을 빗나가게 했다.

[off는 정답에서 벗어나는 관계를 나타낸다.]

After the meeting, I told them to **throw off** the lights.

그 회의가 끝난 후, 나는 그들에게 불들을 끄라고 얘기했다.

[참조: put off, switch off, turn off, give off]

The horse **threw** the cowboy **off**.

그 말은 그 카우보이를 말에서 세차게 떨어지게 했다.

[off는 카우보이가 말에서 떨어지는 관계를 나타낸다.]

2.9 throw O on

He **threw on** his shirt and went out.

그는 그의 셔츠를 재빨리 아무렇게나 걸쳐 입고 나갔다.

[on은 옷이 몸에 닿는 관계를 그린다. 참조: put on]

When the performance ended, we **threw on** the light.

그 연주가 끝나자, 우리는 그 불을 켰다.

[참조: put on, switch on, turn on]

throw O on O

The children **threw** themselves **on** the trampoline.

그 아이들은 자신을 그 트램펄린에 몸을 세게 던졌다.

The boss **threw** the responsibility **on** us.

사장님은 그 책임을 우리에게 던졌다. 그래서 우리가 부담을 느낀다.

throw O onto O

He **threw** the message **onto** the screen.

그는 그 메시지를 그 스크린에 비추었다.

[참조: project onto]

2.10 throw O out O

He **threw** the ball **out** the window.

그는 그 공을 그 창 밖으로 던졌다.

The president **threw** the Iran deal **out** the window.

그 대통령은 이란협상을 창문 밖으로 던져버렸다. 즉, 파기했다.

T

throw O out

The waiter **threw** the disorderly guest **out**.
그 웨이터는 그 소란을 피우는 그 손님을 던져냈다.
If you don't want this suit anymore, **throw** it **out**.
이 양복을 더 이상 원하지 않으면 내던져버려라.
[out은 소유 영역 안에서 밖으로 나가는 관계를 그린다.]

household items 가정용품　old gadgets 낡은 도구

The trucks are **throwing out** clouds of dark smoke.
그 트럭들은 시커먼 매연 구름들을 내뿜고 있다.
The congress **threw out** the security bill.
의회는 그 보안 법안을 파기했다. 즉, 없앴다.
I **threw** the suggestion **out** to see how people would respond to it.
나는 사람들이 어떻게 반응하는지를 보기 위해서 그 제안을 던져 내어 놓았다.
[이 표현은 '생각은 공이다'라는 은유가 적용된 표현이다.]
He **threw out** his shoulder trying to lift that heavy box.
그는 그 무거운 상자를 들려고 노력하다가 그의 어깨를 뺐다.
[out은 어깨가 제자리에서 벗어나는 관계를 나타낸다.]

2.11 throw O over

The kids **threw** the cart **over**.
그 꼬마들이 그 카트를 뒤집어 놓았다.
[over는 물건이 뒤집어지는 관계를 나타낸다. 참조: flip over, turn over]

2.12 throw O together

Ten years later, circumstances **threw** them **together** once again.
10년 후에, 상황들이 그들을 다시 만나게 했다.
[together는 흩어져 있던 사람들이 한 자리에 모이는 관계를 나타낸다.]
Mom **threw together** a meal in 20 minutes.
엄마는 20분 안에(재료를 한데 넣어서) 식사 한 끼를 만들었다.
[참조: put together]

2.13 throw O up

He **threw** the ball **up**.
그는 그 공을 던져 올렸다.
They **threw up** their hands in exasperation.
그들은 분노에 그들의 손들을 번쩍 들어올렸다.
A thick cloud of dust was **thrown up** by a helicopter. (passive)
짙은 먼지 구름이 헬리콥터에 의해 일었다.

[up은 가라앉아있던 것이 일어나는 관계를 나타낸다. 참조: kick up]
The city **threw** the building **up** in under a year.
그 시는 그 건물을 1년 안에 급히 지었다.
[up은 건물이 생겨나는 과정을 나타낸다. 참조: put up, set up]
The meeting **threw up** many practical ideas.
그 회의는 많은 실용적인 생각을 제시했다.
[up은 무엇이 참석자들의 의식에 제시되는 관계를 나타낸다. 참조: bring up]
She **threw up** her job and went on a trip.
그녀는 그녀의 직장을 버리고 여행을 갔다.
[up은 일자리가 그녀의 영역에서 벗어난 관계를 나타낸다. 참조: give up]
The boxer **threw up** the fight.
그 권투 선수는 그 싸움을 포기했다.
That **threw** me **up**.
그것은 나의 마음을 혼란스럽게 했다.
[me는 은유적으로 나의 마음을 가리키고, up은 혼란된 상태를 나타낸다.]
The teacher **threw up** the slides of the operation.
그 선생님은 그 수술의 슬라이드들을 비춰 보였다.
[up은 영상이 시선에 들어오는 관계를 나타낸다.]

throw up

He **threw up** (his breakfast).
그는 (아침 먹은 것을) 토했다.
[up은 음식이 위에서 올라오는 관계를 나타낸다. 참조: puke up, heave up, vomit up]

THRUST

1. 단동사
이 동사는 무엇을 갑자기 밀치는 과정을 그린다.
명사: 요지나 취지
He **thrust** the baby into my arms and ran off.
그가 그 아기를 내 팔에 냅다 떠안기고는 달아나 버렸다.

2. 구동사
2.1 thrust O aside
The new system **thrust aside** the existing system.
그 새 체제가 그 현존 체제를 옆으로 밀쳤다.
My complaints were **thrust aside** by the committee. (passive)
내 불평들은 그 위원회에 의해 고려되지 않고 밀쳐졌다.
[참조: push aside]

2.2 thrust O (up)on
Fame and glory were **thrust upon** him when he was

young. (passive)

명성과 영광이 그가 어릴 때 (원치 않은데도) 그에게 떠맡겨졌다.

2.3 thrust up

A stick thrust up through the sand.

막대 하나가 그 모래를 통해 쑥 올라왔다.

[up은 아래에서 위로 올라오는 관계를 나타낸다. 참조: stick up]

THUD

1. 단동사

이 동사는 쿵쿵 소리를 내며 치거나 떨어지는 과정을 그린다.

2. 구동사

2.1 thud against O

The ball thudded against the fence.

그 공이 쿵하고 그 울타리를 콩하며 쳤다.

2.2 thud into O

The gate blew shut and thudded into Jane.

그 문이 바람에 쿵 닫히면서 제인을 들이 박았다.

THUMB

1. 단동사

이 동사는 엄지손가락을 들어 차를 세우거나 엄지손가락으로 책장을 넘기는 과정을 그린다.

명사: 엄지손가락

자동사

He had thumbed all across Europe.

그는 히치하이크로 유럽 전역을 돌아다녔다.

She thumbed off the safety catch of her pistol.

그녀가 엄지손가락으로 그녀 권총의 안전장치를 풀었다.

2. 구동사

2.1 thumb O through

While waiting in the doctor's waiting room, he thumbed through a weekly magazine.

그 의사 대기실에서 기다리면서, 그는 주간지를 획획 넘겨보았다.

[through는 페이지를 차례로 넘기는 관계를 나타낸다. 참조: flip through, leaf through, look through]

THUMP

1. 단동사

이 동사는 주먹으로 쿵 소리 나게 치는 과정을 그린다.

명사: 쿵이나 탁 하는 소리, 세게 치기[두드리기]

타동사

He thumped the table angrily.

그가 화를 내며 그 탁자를 내리쳤다.

자동사

My heart was thumping with excitement.

내 심장이 흥분으로 쿵쾅거렸다.

2. 구동사

2.1 thump against O

A bird thumped against the window.

새 한 마리가 그 창문에 쿵 하고 부딪쳤다.

2.2 thump O out

He was thumping out a song on an old piano.

그는 노래 한 곡을 어느 낡은 피아노에서 쿵쿵 쳐내고 있었다.

[out은 소리가 크게 나는 관계를 그린다. 참조: hammer out, beat out]

TICK 1

1. 단동사

이 동사는 시계 등이 째깍거리는 소리를 내는 과정을 그린다.

명사: 의성어로 똑똑, 째깍째깍

자동사

The clock ticked loudly.

그 시계가 크게 째깍거렸다.

2. 구동사

2.1 tick away

At night, I could hear the clock ticking away on the wall.

밤에, 나는 그 시계가 그 벽에서 계속 째깍째깍 거리는 소리를 들을 수 있었다.

[away는 짧고 빠른 움직임이 반복 되는 것을 나타낸다.]

The final seconds were ticking away, but no one made a goal.

그 마지막 몇 초가 째깍거리면서 지나가고 있었으나, 아무도 골을 넣지 못했다.

[away는 시간이 흘러가면서 줄어드는 관계를 나타낸다.]

tick O away

Can you hear the clock ticking away the minutes?

당신은 그 시계가 계속 째깍거리면서 그 분들을 흘러보내는 것을 들을 수 있습니까?

[away는 분 또는 시간들이 점차로 줄어드는 관계를 나타낸다.]

T

2.2 tick by

The seconds **ticked by** and still he said nothing.
그 남은 몇 초가 지나가고 있었으나 그는 여전히 아무
말도 하지 않았다.
[by는 시간이 어떤 사람 곁을 지나가는 관계를 나타낸다.]

2.3 tick down

The 60 seconds are **ticking down**.
그 60초가 째깍째깍 줄어들고 있다.
[down은 시간이 줄어드는 관계를 나타낸다.]
His blood pressure is **ticking down**.
그의 혈압이 조금씩 내려가고 있다.
The crime rate is **ticking down**.
그 범죄율이 조금씩 줄어들고 있다.

2.4 tick O out

The fish **ticks out** a distinctive sound.
그 물고기는 독특한 소리를 똑똑 내보낸다.
[out은 소리들이 나는 관계를 나타낸다.]

2.5 tick O over

I kept the car engine **ticking over**.
나는 그 차의 엔진을 헛돌게 했다.
Fred will keep **ticking over** in the office till I get back.
프레드는 내가 되돌아 올 때까지 빈둥거리고 있을 것이다.
Just keep things **ticking over** while I'm away.
내가 없을 때 모든 일이 천천히 돌아가게 하고 있어요.

2.6 tick up

Gas prices are **ticking up**.
기름값들이 조금씩 올라가고 있다.
Flu infections are **ticking up** across the country.
독감 감염들이 전국적으로 증가하고 있다.
Support from Democrats is **ticking up**.
민주당의 지지가 조금씩 올라가고 있다.

TICK 2

1. 단동사
이 동사는 체크 표를 하는 과정을 그린다.
명사: 체크 표시 (V)
타동사
Please **tick** the appropriate box.
적절한 칸에 V표를 하세요.
Tick 'yes' or 'no' to each question.
각 질문에 '예' 또는 '아니오'에 V표를 하세요.

2. 구동사

2.1 tick O off

I **ticked off** each name on the list as I read it.
나는 명단에 있는 이름을 읽어 나가면서, 각 이름 하나
하나에 V표를 했다.
[off는 이름 하나하나를 V로 표시해서 지워나가는 관계를 나타낸
다. 참조: check off]
As you have already paid me, I will **tick** your name **off**.
네가 이미 내게 돈을 갚았으므로, 나는 너의 이름을 V표
로해서 (명단 등에서) 지우겠다.
I have to **tick** him **off** for being late again.
나는 그가 또 지각을 했으므로, 그를 꾸짖어야 하겠다.
[참조: tell off]
I got **ticked off** for not going to school. (passive)
나는 학교를 가지 않아서 야단을 맞았다.
It really **ticked** me **off** the way he keeps breaking
promises.
그가 약속을 계속 어기는 꼴이 나를 화나게 했다.
[me는 환유적으로 나의 화를 가리키고, off는 화가 터지는 관계를
나타낸다.]

TIDE

1. 단동사
이 동사는 어려운 시기를 지나는 과정을 그린다.
명사: 조류, 조수, 물결, 시류; 여론의 흐름

2. 구동사

2.1 tide over O

Can you lend me some money to **tide over** the week?
그 주를 타고 넘게 (즉 견디게) 돈을 좀 빌려 주실 수
있습니까?
[over는 한 주의 시작에서 끝까지의 뜻이다.]

tide O over O

His timely help **tided** me **over** the crisis.
그의 시기적절한 도움이 내가 그 위기를 타고 넘게 했
다. 즉, 극복하게 했다.

tide O over

Mom lent me some money and it **tided** me **over** until
next pay day.
엄마가 내게 돈을 빌려 줘서, 그 돈이 나를 다음 월급날
까지 (어려운 시기를) 넘어가게 해 주었다.
[over는 장애물 같은 것을 넘어가는 관계를 나타낸다.]
Will this amount of food **tide** us **over** until next week?
이 음식량이 우리를 다음 주까지 견딜 수 있게 해줄까요?

TIDY

1. 단동사
이 동사는 깔끔하게 잘 정리정돈하는 과정을 그린다.
형용사: 깔끔한, 잘 정돈된

자동사

I spent all morning cleaning and **tidying**.
나는 청소하고 정돈하느라 오전을 다 보냈다.

2. 구동사
2.1 tidy O away
Before leaving the office, he **tidied away** all his papers.
그 사무실을 떠나기 전에, 그는 그의 서류들을 정리해서 치웠다.
[참조: clear away, put away]

2.2 tidy O up
Please **tidy up** this room.
이 방을 잘 정돈하세요.
[up은 깔끔해지거나 더 깔끔해진 상태를 나타낸다.]
The living room needs to be **tidied up**. (passive)
그 거실은 정돈될 필요가 있다.
Jane **tidied** herself **up** before the job interview.
제인은 그 채용면접 전에 자신을 보기 좋게 치장을 했다.
Before handing the paper in, I would like to **tidy up** a few things.
그 논문을 제출하기 전에 나는 몇 군데 손질을 하여 좋게 만들고 싶다.

tidy up
Please **tidy up** before my parents arrive.
내 부모님이 도착하시기 전에 (집안을) 좀 정돈하세요.
I hate to **tidy up** after the party.
나는 파티가 끝날 때마다 청소하는 것이 싫다.
[참조: clean up]

TIE

1. 단동사
이 동사는 묶는 과정을 그린다.

타동사

He **tied** her hands.
그는 그녀의 손들을 묶었다.
He **tied** his shoes.
그는 그의 구두들을 (끈을) 매었다.
[his shoes는 환유적으로 그의 끈을 가리킨다.
She **tied** her opponent for the first place.
그녀는 일등자리를 놓고 상대와 동점이 되었다.

자동사

They **tied** in the first round.
그들은 1차전에서 동점이었다.

2. 구동사
2.1 tie O back
Susan **tied** her hair **back**.
수전은 그녀의 머리를 뒤로 묶었다.
Let me **tie** the vines **back** out of the way.
그 넝쿨들을 뒤로 묶어서 방해가 안 되도록 하겠다.

2.2 tie O down
The villagers **tied** the thief **down** to a tree in the village.
그 마을 사람들은 그 도둑을 그 마을 안에 있는 나무에 묶어 꼼짝 못하게 했다.
[down은 도둑이 꼼짝 못하게 되는 상태를 나타낸다.]
All the packages are securely **tied down** so that they wouldn't fall during the storm.
그 모든 소포들이 그 태풍 중에 떨어지지 않도록 안전하게 묶여져 있다.
[down은 꾸러미들이 움직이지 않게 되는 관계를 나타낸다.]
The US 8th army **tied down** the Chinese soldiers in *Cheolwon*.
미 8군이 중국군들을 철원에서 꼼짝 못하게 묶어 놓았다.
[참조: pin down]
You need to **tie** her **down** to a particular day for the party.
너는 그녀를 그 파티를 위한 특정한 날짜에 고정시킬 필요가 있다.
[참조: nail down, pin down]
Buying an expensive car will **tie** you **down**.
비싼 차를 사는 일은 너를 (경제적으로) 꼼짝 못하게 할 것이다.
Please don't **tie** me **down** to work.
나를 그 일에 꼼짝 못하게 묶어놓지 마라.

2.3 tie in with O
What he said does not **tie in with** what I said.
그가 말한 것은 내가 말한 것과 묶여 들지 않는다 즉, 일치면에서 나의 말과 그의 말이 일치하지 않는다는 뜻이다.
[참조: blend in with, fit in with, mix in with, merge in with]
The old singer released a new album to **tie in with** his tour around Korea.
그 나이든 가수는 그의 한국순회공연 시간과 일치시키기 위해서 새 앨범을 내어 놓았다.

T

2.4 tie into O

The pieces tie into a big picture.

그 조각들은 모여서 큰 그림이 된다.

2.5 tie O off

The surgeons tied all the blood vessels off, one by one, as they were exposed.

그 외과 의사들은 모든 혈관이 하나하나 드러날 때마다 그것들을 묶어서 피가 흐르지 않게 했다.

[off는 피의 흐름이 끊기는 관계를 나타낸다.]

2.6 tie O on/onto O

I tied a yellow ribbon on the tree.

나는 노란 리본을 그 나무에 달았다.

Mom tied the home key onto his son.

엄마는 그 집 열쇠를 아이에게 묶어 주었다.

tie O on

I tied on his gloves so he would not lose them.

나는 그가 장갑을 잃어버리지 않도록 그의 장갑을 끼워 주고 묶었다.

[on은 장갑이 손에 닿는 관계를 나타낸다. [참조: put on]]

2.7 tie O to O

I tied a colored yarn to the birthday present.

나는 색깔 있는 실을 그 생일선물에 묶었다.

He tied the boat to the pier.

그는 그 배를 그 선착장에 매었다.

The police are trying to tie him to a crime.

경찰이 그를 범죄에 묶으려고 한다.

2.8 tie O together

Tie the two ropes together with a knot.

두 개의 밧줄을 매듭을 지어 함께 묶으세요.

2.9 tie O up

He learned to tie up his shoelaces at the age of 10.

그는 10살 때 그의 구두끈의 매듭을 짓는 법을 배웠다.

[up은 묶어서 매듭이 생기는 관계를 나타낸다.]

He tied up the newspapers and took them out.

그는 그 신문지들을 꼭꼭 묶어서 그들을 밖에 가져나갔다.

[up은 여러 개체가 묶여서 신문이 뭉치가 되는 관계를 나타낸다. 참조: bundle up]

The robber tied the storekeeper up and took all the money.

그 강도는 그 상점 직원을 꽁꽁 묶고 그 모든 돈을 가져 갔다.

[up은 사람이 묶여서 움직이지 못하는 상태를 나타낸다.]

The cowboy tied his horse up and walked up to the bar.

그 카우보이는 그의 말을 묶어서 달아나지 못하게 한 다음 그 술집으로 걸어 올라갔다.

The old man tied up his yacht next to the barge.

그 노인은 그의 요트를 그 너벅배(바지선) 옆에 고정시켜서 움직이지 못하게 했다.

The truck tied up traffic for over an hour.

그 트럭이 차량흐름을 한 시간 넘게 꼼짝 못하게 묶어놓았다.

[up은 차가 움직이지 못하는 관계를 나타낸다. 참조: hold up]

I got tied up on the highway because of an accident. (passive)

나는 사고 때문에 그 고속도로에서 꼼짝할 수 없었다.

[참조: be stuck up in, be caught up in]

I've been trying to reach her, but the lines have been tied up all day.

나는 그녀와 통화하려고 하고 있으나 그 전화선들이 온 종일 통화중이다.

He tied up the contract before the end of the month.

그는 그 계약을 그 달이 지나가기 전에 매듭지었다.

She tied up her hair.

그녀는 그녀의 머리를 묶어 올렸다.

tie O up in O

I am tied up in a meeting all morning. (passive)

나는 아침 내내 회의에 묶여 꼼짝할 수 없었다.

tie O up with O

The box was tied up with a string. (passive)

그 상자는 끈으로 꽁꽁 묶여있었다.

Many of his behavioral problems are tied up with his childhood. (passive)

그의 행동문제들의 많은 것은 그의 유년기와 묶여져 있다. 즉, 직접적인 관련이 있다.

2.10 tie with O

Selina tied with her rival for first place.

세리나는 그녀의 라이벌과 1위 자리를 놓고 동점이 되었다.

TIGHTEN

1. 단동사

이 동사는 조여서 팽팽해지게 하는 관계를 그린다.

형용사: 팽팽한, 꽉 조인

자동사

The rope holding the boat suddenly tightened and

broke.

그 보트를 잡고 있던 그 밧줄이 갑자기 (더) 팽팽해지더니 끊어져 버렸다.

타동사

She **tightened** her grip on his arm.

그녀가 그의 팔을 잡고 있던 손을 더 단단히 움켜잡았다.

The school **tightened** security.

그 학교는 보안을 더 엄격하게 하였다.

2. 구동사

2.1 tighten O down

He **tightened** the windpipe **down**.

그는 조여서 그 기관이 막히게 했다.

[down은 기관이 작동하지 못하는 상태를 나타낸다.]

2.2 tighten O on O

He **tightened** the lid **on** the pickle jar.

그는 그 뚜껑을 피클항아리에 닫아 놓고 조였다.

2.3 tighten O up

He has **tightened up** the screws.

그는 그 스크루들을 꽉 조였다.

He **tightened up** the *rules*.

그는 그 규칙들을 더 엄격하게 했다.

border 국경	security 보안

Tighten up the screws so that they may not become loose.

그 나사들을 조여서 헐겁게 되지 않게 하세요.

The U.S. government says that they intend to **tighten up** the security laws.

미국 정부는 그 보안법들을 더 물 샐 틈 없게 하려고 의도함을 밝혔다.

These yoga exercises will help you to **tighten up** your stomach muscle.

이 요가운동들은 당신의 배 근육을 단단하게 하는 것을 도울 것입니다.

tighten up

The police are **tightening up** on drunk driving.

경찰이 음주 운전 경계를 강화하고 있다.

TILT

1. 단동사

이 동사는 기울어지거나 기울게 하는 과정을 그린다.

명사: 기울어짐, 젖혀짐; 기울기, 젖히기

타동사

The conditions may **tilt** the balance in favor of the Korean runners.

그 상황들이 한국 주자들에게 유리한 방향으로 기울어질지도 모른다.

2. 구동사

2.1 tilt at O

In his review, he **tilted at** modern poems which are unreadable.

그는 그의 서평에서 난해한 현대시들을 공격했다.

[at은 공격의 의미를 갖는다. 참조: go at]

2.2 tilt O back

She **tilted** her chair **back** and relaxed.

그녀는 의자를 뒤로 젖히고 편안히 쉬었다.

2.3 tilt over

The waves were so strong, and the ship **tilted over**.

그 파도들이 너무 강해서 그 배가 너무 옆으로 기울어졌다.

[over는 배가 한쪽으로 기우는 관계를 나타낸다.]

2.4 tilt to O

Suddenly the boat **tilted to** one side.

갑자기 그 보트가 한쪽으로 기울어졌다.

The picture **tilted to** the right.

그 그림은 오른쪽으로 기울어졌다.

2.5 tilt toward O

The shed **tilted toward** the west.

그 헛간은 서쪽으로 기울어졌다.

My brother **tilted toward** the red car over the white car.

내 형은 그 흰 차보다 그 빨간 차에 마음이 기울어져있다.

2.6 tilt O up

Tilt up your head.

너의 머리를 쳐들어라.

TINKER

1. 단동사

이 동사는 무엇을 잘 작동하거나 수리를 하기 위해서 조금씩 손질하는 과정을 그린다.

명사: 과거의 떠돌이 땜장이

2. 구동사

T

2.1 tinker around with O

The boy spent all morning **tinkering around with** his computer.

그 소년은 자신의 컴퓨터를 고치려고 조금씩 손질하면서 아침을 보냈다.

[around는 '마구' 또는 '함부로'의 뜻이다. 참조: mass around with, play around with]

2.2 tinker with O

He is **tinkering with** his car.

그는 그의 차를 고치기 위해서 손질을 조금 하고 있다.

TIP 1

1. 단동사

이 동사는 비밀정보를 주거나 경고를 주는 과정을 그린다.

명사: 정보, 팁

2. 구동사

2.1 tip O off

Police were **tipped off** about the escape plan of the criminal. (passive)

경찰은 그 범인의 도피계획에 관한 정보를 얻게 되었다.

Someone must have **tipped off** the thief that the house would be empty.

누군가가 그 도둑에게 그 집이 빌 것이라는 정보를 주었음에 틀림없다.

[off는 정보가 주어에서 나가는 관계를 그린다.]

TIP 2

1. 단동사

이 동사는 무엇이 기울거나 기울어지게 하는 과정을 그린다.

2. 구동사

2.1 tip O over

As I stood up, I **tipped** a cup of tea **over**.

내가 일어나면서, 차 한 잔을 기울어지게 했다.

[over는 찻잔이 똑바로 선 자리에서 옆으로 기울어지는 관계를 나타낸다.]

tip over

In the storm, the yacht **tipped over**.

그 폭풍 속에, 그 요트가 기울어졌다.

2.2 tip O up

I **tipped up** the wheelbarrow and the sand poured into a heap.

내가 그 손수레 한 쪽을 들어 올리자, 그 속의 모래가 쏟아져서 더미를 이루었다.

tip up

We put a heavy stone on the board, and it **tipped up**.

우리가 무거운 돌을 그 판자에 놓자, 그것의 한쪽이 완전히 들렸다.

TIRE

1. 단동사

이 동사는 몸이나 마음이 지치거나 지치게 하는 과정을 그린다.

타동사

The work **tired** me.

그 일이 나를 지치게 했다.

자동사

The workers **tired** in the sun.

그 노동자들은 햇빛 아래 지쳤다.

Up the thirty minutes of running, he is **tiring** now.

30분 뛰고 난 다음, 그는 지금 지치고 있다.

2. 구동사

2.1 tire O of O

I kept giving my son lots of toys, but he is soon **tired of** them. (passive)

나는 내 아이에게 많은 장난감을 계속 주었으나, 그는 그들에 곧 싫증이 났다.

[of는 장난감이 싫증의 직접적인 원인이 됨을 나타낸다.]

I got sick and **tired of** his complaints.

나는 그의 불평들에 역겹고 싫증이 났다.

tire of O

I am beginning to **tire of** hearing the same old story from her.

나는 그녀의 똑같은 옛날이야기를 듣는 데 싫증나기 시작한다.

She never seems to **tire of** telling what a wonderful girl she is.

그녀는 자신이 얼마나 좋은 여성인지를 말하는 것에 지치지 않는 것 같다.

2.2 tire O out

Working all day in the sun **tired** me **out**.

온종일 햇볕 아래 하는 일이 나를 극도로 지치게 해서 모든 기운이 빠져나갔다.

[out은 기운이 다 빠져 피로가 극도에 이름을 나타낸다. 참조: burn out, play out, wear out]

Don't **tire** yourself **out**.
너무 많은 일을 해서 힘이 다 빠지게 하지 마시오.
[참조: burn out]

TODDLE

1. 단동사
이 동사는 아기들이 아장아장 걷는 과정을 그린다.

2. 구동사
2.1 toddle down O
She **toddles down** to the park most afternoons.
그녀는 대부분의 오후에 그 공원까지 아장아장 걸어간다.

2.2 toddle off
He felt sleepy, and he **toddled off** to his room.
그는 졸음이 와서 그 자리를 떠나 그의 방으로 아장아장 걸어갔다.
[off는 화/청자가 아는 장소로 떠나는 관계를 나타낸다.]

TOG

1. 단동사
이 동사는 특정 목적을 위해 제복 등을 차려입는 과정을 그린다.
명사: 특히 특정 목적을 위해 입는 옷

2. 구동사
2.1 tog O out/up
The hikers are all **togged out** in their hiking gear.
그 하이킹하는 사람들은 하이킹 복장으로 차려입고 있다.
[참조: deck out, kit out, rig out]
She **togged** herself **up** before going to the party.
그녀는 그 파티에 가기 전에 잘 차려 입었다.

TOIL

1. 단동사
이 동사는 오랜 시간에 걸쳐 열심히 일하는 과정을 그린다.
명사: 노역, 고역

2. 구동사
2.1 toil away
In the past, men used to **toil away** in the field.
과거에 남자들은 밭에서 계속해서 일을 했다.
[away는 반복적인 일이 계속되는 관계를 그린다. 참조: plug away, slave away]
When you think about an artist, you will probably think

of poor painters **toiling away** in tiny studios.
여러분이 예술가들에 대해서 생각하면, 여러분은 조그만 화실들에서 열심히 그림을 그리는 가난한 미술가들을 생각할 것입니다.

2.2 toil away at O
Lawmakers are **toiling away at** the budget to balance it before the deadline.
의회 의원들이 마감 전에 균형을 맞추기 위해서 그 예산 안에 열심히 작업하고 있다.

TONE

1. 단동사
이 동사는 빛, 소리, 근육 등의 정도를 조절하는 과정을 그린다.
명사: 소리의 높낮이; 어조, 말투

2. 구동사
2.1 tone O down
Right make-up can **tone down** your darkish complexion.
적당한 화장은 당신의 거무튀튀한 얼굴색을 좀 하얗게 할 수 있다.
You can **tone down** your dress with a cardigan.
너는 카디건을 입으면 너의 옷의 색을 좀 죽일 수 있다.
He was forced to **tone down** his criticism of the president.
그는 그 대통령에 대한 비판 강도를 낮추도록 강요받았다.
The producer asked the director to **tone down** the show. He said it had too many sex scenes and bad languages.
그 제작사는 그 감독에게 그 쇼의 강도를 줄이라고 했다. 그는 그 쇼는 너무 많은 선정적인 장면들과 나쁜 말들이 많다고 했다.
[down은 정도가 줄어드는 관계를 그린다.]
If the presidential candidate do not **tone down** his speech, he will lose the supporters.
만약 그 대통령 후보가 그의 연설의 강도를 낮추지 않으면, 그는 그 지지자들을 잃게 될 것이다.

2.2 tone in with O
The new church building is designed to **tone in with** the surroundings.
그 새 교회 건물은 주위 건물들이나 배경들과의 조화가 되도록 설계되었다.
[in은 어떤 영역 안에서 조화되는(with) 관계를 나타낸다. 참조: blend in with, mix in with]

The color of the curtains **tones in with** the rest of the room.
그 커튼들의 색깔은 그 방의 나머지와 조화가 되어 들어간다.

2.3 tone O up

I **toned** my muscles **up** with sit-ups.
나는 윗몸 일으키기로 내 근육들을 튼튼하게 했다.

The aerobics really **tones up** your muscles.
그 에어로빅 운동은 당신의 근육들을 튼튼하게 해줍니다.

[up은 정도의 증가를 나타낸다.]

tone up

My body has **toned up** since I started this exercise.
내 몸이 이 운동을 시작한 후에 탄탄하게 되었다.

People can use these exercises to **tone up**, without spending a lot of money and time.
사람들은 많은 돈과 시간을 들이지 않고, 몸을 튼튼하게 하기 위하여 이 운동들을 할 수 있다.

TOOL

1. 단동사

이 동사는 생산할 수 있도록 공장을 기계로 갖추는 과정을 그린다.

명사: 연장, 도구

2. 구동사

2.1 tool O up

The factory is not **tooled up** yet to produce new cars. (passive)
그 공장은 새 차들을 생산할 기계장치가 갖추어지지 않았다.

[up은 생산을 할 수 있는 상태를 나타낸다.]

tool O up with O

The gang were all **tooled up with** bats, and they started smashing the shop up. (passive)
그 갱들은 모두 방망이를 갖고 있었고, 그들은 그 가게를 왕창 부수어 버리기 시작했다.

tool up

The factory hasn't **tooled up** to produce the new product.
그 공장은 그 새 생산품을 만들기 위한 기계장치가 설치되지 않았다.

TOP

1. 단동사

이 동사는 정상에 이르는 과정을 그린다.

명사: 정상, 꼭대기

타동사

The band **topped** the chart with their new album.
그 밴드가 그들의 새로운 음반으로 차트 1위를 차지했다.

The issue **topped** the agenda.
그 쟁점이 그 안건들의 위를 차지했다.

2. 구동사

2.1 top O off

They **topped off** the mountain.
그들이 그 산꼭대기를 없애버렸다.

[off는 산꼭대기가 산에서 제거되는 관계를 나타낸다.]

We had a very nice evening and I think a walk around the park would **top** it **off** nicely.
우리는 오늘 훌륭한 저녁 식사를 가졌는데, 그 공원 주위의 산책이 이 저녁을 멋지게 끝낼 수 있으리라 생각한다.

[off는 여러 단계의 과정 중 마지막 단계가 끝나는 관계를 나타낸다. 참조: finish off, round off]

Before we return the rental car, we **topped off** the tank.
그 빌린 차를 되돌려주기 전에 우리는 그 기름통을 마저 채웠다.

2.2 top out

The hot weather continued with the temperatures in Seoul **topping out** at 35°C.
그 무더운 날씨가 계속되고 서울의 기온이 최고 섭씨 35도까지 올라갔다.

[out은 온도가 올라가다가 35도 최고점에 이르는 관계를 나타낸다. 참조: peak out]

Interest rates **topped out** at 10%.
이자율들이 점점 오르다가 10%에서 최고점에 이르렀다.

top O out

We **topped out** the box with foam padding.
우리는 그 상자를 폼패드를 써서 가득 메웠다.

[out은 상자가 가득 메워지는 관계를 나타낸다. 참조: pad out]

2.3 top O up

Can I **top up** your glass?
내가 당신의 잔을 채울까요?

[up은 잔이 가장자리까지 채워지는 상태를 나타낸다. 참조: fill up]

Can I **top** you **up**?
내가 당신의 잔을 채울까요?

[you는 환유적으로 상대가 가지고 있는 잔을 가리킨다.]

2.4 top O with O

The cake was **topped** with flowers.
그 케이크들은 위가 꽃으로 장식되어 있다.

TOPPLE

1. 단동사
이 동사는 비틀거리다 넘어지거나 넘어뜨리는 과정을 그린다.

타동사

The plot is to **topple** the President
그 음모는 그 대통령을 넘어뜨리려는 것이다.

He brushed past, **toppling** her from her stool.
그가 스치고 지나가며 등받이 없는 의자에 앉아 있던 그녀를 넘어뜨렸다.

2. 구동사
2.1 topple down
The glass table **toppled down**.
그 유리 탁자가 기울어져 넘어졌다.

topple O down
The twin buildings were **toppled down** by a plane. (passive)
그 쌍둥이 빌딩들은 비행기에 의해서 넘어졌다.
The government was **toppled down**. (passive)
그 정부는 무너졌다.

2.2 topple O over
The strong wind **toppled** the small boat **over**.
그 강한 바람이 그 작은 배를 뒤집어 놓았다.
[over는 배가 옆으로 기울거나 뒤집히는 관계를 나타낸다.]

topple over
The *building* **toppled over** in the earthquake.
그 건물은 그 지진 중에 (호를 그리며) 넘어졌다.

tower 탑	crane 기중기

TOSS

1. 단동사
이 동사는 가벼운 물건을 손에서 아무렇게나 던지는 과정을 그린다.

자동사

Branches were **tossing** in the wind.

나뭇가지들이 그 바람에 까딱거리고 있었다.

타동사

Drain the pasta and **toss** it in melted butter.
그 파스타의 물기를 빼고 그것을 녹인 버터에 던져 넣으세요.

I **tossed** the book aside and got up.
나는 그 책을 한 쪽에 던져 놓고 일어났다.

2. 구동사
2.1 toss O around
The little boat was **tossed around** by the high wind. (passive)
그 작은 배는 그 강풍에 이리저리 흔들렸다.
[around는 '이리저리'의 뜻이다.]

The rain stopped, and the kids started **tossing** the football **around**.
그 비가 그치자, 그 아이들이 다시 그 축구공을 이리저리 차기 시작했다.

Kelly and Karen **tossed around** the idea of going to Vancouver.
켈리와 캐런은 밴쿠버에 가는 생각을 이리저리 튕겨보았다.
['idea는 공이다'의 은유가 포함된 표현이다. 참조: bounce off, kick around, throw around]

People often **toss around** words like 'unity' and 'solidarity'.
사람들은 자주 '통합'이나 '단합'과 같은 말을 주고받는다.

toss around
The ship is **tossing around** in the rough sea.
그 배는 그 거친 바다에서 이리저리 크게 흔들리고 있다.

2.2 toss O back
She **tossed back** her hair and studied her face in the mirror.
그녀는 그녀의 머리를 뒤로 젖히고 거울에 자신의 얼굴을 잘 들여다보았다.
[참조: throw back]

The old man has been **tossing back** beers all day long.
그 노인은 온종일 맥주를 들이켜 오고 있다.
[back은 맥주를 마실 때 머리가 뒤로 젖혀지는 모습을 나타낸다. 참조: knock back, throw back]

2.3 toss for O
The football teams **tossed for** the kick-off.
그 두 축구팀들은 누가 먼저 공을 차는지 결정하기 위해 동전을 던졌다.

T

2.4 toss O off

He **tossed off** his gloves.
그는 그의 장갑을 후딱 벗었다.
[off는 그의 손에서 장갑이 떨어지는 관계를 나타낸다. 참조: take off]

The novelist **tosses off** short stories.
그 소설가는 단편소설들을 힘들이지 않고 뚝딱 써냈다.
[참조: knock off]

2.5 toss O out

He **tossed out** the garbage.
그는 그 쓰레기를 (쓰레기통에) 내던져버렸다.
[참조: throw out]

2.6 toss O over O

He **tossed** the gun **over** the counter.
그는 그 총을 그 카운터 너머로 던졌다.

2.7 toss up

We **tossed up** to decide who will play first.
우리는 누가 경기를 시작하는지 결정하기 위해 (동전을) 던져 올렸다.

toss O up

The graduating cadets **tossed up** their hats.
그 졸업 사관생도들이 그들의 모자들을 던져 올렸다.

TOT

1. 단동사
이 동사는 수나 양을 합산하여 총액을 계산하는 과정을 나타낸다.

2. 구동사

2.1 tot O up

We **totted up** the scores at the end of the game.
우리는 그 경기가 끝나자 득점들을 합산했다.
[up은 작은 수를 모아 큰 수가 되는 관계를 나타낸다. 참조: add up, sum up, total up]

TOTAL

1. 단동사
이 동사는 합계를 내거나 합계가 나는 과정을 그린다.

타동사

Imports **totalled** $1.5 billion last year.
수입들이 작년에 총 15억 달러였다.
Each student's points were **totalled** and entered in a list. (passive)
각 학생의 점수들은 합계 처리가 되어 성적표에 기재되었다.

2. 구동사

2.1 total O up

Please **total up** the bill and give it to me.
그 계산서를 합산해서 제게 주십시오.
[up은 적은 수를 합쳐 큰 수가 되는 관계를 나타낸다.]

TOUCH

1. 단동사
이 동사는 손으로 건드리거나, 서로 맞닿는 과정을 그린다.
명사: 촉각, 만지기, 건드리기

타동사

Don't **touch** the papers on the desk.
그 책상위에 있는 그 서류들을 손대지 마시오.
She **touched** a match to the candle.
그녀는 성냥을 그 초에 갖다 대었다.
He **touched** the brake and the car slowed.
그는 발을 그 브레이크에 갖다 대서 그 차의 속도가 줄었다.
Your kindness **touched** me.
너의 친절이 나의 마음을 감동시켰다.

2. 구동사

2.1 touch at O

Our boat **touched at** different islands during the cruise.
우리의 배는 그 크루즈 여행 중에 여러 개의 섬에 잠깐 잠깐 들렀다.
[at은 항로, 해로, 선로 선상의 지점을 나타낸다. 참조: anchor at, dock at]

2.2 touch down

The plane **touched down** at the Incheon International Airport.
그 비행기는 인천 국제공항에 내려서 닿았다. 즉, 착륙했다.
[down은 공중에서 땅에 닿는 상태를 나타낸다.]
The *tornado* **touched down** in Texas.
그 회오리바람은 텍사스 주에 착륙했다.

storm 폭풍	rain storm 폭풍우

2.3 touch O for O

He **touched** me **for** $5.
그는 5달러를 달라고 나를 툭 쳤다.

[참조: tap for]

2.4 touch O off

The appearance of the fox **touched off** a furor in the hen house.

그 여우의 출현은 그 닭장에 소동을 일으켰다.

[off는 소동이 시작되는 관계를 나타낸다. 참조: kick off, spark off, start off]

The cancellation of the rock festival **touched off** a wave of protests.

그 록 음악축제의 취소는 항의들의 물결을 터지게 했다.

[참조: spark off]

2.5 touch on O

I will **touch on** this issue at this moment.

나는 지금 그 쟁점을 간단히 언급하겠다.

[on은 말, 글 등의 주제와 쟁점이 닿는 관계를 나타낸다. 참조: comment on, speak on]

The speaker **touched on** the Korean war.

그 연사는 한국전쟁을 간단히 언급했다.

Your activities **touch on** treason.

너의 활동들은 반역에 가깝다.

[참조: border on, verge on]

2.6 touch O up

Let me **touch up** my make-up before we go out.

우리가 나가기 전에 내가 내 화장을 손질하여 더 좋아지게 하도록 해 주세요.

[up은 좋은 상태로의 변화를 나타낸다. 참조: spruce up, trim up]

The wall paint needs **touching up** in places.

그 벽 페인트는 군데군데 손질하여 개선될 필요가 있다.

It's only a little scratch in the finish. We can **touch** it **up** easily.

그것은 그 마감질의 작은 긁힘에 지나지 않는다. 우리는 그것을 쉽게 손질해서 좋게 만들 수 있다.

[참조: fix up]

She was **touched up** on the train by some young man. (passive)

그녀는 그 기차에서 어떤 젊은이의 접근을 당했다.

[up은 남자가 여자에게 접근하는 관계를 나타낸다.]

touch up on O

He **touched up on** the article.

그는 그 기사에 부분적인 손질해서 좋게 했다.

TOUGH 1

1. 단동사

이 동사는 어려운 일을 견디는 과정을 그린다.

형용사: 힘든, 어려운, 강인한

2. 구동사

2.1 tough O out

I will **tough** it **out** to the very end.

나는 그 일을 마지막까지 견뎌내겠다.

She can **tough out** anything for a few days.

그녀는 무엇이든 며칠간은 견딜 수 있다.

Despite all the hardships, we **toughed** it **out**.

모든 어려움에도 불구하고, 우리는 끝까지 견디어 내었다.

[참조: battle out, fight out]

We **toughed** it **out** until the end.

우리는 끝까지 굳세게 견디어 냈다.

TOUGHEN

1. 단동사

이 동사는 튼튼하게 하거나 엄하게 하는 과정을 그린다.

tough(형용사): 힘든, 어려운, 강인한

2. 구동사

2.1 toughen O up

His life in the army has **toughened** him **up**.

그 군대 생활이 그를 튼튼하게 했다.

The government is going to **toughen up** the existing driving law.

정부는 기존의 운전 규칙을 강화하려고 한다.

Having to deal with rough people **toughened** the policeman **up**.

거친 사람들을 상대해야 하는 일에 그 경찰은 강해졌다.

[up은 강하게 되거나 더 강해지는 관계를 나타낸다.]

toughen up

You have to **toughen up** before going on an expedition.

너는 원정을 가기 전에 몸을 튼튼하게 해야 한다.

toughen up on O

He **toughened up on** his position.

그는 자신의 입장의 정도를 강화했다.

TOUT

1. 단동사

이 동사는 사람들을 설득하기 위해서 사람이나 물건을 반복적으로 칭찬하는 과정을 그린다.

타동사

The political party **touted** its presidential candidate

endlessly.
그 정당은 그 대통령후보를 끝없이 과하게 칭찬하고
있다.

2. 구동사

2.1 tout O as O

Muhamad Ali was **touted as** the greatest boxer.
알리는 최고의 권투선수로 칭송되었다.

She's being **touted as** the next leader of the party.
그녀는 그 당의 차기 대표로 내세워지고 있다.

2.2 tout for O

Some restaurants are **touting for** business in the
street.
몇 몇 식당들은 길거리에서 손님들을 호객하고 있다.

TOW

1. 단동사

이 동사는 사슬 등을 써서 견인하는 과정을 그린다.

2. 구동사

2.1 tow O away

Police **towed away** my car.
경찰이 내 차를 끌고 가버렸다.

[away는 차가 있던 장소에서 딴 곳으로 간 관계를 나타낸다.]

A big truck came and **towed away** the illegally parked
car.
큰 트럭 한 대가 와서 불법 주차된 그 차를 끌고 가버렸다.

2.2 tow O in

I **towed in** my car for repairs.
나는 수리를 받기 위해서 내 차를 (정비소에) 끌고 갔다.

TOWEL

1. 단동사

이 동사는 수건으로 물기를 닦는 과정을 그린다.
명사: 수건, 타월

2. 구동사

2.1 towel off

When the bell rang, I was just **toweling off**.
전화벨 소리가 울렸을 때 나는 수건으로 물기를 닦아내
고 있었다.

[off는 물기가 몸에서 떨어지는 관계를 나타낸다. 참조: dry off]

TOWER

1. 단동사

이 동사는 한 개체가 다른 개체보다 훨씬 크거나 높은 과정
을 그린다.
명사: 탑

2. 구동사

2.1 tower above O

The player **towers above** all the others.
그 선수는 다른 모든 사람들보다 훨씬 더 크다.

[above는 그 선수의 키가 다른 선수들보다 큼을 나타낸다.]

The new building **towers above** all the other buildings
in town.
그 새 건물은 동네의 모든 다른 건물보다 훨씬 더 크다.

2.2 tower over O

The building **towers** 500m **over** the surrounding.
그 건물은 주위보다 500미터나 높이 서있다.

He **towers over** his young brother.
그는 동생보다 크다.

[over는 그가 동생보다 키가 크고 위압적임을 나타낸다.]

The legacy of King *Sejong* **towers over** all others.
세종대왕의 유산은 모든 것을 위압적으로 뛰어 넘는다.

He **towers over** all the other novelist of his time.
그는 그 당시 어느 소설가보다 더 훌륭하다.

TOY

1. 단동사

이 동사는 생각이나 가능성을 잠깐 가볍게 생각하는 과정
을 그린다. 또는 무엇을 생각하면서 물건을 만지작 거리는
과정을 그린다.
명사: 장난감

2. 구동사

2.1 toy around with O

The child is **toying around with** the dog.
그 아이는 그 개를 가지고 함부로 장난 치고 있다.

I **toyed around with** the idea of going abroad.
나는 해외에 가려는 생각을 이리저리 돌려보고 있다.

2.2 toy with O

She was **toying with** her keys as she spoke.
그녀는 얘기를 하면서 그녀의 열쇠들을 만지작거렸다.

He is not sure what to do after graduation. He is **toying
with** various ideas.
그는 졸업을 하고 무엇을 할지 몰라서 여러 가지 생각들

을 굴려 보고 있다.

He has been **toying** **with** her.
그는 그녀를 희롱해 오고 있다.

TRACE

1. 단동사
이 동사는 흔적을 따라하거나 베끼는 과정을 그린다.
명사: 흔적

타동사

The hunter **traced** the fox to its den.
그 사냥꾼이 그 여우의 발자국을 따라 그 여우굴까지
추적했다.
We **traced** him to an address in Chicago.
우리는 그를 시카고 주소까지 추적했다.

2. 구동사
2.1 trace around O
Trace **around** the house and cut it out.
그 집 주위 윤곽을 따라 그리고 그것을 잘라 내어라.
Trace **around** this pattern and cut out a new one.
이 패턴 주위를 따라 선을 긋고, 새로 하나 잘라 만들어
내어라.

2.2 trace O back
He **traced** the history of Rome **back** to Caesar.
그는 로마의 역사를 시저까지 거슬러 올라갔다.
[back은 현재에서 과거로 돌아가는 관계를 나타낸다.]
Many English words can be **traced** **back** to Latin.
많은 영어 낱말들은 라틴어로 거슬러 올라갈 수 있다.

2.3 trace O out
You can **trace** **out** a shape of a house by tracing the
marker pen around the paper.
너는 그 마커펜을 그 종이 주위로 그림으로써 집 모양의
윤곽을 그려낼 수 있다.
[out은 집 모양이 생겨나는 관계를 나타낸다.]
I laid out the map and **traced** **out** the path to the national
park.
난 그 지도를 펴놓고 그 국립공원까지의 길을 드러나게
했다.
[out은 길이 드러나는 관계를 나타낸다.]
The biographer **traced** **out** the president's rise to
power.
그 전기 작가는 그 대통령이 권좌에 오를 때까지를 추적
해갔다.
[out은 어느 사람의 경력이 시간을 통해 전개되는 관계를 나타낸다.]
The police **traced** **out** the Internet café as the place

where the virus was launched.
경찰은 그 인터넷카페를 그 바이러스가 시작된 장소로
추적해 찾아냈다.

2.4 trace over O
Trace **over** this picture and then photocopy 10 copies.
이 그림을 밑에 깔고 따라 그려서 10장을 복사해라.
[over는 그림 위에 선이 그어지는 관계를 나타낸다.]
I had to **trace** **over** the copy to make it visible.
나는 그 원고 밑에 깔고 따라 그려서 그것을 잘 보이게
해야 했다.

TRACK

1. 단동사
이 동사는 발자국 또는 자취를 따라 사람이나 동물을 추적
하는 과정을 그린다.
명사: 발자국, 길, 선로

타동사

We **tracked** a wolf to its den.
우리는 늑대 한 마리를 그 발자국을 따라 그의 소굴까지
추적했다.

2. 구동사
2.1 track O down
The hunter **tracked** **down** the pig.
그 사냥꾼은 그 돼지를 추적하여 잡았다.
[down은 돼지가 잡히는 관계를 나타낸다.]
I am trying to **track** **down** my old friend in school.
나는 옛 친구 한 명을 추적하여 서울에서 찾아내려고
하고 있다.
[down은 추적하여 찾아낸 상태를 나타낸다.]
I've finally **tracked** **down** an album I wanted.
나는 내가 원하는 앨범을 마침내 찾아내었다.
Police **tracked** **down** the *terrorist* in a small village.
경찰은 어느 작은 마을에서 그 테러범을 추적해서 잡았다.

suspect 용의자	killer 살인범

Now it has became clear that it is impossible to **track**
down the stolen smart phones.
지금 그 도난당한 스마트 폰을 추적해서 알아내기가 불
가능함이 분명하게 되었다.

2.2 track O into O
The dog **tracked** snow **into** the house.
그 개가 눈 자국을 방에까지 끌고 왔다.

T

2.3 track O through O

The police is **tracking** the suspect **through** his credit card.
경찰은 그 용의자를 그의 신용 카드로 추적해가고 있다.

2.4 track O up

The children **tracked up** the clean floor.
그 아이들이 그 깨끗한 마루를 발자국으로 완전히 더럽혔다.
[참조: mess up]

TRADE

1. 단동사
이 동사는 물건이나 서비스를 사고파는 과정을 그린다.
명사: 거래, 교역, 무역, 사업

타동사

The firm openly **traded** in arms.
그 회사는 공공연하게 무기를 거래했다.

자동사

The firm has now ceased **trading**.
그 회사는 이제 무역을 그만두었다.

2. 구동사

2.1 trade at O

The local currency **traded at** 1300 *won* against the green back.
원화는 미화에 대해 1300원에 거래되었다.

2.2 trade O down

The old couple decided to **trade down** the large apartment to secure some money for retirement.
그 노부부는 은퇴자금을 확보하기 위해서 그들의 큰 아파트를 줄이기로 하였다.

2.3 trade O for O

He **traded** fashion designing **for** farming.
그는 패션디자인 하는 일을 농사일과 바꾸었다.

2.4 trade O in

I **traded** my caravan **in** for a small compact car.
나는 나의 캐러밴을 거래상에게 주고, 새 소형차를 구했다.
I **traded** my old phone **in** for new one.
나는 낡은 전화기를 거래상에게 주고, 새 것을 구했다.

2.5 trade off

We can **trade off** the increased charge against the increased number of channels.

우리는 그 증가된 요금을 그 증가된 채널들의 수로 상쇄시킬 수 있다.

The country **traded off** the island in order to secure a lasting peace.
그 나라는 지속적인 평화를 얻기 위해 그 섬을 내 주었다.

trade O off for O

You should not **trade off** security **for** more money.
너는 안전을 더 많은 돈을 받고 희생할 수는 없다.

2.6 trade on O

The politician **traded on** the people's fear of communism.
그 정치인은 국민들의 공산주의에 대한 두려움을 악용했다.

2.7 trade up

Our refrigerator is quite old, and I intend to **trade up**.
우리 냉장고가 꽤 낡아서 나는 좀 더 새 것으로 바꿀 생각이다.

trade O up to O

I **traded up** from compact car **to** a sedan.
나는 소형차에서 세단으로 바꿨다.

TRAIL

1. 단동사
이 동사는 피곤해서 뒤쳐져 걸어가거나 뒤에 무엇을 끌고 가는 과정을 그린다.
명사: 자국, 자취; 오솔길, 시골길, 산길, 자국; 자취

타동사

I **trailed** my hand in the water as the boat moved along.
나는 그 보트가 미끄러져 나아가는 동안 물 속에 내 손을 넣고 끌고 갔다.
The police **trailed** the suspect for days.
경찰이 그 용의자를 며칠 동안 뒤쫓았다.

자동사

United were **trailing** 2-0 at half-time.
전반전이 끝났을 때 유나이티드가 2-0으로 지고 있었다.

2. 구동사

2.1 trail along

The bay elephant **trailed along**.
그 아기 코끼리가 뒤쳐져 따라갔다.

2.2 trail away

Smoke from the chimney **trailed away**.

그 굴뚝에서 나온 연기가 흔적을 남기면서 멀어져갔다.
Money has never stuck to me. It **trailed away** like piles
of dry leaves.
돈이 내게 붙은 적이 없다. 돈은 낙엽들이 더미들처럼
사라져갔다.
Her voice **trailed away** to nothing.
그녀의 목소리는 차츰 잦아들어서 아무것도 들리지 않
게 되었다.

trail away from O
The cattle **trailed away from** the sight.
그 소떼들은 시야에서 점점 멀어져갔다.

2.3 trail back
Hundreds of cars **trailed back** after the accident.
그 사고가 있은 다음 수백 대의 차들이 꼬리를 물고 뒤
로 늘어섰다.

2.4 trail behind O
John **trailed behind** the other racers.
존은 다른 경주자들에 뒤쳐졌다.

2.5 trail off
The wails **trailed off** and the tears stopped.
그 흐느낌들이 점점 줄어들었고, 눈물들도 멈췄다.
Her words **trailed off**.
그녀의 말이 끊겼다.
Demand for refrigerators **trails off** in September.
냉장고들의 수요는 9월에 점점 줄어든다.
[off는 수요가 점점 줄어드는 관계를 나타낸다. 참조: fall off]
After the bombing at the airport, tourists **trailed off**.
그 공항 폭발사건 후에 관광객들의 수가 점점 줄어들었다.

trail off into O
The volcano ash **trailed off into** Sweden.
그 화산재가 스웨덴으로 들어가 사라졌다.
Her voice **trailed off into** silence.
그녀의 목소리는 점점 줄어들어 침묵 속에 들어갔다.

trail off to
The long lines **trailed off to** nothing.
그 긴 줄들이 사라져서 아무것도 남지 않게 되었다.

TRAIN ¹

1. 단동사
이 동사는 카메라나 총 등을 어떤 목표에 조준하는 과정을
그린다.

2. 구동사
2.1 train O on O
The sniper **trained** his rifle **on** the policeman.
그 저격수는 그의 소총을 그 경찰관에 조준했다.
The cameraman **trained** the camera **on** the building.
그 카메라맨은 그의 카메라를 그 건물에 조준했다.

TRAIN ²

1. 단동사
이 동사는 특정 기술을 가르치거나, 훈련시키는 과정을 그
린다.

타동사

He **trains** the Olympic team.
그는 그 올림픽 팀을 훈련시킨다.
You can **train** your mind to think positively.
당신은 긍정적으로 생각을 하도록 마음을 훈련할 수
있다.

자동사

He **trained** as a teacher before becoming an actor.
그는 배우가 되기 전에 교사 교육을 받았다.

2. 구동사
2.1 train O on O
He is **trained on** the job.
그는 일을 하면서 훈련을 받고 있다.

2.2 train O up
The store is **training up** the staff for the big sale.
그 상점은 그 큰 세일을 대비해서 그 직원들을 훈련시키
고 있다.
[up은 고용인들이 더 나은 상태가 되어가는 관계를 나타낸다.]

TRAMPLE

1. 단동사
이 동사는 발로 무겁게 짓밟아서 무엇을 뭉개는 과정을 그
린다.

2. 구동사
2.1 trample O down
The cows **trampled down** the stocks of corn.
그 암소들이 그 옥수수 대를 짓밟아 놓았다.
My boss **trampled down** my feeling.
내 사장이 내 감정을 짓밟아서 억눌려 놓았다.

2.2 trample on O
Someone **trampled on** my been plants.

누군가가 내 콩대들을 짓밟았다.

2.3 trample O out
The hikers trampled out a path across my field.
그 등산객들이 내 밭을 가로질러 짓밟고 다니면서 소로를 만들었다.
[out은 길이 생겨난 관계를 나타낸다.]

TRAP

1. 단동사
이 동사는 덫으로 잡는 과정을 그린다.
명사: 함정, 덫

2. 구동사
2.1 trap O down
We managed to trap down the stray dog.
우리는 그 떠돌이 개를 덫에 넣어 꼼짝 못하게 했다. 즉, 잡았다.
[down은 개가 맘대로 움직이지 못하는 관계를 나타낸다.]

2.2 trap O in O
He trapped a rabbit in his trap.
그는 토끼 한 마리를 그의 덫으로 잡았다.
He trapped himself in his own argument.
그는 그의 주장에 스스로 덫에 걸렸다.

2.3 trap O into O
You can never trap me into going out with Ron.
너는 결코 나를 론과 같이 나가게 함정에 빠뜨릴 수 없다.
I was trapped into buying a lemon car. (passive)
나는 덫에 걸려 그 고물차를 샀다.
[참조: lure into, coax into]

TRAVEL

1. 단동사
이 동사는 이동을 하거나 여행을 하는 과정을 그린다.
자동사
I travel 40 miles to work every day.
나는 매일 직장까지 40마일을 다닌다.
News travels fast these days.
뉴스가 요즘에는 빠르게 전달된다.

2. 구동사
2.1 travel across O
We have to travel across the tundra to get there.
우리는 그 곳에 도착하기 위해서 그 툰드라 지역을 가로질러 가야 한다.
We traveled across the suspension bridge.
우리는 그 현수교를 지나갔다.

2.2 travel around O
He is traveling around Asia.
그는 아시아 여러 지역을 여행하고 있다.

2.3 travel by O
We travel by bus.
우리는 버스를 타고 여행한다.
[by는 교통수단을 나타낸다.]

train	기차		boat	배
plane	비행기			

2.4 travel from O to O
The train traveled from *Seoul* to *Gwangju*.
그 기차는 서울에서 광주로 간다.

2.5 travel into O
He traveled into and through Europe.
그는 유럽을 들어가서 통과했다.

2.6 travel on O
He travels on the *bus*.
그는 버스로 여행한다.

train	기차		boat	배
plane	비행기			

2.7 travel over O
He traveled over the vast prairie.
그는 그 광활한 대초원을 넘어갔다.

2.8 travel through O
He travelled through China to get to Mongolia.
그는 몽골에 가기 위해서 중국을 통과했다.

2.9 travel with O
He traveled with a bad group of people.
그는 나쁜 사람들의 무리와 사귀었다.

TREAT 1

1. 단동사
이 동사는 사람이나 물건을 취급하는 과정을 그린다.

2. 구동사

2.1 treat like O

They **treat** the ruler **like** a king.
그들은 그 지도자를 왕 같이 취급한다.

2.2 treat O as O

He **treated** his parents **as** guests.
그는 그 자신의 부모들을 손님들로 취급했다.

TREAT 2

1. 단동사
이 동사는 상처 등을 치료하는 과정을 그린다.

2. 구동사
2.1 treat O for O
The doctor **treated** him **for** his broken bone.
그 의사는 그에게 부러진 뼈에 대한 치료를 했다.

2.2 treat O with O
The doctor **treated** him **with** a simple therapy.
그 의사는 그를 간단한 요법으로 치료했다.

TREAT 3

1. 단동사
이 동사는 식사 등을 대접하는 과정을 그린다.

2. 구동사
2.1 treat O to O
On my birthday, he **treated** me **to** a nice dinner.
내 생일 날, 그는 나를 좋은 저녁 식사로 대접해주었다.
After the concert, they **treated** themselves **to** some beer.
그 음악회가 끝난 후, 그들은 자신들에게 맥주를 대접했다. 즉, 맥주를 마셨다.

TREK

1. 단동사
이 동사는 걸어서 길고 험난한 여행을 하는 과정을 그린다.
명사: 트레킹, 오지 여행, 오래 걷기
자동사
We went **trekking** in Nepal.
우리는 네팔에서 트레킹을 했다.

2. 구동사
2.1 trek across O
The boy scouts **trekked across** the sun-baked desert.

그 보이스카우트들은 그 땅이 바짝 마른 사막을 가로질러 트레킹을 했다.

2.2 trek up O
I hate having to **trek up** that hill with all the groceries.
난 그 모든 식료품들을 가지고 그 산을 걸어 올라가야 하는 게 싫다.

2.3 trek through O
He has been **trekking through** the Gobi desert.
그는 걸어서 고비사막을 지나오고 있다.

TRICK

1. 단동사
이 동사는 무엇을 빼앗거나 누군가에게 일을 시키기 위해서 속이는 과정을 그린다.
명사: 속임, 속임수

2. 구동사
2.1 trick O into O
He **tricked** me **into** buying his old car.
그는 나를 속여서 그의 헌 차를 사게 했다.

2.2 trick O out of O
He **tricked** me **out of** my money.
그는 나를 속여서 내 돈을 앗아 가려고 시도했다.

TRICKLE

1. 단동사
이 동사는 액체가 조금씩 방울방울 또는 가늘게 떨어지는 과정을 그린다.
명사: 소량의 물
자동사
Water **trickled** from the broken pipe.
물이 그 깨진 파이프에서 똑똑 흘러나왔다.
타동사
The baker **trickled** icing on the cake.
그 제빵사는 아이싱을 그 케이크에 조금씩 흘렸다.

2. 구동사
2.1 trickle down O
All the water **trickled down** the drain.
그 모든 물이 그 배수구 아래로 똑똑 흘러 내려갔다.
The water **trickled down** the wall to the floor.
그 물이 그 벽 아래로 똑똑 내려가서 그 마루에 흘러 내려갔다.

Tears were **trickling down** her cheeks.
눈물들이 그녀의 두 뺨을 타고 똑똑 흘러내렸다.

trickle down
The results of the improved economy **trickled down** to the poor.
그 개선된 경제의 결과들이 가난한 이들에 흘러내려 갔다.
Some information about the incident **trickled down** to us.
그 사건에 대한 약간의 정보가 우리들에게 조금씩 흘러 내려왔다.

2.2 trickle into O
The rain water **trickled into** my car through leaks.
그 빗물이 틈새를 통해 내 차에 똑똑 흘러 들어왔다.
The audience **trickled into** the concert hall little by little.
그 청중들이 조금씩 조금씩 그 연주홀에 들어왔다.
People began **trickling into** the hall.
사람들이 그 홀 안으로 천천히 들어가기 시작했다.
[사람은 물로 은유화된다. 참조: flood in, pour in]

2.3 trickle in
Fans **trickled in** over a period of two hours.
팬들이 두 시간에 걸쳐서 조금씩 (화, 청자가 아는 장소로) 들어왔다.
[이 표현은 '사람은 물이다'라는 은유가 적용된 예이다.]

2.4 trickle out
The engine oil **trickled out**.
그 엔진 오일이 조금씩 똑똑 새어 나갔다.
The unhappy fans **trickled out**.
그 불만이 있는 팬들이 조금씩 빠져나갔다.
The news is **trickling out** to the public.
그 뉴스는 대중에게 흘러나오고 있다.

2.5 trickle O over O
Trickle some oil **over** the salad.
약간의 기름을 그 샐러드에 조금씩 치세요.

2.6 trickle through O
The water **trickled through** cracks in the wall.
그 물이 그 벽에 있는 틈새를 지나 조금씩 흘러 들어갔다.
Customers **trickled through** the door in small numbers.
고객들이 몇 명씩 그 문을 통해 들어갔다.

1. 단동사
이 동사는 사람이나 물건을 가볍게 취급하는 과정을 그린다.
명사: 하찮은 것

2. 구동사
2.1 trifle O away
Don't **trifle away** any more money on silly purchases.
너의 돈을 더 이상 쓸 데 없는 물건을 사는 데 낭비하지 마라.
[away는 돈이 점점 줄어드는 관계를 나타낸다. 참조: waste away]

2.2 trifle with O
You are just **trifling with** me. I don't have time for that.
너는 나를 희롱하고 있다. 나는 그것을 받아들일 시간이 없다.
Don't **trifle with** her effort.
그녀의 노력을 가볍게 보지 마세요.

1. 단동사
이 동사는 일련의 과격한 행동을 촉발시키는 과정을 그린다.
명사: 방아쇠, 계기, 폭파 장치

2. 구동사
2.1 trigger O off
A spark will **trigger off** an explosion.
하나의 불꽃이 폭발을 야기 시킬 수도 있다.
His rude remark **triggered off** a wave of protests.
그의 저속한 말이 항의의 물결을 촉발시켰다.
Her nasty comment **triggered** me **off**.
그녀의 기분 나쁜 논평이 나를 화나게 했다.
[me는 환유적으로 나의 화를 가리키고, off는 화가 터져 나오는 관계를 가리킨다. 참조: set off, tick off]

1. 단동사
이 동사는 손질하여 다듬는 과정을 그린다.

2. 구동사
2.1 trim O away
She **trimmed away** the fat from the meat.
그녀는 기름기를 그 고기에서 손질하여 떼어버렸다.
[away는 기름기가 고기에서 떨어져나가는 관계를 나타낸다.]

2.2 trim O back

The gardener **trimmed back** the overgrown branches.
그 정원사는 제멋대로 자란 그 가지들을 잘라서 원상태
로 만들었다.
[back은 자란 부분을 잘라내는 관계를 그린다. 참조: cut back]

2.3 trim O down

The congress decided to **trim down** the budget.
의회가 그 예산을 손질해서 줄이기로 결정했다.
[down은 수, 양 정도가 줄어드는 관계를 나타낸다. 참조: cut down]

You must **trim down** the photo to get into a frame.
너는 그 사진을 틀에 넣기 위해서 줄여야 한다.

The editor **trimmed down** the manuscript to 100 pages.
그 편집자는 그 원고를 100페이지로 다듬어 줄였다.

trim down

You must **trim down** and stay at a low weight.
너는 몸무게를 줄이고, 저체중을 유지해야 한다.
[down은 양이나 숫자가 감소하는 관계를 나타낸다.]

I need to **trim down** before the checkup.
나는 그 검사 전에 몸무게를 줄여야 한다.

2.4 trim O from O

Trim the fat **from** your steak.
그 지방을 당신의 스테이크에서 잘라내시오.

We have to **trim** a lot of fat **from** the meat.
우리는 많은 지방을 그 고기에서 잘라내야 한다.

2.5 trim O off O

The seamster **trimmed** the ragged edge **off** the cloth.
그 재봉사가 그 너덜거리는 가장자리를 그 천에서 잘라
내었다.
[off는 너덜거리는 부분이 천에서 떨어져 나오는 관계를 나타낸다.]

The barber **trims** my bangs **off**.
이발사가 내 앞머리(bangs)를 손질해 잘라 버렸다.
[off는 앞머리가 전체에서 잘려 나오는 관계를 나타낸다.]

2.6 trim O up

This morning he **trimmed up** his garden.
오늘 아침 그는 그의 정원을 손질해서 보기 좋게 만들
었다.

2.7 trim O with O

She **trimmed** her dress **with** a lace.
그녀는 그녀의 옷을 레이스로 장식했다.

They **trimmed** the Christmas tree **with** lights.
그들은 그 크리스마스 나무를 전구들로 장식했다.

1. 단동사

이 동사는 걷거나 뛸 때 발을 건드려 넘어지거나 넘어지게
하는 과정을 그린다.
동사: 발을 헛디디다

2. 구동사

2.1 trip on O

I **tripped on** the curb and fell down.
나는 그 연석(갓돌)에 걸려 넘어졌다.

2.2 trip over O

I **tripped over** a root while walking through the forest.
나는 그 숲속을 지나면서 뿌리에 걸려 넘어졌다.
[over는 호를 그리며 넘어지는 상태를 나타낸다. 참조: fall over]

trip over

He **tripped over**, and sprained his ankle.
그는 넘어져서 그의 발목을 삐었다.

2.3 trip O up

The bully struck out his foot and **tripped** the boy **up**
as he was passing by.
그 골목대장은 그 소년이 곁을 지나갈 때 그의 발을 불
쑥 내밀어 그를 넘어뜨렸다.

The football player **tripped up** his opponent during the game.
그 축구 선수는 그 시합 중에 그 상대를 넘어지게 했다.

Questions like that are designed to **trip** us **up**.
그와 같은 문제들은 우리가 실수하도록 고안되었다.

trip up

I stood out of bed and **tripped up** on the *doorstep*.
나는 잠자리에서 비틀비틀 나와서 그 문턱에서 넘어졌다.

root 뿌리	stone 돌

I **tripped up** on the last question.
나는 그 마지막 문제에서 걸렸다. 즉, 실수했다.

1. 단동사

이 동사는 종종걸음으로 걷는 과정을 그린다.

T

2. 구동사
2.1 trot after O
My little brother always **trots after** us annoyingly.
내 동생은 귀찮게 우리 뒤를 쫄쫄 따라 다닌다.

2.2 trot along
The horse **trotted along** in time with the music.
그 말은 그 음악에 맞추어 뚜벅뚜벅 걸어갔다.

2.3 trot O out
The president **trotted out** the vice president for us to see.
대통령은 우리가 볼 수 있도록 부통령이 걸어 나오게 했다.

TRUDGE

1. 단동사
이 동사는 지쳐서 터벅터벅 걷는 과정을 그린다.
> 타동사

He **trudged** the last two miles to the town.
그는 그 소도시까지 마지막 2마일을 터덜터덜 걸어갔다.

2. 구동사
2.1 trudge along
We **trudged along** for miles.
우리는 수 마일을 터덜터덜 걸어갔다.

2.2 trudge on
We **trudged on** and on although we were tired.
우리는 지쳤지만 계속해서 뚜벅뚜벅 걸었다.
[on은 계속해서 걷는 과정을 그린다.]

2.3 trudge through O
We **trudged through** the snow.
우리는 그 눈 속을 터벅터벅 걸었다.

TRUMP

1. 단동사
이 동사는 카드 게임에서 어떤 패를 내어서 이기는 과정을 그린다.
> 타동사

Good **trumps** evil.
선은 악을 이긴다.
Hillary will **trump** Trump.
힐러리는 트럼프를 이길 것이다.

2. 구동사
2.1 trump O up
They **trumped up** the charges against me.
그들은 나에 대한 죄목을 거짓으로 만들어내었다.
[up은 없던 것이 생기는 관계를 나타낸다. 참조: make up]

TRY

1. 단동사
이 동사는 무엇을 알아보기 위해서 시험 삼아 해보는 과정을 나타낸다.
> 타동사

I **tried** her recipe.
나는 그녀의 요리법을 시험 삼아 써보았다.
I **tried** the other door.
나는 그 다른 문을 시험 삼아 열어보았다.
Your nonsense **tries** my patience.
너의 억지가 나의 인내심을 시험한다.
The judge **tried** the defendant and found him guilty.
그 판사는 그 피고인을 심판하여 죄가 있음을 알았다.

2. 구동사
2.1 try O at O
He **tried** his hand **at** the volleyball.
그는 배구에 한 번 손을 대어 봤다. 즉, 시도해봤다.

2.2 try O back
She is not in the office, so I will **try** her **back** later.
그녀가 그 사무실에 없으니 나는 나중에 다시 돌아와서 있는지 없는지 알아보겠다.

2.3 try for O
I'm going to **try for** the first place in this year's race.
나는 금년 경주에 1등 자리를 얻기 위해서 노력하겠다.
The team was eager to get on with the game, and **tried for** a second goal.
그 팀은 그 경기를 다시 계속하고 싶어 했고, 한 골을 더 넣어보려고 했다.
[for은 팀이 한 골을 자기 영역에 넣는 관계를 나타낸다.]
Many of the women who attend the clinic have been **trying for** a baby.
그 의원을 찾는 부인들의 많은 이들은 아이를 갖는 것을 시도해 보았다.

2.4 try O on
She spent one hour **trying on** every dress in the shop.
그녀는 그 가게에 있는 모든 드레스를 시험 삼아 입어보면서 한 시간을 보냈다.

[on은 옷이 몸에 닿는, 즉 걸치는 관계를 나타낸다. 참조: put on]

Would you mind trying the blue jacket on for size?

크기를 알아보기 위해서 그 청색 재킷을 한번 시험 삼아 입어 보시겠습니까?

Kids always try it on with the new teachers; so don't worry about them.

아이들은 새 선생님께 항상 그러한 행동을 해 보인다. 그러니 신경 쓰지 마세요.

[it은 주어진 상황에서 이미 잘 알려진 버릇없는 행동들을 가리킨다. 그리고 on은 교사가 영향을 받음을 나타낸다.]

2.5 try O out

The school is trying out a new method which is claimed to help children to learn math more easily.

학교는 아이들이 수학을 좀 더 쉽게 배우는 데 도움을 준다고 주장되는 교수법을 시험삼아 써보고 결과를 알아보려고 하고 있다.

[out은 모르는 것을 아는 상태로, 또는 성질이나 특징을 찾아내는 과정과 결과를 나타낸다. 참조: check out, find out, test out]

Doctors are trying out a vaccine which is claimed to help to prevent cancer.

의사들은 암을 예방하는 데 도움을 준다고 주장되는 백신을 시험 삼아 써보고 그 결과를 알아보려고 하고 있다.

The company is trying out the new medicine on seniors.

그 회사는 새로 만든 약을 노년들에게 시험해보고 그 결과를 알아보려고 하고 있다.

The recipe sounds very delightful, so I would like to try it out on my family.

그 요리법은 맛있어 보인다. 그래서 나는 그것을 가족에게 시험 삼아 만들어서 그 결과를 알아보고 싶다.

When I go to Korea, I will try out my Korean.

내가 한국에 가면 나는 내 한국어를 써보고 어떤지 알아보려고 한다.

I will try you out for a week and if you work well, I will hire you.

내가 너를 일주일 잘 써보고 (너의 노력 등을) 파악해서, 네가 일을 잘하면 내가 너를 고용하겠다.

try out

David tried out for the school band.

데이비드는 그 학교 음악대에 들어가기 위해서 시험을 받았다.

[out은 자신이 연주를 해서 적합성 판단을 받아보는 과정과 결과를 나타낸다.]

Susan tried out for a part in Hamlet.

수전은 햄릿 연극의 한 역을 맡기 위해서 시험 연기를 하고 그 결과를 판정 받았다.

TUCK

1. 단동사

이 동사는 천이나 종이의 가장자리를 집어넣어서 이들이 제자리에 있게 하는 과정을 그린다.

명사: 무릎을 구부리고 팔로 껴안은 자세

타동사

The seamstress tucked the shoulders of my dress.

그 재봉사는 내 드레스의 어깨들을 줄여서 꽉 맞게 만들었다.

2. 구동사

2.1 tuck O away

He tucked away the files in the back of the filing cabinet.

그는 그 서류를 그 서류철 뒤쪽에 집어넣어 안전하게 했다.

Helen read out the first part of the story, and then tucked it away saying the rest was private.

헬렌은 그 이야기의 첫 부분을 소리 내어 읽고, 그리고 난 뒤, 나머지는 사적인 것이라고 말하면서 치워버렸다.

[away는 그 이야기가 읽히는 자리에서 벗어나는 관계를 그린다. 참조: put away]

I need to tuck away about $200 a week into my savings account.

나는 매 주 200달러 정도를 내 저축예금에 넣어야 할 필요가 있다.

[참조: put away]

The motel is tucked away in a quiet alley. (passive)

그 모텔은 조용한 골목길에 들어 앉아 있었다.

[away는 복잡한 중심가에서 떨어져 있는 관계를 그린다.]

In 3 minutes, *Changsoo* tucked away a bowl of noodle.

3분 안에, 창수는 국수 한 그릇을 재빨리, 게걸스럽게 해치웠다.

[away는 국수가 뱃속으로 사라지는 관계를 그린다.]

2.2 tuck O in

Dad took the little daughter to bed, and tucked her in and kissed her good night.

아빠는 그 꼬마 딸을 잠자리에 데리고 가서, 이불로 포근하게 감싸고 저녁 키스를 했다.

[in은 애기가 이불이나 담요 속에 들어가 있는 상태를 나타낸다.]

He stood up, and tucked his shirt in at the waist.

그는 일어나서, 그의 셔츠를 허리춤에서 집어넣었다.

He spread a sheet over the bed and then tucked it in.

그는 시트 한 장을 그 침대 위에 펼치고 그 가장자리를 매트리스 밑에 끼워 넣었다.

Try and keep your elbows tucked in when going out

T

the door on the wheel chair. (passive)
네가 그 휠체어를 타고 그 문을 지날 때, 너의 팔꿈치들을 안으로 들어가게 노력하거라.
[in은 팔꿈치가 몸 쪽으로 들어오는 관계를 그린다.]
The turtle **tucked in** its head.
그 거북이는 머리를 안으로 쑥 집어넣었다.

tuck O into O
He is **tucking** his shirt **into** his pants.
그는 그의 셔츠를 그의 바지 속으로 집어넣고 있다.
She **tucked** her letter **into** her purse.
그녀는 그 편지를 장지갑 속에 집어넣었다.

tuck into O
By the time, we were very hungry and we **tucked into** a delicious *Bulgogi* and *Kimchi*.
그 때 우리는 배가 몹시 고파서, 불고기와 김치로 된 식사를 게걸스럽게 파고들었다. 즉, 먹었다.
[참조: dig into]

2.3 tuck O under O
The old man **tucked** the money **under** the cushion.
그 노인은 그 돈을 방석 밑에 숨겨 놓았다.

2.4 tuck O up
At last, all the children were **tucked up** in bed. (passive)
마침내, 모든 아이들이 잠자리에 들어가서 이불로 포근하게 덮였다.
The babysitter **tucked up** the baby in bed.
그 베이비시터는 그 아이를 잠자리에 안락하게 눕혔다.
I **tucked up** my hair under a wool cap.
나는 내 머리를 털모자 밑으로 다 집어넣었다.
I sat down on a sofa and **tucked** my knees **up**, and began to watch TV.
나는 소파에 앉아서 내 두 무릎을 팔로 감싸 안고 티비를 보았다.
[up은 무릎이 완전히 감싸지는 관계를 그린다. 참조: cover up]

TUCKER

1. 단동사
이 동사는 피곤하게 만드는 과정을 그린다.

2. 구동사
2.1 tucker O out
I got **tuckered out** after a long day at work.
나는 직장에서 긴 하루를 보내고 난 다음 극도로 피곤해졌다.

[참조: tire out]

TUG

1. 단동사
이 동사는 한 번이나 그 이상 세게 잡아당기거나 끄는 과정을 그린다.
타동사
The baby was **tugging** her hair.
아기가 그녀의 머리카락을 잡아당기고 있다.

2. 구동사
2.1 tug at O
The child **tugged at** my coat to draw my attention.
그 아이가 내 주의를 끌기 위해서 내 저고리를 살짝 당겼다.
[at은 당김이 부분적임을 나타낸다.]

2.2 tug away at O
He **tugged away at** the boat, but it didn't budge.
그는 그 배를 계속해서 당겼으나, 그 배는 꿈쩍도 하지 않았다.
[away는 끄는 과정이 계속됨을 나타낸다.]

2.3 tug on O
He **tugged on** the line.
그는 그 줄을 잡아당겼다.
[on은 줄이 전체가 아니라 일부가 당겨짐을 나타낸다.]

TUMBLE

1. 단동사
이 동사는 뒹굴면서 빠르게 떨어지는 과정을 그린다.
자동사
Clothes **tumble** in the dryer.
옷들이 그 건조기 안에서 뒹군다.
타동사
The dryer **tumbled** clothes.
그 건조기는 옷들을 뒹굴린다.

2. 구동사
2.1 tumble along
The ball **tumbled along**, across the lawn and into the street.
그 공은 뒹굴면서 그 잔디를 가로질러 그 길로 들어갔다.

2.2 tumble down O
He **tumbled down** the stairs.

그는 그 계단 아래로 굴러 떨어졌다.

tumble down

The tall building is going to **tumble down** at any moment.

그 큰 건물은 언제라도 무너져 내릴 것이다.

[down은 서있던 것이 넘어지는 관계를 나타낸다.]

He **tumbled down** 10 meters into the ravine.

그는 10미터 아래 그 계곡으로 굴러 떨어졌다.

2.3 tumble into O

The ball **tumbled into** a hole.

그 공은 굴러서 구멍으로 들어갔다.

John tripped and **tumbled into** the table.

존은 발이 걸려 넘어지면서 그 탁자를 들이 박았다.

[참조: bump into, run into, stumble into]

2.4 tumble on O

We **tumbled on** a nice cafeteria on *Jongro*.

우리는 종로에서 좋은 카페테리아 하나를 발견했다.

[참조: chance on, stumble on, hit on, strike on]

2.5 tumble out O

The children **tumbled out** the door.

그 아이들은 서로 뒤섞여 그 문을 우두두 나왔다.

tumble out of O

The children **tumbled out of** the school bus and ran for the school building.

그 아이들은 그 학교 버스에서 앞 다투어 뛰어나와서 그 학교 건물로 뛰어갔다.

2.6 tumble over

He lost his balance and **tumbled over**.

그는 균형을 잃고 넘어졌다.

[over는 사람이나 물건이 호를 그리며 넘어지는 관계를 나타낸다. 참조: fall over, trip over]

The glass **tumbled over** and broke.

그 유리잔은 넘어져서 깨졌다.

TUNE 1

1. 단동사

이 동사는 악기들을 조율하는 과정을 그린다.

타동사

He **tuned** the piano.

그는 그 피아노를 조율했다.

2. 구동사

2.1 tune up

At last, the orchestra had **tuned up** and the audience became silent.

마침내, 그 관현악단은 조율을 끝내고, 그 청중은 조용해졌다.

[up은 악기가 제대로 소리를 내는 상태를 가리킨다.]

The team is **tuning up** for the *Incheon* games.

그 팀은 인천경기를 위해 연습을 해서 몸 상태를 좋게 하고 있다.

[up은 좋은 상태를 가리킨다.]

tune O up

In order to save gasoline, he **tunes up** his engine regularly.

휘발유를 절약하기 위해서, 그는 정기적으로 그의 차의 엔진을 점검하여 좋은 상태를 유지한다.

The guitarist had **tuned up** his *guitar*.

그 기타연주자는 그의 기타를 조율해서 좋은 상태로 만들었다.

piano	피아노	violin	바이올린

TUNE 2

1. 단동사

이 동사는 라디오 등을 청취하는 과정을 그린다.

2. 구동사

2.1 tune in

Last night, more than 10,000 people **tuned in** *to see her skating*.

지난밤, 만 명 이상의 사람들이 그녀가 스케이팅하는 것을 보기 위해서 TV를 시청했다.

[in은 소리나 영상이 머릿속에 들어오는 관계를 나타낸다.]

for the game	게임을 보기 위해서
from all over the world	전 세계에서부터

tune in to O

On Sundays, dad will probably **tune in to** a baseball game.

일요일마다, 아버지의 마음은 야구 경기에 맞추어져있다. 즉, 야구경기를 본다.

[dad는 환유적으로 아버지의 마음을 가리키고, in은 야구경기가 보는 사람에게 들어오는 관계를 그린다. 참조: listen in]

Last week, millions of people all over the world **tuned in to** the Olympic Games.

지난주 전 세계에 걸쳐있는 수백만의 사람들이 그 올림

픽 경기를 시청이나 청취했다.

I usually **tune** **in** **to** *CNN.*

나는 보통 CNN을 듣는다.

show 쇼	program 프로그램

The best way to encourage our children is to **tune** **in** to their problem.

여러분의 아이들을 격려하는 최선의 방법은 그들의 문제에 귀를 기울이는 것이다.

tune in from O

Where are you **tuning** **in** **from**?

어디에서 이 방송을 듣고 계십니까?

2.2 tune O into O

Her report **tuned** me **into** the importance of smoke detectors.

그녀의 보고서는 화재 탐지기들의 중요성을 이해하게 했다.

2.3 tune O out

He **tuned** **out** warnings about the MERS virus, because he heard it so many times before.

그는 그 메르스 바이러스에 대해 전에 너무 많이 들었기 때문에 그에 대한 경고들을 듣지 않았다.

[out은 들어오는 것을 막는 관계를 그린다. 참조: block out, keep out]

She tries to **tune** **out** children's laughter so she could study.

그녀는 공부를 하려고 아이들의 웃음소리를 듣지 않으려고 노력한다.

He always tries to **tune** me **out** when I ask him about the book I lent him.

그는 내가 빌려준 책에 대해서 물을 때마다 내 말을 들으려고 하지 않는다.

[me는 환유적으로 나의 말을 가리킨다.]

Child negligence is being **tuned** **out**. (passive)

어린이 방치는 경청되지 않고 있다.

tune out

He often **tunes** **out** and goes off into a world of his own.

그는 가끔 마음을 닫아버리고, 현실을 떠나(off) 자신의 세계로 들어간다.

[참조: switch off]

I **tuned** **out** halfway through the game.

나는 그 경기가 반쯤 진행됐을 때 그만 들었다.

2.4 tune O to O

We **tuned** the radio **to** the news.

우리는 그 라디오를 그 뉴스에 맞추었다.

TUNNEL

1. 단동사

이 동사는 땅 속에 굴을 파는 과정을 그린다.

명사: 터널, 굴

2. 구동사

2.1 tunnel through O

The road construction crew **tunneled** **through** the mountain.

그 도로 건설 인부들이 그 산을 뚫고 터널을 팠다.

I need to **tunnel** **through** the crowd to get to the box office.

나는 그 매표소까지 가기 위해서 그 군중 속을 뚫고 지나가야 했다.

2.2 tunnel under O

The dog **tunneled** **under** the fence.

그 개가 그 울타리 밑에 굴을 팠다.

The city is **tunnelling** **under** the area.

그 시는 그 지역 아래에 굴을 뚫고 있다.

TURN

1. 단동사

이 동사는 방향을 돌리거나 도는 과정을 그린다.

타동사

He **turned** the key.

그는 그 열쇠를 (자물쇠에 넣고) 돌렸다.

He **turned** the page.

그는 그 페이지를 넘겼다.

The smell **turns** my stomach.

그 냄새는 내 위를 비틀리게 한다.

자동사

The wheel **turns** easily.

그 바퀴는 쉽게 돈다.

The tide **turned**.

그 조류가 방향이 바뀌었다.

The milk **turned** sour.

그 우유는 상했다.

She **turned** 90.

그녀는 90세가 되었다.

2. 구동사

2.1 turn against O

The people **turned** **against** the dictator.
그 국민들은 그 독재자에 반대했다.
The daughter **turned** **against** the natural father.
그 딸은 그녀의 생부에 반항했다.

turn O against O

The scandal **turned** public opinion **against** the candidate.
그 추문이 대중 여론을 그 후보자에게 등지게 했다.
His bad behavior **turned** him **against** his friend.
그의 나쁜 행동이 그를 그의 친구와 등지게 했다.

2.2 turn O around

The driver **turned** the car **around**.
그 운전수는 그 차를 되돌렸다.
The new CEO **turned** the *flagging company* **around**.
그 새 CEO가 그 기울어가는 회사를 돌려놓았다. (예를 들어, 적자에서 흑자 등으로)

things 모든 일	table 탁자(상황)

The new government promised to **turn** the economy **around**.
그 새 정부는 국가 경제를 돌려놓겠다고 약속했다.

turn around

We **turned** **around** and headed back home.
우리는 방향을 돌려서 집으로 되돌아갔다.
He **turned** **around** and held the door.
그는 뒤로 돌아서서 그 문을 잡았다.
He **turned** **around** and walked away.
그는 뒤로 돌아서서 걸어 가버렸다.

2.3 turn O aside

The company **turned** **aside** my request.
그 회사는 내 요구를 옆으로 제쳐 두었다.
[참조: put aside]

turn aside from O

I **turned** **aside** **from** the career path that my father had taken.
나는 내 아버지가 택한 그 인생 경력에서 벗어났다.

2.4 turn away

The motel was already full, and most of the tourists **turned** **away**.
그 모텔은 이미 꽉 차서, 그 관광객들이 대부분은 방향을 돌려 떠났다.
[away는 모텔에서 멀어지는 관계를 나타낸다.]

turn O away

We **turned** **away** the people who were looking for a job.
우리는 일자리를 찾고 있는 사람들을 되돌려 보냈다.
Many qualified applicants were **turned** **away**. (passive)
많은 자격을 갖춘 지원자들이 돌려보내졌다.
She is my daughter and I cannot **turn** her **away**.
그녀는 내 딸이어서 그녀를 돌려보낼 수 없다.

turn away from O

Nowadays, people are **turning** **away** **from** the church.
요즈음 사람들이 마음을 바꿔 교회에서 멀어지고 있다.

junk food 건강에 좋지 않은 음식	fatty food 기름진 음식

2.5 turn O back

The Syrian refugees were **turned** **back** before they reached the port. (passive)
그 시리아 난민들이 그 항구에 도착하기 전에 되돌려 보내졌다.
[back은 오던 길을 되돌아가는 관계를 나타낸다.]
Turn **back** the page's corner to save your place in the book.
그 책 속의 너의 자리를 표시하기 위해서 그 페이지의 귀퉁이를 접어라.
He **turned** **back** the sheet over the blanket.
그는 그 시트를 그 담요 위에 접었다.
[back은 시트의 한 부분이 담요 위에 접히는 관계를 나타낸다.]
Our surprise attack **turned** **back** the enemy.
우리의 기습 공격이 그 적을 되돌아가게 했다.
We **turned** **back** the clock 20 years.
우리는 시간을 20년 뒤로 돌렸다.

turn back

We ran out of gas halfway across Korea, and had to **turn** **back**.
우리는 한국을 가로지르는 여행의 반쯤에서 기름이 떨어져서 되돌아와야 했다.
We have made the promise and there is no **turning** **back**.
우리는 그 약속을 했기 때문에 되돌아 갈 수 없다. 즉, 철회할 수 없다.

2.6 turn O down

She **turned down** the flaps on her hat to protect her ears from the cold.
그녀의 귀들을 그 추위로부터 막기 위해서 그 모자의 귀덮개들을 내렸다.

Please **turn down** the *radio*.
그 라디오 소리를 줄여주세요.
[down은 소리가 낮아지는 관계를 나타낸다.]

video	비디오	TV volume	TV 음량
speaker	스피커	music	음악

He **turned** my *request* **down**.
그는 내 요점을 받아들이지 않았다.

invitation	초대	offer	제안

I would like to buy you a lunch. I hope you are not going to **turn** me **down**.
나는 너에게 점심을 사고 싶다. 네가 내 제안을 거절하지 않기를 바란다.
[me는 환유적으로 나의 제안을 가리키고, down은 제안을 활동 영역에 받아들이지 않는 관계를 나타낸다.]

2.7 turn O in

He **turned** his *report* **in** on time.
그는 그의 보고서를 제 시간에 (교수, 회사 등에) 제출했다.
[in의 목적어는 교수나 회사가 되겠다. 참조: hand in]

gun	총	wallet	지갑
key	열쇠	homework	숙제

The robber **turned** himself **in** to the police after several months on the run.
그 강도는 몇 달 동안 도망을 다니다가 (경찰 등에) 자신을 집어넣었다. 즉, 자수했다.

The company **turned in** pre-tax one million dollars.
그 회사는 세전 일백만 달러를 벌어들였다.
[참조: bring in]

turn in

What time do you **turn in**?
몇 시에 잠자리에 들었니?

2.8 turn into O

The **truck turned into** the gas station.
그 트럭은 그 주유소로 방향을 돌려 들어갔다.

The night **turned into** day.
밤이 낮으로 접어들었다.

In a Korean myth, a bear **turned into** a human.
어느 한국 신화에서 곰이 사람으로 바뀌었다.

Minutes **turn into** hours.
분들이 시간들이 되었다.

turn O into O

We **turned** the prison **into** a farm.
우리는 그 감옥을 농장으로 바꿨다.

He **turned** his dream **into** reality.
그는 그 꿈을 현실로 바꿨다.

He **turned** ideas **into** products.
그는 생각들을 생산물들로 바꿨다.

He **turned** plastic **into** fuel.
그는 플라스틱을 연료로 바꿨다.

2.9 turn off

Let's **turn off** at the next exit.
다음 출구에서 (타고 있던 길을) 벗어나자.
[off는 차가 큰길에서 벗어나는 관계를 나타낸다.]

The screen **turns off** when I make a phone call.
그 휴대폰 화면이 내가 전화를 하면 꺼진다.

The lights **turn off** automatically at 6am.
그 불들은 오전 6시면 자동적으로 꺼진다.

turn O off

He **turned off** the *radio*.
그는 그 라디오를 껐다.
[off는 라디오 작동이 멈추는 관계를 나타낸다.]

heater	난방기	TV	텔레비전
speaker	스피커	tap	수도꼭지

He is **turning off** his brain.
그는 머리를 끄고 있다.
[이 표현은 머리가 기계로 은유화된 표현이다. 참조: switch off]

Demonstrations in Hong Kong **turned off** tourists.
홍콩에서의 여러 시위들은 관광객들을 떠나게 했다.

2.10 turn O on

He **turned on** the lights.
그는 그 전등들을 켰다
[on은 전등이 켜진 상태를 나타낸다.]

He **turned** back **on** the *power*.
그는 전기를 다시 켰다.

gas	가스	electricity	전기
water	물		

Turn on your AC on low.

너의 냉방기를 저온에서 켜세요.

I **turned** the *radio* **on**.

나는 그 라디오를 켰다.

TV 텔레비전	washer 세탁기
GPS 위성위치추적시스템	monitor 모니터

He **turned on** the news.

그는 그 뉴스를 틀었다.

[news는 환유적으로 뉴스를 듣는 라디오나 TV를 가리킨다.]

The game **turns** him **on**.

그 경기는 그를 열광하게 한다.

[him은 환유적으로 그의 마음을 가리킨다.]

turn O on O

He **turned** the camera **on** the speaker.

그는 그 카메라를 그 연사에게 집중시켰다.

He **turned** his back **on** the tradition.

그는 그 전통에 등을 돌렸다.

turn on O

The lion **turned on** the animal trainer.

그 사자는 갑작스레 이유 없이 그 훈련사에게 덤벼들었다.

[on은 공격의 의미를 갖는다.]

The president **turns on** the journalists.

그 대통령은 그 기자들을 공격했다.

The campaign **turns on** attracting swing voters.

그 선거전은 부동층을 끌어 모으는 데 달려있다.

[on은 의존 관계를 나타낸다. 참조: hinge on, depend on, rely on]

turn O onto O

My music teacher **turned** me **onto** classical music.

내 음악 선생님은 나를 고전음악에 관심을 갖게 했다.

[on to는 나의 마음이 고전음악에 가서 닿는 관계를 나타낸다.]

My aunt **turned** me **onto** jazz.

내 숙모는 나를 재즈음악에 이끌었다. 즉, 재즈 음악에 흥미를 갖게 했다.

turn on to O

He **turned on to** *surfing* this summer.

그는 이번 여름에 서핑에 관심을 갖게 됐다.

skiing 스키 타기	fishing 낚시

The driver **turned on to** the bike lane.

그 운전사는 차의 방향을 바꾸어서 그 자전거 길에 올라섰다.

2.11 turn O out

He opened the box and **turned out** the contents.

그는 그 상자를 열고 그 내용물들을 꺼냈다.

[out은 안에서 밖으로 나오는 관계를 나타낸다. 참조: empty out]

He **turned out** his pockets.

그는 호주머니에 있는 것을 꺼내었다.

[pocket은 환유적으로 호주머니 안에 든 물건을 가리킨다.]

The assembly line **turns out** 100 *cars* every hour.

그 조립 라인은 매 시간 백 대의 차를 만들어낸다.

[out은 차들이 만들어지는 관계를 나타낸다.]

tires 타이어	TVs 텔레비전

The Korean film studio **turns** dozens of films **out** every year.

그 한국 영화사는 매년 수십 편의 영화를 만들어낸다.

[out은 영화가 만들어져 나오는 관계를 나타낸다. 참조: put out, roll out]

The landlord **turned** the tenants **out** onto the street.

그 집주인은 그 세든 사람들을 그 길거리로 쫓아내었다.

He **turned out** the *lights*.

그는 그 불들을 껐다.

fire 불	flame 불길

turn out

Hundreds of people **turned out** to welcome the figure skater.

수백만 사람들이 그 피겨스케이터를 환영하기 위해 나왔다.

[out은 집회장소에 나가는 관계를 나타낸다.]

The *cookies* she made **turned out** well.

그녀가 만든 그 쿠키들은 예상 밖으로 잘 만들어졌다.

[out은 만들어진 결과를 나타낸다.]

event 행사	child 아이
things 모든 일	day 날

His son **turned out** to be a scholar.

그의 아들은 능력이 자라서 학자가 되었다.

[out은 펼쳐지는 결과를 나타낸다.]

turn out for O

He **turned out for** the *appointment*.

그는 그 약속을 위해 (약속장소에) 나갔다.

[참조: show up]

graduation 졸업	celebration 축하

T

turn O out of O

He was **turned out of** the house because he was two months behind. (passive)

그는 집세가 두 달 밀려서 그 집에서 쫓겨났다.

[out은 집 안에서 밖으로 나오는 관계를 나타낸다.]

2.12 turn O over

He **turned** the bowl **over** and wiped it up.

그는 그 접시를 뒤집어서 그것을 깨끗하게 닦았다.

[over는 접시를 180° 넘기는 관계를 나타낸다.]

He **turned** the page **over**.

그는 그 페이지를 넘겼다.

He **turned** the car **over** and let it run for a while.

그는 그의 차의 시동을 걸고 잠시 동안 돌아가게 했다.

[over는 정지 상태에서 활동 상태로 넘어가는 관계를 그린다.]

The police **turned over** the house looking for evidence.

경찰은 증거를 찾기 위해서 그 집을 온통 뒤집어 놓았다.

The supermarkets **turn over** their stock very rapidly.

그 슈퍼마켓들은 그 재고품을 빨리 회전시킨다.

[over는 재고품이 상점에 들어와서 고객에게 넘어가는 관계를 나타낸다.]

John **turned over** what she said to him.

존은 그녀가 그에게 한 말을 곰곰이 생각해 보았다.

[over는 그 생각이 그녀 말 전체에 미치는 관계를 나타낸다. 참조: ponder over]

turn O over to O

Please **turn** the page **over to** 50.

페이지를 50쪽으로 넘기세요.

He **turned** his factory **over to** his son.

그는 그의 공장을 아들에게 넘겼다.

[over는 공장이 아버지에게서 아들로 넘어가는 관계를 나타낸다. 참조: hand over, sign over]

turn over

I am going to **turn over**.

나는 돌아누우려고 한다.

The puppy **turned over** and lay on its back.

그 강아지는 몸을 뒤집어서 등을 대고 누워있었다.

Do you mind if I **turned over**? There is a debate program.

내가 다른 채널로 넘어가도 될까요? (즉, 채널을 바꾸어도 될까요?) 토론 프로그램이 있어요.

[참조: switch over]

2.13 turn to O

I want to **turn to** the place I left off.

나는 내가 중단했던 자리로 돌아가고 싶다.

After the breakup of a 15-year-marriage, she **turned to** drinking.

15년간의 결혼 생활이 끝난 후 그녀는 술에 손을 댔다.

In this crisis, there is no one I can **turn to**.

이 위기에 나는 손을 뻗칠 사람이 아무도 없다.

The poor people **turn to** the government welfare.

그 가난한 사람들은 정부 복지에 의존한다.

I wasn't very good in math, so I **turned to** biology.

나는 수학을 잘 못해서 생물학에 전념을 했다.

turn to O for O

Some animals living in desert **turn to** succulent plants **for** water.

사막에 사는 어떤 동물들은 물을 얻기 위해서 즙이 많은 식물들에 의존한다.

Some Asian countries are **turning to** China **for** leadership.

몇몇 아시아 국가들은 중국에 지도력을 구하고 있다.

2.14 turn O up

Please **turn up** the radio.

그 라디오 소리를 높이세요.

[radio는 환유적으로 소리를 가리키고 up은 소리의 증가를 나타낸다.]

The farmer **turned up** the soil for planting.

그 농부는 뭘 심기 위해서 그 흙을 뒤집어 놓았다.

[up은 밑에 있던 흙이 위로 올라오는 관계를 나타낸다.]

You have to **turn** the *oven* **up** to 100℃.

너는 그 오븐을 100℃로 높여야 한다.

flame 불꽃	heat 열

Police **turned up** some new evidence of the murderer.

경찰이 그 살인범의 새 증거를 드러냈다.

[up은 증거가 시각 영역에 들어오는 관계를 나타낸다.]

I **turned up** the cuffs of my pants and walked through the puddle.

나는 내 바지 밑단을 접어 올리고 그 웅덩이를 지나갔다.

turn up as O

In the masquerade, he **turned up as** Iron man.

가장무도회에서, 그는 아이언맨으로 나타났다.

turn O up at O

He **turned up** his nose **at** my offer.

그는 내 제의를 (코를 쳐들고) 거부했다.

turn O up on O

The teacher **turned up** the heat **on** the student.
그 선생님은 학생들이 열심히 하도록 압력을 가했다.

turn up
The child **turned up** safe.
그 아이는 무사하게 나타났다.
The job **turned up** just when I needed it.
그 일자리가 내가 필요할 때 눈에 띄었다.
Many old friends **turned up** at the reunion.
많은 옛 친구들이 그 동창회에 나타났다.
[up은 시야에 들어오는 관계를 나타낸다.]
Something **turned up** at the office and we had to stay
later than usual.
사무실에 무슨 일이 갑자기 일어나서 우리는 보통보다
늦게까지 있어야 했다.
[up은 어떤 일이 일어나는 관계를 나타낸다. 참조: crop up, pop
up]

turn up with O
He **turned up with** the symptom.
그에게 그 증상이 나타났다.

2.15 turn upon O
I tried to help him, but unexpectedly he **turned upon**
me.
나는 그를 도우려고 노력했으나 예상 외로 그는 나를
공격했다.
[upon은 피해를 당하는 사람을 도입한다. 참조: jump upon, set
upon]
The next June election will **turn upon** the economic
recovery.
다음 6월 선거는 경제 회복에 달려있다.
[on은 의존 관계를 나타낸다. 참조: rely upon, depend upon,
hinge upon]

TWEAK

1. 단동사
이 동사는 갑자기 잡아당기거나 비트는 과정을 그린다.
타동사
She **tweaked** his ear playfully.
그녀가 장난스럽게 그의 귀를 비틀었다.

2. 구동사
2.1 tweak O off O
Sarah **tweaked** a little bug **off** Ron.
사라는 작은 벌레 한 마리를 집어서 론에게서 떼어 내
었다.

tweak O off from O
Jennifer **tweaked** the bug **off from** Fred.
제니퍼가 그 벌레를 프레드에게서 떼어 내었다.

tweak O off of O
I **tweaked** a bug **off of** Jane.
나는 벌레 한 마리를 제인에게서 떼어 내었다.

TWEET

1. 단동사
이 동사는 트위터로 내용을 전달하는 과정을 그린다.
자동사
Nowadays, many people **tweet**.
요즘 많은 사람들이 트위터를 한다.

2. 구동사
2.1 tweet about O
The president **tweeted about** his trip to Saudi Arabia.
대통령은 사우디아라비아 여행에 대해서 트위터에서
얘기했다.

2.2 tweet O out
He **tweeted out** that he is going to speak under oath.
그는 선서를 하고 진술을 하겠다고 트위터로 널리 알렸다.
[out은 트위터의 내용이 여러 사람에게 전해지는 관계를 나타낸다.]
The president **tweeted out** that he had nothing to do
with the Russian collusion.
대통령은 자신이 소련 음모와 아무 관계가 없다고 트위
터로 알렸다.

tweet out about O
He **tweeted out about** his personal stuff.
그는 자신의 개인 문제에 대해서 트위터에 널리 알렸다.

tweet out to O
He **tweeted out to** the press.
그는 기자들에게 트위터를 날려 보냈다.

TWIN

1. 단동사
이 동사는 도시나 나라 사이에 자매 결연을 맺는 과정을
그린다.
명사: 쌍둥이, 쌍둥이 같은 것
타동사
The opera **twins** the themes of love and death.
그 오페라는 사랑과 죽음이라는 주제를 결부시키고 있다.

T

2. 구동사

2.1 twin O with O
The city is **twinned** **with** Los Angeles. (passive)
그 시는 로스앤젤레스와 자매 결연을 맺고 있다.

2.2 twin up
The two cities **twinned** **up**.
그 두 도시는 자매 결연을 맺었다.

twin up with O
The city **twinned** **up** **with** Los Angeles.
그 시는 로스앤젤레스와 자매 결연을 맺었다.

TWIST

1. 단동사
이 동사는 무엇을 비트는 과정을 그린다.
명사: 돌리기, 비틀기

타동사

Twist the wire to form a circle.
그 철사를 구부려 동그라미 모양을 만들어라.
He grabbed me and **twisted** my arm behind my back.
그가 나를 움켜잡더니 내 팔을 등 뒤로 비틀었다.
Twist the knob to the left to open the door.
그 문을 열려면 그 손잡이를 왼쪽으로 돌려라.
She fell and **twisted** her ankle.
그녀는 넘어져서 그녀의 발목을 삐었다.
You always **twist** everything I say.
당신은 내가 하는 모든 말을 비튼다.
She **twisted** a scarf around her head.
그녀는 그녀의 머리에 스카프를 둘러썼다.

자동사

She **twisted** in her chair when I called her name.
내가 그녀의 이름을 부르자 그녀가 의자에 앉은 채 몸을 돌렸다.
The road **twists** and turns along the coast.
그 도로는 그 해안을 따라 여러 번 구불구불 돈다.

2. 구동사

2.1 twist around
I **twisted** **around** to see who is sitting behind.
나는 내 뒤에 누가 앉아있나 보기 위해서 몸을 돌려 뒤 돌아보았다.
[참조: turn around, wheel around]

2.2 twist O into O
He **twisted** a large bag **into** trunk of his car.
그는 큰 가방을 그의 자동차 뒷 칸에 비틀어 넣었다.

[참조: squeeze into]

2.3 twist O off
He **twisted** the cap **off** the bottle.
그는 그 병뚜껑을 그 병에서 비틀어서 벗겼다.
[off는 뚜껑이 병에서 떨어지는 관계를 나타낸다.]

2.4 twist O out
He **twisted** the cork **out** of the wine bottle.
그는 그 코르크를 그 포도주 병에서 비틀어서 뽑아내었다.

2.5 twist up O
The car **twisted** **up** the narrow path.
그 차가 그 좁은 길을 구불구불 올라갔다.

twist up
Crocodiles can **twist** **up** suddenly.
악어들은 갑자기 몸을 비틀어 머리를 쳐든다.
The thick smoke **twisted** **up** into the sky.
그 짙은 연기가 공중으로 구불거리며 올라갔다.
The wire **twisted** **up** and had to be unravelled.
그 선이 꼬여서 풀어내어야 했다.
[참조: tangle up]

TYPE

1. 단동사
이 동사는 타자를 치는 과정을 그린다.

타동사

Type this letter for your aunt.
너의 고모를 대신해 이 편지를 타자로 쳐라.

2. 구동사

2.1 type O in
Please **type** **in** your *name and address*.
당신의 이름과 주소를 (빈 칸에) 쳐서 넣으세요.
[참조: key in, punch in, put in]

PIN(personal identification number)	개인 식별 번호
registration number	등록번호

Type it **in** right here.
그것을 바로 여기 안에 쳐서 넣으세요.

type O into O
Type the word "buckle" **into** your search engine.
"buckle"이란 낱말을 검색에 쳐서 넣으세요.

2.2 type O out

He **typed out** a poem and read it to us.

그는 시 한 편을 타자로 찍어내어서 그것을 우리에게 읽어줬다.

[out은 마음 속에 있는 것이 표출되는 관계를 그린다.]

Type out this paper before handing it in to your professor.

이 논문을 교수님께 제출하기 전에, 그것을 깔끔하게 타자로 치세요.

Type this report **out** before the deadline.

이 보고서를 마감시간 이전에 깔끔하게 타자로 치세요.

I **typed out** the message and posted it on the bulletin board.

나는 그 메시지를 타이프로 쳐 내고 그 게시판에 게시했다.

You must **type out** your complete address on the credit card application.

당신의 그 신용카드 신청서에 당신의 주소를 완전하게 쳐야 합니다.

[out은 주소 등을 빠짐없이 완전하게 치는 관계를 나타낸다.]

2.3 type over O

Type over "o" with "e," and no one will notice.

"o"위에 "e"자를 덮어 치세요. 아무도 눈치를 못 챌 것입니다.

2.4 type O up

It is my job to attend all the meetings, and **type** my *notes* **up** afterward.

모든 회의에 참석하고 그 후에 내 노트들을 종합해서 타자로 보고서를 만드는 것이 내 일이다.

[up은 여러 개를 하나로 종합해서 보고서를 만드는 관계를 나타낸다. 참조: write up]

reports 보고서	observations 관찰

Would you **type up** this letter for me?

이 편지를 타이프로 쳐 주겠니?

[up은 타이프를 쳐서 편지 등이 만들어지는 관계를 나타낸다.]

T

U u

UPDATE

1. 단동사
이 동사는 최신 정보를 주는 과정을 그린다.

2. 구동사
2.1 update O about O
He **updated** me **about** the Olympic games in Pyeongchang.
그는 내게 평창 올림픽 경기에 대해서 새 정보를 주었다.

2.2 update O on O
He **updates** us **on** the Boeing 737 Max 8
그는 우리에게 보잉 737 맥스 8에 대한 최선 정보를 제공했다.

URGE

1. 단동사
이 동사는 강력하게 재촉하는 과정을 그린다.
명사: 욕구, 충동

타동사

I **urge** that you finish the report in time.
나는 네가 그 보고서를 시간 안에 끝낼 것을 촉구한다.

2. 구동사
2.1 urge O on
As I neared the finish line, my coach **urged** me **on**.
내가 그 결승점에 가까워지자, 내 코치가 재촉해서 나를 계속 뛰게 했다.
[on은 미는 과정의 계속을 나타낸다.]
He **urged** his horse **on** with a whip.
그는 채찍을 써 그의 말을 계속 나아가게 재촉했다.
The travelers were tired of walking, but the thought of a hot meal and warm bed **urged** them **on**.
그 여행자들은 걷기에 지쳤지만 따뜻한 식사와 포근한 잠자리가 그들을 계속 가게 재촉했다.

2.2 urge O upon O
China changed its position, and **urged** reformation **upon** North Korea.
중국이 입장을 바꾸고, 개혁을 북한에 촉구했다.
[upon의 목적어는 부담을 받는 관계이다.]
The doctor **urged** the importance of having regular exercise **upon** me.
그 의사는 규칙적인 운동을 하는 중요성을 나에게 촉구했다.

USE

1. 단동사
이 동사는 무엇을 이용하거나 기름, 식량 등을 소모하는 과정을 그린다.

2. 구동사
2.1 use O for O
You can **use** Bob **for** the errand.
너는 밥을 그 심부름하는 데 쓸 수 있다.

2.2 use O up
I've already **used up** all my money.
나는 이미 내 모든 돈을 다 써버렸다.
[up은 소모동사와 쓰이면 완전히 다 쓰인 상태를 나타낸다.]
His work simply **used** him **up**.
그의 일이 그를 완전히 소모시켰다.
[him은 환유적으로 그의 힘을 가리키고, up은 그 힘이 다 쓰인 상태를 나타낸다.]
We **used** all the gas **up** before we reached the gas station.
우리는 그 주유소에 도착하기 전에 그 모든 기름을 다 써버렸다.
Natural resources will be **used up** in the near future. (passive)
자연 자원이 가까운 미래에 다 고갈될 것이다.

2.3 use O with O
Use this computer **with** great care.
이 컴퓨터를 조심성 있게 사용하세요.

USHER

1. 단동사
이 동사는 길을 안내하여 한 장소에서 다른 장소로 이동하게 하는 과정을 그린다.
명사: 극장, 영화관, 법정 등에서 사람들을 안내하는 사람

2. 구동사
2.1 usher O in

They **ushered** the visitors **in**.
그들이 그 방문객들을 (화, 청자가 아는 곳) 안으로 들여보냈다.

The discovery of oil **ushered in** a new era of prosperity.
기름의 그 발견은 번영의 새 시대를 (우리 사이에) 들어오게 했다.

The new prime minister is determined to **usher in** a progressive era.
그 새 수상은 진보적인 시대를 도입할 결심을 하고 있다.

We **ushered in** the new year with a celebration.
우리는 새해를 축하로 맞아들였다.

2.2 usher O into O

The guide **ushered** the tourists **into** the palace.
그 안내원이 그 관광객들을 그 궁전으로 안내해 들여보냈다.

He **ushered** the children **into** the theater.
그가 그 아이들을 그 극장으로 안내해 들여보냈다.

2.3 usher O out

Bodyguards **ushered** the politician **out**.
경호원들은 그 정치가를 (어떤 장소에서) 안내해서 밖으로 내보냈다.

The police **ushered out** the protestors from the ball park.
경찰이 그 항의자들을 그 야구장에서 안내해서 나가게 했다.

The ability to record sound on film **ushered out** the era of silent movies.
필름에 소리를 기록하는 그 기술은 무성영화들의 시대를 종식시켰다.

The party-goers **ushered out** the old year with a champagne toast.
그 파티에 참석한 사람들은 샴페인을 토스하면서 묵은 해를 내보냈다.

U

V v

VAMP

1. 단동사
이 동사는 이야기나 노래 등을 더 흥미롭게 하기 위해서 새로운 것을 더하는 과정을 그린다.
명사: 기워대는 조각, 즉석반주

2. 구동사

2.1 vamp O up
Some of the singer's old songs have been **vamped up** for today's audiences.
그 가수의 옛 노래 가운데 몇 개가 오늘의 청중들을 위해서 새롭게 편곡되었다.
[up은 좋게 되거나, 새로 만들어지는 관계를 나타낸다.]
The designers **vamped up** the website using contemporary colors.
그 디자이너들은 현대식 색깔들을 써서 그 웹사이트를 더 잘 꾸몄다.
When my turn came to tell a story, I **vamped** one **up** from tales I had heard as a child.
나의 이야기 할 차례가 돌아왔을 때, 나는 어릴 적에 들은 얘기로부터 이야기를 하나 만들어냈다.
[up은 이야기가 만들어지는 관계를 나타낸다.]

VEER

1. 단동사
이 동사는 방향을 홱 트는 과정을 그린다.
자동사
His emotions **veered** between fear and anger.
그의 감정들은 공포와 분노 사이를 빠르게 오갔다.

2. 구동사

2.1 veer away from O
The plane **veered away from** the peak of the mountain.
그 비행기는 그 산의 정상으로부터 방향을 확 바꾸어 벗어났다.
The storm **veered away from** Korea.
그 폭풍이 한국으로부터 방향을 확 바꾸어 벗어났다.
The flock of birds **veered away from** the tall trees.
그 새 떼는 그 큰 나무들로부터 방향을 확 바꾸어 벗어났다.

2.2 veer off O
At that point, the plane **veered off** the course.
그 지점에서 그 비행기는 그 항로를 갑자기 벗어났다.
[off는 비행기가 오던 길에서 벗어나는 관계를 나타낸다.]
The tire blew out, and the car **veered off** the road.
그 타이어 바람이 나가서 그 차가 그 길에서 갑자기 벗어났다.
The teacher **veered off** the topic and left the students bewildered.
그 선생님은 갑자기 그 주제를 벗어나서 그 학생들을 당황하게 만들었다.

veer off
The Malaysian jet liner **veered off** toward the left.
그 말레이시아 제트 여객기는 왼쪽으로 항로를 갑자기 바꾸었다.
The road **veers off** to the right, so stay alert.
그 길은 오른쪽으로 갑자기 벗어나기 때문에 정신을 바짝 차리고 있어라.

veer O off O
The storm **veered** the ship **off** course.
그 태풍들이 그 배를 항로에서 갑자기 벗어나게 했다.

veer off onto O
The bus **veered off onto** a pavement.
그 버스가 갑자기 길을 벗어나 인도로 올라왔다.

veer off to
The storm is going to **veer off to** the east.
그 태풍은 동쪽으로 갑자기 방향을 틀 것이다.

2.3 veer onto O
The bus **veered onto** the wrong side of the road.
그 버스가 방향을 홱 틀어서 그 길의 반대쪽으로 갔다.

2.4 veer out
The hurricane Harvey **veered out** east.
하비 태풍은 갑자기 방향을 바꾸어 동쪽으로 빠져나갔다.

2.5 veer toward O
The horse suddenly **veered toward** us.
그 말이 갑자기 우리를 향해 방향을 틀었다.
The truck **veered toward** me.
그 트럭이 갑자기 방향을 바꾸어 내 쪽으로 향했다.

VEG

1. 단동사
이 동사는 힘이 들지 않는 일을 하면서 느긋하게 휴식을 취하는 과정을 그린다.

2. 구동사
2.1 veg off
Usually I go home after work, and just **veg off** in front of TV.
대개 나는 일이 끝나고 집으로 가서, TV 앞에서 그냥 빈둥거린다.
[참조: doze off, drop off, nod off]

2.2 veg out
He just wants to go home and **veg out**.
그는 그저 집에 가서 느긋하게 쉬고 싶어 한다.
[참조: chill out, mellow out, hang out]
On Sundays, I **veg out** in front of TV.
일요일 마다, 나는 TV 앞에서 편하게 지낸다.

VENT

1. 단동사
이 동사는 통풍구를 통해 먼지 등을 내보내는 과정과, 분노, 좌절감 등의 감정을 터뜨리는 과정을 그린다.
명사: 통풍구, 환기구, 공기구멍

타동사

He **vented** his frustration by kicking on the tire of his car.
그는 자기 차 타이어에 발길질을 하면서 그의 좌절감을 표출했다.

2. 구동사
2.1 vent O off
He **vented off** the steam.
그는 화를 내었다.
[화는 용기 속에 든 끓는 액체로 개념화된다.]

2.2 vent O on O
He **vented** his anger **on** us.
그는 그의 분노를 우리에게 터뜨렸다.

2.3 vent O out
Let's **vent out** the dust.
그 먼지를 밖으로 나가게 하자.
He **vented out** his built-up resentment.
그는 그의 쌓이고 쌓인 분개심이 터져 나오게 했다.

VENTURE

1. 단동사
이 동사는 위험을 무릅쓰고 어딘가를 가는 과정을 나타낸다.
명사: 모험

2. 구동사
2.1 venture away from O
The lion cub **ventured away from** the den.
그 사자새끼는 그 굴에서 모험삼아 벗어났다.

2.2 venture forth
When I finally **ventured forth** into the open area, I was impressed by the beauty of the scenary.
내가 마침내 위험을 무릅쓰고 나가 그 확 트인 공간으로 나갔을 때, 나는 그 전경의 아름다움에 큰 인상을 받았다.

2.3 venture into O
The explorers **ventured into** the cave.
그 탐험가들은 위험을 무릅쓰고 그 동굴 속으로 들어갔다.
He **ventured into** the jungle.
그는 그 정글 속으로 위험을 무릅쓰고 들어갔다.

2.4 venture on O
The travelers **ventured on** a charming country inn.
그 여행자들은 우연히 매력적인 시골 주막을 발견했다.
[참조: come upon, stumble upon, happen upon, hit upon]

2.5 venture onto O
The bear **ventured** far **onto** the ice.
그 곰은 위험을 무릅쓰고 멀리 그 얼음 위에 올라갔다.

2.6 venture out
The lion cubs **ventured out**.
그 사자새끼들이 위험을 무릅쓰고 (굴에서) 나왔다.

2.7 venture up
The deep-sea fish **ventured up** onto the beach.
그 심해어가 위험을 무릅쓰고 그 해변에 올라갔다.

2.8 venture upon O
I **ventured upon** a little shop that deals with all kinds of toys.
나는 모든 종류의 장난감을 취급하는 작은 가게를 우연히 마주쳤다.
[참조: come upon, stumble upon]

VERGE

1. 단동사
이 동사는 어떤 경계나 한계에 가까움을 나타낸다.
명사: 가장자리, 경계, 한계

2. 구동사
2.1 verge into O
The cool morning **verged into** steamy hot weather.
그 시원한 아침이 찌는 듯이 더운 날씨로 점차 변해갔다.
[참조: grow into]

2.2 verge on O
The park **verges on** the neighboring town.
그 공원은 그 이웃 마을과 경계를 같이 하고 있다.
Her violent behavior **verges on** insanity.
그녀의 난폭한 행동은 정신이상에 가깝다.
[참조: border on]
His remarks **verges on** insult.
그의 말은 모욕에 가깝다.
Their confidence **verges on** arrogance.
그들의 자신감은 교만에 가깝다.

VEST

1. 단동사
이 동사는 합법적인 권리를 누군가에게 주는 과정을 그린다.
명사: 속옷, 조끼

2. 구동사
2.1 vest O in O
Executive power is **vested in** president. (passive)
집행권이 대통령에게 주어진다.

2.2 vest O on O
The king **vested** all the military power **on** the generals.
그 왕은 모든 군사력을 그 장군들에게 부여했다.

2.3 vest O with O
Korea is **vested with** beautiful mountains and rivers. (passive)
한국에는 아름다운 산과 강들이 주어져 있다.

VIE

1. 단동사
이 동사는 무엇을 얻기 위해서 경쟁하는 과정을 그린다.

2. 구동사
2.1 vie for O
The top three candidates **vied for** the position.
그 최고 세 명의 후보자들이 그 자리를 얻기 위해 경쟁을 했다.

VISIT ¹

1. 단동사
이 동사는 사람이나 장소를 찾아가는 과정을 그린다.
명사: 방문
타동사
We **visited** a few museums while in Seoul.
우리는 서울에 있는 동안 박물관 몇 곳을 방문했다.
This morning, he **visited** the clinic for his headache.
오늘 아침, 그는 머리가 아파서 의원을 방문했다.

2. 구동사
2.1 visit with O
I had a chance to **visit with** an old friend of mine while I was in Tokyo.
나는 동경에 체류 중일 때 옛 친구를 찾아가 만나서 얘기할 기회가 있었다.
I would like to come by and **visit with** you for a while.
나는 너희 집에 들러서 잠시 이야기를 나누고 싶다.

VISIT ²

1. 단동사
이 동사는 벌을 주기 위해서 어떤 일을 하는 과정을 그린다.

2. 구동사
2.1 visit O on O
Terrible sufferings were **visited on** the people of North Korea. (passive)
극심한 고통들이 북한 주민들에게 주어졌다.
[on은 피해자를 도입한다.]
The storm **visited** disaster **on** the fishing village.
그 태풍은 재앙을 그 어촌에 주었다.

VOMIT

1. 단동사
이 동사는 먹은 것을 토하는 과정을 그린다.
자동사
The smell made her want to **vomit**.
그 냄새가 그녀를 토하고 싶게 했었다.

2. 구동사

2.1 vomit O out

The dog **vomited out** all he had eaten.
그 개는 먹은 것을 모두 토해 내었다.
[out은 토해 낸 양이 많음을 나타낸다.]

The volcano **vomited out** the lava for days.
그 화산은 며칠 동안 많은 양의 용암을 뿜어냈다.

2.2 vomit O up

He **vomited up** his breakfast.
그는 아침에 먹은 것을 토해 올렸다.
[up은 먹은 것이 위에서 입으로 올라오는 관계를 나타낸다. 참조: heave up, throw up]

VOTE

1. 단동사

이 동사는 투표하는 과정을 그린다.
명사: 표, 투표

타동사

Congress **voted** new tax reform bills.
의회는 새 세제 개혁 법안들을 표결에 붙였다.

I **vote** we leave now.
나는 지금 떠나자고 제안한다.

2. 구동사

2.1 vote against O

Are you going to **vote against** the bill?
당신은 그 법안에 반대투표를 하실 것입니까?

2.2 vote O down

The bill banning smoking in small restaurants was **voted down**.
소규모 식당들에서 금연을 하게하는 그 법은 투표로 부결되었다.
[down은 법안이 죽는 관계를 나타낸다.]

At the meeting, the proposal to build a new airport in the area was **voted down** by a huge majority.
그 회의에서 그 지역에 새 비행장을 건설하려는 제안은 큰 표 차로 부결되었다.

2.3 vote for O

All the board members **voted for** the structural reform.
그 모든 이사들은 그 구조개혁에 찬성표를 던졌다.

2.4 vote O in

The Democratic candidate gained the support of the labor union, and was **voted in**.
그 민주당 후보자는 노동조합의 지지를 얻어 투표로 (의회에) 들어가게 되었다.
[in은 into office나 into power의 뜻이다.]

2.5 vote O into O

He was **voted into** the office of *mayor*.
그는 투표로 시장 직에 들어갔다. 즉 시장이 되었다.

governor 주지사	president 대통령

2.6 vote on O

Today the congress is going to **vote on** the *immigration bill*.
오늘 의회는 이민법안에 관련된 투표를 할 것이다.

visa waiver program 비자 면제 프로그램
resolution 결의

2.7 vote O out

The chairman was **voted out** at the board meeting.
그 회장은 그 의사회에서 투표로 물러나게 되었다.
[out은 이사회에서 나오는 관계를 나타낸다.]

2.8 vote O through

The Democrats **voted** the bill **through**.
민주당원들이 그 법안을 투표해서 통과시켰다.

The law banning illegal demonstrations in *Gwanghwamun* Square was **voted through** last week.
광화문 광장에서 불법시위를 금하는 법이 지난주 (의회에서) 투표로 통과되었다.

VOUCH

1. 단동사

이 동사는 어떤 사람의 신뢰성, 정직성 등을 보증하는 과정을 그린다.

2. 구동사

2.1 vouch for O

I know her personally and can **vouch for** her reliability.
나는 그녀를 개인적으로 알기 때문에 나는 그녀의 신뢰성을 보증할 수 있다.

I can **vouch for** Donald.
나는 도널드의 신뢰성과 정직성 등을 보증할 수 있다.

The candidate's strong record **vouches for** her ability.
그 후보자의 탄탄한 경력은 그녀의 능력을 보증한다.

W w

WAD

1. 단동사
이 동사는 종이나 천 등을 구겨서 작게 만드는 과정을 그린다.

명사: 종이나 얇은 물건의 뭉치

2. 구동사
2.1 wad O up

She **wadded up** the letter and threw it onto the fire.
그녀는 그 편지를 구겨서 그 불 위에 던졌다.

[up은 구겨진 상태를 나타낸다. 참조: crumple up, squeeze up]

WADE

1. 단동사
이 동사는 얕은 물, 진흙 속을 힘겹게 헤치며 걷는 과정을 그린다.

2. 구동사
2.1 wade in

The demonstration was peaceful, but the police **waded in** with clubs and tear gas.
그 시위는 평화적이었으나 경찰이 경찰봉들과 최루탄을 가지고 군중 속으로 들어왔다.

wade in with O

I don't want you to **wade in with** your comment.
나는 당신이 논평을 가지고 끼어들기를 원하지 않습니다.

[참조: weigh in]

2.2 wade into O

The child **waded into** the river.
그 아이가 그 강 속으로 걸어 들어갔다.

He **waded into** the water to push the boat out.
그는 그 보트를 밀어내기 위해 그 물속을 헤치고 들어갔다.

The mayor **waded into** the debate.
그 시장은 그 토론에 끼어들어갔다.

The boss **waded into** me for being late.
사장님은 내가 지각을 해서 나를 몹시 꾸짖었다.

[참조: lash into, lay into]

2.3 wade through O

He **waded through** the water.
그는 힘들게 그 물을 헤쳐 나갔다.

Sometimes they had to **wade through** waist-deep mud.
때때로 그들은 허리까지 오는 진창 속을 헤치며 걸어야 했다.

You have to **wade through** this manual to run the program.
그 프로그램을 돌리기 위해서는 이 지침서를 힘들게 읽어내야 한다.

[through는 지침서의 처음부터 끝까지를 읽어나가는 관계를 나타낸다. 참조: read through, plough through]

He **waded through** the boring report.
그는 그 지루한 보고서를 힘들게 읽어 나갔다.

WAFFLE

1. 단동사
이 동사는 중요한 내용이 없이 글이나 말을 장황하게 늘어놓는 과정을 그린다.

명사: 와플, 장황하기만 한 알맹이 없는 말

2. 구동사
2.1 waffle around

Stop **waffling around**. Make up your mind.
그만 미적거리고 결정을 하세요.

2.2 waffle on

When I asked dad if I could use his car, he **waffled on** without giving me a straight answer.
내가 아버지에게 아버지 차를 쓸 수 있느냐고 묻자, 아버지는 직답을 피하면서 계속 우물쭈물했다.

[on은 말이나 행동이 계속되는 관계를 나타낸다.]

waffle on about O

The principal **waffled on about** exam results but no one was listening.
그 교장 선생님이 시험 결과들에 대해 장황하게 말을 늘어놓았지만 아무도 듣고 있지 않았다.

waffle on O

The senator was accused of **waffling on** major issues.
그 상원의원은 주요한 쟁점들을 두고 미적거린다는 비난을 받았다.

WAIT

1. 단동사
이 동사는 기다리는 과정을 그린다.

자동사

Let the matter **wait** until next week.
그 일을 다음 주까지 기다리게 하자, 즉 미루자.

타동사

We will **wait** dinner for you.
우리는 저녁을 너를 위해 미루겠다. 즉, 저녁을 네가 올 때까지 미루겠다.

2. 구동사
2.1 wait around

I had to **wait around** for hours until help came along.
나는 도움이 도착할 때까지 몇 시간을 서성거리며 기다려야 했다.

[around는 뚜렷한 목적 없이 기다리는 관계를 나타낸다. 참조: stay around, stick around]

2.2 wait behind O

The teacher told us to **wait behind** school.
그 선생님은 우리를 방과 후에 남아있게 했다.

2.3 wait for O

I **waited for** him until 6 o'clock.
나는 그를 6시까지 기다렸다.

2.4 wait in

I **waited in** all day long for the delivery.
나는 그 배달을 받기 위해 온 종일 집안에서 기다렸다.
[in은 바깥에 나가지 않고, 안에 있는 관계를 나타낸다. 참조: stay in]

2.5 wait on O

She **waited on** tables to earn money while she was at college.
그녀는 대학시절에 돈을 벌기 위해서 식당에서 일했다.
[on은 기다림과 테이블이 관계가 있다는 것을 나타내며, 시중을 든다는 것을 말한다.]

He's got a job **waiting on** customers in a large market.
그는 큰 시장에서 손님을 돌보는 일자리를 구했다.

He is still **waiting on** the announcement.
그는 (다음 일을 하기 위해서) 그 발표를 아직도 기다리고 있다.

The UN Security Council is still **waiting on** Russia.
UN 안전 보장 이사회는 아직도 러시아의 결정을 기다리고 있다.

2.6 wait O out

They **waited** the *rain* **out**.
그들은 그 비가 지나갈 때까지 기다렸다.
[out은 비가 다 지나가는 관계를 나타낸다.]

storm 폭풍	blizzard 눈보라

They **waited** the crisis **out**.
그들은 그 위기가 지나갈 때까지 기다렸다.

2.7 wait up

I will be home late. So don't **wait up** for me.
내가 오늘 집에 늦게 갈 것이다. 그러니 자지 않고(up) 기다리지 마세요.

[up은 자지 않고 깨어 있는 상태를 나타낸다. 참조: stay up, keep up]

WAKE

1. 단동사
이 동사는 잠에서 깨어나거나 깨우는 과정을 그린다.

2. 구동사
2.1 wake from O

She **woke** up **from** a *deep sleep*.
그녀는 깊은 잠에서 깨었다.

dream 꿈	anesthesia 마취제

wake O **from** O

He **woke** us **from** nap.
그는 우리를 낮잠에서 깨웠다.

2.2 wake up

I **woke up** at the sound of the alarm.
나는 그 알람 소리를 듣고 깨어났다.
[up은 깨어서 있는 상태를 나타낸다.]

wake O **up**

Please don't **wake** me **up** until noon.
정오까지 나를 깨우지 마세요.

wake up from O

He is **waking up from** the sedation.
그는 그 마취에서 깨어나고 있다.

wake up to O

I like to **wake up to** soft music.
나는 깨어나서 부드러운 음악을 듣기를 좋아한다.

I like to **wake up to** the smell of freshly brewed coffee.
나는 깨어나서 갓 내린 그 커피 냄새 맡기를 좋아한다.
He **woke up to** the importance of good sleep.
그는 좋은 잠의 중요성을 깨달았다.
I **woke up to** a clear sky.
내가 깨어서 보니 하늘이 맑았다.

cold morning 추운 아침	sunny sky 햇빛 좋은 하늘

We **woke up to** a third day of pollution.
우리가 깨어보니 3일 째 오염된 날이 시작됐다.

wake O **up to** O
We tried to **wake** them **up to** the dangers.
우리는 그들을 일깨워서 그 위험들을 깨닫게 하려 애썼다.

WALK

1. 단동사
이 동사는 걷거나 걸리는 과정을 그린다.
자동사
He **walks** 5 miles a day.
그는 하루에 5 마일을 걷는다.
Walk to the nearest exit.
가장 가까운 출구로 걸어가시오.

사역동사
It is time to **walk** the dog.
그 개를 걷게 할 시간이다. 즉 산책시킬 시간이다.
I'll **walk** you home.
나는 집까지 너와 같이 걸어가겠다.
Let's **walk** the table to the corner.
그 탁자의 다리를 옮겨서 그 구석까지 가지고 가자.

2. 구동사
2.1 walk across O
He **walked across** the *border*.
그는 그 국경선을 걸어서 가로질렀다.

country 나라	island 섬

2.2 walk along O
Don't **walk along** the *road*. It's too dangerous.
그 찻길을 따라 걷지 마세요. 너무 위험합니다.

beach 해변	river 강

walk along
I was just **walking along** when my heel broke off.

내가 걸어가고 있는데 내 신발굽이 부러져 떨어져나갔다.
[along은 어떤 길을 따라 걷는 관계를 나타낸다. off는 굽이 산에서 떨어지는 관계를 나타낸다.]

2.3 walk around O
We had to **walk around** the hole in the pavement.
우리는 그 길에 있는 그 구덩이를 돌아서 걸어가야 했다.
We **walked around** the *hall*.
우리는 그 강당 안을 이리저리 걸어 다녔다.

city 시내	palace 궁전
park 공원	campus 캠퍼스

walk around
I need to **walk around** to get some fresh air.
나는 신선한 공기를 마시기 위해 (뚜렷한 목적 없이)
이리저리 걸어 다닐 필요가 있다.
I **walked around** among the trees.
나는 나무들 사이를 이리저리 걸어 다녔다.
I **walked around** here and there in Seoul.
나는 서울에서 이곳저곳 걸어 다녔다.

2.4 walk away
A man **walked away** unhurt after falling from a
third-floor window.
어떤 사람이 3층 창문에서 떨어진 다음, 멀쩡하게 (그
자리에서) 걸어 나갔다.
After 30 years of marriage, she decided to **walk away**.
결혼 30년 후에, 그녀는 (남편으로부터) 걸어 나가기로
결심했다. 즉, 이혼하기로 했다.

walk away from O
He **walked away from** the *market*.
그는 걸어서 그 시장에서 멀어져갔다.

scene 장면	building 건물

Don't **walk away from** me while I'm talking to you.
내가 너에게 말하고 있을 때 내게서 걸어가 버리지 마라.
[away는 청자가 나로부터 멀어지는 관계를 나타낸다.]
You just can't **walk away from** your *responsibilities*.
너는 너의 책임들으로부터 걸어 나갈 수 없다. 즉, 책임
을 져야 한다.

business 업무	situation 상황
job 일	problem 문제

walk away with O
H. J. Park **walked away with** the *champion*.

H. J. 박은 그 선수권을 타고 걸어 나갔다. 즉, 그 상을 타갔다.

silver medal 은메달	prize 상품

Someone walked away with my camera.
누군가가 내 카메라를 가지고 가버렸다. 즉, 훔쳐갔다.

2.5 walk back
I walked back to my office alone.
나는 혼자서 내 사무실로 되돌아서 걸어갔다.

walk back from O
He walked back from his *commitment*.
그는 그 약속에서 뒷걸음 쳤다. 즉, 지키지 않았다.

promise 약속	statement 진술

walk back on O
He walked back on his *promise*.
그는 약속을 저버렸다. 즉, 실행하지 않았다.

threat 위협	commitment 약속

2.6 walk by O
We walked by the *school*.
우리는 그 학교 곁을 지나 걸어갔다.

store 가게	hospital 병원
park 공원	gym 체육관

2.7 walk down O
Susan walked down the *road* and turned right.
수전은 그 길을 따라 걸어 내려가서 우회전을 했다.

lane 시골길	slope 경사
hill 언덕	stairs 층계

walk O down O
Her father walked the bride down the aisle.
그녀의 아버지가 그 신부를 데리고 그 통로를 따라 같이 걸어갔다.

2.8 walk in O
He is walking in *shoes*.
그는 구두를 신고 걷고 있다.

slippers 슬리퍼	boots 장화

walk in
At last I saw a hospital and walked in.

마침내 어느 병원을 보고 나는 (그 병원에) 걸어 들어갔다.

walk in on O
He walked in on a thief who was trying to break my safe.
그는 집에 들어가서 내 금고를 부수려고 하는 도둑을 만나게 되었다.
[in은 집 안으로, on은 접촉을 나타낸다.]
I didn't mean to walk in on you. I didn't know anyone was in the building.
나는 걸어 들어가서 너를 방해할 생각이 없었다. 나는 그 건물 안에 누군가 있다는 것을 몰랐다.

2.9 walk into O
We walked into the *parking garage* to find our car.
우리는 우리의 차를 찾기 위해 그 주차장으로 걸어 들어갔다.

office building 사무실 건물

He walked right into the glass door and broke his nose.
그는 그 유리문에 바로 걸어 들어가서, 즉 부딪혀서, 코를 깼다.
[into의 목적어는 의식 영역 밖에 있는 것이다. 참조: run into, bump into]
Most parents think that if you have been in Y University, you can walk into any job you want.
대부분의 부모님들은 여러분이 Y대학교를 다녔으면 여러분은 원하는 어떤 일자리라도 걸어 들어갈 수 있다고 생각한다. 즉, 쉽게 들어갈 수 있다고 생각한다.
The two drunken men walked into a fight.
그 두 술 취한 이가 특별한 이유나 목적이 없이 싸우게 되었다.
[참조: get into]

2.10 walk off O
He walked off the *plane*.
그는 걸어서 그 비행기에서 내렸다.

bus 버스	train 기차

He walked off the job.
그는 일자리를 떠났다.

walk off
She walked off without saying good-bye.
그녀는 작별인사도 하지 않고 어떤 자리를 걸어서 떠났다.
[off는 어떤 자리를 떠나는 관계를 나타낸다.]

walk off with O
She **walked off with** the best actress award.
그녀는 여우주연상을 탔다.
[참조: walk away with]
Someone **walked off with** my wallet.
누군가가 내 지갑을 가지고 자리를 떴다. 즉, 훔쳐갔다.

walk O off
I am feeling tired and I decided to **walk** it **off**.
나는 피곤함을 느끼고 있어서 걸어서 이 피로감을 몸에서 떼기로 결심했다.
[off는 피로가 몸에서 떨어지는 관계를 나타낸다. 참조: sleep off]
He is **walking off** his lunch.
그는 걸어서 많이 먹은 점심의 더부룩함을 떨어져 나가게 하고 있다.
He **walked** his feet **off**, looking for a present for his wife.
그는 발이 떨어져 나가도록 아내를 위한 선물을 찾아 돌아다녔다.
[off는 발이 몸에서 떨어져 나가는 관계를 나타낸다.]

2.11 walk on O
We are **walking on** thin ice.
우리는 살얼음판 위를 걷고 있다.
On the last day of school, the pupils **walked on** air.
수업 마지막 날에, 아동들은 좋아서 기뻐 날뛰었다.
He **walked on** tiptoes.
그는 발끝으로 걸었다.

walk on
We stopped there and **walked on**.
우리는 거기서 멈추고 다시 이어서 걸었다.
[on은 걸은 다음 쉬었다가 다시 이어서 걷는 관계를 나타낸다.]

2.12 walk onto O
He **walked onto** the stage.
그는 걸어서 그 무대 위에 올라갔다.

2.13 walk out O
He **walked out** the door.
그는 그 문을 통해 밖으로 걸어 나갔다.

walk out
Some people **walked out** halfway through the game.
몇몇 사람들이 그 경기가 반 쯤 지나가자 경기장에서 나가버렸다.
Ten workers **walked out** when a colleague was fired.
10명의 노동자들이 동료 한 명이 해고되자 일터에서 걸어 나갔다. 즉 파업을 했다.
Students **walked out** for gun laws and teachers walked out for pay.
학생들은 총기 단속법들을 얻기 위해서 파업을 했고 교사들은 월급을 더 많이 받기 위해서 파업했다.
His wife **walked out** of her 30 years of marriage.
그의 아내는 30년 결혼생활에서 걸어 나갔다. 즉 이혼했다.

walk out on O
Her husband **walked out on** her.
그의 남편은 그녀를 버리고 나갔다.
[On의 목적어는 파혼의 결과로 영향을 받는 관계를 나타낸다.]
You are not going to **walk out on** the deal, are you?
당신은 그 협의 사항을 두고 걸어 나가지 않겠지요? 즉 파기하지 않겠지요?

walk O out
I will **walk** you **out** to the exit. It's dark.
제가 당신과 그 출구까지 함께 걸어 나가겠습니다. 어둡습니다.

walk out of O
He **walked out of** the hall.
그는 그 홀에서 걸어 나갔다.
He **walked out of** the meeting.
그는 그 회의에서 걸어 나갔다.
He decided to **walk out of** the job.
그는 그 일자리에서 걸어 나가기로 결심했다. 즉, 그만두기로 결심했다.

2.14 walk over O
You need to be firm with kids or the kids will **walk** all **over** you.
너는 아이들에게 단호할 필요가 있다. 그렇지 않으면 아이들은 당신을 짓밟을 것이다, 즉 덤빌 것이다.

walk over
I **walked over** to her and asked her what she was doing.
나는 그녀에게로 걸어 넘어가서 그녀가 무엇을 하고 있는지 물어보았다.
[over는 한 쪽에서 다른 쪽으로 넘어가는 관계를 나타낸다. 참조: go over, get over]

2.15 walk through O
We **walked through** the *forest*.
우리는 그 숲 속을 걸어서 지나갔다.

market 시장	crowd 군중

walk O through O

Mitchell **walked** us **through** the arch in the garden.
미첼은 우리와 함께 걸어서 그 정원에 있는 아치형 구조물을 처음부터 끝까지 둘러봤다.

The software tutorial will **walk** you **through** the process of making your own name cards.
그 소프트웨어는 여러분을 안내해서 여러분 자신의 명함을 만드는 과정을 밟게 할 것이다.

[through는 과정의 처음부터 끝까지 거치는 관계를 나타낸다.]

Please **walk** me **through** how to make a pizza.
나를 데리고 피자 만드는 방법을 처음부터 끝까지 차근차근 가르쳐주세요.

2.16 walk up O

She **walked up** the *stairs* alone.
그녀는 혼자서 그 계단을 걸어 올라갔다.

[up은 낮은 데서 높은 데로 올라가는 관계를 나타낸다.]

steps 계단	slope 경사
hill 언덕	

walk up

Walk right **up** to him and ask his name.
그에게 가까이 걸어가서 그의 이름을 물어보아라.

[up은 한 사람이 다른 사람에게 다가가는 관계를 나타낸다.]

Jeffrey **walked up** to the door and rang the bell.
제프리는 그 문에 가까이 걸어가서 그 초인종을 울렸다.

WALL

1. 단동사
이 동사는 벽이나 담을 쌓는 과정을 그린다.
명사: 담, 벽

2. 구동사
2.1 wall O in

The house is **walled in**. (passive)
그 집은 담으로 둘러 싸여있다.

[in은 집이 담으로 둘러싸인 관계를 나타낸다. 참조: fence in]

The tall sky scrapers **wall in** the traditional Korean houses.
그 높은 고층건물들이 그 전통 한옥들을 둘러싸고 있다.

He **walled in** his garden.
그는 그 정원을 담에 넣었다. 즉, 담으로 둘러쌌다.

2.2 wall O off

He **walled off** the garden to protect the young plants from animals.
그는 그 어린 식물들을 동물들로부터 보호하기 위해서 그 텃밭을 담으로 분리하였다.

[off는 텃밭을 주위로부터 분리하는 관계를 나타낸다.]

The manager **walled off** his office.
그 지배인은 그의 사무실을 벽을 쳐서 (다른 부분과) 분리했다.

2.3 wall O out

What are you going to wall in and **wall out**?
담을 만들어 무엇을 담 안에 두고, 무엇을 담 밖에 두려고 합니까?

2.4 wall O up

The fireplace is **walled up**. (passive)
그 벽난로는 벽돌을 쌓아올려 막았다.

[up은 공간이 막히는 관계를 나타낸다. 참조: block up]

We decided to **wall up** the fireplace.
우리는 그 벽난로를 벽을 쌓아 올려 막기로 결정했다.

The two corpses were found **walled up** in the basement. (passive)
두 시체가 그 지하실에 벽으로 묻혀 있는 것이 발견 되었다.

WALLOW

1. 단동사
이 동사는 동물들이 물이나 진흙 속에 뒹굴며 즐기는 과정을 그린다.
명사: 뒹굴기

2. 구동사
2.1 wallow in O

Hippos **wallowed in** the mud.
하마들이 그 진흙 속에서 뒹굴며 즐기고 있었다.

Some animals are **wallowing in** the shallows.
몇몇 동물들이 얕은 물에서 즐기고 있다.

He loves to **wallow in** a hot bath after a game.
그는 경기가 끝난 뒤에 뜨거운 목욕물 안에서 뒹구는 것을 아주 좋아한다.

She **wallowed in** the luxury of the hotel.
그녀는 그 호텔의 사치에 젖어 있었다.

WALTZ

1. 단동사
이 동사는 왈츠 춤을 추거나 침착하고 자신있게 움직이는 과정을 그린다.

명사: 왈츠, 춤 또는 그 춤곡

2. 구동사

2.1 waltz across O

I watched them **waltzing across** the floor.

나는 그들이 왈츠를 추며 그 마루를 가로질러 가는 것을
지켜보았다.

2.2 waltz into O

I don't like him **waltzing into** the house as if he owned
it.

나는 그가 그 집이 자기 집이라도 되는 것처럼 당당하게
그 집 안으로 걸어 들어오는 것이 싫다.

2.3 waltz off with O

While we were at the bus terminal, someone **waltzed
off with** our camera.

누군가가 우리가 버스 터미널에 있을 때 우리 카메라를
슬쩍 훔쳐갔다.

[참조: run off with, walk off with]

2.4 waltz through O

He is athletic, and was able to **waltz through** the basic
military training.

그는 신체가 좋아서 그 기본군사훈련을 쉽게 마쳤다.

[through는 과정의 처음부터 마지막까지 지나는 관계를 나타낸다.]

The recruits have **waltzed through** their training.

그 신병들은 아무 어려움 없이 그들의 훈련을 마쳤다.

WANDER

1. 단동사

이 동사는 방향이나 목적 없이 천천히 이리저리 걸어다니
는 과정을 그린다.

명사: 이리저리 거닐기

2. 구동사

2.1 wander about

We **wandered about** in the center of the city.

우리는 그 도시의 중심부에서 이리저리 돌아다녔다.

[about은 이리저리 뚜렷한 목적 없이 다니는 관계를 나타낸다.]

2.2 wander around O

Someone **wandered around** the residential area.

누군가가 그 주택가를 이리저리 돌아다녔다.

2.3 wander away from O

The kitten **wandered away from** its mother.

그 새끼 고양이는 서성거리다가 어미 고양이로부터 떨
어져 나갔다.

2.4 wander off

My dog **wanders off** if I don't pay attention to him.

내 개에 주의를 주지 않으면 어디론가 가버린다.

[off는 내가 있는 장소에서 벗어나는 관계를 나타낸다.]

wander off from O

The lion cub **wandered off from** its mom.

그 새끼 사자가 어미로부터 떨어져 가버렸다.

2.5 wander into O

A wild pig **wandered into** the village.

야생 돼지 한 마리가 헤매다가 그 마을로 들어왔다.

[참조: stray into]

WANT

1. 단동사

이 동사는 무언가를 바라거나 원하는 과정을 그린다.

타동사

Do you **want** your coffee black or white?

당신은 커피를 블랙으로 아니면 우유를 넣은 것을 원합
니까?

The plants **want** watering daily.

그 화초들은 매일 물을 주어야 한다.

2. 구동사

2.1 want O back

The child **wants** his mother **back** very badly.

그 아이는 엄마가 곧 돌아오기를 몹시 원하고 있다.

[want his mother back은 want his mother to come back 과
비교될 수 있는데, 앞 표현이 뒤 표현보다 '더 즉각적인' 혹은 '당장'
의 의미를 갖는다. 아래 나머지 구동사도 같은 방법으로 설명될
수 있다.]

2.2 want for O

I **want for** helpers around the house.

나는 그 집 주위를 돌봐줄 사람들을 원한다.

2.3 want into O

It is freezing cold outside. I **want into** the house.

여기 바깥은 몹시 차다. 나는 집에 당장 들어가고 싶다.

2.4 want O in O

I **want** you **in** the office right away.

나는 네가 당장 그 사무실에 들어오기를 원한다.
I **want** my coffee in my study now.
나는 커피를 내 서재에 곧 가져다 주기를 원한다.

2.5 want off O

I **want off** the bus right here.
나는 바로 여기서 그 버스에서 내리고 싶다.

want off

Stop the train. I **want off**.
기차를 세우세요. 나는 (기차에서) 당장 내리고 싶습
니다.

2.6 want out

The job is no good for me. I **want out**.
그 직장은 내게 안 좋다. 나는 (그 일에서) 당장 벗어나
고 싶다.

want out of O

I **want out of** this stuffy room.
나는 이 답답한 방에서 당장 나가고 싶다.
I **want out of** the responsibility.
나는 그 책임에서 당장 벗어나고 싶다.

WARD

1. 단동사
이 동사는 어떤 일을 막아서 보호하는 과정을 그린다.
명사: 보호, 감독, 감시

2. 구동사
2.1 ward O off
In some African countries, masks are used to **ward off** ghosts.
몇몇 아프리카 국가들에서 복면 마스크들은 귀신들을
쫓아내기 위해 사용된다.
[off는 귀신이 접근하지 못하게 사람들에게 접근하지 못하게 하는
관계를 나타낸다.]
In order to **ward off** a possible forest fire, the local government banned smoking in the mountains.
있을 수 있는 산불을 미리 막기 위해, 그 지방정부는 그
산악지역에서 흡연을 금지했다.
Like many men in their 60's, he takes one aspirin a day to **ward off** heart-disease.
60대의 많은 사람들과 마찬가지로, 심장병을 막기 위해
서 그는 심장 질환을 막기 위해 매일 한 알 씩 아스피린
을 먹는다.

WARM

1. 단동사
이 동사는 따뜻해지거나 따뜻하게 하는 과정을 그린다.
형용사: 따뜻한

자동사

The rocks **warmed** quickly in the sun.
그 돌들은 햇볕을 받고 곧 따뜻해졌다.

타동사

Warm yourself by the fire.
그 불가에서 몸을 녹여라.
His kind words **warmed** my heart.
그의 친절한 말이 나의 마음을 녹였다.

2. 구동사
2.1 warm O over
Let's **warm over** the soup from last night.
어제 저녁에 먹던 수프를 다시 데웁시다.
[over는 데웠던 것을 다시 데우는 관계를 나타낸다. 참조: start over]
You can't take your old story, **warm** it **over**, and expect people to like it.
너의 오래된 얘기를 가지고 그것을 재탕해서 사람들이
그걸 좋아하기를 기대할 수는 없다.
[over는 이야기를 전반적으로 고침을 나타낸다.]

2.2 warm O through
Stir for 10 minutes until the vegetables are **warmed through**.
그 채소들이 속까지 데워질 때까지 10분 간 저으세요.
[through는 채소가 겉에서 속까지 데워지는 관계를 나타낸다.]
The cabbage **warmed through**.
그 양배추가 속속들이 따뜻해졌다.

2.3 warm to O
She did not like leaving the baby with anyone else at first, but now she is **warming to** the idea.
그녀는 처음에는 그 아기를 다른 누구에게도 맡기기를 좋
아하지 않았으나, 지금은 그 생각을 좋아하기 시작했다.
[she는 환유적으로 그녀의 마음을 가리키고, 이 마음이 그 생각에
따뜻해진다는 뜻이다. 즉, 좋아한다는 뜻이다.]
He **warmed to** the work and continued with great interest.
그는 그 일을 좋아하게 되어, 큰 관심을 갖고 계속했다.
He was slow to **warm to** his step mother.
그는 그의 계모에게 정이 드는데 시간이 걸렸다.

2.4 warm up

Now it is spring and the weather is **warming up**.
이제 봄이어서 날씨가 따뜻해지고 있다.
[up은 기온이 찬 상태에서 따뜻해지고, 따뜻한 상태가더 따뜻해지는 변화를 나타낸다.]

It took a while for the heating system to **warm up**.
그 난방장치가 데워지는데 시간이 조금 걸렸다.

You have to wait for the copy machine to **warm up**.
너는 그 복사기가 예열되기까지 기다려야 한다.

The athletes are **warming up** for the race.
그 선수들은 그 경기를 대비해서 준비 운동을 하고 있다.

The rock band **warmed up** before going on stage.
그 록 밴드는 무대에 오르기 전에 예행연습을 했다.

The soup is **warming up** in the microwave.
그 국은 그 전자레인지에서 데워지고 있다.

After midnight, things **warmed up** and the party really got going.
한밤중이 지나서 사정들이 좋아져서 모임이 활발해졌다.

warm up for O

The athletes are **warming up for** the race.
그 선수들은 그 경기를 대비해서 예행연습을 하고 있다.

He is **warming up for** long journey.
긴 여행 준비를 하고 있다.

warm O up

In the old days, they used to **warm up** the engine before driving off.
옛날에 사람들은 출발 전에 엔진을 예열하곤 했다.

Come on in, and have a cup of hot tea. It will **warm** you **up**.
주저 말고 들어와서 따뜻한 차 한 잔 마시세요. 그 차가 당신을 따뜻하게 해줄 겁니다.

warm up to O

The temperature will **warm up to** 30℃ today.
온도가 오늘 30도까지 올라갈 것이다.

My American friend is **warming up to** *Kimchi*.
내 미국 친구는 점차로 김치를 좋아하고 있다.

She is **warming up to** the idea.
그녀는 그 생각을 점차로 좋아하게 되었다.

WARN

1. 단동사
이 동사는 위험 등을 미리 경고해서 피하게 하는 과정을 그린다.

2. 구동사

2.1 warn O about O

I have **warned** you **about** going to Paris at this time.
나는 너에게 이 시기에 파리에 가는 것에 대해 경고를 했다.

2.2 warn against O

Some economists **warned against** economic slow-down.
몇몇 경제학자들은 경기침체에 대비하라는 경고를 했다.
[against는 대비하는 관계를 나타낸다.]

warn O against O

The Korean government **warned** Koreans **against** visiting Syria.
한국 정부는 한국인들에게 시리아 방문을 못하게 경고했다.

Pregnant women are **warned against** using the pill because of possible side-effects. (passive)
임산부들은 있을 수 있는 부작용들 때문에 그 약을 먹지 않도록 경고를 받는다.

2.3 warn O away

The battle ship fired a few shots to **warn away** a Somalia boat.
그 전투함은 소말리아 배를 경고해서 도망가게 몇 발을 쏘았다.

2.4 warn O of O

The country was **warned of** the danger of nuclear weapons. (passive)
그 나라는 핵무기에 대한 위험에 대해서 경고를 받았다.

2.5 warn O off

The farmer put up a sign to **warn** people **off**.
그 농부는 사람들이 접근하지 못하게 간판을 세웠다.
[off는 사람들이 농장에 접근 못하는 관계를 나타낸다.]

WASH

1. 단동사
이 동사는 물과 비누로 씻는 과정과 물의 힘으로 움직이는 과정을 그린다.

타동사

She **washed** clothes every Sunday.
그녀는 매 일요일에 옷들을 빤다.

The sea **washes** the shore.
그 바닷물이 그 해변을 씻는다.

자동사

The clothes **wash** easily.
그 옷들은 쉽게 빨린다.
The cotton shirt **washes** well.
그 면 셔츠는 잘 빨린다.
She **washes** on Sundays.
그녀는 일요일에 빨래를 한다.

2. 구동사

2.1 wash O away

The *bridge* was **washed away** by the flash flood water.
(passive)
그 다리는 그 갑자기 불어난 그 홍수물에 의해 쓸려나
갔다.
[away는 다리가 제자리에서 멀어져 있는 관계를 나타낸다.]

road	길	road sign	표지판

The sand on the beach is being **washed away**.
(passive)
그 바닷가의 모래가 점점 휩쓸려 없어지고 있다.
He **washed away** the blood.
그는 그 피를 씻어버렸다. 즉 피가 없어지게 했다.
One day all his troubles will be **washed away**.
(passive)
어느 날 그의 모든 문제들이 씻겨 없어질 것이다.

2.2 wash O down O

Please **wash** all that waste **down** the drain.
그 모든 찌꺼기를 그 배수구에 씻어 내리세요.

wash O down

He **washed down** the grease with a glass of coke.
그는 그 기름기를 콜라 한 잔으로 씻어 내렸다.
[down은 기름기가 식도를 따라 내려가는 관계를 나타낸다.]
He **washes down** his meal with wine.
그는 그가 먹은 음식을 포도주로 씻어 내린다.
He **washed down** his pizza with a glass of coke.
그는 먹은 피자를 콜라 한 잔으로 씻어 내렸다.
He **washed down** the wall, and painted it.
그는 그 벽을 물로 완전히 씻어 내리고, 페인트칠을 했다.
[down은 '철저하게' 또는 '완전하게'의 뜻이다.]
He **washed down** the car, and dried it.
그는 그 차를 잘 씻어 내리고 말렸다.
She **washed down** the area with alcohol.
그녀는 그 부분 위를 알코올로 철저하게 씻어 내렸다.

wash down into O

Water is **washing down into** the cave.

물이 동굴 속으로 흘러내려가고 있다.

2.3 wash O off

Your hands are covered with *mud*. You'd better **wash**
it **off** under running water.
너의 손들은 진흙으로 덮여있다. 너는 그것을 수돗물을
틀어놓고 (손에서) 씻어 떨구어 내는 것이 좋겠다.
[off는 진흙이 손에서 떨어져 나가는 관계를 나타낸다.]

dirt	먼지	grease	기름때
sand	모래	paint	페인트

His mother **washed off** the muddy child and put him
to bed.
그의 엄마는 그 진흙투성이 아이에게 묻은 진흙을 씻어
내고 그를 재웠다.
[the muddy child는 환유적으로 아이에게 붙어있는 진흙 등을 가
리킨다.]

wash off

Don't worry about the stain on the table cloth. It will
easily **wash off**.
그 식탁보에 묻은 얼룩을 걱정하지 마세요. 그것은 쉽게
씻겨 떨어져 나갈 것입니다.
She jumped into the pool and her makeup **washed off**.
그녀는 풀에 뛰어들자 그녀의 화장이 씻겨서 떨어져 나
갔다.

wash off of O

The dirt **washed off of** the floor easily.
그 먼지는 그 마루에서 쉽게 씻겨 떨어졌다.
Sunscreen **washes off of** people in the water and
pollute the water.
자외선차단제는 물속에서 사람들에게서 씻겨나가서 물
을 오염시킨다.

2.4 wash O out

He **washed out** the *jug*, and filled it with soy sauce.
그는 그 항아리를 씻어 내고, 간장으로 채워 넣었다.
[jug는 환유적으로 그 속에 든 찌꺼기 같은 것을 가리킨다.]

bottle	병	glass	유리잔
bucket	양동이	mug	머그잔

Mother **washed out** clothes.
어머니는 옷을 헹구어 내었다.
[clothes는 환유적으로 옷에 묻은 먼지나 때 등을 가리킨다.]
Korea's match with Russia was **washed out**. (passive)
한국의 러시아와의 경기는 비 때문에 취소되었다.

[out은 경기 등이 없어지는 관계를 나타낸다. 참조: rain out, snow out]

You'd better take some rest. You look **washed out**. (passive)

너는 좀 휴식을 취하는 것이 좋다. 너는 힘이 다 씻겨나간 것 같다.

[you는 환유적으로 힘을 가리킨다. 참조: play out, burn out, tire out, wear out]

The Ebola **washed out** a whole village in Ghana.

에볼라 병이 가나에 있는 한 마을을 통째로 없어지게 했다.

[out은 마을이 없어지는 관계를 나타낸다. 참조: wipe out]

2.5 wash over O

The waves **washed over** me as I sat on the sand, watching the sunset.

그 파도들이 내가 석양을 바라보며 모래 위에 앉아있을 때 나를 덮쳤다.

When he thought of her sister, who died of MERS, a feeling of sadness **washed over** him.

그가 메르스로 돌아간 누이를 생각할 때, 슬픔의 감정이 그를 덮쳐 왔다.

He closed his eyes with the music **washing over** him.

그는 그 음악이 온몸으로 흘러 덮쳐오는 가운데 눈을 감고 있었다.

Sad feelings **washed over** her.

슬픈 감정들이 그녀를 덮쳐왔다.

2.6 wash O up

I'll **wash up** the baby.

내가 그 아기를 깨끗이 물로 씻겠다.

After dinner, dad **washed up** the dishes and the glasses.

저녁을 먹은 다음, 아빠가 모든 접시와 잔을 씻었다.

[up은 모든 접시가 씻겨진 상태를 나타낸다.]

He **washed up** the kitchen before she came home.

그는 부인이 집에 오기 전에 물로 그 부엌을 깨끗이 씻었다.

He is **washed up** and his career in football is over.

그는 밀려났고 그의 축구에서의 경력은 끝이 났다.

wash up

Mom made lunch, and dad **washed up**.

엄마가 점심을 만들고, 아빠가 설거지를 했다.

Boys, **wash up**. It is dinner time.

아이들아 손을 깨끗이 씻어라. 저녁 시간이다.

wash O up on O

The robber's body was **washed up on** a beach. (passive)

그 강도의 시체는 바닷가에 밀려 올라와 있었다.

[up은 시체가 밀려 올라온 관계를 나타낸다.]

WASTE

1. 단동사

이 동사는 시간이나 돈 등을 낭비하는 과정을 그린다.

타동사

Don't **waste** your sympathy on him — he got what he deserved.

그에 대한 연민을 헛되이 보내지 마세요. 그가 받을 것을 받은 것입니다.

2. 구동사

2.1 waste away

She is **wasting away** in a hospital.

그녀는 병원에서 점점 쇠약해져 가고 있다.

My money just seems to **waste away**.

내 돈은 자꾸 없어지는 것 같다.

waste O away

He **wasted away** all his money.

그는 자신의 돈을 탕진해 버렸다.

[away는 점점 줄어들어서 없어지는 관계를 나타낸다.]

2.2 waste O on O

Why **waste** money **on** clothes you don't need?

왜 필요하지도 않은 옷들에 돈을 낭비합니까?

He **wasted** most of his money **on** his car.

그는 그의 돈 대부분을 자신의 차에 낭비했다.

[on은 돈이 쓰여지는 대상을 가리킨다. 참조: use on, spend on]

WATCH

1. 단동사

이 동사는 일어나고 있는 일을 주시하면서 살펴보는 과정을 그린다.

타동사

We **watched** the parade.

우리는 그 행렬을 지켜보았다.

The shepherd **watched** the flock of sheep.

그 목동은 그 양 떼를 살펴보았다.

자동사

I **watched** by the child's side all night.

나는 밤새 그 아이 곁에서 지켜보았다.

2. 구동사

2.1 watch for O

The hunters were hiding in the bushes, **watching for** deer.

그 사냥꾼들은 그 덤불 속에 숨어서 사슴을 찾기 위해 주시했다.

[for는 주시를 하고 사슴을 찾는 관계를 나타낸다.]

Watch for me. I'll be wearing a red carnation in my hair.

나를 주의해서 찾으세요. 나는 빨간 카네이션 한 송이를 내 머리에 꽂고 있을게요.

The child said something and **watched for** his mother's reaction.

그 아이는 무엇인가를 말을 하고, 그의 엄마의 반응을 주시하며 기다렸다.

2.2 watch out

Watch out!

사방으로 잘 살펴봐라.

You will become an alcoholic if you don't **watch out.**

네가 주의하지 않으면, 술 중독자가 될 것이다.

[out은 예상되는 일을 찾아 사방을 살피는 관계를 나타낸다. 참조: look out]

watch out for O

The boyscouts are **watching out for** *food*.

그 보이스카우트들은 먹을 것을 위하여 사방을 살펴보고 있다.

water 물	wood 땔감

Watch out for thieves when you are travelling in the country.

네가 그 나라를 여행할 때에 도둑을 조심해라. 즉, 도둑들을 피하기 위해 사방으로 살펴라.

Watch out for C's album which is climbing up the billboard charts.

그 빌보드 차트들에 올라가고 있는 C의 앨범을 잘 살펴보아라.

Watch out for injuries while jogging; stop when you begin to feel any pain.

조깅을 할 때 부상에 주의를 기울여라. 아픔을 느끼기 시작하면 곧 중단을 해라.

2.3 watch O on O

Everyday he **watches** news **on** CNN.

매일 그는 뉴스를 CNN에서 본다.

2.4 watch over O

I will **watch over** the cherry pie while you are away.

당신이 나가 있는 동안 그 체리 파이를 지켜볼게요.

Please **watch over** my children while I am shopping.

내가 쇼핑을 하는 동안 그 아이들을 봐주세요.

[over는 시선이 아이들 전체에 가는 관계를 나타낸다. 즉, 잘 살피는 관계를 나타낸다.]

Today there's nobody to **watch over** him. So he will do what he likes to do.

오늘 그를 감시할 사람이 아무도 없다. 그래서 그는 그가 하고 싶은 일을 할 것이다.

The treasury department **watches over** all government spending.

재무부는 모든 정부지출을 감시한다.

WATER

1. 단동사

이 동사는 동식물에게 물을 주거나 물을 공급하는 과정을 그린다.

명사: 물

타동사

He **waters** the flower every morning.

그는 매일 아침 그 꽃에 물을 준다.

After a tour of the grounds, the guests were fed and **watered**.

그 구내를 한 바퀴 돈 뒤 그 손님들은 먹을 것과 마실 것을 대접받았다.

The valley is **watered** by a stream.

그 계곡에는 어느 개울물에 물이 공급된다.

자동사

The smoke made my eyes **water**.

그 연기가 내 눈을 따갑게 해서 눈물이 났다.

The smells from the kitchen made our mouths **water**.

그 부엌에서 나는 냄새들이 우리 입 안을 군침이 돌게 했다.

2. 구동사

2.1 water O down

He **watered down** the drink.

그는 그 음료수를 물을 타서 희석시켰다.

[down은 술 등의 농도가 낮아지는 관계를 나타낸다.]

He **watered down** his message.

그는 메시지의 강도를 낮추었다.

[참조: tone down]

The anti-corruption law was **watered down** by the congress. (passive)

그 부패 반대법은 의회에 의해 강도가 낮아졌다.

[down은 수, 양, 정도가 줄어드는 관계를 나타낸다.]

WAVE

1. 단동사
이 동사는 주의 등을 끌기 위해서 팔을 흔드는 과정을 그린다.
명사: 흔들기, 파도, 물결

2. 구동사
2.1 wave O around
She **waved** **around** the dollar that she found on the street.
그녀는 그 길에서 발견한 달러를 들고 흔들었다.
They **waved** their arms **around**.
그들은 그들의 팔을 마구 흔들어댔다.

2.2 wave O aside
The judge **waved** their objection **aside**, and sentenced him to two years in prison.
그 판사는 그들의 이의를 받아들이지 않고, 그를 2년 징역형에 선고했다.
[aside는 받아들이지 않고 곁에 제쳐두는 관계를 그린다. 참조: put aside]
The company appointed him as a coach, **waving aside** protests about his lack of experience.
그 회사는 그가 경험이 부족하다는 항의들을 받아들이지 않고, 그를 코치로 임명했다.

2.3 wave O away
Mr. Kim tried to talk to the manager, but he rudely **waved** him **away**.
김 씨가 그 지배인에게 말을 걸려고 했으나, 그는 무례하게 손짓을 해서 그를 접근을 못하게 했다.
[away는 지배인이 김 씨를 멀어지게 하는 관계를 그린다. 참조: turn away]

2.4 wave O down
We managed to **wave down** a taxi, and asked the driver to take us to the Central Station.
우리는 손을 흔들어 간신히 택시 한 대를 세워서, 그 운전사에게 중앙역으로 태워달라고 요청했다.
[down은 차가 멈추는 관계를 그린다. 참조: flag down]

2.5 wave O off
The police officer **waved** all the traffic **off**.
그 경찰관이 손짓을 해서 모든 차량들이 접근하지 못하게 했다.

[off는 차량들이 어느 지역에 접근을 못 하는 관계를 나타낸다.]

2.6 wave O on
The police officer **waved** the traffic **on**.
그 경찰관은 그 차량들에게 계속 가라고 손짓했다.
[on은 차량의 흐름이 계속되는 관계를 나타낸다.]
The coast guard **waved** the boat further **on**.
그 해안 경비 대원은 그 배가 더 멀리 계속 가도록 손짓을 했다.

2.7 wave through
We slowed down at the gate, but the guard **waved** us **through**.
우리는 그 정문에서 차량의 속도를 줄였으나, 그 경비가 손짓을 해서 (그 문을) 통과하게 했다.
[through는 정문을 통과하는 관계를 나타낸다.]

WEAN

1. 단동사
이 동사는 아이에게 서서히 젖을 떼고 이유식을 주는 과정을 그린다.
명사: 이유, 유아, 어린애
타동사
Some infants are **weaned** when they are seven months old. (passive)
몇몇 아이들은 7개월째에 젖이 떼어진다.

2. 구동사
2.1 wean O from O
The mother **weaned** her baby **from** breast feeding.
그 엄마는 그 애기를 모유수유에서 뗐다.
He was **weaned from** drug habits at the rehabilitation center. (passive)
그는 그 재활센터에서 마약에서 떼어졌다.

2.2 wean O off O
I have been trying to **wean** myself **off** the sleeping pills.
나는 자신을 수면제들에서 떨어지려(즉 끊으려고) 노력해 오고 있다.
[off는 자신이 수면제에서 떨어지는 관계를 나타낸다.]
The cat tried to **wean** the kittens **off** milk.
그 고양이는 새끼들을 우유에서 떼려고 노력했다.

2.3 wean on O
The mother **weaned** the child **on** formula.
그 엄마는 그 아기를 젖을 떼고 이유식을 먹였다.
The present generation is **weaned on** smartphone

games.
현 세대는 스마트폰 게임에 어릴 때부터 길들여져 있다.

WEAR

1. 단동사
이 동사는 계속 써서 전체적으로 닳아지거나 닳게 하는 과
정을 그린다.

타동사

Many feet wore the carpet.
많은 발들이 그 카펫을 닳게 했다.

자동사

The clothes doesn't wear well.
그 옷은 잘 닳지 않는다.
The carpets are starting to wear.
그 카펫들이 닳기 시작하고 있다.
The sheets have worn thin.
그 시트들이 닳아서 얇아졌다.

2. 구동사
2.1 wear O away
The path around the hill has been worn away by hikers
over the years.
그 산 둘레길은 그 여러 해에 걸쳐서 등산객들에 의해서
밟혀 표토가 엷어졌다.
[the path는 환유적으로 이 보도 길의 표토를 가리킨다. away는
길에 있는 흙 등이 점점 줄어드는 관계를 나타낸다.]
The sea has worn away the soft rocks.
그 바닷물은 그 부드러운 돌멩이들의 겉 부분을 점점
닳아서 줄어들게 했다.
[the rocks는 환유적으로 돌의 겉 부분을 가리킨다.]

wear away at O
Waves are wearing away at the cliff.
파도들이 그 절벽을 계속해서 조금씩 침식하고 있다.
[away는 반복적인 동작을, at은 침식이 버랑에 조금씩 미치는 관계
를 나타낸다. 참조: eat away at]

2.2 wear O down
Constantly being laughed at wears him down.
늘 비웃음을 받는 일이 그를 지치게 해서 기분을 나쁘게
한다.
[down은 사람의 기분이 나쁜 상태를 나타낸다. 참조: let down,
put down]
The team was worn down by the long extended match.
(passive)
그 팀은 그 긴 연장전에 의해서 지쳐서 힘이 약해졌다.
[down은 힘이 많은 상태에서 적은 상태로의 변화를 나타낸다.]

The chase wore down the *antelope*.
그 추적이 그 영양을 지치게 했다.
[down은 기운이 빠져 지친 상태를 나타낸다.]

deer 사슴	zebra 얼룩말

wear down
Both my sandals have worn down at the heels.
내 샌들의 양쪽이 닳아서 뒤쪽이 납작하게 되었다.
[down은 굽이 낮아지는 관계를 나타낸다.]
The tires on you car have worn down.
네 차의 타이어들이 낡아서 접지면이 닳았다.

2.3 wear O in
It took me one month to wear in my new shoes.
내가 새 신발을 신어서 길들이는데 한 달이 걸렸다.
[in은 사용 불가능한 상태에서 이용 가능한 상태로의 변화를 나타
낸다. 참조: break in]

2.4 wear off O
The paint wore off the porch steps.
그 페인트가 그 현관 계단들에서 닳아서 떨어져 나갔다.

wear off
Morning chill wore off by noon.
아침 쌀쌀함이 정오에 이르자 완전히 걷혔다.
The effect of the pain killer is wearing off.
그 진통제의 효과가 점점 약해져서 (몸에서) 떨어지고
있다.
[off는 진통제의 효력이 몸에서 떨어져 나가는 관계를 나타낸다.]
He started learning Korean with enthusiasm, but it
soon started to wear off.
그는 한국어를 열성적으로 배우기 시작했으나 그 열정
이 약해져서 (마음에서) 떨어져 나가고 있다.

novelty 새로움	interest 흥미

2.5 wear on
The peace talk wore on, and people began to lose hope.
그 평화 회담은 지루하게 계속되어서 사람들이 희망을
잃기 시작했다.
[on은 회담이 길어지는 관계를 나타낸다. 참조: drag on]

days 여러 날	months 여러 달
weeks 여러 주	years 여러 해

The lecture seemed to wear on for hours.
그 강의가 몇 시간동안 지루하게 계속될 것 같았다.

2.6 wear O out

Only after a month, the child had **worn out** the soles of his snapper.

단 한 달 후에, 그 아이는 그의 운동화의 뒤축을 닳아서 못쓰게 했다.

[out은 사용가능한 상태에서 못쓰게 되는 상태로의 변화를 나타낸다.]

The heavy job **wore** the saw **out**.

그 힘든 작업이 그 톱을 못 쓰게 했다.

Working long hours at the furnace **wore** him **out**.

그 용광로에서 긴 시간들을 보내는 일은 그를 지치게 해서 (그의 힘이) 다 빠지게 했다.

[him은 환유적으로 그의 힘을 가리킨다. out은 힘이 빠지는 관계를 나타낸다. 참조: tire out, play out]

Take it easy, or you will **wear** yourself **out**.

천천히 해라. 그렇지 않으면 너는 자신을 녹초가 되게 할 것이다.

I would love to visit you again, but I don't want to **wear out** my welcome.

당신을 다시 찾아보고 싶지만, 내 환영 기간을 닳아서 없어지게 하고 싶지 않다. 즉, 미움을 사고 싶지 않다.

wear out

My car engine **wore out**.

내 차 엔진이 닳아서 못 쓰게 되었다.

[out은 이용 상태에서 이용 못하게 되는 상태를 나타낸다.]

My gloves **wore out**.

내 장갑들이 오래 써서 못 쓰게 되었다.

2.7 wear through

In places, the carpet has **worn through** right to the floor board.

군데군데, 그 양탄자는 닳아서 그 마룻바닥까지 뚫렸다.

wear through O

The nail **wore** my sock **through**.

그 발톱이 내 양말을 뚫고 지나갔다. 즉, 구멍을 냈다.

wear O through O

I **wore** a hole **through** the toes of my socks.

나는 내 양말을 오래 신어서 내 양말들의 발가락들을 통해 구멍이 났다.

WEARY

1. 단동사

이 동사는 신체적으로나 정신적으로 몹시 지치거나 지치게 하는 과정을 그린다.

형용사: 지친, 피곤한, 싫증난

타동사

Her children **weary** her.

그녀의 아이들이 그녀를 지치게 한다.

2. 구동사

2.1 weary of O

He **wearies of** teaching.

그는 가르치는 일에 싫증이 나 있다.

[참조: be tired of]

She soon **wearied of** his stories.

그녀는 그의 이야기들에 곧 싫증이 났다.

WEASEL

1. 단동사

이 동사는 해야 할 일을 변명 등을 하여 빠져나가는 과정을 그린다.

명사: 족제비

2. 구동사

2.1 weasel out

Don't **weasel out**.

책임에서 빠져 나가지 마세요.

2.2 weasel out of O

We have made a deal and you cannot **weasel out of** it.

우리는 협상을 맺었기 때문에 당신은 그것에서 빠져나갈 수 없다.

WEATHER

1. 단동사

이 동사는 어려운 시기 등을 무사히 견뎌내는 과정을 그린다.

명사: 날씨, 기상, 일기

타동사

Her face was **weathered** by the sun. (passive)

그녀의 얼굴은 햇볕에 그을려 있었다.

The company just managed to **weather** the recession.

그 회사는 그 불경기를 간신히 견뎌 냈다.

2. 구동사

2.1 weather O out

He **weathered out** the *storm*.

그는 그 폭풍이 지나갈 때까지 견디어 내었다.

[out은 폭풍이 다 지나가는 관계를 나타낸다. 참조: ride out]

| flood | 홍수 | | crisis | 위기 |

The game was **weathered out**.
그 경기는 날씨 때문에 취소되었다.
[out은 경기가 취소되는 관계를 나타낸다. 참조: rain out, snow out]

WEAVE

1. 단동사
이 동사는 짜거나 엮어서 무엇을 만드는 과정을 그린다.
타동사

Most spiders **weave** webs that are almost invisible.
대부분의 거미들은 맨눈에는 거의 보이지 않는 거미집들을 짠다.
He is good at **weaving** a narrative
그는 이야기를 짜는데 능하다.

2. 구동사
2.1 **weave around**
The drunken driver **wove around** all over the road.
그 술 취한 운전수가 그 길 전체에 이리저리 누비며 다녔다.

2.2 **weave** O **from** O
He has **woven** the story **from** what he overheard.
그는 그가 엿들은 것으로부터 그 이야기를 짰다.

2.3 **weave in and out**
A driver was **weaving in and out** of traffic.
한 운전수가 차들 사이를 끼어들었다 빠져나갔다 하고 있었다.

2.4 **weave** O **into** O
She **wove** the thread **into** a cloth.
그녀는 그 실을 짜서 천을 만들었다.
The writer **wove** the elements **into** an interesting story.
그 작가는 그 요소들을 엮어서 재미있는 이야기를 만들었다.
Technology is **woven into** fabric of the society. (passive)
기술이 그 사회의 구조에 짜 넣어졌다.

2.5 **weave through** O
The taxi **wove through** the busy street.
그 택시는 그 복잡한 거리를 누비면서 지나갔다.

WED

1. 단동사
이 동사는 두 사람을 혼인으로 맺어주는 과정을 그린다.
자동사

The couple plan to **wed** next summer.
그 두 사람은 내년 여름에 혼인할 계획이다.

2. 구동사
2.1 **wed** O **to** O
The father **wedded** his daughter **to** a rich man.
그 아버지는 딸을 어느 부자 남자에게 결혼시켰다.
The Democrats are **wedded to** progressive economic policies. (passive)
민주당은 진보경제정책들에 매여 있다. (즉, 이 정책을 굳게 믿고 있다.)

WEDGE

1. 단동사
이 동사는 무엇을 좁은 공간에 쑤셔 넣는 과정을 그린다.
명사: 쐐기

2. 구동사
2.1 **wedge** O **between** O
The usher **wedged** me **between** two fat people.
그 안내인은 나를 두 명의 뚱뚱한 사람 사이에 밀어 넣었다.
We **wedged** John **between** Tom and the side of the car.
우리는 존을 톰과 그 차의 옆에 끼어 넣었다.

2.2 **wedge** O **in**
They **wedged in** the package between the bookcase and the wall.
그들은 그 상자를 그 책장과 그 벽 사이에 억지로 밀어 넣었다.
The box was **wedged in** the crawl space. (passive)
그 상자는 그 좁은 공간에 억지로 밀어 넣어졌다.

WEED

1. 단동사
이 동사는 잡초나 나쁜 것을 제거하는 과정을 그린다.
명사: 잡초, 수초, 물풀, 담배, 마리화나
타동사

I have been **weeding** the flower beds.
나는 그 난 화단들에서 잡초를 뽑고 있었다.
[flower beds는 환유적으로 화단에 있는 잡초들을 가리킨다.]

2. 구동사

2.1 weed O out

The newly elected president declared that he would **weed out** corruption at all levels of government.
그 새로 선출된 대통령은 정부 모든 층에서 부패를 제거하겠다고 선언했다.

The sick cows were **weeded out**.
그 병든 소들이 제거되었다.

WEEP

1. 단동사
이 동사는 슬퍼서 눈물을 흘리며 우는 과정을 그린다.

자동사

She started to **weep** uncontrollably.
그녀가 걷잡을 수 없이 울기 시작하였다.

2. 구동사

2.1 weep about O
He is **weeping about** his grandma.
그는 할머니에 대해서 슬피 울고 있다.

2.2 weep for O
He **wept for** joy.
그는 기뻐서 울었다.

2.3 weep over O
He is **weeping over** the lost dog.
그는 그 잃어버린 개에 대해서 오랜 시간을 두고 울고 있다.

WEIGH

1. 단동사
이 동사는 무게를 재는 과정을 그린다.

타동사

The butcher **weighed** the meat.
그 푸줏간 주인이 그 고기의 무게를 달았다.

자동사

He **weighs** 50kg.
그는 몸무게가 50킬로 나간다.

2. 구동사

2.1 weigh O against O
We must **weigh** the benefits of the new plan **against** the risks.
우리는 그 새 계획의 그 이점들을 그 위험들에 대비시켜서 저울질해야 한다.

[against의 목적어는 비교의 대상이 된다.]

I hope my many absences do not **weigh against** me on the final grade.
나는 나의 잦은 결석이 내 최종 성적에 불리하게 작용하지 않기를 바란다.

His former link with the communist party will **weigh against** him if he runs for mayor.
그의 과거 공산당과의 관계가 그가 시장에 출마하면 그에게 불리하게 작용할 것이다.

[against는 그에게 불리함을 나타낸다.]

2.2 weigh O down

Snow **weighed down** the trees.
눈이 그 나무들을 내리 눌렀다.

The burden of raising the family alone has been **weighing** her **down**.
가족을 혼자 부양하는 그 부담이 그녀를 눌러오고 있다.

[down은 무게가 아래로 미치는 관계를 나타낸다. 참조: bear down, press down]

The financial crisis is **weighing down** the Japanese economy.
그 재정 위기가 일본 경제를 억누르고 있다. 그래서 발전을 못하게 하고 있다.

He staggered to the car, **weighed down** with heavy boxes. (passive)
그는 무거운 상자들에 짓눌려 비틀거리며 그 차에 걸어왔다.

weigh down on O
The heavy responsibility is **weighing down on** me.
그 무거운 책임을 나를 내리누르고 있다.

2.3 weigh in
The baby **weighed in** 3kg.
그 아기는 태어났을 때 3킬로그램이었다.
The boxer **weighed in** at 60kg.
그 권투선수는 60킬로의 체중으로 시합에 들어갔다.
Russia **weighed in** siding with Trump.
러시아가 (토론에 끼어들어서) 트럼프 편을 들었다.

weigh in on O
He **weighed in on** the *topic*.
그는 그 주제의 토의에 의견을 가지고 토의에 들어갔다.

| debate | 토론 | reformation | 개혁 |
| controversy | 논쟁 | budget | 예산 |

weigh in with O

He **weighed in with** his view that he is against closing the school.
그는 그 학교를 닫는 데 반대한다는 그의 견해를 가지고 (어떤 토의에) 들어 왔다.

He **weighed in with** the suggestion that Paul should captain the team.
그는 폴이 그 팀의 주장이 되어야 한다는 제안을 가지고 강하게 토론에 참여했다.

weigh O in

The ticket agent **weighed** my bags **in**.
그 표 담당자는 내 가방들을 재서 들여보냈다.
[참조: check in]

In the second half, he **weighed in** two goals and secured victory for the team.
후반전에 그는 두 골을 넣어서 그 팀의 승리를 확보했다.

2.4 weigh into O

The opposition party **weighed into** the senator with allegation about his business interests.
그 반대당은 그 상원의원의 사업 이해관계들에 관한 주장을 가지고 심하게 공격하기 시작했다.

2.5 weigh on O

All these problems **weigh on** my mind.
이 모든 문제들이 내 마음을 무겁게 하고 있다.

The responsibility is **weighing on** him.
그 책임이 그를 짓누르고 있다.

Something must be **weighing on** her mind. She's ever quiet.
무엇인가 그녀의 마음을 짓누르고 있음에 틀림없다. 그녀는 정말 말이 없다.

Warmer spring weather **weighed on** heating oil prices.
따뜻한 봄 날씨가 난방 기름 값들에 영향을 미치고 있다. 즉 기름 값이 낮아지게 하고 있다.
[on의 목적어는 영향을 받는 개체이다.]

Problems with the government budget **weighed on** the yen.
그 정부 예산에 관련된 문제들이 엔화의 가치에 영향을 주었다. 즉 떨어지게 했다.

His preoccupation with his job **weighed on** his marriage.
그의 일에 대한 몰두가 그의 결혼에 영향을 미쳤다.

2.6 weigh O out

He **weighed out** two scoops of coffee beans and ground them up.
그는 커피원두 두 컵을 재어 내어서 그것을 갈았다.

[out은 전체에서 떠내는 관계를 나타낸다. 참조: measure out]
The grocer **weighed** the portions of grain **out** to each of the waiting women.
그 식료품 가게 주인이 그 곡물 1인분씩들을 무게를 재어 내어서 기다리고 있는 부인들 각각에게 나누어 주었다.
[out은 곡물이 여러 사람에게 주어지는 관계를 나타낸다.]

The counselor listened to my requests and **weighed** them **out**.
그 카운슬러는 내 요청들을 다 듣고 그들을 잘 생각해보고 판단했다.

2.7 weigh O up

Liz **weighed up** the meat and jotted down the price.
리즈는 그 고기 무게를 재어서 그 가격을 적어 놓았다.

He **weighed up** whether to buy the car or not.
그는 그 차를 사야할지 말아야할지 저울질했다. 즉, 곰곰이 생각했다.

He **weighed up** his rival.
그는 경쟁자를 살피고, 이야기를 했고, 물어보면서 평가를 했다.

2.8 weigh upon: weigh on 참조

2.9 weigh with O

The critics' opinions **weighed with** politicians.
그 비평가들의 의견이 정치가들에게 영향을 주었다.

The issue of tax reform **weighed** heavily **with** the voters.
그 세제 개혁 문제는 유권자들에게 크게 영향을 주었다.

WEIGHT

1. 단동사
이 동사는 물건이 제자리에 있게 하기 위해서 무거운 것을 매달거나 놓는 과정을 그린다.
명사: 무게, 체중; 짐, 부담; 중요성, 영향력, 힘

타동사

The fishing nets are **weighted** with lead. (passive)
그 어망들은 납을 매달아 무겁게 되었다.

2. 구동사
2.1 weight O down

The traditional *Jeju* houses were **weighted down** with stones to protect them from strong wind.
그 전통제주가옥들은 강풍으로부터 보호하기 위해서 돌들로 지붕이 고정되었다.
[down은 지붕이 고정되는 관계를 나타낸다.]

The plastic sheet was **weighted down** to stop it

blowing away.

그 플라스틱 시트는 날려가는 걸 막기 위해서 무거운 것으로 고정되었다.

WEIRD

1. 단동사

이 동사는 처음 보거나 듣는 것에 대해서 놀라거나 또는 놀라게 하는 과정을 그린다.

형용사: 신기하거나 기이해서 몹시 놀라운; 기묘한, 기괴한, 섬뜩한

2. 구동사

2.1 weird O out

I was **weirded out** by the strange sight. (passive)
나는 그 이상한 광경에 몹시 놀랐다.

[out은 놀라움이 극심함을 나타낸다. 참조: freak out]

The children were **weirded out** by the strange monster. (passive)
그 아이들은 그 이상한 괴물에 몹시 놀랐다.

WELD

1. 단동사

이 동사는 용접하는 과정을 그린다.

2. 구동사

2.1 weld O together

The workers **welded** the ends of the pipes **together**.
그 일꾼들이 그 파이프들의 끝을 용접해서 연결했다.

The parts are **welded together** on site. (passive)
그 부분들은 현장에서 용접되어 붙여진다.

WELL

1. 단동사

이 동사는 물이 솟아나는 과정을 그린다.

명사: 우물, 샘, 근원, 원천

2. 구동사

2.1 well out of O

The water **wells out of** the tank.
그 물이 그 탱크에서 뿜어져 나온다.

Clean water **wells out of** the rocks.
맑은 물이 그 바위들에서 솟아 나오고 있다.

Tears **welled out of** her eyes.
눈물이 그녀의 눈에서 솟아올랐다.

2.2 well over

The milk began to **well over**.
그 우유가 넘쳐흐르기 시작했다.

[참조: boil over, bubble over, spill over]

2.3 well up

Her eyes **welled up**.
그녀의 눈에 눈물이 솟아올랐다.

[eyes는 환유적으로 눈 속에 있는 눈물을 가리킨다.]

At the sorry sight of the girl, tears **welled up** in him.
그 소녀의 그 비참한 꼴을 보니 그에게 눈물이 솟아올랐다.

A feeling of disgust **welled up** inside me.
혐오의 감정이 내 마음 속에서 솟아올랐다.

Seeing a dog treated badly, anger **welled up** inside him.
어느 개가 심하게 학대되는 것을 보자, 분노가 그 마음 속에 치밀어 올랐다.

well up from O

Blood **welled up from** a wound in his arm.
피가 그의 팔에 있는 상처에서 솟아올랐다.

WELSH

1. 단동사

이 동사는 빚을 갚지 않거나 약속을 어기는 과정을 그린다.

2. 구동사

2.1 welsh on O

North Korea often **welshed on** deals they agreed to.
북한은 그들이 합의한 협약들을 종종 이행하지 않는다.

"I'm not in the habit of **welshing on** deals," said Donald.
"난 거래들을 어기는 습관을 갖고 있지 않다." 도널드 말했다.

WHACK

1. 단동사

이 동사는 세차게 치거나 휙 던지는 관계를 그린다.

명사: 강타, 후려치기; 퍽, 철썩; 몫; 양, 액수

타동사

James **whacked** the ball over the net.
제임스가 그 공을 후려쳐 그 네트 너머로 보냈다.

Just **whack** your bags in the corner.
네 가방들은 그냥 그 구석에 던져 놓아라.

2. 구동사

2.1 whack O off

He **whacked off** the branches in the way.
그는 방해가 되는 그 가지들을 세게 쳐서 잘라내었다.
[off는 가지가 나무에서 떨어지는 관계를 그린다.]

He **whacked off** the overhanging tree branches.
그는 그 위에 걸려있는 가지들을 세게 쳐서 잘라 내었다.

2.2 whack O up

Did you **whack up** the pork for porkchop?
당신은 그 돼지고기를 포크찹용으로 잘게 잘랐나요?

Dad **whacked up** the chicken for frying.
아버지는 프라이를 하기 위하여 그 닭을 잘게 토막을 쳤다.

Tom **whacked up** Billy and almost killed him.
톰은 빌리를 심하게 쳐서 거의 그를 죽일 뻔 했다.

whack O up into O

The woodman **whacked up** the tree **into** logs.
그 나무꾼은 그 나무를 잘라서 통나무로 만들었다.

WHALE

1. 단동사
이 동사는 세차게 반복적으로 치거나 맹비난하는 과정을 그린다.
명사: 고래

2. 구동사
2.1 whale on O

The bully threw the child to the ground and **whaled on** him.
그 골목대장은 그 아이를 땅에 넘어뜨리고, 그 아이를 두들겨 팼다.
[on의 목적어는 영향을 받는다.]

He **whaled on** this piano and created a lot of noise.
그는 그 피아노를 통통 쳐서 많은 소음을 일으켰다.

WHEEDLE

1. 단동사
이 동사는 감언이설로 달래는 과정을 그린다.

2. 구동사
2.1 wheedle O away

The crook **wheedled** the old man's money **away** from him.
그 사기꾼이 그 노인의 돈을 돈을 감언이설로 구슬려서 그에게서 훔쳐내었다.

2.2 wheedle O into O

He **wheedled** her **into** coming along with him.
그는 그녀를 구슬려서 그와 함께 가게 만들었다.

2.3 wheedle O out of O

He **wheedled** some money **out of** her accounts.
그는 약간의 돈을 그녀의 계좌에서 꺼내도록 구슬려서 빼냈다.

WHEEL 1

1. 단동사
이 동사는 휠체어나 카트와 같은 이동체로 물건을 이동하는 과정을 그린다.
명사: 바퀴, 자동차의 핸들; 승용차, 차

타동사

She **wheeled** her bicycle across the road.
그녀는 그녀의 자전거를 타고 그 길을 건너갔다.

2. 구동사
2.1 wheel O along O

The nurse **wheeled** him **along** the corridor.
그 간호사가 그를 (휠체어에) 태우고 그 복도를 따라 갔다.

2.2 wheel O away

The librarian **wheeled** the book cart **away**.
그 도서관 사서는 그 책 운반 카트를 밀어서 치웠다.

2.3 wheel O out

The TV stations are **wheeling out** the same old dramas year after year.
그 TV 방송국들은 해마다 그 똑같은 지겨운 드라마를 만들어 내고 있다.
[out은 드라마가 만들어지는 관계를 나타낸다.]

He **wheels out** the same old jokes when he jokes.
그는 농담을 할 때에 똑같은 낡은 농담을 내어 놓는다.
[out은 대중에게 내어놓는 관계를 그린다.]

The slogan 'Let's change' was **wheeled out** again in the 2016 election. (passive)
'바꿔봅시다'라는 슬로건이 2016년 선거에서 다시 만들어졌다.

The singer is going to **wheel out** the new album at the end of this month.
그 가수는 이 달 말에 새 앨범을 출시할 예정이다.

WHEEL 2

1. 단동사
이 동사는 방향을 휙 바꾸는 과정을 그린다.

타동사

He **wheeled** his horse back to the gate.
그가 그의 말을 휙 돌려 정문으로 갔다.

자동사

Birds **wheeled** above us in the sky.
새들이 하늘에서 우리 위를 선회했다.

2. 구동사
2.1 wheel around
As I approach her, she **wheeled around** to see me.
내가 그녀에게 가까이 가자, 그녀는 나를 보기 위해 휙 돌아섰다.
[참조: turn around]

She **wheeled around** and started running.
그녀가 휙 돌아서더니 뛰기 시작했다.

Hearing my footsteps, he **wheeled around** and greeted me.
내 발자국 소리들은 듣고, 그는 휙 돌아서서 나를 반겼다.

WHILE

1. 단동사
이 동사는 시간을 즐겁고 한가롭게 보내는 과정을 그린다.
명사: 잠깐, 잠시, 동안

2. 구동사
2.1 while O away
He **whiled away** his youth, drinking and gambling.
그는 젊은 시절을 술과 노름을 하며 보내버렸다.
[away는 젊음이 시간이 점점 줄어서 없어지는 관계를 나타낸다.]

We **whiled away** the summer vacation without doing anything serious.
우리는 진지하게 아무것도 하지 않고 그 여름방학을 보내버렸다.

WHIP

1. 단동사
이 동사는 회초리로 사람을 치거나, 회초리가 빠르게 지나거나 지나가게 하는 과정을 그린다.
명사: 채찍

타동사

The driver **whipped** the horse.
그 마부는 그 말을 채찍질 했다.
His face was **whipped** by the wind. (passive)
그의 얼굴은 그 바람을 맞고 따가웠다.

2. 구동사
2.1 whip around
James **whipped around** when he heard the noise.
제임스는 그 소리를 들었을 때 휙 돌아섰다.
[around는 방향을 바꾸는 관계를 나타낸다.]

The rope suddenly **whipped around** and struck me in the face.
그 밧줄이 갑자기 휙 돌아와서 내 얼굴을 쳤다.

whip O around
The roller coaster **whipped** me **around**, right and left, until I was almost sick.
그 롤러코스터는 내가 거의 메스꺼울 때까지 나를 좌우로 휙휙 돌렸다.

2.2 whip O away
Someone **whipped** Sally's purse **away**.
누군가가 샐리의 돈지갑을 휙 낚아채 갔다.
[away는 지갑이 Sally에게서 떨어져 나가는 관계를 나타낸다. 참조: snatch away]

2.3 whip back
The branch **whipped back** and struck him in the arm.
그 가지가 뒤로 휙 돌아와서 그의 팔을 쳤다.

2.4 whip by O
The second runner **whipped by** the leader.
제2주자가 그 선두주자를 휙 지나갔다.

whip by
As I grew older, the years **whipped by**.
내가 나이가 들수록, 한 해 한 해가 휙휙 지나간다.

2.5 whip into O
He **whipped into** the parking space before I could get there.
그는 내가 도착하기 전에 쏜살같이 휙 그 주차장에 들어갔다.

whip O into O
The chef **whipped** the cream **into** a froth.
그 요리사는 그 크림을 그 거품에 휘저어 넣었다.
The mayor's speech **whipped** the audiences **into** a frenzy.
그 시장의 연설이 그 청중들을 광분으로 휩쓸어 들였다.
He **whipped** himself **into** shape.
그는 자신을 단련하여 좋은 몸매가 되게 했다.

2.6 whip O off

The worker **whipped off** his cap.
그 노동자는 그의 모자를 획 벗었다.
[off는 모자가 머리에서 떨어지는 관계를 나타낸다.]

The storm **whipped off** the roof of the house.
그 태풍이 그 집의 지붕을 획 날려 보냈다.

If you need a receipt, I will **whip** it **off**.
영수증이 필요하시면, 그것을 (영수증철에서) 획 떼어
드리겠습니다.
[off는 영수증을 영수증철에서 떼어내는 관계를 나타낸다.]

Leah got the letter and **whipped off** the answer.
레아는 그 편지를 받고 대답을 써서 급히 보냈다.
[off는 편지가 Leah에게서 떠나는 관계를 나타낸다. 참조: mail
off, send off]

2.7 whip O on

The rider **whipped** his horse **on**, faster and faster.
그 기수는 그의 말을 채찍질 하여 점점 더 빨리 계속
달리게 했다.
[on은 계속의 의미를 갖는다.]

whip on O

Father **whipped on** the kid.
아버지가 그 아이에게 매질을 했다.

2.8 whip O out

He **whipped out** a knife and ran at me.
그는 칼을 획 꺼내어서 내게 덤벼들었다.
[out은 안에 있는 것이 밖으로 나오는 결과를 나타내고, at은 공격
의 의미가 있다.]

Liz **whipped out** a cell phone out of her pocket.
리즈는 그녀의 호주머니에서 핸드폰 하나를 획 꺼냈다.

The factory **whips out** twenty of these ball-pointed
pens every minute.
그 공장은 매 분 20개의 볼펜을 만들어낸다.
[out은 볼펜이 생기는 관계를 나타낸다. 참조: churn out, roll out]

The novelist **whipped out** 10 pages each day.
그 소설가는 매일 10페이지씩 써내었다.

2.9 whip O over

I will **whip** this letter **over** to Mr. Sanders right away.
나는 이 편지를 샌더스씨에게 즉시 보내겠습니다.
[over는 편지가 나에게서 Sanders씨에게로 넘어가는 관계를 나
타낸다. 참조: hand over, send over]

2.10 whip through O

The storm **whipped through** the city.
그 폭풍이 그 도시를 획 지나갔다.

The wind **whipped through** the woods.
그 바람이 그 숲속을 획획 소리 내며 지나갔다.

Jenny **whipped through** her homework and went out.
제니는 그녀의 숙제를 후딱 해치우고 밖으로 나갔다.

2.11 whip O up

Mother **whipped up** some cream to go with the
strawberries.
엄마는 그 딸기와 같이 먹을 크림을 약간 휘저어 만들
었다.
[up은 크림이 휘저어진 상태를 나타낸다.]

Waves grew to gigantic heights **whipped up** by the
storm. (passive)
파도들은 그 폭풍을 맞고 있어서 어마어마한 크기로 높
아졌다.
[up은 없던 것이 생기거나 파도가 더 높아지는 관계를 나타낸다.]

The strong wind **whipped up** the flames.
그 강풍이 그 불꽃들을 더 크게 일게 했다.

The typhoon **whipped up** massive waves in the
normally calm sea.
그 태풍은 평상시에 잠잠한 그 바다에 큰 파도를 일게
했다.

He had **whipped up** a bowl of noodle within minutes.
그는 몇 분 안에 국수 한 그릇을 획획 만들었다.
[up은 국수가 만들어지는 관계를 나타낸다. 참조: fix up]

Try to **whip up** a bit of enthusiasm for the picnic.
그 야유회에 대한 관심을 좀 일으켜보도록 노력해라.

Both candidates are trying hard to **whip** the support
of the middle class **up**.
양쪽 후보들은 중산층의 지지를 일으키려고 열심히
노력하고 있다.

The rock band **whipped up** the audience into a frenzy
of excitement.
그 록 밴드는 그 청중의 마음을 일으켜서 흥분의 도가니
로 들어가게 했다.
[audience는 환유적으로 청중의 마음을 가리키고, up은 마음이
고조된 상태를 가리킨다.]

WHISK

1. 단동사

이 동사는 포크나 거품기 등을 써서 액체나 다른 물질 등을
세차게 휘젓는 과정을 그린다.
명사: 요리용 거품기

타동사

Whisk the egg whites until stiff.
그 달걀흰자들은 거품이 뻑뻑해질 때까지 휘저어라.

2. 구동사

2.1 whisk O away

After the speech, the chairman was **whisked away** in a limousine. (passive)
그 연설이 끝난 후, 그 회장은 리무진에 실려 휙 데려가졌다.

2.2 whisk O off

Jamie **whisked** him **off** to Paris for the weekend.
제이미가 그를 그 주말 동안 휙 파리로 데려갔다.

2.3 whisk O over

A spiderman walked up the building, got to the child, and **whisked** him **over**.
스파이더맨이 건물을 타고 올라가서 그 아이를 잡고 난간 너머로 휙 던졌다.

2.4 whisk O up

He **whisked up** a cocktail with brandy, the white of an egg, and lemon juice.
그는 브랜디, 달걀흰자, 그리고 레몬주스를 가지고 칵테일 한 잔을 휘저어 칵테일을 만들었다.
[up은 무엇이 생겨나는 관계를 나타낸다. 참조: fix up, whip up]

WHISTLE

1. 단동사
이 동사는 휘파람이나 호각을 불거나, 휘파람같이 높은 소리를 내는 과정을 그린다.
명사: 호각, 호루라기; 휘파람; 기차, 배 등의 기적, 경적

자동사

The crowd booed and **whistled** as the player came onto the field.
그 선수가 그 경기장으로 나오자 그 관중들이 야유를 하며 휘파람을 불어 댔다.

2. 구동사

2.1 whistle by O

We were frightened when a big truck **whistled by** our car.
큰 트럭 한 대가 우리의 곁을 휙 지나가자 우리는 크게 놀랐다.
[by는 트럭이 가까운데서 우리 차를 지나는 관계를 나타낸다.]

2.2 whistle down O

The wind **whistled down** the chimney.
그 바람이 쌩쌩 소리를 내며 그 굴뚝 아래로 불었다.

2.3 whistle for O

The referee **whistled for** a foul.
그 심판이 파울을 알리는 호각을 불었다.

2.4 whistle over O

Bullets **whistled over** our heads.
총알들이 우리들 머리 위를 휙휙 날아갔다.

2.5 whistle O up

If you need a taxi, **whistle** one **up** at the station.
택시가 필요하시면, 그 역에서 휘파람을 불면 옵니다.
[up은 택시가 역에 다가오는 관계를 나타낸다.]

WHITE

1. 단동사
이 동사는 하얗게 하는 과정을 그린다.
형용사: 하얀, 흰; 백인의; 하얗게 질린, 창백한

2. 구동사

2.1 white O out

Someone **whited out** my name on the list.
누군가가 그 명단에 있는 이름을 흰 칠을 해서 지워버렸다.
[out은 내 이름이 안 보이게 되는 관계를 나타낸다. 참조: black out]

The heavy snow has **whited out** the whole countryside.
그 심한 눈이 그 시골 전체를 하얗게 하여 그 속에 있는 것을 분간할 수 없게 했다.

WITHER

1. 단동사
이 동사는 식물 등이 시드는 과정을 그린다.

자동사

The grass **withered** in the hot sun.
그 풀들이 그 뜨거운 햇볕을 받고 시들었다.

2. 구동사

2.1 wither away

The plants are **withering away** in the hot sun.
그 식물들이 뜨거운 햇볕 아래 조금씩 시들어가고 있다.
[away는 시듦이 점차적임을 나타낸다.]

When the party **withered away**, I set off for home.
그 파티가 시들어지자, 나는 집으로 출발했다.

All our hopes just **withered away**.
우리의 모든 희망들은 그저 시들어만 갔다.

WHITTLE

1. 단동사
이 동사는 작은 칼로 나무를 조금씩 잘라 무엇을 만드는 과정을 그린다.

타동사

He whittled a simple toy from the piece of wood.
그는 그 나무 조각을 깎아서 단순한 장난감을 만들었다.

2. 구동사
2.1 whittle O away

He whittled the wood away to a small size.
그는 그 나무를 조금씩 잘라서 작은 크기로 만들었다.
[away는 나무가 점점 줄어드는 관계를 나타낸다.]
The power of the military is gradually whittled away. (passive)
그 군의 힘이 조금씩 깎이며 줄어들었다.

2.2 whittle O down

The original 20 contestants were whittled down to 5 finals. (passive)
20명의 그 첫 경쟁자들은 5명의 최종 후보자로 줄어들었다.
[down은 수나 양이 줄어드는 관계를 나타낸다.]
I whittled down the candidates from 12 to 5.
나는 그 지원자 수를 12명에서 5명으로 줄였다.

WIDEN

1. 단동사
이 동사는 넓어지거나 확대되는 과정을 그린다.

자동사

Her eyes widened in surprise.
그녀의 두 눈이 놀라서 휘둥그레졌다.
From this point on, the road widens.
이 지점부터 그 길은 계속 넓어진다.

타동사

The local government is widening the road.
그 지방 정부는 그 길을 넓히고 있다.

2. 구동사
2.1 widen out

The vase widens out at the bottom.
그 화병은 밑쪽에서 넓어진다.
[out은 늘어난 관계를 나타낸다.]

widen O out

They widened things out.

그들은 일을 확장시켰다.
They widened the discussion out to include environmental issues.
그들은 그 토의의 범위를 넓혀서 환경 문제들을 포함시켰다.

WIG

1. 단동사
이 동사는 술이나 마약에 취한 과정을 그린다.

2. 구동사
2.1 wig out

One more drink, he will wig out.
한잔 더 하면 그는 몹시 취할 것이다.

Wig O out

The thought of going there again really wigs me out.
그곳에 다시 간다는 생각은 나를 몹시 걱정하게 만든다.
[out은 감정이 극도에 이름을 나타낸다. 참조: freak out]

WIGGLE

1. 단동사
이 동사는 꿈틀거리거나 꿈틀거리게 하는 과정을 묘사한다.

타동사

He removed his shoes and wiggled his toes.
그는 그의 신발을 벗고 그의 발가락을 꼼지락꼼지락했다.

2. 구동사
2.1 wiggle out

The squirrel wiggled out of the trap.
그 다람쥐는 그 덫에서 꿈틀거리며 나왔다.
I wiggled out of the tight sweater.
나는 그 꽉 끼는 스웨터에서 꿈틀거리며 벗어났다. 즉, 벗었다.
You are to blame and don't try to wiggle out of it!
네가 잘못한 것이니까 그 책임에서 꿈틀거리며 벗어나려고 하지 마세요.

WILD

1. 단동사
이 동사는 흥분하는 과정을 그린다.
형용사: 야생의, 자생의, 자연 그대로의, 사람이 손대지 않은, 제멋대로 구는, 사나운

2. 구동사

2.1 wild up
The fans **wilded up** at the game.
그 팬들은 그 경기에 크게 흥분했다.

WIMP

1. 단동사
이 동사는 비겁하거나 용기가 없어서 의도한 일을 못하는 과정을 그린다.
명사: 겁쟁이, 약골

2. 구동사

2.1 wimp out
He promised to give a speech at the ceremony, but he **wimped out** at the last moment.
그는 그 예식에서 연설을 하겠다고 약속을 했으나, 마지막 순간에 발뺌을 했다.
[out은 약속 등에서 빠져나오는 관계를 나타낸다. 참조: chicken out, fink out]

WIN

1. 단동사
이 동사는 노력과 투쟁을 하여 얻는 과정을 그린다.
타동사

He **won** a Novel prize.
그는 노벨상을 탔다.
Our team **won** the game.
우리 팀이 그 경기를 이겼다.
We **won** the top of the hill.
우리는 그 산의 정상을 정복했다.

2. 구동사

2.1 win at O
Will I ever be able to **win at** tennis?
내가 테니스 경기에서 이길 수 있을까요?

2.2 win O away
We were not able to **win** her **away** from the weird idea.
우리는 그녀를 그 괴상한 생각에서 설득하여 떼어놓을 수가 없었다.

2.3 win O back
At the last game, the boxer **won** his title **back**.
지난 마지막 게임에서, 그 권투선수는 그의 선수권을 잘 싸워서 되찾았다.
[back은 선수권을 가졌으나 뺏긴 것을 되찾는 과정과 결과를 나타

낸다.]
The Democrats are desperately trying to **win back** control of the Congress.
민주당은 의회의 통제권을 되찾기 위해 필사적인 노력을 하고 있다.
The Democrats are determined to **win back** the White House.
민주당은 백악관을 되찾으려고 결심을 하고 있다.

2.4 win out
He **won out** despite the odds.
그는 그 역경들에도 불구하고 이겨내었다.
In the end, the *environmentalists* **won out**, and the nuclear plant was not built.
결국 그 환경운동가들이 애써 이겨내서 그 원자로는 지어지지 않았다.
[out은 어려움을 겪고 이겨내는 결과를 나타낸다.]

team 팀	Green Peace 그린피스

In the end, my *curiosity* **won out** and I had to smoke marijuana.
결국 나의 호기심이 (마음 속 투쟁에서) 이겨내서 나는 마리화나를 피우게 되었다.

rage 분노	love 사랑
hunger 배고픔	

win out against O
She **won out against** the doctor who wanted to saw off her leg.
그 여자는 자신의 다리를 절단하려고 하는 의사에 대항해서 결국 힘들게 이겼다.
I **won out against** my parents and took up linguistics.
나는 부모님을 간신히 이겨내고 언어학을 시작했다.

win out over O
Common sense **won out over** rage.
상식이 노력 끝에 마침내 분노를 이겨내었다.
The H.G company **won out over** its competitors and was awarded the contract.
H.G 회사가 노력 끝에 경쟁사들을 누르고 이겨내서 그 계약을 수주하게 되었다.
To save the historic sites of *Baykjay* Kingdom, the archaeologists had to **win out over** developers.
백제왕국의 그 역사적 유물들을 보존하기 위해서, 그 고고학자들은 개발업자들을 간신히 이겨냈다.

2.5 win over O

Korea won over Japan.
한국이 일본을 누르고 이겼다.

win O over

The Liberals are trying hard to win over *undecided voters*.
자유당은 미결정 유권자들을 설득하여 자기편으로 가져가기 위해 열심히 노력하고 있다.
[over는 미결정 상태에 있는 사람을 자기편으로 넘어오게 하는 과정과 결과를 나타낸다.]

| white voters 백인 유권자 | young voters 젊은 유권자 |

My boyfriend won my father over with his cheerful confidence and sense of humor.
내 남자친구는 그의 쾌활한 자신감과 유머 감각으로 내 아버지를 설득하여 자기편이 되게 하였다.

The jury were won over by his performance in the witness box. (passive)
그 배심원들은 그가 증인석에서 한 발언으로 넘어가게 되었다.

win O over to O

I hope I can win the swing voters over to our side.
나는 그 부동층을 설득하에 우리 편으로 끌어올 수 있기를 바란다.

2.6 win O round

After a long debate, I finally won my mother round to my way of thinking.
오랜 토론 끝에, 나는 나의 어머니를 설득하여 나의 사고방식에 돌아오게 했다.
[참조: bring around]

Nothing can win him round.
아무것도 그를 설득하여 생각을 바꾸게 할 수 없다.

2.7 win through

I am confident that we will win through in the end and get the championship title.
나는 (여러 단계의 경기를) 이겨서 우리가 그 선수권 타이틀을 얻게 될 것이라 자신한다.
[through는 여러 단계의 경기를 전제한다. 참조: win through]

The Korean football team won through the semi-final in the World Cup.
한국 축구팀은 그 월드컵 경기에서 (여러 경기를 이겨서) 준결승전까지 올라갔다.

Winning is no good if you have to win through

dishonesty.
만약 네가 부정한 방법을 통해 이긴다면 그것은 좋은 일이 아니다.

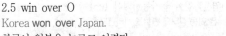

WIND

1. 단동사
이 동사는 감는 과정을 그린다.
타동사

He wound the yarn into a ball.
그는 그 실을 감아서 꾸러미가 되게 했다.

Did you wind the alarm clock?
너는 그 시계의 태엽을 감았습니까?

2. 구동사

2.1 wind around O

The grapevine wound around the tree.
그 포도 덩굴이 그 나무를 휘감았다.

2.2 wind O back

Could you wind back the tape to the beginning? I want to listen to it again.
그 테이프를 처음까지 다시 돌려주시겠습니까? 나는 그것을 다시 듣고 싶습니다.
[참조: play back]

The message on my phone was not clear. So I wound back the tape and listened to it from the beginning.
내 전화기의 그 메시지가 분명하지 않았다. 그래서 나는 그 테이프를 다시 되돌려서 처음부터 들었다.

2.3 wind O down

He wound down the window and called me.
그는 그 창문을 (손잡이로) 돌려서 내리고 나를 불렀다.
[down은 위에서 아래로 움직이는 관계를 나타낸다.]

The company has been winding down its production of TV sets, since a new factory is built in China.
그 회사는 새 공장이 중국에 세워진 이후 TV 수상기들의 생산을 천천히 조금씩 줄여오고 있다.
[down은 양이나 수의 감소를 나타낸다.]

The anti-government demonstrations had gone on for months, and they were wound down now. (passive)
그 반정부 시위들은 몇 달 째 계속 되었는데 이제 그들은 약해졌다.
[down은 힘이나 정도가 약해지는 변화를 나타낸다.]

He is winding down his involvement in the election campaign.
그는 그 선거 운동에서 그의 참여를 줄이고 있다.

wind down

The watch **wound down** – **wind** it **up**.

그 시계가 태엽이 다 풀렸다 – 그것을 감으시오.

Iraq is **winding down** in oil production after the war.

이라크는 그 전쟁 이후에 원유 생산을 점차 줄이고 있다.

His business is **winding down**.

그의 사업이 점차로 줄어들고 있다.

The Castro family in Cuba is **winding down**.

쿠바의 카스트로 집안의 세력이 점점 약해지고 있다.

Stop working now. You seem to need to **wind down**.

일을 그만하세요. 당신은 좀 긴장을 풀고 쉬어야 할 필요가 있어 보입니다.

[down은 긴장 상태가 약해지는 변화를 나타낸다.]

After a hard day at work, it is great to **wind down** with a can of beer.

일터에서 바쁜 하루를 지낸 후, 맥주 한 캔으로 긴장을 푸는 것은 좋은 일이다.

2.4 wind O on

He **wound** the tape **on**to the next song.

그는 그 테이프를 이어서 다음 노래로 돌렸다.

I forgot to **wind** the film **on**.

나는 그 필름을 이어서 감는 것을 잊어버렸다.

wind on

The weeks **wound on**, but there was no word from him.

그 몇 주가 계속해서 돌아갔으나 그에게서 아무런 소식이 없었다.

[on은 한 주가 끝나고 이어서 또 한 주가 이어지는 관계를 나타낸다.]

2.5 wind through O

The river **winds through** the valley.

그 강은 그 계곡을 굽이굽이 돌아간다.

The road **winds through** the mountains.

그 길은 그 산들을 구불구불 지나간다.

2.6 wind O up

If you are cold, I will **wind up** the window.

네가 추우면 내가 그 창문을 (손잡이를) 돌려서 올리겠다.

The young woman **wound** her hair **up** and pinned it on top of her head.

그 젊은 여인은 그녀의 머리를 말아 올려서 그것을 핀으로 고정했다.

It is an old alarm clock, and you have to **wind** it **up** everyday.

그것은 낡은 패종시계이다. 그래서 너는 매일 그것(의

태엽을) 감아서 작동시켜야 (up) 한다.

[up은 활동 상태의 변화를 나타낸다.]

The president **wound up** *her three-day visit to India*.

대통령은 3일 간의 인도 방문을 마쳤다.

[up은 과정이 다 끝남을 나타낸다. 참조: end up, finish up, wrap up]

the operation	작전	debate	토론
the inquiry	조사	project	기획사업
remark	발언	the interview	그 인터뷰

When I walked in, they were **winding up** their discussion.

내가 (토론장에) 걸어 들어갔을 때, 그들은 토의를 마무리하고 있었다.

Don't pay any attention to John. He is just **winding** you **up**.

존에게 아무 주의를 기울이지 마세요. 그는 당신을 약 올리고 있을 뿐이에요.

Teresa is very **wound up** about her exam tomorrow. (passive)

테레사는 내일 시험이기 때문에 매우 긴장하고 있다.

[up은 마음이 긴장되거나 불안한 상태로의 변화를 나타낸다.]

It really **winds** me **up** when people criticize my article without any good reason.

사람들이 내가 쓴 글을 합당한 이유 없이 비판할 때, 그것은 나의 마음을 격분시킨다.

[위에서 me는 환유적으로 나의 마음을 가리키고, up은 마음이 흥분되거나 격한 상태로의 변화를 나타낸다.]

wind up

That's enough for tonight, or you will **wind up** drunk.

오늘은 이것으로 족하다. 안 그러면 결국 취하게 될 것이다.

[up은 앞의 여러 사건이나 일이 쌓여서 어떤 상태로 끝나는 (up) 관계를 나타낸다.]

[참조: end up, finish up]

Unfortunately, the young man **wound up** in prison.

불행하게도 그 젊은이는 결국 감옥에 들어가고 말았다.

He **wound up** *getting married to the girl*.

그는 결국 그 여자와 결혼하게 되었다.

joining the army	군 입대를 하다
stepping down	하야하다

The probe is **winding up**.

그 조사가 끝나가고 있다.

WINK

1. 단동사
이 동사는 눈을 깜빡거리는 과정을 그린다.
명사: 윙크

[자동사]

We could see the lights of the ship winking in the distance.
우리는 멀리서 그 배의 불빛들이 깜박거리는 것을 보았다.

2. 구동사
2.1 wink at O

He winked at her and she knew he was thinking the same thing that she was.
그가 그녀에게 윙크를 해서 그녀는 그가 자기와 같은 생각을 하고 있다는 것을 알았다.

For some time, the customs officials winked at the smuggling.
얼마 동안, 그 세관관리들은 그 밀수를 눈감아 주었다.
[참조: connive at]

WINKLE

1. 단동사
이 동사는 조개 따위에서 조갯살을 빼내는 과정을 그린다.

2. 구동사
2.1 winkle O out

Police finally winkled out the truth out of the suspect.
경찰은 마침내 그 진실을 그 용의자에게서 캐냈다.

She is good at winkling out secrets.
그녀는 비밀들을 캐내는데 능하다.

WINNOW

1. 단동사
이 동사는 키로 무엇을 걸러내는 과정을 그린다.
명사: 키, 키질

2. 구동사
2.1. winnow O out from O

He is winnowing out chuff from the grain.
그는 겨를 (키를 사용하여) 그 곡식에서 가려내고 있다.

Let's winnow out truth from falsehood.
진실을 허위에서 가려냅시다.

WINTER

1. 단동사
이 동사는 어디에서 겨울을 나는 과정을 그린다.
명사: 겨울

2. 구동사
2.1 winter in O

The bears winter in their dens.
곰들은 그들의 소굴에서 겨울을 지낸다.

Swallows winter in South Asia.
제비들은 남아시아에서 겨울을 보낸다.

2.2 winter out

Bears winter out in their den.
곰들은 그들의 굴에서 겨울을 지낸다.
[out은 겨울이 지나가는 관계를 나타낸다.]

WIPE

1. 단동사
이 동사는 걸레 등을 써서 표면에 있는 먼지나 물을 닦아내는 과정을 그린다.

[타동사]

He wiped his hands on a clean towel.
그는 깨끗한 수건에 그의 손을 닦았다.

I tried to wipe the whole episode from my mind.
나는 그 일화 전체를 내 마음속에서 지워 버리려고 애썼다.

2. 구동사
2.1 wipe O away

Please wipe away the excess glue.
그 필요 이상의 아교(풀)는 닦아서 없애주세요.

He wiped away the dust on the piano.
그는 피아노에 있는 먼지를 닦아서 없애버렸다.

2.2 wipe O down

After washing dishes, he wiped down the *table*.
접시들을 닦고 난 다음, 그는 그 식탁을 닦아 내렸다.
[down은 높은 곳에서 낮은 곳으로 닦아내리면서 철저히 닦는 관계를 나타낸다.]

counter 카운터	chair 의자

You have to wipe down the toilet.
여러분은 화장실을 철저히 닦아야 합니다.

The nurse wiped the patient down with a cold towel.

그 간호사는 그 환자를 찬 수건으로 철저히 닦았다.

2.3 wipe O off O

The inflation **wiped** 50% **off** the family income.
그 통화팽창이 그 가계수입에서 50%를 날려버렸다.
The country was **wiped off** the map. (passive)
그 나라는 지도에서 없어졌다.

wipe O off

He **wiped off** the surface.
그는 그 표면에서 물기를 닦아 없앴다.
[the surface는 환유적으로 표면에 있는 물기 등을 가리킨다.]
He **wiped off** the *ink*.
그는 그 잉크를 닦아 없앴다.

water	물	coffee	커피

wipe O off of O

He **wiped** the blood **off of** the pen.
그는 그 피를 그 펜에서 닦아내었다.

2.4 wipe O out

I emptied out the *drawer* and **wiped** *it* **out**.
나는 그 서랍을 비우고, 그 속을 닦아 내었다.
[drawer는 환유적으로 서랍 속이나 서랍 안에 있는것을 가리킨다.]

oven	오븐	fridge	냉장고
cupboard	찬장	jar	항아리

The flood **wiped out** the whole village.
그 홍수가 그 마을 전체를 없애 버렸다.
[out은 있던 것이 없어지는 관계를 나타낸다.]
The diseases **wiped out** *a whole village*.
그 질병들이 온 마을 사람들을 없애 버렸다.
[village는 환유적으로 마을 사람들을 가리킨다.]

plants	식물	tigers	호랑이

The marathon **wiped** us **out**.
그 마라톤은 우리의 기운을 다 빠지게 했다.
[us는 환유적으로 우리의 기운을 가리킨다. 참조: tire out, wear out, play out]

2.5 wipe O up

He got a cloth and **wiped up** the soup.
그는 걸레를 가지고 와서 그 국을 완전히 닦았다
[up은 국이 다 닦인 상태를 나타낸다.]
The gambler **wiped** the millions of dollars **up**.
그 노름꾼은 그 수백만 달러를 긁어모았다.

wipe up

Mom washes the dishes, and Dad **wipes up**.
엄마가 그릇을 씻고, 아빠는 (그것에서) 물기를 다 닦는다.

WIRE ¹

1. 단동사

이 동사는 전자기구에 전선을 연결하는 과정을 그린다.
명사: 철사, 전선

2. 구동사

2.1 wire O into O

He **wired** a battery-powered amplifier **into** the microphone.
그는 전지로 작동되는 확성기를 그 마이크 속에 내장시켰다.
The technician **wired** a video card **into** the computer.
그 기사는 비디오카드를 그 컴퓨터에 내장시켰다.
The ability to distinguish colors is **wired into** the human brain. (passive)
색깔을 구분하는 능력은 인간 뇌에 내장되어 있다.
Miranda is **wired into** the art world at home and abroad. (passive)
미란다는 국내와 국외 미술계에 정통하고 있다.
[into는 미란다가 예술 세계 속으로 연결되어 있는 관계를 나타낸다.]

wire O in

I want to **wire** TV **in** with our stereo system.
나는 TV를 우리의 스테레오 시스템에 내장시키고 싶다.
You can't take the TV out of the circuit. It is **wired in**. (passive)
너는 그 TV를 그 회로에서 떼어낼 수 없다. 그것은 내장되어 있다.
My computer can perform mathematical operations quickly because they are **wired in**. (passive)
내 컴퓨터는 수학 연산을 빨리 할 수 있다. 그들(연산)은 내장되어 있기 때문이다.
Many reflexes such as breathing are **wired in**. (passive)
호흡과 같은 많은 반사 동작은 우리 몸속에 내장되어 있다.

2.2 wire O up

The microphone has been **wired up**. (passive)
그 마이크로폰은 전선이 연결되어 있다.
A surgeon had to **wire** my jaw **up** after the accident.
어느 외과의사는 그 사고 후에 내 턱을 와이어로 고정시켜야 했다.

I will **wire** this radio **up** and make it work like new.
나는 이 라디오를 고쳐서 이것이 새것처럼 작동하게 만들겠다.
[up은 좋아지게 만드는 관계를 나타낸다. 참조: fix up]

That cup of coffee really **wired** me **up**.
그 커피가 정말 나를 깨어있게 했다.

wire up

The library has **wired up** so the students could access online journals.
그 도서관은 학생들이 온라인 저널에 접속할 수 있도록 인터넷에 연결되어 있다.

wire O up to O

The house is **wired up to** a very expensive alarm system. (passive)
그 집은 값비싼 경보체계에 연결되어 있다.
[up은 전선이 집에서 경보체계에 가 닿는 관계를 나타낸다. 참조: hook up to]

In the emergency room, she was **wired up to** various machines. (passive)
그 응급실에서, 그녀는 여러 가지 기계에 선으로 연결되어 있었다.
[up은 선이 그녀에게서 기계에 가 닿아 있는 관계를 나타낸다.]

WIRE 2

1. 단동사
이 동사는 돈 같은 것을 전송하는 과정을 그린다.

2. 구동사
2.1 wire O in

I can't mail my manuscript to my editor in time, so I had to **wire** it **in**.
나는 나의 원고를 우편으로 편집자에게 제시간에 보낼 수 없어서, 그것을 전송으로 들여보냈다.
[in은 into the editor의 뜻이다.]

I was caught up in the morning traffic, and I **wired in** to tell that I was going to be late.
나는 아침 출근 교통체증에 꼼짝 못하게 걸려서 전보를 쳐서 늦을 것이라고 알렸다.
[참조: call in]

2.2 wire O to O
Wire the money **to** my account.
그 돈을 내 계좌로 전송해주세요.

WISE

1. 단동사
이 동사는 무엇을 깨닫거나, 현명하게 되는 과정을 그린다.
형용사: 지혜로운, 현명한, 슬기로운

2. 구동사
2.1 wise up

After the breakup with the girlfriend, he has **wised up**.
그 여자친구와의 결별 후에 그는 불쾌한 현실을 깨닫게 되었다.
[up은 현명해지거나 더 현명해진 관계를 나타낸다.]

wise up to

You would better **wise up to** what's happening around you.
너는 주위에 일어나고 있는 일에 대해서 (불편하지만) 알고 있는 것이 낫다.

wise O up

Let me **wise** you **up** about him.
내가 너가 그에 대한 것을 깨닫게 해주마.

WISH

1. 단동사
이 동사는 불가능하거나, 일어날 것 같지 않은 일을 바라는 과정을 그린다.
타동사

He was not sure whether he **wished** her to stay or to go.
그는 자신이 그녀가 머물기를 바라는 건지 가기를 바라는 건지 확실히 알 수가 없었다.

2. 구동사
2.1 wish O away

Corruption in our society is a serious problem. You can't just **wish** it **away**.
우리 사회의 부패는 심각한 문제이다. 그러나 없어지길 바란다고 없어지는 것이 아니다.
[away는 부패가 우리 사회에서 없어지는 관계를 나타낸다.]

2.2 wish for O

Instead of working hard, he just **wishes for** good fortune.
그는 열심히 일하는 대신 행운을 바라고 있다.

I have been happy so far, and I could not **wish for** a

better life.

나는 지금까지 잘 살아왔기 때문에 더 나은 삶을 바랄 수 없다.

She shut her eyes and wished for him to get better.

그녀는 두 눈을 감고 그가 낫기를 빌었다.

2.3 wish on O

On the Full Moon's Day, Korean people wish on the moon.

대보름날, 한국 사람들은 달에 대고 소원을 빈다.

wish O on O

It's not good to wish harmful thoughts on people.

나쁜 생각을 사람들에게 비는 것은 좋지 않다.

WOBBLE

1. 단동사

이 동사는 흔들거나 흔들리거나 뒤뚱거리며 걷는 과정을 그린다.

　자동사

The chair wobbles.

그 의자는 흔들흔들한다.

　타동사

Don't wobble the table – I'm trying to write.

그 탁자 흔들지 마세요. 내가 글 쓰려고 하고 있다.

2. 구동사

2.1 wobble about

The baby wobbled about, and finally fell down.

그 아기가 뒤뚱뒤뚱 이리저리 걸어 다니다가 결국 쓰러졌다.

The bottle wobbled around, and fell over.

그 병이 이리저리 흔들리다 결국 넘어졌다.

2.2 wobble over O

Yesterday the president showed the first signs of wobbling over the issue.

어제 대통령이 그 쟁점에 대해 처음으로 주저하는 기색을 보였다.

WOLF

1. 단동사

이 동사는 늑대나 개와 같이 씹지 않고 급하게 꿀꺽 삼키는 과정을 그린다.

명사: 늑대, 이리

2. 구동사

2.1 wolf O down

He wolfed down a big chunk of meat.

그는 큰 고기 한 덩어리를 급하게 꿀꺽 삼켰다.

[down은 음식이 입에서 위로 내려가는 관계를 그린다. 참조: chow down, gulp down]

WONDER

1. 단동사

이 동사는 궁금해 하거나 의아스럽게 생각하거나 놀라는 과정을 그린다.

　타동사

I was just beginning to wonder where you were.

네가 어디 있는지 막 궁금해지고 있었다.

I wonder if you can help me.

나는 당신이 저를 도와주실 수 있을지 궁금합니다.

2. 구동사

2.1 wonder at O

I wondered at the beauty of the scenery.

나는 그 전경의 아름다움에 감탄했다.

[at은 놀람의 자극이 된다.]

She wondered at her own stupidity.

그녀는 자신의 어리석음에 크게 놀랐다.

2.2 wonder out loud

He wondered out loud.

그는 큰 소리로 감탄했다.

WORK

1. 단동사

이 동사는 일을 하거나 일을 시키는 과정을 그린다.

　자동사

사람

She works hard to support the family.

그녀는 그 가족을 부양하기 위해서 열심히 일한다.

He works in the hospital.

그는 그 병원에서 일한다.

기계

The computer works well.

그 컴퓨터는 잘 돌아간다.

My watch works perfectly.

내 시계는 완전하게 잘 돌아간다.

제도

The system **worked** well.
그 제도는 잘 돌아갔다.

The method **worked** well.
그 방법은 잘 작용했다.

타동사

The boss **works** his employees hard.
그 사장은 그의 고용인들을 심하게 일을 시킨다.

Can you **work** the computer?
당신은 그 컴퓨터를 돌아가게 할 수 있습니까?

The cure **worked** wonders.
그 치료법은 기적들을 이루었다.

He **worked** his tooth loose.
그는 그 이를 조금씩 만지작거려서 흔들리게 했다.

He **worked** the farm.
그는 그 농장을 경작했다.

The salesperson **works** Busan.
그 판매원은 부산을 담당한다.

2. 구동사

2.1 work against O

He is **working against** hot and windy conditions.
그는 덥고 바람이 심한 조건과 맞서 일하고 있다.

Impatience **worked against** her.
조급증이 그녀에게 불리하게 작용했다.
[against는 조급증이 그녀에게 불리한 관계를 나타낸다.]

He is **working against** the deadline.
그는 그 마감일에 맞서 일하고 있다.

Bad weather **worked against** the boys trapped in the cave.
그 나쁜 날씨가 동굴에 갇힌 아이들에게 불리하게 작용했다.

2.2 work at O

He **works at** carpentry when he has the time.
그는 시간이 있으면 목수 일을 한다.
[at은 직업의 종류를 나타낸다.]

Julie **works at** editing for a living.
쥴리는 생계를 위해 편집 일을 한다.

Todd is **working at** his computer.
토드는 컴퓨터 작업을 하고 있다.
[at은 사람이 컴퓨터 작업을 하는 관계를 나타낸다.]

You must **work at** improving your Korean.
너는 한국어를 개선하는데 계속적으로 노력을 해야 한다.
[at은 네가 개선하는 일에 조금씩 계속적으로 노력하는 관계를 나타낸다. 참조: keep at]

You have to **work at** your chemistry subject.
너는 너의 화학 공부에 노력을 기울여야 한다.

He **works** hard **at** keeping himself fit.

그는 건강상태를 좋게 유지하기 위해서 노력한다.

He is **working at** two jobs.
그는 두 일자리에서 일하고 있다.

2.3 work away at O

He is **working away at** the math problems.
그는 그 수학 문제들을 계속해서 풀기 위해 노력하고 있다.
[away는 계속적으로 노력함을 나타낸다.]

2.4 work O down

The crane operator **worked** the load **down** into the ship's hold.
그 크레인 기사는 그 짐을 조금씩 조작하여 내려서 그 배의 짐칸에 넣었다.

Over a few months, they **worked** the price **down**, and the house soon was sold.
지난 몇 달 간에 걸쳐, 그들은 그 가격을 계속적으로 노력해서 낮추어서, 그 집은 곧 팔렸다.

2.5 work for O

Who do you **work for**?
누구를 위해서 일 합니까?

We **work for** the telephone company.
우리는 그 전화 회사를 위해 일한다. 즉, 전화회사에 고용되어 있다.

I will **work for** you while you are having your baby.
나는 네가 출산하는 동안 너 대신 일을 하겠다.

She says she **works for** a very good wage.
그녀는 많은 월급을 받고 일한다고 말한다.
[for는 일과 돈이 교환되는 관계이다.]

2.6 work in

Rub the cream on your face, so that it can **work in**.
그 크림을 너의 얼굴에 잘 문질러라. 그것이 (살 속에) 들어가도록.
[in은 크림이 얼굴 피부 속으로 들어가는 관계를 나타낸다. 참조: rub in]

work O in

He **worked in** some positive comments.
그는 몇 개의 긍정적인 평을 (연설이나 글에) 집어넣었다.
[참조: pitch in, put in]

Work **in** the butter with the eggs.
버터를 그 달걀들과 함께 조금씩 섞어 넣어라.

2.7 work O into O

Work the sugar **into** the dough.

그 설탕을 그 반죽에 문질러서 넣으세요.

Can you **work** a couple of sight-seeings **into** your schedule?

몇 개의 관광을 당신의 일정에 짜 넣을 수 있나?

[참조: squeeze into]

He **worked** himself **into** the cupboard and hid there for a while.

그는 그 찬장에 조금씩 비집고 들어가서 그 곳에 잠시 동안 숨었다.

He **worked** the clay **into** a cup.

그는 그 진흙을 조금씩 만져서 컵을 만들었다.

He **worked** the silver **into** rings.

그는 그 은을 손질하여 반지로 만들었다.

2.8 work O off

He is **working off** his hangover by jogging.

그는 조깅을 해서 그의 숙취를 날리려고 하고 있다.

[off는 숙취가 그의 몸에서 떨어져 나가는 관계를 나타낸다. 참조: sleep off]

The comedian helped me **work off** my depression.

그 코미디언이 나의 우울한 마음을 떨쳐버리는데 도움이 되었다.

She decided to **work off** her debt by working extra hours.

그녀는 잔업을 해서 그녀의 빚을 떨쳐버리려고 결심했다.

I was able to **work** a lot of weight **off** by jogging.

나는 조깅을 해서 많은 몸무게를 조금씩 떨어져 나가게했다.

[off는 몸무게가 나에게서 떨어져 나가는 관계를 나타낸다.]

He **worked** his butts **off**.

그는 일을 많이 해서 엉덩이가 떨어져 나갔다. 즉, 매우 열심히 일했다.

2.9 work on O

He is **working on** *a welfare system* for the old.

그는 노인들을 위한 복지제도를 개선하기 위해서 일하고 있다.

[on은 주어가 복지제도를 개선하기 위해서 일 한다는 뜻이다.]

| an album 앨범 | a skill 기술 |
| a novel 소설 | a solution 해결책 |

He is **working** full time **on** a cure for cancer.

그는 암 치료 약을 찾는 일에 모든 시간을 바쳐 일하고 있다.

Shelly does not like the idea of hiking, but I will **work on** her.

셸리는 하이킹하는 생각을 좋아하지 않지만 내가 그녀에게 작업을 해보겠다. 즉, 그녀에게 영향을 미치려고하겠다.

[on의 목적어는 영향을 받는 사람이다.]

I would like to drive to *Gangnam* but my wife does not like it, so I am **working on** her.

나는 강남에 운전해서 가고 싶어 하나, 나의 아내는 좋아하지 않는다. 그래서 그녀의 마음을 돌리려고 일하고 있다.

This medicine doesn't **work on** me.

이 약이 나에게는 듣지 않는다.

I am **working on** the assumption that he will come.

나는 그가 오리라는 그 가정 위에 작업을 하고 있다.

[on은 나의 작업이 그 가정에 의존한다는 뜻이다.]

2.10 work O out

You have to **work** the bubbles **out** of the paint before using it.

너는 그 페인트를 쓰기 전에 그 거품들을 그 페인트에서 조금씩 걷어 내야한다.

[out은 거품이 없어지는 관계를 나타낸다.]

I **worked** the knots **out** of the rope.

나는 그 밧줄에 있는 그 엉킴들을 풀어냈다.

[out은 엉킴이 풀어지는 관계를 나타낸다.]

I can't **work** her **out** – sometimes she is happy, and the next time she is sad.

나는 그녀를 이해할 수가 없다. 어느 순간 행복하다가, 다음 순간 슬퍼한다.

[out은 모르는 상태에서 아는 상태로의 변화를 그린다. 참조: figure out, make out]

I can't **work out** why he is depressed.

나는 왜 그가 우울해있는지 알아낼 수가 없다.

Work out the cost of our trip to New Zealand.

우리의 뉴질랜드에 가는 여행의 경비를 산출해 내어라.

[out은 계산해서 나온 경비를 그린다.]

The lawyer **worked out** the plan for the trial.

그 변호사는 그 재판을 위한 계획을 만들어냈다.

[out은 계획이 생기는 관계를 나타낸다.]

The mathematician **worked out** an answer to the problem.

그 수학자는 그 문제에 대한 대답을 찾아냈다.

After 20 years in operation, the gold mines were **worked out**. (passive)

20년 동안 운영된 다음에 그 금광은 바닥이 났다.

[out은 금광에서 금이 다 없어진 관계를 나타낸다. 참조: play out]

He has been **working out** his leg muscle.

그는 다리 근육 운동을 해오고 있다.

He **worked out** the differences.

그는 그 차이들을 없어지게 했다.
[참조: iron out, hammer out]

work out

Yesterday, he **worked out** in a bad weather.
어제 그는 날씨가 나쁜데도 밖에 나가서 일했다.
The cost of the·dinner **works out** ₩10,000 each person.
그 저녁 값은 각자 만 원씩으로 결과적으로 계산되었다.
Buying a new TV **worked out** cheaper than repairing the old one.
새 TV를 사는 것이 그 헌 TV를 고치는 값보다 싸게 되었다.
If you think positively, all things will **work out** for the best.
만약 여러분이 긍정적으로 생각을 하면, 모든 일이 최선으로 풀리게 될 것 입니다.
To lose weight, I **work out** twice a week at the gym.
체중을 줄이기 위해서 나는 일주일에 두 번 그 체육관에서 운동을 한다.

work O out on O

He **worked out** his anger **on** his younger brother.
그는 자신의 화를 동생에게 풀었다.
[참조: vent out]

2.11 work O over

The big boy **worked** the small boy **over**.
그 큰 소년이 작은 소년을 마구 두들겨 팼다.
[over는 전체적으로 영향을 받는 관계를 나타낸다.]
The doctor **worked** me **over** but couldn't find anything wrong.
그 의사가 내 몸 전체를 살펴보았으나, 아무 이상이 없었다.
[참조: check over]
He saved the play by **working** the second act **over**.
그는 2막을 전체적으로 손질하여 그 극을 살렸다.
[over는 다시 반복하는 관계를 나타낸다. 참조: start over, begin over, make over]

2.12 work through O

I am **working through** an intensive language course.
나는 강도가 높은 어학 수업을 힘들게 겪어가고 있다.
North Koreans have been **working through** years of famine.
북한 주민은 수 년 간의 기근을 겪어오고 있다.

work through

Workers start at 6, and **work through** until midnight.
노동자들은 6시에 일을 시작해서 그때부터 쭉 자정까지 일을 한다.

2.13 work toward O

The turtle **worked toward** the water despite the hot sun.
그 거북이는 햇빛이 뜨거운데도 그 물가를 향해 조금씩 움직였다.
She is **working toward** a degree in linguistics.
그녀는 언어학 학위를 받기 위해 공부하고 있다.

2.14 work O up

I **worked** myself **up** into the top of the tree.
나는 그 나무 꼭대기로 조금씩 올라갔다.
[up은 아래로 위로 올라가는 관계를 나타낸다.]
I can't **work up** much support for the movement.
나는 그 운동을 위한 많은 지지를 일으킬 수 없다.
[up은 지지가 생기는 관계를 나타낸다. 참조: muster up, stir up, whip up, drum up]
The company is trying to **work up** the export side.
그 회사는 그 수출 쪽을 증가시키려고 노력하고 있다.
[up은 증가를 나타낸다.]
He **worked** his notes **up** into a large paper.
그는 그의 노트들을 짜 맞추어서 큰 논문을 만들었다.
[up은 노트가 합쳐서 큰 것이 되는 관계를 나타낸다. 참조: write up]
I have been afraid of the oral defence, but I have **worked** myself **up** to it.
나는 그 구두면접을 두려워했지만 조금씩 노력해서 그 것을 감당할 수 있게 되었다.
[up은 조금씩 노력해서 어떤 수준에 이르는 관계를 나타낸다.]
[myself는 환유적으로 나의 용기나 능력을 가리킨다.]
The speaker **worked** the audience **up** into a frenzy.
그 연사는 그 청중을 흥분시켜 광분에 들어가게 했다.
[up은 가라앉은 마음을 들뜨게 하는 관계를 그린다. 참조: whip up]

work up

I started by jogging a mile a day, and I am gradually **working up** to 5 miles a day.
나는 하루에 1마일 조깅하는 것으로 시작했고, 하루에 5마일까지 점차 끌어 올렸다.
He wants to ask her out, so he has been **working** himself **up** to it.
그는 그녀를 불러내어 데이트를 하고 싶어서, 그것을 요청할 수 있도록 그 용기를 조금씩 쌓아 올려가고 있다.

즉, 조금씩 노력하고 있다.

[up은 용기나 마음을 끌어 올리는 관계를 나타낸다.]

Are you **working up** to tell me something bad?
너는 나에게 좋지 않은 얘기를 하려고 준비를 해오고
있는 거지?

He is **working up** to 60 sit-ups each day.
그는 하루에 윗몸 일으키기를 60번 할 수 있도록 조금
씩 높여 가고 있다.

The story **worked up** into an interesting drama.
그 이야기는 점점 발전되어 재미있는 드라마가 되었다.

work up to O

I would do the easy questions first, and then **work up
to** the more difficult ones.
나는 쉬운 문제들을 먼저하고, 그 다음에 점차로 어려운
문제들로 높여 가겠다.

WORM

1. 단동사
이 동사는 좁은 공간에서 꿈틀거리는 과정을 그린다.
명사: 벌레, 기생충

2. 구동사
2.1 worm O into O

He **wormed** his way **into** her heart.
그는 조금씩 길을 만들어 그녀 마음속으로 파고들었다.

2.2 worm O out of O

No one knows what his phone number is, and I am
going to try and **worm** it **out of** him.
누구도 그의 전화번호를 모른다. 그래서 내가 그것을 그
에게서 살살 캐내려고 한다.

He **wormed** the truth **out of** his coworker.
그는 그의 동료직원으로부터 그 사실을 살살 캐냈다.

2.3 worm O through O

She **wormed** her way **through** the crowd to the
reception desk.
그녀는 그 사람들 사이를 비집고 그 접수 데스크까지
나아갔다.

WORRY

1. 단동사
이 동사는 걱정하게 하거나, 성가시게 하는 과정을 그린다.
명사: 걱정, 우려

타동사

Don't keep **worrying** him with a lot of silly questions.
바보 같은 많은 질문들을 많이 해서 그를 계속 성가시기
를 그만하라.

2. 구동사
2.1 worry about O

Please don't **worry about** me. I'll be all right.
나에 대한 걱정을 하지 마세요. 난 괜찮을 거예요.

At work, she **worries about** the dog being alone.
일하면서 그녀는 강아지가 혼자 있는 것을 걱정한다.

worry O about O

Don't **worry** yourself **about** me.
내 생각 때문에 자신을 걱정시키지 마세요.

2.2 worry at O

The dog is **worrying at** a canvas shoe.
그 개가 운동화 한 짝을 계속 조금씩 물며 뒤흔들고 있다.

[at은 운동화의 부분이 영향을 받는 관계를 나타낸다. 참조: nibble
at, bite at, gnaw at]

I kept **worrying at** the matter, going it over in my mind.
나는 그 문제에 계속해서 걱정을 하고 있었다. 그것을
내 마음 속에 계속해서 반복하면서 생각을 했다.

2.3 worry O out

He **worried** himself **out**.
그는 그 자신을 지나치게 걱정시켰다. 즉, 지나치게 걱
정을 했다.

2.4 worry O out of O

The cat finally **worried** the mouse **out of** its hole and
caught it.
그 고양이는 그 쥐를 조금씩 괴롭혀서 마침내 그 구멍에
서 나오게 한 뒤 잡았다.

They finally **worried** the correct number **out of** me.
그들은 마침내 나를 괴롭혀서 그 정확한 숫자를 알아내
었다.

2.5 worry over O

Jerry **worried over** his daughter.
제리는 그의 딸에 대해서 전반적으로 걱정을 했다.

[over는 걱정이 딸의 전반에 그리고 시간을 두고 걱정하는 관계를
나타낸다.]

2.6 worry through O

I have to **worry through** this tax problem.
나는 이 세금 문제를 고민을 하면서 풀어 나가야 한다.

WRANGLE

1. 단동사
이 동사는 어떤 문제에 대해서 오랫동안 화를 내며 언쟁하는 과정을 그린다.
명사: 언쟁, 다툼

2. 구동사
2.1 wrangle about O
You can wrangle about Frank with everyone.
너는 프랭크에 대해 누구와도 언쟁을 할 수 있다.

2.2 wrangle over O
Let's not wrangle over the contract.
그 계약을 두고 옥신각신하지 맙시다.
[참조: argue over, fight over]

The congressmen wrangled over the pending bill.
그 국회의원들은 그 미결 법안에 대해서 오랫동안 다투었다.

2.3 wrangle with O
Don't wrangle with everyone you meet.
네가 만나는 모든 사람과 옥신각신 하지 마라.
I don't want to wrangle with Smith over the contract.
나는 그 계약에 대해서 스미스와 언쟁을 하고 싶지 않다.

WRAP

1. 단동사
이 동사는 종이나 옷 등을 어디에 감싸는 과정을 그린다.
명사: 덮개, 포장지

타동사

She wrapped a scarf around her head.
그녀는 스카프를 그녀의 머리에 감았다.
She wrapped a present.
그녀는 선물을 포장했다.
She wrapped the baby in a blanket.
그녀는 그 애기를 담요에 쌌다.

2. 구동사
2.1 wrap around O
The flames wrapped around the barn and it soon burned down.
그 불길들이 그 외양간을 둘러싸서 그 외양간이 곧 타서 없어졌다.
People wanting to buy the new smartphone are wrapping around the building.
그 새 스마트폰을 사려는 사람들이 그 건물을 둘러싸고

있다.

wrap O around O
He wrapped the towel around himself.
그는 그 수건을 자신에게 둘렀다.
He was not able to wrap his head around the concept.
그는 그 개념을 이해할 수가 없었다.
[참조: get around]

2.2 wrap O in O
Wrap the beef in foil and cook it for 20 minutes.
그 쇠고기를 포일에 싸서 그것을 20분 동안 요리해라.
[참조: cover in]

The new-born baby was left outside the church wrapped in a blanket. (passive)
그 신생아는 담요 한 장에 싸여서 그 교회 밖에 버려졌다.
He is wrapped in thoughts.
그는 생각들 속에 파묻혀있다.

2.3 wrap O up
She wrapped up a box of cookies and sent it to her mother.
그녀는 쿠키 한 상자를 꼭꼭 포장해서 그것을 어머니께 보냈다.
[up은 상자가 완전히 포장된 관계를 나타낸다.]

It is very cold outside. You'd better wrap yourself up in the warmest clothes.
밖이 몹시 춥다. 자신을 가장 따뜻한 옷으로 꽁꽁 둘러라.
[참조: bundle up]

Mom wrapped the baby up in the warmest clothing.
엄마는 그 아기를 가장 따뜻한 옷으로 완전히 감쌌다.
Nowadays many people are wrapped up in work and money. (passive)
오늘날 많은 사람들이 일과 돈에 꽁꽁 둘러싸여 있다. 즉, 파묻혀 있다.

He was so wrapped up in his book that he didn't notice me when I came in. (passive)
그는 그의 책에 몰두해 있어서, 내가 들어올 때에도 나를 알아채지 못했다.
[위에서 he는 환유적으로 마음을 가리킨다. 참조: be lost in]

You'd better wrap up the *deal* by the end of this week.
너는 이번 주말까지 그 계약을 마무리 짓는 것이 좋겠다.
[up은 계약을 마무리 짓는 관계를 나타낸다.]

business	업무	debate	토론
class	수업	negotiation	협상

I will wrap the job up this morning.

나는 오늘 아침에 그 일을 마무리 짓겠다.
It's time to **wrap up** the show this morning.
오늘 아침, 그 쇼를 마칠 시간이다.
Let's **wrap** things **up**.
모든 일을 마무리 합시다.
[노점 상인이 펼쳐놓은 물건을 보자기에 다 싸면, 하루 장사는 마무리 된다. up은 비유적으로 이 상태를 나타낸다.]

wrap up
It is icy-cold out here. You'd better **wrap up**.
여기 바깥은 몹시 차다. 몸을 (따뜻한 옷으로) 둘러라.
[참조: bundle up]

WRENCH

1. 단동사
이 동사는 렌치(도구)를 써서 비트는 과정을 그린다.
> 타동사

She managed to **wrench** herself free.
그녀는 몸을 비틀어서 (묶인 데서) 풀려 나왔다.
The wrestler **wrenched** his shoulder in the soccer game.
그 선수는 미식축구 시합에서 어깨를 삐었다.

2. 구동사
2.1 wrench O away
He grabbed Ben, **wrenching** him **away** from his mother.
그는 벤을 움켜잡고 세찬 힘으로 그를 엄마에게서 떨어지게 했다.

2.2 wrench O off
He **wrenched off** the ketchup bottle cap.
그는 그 케첩 병뚜껑을 비틀어서 벗겼다.
[참조: twist off]

2.3 wrench O out
Tom **wrenched** the bone **out** of the dog's mouth and threw it away.
톰은 그 강아지의 입에서 그 뼈를 비틀어 빼내고 그것을 던져 버렸다.

WRESTLE

1. 단동사
이 동사는 씨름을 하는 과정을 그린다.

2. 구동사
2.1 wrestle O into O

He **wrestled** the package **into** the backseat of the car.
그는 그 꾸러미를 버둥거리며 그 차의 뒷자리에 쑤셔 넣었다.

2.2 wrestle with O
I want to **wrestle with** someone my own size.
나는 나와 비슷한 몸집의 사람과 맞붙어 싸우고 싶다.
The passenger is **wrestling with** luggage.
그 승객은 짐과 씨름하고 있다.
He has been **wrestling with** the problem for a long time.
그는 그 문제와 오랫동안 씨름해오고 있다.
I am **wrestling with** my conscience.
나는 내 양심과 씨름하고 있다.

WRING

1. 단동사
이 동사는 젖은 옷이나 행주 등을 짜서 물기를 빼는 과정을 그린다.

2. 구동사
2.1 wring O from O
He finally **wrung** permission **from** his parents.
그는 마침내 허가를 그의 부모님으로부터 짜내었다.
The actor has a startling talent for **wringing** emotional responses **from** any audience.
그 배우는 정서적인 반응들을 어떤 청중들로부터도 짜내는 놀라운 재주가 있다.

2.2 wring O out
She **wrung out** the swimming suit.
그녀는 그 수영복의 물을 짜냈다.
[swimming suit는 환유적으로 그 속의 스며있는 물을 가리킨다.]
He **wrung** the cloth **out**.
그는 그 행주물을 짜냈다.
He knows how to **wring** sympathy **out** of her.
그는 그녀에게서 동정심을 짜내는 방법을 알고 있다.

WRITE

1. 단동사
이 동사는 글을 쓰거나, 글로써 책, 보고서 등을 작성하는 과정을 그린다.
> 자동사

The baby doesn't know how to **write**.
그 아기는 아직 글을 쓸 줄 모른다.
Write and don't print on this part of the page.
그 페이지 이쪽에 필기체로 쓰고, 인쇄체로는 쓰지 마

세요.

[타동사]

Write your phone number.

당신의 전화번호를 쓰시오.

Write me every week.

매주 내게 편지를 하세요.

He wrote a few novels.

그는 몇 권의 소설을 썼다.

He wrote three symphonies.

그는 교향곡 세 편을 썼다.

She wrote a letter

그녀는 편지를 썼다.

Joy was written on her face. (passive)

기쁨이 그녀의 얼굴에 쓰여 있다.

2. 구동사

2.1 write about O

I want to write about General Lee Soon-shin.

나는 이순신 장군에 대해 글을 쓰고 싶다.

2.2 write around O

The novelist writes around the subject of Korean War.

그 소설가는 한국전쟁 주제에 관련된 글을 쓴다.

2.3 write away

She has written away for more information.

그녀는 더 많은 정보를 얻기 위해서 여러 곳에 편지를 보냈다.

[away는 과정이 반복됨을 나타낸다.]

2.4 write back

Please write back to me.

내게 편지로 답장을 주세요.

2.5 write O down

I wrote down his name and phone number.

나는 그의 이름과 전화번호를 적어 놓았다.

[down은 소리를 글로 옮기는 과정과 결과를 나타낸다. 참조: jot down, note down, put down]

At the end of the winter, stores write down the winter clothes.

겨울이 끝날 즈음, 가게들은 겨울옷들의 가격을 낮추어 매긴다.

[down은 수나 양이 적어지는 관계를 나타낸다. 참조: mark down]

When the tickets did not sell, they were written down to half price. (passive)

그 표들이 팔리지 않자, 그 표들은 반값으로 낮추어 매겨

졌다.

The film was written down in the newspaper. (passive)

그 영화는 그 신문에서 좋은 평가를 받지 못했다.

[down은 평가가 좋지 않음을 나타낸다.]

2.6 write O in

Please write in your height and weight.

당신의 키와 몸무게를 (빈 칸에) 적어 넣으세요.

[in은 어떤 서류에 키와 무게를 적어 넣는 관계를 나타낸다. 참조: fill in]

The diplomat wrote in a request to the UN.

그 외교관은 유엔에 청원서를 적어서 들여보냈다.

I wrote in the new candidate on the ballot.

나는 그 투표지에 그 새 후보자 이름을 적어 넣었다.

I wrote in the part of a singer to add a little humor.

나는 유머를 좀 증가시키기 위해서 어느 가수의 역할을 (시나리오에) 써넣었다.

The author wrote in a happy ending to the story.

그 작가는 그 이야기에 행복한 결말을 써넣었다.

The author revised the play and wrote in some new characters.

그 저자는 그 희곡을 개정하고 새로운 인물들을 써넣었다.

write in

Please write in for a clarification.

해명을 얻기 위해서 편지를 써넣어 보내세요.

We were asked to write in with ideas to speed up the work.

우리는 그 일의 속도를 높일 수 있는 방안들을 (회사에) 써넣으라는 부탁을 받았다.

2.7 write O into O

The Congress wrote the bill into law.

의회는 그 법안을 법률로 만들었다.

The kiss scene was written into the scenario at the request of the producer. (passive)

그 키스 장면은 그 제작자의 요청에 의해 그 각본에 써 넣어졌다.

2.8 write O off

The World Bank wrote off *debts* from developing countries.

세계은행은 개발도상국들의 빚을 탕감했다.

[off는 개발도상국의 빚을 기록에서 없애는 관계를 나타낸다.]

| loan | 대출 | payments | 지불 |
| one million dollar | 일백만달러 | investment | 투자 |

The company wrote off workers over 60.

그 회사는 60세 이상의 노동자들을 가치가 없다고 간주
했다.

I had to **write** Julie **off** as a future dancer.

나는 쥴리를 미래의 무용가로서 가망이 없다고 판단해야
했다.

The management **wrote off** the project.

그 경영진은 그 프로젝트를 가치가 없는 것으로 생각하
여 파기했다.

His car was **written off** in a car accident.

그의 차는 교통사고에서 완전히 박살나서 가치가 없어
졌다.

The cost of starting up a new business can be **written
off** against the tax. (passive)

새로운 사업을 시작하는 그 비용은 그 세금에서 공제될
수 있다.

[off는 비용이 tax에서 제외된다는 뜻이다.]

write off

He **wrote off** to his parents for money.

그는 돈을 얻기 위해서 부모님들께 편지를 써 보냈다.

[off는 편지가 주어에서 떠나는 관계를 나타낸다.]

2.9 write on O

She **wrote on** biology.

그녀는 생물학에 대해서 글을 썼다.

write on

She **wrote on** and on to fill the space.

그녀는 그 공간을 메우기 위해서 계속해서 썼다.

[on은 쓰는 동작이 계속됨을 나타낸다.]

2.10 write O out

We were asked to **write** the poem **out**.

우리는 그 시를 써내라고 요청 받았다.

[out은 마음속의 시를 글로 나타내는 관계를 그린다.]

Please **write out** this word into Chinese characters.

이 낱말을 한자로 써 주세요.

The man **wrote out** the check for $100.

그 남자는 $100짜리 수표를 썼다.

[out은 수표에 있는 모든 기재사항을 써 내어서 수표를 발행하는
관계를 나타낸다. 참조: fill out]

The doctor **wrote out** the prescription for the flu.

그 의사가 독감에 대한 처방을 써서 만들었다.

[out은 처방전이 생기는 과정과 결과를 나타낸다.]

I have **written out** the proposal with all the relevant
figures.

나는 그 제안서를 관련 있는 모든 숫자와 함께 상세하
게 적었다.

[out은 글을 상세하게 쓰는 관계를 나타낸다. 참조: lay out, spell
out]

write out

I have **written out** for more information.

나는 좀 더 많은 정보를 얻기 위해서 여러 곳에 편지를
썼다.

[out은 편지가 여러 사람에게 나가는 관계를 나타낸다. 참조: write
away]

write O out of O

After the accident, the actor was **written out of** the
series. (passive)

그 사고 후에, 그 배우는 그 연속극에서 빠졌다.

2.11 write O up

The teacher repeated the word and **wrote** it **up** on the
white board.

그 선생님은 그 낱말을 반복한 다음, 그것을 백판지에
썼다.

[up은 글씨가 보이는 관계를 나타낸다.]

The candidate's name is **written up** all over the town.

그 후보자의 이름이 그 읍내 곳곳에 잘 보이는 곳에 쓰
여 있다.

He **wrote up** his dissertation.

그는 자신의 박사 학위 논문을 완성시켰다.

[up은 기사, 보고서, 학위 논문 등이 만들어져 나오는 관계를 나타
낸다.]

It took me a few weeks to **write up** the report.

그 보고서를 완성시키는 데 몇 주가 걸렸다.

[up은 노트 등을 이용하여 완성품을 만드는 관계를 나타낸다.]

The reporter **wrote** the strawberry festival **up** for the
local newspaper.

그 기자는 그 지역 신문을 위해 그 딸기 축제에 대한
기사를 작성했다.

The clerk **wrote up** the minutes of the meeting.

그 서기는 그 회의의 회의록을 작성했다.

His lawyer **wrote up** a contract spelling out his rights
and responsibilities.

그의 변호사는 그의 권리와 책임들을 상세히 명시하는
계약서를 작성했다.

The police officer **wrote** me **up** for the speeding.

그 경찰관은 과속위반으로 나의 보고서를 떼었다.

My boss **wrote** me **up** for being late for work for 3 days
in a row.

사장은 내가 3일 계속해서 지각을 한 데 대해서 나에
대한 보고서를 작성했다.

[이 문장에서 me는 환유적으로 나의 잘못을 가리킨다. up은 이에

대해서 보고서를 쓰는 관계를 나타낸다.]

write up on O
The reporter **wrote up on** the accident.
그 기자는 그 사고에 대한 기사를 썼다.

X x

X

1. 단동사
이 동사는 X표를 해서 지우는 과정을 그린다.

명사: 영어 알파벳의 x, 수학에서 미지수를 나타내는 x

2. 구동사

2.1 x O out

Why did you **x-out** my name?

왜 내 이름을 X표해서 지워버렸느냐?

[out은 제거되는 관계를 나타낸다. 참조: cross out]

Y y

YANK

1. 단동사
이 동사는 무엇을 갑자기 세차게 확 잡아당기는 과정을 그린다.

2. 구동사
2.1 yank at O
The baby **yanked at** my hair.
그 아기가 내 머리 일부를 확 잡아 당겼다.
[at은 내 머리의 일부가 당겨지는 관계를 나타낸다.]

2.2 yank O off O
He **yanked** his coat **off** a hanger.
그는 그의 저고리를 옷걸이에서 확 잡아당겨 벗겼다.
The program was **yanked off** television because of its political implication.
그 방송은 정치적 암시 때문에 TV에서 제외되었다.
The Food and Drug Administration **yanked** the pain killer **off** the shelves after the report on its side effect.
식약청은 그 진통제를 그 부작용에 대한 보고가 있은 다음 선반들에서 제거했다. 즉, 판매를 금지했다.

yank O off
He **yanked off** his shorts and dashed into the river.
그는 그의 반바지를 홀딱 벗고 그 강으로 뛰어 들어갔다.
[off는 반바지가 몸에서 떨어지는 관계를 나타낸다. 참조: take off]

2.3 yank on O
He **yanked on** the rope to send a signal to the worker.
그는 그 노동자에게 신호를 보내기 위해 그 밧줄을 당겼다.
[on은 당김이 밧줄에 부분적으로 미침을 나타낸다. 참조: pull on]

2.4 yank O out
She pulled the car door open, and **yanked out** the child.
그녀는 그 차 문을 열고, 그 아이를 확 끌어내었다.
Alarmed investors **yanked** their money **out** of the stock market.
놀란 투자자들은 그들의 돈을 그 주식 시장에서 빨리 빼내었다.

yank O out of O

He **yanked** the turnips **out of** the ground one by one.
그는 그 무들을 하나씩 땅에서 뽑아내었다.

2.5 yank O up
He **yanked** his pants **up**.
그는 그의 바지를 확 끌어올렸다.
[참조: pull up]

YEARN

1. 단동사
이 동사는 갈망하고 동경하는 과정을 그린다.

2. 구동사
2.1 yearn for O
I am **yearning for** summer vacation.
나는 여름 방학을 몹시 갈망하고 있다.
The people **yearned for** peace.
그 국민들은 평화를 갈망했다.
Some countries in the Middle East are **yearning for** change.
중동에 있는 몇몇 나라들은 변화를 갈망하고 있다.

YELL

1. 단동사
이 동사는 화가 나거나 놀라서 큰 소리를 내는 과정을 그린다.
명사: 고함, 외침
타동사
He **yelled** them to stop.
그는 큰소리쳐서 그들을 서게 했다.

2. 구동사
2.1 yell at O
Don't **yell at** me.
내게 화를 내어 소리지르지 마세요.
[at은 공격의 의미를 가진다. 참조: shout at, speak at]

2.2 yell out
"Get out of my way" she **yelled out**.
"내 길을 막지 마"라고 그녀가 소리 질렀다.
[out은 소리가 사방으로 넓게 퍼지는 관계를 나타낸다. 참조: cry out, shout out]

He **yelled** **out** at the top of his voice.
그는 목청껏 소리를 높여 크게 소리쳤다.

He **yelled** **out** to people to stay back.
그는 사람들에게 뒤로 물러서 있으라고 큰 소리를 쳤다.

yell O out

He **yelled** himself **out**.
그는 소리를 너무 질러서 힘이 다 빠졌다.

YIELD

1. 단동사
이 동사는 강요나 설득에 의해서 내어 놓는 과정을 그린다.

타동사

Higher-rate deposit accounts **yield** good returns.
더 금리가 높은 예금 계좌들은 좋은 수익률들을 낸다.

자동사

He reluctantly **yieleded** to their demands.
그는 마지못해 그들의 요구들에 굴복했다.

Despite our attempts to break it, the lock would not **yield**.
그 자물쇠를 부수려는 우리의 시도들에도 불구하고 그것은 부서지지가 않았다.

2. 구동사
2.1 yield to O
Yield **to** the car on your right.
오른쪽에 있는 차에 양보를 하세요.

The labor union thinks that the government will **yield** **to** their pressure.
그 노동조합은 정부가 그들의 압력에 굴복할 것이라 생각한다.

The child **yielded** **to** his curiosity and opened the can.
그 아이는 자신의 호기심에 못 이겨 그 통을 열었다.

yield O to O

The civilians **yielded** their town **to** the invader.
그 시민들이 그들의 동네를 그 침입자에게 할 수 없이 넘겨주었다.

2.2 yield O up
The robber **yielded** his gun **up**.
그 강도는 그의 총을 못 이겨 내어 놓았다.
[up은 강한 힘에 따라 움직이는 관계를 나타낸다. 참조: render up, give up]

Z z

ZERO

1. 단동사

이 동사는 소총 등을 목표에 명중하거나, 숫자나 양 등을 0으로 하는 과정을 그린다.

명사: 영

2. 구동사

2.1 zero in

The soldier fired a few shots and **zeroed in**.

그 군인은 몇 발을 쏘고 영점을 조정을 했다.

[in은 탄착지점을 표적에 가까이 가게 하는 관계를 그린다.]

zero in on O

The soldier fired a few rounds in order to **zero in on** his rifle.

그 군인은 그의 소총을 영점조준 하기 위해서 몇 발을 쏘았다.

The missile **zeroed in on** the target.

그 유도탄은 그 표적에 거리를 좁혀 들어가서 닿았다. 즉, 명중했다.

[in은 유도탄이 표적에 접근하는 관계를, on은 접촉을 나타낸다.]

The police **zeroed in on** the hideout.

경찰이 그 은신처를 거리를 좁혀가서 찾아내었다.

He is **zeroing in on** the problem.

그는 그 문제에 정신을 집중하고 있다.

The leopard is **zeroing in on** the geese ahead.

그 표범은 앞에 있는 그 거위들에게 정신을 집중하고 있다.

[참조: home in on]

2.2 zero O out

The coach forgot to **zero out** the stopwatch in between sprints.

그 코치는 달리기들 사이에 그 스탑워치를 0으로 돌리는 것을 잊어버렸다.

This final payment will **zero out** your balance on the loan.

이 마지막 회분의 지불은 그 대여금의 대차 계정을 0으로 한다.

The government is trying to **zero out** subsidies to new immigrants.

정부는 새 이민자들에게 주는 보조금을 없애려고 한다.

ZIP 1

1. 단동사

이 동사는 지퍼를 여닫는 과정을 그린다.

타동사

I **zipped** and buttoned my jacket.

나는 내 재킷의 지퍼를 잠그고 단추를 채웠다.

2. 구동사

2.1 zip O on

She **zipped** her jumper **on** and headed toward the door.

그녀는 자신의 점퍼를 입고 지퍼를 채우고 문을 향해 갔다.

[on은 점퍼가 옷에 닿는 관계를 나타낸다. 참조: put on]

2.2 zip O up

Zip up your jumper – it is cold out here.

너의 점퍼의 지퍼를 채워라 – 여기 밖에는 춥다.

[up은 양쪽이 만나서 닫히는 관계를 나타낸다.]

I cannot reach the back of my dress. Can you **zip** me **up**?

나는 내 드레스의 뒤에까지 손이 닿지 않는다. 내 옷 지퍼를 좀 채워줄래?

[me는 환유적으로 내 드레스를 가리킨다.]

2.3 zip together

The sleeping bags can **zip together**.

그 침낭들은 지퍼로 잠글 수 있다.

ZIP 2

1. 단동사

이 동사는 휙 소리를 내며 빠르게 지나가는 과정을 그린다.

자동사

A bullet **zipped** past.

실탄 한 발이 휙 하며 지나갔다.

2. 구동사

2.1 zip by O

The cars **zipped by** the people on the side of the road.

그 차들은 그 길 옆에 있는 그 사람들을 휙 지나갔다.

zip by

The summer **zipped by**.

여름이 휙 지나갔다.
[참조: go by, fly by]
My friends **zipped by** for a quick lunch.
내 친구들이 급히 점심을 먹기 위해 들렀다.
[참조: come by, drop by, swing by]

2.2 zip down O
A sports car **zipped down** the road.
스포츠카 한 대가 그 길 아래로 휙 내려갔다.

2.3 zip through O
The bird **zipped through** the air to its nest.
그 새는 공기를 가로질러 그 둥지로 휙 날라갔다.
She **zipped through** college in three years.
그녀는 3년 안에 대학 과정을 휙 해치웠다.
I **zipped through** three chapters of For Whom the Bell Tolls in one hour.
나는 "누구를 위하여 종을 울리냐"의 세 장을 한 시간에 휙 읽어 치웠다.

ZONE

1. 단동사
이 동사는 구획을 짓는 과정을 그린다.
명사: 지역, 구역

2. 구동사
2.1 zone O off
The council **zoned** part of the land **off** for a park.
그 의회는 그 땅의 일부를 공원용으로 구획해서 떼어놓았다.
[off는 땅의 일부가 전체에서 떼어지는 관계를 나타낸다. 참조: close off, seal off, wall off]

2.2 zone out
He **zoned out** for a few minutes and missed what he was saying.
그는 잠깐 정신을 팔아서 그가 말하는 것을 놓쳤다.
[out은 의식이 나가는 관계를 나타낸다. 참조: space out]

ZONK

1. 단동사
이 동사는 몹시 지치게 하는 과정을 그린다.

2. 구동사
2.1 zonk O out
All the work **zonked** Bill **out**.

그 모든 일이 빌을 극도로 피곤하게 했다.
[out은 피곤이 극도에 이르는 관계를 나타낸다. 참조: tire out]

zonk out
When I returned home, I was so tired that I **zonked out** on the sofa.
내가 집에 돌아왔을 때 나는 너무 지쳐서 소파 위에서 곧장 잠이 들었다.
[out은 의식에서 무의식으로 들어가는 관계를 나타낸다.]

ZOOM 1

1. 단동사
이 동사는 재빨리, 갑작스럽게 어떤 장소에 가거나 일을 하는 과정을 그린다.
> 자동사

Prices **zoomed** last week.
물가들이 지난주에 빠르게 올라갔다.

2. 구동사
2.1 zoom by
The hours **zoom by** when you're doing a job you enjoy.
네가 좋아하는 일을 할 때에는 시간들이 휙 지나간다.

2.2 zoom in
The fire-fighting helicopter **zoomed in** to pick up more water.
그 소방헬기는 물을 더 뜨기 위해서 어떤 지역으로 빠르게 들어갔다.

2.3 zoom off
He jumped on his bike, and **zoomed off**.
그는 그의 자전거를 타고, 부웅하면서 떠났다.

2.4 zoom out
We got dressed and **zoomed out** to the party.
우리는 옷을 차려 입고 그 파티로 재빨리 나갔다.

2.5 zoom up
The car **zoomed up** and came to a stop.
그 차가 빨리 다가와서 정류장에 섰다.
[up은 어떤 장소에 다가오는 관계를 나타낸다.]

zoom up to O
A taxi **zoomed up to** us.
택시 한 대가 우리에게 재빨리 다가왔다.

2.6 zoom past O

A car **zoomed** **past** us on the highway.
차 한 대가 그 고속도로에서 부웅 소리를 내면서 우리 곁을 지나갔다.

2.7 zoom through O
The jets **zoomed** **through** the sky.
그 제트기들이 빠르게 하늘을 지나갔다.

ZOOM 2

1. 단동사
이 동사는 카메라 렌즈를 조정하여 피사체를 축소하거나 확대하는 과정을 그린다.

2. 구동사
2.1 zoon in
Please **zoom** **in** closer.
좀 더 가까이 피사체로 접근해주세요.

2.2 zoom in on O
The camera **zoomed** **in** **on** the dog.
그 카메라는 범위를 좁혀 들어가서 그 개를 포착했다.

The director **zoomed** **in** **on** a face in the crowd.
그 감독은 카메라를 그 군중 속의 어느 한 얼굴에 초점을 맞추어 들어갔다.
In our presentation, we **zoomed** **in** **on** the financial problems facing the company.
우리의 발표에서 우리는 그 회사가 직면하고 있는 그 재정문제들에 초점을 맞추었다.

zoom O in on O
He **zoomed** his camera **in** **on** the actor's face.
그는 그의 카메라들의 범위를 좁혀서 그 배우의 얼굴을 포착했다.

2.3 zoom out
The camera **zoomed** **out** from the house to reveal the vast landscape.
그 카메라는 그 집에서 초점을 넓혀가서 그 넓은 풍경을 넓게 보여주었다.

zoom O out
He **zoomed** **out** the photos.
그는 그 사진들을 확대했다.
[참조: blow out]